불교시대사

韓國佛教
寺刹事典

THE DICTIONARY OF KOREAN
BUDDHIST TEMPLES

* 편저

한국불교종단협의회

머리말

불교역사상 최초의 사찰은 기원전 6세기 무렵 석가모니 부처님 재세시에 인도에 건립된 죽림정사(竹林精舍)와 기원정사(祇園精舍)이다. 이들 사찰은 수행자들이 안거 기간 동안 공동으로 거주해야 할 필요성에 의해 건립된 것이다. 시대가 흐름에 따라 사찰은 수행자들의 공동 거주 공간은 물론이고 부처님께 예배하고 법회를 열며 수행자 자신의 허물을 대중 앞에 참회하는 포살(布薩)·자자(自恣)를 정기적으로 행하는 공간, 즉 성소(聖所)가 되었다. 그리고 이러한 역할에 합당한 조형 예술이 사찰 건축과 법구(法具) 등에 도입되어 불교예술이 찬란히 꽃피게 되었다.

우리 나라에서는 375년(소수림왕 5) 고구려의 수도 국내성(國內城)에 처음으로 사찰이 건립되었다. 372년 전진(前秦)에서 스님 순도(順道)가 들어와 불교를 전하고 이어 374년 동진(東晉)에서 스님 아도(阿道)가 들어오자 소수림왕은 이듬해 성문사(省門寺)와 이불란사(伊弗蘭寺)를 세워 이들을 머물게 했다. 이로부터 사찰은 우리 민족의 정신적 귀의처이자 민족문화의 산실로서 우리 민족의 역사와 함께 호흡하며 오늘에 이르고 있다.

그러나 애석하게도 우리에게는 사찰의 전모를 일목요연하게 파악할 수 있는 사전이 없다. 사찰 관련 참고자료로서 조선시대에 나온 《동국여지승람》과 《가람고(伽藍考)》《범우고(梵宇攷)》 등과 권상로(權相老) 선생이 1964년에 집필을 마친 《한국사찰전서》가 있을 뿐이다. 이 중 《한국사찰전서》는 6,320여 개 사찰의 역사나 현황을 문헌이나 사적기들을 그대로 옮겨 적은 자료집이라는 측면에서 매우 중요한 가치를 갖고 있다. 그러나 순한

문으로 되어 있고 중복된 사찰(약 20%)이 많을 뿐만 아니라 때로는 부정확한 위치만이 기술돼 있기도 하고 역사적 가치가 부족한 사찰(약 55%)을 많이 포함하고 있기 때문에 체계적으로 정리된 사전으로서의 기능에는 크게 미흡한 형편이다. 이외에도 근래에 이르러 전국의 시도 지방관청에서 펴낸 사지(寺誌)나 향토지가 있다. 이것들 역시 여러 가지 최근의 현황을 담고 있다는 점에서는 우수한 참고도서가 될 수 있으나 사료를 무비판적으로 수용하거나 교정이 미비하여 역사적 왜곡이 심하다는 흠이 있다. 사정이 이렇다 보니 사찰의 역사가 문헌마다 제각각인 경우가 많고 중요한 사실의 누락이 심하여 옳고 그름을 판별하는 데 많은 시간과 노력이 필요한 형편이다.

이 사전은 이러한 약점을 극복하기 위해 기획된 최초의 한글판 사찰사전이다. 앞서 열거한 자료들을 모두 참고하고, 《삼국유사》《삼국사기》《고려사》《조선왕조실록》 등 역사서와 각 사찰의 사지를 두루 탐독하여 이 사전을 완성했다. 특히 《한국사찰전서》는 자료적 가치가 높아서 이 사전을 집필하는 데 큰 도움이 되었다. 이러한 문헌 조사 외에도 현재 상황을 파악하기 위해 많은 사찰 관계자들과 인터뷰를 했으며 일부는 현장 조사를 실시하였다. 그리고 건물의 이력에 비중을 두었던 기존의 기술 방식을 탈피하려고 애썼다. 인물들의 활동상이나 설화 등에 더 비중을 두는 것이 사찰의 본질적 기능에 접근하는 보다 나은 방법이라고 믿기 때문이다.

이 사전에는 불교가 전래된 이래 1910년 이전에 건립된 사찰 중에서 역사적·문화적 가치가 있다고 판단되는 1,530여 개 사찰(寺址 포함)이 수록되어 있다. 《한국사찰전서》에 연혁이나 유물이 실린 1,500여 개의 사찰 중에서 자료적 가치가 거의 없는 일부 사찰을 제외하고 나면 이 사전에는 다른 문헌에서 찾아보기 힘든 사찰도 다수 포함되어 있는 셈이다. 그리고 이 사전에 수록된 사찰 중 약 150개 사찰은 편저자의 책임 아래 불교방송의 공공 데이터 베이스 개발 프로젝트에 참여한 진철승(陳哲承)·박충식(朴忠植)·고영섭(高榮燮) 학형이 자료를 발굴하여 보완해 준 것이다.

이 사전이 최초의 한글판 사찰사전이라는 점에서 여러 가지 미비한 점이 적지 않을 것으로 생각한다. 무엇보다 편저자의 짧은 학식과 자료 부족의

한계로 말미암아 정확하게 정리하지 못한 것도 있을 것이며, 어느 경우에는 내용의 훼손도 눈에 띌지 모른다. 물론 그러한 지적이 있다면 겸허히 수용하여 차후 수정·보완하는 데 반영할 것이다. 또한 1910년 이전에 건립된 사찰을 수록 대상으로 하다 보니 단양의 구인사(救仁寺)나 천안의 각원사(覺願寺), 서울의 대각사(大覺寺), 선학원(禪學院) 등 1910년 이후에 건립된 거찰이 빠지게 되었다. 이들 사찰을 포함하여 1910년 이후에 건립된 중요한 사찰도 언젠가는 역사가 일실하기 전에 일목요연하게 정리되어야 하리라 본다. 이 일은 현재로서는 눈 밝은 다른 이가 해내야 할 과제로 남겨둘 수밖에 없다.

지난 6년 동안 《한국불교인명사전》과 이 책을 펴내는 일의 방대함 때문에 육체적·정신적으로 매우 큰 고통을 겪었다. 포기하고 싶은 적이 한두 번이 아니었으나 그때마다 홍사성(洪思誠) 형이 다독거려 주고 격려해 준 덕분에 무사히 작업을 마칠 수 있었다. 이 자리를 빌어 새삼 감사의 마음을 전한다. 그리고 그 동안 작업을 핑계로 집안 일에 너무 소홀했고 어린 규희(揆熙)와 태규(泰揆)에게 아빠 노릇을 제대로 못했다. 아빠를 이해해 준 애들에게 사랑을 전한다.

끝으로 불교계에 꼭 필요한 사전이라는 이유 하나만으로 채산성을 전혀 따지지 않고 인명사전에 이어 이번에도 출판을 흔쾌히 맡아 준 불교시대사 김병무 사장님께 고마움을 전한다.

불기 2540년 여름
시루산 우거에서
李 政 합장

일 러 두 기

1. 이 사전은 1910년 이전에 우리 나라에 건립된 사찰과 우리 나라 사람이 해외에 세운 사찰 1,530여 개를 수록 대상으로 했다. 현존하지 않더라도 그 역사가 뚜렷하거나, 사명(寺名)과 함께 유물 또는 유적이 잔존하며 역사 추정이 가능한 경우도 수록 대상으로 삼았다. 그러나 현존 사찰일지라도 역사가 미미하고, 1910년 이전에 창건된 것으로 믿을 만한 근거가 명확하지 않을 때에는 수록 대상에서 제외했다.

2. 표제어는 사명과 이명(異名)을 모두 채택하여 검색의 편의를 도모했다. 사명은 현존 사찰인 경우는 현재 가장 광범위하게 불리고 있는 이름을 채택했고, 폐사인 경우는 가장 늦게까지 불린 이름을 채택했다. 이명은 본문 없이 사명을 안내해 주는 기능만을 하도록 했다.

3. 본문은 이명과 위치·소속·연혁·유적·유물·설화·참고문헌 순으로 정리했다. 이명은 표제어 이외의 이름을 역사순으로 망라했으며, 현재 사용하지 않는 이름도 함께 기술했다. 소속은 현존 사찰을 대상으로 그 소속 종단과 교구 본사를 함께 기술했다. 다만 북한 사찰인 경우에는 일제강점기의 31본산시대의 본산을 밝히는 것으로 대신했다. 연혁은 창건 연대와 창건자, 중창·중건·중수 연대와 중심 인물의 활동 사항 등을 기술했으며, 특히 해당 사찰에서 있었던 중요한 역사적 기록이나 사건 등도 간략하게 포함했다. 창건 시기나 폐사 시기 등을 알 수 없는 경우에는 유물·유적이나 당시의 전적들을 참고하여 그 시기를 유추할 수 있도록 했다. 유적·유물은 현존하는 건물이나 소장 문화재, 그 문화 예술적 특징, 사지(寺址)의 상태 등을 기술했다. 설화는 해당 사찰에 전하는 설화를 간략하게 기술하되 비불교적인 설화는 가급적 제외했다. 참고문헌은 본문 내용을 기술하는 데 참고한 단행본이나 논문·사지(寺誌) 등 문헌 목록을 나열했다.

4. 본문 중의 역사적 사실 중 당대의 연대 확인이 어려운 경우에는 등장 인물의 생몰 연대나 활동 연대 또는 분명한 역사적 사건의 연도를 함께 표기함으로써 연대 추정이 가능하도록 했다.

5. 본문 중에 등장하는 인물은 스님인 경우 본문 처음에 나타날 때에는 법호와 법명을 함께 표기하고 다음부터는 법명만 사용했으며, 속인인 경우에는 성과 이름을 함께 사용했다.

6. 부록으로 한국불교 문화재 목록을 첨부했다.

가덕사(迦德寺)

【위치】 전라북도 남원시 송동면 송내리 가미산 아래에 있다. 【소속】 한국불교태고종에 속한다. 【연혁】 신라 때 창건됐다. 그 뒤의 연혁은 전하지 않는다. 어느 시기에 산사태로 매몰되어 있던 것을 1979년 2월 주지 도암(道庵)이 중창하여 오늘에 이르고 있다. 【유적·유물】 건물로는 대웅전과 요사, 종각 등이 있다. 유물로는 대웅전에 봉안된 석조미륵불상이 있는데, 고려 때 작품으로 추정된다. 【참고문헌】 전북불교총람(전북불교총연합회, 1993), 사찰지(전라북도, 1990)

가루사(--寺)

【위치】 함경남도 단천시 삼거리 관음산 동남쪽에 있다. 【연혁】 1734년(조선 영조 10) 창건됐다고 한다. 자세한 연혁은 전하지 않는다. 일제강점기의 31본산시대에는 귀주사(歸州寺)의 말사였다. 【유적·유물】 건물로는 대웅전과 산신각이 있다. 【참고문헌】 북한사찰연구(한국불교종단협의회, 1993)

가림사(加林寺)

【이명】 가림사(嘉林寺)라고도 불렸다. 【위치】 경상북도 칠곡군에 있었다. 【연혁】 언제 누가 창건했는지 알 수 없다. 1407년(조선 태종 7) 조정에서 조계종의 자복사찰(資福寺刹)로 삼았다. 연혁은 전하지 않는다. 1429(세종 11) 8월 10일 경상도 감사가 인동현감(仁同縣監)의 보고에 의해 조정에 '가림사가 폐사된 지 오래 되어 주지가 없으니, 이 절의 목재와 기와로 창고와 향교를 수리할 수 있게 해 달라.'고 청하자 그렇게 시행토록 했다. 【참고문헌】 조선왕조실록

가림사(嘉林寺)

가림사(加林寺)를 보시오.

가산사(佳山寺)

【이명】 한때 가산암(佳山庵)이라고 불렸다. 【위치】 충청북도 옥천군 안내면 답양리 채운산(彩雲山)에 있다. 【소속】 대한불교조계종 제5교구 본사인 법주사의 말사이다. 【연혁】 720년(신라 성덕왕 19) 창건됐다. 창건 이래 작은 암자로서 명맥만을 유지해 오다가 임진왜란 직전 기허 영규(騎虛 靈圭)가 중건했으나, 1592년(조선 선조 25) 임진왜란 때 왜병의 방화로 전소하였다. 1624년(인조 2) 다시 중건하여 극락전과 목불상을 조성했고, 숙종 때(1674~1720) 영규의 전공을 기리기 위해 이 절을 호국사찰로 지정하고 영규와 조헌(趙憲)의 영정을 극락전에 봉안했다. 1799년(정조 23)에 편찬된 《범우고(梵宇攷)》에는 폐사되었다고 나와 있으며, 이때의 이름은 가산암이었다. 1910년 조선총독부에서 영규와 조헌의 영정을 강

탈해 갔으며, 불온사찰이라고 하여 괴롭혔다. 1960년 중수하여 가산사라고 이름을 바꾸어 오늘에 이르고 있다. 【유적·유물】 현존하는 건물로는 극락전, 산신각, 요사채 등이 있다. 극락전은 1624년 중건 때 건립된 것으로 내부에는 아미타여래좌상(충청북도 유형문화재 제77호)과 후불탱화, 신중탱화 등이 봉안되어 있다. 아미타여래좌상은 높이 90cm의 향나무로 만들어졌으며, 복장기(腹藏記)에 따르면 1624년 경상북도 김천의 쌍계사(雙溪寺) 북암(北庵)에서 조성하여 이 절로 옮겨 온 것이라 한다. 또 복장 유물로는 《묘법연화경홍전서(妙法蓮華經弘傳序)》 1권 등 총 6점의 문헌이 있는데, 이들은 1477년(조선 성종 8) 화암사(花巖寺)에서 개판한 목판본 경전으로 서지 연구에도 중요한 자료가 되고 있다. 산신각도 극락전과 거의 같은 시대에 건축된 것으로 추정된다. 【참고문헌】 범우고, 사지(충청북도, 1982)

가산암(佳山庵)
가산사(佳山寺)를 보시오.

가서갑사(嘉西岬寺)
가슬갑사(嘉瑟岬寺)를 보시오.

가서사(加西寺, 嘉栖寺)
가슬갑사(嘉瑟岬寺)를 보시오.

가섭사(迦葉寺)
【위치】 충청북도 음성군 음성읍 용산리 가섭산에 있다. 【소속】 대한불교조계종 제5교구 본사인 법주사의 말사이다. 【연혁】 1365년(고려 공민왕 14)에서 1376년(우왕 2) 사이에 나옹 혜근(懶翁 惠勤)이 창건했다. 1592년(조선 선조 25) 임진왜란 때 전소한 것을 벽암 각성(碧巖 覺性)이 중건했다. 1938년 불에 탄 뒤 주지 윤원근(尹元根)이 다시 중건했다. 【유적·유물】 현존하는 건물로는 대웅전과 삼성각, 요사채가 있다. 대웅전 안에는 석가여래삼존불이 봉안되어 있는데, 석가여래좌상은 음성읍 용산리 상봉악사(上鳳岳寺)가 폐사되었을 때 옮겨 왔다는 설과, 음성읍 감우리 성주사(聖住寺)가 폐사되었을 때 옮겨 왔다는 설이 있다. 그 재료도 나무라는 설과 싸리나무를 엮은 것이라는 설이 있지만, 현재 개금된 채 유리함 속에 있어 확인할 길이 없다. 이 밖에도 6폭의 탱화와 1930년 주조된 범종, 조선시대에 만들어진 석조(石槽) 등이 있으며, 바위 틈에서 흘러나오는 감로정(甘露井)이 있다. 【설화】 감로정은 나라에 대변혁이나 난리가 일어날 때 수량이 줄어들거나 고갈된다고 한다. 1945년 8·15해방 1개월 전에는 물이 고갈되었고, 1950년 6·25전쟁 직전에는 물이 현저히 줄어들었는데, 옛날에도 이러한 일이 자주 있었다고 한다. 【참고문헌】 한국사찰전서(권상로, 동국대학교 출판부, 1979), 사지(충청북도, 1982)

가섭암(迦葉庵)
【위치】 강원도 회양군 금강산 만폭동 법기봉(法起峯) 아래에 있었다. 【연혁】 신라 때 자장(慈藏)이 643년(선덕여왕 12) 중국에서 귀국하여 이곳을 보고 '이 굴의 유정(幽靜)하고 명묘(明妙)함이 가섭(迦葉)이 수행했던 서역의 빈발암(賓鉢庵)을 방불하게 한다'고 한 뒤부터 가섭암이라 했다고 한다. 조선시대에 율곡 이이(栗谷 李珥, 1536~1584)가 펴낸 《풍악기행(楓嶽紀行)》에 이 절의 이름이 나온다. 일제강점기에는 마하연사(摩訶衍寺)의 부속 암자였다. 그러나 언제 폐사되었는지는 알 수 없다. 【유적·유물】 현재 절터가 남아 있다. 【참고문헌】 북한의 사찰(한국불교

연구원, 일지사, 1978), 한국사찰전서(권
상로, 동국대학교 출판부, 1979)

가섭암(迦葉庵)
【위치】경상남도 통영시 광도면 안정리
벽발산(碧鉢山) 기슭에 있다. 【소속】대
한불교법화종에 속한 안정사(安靜寺)의
부속 암자이다. 【연혁】654년(신라 무열
왕 1) 원효(元曉)가 창건했다. 그 뒤 조선
중기까지의 자세한 연혁은 전하지 않는
다. 1751년(영조 27) 인한(仁閑)이 중창
했다. 【유적·유물】건물로는 법당 등이
있다. 【참고문헌】문화유적총람(문화재관
리국, 1977), 한국사찰전서(권상로, 동국
대학교 출판부, 1979)

가섭암(迦葉庵)
【위치】경상남도 거창군 위천면 상천리
금원산(金猿山) 중턱에 있었다. 【연혁】
유물로 미루어 보아 고려 중기 이전에 창
건된 것으로 추정된다. 석굴을 법당으로
사용한 석굴사원의 형태로 유지되어 왔으
며, 언제 폐사되었는지도 전하지 않는다.
【유적·유물】유물로는 마애삼존불상(보
물 제530호)이 있다. 이 불상은 높이
150cm로서 1111년(예종 6)에 조성된 것
이다. 삼국시대 불상의 양식을 계승하면서
도 고려 때의 양식이 반영된 불상으로 귀
중한 자료적 가치가 있다. 석굴사원의 부
조상으로 우리 나라 석굴사원의 연구에도
중요한 작품이다. 【참고문헌】국보 2-금
동불·마애불(황수영, 예경산업사, 1984)

가섭암(迦葉庵)
【위치】충청남도 공주시 계룡면 중장리
계룡산에 있었다. 【연혁】언제 누가 창건
했는지 알 수 없다. 수백 년 동안 폐사된
채 있던 것을 1447년(조선 세종 29) 판교
종사 운수(雲叟)가 중창했다. 운수는 2, 3

명의 동지들과 함께 자신의 재산을 희사하
는 한편 시주를 얻어 1446년 중창을 시작
하여 이듬해 완공한 뒤 법당 안에 석가모
니 부처님의 설산수도상(雪山修道相)을 봉
안했다. 1452년(문종 2) 서거정(徐居正)
이 중건기를 지었다. 1799년(정조 23)에
편찬된 《범우고(梵宇攷)》에는 다시 폐사
되었다고 나와 있다. 【참고문헌】사가문
집, 동국여지승람, 범우고

가슬갑사(嘉瑟岬寺)
【이명】가서갑사(嘉西岬寺), 가실사(加悉
寺), 가서사(加西寺, 嘉栖寺), 고시사(古
尸寺), 갑사(岬寺)라고도 불렸다. 【위치】
경상북도 청도군 운문면 신원리 운문산
(雲門山)에 있었다. 【연혁】567(신라 진
흥왕 28) 한 신승(神僧)이 창건했다고 한
다. 이 신승은 557년 운문산에 들어와 지
금의 금수동(金水洞) 북대암(北臺庵) 터
에 초암을 짓고 3년 동안 수도했다고 한
다. 그러던 어느날 산과 골이 진동하여 새
와 짐승이 우는 소리를 듣고 그곳이 오령
(五靈)이 숨어 사는 곳임을 알게 되었다
고 한다. 이에 절을 짓기 시작하여 중심부
에 대작갑사(大鵲岬寺), 동쪽에 이 절, 남
쪽에 천문갑사(天門岬寺), 서쪽에 소작갑
사(小鵲岬寺), 북쪽에 소보갑사(所寶岬
寺)를 각각 지었는데, 역사가 다 끝난 시
기가 567년이었다고 한다. 600년(진평왕
22) 수나라에서 귀국한 원광(圓光)이 중
창했다. 원광이 이곳에 머무르고 있을 때
귀산(貴山)과 추항(箒項)이 찾아와 일생
의 계명을 삼을 교훈을 청하자, 원광은 나
중에 신라 청소년들에게 크게 영향을 끼
친 세속오계(世俗五戒)를 가르쳐 주었다.
그 뒤 후삼국의 싸움으로 이 절을 비롯한
일대의 다섯 갑사(岬寺)들이 모두 파괴되

었고, 남은 기둥만을 대작갑사(大鵲岬寺)에 모아 두었다고 한다. 고려시대에 목암 일연(睦庵 一然, 1206~1289)이 《삼국유사》를 편찬할 때는 절터가 남아 있었다고 한다. 【참고문헌】 삼국사기, 삼국유사, 해동고승전, 호거산운문사사적

가실사(加悉寺)

가슬갑사(嘉瑟岬寺)를 보시오.

가야사(伽耶寺)

【위치】 충청남도 예산군 덕산면 상가리 가야산 옥양봉 남쪽 기슭에 있었다. 【연혁】 언제 누가 창건했는지 알 수 없다. 《고려사》에 따르면, 1177년(고려 명종 7) 3월 공주 명학소(鳴鶴所)의 천민 망이(亡伊)와 망소이(亡所伊)가 무신의 난 이후 사회가 혼란하여 굶주리던 농민들을 모아 두번째 난을 일으켜 이 절을 비롯하여 황려현(黃驪縣;여주), 진주(鎭州;진천) 등을 함락하였다고 한다. 또한 1799년(조선 정조 23)에 편찬된 《범우고(梵宇攷)》에는 이 절에는 사람들이 금탑(金塔)이라고 부르는 지극히 빼어난 철첨석탑(鐵尖石塔)이 있는데, 이 탑의 사면에는 석감(石龕)이 있어서 각각 석불이 봉안되어 있었다고 기록되어 있다. 그러나 이 절의 터가 '왕손이 나올 곳'이라는 풍수설을 믿은 흥선대원군(興宣大院君)이 1844년(헌종 10)이 절을 불사르고 아버지인 남연군(南延君) 이구(李球)의 묘를 씀으로써 폐사되었다. 그 뒤 1863년 아들 고종이 보위에 오르게 되어 그 보은의 뜻으로 인근 서원산(書院山) 남쪽 기슭에 보덕사(報德寺)를 창건하여 이 절을 승계하였다. 【유적·유물】 절터에는 이구의 묘가 있으며, 인근에 미륵석불(충청남도 문화재자료 제182호)이 있다. 이 불상은 북쪽 계곡에서 들어오는 병마(兵馬)를 물리치기 위하여 북향으로 세워졌다고 하며, 매년 5월 보덕사에서 제향하고 있다. 【참고문헌】 고려사, 동국여지승람, 범우고, 한국사찰전서(권상로, 동국대학교 출판부, 1979) 문화유적총람-사찰편(충청남도, 1990)

가지사(迦智寺)

보림사(寶林寺)를 보시오.

가토사(駕土寺)

【위치】 황해도 수안군 수구면 덕암리에 있었다. 【연혁】 고려시대에 창건됐다. 그 뒤 조선시대에 폐사되었다가, 1931년 수구면 내 유지들의 지원으로 중수했다. 일제강점기의 31본산시대에는 성불사(成佛寺)의 말사였다. 현재의 상황은 알 수 없으나 북한측 자료에 의하면 현존하지 않는다. 【유적·유물】 이 절의 관음당은 천연 바위굴을 이용한 법당으로서 내부에는 관음보살상이 봉안되어 있었다. 【설화】 절의 아래 절벽 석혈(石穴)에서는 약수가 흘러내리는데, 절 이름과 관련된 설화가 전한다. 옛날에는 이 석혈에서 샘물이 아닌 쌀이 매일 흘러 나와 이 절에 머무르는 스님들이 먹을 수 있을 만큼의 양이 되었다. 그러나 어느 때 욕심 많은 주지가 쌀이 나오는 구멍에 손을 넣었는데, 그 속에서 까투리 한 마리가 나와서 날아갔다. 그러자 그 뒤부터 쌀 대신 샘물이 흘러 나왔으며, 또한 까투리(가토리)가 날아갔다고 하여 절 이름도 가토사라 부르게 되었다고 한다. 【참고문헌】 황해도지(황해도, 1970)

각림사(覺林寺)

【위치】 강원도 횡성군 각림면 강림리 치악산 동쪽에 있었다. 【연혁】 언제 누가 창건했는지 알 수 없다. 조선 태종이 어린 시절 글을 읽었던 절이다. 당시에는 황폐한 띳

집 두어 칸이 숲속에 있었으며, 스님 석휴 (釋休)가 태종을 보살폈다. 태종이 즉위한 뒤 석휴는 가끔 궁중에 드나들었고, 태종은 이 절을 각별히 돌보았다. 1410년(태종 10) 12월 20일 석초(釋超)를 주지로 임명하고 향을 하사했으며, 1412년 10월 원주목사와 승정원에 명하여 이 절의 승려들이 전세(田稅)를 많이 거둬들인 일을 문책하지 말도록 했고, 더불어 이 절의 중수도 돕도록 했다. 그리고 다시 승정원에 명하여 중관(中官)을 보내 현훈폐(玄纁幣; 검은 것과 붉은 것의 두 가지 폐백) 1필을 불전에 바치고, 승려들에게는 면포와 주포 10필, 마포 50필, 저화(楮貨) 2백 장을 내려 주게 했다. 그 뒤 1416년(태종 16) 4월부터 중창했는데, 이때에도 태종은 철 천 근을 비롯하여 중수에 필요한 재목 천 주를 내렸으며, 충청도 제천 창고의 쌀과 콩 백 석도 하사했다. 1417년 3월 5일 태종이 이곳에 행차했으며, 이 해 9월 15일 낙성법회를 열자 태종은 옥천부원군 유창(劉敞)에게 향과 소(疏)를 주어 대신 참석하도록 하고 《화엄경》을 보내 봉안하도록 했다. 이 경은 태종이 황고(皇考)와 황비(皇妃)의 명복을 빌기 위해 만든 것이었다. 그러나 1592년(선조 25) 임진왜란 때 소실했다. 《동국여지승람》에는 변계량(卞季良, 1369~1430)이 이 절에 대해 지은 시가 수록되어 있다. 【유적·유물】 현재 절터에는 기독교 교회와 우체국이 자리잡고 있고, 주위는 밭으로 이용되고 있다. 절터에서 2km 정도 떨어진 곳에 태종대(太宗臺)가 있다. 【참고문헌】 태종실록, 세종실록, 성종실록, 동국여지승람, 대동야승, 강원도 향교서원 사찰지(강원도, 1992)

각연사(覺淵寺)

【위치】 충청북도 괴산군 칠성면 태성리 보개산(寶蓋山)에 있다. 【소속】 대한불교 조계종 제5교구 본사인 법주사의 말사이다. 【연혁】 신라 법흥왕 때(514~540) 유일(有一)이 창건했다. 고려 초 통일(通一)이 중창하여 큰 절의 면모를 갖추었고, 혜종 때(943~945) 새로 중수했다. 1648년(조선 인조 26)과 1655년(효종 6) 중수하고, 1899년(광무 3) 비로자나불을 개금했다. 이어 1927년과 1954년, 1965년, 1975년 각각 중수했다. 【유적·유물】 현존하는 건물로는 비로전(충청북도 유형문화재 제125호), 대웅전(충청북도 유형문화재 제126호), 칠성각, 산신각, 요사채 2동 등이 있다. 비로전에는 비로자나불좌상(보물 제433호)이 봉안되어 있는데, 이 불상은 통일신라시대에 화강암으로 조성한 석불로서 높이 3.02m이다. 대웅전은 융경(隆慶; 1567~1572), 순치(順治; 1644~1661), 강희(康熙; 1662~1722) 때와 1768년에 각각 중수되었으며, 그 안에는 석가여래좌상, 아미타여래좌상, 약사여래좌상이 봉안되어 있고, 1771년(영조 47)에 개금한 기록이 전한다. 또 대웅전 내 동편에는 흙으로 만든 승려상이 있는데, 이 절의 창건자 유일이라는 설과 중국의 달마(達磨)라는 설이 있다. 이 밖에도 무게 937.5kg의 범종과 법고, 운판을 비롯하여 통일대사탑비(通一大師塔碑; 충청북도 유형문화재 제2호)와 부도(충청북도 유형문화재 제127호) 등이 있다. 【설화】 창건에 얽힌 설화가 전한다. 유일이 절을 짓기 위해 현재의 괴산군 칠성면 쌍곡리 사동 근처에 자리를 잡고 공사를 시작했는데, 갑자기 까마귀 떼가 나타나서 대패밥과 나무 부스러기를 물고 날아갔다. 이상하

게 여겨 까마귀를 따라가니 조그마한 못에 물고 온 대패밥를 떨어뜨리고는 못가에 앉아 쉬고 있었다. 유일이 물 속을 들여다보니 한 석불이 있었으므로 깨달은 바 있어 못을 메워 절을 짓고 각연사라 했다고 한다. 그 뒤 이 불상에 지성으로 기도하면 영험이 있다고 하여 참배자들이 끊이지 않았다. 【참고문헌】조선금석총람(조선총독부, 1919), 한국사찰전서(권상로, 동국대학교 출판부, 1979), 사지(충청북도, 1982)

각화사(覺華寺)

【위치】경상북도 봉화군 춘양면 석현리 태백산에 있다. 【소속】대한불교조계종 제16교구 본사인 고운사의 말사이다. 【연혁】676년(신라 문무왕 16) 원효(元曉)가 창건했다. 원효가 인근의 남화사(覽華寺)를 이전하여 창건한 뒤, 옛 절인 남화사를 생각한다고 하여 각화사라 이름했다고 한다. 1101년(고려 숙종 6) 무애지(無碍智)국사 계응(戒膺)이 중건했으며, 그 뒤 여러 차례의 중건과 중수를 거쳤다. 1777년(조선 정조 1) 이곳이 삼재불입지(三災不入地)라고 하여 태백산사고(太白山史庫)가 건립되고 왕조실록이 보관되자, 8백여 명의 승려가 수도하는 국내 3대 절의 하나가 되었다. 1910년 도적들이 사고와 절을 불태웠으며, 1926년 달현(達玄)이 법당을 비롯한 5동의 건물을 중건했다. 1970년 금오(金烏)가 요사채를 중건하여 오늘에 이르고 있다. 【유적·유물】현존하는 건물로는 대웅전을 비롯하여 범종각과 산신각, 요사채 등이 있다. 문화재로는 귀부(龜趺; 경상북도 유형문화재 제189호)와 삼층석탑이 있다. 이 귀부의 건축 시기나 유래 등은 알 수 없으며, 멸실했던 비신은 복원되어 있다. 삼층석탑은 완전히 도괴했던 것을 다시 모아 조성한 것으로 체감률이 낮고 상륜부가 없다. 이 절이 있는 석현리와 인접한 서동리의 춘양(春陽)종합고등학교 부지에는 각화사의 전신인 남화사 터가 있다. 이곳에는 삼층석탑(보물 제52호) 2기가 있으며, 이 중 동탑에서 사리병과 99기의 소형 토탑(土塔)이 둘려져 있는 사리장치가 발견되었다. 【참고문헌】문화유적총람(문화재관리국, 1977), 봉화군지(봉화군, 1977)

각황사(覺皇寺)

조계사(曹溪寺)를 보시오.

간량사(澗良寺)

【이명】간량사(間良寺)라고도 했다. 【위치】충청남도 예산군 예산읍 간량리 도고산(道高山)에 있었다. 【연혁】598년(백제 혜왕 1) 창건됐다. 조선 영조 때(1724~1776) 편찬된 《여지도서(輿地圖書)》에 극락전을 비롯하여 시왕전, 승당, 대웅전, 동전(東殿), 후방(後房), 일주문 등이 있었다고 나와 있는 것으로 보아 당시 이 절의 규모가 상당한 수준에 이르렀음을 알 수 있다. 자세한 연혁은 전하지 않는다. 19세기 중반에 폐사되었다고 한다. 【유적·유물】절터에는 당간지주(충청남도 문화재자료 제180호)와 석탑 부재가 있다. 석탑 부재로는 옥신석(屋身石) 1매가 남아 있는데, 고려 때의 작품으로 추정된다. 【참고문헌】여지도서, 한국사찰전서(권상로, 동국대학교 출판부, 1979), 문화유적총람-사찰편(충청남도, 1990)

간량사(間良寺)

간량사(澗良寺)를 보시오.

간월사(澗月寺)

【이명】간월사(肝月寺)라고도 한다. 【위치】경상남도 울산시 울주구 상북면 등억

리에 있다. 【연혁】신라 때 자장(慈藏)이 당나라로 유학을 가기 전에 창건했다. 자장은 636년(선덕여왕 5) 당나라로 유학을 떠났으므로 630년대 초반에 창건한 것으로 추정된다. 창건 초에는 큰 절의 면모를 갖추었으나 잦은 왜구의 침략으로 파괴되어 옛 형태는 찾아볼 수 없다. 1673년(조선 현종 14) 현수(賢首)의 《법수(法數)》를 이 절에서 간행했다. 1799년(정조 23) 편찬된 《범우고(梵宇攷)》에는 이 절이 존재한다고 나오나, 이후 완전히 폐허가 되어 그 터에는 석조여래좌상을 비롯한 유물만이 남아 있었다. 그 뒤 방치되어 있던 절터에 뜻 있는 지방민들이 힘을 합쳐서 다시 소규모의 절을 세우고 이 석조여래좌상을 봉안했다. 불교 종파에 등록돼 있지 않다. 【유적·유물】현존하는 건물로는 대웅전과 요사채뿐이다. 석조여래좌상(보물 제370호)은 통일신라시대에 조성된 것으로 이 절의 창건 역사를 증명하는 귀중한 문화재이다. 옛 절터는 경상남도 기념물 제54호로 지정되어 있다. 【참고문헌】울산·울주 향토사(울산문화원, 1978), 내 고장의 전통(울산시, 1982)

간월사(肝月寺)

간월사(澗月寺)를 보시오.

간장사(看藏寺)

간장암(看藏庵)을 보시오.

간장암(看藏庵)

【이명】간장사(看藏寺)라고도 불렸다. 【위치】강원도 동해시 두타산(頭陀山) 아래에 있었다. 【연혁】1304년(고려 충렬왕 30) 이승휴(李承休)가 창건했다. 충렬왕 때 이승휴는 두타산 아래에 용안당(容安堂)이라는 별장을 짓고 10여 년 동안 인근 삼화사(三和寺)의 장경(藏經)을 빌려 공부하다가 1304년 용안당을 간장암이라고 이름을 바꾼 뒤 이 절에 전답 등을 시주했다고 한다. 1322년(충숙왕 9) 이승휴의 맏아들 이임종(李林宗)과 둘째 아들이며 당시 조계종의 큰스님이었던 담욱(曇昱)이 허물어진 이 절을 중수했다. 이 일에는 담욱의 제자들도 가담했으며, 관동 진무사 신후천(辛侯蕆)도 도왔다. 공사는 1323년 가을 완료되었으며, 이 해에 최해(崔瀣)가 〈중영기(重營記)〉를 썼다. 조선시대에 신경준(申景濬, 1712~1781)이 지은 《가람고(伽藍考)》에는 '지금은 흑악사(黑岳寺)라고 부른다.'고 나와 있으나, 이는 이승휴가 삼척 천은사(天恩寺)의 용계(龍溪)에서 저술 활동을 했고, 나중에 천은사를 흑암사라고 고쳐 부른 데 따른 착오이다. 그 뒤의 연혁은 전하지 않는다. 1799년(조선 정조 23)에 편찬된 《범우고(梵宇攷)》에는 '지금은 폐사되었다.'고 나와 있는 것으로 보아 18세기 중반에 폐사된 것으로 보인다. 【참고문헌】동문선, 동국여지승람, 범우고, 가람고

갈공사(葛公寺)

【위치】인천광역시 강화군 교동면 고귀리 화개산(華蓋山)에 있었다. 【연혁】고려 때 창건된 것으로 추정된다. 목은 이색(牧隱 李穡, 1328~1396)이 이 절에 머물며 수양했다. 1690년대에 이형상(李衡祥)이 편찬한 《강도지(江都志)》에는 '지금은 폐사되었으며 절터만 남아 있다.'고 밝히고 있다. 【유적·유물】절터는 채석장으로 변하여 손괴하였으며, 기와 조각 등이 발견된다. 【참고문헌】강도지, 한국사찰전서(권상로, 동국대학교 출판부, 1979), 기내사원지(경기도, 1988)

갈궁사(葛宮寺, 葛弓寺)

화장사(華藏寺)를 보시오.

갈래사(葛來寺)

정암사(淨巖寺)를 보시오.

갈산사(葛山寺)

【위치】 전라북도 고창군 흥덕면 교운리에 있었다. 【연혁】 고려시대 전기에 창건된 것으로 추정된다. 연혁은 전혀 전하지 않으며, 절터에 있는 흥덕향교(興德鄕校)가 1675년(조선 숙종 1)에 세워진 것으로 보아 그 이전에 폐사된 것으로 추정된다. 【유적·유물】 유물로는 당간지주(전라북도 유형문화재 제36호)와 석탑 부재가 있다. 당간지주는 흥덕향교 입구에 남아 있는데, 네 조각으로 나뉘어 흩어져 있던 것을 1983년에 복원했다. 양식으로 보아 고려시대의 것으로 추정된다. 【참고문헌】 사찰지(전라북도, 1990)

갈양사(葛陽寺)

【위치】 경기도 화성군 태안읍 송산리에 있었다. 【연혁】 854년(신라 문성왕 16) 창건됐다. 그러나 952년(광종 3) 소실했다. 그 뒤 1790년(조선 정조 14) 이 절의 옛터를 사도세자(思悼世子)의 능인 현륭원(顯隆園)의 명복을 비는 능사(陵寺)로 활용하기 위해 보경 사일(寶鏡 獅馹)이 팔도도화주(八道都化主)가 되어 철학(哲學) 등과 함께 팔도 관민의 시전(施錢)을 거두어 지금의 용주사(龍珠寺)를 창건했다. 【참고문헌】 한국사찰전서(권상로, 동국대학교 출판부, 1979)

갈옥사(葛屋寺)

무위사(無爲寺)를 보시오.

갈항사(葛項寺)

【위치】 경상북도 김천시 남면 오봉리 금오산(金烏山) 서쪽 기슭에 있었다. 【연혁】 692년(신라 효소왕 1) 당나라에서 귀국한 화엄법사 승전(勝詮)이 창건했다. 그는 창건 직후 이 절에서 80여 장의 돌무리를 청중 삼아 《화엄경》을 강의했다고 한다. 이 돌들은 그 뒤 많은 영험을 보였다고 한다. 758년(경덕왕 17)에는 남매 사이였던 영묘사(靈妙寺)의 언적(言寂)과 문황태후(文皇太后), 경신태왕(敬信太王)이 삼층석탑 2기를 건립했다. 이 사실은 이 절이 지방에 있었던 왕실의 원찰이었음을 입증하는 것이다. 더 이상의 연혁은 전하지 않는다. 다만 1469년(조선 예종 1)에 편찬된 《경상도속찬지리지(慶尙道續撰地理誌)》에는 '교종(敎宗)에 속해 있다.'고 나와 있고, 1799년(정조 23)에 편찬된 《범우고(梵宇攷)》에는 '지금은 폐사되었다.'고 나와 있는 것으로 보아 조선 중기에 폐사된 것으로 추정된다. 【유적·유물】 절터에 남아 있던 삼층석탑(국보 제99호) 2기는 1916년 서울 경복궁으로 옮겨졌다. 현재 두 탑 모두 상륜부는 없어졌고, 특히 서탑은 3층 옥신까지만 남아 있다. 동탑의 기단부에는 명기(銘記)가 음각되어 있는데 탑 자체에 명기가 있는 유일한 예이며, 이두문을 사용하고 있어 더욱 귀중한 것으로 평가된다. 【참고문헌】 삼국유사, 조선금석총람(조선총독부, 1919), 한국사찰전서(권상로, 동국대학교 출판부, 1979)

감로사(甘露寺)

【위치】 경기도 개풍군 중서면 전보(錢甫) 동쪽 오봉봉(五鳳峰) 아래에 있었다. 【연혁】 고려 문종 때(1046~1083) 이자연(李子淵)이 창건했다. 이자연은 송나라에 사신으로 갔다가 윤주(潤州)에 있는 감로사의 빼어난 경치에 감탄하여 귀국한 뒤 그와 같은 장소를 6년 동안 물색해 이 절

을 창건하여 '윤주감로'라고 했던 것이다. 그 뒤 왕실과 밀접한 관계를 가졌는데, 이자연의 맏딸이며 문종의 비인 인예왕후(仁睿王后)는 이 절에서 기도하여 순종, 선종, 숙종을 낳았고, 인종의 비인 공예왕후(恭睿王后)는 이 절을 중창하여 원찰로 삼고 기도하여 의종, 명종, 신종을 낳았다. 또한 이 절에는 이름 있는 큰스님과 선비들이 많이 찾았는데, 시승(詩僧) 혜소(惠素)와 김부식(金富軾, 1075~1151)은 서로 화답하면서 천여 편의 시를 지었다고 한다. 《동국여지승람》에는 이 절의 빼어난 경치를 보고 이규보(李奎報, 1168~1241), 김부식, 이색(李穡, 1328~1396), 권근(權近, 1352~1409), 정이오(鄭以吾, 1354~1434), 성임(成任, 1421~1484) 등이 지은 시가 수록되어 있다. 조선 초 권근이 이 절에 머물다가 건물들이 퇴락한 것을 보고 안타깝게 여겨 공장(工匠)을 청해 중창했다. 그 뒤의 연혁은 전하지 않는다. 고려 때 개성에는 성의 안팎에 두 개의 감로사가 있었는데, 이 절은 성밖에 있던 것이다. 1900년대에 편찬된 《사탑고적고(寺塔古蹟攷)》에는 절터가 남아 있다고 나와 있다. 【참고문헌】 동국여지승람, 사탑고적고

감로사(甘露寺)
【위치】 경상남도 김해시 상동면 감로리 신어산(神魚山)에 있었다. 【연혁】 1237년(고려 고종 24) 해안(海安)이 창건했다. 충렬왕 때(1274~1308) 원감(圓鑑)국사 충지(沖止)가 주지로 있었다. 1407년(조선 태종 7)에는 자은종(慈恩宗)의 자복사찰(資福寺刹)이었으며, 선교양종시대에는 선종(禪宗)에 속했다. 《조선금석총람》에 1731년(영조 7) 이 절에 진남루(鎭南樓)를 지었다는 기록이 있는 점 등으로 보아 이 절이 조선 후기까지 존립했음을 알 수 있다. 《동문선》에는 고려 숙종 때 박인량(朴寅亮)이 지은 시인 '감로사'가 보이며, 읍지에는 안유(安裕)와 이견간(李堅幹)이 지은 시가 수록되어 있다. 부속 암자로는 해안이 감로사와 함께 창건한 백련암이 있었으나, 지금은 폐사되었다. 【유적·유물】 절터에는 삼층석탑재와 비석대좌, 연화대석 등이 잔존하고 있었으나, 1975년 동아대학교 박물관으로 옮겨 보관하고 있다. 현재 이곳에는 석종형 사리부도 2기가 있는데, 누구의 것인지는 알 수 없다. 【참고문헌】 조선금석총람(총독부, 1919), 문화유적총람(문화재관리국, 1977), 한국사찰전서(권상로, 동국대학교 출판부, 1979)

감로사(甘露寺)
【위치】 경기도 개성시 채하동(彩霞洞) 북쪽 언덕에 있었다. 【연혁】 고려 말 이전에 창건됐다. 자세한 연혁은 전하지 않는다. 조선시대에 세조(재위 1455~1468)의 원당으로 《원각사어제계문(圓覺寺御製誡文)》을 봉안하고 있었으나, 이 절이 폐사된 뒤 대흥사(大興寺)로 옮겨 봉안했다. 고려 때 개성에는 성의 안팎에 두 개의 감로사가 있었는데, 이 절은 성안에 있던 것으로 추정된다. 【참고문헌】 한국사찰전서(권상로, 동국대학교 출판부, 1979)

감로사(甘露寺)
천은사(泉隱寺)를 보시오.

감로암(甘露庵)
【위치】 전라남도 순천시 송광면 신평리 조계산 서쪽 기슭에 있다. 【소속】 대한불교조계종 제21교구 본사인 송광사의 산내 암자이다. 【연혁】 고려 때 송광사의 제6

세 원감(圓鑑) 국사 충지(沖止, 1226~1292)가 창건했다. 일찍이 충지가 김해 감로사(甘露寺)에서 수행했던 것을 기념하기 위해 이 절의 이름을 감로암이라 했다는 설이 있다. 창건 이후의 자세한 연혁은 전하지 않는다. 1877년(조선 고종 14) 경원(敬圓)과 재신(裁臣) 등이 중창했고, 1920년 성봉(性峯)이 별실을 건립했다. 그러나 1950년 6·25전쟁 때 모든 건물이 소실하여 폐허화했다. 1971년 여신도 일심화(一心華)가 시주해 중건했다. 현재 송광사 경내에 있는 유일한 비구니의 수도처이다. 【유적·유물】 현존하는 건물로는 2층 누각 형식을 취한 법당 겸 승당이 있으며, 문화재로는 충지의 생애와 업적을 기록한 비가 있다. 【참고문헌】 송광사지(임석진), 한국의 사찰 6―송광사(한국불교연구원, 일지사, 1975)

감로암(甘露庵)

【이명】 북암(北庵)이라고도 불린다. 【위치】 경상북도 경주시 양북면 호암리 함월산(含月山)에 있다. 【소속】 대한불교조계종 제11교구 불국사의 말사인 기림사(祇林寺)의 산내 암자이다. 【연혁】 조선시대에 창건된 것으로 추정된다. 경내에 감로수라는 약수가 있으므로 이름을 감로암이라고 했다고 한다. 자세한 연혁은 전하지 않는다. 【유적·유물】 건물로는 법당, 산신각, 칠성각, 요사채가 있다. 모두 조선시대의 건물이다. 【참고문헌】 한국사찰전서(권상로, 동국대학교 출판부, 1979)

감로원(甘露院)

귀법사(歸法寺)를 보시오.

감산사(甘山寺)

【위치】 경상북도 경주시 외동읍 괘릉리 남월산(南月山) 서쪽 기슭에 있다. 【소속】 대한불교조계종 제11교구 본사인 불국사의 말사이다. 【연혁】 719년(신라 성덕왕 18) 2월 중아찬(重阿飡) 김지성(金志誠)이 감산에 있는 장전(莊田)을 희사하여 아버지 인장(仁章) 일길간(一吉干)과 어머니 관초리 부인(觀肖里 夫人)의 명복을 빌고, 국왕과 그 일족의 안녕을 기원하기 위해 창건했다. 창건 후 어머니를 위해 미륵보살상 1위를, 아버지를 위해 아미타불상 1위를 조성하여 봉안했다. 그 뒤의 연혁은 전하지 않는다. 현재 비구니들의 수도도량이다. 【유적·유물】 건물로는 법당 2동이 있다. 법당에 봉안된 비로자나불좌상은 1920년 무렵 절터에서 출토된 것이다. 절터에 있던 석조미륵보살입상(국보 제81호)과 석조아미타불입상(국보 제82호)이 1915년 서울로 옮겨져 현재 국립중앙박물관에 보관되어 있다. 현재 절터는 전답으로 변하여 삼층석탑(경상북도 문화재자료 제95호) 1기 외에 별다른 유물은 발견되지 않고 있다. 이 석탑은 도괴 상태에 있던 것을 1965년 다시 세운 것이다. 【참고문헌】 삼국유사, 조선금석총람(조선총독부, 1919)

감악사(紺岳寺)

백련사(白蓮寺)를 보시오.

감악사(紺岳寺)

봉암사(鳳巖寺)를 보시오.

감은사(感恩寺)

【위치】 경상북도 경주시 양북면 용당리 동해안에 있었다. 【연혁】 681년(신라 신문왕 1) 신문왕이 부왕 문무왕의 뜻을 이어 창건했다. 문무왕은 바닷가에 이 절을 세워 부처님의 힘으로 왜구를 격퇴하려 했으나, 절을 완공하기 전에 위독하게 되었다. 문무왕은 지의(智義) 스님에게 '내

가 죽은 후 용이 되어 부처님의 법을 받들고 나라를 지킬 것이다.'라고 유언하고 죽었다. 이에 따라 화장한 뒤 동해에 안장했으며(절터 부근 동해에 문무왕의 海中陵인 大王巖이 있다), 신문왕이 부왕의 뜻을 받들어 절을 완공하고 이름을 감은사라고 했다. 이때 금당 아래에 용혈을 파서 용으로 변한 문무왕이 해류를 타고 출입할 수 있도록 배려했다고 한다. 682년 5월 신문왕은 동해의 호국룡이 된 문무왕과 삼십삼천(三十三天)의 아들로 태어난 김유신(金庾信)에게서 나라를 지킬 보물로 신비스러운 피리인 만파식적(萬波息笛)을 얻었다고 한다. 그 뒤 이 절은 황룡사(皇龍寺), 사천왕사(四天王寺) 등과 함께 호국의 절로서 명맥을 이어 왔다. 1481년(조선 성종 12)에 편찬된 《동국여지승람》에는 이 절이 존재한다고 나와 있고, 1799년(정조 23)에 편찬된 《범우고(梵宇攷)》에는 지금은 폐사되었다고 나와 있는 것으로 미루어 보아 조선 중기에 폐사된 것으로 추정된다. 【유적·유물】절터 일원이 사적 제31호로 지정되어 있다. 절터에는 삼층석탑(국보 제112호) 2기가 있는데, 제일 윗부분인 찰주(擦柱)의 높이까지를 합하면 13.4m로 우리 나라에 현존하는 석탑 중에서 가장 크다. 이 탑은 고선사(高仙寺)의 삼층석탑, 나원리의 오층석탑 등과 함께 신라 통일기의 전형적인 탑과 양식을 따르고 있다. 1966년 이 쌍탑 중 서편 삼층석탑에서 임금이 타는 수레의 형태인 보련형(寶輦形) 사리함(보물 제366호)이 발견되었다. 【참고문헌】삼국유사, 신라의 폐사(한국불교연구원, 일지사, 1974), 동국여지승람, 범우고

감은사(感恩寺)

감응사(感應寺)를 보시오.

감응사(感應寺)

【이명】한때 감응암(感應庵), 감은사(感恩寺)라고 불렸다. 【위치】경상북도 성주군 월항면 대산리 영취산(靈鷲山) 중턱에 있다. 【소속】대한불교조계종 제9교구 본사인 동화사의 말사이다. 【연혁】802년(신라 애장왕 3) 애장왕의 명으로 보조 체징(普照 體澄)이 창건하여 감응암(또는 감은사)이라고 했다. 수차에 걸쳐 중건·중수해 오다가 1592년(조선 선조 25) 임진왜란 때 불에 타자, 1675년(숙종 2) 중창했다. 1752년(조선 영조 28) 이민수(李敏樹)가 중수했고, 1780년(정조 4) 이규진(李奎鎭)이 중수했다. 이어 1921년 이상진(李相珍)이 중수했으며, 1970년대 김평타가 영선원(靈禪院)을 지었고, 1975년 대웅전을 중수했다. 【유적·유물】현존하는 건물로는 대웅전을 비롯하여 칠성각, 봉래당, 요사채 등이 있다. 특별한 문화재는 없다. 【설화】창건에 얽힌 설화가 전한다. 애장왕이 늦게 아들을 얻었으나, 왕자가 날 때부터 눈이 나빠서 앞을 볼 수 없었다. 어느 날 밤 꿈에 나타난 스님의 지시로 이곳에 있는 약수를 구하여 왕자의 눈을 씻게 하자 왕자가 앞을 볼 수 있었다. 왕은 약수의 은혜를 잊지 못하여 이곳에다 절을 짓고 감은사라 했다고 한다. 이 약수는 절 뒤의 절벽 바위 사이에서 흘러 나오는 물로서 그 샘을 옥류정(玉流井)이라고 하며, 지금도 물맛이 달고 차가워서 약수로 이름이 높다. 【참고문헌】한국사찰전서(권상로, 동국대학교 출판부, 1979), 내 고장 성주(성주군, 1985)

감응암(感應庵)

감응사(感應寺)를 보시오.

감추사(甘湫寺)

【이명】한때 신건암(新建庵), 대은사분암 (大恩寺分庵)이라고 불렸다. 【위치】강원 도 동해시 송정동에 있다. 【소속】한국불 교태고종에 속한다. 【연혁】신라 진평왕 (재위 579~632)의 셋째 딸 선화공주(善 花公主)가 창건했다고 하나 신빙성은 없 다. 선화공주는 백제의 무왕과 결혼한 다 음 백풍병이 들었다. 그러나 백약이 무효 하자 그녀는 익산 용화산(지금의 미륵산) 사자사(師子寺)의 법사 지명(知命)의 가 르침에 따라 동해안의 감추(甘湫)로 갔 다. 그녀는 이곳의 천연 석굴에 불상을 모 시고 매일 낙산 용소(龍沼)에서 목욕재계 하며 3년 동안 기도를 드렸다. 마침내 병 을 완치한 그녀는 부처님의 은덕을 기려 이 절을 창건했다고 한다. 그 뒤 폐사되었 다가, 1902년 다시 절을 세우고 신건암 또는 대은사분암이라 불렀다. 1959년 해 일로 인해 석실과 불상이 유실했다. 1965 년 주지 인학(仁學)이 법당을 중건하고 요사채를 세워 오늘에 이르고 있다. 【유 적·유물】건물로는 중심 법당인 관음전 과 삼성각, 용왕각, 요사채가 있다. 그러 나 창건 당시의 절터 흔적은 전혀 없고, 석굴만 남아 있다. 특별한 문화재는 없고, 절 입구에 1979년 3월에 세워진 오층석탑 이 있다. 한 여신도가 죽으면서 자신의 아 들 박복수(朴福壽)에게 유언하여 세운 것 이라 한다. 【참고문헌】전통사찰총서 1- 강원도 1(사찰문화연구원, 1992)

갑사(甲寺)

【이명】한때 계룡갑사(鷄龍甲寺), 갑사 (岬寺), 갑사사(甲士寺), 계룡사(鷄龍寺) 라고도 불렸다. 【위치】충청남도 공주시 계룡면 중장리 계룡산 연천봉 아래에 있

다. 【소속】대한불교조계종 제6교구 본사 인 마곡사의 말사이다. 【연혁】420년(신 라 눌지왕 4) 아도(阿道)가 창건했다는 설 과 556년(진흥왕 17) 혜명(惠明)이 창건 했다는 설, 아도가 창건하고 혜명이 중창 했다는 설 등이 있다. 또한 503년(지증왕 4) 천불전(千佛殿)을 신축했다고 한다. 679년(문무왕 19) 의상(義湘)이 중수하고 '화엄대학지소(華嚴大學之所)'로　삼았으 며, 이때부터 신라 화엄십찰(華嚴十刹)의 하나가 되었다. 그 뒤 859년(헌안왕 3)과 887년(진성여왕 1)에 중창했다. 1424년 (조선 세종 6) 4월 나라에서 절의 승려 수 와 토지의 규모를 정할 때, 예조에서 '충 청도 공주 계룡사는 원래 100결의 토지가 있었지만 이제 50결을 더해서 70명의 승 려를 거주토록 할 것'을 건의하여 그대로 결정되었다. 1583년(선조 16) 여름에는 정문루(正門樓)를 중수했고, 1584년 여름 에는 철 8천 근을 들여 대종(大鐘)을 주 조했다. 1597년(선조 30) 정유재란으로 건물이 모두 불탄 뒤 대웅전과 진해당(振 海堂)을 중건했고, 1654년(효종 5)에는 사정(思淨), 신휘(愼徽), 일행(一行), 정 화(正華) 등의 승려가 관찰사 강백년(姜 栢年)의 도움을 받아 크게 중창했다. 이 해 여주목사 이지천(李志賤)이 지은 공주 계룡산 갑사사적비를 건립했고, 1738년 (영조 14)에는 표충원(表忠院)을 세웠다. 1797년(정조 21) 선사 원(圓)이 중창했 다. 1875년(고종 12) 중수했으며, 1899년 (광무 3) 적묵당(寂默堂)을 신축했다. 부 속 암자로는 1808년(순조 8) 청담(淸潭) 이 세운 내원암(內院庵), 수정봉 아래의 신흥암(新興庵), 대성암(大聖庵), 대적암 (大寂庵), 대자암(大慈庵) 등이 있다. 【유

적·유물】 현존하는 건물로는 대웅전(충청남도 유형문화재 제105호)을 중심으로 강당(충청남도 유형문화재 제95호), 대적전(大寂殿; 충청남도 유형문화재 제106호), 천불전, 응향각, 진해당, 적묵당, 팔상전(충청남도 문화재자료 제54호), 표충원(충청남도 문화재자료 제52호), 삼성각(충청남도 문화재자료 제53호), 종각, 요사채 등이 있다. 또한 대웅전 안에는 석조약사여래입상(충청남도 유형문화재 제50호)과 석조보살입상(충청남도 유형문화재 제51호)이 있다. 강당에는 절도사 홍재의(洪在義)가 쓴 '계룡갑사'라는 현판이 걸려 있으며, 표충원에는 청허 휴정(淸虛 休靜), 사명 유정(四溟 惟政), 기허 영규(騎虛 靈圭)의 영정이 봉안되어 있다. 이 밖에도 주요 문화재로는 철당간 및 지주(보물 제256호)와 부도(보물 제257호), 동종(보물 제478호), 선조 2년에 간행된 월인석보판목(보물 제582호), 갑사사적비(충청남도 유형문화재 제52호), 영규대사묘(충청남도 기념물 제15호), 중사자암(中獅子庵) 터의 삼층석탑(충청남도 문화재자료 제55호), 영규대사비(충청남도 문화재자료 제56호), 천진보탑(天眞寶塔; 충청남도 문화재자료 제68호) 등이 있다. 이 중 팔각원당형(八角圓堂型)의 부도는 절 뒤편의 산 속에 있었으며, 상륜부까지 갖춘 완전한 형태로 보존되어 오다가 1917년 도괴한 뒤 대적전 앞으로 옮겼다. 1583년(선조 16) 주조된 동종은 일제강점기에 쇠 공출로 강탈당했다가 광복 후 인천에서 발견되어 다시 찾아온 것이다. 【참고문헌】 세종실록, 한국사찰전서(권상로, 동국대학교 출판부, 1979), 충청남도 사찰 사료집(불교학보 2, 1964), 한국의 명산 대찰(국제불교도협의회, 1982), 명산 고찰 따라(이고운·박설산, 신문출판사, 1987)

갑사(岬寺)
가슬갑사(嘉瑟岬寺)를 보시오.

갑사(岬寺)
갑사(甲寺)를 보시오.

갑사사(甲士寺)
갑사(甲寺)를 보시오.

갑장사(甲長寺)
【위치】 경상북도 상주시 지천동 연악산(淵岳山) 상봉에 있다. 【소속】 대한불교조계종 제8교구 본사인 직지사의 말사이다. 【연혁】 1373년(고려 공민왕 22) 나옹혜근(懶翁 惠勤)이 창건했다. 1797년(조선 정조 21) 연파(蓮坡)가 중수했다. 그 뒤의 자세한 연혁은 전하지 않는다. 1990년 초 법당이 전소하여 주지 세웅(世雄)이 중창했다. 【유적·유물】 현존하는 건물로는 인법당(因法堂)과 산신각 등이 있다. 원래의 법당은 지금의 위치에서 동쪽 빈터에 자리잡고 있었다. 법당 안에는 금동관세음보살좌상이 봉안되어 있는데, 복장기(腹藏記)에 의하면 이 불상은 1689년(조선 숙종 15)에 조성되었음이 확인되나 조각 수법은 고려시대의 불상 양식을 띠고 있다. 이 밖에도 이 절에는 삼층석탑(경상북도 문화재자료 제125호) 1기와 부도 3기가 있다. 석탑은 단층 기단에 고려시대의 양식을 띠고 있으며, 부도는 조선 후기의 전형적인 석종형 부도이나 누구의 것인지는 알 수 없다. 【설화】 절 인근에 상사(相思)바위가 있다. 계행(戒行)이 높은 어느 스님에게 절 건축 불사 중에 한 여신도가 연정을 품었다. 스님은 불사를 마치고 그 여인 몰래 훌쩍 유랑길에 나서 마침내 이 절에 이르러 수행에 정진했다.

그러나 여인은 사무치는 그리움을 참지 못하고 사방을 헤맨 끝에 이 절까지 스님을 찾아왔다. 반가운 해후도 잠깐일 뿐 스님은 다시 몸을 피해 버렸다. 여인은 하산하는 스님을 찾으려고 높은 바위 위에 올랐다. 이때 아미타불을 염송하며 하산하는 스님의 모습이 보였다. 여인은 자신의 잘못을 깨닫고 몸을 던져 죽었다. 그 뒤부터 이 바위를 상사바위라고 부른다. 【참고문헌】문화유적총람(문화재관리국, 1977)

강당사(講堂寺)
【이명】한때 보원사(普願寺)라고도 불렸다. 【위치】충청남도 서산시 운산면 용현리 상왕산(象王山)에 있었다. 【연혁】신라 때 창건된 것으로 추정된다. 최치원(崔致遠, 857~?)이 편찬한 《법장화상전(法藏和尙傳)》에는 당시 우리 나라에서 화엄학을 크게 펼치던 10개 절 중의 하나로 이 절을 꼽고 있다. 또한 974년(고려 광종 25) 법인 탄문(法印 坦文)은 국사가 된 뒤 노환으로 이 절에 가서 대중들로부터 부처님과 같은 대접을 받다가 975년 3월 입적했다. 1036년(정종 2) 5월 정종은 '아들 네 명을 둔 자는 그중 한 명을 영통사(靈通寺)나 숭법사(嵩法寺), 보원사, 동화사(桐華寺) 등의 계단(戒壇)에 출가시켜 스스로 배운 경전과 계율을 시험치게 하라.'고 명했다. 고려 말에 진정 천책(眞靜 天頙)이 편찬한 《호산록(湖山錄)》에는 '보원사는 옛 이름이고 강당사가 새 이름이다.'라고 밝히고 있다. 1481년(조선 성종 12)에 편찬된 《동국여지승람》에는 이 절이 존재한다고 나와 있으나, 1900년대에 편찬된 《사탑고적고(寺塔古蹟攷)》에는 절터만 남아 있다고 나와 있다. 조선시대 중·후기에 폐사된 것으로 추정된다. 【유적·유물】절터가 사적 제316호로 지정되어 있다. 절터에서 마애삼존불상(국보 제84호)이 1959년 발굴되었다. 이 마애불은 가운데에 석가여래입상, 좌측에 반가사유상, 우측에 보살입상이 새겨져 있다. 마애불이 있는 계곡 위에는 오층석탑(보물 제104호)을 비롯하여 법인국사보승탑(法印國師寶乘塔 ; 보물 제105호), 법인국사보승탑비(보물 제106호), 당간지주(보물 제103호), 석조(石槽 ; 보물 제102호) 등이 있다. 이 유적들로 보아 이 절의 규모가 매우 컸음을 알 수 있으나, 자세한 발굴은 이루어지지 않은 상태이다. 【참고문헌】문화유적총람(문화재관리국, 1977), 한국사찰전서(권상로, 동국대학교 출판부, 1979)

강당사(講堂寺)
【위치】충청남도 아산시 송악면 강당리 광덕산(廣德山)에 있다. 【소속】한국불교태고종에 속한다. 【연혁】1864년(조선 고종 1) 유생(儒生)들이 창건했다. 숙종 때(1674~1720) 경연관(經筵官)을 지낸 외암 이간(巍巖 李柬)이 관선재(觀善齋)를 짓고 유학을 강론했는데, 1864년에 흥선대원군이 국가 재정의 낭비와 당쟁의 요인을 없애고자 서원(書院)을 철폐하려 할 때 이를 모면하고자 관선재에 마곡사에서 모셔 온 불상을 봉안하고 승려를 두어 절로 삼았다. 그러므로 절 이름을 강당사라고 불렀다. 그 뒤의 자세한 연혁은 전하지 않는다. 【유적·유물】건물로는 법당과 요사채가 있다. 유물로는 여래좌상과 《외암문집》 목판 등이 있다. 여래좌상은 토불(土佛)에 도금한 것으로 1864년 마곡사에서 옮겨 온 것이다. 《외암문집》 목판은 이간의 둘째 아들 이이병(李頤炳)이

영천군수(榮川郡守)를 지낼 때에 이간의 유서(遺書)를 모아 판각한 것으로 303매가 보관되어 있다. 【참고문헌】문화유적총람-사찰편(충청남도, 1990)

강산사(糠山寺)

원갑사(圓甲寺)를 보시오

강서사(江西寺)

【이명】한때 견불사(見佛寺), 영운사(靈雲寺), 영은사(靈隱寺)라고 불렸다. 【위치】황해도 백천군 강호리 운달산(雲達山)에 있다. 【연혁】신라 말기에 연기 도선(烟起 道詵, 827~898)이 부호 양(梁)씨에게 권하여 그의 집을 절로 삼았다. 원래의 절 이름은 영은사(靈隱寺), 또는 영운사(靈雲寺)였으나, 예성강의 서쪽에 있기 때문에 창건 직후 강서사라고 바꿨다. 고려시대에는 대각(大覺) 국사 의천(義天, 1055~1101)의 제자인 혜소(惠素)가 주지로 있었기 때문에 김부식(金富軾) 등을 비롯한 시인 묵객들이 자주 찾았다. 1092년(선종 9)에는 선종의 왕태후가 천태종 예참법(禮懺法)을 만 일 동안 이곳에서 열었는데, 이로 미루어 보아 천태종의 종찰(宗刹)이었던 국청사(國淸寺)와 깊은 관련이 있었음을 알 수 있다. 1407년(조선 태종 7) 이 절은 중신종(中神宗)의 자복사찰(資福寺刹)이 되었다. 또한 세조(재위 1455~1468)는 원각사(圓覺寺)에 있던 장륙불(丈六佛)을 이 절에 옮겨 두었다. 이때 절에서 사방을 둘러보면 모두 부처님이 바라보이는 듯했기 때문에 견불사라고도 불렀다. 1592년(선조 25) 임진왜란 때 소실한 것을 복구했으며, 1651년(효종 2) 다시 소실하여 4년 뒤에 중창했다. 그 뒤의 자세한 연혁은 전하지 않는다. 일제강점기의 31본산시대에는 성

불사(成佛寺)의 말사였다. 【유적·유물】현존하는 건물로는 대웅전과 승당이 있다. 대웅전은 1662년(현종 3)에서 1722년(경종 2) 사이에 중창된 건축물이다. 문화재로는 고려시대에 조성된 칠층석탑과 오층석탑이 있다. 기단부 하대중석에 새겨진 연화문과 상대중석의 사천왕상을 비롯하여 각층의 옥신(屋身)에는 불좌상이 새겨진 화려한 탑이다. 이 밖에도 뜰 앞에는 고탑, 사적비 등이 있다. 【참고문헌】송도의 고적(고유섭, 열화당, 1979), 한국사찰전서(권상로, 동국대학교 출판부, 1979), 북한사찰연구(한국불교종단협의회, 1993)

강천사(剛泉寺)

【이명】한때 복천사(福川寺, 福泉寺), 강천사(剛川寺)라고 불렸다. 【위치】전라북도 순창군 팔덕면 청계리 강천산(剛泉山)에 있다. 【소속】대한불교조계종 제24교구 본사인 선운사의 말사이다. 【연혁】887년(신라 진성여왕 1) 연기 도선(烟起 道詵)이 창건했다. 1316년(고려 충숙왕 3) 덕현(德賢)이 오층석탑과 12개 암자를 창건하여 사세를 확장했다. 이어 1482년(조선 성종 13) 신말주(申末舟)의 부인 설(薛)씨의 시주를 얻어 중창했다. 원래의 절 이름은 복천사였으나, 선조 때 학자 송익필(宋翼弼)이 '숙강천사(宿剛泉寺)'라는 시를 지은 것으로 보아 이 이전에 이름이 강천사로 바뀐 것으로 추정된다. 1592년(선조 25) 임진왜란 때 이 절과 12개의 부속 암자가 전소했으며, 1604년 소요 태능(逍遙 太能)이 중창하여 강천사만은 이전의 면모를 갖추었다. 1760년(영조 36)에 편찬된 《옥천군지(玉川郡誌)》에는 명적암(明寂庵), 용대암(龍臺庵), 연대암(連臺庵), 왕주암(王住庵), 적지암(積智庵)

등 5개의 부속 암자가 남아 있다고 나와 있다. 1855년(철종 6) 금용(金容)이 중창했으나, 1950년 6·25전쟁 때 보광전(普光殿), 첨성각(瞻星閣), 칠성각 등의 건물들이 불탔다. 그 뒤 주지 김장엽(金奬燁)이 1959년 첨성각을, 1977년 관음전을, 1978년 보광전을 각각 신축했다. 현재 비구니들의 수도도량이다. 역사적으로 이 절에는 비구보다 비구니들이 많이 머물렀는데, 그 까닭은 창건자 도선이 '머리카락과 수염이 없는 사람이 있어야 빈찰(貧刹)이 부찰(富刹)로 바뀌고 도량이 정화된다'고 한 예언에 따라 절을 유지하여 왔기 때문이라고 한다. 【유적·유물】건물로는 대웅전과 보광전, 관음전, 요사채가 있다. 문화재로는 오층석탑(전라북도 유형문화재 제92호)과 금강문(金剛門), 삼인대(三印臺 ; 전라북도 유형문화재 제27호) 등이 있다. 오층석탑은 1316년 덕현이 중창할 때 건립한 탑으로서 대웅전 앞에 있는데, 1950년 6·25전쟁 때 파괴되었던 것을 1959년 김장엽이 보수했다. 금강문은 자연암석으로 된 사각문으로 1316년 덕현이 절 주위의 풍치가 금강산과 비슷하다고 하여 붙인 이름이라고 전한다. 삼인대는 세 사람의 관인(官印)을 소나무에 걸었던 곳이라고 하여 붙여진 이름이다. 1506년(연산군 12) 연산군의 학정이 극에 달하자 중종반정(中宗反正)이 일어나 중종이 신수근(愼守勤)의 딸을 왕비로 맞았으나 역적 신수근의 딸이라고 하여 8일 만에 폐위했는데, 순창군수 김정(金淨)과 담양부사 박상(朴祥), 부안현감 유옥(柳沃)이 강천산에서 밀회하여 죽음을 각오하고 관인을 소나무에 걸어 놓고 신씨를 복위하는 것이 대의에 타당하다고 상소했

다. 1775년(영조 51) 신씨가 복위되어 단경왕후(端敬王后)로 추증되자 이곳에 비와 비각을 세웠으며, 1977년 보수했다. 【설화】이 절에는 천 년 묵은 지네와 관련된 설화가 전한다. 천 년 묵은 지네가 인간으로 변신하려는데, 법당에서 피우는 향냄새가 너무 독해서 인간이 되지 못했다. 그래서 그 앙갚음으로 요괴가 되어 매일 밤 승려 한 사람씩을 죽였다고 한다. 【참고문헌】문화유적총람(문화재관리국, 1977), 한국사찰전서(권상로, 동국대학교출판부, 1979), 사찰지(전라북도, 1990)

강천사(剛川寺)

강천사(剛泉寺)를 보시오.

개경사(開慶寺)

【위치】경기도 구리시 검암산(檢嚴山) 남쪽 골짜기에 있었다. 【연혁】원래는 조선 태조의 능인 건원릉(建元陵)의 재궁(齋宮)이었다. 현릉(顯陵) 동쪽에 있었던 것을 능과 가깝다는 이유로 조선 초기에 이곳으로 옮겼으며, 1408년(태종 8) 7월 29일 이름을 개경사로 고치고 조계종(曹溪宗)에 소속시켰다. 이와 함께 노비 150명과 전지(田地) 백 결을 이 절에 소속시켰으며, 1409년 5월 21일 법회를 개최했다. 1410년 4월 8일 태종의 명으로 송림현(松林縣 ; 지금의 개성) 선흥사(禪興寺)의 탑을 이 절로 옮겼고, 1412년 8월 13일 안정왕후(安定王后)의 칠재(七齋)를 행했다. 이 해 10월 18일에는 주지 성민(省敏)의 청에 따라 경주 백률사(栢栗寺)의 전단관음상(栴檀觀音像)을 이 절로 옮겨 모셨으며, 1413년(태종 13)에는 해인사의 대장경을 인출(印出)하여 이곳에 봉안했다. 1414년 5월 19일 법회를 열고 대장경을 전독했으며, 1418년 8월 13일 세종

이 이 절에 쌀 50석을 하사했다. 1419년(세종 1) 11월 15일 김구덕(金九德)이 정종의 칠재를 지냈으며, 1424년(세종 6) 나라에서 전국 절의 승려 수와 전지를 정할 때 승려 2백 명, 전지 4백 결로 했다. 1434년 4월 세종이 이 절의 승려에게 반승(飯僧)하는 것을 항례로 삼게 했으며, 1442년(세종 24) 10월에는 이 절에 유생들이 출입하는 것을 금했다. 단종 때(1452~1455)에는 절을 옮겨 짓는 문제가 제기되었으나 옮기지 않았다. 1799년(정조 23)에 편찬된 《범우고(梵宇攷)》에는 이미 폐사된 것으로 나와 있다. 【참고문헌】태종실록, 동국여지승람, 범우고

개국사(開國寺)

【위치】경기도 개성시 덕암리 탄현문(炭峴門) 밖에 있었다. 【연혁】921년(고려 태조 4) 태조가 창건했다. 후삼국을 통일한 태조가 나라의 번영을 빌고 전쟁에 시달린 백성들을 쉬게 하고자 창과 방패를 부수어 절을 만들게 할 때, 그 일환으로 이 절을 창건하고 남산종(南山宗)의 율승들로 하여금 머무르게 했다. 946년(정종 1) 정종은 이 절에 부처님 사리를 봉안했고, 성종(재위 982~997)은 서희(徐熙)의 병을 염려하여 이 절에서 기원했다. 또한 1018년(현종 9) 현종은 사리탑을 중수한 뒤 금강계단(金剛戒壇)을 만들어서 3천2백 인의 승려를 득도시켰다. 1042년(정종 8)에는 정종이 태조의 휘신도량(諱辰道場)을 열었고, 1086년(선종 3) 5월에는 문종의 왕자인 대각(大覺) 국사 의천(義天)이 송나라에서 송판대장경(宋版大藏經)을 가지고 귀국하자 선종이 이를 이 절에 봉안하고 도량을 열었으며, 이듬해에는 선종이 대장경경성법회(大藏經慶成

法會)를 열었다. 또한 예종은 선왕인 숙종과 명의태후(明懿太后)의 영가를 이 절에 봉안한 뒤 매년 기일마다 찾아와 분향했으며, 1179년(명종 9) 11월에는 명종이 백고좌법회(百高座法會)를 열었다. 그러나 1236년(고종 23) 몽고의 침략으로 소실하여 방치된 채 소규모로 명맥만 이어오다가, 1323년(충숙왕 10) 남산종의 목헌 구공(木軒 丘公)을 중심으로 한 승려들이 중창을 시작하여 1325년 완공했다. 그 뒤의 연혁은 전하지 않으나, 1481년(조선 성종 12)에 편찬된 《동국여지승람》의 기록으로 보아 조선 중기까지는 존속했던 것으로 추정된다. 고려시대의 10대 절 중의 하나로 이름이 높았다. 【유적·유물】절터에 있었던 칠층석탑은 일제강점기에 개성역사박물관으로 옮겼는데, 그때 탑 안에서 《묘법연화경》 7책이 발견되었으며, 제7책의 말미에는 염승익(廉承益, ?~1302)이 지은 발원문이 있다. 현재 서울 국립중앙박물관에 보관되어 있는 남계원(南溪院) 칠층석탑(국보 제100호)이 이 탑일 것으로 추측된다. 석등(북한 국보급 문화재 제32호)도 1936년 개성역사박물관에 옮겨 세워졌는데, 고려 초기의 것으로 추정된다. 【참고문헌】고려사, 동국여지승람, 송도의 고적(고유섭, 열화당, 1979), 북한사찰연구(한국불교종단협의회, 1993)

개량사(開良寺)

용주암(龍珠庵)을 보시오.

개목사(開目寺)

【이명】한때 천등사(天燈寺), 흥국사(興國寺), 개목암(開目庵)이라고 불렀다. 【위치】경상북도 안동시 서후면 태장리 천등산(天燈山)에 있다. 【소속】대한불교조계

종 제16교구 본사인 고운사의 말사이다. 【연혁】 신라 때 의상(義湘, 625~702)이 창건했으며, 이때의 절 이름은 천등사, 또는 흥국사였다고 한다. 고려시대에는 정몽주(鄭夢周, 1337~1392)가 이 절에서 공부했으며, 조선 초기에는 맹사성(孟思誠, 1360~1438)이 안동부사로 부임하여 안동 지방에 맹인이 많은 것을 알고, 맹인이 생기지 않도록 해달라는 뜻에서 중수한 뒤 개목사라고 이름을 바꿨다. 【유적·유물】 현존하는 건물로는 법당인 원통전(보물 제24호)과 요사채, 그리고 문을 겸한 종루가 있다. 이 중 원통전은 1457년(세조 3)에 건립된 것으로 추정된다. 건물 전면은 마루로 깔았고, 후면에는 온돌방을 만들었으며, 중앙의 후벽에 불단을 설치했다. 이처럼 법당에 온돌방을 만든 것으로는 조선 초기 건물 중 아주 희귀한 것이다. 【설화】 창건에 얽힌 설화가 전한다. 의상이 출가하여 이 산 정상 부근의 큰 바위 밑에서 수도를 했는데, 하늘에서 큰 등불을 내리 비춰 주었다. 의상은 99일 만에 도를 깨치고 지금의 터에 99칸의 절을 창건했으며, 하늘의 등으로 불을 밝혔다고 하여 천등사라고 절 이름을 지었다고 한다. 【참고문헌】 문화유적총람(문화재관리국, 1977), 명산 고찰 따라(박설산·이고운, 신문출판사, 1987)

개목암(開目庵)
개목사(開目寺)를 보시오.

개선사(開仙寺)
【위치】 전라남도 담양군 남면 학선리에 있었다. 【연혁】 신라 때 창건됐다. 절터에 남아 있는 석등의 명문에 따르면, 신라 경문왕과 문의왕후, 그리고 공주의 발원으로 영판(靈判)이 석등을 조성하여 868년(경문왕 8) 첫불을 밝혔다고 한다. 언제 폐사되었는지 전하지 않는다. 【유적·유물】 석등(보물 제111호)은 높이 3.5m로 통일신라시대의 것으로 보이며, 891년(진성여왕 5) 입운(入雲)이 새긴 명문이 있다. 신라시대 석등 가운데 유일하게 명문을 남기고 있어 이와 비슷한 다른 석등의 연대를 추정하고 각부의 양식과 조식(彫飾)을 비교·연구하는 데 표준이 된다. 【참고문헌】 조선금석총람(조선총독부, 1919), 국보 7-석조(정영호, 예경산업사, 1984)

개선사(開善寺)
대승암(大乘庵)을 보시오.

개성사(開聖寺)
개성암(開聖庵)을 보시오.

개성암(開聖庵)
【이명】 개성사(開聖寺)라고도 불렸다. 【위치】 경기도 개풍군 영북면 고덕리 성거산(聖居山)에 있었다. 【연혁】 언제 누가 창건했는지 알 수 없다. 고려 공민왕 때(1351~1374)의 문신인 정지상(鄭之祥)이 지은 '개성사 팔척방시(八尺房詩)'가 《동문선(東文選)》에 실려 있다. 1868년(조선 고종 5) 모든 건물이 불에 타서 이듬해 일허(一虛)가 중건했다. 1907년 김경봉(金敬峰)이 화주가 되어 나한전을 중건했으며, 1932년 주지 백구명(白具明)이 요사를 중건했다. 일제강점기의 31본산시대에는 전등사(傳燈寺)의 말사인 운흥사(雲興寺)의 산내 암자였다. 현재의 상황은 알 수 없으나 북한측 자료에 의하면 현존하지는 않는다. 【참고문헌】 전등사본말사지, 한국사찰전서(권상로, 동국대학교 출판부, 1979), 북한사찰연구(한국불교종단협의회, 1993)

개심사(開心寺)

【위치】 함경남도 신흥군 원평면 신성리 천불산(千佛山)에 있었다. 【연혁】 648년(신라 진덕여왕 2) 원효(元曉)가 창건했다. 888년(진성여왕 2) 연기 도선(烟起 道詵)이 자신이 지정한 3,800개의 비보사찰(裨補寺刹) 중의 하나로서 이 절을 중창했다. 981년(고려 경종 6) 대장전(大藏殿)을 제외한 불전과 승방, 창고 등이 불타자 이듬해 중건했으며, 1161년(의종 15) 9월 9일 다시 불상과 장경만 남긴 채 모두 소실하여 역시 이듬해 중창했다. 1324년(충숙왕 11)에는 지공(指空)과 나옹 혜근(懶翁 惠勤)이 함께 중건했으며, 1604년(조선 선조 37)에는 도성(道成)이 중창했고, 1845년(헌종 11)에는 풍암(豊庵)이 중건했다. 1881년(고종 18) 화재로 경판과 불상만 남고 모두 소실하여 중봉(中峰), 춘계(春溪), 성허(惺虛), 용선(龍船), 이제(利濟) 등이 이듬해 현재의 장소로 옮겨 중창했다. 부속 암자로는 의상(義湘)이 창건하고 풍암이 중수한 불정대(佛頂臺), 윤필(尹弼)이 창건하고 운암(雲庵)이 중건한 백운굴(白雲窟), 지공이 창건하고 일여(一如)가 중건한 견불암(見佛庵), 무학 자초(無學 自超)가 창건하고 한암(寒巖)이 중건한 보문암(普門庵) 등이 있었다. 일제강점기의 31본산시대에는 귀주사(歸州寺)의 말사였다. 지금은 절터조차도 확인되지 않고 있다. 【참고문헌】 한국사찰전서(권상로, 동국대학교 출판부, 1979), 북한사찰연구(한국불교종단협의회, 1993)

개심사(開心寺)
【이명】 한때 개원사(開元寺)라고 불렸다.
【위치】 충청남도 서산시 운산면 신창리 상왕산(象王山)에 있다. 【소속】 대한불교조계종 제7교구 본사인 수덕사의 말사이다. 【연혁】 654년(백제 의자왕 14) 혜감(慧鑑)이 창건하여 개원사라고 했다. 그러나 《개심사사적기》에는 '신라 진덕여왕 5년 백제 의자왕 14년 갑인(甲寅) 혜감 국사 창건'이라고 하여 진덕여왕 5년인 651년과 의자왕 14년인 654년의 차이를 보여 주고 있으나, '갑인'이 지칭하는 연대인 654년에 신빙성이 있다. 고려 후기의 진정 천책(眞靜 天頙)이 지은 《호산록(湖山錄)》에 '이미 폐사되어 수풀이 무성하나, 절 뒤편에 새로 지은 방 3칸짜리 부도전(浮屠殿)이 있었다.'고 나와 있다. 1350년(충정왕 2) 처능(處能)이 중창하고 개심사라고 했다. 1475년(조선 성종 6) 충청도 절도사 김서형(金瑞衡)이 사냥하다가 산불을 내서 절이 불에 탔으나, 이해 다시 중창했다. 그 뒤 1740년(영조 16)의 중수를 거쳐 1955년 전면 보수해 오늘에 이르고 있다. 【유적·유물】 현존하는 건물로는 대웅전(보물 제143호)을 비롯하여 명부전(충청남도 문화재자료 제194호)과 심검당(尋劍堂), 무량수각(無量壽閣), 안양루(安養樓), 팔상전, 객실, 요사채 등이 있다. 대웅전은 1484년(성종 15) 건립되었으며, 내부에는 아미타불과 관세음보살, 지장보살, 아미타후불탱화가 봉안되어 있다. 명부전은 조선시대 초기의 건물로서 내부에는 철불지장보살좌상과 시왕상이 봉안되어 있는데, 기도의 영험이 신통하다고 하여 참배객들이 끊이지 않고 있다. 이 밖의 문화재로는 대웅전 앞의 오층석탑과 청동향로가 있다. 이 절에서 개판된 장경으로는 1580년(선조 13)의 《도가논변모자이혹론(道家論辨牟子理惑論)》과 1584년의 《몽산화상육도보설(蒙山和尙六道普說)》《법화경》 등이 있

다. 【참고문헌】 한국사찰전서(권상로, 동국대학교 출판부, 1979), 한국고인쇄기술사(김두종, 탐구당, 1974)

개심사(開心寺)
【위치】 함경북도 명천군 상고면 보촌리 칠보산(七寶山)에 있다. 【연혁】 826년(발해 선왕 9) 대원(大圓)이 창건했다. 1377년(고려 우왕 3) 나옹 혜근(懶翁 惠勤)이 중건했으며, 그 뒤 수차례 보수했다. 1784년(조선 정조 8) 대웅전을 중건했고, 1853년(철종 4) 대웅전을 대대적으로 보수했다. 원래는 1377년 창건한 것으로 알려졌으나, 1983년 북청 일대의 발해 유적 발굴 보고를 통하여 826년에 창건했으며 지금까지 알려진 발해 최초의 절임이 밝혀졌다. 일제강점기의 31본산시대에는 귀주사(歸州寺)의 말사였다. 【유적·유물】 현존하는 건물로는 대웅전과 심검당과 응향각이 있다. 【참고문헌】 북한의 절과 불교(정태혁·신법타, 민족사, 1990), 한국사찰전서(권상로, 동국대학교 출판부, 1993), 북한사찰연구(한국불교종단협의회, 1993)

개심사(開心寺)
【위치】 경상북도 예천군 예천읍 남본동 솔개들(松浦畓)에 있었다. 【연혁】 통일신라 말기나 고려 초기에 창건된 것으로 추정된다. 1010년(고려 현종 1) 오층석탑을 건립했다. 더 이상의 연혁은 전하지 않으며, 언제 폐사되었는지도 알 수 없다. 【유적·유물】 절터에는 현재 오층석탑(보물 제53호)만이 남아 있다. 상층기단 갑석(甲石) 이면에 140자로 된 석탑기(石塔記)가 있는데, 이에 따르면 1010년 이 탑의 건립 공사에 착수, 이 해 2월 1일 돌을 깎기 시작하여 3월 3일부터 광군사(光軍

司)의 육대차(六隊車) 18대와 소 천 마리, 승려와 속인 만 인이 힘을 합쳐 만들었으며, 향도와 공인 등 50인이 감독하여 이듬해 4월 8일 부처님 오신 날에 완공했다고 한다. 이 탑은 1934년 국보 제71호로 지정되었다가, 1963년 보물 제53호로 조정되었다. 【설화】 창건과 관련된 전설에 의하면, 고명한 도사가 예천의 남산인 잠두산(蠶頭山)에 올라가서 지형을 살폈는데, 잠두산이 화기(火氣)를 품고 소년을 죽일 불길한 형상이었으므로, 이를 막기 위해 잠두산 아래에 절을 짓고 개심사라 했다고 한다. 【참고문헌】 조선금석총람(조선총독부, 1919), 한국사찰전서(권상로, 동국대학교 출판부, 1979)

개심사(開心寺)
【위치】 전라북도 고창군 아산면 삼인리 도솔산(兜率山)에 있었다. 【연혁】 언제인지는 알 수 없으나, 개심(開心)이 창건했다고 한다. 자세한 연혁은 전하지 않는다. 조선 성종 때(1469~1494) 성종의 숙부 덕원군(德源君)이 선운사(禪雲寺)의 중창을 도울 때에는 북도솔암(北兜率庵) 북쪽에 있었다고 하나 조선 후기에 쓰여진 《선운사사적》에 '지금은 폐사되었다.'고 나와 있다. 【참고문헌】 선운사사적, 한국사찰전서(권상로, 동국대학교 출판부, 1979)

개암사(開巖寺)
【위치】 전라북도 부안군 상서면 감교리 변산(邊山)에 있다. 【소속】 대한불교조계종 제24교구 본사인 선운사의 말사이다. 【연혁】 634년(백제 무왕 35) 묘련(妙蓮)이 창건했다. 개암이라는 이름은 기원전 282년 변한의 문왕이 진한과 마한의 난을 피하여 이곳에 도성을 쌓을 때, 우

(禹)와 진(陳)의 두 장군으로 하여금 좌
우 계곡에 왕궁의 전각을 짓게 했는데, 동
쪽을 묘암(妙巖), 서쪽을 개암이라고 한
데서 비롯되었다. 676년(신라 문무왕 16)
원효(元曉)와 의상(義湘)이 이곳에 이르
러 우금암(禹金巖) 밑의 굴(우금굴) 속에
머물면서 중수했다. 1314년(고려 충숙왕
1) 원감(圓鑑) 국사 충지(沖止 ; 호는 密
庵)가 조계산 송광사(松廣寺)에서 이곳
원효방(元曉房 ; 우금굴)으로 와서 지금의
자리에 절을 중창하여 큰 절로서의 면모
를 갖추게 했다고 한다. 황금전(黃金殿)
을 중심으로 하여 동쪽에는 청련각(青蓮
閣), 남쪽에는 청허당(清虛堂), 북쪽에는
팔상전(八相殿)을 짓는 등 모두 30여 동
의 건물을 세웠으며, 이곳에서 《능가경》
을 강의하면서 많은 사람을 교화했다고
한다. 이 때문에 산의 이름도 능가산이라
고 부르게 되었다고 한다. 그러나 충지는
1292년(충렬왕 18)에 입적했으므로 연대
가 맞지 않는다. 그 뒤 폐허가 된 것을
1414년(조선 태종 14) 선단(善襌)이 중창
했다. 이어 1636년(인조 14) 계호(戒浩)
가, 1658년(효종 9) 밀영(密英)과 혜징
(慧澄)이 대웅전을 중건했다. 1783년(정
조 7)에는 승담(勝潭)이 중수하여 오늘에
이르고 있다. 【유적·유물】 현존하는 건
물로는 대웅전(보물 제292호)과 요사채가
있다. 대웅전은 대표적인 조선 중기 건물
이다. 유물로는 동종(銅鐘 ; 전라북도 유형
문화재 제126호)과 〈중건사적기〉가 있다.
동종은 1689년(숙종 15)에 조성된 것으
로 대웅전에 있다. 〈중건사적기〉는 1640
년(인조 18)에 기술된 것으로 별기(別記)
에서는 백제부흥군이 주류성(周留城)에서
왜병과 나당연합군과의 전쟁 사실을 적고

있어 중요한 자료로 평가된다. 【설화】 이
절에서 500m 떨어진 곳에는 우금암이라
는 큰 바위가 있고, 이 바위에는 모두 세
개의 동굴이 있다. 그 가운데 하나인 원효
방 밑에는 조그만 웅덩이가 있어 물이 괸
다. 전설에 의하면 원래 물이 없었으나 원
효가 이곳에 수도하러 오면서부터 샘이
솟아났다고 한다. 또한 이 바위를 중심으
로 한 주류성은 백제의 유민들이 왕자 부
여풍(扶餘豊)을 옹립하고, 3년 간에 걸쳐
백제부흥운동을 폈던 사적지로도 유명하
다. 【참고문헌】 문화유적총람(문화재관리
국, 1977), 사찰지(전라북도, 1990)

개운사(開運寺)
【이명】 한때 영도사(永導寺)라고도 불렀
다. 【위치】 서울특별시 성북구 안암동 안
암산(安岩山) 기슭에 있다. 【소속】 대한
불교조계종 직할교구인 조계사의 말사이
다. 【연혁】 1396년(조선 태조 5) 무학 자
초(無學 自超)가 지금의 자리 옆에 창건
하여 영도사라고 했다. 1779년(정조 3)
정조의 후궁인 홍빈(洪嬪)의 묘 명인원
(明仁園)이 절 옆에 들어서자 인파 축현
(仁坡 竺鉉)이 지금의 자리로 옮기고 개운
사라고 이름을 바꿨다고 한다. 그러나 범
해 각안(梵海 覺岸)이 1894년(고종 31)에
편찬한 《동사열전(東師列傳)》에는 고종
(재위 1863~1907)이 어린 시절 이 절의
벽담 도문(碧潭 道文)의 처소에서 주로
양육된 까닭에 그가 왕위에 오른 뒤 개운
사로 이름을 바꿨다고 나와 있다. 1873년
(고종 10) 절의 대중이 명부전을 중건했
고, 1880년(고종 17) 벽송(碧松)이 대웅
전을 중건했다. 1921년 제5대 주지 벽봉
(碧峰)이 큰방을 중건하고, 종각을 신축
했다. 이어 1929년 화주 권범운(權梵雲)

과 신영산(申靈山)이 한정만월(韓淨滿月)과 최원만일(崔圓滿日)의 시주로 독성전을 중건했으며, 1935년 화주 권범운이 최원만일의 시주로 다시 칠성각을 중건했다. 1977년부터 1980년까지 일부 승려들이 이 절을 근거로 대한불교조계종총무원이라고 주장하기도 했다. 산내 암자로는 1845년 축현의 제자 지봉 우기(智峰祐祈)가 창건한 대원암(大圓庵)과 칠성암(七星庵)이 있다. 【유적·유물】 현재 경내에는 승려들의 교육기관인 중앙승가대학을 비롯하여 대웅전, 명부전, 칠성각, 독성각, 종각 등이 있다. 유물로는 건칠불좌상(乾漆佛坐像)이 있는데, 높이 1.18m로서 고려 말기의 것이다. 【참고문헌】 한국사찰전서(권상로, 동국대학교 출판부, 1979), 명산 고찰 따라(이고운·박설산, 신문출판사, 1987)

개원사(開原寺)
【위치】 충청북도 단양군 금수산(錦繡山)에 있었다. 【연혁】 650년(백제 의자왕 10) 고구려에서 백제로 망명한 큰스님 보덕(普德)의 제자 개원(開原)이 창건했다. 연혁은 전하지 않는다. 1481년(조선 성종 12)에 편찬된 《동국여지승람》에는 존재한다고 나와 있으나, 1799년(정조 23)에 편찬된 《범우고(梵宇攷)》에는 이미 폐사된 것으로 나와 있다. 【참고문헌】 삼국유사, 한국사찰전서(권상로, 동국대학교 출판부, 1979)

개원사(開元寺)
【위치】 강원도 횡성군 우천면 정금리 정금산(鼎金山)에 있었다. 【연혁】 유물로 미루어 보아 고려시대 전기에 창건된 것으로 추정된다. 연혁은 전하지 않는다. 1481년(조선 성종 12)에 편찬된 《동국여지승람》에는 존재한다고 나와 있으나 1799년(정조 23)에 편찬된 《범우고(梵宇攷)》에는 이미 폐사된 것으로 나와 있다. 【유적·유물】 절터에는 석탑 기단과 석등 하대석이 남아 있는데, 고려 때의 것으로 보인다. 또한 절터에는 고려 초기의 선조문(線彫紋)이 새겨진 기와 조각이 산재해 있다. 【참고문헌】 동국여지승람, 범우고, 한국사찰전서(권상로, 동국대학교 출판부, 1979)

개원사(開元寺)
【이명】 개원사(開院寺)라고도 한다. 【위치】 평안북도 정주군 옥천면 지령산(地靈山)에 있다. 【연혁】 언제 누가 창건했는지 알 수 없다. 고려 말 성전(聖殿)에 삼보좌(三寶座)를 설치하고, 좌우 요사에 관음탱과 달마상을 설치했다. 그 뒤 승려가 절을 떠나 폐허가 되었다. 1481년(조선 성종 12)에 편찬된 《동국여지승람》에는 존재한다고 나와 있는 것으로 보아 근근이 명맥을 유지해 왔던 것으로 추정된다. 민창도(閔昌道)가 1716년(숙종 42)에 지은 개원사불량비(開元寺佛糧碑)에 따르면, 1700년대 초에 형혜(泂惠)가 발원하여 공양이 끊어지지 않도록 했다고 한다. 일제강점기의 31본산시대에는 보현사(普賢寺)의 말사였다. 현재의 상황은 알 수 없으나 북한측 자료에 의하면 현존한다. 【참고문헌】 동국여지승람, 조선금석총람, 한국사찰전서(권상로, 동국대학교 출판부, 1979), 북한사찰연구(한국불교종단협의회, 1993)

개원사(開元寺)
【위치】 경기도 광주군 중부면 산성리 남한산성 동문 안에 있었다. 【연혁】 언제 누가 창건했는지 알 수 없다. 조선 중기에

남한총섭(南漢摠攝)이 머물고 있던 오규
정소(五糾正所)의 하나로서 군기(軍器),
화약, 승병이 집결했던 절이었다. 1636년
(인조 14) 숭은전(崇恩殿)에 봉안했던 원
종(元宗)의 영정을 이곳으로 옮겨 봉안했
다가, 병자호란이 끝난 이듬해 다시 숭은
전으로 옮겼다. 1637년(인조 15)에는 대
장경을 실은 배가 서호(西湖)에 닿았는
데, 사람은 없고 그 함 위에 '중원개원사
간(中原開元寺刊)'이라고 쓰인 책함만 있
었다. 이 소식을 전해 들은 인조는 전국에
서 개원사라는 이름의 절을 찾아 봉안하
도록 했는데, 이때 대장경을 금란보(金襴
褓) 열 벌로 싸서 당시 유일한 개원사였
던 이 절에 봉안하게 했다. 1666년(현종
7)에는 이 절의 화약고에서 화재가 발생
하여 불길이 매우 심했으나, 갑자기 바람
이 반대로 불어 대장경은 타지 않았다.
1694년(숙종 20) 겨울에도 불이 나서 5칸
누각이 전소할 위기에 있었으나, 많은 비
가 내려 불이 꺼져 누각 안에 봉안되어 있
던 대장경과 무기들은 화재를 면했다. 이
절에는 《소학지남(小學指南)》을 비롯하
여 《천의소감(闡義昭鑑)》《천의소감언
해》《역전(易傳)》《주역본의(周易本義)》
《서집전(書集傳)》《시집전(詩集傳)》,《대
학장구(大學章句)》《논어집주(論語集註)》
《중용장구(中庸章句)》 《통감절요(通鑑節
要)》《십구사략통고(十九史略通攷)》《삼
략(三略)》 《병학지남(兵學指南)》 《천자
문》《택당집(澤堂集)》《만휴집(萬休集)》
등의 장판(藏板)이 있었다. 언제 폐사되었
는지는 알 수 없다. 【유적·유물】절터 일
원이 경기도 기념물 제119호로 지정되어
있다. 【참고문헌】남한지, 한국고인쇄기술
사(김두종, 탐구당, 1974)

개원사(開元寺)
개심사(開心寺)를 보시오.
개원사(開院寺)
개원사(開元寺)를 보시오.
개천사(開天寺)
【위치】충청북도 충주시 동량면 하천리 정
토산(淨土山)에 있었다. 【연혁】8세기 이
전 신라 때 창건된 것으로 추정된다. 한때
고려시대의 역대 실록을 보관했었다. 실록
은 원래 해인사(海印寺)에 있었는데, 왜구
의 침략 때문에 선산 득익사(得益寺)로 옮
겼다가 1381년(우왕 9) 칠장사(七長寺)로
옮겼다. 이어 1390년(공양왕 2) 다시 이
절로 옮겨 조선 세종 때(1418~1450)까지
보관하다가 《고려사》를 편찬하기 위해 서
울로 운반했다. 1799년(정조 23)에 편찬
된 《범우고(梵宇攷)》에는 이미 폐사되었
다고 나와 있다. 713년(신라 성덕왕 12)에
서 741년(효성왕 5) 사이에 세운 개천사비
(開天寺碑)가 조선 초기까지 절터에 있었
으나 당시에 이미 마멸이 심해 알아보기
어려웠다고 한다. 【참고문헌】동국여지승
람, 범우고

개천사(開天寺)
【이명】한때 용화사(龍華寺)라고 불렸다.
【위치】전라남도 화순군 춘양면 가동리 천
태산(天台山)에 있다. 【소속】대한불교조
계종 제21교구 본사인 송광사의 말사이다.
【연혁】828년(신라 흥덕왕 3) 원적 도의
(元寂 道義)가 창건했다. 도의는 821년(헌
덕왕 13) 당나라에서 남종선(南宗禪)을 이
어받고 귀국하여 가지산(迦智山)에 보림사
(寶林寺)를 창건하고, 이어 이 절을 창건했
다고 한다. 그러나 보림사는 도의가 입적
한 후 도의의 손상좌 보조 체징(普照 體澄,
804~880)이 지은 것으로 알려져 있어 사

실과 다르다. 그 뒤 1597년(조선 선조 30)
정유재란으로 소실한 것을 중창했고, 1950
년 6·25전쟁 때 다시 소실한 것을 1963년
김태봉(金泰奉)이 중건하여 오늘에 이르
고 있다. 【유적·유물】 현존하는 건물로
는 대웅전과 요사채뿐이다. 이 절의 입구
에는 두 개의 장승이 절의 경계를 표시하
는 것처럼 서 있으며, 장승 옆에 5기의 부
도가 있다. 그중 오른쪽 끝의 석종형(石
鐘型) 부도는 1776년(영조 52) 10월 건립
된 광총(廣聰)의 것이다. 【참고문헌】 내
고장 전통 가꾸기(화순군, 1981), 조선금
석총람(조선총독부, 1919)

개천사(開天寺)

【위치】 충청남도 천안시 광덕면 보산원리
태화산(太華山)에 있었다. 【연혁】 언제
누가 창건했는지 알 수 없다. 고려시대에
왕의 일족인 광릉후(廣陵侯) 면(沔)이 이
절의 한 승려와 교우한 인연으로 시주하
여 중창했으며, 이 승려의 제자 현규(玄
規)가 13층의 청석탑(青石塔)을 조성하자
광릉후가 이규보(李奎報, 1168~1241)에
게 청해 〈청석탑기(青石塔記)〉를 쓰게 했
다. 자세한 연혁은 전하지 않는다. 1481년
(조선 성종 12)에 편찬된 《동국여지승람》
에는 존재한다고 나와 있으나, 1799년(정
조 23)에 편찬된 《범우고(梵宇攷)》에는
이미 폐사되었다고 나와 있다. 【유적·유
물】 마을 전체에 걸쳐 고려 때의 어골문
(魚骨紋) 기와 조각과 청자 조각, 조선시
대의 기와 조각과 분청사기 조각이 산재
해 있는 것으로 보아 절터는 상당히 컸던
것으로 추정된다. 이 절터에 남아 있던 많
은 초석과 장대석들이 민가와 분묘 등을
조성하는 데 사용되었다. 【참고문헌】 동
문선, 한국사찰전서(권상로, 동국대학교

출판부, 1979), 문화유적총람－사찰편(충
청남도, 1990)

개태사(開泰寺)

【이명】 한때 도광사(道光寺)라고 불렸다.
【위치】 충청남도 논산군 연산면 천호리
천호산(天護山)에 있다. 【소속】 대한불교
법상종에 속한다. 【연혁】 936년(고려 태
조 19) 태조가 후백제를 정벌한 기념으로
창건했다. 태조는 후백제의 신검(神劍)을
쫓아 황산(黃山) 숫고개를 넘어가서 마성
에 진을 친 뒤 신검에게 항복받고 삼국을
통일했다. 이것을 하늘의 도움이라고 하
여 황산을 천호산이라 이름을 바꾸고 절
을 창건하여 이름을 개태사라고 했다. 창
건 당시 이 절의 사치스러움은 극에 달했
다고 전하며, 태조는 936년 12월 낙성법
회를 베풀고 친히 소문(疏文)을 지었다.
그 뒤 태조의 영전(影殿)이 설치되어 기
일마다 제사를 지냈으며, 태조의 옷 한 벌
과 옥대 1개가 보관되었다. 또한 국가의
중대한 일이 있으면 태조의 영전에 나아
가 길흉을 점쳤는데, 1362년(공민왕 11)
에는 공민왕이 이인복(李仁復)에게 이 영
전에 나아가 강화도에 천도할 것을 점치
게 했더니 불길하다는 점괘가 나왔으므로
천도를 중지했고, 이듬해에 이인복을 다
시 보내어 천도를 점치게 했더니 길하다
는 점괘가 나왔다고 한다. 조선 초기부터
퇴락하기 시작했으며, 1428년(세종 10) 5
월에는 '이 절이 연산현(連山縣) 내에 있
는 것은 옳지 않으므로 풍년을 바란다면
다른 곳으로 옮겨야 한다'는 진언이 있어
세종이 지금의 자리로 옮기게 했다. 1468
년(세조 14) 이 절의 승려가 큰 수정석
(水晶石) 2과를 세조에게 헌상했고, 세조
의 불교진흥책으로 중흥의 기틀을 보였으

나 그 뒤 폐허가 되었다. 절터에 삼존석불 입상과 석탑, 부도, 보살상 등이 흩어져 있었으며, 1930년 김광영(金光榮)이 중건하여 도광사라고 했다가, 그 뒤 다시 개태사라고 하여 오늘에 이르고 있다. 【유적·유물】현존하는 건물로는 대웅전과 요사채 등이 있다. 문화재로는 석불입상(보물 제219호)과 철확(鐵鑊; 충청남도 민속자료 제1호), 오층석탑(충청남도 문화재자료 제274호)과 석조(石槽; 충청남도 문화재자료 제275호)가 있다. 석불입상은 이 절의 창건 당시 조성된 것으로 보이는 삼존불상으로 본존상의 높이는 4.15m에 이른다. 철확은 절에서 쓰던 큰 솥으로 지름 3m, 높이 1m이며, 절의 전성시에 장(醬)을 끓이는 그릇으로 사용되었다. 이 절에서 개판된 불경으로는 1218년 간행된 《범서총지집(梵書摠持集)》이 있다. 옛 절터는 충청남도 기념물 제44호로 지정되어 있다. 【설화】철확에 관한 많은 영이담이 전한다. 가뭄 때 사람들이 이를 끌어 다른 곳으로 옮기면 비가 온다고 하여 여러 곳을 옮겨 다녔으며, 1944년 고철로 쓰려고 부수려 하자 갑자기 뇌성벽력이 쳐서 무사했다고 한다. 【참고문헌】고려사, 세종실록, 세조실록, 동국여지승람, 한국사찰전서(권상로, 동국대학교 출판부, 1979)

개화사(開花寺)
약사사(藥師寺)를 보시오.

거돈사(居頓寺)
【위치】강원도 원주시 부론면 정산리 현계산(玄溪山)에 있었다. 【연혁】신라 때 창건됐다. 고려 초기에 큰 절의 면모를 이루었던 것으로 보인다. 1018년(현종 9) 왕사를 지내던 원공 지종(圓空 智宗)이 이 절에 와서 만년을 보내다가 입적했다.

언제 폐사됐는지 전하지 않는다. 【유적·유물】절터는 사적 제168호로 지정되어 있다. 약 7천5백여 평의 절터에 있는 금당터에는 초석이 보존되어 있는데 본래는 20여 칸의 비교적 큰 법당이 있었던 것으로 추정된다. 금당터 중앙에는 화강석 불좌대(佛坐臺)가 있고, 금당터 앞에는 삼층석탑(보물 제750호)이 있다. 또 절터에 있는 민가의 우물가에는 탑 옆에서 옮겨왔다는 배례석(拜禮石)이 놓여 있는데, 전면과 측면에 안상(眼象)을 조각했고 상부에는 연꽃무늬를 조각했다. 삼층석탑 북쪽에는 원공국사승묘탑비(圓空國師勝妙塔碑; 보물 제78호)가 있다. 비문은 최충(崔沖, 984~1068)이 지었고, 글씨는 김거웅(金巨雄)이 썼으며, 1025년(현종 16)에 건립되었다. 고려시대 비 중에서 가장 뛰어난 글씨에 속해 서예사 측면에서 매우 값진 작품이다. 이 비석 서쪽에는 고려시대 부도의 정형인 원공국사승묘탑(보물 제190호)이 있었는데, 일제강점기에 서울의 한 일본인 집으로 옮겨졌다가 1948년 경복궁으로 옮겨서 지금은 서울 국립중앙박물관에 보관되어 있다. 절터의 아래에는 높이 9.6m의 거대한 당간지주가 미완성품으로 남아 있는데, 돌을 운반하던 남매 장사 중 남동생이 죽자 그대로 남겨 두었다고 한다. 남동생이 옮기다가 그만둔 하나의 지주는 지금도 현계산 동남쪽에 있다고 한다. 【참고문헌】한국사찰전서(권상로, 동국대학교 출판부, 1979), 문화유적총람(문화재관리국, 1977), 북원의 자취(원성군, 1981)

거동사(巨洞寺)
【위치】경상북도 영천시 자양면 보현리 보현산(普賢山)에 있다. 【소속】대한불교

조계종 제10교구 본사인 은해사의 말사이다. 【연혁】신라 때 의상(義湘, 625~702)이 창건했다. 몇 차례의 중건과 중수를 거쳐 오늘에 이르렀다. 자세한 연혁은 전하지 않는다. 지금은 비구니의 수도도량이다. 【유적·유물】현존하는 건물로는 대웅전과 요사채 2동이 있다. 대웅전(경상북도 유형문화재 137호)은 신라 때의 것으로 특이하게 문살이 국화 형태를 띠고 있다. 【참고문헌】한국사찰전서(권상로, 동국대학교 출판부, 1979)

거조사(居祖寺)

거조암(居祖庵)을 보시오.

거조암(居祖庵)

【이명】한때 거조사(居祖寺)라고 불렸다. 【위치】경상북도 영천시 청통면 신원리 팔공산 동쪽 기슭에 있다. 【소속】대한불교조계종 제10교구 본사인 은해사의 산내 암자이다. 【연혁】693년(신라 효소왕 2) 원효(元曉)가 창건했다는 설과 경덕왕 때(742~765) 왕의 명으로 창건했다는 설이 있다. 그러나 원효는 686년(신문왕 6) 입적했으므로 원효 창건설은 신빙성이 없다. 그 뒤 고려시대에는 보조(普照) 국사 지눌(知訥, 1158~1210)이 송광사(松廣寺)에 수선사(修禪社)를 세워 정혜결사(定慧結社)를 하기 이전에 각 종파의 큰 스님들을 맞아 이곳에서 몇 해 동안 수행을 했다. 1182년(명종 12) 지눌은 개성 보제사(普濟寺)의 담선법회(談禪法會)에 참여하여 선정(禪定)을 익히고 지혜 닦기에 힘 쓰는 동료들과 함께 맹문(盟文 ; 정혜결사문)을 지어 후일을 기약했다. 1188년(명종 18) 봄 거조암 주지 득재(得才)가 지난 날 결사를 기약했던 수행자를 모으고, 당시 경상북도 예천의 하가산(下柯

山) 보문사(普門寺)에 머물러 있던 지눌을 청하여 처음으로 이 절에서 정혜결사를 시작했다. 그 뒤 이 결사는 송광사로 옮겨 갔다. 1298년(충렬왕 24) 정월에는 원참(元旵)이 밤중에 낙서(樂西)라는 도인을 만나 아미타불 본심미묘진언(本心微妙眞言)과 극락왕생의 참법(懺法)을 전수 받았다고 하여 기도도량으로도 크게 부각되었다. 1799년(조선 정조 23)에 편찬된 《범우고(梵宇攷)》에는 이미 폐사되었다고 나와 있다. 그 뒤의 연혁은 알 수 없다. 어느 땐가 다시 중창하여 근래에는 나한 기도 도량으로 유명하다. 【유적·유물】현존하는 건물로는 영산전(국보 제14호)과 2동의 요사채가 있다. 영산전 안에는 청화 화상이 부처님의 신통력을 빌어 앞산의 암석을 채취하여 조성했다는 석가여래삼존불과 오백나한상, 상언(尙彦)이 그린 탱화가 봉안되어 있다. 그중 법계도(法界圖)를 따라 봉안된 나한상은 그 하나하나의 모양이 특이하며 영험이 있다고 한다. 이 밖에도 영산전 앞에는 고려시대의 작품으로 추정되는 삼층석탑(경상북도 문화재자료 제104호) 1기가 있다. 【참고문헌】동국여지승람, 문화유적총람(문화재관리국, 1977)

건동사(乾洞寺)

【이명】건동선사(乾洞禪寺)라고도 불렸다. 【위치】인천광역시에 있었다. 【연혁】언제 누가 창건했는지 알 수 없다. 고려 후기 지방의 사족(士族)인 시위호군(侍衛護軍) 하원서(河元瑞)가 1304년(충렬왕 30) 황폐한 절을 중창하려는 뜻을 세우고 20여 년 동안 모은 사재를 시주하여 1327년(충숙왕 14) 완성했다. 이 해에 서역(인도)의 지공(指空)이 이곳에 수천 명의

제자와 더불어 잠시 머물면서 설법했다고
한다. 《동문선》에 이제현(李齊賢, 1287~
1367)이 지은 〈건동선사기(乾洞禪寺記)〉
가 전한다. 【참고문헌】 익재집, 동문선,
한국사찰전서(권상로, 동국대학교 출판부,
1979)

건동선사(乾洞禪寺)

건동사(乾洞寺)를 보시오.

건봉사(乾鳳寺)

【이명】 한때 원각사(圓覺寺), 서봉사(西
鳳寺)라고 불렸다. 【위치】 강원도 고성군
거진읍 냉천리 금강산에 있다. 【소속】 대
한불교조계종 제3교구 본사인 신흥사의
말사이다. 【연혁】 520년(신라 법흥왕 7)
아도(阿道)가 창건하여 원각사라 했다고
한다. 그러나 아도는 4, 5세기에 걸쳐 활
동했으므로 신빙성이 없다. 533년(법흥왕
20) 부속 암자인 보림암(普琳庵)과 반야암
(般若庵)을 창건했다. 758년(경덕왕 17)
발징(發徵)이 중건하고 정신(貞信), 양순
(良順) 등과 염불만일회(念佛萬日會)를
베풀었는데, 이것이 우리 나라 만일회의
효시이다. 여기에 신도 1,820인이 참여하
여 120인은 의복을, 1,700인은 음식을 마
련하여 염불인들을 공양했다. 782년(선덕
왕 3) 염불만일회에 참여했던 31인이 아
미타불의 가피를 입어서 극락에 왕생했다
고 하고, 그 뒤 참여했던 모든 사람들도
차례로 왕생했다고 한다. 810년(헌덕왕
2) 승전(勝詮)이 당나라 현수(賢首)에게
서 화엄학을 배우고 귀국하여 이 절에서
《화엄경》을 강설했다고 하나, 그는 692년
당나라에서 귀국한 것으로 알려져 있어
사실과 다르다. 845년(문성왕 7) 백화암
(白華庵)을 창건했으며, 신라 말에 연기
도선(烟起 道詵)이 중수한 뒤 절의 서쪽

에 봉형(鳳形)의 돌이 있다고 하여 서봉
사라고 했다. 이어 1358년(고려 공민왕
7) 나옹 혜근(懶翁 惠勤)이 중건하고 건
봉사라고 했다. 1464년(조선 세조 10) 세
조가 이 절에 행차하여 자신의 원당으로
삼은 뒤 어실각(御室閣)을 짓게 하고 전
답을 내렸다. 이때부터 조선 왕실의 원당
이 되었는데, 성종은 효령대군, 신숙주
(申叔舟), 한명회(韓明澮), 조흥수(趙興
洙) 등을 파견하여 노비와 소금을 하사하
고 사방 10리 안을 모두 절의 재산으로
삼게 했다. 1523년(중종 18) 보림(普琳)
이 이 절과 보림암을 중수했고, 1605년
(선조 38) 사명 유정(四溟 惟政)이 일본
에 사신으로 갔다가 오면서 부처님 사리
와 부처님 치아를 되찾아 와서 이 절에 봉
안한 뒤 1606년 중건했으며, 혜명(惠明)
이 안양암(安養庵)과 적명암(寂明庵)을
중건했다. 1673년(현종 14) 수흡(修洽)
과 도율(道律)이 천2백 근의 범종을 주조
하여 봉안했고, 1683년(숙종 9) 명성왕후
가 시주한 천 금으로 불상을 개금했다.
1708년(숙종 34) 동대암(東大庵)을 창건
했으며, 1724년(경종 4) 주지 채보(彩寶)
가 9층탑을 건립하고 부처님 치아를 봉안
하자 명성왕후가 다시 천 금을 내렸다.
1726년(영조 2) 석가치상탑비(釋迦齒相塔
碑)가 세워졌으며, 1754년(영조 30) 정성
왕후가 상궁 이(李)씨와 안(安)씨를 보
내 석가상을 만들게 하고 팔상전을 세워
원당으로 정했다. 이 해 8월에는 영조가
숙종의 어제절함도(御製折檻圖)와 어필서
(御筆書)를 내려 어실각에 봉안하도록 했
다. 1799년(정조 23) 강원도순찰사 남공
철(南公轍)이 유정의 기적비(紀績碑)를
세웠고, 1802년(순조 2) 용허(聳虛)가 제

2회 염불만일회를 열었으며, 1804년 왕비 김(金)씨가 천 금과 오동향로, 오동화준(梧桐花樽) 등을 내려 순조의 성수를 축원했다. 1805년 왕비 김씨는 나라를 위한 재(齋)를 올리고 병풍과 《화엄경》 1부를 하사했으며, 1828년(순조 28) 유정의 영각(影閣)을 건립했다. 1851년(철종 2) 유총(侑聰)이 제3회 염불만일회를 열었고, 1865년(고종 2) 화은(華隱)을 강사로 강원이 개설되었는데, 이때부터 대표적인 강원의 하나로서 많은 강사들을 배출했다. 1878년(고종 15) 4월 3일 산불이 나서 건물 3,183칸이 전소했는데, 이 때 학림(鶴林)이 불속에 뛰어들어 팔상전의 삼존불상과 오동향로, 절감도 등을 구했다. 1879년 대웅전, 어실각 등과 낙서암, 백화암, 청련암 등을 중건했으며, 1881년 만화 관준(萬化 寬俊)이 제4회 염불만일회를 열었다. 1888년 청련암과 대원암이 불탔으며, 1889년 인파(仁坡), 관준 등이 팔상전, 극락전 등을 중건했다. 1891년 신정왕후의 소상재를 올렸고, 범운(梵雲)이 부처님 치아를 천안 광덕사(廣德寺)에서 받아와 팔상전에 봉안했다. 1894년(고종 31) 관준이 선원을 만들었다. 1906년 어산청 범음계(魚山廳梵音契)에서 석가영아탑봉안비(釋迦靈牙塔奉安碑)를 세웠으며, 봉명학교(鳳鳴學敎)도 설립했다. 1908년 제4회 만일회를 회향한 뒤 의중(宜重)이 제5회 염불만일회를 열었다. 1911년 조선사찰령에 따라 31본산의 하나가 되었으며 9개 말사를 관장했다. 1914년 소신대(燒身臺)에 31인의 부도를 세우고 간성군에 포교소를 세웠다. 1917년 능허(凌虛)와 경해(景海)가 극락전을 중수했으며, 1920년 인천포교당과 봉림학교(鳳林學敎)를

세웠다. 1924년 극락전과 만일회의 부속 건물 등을 중건했으며, 1926년 불교전문강원을 설치했고, 덕성(德性)의 주재로 제5회 만일염불회를 계승했다. 부속 암자로는 보림암, 백화암, 봉암암, 극락암, 백련암, 반야암, 청련암, 대성암, 적명암, 보리암, 보문암, 대원암, 일출암, 안양암, 동대암, 망해암 등이 있었다. 그러나 6·25전쟁 때 완전히 폐허가 되었다. 최근 거진읍의 신도들이 법당을 신축했다. 【유적·유물】절터가 강원도 기념물 제51호로 지정되었다. 6·25전쟁 당시까지 현존했던 건물로는 대웅전, 관음전, 사성전, 명부전, 어실각, 낙서암, 극락전, 원적암 등 총 642칸에 이르렀다. 문화재로는 도금원불(鍍金願佛), 오동향로, 철장(鐵杖), 대종, 절감도, 차거다반(硨磲茶盤) 등과 불사리탑 등 탑 8기, 부도 48기, 비 31기, 고승 영정 44점 등이 있었다. 6·25전쟁 때 불이문(강원도 문화재자료 제35호)을 제외한 모든 건물이 불에 탔다. 능파교와 십바라밀을 상징하는 조각이 새겨진 두 개의 돌기둥, '대방광불화엄경'이라고 새겨진 돌기둥 등이 남아 있다. 【참고문헌】조선불교통사(이능화, 1918), 건봉사급건봉사말사사적(한용운), 한국사찰전서(권상로, 동국대학교 출판부, 1979)

건성사(乾聖寺)
【위치】경기도 개성시 송악산(松嶽山) 왕륜사(王輪寺) 동쪽에 있었다. 【연혁】921년(고려 태조 4) 태조가 창건했다. 고려 왕실의 원찰이었다. 1216년(고종 3) 3월 15일에는 고종이 행차하여 제석재(帝釋齋)를 행한 뒤로 고려 후기 역대 왕이 자주 행차했다. 고려의 도읍을 강화도로 옮겼을 때에는 강화도에 다시 건성사라는

이름으로 절을 창건하고 고종과 원종이
자주 행차했다. 1401년(조선 태종 1) 1월
7일에는 태종이 이 절에서 제석예참(帝釋
禮懺)을 베풀었다. 1481년(성종 12)에 편
찬된 《동국여지승람》에는 존재한다고 나
와 있다. 조선 중기 이후에 폐사된 것으로
추정된다. 【참고문헌】 고려사, 조선왕조
실록, 동국여지승람

건성사(乾聖寺)
【위치】 인천광역시 강화군에 있었다. 【연
혁】 1232년(고려 고종 19) 고려의 강화
천도 직후에 창건됐다. 원래 개성 송악산
(松嶽山)에 있던 같은 이름의 절을 강화
천도와 함께 옮겨 온 것이다. 1245년(고
종 32) 3월과 1246년 윤4월에 고종이 이
절과 복령사(福靈寺)에 행차했다. 또한
1249년 윤2월에도 고종이 이 절과 복령사
에 행차하여 소재도량(消災道場)을 설치했
고 이 해 9월과 1250년 4월 · 9월, 1251년
10월, 1252년 3월 · 9월, 1253년 3월,
1254년 4월 · 9월, 1255년 4월 · 9월,
1256년 3월 · 9월, 1257년 3월 · 10월,
1258년 3월 · 9월, 1259년 3월에도 고종
이 이 절과 복령사에 행차했다. 1261년
(원종 2) 2월과 8월, 1263년 3월, 1264년
3월, 1265년 3월, 1266년 3월 · 8월에도
원종이 이 절과 복령사에 행차했으며,
1267년 10월에는 원종이 이 절에만 행차
했다. 이러한 사실로 미루어 왕실의 원찰
이었던 것으로 추정된다. 언제 폐사되었
는지 전하지 않는다. 【참고문헌】 고려사,
한국사찰전서(권상로, 동국대학교 출판부,
1979)

건천사(乾川寺)
【위치】 충청북도 영동군 매곡면 어촌리
황악산(黃嶽山) 건천계곡(乾川溪谷)에 있

었다. 【연혁】 신라 때 창건됐다. 1556년
(조선 명종 11) 신묵(信默)이 이 절의 주
지로 있을 때 사명 유정(四溟 惟政)이 스
님이 되기 위해 이곳을 찾아왔다고 한다.
1481년(성종 12)에 편찬된 《동국여지승
람》에는 존재한다고 나와 있고, 1799년
(정조 23)에 편찬된 《범우고(梵宇攷)》에
는 폐사되었다고 나와 있다. 1592년(선조
25) 임진왜란의 전화로 폐사된 것으로 추
정된다. 현존하는 유물로 보아 절의 규모
가 상당히 컸던 것으로 보인다. 【유적 ·
유물】 절터는 약 천여 평에 이르며, 큰 초
석들과 기와 조각들이 산재해 있다. 또 지
름 120cm의 맷돌이 남아 있으며, 신라
말 고려 초의 부도 1기 등이 있다. 현재 김
천 직지사(直指寺)에 있는 싸리나무 목조
(木槽)는 원래 이 절에 있었던 것이라 한
다. 이곳에는 옛 주춧돌을 이용하여 1950
년대에 세워진 조그마한 암자가 있는데 영
축사(靈鷲寺)라고 한다. 【참고문헌】 동국
여지승람, 범우고, 사지(충청북도, 1982)

검단사(黔丹寺)
【위치】 경기도 파주군 탄현면 성동리 오
두산(鰲頭山)에 있다. 【소속】 대한불교조
계종 제25교구 본사인 봉선사의 말사이
다. 【연혁】 847년(신라 문성왕 9) 진감
혜소(眞鑑 慧昭)가 시자(侍者)에게 명하
여 창건했다. 혜소는 얼굴이 검었으므로
흑두타(黑頭陀) 또는 검단(黔丹)이라고
불렸는데, 이러한 혜소의 별명을 따서 검
단사라고 이름했다고 한다. 자세한 연혁
은 전하지 않는다. 원래 이 절은 파주군
문산읍 운천리에 있었는데, 1731년(조선
영조 7) 인조와 인조의 비인 인열왕후(仁
烈王后) 한(韓)씨의 능인 장릉(長陵)을
탄현면 갈현리로 옮길 때 이 절도 오두산

으로 옮겨 지었다. 1907년 주지 김정호(金正昊)가 법당을 수리했다. 【유적·유물】 건물로는 법당인 법화전(法華殿)과 요사채가 있다. 유물로는 아미타후불탱화와 신중탱화, 검단선사 영정 등이 있다. 아미타후불탱화와 신중탱화는 19세기 말의 작품이며, 검단선사 영정은 고려 이전에 조성된 원본을 조선 후기에 개작한 것으로 추정된다. 【참고문헌】 전등본말사지, 한국사찰전서(권상로, 동국대학교 출판부, 1979), 기내사원지(경기도, 1988).

견강사(見江寺)
선암사(仙巖寺)를 보시오.

견불사(見佛寺)
강서사(江西寺)를 보시오.

견불사(見佛寺)
현암사(懸巖寺)를 보시오.

견불암(見佛庵)
현암사(懸巖寺)를 보시오.

견성사(見性寺)
봉은사(奉恩寺)를 보시오.

견성암(見聖庵)
【이명】 한때 견성암(見性庵)이라고 불렀다. 【위치】 경기도 남양주시 진건면 송릉리 천마산(天磨山) 서쪽 기슭에 있다. 【소속】 대한불교조계종 제25교구 본사인 봉선사의 말사이다. 【연혁】 고려의 개국 공신인 시중 조맹(趙孟)이 이곳에 은거하며 도를 닦다가 약사여래를 친견했다고 하여, 고려 중기에 그 후손들이 선조의 유적을 추모하기 위해 창건했다. 1860년(조선 철종 11) 조맹의 후손인 보월 혜소(寶月 慧昭)가 법당과 우화루(雨花樓)를 중수했고, 1882년(고종 19) 봉성 서린(鳳城 瑞麟)이 중수했다. 【유적·유물】 현존하는 건물로는 대웅전과 약사전, 산신각, 요사채가 있다. 대웅전에는 아미타후불탱화를 비롯하여 칠성탱화, 영산탱화, 신중탱화, 독성탱화, 지장시왕탱화, 현왕탱화가 있는데, 모두 1882년에 제작된 것이다. 또한 약사전에는 약사탱화가 있는데, 1900년에 제작된 것이다. 이 밖에도 조맹이 홀로 수도할 때 마셨다고 하여 독정(獨井)이라고 불리는 우물이 있는데, 아무리 가물어도 샘이 마르지 않는다고 하며 이 우물로 인해 이 절을 '독쟁이절'이라고 속칭하고 아랫마을을 '독정리'라고 부른다. 또한 약사전 뒤쪽에 조맹이 기거했던 수양굴(修養窟)이 있고, 조(趙)씨 문중에서 이름 있는 사람이 죽으면 가지가 하나씩 말라 죽는다는 기념송이 있다. 【참고문헌】 한국사찰전서(권상로, 동국대학교 출판부, 1979), 기내사원지(경기도, 1988).

견성암(見性庵)
【위치】 충청남도 예산군 덕산면 사천리 덕숭산(德崇山)의 중턱에 있다. 【소속】 대한불교조계종 제7교구 본사인 수덕사의 부속 암자이다. 【연혁】 1908년 만공 월면(滿空 月面)이 창건했다. 대표적인 비구니의 참선도량의 하나이다. 이곳은 개화기의 여류시인 김일엽(金一葉, 법명은 荷葉)이 1930년대부터 수도한 곳으로도 유명하다. 【유적·유물】 인도식으로 지은 석조 2층 건물의 선방이 있다. 【참고문헌】 한국의 명산 대찰(국제불교도협의회, 1982), 명산 고찰 따라(이고운·박설산, 신문출판사, 1987).

견성암(見性庵)
견성암(見聖庵)을 보시오.

견암(見庵)
고견사(古見寺)를 보시오.

견암사(見庵寺, 見巖寺)
고견사(古見寺)를 보시오.

견암선사(見庵禪寺)
고견사(古見寺)를 보시오.

경국사(慶國寺)
【이명】 한때 청암사(靑巖寺)라고 불렸다.
【위치】 서울특별시 성북구 정릉동 삼각산 동쪽 중턱에 있다. 【소속】 대한불교조계종 직할교구 본사인 조계사의 말사이다.
【연혁】 1325년(고려 충숙왕 12) 자정(慈淨) 국존 자안(子安)이 창건하여 청암사라고 했다. 1330년경 부암 운묵(浮菴 雲默)이 머물면서 천태종의 종풍을 크게 떨쳤으며, 1331년 신자 채홍철(蔡洪哲)이 선방을 증축하여 선승들의 수도를 적극 후원했다. 1352년(공민왕 1) 금강산 법기도량(法起道場)을 참배하고 남하한 인도스님 지공(指空)이 주석한 뒤부터 큰스님들의 수도처이자 호국안민을 위한 기도도량으로서 전승되었다. 1507년(조선 중종 2) 억불정책으로 법당을 비롯한 모든 건물이 퇴락한 채 빈 절로 남아 있다가, 1545년(인종 1) 왕실의 도움으로 중건했다. 1546년 명종의 즉위로 문정왕후가 섭정을 하게 되자, 왕실의 시주로 건물을 전면 중수하고 낙성식과 함께 국태민안을 위한 호국대법회를 열었다. 그때 부처님의 가호로 나라에 경사스러운 일이 항상 있기를 기원한다는 뜻에서 경국사라 이름을 바꿨다. 그 뒤 1693년(숙종 19) 연화 승성(蓮華 昇誠)이 건물을 중수하고 천태성전(天台聖殿)을 신축했으며, 1737년(영조 13) 낙암 의눌(落巖 義訥)이 주지에 취임했고, 1793년(정조 17) 천봉 태흘(天峰泰屹)이 크게 중수했다. 1842년(헌종 8) 한국 불교 계맥(戒脈)의 중흥조인 대은

낭오(大隱 朗旿)가 관음전을 신축했다. 1864년(고종 1) 왕의 등위축재(登位祝齋)를 열었고, 1868년 호국대법회의 개설과 함께 삼성보전과 산신각을 신축했으며, 왕실에서는 종을 희사하기도 했다. 1878년(고종 15) 함홍 치능(涵弘 致能)이 예조의 도움으로 각 요사를 중수했고, 1915년 기송 석찰(其松 錫察)이 극락보전을 중수했다. 1921년 단청과 탱화의 대가인 보경 보현(寶鏡 普賢)이 주지에 취임한 뒤 1979년까지 퇴락한 건물을 중수했다. 그의 후임으로 가산 지관(伽山 智冠)이 주지로 취임하여 1980년대에 활발한 포교활동을 전개했다. 창건 이래 한국 계율의 맥을 이어온 도량이며, 정토사상에 입각한 기도도량으로도 유명하다. 이승만(李承晩)이 대통령 시절 자주 찾았던 곳이며, 부통령 시절에 방한했던 미국의 닉슨(Nixon, R. M.)은 그의 회고록에 이 절을 참배했던 것이 가장 인상적이었다고 기록하고 이 절에서 찍은 사진을 수록하기도 했다. 【유적·유물】 현존하는 건물로는 극락보전, 영산전, 명부전, 관음전, 삼성보전, 천태성전, 산신각, 봉향각, 시방선원(十方禪院), 부림정사, 동별당, 요사 등 17동의 건물이 있다. 극락보전에는 아미타삼존불을 비롯하여 목각탱화(보물 제748호), 신중탱화, 팔상탱화 등이 봉안되어 있다. 【참고문헌】 한국사찰전서(권상로, 동국대학교 출판부, 1979)

경복사(景福寺)
【이명】 한때 비래방장(飛來方丈)이라고도 불렸다. 【위치】 전라북도 완주군 구이면 광곡리 고달산(高達山)에 있었다. 【연혁】 650년(백제 의자왕 10) 큰스님 보덕(普德)이 창건했다. 보덕은 고구려에 살

았는데, 보장왕이 도교(道敎)를 숭상하고 불교를 업신여기자, 650년 3월 자신이 살던 반룡사(盤龍寺) 전체를 옮겨 와 열반종(涅槃宗)의 총본사로서 창건했는데 그때 절의 건물을 공중으로 날려서 옮겨 왔다고 하여 비래방장이라고도 했다. 원효(元曉)와 의상(義湘)이 이곳에서 《열반경》과 《유마경》을 배웠으며, 보덕의 진영(眞影)이 고려시대까지 봉안되어 있었다. 대각(大覺) 국사 의천(義天), 박춘령(朴椿齡), 이인로(李仁老), 이규보(李奎報) 등이 이 절에 들러서 보덕의 진영에 예배하고 지은 시가 1481년(조선 성종 12)에 편찬된 《동국여지승람》에 수록되어 있다. 1424년(조선 세종 6) 4월 나라에서 사원에 대한 승려의 수와 토지의 결수를 정할 때 이 절은 교종(敎宗)에 소속되었으며, 승려 수는 70인, 원래 100결이었던 전지는 50결로 제한되었다. 1799년(정조 23)에 편찬된 《범우고(梵宇攷)》에 이 절이 존재한다고 나와 있는 것으로 보아 조선 후기에 폐사된 것으로 추정된다. 【유적·유물】절터에는 축대와 초석들이 남아 있고, 고려시대와 조선시대의 기와와 도자기 조각들이 출토되고 있다. 【참고문헌】삼국사기, 삼국유사, 동국여지승람, 한국사찰전서(권상로, 동국대학교 출판부, 1979), 사찰지(전라북도, 1990)

경복사(景福寺)
【위치】경기도 개성시에 있었다. 【연혁】언제 누가 창건했는지 알 수 없다. 고려시대에 의종이 자주 이 절로 거처를 옮겼다. 1160년(의종 14) 10월 의종이 이 절에 행차한 뒤에 1164년 8월부터 이 해 12월까지는 이 절로 거처를 옮겼으며, 1165년 3월과 4월, 5월, 8월에도 다시 이 절로 거처

를 옮겼다. 또한 이 해 11월부터 12월까지는 몰래 이 절로 거처를 옮겼고, 1166년 8월에도 이 절로 거처를 옮겼다. 자세한 연혁은 전하지 않는다. 【참고문헌】고려사, 한국사찰전서(권상로, 동국대학교 출판부, 1979)

경월사(慶月寺)
북고사(北固寺)를 보시오.

경일암(擊日庵)
【위치】경기도 의왕시 내손동 백운산(白雲山)에 있다. 【소속】대한불교조계종 제2교구 본사인 용주사의 말사이다. 【연혁】1457년(조선 세조 3) 임영대군(臨瀛大君)이 창건했다. 세조가 단종을 몰아내고 왕위를 찬탈하자 임영대군은 형의 그릇됨을 탄식하여 이곳으로 물러나 정사(精舍)를 짓고 살면서 매일 뒷산에 올라 해를 맞이했는데, 그 자리에 세워진 암자라고 해서 경일암이라고 했다. 그 뒤 참선 수행의 도량으로 이용되어 오다가 건물이 퇴락하자 1839년(헌종 5) 선기(善基)가 법당 등을 중수했다. 1858년(철종 9) 계윤(戒允)이 중수했으며, 1914년 주지 송암(松庵)이 중수했다. 또한 1938년 주지 고산(高山)이 큰방 등을 중건했으나, 1950년 6·25전쟁 때 모두 소실했다. 최근 옛터에 인법당(因法堂) 등을 신축하여 오늘에 이르고 있다. 【유적·유물】건물로는 인법당만이 남아 있다. 【참고문헌】한국사찰전서(권상로, 동국대학교 출판부, 1979)

경천사(敬天寺)
【위치】황해도 황주군 북형악(北荊岳) 남쪽 기슭에 있었다. 【연혁】고려 때 황주 판관(判官) 이준(李晙)이 창건했다. 923년(태조 6) 균여(均如)는 북형악 남쪽 기슭의 둔대엽촌(遁臺葉村)에서 태어났는

데, 이준이 균여가 태어난 집을 중수하여 절로 삼고 이름을 경천사라고 했던 것이다. 이 밖에 자세한 연혁은 전하지 않는다. 권상로(權相老, 1879~1965)가 펴낸 《한국사찰전서》에는 '이 절은 폐사되었고, 이 절의 이름에 유래하여 인근에 경천역(敬天驛)이 남아 있다.'고 나와 있다. 【참고문헌】 균여전, 한국사찰전서(권상로, 동국대학교 출판부, 1979)

경천사(敬天寺)

【이명】 경천사(擎天寺)라고도 했다. 【위치】 경기도 개풍군 광덕면 중련리 부소산(扶蘇山)에 있었다. 【연혁】 고려 초기에 창건된 것으로 추정된다. 1118년(예종 13) 예종은 숙종의 기신도량(忌辰道場)을 이곳에서 베풀었고, 1134년(인종 12) 인종이 문경태후의 추모재를 지냈다. 그 뒤에도 인종, 의종, 공민왕 등이 자주 행차했다. 지정(至正) 때(1341~1367) 원나라의 승상 탈탈(脫脫)이 이 절을 자신의 원찰로 만들고, 진녕군(晋寧君) 강융(姜融)이 원나라에서 공장을 뽑아 와서 13층석탑을 조성했다고 한다. 1393년(조선 태조 2) 태조가 신하들과 이곳에서 천추절(千秋節)의 기념행사를 가졌다. 1394년에는 태조의 아버지인 환조(桓祖)의 추모재를 이곳에서 지냈고, 특별히 화엄삼매참(華嚴三昧懺)을 강설했다. 1397년(태조 6)에는 신덕왕후의 추모재를 지내고, 역시 화엄법석(華嚴法席)을 열었다. 언제 폐사되었는지 전하지 않는다. 【유적·유물】 유물로는 10층석탑(국보 제86호)이 유명하다. 이 탑은 1465년(세조 11)에 만들어진 원각사(圓覺寺)의 탑과 함께 이국적인 기법으로 만들어진 대표적인 것이다. 그러나 어떤 연유로 원래의 13층석탑이 10층

석탑으로 변형되었는지는 알 수 없다. 고려 공민왕 때 노국공주의 원탑으로 만들어졌다는 설과 1348년(충목왕 4) 원나라의 승상 탈탈의 원탑으로 건립되었다는 설이 있으며, 탑의 각면마다 12회불상(十二會佛相)을 조각했다. 이 탑은 절터에 남아 있었는데, 1909년 우리 나라에 대사로 와 있던 일본 궁내대신 다나카(田中光顯)에 의해 일본 도쿄(東京)로 불법 반출되었다가 그 뒤 반환되었다. 서울 경복궁 안 근정전 회랑에 오래 방치되던 중 1960년 경복궁 안의 지금 자리에 중건되었다. 【참고문헌】 고려사, 고려사절요, 태조실록, 전등사본말사지

경천사(慶天寺)

【위치】 경기도 개성시에 있었다. 【연혁】 1113년(고려 예종 8) 창건됐다. 이 해 8월 예종이 이 절의 낙성식에 참석했으며, 1143년(인종 21) 9월 인종이 이 절에 행차했다. 1318년(충숙왕 5) 9월에는 충숙왕이 이 절의 들에서 사냥을 했다. 자세한 연혁은 전하지 않는다. 【참고문헌】 고려사, 한국사찰전서(권상로, 동국대학교 출판부, 1979)

경천사(擎天寺)

경천사(敬天寺)를 보시오.

경흥사(慶興寺)

【위치】 경상북도 경산시 남천면 산전동 동학산(動鶴山)에 있다. 【소속】 대한불교 조계종 제10교구 본사인 은해사의 말사이다. 【연혁】 659년(신라 무열왕 6) 혜공(慧空)이 창건했다. 고려시대의 연혁은 전하지 않는다. 1592년(조선 선조 25) 임진왜란 당시 사명 유정(四溟 惟政)이 머물렀으며 이때의 병화로 전소했다. 그 뒤 계룡산 갑사(甲寺)에 있던 연규(蓮圭)가

와서 선종(禪宗)에 소속시키고 불상을 조
성한 뒤 중창했다. 이어 1897년(광무 1)
김사숙(金士淑)이 중건하여 오늘에 이르
고 있다. 임진왜란 전에는 아주 큰 절이었
다고 하며, 주위에 산재해 있는 옛 건물의
주춧돌이나 많은 부도들을 통해 볼 때 사
세가 융성했음을 짐작할 수 있다. 조선시
대 말까지도 수십 인의 학승이 거처했다
고 한다. 【유적·유물】 현존하는 건물로
는 대웅전을 비롯하여 칠성각, 산신각, 승
당, 요사채 등이 있다. 대웅전 안에는 목
조 아미타불상이 봉안되어 있는데, 경상
북도 지방에서는 가장 큰 목불상으로 그
규모가 너무 커서 대웅전과 어울리지 않
는다. 【참고문헌】 문화유적총람(문화재관
리국, 1977), 내 고장 전통(경산군, 1982)

계룡갑사(鷄龍甲寺)
갑사(甲寺)를 보시오.

계룡사(鷄龍寺)
갑사(甲寺)를 보시오.

계림사(鷄林寺)
【위치】 경상북도 김천시 개령면 동부리
감문산(甘文山)에 있다. 【소속】 대한불교
조계종 제8교구 본사인 직지사의 말사이
다. 【연혁】 419년(신라 눌지왕 3) 아도
(阿道)가 창건했다. 그 뒤 조선시대 후기
까지의 자세한 연혁은 전하지 않는다.
1832년(순조 32) 성일(性日)이 중창했고,
1922년 춘담(春潭)이 중건하여 오늘에 이
르고 있다. 【유적·유물】 현존하는 건물
로는 대웅전을 비롯하여 응향각(凝香閣),
칠성각, 요사채 등이 있다. 문화재로는 제
작 연대를 알 수 없는 높이 20m, 넓이
5m의 괘불탱화(掛佛幀畵)가 있는데, 언
제부터인지는 알 수 없지만 가뭄이 심할
때는 동부리 마을 입구에 있는 쌍샘가에

이 탱화를 모셔 놓고 기우제를 지냈다고
도 한다. 【설화】 창건 설화에 의하면 아
도가 이곳을 지날 때 마을에서 살인 사건
이 자주 일어나는 것을 알고, 지금의 자리
에 절을 짓고 닭 천 마리를 기르면 살인이
일어나지 않을 것이라고 하며 터를 잡아
주었다고 한다. 그리하여 이 절의 이름도
계림사가 되었다고 한다. 또한 이 절이 있
는 산에는 명당이 많이 있으나 묘지는 1
기도 없다. 그 까닭은 명당에 묘만 쓰면
마을 입구에 있는 쌍샘의 물이 변색되어
샘물을 식수로 사용할 수 없게 되기 때문
이다. 이 같은 일은 최근에도 종종 일어나
며 마을 사람들이 산을 뒤져 몰래 매장한
묘를 파낸다고 한다. 【참고문헌】 한국사
찰전서(권상로, 동국대학교 출판부, 1979),
내 고장 우리 향토(금릉군, 1983)

계봉사(鷄鳳寺)
【위치】 충청남도 청양군 목면 본의리 계봉
산(鷄鳳山)에 있다. 【소속】 한국불교태고
종에 속한다. 【연혁】 백제 성왕 때(523~
554) 창건했다는 설과 신라 문성왕 때
(839~857) 보조 체징(普照 體澄)이 창건
했다는 설이 있다. 1407년(조선 태종 7)
나라에서 천태종의 자복사찰(資福寺刹)로
삼았다. 그러나 헌종 때(1834~1849) 불
탔다. 1920년 무렵 중창하여 오늘에 이르
고 있다. 【유적·유물】 건물로는 법당과
삼성각, 요사채 등이 있다. 유물로는 ‘계
봉고탑(鷄鳳古塔)’이라고 불리는 오층석
탑(충청남도 문화재자료 제147호)이 있는
데, 고려 때의 작품이다. 【참고문헌】 태
종실록, 한국사찰전서(권상로, 동국대학교
출판부, 1979), 문화유적총람－사찰편(충
청남도, 1990)

계조암(繼祖庵)

【위치】 강원도 속초시 설악동 설악산에 있다. 【소속】 대한불교조계종 제3교구 본사인 신흥사의 산내 암자이다. 【연혁】 652년(신라 진덕여왕 6) 자장(慈藏)이 창건했다. 자장은 이곳의 석굴에 머물면서 652년 향성사(香城寺; 신흥사)와 능인암(能仁庵; 내원암)을 창건했다. 그 뒤 이 절에서 동산(東山), 각지(覺知), 봉정(鳳頂)이 수도하여 도를 이루었고, 이어 원효(元曉), 의상(義湘) 등 조사의 칭호를 얻을 만한 수많은 스님들이 계속해서 수도했기 때문에 이름을 계조암이라고 했다. 창건 이후의 연혁은 자세히 전하지 않지만, 《신흥사사적기》에는 1890년(조선 고종 27) 응화(應化)가 삼성각을 지었으며, 1908년 동암(東庵)이 단청을 하고, 동고(東杲)가 후불탱화를 조성했다는 기록이 있다. 【유적·유물】 현존하는 건물로는 법당인 석굴과 삼성각, 요사채 등이 있다. 석굴 안에 봉안된 아미타불과 삼성각에 모신 나반존자상은 특히 영험이 큰 것으로 전하고 있어 예로부터 기도객들의 발길이 끊이지 않고 있다. 석굴 앞에 있는 쌍룡바위는 문을 대신하고 있고, 석굴 뒤쪽에는 백여 명이 함께 앉아 식사를 할 수 있는 반석이 있어 일명 식당암(食堂岩)이라 부른다. 식당암 머리 부분에는 흔들바위라는 이름으로 널리 알려진 우각석(牛角石)이 있다. 원래는 우각석이 두 개가 있었는데 어느 때 풍수지리를 공부했다는 이가 불가(佛家)의 영기(靈氣)가 넘쳐 흐름을 시기하여 한 개의 바위를 굴려 떨어뜨렸다고 한다. 【참고문헌】 한국사찰전서(권상로, 동국대학교 출판부, 1979), 전통사찰총서 1-강원도 2(사찰문화연구원, 1992)

계족사(鷄足寺)
【이명】 관음사(觀音寺)라고 불린다. 【위치】 일본 시카현(滋賀縣) 이카군(伊香郡) 고다카산(己高山)에 있다. 【연혁】 신라에서 이주해 간 신라인이 창건했으며, 신라의 계림(鷄林)에서 유래된 계족(鷄足)을 이름으로 삼았다는 설이 있다. 그러나 《근강여지지략(近江與地志略)》에 의하면, 이 절은 백제의 후손인 교키(行基)가 창건했고, 일본 천태종(天台宗)의 개산조인 사이초(最澄)가 중창했으며, 도요토미(豊臣秀吉)가 중수했다고 한다. 그 뒤 아사이(淺井) 집안의 기원소(祈願所)가 되었다고 한다. 【유적·유물】 중요문화재로는 9세기 초에 만든 목각 십일면관음보살상이 있다. 이 절 부근의 나카노고(中郷)에는 신라의 왕자 아메노히보코(天日槍)를 모신 에레히코신사(鉛練日古神社)가 있고, 우리나라의 이주민들이 살았다는 오사고(逐佐郷)가 있다. 【참고문헌】 古代朝鮮佛敎と日本佛敎(田村圓澄, 吉川弘文館, 1980)

계족사(鷄足寺)
【위치】 일본 효고현(兵庫縣) 히메지시(姬路市)의 미네아이산(峰相山)에 있었다. 【연혁】 1348년에 간행된 《봉상기(峰相記)》에 의하면, 일본의 가공적 인물인 진구왕후(神功王后)가 신라를 침략하고 돌아올 때 신라의 왕자를 인질로 데리고 와서 이곳에 머물게 했는데, 왕자는 이곳에 작은 암자를 창건하고 이 암자에서 천수다라니(千手陀羅尼)를 외면서 살았다고 한다. 절의 이름을 신라의 다른 이름인 계림(鷄林)에서 유래된 계족(鷄足)이라고 한 것으로 보아 신라 계통의 이주민이 창건한 것임을 알 수 있다. 이 절은 일본의 대표적인 큰스님인 코야(空也), 쇼쿠(性空)

등이 수행했던 곳으로도 유명하다. 1348
년 당시의 건물로는 천수관음(千手觀音)
을 모신 불전과 아미타불을 모신 상행당
(常行堂) 등이 있었다. 【참고문헌】日本
の中の朝鮮文化(金達壽, 講談社, 1983),
歸化人と社寺(今井啓一, 綜藝舍, 1979)

계향사(桂香寺)

관음사(觀音寺)를 보시오.

고견사(古見寺)

【이명】 한때 견암(見庵), 견암사(見庵寺),
견암선사(見庵禪寺), 견암사(見巖寺)라고
불렸다. 【위치】 경상남도 거창군 가조면
수월리 우두산(牛頭山 ; 일명 別有山)에 있
다. 【소속】 대한불교조계종 제12교구 본
사인 해인사의 말사이다. 【연혁】 신라 애
장왕 때(800~809) 순응(順應)과 이정
(理貞)이 창건했다. 이들은 일찍이 당나
라에 들어가 법을 구하다가 나무로 노새
를 만들어 《화엄경》을 싣고 귀국하여 이
절을 창건했다고 한다. 고려 때 나옹 혜근
(懶翁 惠勤)과 교우하던 달순(達順)이 이
절이 황폐한 것을 보고 1360년(공민왕 9)
소산(小山)과 함께 판사 김신좌(金臣佐)
와 그 문하의 시주를 얻어 중수를 시작하
여 1364년 낙성했다. 이어 달순은 이 절
에 혜근의 영당(影堂)을 세워 혜근을 추
모했다. 그 뒤 1395년(조선 태조 4) 태조
가 고려 왕조 왕(王)씨의 명복을 빌기 위
해서 이 절에 전지(田地) 50결을 내리고,
매년 2월 10일에 내전의 향(香)을 보내
수륙재(水陸齋)를 행하게 했다. 조선 초
기에는 교종(敎宗)에 속했으며, 1414년
(태종 14)부터는 1월 15일에 수륙재를 행
했다. 1424년(세종 6) 사원의 승려수와
전지의 결수를 정할 때 45결이었던 전지
를 100결로 늘리고 승려의 수를 70명으로

했다. 1630(인조 8)에는 설현(雪賢)과
금복(金福), 종해(宗海)가 중건하면서 고
견사라고 이름을 바꿨다. 그 뒤 1935년
예운(禮雲)이 대웅전과 칠성각을 중수했
다. 1950년 6·25전쟁 때 병화로 불타자
정천(定天)이 중건했다. 1987년에는 배
익천(裵翊天)의 시주로 크게 면모를 일신
했다. 【유적·유물】 현존하는 건물로는
대웅전과 나한전, 약사전, 산신각, 요사채
2동이 있다. 유물로는 범종(경상남도 문화
재자료 제170호)과 석불(경상남도 유형문
화재 제263호), 탱화 4점, 《법화경》등이
있다. 범종은 1630년에 주조된 것이다.
【참고문헌】 동문선, 태종실록, 동국여지
승람, 거창군지(거창군, 1979)

고달굴(高達窟)

고달사(高達寺)를 보시오.

고달사(高達寺)

【이명】 고달굴(高達窟)이라고도 불렸다.
【위치】 황해도 곡산군 동촌면 이상리 고
달산(高達山) 정상에 있었다. 【연혁】 745
년(신라 경덕왕 4) 고달(高達)이 창건했
다. 이후의 연혁은 전하지 않는다. 일제강
점기의 31본산시대에는 성불사(成佛寺)
의 말사였다. 이 절은 높이 6m, 너비
15m, 깊이 9m의 암굴이었다. 굴 안에는
다른 곳에서는 볼 수 없는 관음조(觀音
鳥)라고 불리는 새가 많이 서식하고 있었
다. 현재의 상황은 알 수 없으나 북한측
자료에 의하면 현존하지 않는다. 【설화】
창건자 고달은 원래 사냥꾼이었다. 어느
날 사슴 한 마리를 쏘았는데, 화살을 맞았
으나 달아나 버렸다. 고달이 핏자국을 따
라가 보니 불상을 모신 굴이 있었고, 그
불상에 화살이 꽂혀 있었다. 고달은 자기
가 살생을 많이 하는 것을 훈계하기 위하

여 부처님이 사슴으로 변신해서 자기를 인도한 것임을 깨닫고, 그 자리에서 활과 화살을 꺾어 버린 뒤 참선 수도하여 큰스님이 되었다고 한다. 또 절 앞에는 바위가 있는데, 바위 아래에는 구멍이 뚫려 있고 그 구멍에서 절의 식솔들이 먹을 만큼의 쌀이 나왔다고 한다. 한 승려가 많은 쌀을 얻어서 부자가 될 욕심으로 바위 구멍을 넓히자 쌀은 나오지 않고 바위는 300m 아래쪽 굴곡천(屈谷川)으로 굴러 떨어졌다. 이 사실을 안 산신령이 동촌면 일대에 있는 소들의 혼을 모아서 바위를 다시 이 절 앞으로 끌어 올려 지금에 이르렀다고 한다. 【참고문헌】 동국여지승람, 황해도지(황해도, 1970)

고달사(高達寺)

【이명】 고달원(高達院)이라고도 불렸다. 【위치】 경기도 여주군 북내면 상교리 혜목산(慧目山)에 있었다. 【연혁】 764년(신라 경덕왕 23)에 창건됐다. 신라 때의 유명한 삼원(三院 ; 道峰院, 曦陽院, 고달원) 중의 하나이다. 경문왕 때(861~875) 원감 현욱(圓鑑 玄昱)이 경문왕의 청으로 이 절에서 교화 활동을 폈으며, 862년(경문왕 2) 진경 심희(眞鏡 審希)가 이 절에 와서 현욱에게 출가하여 제자가 되었다. 고려 광종(재위 949~975) 이후에는 역대 왕들의 비호를 받아 큰 절의 면모를 유지했다. 한때 원종 찬유(元宗 璨幽, 869~958)도 이 절에 머물렀으며, 무학 자초(無學 自超)도 1376년(우왕 2) 나옹 혜근(懶翁 惠勤)이 입적한 뒤 이 절에 머물렀다. 그러나 그 뒤의 자세한 연혁은 전하지 않으며, 언제 폐사되었는지도 알 수 없다. 【유적·유물】 절터에는 부도(국보 제4호)와 석불대좌(보물 제8호), 찬유의 원종대사혜진탑(元宗大師慧眞塔 ; 보물 제7호), 원종대사혜진탑비의 귀부와·이수(보물 제6호) 등이 남아 있다. 원종대사혜진탑비의 비신과 쌍사자석등(보물 제282호)은 서울의 국립중앙박물관으로 옮겨져 보관되고 있다. 부도는 누구의 것인지 알 수 없으나, 팔각원당형(八角圓堂型)의 걸작으로 고려 초기의 것으로 보인다. 석불대좌는 연화문과 안상 등이 잘 정돈된 모습을 보이는 고려 때의 대좌이다. 원종대사혜진탑과 탑비, 귀부 및 이수는 977년(경종 2)에 세워졌다. 쌍사자석등은 고려 때의 것이다. 【참고문헌】 기내사원지(경기도, 1988), 문화유적총람(문화재관리국, 1977)

고달원(高達院)

고달사(高達寺)를 보시오.

고란사(皐蘭寺)

【이명】 한때 고란사(高蘭寺)라고 했다. 【위치】 충청남도 부여군 부여읍 쌍북리 부소산(扶蘇山) 북쪽 기슭 백마강변에 있다. 【소속】 대한불교조계종 제6교구 본사인 마곡사의 말사이다. 【연혁】 언제 누가 창건했는지 알 수 없다. 백제 때 왕들이 노닐기 위하여 건립한 정자였다는 설과 궁중의 내불전(內佛殿)이었다는 설이 있다. 백제의 멸망과 함께 소실한 것을 고려시대에 백제의 후예들이 삼천궁녀를 위로하기 위해서 중창하여 고란사(高蘭寺)라고 했다. 그 뒤 벼랑에 희귀한 고란초가 자생하기 때문에 고란사(皐蘭寺)라고 바뀌 불리게 되었다. 1028년(고려 현종 19) 중창했고, 1629년(조선 인조 7)과 1797년(정조 21) 각각 중수했으며, 1900년 은산면에 있던 숭각사(崇角寺)를 옮겨 중건했다. 【유적·유물】 절 일원이 충청남도 문화재자료 제98호로 지정되어 있다. 현존

하는 건물로는 법당과 범종각이 있다. 법당은 1931년에 지은 것을 1960년에 보수한 것이다. 절의 뒤뜰 커다란 바위틈에는 고란초가 촘촘히 돋아나 있고, 왕이 마셨다는 고란수(皐蘭水)가 나오는 고란샘터가 있다. 주위에는 낙화암, 조룡대(釣龍臺), 사비성(泗沘城) 등이 있다. 【참고문헌】한국사찰전서(권상로, 동국대학교 출판부, 1979), 문화유적총람(문화재관리국, 1977), 문화유적총람－사찰편(충청남도, 1990)

고란사(高蘭寺)

고란사(皐蘭寺)를 보시오.

고려사(高麗寺)

【위치】일본 교토부(京都府) 소라쿠군(相樂郡)에 있었다. 【연혁】7세기 무렵 이 지역에 정착하여 살던 고구려 계통의 이주민들이 창건했다. 자세한 연혁은 전하지 않는다. 【유적·유물】지금은 절터만 남아 있다. 세 군데의 토단(土壇)이 있는 것으로 보아서 금당 앞에 탑이 있었고, 탑의 북쪽으로 강당이 있었음을 알 수 있다. 이 절터의 발굴 조사는 1938년에 착수되었는데, 충청남도 부여에서 주로 출토된 것과 모양이 비슷한 꽃무늬 기와와 치미(鴟尾)의 파편 등의 유물이 발견되었다. 이 절터가 있는 소라쿠에는 최근에 재일교포들이 창건한 같은 이름의 고려사(高麗寺)가 있다. 【참고문헌】續風土記－歸化人と社寺(今井啓一, 綜藝舍, 1973), 古代朝鮮佛教と日本佛教(田村圓澄, 吉川 弘文館, 1980)

고려사(高麗寺)

【위치】일본 가나가와현(神奈川縣) 오이소시(大磯市) 고려산(高麗山)에 있었다. 【연혁】사전(寺傳)에 의하면, 8세기 무렵

법상사(法相寺)의 한 승려가 천수관음보살상을 봉안하고 창건했다는 설과, 다카노죠우(鮹之丞)라는 어부가 오이소의 앞바다에서 그물로 천수관음보살상을 건진 뒤 고려산에 안치하기 위해 창건했다는 설이 있다. 그러나 이곳은 고구려 왕족인 약광(若光)의 일족이 이주해 와서 개척하고 정착한 곳이며, 이곳의 지명과 신사명이 '고려'인 것을 감안한다면 이 절의 창건 또한 고구려의 유민들에 의한 것임을 추정할 수 있다. 가마쿠라(鎌倉) 시대에는 장군(將軍)의 집안을 중심으로 많은 사람들이 이 절의 신도가 되었는데, 1192년에는 고시라카와천황(後白河天皇)의 49재와 1주기 재를 이 절에서 지냈다. 그리고 도쿠가와막부(德川幕府)도 이 절을 지극히 중요시하여 고려산과 1백 석(石)의 밭을 사원에 영지(領地)로 주고 경내를 신성한 지역으로 정하여 보호했다. 그러나 메이지(明治)시대에 이르러 유신정부의 강력한 신불분리(神佛分離) 정책으로 절은 폐사되었다. 【유적·유물】원래는 신불습합(神佛習合)의 사상으로 인하여 고구려 왕족의 후예들이 세운 고려신사의 경내에 있었으나 지금은 고려신사만이 남아 있다. 【참고문헌】續風土記－歸化人と社寺(今井啓一, 綜藝舍, 1973), 日本の中の朝鮮文化(金達壽, 講談社, 1983)

고려사(高麗寺)

【위치】일본 오사카부(大阪府) 야오시(八尾市)에 있었다. 【연혁】고구려 계통의 씨족이 창건한 것으로 추정된다. 이 절 부근에 살았던 고구려 계통의 씨족들은 다카야스쿠리(高安造), 다카야스스쿠네(高安宿禰)라는 성씨와 칭호를 얻을 만큼 중앙정부의 관리로서 상당한 지위를 누렸다. 그

러나 이 절에 관한 연혁은 전하지 않는다. 【유적·유물】 현재에도 이 절터에는 한반도와 관련이 깊은 스사노오노미코토(素戔嗚尊)와 우두천왕(牛頭天王), 고려왕영신(高麗王靈神), 고마대신(許麻大神 ; 고구려 대신을 뜻함)을 모시는 고마신사가 있다. 【참고문헌】 日本の中の朝鮮文化(金達壽, 講談社, 1983)

고려사(高麗寺)

【위치】 일본 후쿠오카현(福岡縣) 이토지마군(糸島郡)에 있다. 【연혁】 1281년 여몽(麗蒙)연합군이 일본을 공격했을 때, 이 전쟁에 참가한 고려 병사들의 목을 베어 이곳에 묻고 나서 그들의 원혼을 달래기 위해서 창건했다. 지금도 고려 병사들의 무덤이 마을에 남아 있고 절은 폐사 위기에 있다. 【유적·유물】 현존하는 건물은 관음당뿐이다. 현재 절 부근의 지명은 고려를 뜻하는 고래사(高來寺 ; 高來는 고려를 뜻함)이다. 【참고문헌】 續風土記－歸化人と社寺(今井啓一, 綜藝舍, 1973)

고림사(古林寺)

【이명】 한때 상림사(桑林寺)라고도 불렸다. 【위치】 전라북도 진안군 진안읍 군상리 부귀산(富貴山)에 있다. 【소속】 대한불교조계종 제17교구 본사인 금산사의 말사이다. 【연혁】 672년(신라 문무왕 12) 원효(元曉)가 부귀산을 찾아 수도하며 머물 때 창건했다고 한다. 그 뒤 여러 차례 중수와 중건을 거쳤으며, 1923년 화재로 전소했던 것을 1925년 중건하여 오늘에 이르고 있다. 고려 때에는 상림사라고 불렸으나, 절 주위에 수백 년 묵은 거목들이 들어 차 있어 고림사로 이름을 고쳤다. 【유적·유물】 관음전 안에 모셔져 있는 관음상은 1923년 화재 속에서 구해 낸 유일한

유물이다. 절 부근에는 좌선대라고 불리는 널따란 바위가 있는데, 원효가 좌선하며 구도하던 자리라고 한다. 【설화】 원효는 삼국통일의 대업이 회삼귀일(會三歸一)의 원리대로 원만히 성취되기를 소망하여 부안의 변산, 진안의 부귀산 등 주로 '편안 안(安)'자가 들어 있는 지명을 찾아 간절히 기도했는데, 그중의 하나가 바로 이 절의 좌선대였다고 한다. 【참고문헌】 전북불교총람(전북불교총연합회, 1993), 사찰지(전라북도, 1990)

고문암(古文庵)

국향사(國享寺)를 보시오.

고방사(古方寺)

【이명】 고방사(高方寺, 古芳寺)라고도 한다. 【위치】 경상북도 김천시 농소면 봉곡리 백마산(白馬山)에 있다. 【소속】 대한불교조계종 제8교구 본사인 직지사의 말사이다. 【연혁】 526년(신라 법흥왕 13) 아도(阿道)가 창건했다고 하나, 4, 5세기에 활동했던 아도의 활동 시기와 맞지 않아 신빙성이 없다. 한때 법당 등의 건물이 모두 45동에 이르는 등 대규모의 절이었으나, 1592년(조선 선조 25) 임진왜란 때 불에 탔다. 1636년(인조 14) 옥청(玉淸)이 적묵당(寂默堂)을, 현철(玄哲)이 설선당(說禪堂)을 각각 중건했다. 그 뒤 1656년(효종 7) 학룡(學龍)이 청원루(淸遠樓)를 새로 지었다. 1719년(조선 숙종 45)에는 수천(守天)이 절터를 옮겨서 중창했다. 원래의 절터는 현재의 위치에서 동남쪽으로 약 1km 떨어진 곳에 있는 약수터 자리에 있었는데, 그곳에 빈대가 많아서 사람이 머물 수 없었으므로, 법당인 보광전(普光殿)을 헐어 현재의 자리로 옮겨 짓고 나머지 건물은 모두 불태웠다고 한

다. 그 뒤 1923년 벽암(碧巖)이 중창하여 오늘에 이르고 있다. 【유적·유물】현존하는 건물로는 보광전과 관음전, 향로전(香爐殿), 천왕문, 종각, 요사채가 있다. 보광전 안에는 목조 삼존불이 봉안되어 있는데, 그 수법이나 정교함으로 보아 고려 말 또는 조선 초의 작품으로 추정된다. 법당 안에는 지름 1.8m에 이르는 조선 중기의 법고와 경명(經名)을 판독할 수 없을 만큼 부식이 심한 경판(經板)이 있다. 보광전 지붕에는 청기와 3장이 덮여 있는데, 청기와는 큰 건물의 낙뢰를 방지하는 구실을 해준다고 한다. 【설화】원래 절이 있던 자리에는 어떠한 불치의 병이라도 치료할 수 있다는 약수가 있다고 한다. 갖가지 금기를 지키고 백일 동안 약수를 먹으면 효험을 볼 수 있다고 하나 백마산의 산신이 엄하여 금기를 범할 때에는 반드시 벌을 내린다고 하여 함부로 먹는 자가 없다고 한다. 【참고문헌】한국사찰전서(권상로, 동국대학교 출판부, 1979), 내 고장 우리 향토(금릉군, 1983)

고방사(高方寺, 古芳寺)

고방사(古方寺)를 보시오.

고사(高寺)

천룡사(天龍寺)를 보시오.

고산사(高山寺)

【위치】충청북도 제천시 덕산면 신현리 와룡산(臥龍山) 반장재에 있다. 【소속】대한불교조계종 제5교구 본사인 법주사의 말사이다. 【연혁】신라 헌강왕 때(875~886) 연기 도선(烟起 道詵)이 창건했다. 그 뒤의 연혁은 전하지 않으며 1956년 중창하여 오늘에 이르고 있다. 【유적·유물】현존하는 건물로는 대웅전과 칠성각, 요사채 등이 있으나 모두가 최근에 세운

건물이다. 대웅전 안에는 일반적인 격식과는 달리 관세음보살을 주존불로 봉안하고, 좌우에 3위씩의 나한상을 안치하고 있다. 그러나 후불탱화에는 석가삼존불을 묘사하고 있어 봉안된 불상의 구조가 파격을 이루고 있다. 그 밖에도 이 절에는 신중, 나한, 칠성, 산신, 독성 등의 탱화가 봉안되어 있다. 【참고문헌】사지(충청북도, 1982)

고산사(高山寺)

【위치】대전광역시 동구 대성동 식장산(食藏山) 서쪽 중턱에 있다. 【소속】대한불교조계종 제6교구 본사인 마곡사의 말사이다. 【연혁】신라 말기에 연기 도선(烟起 道詵, 827~898)이 창건했다. 1636년(조선 인조 14) 중수했다. 이 밖의 자세한 연혁은 전하지 않는다. 【유적·유물】현존하는 건물로는 대웅전과 양성각(兩聖閣), 법장암(法藏庵)이 있다. 대웅전(대전광역시 유형문화재 제10호)은 1636년 중수된 목조 건물로서 그 안에 봉안된 불상은 중앙에 있지 않고 서단(西壇)에 동향해 있는 점이 특이하다. 후불탱화는 1815년(순조 15) 운문사(雲門寺)에서 조성한 것으로 은선(銀線)을 사용한 흔하지 않은 작품이다. 대웅전 앞에는 회응당충징대사부도(回應堂沖澄大師浮屠)와 이름을 알 수 없는 작은 부도 1기가 있는데, 모두 조선시대의 것이다. 【참고문헌】한국불교전서(권상로, 동국대학교 출판부, 1979), 문화유적총람-사찰편(충청남도, 1990)

고산사(高山寺)

【위치】충청남도 홍성군 결성면 무량리 청룡산(靑龍山)에 있다. 【소속】대한불교조계종 제7교구 본사인 수덕사의 말사이다. 【연혁】신라 말기에 연기 도선(烟起

道詵, 827~898)이 창건했다. 그 뒤 1628 년(조선 인조 6) 설옥(雪玉)이 중창했으며, 1672년(현종 13) 학잠(學岑)이 중창했다. 【유적·유물】현존하는 건물로는 대웅전(보물 제399호)과 요사채 등이 있다. 이 중 대웅전은 조선시대 초기에 세워진 건물로 1974년 문화재관리국에서 해체하여 복원공사를 했으며, 건물 안의 좌대석은 뛰어난 작품이다. 삼층석탑과 고산사 중수 현판, 석조여래좌상 등이 있다. 석조여래좌상은 고려시대의 것으로 보인다【참고문헌】충절의 고장 홍주(홍성군, 1982), 문화유적총람－사찰편(충청남도, 1990)

고산사(孤山寺)
구화사(九華寺)를 보시오.

고산사(高山寺)
법장사(法藏寺)를 보시오.

고상사(高上寺)
금정사(金井寺)를 보시오.

고석사(古石寺)
【위치】경상북도 포항시 남구 장기면 방산리 묘봉산(妙峯山)에 있다. 【소속】대한불교조계종 제11교구 본사인 불국사의 말사이다. 【연혁】신라 선덕여왕(재위, 632~647)이 창건했다. 그 뒤의 연혁은 알 수 없다. 【유적·유물】현존하는 건물로는 보광전(普光殿)과 산신각, 요사채가 있다. 보광전 안에는 자연석을 깎아 조각한 높이 2m의 약사여래상이 봉안되어 있다. 【설화】창건 설화가 전한다. 선덕여왕은 동쪽으로부터 세 줄기 서광이 3일 동안 궁전을 비추는 것을 보고 이상히 여겨서 그 빛의 발원지를 찾게 했는데, 지금의 이 절 바위에서 발하는 빛이었다. 왕이 태사관에게 점을 치게 하자, 그 바위를 다듬어서 불상을 만들고 절을 지으면 길하다고

했다. 이에 불상을 조각하고 이 석불을 모실 법당인 보광전을 지었다고 한다. 【참고문헌】문화유적총람(문화재관리국, 1977), 내 고장 전통 가꾸기(영일군, 1982)

고선사(高仙寺)
【위치】경상북도 경주시 암곡동에 있었다. 【연혁】신라 무열왕 때(654~661) 이전에 창건된 것으로 추정된다. 한때 원효(元曉, 617~686)가 머물렀다. 원효 이후 이 절에 관한 신라시대의 사료는 전하지 않는다. 고려시대에는 1021년(현종 12) 5월 현종이 상서우승(尚書右丞) 이가도(李可道)에게 명하여 이 절에 있던 금라가사(金羅袈裟)와 불정골(佛頂骨), 창림사(昌林寺)의 불아(佛牙)를 가져오게 하여 내전에 안치했다. 이로 미루어 보아 이때까지의 규모는 매우 컸음을 알 수 있다. 언제 폐사되었는지는 알 수 없다. 【유적·유물】1913년 절터에서 원효의 행적비인 서당화상비(誓幢和尚碑) 조각을 일본 학자들이 발견하였다. 이 비는 원효가 686년(신문왕 6) 3월 30일 혈사(穴寺)에서 입적했다는 것을 고증할 수 있는 유일한 자료이다. 절터에는 삼층석탑(국보 제38호)과 석등 대석(臺石), 귀부(龜趺) 등이 있었지만, 1975년 덕동댐 공사로 수몰지구가 됨에 따라 모두 국립경주박물관으로 이전되었다. 이 중 석등 대석은 8잎의 복엽연화문(複葉蓮華紋)이 조각되어 있다. 귀부는 비신을 세우는 자리 주위에 단엽의 연화문을 새겼으며, 가로 56cm, 세로 12cm의 홈을 파서 비신을 세우게 했다. 일본 학자들은 서당화상비가 이 귀부 위에 있었던 것이라고 단언했지만, 서당화상비는 두께가 40cm로서 이 비좌에는 맞지 않는다. 【설화】《삼국유사》에 이곳에

머물고 있던 원효와 경주 만선북리(萬善北里)에 살고 있던 사복(蛇福)에 관한 설화가 전한다. 어느 날 사복이 원효를 찾아와 '그대와 내가 옛날에 경(經)을 싣고 다니던 암소가 죽었으니 함께 가서 장사 지내자.'라고 하여 예를 갖추고 장례를 지냈다. 그때 원효가 '나지 말지어다, 그 죽음이 괴롭도다. 죽지 말지어다, 그 태어남이 괴롭도다.'라고 했다. 이에 사복이 너무 번거롭다고 하므로 원효는 다시 '죽는 것도 나는 것도 모두 괴롭구나.'라고 했다. 이에 사복이 '옛날 석가모니 부처님은 사라나무 아래에서 열반하셨다. 지금도 그와 같은 자가 있어 연화장세계에 들려 한다.'고 하고는 띠풀을 뽑으니 그 속에 칠보로 장식된 새로운 세계가 열렸으며 그는 어머니의 시신을 업고 그 속으로 들어갔다고 한다. 【참고문헌】 삼국유사, 신라의 폐사 I(한국불교연구원, 일지사, 1974), 문화유적총람(문화재관리국, 1977)

고성사(高聲寺)

【이명】 한때 고성암(高聲庵)이라고 불렸다. 【위치】 전라남도 강진군 강진읍 남성리 보은산 우두봉(牛頭峰)에 있다. 【소속】 대한불교조계종 제22교구 본사인 대흥사의 말사이다. 【연혁】 조선 후기에 창건된 것으로 추정된다. 1481년(성종 12)에 편찬된 《동국여지승람》에는 절 이름이 보이지 않고, 1799년(정조 23)에 편찬된 《범우고(梵宇攷)》에는 고성암으로 나와 있다. 1805년(순조 5) 가을 해남에 귀양중이던 다산 정약용(茶山 丁若鏞)이 이 절 보은산방(寶恩山房)에 와서 머물며 아암 혜장(兒庵 惠藏)과 교우하며 역학(易學)을 공부하고 시작(詩作)에 몰두했다.

화방사(華芳寺)에는 1917년 원응 계정(圓應 戒定)이 지은 천불산화엄사사적비가 있는데, 이 비에는 만덕산 백련사(白蓮社)의 암자로 고성암과 화방암(지금의 화방사)이 당시까지 남아 있었다고 기록되어 있다. 【유적·유물】 건물로는 대웅전을 비롯하여 칠성각, 요사 등이 있다. 대웅전에는 조선 말기에 조성된 것으로 보이는 목조삼존불상이 봉안되어 있다. 불화는 모두 9점이 있으나, 대웅전에 있는 지장탱화만 1933년에 제작된 것이고, 나머지는 모두 1960년대 이후에 제작된 것이다. 【참고문헌】 전남의 사찰 I(전라남도, 1990)

고성암(高聲庵)

고성사(高聲寺)를 보시오.

고시사(古尸寺)

가슬갑사(嘉瑟岬寺)를 보시오.

고왕암(古王庵)

【위치】 충청남도 공주시 계룡면 양화리 계룡산(鷄龍山)에 있다. 【소속】 대한불교조계종 제6교구 마곡사의 말사인 신원사(新元寺)의 부속 암자이다. 【연혁】 660년(백제 의자왕 20) 의자왕이 창건했다. 이름을 고왕암이라 한 것은 당나라의 장군 소정방(蘇定方)이 신라의 장군 김유신(金庾信)과 합세하여 백제를 침공할 때 백제의 왕자 융(隆)이 피난했다가 이곳에서 신라군에게 항복했기 때문이라고 한다. 그 뒤 1418년(조선 세종 즉위) 서함(西函)이 중건했으며, 1928년 청운(淸雲)이 다시 중건했다. 【유적·유물】 건물로는 법당 등이 있다. 【참고문헌】 문화유적총람(문화재관리국, 1977), 한국의 명산 대찰(국제불교도협의회, 1982), 명산 고찰 따라(이고운·박설산, 신문출판사, 1987)

고운사(孤雲寺)

【이명】 한때 고운사(高雲寺)라고 했다.
【위치】 경상북도 의성군 단촌면 구계리 등운산(騰雲山)에 있다. 【소속】 대한불교 조계종 제16교구 본사이다. 【연혁】 681년(신라 신문왕 1) 의상(義湘)이 창건하여 고운사(高雲寺)라고 했다. 그 뒤 최치원(崔致遠, 857~?)이 승려 여지(如智), 여사(如事)와 함께 가운루(駕雲樓)를 건립하고 이를 기념하여 그의 호를 따서 고운사(孤雲寺)로 이름을 바꾸었다. 헌강왕 때(875~886) 연기 도선(烟起 道詵)이 약사여래석불과 석탑을 안치했고, 948년(고려 정종 3) 운주(雲住)가 중창했다. 1018년(현종 9) 천우(天祐)가 대웅전, 약사전, 극락전, 적묵당(寂默堂), 설선당(說禪堂), 관음전, 금당, 문수전, 백련암(白蓮庵) 등을 중창했는데, 이때 극락전에 봉안한 관음상은 천해(天海)가 꿈에서 본 것과 똑같은 불상을 송도 대흥산(大興山)에서 찾아내 봉안한 것이라고 한다. 1482년(조선 성종 13) 석가여래불상을 안동 갈라산 낙타사(駱駝寺)에서 옮겨 와 대웅전에 봉안했으며, 1646년(인조 24) 소영(昭影)의 사리탑을 건립했다. 1668년(현종 9) 극성(克成) 등이 가운루를 중수했다. 1670년 숭해(崇海) 등이 명부전을, 1683년(숙종 9) 관헌(灌憲) 등이 팔상전(八相殿)을 신축했다. 1695년(숙종 21) 도청(道淸)과 선조(禪照)가 극락전에 아미타불과 대세지보살상을 봉안하여 이전의 관음상과 함께 삼존불상을 구비했다. 1724년(경종 4) 법존(法存), 지훈(智勳) 등이 운수암(雲水庵)을 창건했고, 1797년(정조 21) 의암(義巖)이 백련암을 중창했다. 1803년(순조 3) 4월 적묵당과 서별실이 화재로 소실하자 1804년 2월 문찰(文察)이 중건했고, 1812년 의암이 운수암을 중건했다. 1835년(헌종 1) 2월 백련당, 금당, 관음전, 군포고(軍布庫), 직사고(直舍庫), 영전 등이 화재로 소실하자, 나라에서 홍종호(洪鍾浩)에게 명하여 만송(晚松) 등과 함께 대웅전과 금당을 중건하게 했다. 이 해 12월 운수암이 소실하자 1838년 함홍(涵弘)이 중건했고, 1868년(고종 5) 눌암(訥庵) 등이 만성재(晩惺齋)를, 해송(海松)이 우의당(禹儀堂)을 건립했다. 1912년 31본산의 하나가 되었으며, 1913년 2월 사찰령에 의해 고운사 본말사법(本末寺法)이 시행되면서 경상북도 내의 46개 절을 말사로 관장했다. 1924년 주지 만우(萬愚)가 약사전을 중수하고 대정암(大定庵)을 창건했으며, 1935년 주지 영호(泳鎬)가 대웅전을 중수했다. 또한 1934년 불교전문강원을 개설했고, 안동포교당, 와룡포교당, 의흥포교당 등을 두었다. 현재는 의성, 안동, 영주, 봉화 등 4개 시군에 있는 54개 말사를 관장하고 있다. 【유적·유물】 현존하는 건물로는 대웅전, 극락전, 관음전, 명부전, 금강문, 가운루(경상북도 유형문화재 제151호), 적묵당, 우화루, 동별실, 서별실, 금당, 회운당, 고운대암(孤雲大庵), 고금당(古今堂) 등 총 25동이 있다. 유물로는 석조석가여래좌상(보물 제246호)과 삼층석탑(경상북도 문화재자료 제28호), 사적비, 사보(寺寶)로 전하고 있는 오동학촉대(烏銅鶴燭臺) 등이 있다. 【참고문헌】 동국여지승람, 조선사찰자료, 조선불교통사(이능화, 1918), 경북5본산고금기요(강유문, 경북불교협회, 1937), 한국사찰전서(권상로, 동국대학교 출판부, 1979), 한국의 명산 대찰(국제불

교도협의회, 1982), 명산 고찰 따라(이고운·박설산, 신문출판사, 1987)

고운사(孤雲寺)

【이명】 신고운사(新孤雲寺)라고도 불렸다. 【위치】 충청남도 논산군 벌곡면 수락리 대둔산(大屯山)에 있었다. 【연혁】 언제 누가 창건했는지 알 수 없다. 1481년(조선 성종 12)에 편찬된《동국여지승람》에 벌곡면 양산리 천호산(天護山)에 존재한다고 나와 있다. 1592년(선조 25) 임진왜란 때 폐사되었다가, 1656년(효종 7) 지금의 자리로 옮겨 다시 지어 신고운사라고도 불렸다. 일제강점기에는 대본산 마곡사의 말사에 속했으나, 그 뒤 다시 폐사되었다. 【유적·유물】 절터에서 조선시대의 기와 조각이 발견되며, 절터의 전면은 밭으로 개간되어 있다. 양산리 천호산의 옛 절터에 석종형(石鐘型) 부도 1기가 남아 있다. 【참고문헌】 한국사찰전서(권상로, 동국대학교 출판부, 1979), 문화유적총람-사찰편(충청남도, 1990)

고운사(高雲寺)

고운사(孤雲寺)를 보시오.

곡사(鵠寺)

숭복사(崇福寺)를 보시오.

곡성사(穀成寺)

운곡사(雲谷寺)를 보시오.

공덕사(功德寺)

【위치】 경상북도 영천시 모자산(母子山)에 있었다. 【연혁】 언제 누가 창건했는지 알 수 없다. 1407년(조선 태종 7) 조정에서 화엄종의 자복사찰(資福寺刹)로 삼았다. 연혁은 전하지 않는다. 1481년(성종 12)에 편찬된《동국여지승람》에는 존재한다고 나와 있으나 1799년(정조 23)에 편찬된《범우고(梵宇攷)》에는 이미 폐사된

것으로 나와 있다. 【참고문헌】 조선왕조실록, 동국여지승람, 범우고

공림사(空林寺)

【위치】 충청북도 괴산군 청천면 사담리 낙영산(落影山)에 있다. 【소속】 대한불교조계종 제5교구 본사인 법주사의 말사이다. 【연혁】 신라 경문왕 때(861~875) 자정(慈淨)이 창건했다. 자정은 국사의 지위를 사양한 뒤 그곳에 초암을 짓고 살았는데, 그의 덕을 추모한 왕이 절을 세우고 공림사라는 사액을 내렸다고 한다. 1399년(고려 정종 1) 득통 기화(得通 己和)가 명산대천을 편력하다가 폐사가 된 이 절에 이르러서 법당과 요사채 등의 모든 건물을 새로 중창했다. 1593년(조선 선조 26) 왜병의 방화로 여러 건물이 불탔으나, 대웅전만은 갑자기 바람이 반대쪽에서 불어와 보존할 수 있었다. 인조 때(1623~1649) 다시 중창했으며, 1688년(숙종 14) 사적비를 세웠다. 1950년 6·25전쟁 전에는 대웅전, 승방, 영하문(暎霞門), 문루, 행랑채, 방앗간 등 8동의 건물이 있었으나, 6·25전쟁 뒤 공비의 잦은 출몰로 영하문과 사적비만 남고 모두 소실했다. 1966년 법당과 요사채를 재건하여 오늘에 이르고 있다. 【유적·유물】 현존하는 건물로는 극락전과 영하문이라는 현판이 걸린 일주문, 요사채 등이 있다. 극락전 안에는 금동아미타여래좌상이 봉안되어 있는데, 조선 초기의 걸작품이지만 공비토벌 때 총기에 의해 손상을 입어 후두부에 작은 구멍이 나 있으며, 1979년 개금되어 원형에 가까운 모습으로 재현되었다. 그 밖에도 범종과 부도 3기, 맷돌, 석조(石槽), 사적비 등이 있다. 그중 범종은 1776년(영조 52) 주조된 것이다. 부도

는 극락전 좌측에 2기가 있고 남쪽의 부도골에 1기가 있다. 극락전 좌측의 것은 모두 조선 초기의 작품으로 추정된다. 【설화】전설에 의하면 절 뒤쪽 미륵봉에는 황금밀탑(黃金密塔)이 있었다고 한다. 당나라 고종 때 낙양의 무덕(武德) 마을 공중에 황금밀탑의 그림자가 나타나서 사라지지 않다가 며칠 뒤 공중의 밀탑이 동쪽으로 움직이기 시작했다. 소문을 들은 고종은 밀탑의 뒤를 쫓게 했는데, 탑은 현재의 미륵봉 바위 속으로 들어갔다. 그래서 바위를 깨어 보니 밀탑은 없고 미륵장륙삼존불(彌勒丈六三尊佛)이 있었다. 그 뒤부터 이곳의 산 이름을 밀탑의 그림자가 떨어진 곳이라고 하여 낙영산이라 했다고 한다. 【참고문헌】괴산군지(괴산군, 1981), 사지(충청북도, 1982)

공전사(公田寺)
【위치】충청북도 제천시 봉양읍 공전리 시랑산(侍郎山) 동쪽에 있었다. 【연혁】언제 누가 창건했고, 언제 폐사됐는지 알 수 없다. 현재 절터 부근의 밭에서 고려청자 조각과 기와 조각이 많이 발견되는 것으로 보아 창건은 고려시대로 추정되며, 폐사는 조선 중기로 보인다. 【설화】이곳에 살던 도승(道僧)과 선악을 분별하는 실줄에 얽힌 유명한 설화가 전한다. 도승은 신통력으로 선한 사람이 이 절에 오면 쌀자루를 내려오게 하고, 나쁜 사람이 오면 좁쌀이나 피 등의 잡곡이 든 자루를 내려오게 했다. 이로 인해 이 절에는 선한 사람들만 모이게 되었지만, 양식이 넉넉하여 승려들이 수도는 하지 않고 편안히 지내는 것만 좋아하게 되었다. 이에 도승은 도술을 끊고 절에 먹을 것을 없앰으로써 승려들을 떠나게 했다. 그 뒤부터는 도승의 소문을 들은 일반 신도들이 몰려왔다. 도승은 이들을 위하여 다시 도술을 부렸는데, 이 소문을 들은 제천현감과 아전들이 절로 찾아와 많은 재물을 착복해 갔다. 이에 도승은 크게 반성하고 실 한 가닥을 공중에 던져서 부처님 앞에 동여 매어 선악만을 알아보게 했다. 선하고 절에 유익한 사람이 오면 쌀알이 이 실을 타고 두세 알 내려오게 하고, 그렇지 못한 사람이 오면 좁쌀이나 피가 두세 알 실을 타고 내려오게 했다. 또한 절에 있는 승려에게 '하루 일하지 않으면 하루 먹지 않는다'는 뜻을 가르쳐서 놀고 먹는 사람이 없게 했다. 불만을 품은 현감은 도승을 잡아 형벌을 내리기 위해서 절로 찾아갔다. 그러나 도승은 며칠 전에 입적했고, 법당에 들어가니 실에서 피 세 알이 똑똑 떨어졌다. 악인으로 지목된 현감은 분노하여 그 실을 잡아채어 끊었다. 그 뒤부터는 선악을 식별하는 실이 없어졌다고 한다. 【참고문헌】한국사찰전서(권상로, 동국대학교 출판부, 1979), 사지(충청북도, 1982)

관궁사(官宮寺)
대관사(大官寺)를 보시오.

관룡사(觀龍寺)
【위치】경상남도 창녕군 창녕읍 옥천리 구룡산(九龍山) 중턱에 있다. 【소속】대한불교조계종 제15교구 본사인 통도사의 말사이다. 【연혁】사기(寺記)에 의하면 349년(신라 흘해왕 40) 창건됐다고 하지만 근거가 확실하지 않다. 그러나 이 사실은 불교가 인도에서 바다를 건너 가야에 전해졌다는 설을 뒷받침하는 예증이 되기도 한다. 583년(진평왕 5) 증법(證法)이 중창했는데, 이를 창건으로 보기도 한다. 삼국 통일 뒤에는 원효(元曉)가 천 명의 중

국 승려에게 《화엄경》을 설법하고 대도량을 이룩했다고 한다. 그 뒤 748년(경덕왕 7) 추담(秋潭)이 중건했다. 1401년(조선 태종 1)에는 대웅전을 중건했다. 그러나 1592년(선조 25) 임진왜란 때 대부분의 건물이 소실하여 1617년(광해군 9) 중창했다. 1704년(숙종 30) 가을의 대홍수로 금당과 부도 등이 유실하고 승려 20여 명이 익사하는 참변을 당한 뒤 1712년 대웅전 등 건물들을 재건했다. 그 뒤 1749년(영조 25) 부분적인 보수를 거쳐 오늘에 이르고 있다. 산내 암자로는 옥천 저수지 아래에 청련암(靑蓮庵)과 삼성암(三聖庵)이 있고, 절 아래에 극락암, 화왕산(火旺山) 자하골에 도성암(道成庵)이 있다. 신라 8대 절 중의 하나로서 문화재가 많고 경치가 좋기로 널리 알려져 있다. 【유적·유물】 건물로는 대웅전(보물 제212호)과 약사전(보물 제146호), 원음각(圓音閣 ; 경상남도 문화재자료 제140호), 요사채 등이 있다. 문화재로는 석조약사여래좌상(보물 제519호)과 용선대(龍船臺) 석조석가여래좌상(보물 제295호), 약사전 삼층석탑(경상남도 유형문화재 제11호), 《관룡사사적기》(경상남도 유형문화재 제183호), 석장승(경상남도 민속자료 제6호), 부도(경상남도 문화재자료 제19호), 감로왕도(甘露王圖) 등이 있다. 대웅전 안에는 비로자나삼존불이 봉안되어 있으며, 약사전은 임진왜란 때 전화를 면한 유일한 건물로서 부석사(浮石寺) 조사당, 송광사(松廣寺) 국사전과 함께 우리 나라 건축사 연구의 귀중한 문화유산이 되고 있다. 또한 이 약사전 안에 봉안된 약사여래좌상은 고려시대의 것이고, 약사전 앞에 있는 삼층석탑은 기단부의 4면에 각각

2개씩의 안상(眼象)이 조각된 고려 말 조선 초의 것이다. 절의 서쪽 계곡 위의 용선대에 있는 석조석가여래좌상은 통일신라시대의 전형적인 석불로서 산 정상에 안치된 드문 예이다. 절 입구 좌우에 마주 보고 선 2개의 석장승은 자연석에 남녀상을 새겼는데, 절 경내를 표시하는 석표(石標)의 구실도 하고 있다. 감로왕도는 1791년(정조 15)에 제작된 것으로 지금은 동국대학교 박물관에 소장되어 있다. 【설화】 전설에 의하면, 원효가 제자 송파(松坡)와 함께 이곳에서 백일기도를 드리는데, 갑자기 하늘에서 영롱한 오색채운이 뻗치고 아홉 마리의 용이 화왕산 마루의 월영삼지(月影三池)로부터 등천하는 것이 보이므로 절 이름을 관룡사라고 하고, 산 이름을 구룡산이라 했다고 한다. 【참고문헌】 문화유적총람(문화재관리국, 1977), 한국사찰전서(권상로, 동국대학교 출판부, 1979), 한국의 명산 대찰(국제불교협의회, 1982)

관북사(館北寺)

【이명】 한때 석종사(石鍾寺)라고 불렸다. 【위치】 황해도 평산군 인산면 기린리 성적산(聖跡山)에 있었다. 【연혁】 신라·문무왕 때(661~681) 원효(元曉)가 창건하여 석종사라고 했다. 그러나 창건 뒤의 연혁은 전하지 않아 언제 절 이름이 관북사로 바뀌었는지는 알 수 없다. 일제강점기의 31본산시대에는 성불사(成佛寺)의 말사였다. 현재의 상황은 알 수 없으나, 북한측 자료에 의하면 현존하지 않는다. 【유적·유물】 1950년 6·25전쟁 전에는 대웅전과 요사채 등이 있었다. 절 뒤에는 기린굴(麒麟窟)이 있는데, 옛날 용마가 기린처럼 엎드려 이 굴에서 나왔다는 설

화가 전한다. 【참고문헌】 황해도지 (황해도, 1970)

관사 (官寺)

대관사 (大官寺)를 보시오.

관악사 (冠岳寺)

연주암 (戀主庵)을 보시오.

관음굴 (觀音窟)

【위치】 강원도 양양군 강현면 전진리 낙가산 (洛伽山)에 있다. 【소속】 대한불교조계종 제3교구 신흥사의 말사인 낙산사 (洛山寺)의 부속 암자이다. 【연혁】 676년 (신라 문무왕 16) 의상 (義湘)이 관세음보살을 친견 (親見)한 뒤 창건하고, 전단향 (栴檀香)으로 관세음보살상을 만들어 모셨다고 한다. 1619년 (조선 광해군 11) 중건했고, 1752년 (영조 28) 진린 (眞麟)이 중수했으며, 1797년 (정조 21) 혜민 (惠旻)이 중건했다. 1868년 (고종 5) 장마로 무너진 것을 이듬해 의연 (義演)이 중건했고, 1911년 흥운 (興雲)과 청호 (晴湖)가 중수했다. 근세에 기문 (箕文)이 편집한 〈낙산사관음굴중창기〉에는 창건 이후 해안도량 (海岸道場)으로 널리 알려져 많은 참배객들이 찾았으며, 해조음 (海潮音)을 통하여 구고구난 (救苦救難)하는 관세음보살의 대원 (大願)이 들렸다는 등 많은 영험담이 전한다. 【유적·유물】 건물로는 법당 등이 있다. 【참고문헌】 삼국유사, 동문선, 한국사찰전서 (권상로, 동국대학교출판부, 1979)

관음사 (觀音寺)

【위치】 전라남도 곡성군 오산면 선세리 성덕산에 있다. 【소속】 대한불교조계종 제21교구 본사인 송광사의 말사이다. 【연혁】 312년 (백제 비류왕 9) 처녀 성덕 (聖德)이 낙안포에서 금동관세음보살상을 모셔다가 창건했다고 하나 이때는 백제에 불교가 전래되기 이전이므로 신빙성이 없다. 창건 후 성공 (性空)이 성덕의 상을 만들려고 하다가 뜻을 바꾸어 관음보살상을 만들어 모시고 절 이름을 성덕산 관음사라고 했다. 그 뒤 1374년 (고려 공민왕 23) 크게 절을 일으키고 원통전을 중건했으며, 선원을 중심으로 많은 큰스님을 배출했다. 1950년 6·25전쟁 때 대부분의 건물이 소실했으며, 1954년 주지 박창훈 (朴昌薰)이 부근의 대은암 (大隱庵) 건물을 옮겨 와서 원통전을 중건했다. 【유적·유물】 현존하는 건물로는 원통전, 2층의 금랑각 (錦浪閣), 산신각, 요사채 등 7동이 있다. 6·25전쟁 전까지 이 절의 원통전은 국보 제273호, 금동관음보살좌상은 국보 제214호로 지정되어 있었으나, 전란중에 모두 불에 타 없어졌다. 절 일원이 전라남도 문화재자료 제24호로 지정되어 있다. 【설화】 《성덕산관음사사적》에 의하면, 옛날 충청도 대흥 땅에 장님 원량 (元良)이 살고 있었다. 그에게는 홍장 (洪莊)이라는 딸이 있었는데 용모가 수려하고 효성이 지극했다. 어느 날 아버지가 동네 어귀를 지나는데 승려 성공이 장님을 만나자 큰 절을 했다. 간밤의 꿈에 신인 (神人)이 나타나서 오늘 동네에서 장님을 만날 텐데 그가 대화주 (大化主)가 될 것이라고 했다는 것이다. 장님은 자신의 가난한 처지를 설명했으나 성공은 한사코 시주할 것을 청했다. 부녀가 함께 고민하던 차에 그날 저녁 진나라 사신이 찾아왔다. 그들은 진나라 혜제 (惠帝)가 새 황후 될 분이 동국 (東國)에 있을 것이니 가보라고 하여 배를 타고 포구에 이르자 어떤 알 수 없는 힘에 의하여 이 집으로 인도되었다고 말했

다. 부녀는 진나라 사신의 예물을 받았으며, 그 예물을 성공에게 시주하여 절을 짓도록 했다. 이어 홍장은 혜제의 비가 되었다. 【참고문헌】한국사찰전서(권상로, 동국대학교 출판부, 1979), 내 고장 전통 가꾸기(곡성군, 1981)

관음사(觀音寺)
【위치】강원도 통천군 금강산(金剛山)에 있었다. 【연혁】675년(신라 문무왕 15) 의상(義湘)이 창건했다. 그 뒤 조선시대 후기까지의 연혁은 전하지 않는다. 1846년(헌종 12) 영담 도잠(影潭 道潛)이 중건했다. 1867년(고종 4)에는 잠(岑)과 초(楚)가 중수했고, 1933년에는 이혜월(李慧月)이 다시 보수했다. 일제강점기의 31본산시대에는 유점사(楡岾寺)의 말사였다. 지금의 상황은 알 수 없으나, 북한측 자료에 의하면 현존하지 않는다. 【참고문헌】한국사찰전서(권상로, 동국대학교 출판부, 1979)

관음사(觀音寺)
【위치】서울특별시 관악구 남현동 관악산에 있다. 【소속】대한불교조계종 직할교구 본사인 조계사의 말사이다. 【연혁】895년(신라 진성여왕 9) 연기 도선(烟起 道詵)이 창건하고 수도했다. 그 뒤 조선시대 후기까지의 연혁은 전하지 않는다. 1863년(조선 철종 14) 행임(行稔)이 철종의 장인인 영은부원군(永恩府院君) 김문근(金汶根)에게 1천 금을 희사받아 중수했다. 1924년 주지 석주(石洲) 등이 큰방을 중건했으며, 1925년 요사채를 중수했다. 1929년 태선(泰善)이 칠성각을, 1930년 산신각을, 1935년 용화전을 신축했으며, 1942년 극락전을 중수했다. 또한 1982년 주지 종하(鍾夏)가 대웅전을 중건

하여 오늘에 이르고 있다. 【유적·유물】현존하는 건물로는 대웅전을 중심으로 삼성각, 용왕각, 요사채 등이 있다. 【참고문헌】한국사찰전서(권상로, 동국대학교 출판부, 1979)

관음사(觀音寺)
【이명】한때 동림사(桐林寺)라고 불렸던 듯하다. 【위치】충청남도 아산시 영인면 아산리 영인산(靈仁山)에 있다. 【소속】대한불교조계종 제6교구 본사인 마곡사의 말사이다. 【연혁】유물로 미루어 보아 고려시대 이전에 창건된 것으로 추정된다. 1983년에 간행된 《아산군지》에서는 이 절이 신라시대부터 조선시대까지 존립한 동림사(桐林寺)의 옛터라고 추정하고 있으나, 확실하지는 않다. 1941년 옛 절터 위에 중창하여 오늘에 이르고 있다. 【유적·유물】건물로는 대웅전과 요사채 2동이 있다. 유물로는 석탑(충청남도 문화재자료 제232호)과 석조여래입상(충청남도 문화재자료 제233호)이 있다. 모두 고려 때의 것으로 보인다. 또한 절 앞 골짜기에는 오층석탑(충청남도 문화재자료 제239호)과 석불(충청남도 문화재자료 제240호)이 있는데, 역시 고려시대의 것으로 보인다. 【참고문헌】아산군지(아산군, 1983), 문화유적총람-사찰편(충청남도, 1990)

관음사(觀音寺)
【이명】한때는 계향사(桂香寺)라고 불렸다. 【위치】충청북도 청주시 상당구 우암동 우암산(牛巖山)의 서쪽 암벽 아래에 있다. 【소속】대한불교조계종 제5교구 본사인 법주사의 말사이다. 【연혁】유물로 미루어 보아 신라 말기나 고려 초기에 창건된 것으로 추정된다. '계향지사(桂香之寺)'라는 명문이 새겨진 기와가 발견되어

이름이 계향사였음을 알게 되었다. 고려 중기 이후에 번성했다가 조선 중기에 이르러서 폐사한 것으로 보인다. 1958년 절터에 법당, 산신각, 요사채 등을 신축하여 관음사라고 이름을 바꿔 오늘에 이르고 있다. 【유적·유물】 건물로는 법당과 산신각, 요사채가 있다. 유물로는 요사채 공사 도중 발견된 철확(鐵鑊) 1개와 명문기와, 연화문 수막새들이 있다. 그 가운데 철확은 구경 132cm, 높이 60cm로서 솥의 형태는 법주사의 것과 흡사하나 크기는 그에 미치지 못한다. 명문기와는 수지문(樹枝文)의 중앙에 '계향지사'라는 양명(陽銘)이 있으며, 고려 말기에서 조선 초기 사이의 것이다. 연화문 수막새는 백제 와당을 많이 닮은 것으로 1976년 수습되었으며, 우암산 일대에서 발견된 수막새 가운데에서는 가장 특징 있는 와당이다. 【참고문헌】 사지(충청북도, 1982), 충청일보(1980.2.5.)

관음사(觀音寺)

【위치】 경기도 개성시 산성리 대흥산성 안 천마산에 있다. 【연혁】 970년(고려 광종 21) 법인(法印) 국사 탄문(坦文)이 창건했다. 1383년(우왕 9) 당시 도원수였던 이성계(李成桂)가 중수했으며, 절 곁에 자신의 저택도 지었다. 이어 조선시대에 들어와 태조가 1393년(태조 2) 크게 확장했으며, 1395년 2월 25일 태조의 명으로 전대 왕조인 고려의 왕(王)씨를 위하여 수륙재(水陸齋)를 베풀었다. 1398년(정종 즉위) 상왕(태조)이 좌우내관을 거느리고 능엄법회(楞嚴法會)를, 1400년(태종 즉위) 태종이 수륙재를 베풀었으며, 1418년(태종 18) 나라에서 조계종에 소속시켰다. 1477년(성종 8) 5월 산사태로 무너진 뒤

중건했고, 1645년(인조 23) 정명(正明)이, 1797년(정조 21) 성훈(成訓)이 중수했다. 그 뒤 1935년 주지 이근식(李根植)이 법당과 요사채를 중건했다. 일제강점기의 31본산시대에는 전등사(傳燈寺)의 말사였다. 【유적·유물】 이 절은 북한 보물급 문화재 제33호로 지정되어 있다. 현존하는 건물로는 대웅전과 승방이 있다. 유물로는 칠층석탑이 있다. 칠층석탑은 대웅전 앞 서쪽에 있는데, 1660년(현종 1)에 조성된 것이다. 이 밖에도 관음굴이 이 절이 창건되기 전부터 절 뒤편에 있었으며, 그 안에는 관음보살좌상이 있다. 이 절 주위의 경치가 매우 빼어나서 예로부터 '개성의 금강'이라고 불렸다. 【참고문헌】 한국사찰전서(권상로, 동국대학교 출판부, 1979), 북한사찰연구(한국불교종단협의회, 1993)

관음사(觀音寺)

【위치】 경기도 연천군 왕징면 가천리 영원산(靈原山)에 있다. 【연혁】 언제 누가 창건했는지 알 수 없다. 1407(조선 태조 7) 조정에서 자은종(慈恩宗)의 자복사찰(資福寺刹)로 삼았다. 연혁은 전하지 않는다. 1799년(정조 23)에 편찬된 《범우고(梵宇攷)》에는 존재한다고 나와 있으나, 그 뒤 폐사되었다. 【유적·유물】 절터에는 초석과 돌담, 기와 조각들이 남아 있다. 【참고문헌】 한국사찰전서(권상로, 동국대학교 출판부, 1979)

관음사(觀音寺)

【이명】 한때 법정암(法井庵)이라고도 불렸다. 【위치】 제주도 제주시 아라동 한라산 동북쪽 기슭에 있다. 【소속】 대한불교조계종 제23교구의 본사이다. 【연혁】 언제 누가 창건했는지 알 수 없다. 조선 숙

종 때(1674~1720) 제주목사였던 이형상
(李衡祥)이 제주에 잡신이 많다고 하여
사당과 함께 절 5백 동을 폐사시켰을 때
폐허가 되었다. 그 뒤 1912년 비구니 봉
려관(蓬廬觀)이 다시 창건하여 법정암이
라고 했다. 봉려관은 원래 떠돌이 무당이
었으나, 1901년 비양도(飛揚島)로 가던
중 우연히 풍랑을 만나 사경에 이르렀을
때 관음보살의 신력으로 살아나게 되었
다. 이에 감응하여 1907년 비구니가 되어
그 이듬해 제주도로 돌아와서 이 절을 짓
고 불상을 모셨다. 그러나 이 해 4월 8일
경찬재(慶讚齋)를 여는데, 주민들이 반대
하여 죽이려 하므로 한라산으로 피신했
다. 그 뒤 1912년 승려 영봉(靈峰)과 거
사 도월(道月)의 도움으로 법정암을 창건
했다. 이때 불상과 탱화는 용화사(龍華
寺)와 광산사(匡山寺)에서 옮겨 왔다. 그
뒤 신도가 늘어나자 절 이름을 관음사로
바꿨다. 현재 이 절은 제주도의 말사 약
30여 개를 관장하고 있다. 【유적·유물】
현존하는 건물로는 대웅전을 비롯하여 종
루, 산신각, 불이문(不二門), 큰방 등이
있다. 【참고문헌】 한국사찰전서(권상로,
동국대학교 출판부, 1979), 한국의 명산 대
찰(국제불교도협의회, 1982)

관음사(觀音寺)
계족사(鷄足寺)를 보시오.

관음사(觀音寺)
무위사(無爲寺)를 보시오.

관음사(觀音寺)
삼막사(三幕寺)를 보시오.

관음사(觀音寺)
삼장사(三藏寺)를 보시오.

관음사(觀音寺)
일선사(一禪寺)를 보시오.

관음선원(觀音禪院)
【위치】 전라북도 전주시 완산구 동완산동
완산칠봉 중턱에 있다. 【소속】 한국불교
태고종에 속한다. 【연혁】 유물로 미루어
보아 신라 때 창건된 것으로 추정된다. 작
은 법당만 남아 명맥을 이어 오던 것을
1961년 비구니 이보현(李普賢)이 이곳에
와서 30년 가까이 중창에 힘을 기울였다.
태고종 종정을 지냈던 묵담 성우(默潭 聲
祐, 1896~1981)가 만년에 오랫동안 이
절에 머물며 수행했다. 부속 기관으로는
연꽃유치원이 있다. 【유적·유물】 건물로
는 법당을 비롯하여 요사채, 삼성각, 사천
왕문, 시왕전, 선방 등이 있다. 유물로는
법당 안에 신라시대에 조성된 것으로 추정
되는 관음보살상과 준제보살상이 있다. 이
밖에도 성우의 부도가 있다. 【참고문헌】
전북불교연감(전북불교총연합회, 1993)

관음암(觀音庵)
【위치】 충청북도 보은군 내속리면 사내리
속리산에 있다. 【소속】 대한불교조계종
제5교구 본사인 법주사의 산내 암자이다.
【연혁】 663년(신라 문무왕 3) 회월(晦月)
이 창건했는데, 관세음보살이 상주하는
도량이라고 하여 관음암이라고 했다. 부
근 일대에 많은 기와 조각이 널려 있는 것
으로 보아 창건 이후 수차례의 중수가 있
었던 것으로 짐작되나 이에 대한 기록은
전하지 않는다. 【유적·유물】 건물은 인
법당(因法堂) 1동만이 남아 있다. 법당
안에는 관세음보살상과 달마도(達摩圖)가
봉안되어 있다. 달마도는 1930년경 보경
보현(寶鏡 普賢)이 그린 것이다. 이 밖에
1968년과 1971년에 주조한 종 2기가 있
고, 1975년에 세운 삼층석탑 1기가 있다.
이 암자 주변에는 임경업(林慶業)이 7년

동안 수도한 경업대(慶業臺), 용의 양쪽 눈에 해당하는 용안수(龍眼水)인 장군수(將軍水)와 생명수, 속리산의 제1경인 입석대 등의 명소가 있다. 【설화】 회월은 60세에 이 암자를 창건하고 168세에 입적했다고 하는데, 이러한 장수의 비결은 아침에 새벽 공기를 마시고 낮에는 솔잎을 먹으며 저녁에는 관음암의 장군수를 마셨기 때문이라는 전설이 전한다. 【참고문헌】 사지(충청북도, 1982)

관음암(觀音庵)

【이명】 동대암(東臺庵)이라고도 불린다. 【위치】 강원도 평창군 진부면 동산리 만월산(滿月山)에 있다. 【소속】 대한불교조계종 제4교구 본사인 월정사의 산내 암자이다. 【연혁】 신라 성덕왕*때(702~737) 신문왕의 태자 보천(寶川)의 유언에 따라 왕실에서 창건했다. 보천은 평생을 오대산에서 수도했는데, 입적하면서 나라를 위해 오대산에 5개의 암자를 지어 기도와 수행에 열중할 것을 유언했다. 그는 '동대에 관음방(觀音房)을 두고 원상관음(圓像觀音)과 함께 푸른 바탕에 만 명의 관음보살 모습을 그려 봉안하고, 복전(福田) 5인을 두어 낮에는 《금광명경》과 《인왕반야경》, 〈천수주(千手呪)〉를 독송하게 하고, 밤에는 관음예참(觀音禮懺)을 염하게 하라. 그리고 그 결사의 이름을 원통사(圓通社)라 하라.' 고 했다. 왕실에서는 곧 이 유언을 이행하여 이곳에 관음보살상을 모시고 이 절을 창건했다. 그러나 자세한 연혁은 전하지 않는다. 지금도 본전에는 옛 전통대로 관세음보살좌상을 안치했으나, 번창했던 옛 모습은 찾을 길 없다. 1950년 6·25전쟁 때 작전상의 이유로 소각하여 폐허가 되었으나, 1971년 조용

벽(趙龍璧), 장낭진(張琅鎭)의 시주로 중건하여 지금의 모습을 갖추었다. 오대산의 동대에 있다고 하여 동대암이라고도 하며, 관세음보살의 상주처(常住處)로 널리 알려져 있다. 오대산 신앙과 함께 불교 성지로 손꼽힌다. 【유적·유물】 현존하는 건물로는 인법당(因法堂)과 요사채가 있다. 또한 절 입구에서 700m 떨어진 지점에는 총 22기의 부도군(浮屠群)이 있는데, 대부분이 석종형(石鐘型)의 부도이다. 그중에는 이중기단과 옥개(屋蓋)를 갖춘 원당형(圓堂型)의 부도도 있다. 조각 수법이 거칠고 일관성이 없는 것으로 보아 대개 이곳에 머물렀던 조선 후기 큰 스님들의 부도로 짐작된다. 【설화】 통일신라 말기에 비단장사를 하면서 홀어머니를 모시고 살던 한 청년이 있었다. 이 청년이 어느 날 비단을 짊어지고 오대산 진고개를 넘다가 고갯마루에서 쉬는데, 풀섶에 꼼짝도 하지 않고 서 있는 이상한 노승 한 분을 뵈었다. 그가 노승에게 이유를 묻자, '중생들에게 공양을 드리고 있는 중이네. 내가 움직이면 내 옷 속에서 피를 빨아 먹는 이나 벼룩이 불편해 할 것이 아닌가.' 라고 답했다. 감동을 받은 청년은 노승을 뒤따라 관음암에 이르러 제자가 될 것을 간청했다. 이때 노승은 청년의 굳은 결심을 확인하고 나서야 출가를 허락하고는 먼저 부엌에 큰 가마솥을 거는 일을 시켰다. 하루종일 흙을 이겨 부뚜막을 만들고 솥을 걸자, 노승은 오히려 호통을 치며 다시 한번 잘 해보라고 일렀다. 청년은 틀린 곳을 발견하지 못해 어리둥절했지만, 무려 아홉 번이나 반복되는 노승의 지시에 따를 수밖에 없었다. 드디어 노승은 청년의 구도심을 인정하고 그에게 구

정(九鼎)이라 법명을 내렸으며, 자신이 무주 무염(無住 無染, 801~888)임을 밝혔다. 그 뒤 어느 날 구정이 무염에게 '어떤 것이 부처입니까?' 라고 묻자, 무염은 '즉심이 불이니라(卽心是佛).' 라고 답했다. 구정은 글도 모르고 워낙 무식했으므로 '즉심이 불' 이라는 스승의 말을 '짚신이 불' 이라는 말로 잘못 알아들었다. 그날부터 구정은 짚신을 머리에 이고 다니면서 '이 짚신이 어째서 부처인가' 하는 생각에 골몰했다. 그러던 중 드디어 어느 날 큰 깨달음을 얻었다. 관음암에는 지금도 구정이 수행하던 토굴의 흔적이 남아 있다. 【참고문헌】 삼국유사, 한국의 사찰 13-월정사(한국불교연구원, 일지사, 1977)

관음암(觀音庵)

【이명】 한때 지조암(指祖庵)이라고 불렸다. 【위치】 강원도 동해시 삼화동 두타산(頭陀山)에 있다. 【소속】 대한불교조계종 제4교구 월정사의 말사인 삼화사(三和寺)의 부속 암자이다. 【연혁】〈관음암중건모연기(觀音庵重建募緣記)〉에 의하면, 918년(고려 태조 1) 용비(龍飛)가 창건했으며 오랫동안 지조암이라 불렸다고 한다. 그 뒤의 연혁은 전하지 않으며, 1950년 6·25전쟁 때 소실한 것을 1960년 유해룡(兪海龍)이 삼화사의 주지로 부임한 뒤 신도회의 시주로 중건하고 이름을 관음암으로 고쳤다. 현재는 비구니들의 수도처이다. 【유적·유물】 현존하는 건물로는 인법당(因法堂)과 요사채가 있다. 이 절에서 1km 이내의 지점에 두타산성이 있다. 【참고문헌】 명산 고찰 따라(이고운·박설산, 신문출판사, 1987)

관음암(觀音庵)

관음전(觀音殿)을 보시오.

관음암(觀音庵)

오세암(五歲庵)을 보시오.

관음암(觀音庵)

조제암(鳥啼庵)을 보시오.

관음원(觀音院)

수간사(水間寺)를 보시오.

관음전(觀音殿)

【위치】 경상북도 상주시 남장동 노악산(露嶽山)에 있다. 【소속】 대한불교조계종 제8교구 직지사의 말사인 남장사(南長寺)의 부속 암자이다. 【연혁】 신라 때 진감(眞鑑) 국사 혜소(慧昭, 774~850)가 창건했다고 한다. 1668년(조선 현종 9) 신의익(申義益)이 중건했고, 1752년(영조 28) 환응(喚應)이 조실을 건립했다. 1797년(정조 21) 주지 보연(普演)이 관음전을 중건했으며, 1802년(순조 2) 청파(靑坡)가 조실을 중건했다. 【유적·유물】 건물로는 법당 등이 있다. 【참고문헌】 한국불교사학대사전(조명기, 대한불교문화진흥회, 1991)

관음전(觀音殿)

【이명】 한때 관음암(觀音庵)이라고 불렸다. 【위치】 경상남도 통영시 봉평동 미륵산(彌勒山)에 있다. 【소속】 대한불교조계종 제13교구 쌍계사의 말사인 용화사(龍華寺)의 부속 암자이다. 【연혁】 1618년(조선 광해군 10) 청안(淸眼)이 창건했다. 그 뒤의 연혁은 전하지 않는다. 일제강점기까지도 관음암이라고 불렸으나, 최근 관음전으로 이름을 바꿨다. 【유적·유물】 건물로는 관음전이라고 편액한 인법당(因法堂)이 있다. 【참고문헌】 한국사찰전서(권상로, 동국대학교 출판부, 1979)

관적사(冠寂寺)

【위치】 충청남도 서천군 비인면 성내리 월명산(月明山)에 있다. 【소속】 대한불교

조계종 제6교구 본사인 마곡사의 말사이다. 【연혁】 조선시대에 창건된 것으로 추정된다. 연혁은 전하지 않는다. 폐사된 채 있던 것을 1930년 중창하여 오늘에 이르고 있다. 【유적·유물】 건물로는 보광전과 요사채가 있다. 【참고문헌】 문화유적총람-사찰편(충청남도, 1990)

관촉사(灌燭寺)
【위치】 충청남도 논산군 은진면 관촉리 반야산(般若山)에 있다. 【소속】 대한불교조계종 제6교구 본사인 마곡사의 말사이다. 【연혁】 968년(고려 광종 19) 혜명(慧明)이 창건했다. 이어 혜명은 백여 명의 공장과 함께 970년 미륵불의 조성 공사를 시작하여 1006년(목종 9) 불상을 완성했다. 1386년(우왕 12) 법당을 신축했으며, 1581년(조선 선조 14) 거사 백지(白只)가 중수했다. 1674년(현종 15) 지능(智能)이, 1735년(영조 11) 성능(性能)이 중수하여 오늘에 이르고 있다. 【유적·유물】 현존하는 건물로는 관음전과 삼성각, 사명각(四溟閣), 해탈문, 현충각 등이 있다. 문화재로는 석조미륵보살입상(일명 은진미륵; 보물 제218호)과 석등(보물 제232호), 배례석(拜禮石; 충청남도 유형문화재 제53호), 석문(石門; 충청남도 문화재자료 제79호), 오층석탑, 사적비 등이 있다. 이 가운데 배례석은 너비 40cm, 길이 150cm의 장방형 화강암 위에 팔엽연화 3개가 연지(蓮枝)에 달려 있는 듯이 실감나게 조각되어 있다. 또 석문은 양쪽에 돌기둥을 세우고 널찍한 판석을 올려 놓은 것으로 창건 당시에 쇄도하는 참배객을 막기 위하여 성을 쌓고 사방에 문을 내었던 것 중 동문에 해당하는 것이다. 또한 이 절에는 1499년(연산군 5) 가야산 봉서사(鳳棲

寺)에서 개판한 《목우자수심결(牧牛子修心訣)》《몽산법어(蒙山法語)》《심우십도(尋牛十圖)》 등의 판본이 소장되어 있었다. 이는 범어사(梵魚寺)의 영명(永明)이 옮겨 보관한 것이었으나, 그 뒤에 해인사(海印寺)로 옮겨 갔다고 한다. 【설화】 창건 당시 조성된 은진미륵에 얽힌 설화가 전한다. 한 여인이 반야산에서 고사리를 꺾다가 아이 우는 소리를 듣고 가보았더니 아이는 없고 큰 바위가 땅속에서 솟아나고 있었다. 이 소식을 들은 조정에서는 이 바위로 불상을 조성할 것을 결정하고 혜명에게 그 일을 맡겼다. 혜명은 백여 명의 공장과 30여 년 동안 공사를 벌여 1006년 불상을 완성했다. 그러나 불상이 너무 거대하여 세우지 못하고 걱정하던 어느 날, 사제촌에서 동자 두 명이 삼등분된 진흙 불상을 만들며 놀고 있었다. 먼저 땅을 평평하게 하여 그 본을 세운 뒤 모래를 경사지게 쌓아 그 중간과 윗부분을 세운 다음 모래를 파내었다. 혜명은 돌아와서 그와 같은 방법으로 마침내 불상을 세웠다. 그 동자들은 문수보살과 보현보살이 화현하여 가르침을 준 것이라고 한다. 불상이 세워지자 하늘에서는 비를 내려 불상의 몸을 씻어 주었고, 서기가 21일 동안 서렸으며, 미간의 옥호(玉毫)에서 발한 빛이 사방을 비추었다고 한다. 중국의 승려 지안(智眼)이 그 빛을 좇아와 예배했으며, 그 광명의 빛이 촛불의 빛과 같다고 하여 절 이름을 관촉사라 했다고 한다. 이 밖에도 이 불상에 얽힌 많은 영험담이 전하고 있다. 중국에 난이 있어 적병이 압록강에 이르렀을 때, 이 불상이 노립승(蘆笠僧)으로 변하여 옷을 걷고 강을 건너니 모두 그 강이 얕은 줄 알고 물속으

로 뛰어들어 과반수가 빠져 죽었다. 중국의 장수가 칼로 그 삿갓을 치자 쓰고 있던 불상의 개관(蓋冠)이 약간 부서졌다고 하며, 그 흔적이 아직도 남아 있다고 한다. 또한 국가가 태평하면 불상의 몸이 빛나고 서기가 허공에 서리며, 난이 있게 되면 온몸에서 땀이 흐르고 손에 쥔 꽃이 색을 잃는다는 등의 전설이 전하고 있다. 그리고 이 불상에 기도하면 모든 소원이 다 이루어졌다고 한다. 【참고문헌】동국여지승람, 관촉사 사적명(불교학보 2, 동국대학교 불교문화연구소, 1964), 한국사찰전서(권상로, 동국대학교 출판부, 1979), 한국의 명산 대찰(국제불교도협의회, 1982), 명산고찰 따라(이고운·박설산, 신문출판사, 1987)

관항사(觀頂寺)

의곡사(義谷寺)를 보시오.

관해사(觀海寺)

【위치】함경북도 경성군 경성면 운주산(雲住山)에 있다. 【연혁】조선시대 중기인 17세기 말에 창건됐다. 1806년(순조 6) 중수했으며, 1862년(철종 13) 홍의범(洪義範)과 이지송(李祉松) 등이 중수했다. 1890년(고종 27)에도 중수했다. 이어 1938년 대웅전을 중수했다. 일제강점기의 31본산시대에는 귀주사(歸州寺)의 말사였다. 현재의 상황은 알 수 없으나 북한측 자료에 의하면 현존한다는 것은 분명하다. 【참고문헌】한국사찰전서(권상로, 동국대학교 출판부, 1979), 북한사찰연구(한국불교종단협의회, 1993)

관해암(觀海庵)

【이명】해초암(海草庵)이라고도 불렸다. 【위치】함경남도 이원군 남면 포진리 황룡산(黃龍山)에 있었다. 【연혁】언제 누

가 창건했는지 알 수 없다. 1369년(고려 공민왕 18) 이성계(李成桂)가 바닷길로 길주에서 안변까지 오백나한을 모셔갈 때 잠시 머물렀던 곳이라고 한다. 그 뒤 폐허화했다가 1760년(조선 영조 36) 중창했다. 조선 말기에 지방 유지들이 조그마한 암자를 다시 짓고 관해암이라 이름했다. 그러나 그 뒤 다시 암자가 퇴락하자 1943년 주지 정문순(鄭文舜)이 지방인들의 시주를 받아 원가동으로 자리를 옮겨 재건했다. 일제강점기의 31본산시대에는 귀주사(歸州寺)의 말사였다. 이 절에서는 곧바로 바다를 볼 수 있으며, 동해의 명승으로 꼽히는 적벽강(赤壁岡)이 바로 앞에 있다. 특히 절에서 망망대해를 바라보는 경관이 아름답다고 하여 관해선경(觀海仙境)이라고 하며, 그 때문에 암자 이름을 해초암이라고도 했다. 현재의 상황은 알 수 없으나, 북한측 자료에 의하면 현존하지 않는다. 【참고문헌】한국사찰전서(권상로, 동국대학교 출판부, 1979)

광경사(廣景寺)

【이명】광경사(光慶寺)라고도 했다. 【위치】충청남도 홍성군 홍성읍 오관리에 있었다. 【연혁】고려 때에 창건됐다. 자세한 연혁은 전하지 않으며, 언제 폐사되었는지도 알 수 없다. 다만 1929년에 간행된 《홍성군지》에 5백 년 전에 폐사됐다고 나와 있다. 【유적·유물】절터에는 당간지주(보물 제538호)만이 남아 있으며, 고려 때의 작품으로 추정된다. 또한 이 절의 석불좌상(충청남도 문화재자료 제161호)이 홍성읍 내법리 용주사(龍珠寺)에 봉안되어 있는데, 1970년에 옮겨 간 것이다. 홍성여자중학교 정원에는 이 절의 삼층석탑(충청남도 문화재자료 제159호)이

있는데 1914년 한 일본인이 절터에서 옮겨 간 것을 1959년 지금의 위치로 다시 옮긴 것으로 고려 때의 것이다. 【참고문헌】문화유적총람-사찰편(충청남도, 1990)

광경사(光慶寺)

광경사(廣景寺)를 보시오.

광덕사(廣德寺)

【위치】충청남도 천안시 광덕면 광덕리 광덕산 남쪽 중턱에 있다. 【소속】대한불교조계종 제6교구 본사인 마곡사의 말사이다. 【연혁】652년(신라 진덕여왕 6) 자장(慈藏)이 창건했다. 그 뒤 832년(흥덕왕 7) 진산(珍山)이 중건했다. 당시 진산은 자장이 중국에서 가져 온 부처님 치아 등을 이 절에 봉안했다. 1592년(조선 선조 25) 임진왜란 이전까지는 충청도와 경기도 지방에서 가장 큰 절 중의 하나였다. 절 소유 토지가 광덕면 전체에 이르렀고, 89개에 달하는 부속 암자가 있었다. 또한 누각이 8개, 종각이 9개, 만장각(萬藏閣) 80칸, 천불전도 3층으로 되어 있었다. 그러나 임진왜란으로 불에 탄 뒤 대웅전과 천불전만을 중건한 채 1980년까지 사세가 계속 기울었다. 1981년 대웅전(충청남도 문화재자료 제246호)과 종각 등을 신축하고 천불전도 증축했으며, 그 앞으로 석교도 가설했다. 【유적・유물】현존하는 건물로는 대웅전과 명부전, 천불전(충청남도 문화재자료 제247호), 적선당(寂禪堂), 보화루(普化樓), 범종각 등이 있다. 천불전 안에는 천불이 그려진 후불탱화 3점이 있어 모두 3천 불이 모셔져 있다. 또한 이 절에는 832년 진산이 가져왔다는 부처님 치아 1과와 사리 10과, 승가리(僧伽梨) 1령(領), 불좌(佛座) 1기 등을 비롯하여 금・은・흑자로 된 《법화경》과 《금자사

적기(金字寺蹟記)》, 세조어첩(世祖御帖) 등의 귀중한 문화재가 있다. 《법화경》은 고려 말기의 사경(寫經)으로 추측되는데, 비록 낙질본이기는 하지만 여러 권이 남아 있고, 그중 6책이 보물 제390호로 지정되어 현재 동국대학교 박물관에 보관되어 있다. 보물 제269호와 제270호로 지정된 마곡사의 《감지은니묘법연화경(紺紙銀泥妙法蓮華經)》권1과 권6도 원래는 이 절에 소장되어 있었던 것이다. 특히 《금자사적기》는 다른 데서 그 유례를 찾아보기 어려운 조선시대의 것이며, 세조어첩은 1457년(세조 3) 세조가 온양 온천에 왔다가 이 절의 부처님 치아와 사리를 친견한 뒤, '광덕사와 개천사(開天寺)의 부역을 면제시켜 주고 위전(位田)을 사급(賜給)한다'는 교지를 친히 쓴 것이다. 이 절에서 동북쪽으로 조금 올라간 곳에는 진산의 부도 등 부도 4기(충청남도 유형문화재 제85호)가 있으며, 천불전 우측에는 고려시대 초기에 건립된 삼층석탑(충청남도 유형문화재 제120호)이 있다. 또한 이 절 일대에는 호도나무가 많기로 유명한데, 대웅전 앞에 서 있는 호도나무는 유청신(柳淸臣, ?~1329)이 중국에서 처음 들여와 심은 것이라고 한다. 【참고문헌】한국사찰전서(권상로, 동국대학교 출판부, 1979), 문화유적총람-사찰편(충청남도, 1990)

광덕사(光德寺)

【위치】경기도 평택시 현덕면 신왕리 고등산(高登山)에 있었다. 【연혁】신라 말고려 초에 창건됐다. 연혁은 전하지 않는다. 16세기 또는 17세기 무렵에 빈대가 많아 폐사되었다고 한다. 【유적・유물】유물로는 석조여래좌상이 있다. 이 불상

은 고려 때의 것으로 목이 절단된 채 절터 길가에 방치되어 있다. 【설화】 이 불상에 얽힌 전설이 있다. 1592년(조선 선조 25) 임진왜란 당시 일본군들이 아산만에서 내륙으로 진격을 하려고 했으나, 이 불상이 발하는 서기(瑞氣)로 앞이 가로막혀 올 수 없었다. 3일 뒤 서기가 걷히자 화가 난 일본군 장수가 불상의 머리를 칼로 쳤다. 이때 불상의 목에서 피가 흘러내려 내를 벌겋게 물들였다고 한다. 【참고문헌】 기내사원지(경기도, 1988)

광덕사(光德寺)

【이명】 한때 천광사(天光寺)라고도 불렸다. 【위치】 충청북도 괴산군 도안면 광덕리에 있다. 【소속】 대한불교법화종에 속한다. 【연혁】 고려 때 창건됐다. 이어 조선시대에 중창했다고 하나, 정확한 시기는 전하지 않는다. 그러나 이 절에 있는 석불은 절이 폐허가 되었을 때에도 부근의 마을 사람들이 찾아와서 예불하고 공양하기를 멈추지 않았다고 하며, 이 불상으로 인하여 이곳을 미륵당이라고 부르게 되었다고 한다. 한때는 절 이름을 천광사라고도 불렀다. 1949년 이묘련(李妙蓮)이 석불의 현몽을 얻고 초암 3칸을 세운 뒤 광덕리의 광덕을 따서 광덕사라고 이름을 바꿨다. 【유적·유물】 현존하는 건물로는 대웅전, 산신각, 요사채가 있다. 석불입상(충청북도 유형문화재 제75호)은 10세기 무렵의 조각 양식을 그대로 간직하고 있으나, 불상의 표현상 많은 곳이 약식화되어 있어 고려 후기의 작품인 것으로 추정된다. 【참고문헌】 사지(충청북도, 1982)

광덕사(廣德寺)

보흥사(寶興寺)를 보시오.

광명사(廣明寺)

【위치】 경기도 개성시 만월동에 있었다. 【연혁】 922년(고려 태조 5) 태조가 자신의 옛집을 희사하여 창건했다. 1101년(숙종 6) 3월 이 절의 승려인 광기(光器), 주부(主簿)인 손필(孫弼) 등과 진사 이진광(李震光)이 음양서(陰陽書)를 조작하다가 발각되어 매를 맞고 유배되었으며, 1213년(강종 2) 왕사 지겸(至謙)이 머물렀다. 특히 이 절은 고려시대에 담선법회(談禪法會)가 개최된 절로서 유명하다. 보제사(普濟寺)에서 3년마다 한 번씩 실시하던 담선법회는 최(崔)씨 집권시기에 이르러서는 광명사, 보제사, 서보통사(西普通寺)의 3개 절에서 실시되었는데, 현재 이규보(李奎報)가 쓴 〈광명사선회설재청설선문(廣明寺禪會設齋請說禪文)〉이 전하고 있다. 또한 최충헌(崔忠獻)은 왕에게 태조의 조부인 작제건(作帝建)과 용녀(龍女)의 전설이 전하는 이 절의 우물을 어수(御水)로 쓰게 했다. 1282년(충렬왕 8) 12월 충렬왕이 공주와 함께 행차하여 승려 견명(見明)을 방문했고, 1283년 정월 충렬왕이 병으로 눕자 재추(宰樞)가 이 절에서 법회를 열었다. 그 뒤 충렬왕은 1296년 7월 우란분재(盂蘭盆齋)를, 1301년(충렬왕 27) 9월과 이듬해 2월 용화회(龍華會)를 열었으며, 1305년 5월 이 절에 행차하여 대장경을 전독(轉讀)했다. 1313년 12월 충숙왕이 이 절에 머물던 보감(寶鑑) 국사 혼구(混丘)를 방문했고, 1351년(충정왕 3) 3월 충정왕이 행차하여 삼계(三界)를 초제(醮祭)했다. 공민왕은 1353년 3월과 1358년 7월, 1359년 3월 이 절에 행차했으며, 특히 1370년 9월 널리 승려들을 모으고 나옹 혜근(懶翁 惠勤)에게 명하여 이 절에서 공부선(功夫選)을 시행하게 했

고, 1371년(공민왕 20) 9월 16일 양종오교(兩宗五敎)의 각 절 승려들이 치르는 공부선을 관람했다. 조선 태조는 1393년(태조 2) 무학 자초(無學 自超)를 이 절에 머물게 했고, 1399년(정종 1) 신덕왕후(神德王后)의 기재(忌齋)를 지냈다. 1424년(세종 6)부터 이 절은 교종(敎宗)에 속했으며, 나라에서는 이 절을 전지 백 결과 승려 백 명으로 정했다. 그 뒤의 연혁은 전하지 않는다. 《동국여지승람》에는 충숙왕을 비롯한 이규보, 김극기(金克己) 등이 이 절을 소재로 하여 읊은 시가 수록되어 있다. 【참고문헌】고려사, 고려사절요, 동국이상국집, 동국여지승람, 동문선, 송도의 고적(고유섭, 열화당, 1977)

광법사(廣法寺)

【위치】평안남도 평양시 대성산구역에 있다. 【연혁】고려시대에 창건됐다고 한다. 자세한 연혁은 전하지 않는다. 나옹 혜근(懶翁 惠勤, 1320~1376)이 원나라에서 인도 스님 지공(指空)으로부터 법을 전해 받고 1358년(공민왕 7) 귀국하여 이 절에 머물렀다. 당시 원나라 황제는 금자화엄경첩(金字華嚴經帖)과 금강저 한 쌍을 하사하여 이 절에 두었다고 한다. 1667년(조선 현종 8)에 세워진 사적비에는 대성산에 수십 개의 절이 있는데, 그중 이 절이 가장 컸다고 나와 있다. 1700년(숙종 26) 무렵 천왕문과 해탈문이 소실했으나, 1727년(영조 3) 복구했다. 그 뒤 동봉 욱일(東峰 旭日, 1820~1858)이 이 절에서 김영유(金永濡), 박철손(朴哲孫)과 함께 시를 짓고 노닐었다. 일제강점기의 31본산시대에는 영명사(永明寺)의 말사였다. 1950년 6·25전쟁 때 대부분 파괴되었으나, 1990년 대웅전은 복구되었다. 현재 북한 불교계의 총본산으로서 기능하고 있다. 【유적·유물】건물로는 대웅전 등이 있다. 유물로는 대웅전 앞에 팔각오층석탑이 있는데, 다른 곳에서 옮겨 온 것이라고 한다. 【참고문헌】한국사찰전서(권상로, 동국대학교 출판부, 1979), 북한사찰연구(한국불교종단협의회, 1993)

광산사(匡山寺)

【위치】경상남도 마산시 회원구 내서읍 신감리 광로산(匡盧山)에 있다. 【소속】대한불교조계종 제14교구 본사인 범어사의 말사이다. 【연혁】신라 때 창건됐다고 한다. 연혁은 전하지 않는다. 1481년(조선 성종 12)에 편찬된 《동국여지승람》과 1799년(정조 23)에 편찬된 《범우고(梵宇攷)》에 존재한다고 나와 있다. 1950년 6·25전쟁 때 모두 불에 탄 것을 그 뒤 중창했다. 【유적·유물】건물로는 대웅전과 요사채 2동이 있다. 특별한 문화재는 없다. 【참고문헌】한국사찰전서(권상로, 동국대학교 출판부, 1979)

광암사(光巖寺)

광통보제선사(廣通普濟禪寺)를 보시오.

광운사(光雲寺)

신흥사(新興寺)를 보시오.

광원암(廣遠庵)

【위치】전라남도 순천시 송광면 신평리 조계산(曹溪山)에 있었다. 【연혁】514년(백제 무녕왕 14) 가규(可規)가 창건했다. 1309년(고려 충선왕 1) 혜초(惠超)가 중창했고, 1578년(조선 선조 11) 영유(靈允)이 중창했다. 1710년(숙종 36) 정열(淨悅)과 시습(時習)이 적취루(積翠樓)를 중건했으며, 1713년(숙종 39) 출징(出澄)과 치초(致初)가 공루(空樓)를 중건했다. 1917년 용주(龍舟)와 원명(圓明)

이 별실(別室)을 신축했다. 1950년 6·25 전쟁 때 병화로 폐사됐다. 송광사(松廣寺)의 산내 암자였다. 【참고문헌】 한국의 사찰 6-송광사(한국불교연구원, 일지사, 1975)

광적사(廣積寺)

【위치】 함경북도 길주군에 있었다. 【연혁】 언제 누가 창건했는지 알 수 없다. 1377년(고려 우왕 3) 동북면 도원수 이성계(李成桂)가 강서(姜筮), 홍징(洪徵), 유원(柳源), 정몽주(鄭夢周), 이화(李和) 등과 함께 청주(淸州 ; 지금의 北淸郡)에 갔을 때 해양(海陽 ; 지금의 吉州郡) 광적사에 대장경 1부와 불상, 법기(法器)가 있다는 말을 들었다. 이 절이 병화로 승려가 죽고 절이 훼손되어 크나큰 보배들이 거의 다 손실되기에 이른 것을 측은히 여겨 중랑장 김남련(金南連)을 보내 이것들을 배에 실어와 그 소실된 함(函)과 축(軸)을 보수하고 전부분을 완성하였다. 또한 이성계는 이것들을 안변의 석왕사(釋王寺)에 보관하고 왕의 만수무강과 나라의 복을 기원했다. 그 뒤의 연혁은 전하지 않는다. 【참고문헌】 동국여지승람, 범우고

광제사(廣濟寺)

【위치】 함경남도 북청군 죽상리 대덕산(大德山)에 있다. 【연혁】 1467년(조선 세조 13) 창건됐다. 조선 후기에 들어와 1735년(영조 11) 중창됐다. 그 뒤의 자세한 연혁은 전하지 않는다. 일제강점기의 31본산 시대에는 귀주사(歸州寺)의 말사였다. 【유적·유물】 현존하는 건물로는 대웅전을 중심으로 보광루, 무량수각, 산신각, 요사채 등이 있다. 【참고문헌】 북한의 절과 불교(정태혁·신법타, 민족사, 1990), 북한사찰연구(한국불교종단협의회, 1993)

광조사(廣照寺)

【위치】 황해도 해주시 학현동 수미산(須彌山)에 있었다. 【연혁】 932년(고려 태조 15) 태조가 창건했다. 태조는 당나라에서 귀국한 진철 이엄(眞澈 利嚴)의 명성을 듣고 그를 궁중으로 맞아들여 사사했으며, 932년에는 이 절을 창건하여 그를 주지로 삼아 머물게 했다. 이로부터 이엄의 문하에 학인들이 운집하여 선풍을 크게 드날려 구산선문(九山禪門) 중의 하나인 수미산문(須彌山門)을 이루었다. 자세한 연혁은 전하지 않는다. 1481년(조선 성종 12)에 편찬된 《동국여지승람》에는 존재한다고 나와 있다. 1900년 이전에 폐사되었다. 【유적·유물】 절터에는 진철대사 보월승공탑비가 있다. 1900년대에 편찬된 《사탑고적고(寺塔古蹟攷)》에는 '옛터에 오층석탑과 비석, 기와 조각이 산재해 있다.'고 나와 있다. 【참고문헌】 동국여지승람, 한국사찰전서(권상로, 동국대학교출판부, 1979), 북한사찰연구(한국불교종단협의회, 1993)

광청사(光淸寺)

【이명】 한때 정수사(淨水寺)라고 불렸다. 【위치】 경상남도 거제시 하청면 유계리 입산(立山) 중턱에 있다. 【소속】 대한불교화엄종에 속한다. 【연혁】 고려시대 전기 이전에 창건된 것으로 추정된다. 언제 폐사되었는지도 알 수 없다. 구전에 의하면 빈대가 많아서 폐허화했다고 한다. 전성기에는 경상남도의 4대 절 중의 하나였다고 한다. 1623년(조선 인조 1) 폐허화한 절터에 정수사가 건립되었으며, 1740년(영조 16) 통제사 조경이 이 절의 승려들에게 제승당을 수호하도록 했다. 그 뒤 다시 폐사됐던 것을 1980년 부산에 살던

지청숙이 법당을 비롯하여 산신각, 용왕각, 사무소 등의 건물을 신축하고 광청사라고 했다. 【유적·유물】현재는 60여 평되는 대법당 자리에 주춧돌이 남아 있다. 또 1026년(고려 현종 17)의 주조 연대가 기록된 높이 73cm, 지름 51.5cm의 동종(銅鐘)이 있었다. 이 종은 1374년(공민왕 23) 왜구가 약탈해 가서 현재 일본의 중요 문화재로 지정되어 있으며, 사가현(佐賀縣) 혜월사(惠月寺)에 보관되어 있다. 현존하는 유물로는 사리탑 1기가 있다. 【참고문헌】내 고장 전통(거제군, 1982), 일본 중요문화재 도록

광통보제사(廣通普濟寺)
연복사(演福寺)를 보시오.

광통보제선사(廣通普濟禪寺)
【이명】한때 광암사(光巖寺), 운암사(雲巖寺), 창화사(昌化寺)라고 불렸다. 【위치】경기도 개풍군 해선리 봉명산(鳳鳴山)에 있었다. 【연혁】언제 누가 창건했는지 알 수 없다. 1360년(고려 공민왕 9) 공민왕이 왕비인 노국공주(魯國公主)와 더불어 이 절에 행차했고, 왕비가 죽자 묘를 이 절 근처에 쓰고 자주 이 절에 행차하여 공주의 명복을 빌었다. 그러므로 노국공주의 무덤인 정릉(正陵)의 조포사(造泡寺)로 유명했다. 1366년에는 이 절에 재실(齋室)을 두고 2,240결의 밭과 노비 46명을 주어 명복을 빌게 했고, 능호(陵戶) 114호를 두어 영제(營祭)를 감시하게 했으며, 1368년 이 절에 매월 쌀 30석을 내리도록 했다. 그 뒤 1370년 3월에는 먼저 이 절에서 반승(飯僧)을 베푼 다음 정릉에서 제사를 지내기도 했다. 당시 시흥종(始興宗)에 소속되어 있었으며, 광암사, 운암사, 창화사라고 불렸다. 공민왕 때 시흥종과 조계종(曹溪宗) 사이에 소유권 문제를 둘러싸고 분규가 일어나자 공민왕은 조계종의 천화사(天和寺)를 시흥종에 예속하고, 시흥종이었던 이 절을 조계종에 예속한 뒤 광통보제선사라는 사액을 내렸다. 1372년(공민왕 21) 봄 왕명으로 중수를 시작하여 1377년(우왕 3) 겨울 준공했는데, 이 공사는 척산군(陟山君) 박원경(朴元鏡)과 밀양군(密陽君) 박성량(朴成亮)이 감독했다. 당시의 건물로는 미륵전, 관음전, 해장당(海藏堂), 선실, 승료(僧寮), 종고루(鐘鼓樓) 등 백여 동이 있었다. 1374년 10월 공민왕의 능인 현릉(玄陵)을 이곳에 모신 뒤로는 공민왕의 명복을 비는 원찰이 되었고, 1378년 이색(李穡)이 비명을 지은 광통보제선사비가 건립되었다. 1397년(조선 태조 6) 4월 25일 태조가 삼사우복야(三司右僕射) 유순(柳珣)을 보내어 성변기도소재법석(星變祈禱消災法席)을 베풀었다. 그 뒤의 연혁은 전하지 않으며, 언제 폐사되었는지도 알 수 없다. 《동국여지승람》에는 이 절에 대한 김극기(金克己), 이인로(李仁老), 이색의 시가 수록되어 있는데, 김극기의 시는 이 절에서 날마다 강석이 열렸고 꾸준히 경전이 연구되었음을 시사해 주고 있다. 【유적·유물】절터에는 광통보제선사비가 남아 있다. 이 비는 1378년 건립된 것으로 공민왕의 무덤과 이 절에 대한 내력이 적혀 있다. 비문은 깨어져서 명백하지 않으나 이색이 짓고 한수(韓修)가 쓴 것이다. 비석은 공민왕이 중국에서 구해온 것이라 하며, 보상문(寶相文)과 신룡(神龍)의 조각이 남아 있다. 【참고문헌】동문선, 고려사, 동국여지승람, 조선금석총람(조선총독부, 1919), 송도의 고적

(고유섭, 열화당, 1977), 북한사찰연구(한국불교종단협의회, 1993)

광흥사(廣興寺)
【위치】 경상북도 안동시 서후면 자품리 학가산(鶴駕山)에 있다. 【소속】 대한불교조계종 제16교구 본사인 고운사의 말사이다. 【연혁】 신라 문무왕 때(661~681) 의상(義湘)이 창건했다. 그 뒤 여러 차례의 중건과 중수를 거쳐 큰 절의 면모를 갖추었다. 본래는 안동 지방에서 가장 큰 규모의 절이었으나 근대에 이르러 절이 방치된 채로 남아 있었다. 1946년 화재로 대웅전이 소실했고, 1954년 극락전이 도괴했으며, 1962년 학서루(鶴棲樓)와 큰방이 무너졌다. 원래 자품리에 있는 애련사(愛蓮寺)가 이 절의 부속 암자였으나, 지금은 아니다. 【유적·유물】 현존하는 건물로는 응진전(應眞殿 ; 경상북도 문화재자료 제165호)과 응향각(凝香閣), 1962년에 옮겨 지은 칠성각, 일주문, 큰방, 요사채가 있다. 문화재로는 《취지금니묘법연화경(翠紙金泥妙法蓮華經 : 보물 제314호)》과 《백지묵서묘법연화경(보물 제315호)》이 있었으나, 현재 국립경주박물관에 보관되어 있다. 모두 1389년(고려 창왕 1)에 조성된 것이다. 【참고문헌】 문화유적총람(문화재관리국, 1977), 한국사찰전서(권상로, 동국대학교 출판부, 1979), 내 고장 전통 가꾸기(안동군, 1985)

광흥사(廣興寺)
【위치】 경상북도 울진군 온정면 덕산리 천축산(天竺山 ; 일명 七寶山)에 있다. 【소속】 대한불교조계종 제11교구 본사인 불국사의 말사이다. 【연혁】 고려 명종 때(1170~1197) 창건된 인근의 백암사(白巖寺)와 비슷한 시기에 창건됐다고 한다.

연혁은 전하지 않는다. 【유적·유물】 건물로는 법당 2동이 있다. 유물로는 19세기 초반에 세워진 것으로 보이는 기암(嵜嚴)과 완하(翫霞)의 탑과 탑비가 있다. 모두 석종형(石鐘型) 부도이다. 이 밖에도 법당 앞에는 오래 된 석탑 부재가 있다. 【참고문헌】 한국사찰전서(권상로, 동국대학교 출판부, 1979), 속 명산 고찰 따라(이고운·박설산, 운주사, 1994)

구담사(瞿曇寺)
용궁사(龍宮寺)를 보시오.

구려사(句麗寺)
【위치】 충청북도 청원군 북일면 숙정리 속칭 구녀성(九女城) 옆에 있었다. 【연혁】 유물로 미루어 보아 통일신라 때 창건된 것으로 추정된다. 조선 후기까지는 명맥을 이어 오다가 한때 폐사되었다. 근년에 작은 암자를 지어 이름을 이었으나 다시 폐사되었다. 【유적·유물】 절터에는 머리 부분이 없는 석조여래좌상이 있었으나, 근년에 세운 암자가 철거될 때 없어졌다. 통일신라 때의 것으로 추정된다. 【참고문헌】 사지(충청북도, 1982)

구룡사(龜龍寺)
【이명】 한때 구룡사(九龍寺)라고도 했다. 【위치】 강원도 원주시 소초면 학곡리 치악산(雉岳山) 비로봉 북쪽 기슭에 있다. 【소속】 대한불교조계종 제4교구 본사인 월정사의 말사이다. 【연혁】 668년(신라 문무왕 8) 의상(義湘)이 창건하여 구룡사(九龍寺)라고 했다. 그 뒤 연기 도선(烟起 道詵, 827~898)을 비롯하여 무학 자초(無學 自超, 1327~1405), 청허 휴정(淸虛 休靜, 1520~1604) 등의 큰스님들이 머물면서 영서지방 수찰(首刹)로서의 지위를 지켜 왔다. 그러나 조선 중기 이후부터 사

세가 점차 기울어지자 이름을 구룡사(龜龍寺)라고 고쳤다. 1706년(숙종 32) 중건했으며, 1966년부터 주지 종영(宗泳)이 중수했다. 【유적·유물】 건물로는 대웅전(강원도 유형문화재 제24호)을 비롯하여 보광루(普光樓), 삼성각, 심검당(尋劍堂), 설선당(說禪堂), 적묵당(寂默堂), 천왕문, 일주문, 종루, 국사단(局司壇) 등이 있다. 이 중 대웅전은 조선 초기에 개축된 건물로서 여러 차례 중수했으나, 내부의 닫집은 당시의 조각술을 그대로 보존하고 있는 귀한 것이다. 특히 이 닫집은 못 하나 쓰지 않고 지은 건물이기 때문에 비록 낡았지만 손을 대지 않고 있다. 또 보광루는 이층 누각이며, 이층 마루에 깔린 멍석은 우리 나라에서 제일 큰 것이라고 한다. 현재 입구에는 조선시대에 세워진 황장금표(黃腸禁標)가 있는데, 이것은 치악산 일대의 송림에 대한 무단 벌채를 금하는 방으로 전국에서 유일하게 남아 있어 역사적 가치가 있다. 【설화】 원래 지금의 절터 일대는 깊은 소(沼)로서 아홉 마리의 용이 살고 있었다고 한다. 의상이 절을 지으려 하자, 용들은 이를 막기 위해 뇌성벽력과 함께 비를 내려 산을 물로 채웠다. 이에 의상이 부적 한 장을 그려 연못에 넣자 갑자기 연못 물이 뜨거워지며 부글부글 끓어 올랐다. 이때 용 한 마리는 눈이 멀어 구룡폭포 아래 용소에 머물렀고, 나머지 여덟 마리는 황급히 동해로 도망치느라고 구룡사 앞산을 여덟 조각으로 갈라 놓고 말았다. 의상은 절을 창건한 뒤 이러한 연유를 기념하기 위해서 절 이름을 구룡사(九龍寺)라 했다고 한다. 그러나 조선 중기 이후부터 승려들의 욕심 때문에 사세가 기울어지자 이름을 구룡사(龜龍寺)라고 바꿨는데, 그 내력을 담은 설화도 전한다. 치악산에서 나는 산나물은 궁중의 진상품이었으며, 그 관리 책임을 구룡사 주지가 맡았다. 그래서 인근 사람들은 나물값을 제대로 받기 위해 주지에게 뇌물을 바치기까지 했으므로, 절은 물질적으로 풍요하여 수행 풍토가 크게 흐려졌다. 그러던 중 어떤 노인이 나타나 수행 풍토를 회복할 묘안으로 '절 입구의 거북바위 때문에 절의 기가 쇠약해졌으니 그 혈(血)을 끊으라.'고 일러주었다. 이에 따라 거북바위의 등에 구멍을 뚫어 혈을 끊었지만 사세는 계속 쇠퇴하여 폐사 직전에까지 이르렀다. 그때 도승 한 분이 나타나 '절의 운을 지켜 주는 거북의 혈맥을 끊었기 때문'이라고 가르쳐 주자 거북바위의 혈을 다시 잇는다는 뜻에서 절 이름을 구룡사(龜龍寺)로 고쳤다고 한다. 【참고문헌】 문화유적총람(문화재관리국, 1977), 전통사찰총서 1-강원도 1(사찰문화연구원, 1992)

구룡사(九龍寺)

【위치】 충청남도 공주시 반포면 상신리에 있었다. 【연혁】 백제 말 또는 통일신라 때에 창건된 것으로 추정된다. 연혁은 전하지 않는다. 1964년 이래 여러 차례의 절터 답사를 통해 '구룡사'라는 명문 기와 조각이 발견되어 절 이름이 밝혀졌다. 【유적·유물】 절터는 충청남도 기념물 제39호로 지정되어 있다. 절터는 매우 넓어 당간지주로부터 법선골까지 직선거리로 약 200m에 이르며, 인근에 정골 절터와 바탕골 절터가 있어 이 절의 부속 암자로 추정된다. 유적으로는 당간지주를 비롯하여 부도 대석과 초석들이 있다. 【참고문헌】 문화유적총람-사찰편(충청남도, 1990)

구룡사(九龍寺)

구룡사(龜龍寺)를 보시오.

구산사(龜山寺)

【위치】경기도 개성시 송악산 소격전(昭格殿) 동쪽에 있었다. 【연혁】929년(고려 태조 12) 6월 인도 승려 마후라(摩睺羅)가 고려에 왔을 때, 태조가 크게 영접하고 이 절을 창건하여 그를 머물게 한 것으로 알려져 있다. 창건한 지 약 백 년이 지나 최충(崔沖)이 절의 동구 오른쪽에 구재학당(九齋學堂)을 열었으며, 1073년(문종 27) 문종이 이 절의 구대(龜臺)에서 태자와 중신들과 더불어 잔치를 한 뒤 늦게 돌아갔다. 또한 숙종은 1105년(숙종 10) 8월, 예종은 1107년(예종 2) 3월과 12월, 1115년 5월, 1117년 12월, 1121년 12월 각각 이 절에 행차했으며, 인종은 1123년(인종 1) 5월 이 절을 찾았다. 1285년(충렬왕 11)에는 충렬왕이 이 절을 찾아와 구재학도들의 여름 공부를 구경했을 때에는 여러 생도들이 왕에게 가요를 지어 바쳤고, 왕은 과일과 술을 하사했다. 1341년(충혜왕 복위 2) 6월 충혜왕은 이곳에서 연회를 베풀었다. 이 절은 고려 왕실의 원찰이었으며, 구재학당과도 깊은 관련을 맺고 존립해 오다가 고려의 멸망 이후 폐사되었다. 【참고문헌】고려사, 동국여지승람, 송도의 고적(고유섭, 열화당, 1979)

구암사(龜巖寺)

【위치】전라북도 순창군 복흥면 봉덕리 영구산(靈龜山)에 있다. 【소속】대한불교조계종 제24교구 본사인 선운사의 말사이다. 【연혁】623년(백제 무왕 24) 숭제(崇濟)가 창건했다. 1392년(조선 태조 1) 구곡 각운(龜谷 覺雲)이 중창했으며, 태종 때(1400~1418) 다시 중창하고 구암사라

고 이름을 바꿨다. 당시의 절터는 현재의 구암폭포 부근이었다. 이때부터 사세가 점차 번창하여 전국 규모의 수도도량을 이루었으나, 1592년(선조 25) 임진왜란으로 소실했다. 영조 때(1724~1776) 화엄 종주(華嚴宗主) 설파 상언(雪坡 尙彦)이 머물렀는데, 이로부터 이 절은 100여 년간 화엄종의 법맥을 계승했다. 1800년대 초 백파 긍선(白坡 亘璇)이 지금의 절터에 건물을 중창했고, 선강법회(禪講法會)를 개최하여 선풍을 진작함으로써 사세가 다시 크게 확장되었다. 당시 긍선과 교우가 깊었던 김정희(金正喜)가 쓴 '구암사'란 현판을 비롯하여 백파와 주고받은 많은 서간이 남아 있었으나, 1950년 6·25전쟁 때 절과 함께 모두 불탔고, 현재에는 김정희가 쓴 수 편의 편액과 바위에 새긴 글씨만이 남아 있다. 그 뒤 1957년 복원했으나 1959년 다시 소실했고, 1973년 5월 다시 복원했다. 절 입구에 거북바위가 있어 구암사라 했다고 한다. 【유적·유물】건물로는 대웅전과 요사채 2동이 있다. 유물로는 절의 입구에 상언, 긍선, 도봉 정관(道峰 正觀) 등 세 큰스님의 부도가 있다. 【참고문헌】문화유적총람(문화재관리국, 1977), 한국사찰전서(권상로, 동국대학교 출판부, 1979), 사찰지(전라북도, 1990)

구업사(具業寺)

패엽사(貝葉寺)를 보시오.

구절사(龜截寺)

【이명】한때 영구암(靈龜庵)이라고 불렸다. 【위치】충청북도 옥천군 군서면 상중리 식장산(食藏山) 영축봉(靈鷲峰) 아래에 있다. 【소속】대한불교조계종 제5교구 본사인 법주사의 말사이다. 【연혁】1393

년(조선 태조 2) 무학 자초(無學 自超)가 창건했으며, 영축봉의 동쪽과 서쪽 봉우리 밑에 거북 모양의 바위가 있음을 보고 영구암이라고 이름을 지었다. 자초는 산세로 보아 능히 성현이 나올 만한 곳이라고 하여 이 절을 세웠다고 한다. 그 뒤 정성을 다해 기도하면 아들 없는 사람은 아들을 얻고, 단명할 사람은 장수한다고 하여 기도도량으로 널리 알려졌다. 조선 말기에 폐사가 된 것을 1933년 청주에 사는 한병석(韓柄奭) 등 신도들이 힘을 모아 중건했으며, 그 뒤 부분적인 불사를 거쳐 오늘에 이르고 있다. 【유적·유물】 현존하는 건물로는 1950년 이후에 건립된 대웅전과 칠성각, 산신각, 요사채 등이 있다. 건물 안의 불상, 탱화, 범종 등도 최근에 조성된 것이다. 【참고문헌】 사지(충청북도, 1982)

구층암(九層庵)

【위치】 전라남도 구례군 마산면 황전리 지리산에 있다. 【소속】 대한불교조계종 제19교구 본사인 화엄사의 산내 암자이다. 【연혁】 유물로 미루어 보아 고려 이전에 창건된 것으로 추정된다. 이 절에 구층탑이 있었으므로 구층암이라고 이름했던 것으로 보인다. 연혁은 전하지 않는다. 【유적·유물】 건물로는 천불보전과 선실, 칠성각, 요사채가 있다. 천불보전 안에는 30cm 크기의 토불 천 개가 봉안되어 있다. 유물로는 석탑과 석등(전라남도 유형문화재 제132호), 배례석(拜禮石)이 있다. 석탑은 구층탑인데 현재 3층의 옥개석까지만 유지되고 있으며 나머지 탑재들은 경내에 산재해 있다. 【참고문헌】 한국의 사찰 8-화엄사(한국불교연구원, 일지사, 1975)

구화사(九華寺)

【이명】 한때 고산사(孤山寺), 영화암(暎華庵)이라고 불렸다. 【위치】 경상북도 김천시 교동 구화산(九華山)에 있다. 【소속】 대한불교조계종 제8교구 본사인 직지사의 말사이다. 【연혁】 언제 누가 창건했는지 알 수 없다. 본래는 고산사라는 이름으로 김천의 진산(鎭山)에 위치해 있었다. 조선 중기까지만 해도 큰 절의 면모를 갖추고 있었으나, 유생들이 이 절터가 명당이라고 하여 주지를 투옥하고 절을 강제 철거한 뒤 김산향교(金山鄕校)를 건립했다. 그러므로 산내의 12암자 가운데 하나였던 벽루암(碧樓庵)으로 자리를 옮겨 영화암이라고 이름을 바꿨다. 그런데 이 절의 불상이 방광(放光)을 자주 하여 1951년 중수할 때까지 방광이 9번 있었으므로 구화사로 다시 이름을 바꾸었다. 그 뒤로는 9의 숫자를 다 채워서인지 방광이 한 번도 없었다. 【유적·유물】 현존하는 건물로는 대웅전과 삼성각, 요사채 등이 있다. 대웅전 안에는 방광을 했다는 조선 초기의 목조석가여래좌상과 후불탱화, 신중탱화 등이 있다. 【참고문헌】 내 고장 우리 향토(김천시, 1983)

국녕사(國寧寺)

【위치】 경기도 고양시 북한동 북한산(北漢山) 의상봉(義湘峰)에 있다. 【소속】 대한불교조계종 직할교구 본사인 조계사의 말사이다. 【연혁】 1713년(조선 숙종 39) 무렵 승려 청휘(淸徽)와 철선(徹禪)이 창건했다. 당시 북한산성을 축성한 뒤 산성의 수비를 위해 12개의 절을 지을 때 그 중 하나로 창건된 것으로 86칸에 이르는 큰 규모의 절이었다. 자세한 연혁은 전하지 않는다. 폐허가 된 터에 가건물을 짓고

명맥을 유지하고 있다. 【유적·유물】 건
물로는 가건물 1동뿐이다. 유물로는 누구
인지 알 수 없는 한월당(漢月堂) 대선사
의 부도 1기가 있는데, 양식으로 보아 조
선 후기의 것으로 추정된다. 이 밖에도 절
아래에 신라 때의 고승 의상(義湘, 625~
702)이 수도했다는 선방이 있었다고 하나
지금은 없다. 【참고문헌】 기내사원지(경
기도, 1988)

국사방(國師房)
【이명】 한때 실제사(實際寺)라고도 불렸
다. 【위치】 경상북도 경주시 남산 국사곡
(國師谷)에 있었던 듯하다. 【연혁】 신라
때 창건됐다. 경덕왕 때(742~765) 이 절
에 영여(迎如)가 살았는데, 덕행이 높았
다. 경덕왕이 그를 궁내에 맞아들여 공양
하고, 그가 돌아갈 때는 사자를 보내 이
절까지 배웅했다. 그러나 그가 문 안에 들
어가서는 곧 행방을 감추었다. 경덕왕이
예사롭지 않게 여겨 국사에 추봉했으나,
그는 다시 세상에 나오지 않았다. 고려시
대에 목암 일연(睦庵 一然, 1206~1289)
이 편찬한《삼국유사》에는 '지금도 이 절
을 국사방이라고 부른다.'고 나와 있다.
연혁은 전하지 않는다. 【참고문헌】 삼국
유사

국사암(國師庵)
【위치】 경상남도 하동군 화개면 석문리에
있다. 【소속】 대한불교조계종 제13교구
본사인 쌍계사의 말사이다. 【연혁】 신라
때 진감(眞鑑) 국사 혜소(慧昭)가 창건했
다. 혜소는 840년(문성왕 2) 당나라 유학
에서 돌아와 쌍계사를 대가람으로 중창했
는데, 이때 이 절을 창건했던 것이다. 또
한 그는 이 절에 육조 혜능(六祖 慧能)의
영당(影堂)을 세웠다. 그 뒤의 자세한 연

혁은 전하지 않는다. 1980년대 초에 중창
하여 오늘에 이르고 있다. 【유적·유물】
건물로는 문수전과 명부전, 염화실, 산신
각이 있다. 특별한 문화재는 없다. 절문
앞에 혜소가 짚고 다니던 지팡이가 자라
났다고 하는 천 년이 넘는 느릅나무인 사
천왕수(四天王樹)가 있다. 【참고문헌】 속
명산 고찰 따라(이고운·박설산, 운주사,
1994)

국신사(國信寺, 國神寺)
귀신사(歸信寺)를 보시오.

국일암(國一庵)
【위치】 경상남도 합천군 가야면 치인리
가야산(伽倻山)에 있다. 【소속】 대한불교
조계종 제12교구 본사인 해인사의 산내
암자이다. 【연혁】 언제 누가 창건했는지
알 수 없다. 1637년(조선 인조 15) 벽암
각성(碧巖 覺性)이 중건했다. 1942년과
1948년에도 정인(貞仁)이 중건했다. 지금
은 비구니의 수도도량이다. 【유적·유
물】 건물로는 법당 등이 있다. 유물로는
부휴 선수(浮休 善修, 1543~1615)를 비
롯하여 고한 희언(孤閑 熙彦, 1561~
1647), 각성의 부도 등 3기가 있다. 【참고
문헌】 한국의 사찰 7-해인사(한국불교연
구원, 일지사, 1975)

국청사(國淸寺)
【위치】 경기도 개풍군 중서면 여릉리 국
청동에 있었다. 【연혁】 대각(大覺) 국사
의천(義天)이 청원하여 인예태후(仁睿太
后)가 창건했는데, 1089년(고려 선종 6)
착공하여 1095년(헌종 1) 낙성했다. 인예
태후의 원찰이자 천태종의 종찰(宗刹)이
었다. 태후의 영정을 모신 진전(眞殿)이
있어 숙종, 인종, 의종, 고종, 충숙왕 등
이 자주 찾았고, 태후의 원으로 황금으로

조성한 13층석탑이 1104년(숙종 9) 이곳
에 봉안되었다. 이 탑은 흥왕사(興王寺)의
금탑과 함께 고려 왕실의 치탑사례(治塔事
例)를 보여 주는 중요한 탑이다. 그러나
이 절도 몽고족의 침입으로 불타 버렸다.
1284년(충렬왕 21) 충렬왕이 금탑을 보수
했다. 충선왕(재위 1298, 1308~1313)은
즉위하면서 옛 가람의 일부를 중창하고
진감 정오(眞鑑 丁午)를 주지로 삼았으
며, 도감(都監)을 두어 무너진 건물을 재
건하도록 했다. 이때의 중창 규모가 어떠
했는지는 밝혀지지 않았지만, 박전지(朴
全之)가 쓴 〈영봉산용암사중창기(靈鳳山
龍巖寺重創記)〉에 의하면 금당을 지어 석
가여래삼존불을 도금한 뒤 봉안했다는 간
략한 언급이 있고, 《동문선》에는 사리의
영험담이 길게 소개되어 있다. 그러나 언
제 폐사되었는지는 알 수 없다. 【참고문
헌】 고려사, 동문선, 송도의 고적(고유섭,
열화당, 1979), 한국사찰전서(권상로, 동
국대학교 출판부, 1979)

국청사(國淸寺)
【위치】 경기도 광주군 중부면 산성리 남
한산성에 있다. 【연혁】 1624년(조선 인조
2) 벽암 각성(碧巖 覺性)이 팔도도총섭
총절제중군주장(八道都摠攝 總節制中軍主
將)에 임명되어 팔도의 승군을 동원하여
남한산성의 축조를 담당할 때 창건한 7개
의 절 중 하나이다. 승군의 숙식과 훈련을
담당하여 외적의 침입에 대비하고, 비밀
리에 군기(軍器)와 화약, 군량미 등을 비
축했다. 구한말에는 의병의 군기창고로
사용되었는데 비밀이 누설되어 일본군이
불태웠다. 그 뒤 절터만 남아 있던 것을
1968년 보운(普運)이 중창하여 오늘에 이
르고 있다. 【유적·유물】 건물로는 대웅

전과 요사채가 있다. 유물로는 성삼문(成
三問, 1418~1456)의 친필이라고 하는 병
풍 1점과 송시열(宋時烈, 1607~1689)의
친필 책자 3권이 있다. 【설화】 절 근처에
는 국청사정(國淸寺井)이라고 하는 조그
만 우물이 있는데, 이 우물에서 금닭이 나
와 홰를 치며 울었다는 전설이 있다. 【참
고문헌】 한국불교전서(권상로, 동국대학교
출판부, 1979), 문화유적총람(문화재관리
국, 1977)

국청사(國淸寺)
영국사(寧國寺)를 보시오.

국향사(國享寺)
【이명】 한때 고문암(古文庵), 보문암(普
門庵)이라고 불렸다. 【위치】 강원도 원주
시 행구동 치악산(雉岳山)에 있다. 【소
속】 대한불교조계종 제4교구 본사인 월정
사의 말사이다. 【연혁】 신라 경순왕 때
(927~935) 무착(無着)이 창건하여 고문
암이라고 했다. 그러나 일설에는 관세음
보살을 모신 보문암이었다고도 한다. 조
선 초 태조(재위 1392~1398)가 이 절에
동악신(東岳神)을 봉안하고 동악단을 쌓
았으며, 매년 원주, 횡성, 영월, 평창, 정
선 고을의 원들이 모여 제향을 올렸다. 그
러므로 국향사라고 이름을 바꿔 부르게
되었다고 한다. 일설에는 조선시대 숙종
이 이름을 바꿔 부르게 했다고 한다. 정종
에게는 둘째 딸 희희공주가 있었는데, 폐
병이 들어 늘 병석에 누워 있으면서 어떤
약을 써도 치료가 되지 않았다. 그리하여
정종이 공주를 이 절에 보내 백일기도를
드리도록 하자, 어느 날 공주의 꿈에 백발
노인이 나타나서 병을 고쳐 주리라고 말
한 뒤 공주의 병이 완쾌되었다. 이에 정종
이 기뻐하여 절을 크게 확장하고 산신을

모신 동악단을 쌓아 봄·가을로 호국대제를 봉행하게 했다. 이후 1680년(숙종 6) 숙종의 명으로 국향사라 이름을 바꿨다고 한다. 조선 후기에 폐사되었던 것을 1907년 벽하(碧河)와 응송(應松)이 중창했다. 이어 1945년 자항(慈航)이, 1974년 주지 전용호(全龍浩)가, 1980년 주지 보영(普英)이 각각 중수하여 오늘에 이르고 있다. 【유적·유물】 현존하는 건물로는 법당인 관음전과 큰방, 요사채, 동악단이 있다. 문화재로는 '보암당대선사영탑(普庵堂大禪師靈塔)'이라고 쓰여진 부도와 그 바로 옆에 파괴된 부도 1기가 있다. 또한 관음전 북서쪽 100m 지점에는 봄과 가을에 호국대제를 봉행했던 동악단이 있다. 원래는 토단(土壇)만 남아 있었는데, 1980년 보영이 건물을 세웠다. 【참고문헌】 문화유적총람(문화재관리국, 1977)

군니사(君尼寺)
【위치】 전라남도 함평군에 있었다. 【연혁】 언제 누가 창건했는지 알 수 없다. 1407년(조선 태종 7) 조정에서 중신종(中神宗)의 자복사찰(資福寺刹)로 삼았다. 그 뒤의 연혁은 전하지 않는다. 【참고문헌】 조선왕조실록

굴불사(掘佛寺)
【이명】 굴석사(掘石寺)라고도 불렸다. 【위치】 경상북도 경주시 동천동 금강산 기슭 백률사(栢栗寺) 아래에 있었다. 【연혁】 신라 경덕왕(재위 742~765)이 창건했다. 그러나 이후의 연혁은 전하지 않으며 언제 폐사되었는지도 알 수 없다. 고려시대에 목암 일연(睦庵 一然, 1206~1289)이 편찬한 《삼국유사》에는 '지금은 잘못 전해져 굴석사라고 한다.'고 나와 있다. 【유적·유물】 절터에는 자연 암석으로 된 사면석의 각면에 불상이 조성된 사면석불(四面石佛 ; 보물 제121호)만이 남아 있다. 이 불상은 경주 남산 칠불암(七佛庵)의 사면석불과 안강 금곡사(金谷寺) 터의 사방불, 호원사(虎願寺) 터의 사방불과 함께 우리 나라 사방불의 특징을 연구하는 데 중요한 자료가 된다. 【설화】 창건과 관련된 설화가 전한다. 경덕왕이 백률사로 가기 위해서 금강산 아래에 이르렀을 때 땅속에서 염불하는 소리가 들렸으므로, 땅을 파게 했더니 사방불이 새겨진 돌이 나왔다고 한다. 이에 이곳에다 절을 짓고 굴불사라 했다고 한다. 【참고문헌】 삼국유사, 7·8세기 신라 및 일본의 불국토사상(이기영, 한국불교사상, 한국불교연구원, 1982)

굴산사(崛山寺)
【위치】 강원도 강릉시 구정면 학산리 사굴산(闍崛山)에 있었다. 【연혁】 851년(신라 문성왕 13) 통효(通曉) 국사 범일(梵日)이 창건했다. 범일이 명주도독을 지낸 김종술(金述元)의 아들이었으므로 당나라에서 귀국한 후 명주도독의 청으로 이 절을 창건했다는 설도 있다. 범일은 40여 년 동안 이 절에 머물렀고, 이 절은 선문구산(禪門九山)의 하나인 사굴산파의 본산으로 발전했다. 전성기에는 건물의 반경이 300m에 이르렀고, 승려 수도 2백여 명이었으며, 쌀뜨물이 동해까지 흘렀다고 한다. 그러나 더 이상의 연혁은 전하지 않는다. 고려 때 원나라의 침입으로 인근 법왕사(法王寺)와 함께 불에 타서 폐사되었다. 1936년 홍수로 6개의 주춧돌이 노출되었고, 이때 거사 정주교(鄭冑敎)가 '사굴산사(闍崛山寺)'라는 글씨가 새겨진 기와를 발견함으로써 이 절이 굴산사였음

이 밝혔졌다. 【유적·유물】 절터가 강원도 기념물 제11호로 지정되어 있다. 문화재로는 범일의 것으로 믿어지는 부도(보물 제85호)와 당간지주(보물 제86호), 석불 4위 등이 있다. 또 《동국여지승람》에 고려 명종 때(1170~1197)의 시인 김극기(金克己)의 '굴산종시(崛山鐘詩)'가 남아 있는 것으로 보아 신라 종이 있었던 것은 분명하나 현존하지는 않는다. 부도는 일제강점기에 도굴꾼에 의해 붕괴되었는데, 당시 이를 조사하기 위해 조선 고적보존위원회가 기단석을 들추어 본 결과 기단석 아래에 구형의 지하석실이 있고 오백나한을 안치한 흔적이 있었다. 또한 당간지주는 높이 5.4m로 현재 우리 나라에서는 규모가 가장 큰 것으로 알려졌으며, 석불 3위는 이 당간지주를 중심으로 서·남·북 각 500m 지점에 있었다. 서쪽과 북쪽의 석불은 1968년 불당을 짓고 함께 봉안됐으며, 동남쪽 비로자나불좌상은 얼굴이 파손된 채 머리에 큰 관모를 쓰고 있다. 【설화】 창건과 관련된 설화가 《삼국유사》에 전한다. 범일은 당나라에 유학했을 때 명주(明州) 개국사(開國寺)에서 왼쪽 귀가 떨어진 승려를 만났다. 그는 범일에게 자신은 신라 사람으로서 집이 명주계(溟州界) 익령현(翼嶺縣;지금의 襄陽)의 덕기방(德耆房)에 있다고 밝히고, 뒷날 범일이 본국에 돌아가거든 자신의 집을 지어줄 것을 간청했다. 847년 귀국한 범일은 그 승려의 청에 따라 그의 고향이라 일러준 곳에 이 절을 창건하고 가르침을 전했다고 한다. 이 밖에도 절 주위에는 범일의 탄생에 얽힌 설화를 간직한 학바위(鶴巖)와 석천(石泉)이 있다. 이 마을에 살던 한 처녀가 어느 날 석천으로 물을 길러 갔다가 물을 한 바가지 마셨는데, 그날 이후부터 차츰 배가 불러 왔다. 14개월 만에 처녀는 옥동자를 낳았으나, 수치심 때문에 부근의 학바위에 아이를 버렸다. 3일 후 모성애를 이기지 못하여 찾아가 보니 여러 학이 아이를 감싸 주고 열매를 먹이고 있었다. 처녀는 아이가 범상치 않음을 깨닫고 다시 집으로 데려와 키웠다. 이 아이가 바로 범일이라고 한다. 지금도 마을 뒷산의 송림에는 학바위가 있다. 【참고문헌】 삼국유사, 동국여지승람, 한국사찰전서(권상로, 동국대학교 출판부, 1979), 명주의 향기(명주군, 1981)

굴석사(掘石寺)
굴불사(掘佛寺)를 보시오.

굴암사(窟巖寺)
【위치】 경상남도 울산시 울주구 언양면 송대리 화장산(花藏山)에 있다. 【소속】 대한불교조계종 제15교구 본사인 통도사의 말사이다. 【연혁】 신라 소지왕 때(479~500) 도화도인(桃花道人)이 창건했다고 한다. 자세한 연혁은 전하지 않는다. 폐사된 채 있던 것을 1966년 해인사(海印寺)의 안석범(安石凡)이 중창하고 굴법당의 이름을 미타굴(彌陀窟)이라고 지었다. 【유적·유물】 건물로는 요사채만 있다. 미타굴 안에는 아미타불좌상을 봉안했다. 특별한 문화재는 없다. 【설화】 소지왕은 난치병을 얻어 명산대찰에서 기도를 했다. 그러던 어느 날 꿈에 관세음보살이 나타나 남쪽에 도화(桃花)가 있으니 이것을 3일 만 복용하면 쾌유할 것이라고 계시했다. 왕은 즉시 도화를 찾으라고 명했다. 신하가 언양의 산 중턱에서 엄동설한인데도 꽃이 만발해 있는 것을 발견하고 가보니 꽃은 없고 굴 속에 한 노승이 선정에

잠겨 있을 뿐이었다. 신하가 도화를 찾는다고 말하자, 스님은 자기 이름이 도화라고 했다. 스님은 신하를 따라 서울에 가서 왕에게 설법하고 기도했다. 그 영험으로 왕의 병은 3일 만에 완쾌되었다. 왕은 기뻐하며 스님이 머물던 굴에 행차하여 산 이름을 화장산, 굴 이름을 화장굴(花藏窟)이라 하고, 감사의 마음으로 이 절을 짓게 했다. 【참고문헌】속 명산 고찰 따라(이고운 · 박설산, 운주사, 1994)

굴암사(窟巖寺)
【위치】경기도 안성군 대덕면 진현리에 있다. 【소속】대한불교법상종에 속한다. 【연혁】유물로 미루어 보아 고려 때 창건된 것으로 보인다. 연혁은 전하지 않는다. 【유적 · 유물】건물로는 대웅전과 미륵전, 산신각, 요사채가 있다. 유물로는 마애여래불상 2위와 석탑, 부재 등이 있다. 1위의 마애여래불상은 미륵전 안에 있으며, 1위는 미륵전 옆에 있다. 모두 고려 때의 것으로 추정된다. 석탑 부재는 기단부는 없고, 조선시대의 것으로 추정된다. 【참고문헌】기내사원지(경기도, 1988)

굴암절(窟巖 −)
용덕사(龍德寺)를 보시오.

궁방사(宮房寺)
영은사(靈隱寺)를 보시오.

궁사(宮寺)
대관사(大官寺)를 보시오.

귀로암(歸老庵)
【위치】전라남도 여천군 돌산읍에 있었다. 【연혁】언제 누가 창건했는지 알 수 없다. 1265년(고려 원종 6) 한겨울에 한암보환(閑庵 普幻)이 이 절에 머물면서 《수능엄경환해산보기(首楞嚴經環解刪補記)》를 지었다. 연혁은 전하지 않는다. 【참고

문헌】한국사찰전서(권상로, 동국대학교 출판부, 1979)

귀법사(歸法寺)
【이명】한때 감로원(甘露院)이라고도 불렸다. 【위치】경기도 개풍군 영남면 용흥리 마전동 탄현문(炭峴門) 밖에 있었다. 【연혁】963년(고려 광종 14) 광종이 대원(大願)을 발하여 국찰로서 송악산 아래에 이 절을 짓고 친히 승려들을 공양했으며, 균여(均如)를 초대 주지로 삼았다. 또한 당시의 실력자 최충(崔沖)이 이곳에서 과거의 예비 등용문인 하과(夏課)를 베풀었다. 즉 최충은 매년 여름이 되면 벼슬을 하지 못한 가난한 선비들을 모아 이 절의 승방에서 구경삼사(九經三史)를 강의하는 한편, 시로써 서로의 실력을 겨루게 했다. 선비들이 시를 짓고 차례로 그것을 읊조릴 때에는 동자들을 좌우에 늘어서게 하여 위의를 갖추었으며, 장유유서(長幼有序)의 범절을 엄격히 지켰다. 이 모임은 아침에 시작하여 저녁이 되면 흩어졌는데, 보는 이들이 감탄을 아끼지 않았다고 한다. 또한 이 절은 광종 이후 목종, 선종, 의종 등 여러 왕들의 행차가 잦았으며, 중요한 법회의식이 거행되던 당시로서는 최대의 국찰이었다. 특히 선종은 1085년(선종 2) 이 절에 행차해 반승(飯僧)을 베풀었고, 1087년 대장경을 봉안하는 법회에 참석했다. 의종은 1161년(의종 15) 4월 초 이 절에 들러 한 달을 넘게 머물렀으며, 1166년 수문전(修文殿)에서 백고좌회(百高座會)를 열기도 했다. 언제 폐사되었는지는 알 수 없으나, 이정구(李廷龜, 1564∼1635)의 《화담기(花潭記)》에 이 절의 옛터에 석주가 남아 있었다고 기록되어 있는 것으로 보아 조선 중기 이

전에 폐사된 것은 확실하다. 절터에는 1945년까지만 해도 거대한 당간지주와 함께 초석들이 산재해 있었다. 【참고문헌】 고려사, 동국여지승람, 한국사찰전서(권상로, 동국대학교 출판부, 1979)

귀신사(歸信寺)

【이명】 한때 국신사(國信寺, 國神寺)라고 불렸다. 【위치】 전라북도 김제시 금산면 청도리 모악산(母岳山)에 있다. 【소속】 대한불교조계종 제17교구 본사인 금산사의 말사이다. 【연혁】 676년(신라 문무왕 16) 의상(義湘)이 창건해 국신사라고 했다. 최치원(崔致遠, 857~?)이 이곳에서 《법장화상전(法藏和尙傳)》을 편찬했다. 고려시대에 들어서서 국사 원명(圓明, 1262~1330)이 중창했다. 고려 말에는 왜병 3백여 기(騎)가 성을 함락하고 이 절에 주둔했는데, 병마사 유실(柳實)이 격퇴했으며, 당시에는 건물과 암자가 즐비했던 큰 절이었다고 한다. 그 뒤 1592년(조선 선조 25) 임진왜란의 전화로 폐허화한 것을 1873년(고종 10) 춘봉(春峯)이 중창한 뒤 지금의 이름으로 바꾸었다. 【유적·유물】 현존하는 건물로는 대적광전(大寂光殿 ; 보물 제826호)을 비롯하여 명부전, 산신각, 요사채 등이 있다. 문화재로는 삼층석탑(전라북도 유형문화재 제62호)과 부도(전라북도 유형문화재 제63호), 석수(石獸 ; 전라북도 유형문화재 제64호) 등이 있다. 이 가운데 삼층석탑은 이 절의 창건 당시에 조성된 것으로 추정되며, 신라시대의 미를 그대로 나타내고 있는 빼어난 작품이다. 부도는 청도원 마을 입구의 논 가운데에 있는데, 전성기에는 여기까지 절의 경내에 포함되었음을 알 수 있다. 부도 역시 석탑과 같은 조각 수법으로 정교한 조각

의 예술성을 보이고 있다. 석수는 앉아 있는 짐승의 형상을 한 독특한 것으로 기동하려는 듯한 당당한 위용을 지니고 있다. 등 위 중간에는 남근(男根) 같은 석주가 꽂혀 있다. 석수나 남근은 모두 화강암으로 되어 있다. 【참고문헌】 한국사찰전서(권상로, 동국대학교 출판부, 1979), 사찰지(전라북도, 1990)

귀신사(鬼神寺)

【위치】 황해도에 있었다. 【연혁】 언제 누가 창건했는지 알 수 없다. 신라 구산선문(九山禪門) 중의 하나인 사자산문(獅子山門)의 개조 쌍봉 도윤(雙峰 道允)이 815년(헌덕왕 7) 18세에 이 절로 출가하여 《화엄경》 강의를 듣고, '원돈(圓頓)의 교(敎)인들 어찌 심인(心印)만 같으랴.' 생각하고 825년(헌덕왕 17) 당나라로 구법을 떠났다. 연혁은 전하지 않는다. 【참고문헌】 조당집, 조선금석총람(조선총독부, 1919)

귀정사(歸政寺)

【이명】 한때 만행사(萬行寺)라고 불렀다. 【위치】 전라북도 남원시 산동면 대상리 천황산(天皇山)에 있다. 【소속】 대한불교조계종 제17교구 본사인 금산사의 말사이다. 【연혁】 515년(백제 무녕왕 15) 현오(玄悟)가 창건하고 만행사라고 했다. 뒤에 왕이 환궁도 잊은 채 법문을 경청하다가 3일 뒤에야 정사를 돌보기 위해 돌아간 절이라고 하여 귀정사로 고쳐 불렀다. 1002년(고려 목종 5) 대은(大隱)이 크게 중수했으며, 1468년(조선 세조 14) 낙은(樂隱)이 중창하여 큰 절의 면모를 갖추었다. 《용성지(龍城志)》에 의하면, 당시의 불당은 산을 메웠고, 승려는 2백 명이 넘었다고 한다. 그때의 건물로는 법당, 정

루(正樓), 만월당(萬月堂), 승당, 연화당(蓮華堂), 삼광전(三光殿), 문수전, 상실(上室), 명월당(明月堂) 등이 있었다. 또한 부속 암자로는 남암(南庵), 대은암(大隱庵), 영당(影堂), 낙은암(樂隱庵) 등이 있었으며, 지금의 대상리 일대가 모두 절의 소유였다고 한다. 1592년(선조 25) 임진왜란과 1597년(선조 30) 정유재란으로 전소하여 약 70여 년 동안 폐사된 채 있던 것을 1664년(현종 5) 월담 설제(月潭雪霽)가 중건했다. 그 뒤 1804년(순조 4) 현일(玄一)이 대웅전, 시왕전, 산신각, 칠성각, 선당, 회승당 등 많은 건물을 갖춰 크게 중수했는데, 그래도 과거 전성기의 면모에는 이르지 못했다. 그때 건립된 건물들은 1950년 9·28수복 이후 공비토벌 때 작전상의 이유로 소각되었다. 그 뒤 1968년 주지 정동(瀞東)이 대웅전 등을 중건하여 오늘에 이르고 있다. 【유적·유물】건물로는 대웅전과 칠성각, 종각, 요사채 2동이 있다. 문화재로는 대은과 낙은의 부도 2기가 있다. 옛 절터가 전라북도 기념물 제76호로 지정되어 있다. 【설화】한때 이 절에는 명성이 높은 큰스님이 있어 왕까지도 그의 명성을 듣게 되었다. 그의 설법을 들으면 앉은뱅이가 일어서고, 며칠을 들어도 잠이 안 오며, 저절로 몸의 괴로움이 없어졌다고 한다. 왕은 그를 만나기가 소원이어서 하루는 백관을 거느리고 이 절까지 행차했다. 소문처럼 왕은 그를 보자마자 고개가 저절로 숙여졌으며, 설법을 듣고 그 오묘함에 백관과 함께 탄복해 마지 않았다. 왕은 그의 설법을 하루라도 더 듣고 싶어 3일 동안이나 머물다가, 국정을 살피기 위해 할 수 없이 돌아갔다. 이때부터 이 절을 귀정사라고

하고, 만행산을 천황봉(天皇峰), 그 밑의 봉우리들을 태자봉(太子峰), 승상봉(丞相峰), 남대문로(南大門路), 둔병치(屯兵峙)라고 했다. 【참고문헌】용성지, 한국사찰전서(권상로, 동국대학교 출판부, 1979), 고도 남원의 얼(남원군, 1982), 사찰지(전라북도, 1990)

귀주사(歸州寺)
【이명】한때 정수사(淨水寺)라고 불렸다. 【위치】함경남도 함흥시 회상구역 경흥동 설봉산(雪峰山)에 있었다. 【연혁】고려 문종 때(1046~1083) 붕현(鵬顯)이 창건하여 정수사라고 했다. 고려 말에는 이곳에서 이성계(李成桂)가 글을 읽었으며, 이러한 까닭에 조선시대에는 왕실의 보호를 받았다. 그 뒤 1401년(태종 1) 이성계가 이곳에 은신했던 사실을 기리기 위하여 절 이름을 귀주사로 바꾸었다. 1716년(숙종 42) 덕순(德淳)이 중수했으나, 1878년(고종 15) 화재로 소실했으며, 1880년 쌍운(雙運)이 중건했다. 이 해 주지 보암(寶庵)이 나서서 본말사 회의를 통해 이 절을 크게 일으킬 것을 결의하고, 대웅전을 비롯해서 삼성전, 무량수각(無量壽閣), 소향각(燒香閣), 해월루(海月樓) 등을 새로 지어 절의 면모를 일신했다. 일제강점기의 31본산시대에는 본산 중의 하나였다. 그러나 1950년 6·25전쟁 때 모두 파괴되었다. 산내 암자로는 극락암(極樂庵)을 비롯한 7개 절이 있었으며, 산외 말사로는 79개 절이 있었다. 지금은 절터마저도 확인할 수 없다. 【참고문헌】조선왕조실록, 조선불교통사(이능화, 1918), 한국사찰전서(권상로, 동국대학교 출판부, 1979), 북한사찰연구(한국불교종단협의회, 1993)

귀진사(歸眞寺)

【이명】 귀진사(歸進寺)라고도 한다. 【위치】 황해도 서흥군 율리면 송월리 숭덕산(崇德山)에 있다. 【연혁】 고려 중기에 창건된 성수사(星宿寺)의 한 원(院)으로 신축됐으며, 조선시대 명종 때(1545~1567) 허응 보우(虛應 普雨)가 대장경각(大藏經閣)을 짓고 불교 경전을 간행하면서부터 독립된 절이 되었다. 조선시대에 수차례 보수했고, 1563년(명종 18) 이전에 중창했다. 일제강점기의 31본산시대에는 성불사(成佛寺)의 말사였다. 【유적·유물】 현존하는 건물로는 극락전과 주악루, 심검당이 있다. 특히 건물들은 1592년(선조 25) 임진왜란 중의 전화를 면하여 조선시대 초기의 건축양식을 많이 보존하고 있다. 이 가운데 극락전은 건축 세부양식이 섬세하고 화려한 솜씨를 보여 주고 있다. 현재에도 이 절에는 《용감수감(龍龕手鑑)》《법화경》《수륙문(水陸文)》《사십이장경》《부모은중경》 등의 판목 2천여 장이 보관되어 있으며, 특히 1563년(명종 18) 중간(重刊)된 《용감수감》은 보우의 명을 받아 이 절 주지가 강독한 뒤 간행한 것으로 그 가치가 높이 평가된다. 【설화】 절이 있는 숭덕산 산정에서는 신선이 놀았다고 전하며, 그들이 마셨다는 샘물이 있다. 그리고 이 절에 있던 도승 묵대사(默大師)와 산신령 사이에 있었던 설화가 전한다. 원래 산신령과 묵대사는 사이가 좋지 않았다. 묵대사는 불경을 출판하기 전에 그 완전한 해석의 필요성을 느끼고 불교의 본산인 천축국(天竺國)에 다녀올 것을 결심했다. 떠날 때 그는 육신을 벗어 놓고 보우에게 '내가 떠난 2, 3개월 뒤에 백마를 탄 고관이 와서 내가 죽었다고 하며 시체를 화장하자고 할 터이나 절대로

거기에 응해서는 안 된다.'고 당부했다. 3개월이 지나자 그 말대로 백마를 탄 고관이 나타나서 시체를 처리해야만 한다고 강경하게 요구했다. 승려들은 고관의 강요에 못 이겨 묵대사의 시체를 내어다 화장했다. 그런데 화장이 끝나자마자 공중에서 '내가 지금 돌아왔는데 육신을 다비해 버렸으니 영혼은 어디에 의지하느냐.'는 소리가 슬프게 들려왔다. 백마를 탄 고관이 바로 산신령이었다고 한다. 【참고문헌】 동국여지승람, 황해도지(황해도, 1970), 북한사찰연구(한국불교종단협의회, 1993)

귀진사(歸進寺)
귀진사(歸眞寺)를 보시오.

규봉사(圭峰寺)
【이명】 규봉암(圭峰庵)이라고도 불린다. 【위치】 전라남도 화순군 이서면 영평리 무등산 동쪽 기슭에 있다. 【소속】 대한불교조계종 제21교구 본사인 송광사의 말사이다. 【연혁】 신라 때 의상(義湘, 625~702)이 창건했다는 설과 연기 도선(烟起 道詵, 827~898)이 창건했다는 설, 1183년(고려 명종 13) 보조(普照) 국사 지눌(知訥)이 창건했다는 설 등이 있다. 그러나 주변의 유물로 미루어 보아 지눌이 창건했다는 설이 가장 신빙성이 있다. 고려 때에는 인도 승려 지공(指空)과 나옹 혜근(懶翁 惠勤, 1320~1376)이 이 절에 머물며 수도했다. 그 뒤의 연혁은 전하지 않는다. 1950년 6·25전쟁 때 폐사가 된 것을 1957년 주지 이한규가 대웅전과 요사채를 신축하여 오늘에 이르고 있다. 부속기관으로는 광주에 영산회관이라는 포교당이 있다. 【유적·유물】 건물로는 대웅전과 요사채가 있다. 대웅전은 깎아 세운 듯한 절벽 아래에 자리잡고 있고, 뒤편에

마애여래좌상을 안치한 석굴이 있다. 높
이 1.3m의 마애여래좌상은 고려시대 작
품으로 추정되며, 천연의 단애에 동굴을
뚫고 불상을 조각하여 안치한 것으로 우
리 나라 석굴사원 양식 변천의 연구에 좋
은 자료가 된다. 절 주변에는 각양각색의
바위들이 수없이 솟아 선경을 이루고 있
다. 은신대(隱身臺), 삼존석(三尊石), 십
이대(十二臺), 광석대(廣石臺), 풍혈대(風
穴臺), 설법대(說法臺) 등의 명소들은 신
라와 고려 때의 큰스님들이 수도했던 자
리라고 한다. 【설화】삼존석과 십이대의
바위틈에서 솟아나는 물은 아무리 가물어
도 마르지 않았다고 한다. 이를 기이하게
여겨 의상이 정사(精舍)를 지었다고 하
며, 지눌과 진각(眞覺) 국사 혜심(慧諶,
1178~1234)이 여기서 수도하여 득도했
다고 한다. 또한 은신대는 지눌이 이 바위
에 앉아 조계산의 산세를 바라보면서 송
광사의 절터를 잡은 자리라고 한다. 【참
고문헌】한국사찰전서(권상로, 동국대학교
출판부, 1979), 내 고장 전통 가꾸기(화순
군, 1981)

규봉암(圭峰庵)

규봉사(圭峰寺)를 보시오.

극락사(極樂寺)

【위치】경기도 장단군 오관산(五冠山)에
있었다. 【연혁】언제 누가 창건했는지 알
수 없다. 1121년(고려 예종 16) 5월 21일
예종이 이 절을 비롯하여 상춘정(賞春
亭), 일월사(日月寺), 왕륜사(王輪寺), 고
봉사(高峰寺)에서 3·7일 간 소재도량(消
災道場)을 열었다. 연혁은 전하지 않는다.
1481년(조선 성종 12)에 편찬된 《동국여
지승람》에는 존재한다고 나와 있으나 그
뒤 폐사됐다. 【참고문헌】고려사, 동국여
지승람

극락암(極樂庵)

【위치】강원도 고성군 간성읍 교동리에
있다. 【소속】대한불교조계종 제3교구 본
사인 신흥사의 말사이다. 【연혁】945년
(고려 혜종 2) 창건됐다. 그 뒤 계속 명맥
을 이어오다가, 1878년(조선 고종 15) 4
월 3일 산불이 나 건봉사(乾鳳寺)와 함께
완전히 소실했다. 1881년 사미 봉진(奉
眞)이 중건했으나, 1950년 6·25전쟁 때
다시 전소했다. 당시 이 절은 건물이 총
49칸으로서 건봉사의 산내 5개 암자 중
가장 큰 규모를 갖추고 있었다. 1953년
휴전 이후 이 절이 있었던 곳(거진읍 냉천
리 묘적동)이 비무장지대에 속하게 되자,
비구니 박법선(朴法善)이 고성군 간성읍
광산리에 인법당(因法堂)을 짓고 중건할
때를 기다렸다. 그러나 그것이 불가능해
지자 법선은 1962년 지금의 자리에 절을
옮겨 지었다. 1965년 4월 23일 다시 불탔
으며, 이 해 7월 인법당을 신축했고,
1971년 9월 대웅전을 신축하여 6·25전쟁
이후 처음으로 독립된 법당을 갖추게 되
었다. 그리고 1974년 6월에는 요사채 1동
을 건립했고, 1986년 8월에는 삼성각을
신축했다. 1990년 7월 함덕현(咸德玄)이
대웅전을 중건하여 오늘에 이르고 있다.
【유적·유물】건물로는 대웅전, 삼성각,
구법당(舊法堂), 요사채 2동이 있다. 대웅
전의 내부에는 아미타여래좌상을 중심으
로 관세음보살좌상과 대세지보살좌상, 후
불탱화 등이 봉안되어 있다. 【참고문헌】
전통사찰총서 1-강원도 2(사찰문화연구
원, 1992)

극락암(極樂庵)

【위치】경상남도 양산군 하북면 지산리

영축산(靈鷲山)에 있다. 【소속】 대한불교
조계종 제15교구 본사인 통도사의 부속
암자이다. 【연혁】 1332년(고려 충혜왕 2)
창건됐다. 1758년(조선 영조 34) 철홍(哲
弘)이 중창했다. 이 절에는 극락선원(極
樂禪院)이 있어서 많은 수행승들을 배출
했다. 1953년 11월 경봉 정석(鏡峰 靖錫)
이 조실로 추대되자 많은 수행승들이 모
여들었고, 선원의 증축이 불가피해지자
1968년 정석은 가람 전체를 중건·중수하
여 9동 104칸의 선원으로 만들었다. 1973
년부터는 신도를 대상으로 매월 첫 일요
일에 정기법회를 개설했는데, 언제나 천
명 이상이 참석했다. 【유적·유물】 현존
하는 건물로는 '극락암'이라는 현판이 붙
어 있는 법당을 중심으로 연수당(延壽
堂), 정수보각(正受寶閣), 조사각(祖師
閣), 수세전(壽世殿), 영월루(映月樓), 삼
소굴(三笑窟), 여시문(如是門), 요사채 4
동 등이 있다. 이 가운데 삼소굴은 1982
년까지 정석이 기거하면서 수행승들을 지
도하던 곳이고, 조사각에는 석가모니불과
33조사, 보조(普照) 국사 지눌(知訥), 태
고 보우(太古 普愚) 등의 영정을 봉안하
고 있다. 절 입구에는 영축산의 봉우리가
비치는 자그마한 연못인 극락영지(極樂影
池)가 있는데, 정석이 그 연못 위에 홍교
(虹橋)를 가로질러 설치해 경관이 그림처
럼 아름답다. 또 암자에서 약 500m 아래
에는 용맹정진을 위한 도량인 아란야(阿
蘭若)가 있다. 이 토굴은 1969년 정석이
창건한 현대식 2층 건물로서 이곳에 들어
가면 3년 이상 참선 공부에만 몰두해야
한다. 【참고문헌】 한국의 사찰 4-통도사
(한국불교연구원, 일지사, 1974)

극락암(極樂庵)

【위치】 경상남도 합천군 가야면 치인리
가야산에 있다. 【소속】 대한불교조계종
제12교구 본사인 해인사의 산내 암자이
다. 【연혁】 언제 누가 창건했는지 알 수
없다. 1488년(조선 성종 19) 부휴(浮休)
가 중건했다. 그 뒤의 연혁은 전하지 않는
다. 【유적·유물】 건물로는 극락전 등이
있다. 유물로는 부휴 등 10인의 영정이
있다. 또한 어수정(御水井)이란 약수가
있다. 【참고문헌】 한국의 사찰-7 해인사
(한국불교연구원, 일지사, 1975)

극락암(極樂庵)

【이명】 미타암(彌陀庵)이라고도 불렸다.
【위치】 경기도 안성군 죽산면 칠장리 칠현
산(七賢山)에 있었다. 【연혁】 1704년(조
선 숙종 30) 수경(守敬)이 칠장사(七長寺)
를 대대적으로 중건하면서 칠장사의 암자
로서 창건했다. 그 뒤 10년도 못되어 도괴
하자 희종(熙淙)이 새로 지었다. 1751년
(영조 27) 사세가 쇠퇴하여 술사의 말에
따라 북쪽 정악(鼎岳) 아래에 옮겨 지었
다. 일제강점기까지도 존재했으나, 지금
은 폐사되었다. 【참고문헌】 기내사원지
(경기도, 1988)

금강사(金剛寺)

【위치】 평안남도 평양시 청암동에 있었
다. 【연혁】 498년(고구려 문자왕 7) 창건
됐다. 1087년(고려 선종 4) 선종이 이 절
에 행차했고, 1102년(숙종 7) 숙종도 이
절에 행차하여 반승(飯僧)을 베풀었다.
1109년(예종 4) 의종이 이 절을 비롯하여
흥복사(興福寺)와 영명사(永明寺), 장경
사(長慶寺)에 문두루(文豆婁)도량을 설
치하고 여진족 등을 막아 줄 것을 기원했
다. 1116년(의종 11) 의종이 이 절에 행
차했다. 그 뒤의 연혁은 전하지 않는다.

1900년대에 편찬된 《사탑고적고(寺塔古蹟攷)》에는 존재한다고 나오나, 그 뒤 폐사되었다. 【유적·유물】 절터는 현재 북한 사적 제16호로 지정되어 있다. 1938년에 절터가 발견되었다. 【참고문헌】 한국사찰전서(권상로, 동국대학교 출판부, 1979), 북한사찰연구(한국불교종단협의회, 1993)

금강사(金剛寺)

【위치】 경상북도 경주시 옛 사량부(沙梁部)에 있었다. 【연혁】 신라 때 7세기 무렵에 활동하던 신인종(神印宗)의 조사 명랑(明朗)이 창건했다. 그 뒤의 연혁은 전하지 않으며, 언제 폐사되었는지도 알 수 없다. 【설화】 명랑은 이 절을 세우고 낙성회를 열었는데, 큰스님들이 다 모였으나, 오직 혜공(惠空)만은 오지 않았다. 이에 명랑이 향을 피우고 정성껏 기도하자 조금 뒤에 혜공이 왔다. 이때 큰 비가 내리고 있었는데도 혜공의 옷은 젖지 않았고, 발에 진흙도 묻지 않았다고 한다. 혜공은 명랑에게 은근히 초청하기에 왔다고 말했다. 혜공에게는 이처럼 신령스러운 자취가 많았다고 한다. 또 망덕사(望德寺)의 승려 선율(善律)이 명부(冥府)에 끌려갔다가 연(緣)이 다하지 않아서 생계(生界)로 돌아오던 중 한 여인을 만났다고 한다. 여인은 '부모가 금강사의 논 1묘(畝)를 훔친 죄 때문에 지옥에서 중고(重苦)를 당한다'고 말하며, 속히 그 밭을 절에 돌려 주게 해달라고 청했다. 또 그녀가 살아 있을 때 호마유(胡麻油)를 상 밑에 묻고 곱게 짠 비단을 침상 밑에 감추어 두었는데, 그것으로 부처님께 공양을 올려 주면 고맙겠다고 덧붙여 청했다. 선율은 돌아온 뒤 여인의 부모에게 훔친 금강사의 밭을 돌려 주게 하고 기름과

비단으로 부처님께 공양했다. 그러자 여인이 그날 밤 꿈에 나타나서 지옥에서 벗어나게 되었다고 말했다고 한다. 【참고문헌】 삼국유사, 신라의 얼(월성군, 1982)

금강사(金剛寺)

【위치】 충청남도 부여군 은산면 금곡리에 있었다. 【연혁】 유물이나 가람 배치로 미루어 보아 백제시대에 창건된 것으로 추정된다. 일체의 문헌상의 기록은 존재하지 않지만, 출토된 암키와 조각에 '금강사'라는 명문이 새겨져 있었으므로 절 이름이 밝혀졌다. 이 절은 창건 이후 세 차례에 걸쳐 중수가 이루어졌으며, 중수 때마다 건물들이 약간의 이동은 있었으나 큰 변화가 없었음이 밝혀졌다. 【유적·유물】 절터는 충청남도 기념물 제31호로 지정되어 있다. 1964년과 1965년 두 차례에 걸친 발굴 조사 결과, 유물로는 백제 때의 연화문막새와 서까래끝개를 비롯하여 신라시대와 고려시대의 암막새 등이 많이 출토되었다. 절터 옆의 장독바위는 이 절에서 장독대로 사용했다고 전하며, 동북쪽 냇가에 있는 신터리봉은 절을 지을 때 일꾼들이 신에 묻은 흙을 털었는데 이 흙이 쌓여서 이루어진 봉우리라는 전설이 내려오고 있다. 【참고문헌】 부여군지(부여군, 1964), 금강사지 발굴조사 보고서(국립중앙박물관, 1969), 전통 문화의 고장 부여(부여군, 1982)

금강사(金剛寺)

금광사(金光寺)를 보시오.

금강사(金剛寺)

미타사(彌陀寺)를 보시오.

금강사(金剛寺)

승련사(勝蓮寺)를 보시오.

금강암(金剛庵)

【위치】 경상북도 경주시 산내면 우라리 석두산(石頭山)에 있다. 【소속】 대한불교 조계종 제11교구 본사인 불국사의 말사이다. 【연혁】 385년(신라 내물왕 30) 도암(道庵)이 창건했다고 한다. 그러나 이때는 신라에 불교가 들어오기 전이므로 신빙성이 없다. 928년(경순왕 2) 월봉(月峰)이 중창하고, 1216년(고려 고종 3) 정암(靜庵)이 삼창했다. 1830년(조선 순조 30)에는 기암(機巖)이 사창했으며, 1928년에는 해공(海空)이 오창했다. 【유적·유물】 건물로는 대웅전과 산신각, 요사채 2동이 있다. 특별한 문화재는 없다. 【참고문헌】 한국사찰전서(권상로, 동국대학교 출판부, 1979)

금강암(金剛庵)

【이명】 한때 옥계사(玉溪寺)라고 불렸다. 【위치】 충청남도 보령시 미산면 용수리 양각산(羊角山)에 있다. 【소속】 대한불교 조계종 제6교구 본사인 마곡사의 말사이다. 【연혁】 1412년(조선 태종 12) 무학 자초(無學 自超)의 문인인 영암(玲巖)이 창건했다. 당시 이 절은 한성판윤 권홍(權弘, 1360~1446)과 옹주(翁主) 이(李)씨의 원당이었다. 자세한 연혁은 전하지 않는다. 1481년(성종 12)에 편찬된 《동국여지승람》에는 옥계사라고 나와 있고, 1799년(정조 23)에 편찬된 《범우고(梵宇攷)》에는 금강암이라 부른다고 나와 있다. 【유적·유물】 건물로는 법당과 요사채가 있다. 유물로는 석불좌상과 영암비구창금강암비편(玲巖比丘創金剛庵碑片)이 있다. 비편은 반파된 상태로 있어 정확한 내용을 알 수 없지만, 이 절의 창건 연대를 알려 주는 유일한 자료이다. 【참고문헌】 문화유적총람－사찰편(충청남도, 1990),

한국사찰전서(권상로, 동국대학교 출판부, 1979)

금강암(金剛庵)

미륵사(彌勒寺)를 보시오.

금고사(金鼓寺)

백룡사(白龍寺)를 보시오.

금곡사(金谷寺)

【위치】 경상북도 경주시 안강읍 두류리 사곡(寺谷) 비장산(臂長山)에 있었다. 【연혁】 언제 누가 창건했는지 알 수 없다. 신라 때 밀종(密宗)의 큰스님인 밀본(密本)이 이 절에서 머물렀는데, 그는 덕행이 높아 당대에 유명했다. 선덕여왕(재위 632~647)이 병이 나서 흥륜사(興輪寺)에 있던 법척(法惕)을 초청하여 치료했으나 효험이 없자, 밀본을 청해서 《약사경》을 읽게 했다. 이때 밀본이 짚던 육환장(六環杖)이 침내(寢內)로 날아들어가 늙은 여우와 법척을 찔러 넘어뜨렸다고 한다. 또 승상(承相) 김양도(金良圖)가 어렸을 때 갑자기 몸이 굳어져 말을 못하고 움직일 수도 없게 되자, 그가 귀신의 무리를 몰아내 낫게 한 적도 있다고 한다. 638년(선덕여왕 7) 원광(圓光)이 입적하자, 그의 부도를 이 절에 세웠다. 고려시대에 목암 일연(睦庵 一然, 1206~1289)이 《삼국유사》를 편찬할 때는 이 절이 존재했다. 이 밖의 자세한 연혁은 전하지 않는다. 【유적·유물】 절터에는 원광법사탑(경상북도 문화재자료 제97호)이 남아 있다. 【설화】 원광이 삼기산(三岐山)에서 홀로 수도하던 중에 한 스님이 인근에 따로 절을 짓고 주술을 공부했다. 이때 원광에게 신이 나타나서 '어떤 스님이 시끄럽게 주술을 외며 내가 다니는 길을 방해한다. 다른 곳으로 옮겨 가게 해달라.'고 부탁하고, '남을

이롭게 하려거든 중국에 가서 공부하라.'
고 일러줬다. 원광이 유학을 다녀와 삼기
산에 들러 신에게 '신의 참 얼굴을 볼 수
있겠습니까.'라고 물었다. 그러자 이튿날
아침 동쪽 하늘에 신의 큰 팔뚝이 구름을
뚫고 하늘가에 닿아 있었다. 그래서 이 산
의 이름을 비장산이라고 했다고 한다.
【참고문헌】삼국유사

금곡사(金谷寺)

【이명】한때 성문사(城門寺)라고 불렸다.
【위치】전라남도 강진군 군동면 파산리
보은산(報恩山)에 있다. 【소속】한국불교
태고종에 속한다. 【연혁】신라 선덕여왕
때(632~647) 활동하던 밀종(密宗)의 큰
스님 밀본(密本)이 창건하여 성문사라 했
다고 한다. 그러나 백제의 영토에 신라 승
려가 와서 창건했다는 것은 신빙성이 없
다. 1481년(조선 성종 12)에 편찬된 《동
국여지승람》에는 금곡사라고 나와 있다.
1592년(조선 선조 25) 임진왜란 때 의승
군의 훈련장으로 활용하다가 왜군의 침습
으로 소실했다. 1799년(정조 23)에 편찬
된 《범우고(梵宇攷)》에는 이미 폐사되었
다고 나와 있다. 일제강점기에 절터에 건
물을 중건하여 오늘에 이르고 있다. 【유
적·유물】건물로는 무량수전을 비롯하
여 칠성각, 범종각, 요사채가 있다. 무량
수전에는 목조삼존불이 봉안되어 있으나,
모두 근대에 조성된 작품이다. 유물로는
삼층석탑(보물 제829호)과 석등 대좌, 범
종, 불화 6점 등이 있다. 삼층석탑은 백제
계의 양식을 띤 고려 초기의 작품으로
1988년 6월 해체·복원할 때 부처님 사리
32과가 발견되었다. 석등 대좌는 고려시
대의 작품으로 이 절의 입구 길가에 있다.
범종과 불화는 모두 1970년대 이후 조성

된 것으로 문화재적인 가치는 없다. 【참
고문헌】전남의 사찰 Ⅰ(전라남도, 1990)

금광사(金光寺)

【위치】경상북도 경주시 탑동 남산 장창
곡(長倉谷)에 있었다. 【연혁】신인종(神
印宗)의 조사 명랑(明朗)이 창건했다. 명
랑은 632년(선덕여왕 1) 당나라에 유학을
갔다가 4년 뒤 귀국하여 자신의 옛집을
헐고 그 자리에 이 절을 지었는데, 법당을
중심으로 그 앞에 탑을 세우고 종루와 명
경루(明鏡樓)와 강당, 중문 등의 건물을
세웠다. 명랑은 이 절을 밀교(密敎)의 근
본 도량으로 삼았다. 그 뒤의 연혁은 전하
지 않으며, 언제 폐사되었는지도 알 수 없
다. 【유적·유물】1960년대 초 금광못의
물을 퍼내자 못 속에서 큰 절터가 발견되
었다. 주춧돌이 정연하게 남아 있고, 법당
을 오르는 계단석과 아름다운 귀꽃을 새
긴 연화대석, 경석(經石), 석불상, 석탑재
등이 발견되었다. 【설화】명랑은 당나라
에서 유학을 마치고 배편으로 귀국하던
도중 서해 용왕의 청으로 용궁으로 들어
가서 설법했다고 한다. 이에 용왕이 황금
천 근을 시주했다. 귀국한 뒤 명랑은 옛집
을 헐고 그 자리에 절을 창건했다. 이어
서해 용왕에게서 시주 받은 금을 모든 건
물과 탑에 입혔다. 절이 금빛으로 눈부시
게 찬란하였으므로 사람들이 금광사라고
불렀다. 【참고문헌】삼국유사, 신라의 얼
(월성군, 1982)

금광사(金光寺)

【이명】 금강사(金剛寺)라고도 불린다.
【위치】평안북도 의주군 송장면 석숭산
(石崇山)에 있다. 【연혁】언제 누가 창건
했는지 알 수 없다. 1481년(조선 성종 12)
에 편찬된 《동국여지승람》에 존재한다고

나와 있다. 1726년(영조 2) 묘안(妙安)이 중건했다. 백화전의 용마루 상량문에 의하면, 1673년(현종 14) 또는 1738년(영조 14)에 중창했다고 한다. 일제강점기의 31본산시대에는 보현사(普賢寺)의 말사였다. 【유적·유물】건물로는 대웅보전과 백화전, 청운당, 만세루, 칠성각, 산신각 등 11동이 있다. 【참고문헌】북한의 절과 불교(정태혁·신법타, 민족사, 1990), 북한사찰연구(한국불교종단협의회, 1993)

금당사(金塘寺)
【이명】한때 금동사(金洞寺), 혈암사(穴巖寺), 금당사(金堂寺)라고 불렀다. 【위치】전라북도 진안군 마령면 동촌리 마이산(馬耳山)에 있다. 【소속】대한불교조계종 제17교구 본사인 금산사의 말사이다. 【연혁】650년(백제 의자왕 10) 고구려에서 백제로 망명한 큰스님 보덕(普德)의 제자 무상(無上)이 그의 제자 금취(金趣) 등과 함께 창건하여 금동사라고 했다. 또한 자연동굴을 법당으로 삼았으므로 혈암사라고 하기도 했다. 그 뒤 고려시대 말기까지 완주 경복사(景福寺)를 중심으로 한 열반종(涅槃宗)의 절로서 확고한 자리를 굳혀 나갔다. 한때 나옹 혜근(懶翁 惠勤, 1320~1376)이 이 절에 머물며 큰 깨달음을 얻었다고 한다. 1675년(조선 숙종 1) 지금의 자리로 옮겨 중창하여 금당사(金堂寺, 金塘寺)라고 불렀다. 1990년 주지 현각(賢覺)이 다시 중창했다. 【유적·유물】건물로는 극락보전과 명부전, 산신각, 요사채가 있다. 원래는 1675년에 세워진 대웅전이 있었으나, 1976년 도괴하였다. 유물로는 목조삼존불좌상(전라북도 유형문화재 제18호)과 괘불(전라북도 유형문화재 제74호), 오층석탑(전라북도 문화재자료 제122호), 법고 등이 있다. 목조삼존불좌상은 1675년 이전에 은행나무로 조성한 것이다. 전언에 따르면 이 불상은 마이산에서 천명을 얻어 새 왕조를 창업하게 된 태조 이성계(李成桂)의 홍업(鴻業)을 비는 의미로 어느 중국인(또는 몽고인)이 조선시대 초기에 조성한 것이라고 한다. 괘불은 1682년(숙종 8)에 명적(明適) 등 3인이 제작한 것으로 너비 5m, 길이 9m의 크기이다. 이 괘불은 보살상의 배치나 전체적 구도가 다른 괘불과는 매우 달라 희귀한 작품으로 평가된다. 오층석탑은 고려시대 중기의 작품으로 추정된다. 법고는 언제 제작되었는지는 확실치 않으나, 1907년 마이산 주필대에서 정제 이석용(靜齊 李錫鏞)이 주도한 호남의병동맹 결성에 사용된 바 있다고 한다. 【참고문헌】삼국유사, 문화유적총람(문화재관리국, 1977), 사찰지(전라북도, 1990)

금당사(金堂寺)
금당사(金塘寺)를 보시오.

금당사(金塘寺)
법수사(法水寺)를 보시오.

금당사(金堂寺)
수도사(修道寺)를 보시오.

금대사(金臺寺)
금대암(金臺庵)을 보시오.

금대암(金臺庵)
【이명】금대사(金臺寺)라고도 불린다. 【위치】경상남도 함양군 마천읍 가흥리에 있다. 【소속】대한불교조계종 제13교구 본사인 해인사의 말사이다. 【연혁】656년(신라 태종무열왕 3) 조사 행우(行宇)가 창건했다. 1430년(조선 세종 12) 천태종 판사도대선사(判事都大禪師) 행호(行乎)가 안국사(安國寺)와 함께 중창했다. 1950년

6·25전쟁으로 소실한 것을 금대암복구기
성회가 중건했다. 【유적·유물】현존하
는 건물로는 대웅전과 나한전, 선원이 있
다. 삼층석탑(경상남도 유형문화재 제34
호)은 행우가 절을 창건할 때 세운 것으
로 전하나 탑의 조성 수법으로 보아 고려
말 또는 조선 초의 것으로 추정된다. 【참
고문헌】한국사찰전서(권상로, 동국대학교
출판부, 1976), 천령의 맥(함양군, 1983)

금동사(金洞寺)
금당사(金塘寺)를 보시오.

금둔사(金芚寺)
【위치】전라남도 순천시 낙안면 상송리
금전산(金錢山)에 있었다. 【연혁】언제
누가 창건했는지 알 수 없다. 1481년(조
선 성종 12)에 편찬된 《동국여지승람》에
는 존재한다고 나와 있으나, 1799년에 편
찬된 《범우고(梵宇攷)》에는 이미 폐사되
었다고 나와 있다. 연혁은 전하지 않는다.
【유적·유물】절터에는 석불입상(보물 제
946호)과 삼층석탑(보물 제945호)이 남아
있다. 【참고문헌】한국사찰전서(권상로,
동국대학교 출판부, 1979)

금련대(金蓮臺)
영은사(靈隱寺)를 보시오.

금룡사(金龍寺)
【위치】경기도 포천군 영중면 금주리 금
주산(金珠山)에 있다. 【소속】한국불교태
고종에 속한다. 【연혁】1865년(조선 고종
2) 지담(智潭)이 기도도량으로 창건했다.
그 동안 소규모의 절로서 명맥을 유지해
오다가 1970년대 말부터 중창에 착수하여
거대한 대웅전과 석불입상을 세우고, 암
벽에 감실(龕室)을 파서 천불을 봉안했
다. 【유적·유물】건물로는 대웅전과 산
신각 등이 있다. 대웅전은 콘크리트조 다

리를 절벽을 가로질러 걸치고 그 위에 목
조 기와집으로 지었는데, 15칸 규모의 단
층이다. 【참고문헌】기내사원지(경기도,
1988)

금룡사(金龍寺)
김룡사(金龍寺)를 보시오.

금몽암(禁夢庵)
【이명】한때 노릉암(魯陵庵), 지덕암(旨
德庵)이라고 불렸다. 【위치】강원도 영월
군 영월읍 영흥리 태백산(太白山)에 있
다. 【소속】대한불교조계종 제4교구 월정
사의 말사인 보덕사(報德寺)의 부속 암자
이다. 【연혁】1457년(조선 세조 3) 노산
군(魯山君)으로 강봉된 단종이 유배중이
던 금중(禁中)에서 꿈을 꾸고 창건했으므
로 금몽암이라고 이름하고 자신의 원당으
로 삼았다. 1592년(선조 25) 임진왜란 때
불에 탄 뒤 1610년(광해군 2) 군수 김후
(金侯)가 승려를 모아 다시 짓고 노산군
의 능을 의미하여 노릉암이라고 했다. 이
어 1662년(현종 3) 응잠(應岑)이 중건하
고 지명을 따라 지덕암이라고 했다. 1698
년(숙종 24) 단종이 복위되고 그 묘가 장
릉(莊陵)으로 승격되자, 암자 터에 큰 절
을 지어 보덕사라 하고 이 절을 폐사시켰
다. 1745년(영조 21) 장릉참봉 나삼(羅
蔘)이 사재를 들여 옛터에 새로 절을 짓
고 다시 금몽암이라고 했으며, 1792년(정
조 16) 한명(漢溟)·재엽(載燁) 등이 중
수하여 오늘에 이르고 있다. 【유적·유
물】현존하는 건물로는 인법당(因法堂)과
영각(影閣)이 있다. 절 자체가 강원도 문
화재자료 제25호로 지정되어 있다. 【참고
문헌】한국사찰전서(권상로, 동국대학교
출판부, 1979)

금산사(金山寺)

【위치】 전라북도 김제시 금산면 금산리 모악산(母岳山)에 있다. 【소속】 대한불교 조계종 제17교구 본사이다. 【연혁】 600년(백제 법왕 2) 법왕이 창건했다. 법왕은 그의 즉위년(599)에 칙령으로 살생을 금하고, 그 이듬해 이 절에서 38인의 승려를 득도시켰다. 신라의 진표(眞表)가 762년(경덕왕 21) 중창을 시작하여 766년(혜공왕 2) 완공을 봄으로써 큰 절의 면모를 갖췄다. 이때 진표는 미륵장륙상(彌勒丈六像)을 조성하여 주존불로 모셨고, 금당의 남쪽 벽에는 미륵보살이 도솔천(兜率天)에서 내려와서 그에게 계법을 주는 모습을 그렸다. 이 절은 법상종(法相宗)의 근본도량이 되었으며, 고려시대에도 법상종에 속해 있으면서 《법화현찬(法華玄贊)》《유식술기(唯識述記)》 등의 법상종 관계 장소(章疏)들을 간행했다. 후백제시대에는 견훤의 숭봉을 받아 부분적인 보수가 있었다. 고려시대에는 법상종의 대종사이자 왕사인 혜덕 소현(慧德 韶顯)이 1079년(문종 33) 주지로 부임하여 퇴락한 절을 보수하고 새로운 법당을 증축하여 창건 이후 가장 큰 규모를 갖추었다. 그는 또 절의 남쪽에 광교원(廣敎院)을 설립하여 간경, 법석(法席) 등을 주관하는 장소로 사용했다. 현존하는 이 절의 주요 석물인 석련대(石蓮臺), 오층석탑, 노주(露柱) 등도 모두 이때에 만들어진 것으로 추정된다. 그러나 1592년(조선 선조 25) 임진왜란 때 왜병의 방화로 모든 건물과 산내의 40여 개 암자가 완전히 소실했다. 이때 뇌묵 처영(雷默 處英)이 이 절을 중심으로 승병 천여 명을 이끌고 전투에 참가하여 혁혁한 전공을 세웠다. 이어 1601년(선조 34) 수문(守文)이 복원공사를 시작

하여 1635년(인조 13) 낙성을 보았다. 고종 때(1863~1907)에는 총섭(摠攝)으로 취임한 용명(龍溟)이 미륵전, 대장전(大藏殿), 대적광전(大寂光殿) 등을 보수했고, 1934년 성렬(成烈)이 다시 대적광전과 금강문, 미륵전 등을 보수했다. 1960년대와 1986년 이후 태공 월주(太空 月珠)가 주지로 일하면서 일주문을 비롯하여 금강문, 보제루(普濟樓), 미륵전, 대적광전, 대장전, 명부전, 승당, 서전(西殿) 등의 건물을 중수 또는 중건했다. 산내 암자로는 심원암(深源庵), 용천암(龍天庵), 청련암(靑蓮庵), 부도전(浮屠殿)이 있다. 【유적·유물】 이 절의 유물·유적 중 일부 석조물을 제외하고는 모두가 임진왜란 뒤의 조형들이다. 임진왜란 이전에는 사역(寺域)이 매우 커서 대사(大寺) 지역, 봉천원(奉天院) 지역, 광교원 지역의 3곳으로 나뉘어 있었으나, 임진왜란의 참화로 총 86채의 건물이 없어진 뒤 40년 만에 대사 지역의 건물만 재건되었고, 나머지 절터는 절의 동북쪽 넓은 지역에 유지(遺址)만 있다. 또한 문화재로는 미륵전(국보 제62호)과 노주(보물 제22호), 석련대(보물 제23호), 혜덕왕사진응탑비(慧德王師眞應塔碑 ; 보물 제24호), 오층석탑(보물 제25호), 석종(보물 제26호), 육각다층석탑(보물 제27호), 당간지주(보물 제28호), 석등(보물 제828호) 대장전(보물 제827호) 등이 있다. 미륵전은 신라 때부터 거대한 미륵본존을 봉안했던 금당이다. 대적광전은 이 절 내에서 단층건물로는 가장 웅장한 건물로서 1597년(선조 30) 정유재란으로 소실한 뒤 1635년 중건했으나, 1986년 12월의 화재로 소실하여 다시 1992년 복원했다. 대장전은 본래 미륵전

의 정면 우측에 위치하여 미륵전을 장엄하게 하던 정중(庭中) 목탑이었다. 명부전은 1857년(철종 8) 비구니 만택(滿澤)이 재건했다. 석종은 미륵전 우측에 있는 방등계단에 있으므로 탑으로 오인하는 경우가 있다. 방등계단 앞에는 오층석탑이 있다. 일반적으로 계단 앞에는 석등을 안치하는 것이 통례로 되어 있으나, 이곳에 석탑을 건립한 것은 불전 앞에 정중탑(庭中塔)을 건립하는 방식에 따른 것으로 보인다. 노주는 대적광전과 대장전과의 중간에 건립되어 있는데, 단순히 그 형태에 따라 노주라고 이름했으나 원래는 어떤 용도에 사용된 것인지 지금까지 알려진 바가 없다. 상부에 놓인 보주(寶珠)만 없으면 방형의 대좌처럼 조성된 특이한 석조물이다. 또한 심원암에는 북강삼층석탑(北崗三層石塔 ; 보물 제29호)이 있으며, 부도전에는 혜덕 왕사의 탑비를 비롯하여 남악(南嶽) 선사의 부도 등 모두 11기의 부도가 있다. 【참고문헌】 삼국유사, 동국여지승람, 조선불교통사(이능화, 신문관, 1918), 금산사지(김영수), 한국의 사찰11 - 금산사(한국불교연구원, 일지사, 1977)

금선대(金仙臺)
【이명】 금선암(金仙庵)이라고도 불린다. 【위치】 경상북도 문경시 산북면 김룡리 운달산(雲達山)에 있다. 【소속】 대한불교조계종 제8교구 직지사의 말사인 김룡사(金龍寺)의 산내 암자이다. 【연혁】 588년(신라 진평왕 10) 조사 운달(雲達)이 초암 형태로 창건했다. 그 뒤 운달은 이 절에 머물며 참선 수행에 열중했다. 조선시대에는 부용 영관(芙蓉 靈觀, 1485~1571)이 머물렀으며, 1635년(인종 13) 중창했다. 1714년(숙종 40) 혜총(惠總)이 중창

했으며, 1752년(영조 28) 다시 중창하고, 무영(無影)이 머물렀다. 그 뒤에도 전국의 여러 큰스님들이 왕래하며 머물렀다. 수행자들의 참선도량으로 이름이 높다. 【유적·유물】 건물로는 인법당(因法堂)이 있다. 특별한 문화재는 없다. 【참고문헌】 한국사찰전서(권상로, 동국대학교 출판부, 1979)

금선사(金仙寺)
【위치】 서울특별시 종로구 구기동 삼각산(三角山)에 있다. 【소속】 대한불교조계종 제14교구 본사인 범어사의 말사이다. 【연혁】 조선 초에 무학 자초(無學 自超, 1327~1405)가 조선의 수도를 정하고자 각처를 다니던 도중 창건하여 금선사라고 했다. 《진휘속고(震彙續考)》에 따르면 정조 때(1777~1800) 왕자의 탄생을 위해 기도하던 이 절의 농산(聾山)이 대구 파계사(把溪寺) 출신 인악 용파(仁岳 龍坡)의 청으로 왕자로 환생하기 위해 수빈(綏嬪) 박(朴)씨에게 수태되어 1790년(정조 14) 6월 순조로 태어났다고 한다. 용파는 관리들의 사찰 수탈이 날로 심해지자 이 악폐를 왕에게 직접 호소하고자 1785년(정조 9) 속복으로 변장하고 한양에 잠입했다. 물장수를 하면서 3년 동안이나 기회를 엿보던 중 마침 민간 시찰을 위해 미복으로 행차중인 왕을 만나 호소했다. 이때 왕이 시정을 약속하고, 그에게 왕자를 얻을 수 있도록 기도해 달라고 당부했다. 이에 이 절의 농산과 더불어 왕자 탄생을 위해 기도에 들어 갔다고 한다. 그 뒤 정조는 순조의 탄생에 보답하기 위해 농산의 영정을 그려 이 절에 봉안했다. 그러나 파계사에 전하는 설화에 따르면 숙종 때(1661~1720) 파계사의 현응(玄應)이 농

산과 함께 백일기도를 하여 영조가 태어나게 되었다고 하는 등 차이가 있어 이 설화의 진위를 알 수 없다. 이어 사세가 날로 확장되어 갔으나, 일제강점기에 폐사되었다. 1949년 도공(道空)이 옛터에 중건하고, 1990년 주지로 부임한 서해 원욱(誓海 元旭)이 절터를 크게 늘리고 중수했다. 【유적·유물】건물로는 대웅전과 삼성각, 요사채가 있다. 특별한 문화재는 없다. 【참고문헌】금선사사적 및 토지불사공덕비, 진휘속고

금선암(金仙庵)
금선대(金仙臺)를 보시오.

금성사(錦城寺)
품관사(品官寺)를 보시오.

금수암(金水庵)
【위치】경기도 용인군 구성면 중리에 있었다. 【연혁】유물로 미루어 보아 고려 때 창건된 것으로 보인다. 1900년대에 편찬된 《사탑고적고(寺塔古蹟攷)》에는 존재한다고 나와 있으나, 1942년에 편찬된 《조선보물고적조사자료》에는 이미 폐사되어 초석만 남아 있다고 나와 있다. 【유적·유물】절터에는 고려 때의 것으로 추정되는 석탑 부재들이 있었으나, 용인군 포곡면 금어리 봉불사(奉佛寺) 주지 이묘인이 봉불사에 옮겨 쌓아 놓았다. 【참고문헌】기내사원지(경기도, 1988)

금수암(金水庵)
【위치】부산광역시 동구 초량동 구계산(龜溪山)에 있다. 【소속】대한불교조계종 제14교구 본사인 범어사의 말사이다. 【연혁】1910년 동호(東湖)가 창건했다. 1923년 석봉(石峯)이 중건했으며, 1953년 법홍(法弘)이 심우당(尋牛堂)을, 1963년 대광명전(大光明殿)을 건립하여 오늘에 이르고 있다. 【유적·유물】건물로는 대광명전과 대웅전, 심우당, 산신각, 요사채 등이 있다. 【참고문헌】한국사찰전서(권상로, 동국대학교 출판부, 1979)

금오암(金鰲庵)
향일암(向日庵)을 보시오.

금자대장원(金字大藏院)
【이명】금자원(金字院)이라고도 불렸던 듯하다. 【위치】경기도 개성시에 있었다. 【연혁】언제 누가 창건했는지 알 수 없다. 1283년(고려 충렬왕 9) 9월 9일 충렬왕이 공주와 함께 이 절에서 재식(齋食)을 베풀었다. 1299년(충렬왕 25) 윤9월 9일 충렬왕이 이 절에 행차하여 대장경을 경찬(慶讚)했다. 《고려사》에 따르면, 충렬왕의 첫번째 방문 때에는 '금자대장원'이라 했고, 두번째 방문 때에는 '금자원'이라고 이름하고 있는데 이 두 이름이 같은 절을 지칭하는 것으로 보인다. 연혁은 전하지 않는다. 【참고문헌】고려사

금자원(金字院)
금자대장원(金字大藏院)을 보시오.

금장사(金藏寺)
【위치】전라남도 장흥군 용두산에 있었다. 【연혁】991년(고려 성종 10) 명진 홍효(明眞 弘曉) 대사 현탄(玄坦)이 창건했다. 고려 때 이산(李�)이 지은 〈금장사금당주미륵삼존개금기(金藏寺金堂主彌勒三尊改金記)〉에 의하면 991년(고려 성종 10) 현탄이 금당을 신축하고 미륵삼존불을 모셔 이 절을 창건했다고 한다. 불일보조(佛日 普照) 국사 지눌(知訥, 1158~1210)이 이 절에 들렀다가 미륵삼존불이 퇴색한 것을 보고 보수할 뜻을 세웠으나 이루지 못했다. 이에 1307년(충렬왕 33) 묘련사(妙蓮寺)의 주법(主法)으로서 왕

사로 책봉된 진감 정오(眞鑑 丁午)가 이
절을 하산소(下山所)로 정하고, 제자 굉
지(宏之)에게 백은(白銀) 16근, 자금(紫
金) 다섯 냥 등을 주어서 미륵삼존불상을
보수하게 했다. 1310년(충선왕 2) 굉지는
화공인 자성(自成)을 청하여 개금하고 화
관, 천의, 보대 등을 고쳤으며, 정오의 증
명하에 점안법회(點眼法會)를 열었다고
한다. 언제 폐사되었는지 전하지 않는다.
【참고문헌】 동국여지승람, 동문선

금장암(金藏庵)

【이명】 한때 금장암(金莊庵)이라고도 했
다. 【위치】 강원도 금강군 내강리 금강산
(金剛山)에 있었다. 【연혁】 언제 누가 창
건했는지 알 수 없다. 다만 절터에 남아
있는 유물로 미루어 보아 신라 후기 이전
에 창건된 것으로 추정된다. 자세한 연혁
은 전하지 않는다. 1481년(조선 성종 12)
에 편찬된 《동국여지승람》에는 금장암
(金莊庵)이라고도 한다고 나와 있으나,
1799년(정조 23)에 편찬된 《범우고(梵宇
攷)》에는 이미 폐사되었다고 나와 있다.
【유적·유물】 절터에는 사자탑(북한 국보
급 문화재 제45호)과 석등만이 남아 있는
데, 탑은 고려 초기의 석탑으로서 기단부
중간에는 면석(面石) 대신 네 귀퉁이에
각각 돌사자를 한 마리씩 배치하고 가운
데는 불상을 안치했다. 돌사자는 두 다리
를 힘있게 버티고 앉아 있으며, 고려시대
의 석탑 양식을 잘 보여 주고 있다. 석등
은 팔각 기둥 대신 인물의 좌상을 안치하
여 조성한 특이한 것으로 신라 후기의 작
품으로 추정된다. 【참고문헌】 한국사찰전
서(권상로, 동국대학교 출판부, 1979), 북
한사찰연구(한국불교종단협의회, 1993)

금장암(金莊庵)

금장암(金藏庵)을 보시오.

금정사(金井寺)

【이명】 한때 고상사(高上寺), 봉릉사(奉陵
寺)라고 불렀다. 【위치】 경기도 김포군 김
포읍 풍무리 장릉산(章陵山)에 있다. 【소
속】 대한불교조계종 직할교구 본사인 조계
사의 말사이다. 【연혁】 신라 진흥왕 때
(540~576) 창건됐다. 원래는 고상사라 불
렸다고 한다. 1632년(조선 인조 10) 원종
(元宗)으로 추존된 인조의 아버지와 그의
비 인헌왕후(仁獻王后)의 능을 경기도 양
주에서 김포 장릉산(章陵山)으로 이장한
뒤, 부근에 있던 이 절을 현재의 자리로 옮
겨 짓고 봉릉사라고 이름하여 장릉을 보호
하게 했다. 그 뒤 1920년 주지 유영송(劉
永松)이 중수했고, 1938년 주지 정성화
(鄭性和)가 다시 중수했으나, 1950년 6·
25전쟁으로 모두 불에 탔다. 1970년 고근
(古根)이 중수했으며, 1974년부터는 주지
인 비구니 정념(淨念)이 이름을 금정사로
바꾸고, 대대적인 중수에 착수하여 1981
년 대웅전을 낙성했다. 지금은 비구니들
의 수도처이다. 【유적·유물】 건물로는
대웅전과 요사채, 범종각이 있다. 특별한
문화재는 없다. 【참고문헌】 문화유적총람
(문화재관리국, 1977), 한국사찰전서(권상
로, 동국대학교 출판부, 1979), 기내사원지
(경기도, 1988)

금정암(金井庵)

【위치】 전라남도 구례군 마산면 황전리
지리산에 있다. 【소속】 대한불교조계종
제19교구 본사인 화엄사의 부속 암자이
다. 【연혁】 1562년(조선 명종 17) 설응
(雪凝)이 창건했다. 고종 때(1863~1907)
칠성전과 요사채를 세웠다. 【유적·유
물】 건물로는 고종 때 세운 칠성전과 요

사채가 있다. 칠성전에는 관세음보살을 모셨다. 【참고문헌】한국의 사찰 8 - 화엄사(한국불교연구원, 일지사, 1976)

금지암(金池庵)

【위치】충청남도 부여군 내산면 금지리 월명산(月明山)에 있다. 【소속】대한불교조계종 제6교구 본사인 마곡사의 말사이다. 【연혁】조선시대에 창건된 것으로 추정된다. 전하는 말에 따르면 절의 샘에서 금리어(金鯉魚)가 나왔다고 하여 이름을 금지암이라 했다고 한다. 조선시대의 신경준(申景濬, 1712~1781)이 편찬한 《가람고(伽藍考)》와 1799년(정조 23)에 편찬된 《범우고(梵宇攷)》에는 존재한다고 나와 있다. 최근 법당을 다시 짓고 사세를 일신했다. 【유적·유물】건물로는 법당과 요사채가 있다. 유물로는 조선시대의 것으로 보이는 석조반가사유상과 석조불상 조각이 법당 내에 봉안되어 있다. 특히 석조반가사유상은 우리 나라 반가사유상의 시대적 변천을 연구하는 데 귀중한 자료가 되고 있다. 【참고문헌】한국사찰전서(권상로, 동국대학교 출판부, 1979), 문화유적총람 - 사찰편(충청남도, 1990)

금탑사(金塔寺)

【위치】전라남도 고흥군 포두면 봉림리 천등산(天燈山) 북쪽 기슭에 있다. 【소속】대한불교조계종 제21교구 본사인 송광사의 말사이다. 【연혁】신라 문무왕 때(661~681) 원효(元曉)가 창건했으며, 창건 당시에 금탑(金塔)이 있어 금탑사라고 불렀다고 한다. 그 뒤 1597년(조선 선조 30) 정유재란 때 불탄 것을 1604년(선조 37) 궁현(窮賢)과 왕순(王淳)이 중건했으며 수백 인의 승려가 머물렀다고 한다. 【유적·유물】현존하는 건물로는 극락전

(전라남도 유형문화재 제102호)을 비롯하여 산신각, 범종각, 일주문, 요사채 등이 있다. 일주문에는 신동 손문경이 13세 때 썼다는 금탑사 현판이 있다. 또한 이 절에는 18세기 중반에 제작된 괘불(掛佛)이 보관되어 있고, 천여 년 전에 그렸다는 원효와 의상(義湘)의 영정이 있다. 그러나 이들 영정의 제작 연대에 대해서는 신빙성이 없다. 【참고문헌】고흥 지명 유래(김기빈, 재경고흥군강서회, 1982)

기기암(寄寄庵)

【이명】한때 안흥사(安興寺)라고 불렀다. 【위치】경상북도 영천시 청통면 치일리 팔공산(八公山)에 있다. 【소속】대한불교조계종 제10교구 본사인 은해사의 부속 암자이다. 【연혁】816년(신라 헌덕왕 8) 정수(正秀)가 창건했다. 1546년(조선 명종 1) 기성 쾌선(箕城 快善)이 중건하여 안흥사라고 했으며, 당시 60여 명의 승려들이 살았다고 한다. 그 뒤 1823년(순조 23)에 중수하여 오늘에 이르고 있다. 【유적·유물】현존하는 건물로는 요사채와 법당을 겸한 건물 1동이 있다. 【참고문헌】한국사찰전서(권상로, 동국대학교 출판부, 1979)

기림사(祇林寺)

【이명】한때 임정사(林井寺)라고 불렀다. 【위치】경상북도 경주시 양북면 호암리 함월산(含月山) 기슭에 있다. 【소속】대한불교조계종 제11교구 본사인 불국사의 말사이다. 【연혁】643년(신라 선덕여왕 12) 천축국(天竺國;인도)의 승려 광유(光有)가 창건하여 임정사라고 했다. 그 뒤 원효(元曉, 617~686)가 중창하여 머물면서 기림사로 이름을 바꿨는데, 기림사란 부처님 생존 당시 세워졌던 인도의 기원

정사(祇園精舍)를 뜻한다. 신라 신문왕 (재위 681~692)은 대왕암(大王巖)에 다녀오던 길에 이 절의 서쪽 계곡에서 점심을 들었으며, 고려 고종 때(1213~1259)에는 각유(覺猷)가 이 절의 주지로 있었다. 그 뒤 1578년(조선 선조 11) 축선(竺禪)이 중건했고, 정조 때(1777~1800)에는 경주부윤 김광묵(金光默)이 사재를 희사하여 크게 중수했다. 1862년(철종 13) 대화재로 113칸의 건물이 소실했으나, 이듬해 봄 부윤 송우화(宋迂和) 등의 시주를 받아 공사를 시작하여 가을에 복원했다. 그 뒤 1878년(고종 15)의 중수를 거쳐 1905년 혜훈(慧訓)이 다시 중수했다. 일제강점기의 31본산시대에는 경주군 일대를 관장하는 본산이었으나, 현재는 불국사가 그 자리를 대신하고 있다. 조선시대에 이 절은 대적광전(大寂光殿)을 중심으로 동쪽에 약사전, 서쪽에 오백나한전과 정광여래사리각(錠光如來舍利閣)인 삼층전(三層殿)이 있었으며, 남쪽에는 무량수각과 진남루(鎭南樓)가 있었다. 부속 암자로는 감로암(甘露庵)과 남적암(南寂庵)이 있다.【유적·유물】현존하는 건물로는 대적광전(보물 제833호)을 중심에 두고, 왼쪽에 약사전, 오른쪽에 응진전(應眞殿 ; 경상북도 유형문화재 제214호), 앞쪽에 진남루가 사각의 성지를 이루고 있고, 뜰에는 삼층석탑(경상북도 유형문화재 제205호)과 새로 조성한 석등이 있다. 조금 떨어져 명부전, 삼성각, 관음전, 산신각, 주지실, 종무소, 요사채, 산문 등이 있으며, 특히 큰방은 2동이 모두 중후하다. 이 밖에 김시습(金時習, 1435~1493)의 사당도 있다. 대적광전은 절의 본당으로 내부에는 중원(中原)의 장인이 조성했

다는 전단토상(栴檀土像)의 비로자나삼존불이(보물 제958호) 봉안되어 있다. 1986년 9월 주존불의 복장에서《대반야경》등 금·은사경 14권과 조선시대에 만든 불경, 부처님 사리 4과 등이 발견되었는데, 복장 전적은 일괄 보물 제959호로 지정되어 있다. 또 약사전에는 약사삼존상과 사천왕상, 사라수왕(沙羅樹王)의 탱화가 봉안되어 있는데, 이 탱화는 기림사 창건의 연기 설화를 보여 주는 특이한 불화로서 근래 이를 모사하여 다시 그렸다. 이 밖에도 응진전 안에는 오백나한상이 봉안되어 있다. 문화재로는 건칠보살좌상(보물 제415호)과 목탑지(木塔地), 석조치미(石造鴟尾), 문적(文籍) 등이 있다. 이 중에서 석조치미는 화강암으로 만들어진 것으로 화문(花紋) 장식이 있으며, 신라 때의 것으로 추정된다. 또 문적 중에는《경상도 영주제명기(慶尙道營主題名記)》《동도역세제자기(東都歷世諸子記)》《부호장생생가(府戶長生生家)》등이 있다. 이들은 경상도와 경주의 행정에 관한 것과 행정관에 대한 인적사항, 신라 이후의 지방제도의 변혁 등을 기록한 중요한 문헌들이다. 또 이 절에는 조선 역대 왕들의 어필도 보관되어 있으며, 특이하게 석비 모양의 나무에 사적을 기록한 목비가 전한다. 이 절에는 원래 오정수(五井水)가 유명했다고 한다. 그중 장군수(將軍水)는 마시면 힘이 용솟음친다고 하여 인근에 널리 알려졌는데, 조선시대에 어떤 사람이 이곳에서 역적모의를 하다가 발각된 뒤 나라에서 샘을 메워 버렸다고 한다. 또한 천 년에 한 번 핀다는 우담바라라는 한약초도 있었다고 하는데, 이러한 사실은 한방서에도 그 기록이 있다.【참고문헌】동국여

지승람, 신라 함월산 기림사 사적, 한국사
찰전서(권상로, 동국대학교 출판부, 1979)
길상사(吉祥寺)
【위치】경기도 개성시 성거산(聖居山)에
있었다. 【연혁】언제 누가 창건했는지 알
수 없다. 1280년(고려 충렬왕 6) 4월 19일
충렬왕이 공주와 함께 이 절에 행차하여
박연폭포를 구경했다. 1282년 9월 8일에
도 충렬왕이 공주와 함께 와서 오백성재
(五百聖齋)를 열었으며, 1284년(충렬왕
10) 2월에도 충렬왕이 공주와 함께 와서
오백나한재를 열었다. 1367년(공민왕 16)
9월 26일에는 공민왕이 백관과 함께 행차
하여 박연폭포를 구경하고 3일 뒤 돌아갔
다. 1422년(조선 세종 4) 5월 6일에는 상
왕인 태종이 병이 심하여 호조판서 신호
(申浩)를 이 절에 보내 나한재를 베풀게
했다. 1481년(성종 12)에 편찬된 《동국
여지승람》에는 '황해도 금천군 성거산 북
쪽에 길상사가 있다.'고 나와 있는데 바
로 이 절을 지칭하는 듯하다. 【참고문헌】
한국사찰전서(권상로, 동국대학교 출판부,
1979)
길상사(吉祥寺)
법주사(法住寺)를 보시오.
길상사(吉祥寺)
송광사(松廣寺)를 보시오.
길상암(吉祥庵)
상환암(上歡庵)을 보시오.
김룡사(金龍寺)
【이명】한때 운봉사(雲峰寺)라고 불렸으
며, 금룡사(金龍寺)라고도 불린다. 【위
치】경상북도 문경시 산북면 김룡리 운달
산 남쪽 기슭에 있다. 【소속】대한불교조
계종 제8교구 본사인 직지사의 말사이다.
【연혁】588년(신라 진평왕 10) 조사 운달

(雲達)이 창건하여 운봉사라고 했다. 그
뒤 조선 중기까지의 연혁은 전하지 않는
다. 1624년(인조 2) 혜총(慧聰)이 중창했
으며, 그 뒤 20년 만에 소실한 것을 1649
년(인조 27) 의윤(義允), 무진(無盡), 태
휴(太休) 등이 중수했다. 당시 김룡사라
고 절 이름을 바꾼 유래가 전한다. 문희
(聞喜; 지금의 聞慶) 부사 김(金)씨가 이
산에 은거하며 불공을 드려서 처음에는
신녀(神女)를, 두번째는 아들을 낳게 되
었는데, 그 아이의 이름을 용(龍)이라고
했더니 가운이 번창했다. 이에 불공 드리
던 곳을 김룡동이라고 하고, 그 북쪽에 있
던 운봉사를 김룡사로 고쳐 불렀다고 한
다. 일설에는 금선대(金仙臺)의 금(金)자
와 용소폭포의 용(龍)자를 따서 금룡사라
고 했다는 설도 있다. 일제강점기에는 전
국 31본산의 하나로서 50개의 말사를 거
느린 큰 절이었으나, 지금은 교통이 불편
해 옛 말사였던 직지사의 말사가 되었다.
부속 암자로는 대성암(大成庵), 화장암
(華藏庵), 양진암(養眞庵), 금선대(일명
金仙庵)와 토굴 등이 있다. 【유적·유물】
현존하는 건물로는 대웅전을 중심으로 하
여 극락전, 응진전(應眞殿), 금륜전(金輪
殿), 경흥강원(慶興講院), 명부전, 상원전
(上院殿), 영산전, 원통전, 첨성각, 범종
각, 수월당(水月堂), 만월당(滿月堂), 연
하당, 일주문, 천왕문, 요사 등 전각 48동
이 있다. 일주문에는 문 윗부분에 '홍하
문(紅霞門)' 아랫부분에 '운달산 김룡사
(雲達山 金龍寺)'라고 쓴 서화가 김규진
(金圭鎭, 1868~1933)의 글씨가 있고, 대
웅전에는 1644년에 조성된 삼장탱화(三
藏幀畫)와 삼존불이 봉안되어 있다. 경흥
강원은 한꺼번에 3백 인을 수용할 수 있

는 국내 최대의 온돌방으로서 자연 지층을 그대로 이용하여 건축한 것이다. 절의 규모에 비해 지정문화재는 없으나, 시대를 알 수 없는 석조약사여래입상과 조선 중기의 것으로 보이는 맷돌, 떡시루, 쇠북, 범종, 지옥의 염라왕청에서 죽은 이가 생전에 지은 선악의 행업이 나타난다는 업경대(業鏡臺) 등이 남아 있다. 【설화】 어느 때인지는 알 수 없으나 산너머 대승사(大乘寺)에 불이 났는데 이 절의 한 동자승이 일심으로 염불하면서 바가지에 시냇물을 퍼서 물을 날라 불을 껐다는 설화가 전한다. 【참고문헌】 조선불교통사(이능화, 신문관, 1918), 한국사찰전서(권상로, 동국대학교 출판부, 1918), 문화유적총람(문화재관리국, 1977), 명산 고찰 따라(이고운·박설산, 신문출판사, 1987)

김부대왕절(金傅大王一)
동고사(東固寺)를 보시오.

김생사(金生寺)
【위치】 충청북도 충주시 금가면 유송리 남한강 북쪽 강안에 있었다. 【연혁】 752년(신라 경덕왕 11) 무렵 당대의 명필 김생(金生)이 창건한 것으로 추정된다. 《약성춘추(藥城春秋)》에 의하면, 김생이 이곳에 절을 짓고 머물며 평생을 불교 연구와 서예에 몰두하여 명필로 이름을 중국에까지 떨쳤다고 한다. 그러나 자세한 연혁은 전하지 않으며, 언제 폐사되었는지도 알 수 없다. 다만 절터의 유물로 보아

고려시대 말기까지 존속되다가 조선시대에 들어와 배불정책으로 폐사된 것으로 추정된다. 【유적·유물】 절터는 약 2천여 평에 이르며, 통일신라시대에서 고려시대 말기까지의 것으로 보이는 기와 조각들이 산재해 있다. 【참고문헌】 사지(충청북도, 1982)

김생사(金生寺)
【위치】 충청북도 청원군 문의면 덕유리에 있었다. 【연혁】 누구인지는 알 수 없으나 신라시대 명필 김생(金生, 711~791)을 추모하기 위해 창건했다고 한다. 절터 주변에서 나온 태평흥국명문와(太平興國銘文瓦)로 보아 김생이 죽은 지 2백 년 뒤인 984년(고려 성종 3) 이전에 창건된 것으로 추정된다. 이 지역의 가장 큰 절이었으나 조선 초기에 폐사된 것으로 보인다. 【유적·유물】 절터는 대청댐으로 인해 수몰되었다. 유물로는 현재 충북대학교에 소장되어 있는 동불상(銅佛像) 1위와 마을 앞 무당집에 봉안되어 있는 석조여래입상, 김생사강당초(金生寺講堂草)의 명와(銘瓦), 태평흥국명문와, 수막새, 치미(鴟尾), 와제방추차(瓦製紡錘車) 등이 있다. 이 가운데 동불상은 고려시대에 만들어진 높이 6cm의 소불로서 부식이 매우 심하며, 석조여래입상은 머리가 결실되었지만 수몰되기 전까지는 절터에 남아 있어서 지역 주민들의 예배 대상이었다. 【참고문헌】 사지(충청북도, 1982)

나원사(羅原寺)
【위치】경상북도 경주시 현곡면 나원리에 있다. 【소속】대한불교법화종에 속한다. 【연혁】신라 때 창건된 것으로 추정된다. 연력은 전하지 않는다. 【유적·유물】건물로는 대웅전과 산령각, 요사채, 구법당이 있다. 유물로는 오층석탑(국보 제39호)이 있는데, 통일신라 때의 것으로 추정된다 【참고문헌】명산 고찰 따라(이고운·박설산, 운주사, 1994)

나한당(羅漢堂)
자비사(慈悲寺)를 보시오.

나한사(羅漢寺)
【위치】함경남도 북청군 신포읍 상보주리 설봉산(雪峯山)에 있었다. 【연혁】고려 말에 이성계(李成桂, 1335~1408)가 설봉산에 오백나한을 모시기 위해 석왕사(釋王寺)를 창건할 때 이곳에 16나한을 봉안하여 창건했다는 설과, 인도에서 오백나한상을 옮겨 왔을 때 한 나한을 이 절에 봉안하고 나한사라고 했다는 설이 있다. 이 중 앞의 설이 더 신빙성이 있고 일반화되어 있다. 그 뒤 이 절에는 비구니들이 거처하면서 그 명맥을 유지하여 왔다. 일제강점기의 31본산시대에는 석왕사의 말사였다. 지금의 상황은 알 수 없으나, 북한측 자료에 의하면 현존하지 않는다. 【설화】이 절의 나한은 여러 가지 영험을 보였다. 조선 중기 어느 해 동짓날 늙은 비구니가 출타했다가 늦게 절에 돌아오면서 불씨가 꺼졌을까 걱정했는데 돌아와 보니 부엌에는 솜뭉치불이 있었다. 이튿날 아래 민가에 들러 불씨를 가져다 주어서 고맙다고 인사하자, 주인은 어젯밤 동자가 와서 솜뭉치불을 얻어 갔고, 마침 동짓날이라 동자에게 죽 한 그릇을 주었다고 했다. 비구니가 절로 돌아와 나한상을 보니 한 나한의 입에 죽이 묻어 있었다고 한다. 또한 절 뒤의 기둥 밑에 샘물이 있는데 불결한 이가 불공을 드리려고 절을 찾아오면 물이 나오지 않았다고 하며, 16나한에게 손가락질을 하면 손가락을 잃었다고 한다. 절 입구에 장승이 서 있는데, 이 장승 안으로 가축이 들어오면 모두 죽었다고 전한다. 【참고문헌】북청군지(북청군지편찬위원회, 1970)

나한사(拏漢寺)
화방사(華芳寺)를 보시오.

낙가사(洛伽寺)
【이명】한때 수다사(水多寺), 등명사(燈明寺)라고 불렸으며, 등명낙가사(燈明洛伽寺)라고도 불린다. 【위치】강원도 강릉시 강동면 정동진리 괘방산(掛榜山) 중턱에 있다. 【소속】대한불교조계종 제4교구 본사인 월정사의 말사이다. 【연혁】신라 선덕여왕 때(632~647) 자장(慈藏)이 창

건하여 수다사라고 했다. 자장은 북쪽의 고구려와 동쪽의 왜구가 쉼 없이 침범하여 변방을 어지럽히므로 이를 막기 위해 부처님 사리를 모신 3기의 탑을 건립하고 이 절을 창건했다고 한다. 신라 말기의 병화로 소실한 뒤 고려 초기에 중창하여 등명사라고 부르기도 했다. 현재 절 근처에 있는 고려성(高麗城) 터는 고려시대에 등명사의 중요한 물품들을 보관하기 위해서 창고를 짓고 사방 1km의 길이로 쌓은 석성인데, 당시의 절 규모를 짐작할 수 있게 해준다. 그러나 조선 중기에 폐사되었다. 폐사와 관련해 3가지 설이 전한다. 첫째는 1592년(선조 25) 임진왜란 때 왜병들의 방화로 소실했다는 것이다. 둘째는 조선 중기의 한 왕이 안질(眼疾)이 심해서 점술가에게 물어 보니 동해 정동(正東)에 있는 큰 절의 쌀 씻은 물이 동해로 흘러들어가 용왕이 노했기 때문이라고 답했다. 왕의 특사가 원산(元山)을 거쳐 배편으로 동해 정동에 와서 보니 점술가의 말과 같았으므로 이 절을 폐사시켰다는 것이다. 셋째는 이 절이 정동쪽에 위치해 있어서 궁중에서 받아야 할 일출(日出)의 빛을 부처님을 모신 절에서 먼저 받는다 하여 '정동의 등불을 끄면 조선의 불교는 자연적으로 사라진다'는 설에 따라 억불책의 일환으로 폐사시켰다는 것이다. 1956년 경덕(景德)이 옛터에 절을 중창하고 낙가사, 또는 등명낙가사라고 이름을 바꿨다. 1977년 경덕은 우리 나라에서 손꼽히는 영산전을 건립했으며, 1982년 주지로 부임한 청우(淸宇)는 범종각, 삼성각, 요사채, 극락전, 약사전을 건립하여 큰 절의 면모를 갖췄다. 【유적·유물】 현존하는 건물로는 오백나한전(일명 영산전), 극락

전, 약사전, 범종각, 요사채 등이 있다. 오백나한전 안에 안치된 청자로 만든 오백나한상은 이북 출신인 경덕과 경산 희진(京山 喜璡, 1917~1979)이 민족통일을 발원하여 인간문화재 유근형(柳根灐)을 시켜 5년에 걸쳐 만들어 1977년 10월에 모신 것이다. 또한 이 절에는 오층석탑(강원도 유형문화재 제37호)이 있는데, 절의 창건 당시인 선덕여왕 때 자장이 세운 것이라 하며, 은은한 무늬로 조각된 지대석 위에 축조되어 있다. 원래는 3기였으나, 1기는 1950년 6·25전쟁 때 함포 사격으로 파괴되어 그 잔해만이 바닷가에 남아 있고, 또 하나는 수중탑(水中塔)으로 바닷속에 잠겨 있다. 오백나한전 밑에는 등명약수가 있어 많은 사람들이 찾는다. 【설화】 자장이 이 절에 머무를 때, 꿈속에서 중국 오대산의 북대(北臺)에서 보았던 스님이 나타나 말하기를 '내일 저 큰 소나무 밑에서 꼭 만나자.'고 했다. 이튿날 그 자리로 갔더니 문수보살을 친견할 수 있었다고 한다. 《동국여지승람》에 의하면 강릉부 동쪽 30리에 이 절이 있었다고 하는데, 등명사라고 한 것은 풍수지리에 입각하여 볼 때 이 절이 강릉 도호부 내에서는 암실(暗室)의 등화(燈火)와 같은 위치에 있고, 이곳에서 공부하는 학도가 3경(三更)에 등산하여 불을 밝히고 기도하면 급제가 빠르다고 한 데서 연유했다는 전설이 있다. 【참고문헌】 삼국유사, 동국여지승람, 문화유적총람(문화재관리국, 1977), 한국사찰전서(권상로, 동국대학교 출판부, 1979)

낙가암(洛迦庵)
보광암(普光庵)을 보시오.

낙산사(洛山寺)

【위치】강원도 양양군 강현면 전진리 낙산에 있다. 【소속】대한불교조계종 제3교구 본사인 신흥사의 말사이다. 【연혁】671년(신라 문무왕 11) 의상(義湘)이 창건하여 낙산사라고 했다. 낙산은 산스크리트어인 보타락가(補陀洛伽 : Potalaka)의 준말로서 관세음보살이 항상 머무르는 곳을 말한다. 858년(헌안왕 2) 사굴산과의 개조 통효 범일(通曉 梵日)이 이곳에서 정취보살(正趣菩薩)을 친견한 뒤 낙산 위에 건물을 지어 불상을 봉안했다. 고려 초기에 산불로 소실했으나, 관음보살과 정취보살을 모신 불전만은 화재를 면했다고 한다. 태조(재위 918~943)는 고려를 세운 직후, 봄·가을로 이 절에 사자를 보내어 재를 올렸을 뿐 아니라, 이것을 갑령(甲令)으로 삼았다. 그리고 속인들은 이 낙산의 굴 앞에서 예배하면 푸른 새(青鳥)가 나타난다고 믿었는데, 1185년(명종 15) 병마사 유자량(庾資諒)이 예배하자 푸른 새가 날아와 갓 위에 꽃을 떨어뜨린 일이 있었다고 한다. 고종 때 몽고의 침략으로 관음과 정취 두 성상(聖像)을 모신 건물을 비롯하여 모두 불에 탔다. 여의주와 수정염주는 이 절의 노비 걸승(乞升)이 땅에 묻고 도망쳤다가 난이 평정된 뒤 명주 감창사(監倉使) 이녹수(李祿綬)에게 바쳤는데, 다시 1258년(고종 45) 기림사(祇林寺) 주지 각유(覺猷)가 고종에게 청하여 어부(御府)에 모시도록 했다. 그러나 관음상은 이때 화를 당하여 형체만 남았고, 복장(腹藏) 속의 보물은 몽고병에게 약탈당했다. 이규보(李奎報) 등이 다시 심원경(心圓鏡) 2개 등을 관음상의 복장에 넣고 겉모습도 복구했다. 1468년(조선 세조 14) 세조가 학열(學悅)을 시켜 중창하게 했다. 1471년(성종 2) 선학(仙鶴)이 용선전(龍船殿), 영산전 등을 보수하고 단청했다. 4년 뒤 불탔으나 다시 선학이 복구했다. 1592년(선조 25) 임진왜란 때 관음전과 관음상, 정취전, 금불상이 모두 소실했다. 1631년(인조 9) 종밀(宗密)이, 1643년(인조 21) 도원(道源)이 중건했으며, 1905년 경은(敬隱)이 선당(禪堂)과 후각(後閣) 등을 복구했다. 그리고 1950년 6·25전쟁 때 전소한 것을 1953년 4월 당시 제1군단장 이형근(李亨根)이 원통보전, 범종각 등을 복구했다. 1976년 원철(圓徹)이 중건하여 오늘에 이르고 있다. 【유적·유물】이 절 일원이 강원도 유형문화재 제35호로 지정되어 있다. 현존하는 건물로는 원통보전, 종각, 선실, 승당, 객실 등이 있다. 천왕문에 안치된 사천왕상은 조선 말기의 공장 김주성이 조성한 것이다. 문화재로는 동종(보물 제479호)과 칠층석탑(보물 제499호), 홍예문(강원도 유형문화재 제33호), 원장(垣墻 ; 강원도 유형문화재 제34호), 사리탑(강원도 유형문화재 제75호), 홍련암(紅蓮庵 ; 강원도 문화재자료 제36호) 등이 있다. 칠층석탑은 창건 당시 3층이었던 것을 1468년의 중창 때 7층으로 개축했다. 홍예문은 화강석 26개로 만든 반월형의 문인데, 구전에 따르면 당시 강원도에 있던 26개 고을의 현감 모두가 세조의 뜻에 따라 석재를 하나씩 가져와 세웠다고 한다. 최근에는 화강암으로 다듬은 동양 최대의 해수관음입상(海水觀音立像)을 세웠는데, 조각가 권정환이 1972년 5월 착수하여 1977년 11월 6일 점안(點眼)했다. 높이 16m로 한 송이 연꽃 위에 관음보살상을 안치했는데, 크기와 원만한 상호(相好),

균형 잡힌 체감미 등이 근래에 보기 드문 수작이다. 이 밖에도 의상이 홍련 위에 나타난 관음을 친견하고 대나무가 솟은 곳에 불전을 지었다고 하는 자리에 홍련암이 있으며, 의상이 좌선했다는 의상대(義湘臺) 등이 있다. 우리 나라 3대 관음기도 도량 중의 하나이다. 【설화】 이 절의 창건에 얽힌 설화가 전한다. 의상은 당나라에서 귀국하자 관세음보살의 진신(眞身)이 낙산 동쪽 바닷가 굴속에 있다는 말을 듣고 친견하기 위해 찾아갔다. 굴 입구에서 7일 동안 재계하고 좌구(座具)를 새벽에 물 위에 띄우자 용중(龍衆)과 천중(天衆) 등 8부신장이 굴속으로 그를 인도했다. 공중을 향해 예배했더니 수정염주 한 꾸러미를 주므로 받아서 나오는데, 동해의 용이 여의보주(如意寶珠) 한 알을 다시 바쳤다. 이들을 가지고 와서 의상은 다시 7일 동안 재계하고 관세음보살의 진신을 보았다. 관세음보살이 이르기를 '좌상(座上)의 산꼭대기에 한 쌍의 대나무가 솟아날 것이니, 그 땅에 불전을 짓는 것이 마땅하리라.' 했다. 의상은 그곳에 금당을 짓고 관음상을 만들어 모신 뒤 절 이름을 낙산사라고 하고, 그가 받은 두 구슬을 성전에 모셨다. 창건 이후 원효(元曉)도 관세음보살을 친견하기 위해 이 절을 찾았는데, 원효가 절에 이르기 전에 관세음보살의 화신을 만났지만 알아보지 못했고, 낙산사에 가서도 풍랑이 심해 관세음보살이 상주하는 굴에 들어가지 못했다는 설화가 《삼국유사》에 기록되어 있다. 이 낙산사의 관음상에는 신라의 승려 조신(調信)이 꿈을 꾸고 자기의 잘못을 뉘우쳤다는 설화도 전한다. 한 여인을 사랑하게 된 조신이 사랑이 맺어지기를 관음상 앞에서

염원했는데, 사랑하는 사람을 만나 해로하기 50여 년 만에 결국 고통을 안고 헤어지는 꿈을 꾸고 난 후 수행에 정진하게 되었다는 내용이다. 이광수(李光洙, 1892~?)는 이것을 《꿈》이라는 소설로 발표했다. 【참고문헌】 삼국유사, 동국여지승람, 동문선, 한국의 사찰 14(한국불교연구원, 일지사, 1977), 한국사찰전서(권상로, 동국대학교 출판부, 1979), 한국의 명산 대찰(국제불교도협의회, 1982)

낙산사(洛山寺)
【위치】 경기도 장단군 용암산(湧巖山) 기슭에 있었다. 【연혁】 신라시대에 창건됐다. 이 절에는 의상(義湘, 625~702)이 조성한 관음보살상이 있었는데, 영험이 많아서 참배객들이 끊이지 않았다고 한다. 고려시대에는 충렬왕이 1275년(충렬왕 1) 공주와 함께 이 절에 행차했고, 공민왕도 1367년(공민왕 16) 행차했다. 《동국여지승람》에 1465년(조선 세조 11) 절 뒤에 있는 돌산이 저절로 무너져 동문 밖에 높게 쌓였다고 나와 있다. 그 뒤 어느 시기에 폐사된 것으로 추정된다. 《동국여지승람》에 이 절에 관한 정추(鄭樞)와 채련(蔡蓮)의 시가 수록되어 있다. 【참고문헌】 고려사, 동국여지승람

낙산사(洛山寺)
낙산암(洛山庵)을 보시오.

낙산암(洛山庵)
【이명】 낙산사(洛山寺)라고도 불렸다. 【위치】 황해도 신천군 초리면 홍학동 구월산(九月山) 투구봉에 있었다. 【연혁】 고려시대 이전에 창건된 것으로 추정된다. 연혁은 전혀 전하지 않는다. 일제강점기의 31본산시대에는 패엽사(貝葉寺)의 말사였다. 현재의 상황은 알 수 없으나 북

한측 자료에 의하면 현존하지 않는다. 【유적·유물】건물은 인법당(因法堂) 한 채뿐이었지만, 구월산에서 가장 경치가 절묘한 곳에 있었다. 절 왼쪽으로 돌아가면 석굴이 있었으며, 이곳에 석불이 봉안되어 있었다. 이 석불은 신라시대에 이 절 아래의 비산사(飛山寺)에서 수도하던 비산(飛山)이 조각하여 안치했던 것인데, 고려 말에 비산사가 헐리게 되면서 이 절로 옮겨 온 것이라고 한다. 절 마당 앞 입구에는 찾아오는 손님들을 환영한다는 의미에서 '환영암'이라고 새긴 큰 바위가 있었으며, 절 동쪽에는 세심대(洗心臺)가 있었다. 【설화】석굴 안에 봉안된 석불은 비산사에서 이 절로 옮겨 와 처음에는 절의 인법당 안에 안치되었다. 그러나 어느 날 갑자기 뇌성벽력이 크게 일면서 큰 바위가 갈라져 지금의 석굴이 생겼고, 승려들은 이것을 부처님의 뜻이라고 믿고 석불을 이곳에 옮겼다고 한다. 이 석불은 영험이 있어서 불운한 사람이 치성을 드리면 반드시 소원을 성취했고, 절에서 부정한 언행을 하면 벌을 받았다고 한다. 석굴 앞에는 밑둥에 도끼질 흔적이 있는 큰 은행나무가 있었다. 옛날 욕심 많은 목수가 이 나무를 가져가려고 도끼질을 하다가 그 자리에서 피를 토하고 쓰러져 죽었다는 설화가 전한다. 【참고문헌】황해도지 (황해도, 1970)

낙수사(落水寺)
홍룡사(虹龍寺)를 보시오.

낙응사(洛鷹寺)
용암사(聳巖寺)를 보시오.

남간사(南澗寺)
【위치】경상북도 경주시 탑동 남산(南山) 서쪽 기슭에 있었다. 【연혁】누구인지는 알 수 없으나 신라 문무왕 때(661~680)의 큰스님 혜통(惠通)의 집이 있던 은천동(銀川洞)에 창건했다. 애장왕 때(800~809)와 헌덕왕 때(809~826)에 이 절의 승려로 있던 일념(一念)이 〈촉향분예불결사문(髑香墳禮佛結社文)〉을 지었다. 그러나 연혁은 전혀 전하지 않는다. 【유적·유물】현재의 남간 마을에는 당간지주(보물 제909호)를 비롯하여 8각의 대좌와 석정(石井 ; 경상북도 문화재자료 제13호), 초석 등이 남아 있다. 당간지주는 8세기 무렵에 만들어진 것으로 추정된다. 절터는 현재 민가로 바뀌었고 초석과 축대 등도 민가에서 사용하고 있다. 【참고문헌】삼국유사, 문화유적총람(문화재관리국, 1977), 한국사찰전서(권상로, 동국대학교 출판부, 1979)

남고사(南固寺)
【이명】한때 남고연국사(南高燕國寺)라고 불렸다. 【위치】전라북도 전주시 완산구 동서학동 남고산성 중턱에 있다. 【소속】대한불교조계종 제17교구 본사인 금산사의 말사이다. 【연혁】고구려에서 백제로 귀화한 큰스님 보덕(普德)의 제자 명덕(明德)이 668년(신라 문무왕 8)에 창건했다. 원래는 남고연국사라고 했는데 연국(燕國)은 나라를 편안하게 한다는 의미로 산성 내에 있는 절 이름에 많이 쓰인다. 언제 남고사로 바뀌었는지는 정확히 알 수 없으나, 조선 영조 때(1724~1776) 편찬된 한 문헌에 남고사로 표기되어 있다. 전주의 사방에 사고(四固)의 진압 사찰이 있는데, 이 절은 남쪽에 위치하여 남고사라고 한 것으로 보인다. 【유적·유물】옛 절터가 전라북도 기념물 제72호로 지정되어 있다. 건물로는 대웅전, 관음전, 요사,

삼성각, 사천왕문 등이 있었으나, 1992년 10월 7일 화재로 1680년(숙종 6)에 세워진 관음전과 요사가 전소했다. 대웅전은 1979년 중건되었으며, 대웅전 좌측 후면에 부도가 있다. 【참고문헌】전북불교총람(전북불교총연합회, 1993), 사찰지(전라북도, 1990)

남고연국사(南高燕國寺)
남고사(南固寺)를 보시오.

남녀사(男女寺)
수열암(樹烈庵)을 보시오.

남백사(南白寺)
【이명】백월산남사(白月山南寺), 남백월사(南白月寺)라고도 불렸다. 【위치】경상남도 창원시 북면 북계리 백월산(白月山) 기슭에 있었다. 【연혁】신라 경덕왕의 명에 의해 757년(경덕왕 16) 노힐부득이 수도했던 남암(南庵)을 증축하기 시작하여 764년(경덕왕 23) 창건했다. 경덕왕은 다시 미륵존상을 만들어 금당에 안치하고 미타상을 만들어 강당에 안치했다. 그러나 창건 이후의 연혁은 전하지 않는다. 다만 절터 부근의 지명이 반야동(般若洞), 사리터, 중산골 등 모두 불교와 관련되어 있는 것으로 보아 이 절이 과거에는 큰 절이었던 듯하다. 【유적·유물】절터에는 옛날의 기와와 토기 조각, 석축의 일부가 남아 있다. 유물로는 신라시대의 것으로 추정되는 마애불좌상과 삼층석탑이 있다. 【설화】창건과 관련된 설화가 전한다. 백월산에는 원래 노힐부득과 달달박이 수도하기 위해 남암과 북암을 각각 짓고 정진했는데, 707년(성덕왕 6) 4월 8일 관음의 화신이 낭자로 변신하여 찾아와서 두 사람을 시험했다. 북암에 살던 달달박은 청정한 도량에 여자를 들일 수 없다고

뿌리쳤고, 남암의 노힐부득은 어두운 밤에 갈 곳 없는 낭자를 자비심으로 맞아들이고 해산하는 낭자를 돌보아 주었다. 해산 뒤 낭자는 목욕을 했는데, 그 목욕물이 황금물로 바뀌었고, 그 물에 목욕한 노힐부득은 미륵불이 되었다. 그 뒤 달달박박도 그 물에 목욕하여 아미타불이 되었으며, 그들은 마을 사람들에게 부처님의 가르침을 설하고 나서 구름을 타고 사라졌다고 한다. 이에 경덕왕이 노힐부득의 남암을 중축하여 백월산 남암이라는 뜻에서 남백사라고 했다고 한다. 【참고문헌】삼국유사, 내 고장의 전통(의창군, 1982)

남백월사(南白月寺)
남백사(南白寺)를 보시오.

남산사(南山寺)
보광사(寶光寺)를 보시오.

남산사(南山寺)
장안사(長安寺)를 보시오.

남악사(南岳寺)
약사사(藥師寺)를 보시오.

남원사(南原寺)
【위치】전라북도 익산시 여산면 제남리 독자천(篤子川) 옆에 있다. 【소속】대한불교조계종 제17교구 본사인 금산사의 말사이다. 【연혁】826년(신라 흥덕왕 1) 진감 혜소(眞鑑 慧昭)가 창건했으나, 오랜 세월이 흐르면서 폐사되었다. 1592년(조선 선조 25) 남원부사 윤공(尹公)이 부임차 남원으로 가던 중 이곳에서 자는데 꿈에 석불이 나타났다. 다음날 그곳을 파보니 석조연화좌대 위에 있는 미륵불상이 나왔고, 석조거북과 오층석탑이 출토되었다. 이에 법당을 중수하고 절 이름을 남원사라고 했다. 그 뒤의 자세한 연혁은 전하지 않는다. 【유적·유물】현존하는 건물

로는 대웅전과 미륵전(전라북도 문화재자료 제88호), 산신각, 요사채 등이 있다. 문화재로는 대웅전에 봉안된 석불좌상과 대웅전 앞의 다층석탑 1기가 있다. 석불좌상의 좌대는 고려 중기의 작품으로 추정되나 석불은 뒤에 새로 조성된 것으로 보인다. 다층석탑은 1층 탑신과 1층 옥개석까지는 원래의 것이나 그 이상의 것은 원형이 아니며, 조선시대의 작품으로 추정된다. 【참고문헌】 한국사찰전서(권상로, 동국대학교 출판부, 1979), 미륵산의 정기(익산군, 1982), 사찰지(전라북도, 1990)

남장사(南長寺)
【이명】 한때 장백사(長柏寺)라고도 불렀다. 【위치】 경상북도 상주시 남장동 노악산(露嶽山)에 있다. 【소속】 대한불교조계종 제8교구 본사인 직지사의 말사이다. 【연혁】 832년(신라 흥덕왕 7) 진감(眞鑑)국사 혜소(慧昭)가 창건하여 장백사라고 했다. 1186년(고려 명종 16) 각원(覺圓)이 지금의 터로 옮겨 짓고 남장사라고 이름을 바꿨다. 그 뒤 1203년(신종 6) 금당을 신축했고, 1473년(조선 성종 4) 중건했다. 1592년(선조 25) 임진왜란 때 불에 탄 뒤 1635년(인조 13) 정수(正修)가 금당 등을 중창했다. 1621년(광해군 13) 명해(明海)가 영산전을 신축했으며, 1704년(숙종 30) 진영각(眞影閣)을 신축했다. 1709년 민세(旻世)가 영산전을 중수했다. 1761년(영조 37) 상로전(上爐殿)을 신축하고, 1807년(순조 7) 중수했다. 1856년(철종 7) 진허(鎭虛)가 극락전과 조사각을 중건했으며, 1867년(고종 4) 응월(應月)이 영산전을, 1889년(고종 26) 보광전을 중수했다. 1903년 함월(涵月)이 칠성각을, 1907년 덕암(德巖)이 염불당을 건

립했다. 1978년 7월 영산전의 후불탱화에 주불(主佛)과 16나한상을 조성할 때, 석가모니 부처님의 진신사리 4과와 칠보류 등을 봉안했다는 기록과 함께 사리 4과와 칠보류가 발견되었다. 부속 암자로는 관음전(觀音殿)과 중고암(中高庵)이 있다. 【유적·유물】 현존하는 건물로는 극락보전을 비롯하여 영산전, 보광전, 금륜전(金輪殿), 향로전, 진영각, 강당, 관음선원 등이 있다. 관음선원에는 목각탱화(보물 제923호)가 있으며, 보광전에는 목각탱화(보물 제922호)와 철조비로자나불좌상(보물 제990호)이 있다. 이 비로자나불좌상이 땀을 흘리면 병란이 일어난다고 한다. 이 밖에도 응향각 안에는 12폭의 조사진영(祖師眞影)이 봉안되어 있고, 극락보전에는 업경대(業鏡臺) 2점이 안치되어 있으며, 부도골에는 4기의 부도가 있다. 이 절에서 개판된 목판본으로는 조종경(趙宗敬, 1495~1535)의 《독암유고(獨庵遺稿)》1권과 부록 1권, 이춘원(李春元, 1571~1634)의 《구원시집(九畹詩集)》5권 등이 있다. 이 밖에도 석장승(경상북도 민속자료 제33호) 1기가 있다. 【참고문헌】 남산지, 범우고, 한국고인쇄기술사(김두종, 탐구당, 1974), 문화유적총람(문화재관리국, 1977), 한국사찰전서(권상로, 동국대학교 출판부, 1979)

남지장사(南地藏寺)
【위치】 대구광역시 달성군 가창면 우록리 최정산(最頂山)에 있다. 【소속】 대한불교조계종 제9교구 본사인 동화사의 말사이다. 【연혁】 684년(신라 신문왕 4) 양한(良漢)이 창건했다. 신라 때에는 왕이 토지와 노비를 내리고 유지들도 시주하여 사세가 매우 컸으나 궁예(弓裔, ?~918)

의 난으로 파괴되었다. 1263년(고려 원종 4) 목암 일연(睦庵 一然)이 중창했다. 1592년(조선 선조 25) 임진왜란이 일어나자 사명 유정(泗溟 惟政) 휘하의 승병들이 이 절을 훈련장으로 이용했으며, 이 때문에 병화를 입자 1653년(효종 4) 인혜(印惠)가 중건했다. 1767년(영조 43) 모계(慕溪)와 풍흡(豊洽)이 중창한 뒤 팔공산 내의 북지장사와 서로 대칭되는 곳에 위치한 절이라 하여 남지장사라고 이름했다. 1940년대에는 신원(信元)이 중건·중수했다. 부속 암자로는 백련암(白蓮庵)과 청련암(靑蓮庵)이 있다. 【유적·유물】현존하는 건물로는 관음전과 설현당, 염불당, 광명루, 삼성각, 요사채 등이 있다. 절 앞에는 모계, 운계(雲溪), 경운(景雲)의 송덕비가 있다. 【참고문헌】한국사찰전서(권상로, 동국대학교 출판부, 1979)

남천사(南泉寺)

【위치】충청남도 청양군 정산면 남천리 미궐산(微蕨山)에 있었다. 【연혁】유물로 미루어 보아 고려 때 창건된 것으로 추정된다. 연혁은 전하지 않으며, 언제 폐사됐는지도 알 수 없다. 【유적·유물】절터는 경작지로 이용되고 있으며, 조선시대의 기와 조각들이 산재해 있다. 유물로는 고려 때의 삼층석탑이 있다. 【참고문헌】문화유적총람─사찰편(충청남도, 1990)

남학사(南鶴寺)

약사사(藥師寺)를 보시오.

남항사(南巷寺)

【위치】경상북도 경주시 노서동에 있었다. 【연혁】신라 때 삼랑사(三郎寺) 터의 남쪽에 창건됐다. 창건 시기는 신문왕 때(681~692) 이전으로 추정되며, 언제 폐사되었는지 알 수 없다. 【유적·유물】현

재 이곳에는 석불입상 1위가 남아 있다. 광배는 갖추고 있으나 얼굴은 파손되어 알아볼 수 없으며, 발목 부분은 땅에 매몰된 채 있다. 통일신라시대의 작품으로 현재 노출된 부분의 높이는 1.1m이다. 【설화】신문왕 때의 국사 경흥(憬興)이 병이 들자 11면관음의 화신이 비구니의 모습으로 삼랑사에 나타나서 11가지 모습으로 춤을 추어 경흥의 병을 낫게 했는데, 그 비구니가 사라진 곳이 이 절이었다고 한다. 이곳에는 11가지 보살의 모습을 그린 비구니의 그림이 남아 있었다고 한다. 【참고문헌】삼국유사, 문화유적총람(문화재관리국, 1977)

남혈사(南穴寺)

【위치】충청남도 공주시 금학동 남산(南山)에 있었다. 【연혁】유물로 미루어 보아 백제 때 창건된 것으로 추정된다. 연혁은 전하지 않는다. 1859년(조선 철종 10) 임정회(林挺會) 등이 편찬한 《공산지(公山誌)》에는 방위에 따라 4개의 혈사(穴寺)가 공주 지역에 존재했다고 나와 있다. 통일신라 이후에 폐사된 것으로 보인다. 【유적·유물】절터는 충청남도 기념물 제35호로 지정되어 있다. 절터에는 석굴이 남아 있으며 유물로는 석탑 부재와 보살입상 대좌가 있다. 석탑 부재는 통일신라 때의 것이며, 보살입상은 1928년 굴 안에서 일본인이 수습했다고 하나 현존하지 않는다. 【참고문헌】문화유적총람─사찰편(충청남도, 1990)

남화사(覽華寺)

【위치】경상북도 봉화군 춘양면 서동리 태백산 춘양(春陽)종합고등학교 부지에 있었다. 【연혁】언제 누가 창건했는지 알 수 없다. 676년(신라 문무왕 16) 원효(元

曉)가 이 절을 이전하여 서동리와 인접한 석현리에 각화사(覺華寺)를 창건하고, 옛 절인 남화사를 생각한다 하여 각화사라 했다고 한다. 자세한 연혁은 전하지 않는다. 【유적·유물】절터에는 삼층석탑(보물 제52호) 2기가 있으며, 그중 서탑에서 1962년 해체·복원시에 사리병과 99기의 소형 토탑(土塔)이 나와 국립경주박물관에 이관했다. 【참고문헌】문화유적총람(문화재관리국, 1977), 봉화군지(봉화군, 1977)

납석사(納石寺)
문수사(文殊寺)를 보시오.

내불당(內佛堂)
【위치】서울 종로구 인왕산 경복궁 안에 있었다. 【연혁】조선 태조(재위 1392~1398)가 석가모니 부처님의 진신 사리 4과와 두골(頭骨), 패엽경(貝葉經), 가사 등을 흥천사(興天寺) 석탑에 안치했는데, 1419년(세종 1) 세종이 왕실의 불교 신앙을 위하여 내불당을 창건하고 이들을 옮겨 봉안했다. 1419년(세종 1) 세종은 최흥효(崔興孝) 등에게 명하여 금자법화경(金字法華經)을 이곳에 옮기고 대비의 명복을 빌게 했다. 단종 때(1452~1455) 집현전과 사헌부의 학자들이 상소하여 내불당을 철폐할 것을 여러 차례 건의했으나 받아들여지지 않았다. 세조 때에는 내불당을 크게 일으키고 법회를 열었다. 1456년(세조 2) 법석(法席)을 열었고, 1459년 부처님 오신 날 간경회(看經會)를 베풀었으며, 1464년(세조 10) 계양대군(桂陽大君)의 쾌유를 비는 특별법회를 열었다. 1470년(성종 1) 내불당을 철폐할 것을 주장하는 유생들의 강력한 건의가 있었으나 역시 받아들여지지 않았다. 1483년(성종 14) 성종은 예조에 명하여 역대로 왕실의 보호를 받았던 이 절에 대하여 특별경계와 순시를 강화하도록 했으며, 1507년(중종 2)에도 중종이 이 절의 보호를 명했다. 내불당은 숭유억불책으로 일관된 조선시대 불교의 특이한 단면을 살필 수 있는 절로서 왕 자신의 믿음이 불교가 아닌 경우에는 선왕의 유지를 받든다는 명목으로 보호하여 조선 중기까지 유지되었다. 그러나 선조 이후에는 내불당이 없어진 것으로 보인다. 【참고문헌】조선왕조실록, 한국사찰전서(권상로, 동국대학교 출판부, 1979)

내불당(內佛堂)
천주사(天柱寺)를 보시오.

내소사(來蘇寺)
【이명】한때 소래사(蘇來寺)라고 불렀다. 【위치】전라북도 부안군 진서면 석포리 변산반도 남단에 있다. 【소속】대한불교 조계종 제24교구 본사인 선운사의 말사이다. 【연혁】633년(백제 무왕 34) 혜구(惠丘)가 창건하여 소래사라고 했다. 원래는 2개의 절로서 큰 절을 대소래사, 작은 절을 소소래사라고 했으나, 대소래사는 불에 타 없어지고, 소소래사만 남아 명맥을 이었다. 그 뒤 1633년(조선 인조 11) 청민(靑旻)이 중건했고, 1902년 관해(觀海)가 수축한 뒤 만허(萬虛)가 보수하여 오늘에 이르고 있다. 소래사가 내소사로 바뀐 것은 7세기에 당나라의 소정방(蘇定方)이 석포리에 상륙한 뒤, 이 절을 찾아와서 군중재(軍中財)를 시주했기 때문에 이를 기념하기 위해 고쳐 불렀다고 전하나 사료적인 근거는 없다. 부속암자로 지장암(地藏庵)과 청련암(靑蓮庵)이 있다. 【유적·유물】절 일원이 전라북도 기념물 제78호

로 지정되어 있다. 현존하는 건물로는 대
웅보전(보물 제291호)을 비롯하여 설선당
(說禪堂), 봉래루(蓬萊樓), 요사채(전라북
도 유형문화재 제125호) 등이 있다. 대웅
보전은 1633년 완공되었는데, 그 의장(意
匠)과 기법이 매우 독창적인 조선시대 중
기의 대표작이다. 못 하나 쓰지 않고 나무
를 깎아 서로 교합하여 만들었다고 하며,
법당 내부의 벽면에 그려진 관세음보살상
등의 그림도 일품이다. 설선당은 인조 때
건축되었고, 봉래루는 1914년 실상사(實
相寺) 터에서 옮겨 왔으며, 현재 산문으로
사용하고 있다. 유물로는 삼존불과 고려
동종(高麗 銅鐘 ; 보물 제277호), 법화경절
본사경(法華經折本寫經 ; 보물 제278호), 삼
층석탑(전라북도 유형문화재 제124호) 등
이 있다. 삼존불은 1633년에 청민이 조성
한 것으로 대웅보전에 봉안되어 있다. 고
려 동종은 1222년(고종 9) 변산 청림사
(靑林寺)에서 만든 종인데, 1853년(철종
4) 땅속에서 발굴된 뒤 이 절로 옮겨졌다.
법화경절본사경은 조선시대 초기에 이(李)
씨 부인이 망부(亡夫) 유근(柳謹)의 명복
을 빌기 위해 한 글자를 쓰고 한 번 절하면
서 지극한 정성으로 필사한 것이다. 삼층
석탑은 신라 때의 양식을 보여 주고 있다.
【설화】 전설에 의하면, 대웅보전은 호랑이
가 화현(化現)한 대호(大虎) 선사가 지었
다 하고, 그 안에 그려진 관세음보살상 등
의 벽화는 관세음보살의 화현인 푸른 새
가 그렸다고 한다. 화공은 단청을 하는 동
안 아무도 그 안을 들여다 보지 말라고 단
단히 당부하고, 그림을 그리기 시작했다.
그러나 여러 날이 지나도 기척이 없자, 이
절의 상좌가 문틈으로 엿보니 푸른 새 한
마리가 붓을 물고 이리저리 날아다니고

있었다. 그러나 이 새는 상좌가 엿보는 것
을 알고 마지막 마무리를 못하고 어디론
가 날아가 버렸다. 그러므로 대웅보전의
동쪽 도리 하나는 바닥만 색칠을 하고 덧
그림을 그리지 못했다고 한다. 【참고문헌】
문화유적총람(문화재관리국, 1977), 사찰
지(전라북도, 1990)

내원(內院)
천주사(天柱寺)를 보시오.

내원사(內院寺)
【이명】 한때 내원암(內院庵)이라고 불렀
다. 【위치】 경상남도 양산군 하북면 용연
리 천성산(千聖山) 중턱에 있다. 【소속】
대한불교조계종 제15교구 본사인 통도사
의 말사이다. 【연혁】 646년(신라 선덕여
왕 15) 원효(元曉)가 창건하여 내원암이
라고 했다. 그 뒤 1646년(조선 인조 24)
의천(義天)이 중건했고, 1846년(헌종 12)
용운(龍雲)이 중수했으며, 1876년(고종
13) 해령(海嶺)이 중수했다. 1898년(광무
2) 유성(有性)이 수선사(修禪社)를 창설
하고 내원사로 이름을 바꾼 뒤 선찰(禪
刹)로서 명성을 떨쳤다. 일제강점기에는
혜월 혜명(慧月 慧明, 1861~1937)이 주
석하면서 많은 선승들을 배출했다. 1950
년 6·25전쟁 때 산속에 숨어 있던 공비들
의 방화로 전소한 뒤 1955년 수덕사(修德
寺)의 비구니 화산 수옥(華山 守玉)이 5
년 동안에 걸쳐 13동의 건물을 재건했
다. 그 뒤 꾸준한 불사를 거듭하여 오늘에
이르고 있다. 전국의 대표적인 비구니 수
도도량으로 널리 알려져 있다. 산내 암자
로는 미타암(彌陀庵), 성불암(成佛庵), 금
봉암(金鳳庵), 원효암(元曉庵), 조계암(曹
溪庵), 금강암(金剛庵), 내원암(內院庵),
안적암(安寂庵), 익성암(益聖庵), 노적암

(露積庵) 등이 있다. 【유적·유물】 절 일
원이 경상남도 기념물 제81호로 지정되어
있다. 현존하는 건물로는 법당인 선나원
(禪那院)을 비롯하여 선원, 심우당(尋牛
堂), 정처헌(靜處軒), 불유각(佛乳閣), 종
루 등이 있다. 문화재로는 금고(金鼓 : 경
상남도 유형문화재 제58호)가 있다. 【설화】
《송고승전(宋高僧傳)》에 창건 설화가 전
한다. 673년(문무왕 13) 원효가 장안읍
불광산에 있는 척판암(擲板庵)을 창건하
여 주석하던 중, 당나라 태화사(太和寺)
천 명의 대중이 장마로 인한 산사태로 매
몰될 것을 알고 효척판구중(曉擲板求衆)
이라고 쓴 큰 판자를 그곳으로 날려 보냈
다. 그곳 대중들이 공중에 떠 있는 현판을
보고 신기하게 여겨 법당에서 뛰쳐 나와
보는 순간 뒷산이 무너져 큰 절이 매몰되
었다. 이 인연으로 천 명의 중국 승려가
신라로 와서 원효의 제자가 되었다. 원효
가 그들의 머물 곳을 찾아 내원사 부근에
이르자 산신이 마중 나와 현재의 산신각
자리에 이르러 자취를 감추었다. 이에 원
효는 대둔사(大芚寺)를 창건하고 상·중
·하 내원암을 비롯, 89개 암자를 세워
천 명을 거주하게 했다. 그리고 천성산 상
봉에서 《화엄경》을 강론하여 천 명의 승
려를 오도(悟道)하게 했다. 이때 《화엄
경》을 설한 자리에는 화엄벌이라는 이름이
생겼고, 중내원암에는 큰 북을 달아 놓아
산내의 모든 암자에서 다 듣고 모이게 했
으므로 집붕봉이라는 이름이 생겼으며, 천
명이 모두 성인이 되었다 하여 산 이름을
천성산이라 했다고 한다. 조선 중기에 대
둔사와 상·중내원암은 없어지고 하내원암
만 남았다. 【참고문헌】 송고승전, 한국사
찰전서(권상로, 동국대학교 출판부, 1979),

한국의 명산 대찰(국제불교도협의회, 1982)

내원사(內院寺)
【위치】 경기도 이천군 마장면 관리 양각
산(羊角山) 남쪽 기슭에 있다. 【소속】 대
한불교조계종 제2교구 본사인 용주사의
말사이다. 【연혁】 신라시대에 창건됐다고
한다. 연혁은 전하지 않는다. 1958년 비
구니 이법덕(李法德)이 중창하여 오늘에
이르고 있다. 【유적·유물】 건물로는 대
웅전과 산신각, 요사채 등이 있다. 경내의
평평한 바위 위에 삼층석탑 1기가 있는
데, 2단으로 된 상대갑석 위에 옥신과 옥
개석이 3개씩 남아 있다. 상륜부에는 노
반(露盤)과 복발(覆鉢)이 있는데, 규모는
작은 편이다. 절 주위에는 많은 기와 조각
과 자기 파편들이 출토되고 있고, 옛 건물
의 주춧돌이 남아 있다. 【참고문헌】 이천
군지(이천군, 1982)

내원사(內院寺)
【이명】 한때 덕산사(德山寺)라고 불렸다.
【위치】 경상남도 산청군 삼장면 대포리에
있다. 【소속】 대한불교조계종 제12교구
본사인 해인사의 말사이다. 【연혁】 신라
말의 국사 무주 무염(無住 無染, 801~
888)이 창건하여 덕산사라고 했다. 그러
나 그 뒤의 연혁은 전하지 않으며 이름이
바뀐 시기나 이유도 알 수 없다. 【유적·
유물】 현존하는 건물로는 대웅전과 심우
당(尋牛堂), 비로전, 산신각, 요사채 등이
있으나, 건물의 규모가 모두 작다. 비로전
안에 봉안되어 있는 석조여래좌상(경상남
도 유형문화재 제76호)은 8세기의 것으로
추정하고 있는데, 이 석불은 이 절에서
30리 밖에 떨어져 있는 보선암에서 모셔
왔다고 한다. 대웅전 앞 삼층석탑(보물 제
1113호)은 고려시대에 건립된 것이다.

【참고문헌】 명산 고찰 따라(이고운·박설산, 신문출판사, 1982)

내원사(內院寺)

【위치】 경상남도 합천군 가야면 치인리 가야산 정상 부근에 있었다. 【연혁】 언제 누가 창건했는지 알 수 없다. 1481년(조선 성종 12)에 편찬된 《동국여지승람》에는 이 절에 조현당(釣賢堂)을 비롯하여 나월헌(蘿月軒), 득검지(得劒池) 등이 있었으며, 서거정(徐居正, 1420~1488)과 김종직(金宗直, 1431~1492), 김굉필(金宏弼, 1454~1504), 김일손(金馹孫, 1464~1498) 등의 시문이 걸려 있었다고 한다. 그러나 1799년(정조 23)에 편찬된 《범우고(梵宇攷)》에 이미 폐사되었다고 나와 있는 것으로 보아 조선 중기에 폐사된 것으로 추정된다. 【참고문헌】 동국여지승람, 범우고, 한국사찰전서(권상로, 동국대학교 출판부, 1979)

내원사(內院寺)

【이명】 한때 내원암(內院庵)이라고 불렸다. 【위치】 충청남도 홍성군 장곡면 광성리 오서산(烏棲山)에 있다. 【소속】 대한불교조계종 제7교구 본사인 수덕사의 말사이다. 【연혁】 언제 누가 창건했는지 알 수 없다. 1744년(조선 영조 20)에 편찬된 《홍주읍지(洪州邑誌)》에 존재한다고 나와 있어 조선 후기 이전에 창건된 것으로 추정된다. 일제강점기에는 마곡사의 말사로서 내원암이라고 불렸다. 자세한 연혁은 전하지 않는다. 【유적·유물】 건물로는 원통전과 법당, 요사채 등이 있다. 【참고문헌】 한국사찰전서(권상로, 동국대학교 출판부, 1979), 문화유적총람-사찰편(충청남도, 1990)

내원사(內院寺)

흥룡사(興龍寺)를 보시오.

내원암(內源庵)

【위치】 전라북도 김제시 금산면 금산리 모악산(母岳山)에 있었다. 【연혁】 600년(백제 법왕 2) 법왕이 금산사(金山寺)를 창건하면서 금산사의 부속 암자로서 창건했다. 신라 선덕여왕 때(632~647) 활동하던 자장(慈藏)의 영정과 혜공왕 때(765~780) 활동하던 진표(眞表)의 간자(簡子)를 봉안하고 있었다. 고려 태조(918~943)는 이 절에 전답을 하사했다. 그 뒤의 연혁은 전하지 않으며, 언제 폐사됐는지도 알 수 없다. 【참고문헌】 한국의 사찰 11-금산사(한국불교연구원, 일지사, 1975)

내원암(內院庵)

【이명】 한때 능인암(能仁庵)이라고 불렸다. 【위치】 강원도 속초시 설악동 설악산에 있다. 【소속】 대한불교조계종 제3교구 본사인 신흥사의 산내 암자이다. 【연혁】 652년(신라 진덕여왕 6) 자장(慈藏)이 향성사(香城寺;신흥사)와 더불어 이 절을 창건하여 능인암이라고 했다. 그러나 698년(효소왕 7) 향성사와 함께 불탔고, 701년(효소왕 10) 이곳으로 온 의상(義湘)이 이 터에 선정사(禪定寺)를 창건했다. 1642년(조선 인조 20) 선정사가 불탄 뒤 지금의 신흥사를 짓자, 1644년(인조 22) 용암(龍巖)이 선정사의 옛터에 절을 짓고 내원암이라고 했다. 1860년(철종 11) 절이 불타자 혜봉(慧峰)이 중건했고, 1882년(고종 19) 경봉(勁峰)이 독성전(獨聖殿)을 건립하고 산신탱화를 조성했다. 그러나 1885년(고종 22) 다시 불탔고, 경봉이 곧바로 중건에 착수했다. 그리고 1891년에는 후불탱화, 칠성탱화, 신중탱화를 봉안했다.

1914년 금강산 신계사(神溪寺)에서 수도하다가 이곳을 찾은 비구니 김수영(金壽永)이 사재를 헌납해 선원을 짓자, 전국의 참선수행자들이 운집했다. 1936년 다시 전소한 뒤 인법당(因法堂)과 요사채만을 갖춘 조그마한 규모로 중건했다. 【유적·유물】건물로는 인법당과 요사채가 있다. 법당 내부에 봉안된 아미타여래좌상은 영험이 있다고 하여 예로부터 많은 기도객들이 찾아오고 있고, 내원암 현판은 추사(秋史) 김정희(金正喜, 1786~1856)가 성지순례길에 들러 남긴 것이라고 한다. 그리고 입구에 세워진 부도 중에는 경봉과 선봉(禪峰)의 것이 있다. 【참고문헌】한국사찰전서(권상로, 동국대학교 출판부, 1979), 전통사찰총서 1-강원도 2(사찰문화연구원, 1992)

내원암(內院庵)

【이명】 성사(聖寺)라고도 불린다. 【위치】경기도 남양주시 별내면 청학리 수락산(水落山)에 있다. 【소속】대한불교조계종 제25교구 본사인 봉선사의 말사이다. 【연혁】신라 때 창건됐다고 한다. 조선시대 숙종 때(1674~1720)부터 이 절은 왕실과 밀접한 관계를 맺으면서 사세를 확장했다. 1693년(숙종 19) 숙종은 팔공산 파계사(把溪寺)의 영원(靈源)을 불러 수락산에서 백일기도를 올리게 한 뒤 영조를 얻었다고 한다. 이어 정조 때(1777~1800)에는 파계사의 인악 용파(仁岳 龍坡)와 삼각산 금선사(金仙寺)의 농산(聾山)이 이 절과 금선사에서 각각 왕자의 탄생을 위해 기도하던 중 농산이 용파의 청으로 왕자로 환생하기 위해 수빈(綏嬪) 박(朴)씨에게 수태되어 1790년(정조 14) 6월 순조(純祖)로 태어났다고 한다. 용파

는 날로 관리들의 사찰 수탈이 심해지자 이 악폐를 왕에게 직접 호소하고자 1785년(정조 9) 속복으로 변장하고 한양에 잠입했다. 물장수를 하면서 3년 동안이나 기회를 엿보던 중 마침 민간시찰을 위해 미복으로 행차중인 왕을 만나 호소했다. 이때 왕이 시정을 약속하고, 그에게 왕자를 얻을 수 있도록 기도해 달라고 당부했다. 이에 농산과 더불어 왕자 탄생을 위해 기도에 들어갔다. 그러자 조정에서는 1794년 칠성각을 짓고 어필을 내렸으며, 1796년(정조 20) 사성전(四聖殿)을 세워주었다. 또한 당시 이 절의 광응전(光膺殿)에 묘향산에서 16나한상을 모셔 왔는데, 오백나한이 상주한다는 송도(개성)의 성거산(聖居山)에 견주어 정조가 성사라고 이름지었으며, 지금까지도 이 절의 다른 이름으로 불리고 있다. 1825년(순조 25) 인봉(仁峰)이 순조의 시주로 지족루(知足樓)를 신축했으며, 1831년(순조 31)에도 상궁 최(崔)씨와 하경호(河敬鎬)가 순조의 비인 순원왕후(純元王后)에게 청하여 건물을 모두 중창하고 '극락보전(極樂寶殿)'이라는 글씨를 하사받았다. 그 뒤 1851년(철종 2) 용암(庸庵)이 광응전을 중수했고, 1880년(고종 17) 고종의 시주로 전각을 중수했다. 1950년 6·25전쟁 때 완전히 소실한 것을 1958년 비구니 성민(性敏)이 칠성각, 요사, 큰방을 신축하고, 1968년 대웅전을 신축하여 오늘에 이르고 있다. 【유적·유물】현존하는 건물로는 대웅전과 칠성각, 요사채 3동이 있다. 유물로는 대웅전 아래에 미륵석불입상이 있는데, 조선 후기의 작품으로 추정된다. 【참고문헌】한국사찰전서(권상로, 동국대학교 출판부, 1979), 기내사원지(경기도,

1988)

내원암(內院庵)

【이명】한때 토굴암(土窟庵)이라고 불렀다. 【위치】경기도 안성군 서운면 청룡리 서운산(瑞雲山)에 있었다. 【연혁】1364년(고려 공민왕 13) 나옹 혜근(懶翁 惠勤)이 청룡사(青龍寺)를 중수하면서 4개의 부속 암자 중 하나로서 창건했다. 이후 48인의 강사가 배출된 유명한 강원이자 용허 장호(龍虛 莊昊, 1869~1930)에 이르기까지 수백 년 동안 계속되었던 선불장(選佛場)으로 이름이 널리 알려졌다. 19세기 말에는 찾아오는 학승들이 너무 많아 강주였던 만우(萬雨)가 부속 암자로 서운암(瑞雲庵)을 창건했다. 그러나 1980년대 후반에 불에 탔고, 서운암은 청룡사의 부속 암자로 남아 있다. 【참고문헌】한국사찰전서(권상로, 동국대학교 출판부, 1976), 명산 고찰 따라(이고운·박설산, 신문출판사, 1987)

내원암(內院庵)

【위치】전라북도 고창군 고수면 은사리 문수산(文殊山) 중턱에 있다. 【소속】대한불교조계종 제24교구 선운사의 말사인 문수사(文殊寺)의 산내 암자이다. 【연혁】1618년(조선 광해군 10) 인해(仁海)가 창건했다. 1690년(숙종 16) 종회(宗偆)가 중건하여 오늘에 이르고 있다. 【유적·유물】건물로는 법당 등이 있다. 【참고문헌】문화유적총람(문화재관리국, 1977), 한국사찰전서(권상로, 동국대학교 출판부, 1979), 명산 고찰 따라(이고운·박설산, 신문출판사, 1987)

내원암(內院庵)

【위치】대구광역시 동구 도학동 팔공산(八公山) 남쪽 기슭에 있다. 【소속】대한불교조계종 제9교구 본사인 동화사의 부속 암자이다. 【연혁】1626년(조선 인조 4) 유찬(惟贊)이 창건했으며, 미륵보살의 상주처인 도솔천(兜率天) 내원궁(內院宮)을 상징하여 내원암이라고 했다. 1827년(순조 27) 해월(海月)과 제월(霽月)이 중창했으며, 1937년 보월(寶月)이 다시 중창했다. 1960년 가야산 국일암(國一庵)의 비구니 장일(長一)이 이곳으로 옮겨 와 비구니들의 참선도량을 개설했고, 1966년 장일이 중수하여 오늘에 이르고 있다. 【유적·유물】현존하는 건물로는 인법당(因法堂)과 요사채인 무주헌(無住軒), 약사여래를 모신 관음전 등이 있다. 이들 건물은 단청을 하지 않아 나무의 빛깔 그대로가 살아 있다. 【참고문헌】대구의 향기(대구직할시, 1982)

내원암(內院庵)

【위치】경상북도 예천군 상리면 명봉리 소백산 기슭에 있다. 【소속】대한불교조계종 제8교구 직지사의 말사인 명봉사(鳴鳳寺)의 부속 암자이다. 【연혁】1687년(조선 숙종 13) 금계(錦溪)가 창건했다. 1752년(영조 28) 취월(醉月)이 중건했다. 이 밖의 자세한 연혁은 전하지 않는다. 1950년 6·25전쟁 때 명봉사와 함께 전소한 채 있던 것을 1988년 명봉사 주지 성면(性面)이 중건했다. 【유적·유물】건물로는 법당 등이 있다. 【참고문헌】한국사찰전서(권상로, 동국대학교 출판부, 1979)

내원암(內院庵)

내원사(內院寺)를 보시오.

내장사(內藏寺)

【이명】한때 영은사(靈隱寺), 벽련사(碧蓮寺)라고 불렀다. 【위치】전라북도 정읍시 내장동 내장산에 있다. 【소속】대한불

교조계종 제24교구 본사인 선운사의 말사이다. 【연혁】636년(백제 무왕 37) 조사 영은(靈隱)이 창건하여 영은사라고 했다. 이때의 가람 규모는 50여 동이었다고 한다. 1098년(고려 숙종 3) 행안(幸安)이 건물을 새로 지어 중창했다. 1539년(조선 중종 34)에는 내장산의 승도탁란사건(僧徒濁亂事件)이 일어나자 중종이 이 절과 백련사(白蓮寺 ; 뒤에 碧蓮庵, 碧蓮寺)가 도둑의 소굴이라고 하여 소각시켰다. 1557년(명종 12) 희묵(希默)이 영은사의 자리에 법당과 요사채를 건립하고 절 이름을 내장사로 고쳤으나, 1597년(선조 30) 정유재란 때 전소했다. 이어 1639년(인조 17) 영관(靈觀)이 법당 등을 중수하고 불상을 개금했으며, 1779년(정조 3)에는 영운(映雲)이 대웅전과 시왕전을 중수하고 요사채를 개축했다. 1925년 학명 계종(鶴鳴 啓宗)이 절을 벽련암(碧蓮庵)의 위치로 옮겨 짓고 벽련사라고 했으며, 옛 절터에는 영은암을 두었다. 1938년에는 매곡 혜순(梅谷 慧順)이 벽련사는 남겨 놓은 채 다시 내장사를 현재의 자리로 옮겨 대웅전을 중수하고 명부전과 요사채를 신축했다. 1951년 1월 12일 불탄 뒤 중건을 보지 못하다가 1957년 요사채를 건립했고, 1958년에는 대웅전을 중건했다. 이어 1960년에서 1962년까지, 1974년에서 1977년까지의 중건을 거쳐서 오늘에 이르고 있다. 부속 암자로는 벽련암, 원적암(圓寂庵), 불출암(佛出庵), 정재암(淨齋庵), 영은암(靈隱庵), 월조암(月照庵), 삼청암(三淸庵), 금선암(金仙庵), 은선암(隱仙庵), 천진암(天眞庵), 남산암(南山庵), 용굴암(龍窟庵) 등이 있었다. 그러나 현재 원적암과 영은암만이 남아 있으며, 1986년 벽

련사를 복원했다. 【유적·유물】현존하는 건물로는 대웅전을 비롯하여 극락전, 명부전, 선원, 삼성각, 정혜루(定慧樓), 천왕문, 일주문, 요사채 등이 있다. 문화재로는 동종(銅鐘 ; 전라북도 유형문화재 제49호)과 오층석탑 1기, 부도 등이 있다. 이 중 동종은 장흥 보림사(寶林寺)에 있었던 것을 영담(映曇)이 옮겨 온 것으로 윤광형(尹光衡)과 조한보(趙漢寶)가 시주하여 1768년(영조 44)에 주조했다는 명문이 있다. 높이 83cm, 지름 50cm의 중종이며, 용머리의 정교한 문양과 맑은 음향으로 조선시대의 수작으로 평가받고 있다. 1943년 일제의 무기 제작을 위해 강제 징발되었다가 다시 찾았다고 한다. 또한 내장산 안에 있는 산성은 임진왜란 때 희묵이 제자 희천(希天)에게 쌓게 한 것이다. 영은사의 옛터 일원은 전라북도 기념물 제63호로 벽련사의 옛터 일원은 전라북도 기념물 제73호로 각각 지정되어 있다. 【참고문헌】조선왕조실록, 동국여지승람, 정읍현지(1888), 한국사찰전서(권상로, 동국대학교 출판부, 1979), 사찰지(전라북도, 1990)

내제석궁(內帝釋宮)
천주사(天柱寺)를 보시오.

내제석원(內帝釋院)
【위치】경기도 개성시 궁성 밖에 있었다. 【연혁】919년(고려 태조 2) 조정에서 법왕사(法王寺)와 자운사(慈雲寺), 왕륜사(王輪寺), 사나사(舍那寺), 천선원(天禪院 ; 普濟寺), 신흥사(新興寺), 문수사(文殊寺), 원통사(圓通寺), 지장사(地藏寺) 등과 함께 10대 사찰 중의 하나로서 창건했다. 1056년(문종 10) 문종이 이 절에 거동하여 지광 해린(智光 海麟)을 왕사로

삼았다. 그 뒤의 연혁은 전하지 않는다.
【참고문헌】삼국유사, 고려사

냉천사(冷泉寺)
원효암(元曉庵)을 보시오.

노릉암(魯陵庵)
금몽암(禁夢庵)을 보시오.

노은사(老隱寺)
【위치】충청남도 부여군 부여읍 석목리에
있었다. 【연혁】고려 때에 창건된 것으로
추정된다. 연혁은 전하지 않으며, 언제 폐
사되었는지도 알 수 없다. 【유적·유물】
절터는 경작지로 활용되고 있다. 유물로
는 오층석탑과 석조비로자나불좌상이 있
는데, 모두 고려 말기의 것으로 추정된다.
오층석탑은 국립부여박물관에 옮겨져 보
관되고 있으며, 석조비로자나불좌상은 이
마을의 남궁순(南宮淳)이 법당을 짓고 봉
안했다. 【참고문헌】문화유적총람－사찰
편(충청남도, 1990)

노적사(露積寺)
상운사(祥雲寺)를 보시오.

능가사(楞伽寺)
【이명】한때 보현사(普賢寺)라고 불렀다.
【위치】전라남도 고흥군 점암면 성기리
팔영산(八影山) 밑에 있다. 【소속】대한
불교조계종 제21교구 본사인 송광사의 말
사이다. 【연혁】420년(백제 구이신왕 1)
아도(阿道)가 창건하여 보현사라 했다고
한다. 그러나 지리적인 여건으로 보아 신
리에서 활동하던 아도가 창건했다는 점에
의문이 있다. 1592년(조선 선조 25) 임진
왜란 때 모두 불탄 뒤 1644년(인조 22)
벽천(碧川)이 중창하고 능가사로 이름을
바꾸었다. 벽천은 원래 90세의 나이로 지
리산에서 수도하고 있었는데, 어느 날 밤

꿈에 부처님이 나타나 절을 지어 중생을
제도하라는 계시를 받고 이곳에 능가사를
신축했다고 한다. 그 뒤 1768년(영조 44)
과 1863년(철종 14) 각각 중수하여 오늘
에 이르고 있다. 부속 암자로는 만경암
(萬景庵)과 사불암(四佛庵)이 있었다고
하나 지금은 없다. 【유적·유물】현존하
는 건물로는 대웅전(전라남도 유형문화재
제95호)을 비롯하여 천왕문, 산신각, 요사
채 등이 있다. 문화재로는 17세기 중엽에
나무로 만든 뒤 개금한 불상 8위와 나무로
만든 뒤 도분(塗粉)한 불상 22위, 1698년
(숙종 24)에 만들어진 높이 157cm의 범종
(전라남도 유형문화재 제69호), 4.5m의 목
조사천왕상, 귀부(龜趺) 위에 세워진 높
이 5.1m의 사적비(事蹟碑 ; 전라남도 유형
문화재 제70호)가 있다. 사적비는 17세기
말에 건립된 것으로 불교의 유래와 절의
연혁을 기록해 놓은 우수한 작품이다. 이
밖에도 절의 경내에는 부도 8기가 있다.
【설화】조선 영조 때(1724~1776) 이중환
(李重煥)의 기록에 의하면 옛날 일본 류
큐(琉球)의 태자가 표류하다가 이곳에 이
르렀는데, 이 절의 관세음보살에게 기도
하면서 고국에 돌아가게 해달라고 빌었더
니 7일 만에 승려가 나타나 태자를 끼고
파도를 넘어갔다고 하며, 절의 승려들이
법당 벽에 그 광경을 그려 놓았던 것이 영
조 때까지 남아 있었다고 한다. 【참고문
헌】전라남도지(전라남도, 1969), 고흥 지
명 유래(김기빈, 고흥군강서회, 1982)

능인암(能仁庵)
내원암(內院庵)을 보시오.

능인암(能仁庵)
법왕대(法王臺)를 보시오.

ㄷ

다남사(多男寺)
단암사(丹岩寺)를 보시오.

다라니절(多羅尼-)
달성사(達成寺)를 보시오.

다보사(多寶寺)
【위치】전라남도 나주시 경현동 금성산
(錦城山) 기슭에 있다. 【소속】대한불교
조계종 제18교구 본사인 백양사의 말사이
다. 【연혁】661년(신라 문무왕 1) 원효
(元曉)가 창건했다. 《나주읍지》에 의하
면, 627년(백제 무왕 28) 임제종(臨濟宗)
의 절로 창건되었다고 하나, 당시 임제종
은 중국에서조차 형성되지 않았으므로 신
빙성이 없다. 1184년(고려 명종 14) 보조
지눌(普照 知訥)이 중건했다. 그 뒤의 자
세한 연혁은 전하지 않는다. 【유적·유
물】현존하는 건물로는 대웅전, 영산전,
종루, 칠성각, 요사채, 객사 등이 있다.
대웅전(전라남도 문화재자료 제87호)은 원
래 문평면의 신로사(薪老寺)에 있던 것을
신로사가 폐사됨에 따라 이전했다. 또 대
웅전 앞에는 삼층석탑이 있고, 오래 된 것
으로 보이는 동종(銅鐘)과 조선시대의
것으로 보이는 석등이 있다. 절의 뒷산에
는 왕건(王建)이 견훤(甄萱)과 싸우기 위
해 쌓은 금성산성(錦城山城) 터가 있다.
【참고문헌】문화유적총람(문화재관리국,
1977), 명산 고찰 따라(이고운·박설산, 신

문출판사, 1987)

다솔사(多率寺)
【이명】한때 영악사(靈嶽寺), 영봉사(靈
鳳寺)라고 불렸다. 【위치】경상남도 사천
시 곤명면 용산리 와룡산(臥龍山) 동남쪽
기슭에 있다. 【소속】대한불교조계종 제
13교구 본사인 쌍계사의 말사이다. 【연
혁】511년(신라 지증왕 12)에 조사 연기
(緣起)가 창건하여 영악사라고 했다. 636
년(선덕여왕 5) 건물 2동을 신축하고 다
솔사로 이름을 바꿨다. 676년(문무왕 16)
의상(義湘)이 다시 영봉사라고 고쳐 부른
뒤, 신라 말에 국사 연기 도선(烟起 道詵,
827~898)이 중건하고 다시 다솔사라고
했다. 그 뒤 1326년(고려 충숙왕 13) 나옹
혜근(懶翁 惠勤)이 중수했고, 조선 초기
에 영일과 효익 등이 중수했다. 1592년
(선조 25) 임진왜란 때 병화로 소실하여
폐허가 되었던 것을 숙종 때(1674~1720)
복원했다. 1914년 소실하였다가 이듬해
재건해 오늘에 이르고 있다. 일제강점기
에는 이 절에 용운 봉완(龍雲 奉玩 ; 萬海
도 호)이 머물며 수도를 했고, 소설가 김
동리(金東里)가 '등신불(等身佛)'을 집필
하기도 했다. 【유적·유물】현존하는 건
물로는 대양루(大陽樓 ; 경상남도 유형문화
재 제83호)를 비롯하여 극락전(경상남도
문화재자료 제148호), 응진전(경상남도 문

화재자료 제149호), 천왕전, 요사채 등 10여 동의 건물이 있다. 대양루는 1749년(영조 25) 건립되어 현재까지 그대로 보존되어 있는 건평 106평의 큰 건물이다. 1978년 2월 8일 있었던 대웅전 삼존불상 개금 불사 때에는 후불탱화 속에서 108개의 사리가 발견되었다. 이에 따라 1983년 적멸보궁사리탑(寂滅寶宮舍利塔)을 건립하여 이 사리를 안치했다. 이 탑은 익산 미륵사(彌勒寺) 터의 석탑을 본떠 높이 23m, 30평 정도의 법당을 탑 안에 설치하여 건립했다. 이 밖에도 통일신라시대의 작품으로 추정되는 마멸이 심한 마애불과 보안암 석굴(普安庵 石窟 ; 경상남도 유형문화재 제39호), 부도군(浮屠群) 등이 있다. 보안암 석굴은 고려 말에 창건되었다고 하며 경주 석굴암(石窟庵)의 형태와 비슷하다. 석굴 안의 본존불을 중심으로 하여 석불좌상 16위가 안치되어 있는데, 조각 수법으로 보아 조선시대 작품으로 추정된다. 【참고문헌】 문화유적총람(문화재관리국, 1977), 한국의 명산 대찰(국제불교도협의회, 1982)

단속사(斷俗寺)
【이명】 한때 조연사(槽淵寺)라 불렸다고 한다. 【위치】 경상남도 산청군 단성면 운리 지리산 동쪽에 있었다. 【연혁】 누가 창건했는지 알 수 없다. 748년(신라 경덕왕 7) 대나마 이순(李純)이 중창했다는 설과, 763년(경덕왕 22) 신충(信忠)이 창건했다는 설이 있다. 경덕왕 때 직장(直長)을 지내던 이순은 일찍부터 나이 50이 되면 출가하여 절을 짓겠다고 발원했다. 748년 마침 그의 나이가 50이 되었으므로 조연사라는 작은 절을 중창하여 단속사라고 하고, 스스로 삭발하여 법명을 공굉

(孔宏)이라 했다고 한다. 또 763년 신충이 두 친구와 관을 벗어 걸고 지리산으로 들어갔는데, 왕이 두 번이나 불러도 나오지 않았다. 그들은 머리를 깎고 사문이 되어 왕을 위해 이 절을 짓고 죽을 때까지 왕의 복을 빌겠다고 하자 왕이 이를 허락했다고 한다. 이 절에는 진흥왕 때(540~576)의 화가 솔거(率居)가 그린 유마상(維摩像)이 있었는데, 사람들이 신화(神畫)라 불렀다고 한다. 고려 말의 강회백(姜淮伯, 1357~1402)은 과거를 보기 전에 이 절에서 글을 읽으면서 매화 한 그루를 손수 심었는데, 그 뒤 벼슬이 정당문학(政堂文學)에 이르렀으므로 그 매화나무를 정당매(政堂梅)라 했다고 한다. 조선 초기에는 교종(敎宗)에 속했다. 1900년대에 편찬된 《사탑고적고(寺塔古蹟攷)》에는 존재한다고 나와 있다. 언제 폐사되었는지 알 수 없다. 【유적·유물】 현재 절터에는 동삼층석탑(보물 제72호)과 서삼층석탑(보물 제73호)이 원래의 위치에 그대로 남아 있으며, 금당 터를 비롯하여 강당 터 등의 초석도 그대로 남아 있어 신라시대의 가람 배치를 짐작할 수 있게 한다. 그러나 금당 터에는 민가가 건립되어 있어 정확한 규모는 확인되지 않는다. 동·서 삼층석탑은 전형적인 신라 석탑인데 삼국 통일 이후에는 이 같은 쌍탑 가람의 형식이 경주를 벗어나 지방의 깊은 산골에까지 전파되었음을 알 수 있다. 이 밖에도 절터에서는 통일신라시대의 기와와 비 조각이 출토되고 있으며, 근처에는 최치원(崔致遠, 857~?)이 쓴 '광제암문(廣濟嵒門)'이라는 각석(刻石)이 있다. 또한 경내에는 신라 병부령 김헌정(金獻貞)이 지어 813년(헌덕왕 5)에 세운 신행선사비

(神行禪師碑)를 비롯하여 이 절에서 살다가 1159년(고려 의종 13) 입적한 묵암 탄연(默庵 坦然)의 영당(影堂)과 비, 최치원의 독서당 등이 있었다. 현재 신행선사비편의 일부는 동국대학교 박물관에, 그리고 대감국사비편은 숙명여자대학교 박물관에 보관되어 있다. 또한 이 절에서 1226년(고종 13)에 간행된 《선문염송집(禪門拈頌集)》이 세상에 전하고 있다. 【참고문헌】 삼국유사, 동국여지승람, 사탑고적고, 문화유적총람(문화재관리국, 1977), 한국사찰전서(권상로, 동국대학교 출판부, 1979)

단암사(丹岩寺)

【이명】 한때 다남사(多男寺)라고 불렸다. 【위치】 전라북도 완주군 소양면 죽절리에 있다. 【소속】 대한불교조계종 제17교구 본사인 금산사의 말사이다. 【연혁】 고려시대 말에 서암(西岩)이 창건했다. 조선시대에는 진묵 일옥(震默 一玉, 1562~1633)이 주석했다고 한다. 전에는 다남사라고 불렸다. 언제 단암사로 이름이 바뀌었는지 알 수 없다. 1929년 불에 탔으나, 1935년 다시 건립했다. 【유적·유물】 건물로는 인법당(因法堂)과 미륵전이 있다. 미륵전은 바위굴 속에 위치해 있으며, 약 700년 전에 세워졌다고 한다. 【설화】 전설에 의하면, 이 굴속에서는 언제나 식구 수대로 먹을 만큼 쌀이 나왔다고 한다. 그런데 공양주가 욕심이 나서 더 많은 쌀을 나오게 하려고 찔렀더니 붉은 피가 나오고 더 이상 쌀이 나오지 않았다고 한다. 또 1592년(선조 25) 임진왜란 때에는 일본군 부대가 단암사를 지나가는데 말들이 무릎을 꿇고 더 이상 나가지 않았다. 이를 이상히 여긴 일본군 대장이 이 절의 굴에 들어가 보니 굴 안에 서연이 그윽하고 미륵불이 현신해 있었다고 한다. 그래서 하루 동안 기도를 드리자 군마들이 지나갈 수 있었다고 한다. 【참고문헌】 전북불교총람(전북불교총연합회, 1993), 사찰지(전라북도, 1990)

단원사(團圓寺)

【위치】 충청남도 보령시 웅천읍 수부리에 있다. 【소속】 대한불교법화종에 속한다. 【연혁】 고려 때에 창건된 것으로 추정된다. 연혁은 전하지 않는다. 폐사된 채 있던 것을 최근 앞쪽으로 자리를 옮겨서 중창했다. 【유적·유물】 건물로는 법당과 요사채 등이 있다. 유물로는 옛 절터에서 옮겨 온 비석의 귀부와 이수(충청남도 유형문화재 제32호), 부도편, 석탑 옥개석, 석조여래입상 등이 있다. 귀부 및 이수는 비신은 없어졌으나, 고려 중기의 것으로 추정된다. 석조여래입상도 역시 고려 때의 것으로 추정된다. 【참고문헌】 문화유적총람-사찰편(충청남도, 1990)

단호사(丹湖寺)

【이명】 한때 약사(藥寺)라고 불렸다. 【위치】 충청북도 충주시 단월동에 있다. 【소속】 대한불교태고종에 속한다. 【연혁】 언제 누가 창건했는지 알 수 없다. 조선 숙종 때(1674~1720) 중건하여 약사라고 했고, 1954년 단호사로 이름을 바꿔 현재에 이르고 있다. 【유적·유물】 현존하는 건물로는 대웅전과 칠성각, 요사채 등이 있다. 유물로는 철불좌상과 삼층석탑 등이 있다. 대웅전 내에는 11세기 무렵 조성된 것으로 추정되는 철불좌상(보물 제512호)이 봉안되어 있는데, 충주 대원사(大圓寺)에 있는 철불좌상(보물 제98호)과 함께 고려시대 철불의 귀중한 유품이며, 지

역적인 유파성(流派性)을 연구하는 데도 중요한 자료가 된다. 대웅전 앞뜰에 있는 화강암재 삼층석탑(충청북도 유형문화재 제69호)은 규모는 작으나 격식을 충실히 갖춰 무게가 있고 안정감을 주며, 고려 말이나 조선 초에 조성된 것으로 추정된다. 이 밖에도 1973년에 조성된 높이 6m의 미륵불입상을 비롯하여 관세음보살좌상, 지장보살좌상, 후불탱화, 신중탱화, 산신탱화, 칠성탱화 등이 있다. 【참고문헌】사지(충청북도, 1982)

달성사(達成寺)

【이명】한때 다라니절(多羅尼-), 주석원(呪釋院)이라고 불렀다. 【위치】전라북도 전주시 완산구 중인동 모악산(母岳山)에 있다. 【소속】대한불교태고종에 속한다. 【연혁】통일신라 때인 7세기에 혜통(惠通)이 창건했다. 당시 혜통은 용궁에서 해인(海印)도량과 대다라니 주문을 배워 온 뒤 이곳에 절을 세우고 다라니절이라 했다고 한다. 한때는 다라니종(多羅尼宗)의 총본산으로 주석원이라고 불리기도 했다. 폐사되었던 것을 1930년대에 승려 강원조가 재건하여 성인(聖人)이 계신 곳이라는 의미로 달성사라고 했다. 【유적·유물】건물로는 극락보전과 삼성각(산신각) 요사채 2동이 있다. 【참고문헌】사찰지(전라북도, 1990)

달암절

현암(懸庵)을 보시오.

담암사(曇巖寺)

【위치】경상북도 경주시 탑동 오릉(五陵) 남쪽에 있었다. 【연혁】신라 신문왕 때(681~692) 창건된 것으로 추정된다. 이른바 전불칠처가람(前佛七處伽藍) 가운데 일곱번째의 서청전(墻請田)에 해당하는 곳이다. 자세한 연혁은 전하지 않는다. 이 절은 고려 중기까지 7대 절의 하나로서 중시되어 오다가 차츰 퇴락하여 조선시대에 이르러 폐사되었다. 【유적·유물】절터에는 삼층석탑 1기와 당간지주, 초석 등이 남아 있었는데, 일제강점기에 절터 중앙을 관통하는 길을 내면서 거의 파괴되었다. 또 당간지주와 초석 등은 박혁거세의 제전인 숭덕전(崇德殿)을 건립할 때 사용했으며, 파손된 탑의 팔부신중(八部神衆)은 국립경주박물관에 옮겨 보관하고 있다. 현재 절터 주변은 모두 농경지로 변했으나, 옛 6촌 시절에는 이곳에 알영양산촌(閼英楊山村)이 있었다고 한다. 【참고문헌】동경잡기, 삼국유사, 문화유적총람(문화재관리국, 1977)

담운사(談雲寺)

척판암(擲板庵)을 보시오.

당사(唐寺)

연복사(演福寺)를 보시오.

당산사(糖山寺)

원갑사(圓甲寺)를 보시오.

대각사(大覺寺)

【위치】부산광역시 중구 신창동에 있다. 【소속】사단법인 화쟁교단(和諍敎團)의 중심사찰이다. 【연혁】1894년(조선 고종 31) 창건됐다. 당시에는 인법당(因法堂)만 있었다. 근래에 주지 경우(鏡牛)가 건평 3,300여 평의 큰법당을 건립하고 고려 말의 삼존불상을 봉안해서 가람의 면모를 갖추었다. 1970년 세계 고승대회를 개최했고, 1982년 3월 대만과 태국의 종정을 초대하여 국제보살계대법회를 개최했다. 【유적·유물】큰법당은 한꺼번에 3천여 명을 수용할 수 있는 대규모 콘크리트 단층 법당이다. 유물로는 칠곡의 송림사(松

林寺)에서 이관해 온 부처님 사리를 봉안한 9층 사리탑과 대장경 3질, 신라 토기 10여 점, 패엽경(貝葉經)이 있다. 이 중 패엽경은 바나나잎 껍질에 사경(寫經)한 것으로 너비 10cm, 길이 80cm이며, 《구사론(俱舍論)》이 27매, 《열반경》이 27매로 되어 있다. 패엽경은 태국의 와팬자종(宗)의 종정(宗正)에게서, 사리는 와팬자사(寺)에서 기증받은 것이다. 【참고문헌】 한국의 명산 대찰(국제불교도협의회, 1982)

대각원(大覺院)

【이명】 한때 영은암(榮恩庵)이라고 불렸다. 【위치】 충청북도 진천군 진천읍 원덕리 봉화산(烽火山)에 있다. 【소속】 대한불교조계종 제5교구 본사인 법주사의 말사이다. 【연혁】 조선 말기에 진천으로 와서 살았던 조중우(趙重愚)가 창건하여 영은암이라고 하고, 승려 수인(守仁)으로 하여금 머무르게 했다. 1907년 조창호(趙昌鎬)가 중건했으나, 일제강점기에 폐허화했다. 1954년 봄 한성(漢惺)이 중수하고, 이름을 대각원으로 바꾸었다. 1965년 대한불교조계종에 등록하여 오늘에 이르고 있다. 【유적·유물】 현존하는 건물로는 대웅전과 요사채 등이 있다. 【참고문헌】 진천군지(진천군지 편찬위원회, 1974)

대견사(大見寺)

【위치】 대구광역시 달성군 유가면 봉리 비슬산(琵瑟山) 산정에 있었다. 【연혁】 신라 헌덕왕 때(809~826) 창건됐다. 1416년(조선 태종 16) 2월 29일과 1423년(세종 5) 11월 29일 이 절에 있던 장륙관음석상(丈六觀音石像)이 땀을 흘려 조정에까지 보고된 적이 있고, 당시에 속했던 종파는 교종(敎宗)이었다. 전성기에 이 절은 비슬산의 중심사찰이었다고 한다. 1592년(선조 25) 임진왜란 전후에 빈대가 많아 폐사되었다고 전한다. 그 뒤 1900년 영친왕의 즉위를 축하하기 위해 이재인(李在仁)이 중창했으나, 1909년 다시 폐사되었다. 【유적·유물】 현재 이곳에는 신라시대에 축조된 것으로 추정되는 축대가 남아 있고 무너진 구층석탑과 거대한 석조선각불상, 10여 명이 앉을 수 있는 동굴 대좌(臺座) 등이 있다. 이 중 축대는 현재까지 온전히 보존되어 있으며, 동굴은 참선 또는 염불도량으로 사용되었을 것으로 추정된다. 또한 구층석탑은 현재 도굴꾼에 의해 무너진 상태로 있으나, 우수한 작품이다. 그리고 왕조실록에 땀을 흘렸다는 기록이 전하는 장륙관음석상은 현재 봉리에 있는 석불입상(경상북도 유형문화재 제102호)으로 추정된다. 이 절터의 축대 밑에는 샘이 있으며, 가뭄 때면 달성군 사람들이 이곳에 와서 기우제를 지내고 있다. 비슬산 밑에 있는 소재사(消災寺)는 옛날 이 절에 식량이나 각종 생활용품, 의식용품 등을 공급하던 곳이었다고 하며, 소재사 앞터에는 방앗간을 비롯하여 두부공장, 기왓골 등도 있었다고 한다. 【설화】 창건과 관련된 설화가 전한다. 당나라 문종(文宗)이 절을 지을 곳을 찾고 있었는데, 하루는 얼굴을 씻으려고 떠 놓은 대야의 물에 아주 아름다운 경관이 나타났다. 이곳이 절을 지을 곳이라고 생각한 문종은 사신을 파견하여 찾게 했다. 결국 중국에서는 찾을 수 없자 신라로 사람을 보내어 찾아 낸 곳이 이 절터였다. 그러므로 이 터가 대국에서 보였던 절터라고 하여 절을 창건한 후 이름을 대견사라 했다고 한다. 【참고문헌】 한국사찰전서(권상로, 동국대학교 출판부, 1979), 달성의 비

슬산(달성군, 1983)

대곡사(大谷寺)

【이명】 한때 대국사(大國寺)라고도 불렸다. 【위치】 경상북도 의성군 다인면 봉정리 비봉산(飛鳳山)에 있다. 【소속】 대한불교조계종 제16교구 본사인 고운사의 말사이다. 【연혁】 1368년(고려 공민왕 17) 인도 승려 지공(指空)과 나옹 혜근(懶翁惠勤)이 창건하여 대국사라고 했다. 이는 지공이 원나라와 고려의 양대국을 다니면서 불법을 편 것을 기념하기 위하여 붙인 이름이라고 한다. 그 뒤 조선 세종 때(1418~1450)는 교종(敎宗)에 속했다. 1597년(선조 30) 정유재란 때 병화로 전소하자 1605년(선조 38) 탄우(坦祐)가 대웅전과 범종각, 요사채 등을 새로 지어 중창했다. 1687년(숙종 13) 태전(太顚)이 중건하면서 이름을 대곡사라고 고쳤다. 그 뒤 1990년 주지로 부임한 법의(法義)가 나한전과 산신각, 일주문, 요사채를 새로 지어 오늘에 이르고 있다. 산내에는 9개의 부속 암자가 있었으나, 지금은 적조암(寂照庵)만 남아 있다. 【유적·유물】 현존하는 건물로는 대웅전(경상북도 유형문화재 제160호), 명부전, 범종각(경상북도 유형문화재 제161호), 산신각, 요사채 등이 있다. 대웅전 안에는 석가여래삼존불과 후불탱화, 신중탱화 등이 봉안되어 있다. 이 밖의 문화재로는 고려 말에 건립된 것으로 추정되는 13층 청석탑(靑石塔)과 하대석, 간석(竿石)만 남아 있는 석등대석(石燈臺石)이 있다. 【참고문헌】 한국사찰전서(권상로, 동국대학교 출판부, 1979), 문화유적총람(문화재관리국, 1977)

대관사(大官寺)

【이명】 관궁사(官宮寺), 궁사(宮寺), 관사(官寺)라고도 불렸다. 【위치】 전라북도 익산시 왕궁면 왕궁리 왕궁평에 있었다. 【연혁】 백제 무왕(재위 600~641)이 궁궐 안의 내원당(內願堂)으로 창건했다. 《일본서기(日本書紀)》에 의하면 639년(무왕 40) 창건했다고 한다. 대관사는 상부대관에 위치한 절이라는 것에서 붙여진 이름이고, 관궁사는 왕이 행유(行留)하는 궁사(宮寺)로 창건한 절이기 때문에 붙여진 이름이라고 한다. 그러나 연혁은 전하지 않으며, 언제 폐사되었는지도 알 수 없다. 다만 절터의 오층석탑 안에서 발견된 유물로 보아 이 절은 고려 초에 중창되어 그 명맥을 이어온 것으로 추정된다. 【유적·유물】 절터에는 높이 8.5m의 장중한 오층석탑만이 남아 있다. 이 탑은 1965년에 해체·복원 공사를 했는데, 그때 탑의 기단 초석에서 순금으로 만든 금강경판(金剛經板) 19매와 유리로 만든 사리병, 금제방합(金製方盒) 2개, 청동여래입상 등이 출토되었다. 이들 오층석탑에서 발견된 유물은 국보 제123호로 일괄 지정되어 서울 국립중앙박물관에 보관되어 있다. 이 유물들은 왕궁평 제석사(帝釋寺) 터의 기록 유물과 비슷하다. 탑의 내부 건조 양식이나 내부에서 발견되는 기와 조각, 청동불상의 양식 등으로 보아 고려 초기의 건조물로 추정된다. 【참고문헌】 일본서기, 한국사찰전서(권상로, 동국대학교 출판부, 1979), 미륵산의 정기(익산군, 1982)

대국사(大國寺)

대곡사(大谷寺)를 보시오.

대굴사(大崛寺)

【위치】 전라남도 무안군 대굴산(大崛山)에 있었다. 【연혁】 언제 누가 창건했는지 알 수 없다. 고려 명종 때(1170~1197)

활동하던 시인 김극기(金克己)가 이 절을 소재로 지은 시가 《동국여지승람》에 남아 있다. 1407년(조선 태종 7) 조정에서 천태종의 자복사찰(資福寺刹)로 삼았다. 연혁은 전하지 않는다. 1481년(성종 12)에 편찬된 《동국여지승람》에는 존재한다고 나와 있으나, 1799년(정조 23)에 편찬된 《범우고(梵宇攷)》에는 이미 폐사된 것으로 나와 있다. 【참고문헌】 한국사찰전서(권상로, 동국대학교 출판부, 1979)

대동사(大同寺)

백엄사(伯嚴寺)를 보시오.

대둔사(大屯寺)

【위치】 경상북도 구미시 옥성면 옥관리 복우산(伏牛山) 북쪽 기슭에 있다. 【소속】 대한불교조계종 제8교구 본사인 직지사의 말사이다. 【연혁】 446년(신라 눌지왕 30) 아도(阿道)가 창건했다고 한다. 1231년(고려 고종 18) 몽고족의 침략으로 불탄 뒤, 충렬왕 때(1274~1308) 왕자 왕소군(王小君)이 출가하여 중창했다. 1606년(조선 선조 39) 사명 유정(四溟 惟政)이 중건하여 승군을 주둔시켰는데, 당시의 암자는 10여 개에 이르렀다고 한다. 일제강점기에는 퇴락하여 시왕전의 불상까지 진주의 절로 옮겨 가야 하는 수난을 겪었으며, 부속 암자가 모두 해체되기까지 했다. 그러나 최근 신도들의 모금으로 여러 차례 중수하여 오늘에 이르고 있다. 【유적·유물】 현존하는 건물로는 대웅전을 비롯하여 명부전, 응진전(應眞殿), 요사채 등이 있다. 대웅전(경상북도 유형문화재 제162호)은 17세기 말의 건축물로서 부안 내소사(來蘇寺)의 대웅전과 그 형태가 비슷하다. 대웅전 안에 봉안된 석가여래좌상은 조선시대의 좌불로서 대웅전과

같은 시기에 조성된 듯하다. 명부전 안에는 1714년(숙종 40) 조성된 유명도(幽冥圖) 1폭이 있는데, 조성 연대가 뚜렷하여 탱화 연구의 중요한 자료가 되고 있다. 또 여기에는 다른 곳의 명부전에서는 보기 힘든 조사들의 진영(眞影)이 봉안되어 있다. 이 진영에는 송운(松雲 : 惟政), 백화(白華), 연우(蓮友), 포윤(包允), 월암(月巖) 등의 이름이 기록되어 있다. 이 밖에도 대웅전 앞에 1666년(현종 7)에 세워진 당간지주가 있고, 부도골에는 1812년(순조 12)에 세워진 성파대사비(性波大師碑)와 석종형(石鐘型)인 완화당(翫花堂) 부도가 있다. 【참고문헌】 한국사찰전서(권상로, 동국대학교 출판부, 1979), 선산의 향맥(선산군, 1983)

대둔사(大芚寺)

대흥사(大興寺)를 보시오.

대련사(大蓮寺)

【이명】 대련사(大連寺)라고도 했다. 【위치】 충청남도 예산군 광시면 동산리 봉수산(鳳首山)에 있다. 【소속】 대한불교조계종 제7교구 본사인 수덕사의 말사이다. 【연혁】 656년(백제 의자왕 16) 큰스님 의각(義覺)과 도침(道琛)이 창건했다. 대련사(大蓮寺)라고 이름한 것은 가까이 있는 임존성(任存城) 안에 연당(蓮塘)과 연정(蓮井)이 있었기 때문이라고 한다. 《동국여지승람》《범우고(梵宇攷)》《가람고(伽藍考)》 등에는 대련사(大連寺)라고 기록되어 있다. 845년(신라 문성왕 7) 무주 무염(無住 無染)이 중창했다. 1648년(조선 인조 26)과 1691년(숙종 17), 1745년(영조 21)에도 각각 중수했다. 그 뒤 보월(普月)이 1836년(헌종 2) 수선당(修禪堂)을 중수했고, 1843년 노전(爐殿)을 신축

했으며, 1849년(헌종 15) 법당을 중수하여 절의 면모를 일신했다. 1975년 원통보전(圓通寶殿)을 해체·복원했으며, 이때 1849년 3월 16일에 쓴 〈대련사법당중수상량문〉이 발견되기도 했다. 【유적·유물】 현존하는 건물로는 극락전(충청남도 문화재자료 제177호)과 노전, 산신각, 요사채 등이 있다. 극락전은 원래 원통보전이라고 했으나, 1975년 해체·보수 때 이 건물 뒤쪽에서 '극락보전'이라고 쓴 현판이 발견되어 이름을 바꾸었다. 유물로는 극락전 앞에 삼층석탑(충청남도 문화재자료 제178호)이 있는데, 고려시대 말기의 것이다. 이 밖에도 절 앞에는 수령 700년이 넘는 느티나무가 있다. 【참고문헌】 한국사찰전서(권상로, 동국대학교 출판부, 1979), 문화유적총람─사찰편(충청남도, 1990)

대련사(大蓮寺)
대련사(大蓮寺)를 보시오.

대복사(大福寺)
【위치】 전라북도 남원시 왕정동 교룡산(蛟龍山)에 있다. 【소속】 대한불교조계종 제17교구 본사인 금산사의 말사이다. 【연혁】 893년(신라 진성여왕 7) 창건됐다. 이후의 연혁은 알 수 없으며, 폐사되었던 것을 1938년 신자 박경찬(朴敬贊)과 그 부인 황(黃)씨가 중건했다. 【유적·유물】 현존하는 건물로는 극락전(전라북도 문화재자료 제48호)과 칠성각, 요사채 등이 있다. 유물로는 철불좌상(전라북도 유형문화재 제23호)과 동종(전라북도 유형문화재 제24호), 석불좌상 등이 있다. 철불좌상은 극락전에 봉안되어 있으며, 신라 말기에 제작된 것으로 추정된다. 동종은 1635년(조선 인조 13)에 제작되었으나, 고려시대의 양식이 엿보이는 것으로서 우리 나라 범종 연구에 매우 중요한 자료가 된다. 석불좌상은 극락전에 봉안되어 있으며, 조선시대에 제작되었다. 【설화】 창건과 관련된 설화가 전한다. 어느 날 남원의 벼슬아치 대복(大福)이 새로 부임하는 부사(府使)를 맞이하기 위해서 집을 나간 사이에 한 비구니가 와서 그의 처에게 가사 한 벌을 시주하도록 청했다. 이에 그의 처는 대복과 집안의 복락을 위해서 옷감 한 필을 시주했다. 대복이 신임 부사를 배영하고 돌아오는 길에 읍의 다리에 이르자, 다리 아래에서 자신을 부르는 소리가 들렸다. 내려가서 보니 귀와 뿔이 달린 큰 구렁이가 머리만 드러낸 채 사람의 말을 했다. 뱀은 '대복이 이 달 안으로 반드시 죽어서 뱀의 몸을 받을 것이나 가사 불사에 시주한 공덕으로 죽음을 면하게 됐다. 그러나 계속해서 재물에 탐착하고 절을 짓지 않으면 그 후 뱀의 과보를 30년 동안 받으리라.'고 했다. 그리고 절을 지으면 뱀이 대복의 과보를 천 년 동안 대신해서 받을 것이라고 했다. 대복은 자기도 모르는 사이에 약속을 했으나, 집에 돌아온 뒤에는 아내에게 가사 불사의 사실을 추궁하고 가장이 출타한 사이에 마음대로 시주한 것을 분하게 여겨 마침내 아내를 죽이려고 활을 쏘았다. 그러나 도리어 대복이 정신을 잃고 말았다. 그때 절에서는 가사를 만들고 있었는데, 화괴(火塊)가 날아와서 가사에 구멍을 내었다. 이를 이상히 여긴 비구니가 대복의 집에 와서 전후 사실을 듣고 대복을 감화시켰다. 마침내 대복은 구렁이를 위해 절을 짓고 대복사라 했다고 한다. 【참고문헌】 한국사찰전서(권상로, 동국대학교 출판부, 1979)

대비갑사(大悲岬寺)

대비사(大悲寺)를 보시오.

대비사(大悲寺)

【이명】한때 소작갑사(小鵲岬寺), 대비갑
사(大悲岬寺)라고 불렸다.【위치】경상북
도 청도군 금천면 박곡리 운문산(雲門山)
에 있다.【소속】대한불교조계종 제9교구
본사인 동화사의 말사이다.【연혁】567년
(신라 진흥왕 28) 한 신승(神僧)이 창건하
여 소작갑사라고 이름했다고 한다. 이 신
승은 557년 운문산에 들어와 지금의 금수
동(金水洞) 북대암(北臺庵) 터에 초암을
짓고 3년 동안 수도했다. 그러던 어느 날
산과 골이 진동하여 새와 짐승이 놀라 우
는 소리를 듣고 그곳이 오령(五靈)이 숨
어 사는 곳임을 알게 되었다고 한다. 이에
절을 짓기 시작하여 중심부에 대작갑사
(大鵲岬寺 ; 지금의 雲門寺), 동쪽에 가슬갑
사(嘉瑟岬寺), 남쪽에 천문갑사(天門岬
寺), 서쪽에 이 절, 북쪽에 소보갑사(所寶
岬寺)를 각각 지었는데, 역사가 다 끝난
시기가 567년이었다고 한다. 589년(진평
왕 11) 원광(圓光)이 중창하고, 대비갑사
로 이름을 바꿨다. 그러나 신라 말 고려
초에 후삼국의 싸움으로 이 절을 비롯한
일대의 다섯 갑사(岬寺)들이 모두 폐사되
어 기둥들을 대작갑사에 모아 두었다.
고려 인종 때(1123~1149)에는 원응(圓
應) 국사 학일(學一)이 중창했다. 일제강
점기에 대웅전을 중수했으며, 1950년 6·
25전쟁을 전후하여 금천면민들의 성금으
로 주지 응교(應敎)가 다시 대웅전을 중
수했다. 산내 암자로는 도솔암(兜率庵)과
옥련암(玉蓮庵)이 있었으나 지금은 없다.
【유적·유물】현존하는 건물로는 대웅전
(보물 제834호)과 요사채가 있다. 대웅전
은 조선 중기의 것이다. 유물로는 많은 수

의 부도들이 있는데, 이 중에는 소요 태능
(逍遙 太能, 1562~1649)과 취운 학린(翠
雲 學璘, 1575~1651) 등의 부도도 있다.
【참고문헌】삼국유사, 호거산운문사사적
(1718), 한국사찰전서(권상로, 동국대학교
출판부, 1979), 속 명산 고찰 따라(이고운
·박설산, 운주사, 1994)

대사(大寺)

연복사(演福寺)를 보시오.

대산사(臺山寺)

【이명】한때 용봉사(龍鳳寺)라고 불렸다.
【위치】경상북도 청도군 각남면 옥산리
월은산(月隱山)에 있다.【소속】대한불
교조계종 제9교구 본사인 동화사의 말사
이다.【연혁】사기(寺記)에는 830년(신
라 흥덕왕 5) 원효(元曉, 617~686)가 창
건하여 용봉사라 했다고 하나, 창건한 때
가 원효의 활동 시기와 달라 신빙성이 없
다. 신라 때에 월씨국(月氏國)으로부터
표류하여 우리 나라에 온 42수관음보살상
(四十二手觀音菩薩像)을 봉안하여 크게 사
세를 떨쳤다고 한다. 고려 중기에 목암 일
연(睦庵 一然, 1206~1289)은 청도 각북
면에 있는 용천사(湧泉寺)의 주지로 있으
면서 이 절의 사적을 기록하도록 했다.
1592년(조선 선조 25) 임진왜란 때 42수
관음보살상을 땅에 묻었는데, 도둑이 그
것을 파내려다가 피를 토하고 죽었다고
한다. 임진왜란 뒤 이를 다시 꺼내어 안치
했으며, 이때 왕후의 꿈에 현몽했으므로
왕실에서 절의 중수를 위해 시주했다. 그
러나 조선 후기에 도둑이 야습하여 약탈
·방화함으로써 법당과 이 42수관음보살
상이 소실하고 말았다. 1876년(고종 13)
에는 의문(義文)이 중건하고 대산사라고
이름을 바꿨다. 1930년 다시 불탄 것을

원응(圓應)이 중건하여 오늘에 이르고 있다. 【유적·유물】현존하는 건물로는 법당인 원통전을 비롯하여 선실(禪室), 산령각(山靈閣), 칠성각, 용왕단(龍王壇), 요사채 등이 있다. 유물로는 법당 앞에 삼층석탑이 있다. 이 탑의 지대석(地臺石)은 자연석으로 이루어져 있는데, 멧돼지 모양이 조각되어 있다. 월은산이 제비가 알을 품고 있는 형상이고, 실제로 이 산에 새들이 많이 살고 있어서 뱀이 많이 있기 때문에, 이 뱀을 잡기 위해 뱀을 잘 잡아 먹는 멧돼지를 조각한 것이라고 한다. 이 절의 사적문은 조선 선조 때 영의정을 지낸 이산해(李山海)가 지었다. 【참고문헌】한국사찰전서(권상로, 동국대학교 출판부, 1979), 명산 고찰 따라(이고운·박설산, 신문출판사, 1987)

대성사(大成寺)

【위치】경기도 여주군 금사면 외평리 원적산(圓寂山)에 있다. 【소속】대한불교조계종 제2교구 본사인 용주사의 말사이다. 【연혁】유물로 미루어 보아 고려 전기 이전에 창건된 것으로 추정된다. 자세한 연혁은 전하지 않으나, 1819년(순조 19)까지는 존재했다. 그 뒤 폐사된 채 방치돼 있던 것을 1941년 비구니 최주희(崔珠嬉)가 법당을 짓고, 1952년 요사 2동과 산신각을 신축하여 대성사라고 이름했다. 【유적·유물】건물로는 법당과 산신각, 요사 2동이 있다. 유물로는 미륵석불좌상과 파손된 비석 1편이 있다. 미륵석불좌상(경기도 유형문화재 제35호)은 절터에서 수습하여 1941년 최주희가 법당에 봉안했는데, 고려 전기의 작품으로 보인다. 비석에는 '가경(嘉慶) 24년(1819)'이라는 연도가 새겨져 있다. 【참고문헌】기내사원지

(경기도, 1988)

대성암(大聖庵)

【이명】한때 범굴사(梵窟寺)라고 불렸다. 【위치】경기도 구리시 아천동 아차산에 있다. 【소속】한국불교태고종에 속한다. 【연혁】670년(신라 문무왕 10) 의상(義湘)이 창건하여 범굴사라고 했다. 1375년(고려 우왕 1) 나옹 혜근(懶翁 惠勤)이 중창하여 대성암이라고 이름을 고친 뒤 이곳에서 수도했다. 그 뒤 정확한 연대는 알 수 없으나 폐사되었다가 1750년(조선 영조 26) 이 절터에 거사 방지성(方智性)이 초암을 짓고 수도했으며, 뒤에 운악산의 승려 해붕 전령(海鵬 展翎, ?~1826)이 와서 확장했다. 1882년(고종 19) 임오군란으로 불에 탄 뒤 폐사되었으며, 1912년 문정념(文定念)이 중건했다. 1928년 용성 진종(龍城 震鍾)의 제자 안보광(安寶光)이 대웅전과 나한전, 요사채 등을 건립했다. 1936년 보광이 중성전(衆聖殿)을 중건했고, 1942년 극락전을 중수했으나, 1950년 6·25전쟁 때 다시 소실했다. 1954년 주지 김석하(金奭河)와 신도 광명심(光明心)이 법당과 요사채를 재건했고, 1968년 삼성각을 건립했다. 그 뒤 1979년 주지 이태웅(李泰雄)이 대웅전을 중건했다. 【유적·유물】현존하는 건물로는 대웅전과 삼성각, 종각, 요사채 등이 있다. 특별한 문화재는 없으나, 대웅전 뒤 암벽에 새긴 명문이 남아 있다. 1882년 이 절이 불에 탄 뒤 중건하기 위해 시주한 사람들의 명단으로 추정된다. 【설화】법당 뒤에 있는 석굴 천정에서는 창건 당시 매일 오후에 천공미(天供米)가 나와 의상을 비롯한 대중들이 이를 먹으면서 수도했다고 한다. 그러나 시자(侍者)가 많은 쌀을 얻으려는 욕

심으로 구멍을 넓히자 타 버린 쌀과 뜨물이 7일 동안 흘러 내린 뒤 쌀이 나오지 않았다고 한다. 【참고문헌】 한국사찰전서(권상로, 동국대학교 출판부, 1979)

대성암(大成庵)

【위치】 경상북도 문경시 산북면 김룡리 운달산(雲達山)에 있다. 【소속】 대한불교조계종 제8교구 직지사의 말사인 김룡사(金龍寺)의 산내 암자이다. 【연혁】 1800년(조선 정조 24) 영월(穎月)이 시영(是英)과 함께 김룡사의 청하당(靑霞堂)을 이곳으로 이전하여 창건했다. 1806년(순조 6) 혜월(慧月)이 중수하면서 법당을 단청하고 불상을 개금하며 탱화를 조성했다. 이때 혜월은 등촉계(燈燭契)를 조직하여 이 불사를 했는데, 1915년 비비자(非非子)가 지은 〈대성암등촉계(大成庵燈燭契)〉에 그 자세한 내용이 기록되어 있다. 이어 1886년(고종 23) 혜월의 제자인 혼성(渾性)이 용호(龍湖)와 함께 중창했다. 지금은 비구니의 수도도량이다. 【유적·유물】 현존하는 건물로는 인법당(因法堂), 산신각 등이 있다. 【참고문헌】 한국사찰전서(권상로, 동국대학교 출판부, 1979)

대소래사(大蘇來寺)

내소사(來蘇寺)를 보시오.

대승사(大乘寺)

【위치】 경상북도 문경시 산북면 전두리 사불산(四佛山; 일명 功德山)에 있다. 【소속】 대한불교조계종 제8교구 본사인 직지사의 말사이다. 【연혁】 587년(신라 진평왕 9) 진평왕이 사불산 산마루에 있는 사면석불상(四面石佛像) 옆에 창건했다. 진평왕은 한 승려를 청하여 절을 맡기고 사면석불에 공양을 올리게 했다. 고려 고종 때(1213~1259) 상주목사 최자(崔滋)는

이 절의 서남쪽에 있는 백련사(白蓮寺)를 새롭게 단장했으며, 조선 초기에는 득통 기화(得通 己和)가 이 절의 조전(祖殿)에 있으면서 《반야경》을 연구했고 반야사(般若社)를 결성하여 후학들을 지도했다. 1592년(선조 25) 임진왜란 때 전소한 뒤 1604년(선조 37)부터 1701년(숙종 27)까지 법당을 비롯하여 승당, 동상실(東上室), 관음전, 조전, 미륵전, 중실(中室), 시왕전(十王殿), 향로전(香爐殿), 천왕문, 만세루, 침계당(枕溪堂), 금당, 영자전(影子殿), 향적전(香積殿), 응향전(凝香殿), 나한전, 청심전(淸心殿) 등을 신축했다. 이 중 금당은 1692년(숙종 18)에 지었는데, 미면사(米麵寺; 白蓮寺) 삼존불을 옮겨 봉안했다. 1725년(영조 1) 의학(義學)이 삼존불상을 개금했는데, 이때 아미타불의 복장(腹藏)에서 사리 1과와 705년(신라 성덕왕 4) 금으로 쓴 《화엄경》 7권이 나왔다. 1727년(영조 3) 종각을 단장했고, 1730년 금강문을 지어 금강역사상과 문수보살상, 보현보살상을 모셨으며, 다음 해 천왕문, 금강문, 일주문을 단장했다. 당시의 산내 암자로는 미륵암(彌勒庵), 사불암(四佛庵), 상적암(上寂庵), 대비암(大妃庵), 묘적암(妙寂庵), 묘봉암(妙峰庵), 윤필암(潤筆庵), 문수암(文殊庵), 보현암(普賢庵) 등 9개가 있었다. 1862년(철종 13) 명부전과 응진전(應眞殿)을 제외한 대부분의 건물이 소실하자 의운(意雲), 취월(就越), 덕산(德山) 등이 중건했다. 1872년(고종 9) 의운이 극락전을 중건했고, 이듬해 누각 밖으로 석축을 쌓고 회랑을 신축했다. 1899년(광무 3) 월파(月波)가 중심이 되어 염불당을 만들고 미타계(彌陀契)를 설치했으며, 환경 우인(幻鏡 雨

仁), 화응(華應), 학송(鶴松) 등은 동별당(東別堂 ; 祖師堂)에 염불만일회(念佛萬日會)를 설치하여 7년 동안 정진했다. 이때 동별당이 좁고 퇴락하여 많은 승려들이 정진할 수 없었으므로 1906년 동별당 동쪽에 건물을 짓고 쌍련암 만일회(雙蓮庵萬日會)를 개설했다. 1956년 화재로 대부분의 건물이 소실했고, 1960년 주지 남인 기종(南印 基琮)이 중건하여 오늘에 이르고 있다. 현재 부속 암자로는 묘적암, 윤필암, 상적암 등이 있다. 【유적·유물】 현존하는 건물로는 대웅전을 중심으로 좌우에 극락전, 나한전, 시왕전, 선원, 요사채 등이 있다. 문화재로는 목각탱화와 목각탱화 관계 문서 일괄(보물 제575호), 금동보살좌상(보물 제991호), 사적비와 아미타불상에서 나온《금자화엄경》7권, 석가모니 사리 1과 등이 있다. 이 중 목각탱화 관계 문서는 1869년과 1876년에 작성되었는데, 조선 후기 이 절과 영주 부석사(浮石寺)의 사정을 비롯하여 이 절에 있는 목각탱화에 얽힌 유래를 알 수 있는 자료이다. 이 목각탱화는 원래 부석사에 있었는데, 부석사가 폐찰인 상태로 있어 이 절로 옮겨 왔다. 뒤에 부석사가 탱화 반환을 주장하자 두 절 사이에 시비가 일었는데, 이 문서는 1876년 대승사가 부석사의 조사전 수리 비용을 대주기로 하고 시비를 일단락하게 된 과정을 기술하고 있다. 묘적암에는 마애불좌상(경상북도 유형문화재 제239호)이 있는데 고려시대의 작품으로 그 크기는 6m에 이른다. 【설화】 창건과 관련된 설화가 전한다. 587년 붉은 비단으로 싸인 사면석불상(사불암)이 하늘에서 떨어졌다. 진평왕은 이 소식을 듣고 찾아와 예배하고 이 석불 옆에 절을 창건하고 대승사라고 했다. 또한 한 승려를 청하여 이 절을 맡기고 사면석불에 공양을 올리게 했다. 그 승려는 항상《법화경》을 독송했으며, 죽고 난 뒤에는 그의 무덤에 한 쌍의 연꽃이 피었다고 한다. 【참고문헌】 삼국유사, 동국여지승람, 한국사찰전서(권상로, 동국대학교 출판부, 1979)

대승사(大乘寺)

【위치】 전라북도 전주시 완산구 동서학동 고덕산에 있다. 【소속】 한국불교태고종에 속한다. 【연혁】 고려 때 창건됐다. 1592년(조선 선조 25) 임진왜란 때 전부 소실하고 폐허가 된 채 석불만 남아 있었는데, 1935년 거사 유재석이 작은 암자를 지어 재건했다. 그 뒤 1966년경 비구니 김수월이 중창하여 요사를 짓고 미륵석불을 세워 절의 면모를 갖추었다. 【유적·유물】 건물로는 대웅전과 요사가 있다. 【참고문헌】 전북불교총람(전북불교총연합회, 1993)

대승암(大乘庵)

【이명】 한때 개선사(開善寺)라고 불렸다. 【위치】 경상북도 경주시 남산동 금오산(金鰲山)에 있었다. 【연혁】 언제 누가 창건했는지 알 수 없다. 1628년(조선 인조 6) 불에 타서 1631년(인조 9) 중수하여 대승암이라고 이름을 바꾸었다. 1799년(정조 23)에 편찬된《범우고(梵宇攷)》에 존재한다고 나와 있는 것으로 보아 조선 말기에 폐사된 것으로 추정된다. 【유적·유물】 절터에는 탑이 서 있는 자리가 있으며 초석이 산재해 있다. 【참고문헌】 범우고, 한국사찰전서(권상로, 동국대학교 출판부, 1979)

대안사(大安寺)

【위치】 경기도 개성시 천마산(天磨山)에

있었다. 【연혁】 1048년(고려 문종 2) 창건됐다. 문종은 1052년 3월 이 절에서 반승(飯僧)을 베풀었고, 1071년(문종 25)에도 행차했다. 1100년(숙종 5) 5월 송나라로부터 철종이 죽었다는 소식이 전해지자 숙종은 철종을 위해 이 절에서 천도 및 명복을 빌고자 했으나, 신하들의 반대로 뜻을 이루지 못했다. 1159년(의종 13) 3월 의종이 이 절에 행차하여 양평도에서 올린 상서를 논했으며, 1180년(명종 10) 8월 태조와 정종의 화상을 이 절로 옮겨서 안치했다. 고려 왕실의 원찰이었다. 1481년(조선 성종 12)에 편찬된 《동국여지승람》에 이 절에 관한 기록이 남아 있는 것으로 보아 조선 중기 이후에 폐사된 것으로 추정된다. 이 절에 관한 이규보(李奎報, 1168~1241)의 시 1편도 이 문헌에 수록되어 있다. 【참고문헌】 고려사, 동국여지승람

대안사(大安寺)
태안사(泰安寺)를 보시오.

대왕흥륜사(大王興輪寺)
흥륜사(興輪寺)를 보시오.

대우사(大又寺)
약사사(藥師寺)를 보시오.

대운사(大雲寺)
【위치】 경기도 개성시에 있었다. 【연혁】 고려시대 초기에 창건됐다. 1064년(문종 18) 4월 4일 문종이 '대운사는 선왕이 처음 창건한 절로서 나라의 복을 비는 곳인데, 내려준 공전(公田)의 토질이 척박하고 세입이 매우 적어 재(齋)의 공양물이 부족하니 좋은 밭 100결을 더 주라'고 명령했다. 1078년(문종 32) 4월 21일 송나라 황제의 생일을 맞아 이 절과 동림사(東林寺)에서 축수재(祝壽齋)를 베풀었

다. 이 밖의 자세한 연혁은 전하지 않는다. 【참고문헌】 고려사

대운사(大雲寺)
【위치】 충청북도 진천군 문백면 평산리 양천산(涼泉山, 涼天山)에 있었다. 【연혁】 언제 누가 창건했는지 알 수 없다. 고려 때에는 건물이 수백 칸에 이르러 진천 지방에서는 매우 큰 절이었다. 《고려사》에는 1048년(문종 2) 대운사에 큰 역사, 즉 중창불사에 장정들이 동원되어 농촌이 폐농의 지경에 이르렀다는 기록이 있는데, 이 절을 지칭하는 것으로 추정된다. 그러나 《상산지(常山誌)》에 의하면, 1592년(조선 선조 25) 임진왜란 이후에는 이미 황폐화하여 작은 암자에 석불만이 남아 있었다고 한다. 이 암자가 언제 폐사되었는지도 알 수 없다. 다만 조선시대까지는 존속했던 것으로 추정되며, 구전에 따르면 빈대가 많아 폐사되었다고 한다. 【유적·유물】 절터는 천여 평에 달하며, 현재 경작지로 사용되고 있다. 절터에서 간혹 조선시대의 기와 조각이 발견되며, 근년에는 작은 금동불이 출토되었다고 하나 행방을 알 수 없다. 【참고문헌】 고려사, 사지(충청북도, 1982)

대원사(大原寺)
【이명】 한때 죽원사(竹原寺)라고 불렸다. 【위치】 전라남도 보성군 문덕면 죽산리 천봉산(天鳳山)에 있다. 【소속】 대한불교조계종 제21교구 본사인 송광사의 말사이다. 【연혁】 503년(백제 무녕왕 3) 아도(阿道)가 창건하여 죽원사라 했다고 한다. 그러나 지리적인 여건으로 보아 신라에서 활동하던 아도가 백제에 와서 창건했다는 점에는 의문이 있다. 통일신라시대에는 큰 절의 면모를 갖추었다. 1260년

(고려 원종 1) 송광사의 제5대 국사인 충경 천영(沖鏡 天英)이 크게 중창하여 중봉산(中鳳山)을 천봉산으로 고치고, 절 이름도 대원사로 바꾸었다. 그 뒤 여러 차례의 중건과 중수를 거쳤으며, 1948년까지는 천불전(千佛殿)을 중심으로 한 수많은 건물과 상원암(上院庵), 호적암(虎蹟庵) 등의 부속 암자가 있었다. 그러나 1948년 여순반란사건 때 대부분 소실했다. 【유적·유물】현재는 극락전(전라남도 유형문화재 제87호)과 요사채만이 남아 있다. 문화재로는 극락전 앞에 자진국사부도(慈眞國師浮屠 ; 전라남도 유형문화재 제35호)가 있다. 【참고문헌】문화유적총람(문화재관리국, 1977), 한국사찰전서(권상로, 동국대학교 출판부, 1979), 내 고장 전통 가꾸기(보성군, 1982)

대원사(大源寺)

【이명】한때 평원사(平原寺), 대원암(大源庵)이라고 불렸다. 【위치】경상남도 산청군 삼장면 유평리 지리산에 있다. 【소속】대한불교조계종 제12교구 본사인 해인사의 말사이다. 【연혁】548년(신라 진흥왕 9) 연기(緣起)가 창건하여 평원사라고 했다. 그 뒤 폐사되었던 것을 1685년(조선 숙종 11) 운권(雲捲)이 옛터에 절을 짓고 대원암(大源庵)이라고 했다. 1890년(고종 27) 구봉(九峰)이 낡은 건물을 중건하고 조사영당(祖師影堂)과 방장실, 강당을 짓고 대원사(大源寺)로 이름을 바꾸었다. 1913년 12월 화재로 소실하자 주지 영태(永泰) 등 50여 명이 만 6천 원의 시주를 얻어 1917년 12동의 건물을 중건했다. 1948년 여순반란사건 때 공비들의 약탈·방화로 소실한 뒤 폐허가 되었다가, 1955년 법일(法一)이 다시 중창한 뒤 비구니

선원을 개설하여 오늘에 이르고 있다. 이 절의 선원은 석남사(石南寺), 견성암(見性庵) 등의 선원과 함께 우리 나라의 대표적인 비구니 참선도량으로 손꼽힌다. 부속 암자로는 절의 뒤쪽에 사리전(舍利殿)이 있다. 【유적·유물】현존하는 건물로는 대웅전, 원통보전, 응향각(凝香閣), 산왕각(山王閣), 봉익루(鳳翊樓), 범종각, 큰방, 객실 등이 있다. 문화재로는 다층석탑(보물 제1112호)이 사리전 앞에 있다. 646년(신라 선덕여왕 15) 자장(慈藏)이 세웠다는 이 탑은 철분을 많이 함유한 돌을 사용해 강렬한 인상을 풍기고 있으나 조각은 소박하다. 18세기 말 무렵 이 탑을 개축할 때 72과의 사리가 나왔다고 하는데, 지금은 전하지 않는다. 이 밖에도 절 입구에는 부도와 방광비(放光碑)가 있고, 절 부근에는 옛 선비들이 수학했다는 거연정(居然亭), 군자정(君子亭) 등이 있다. 【설화】다층석탑에 얽힌 설화가 전한다. 나라에 경사가 있으면 탑전에서 서광이 비치고 향내가 경내를 진동했다고 하며, 몸과 마음이 맑은 사람은 곁 연못의 물에 비친 탑의 그림자 속에서 탑 안의 사리를 보았다는 구전도 있다. 【참고문헌】한국사찰전서(권상로, 동국대학교 출판부, 1979), 명산 고찰 따라(이고운·박설산, 신문출판사, 1987), 한국의 명산 대찰(국제불교도협의회, 1982)

대원사(大院寺)

【이명】대원사(大圓寺, 大原寺)라고도 한다. 【위치】전라북도 완주군 구이면 원기리 모악산(母岳山) 동쪽 중턱에 있다. 【소속】대한불교조계종 제17교구 본사인 금산사의 말사이다. 【연혁】670년(신라 문무왕 10) 일승(一乘)이 심정(心正), 대원

(大原) 등과 함께 창건했다. 일승, 심정, 대원은 고구려 보장왕 때(642~668) 백제로 귀화한 열반종의 개조 보덕(普德)의 직계 제자로서 보덕이 있는 고대산(孤大山) 경복사(景福寺)를 바라볼 수 있는 위치에 이 절을 창건했던 것이다. 그 뒤 1066년(고려 문종 20) 국사 원명(圓明)이 중창했고, 1374년(공민왕 23) 나옹 혜근(懶翁 惠勤)이 중창했다. 1597년(조선 선조 30) 정유재란 때 소실한 뒤 1612년(광해군 4) 진묵 일옥(震默 一玉)이 재건하고 머물렀다. 1733년(영조 9) 동명 천조(東明 千照)가 중창했다. 그리고 1886년(고종 23) 금곡(錦谷)이 중창했다. 특히 조선시대 말에 종교사상가로 유명했던 증산(甑山) 강일순(姜一淳, 1871~1909)이 이 절에서 도를 깨쳤다. 【유적·유물】 현존하는 건물로는 대웅전을 비롯하여 명부전, 칠성각, 요사채, 객실 등이 있다. 대웅전 안에는 석가여래삼존불과 후불탱화, 나한탱화, 목각사자상(전라북도 민속자료 제9호) 등이 있다. 이 목각사자상은 괴목으로 만들어졌는데, 일옥이 축생들을 천상으로 천도하기 위해 만든 뒤 그 위에 북을 올려 놓고 쳤다고 한다. 또 요사채 안에는 일옥의 영정과 제왕탱화가 봉안되어 있다. 이 밖에도 문화재로는 오층석탑과 9기의 부도가 있다. 오층석탑은 1986년 무렵 다른 곳에서 옮겨 온 것으로 조선시대 후기의 작품으로 추정되고 있다. 부도 중의 용각부도(龍刻浮屠; 전라북도 유형문화재 제71호)는 고려 중기의 작품으로 추정된다. 옥개석 가운데 부분에 두 마리의 큰 용이 서로 휘어감으면서 여의주를 취하려는 모습을 하고 있다. 또한 절의 남서쪽 입구에 있는 부도에는 '이씨성연화(李氏姓蓮花)'라고 새겨져 있어 한 여신도의 부도로 추정되고 있다. 【참고문헌】 한국사찰전서(권상로, 동국대학교 출판부, 1979), 전통의 고장 완주(완주군, 1982), 사찰지(전라북도, 1990)

대원사(大願寺)
【위치】 경상북도 울릉군 울릉읍 도동리 관모봉(冠帽峰) 중턱에 있다. 【소속】 대한불교조계종 제11교구 본사인 불국사의 말사이다. 【연혁】 1900년대 초 비구니 박덕념(朴德念)이 창건했다. 울릉도 내에서 가장 오래 된 절이다. 그 뒤의 자세한 연혁은 전하지 않는다. 창건 이래 비구니의 수도도량이다. 【유적·유물】 건물로는 법당과 산신각, 종각, 요사채가 있다. 【참고문헌】 속 명산 고찰 따라(이고운·박설산, 운주사, 1994)

대원사(大圓寺, 大原寺)
대원사(大院寺)를 보시오.

대원암(大願庵)
【이명】 원통암(圓通庵)이라고도 불린다. 【위치】 경상남도 밀양시 단장면 구천리 재약산(載藥山)에 있다. 【소속】 대한불교조계종 제15교구 통도사의 말사인 표충사(表忠寺)의 산내 암자이다. 【연혁】 1714년(조선 숙종 40) 약봉(藥峰)이 창건했다. 1858년(철종 9) 비구니 찬인(讚仁)이 중건했으며, 1930년 비구니 부성(富盛)이 중건했다. 현재 비구니들의 수도도량이다. 【유적·유물】 건물로는 대웅전과 칠성각, 요사채 5동이 있다. 특별한 문화재는 없다. 【참고문헌】 한국사찰전서(권상로, 동국대학교 출판부, 1979)

대원암(大圓庵)
【위치】 서울특별시 성북구 안암동 안암산(安岩山) 기슭에 있다. 【소속】 대한불교

조계종 직할교구 조계사의 말사인 개운사(開運寺)의 산내 암자이다. 【연혁】 1845년(조선 헌종 11) 지봉 우기(智峰 祐祈)가 창건했다. 일제강점기에는 근대의 큰스님 한영 정호(漢永 鼎鎬, 1870~1948)가 불교전문강원을 개설하여 불교계 석학들을 배출했고, 1970년대에는 탄허 택성(呑虛 宅成)이 주석하면서 역경 사업에 종사하기도 했다. 【유적·유물】 건물로는 법당 등이 있다. 【참고문헌】 한국사찰전서(권상로, 동국대학교 출판부, 1979), 명산 고찰 따라(이고운·박설산, 신문출판사, 1987)

대원암(大源庵)

대원사(大源寺)를 보시오.

대은사분암(大恩寺分庵)

감추사(甘湫寺)를 보시오.

대작갑사(大鵲岬寺)

운문사(雲門寺)를 보시오.

대장암(大藏庵)

청룡사(靑龍寺)를 보시오.

대적사(大寂寺)

【위치】 경상북도 청도군 화양읍 송금리 동학산(洞鶴山)에 있다. 【소속】 대한불교 조계종 제9교구 본사인 동화사의 말사이다. 【연혁】 876년(신라 헌강왕 2) 보조 체징(普照 體澄)이 창건했다. 고려시대 초에 보양(寶壤)이 중창했다고 한다. 1592년(조선 선조 25) 임진왜란 때 방화로 불탄 뒤, 1689년(숙종 15) 서월 성해(瑞月 性海)가 크게 중수했다. 그 뒤의 연혁은 전하지 않는다. 【유적·유물】 현존하는 건물로는 극락전(보물 제836호)을 비롯하여 삼성각, 향각(香閣), 천왕문, 요사채가 있다. 극락전의 기단은 큰 석탑처럼 이중으로 되어 있고, 면석(面石)에 연꽃과 거북 무늬가 양각되어 화려하기 그지없다. 계

단 측면에 용비어천가(龍飛御天歌)가 새겨져 있는 점도 주목된다. 유물로는 절 아래에 석종형(石鐘型) 부도 1기가 있는데, 풍엄(豊嚴)의 것이다. 1950년 6·25전쟁 이전에는 10여 기의 오래 된 부도가 있었으나, 6·25전쟁 중에 모두 도난당했다. 【참고문헌】 속 명산 고찰 따라(이고운·박설산, 운주사, 1994)

대전사(大典寺)

【위치】 경상북도 청송군 부동면 상평리 주왕산(周王山)에 있다. 【소속】 대한불교 조계종 제10교구 본사인 은해사의 말사이다. 【연혁】 672년(신라 문무왕 12) 의상(義湘)이 창건했다는 설과, 919년(고려 태조 2) 눌옹(訥翁)이 창건했다는 설이 있다. 그 뒤의 자세한 연혁은 전하지 않는다. 조선 중기에 실화로 전소한 뒤 중창하여 오늘에 이르고 있다. 부속 암자로는 백련암(白蓮庵), 주왕암(周王庵) 등이 있다. 【유적·유물】 현존하는 건물로는 보광전(普光殿 ; 경상남도 유형문화재 제202호), 명부전, 산령각(山靈閣), 요사채 등이 있다. 유물로는 보광전 앞의 삼층석탑 2기와 사적비, 부도 등이 있다. 【설화】 절 오른쪽 밭에는 우물을 메운 흔적이 있는데, 이 우물에 얽힌 설화가 전한다. 원래 이 절에서는 부처님께 올리는 청수를 매일 냇가에서 길어다가 올리고는 했다. 이를 귀찮아한 승려들은 조선 중기에 앞뜰에 우물을 파서 그 물을 길어 청수로 사용했다. 그러나 화재로 절이 불탔다. 그 뒤 한 도사가 와서 화재의 이유를 일러주었다. 그는 이 절의 지세가 배가 바다에 떠서 항해하는 부선형(浮船形) 혈(穴)인데 여기에 우물을 파니 배 바닥에 구멍을 뚫은 격이 되었으므로 불이 났다면서 우물을 메우게 했

다고 한다. 【참고문헌】한국사찰전서(권상로, 동국대학교 출판부, 1979), 청송의 향기(청송군, 1982)

대조사(大鳥寺)
【위치】충청남도 부여군 임천면 구교리 성흥산(聖興山)에 있다. 【소속】대한불교조계종 제6교구 본사인 마곡사의 말사이다. 【연혁】《부여읍지》에는 겸익(謙益)이 526년(성왕 4) 인도에서 산스크리트어본 율장(律藏)을 가지고 귀국해 창건했다고 한다. 그러나 사적기를 참조해 기록한 현판에는 527년(성왕 5) 담혜(曇慧)가 창건했다고 한다. 이처럼 창건자에 대한 설은 다르지만, 6세기 초에 창건된 것만은 확실한 듯하다. 고려 원종 때(1259~1274) 진전(陳田)이 중창했고, 그 뒤에도 여러 차례의 중수를 거쳐 오늘에 이르고 있다. 【유적·유물】현존하는 건물로는 대웅전과 산신각, 요사채 등이 있다. 문화재로는 석조미륵보살입상(보물 제217호)과 삼층석탑(충청남도 문화재자료 제90호), 석등이 있다. 석탑은 고려 초기의 작품으로 추정되며, 옥개석(屋蓋石)만 남아 있었으나 1975년 옥신(屋身)이 발견되어 복원되었다. 【설화】석조미륵보살입상과 관련된 전설이 있다. 한 노승이 바위 밑에서 수도하다가 어느 날 한 마리의 큰 새가 바위 위에 앉는 것을 보고 깜박 잠이 들었다. 얼마 후 깨어나 보니 어느 새 바위가 미륵보살상으로 변하여 있었으므로 이 절을 대조사라고 부르게 되었다고 한다. 【참고문헌】문화유적총람(문화재관리국, 1977), 문화유적총람-사찰편(충청남도, 1990)

대참사(大懺寺)
참당암(懺堂庵)을 보시오.

대통사(大通寺)
【위치】충청남도 공주시 반죽동 봉황산에 있었다. 【연혁】529년(신라 법흥왕 16) 법흥왕이 양(梁)나라의 무제(武帝)를 위해서 창건했다고 한다. 유물로 미루어 보아 신라가 삼국을 통일한 뒤에도 존속했던 것으로 보인다. 자세한 연혁은 전하지 않는다. 【유적·유물】절터에는 민가와 시가지가 조성되어 있어 매우 교란된 상태이다. 이 절의 가람 배치는 탑과 금당, 강당이 남북 일직선상에 놓여 있는 일탑일금당식(一塔一金堂式)으로 추정된다. 유물로는 석조(石槽) 2기(중동 석조는 보물 제148호, 반죽동 석조는 보물 제149호)와 당간지주(보물 제150호), 대통교 초석 4매가 있다. 이들 석조는 백제 때의 것으로 지금은 국립공주박물관으로 옮겨 전시 중이다. 당간지주는 통일신라 때의 것이다. 대통교 초석은 이 절 안에 있던 다리인 대통교의 초석으로 대통교는 이 절의 창건 당시부터 제민천(濟民川)에 설치되어 있었다. 【참고문헌】삼국유사, 문화유적총람-사찰편(충청남도, 1990)

대한불교수도원(大韓佛敎修道院)
【위치】충청북도 청주시 상당구 수동 우암산(牛巖山) 서쪽 기슭에 있다. 【소속】대한불교수도원의 본산이다. 【연혁】유물로 미루어 보아 신라시대에 창건된 것으로 추정된다. 그러나 유물 중에 조선시대 기와가 거의 보이지 않는 점으로 보아 고려시대에 전성하다가 조선 초기에 이르러 폐사된 듯하다. 일제강점기에는 오랫동안 폐사로 남아 있던 절터에 일본 사람들이 신사(神社)를 지었다. 8·15해방으로 일본 사람들이 물러간 뒤 1953년 이를 중창하여 대한불교수도원이라고 했다. 【유적·유물】건물로는 대웅전, 조사당(祖師

堂), 삼성각, 종각, 강당, 요사채 등이 있다. 문화재로는 미륵불상, 석탑, 쌍사자석등 등이 있다. 약 2천여 평에 이르는 옛 절터에서 출토된 유물로는 석조연화대좌(石造蓮華臺座) 4기, 불두(佛頭) 등이 있다. 이 중 석조연화대좌는 신라 말 고려 초의 작품으로 추정된다. 불두는 높이 17cm로 서원(西原) 지방의 불상 모습 중 가장 아름다운 상호를 가진 걸작이며, 현재 불상과 함께 충북대학교 박물관에 보관되어 있다. 【참고문헌】 사지(충청북도, 1982)

대혈사(大穴寺)

해운사(海雲寺)를 보시오.

대흥사(大興寺)

【이명】 한때 만일암(挽日庵)이라고 불렸던 듯하며, 대둔사(大芚寺)라고도 불린다. 【위치】 전라남도 해남군 삼산면 구림리 두륜산(頭輪山)에 있다. 【소속】 대한불교조계종 제22교구 본사이다. 【연혁】 《대둔사지》에 몇 가지 창건설이 기록되어 있다. 첫째는 〈만일암고기〉에 근거하여 426년(신라 눌지왕 10) 정관(淨觀)이 창건하여 만일암이라고 하고 508년(지증왕 9) 이름을 알 수 없는 선행비구(善行比丘)가 중건했다는 설이다. 둘째는 〈죽미기〉에 근거하여 514년(법흥왕 1) 아도(阿道)가 창건했다고 하는 설이며, 셋째는 875년(헌강왕 1) 연기 도선(烟起 道詵)이 당나라에서 귀국하여 500개의 절을 짓는 것이 좋겠다고 상소했는데 이 절도 그중의 하나라는 설이다. 그러나 창건자가 속한 나라나 활동 시기로 볼 때 신라 말에 도선이 창건했다는 설이 가장 유력하다. 1592년(조선 선조 25) 임진왜란 이전에는 아직 큰 절의 면모를 갖추지 못했으나, 서산(西山) 대사 청허 휴정(淸虛 休靜)이 1604년(선조 37) 이 절에 자신의 의발(衣鉢)을 전할 것을 부촉한 뒤부터 이 절은 배불(排佛)의 강압 속에서도 많은 인재를 배출하는 선교양종(禪敎兩宗)의 대도량으로 면모를 일신했다. 그 뒤 1665년(현종 6) 심수(心粹)가 대웅전을 중창했고, 1669년(현종 10) 표충사(表忠祠)를 건립했다. 1811년(순조 11) 천불전이 불에 타자 1813년(순조 13) 완호 윤우(玩虎 倫佑)와 제성(濟醒)이 중건하여 오늘에 이르고 있다. 또한 이 절에서 배출된 대표적인 인물로서 13대 종사와 13대 강사가 있다. 종사로서는 풍담 의심(楓潭 義諶, 1592~1665)을 비롯하여 취여 삼우(醉如 三愚, 1622~1684), 월저 도안(月渚 道安, 1638~1715), 화악 문신(華岳 文信, 1629~1707), 설암 추붕(雪巖 秋鵬, 1651~1706), 환성 지안(喚醒 志安, 1664~1729), 벽하 대우(碧霞 大愚, 1676~1763), 설봉 회정(雪峰 懷淨, 1678~1738), 상월 새봉(霜月 璽篈, 1687~1767), 호암 체정(虎巖 體淨, 1687~1748), 함월 해원(涵月 海源, 1691~1770), 연담 유일(蓮潭 有一, 1720~1799), 초의 의순(草衣 意恂, 1786~1866) 등이 있다. 강사로서는 모두가 제10대 종사였던 체정의 문도로서 만화 원오(萬化 圓悟, 1694~1758)를 비롯하여 연해 광열(燕海 廣悅), 영곡 영우(靈谷 永愚), 나암 승제(懶庵 勝濟), 영파 성규(影波 聖奎, 1728~1812), 운담 정일(雲潭 鼎馹, 1741~1804), 태관(泰瓘), 벽담 행인(碧潭 幸仁), 금주 복혜(錦州 福慧), 윤우(1758~1826), 낭암 시연(朗巖 示演), 연파 혜장(蓮坡 惠藏, 1772~1811), 범해 각안(梵海 覺岸, 1820~1896) 등이 있다. 【유적·유

물】절 일원이 전라남도 문화재자료 제78호로 지정되어 있다. 금당천(金塘川)을 중심으로 가람이 남원(南院)과 북원(北院)으로 나뉘어 있다. 대웅보전은 심수가 1667년 중건한 건물로 현판은 당대의 명필인 이광사(李匡師)가 쓴 것이다. 내부에는 조선 후기에 만든 목조삼존불과 광무(光武) 때(1897~1907)에 조성된 후불탱화가 있을 뿐 비교적 단조로운 편이다. 백설당(白雪堂)에는 김정희(金正喜, 1786~1856)가 쓴 '무량수전(無量壽殿)'의 편액이 있으며, 현재 큰 방으로 사용하고 있다. 응진전(應眞殿) 안에는 석가여래삼존불을 중심으로 16나한상이 봉안되어 있다. 응진전 앞에는 삼층석탑(보물 제320호) 1기가 있는데, 신라 자장(慈藏)이 중국에서 모셔 온 석가모니 부처님의 사리를 봉안한 사리탑이라고 한다. 천불전(전라남도 유형문화재 제48호)은 1813년 중건된 것으로 천불상(전라남도 유형문화재 제52호)이 봉안되어 있다. 이 천불상은 윤우 등 10인이 6년에 걸쳐 경주 옥돌로 조성했다. 천불이 완성된 뒤 경주에서 바닷길로 이 절로 옮기다가 풍랑을 만나 일본에 표착했으나, 일본인들의 꿈에 이 천불이 나타나서 '우리는 지금 조선국 해남의 대흥사로 가는 중'이라고 하여 다시 대흥사로 돌아오게 되었다고 한다. 용화당(龍華堂 ; 전라남도 유형문화재 제93호)에는 학승들이 기거하고 있다. 표충사(전라남도 기념물 제19호)는 이 절의 사격(寺格)을 말해 주는 대표적 건물로서 그 안에는 임진왜란 때 승병을 조직하여 공훈을 세웠던 휴정과 그의 제자 사명 유정(四溟 惟政), 뇌묵 처영(雷默 處英)의 영정이 봉안되어 있다. 이 건물은 1669년 건립되었고

편액은 정조의 친필이다. 대광명전(전라남도 유형문화재 제94호)은 의순이 건립했는데, 내부에는 비로자나불상을 봉안했고, 천정에는 연화문과 운학(雲鶴)을 그렸다. 이 연화문과 운학은 색채뿐 아니라 문양 자체도 다른 곳에서 보기 힘든 뛰어난 작품이며, 의순이 직접 단청했다고 한다. 비전(碑殿)에는 서산대사부도(전라남도 유형문화재 제57호)를 비롯하여 13대 종사와 13대 강사 등의 부도와 비가 있다. 【참고문헌】 동국여지승람, 대둔사지, 동사열전, 조선금석총람(조선총독부, 1919), 한국의 사찰 10-대흥사(한국불교연구원, 일지사, 1976), 한국사찰전서(권상로, 동국대학교 출판부, 1979)

대흥사(大興寺)

【위치】 충청북도 단양군 대강면 황정리 도락산 회령(檜嶺) 기슭에 있었다. 【연혁】 646년(신라 선덕여왕 15) 자장(慈藏)이 양산 통도사(通度寺)를 창건할 당시 창건했다고 한다. 전성기에는 총 202칸의 건물과 불상 10여 위, 오백나한 등이 봉안되어 있었으며, 승려 수도 천여 명에 달했다고 한다. 그러나 1876년(조선 고종 13) 소실한 후 오백나한상은 강원도 금강산 유점사(楡岾寺)의 승려들이 와서 가져갔다. 언제 폐사가 되었는지 알 수 없다. 부속 암자로는 청련암(靑蓮庵), 원통암(圓通庵), 망월암(望月庵), 굴암(掘庵) 등이 있었으나, 지금은 원통암과 청련암만 남아 있다. 【설화】 오백나한상과 관련된 설화가 전한다. 오백나한상을 유점사로 옮겨 가기 위해 당시 금강산에 있던 승려 487명이 이 절에 와서 오백나한상을 1위씩 등에 업고 8일 만에 유점사로 갔으며, 남은 3위는 힘이 센 세 사람이 1위씩 나

누어 더 지고 갔다. 그러나 유점사에 도착한 다음 날 그 수를 헤아려 보니 3위가 모자랐는데, 함께 업혀 온 3위가 승려들의 무성의함을 원망하고 떠났다고 한다. 【참고문헌】 사지(충청북도, 1982), 단양군지(단양군, 1977)

대흥사(大興寺)

【이명】 한때 원통암(圓通庵)이라고 불렸다. 【위치】 경상북도 경산시 용성면 고죽리 금학산(金鶴山) 기슭에 있었다. 【연혁】 신라 때에 원효(元曉, 617~686)가 창건하여 원통암이라고 했다. 그 뒤 1592년(조선 선조 25) 임진왜란 때 불탄 것을 인조 때(1623~1649) 수기(守機)가 중창하여 대흥사로 이름을 바꿨으나, 1800년 무렵 폐사되었다. 【유적·유물】 절터는 현재 전답으로 바뀌었으나 군데군데에 초석과 석축물이 산재하여 있고, 유지의 넓이는 1정보 가량 된다. 지금의 남산면 하대리 도동재(道東齋)의 기와는 이 절의 것이라고 한다. 【참고문헌】 내 고장 전통 가꾸기(경산군, 1982)

대흥사(大興寺)

【위치】 경기도 개풍군 영북면 천마산(天磨山)에 있었다. 【연혁】《삼국유사》에는 920년(고려 태조 3) 또는 922년 10월 태조가 창건했다고 하나 《고려사》에는 921년 태조가 창건하고 이언(利言)을 모셔서 사사(師事)했다고 한다. 1481년(조선 성종 12)에 편찬된 《동국여지승람》에는 이미 폐사되어 옛터만 남아 있다고 나와 있다. 1673년(현종 14) 무렵 중건했으나, 그 뒤의 연혁은 전하지 않는다. 일제강점기의 31본산시대에는 전등사(傳燈寺)의 말사였다. 현재의 상황은 알 수 없으나 북한측 자료에 의하면 현존하지 않는다. 【참고문헌】

삼국유사, 고려사, 한국사찰전서(권상로, 동국대학교 출판부, 1979)

대흥사(大興寺)

백운사(白雲寺)를 보시오.

덕련원(德蓮院)

아중사(野中寺)를 보시오.

덕룡사(德龍寺)

쌍계사(雙溪寺)를 보시오.

덕산사(德山寺)

내원사(內院寺)를 보시오.

덕절(德-)

흥국사(興國寺)를 보시오.

덕주사(德周寺)

【위치】 충청북도 제천시 한수면 송계리 월악산(月岳山)의 남쪽 능선에 있다. 【소속】 대한불교조계종 제5교구 본사인 법주사의 말사이다. 【연혁】 587년(신라 진평왕 9) 창건됐다고 한다. 그러나 935년(경순왕 9) 신라가 망하자 경순왕의 공주인 덕주공주(德周公主)가 마의태자(麻衣太子) 일행과 함께 이곳에 들러 창건했으며, 계곡 이름을 덕주골이라고 했다고 하는 설도 있다. 그 뒤의 자세한 연혁은 전하지 않는다. 6·25전쟁중인 1951년 국군 제8사단이 작전상의 이유로 소각했다. 1970년 위치를 옮겨 중건했다. 【유적·유물】 건물은 법당과 요사채뿐이다. 어느 때의 것인지 확실하지 않은 우탑(牛塔) 1기와 조선시대의 부도 4기가 있다. 부도는 환적(幻寂), 부유(浮遊), 용곡(龍谷), 홍파(洪波) 등의 것이다. 옛 절터는 1.7km 떨어진 곳에 있으며, 마애불(보물 제406호)이 남아 있다. 【설화】 우탑에 얽힌 설화가 있다. 이 절의 승려들이 건물이 협소하여 부속건물을 지으려고 걱정할 때 어디선가 소가 나타나서 재목을 실어 날랐다. 소가

가는 곳을 따라가 보니 현재의 마애불 밑이었으므로 그곳에다 부속 건물을 지었다. 소는 재목을 모두 실어다 놓은 다음 곧 죽었는데, 그 죽은 자리에 우탑을 세웠다고 한다. 【참고문헌】한국사찰전서(권상로, 동국대학교 출판부, 1979), 한국의 명산 대찰(국제불교도협의회, 1982)

덕지사(德智寺)

【위치】경기도 화성군 양감면 고염리 명공산에 있다. 【소속】한국불교태고종에 속한다. 【연혁】조선시대의 세종 때(1418~1450) 고영철(高英喆)이 창건했다. 당시 이 절에 덕망과 지혜를 겸비한 사람이 있어 덕지사라 부르게 되었다고 한다. 1613년(광해군 5) 큰스님 선지가 절터를 찾아 다니던 중 보살이 봉황을 타고 이 산에 내려앉는 꿈을 꾸고 이곳에 다시 절을 지었다고 한다. 그 뒤 폐사되었다가 1930년 무렵 중수했으며, 1961년 관음전, 미륵전, 산신각, 용신각을 건축했다. 그러나 1980년 관음전이 소실하자 다시 건물을 지어 법당으로 사용하고 있다. 【유적·유물】건물로는 대웅전을 중심으로 미륵전, 산신각(칠성각), 요사채가 있다. 대웅전 안에는 아미타불상을 중심으로 관음보살상, 지장보살상 등 삼존이 봉안되어 있다. 요사채 앞에는 오래 된 석등의 대석이 남아 있다. 【참고문헌】기내사원지(경기도, 1988)

도갑사(道岬寺)

【위치】전라남도 영암군 군서면 도갑리 월출산(月出山)에 있다. 【소속】대한불교 조계종 제22교구 본사인 대흥사의 말사이다. 【연혁】신라 말 연기 도선(烟起 道詵, 827~898)이 창건했다. 도선은 원래 이곳에 있던 문수사(文殊寺)에서 어린 시절을 지낸 적이 있다. 그 뒤 1456년(조선 세조 2) 혜각 신미(慧覺 信眉)와 묘각 수미(妙覺 守眉)가 중건했다. 1950년 6·25전쟁 때 소실한 것을 중건하여 오늘에 이르고 있다. 【유적·유물】절 일원이 전라남도 문화재자료 제79호로 지정되어 있다. 현존하는 건물로는 대웅전, 명부전, 미륵전, 해탈문, 요사채 등이 있다. 대웅전에는 32관음응신도(三十二觀音應身圖)가 봉안되어 있었는데, 현재는 일본 교토(京都) 지은원(知恩院)에 소장되어 있다. 이 관음도는 1550년(명종 5) 인종의 비인 공의왕대비(恭懿王大妃)가 인종의 명복을 빌기 위해 이자실(李自實)에게 그리게 한 것으로 뛰어난 기량이 돋보이고, 당시의 불화 양식을 정확히 전하고 있다는 점에서 조선시대 불교회화사에 매우 중요한 위치를 차지한다. 해탈문(국보 제50호)은 1473년(성종 4) 중건됐으며, 좌우에 금강역사상이 안치되어 있다. 또 미륵전 안에는 고려시대의 작품으로 석조여래좌상(보물 제89호)이 봉안되어 있다. 이 밖에도 동자상(보물 제1134호)이 있으며, 대웅보전 앞에는 석탑 2기와 도선·수미의 비(전라남도 유형문화재 제38호), 수미왕사비(전라남도 유형문화재 제152호), 석조(石槽; 전라남도 유형문화재 제150호)가 있다. 도선·수미의 비는 1581년(선조 14) 옛 비석이 넘어져 새로 세운 것으로 조각의 솜씨와 비문의 필치가 섬세하고 우수하여 주목을 끈다. 또한 이 절의 주위에는 마애여래좌상(국보 제144호)을 비롯하여, 도선이 디딜방아를 찧어 도술로 조화를 부렸다는 구정봉(九井峰)의 9개 우물, 백제의 왕인(王仁) 박사가 일본에 건너간 것을 슬퍼한 제자들이 왕인이 공부하던 동굴 입구에

새겼다는 왕인박사상이 있다. 【설화】 창건과 관련된 설화가 전한다. 도선의 어머니 최(崔)씨가 빨래를 하다가 물 위에 떠내려오는 참외를 먹고 도선을 잉태하여 낳았으나 숲속에 버렸다. 그런데 비둘기들이 날아들어 그를 날개로 감싸고 먹이를 물어다 먹여 길렀다. 최씨는 범상치 않게 여겨 이 아이를 문수사 주지에게 맡겨 기르도록 했다. 그러므로 장성한 그가 중국을 다녀와서 문수사 터에 이 절을 창건했다고 한다. 【참고문헌】 동국여지승람, 한국사찰전서(권상로, 동국대학교 출판부, 1979)

도광사(道光寺)

개태사(開泰寺)를 보시오.

도량사(道場寺)

【위치】 경상북도 경주시 금강산(金剛山) 동남쪽에 있었다. 【연혁】 신라인들이 사복(蛇福 ; 일명 蛇童)을 위해 창건했다고 한다. 사복은 12세가 되도록 말을 못했으나, 어머니가 죽자 고선사(高仙寺)의 원효(元曉, 617~686)에게 가서 비로소 '스님과 내가 옛날에 경을 싣고 다니던 암소가 죽었으니 함께 장사를 지내자.'고 말했다고 한다. 또한 그는 '옛날에 석가모니 부처님은 사라나무 아래에서 열반하셨다. 지금도 그와 같은 자가 있어 연화장 세계에 들려 한다.'라고 게송을 짓고는 띠풀을 뽑으니 그 속에서 칠보로 장식된 새로운 세계가 열렸으며, 그는 어머니의 시신을 업고 그 속으로 들어갔다. 후세 사람들이 그를 위해 이 절을 세우고, 해마다 3월 14일 점찰회(占察會)를 열었다고 한다. 그 뒤의 연혁은 전하지 않는다. 【참고문헌】 삼국유사

도량사(道場寺)

【이명】 한때 성주사(聖住寺), 도장사(道藏寺)라고 불렸다. 【위치】 전라남도 해남군 황산면 관춘리 보타산(寶陀山)에 있다. 【소속】 대한불교조계종 제22교구 본사인 대흥사의 말사이다. 【연혁】 조선 후기에 창건된 것으로 추정된다. 1481년(성종 12)에 간행된 《동국여지승람》에는 절 이름이 나오지 않으나, 1799년(정조 23)에 간행된 《범우고(梵宇攷)》에는 도장사(道藏寺)라는 절 이름이 등장한다. 또한 대웅전 오른쪽 평방 위에 '보타산 성주사'라는 현판이 걸려 있는 것으로 보아 도장사(道藏寺)라고 부르기 전에 성주사라고 불렸던 것으로 보인다. 1935년 주지 이춘익(李春翊)이 화주 박난초(朴蘭草)와 함께 대웅전을 중건했고, 1938년 이춘익이 다시 중수했다. 【유적·유물】 건물로는 대웅전과 요사가 있다. 대웅전에는 삼존불이 봉안되어 있는데 모두 조선 후기의 작품으로 추정된다. 또한 대웅전에는 영산회상도와 칠성탱화, 지장탱화, 산신탱화, 신중탱화 등의 불화가 있다. 영산회상도는 1826년(순조 26)에 제작된 것으로 아직도 보존 상태가 좋다. 【참고문헌】 전남의 사찰 I(전라남도, 1990)

도리사(桃李寺)

【위치】 경상북도 구미시 해평면 송곡리 태조산(太祖山)에 있다. 【소속】 대한불교조계종 제8교구 본사인 직지사의 말사이다. 【연혁】 440년(신라 눌지왕 24) 무렵 아도(阿道)가 창건했다. 아도는 신라에 불교를 전파하기 위해 440년 서라벌에 갔다가 돌아오는 길에 이곳에 이르러 겨울인데도 복숭아꽃과 오얏꽃이 만발하여 있음을 보고 여기에 절을 짓고 도리사라고 했던 것이다. 정확한 창건연대는 알 수 없

으나 신라 최초의 절이라 하며, 처음의 절
터는 태조산 기슭에 있는 옛 절터로 추정
된다. 창건 이후 조선 중기까지의 연혁은
전하지 않으며, 1677년(숙종 3) 화재로
대웅전을 비롯한 모든 건물이 불에 탔다.
그 뒤 1729년(영조 5) 대인(大仁)이 아미
타불상을 개금하여 인근의 금당암(金堂庵)
으로 옮겨 봉안하고 금당암을 도리사로 이
름을 바꿨다. 1807년(순조 7) 중창했고,
1823년(순조 23) 조사전(祖師殿)을 중수
했다. 1876년(고종 13) 극락전을 중건했
으며, 1922년 칠성각을 건립했다. 1976년
6월 아도의 석상(石像)이 발견되었으며,
1977년 4월 세존사리탑을 해체·복원하
다가 금동육각탑 형태를 띤 사리구(舍利
具)와 석가모니 부처님의 사리 1과가 발
견되었다. 【유적·유물】 현존하는 건물
로는 법당인 극락전을 중심으로 태조선원
(太祖禪院), 삼성각, 조사전, 요사채 등이
있다. 극락전에는 목조아미타여래좌상이
봉안되어 있는데, 이 불상은 조선시대 양
식을 띠고 있으며 1731년과 1764년, 1876
년 개금했다. 조사전에는 창건주 아도의
영정이 봉안되어 있다. 문화재로는 삼층석
탑(보물 제470호)을 비롯하여 아도화상석
상, 세존사리탑, 아도화상 사적비, 조선 후
기의 탱화 등이 있다. 이 중 아도화상석상
은 높이 97cm의 입상으로 전면 너비가
좁아 기이한 감을 주나 조각의 윤곽은 뚜
렷하다. 아도화상 사적비는 뒷면에 자운
비(慈雲碑)가 음각되어 있다. 사적비는
1639년(인조 17)에, 자운비는 1655년(효
종 6)에 건립된 것이다. 특히 세존사리탑
에서 발견된 사리는 무색투명하고 둥근
콩알 크기의 사리로 우리 나라에서 발견
된 것 중에서 가장 큰 부처님 사리로 평가

하고 있다. 또 1876년(고종 13)에 그린
후불탱화를 비롯하여 1881년(고종 18)에
그린 신중탱화, 독성탱화, 칠성탱화 등이
있고, 《묘법연화경》 판목 24매도 보관되
어 있다. 【참고문헌】 동국여지승람, 범우
고, 한국사찰전서(권상로, 동국대학교 출
판부, 1979), 도리사 사리탑의 조사(장충
식, 고고미술 135, 1977)

도림사(道林寺)
【위치】 전라남도 곡성군 곡성읍 월봉리
동악산(動樂山) 남쪽 기슭에 있다. 【소
속】 대한불교조계종 제19교구 본사인 화
엄사의 말사이다. 【연혁】 660년(신라 무
열왕 7) 원효(元曉)가 창건했는데, 그 당
시 풍악의 음률이 온 산을 진동했다고 하
여 산 이름을 동악산이라고 하고, 도인이
숲같이 모여들었다고 하여 절 이름을 도
림사라고 했다고 한다. 그 뒤 876년(헌강
왕 2) 연기 도선(烟起 道詵)이 중건하고
알 수 없는 때에 지환(知還)이 중창했다.
조선시대 말에 다시 중창하여 현재에 이
르고 있다. 부속 암자로는 길상암(吉祥
庵)이 있었으나, 지금은 토굴 터만 남아
있다. 【유적·유물】 절 일원이 전라남도
문화재자료 제22호로 지정되어 있다. 현
존하는 건물로는 중심 건물인 보광전(普
光殿)을 비롯하여 나한전, 명부전, 약사
전, 응진전(應眞殿), 무량수각, 칠성각,
요사채 등이 있다. 유물로는 아미타극락
회상도(전라남도 유형문화재 제119호)가
있는데, 1730년(조선 영조 6)에 제작된
것으로 크기는 세로 300cm, 가로 278cm
이다. 또한 절 앞의 약 500m 지점에 5기
의 부도가 남아 있고, 절 앞 계곡에는 반
석이 좋아 예로부터 수많은 시인 묵객들
이 즐겨 찾았다. 【참고문헌】 문화유적총

람(문화재관리국, 1977), 명산 고찰 따라
(이고운·박설산, 신문출판사, 1987)

도림사(道林寺)

【위치】경상북도 경주시 구황동에 있었
다. 【연혁】신라 때 창건됐다. 이 절에 대
밭이 있었는데, 경문왕(재위 861~875)이
자신을 비난하는 소리가 대밭에서 들린다
고 하여 대를 베고 대신 산수유를 심었다
고 한다. 연혁은 전하지 않는다. 【유적·
유물】절터에는 분황사(芬皇寺) 모양의
탑을 세웠던 자리가 남아 있다. 【설화】
경문왕이 왕위에 오르자, 경문왕의 귀가
갑자기 길어져서 나귀의 귀처럼 되었다.
왕후와 궁인들은 모두 이를 알지 못했으
나, 오직 복두장(幞頭匠) 한 사람만이 이
를 알고 있었다. 그는 평생 이를 남에게
발설하지 않았다. 그러나 그가 죽을 때 도
림사의 대밭 속 아무도 없는 곳으로 가서
대를 보고 '우리 임금의 귀는 나귀 귀와
같다.'고 외쳤다. 그 뒤부터 바람이 불면
대밭에서 그가 한 소리가 들려왔다. 경문
왕은 이 소리가 듣기 싫어 대를 베고 산수
유를 심었다. 그러자 이번에는 바람이 불
때 다만 '우리 임금의 귀는 길다.'고 하는
소리가 들려왔다. 【참고문헌】삼국유사

도림사(道林寺)

【위치】충청남도 청양군 장평면 적곡리 칠
갑산(七甲山)에 있었다. 【연혁】고려 때
에 창건된 것으로 추정된다. 1481년(조선
성종 12)에 편찬된 《동국여지승람》과 신
경준(申景濬, 1712~1781)이 편찬한 《가
람고(伽藍考)》에는 존재한다고 나와 있으
나, 1799년(정조 23)에 편찬된 《범우고
(梵宇攷)》에는 지금은 폐사되었다고 나와
있다. 불에 타서 폐사되었다고 한다. 【유
적·유물】절터에는 삼층석탑(충청남도

유형문화재 제27호)과 석탑 부재들이 남아
있다. 삼층석탑은 고려 때의 것으로 1973
년 해체·수리 당시 사리구(舍利具)가 발
견되었으며 사리구는 국립부여박물관에
보관되어 있다. 【참고문헌】한국사찰전서
(권상로, 동국대학교 출판부, 1979), 문화
유적총람－사찰편(충청남도, 1990)

도산사(都山寺)

【위치】강원도 회양군 금강산(金剛山)에
있었다. 【연혁】1279년(고려 충렬왕 5)
계청(戒淸)이 쌍성총관(雙城總官) 조림
(趙琳)의 시주로 창건하여 왕의 만수를
기원하는 도량으로 삼았다. 건축 공사 당
시 조림은 '승려로서 열심히 교화하지 않
고 노는 자는 부처의 죄인'이라고 주장하
고 백성들의 참여 없이 승려들이 직접 기
술과 사무를 모두 맡도록 했으며 일꾼들
의 식량과 자재도 조림이 자신의 사재로
충당했다. 또한 조림은 봄과 가을에 곡식
을 배로 실어 와서 이 절을 출입하는 사람
들에게 밥을 제공하고, 그 나머지를 산중
의 여러 절에 나누어 주어 겨울과 여름의
식량에 충당하게 했다. 그러므로 이름을
도산사라고 했던 것이다. 그 뒤의 연혁은
전하지 않는다. 1481년(조선 성종 12)에
편찬된 《동국여지승람》에는 존재한다고
나와 있으나, 1799년(정조 23)에 편찬된
《범우고(梵宇攷)》에는 이미 폐사된 것으
로 나와 있다. 【참고문헌】동문선, 동국
여지승람, 범우고

도선사(道詵寺)

【위치】서울특별시 강북구 우이동 도봉산
중턱에 있다. 【소속】대한불교조계종 직
할교구 본사인 조계사의 말사이다. 【연
혁】862년(신라 경문왕 2) 연기 도선(烟
起 道詵)이 창건했다. 도선은 이곳의 산세

가 천 년 뒤의 말법시대(末法時代)에 불법을 다시 일으킬 곳이라고 예견하고 절을 창건한 뒤, 큰 암석을 손으로 갈라서 마애관음보살상을 조각했다고 한다. 그 뒤 조선 후기까지의 연혁은 자세히 전하지 않으나 북한산성을 쌓을 때에는 승병들이 이 절에서 방번(防番)을 서기도 했다. 1863년(철종 14) 김좌근(金左根)의 시주로 중수하고 칠성각을 신축했으며, 1887년(고종 24) 임준(任準)이 오층탑을 건립하고 그 속에 석가모니 부처님의 사리를 봉안했다. 1903년 혜명(慧明)이 고종의 명을 받아 대웅전을 중건했으며, 1904년 국가기원도량으로 지정받았다. 근래에는 청담 순호(靑潭 淳浩, 1902~1971)가 이 절에 머물며 실천불교와 생활불교운동을 전개했다. 부설기구로 혜명보육원(慧明保育院)을 비롯하여 혜명양로원, 사회교육기관의 성격을 지닌 실달학원(悉達學院), 어린이불교학교, 청담종합 중고등학교가 있으며,〈도선법보〉〈월간 여성불교〉등의 정기간행물도 발간하고 있다. 【유적·유물】현존하는 건물로는 대웅전을 중심으로 호국참회원, 백운정사(白雲精舍), 독성각, 천불전, 종무소, 요사채 등이 있다. 대웅전 안에는 아미타삼존불이 봉안되어 있고, 법당의 내부벽에는 달마(達磨)와 혜능(慧能), 순호의 영정이 있으며, 후불탱화, 팔상도(八相圖), 극락구품도(極樂九品圖) 등도 있다. 호국참회원은 1977년 완공한 종합포교센터로서 지하 1층, 지상 3층, 총면적 천 평의 콘크리트 한옥식 건물이다. 법당, 영사실, 도서실, 신앙상담실, 수련원 등의 시설을 갖추고 있다. 문화재로는 석불(서울특별시 유형문화재 제34호)이 있는데, 도선이 조각

했다는 마애관세음보살상으로 높이 8.43m이다. 이 석불은 영험이 있다고 하여 기도객들이 끊일 날이 없다. 또 대웅전 옆의 뜰에는 인도에서 온 큰스님이 심었다고 전하는 수령 200년이 넘는 보리수가 있다. 【참고문헌】한국사찰전서(권상로, 동국대학교 출판부, 1979)

도선사(道仙寺)
【위치】대구광역시 달성군 비슬산(琵瑟山)에 있었다. 【연혁】언제 누가 창건했는지 알 수 없다. 1040년(고려 정종 6) 최제안(崔齊顔)이 천룡사(天龍寺)를 위해서 쓴〈신서(信書)〉에는 '나라에서 이 절에 20결의 토지를 희사해 승려들이 주지가 바뀌어도 안심하고 지낼 수 있게 했다.'고 나와 있다. 연혁은 전하지 않는다.
【참고문헌】삼국유사

도성암(道成庵)
【위치】대구광역시 달성군 유가면 양리 비슬산(琵瑟山)에 있다. 【소속】대한불교조계종 제9교구 동화사의 말사인 유가사(瑜伽寺)의 부속 암자이다. 【연혁】신라 혜공왕 때(765~780) 도성(道成)이 창건했다. 도성은 이곳에 머물면서 남쪽 고개에 있는 관기(觀機)와 교우했다. 또한 그는 평소에는 뒤편 바위 위에서 좌선했는데, 하루는 좌선하던 바위 사이로 빠져 공중으로 날아가서 행방을 감추었다고 한다. 그 뒤 982년(고려 성종 1) 성범(成梵)이 중창하고 만일미타도량(萬日彌陀道場)을 개설하여 50여 년 간 기도를 계속했는데, 여러 가지 상서로운 일이 있었다고 한다. 또한 당시 이 지방 신도 20여 명이 해마다 결사(結社)하여 향나무를 채취한 뒤 절에 바쳤는데, 그 향나무가 밤에 촛불과 같은 빛을 발했다고 한다. 절 뒷산은 가섭

불(迦葉佛) 때에 부처님의 부촉을 받고 이 산중에서 천 인의 출세를 기다리는 산신 정성천왕(靜聖天王)이 상주하는 곳이라고 한다. 조선시대 전기에는 교종(敎宗)에 속했다. 그 뒤의 연혁은 전하지 않는다. 1975년 증축 불사를 시작하여 선원 등을 신축했고, 현재 많은 수도승들이 정진하고 있다. 【유적·유물】문화재로는 신라시대 작품으로 추정되는 높이 218cm의 삼층석탑이 있다. 또한 절 서쪽편 산 위에는 도성이 수도하여 도를 통했다는 도통바위(道通巖)가 있다. 【참고문헌】삼국유사, 한국사찰전서(권상로, 동국대학교 출판부, 1979), 달성의 비슬산(달성군, 1983)

도솔암(兜率庵)
【위치】전라북도 고창군 아산면 삼인리 도솔산(兜率山)에 있다. 【소속】대한불교조계종 제24교구 본사인 선운사의 산내 암자이다. 【연혁】신라 때 창건됐다. 원래는 상도솔암과 하도솔암의 두 절이 별개로 존재했다. 상도솔암은 당나라 정관(貞觀) 때(627~649) 중창하고, 이어 1511년(조선 중종 6) 화주 지은(智闇)이, 1694년(숙종 20) 화주 태헌(太憲)이 중창했다. 1815년(순조 15)의 중건을 거쳐 오늘에 이르고 있다. 하도솔암은 1658년(조선 효종 9) 중창했으나, 어느 때인가 폐사되었다. 【유적·유물】건물로는 내원궁(일명 상도솔암 ; 전라북도 문화재자료 제125호)과 나한전, 요사채 등이 있다. 유물로는 내원궁에 봉안되어 있는 지장보살좌상(보물 제280호)이 있는데, 조선시대 초기에 조성된 5대 걸작 불상의 하나이다. 이 보살상은 턱밑까지 내려온 귓밥과 이륜(耳輪), 가슴의 영락이 특이하고 의문(衣紋)의 선이 부드럽고 단아한 모습을 하고 있다. 이 밖에도 절 위쪽에는 높이 25m, 너비 10m의 바위에 조각된 석가여래좌상(보물 제1200호)이 있다. 옛날에는 이곳에 동불암(東佛庵)이 있었으나, 조선시대 말기에 폭풍으로 도괴했다고 한다. 【참고문헌】사찰지(전라북도, 1990)

도솔암(兜率庵)
【위치】경기도 파주군 광탄면 영장리 고령산(高靈山) 앵무봉(鸚鵡峰)에 있다. 【소속】대한불교조계종 제25교구 봉선사의 말사인 보광사(普光寺)의 산내 암자이다. 【연혁】894년(신라 진성여왕 8) 연기 도선(烟起 道詵)이 창건했다. 1592년(조선 선조 25) 임진왜란 때 전소한 것을 1622년(광해군 14) 설미(雪眉)와 덕인(德仁)이 중건했다. 1919년 3·1운동 때 민족대표 33인 중의 한 사람이었던 용성 진종(龍城 震鍾)이 1915년부터 이 절에서 3년 동안 천수관음기도를 하며 민족을 위해 일할 것을 결심한 뒤 3·1운동에 참여했다. 1950년 6·25전쟁 때 절의 일부가 파손된 채 빈 절로 남아 있다가 도괴했다. 그 뒤 1956년 혜봉(慧峰)이 승당을 중건했고, 1963년 도형(道馨)이 삼성각을 세웠다. 이어 1968년 극락전을 신축하여 오늘에 이르고 있다. 【유적·유물】현존하는 건물로는 극락전을 비롯하여 삼성각, 승당, 요사채 등이 있다. 극락전 안에는 아미타불좌상과 관세음보살좌상을 중심으로 후불탱화, 신중탱화, 미륵불탱화, 지장탱화, 감로탱화 등이 봉안되어 있고, 승당에는 석조미륵보살상이 봉안되어 있다. 【참고문헌】봉선사본말사약지(봉선사, 1977), 기내사원지(경기도, 1988)

도솔암(兜率庵)
【위치】경상남도 통영시 봉평동 미륵산

(彌勒山)에 있다. 【소속】 대한불교조계종 제13교구 쌍계사의 말사인 용화사(龍華寺)의 부속 암자이다. 【연혁】 943년(고려 태조 26) 도솔(兜率)이 창건했다. 그 뒤 초음(初音)과 자엄(慈嚴) 등의 큰스님들이 수도하면서 후학들을 지도하여, 한때는 남방제일선원(南方第一禪院)으로 불리기도 했다. 이 밖의 연혁은 전하지 않는다. 【유적·유물】 절 전체가 경상남도 문화재자료 제62호로 지정되어 있다. 현존하는 건물로는 법당인 보문전(普門殿)과 칠성전, 종각, 요사채 등이 있다. 절 위쪽에는 도솔이 수도했던 천연암굴이 있다. 【설화】 창건과 관련된 설화가 매우 유명하다. 17세에 출가하여 25세까지 지리산 칠불암(七佛庵)에서 수도했던 도솔은 이곳 미륵산으로 옮겨 와서 암굴에 머물면서 수도했다. 그는 호랑이와 가까이 지냈는데, 어느 날 호랑이가 한 처녀를 업어와서 바쳤다. 처녀는 전라도 보성에 사는 배이방(裵吏房)의 딸이었는데, 혼인 날을 받아 놓고 목욕을 하다가 호랑이에게 물려 왔다는 것이다. 도솔이 처녀를 고향으로 데려다 주자 배이방은 도솔에게 은혜를 갚기 위해 돈 300냥을 주었다. 도솔은 그 돈으로 도솔암을 지었다고 한다. 【참고문헌】 한국사찰전서(권상로, 동국대학교 출판부, 1979), 명산 고찰 따라(이고운·박설산, 신문출판사, 1987)

도솔암(兜率庵)

지족암(知足庵)을 보시오.

도장사(道藏寺)

도량사(道場寺)를 보시오.

도장암(道藏庵)

심원사(深源寺)를 보시오.

도중사(道中寺)

【위치】 경상북도 경주시에 있었다. 【연혁】 신라 때 창건됐다. 선덕여왕 때(632~647) 생의(生義)가 이 절에 살았다. 생의는 어느 날 꿈속에 한 스님을 따라 남산에 올라갔다. 그 스님은 어느 곳에 풀을 매어 표시를 해 놓게 하고는 산 남쪽 골짜기에 와서 '풀을 매어 표시해 놓은 곳에 내가 묻혀 있으니 스님은 이것을 파내다가 고개 위에 편안하게 묻어 주시오.' 하고 말했다. 생의는 꿈에서 깨어 친구와 함께 표시해 놓은 곳을 찾아 땅을 파니 거기서 석미륵(石彌勒)이 나왔다. 그는 이를 삼화령(三花嶺) 위에 옮겨 놓고, 644년(선덕여왕 13) 그곳에 생의사(生義寺)를 세웠다고 한다. 연혁은 전하지 않는다. 【참고문헌】 삼국유사

도천사(道泉寺)

【이명】 한때 도천사(道川寺)라고도 했다. 【위치】 충청남도 부여군 은산면 대양리에 있었다. 【연혁】 백제 의자왕 때(641~660) 의자왕의 아우 도천군(道泉君)이 창건했다. 도천군은 의자왕의 음란방탕함을 보고 천애산(天涯山)에 들어가 건물을 짓고 복을 빌었다. 그러므로 절의 이름도 도천사라고 불렸다. 조선 세종 때(1418~1450)에는 정인지(鄭麟趾)가 이 절에 시전(施田)을 공양하여 이 절의 승려들이 세사(歲祀)를 지냈다고 한다. 세조 때(1455~1468)에는 28호를 둔 제법 규모가 큰 절이었으나, 1592년(선조 25) 임진왜란 때 불에 탔다. 그 뒤 송조(松詔)와 상주(尙珠) 등이 동서랑(東西廊)을 다시 짓고, 40년 뒤에 아암(芽庵), 중암(中庵), 죽림암(竹林庵), 원적암(圓寂庵) 등 4개의 부속 암자를 지었으며, 1694년(숙종 20) 월계(月桂)가 사적비를 세웠다. 1799

년(정조 23)에 편찬된 《범우고(梵宇攷)》에는 천애산에 존재한다고 나와 있으나, 그 뒤 지금의 자리로 옮겼다. 언제 폐사되었는지는 전하지 않는다. 【유적·유물】 유물로는 2기의 사적비가 있다. 또한 절터에는 문방석과 초석, 분청사기 조각과 기와 조각 등이 흩어져 있다. 【참고문헌】 문화유적총람ㅡ사찰편(충청남도, 1990), 한국사찰전서(권상로, 동국대학교 출판부, 1979)

도천사(道川寺)

도천사(道泉寺)를 보시오.

도피안사(到彼岸寺)

【위치】 강원도 철원군 동송읍 관우리 화개산(花開山)에 있다. 【소속】 대한불교조계종 제3교구 본사인 신흥사의 말사이다. 【연혁】 865년(신라 경문왕 5) 연기 도선(烟起 道詵)이 화랑 천 명과 함께 이 절을 창건하고 석탑과 불상을 봉안했다고 한다. 도선은 이 절을 800개의 비보국찰(神補國刹) 중의 하나로 삼았다. 그는 또한 화개산이 마치 연꽃이 물에 떠 있는 것처럼 연약한 모습을 띠고 있기 때문에 석탑과 철불로 산세의 약점을 보완하여 국가의 내실을 굳게 다지고 외세의 침략에 대비하려 했다고 한다. 오래도록 비보국찰로 명맥을 이어오다가 1898년 봄 화재로 전소한 뒤, 주지 월운(月運)이 강대용(姜大容)의 도움을 받아 법당을 짓고 불상을 봉안했으며, 승료(僧寮)와 누헌(樓軒) 등을 중수했다. 1927년에는 주지 의권(義權)이 모든 건물을 새롭게 보수했다. 1950년 6·25전쟁 때 다시 소실한 뒤, 1959년 보병 제15사단 사단장 이명재(李明載)가 중건하여 1985년까지 군에서 관리해 왔다. 1988년 주지 대원(大圓)이 대적광전과 삼

성각, 요사채를 신축하여 오늘에 이르고 있다. 【유적·유물】 현존하는 건물로는 대적광전, 삼성각, 요사채가 있다. 문화재로는 창건 당시 조성된 철조비로자나불좌상(국보 제63호)과 삼층석탑(보물 제223호)이 있다. 철조비로자나불좌상은 865년 철원 지역 신도 조직인 1,500인의 거사들에 의해 조성된 대중적인 불상이며, 삼층석탑도 이 불상과 같이 조성된 것으로 추정된다. 【설화】 《유점사본말사지(楡岾寺本末寺誌)》에 수록된 사적기에 의하면, 도선이 철조비로자나불상을 조성하여 철원의 안양사(安養寺)에 봉안하려고 했으나, 운반 도중에 불상이 없어져서 찾았더니 지금의 도피안사 자리에 안좌하고 있었으므로 여기에 절을 창건하고 불상을 모셨다고 한다. 【참고문헌】 유점사본말사지, 한국사찰전서(권상로, 동국대학교 출판부, 1979)

독정사(獨亭寺)

【이명】 한때 보문사(普門寺), 중사(中寺), 약수암(藥水庵)이라고도 불렸다. 【위치】 황해도 봉산군 동선면 독정리 자비산(慈悲山) 기슭에 있었다. 【연혁】 언제 누가 창건했는지 알 수 없다. 고려시대 이전에 창건했다고 하며, 당시의 이름은 보문사라고 했다. 원래 이 절은 산 정상 가까이에 있었고, 여기에 정자를 지어 오가는 나그네의 편리를 도모했다. 그러나 그 뒤 산중턱으로 절을 옮겨 짓고 중사라고 했으며, 조선 초 불교 탄압 때 절의 재산이 몰수당하자 지금의 위치로 옮겨 지어서 독정사라고 했다. 창건 뒤 꾸준히 비구니의 수도도량으로 전승되었으나, 1913년의 사찰령(寺刹令) 반포 이후 대처승이 운영을 맡았다. 일제강점기의 31본산시대에는 성

불사(成佛寺)의 말사였다. 현재의 상황은 알 수 없으나 북한측 자료에 의하면 현존하지 않는다. 【유적·유물】이 절에는 이름난 약수가 있어서 약수암이라는 이름으로도 널리 알려져 있다. 절 정면에 있는 단애(斷崖)에서 솟아나는 이 약수는 사계절 내내 끊임없이 흘러나오며 사람들 사이에 만병통치 약수로 알려져 있다. 【참고문헌】황해도지(황해도지 편찬위원회, 1970)

돈도암(頓道庵)
【위치】강원도 회양군 내금강면 장연리 금강산 만폭동(萬瀑洞)에 있었다. 【연혁】언제 누가 창건했는지 알 수 없다. 1540년(조선 중종 35) 승운(承雲)이 중창했으며, 1866년(고종 3) 포은 환정(圃隱 幻定)이 중건했다. 일제강점기의 31본산시대에는 유점사(楡岾寺)의 말사인 표훈사(表訓寺)의 산내 암자였다. 1950년 6·25전쟁 때 표훈사와 함께 전소했다. 【참고문헌】한국사찰전서(권상로, 동국대학교 출판부, 1979)

돌백사(堗白寺)
【위치】경기도 개성시에 있었던 듯하다. 【연혁】언제 누가 창건했는지 알 수 없다. 신라 말 신인종(神印宗)의 큰스님인 광학(廣學)과 대연(大緣) 두 형제가 해적의 침범을 기도로써 물리쳐 고려 태조의 건국을 도왔으며, 931년(태조 14)에는 태조를 수행하여 개성에 왔다. 이에 태조는 그 공을 기려 부모의 기일보(忌日寶)로 이 절에 전답 몇 결을 주었다. 연혁은 전하지 않는다. 【참고문헌】삼국유사

동고사(東固寺)
【이명】한때 김부대왕(金傅大王)절, 진불대왕(眞佛大王)절이라고도 불렸다. 【위치】전라북도 전주시 완산구 교동 승암산(僧巖山)에 있다. 【소속】한국불교태고종에 속한다. 【연혁】876년(신라 헌강왕 2) 연기 도선(烟起 道詵)이 지금의 절보다 위쪽의 위치에 창건했다. 견훤이 후백제를 세워 완산주(完山州)에 도읍을 정하고 전주의 사방에 사고(四固)의 진압 사찰을 두었는데, 이 절은 동쪽에 위치하여 동고사라고 불렀다. 935년(경순왕 9) 경순왕이 고려 태조에게 항복한 후 셋째 왕자인 법수(法水 ; 법명은 梵空)가 출가하여 부왕과 어머니, 마의태자 등 5인의 상을 목각으로 조성하여 봉안했다. 그러므로 ‘김부대왕(金傅은 경순왕의 이름)절’ 또는 ‘진불대왕절’이라고도 불렸다. 1592년(조선 선조 25) 임진왜란 때 전소하였으며, 1844년(헌종 10) 허주 덕진(虛舟 德眞)이 지금의 자리로 옮겨 중창했다. 1946년 영담(暎潭)이 주지로 취임, 대웅전과 요사 등을 건립했다. 【유적·유물】절 전체가 전라북도 문화재자료 제2호로 지정되어 있다. 건물로는 대웅전과 염불원, 삼성각, 요사 2동, 종각 등이 있다. 유물로는 미륵불상, 석탑, 동고사사적비, 부도 2기, 목어 등이 있다. 지금도 경순왕 등의 목조상 5위가 봉안되어 있는데, 신라 말에 법수 왕자가 조성한 것이라고 한다. 【참고문헌】전북불교총람(전북불교총연합회, 1993), 사찰지(전라북도, 1990)

동대암(東臺庵)
관음암(觀音庵)을 보시오.

동덕사(同德寺)
【이명】한때 동덕사(東德寺)라고도 했다. 【위치】함경남도 단천시 두연리 오봉산(五峰山)에 있다. 【연혁】고려 초기에 창건된 것으로 추정된다. 자세한 연혁은 전

하지 않는다. 1741년(조선 영조 17) 대웅
전을 중창하여 오늘에 이르고 있다. 권상
로(權相老, 1879~1965)가 펴낸 《한국사
찰전서》에는 동덕사(東德寺)라고 나와
있다. 일제강점기의 31본산시대에는 귀주
사(歸州寺)의 말사였다. 【유적·유물】
현존하는 건물로는 대웅전을 비롯하여 나
한전, 삼성각, 응진전 등이 있다. 【참고문
헌】북한의 절과 불교(정태혁·신법타, 민
족사, 1990), 북한사찰연구(한국불교종단
협의회, 1993)

동덕사(東德寺)
동덕사(同德寺)를 보시오.

동리사(桐裡寺)
태안사(泰安寺)를 보시오.

동림사(桐林寺)
【위치】충청남도 아산시 동림산(桐林山)
에 있었다. 【연혁】신라 때 창건됐다. 문
성왕 때(839~857) 절이 기울어지자 대들
보를 오동나무로 갈았다. 이에 세마직(洗
馬職)에 있던 허국(許國)이 그 나무를 취
해서 거문고를 만들었으며, 이것이 대대
로 전하여 천하에 이름을 떨쳤다고 한다.
조선 태종 때(1400~1418)에는 중신종
(中神宗)에 속했다. 자세한 연혁은 전하
지 않는다. 1481년(성종 12)에 편찬된
《동국여지승람》에는 존재한다고 나와 있
고, 1799년(정조 23)에 편찬된 《범우고
(梵宇攷)》에는 이미 폐사된 것으로 나와
있다. 1983년 편찬된 《아산군지》에는 영
인면 아산리 영인산(靈仁山)에 있는 관음
사(觀音寺)가 이 절의 옛터라고 추정하고
있으나 확실하지 않다. 【참고문헌】한국사
찰전서(권상로, 동국대학교 출판부, 1979),
아산군지(아산군, 1983)

동림사(桐林寺)

관음사(觀音寺)를 보시오.

동림사(桐林寺)
운흥사(雲興寺)를 보시오.

동방사(東方寺)
【위치】경상북도 성주군 성주읍 예산리
압숙골에 있었다. 【연혁】신라 애장왕 때
(800~809) 창건됐다. 당시에는 절의 영
역이 수십 리에 이르렀고, 기거하는 승려
도 수백 명이나 되었다고 한다. 그러나
1592년(조선 선조 25) 임진왜란 때 전소
한 뒤 중건되지 못했다. 【유적·유물】절
터에는 칠층석탑(경상북도 유형문화재 제
60호)만 남아 있다. 원래는 구층석탑이었
다고 하며, 고려시대의 작품으로 추정된
다. 이 탑은 성주의 지형이 소가 누워서
별을 바라보는 형상이고 이천(伊川)이 성
주를 돌아 동쪽으로 빠져나가므로 성주의
지기가 냇물과 함께 빠져나가는 것을 막
기 위해 세웠다고 한다. 이러한 뜻에서 이
탑을 지기탑(地氣塔)이라고도 부른다. 지
금의 높이는 8m이나, 매몰된 기단부를
복원하면 12m에 이른다. 【참고문헌】지
방문화재대관(경상북도, 1980)

동백련사(東白蓮社)
미면사(米麵寺)를 보시오.

동불암(東佛庵)
【위치】전라북도 고창군 아산면 삼인리 선
운산(禪雲山)에 있었다. 【연혁】유물로
미루어 보아 백제 위덕왕 때(554~598) 활
동하던 검단(黔丹, 檢旦)이 창건했거나,
고려시대에 선운사의 부속 암자로 창건된
것으로 추정된다. 마애석불의 상체 부위에
닫집 형식의 암자가 있었으나, 1648년(조
선 인조 26) 폭풍우로 무너져 폐사됐다.
【유적·유물】유물로는 마애석불좌상(보
물 제1200호)이 있는데 검단이 조성했다

고도 하고, 고려시대에 조성했다고도 한
다. 높이 25m, 너비 10m로서 지금은 인
근 도솔암(兜率庵)에서 관리하고 있다.
【설화】마애석불좌상에는 검단이 숨긴 비
결(秘訣)이 있는데 이 비결이 세상에 나
오면 한양이 망한다고 전해 왔다. 1820년
(조선 순조 20) 전라도 관찰사 이서구(李
書九)가 마애불의 배꼽 부분을 따서 그
비결을 꺼내 보려다가 뇌성벽력이 일어나
중지하고 다시 봉한 적이 있다. 1892년
(고종 29) 무장(茂長)의 동학접주(東學接
主) 손화중(孫化中)이 무장 지방의 동학
도 300여 명을 동원하여 스님들을 결박하
고 도끼로 부수어 복장물을 꺼냈다. 이때
벼락이 치지 않자, 동학도들은 '이는 하
늘이 비결이 세상에 나오도록 허용한 것
이며, 곧 한양이 망하고 동학이 세력을 잡
을 것'이라고 주장하여 민심을 흉흉하게
했다. 당황한 무장현감이 동학도들을 잡
아다가 그중 3명의 두령을 사형하려 했
다. 이에 동학의 다른 두령들이 헌 불경을
비결이라 하여 현감에게 가져다 주기로
하고, 수천 명의 동학도들을 동원하여 무
장현으로 몰려가 투옥된 두령들과 교환할
것을 제의했다. 결국 현감은 세에 눌려 교
환에 응했으나, 사람들은 현감이 가진 것
은 가짜 비결이고 숨은 손화중이 가진 비
결이 진짜라고 믿었다. 【참고문헌】사찰
지(전라북도, 1990)

동사(東寺)
【위치】충청남도 서산시 부석면 지산리
도비산(島飛山)에 있다. 【소속】대한불교
조계종 제7교구 본사인 수덕사의 말사이
다. 【연혁】언제 누가 창건했는지 알 수
없다. 1307년(고려 충렬왕 33)에 간행된
진정 천책(眞靜 天頙)의 시문집《호산록

(湖山錄)》에 절 이름이 나타난다. 그러나
그 뒤의 연혁은 전하지 않는다. 일제강점
기의 31본산시대에는 본산인 마곡사의 말
사였다. 【유적·유물】건물로는 원통전
과 요사채가 있다. 원통전은 조선 말기에
세워진 것이나, 근래 대부분 개수하여 그
원형을 잃었다. 【참고문헌】한국사찰전서
(권상로, 동국대학교 출판부, 1979), 문화
유적총람-사찰편(충청남도, 1990)

동상암(東上庵)
진불암(眞佛庵)을 보시오.

동악사(東岳寺)
【이명】한때 동학사(東鶴寺), 동암(東庵)
이라고 불렸다. 【위치】경상북도 예천군
예천읍 동본리 냉정산(冷井山) 중턱에 있
다. 【연혁】신라 의상(義湘)이 671년(문
무왕 11) 중국에서 귀국한 뒤 창건했다.
이곳 지형이 학을 닮았다고 하여 처음에
는 동학사라 불렸다고 한다. 그러나 조선
중기에 동암으로 고쳐 부르다가 1934년 중
창한 뒤부터 동악사로 불리게 되었다. 【유
적·유물】현존하는 건물로는 보광전(普
光殿)과 요사채가 있는데, 이들은 1934년
신도들의 성금으로 건립한 것이다. 보광전
안에 봉안되어 있는 석조비로자나불좌상
(경상북도 문화재자료 제146호)은 고려 중
기의 작품으로 추정되며, 뒷면 벽의 탱화
에 두광(頭光)과 신광(身光)을 그려서 불
상과의 조화를 꾀하고 있다. 이 밖에 요사
채 앞에는 고려 중기의 것으로 추정되는
석탑재(石塔材)가 있고, 주변에서 많은 기
와 조각들이 출토된다. 【참고문헌】문화유
적총람(문화재관리국, 1977), 내 고장 예
천(예천군, 1981)

동암(東庵)
【위치】충청북도 보은군 내속리면 사내리

속리산에 있다. 【소속】대한불교조계종 제5교구 본사인 법주사의 산내 암자이다. 【연혁】553년(신라 진흥왕 14) 의신(義信)이 법주사를 창건할 때 창건했다. 1592년(조선 선조 25) 임진왜란 때 전소하여 폐사되었다가, 1980년 김성도(金聖道)가 처사 한갑진(韓甲振)의 시주를 얻어 재건했다. 【유적·유물】건물로는 법당과 선당, 요사 2동 등이 있다. 모두 1980년에 신축한 것이다. 【참고문헌】사지(충청북도, 1982)

동암(東庵)

동악사(東岳寺)를 보시오.

동암(東庵)

태고사(太古寺)를 보시오.

동운암(東雲庵)

【위치】전라북도 고창군 아산면 삼인리 도솔산(兜率山)에 있다. 【소속】대한불교조계종 제24교구 본사인 선운사의 산내 암자이다. 【연혁】언제 누가 창건했는지 알 수 없다. 《선운사사지》에 의하면, 1597년(조선 선조 30) 정유재란 때 선운사와 함께 소실했다가 1614년(광해군 6) 선운사를 중창할 때 함께 재건했다고 한다. 이어 1693년(숙종 19) 천성(天性)이 중창했고, 1706년(숙종 32) 법안(法眼), 탄흠(坦欽), 의변(義卞)이 조실(祖室)과 누각을 보수하여 오늘에 이르고 있다. 【유적·유물】현존하는 건물로는 인법당(因法堂)과 칠성각이 있다. 【참고문헌】전북불교총람(전북불교도총연합회, 1993), 한국사찰전서(권상로, 동국대학교 출판부, 1979), 사찰지(전라북도, 1990)

동천사(東泉寺)

【위치】경상북도 경주시에 있었다. 【연혁】신라 진평왕(재위 579~632)이 박혁거세가 알에서 나와 목욕했다는 동천(東泉)에 창건했다. 《삼국유사》에 의하면, 동해의 용왕이 이 절에 자주 와서 법문을 들었고, 진평왕이 오백성중(五百聖衆)의 봉안과 함께 오층탑을 세웠으며 전답을 헌납했다고 한다. 그 뒤의 연혁은 전하지 않는다. 【유적·유물】현재 절터에는 석탑의 부재들과 석조물이 흩어져 있다. 【설화】경주에는 세 마리의 호국룡(護國龍)이 살고 있다는 우물이 셋 있었는데, 이 절에 있는 청지(淸池)와 동지(東池), 분황사(芬皇寺)의 우물 등이었다. 그러나 하서국(河西國)의 사람이 이들 우물에 있는 용을 고기로 변하게 하여 잡아 갔다가 뒤에 다시 놓아 주었다고 하여 삼룡변어정(三龍變魚井)이라고 불렀다고 한다. 분황사의 우물은 지금도 남아 있으나 이 절의 청지와 동지는 확인할 수 없다. 【참고문헌】삼국유사, 한국사찰전서(권상로, 동국대학교 출판부, 1979)

동축사(東竺寺)

【위치】경상남도 울산시 동구 동부동 마골산(摩骨山)에 있다. 【소속】대한불교조계종 제15교구 본사인 통도사의 말사이다. 【연혁】573년(신라 진흥왕 34) 진흥왕의 명으로 인도의 아육왕(阿育王, 아쇼카왕)이 보냈다고 하는 1불(佛)과 2보살의 모형을 봉안하기 위해 창건했다. 그 뒤 934년(경순왕 8) 중창했고, 고려 정종 때 (1035~1046) 옥인(玉仁)이 중건했으며, 1931년 완성(翫性)이 중수했다. 1975년 주지 도암(道庵)이 정주영(鄭周永) 등의 시주를 얻어 모든 건물을 중수했다. 또한 도암은 이때 범종각을 신축했으며, 600관 무게의 범종을 봉안하여 오늘에 이르고 있다. 【유적·유물】현존하는 건물로는

대웅전을 중심으로 칠성각, 서향각(西香閣), 무량수각, 요사채, 범종각 등이 있다. 문화재로는 고려시대에 만든 삼층석탑과 사적비가 있으며, 대웅전 앞에는 1978년 구례 화엄사(華嚴寺) 서오층석탑을 모방하여 만든 탑이 있다. 【설화】《삼국유사》에 창건 연기가 기록되어 있다. 아육왕은 석가삼존불을 주조하려다가 뜻을 이루지 못하자, 황금 3만 분과 황철(黃鐵) 5만 7천 근을 배에 실어서 바다에 띄우고, '인연 있는 국토에 가서 장륙존상(丈六尊像)이 이루어지게 해달라'고 축원했다. 아울러 1불과 2보살의 모형도 함께 실어 보냈는데, 이 배는 지금의 울산 태화 지방인 사포(絲浦) 앞바다에서 멈추었다. 배에 실린 황금과 황철로는 황룡사(皇龍寺)의 장륙존상을 만들었고, 모형 불상은 사포의 동쪽에 있는 높고 깨끗한 땅을 정해 절을 짓고 봉안했다. 그 절이 바로 동축사라고 한다. 뒤에 이 모형 불상도 황룡사로 옮겨 봉안했다고 한다. 【참고문헌】 삼국유사, 한국사찰전서(권상로, 동국대학교 출판부, 1979), 내 고장의 전통(울산시, 1982)

동학사(東鶴寺)

【이명】 한때 상원사(上願寺)라고 불렸다. 【위치】 충청남도 공주시 반포면 학봉리 계룡산 동북쪽 기슭에 있다. 【소속】 대한불교조계종 제6교구 본사인 마곡사의 말사이다. 【연혁】 724년(신라 성덕왕 23) 상원(上願)이 암자를 짓고 수도하다가 입적한 곳에 그의 제자 회의(懷義)가 절을 창건하여 상원사라고 했다. 921년(고려 태조 4) 연기 도선(烟起 道詵)이 중창한 뒤 태조의 원당이 되었다고 한다. 그러나 도선은 이미 898년에 입적했으므로 신빙

성이 없다. 936년 신라가 망하자 대승관(大丞官) 유차달(柳車達)이 이 절에 와서 신라의 시조와 충신 박제상(朴堤上)의 초혼제(招魂祭)를 지내기 위해 동학사(東鶴祠)를 짓고 절을 확장한 뒤 절 이름도 동학사(東鶴寺)로 바꾸었다. 그러나 절의 동쪽에 학 모양의 바위가 있으므로 동학사(東鶴寺)라고 했으며, 고려의 충신이자 동방이학(東方理學)의 조종인 정몽주(鄭夢周)를 이 절에 제향했으므로 동학사(東學寺)라고 했다는 설도 있다. 1394년(조선 태조 3) 고려의 유신(遺臣) 길재(吉再)가 동학사의 승려 운선(雲禪)과 함께 단(壇)을 쌓아서 고려 태조를 비롯한 충정왕, 공민왕의 초혼제와 정몽주의 제사를 지냈다. 1399년(정종 1) 고려 유신 유방택(柳方澤)이 이 절에 와서 정몽주, 이색(李穡), 길재 등의 초혼제를 지냈으며, 다음해 이정간(李貞幹)이 공주목사로 와서 단 이름을 삼은단(三隱壇)이라고 하고, 또 전각을 지어 삼은각(三隱閣)이라고 했다. 1457년(세조 3) 김시습(金時習)이 조상치(曺尙治), 이축(李蓄), 조려(趙旅) 등과 더불어 삼은단 옆에 단을 쌓아 사육신의 초혼제를 지내고, 이어서 단종의 제단을 증설했다. 다음해 세조가 동학사에 와서 이 제단을 살핀 뒤 단종을 비롯하여 정순왕후(定順王后), 안평대군(安平大君), 금성대군(錦城大君), 김종서(金宗瑞), 황보인(皇甫仁), 정분(鄭奔) 등과 사육신, 그리고 세조 찬위로 원통하게 죽은 280여 명의 성명을 비단에 써서 주며 초혼제를 지내게 한 뒤 초혼각을 짓게 하고 인신(印信)과 토지 등을 하사했으며, 동학사라고 사액한 다음 승려와 유생이 함께 제사를 받들도록 했다. 1728년(영조 4) 신

천영(申天永)의 난으로 절과 초혼각이 모두 소실했고, 1785년(정조 9) 정후겸(鄭厚謙)이 위토를 팔아 버리자 제사가 중단되기도 했다. 1814년(순조 14) 월인(月印)이 예조에 상소하여 사옥과 혼록봉장각(魂錄奉藏閣)을 세웠다. 1827년(순조 27) 홍희익(洪義翼)이 인신을 봉안하는 집을 따로 지었으며, 충청좌도어사 유석(柳奭)이 300냥을 내고 정하영(鄭河永)이 제답(祭畓)을 시주해 다시 제사를 베풀었다. 1864년(고종 1) 봄 금강산의 보선(普善)이 와서 옛 집을 모두 헐고 건물 40칸과 초혼각 2칸을 지었는데, 초혼각은 1904년 숙모전(肅慕殿)이라고 이름을 바꾸었다. 1950년 6·25전쟁 때 옛 건물이 모두 소실하자 1960년 이후에 중건했다. 산내의 암자로는 문수암(文殊庵), 길상암(吉祥庵), 미타암(彌陀庵) 등이 있다. 【유적·유물】현존하는 건물로는 대웅전, 무량수각, 큰방, 삼은각, 숙모전, 범종각, 삼성각(충청남도 문화재자료 제57호), 동학강원 등이 있다. 이 중 동학강원은 청도 운문사(雲門寺)의 운문강원과 함께 우리나라의 대표적인 비구니 수련도량으로 손꼽히고 있다. 유물로는 삼층석탑(충청남도 문화재자료 제58호)이 있다. 【참고문헌】동국여지승람, 동학사사적

동학사(東鶴寺)

동악사(東岳寺)를 보시오.

동해사(東海寺)

【이명】한때 한산사(寒山寺)라고도 불렸다. 【위치】경상북도 상주시 서곡동 식산(息山)에 있다. 【소속】대한불교조계종 제8교구 본사인 직지사의 말사이다. 【연혁】1384년(고려 우왕 10) 무학 자초(無學 自超)가 창건했다. 1838년(조선 헌종

4) 용담(龍潭)이 중창했다. 1879년(고종 16)에는 신자 박정선(朴貞善)과 이정호(李挺豪)가 옛터의 동쪽에 옮겨 지으려다가 재력이 부족해 불사를 중지한 것을 2년 뒤 신자 박인형(朴仁亨)이 준공했다. 1989년 불에 타자 1991년 주지 김성운(金成雲)이 대웅전을 중창했다. 【유적·유물】건물로는 대웅전과 칠성각, 산신각, 요사채 4동이 있다. 특별한 문화재는 없으나, 1991년 대웅전의 중창 불사 중에 오래 된 석불 1위가 발굴되었다. 【참고문헌】한국사찰전서(권상로, 동국대학교 출판부, 1979)

동혈사(銅穴寺)

【이명】한때 동혈사(東穴寺)라고 했다. 【위치】충청남도 공주시 의당면 월곡리 천태산(天台山)에 있다. 【소속】대한불교조계종 제6교구 본사인 마곡사의 말사이다. 【연혁】백제 때 창건된 것으로 추정된다. 1481년(조선 성종 12)에 편찬된 《동국여지승람》에는 존재한다고 나와 있고, 1799년(정조 23)에 편찬된 《범우고(梵宇攷)》에는 지금은 폐사되었다고 나와 있다. 그러나 1859년(철종 10) 임정회(林挺會) 등이 편찬한 《공산지(公山誌)》에는 방위에 따라 4개의 혈사(穴寺)가 공주 지역에 존재했다고 나와 있다. 그 뒤 이름이 동혈사(銅穴寺)로 바뀌었다. 【유적·유물】건물로는 법당과 요사채 등이 있고, 법당 뒤편에는 자연 석굴이 있다. 유물로는 석탑과 부도가 있다. 석탑은 현재 4층까지 남아 있는데 양식상으로는 고려 때의 것으로 보인다. 부도는 누구의 것인지 알 수 없으나, 조선시대의 것으로 추정된다. 【참고문헌】문화유적총람-사찰편(충청남도, 1990)

동혈사(東穴寺)

동혈사(銅穴寺)를 보시오.

동화사(桐華寺)

【이명】한때 유가사(瑜伽寺)라고도 불렀다.【위치】대구광역시 동구 도학동 팔공산(八公山) 남쪽 기슭에 있다.【소속】대한불교조계종 제9교구 본사이다.【연혁】493년(신라 소지왕 15) 극달(極達)이 창건하여 유가사라 했다고 한다. 그 뒤 832년(흥덕왕 7) 왕사 심지(心地 ; 헌덕왕의 셋째 왕자)가 중창했는데, 겨울철인데도 절주위에 오동나무꽃이 만발했으므로 동화사로 고쳐 불렀다고 한다. 그러나《삼국유사》에는 심지가 이 팔공산에 와서 영심(永深)에게서 받은 불간자(佛簡子)를 던져 떨어진 곳에 절을 지은 것이 곧 동화사라고 기록되어 있다. 극달이 창건했다는 시기는 신라의 불교 공인 이전이므로 법상종(法相宗)의 성격을 띤 유가사라는 이름이 붙여졌을 까닭이 없다는 점에서 심지가 창건한 것이 아닌가 하는 주장도 많다. 고려시대에 들어와 934년(태조 17) 선사 영조(靈照)가 중창했고, 1190년(명종 20) 보조(普照) 국사 지눌(知訥)이 중창했으며, 1298년(충렬왕 24) 홍진(弘眞) 국사 보자 혜영(普慈 惠永)이 중건했다. 조선시대에는 1606년(선조 39) 사명 유정(四溟 惟政)이 중창했고, 1677년(숙종 3) 상은(尙峚)이 중건했다. 한때는 이 절에서 유정이 영남도총섭으로서 승군을 지휘했으며, 서사원(徐思遠)이 격문을 지어 많은 의병들을 모집하여 훈련시키는 등 호국의 본거지가 되기도 했다. 1732년(영조 8) 관허(冠虛), 운암(雲岩), 낙빈(洛濱), 청월(晴月) 등이 중창하여 오늘에 이르고 있다. 부속 암자로는 금당암(金堂庵), 비로암(毘盧庵), 내원암(內院庵), 부도암(浮屠庵), 양진암(養眞庵), 염불암(念佛庵) 등이 있다. 일제강점기의 31본산시대에는 55개의 절을 관할했던 본산이었으며, 현재는 대구광역시와 청도군, 칠곡군, 성주군의 절들을 관장하고 있다.【유적·유물】현존하는 건물들은 대부분 영조 때의 중창시에 세워진 건물로서 대웅전(대구광역시 유형문화재 제10호)을 비롯하여 극락전(대구광역시 유형문화재 제11호), 연경전(蓮經殿), 천태각(天台閣), 영산전, 봉서루(鳳棲樓), 심검당(尋劍堂), 응향각(凝香閣), 천안문(天安門) 등이 있다. 이중 대웅전은 1606년 학인(學人)이 건립한 것을 1677년과 1727년 각각 중수했다. 이곳에 봉안된 삼존불상은 1728년(영조 4) 왕준(王峻)이 만들었고, 후불탱화는 1620년(광해군 12) 의현(義玄)이 그렸다. 대웅전 천장의 극락조(極樂鳥)는 일품으로 널리 알려져 있다. 금당암 일대는 사찰 문화재 보호구역으로 일반인의 출입을 금지하고 있는데, 이 암자에는 삼층석탑(보물 제248호) 2기가 있다. 동화사사적비문에는 이 탑이 863년(신라 경문왕 3) 건립되었으며, 부처님 사리 7과가 봉안되어 있다고 기록되어 있다. 문화재로는 비로암에 있는 삼층석탑(보물 제247호)과 석조비로자나불좌상(보물 제244호), 절 입구의 마애불좌상(보물 제243호), 당간지주(보물 제254호), 석조부도(보물 제601호), 마애약사여래좌상(대구광역시 유형문화재 제3호), 부도군(대구광역시 유형문화재 제12호), 염불암에 있는 마애여래좌상 및 보살상(대구광역시 유형문화재 제14호)과 청석탑(대구광역시 유형문화재 제19호)이 있다. 이 중 마애불좌상과 비로전의 비

로자나불좌상은 신라 흥덕왕 때 심지가 조각한 것이라고 한다. 또 이 절에서 동남쪽으로 7km 떨어진 관봉(冠峰)에는 높이 4m에 달하는 석조여래좌상이 있다. 이 불상은 638년(선덕여왕 7) 원광(圓光)의 수제자인 의현(義玄)이 그의 어머니를 위해 조성했다고 하는데, 갓바위라고도 불린다. 이 불상에 소원을 빌면 효험이 많다고 하여 언제나 참배객들의 발길이 끊이지 않는다. 이 밖에도 이 절에는 미륵보살이 율사 진표(眞表)에게 주어 영심을 거쳐 심지에게 전해졌다는 패엽경(貝葉經)이 있고, 고려의 예종이 이 패엽경을 빌려 보다가 일부를 잃어버리자 송나라에서 가져 온 부처님 어금니 1개를 대신 보냈다고 하는 부처님 치아, 당나라에서 만든 요령, 유정이 영남도총섭으로 있을 때 사용했던 영남도총섭 인장(印章) 등도 있다. 절의 주위에는 무심봉(無心峰)의 흰 구름, 제천단(祭天壇)의 소낙비, 적석성(積石城)의 밝은 달, 백리령(白里嶺)의 쌓인 눈, 금병장(金屛莊)의 단풍, 부도암의 폭포, 약사봉의 새벽별, 동화사의 종소리 등 공산팔경(公山八景)이 펼쳐져 있다. 【설화】《삼국유사》에는 심지가 절을 창건할 당시의 설화가 전하고 있다. 심지는 중악(中岳 ; 팔공산)에서 수도하던 중 속리산 길상사(吉祥寺)에서 영심이 그의 스승 진표로부터 계법(戒法)을 전해 받고 점찰법회(占察法會)를 연다는 소식을 듣고 찾아갔다. 그러나 때가 늦어 당(堂)에 올라가서 참례할 수 없었으므로 땅에 엎드려 참례했다. 법회 7일 만에 진눈깨비가 심하게 내리는데 심지의 둘레 10자 안에는 눈이 내리지 않았다. 모두들 이를 신기하게 여겨 심지를 당으로 안내했다. 여기

서 그는 열심히 수도하여 진표가 영심에게 준 법통을 계승하는 불간자를 영심으로부터 전해 받았다. 그 뒤 팔공산으로 돌아와 산꼭대기에서 간자를 날려 떨어진 곳, 즉 현재 이 절의 첨당(籤堂) 북쪽 우물이 있는 곳에 절을 짓고 간자를 모셔 동화사의 개조가 되었다고 한다. 【참고문헌】한국사찰전서(권상로, 동국대학교 출판부, 1979), 한국의 명산 대찰(국제불교도협의회, 1982)

동화사(東華寺)

【위치】충청북도 청원군 남이면 문동리에 있다. 【소속】한국불교태고종에 속한다. 【연혁】구전에 의하면 신라 때 창건됐다고 한다. 유물로 미루어 보아 통일신라 말에서 고려 초 사이에 창건된 것으로 추정되며, 특히 대웅전 내에 봉안된 비로자나불상이 이를 뒷받침하고 있다. 또한 고려시대에 유행하던 연화문(蓮花紋), 당초문(唐草紋)의 기와 조각이 절터에 산재해 있어 고려시대에도 그 명맥을 유지했음을 알 수 있다. 그 뒤 1592년(조선 선조 25) 임진왜란 때 완전히 소실한 것을 약 100년 후 성(成)씨 문중에서 중창하고 매몰된 불상을 발굴하여 봉안했다고 한다. 1949년 중수하여 오늘에 이르고 있다. 【유적·유물】현존하는 건물로는 대웅전과 요사채가 있다. 대웅전 내에는 10세기의 것으로 추정되는 비로자나불좌상과 이 불상을 받치고 있는 연화대좌(蓮華臺座)가 있다. 이 중 연화대좌는 청주·청원 지방에서 발견된 것 중 대작에 속한다. 이 밖에 대웅전 앞에는 3층의 옥개석과 기단 면석만이 남아 있는 삼층석탑이 있고, 최근에 수습된 수막새, 귀면와(鬼面瓦), 암막새 등이 있다. 이 중 수막새는 백제의

기와를 닮은 것으로 고려 중기의 작품으로 추정되며, 범자(梵字)가 양각되어 있는 기와도 있다. 【설화】임진왜란 때 말을 타고 이곳을 지나던 왜병이 말발굽이 떨어지지 않자 칼로 석불의 목을 치니 석불의 목에서 피가 흘렀다는 전설이 전한다. 【참고문헌】사지(충청북도, 1982)

동화사(桐華寺)

【위치】전라남도 순천시 별량면 대룡리 개운산(開雲山)에 있다. 【소속】대한불교조계종 제21교구 본사인 송광사의 말사이다. 【연혁】1047년(고려 문종 1) 대각(大覺) 국사 의천(義天)이 창건했다고 하나, 의천은 1055년(문종 9)에 태어났으므로 신빙성이 없다. 의천이 남쪽 지방을 유람하다가 순천 낙안면에 이르렀는데, 동쪽 하늘에서 상서로운 구름이 피어나는 것을 보고 산 이름을 개운산이라고 했으며, 구름이 일어난 곳에 절을 짓고 동화사라 했다고 한다. 조선 중기에 법홍(法弘)이 향로전(香爐殿)을 지었고, 법홍이 다시 계환(戒環)에게 권하여 1696년(숙종 22) 법당, 선당(禪堂), 정문루(正門樓), 요사채 등을 중건하여 오늘에 이르고 있다. 【유적·유물】현존하는 건물로는 대웅전(전라남도 유형문화재 제61호)을 비롯하여 선당, 범종루, 요사채 등이 있다. 문화재로는 삼층석탑(보물 제831호)과 속장경(續藏經) 판목 135매가 있다. 이 판목은 1970년에 발견된 것으로 의천이 만든 것이며, 우리 나라 인쇄사와 불교 연구에 중요한 자료가 된다. 【참고문헌】한국사찰전서(권상로, 동국대학교 출판부, 1979), 내 고장 승주의 얼(승주군, 1983)

두승사(斗升寺)

유선사(遊仙寺)를 보시오.

등명낙가사(燈明洛伽寺)

낙가사(洛伽寺)를 보시오.

등명사(燈明寺)

낙가사(洛伽寺)를 보시오.

등암사(燈巖寺)

【이명】한때 등암사(藤巖寺)라고도 했다. 【위치】황해도 연백군 천등산(天燈山)에 있었다. 【연혁】언제 누가 창건했는지 알 수 없다. 1329년(고려 충숙왕 16) 충숙왕이 이 절에 머물렀는데, 이 해 10월 4일 문백안(文伯顏)과 홍말적(洪末的) 등이 충숙왕을 뵙고 위로의 말을 들었다. 1337년(충숙왕 복위 4)에도 충숙왕이 이 절에 머물렀다. 이 해 7월 21일 원나라의 실리미(失里米)가 원나라 조정의 황후 책봉을 위한 조칙을 전하고 환관과 어린 여자, 말을 구하고자 우리 나라에 왔는데, 8월 3일 이 절에 찾아와 충숙왕을 만났다. 또한 이 절은 공민왕이 태어난 곳이라고 한다. 연혁은 전하지 않는다. 1481년(조선 성종 12)에 편찬된 《동국여지승람》에는 존재한다고 나와 있으나, 1799년(정조 23)에 편찬된 《범우고(梵宇攷)》에는 이미 폐사된 것으로 나와 있다. 《고려사》에는 등암사(藤巖寺)라고 나와 있으나, 《동국여지승람》과 《범우고》에는 등암사(燈巖寺)라고 나와 있다. 【참고문헌】고려사, 동국여지승람, 범우고

등암사(藤巖寺)

등암사(燈巖寺)를 보시오.

등운암(騰雲庵)

【이명】한때 압정사(壓鄭寺), 영천사(靈泉寺)라고 불렀다. 【위치】충청남도 공주시 계룡면 양화리 계룡산(鷄龍山) 연천봉(連天峰)에 있다. 【소속】대한불교조계종 제6교구 마곡사의 말사인 신원사(新元寺)

의 산내 암자이다. 【연혁】 665년(신라 문무왕 5) 조사 등운(騰雲)이 창건하여 등운암이라고 했다. 1394년(조선 태조 3) 태조의 명으로 중건하고, 계룡산에서 정(鄭)씨가 왕이 될 기운을 누른다는 뜻으로 이름을 압정사로 고쳤다. 그 뒤 서쪽의 대(臺) 위에 옮겨 짓고, 이름을 다시 영천사로 고쳤다. 1943년 춘파(春坡)가 규모를 축소하여 중창하고 옛이름을 되찾아 등운암이라 했다. 【유적·유물】 건물로는 인법당(因法堂)과 요사채가 있다. 특별한 문화재는 없다. 【참고문헌】 한국사찰전서(권상로, 동국대학교 출판부, 1979)

등운암(登雲庵)

【위치】 전라북도 부안군 변산면 중계리 변산(邊山)에 있었다. 【연혁】 신라 신문왕 때(681~692) 활동하던 부설(浮雪)이 아들 등운(登雲)을 위해 창건했다. 자세한 연혁은 전하지 않는다. 조선시대에는 10년을 작정하고 이곳에서 불교를 공부하던 최명룡(崔命龍)이 1592년(선조 25) 임진왜란이 일어나자 의병을 규합하여 큰 공을 세웠다. 언제 폐사되었는지도 알 수 없다. 【설화】 창건에 얽힌 설화가 전한다. 부설이 변산의 한 암자에서 수행하다가 강원도 오대산(五臺山)에 가서 더욱 정진하고자 길을 떠났는데, 밤이 되어 구무원(仇無冤)의 집에서 여장을 풀었다. 그때 구무원의 딸 묘화(妙華)가 부설에게 사랑을 고백했다. 하는 수 없이 부설은 그녀와 결혼하여 두 남매를 낳고 아내와 함께 수행에 열중했다. 그 뒤 내외는 변산으로 가서 부설암(浮雪庵)과 묘적암(妙寂庵)을 짓고 수행했으며, 딸을 위해 월명암(月明庵), 아들을 위해 등운암을 지었다고 한다. 【참고문헌】 삼국유사, 사찰지(전라북도, 1990)

마곡사(麻谷寺)

【위치】충청남도 공주시 사곡면 운암리 태화산(泰華山) 남쪽 기슭에 있다. 【소속】대한불교조계종 제6교구 본사이다. 【연혁】창건에 관한 두 가지 설이 전한다. 첫째는 643년(신라 선덕여왕 12) 당나라에서 귀국한 자장(慈藏)이 선덕여왕에게서 하사받은 밭 2백 결로 통도사, 월정사와 함께 이 절을 창건했다고 한다. 당시 자장이 낙성식을 할 때 그의 법문을 듣기 위해 온 사람들이 '삼대와 같이 무성했다'고 하여 '마(麻)'자를 넣어 마곡사라 했다고 한다. 둘째는 신라의 무주 무염(無住 無染)이 당나라에서 845년(문성왕 7) 귀국해 창건했으며, 스승 마곡 보철(麻谷寶徹)을 사모하는 뜻에서 마곡사라 했다고 하기도 하고, 또는 절을 짓기 전 이곳에 마(麻)씨들이 살았기 때문에 마곡사라 했다고 하기도 한다. 그러나 현재는 첫째의 설을 많이 따르고 있다. 이곳의 물과 산의 형세는 태극형이라고 하여 《택리지》 《정감록》 등의 여러 비기(秘記)에서는 전란을 피할 수 있는 십승지지(十勝之地)의 하나로 꼽고 있다. 창건 후 신라 말부터 약 2백 년 동안 폐사된 채 도둑 떼의 소굴로 이용되었다. 이에 1172년(고려 명종 2) 보조(普照) 국사 지눌(知訥)이 도둑들로부터 되찾아 제자 수우(守愚)와 함께

왕에게 전답 2백 결을 하사받아 중창, 대가람을 이룩했다. 당시의 건물은 지금의 배가 넘었으나 1592년(조선 선조 25) 임진왜란 때 대부분 소실했다. 그 뒤 60년 동안 다시 폐사되었다가 1651년(효종 2) 각청(覺淸)이 대웅전과 영산전, 대적광전 등을 중수했다. 일제강점기의 31본산시대에는 충청남도 내의 1백여 절을 관장하는 본산이 되었다. 또한 김구(金九, 1876~1949)는 한말 명성황후(明成皇后) 시해에 가담한 일본인 장교 쓰치다(土田壤亮)를 죽인 죄로 인천형무소에서 옥살이를 하던 중 탈옥한 뒤 이 절에 출가하여 원종(圓宗)이란 법명을 가진 승려로서 살았다. 대광보전 앞에는 김구가 심은 향나무가 있다. 현재 이 절은 대전광역시와 충청남도 내 70여 개의 말사를 관장하고 있다. 부속 암자로는 상원암(上院庵), 부용암(芙蓉庵), 북가섭암(北迦葉庵), 남가섭암(南迦葉庵), 토굴암(土窟庵), 백련암(白蓮庵), 청련암(靑蓮庵), 영은암(靈隱庵), 대원암(大願庵), 은적암(隱寂庵) 등이 있다. 【유적·유물】현존하는 건물로는 대웅전(보물 제801호)을 비롯하여 영산전(보물 제800호), 대광보전(大光寶殿 ; 보물 제802호), 흥성루(興聖樓), 응진전(應眞殿 ; 충청남도 문화재자료 제65호), 명부전(충청남도 문화재자료 제64호), 국사당(國師堂 ;

충청남도 문화재자료 제63호), 대향각(大香閣), 영각(影閣), 심검당(尋劍堂), 벽안당(碧眼堂), 수선사(修禪社), 천왕문(충청남도 문화재자료 제62호), 해탈문(충청남도 문화재자료 제66호), 요사채 9동 등이 있다. 이 중 영산전은 이 절에서 가장 오래된 건물로서 조선 중기의 목조건축 양식을 대표할 만한 것이다. 현판은 세조(재위 1455~1468)가 김시습(金時習)을 만나기 위해 이 절에 왔다가 못 만나고 돌아가면서 남긴 필적이라고 한다. 대웅전의 현판은 김생(金生, 711~791)의 글씨라고 하나 확실하지는 않다. 이 건물은 특이한 2층 건물로 조선 중기의 사원 건축 양식을 이해하는 데 귀중한 문화재이며, 건물의 기둥을 안고 한 바퀴 돌면 6년을 장수한다는 전설이 있다. 문화재로는《감지은니묘법연화경》권1(보물 제269호)과《감지은니묘법연화경》권6(보물 제270호), 오층석탑(보물 제799호), 동제은입사향로(충청남도 유형문화재 제19호), 동종(충청남도 유형문화재 제62호) 등이 있다. 이 중 오층석탑은 풍마동다보탑(風磨洞多寶塔)이라고도 하는데, 인도에서 가져온 것이라고 하나, 라마교 탑과 비슷하여 원나라의 영향을 받은 것으로 보인다. 임진왜란 때 도괴되어 탑 안의 보물들이 도난당했으며, 1972년 수리중에 동제은입사향로와 문고리가 발견되었다. 이 탑은 전국민의 3일 기근을 막을 만한 영험이 있다는 전설이 있으며, 한국, 인도, 중국 등 세계에서 3개밖에 없는 귀중한 탑이라고 한다. 또 절 앞의 냇가 암벽에는 부여 고란사에만 있는 것으로 알려진 고란초가 자생하고 있다. 【설화】지눌이 처음 절을 중창하고 도둑들에게 물러갈 것을 명했으나 도둑들은 오히려 그를 해치려 했다. 이에 지눌이 공중으로 몸을 날려 신술(神術)로써 많은 호랑이를 만들어 도둑들에게 달려들게 했더니 도둑들이 혼비백산하여 달아나거나 착한 사람이 되겠다고 맹세했다고 한다. 또한 대광보전 마루에는 나무껍질로 만든 30평 정도의 삿자리가 있는데, 이 자리에 얽힌 설화도 전한다. 조선 후기에 이름 없는 앉은뱅이가 이 절에 찾아와 법당에 봉안된 비로자나불에게 자신의 불구를 낫게 해 달라며 백일기도를 드렸다. 그는 기도중 틈틈이 참나무를 한 끝에서 잇고 또 이어 한 줄로 된 삿자리를 짰다. 백일 뒤 기도를 다 끝내고 밖으로 나가는데, 자신도 모르게 일어서서 법당문을 걸어 나갔다고 한다. 【참고문헌】공주읍지, 조선불교통사(이능화, 신문관, 1918), 한국사찰전서(권상로, 동국대학교 출판부, 1979), 한국의 명산 대찰(국제불교도협의회, 1982), 명산 고찰 따라(이고운·박설산, 신문출판사, 1987)

마적사(馬迹寺)

【위치】경상남도 함양군 지리산에 있었다. 【연혁】신라 때 창건됐다고 한다. 조선시대 이전에 큰스님 마적(馬迹)이 살던 곳으로 유명했다. 1481년(조선 성종 12)에 편찬된《동국여지승람》에는 존재한다고 나와 있으나 1799년(정조 23)에 편찬된《범우고(梵宇攷)》에는 이미 폐사되었다고 나와 있다. 【유적·유물】유물로는 마적이 조화를 부릴 때 사용했다는 석장(錫杖)만이 함양 법화사(法華寺)에 전한다. 또한 법화사에는 인근 엄천사(嚴川寺)에서 옮겨 왔다는 탑인(塔印)이 있는데, 이 탑인은 마적이 신도들 사이에서 어음으로 사용하게 했던 것이라는 설이 있

다. 【참고문헌】한국사찰전서(권상로, 동국대학교 출판부, 1979), 천령의 맥(함양군, 1983)

마하연사(摩訶衍寺)

【위치】강원도 회양군 내금강면 금강산 만폭동 법기봉(法起峯) 아래에 있다. 【연혁】676년(신라 문무왕 16) 의상(義湘)이 영주 부석사(浮石寺)를 지은 뒤 창건한 것으로 당시 화엄십찰(華嚴十刹) 중의 하나다. 금강산을 자주 찾았던 조선 세조(재위 1455~1468)는 근기(根機)가 소승(小乘)에 머물렀기 때문에 대승을 의미하는 마하연사에는 들리지 못했다고 하는 속전이 있다. 즉, 마하연의 부속 암자인 원통암(圓通庵)과 불지암(佛地庵)에는 세조가 친히 베푼 경찬회(慶讚會)가 있었지만, 이곳에서만은 법회를 열지 못했다고 한다. 지금 남아 있는 건물들은 모두 1831년(순조 31) 월송(月松)이 중건한 것이다. 1932년에는 형진(亨眞)이 중수했다. 일제강점기의 31본산시대에는 유점사(楡岾寺)의 말사였다. 【유적·유물】절 주위에는 가섭암(迦葉庵), 수미암(須彌庵), 선암(船庵) 등의 유적지가 있다. 법기봉은 법기보살이 항상 설법을 하고 있다는 뜻에서 붙여진 이름으로, 법기봉 밑에는 합장하고 고개를 숙인 것처럼 보이는 상제보살(常啼菩薩)의 자연석이 있다. 상제보살은 7일 동안 간절히 기도하면서 법기보살의 반야법문을 듣는 《화엄경》에 등장하는 보살이다. 또한 이 절의 남쪽 혈망봉(穴望峯)에는 법기보살의 석상이 있어 나옹 혜근(懶翁 惠勤, 1320~1376)을 비롯한 많은 사람들이 참배했다고 하나, 지금은 어느것인지 알 수가 없다. 【참고문헌】북한의 사찰(한국불교연구원, 일지사, 1978), 한국사찰전서(권상로, 동국대학교 출판부, 1979), 북한의 절과 불교(정태혁·신법타, 민족사, 1990), 북한사찰연구(한국불교종단협의회, 1990)

만경사(萬景寺)

【위치】경기도 고양시 성석동 고봉산(高峰山)에 있다. 【소속】대한불교조계종 직할교구 본사인 조계사의 말사이다. 【연혁】조선 선조 때(1567~1608)의 문신 홍이상(洪履祥)이 그의 원당으로 창건했다. 영조 때(1724~1776) 홍이상의 8세손 홍명주(洪命周)가 중건했고, 그 뒤 홍이상의 후손들이 거주하며 풍산(豊山) 홍(洪)씨의 재실(齋室)로 이용해 왔다. 1950년 6·25전쟁 때 전소한 것을 1955년 주지 경해(景海)가 중건하여 오늘에 이르고 있다. 【유적·유물】현존하는 건물로는 대웅전과 요사채 2동이 있다. 【참고문헌】한국사찰전서(권상로, 동국대학교 출판부, 1979), 고양군지(고양군, 1987)

만기사(萬奇寺)

【위치】경기도 평택시 진위면 동천리 무봉산(舞鳳山) 중턱에 있다. 【소속】대한불교조계종 제2교구 본사인 용주사의 말사이다. 【연혁】942년(고려 태조 25) 남대사(南大師)가 창건했다. 조선 세조(재위 1455~1468)의 명으로 중수했으나, 그 뒤 퇴락한 채 명맥만을 이어왔다. 19세기 말 동천리의 옛 절터에서 지금의 위치로 옮겼다. 1972년 주지 혜송(慧松)이 대웅전과 삼성각, 요사 등을 중수했으며, 1974년 서요사(西寮舍)를 증축했다. 1979년 실화로 동요사(東寮舍)가 전소하자 1980년 크게 확장·중건했다. 【유적·유물】현존하는 건물로는 대웅전과 삼성각, 요사 2동이 있다. 대웅전 안에는 철조여래

좌상(보물 제567호)을 비롯하여 후불탱화, 신중탱화 등이 봉안되어 있다. 철조여래좌상은 고려 초기의 것으로 다소 격이 떨어진다. 이 밖에도 석탑재(石塔材), 석등재(石燈材), 석불, 부도 등 고려 때의 것으로 보이는 석재들이 산재해 있으나, 결실한 부재(部材)들이 많아서 대부분 복원이 불가능하다. 이 절에는 어정(御井)이라고 불리는 우물이 있다. 세조가 이곳을 지나다가 이 물을 마셨는데, 물맛이 특이하여 샘 이름을 감로천(甘露泉)이라고 지었다. 그러나 후세 사람들이 세조가 마신 우물이라고 하여 어정이라고 바꿔 불렀다. 【참고문헌】한국사찰전서(권상로, 동국대학교 출판부, 1979), 사탑고적고, 기내사원지(경기도, 1988)

만덕사(萬德寺)

【위치】부산광역시 북구 만덕동 금정산(金井山)에 있다. 【연혁】언제 누가 창건했는지 알 수 없다. 1352년(고려 공민왕 1) 충혜왕의 서자 석기(釋器)를 원나라에서 왕으로 옹립하려 하여 반대세력과의 충돌이 발생하자, 공민왕이 석기를 삭발시켜 이 절에 가두었다. 고려가 멸망하자 고려의 왕손들이 이 절로 피난했으나, 조선 태조 이성계(李成桂)의 박해로 성을 바꿔 거제도와 합천 등 영남 일대로 은둔했다. 1592년(선조 25) 임진왜란 때 사명 유정(四溟 惟政)이 이 절에 의승군을 집결시켜 유격전을 전개하여 동래와 다대포 지역의 방위를 도왔으나 희생이 컸다. 이 때 왜군의 방화로 전소하여 폐허화했다. 1986년 금산(金山)이 가건물을 지어 다시 법맥을 이었다. 【유적·유물】건물로는 가건물 1동이 있다. 1990년 부산시립박물관 발굴조사단이 금당(金堂) 터 등 옛터를 발굴하였다. 옛터는 부산광역시 기념물 제3호로 지정되어 있다. 유물로는 당간지주(부산광역시 유형문화재 제14호)와 석탑, 국장생석표(國長生石標), 석조(石槽)가 있다. 이 중 석탑은 부산시립박물관으로 옮겨 보호하고 있다. 【참고문헌】부산경제신문(1992.1.25)

만덕사(萬德寺)

백련사(白蓮寺)를 보시오.

만복사(萬福寺)

【위치】전라북도 남원시 왕정동 기린산(麒麟山)에 있었다. 【연혁】신라 말에 연기 도선(烟起 道詵, 827~898)이 창건했다고 한다. 도선은 당나라 군사를 묘한 언변으로 제압한 뒤 이곳에 절을 짓고 불상을 봉안하고 탑을 건립했다고 한다. 또 철우(鐵牛)와 철환(鐵環)을 설치하고 호산(虎山)과 용담(龍潭)에도 탑을 세웠다고 전한다. 그러나 《동국여지승람》에 의하면 고려 문종 때(1046~1083) 창건됐다고 한다. 그 뒤 이 절은 남원 일대의 큰 절로서 명맥을 유지했는데, 수백 명의 승려가 아침에 시주를 받으러 나갈 때와 저녁에 돌아올 때의 행렬은 장관이었다고 한다. 이 '만복사 귀승(萬福寺 歸僧)'은 예로부터 남원 8경 중의 하나로 손꼽혔다. 또 조선 세조 때(1455~1468) 김시습(金時習)은 이 절을 배경으로 불교소설 《만복사 저포기(萬福寺 樗蒲記)》를 지었다. 그러나 정유재란 때인 1597년(선조 30) 8월 14일 왜적이 남원 서문을 통과하여 이 절에 와 방화하여 2칸의 불전과 석불만 남긴 채 모두 불에 탔다. 당시 불탄 건물은 대웅전, 약사전, 장륙전(丈六殿), 영산전, 보응전(普應殿), 종각, 천불전, 나한전, 명부전 등이었다. 그 뒤 1678년(숙종 4)

남원부사 정동설(鄭東卨)이 중창을 꾀했으나, 규모가 워낙 방대하여 예전처럼 꾸미지는 못하고 승방 1동을 지어 불전에 올리는 향이 끊이지 않도록 했다. 그러나 언제 폐사되었는지는 자세히 알 수 없다. 【유적·유물】 절터는 사적 제349호로 지정되어 있다. 현재의 절터에 남아 있는 문화재로는 오층석탑(보물 제30호)을 비롯하여 석좌(石座 ; 보물 제31호), 당간지주(보물 제32호), 석불입상(보물 제43호) 등이 있다. 이 밖에도 많은 석물들이 남아 있으며, 1979년부터 전북대학교에서 발굴을 시작하여 현재 많은 유물이 수습되었다. 【참고문헌】 동국여지승람, 한국사찰전서(권상로, 동국대학교 출판부, 1979)

만복사(萬福寺)
【위치】 전라북도 김제시 신곡동에 있다. 【소속】 한국불교태고종에 속한다. 【연혁】 고려시대에 창건됐다. 조선시대 초기에 불교 탄압으로 폐사되어 절터에는 석조미륵불상만 남아 있었는데, 1931년 10월 재건했다. 1938년 5월 승려 권상용이 중건하여 법당과 요사를 마련해 작은 암자로 유지해 오다가, 1957년 창림(暢林)이 주지로 부임하여 대웅전을 새로 건립하고 오층석탑을 세워 절의 면모를 갖췄다. 【유적·유물】 건물로는 대웅전과 요사채가 있다. 유물로는 석조미륵불상이 있는데, 고려시대의 작품으로 추정된다. 【참고문헌】 전북불교총람(전북불교총연합회, 1993), 사찰지(전라북도, 1990)

만세암(萬世庵)
【이명】 만수암(萬壽庵)이라고도 불렸다. 【위치】 충청북도 보은군 내속리면 묘막리에 있었다. 【연혁】 신라 때 창건됐다. 절의 규모가 커서 쌀 씻은 물이 10km나 이

어져 흘러갔으며, 승려가 수천 명이나 머물렀다고 전한다. 1860년(조선 철종 11) 풍천(豊川) 임(任)씨의 묘를 절 뒤에 쓴 후 폐사되었다. 【유적·유물】 절터는 대지와 경작지로 사용하고 있다. 주위에 기와 조각이 산재해 있다. 【참고문헌】 사지(충청북도, 1982)

만수사(萬壽寺)
봉덕사(鳳德寺)를 보시오.

만수암(萬壽庵)
만세암(萬世庵)을 보시오.

만어사(萬魚寺)
【위치】 경상남도 밀양시 삼랑진읍 용전리 만어산(萬魚山)에 있다. 【소속】 대한불교조계종 제15교구 본사인 통도사의 말사이다. 【연혁】 46년(가락국 수로왕 5) 수로왕이 창건했다고 하나 신빙성이 없다. 창건 이후 신라시대에는 왕들이 불공을 올리는 장소로 이용했다. 1180년(고려 명종 10) 중창했으며, 1879년(조선 고종 16) 중건하여 오늘에 이르고 있다. 【유적·유물】 현존하는 건물로는 대웅전, 미륵전, 삼성각, 요사채, 객사 등이 있다. 문화재로는 삼층석탑(보물 제466호)이 있는데, 1180년 중창 때 건립한 것으로 전체적으로 균형이 잘 잡히고 정제된 탑이다. 또 산 위에 있는 수곽(水廓)의 물줄기는 매우 풍부하며, 이곳은 부처님이 가사를 빨던 곳이라고 전한다. 【설화】 창건과 관련된 설화가 전한다. 수로왕 때 가락국의 옥지(玉池)에서 살고 있던 독룡(毒龍)과 만어산에서 살던 나찰녀(羅刹女)가 서로 사귀면서 뇌우와 우박을 내려 4년 동안 오곡이 결실을 맺지 못했다. 수로왕은 주술로써 이 일을 금하려 했으나 불가능하자 예를 갖추고 인도 쪽을 향하여 부처님을

청했다. 부처님은 신통으로 왕의 뜻을 알고 6비구와 1만의 천인(天人)들을 데리고 와서 독룡과 나찰녀의 항복을 받고 설법·수계하여 모든 재앙을 물리쳤다. 이를 기리기 위해서 수로왕이 절을 창건했다고 한다. 또 다른 설화도 전한다. 옛날 동해 용왕의 아들이 수명이 다한 것을 알고 낙동강 건너에 있는 무척산(無隻山)의 신승(神僧)을 찾아가 새로 살 곳을 마련해 줄 것을 부탁했다. 신승은 가다가 멈추는 곳이 인연이 있는 터라고 일러주었다. 왕자가 길을 떠나자 수많은 종류의 고기 떼가 그의 뒤를 따랐는데, 머물러 쉰 곳이 이 절이었다. 그 뒤 왕자는 큰 미륵돌로 변했고, 수많은 고기들은 크고 작은 화석으로 굳었다고 한다. 현재 절의 미륵전 안에는 높이 5m 정도의 뾰족한 자연석이 있는데, 이것이 바로 용왕의 아들이 변해서 된 미륵바위라고 하며, 사람들은 이 바위에 기원하면 득남을 할 수 있다고 믿고 있다. 미륵전 아래에는 무수한 돌무덤이 첩첩이 깔려 있는데, 이것은 고기들이 변해서 된 만어석(萬魚石)이라고 하며, 두들기면 맑은 쇳소리가 나기 때문에 종석(鐘石)이라고도 한다. 【참고문헌】삼국유사, 미리벌의 얼(밀양군, 1983), 명산 고찰 따라(이고운·박설산, 신문출판사, 1987)

만연사(萬淵寺)
【위치】전라남도 화순군 화순읍 동구리 만연산(萬淵山) 기슭에 있다. 【소속】대한불교조계종 제21교구 본사인 송광사의 말사이다. 【연혁】1208년(고려 희종 4) 선사 만연(萬淵)이 창건했다. 그 뒤 여러 차례의 중건과 중수를 거쳐 1950년 6·25전쟁 전까지는 보조(普照) 국사 지눌(知訥)의 사리각을 비롯하여 대웅전, 시왕

전, 나한전, 승당, 선당, 동상실(東上室), 서상실(西上室), 수정료(守靜寮), 송월료(送月寮), 설루(說樓), 사왕문(四王門), 삼청각(三淸閣)이 있던 큰 절이었다. 또한 당시의 부속 암자로는 학당암(學堂庵), 침계암(枕溪庵), 동림암(東林庵), 연혈암(燕穴庵)이 있었다. 그러나 6·25전쟁 때 모든 건물들이 소실했으며, 1978년부터 4년에 걸쳐 주지 철안(澈眼)이 중창했다. 지금은 비구니의 수도도량이다. 부속 암자로는 선정암(禪定庵)과 성주암(聖住庵)이 있다. 【유적·유물】현존하는 건물로는 대웅전, 나한전, 명부전, 한산전(寒山殿), 요사채가 있다. 유물로는 고려시대 말의 작품으로 추정되는 향나무 원목의 삼존불과 시왕상(十王像), 십육나한상, 괘불(掛佛), 범종 등이 있다. 또 경내에는 수령 800년에 가까운 전나무가 있는데, 이 절의 창건을 기념하기 위해 진각(眞覺) 국사 혜심(慧諶, 1178~1234)이 심었다고 한다. 【설화】창건에 얽힌 설화가 전한다. 만연은 광주 무등산의 원효사(元曉寺)에서 수도를 마치고 조계산 송광사로 돌아오는 길에 지금의 만연사 나한전이 있는 골짜기에 이르러 잠시 쉬다가 잠이 들었다. 십육나한이 석가모니불을 모실 역사(役事)를 하고 있는 꿈을 꾸고 주위를 둘러보니 눈이 내려 온누리를 덮고 있었는데, 그가 누웠던 자리 주변만은 눈이 녹아 김이 나고 있었다. 그는 이를 경이롭게 생각하여 여기에 토굴을 짓고 수도하다가 만연사를 창건했다고 한다. 【참고문헌】한국사찰전서(권상로, 동국대학교출판부, 1979)

만월암(滿月庵)
【이명】보덕굴(普德窟)이라고도 불린다.

【위치】서울특별시 도봉구 도봉동 도봉산 만장봉(萬丈峰) 북동쪽 중턱에 있다.【소속】대한불교조계종 직할교구 본사인 조계사의 말사이다.【연혁】신라 문무왕 때 (661~681) 의상(義湘)이 창건했다. 그 뒤 여러 차례 중건·중수했고, 1940년 여여거사(如如居士) 서광전(徐光前)이 중건하여 오늘에 이르고 있다. 예로부터 보덕굴이라고 하여 참선도량으로 널리 알려져 있었으며, 현재에도 참선 수행하는 승려들이 즐겨 찾는 곳이다.【유적·유물】현존하는 건물로는 법당인 만월보전(滿月寶殿)과 만월선방(滿月禪房), 요사채, 산신각이 있다. 법당 안에는 오래 된 약사여래좌상을 중심으로 관세음보살좌상과 지장보살좌상이 있으며, 뒷면에는 후불탱화가 있다. 법당 뒤에는 석굴이 있는데, 이곳에서 엽전과 도검, 방패, 화살촉 등이 출토되기도 했다.【참고문헌】한국사찰전서(권상로, 동국대학교 출판부, 1979), 명산 고찰 따라(이고운·박설산, 신문출판사, 1987)

만의사(萬儀寺)
【이명】한때 만의사(萬義寺)라고 했다.
【위치】경기도 화성군 동탄면 중리 무봉산(舞鳳山) 기슭에 있다.【소속】대한불교조계종 제2교구 본사인 용주사의 말사이다.【연혁】통일신라시대에 창건됐다. 당시에는 만의사(萬義寺)라고 했다. 1284년(고려 충렬왕 10)을 전후하여 주지 정길(貞吉)과 현묵(玄默) 등이 중창했다. 그 뒤 천태종 진구사(珍丘寺)의 주지였던 혼기(混其)가 1312년(충선왕 4) 이 절로 옮겨 와서 크게 중창을 시작하고 법화도량(法華道場)을 열어 천태종의 절로서 면모를 일신했다. 혼기를 이어 순암 의선(順菴 義璇)이 주지를 맡아 중창을 완성하

고 천태종의 중심적인 절로서 그 기반을 굳혔다. 충혜왕(재위 1330~1332, 1339 ~1344) 무렵에는 주지 묘혜(妙慧)가 요원(了圓)의《법화영험전(法華靈驗傳)》간행 비용을 전적으로 부담하기도 했다. 그러나 고려 말 우왕 때(1375~1388)에는 주지를 천태종과 조계종에서 교대로 맡게 되었다. 이는 충선왕 이래 축적된 사전(寺田)과 사사노비(寺社奴婢)를 둘러싸고 경제적 이익을 차지하려는 두 종단의 다툼이 노골화되었기 때문이다. 결국 이 사건이 사회적으로 표면화되자 노비 약간 명을 남겨 놓고 모두 수원부(水原府)에 귀속되었으며, 소유권은 다시 천태종에 귀속되었다. 1388년(우왕 14) 이성계(李成桂)의 위화도회군에 공이 컸던 신조(神照)가 1390년(공양왕 2) 주지로 오자 나라에서 사전 70결을 급여했고, 노비도 대대로 주지가 소유하도록 공인하였다. 이로써 이 절은 다시 한번 사회적·경제적 기반을 확보할 수 있었다. 조선시대에는 청허 휴정(淸虛 休靜, 1520~1604)이 한때 수도했다. 선조 때(1567~1608)에는 사명 유정(四溟 惟政)의 제자 선화(禪華)가 머물면서 교화를 펴다가 1644년(인조 22) 이 절에서 입적했다. 1669년(현종 10) 송시열(宋時烈)의 초장지(初葬地)로 선택되었을 때 절터가 거북 모양이어서 화를 입는다고 하여 지금의 위치로 옮긴 뒤 만의사(萬儀寺)로 이름을 바꿨다. 1796년(정조 20) 수원성을 축조할 때 팔달문(八達門)에 이 절의 동종을 옮겨 달았고, 1894년(고종 31) 지장전이 쇠락하여 지장보살상과 십대왕상을 용주사로 옮겨 갔다.【유적·유물】현존하는 건물로는 대웅전과 관음전, 산신각, 범종각, 봉서루(鳳棲樓),

요사채 4동 등이 있다. 유물로는 1791년 (정조 15)에 조성된 지장보살탱화를 비롯하여 후불탱화, 신중탱화, 독성탱화, 산신탱화, 범종 등이 있다. 범종은 1080년(문종 34)에 조성된 것이다. 옛 절터는 동탄면 신리에 있는데, 1942년에 세워진 법화종의 원각사(圓覺寺)가 자리하고 있다. 이곳에는 석재와 부도 조각들이 산재해 있다. 선화대사비와 부도가 남아 있는데, 이는 1646년 선화가 입적한 뒤 조성된 것이다. 【참고문헌】 동문선, 한국사찰전서 (권상로, 동국대학교 출판부, 1979), 한국불교사 연구(안계현, 동화출판공사, 1982), 기내사원지(경기도, 1988)

만의사(萬義寺)
만의사(萬儀寺)를 보시오.

만일사(萬日寺)
【위치】 전라북도 순창군 구림면 안정리 회문산(回門山)에 있다. 【소속】 대한불교조계종 제24교구 본사인 선운사의 말사이다. 【연혁】 673년(신라 문무왕 13) 창건됐다. 고려 말에 무학 자초(無學 自超, 1327~1405)가 이성계(李成桂)의 등극을 위해 중건하고 만 일 동안 기도했으므로 이후부터 만일사라고 부르게 되었다고 한다. 1597년(조선 선조 30) 정유재란 때 소실한 것을 지홍(智弘) 등이 중창했다. 그 뒤 1950년 6·25전쟁 때 다시 완전히 소실하여 1954년 김인숙(金仁淑)의 시주로 중건했다. 【유적·유물】 건물로는 대웅전과 삼성각, 요사채가 있다. 본래의 위치에서 다소 옮겨져 건립된 것이다. 자초가 이성계의 등극을 위하여 만 일 동안 기도했다는 내용을 담은 비가 남아 있는데, 조선시대 초기의 중창 때 만들어진 것으로 보인다. 【참고문헌】 사찰지(전라북도, 1990)

만일사(晩日寺)
【이명】 한때 만일사(萬日寺)라고 했다. 【위치】 충청남도 천안시 성거읍 천흥리 성거산(聖居山)에 있다. 【소속】 대한불교조계종 제6교구 본사인 마곡사의 말사이다. 【연혁】 921년(고려 태조 4) 연기 도선(烟起 道詵)이 전국 3,800개의 비보사찰(神補寺刹) 중의 하나로 창건하고 만일사(萬日寺)라 했다고 한다. 그러나 도선은 이미 898년에 입적했으므로 신빙성이 없다. 그 뒤 고려 혜종 때(943~945) 만일(晩日)이 이 절에 주석하면서 석굴 안에 석가모니불의 석상을 조성하고 오층석탑을 건립한 뒤로 지금의 이름으로 바꾸었다. 1481년(조선 성종 12)에 편찬된 《동국여지승람》에는 존재한다고 나와 있으나, 1799년(정조 23)에 편찬된 《범우고(梵宇攷)》에는 이미 폐사되었다고 나와 있다. 1876년(고종 13) 관음전을 신축, 중창하여 오늘에 이르고 있다. 현재 이 절은 비구니들의 수도처다. 【유적·유물】 현존하는 건물로는 약사전(충청남도 문화재자료 제250호), 영산전, 관음전, 요사채 등이 있다. 문화재로는 오층석탑(충청남도 문화재자료 제254호), 관음보살상(충청남도 문화재자료 제257호), 마애선각불(磨崖線刻佛; 충청남도 문화재자료 제255호), 석불좌상(충청남도 문화재자료 제256호), 금동불(충청남도 문화재자료 제258호) 등이 있다. 오층석탑과 마애선각불, 석불좌상 등은 고려시대의 것으로 추정된다. 관음보살상은 지금은 관음전에 봉안되어 있는데, 1002년(고려 목종 5)에 조성되어 천흥사(天興寺)에 모셔져 있었으나 천흥사가 폐사된 뒤 행방을 알 수 없었다. 그러다가 일제강점기 말기에 쇠붙이를 공출할

때 대전의 한 일본인이 입수한 것을 주선하여 모셔 왔다고 한다. 【설화】마애선각불에 얽힌 설화가 전한다. 옛날에 백학(白鶴) 한 쌍이 하늘에서 내려와 맑고 깨끗한 곳에 불상을 조성하고자 두루 살핀 끝에 성불사(成佛寺)의 암벽에 내려와 입으로 바위를 쪼아 불상을 새겼다. 그러나 사람의 기척이 들려오자 불상을 다 새기지 못하고 놀라서 날아갔다. 백학은 하늘에서 살펴보고 다시 내려와 바위에 불상을 새겼으나, 날이 어두워져 역시 끝내지 못하고 날아갔다. 그리하여 절 이름을 만일사(晚日寺)라 부르게 되었다고 한다. 【참고문헌】한국사찰전서(권상로, 동국대학교 출판부, 1979), 문화유적총람-사찰편(충청남도, 1990)

만일사(萬日寺)

만일사(晚日寺)를 보시오.

만일암(挽日庵)

대흥사(大興寺)를 보시오.

만행사(萬行寺)

귀정사(歸政寺)를 보시오.

망경사(望鏡寺)

【위치】강원도 태백시 혈동 태백산 망경대(望鏡臺)에 있다. 【소속】대한불교조계종 제4교구 본사인 월정사의 말사이다. 【연혁】652년(신라 진덕여왕 6) 자장(慈藏)이 창건했다. 전설에 의하면, 태백산 정암사(淨巖寺)에서 말년을 보내던 자장이 이곳에 문수보살의 석상이 나타났다는 말을 듣고 찾아와서 절을 짓고 그 석상을 봉안했다고 한다. 그 뒤의 연혁은 전하지 않는다. 1950년 6·25전쟁 당시 건물이 불에 탄 것을 뒤에 중창했다. 【유적·유물】현존하는 건물로는 대웅전과 용왕각, 요사채, 객사 등이 있다. 용왕각에서 솟아나오는 샘물은 낙동강의 원천이 된다고 한다. 또 절에서 10분 거리에 태백산 정상이 있으며, 그곳에는 석단을 높이 쌓아 하늘에 기도 드리는 제천단(祭天壇)이 있다. 【설화】절 부근에는 단종비각(端宗碑閣)이 있는데, 영월에서 죽은 단종의 혼이 백마를 타고 이곳에 이르러 태백산 산신이 되었다는 전설이 있다. 【참고문헌】명산 고찰 따라(이고운·박설산, 신문출판사, 1987)

망덕사(望德寺)

【위치】경상북도 경주시 배반동 남산 기슭 사천왕사(四天王寺) 터 건너편에 있었다. 【연혁】679년(신라 문무왕 19) 당나라가 침입하자 나라에서 사천왕사를 짓고 문두루(文豆婁) 비법으로 그들을 물리치게 되었다. 그 소문이 당나라에 전해지자 신라에서는 당나라 왕실을 위해 절을 지은 것이라고 변명했다. 이에 당나라에서 그 허실을 알기 위해 사신을 파견했는데, 그때 사신이 사천왕사를 보지 못하게 하려고 이 절을 창건했다. 그 뒤 효소왕이 즉위하여 692년(효소왕 1) 정식으로 다시 지었으며, 697년(효소왕 6) 낙성회(落成會)를 열 때 효소왕이 친히 가서 공양을 올렸다. 755년(경덕왕 14) 절 안의 탑이 흔들렸다고 하는데, 그 해 중국에서 안록산(安祿山)의 난이 일어났다. 이에 신라 사람들은 '당실(唐室)을 위하여 지은 절이니 마땅히 그러할 것이다.'라고 말했다. 당시 이 절은 황룡사(皇龍寺), 사천왕사, 황복사(皇福寺) 등과 함께 경주의 중요한 절 가운데 하나였다. 그러나 그 뒤의 연혁은 전하지 않는다. 【유적·유물】절 터는 사적 제7호로 지정되어 있다. 현재 이곳에는 동탑(東塔) 터와 서탑 터가 남

아 있어 절의 규모를 추정할 수 있다. 이 밖에도 절터에는 당간지주(보물 제69호) 가 있다. 【설화】이 절에서 효소왕이 낙성회를 베풀 때, 왕이 한 초라한 비구에게 '다른 사람에게 국왕이 친히 불공하는 재에 참석했다고 말하지 말라.'고 했다. 이에 그 비구는 '폐하께서도 역시 다른 사람에게 진신석가(眞身釋迦)를 공양했다고 말하지 마시오.' 하고는 몸을 솟구쳐 하늘로 올라갔다고 한다. 또한 이 절에서 《반야경》 600부를 사경(寫經)하다가 뜻을 이루지 못한 선율(善律)이 명부(冥府)에 갔다가 경의 완성을 위해 환생했다고 한다. 【참고문헌】삼국유사, 문화유적총람(문화재관리국, 1977), 한국사찰전서(권상로, 동국대학교 출판부, 1979), 한국의 사찰 3-신라의 폐사 1(한국불교연구원, 일지사, 1974)

망운암(望雲庵)
【위치】경상남도 남해군 고현면 대곡리 망운산(望雲山)에 있다. 【소속】대한불교조계종 제13교구 본사인 쌍계사의 말사이다. 【연혁】고려시대 중기에 진각(眞覺) 국사 혜심(慧諶, 1178~1234)이 창건했다고 한다. 자세한 연혁은 전하지 않는다. 1799년(조선 정조 23)에 편찬된 《범우고(梵宇攷)》에는 존재한다고 나와 있다. 【유적·유물】건물로는 관음전과 요사채가 있다. 특별한 문화재는 없다. 【참고문헌】범우고, 속 명산 고찰 따라(이고운·박설산, 운주사, 1994)

망월사(望月寺)
【위치】경기도 의정부시 호원동 도봉산에 있다. 【소속】대한불교조계종 제25교구 본사인 봉선사의 말사이다. 【연혁】639년(신라 선덕여왕 8) 해호(海浩)가 창건했

다. 선덕여왕은 해호를 존경하여 측근에 머물러 있게 하고자 했으나, 해호는 사양하고 이 산중에 암자를 지어 나라를 위해 홀로 기도하는 것을 일과로 삼았다. 그러므로 선덕여왕은 이 암자가 있는 도봉산 동대(東臺)의 옛 산성 이름이 망월성(望月城)이었기 때문에 이 이름을 따서 이 암자를 망월사라고 했다. 신라 말 경순왕(재위 927~935)의 태자가 이곳에 은거했다고 한다. 1066년(고려 문종 20) 혜거(慧炬) 국사가 중창했다. 그 뒤의 자세한 연혁은 전하지 않으나, 여러 차례의 전란으로 황폐해졌다가 1691년(조선 숙종 17) 동계 설명(東溪 卨明)이 중건했다. 이어 영월(暎月)이 1779년(정조 3) 선월당(先月堂)을 세웠고, 1800년 선월당을 영산전 터로 이전했으며, 1818년(순조 18) 칠성각을 신축했고, 1827년 절 전체를 중수했다. 1880년(고종 17) 완송(玩松)이 중건했고, 1882년 완송이 영산전을 다시 세웠으며, 1884년 인파(仁坡)가 독성각을 건립했다. 1885년(고종 22) 완송이 약사전을 건립했고, 1901년 인파가 큰방을 보수했다. 1906년 회광 사선(晦光 師璿)이 선실과 설법루를 중수했고, 1941년 김응운(金應運)이 약사전을 중건했다. 1969년 주지 춘성(春城)이 퇴락한 선실을 철거하고 2층의 석조 대웅전을 지었으며, 1972년 주지 도관(道觀)이 염불당과 낙가암(洛迦庵)을 헐고 현대식 건물로 낙가암을 다시 지었다. 또한 1986년부터 주지 능엄(楞嚴)이 석조 대웅전을 헐고, 선방, 관음전, 영산전, 요사채를 신축하여 오늘에 이르고 있다. 이 절은 경기 지방의 이름 있는 선원으로서 매우 전통이 깊고, 근대의 큰스님인 만공 월면(滿空 月面, 1871~1946)

한암 중원(漢巖 重遠, 1876~1951), 성월
(惺月) 등이 후학들에게 선을 가르쳤던
곳이다. 부속 암자로는 광법암(廣法庵)이
있다. 【유적·유물】현존하는 건물로는
법당인 관음전을 비롯하여 영산전, 칠성
각, 선원, 범종각, 요사채가 있다. 이 중
칠성각과 범종각을 제외하고는 모두 능엄
이 신축한 것이다. 문화재로는 혜거의 부
도(경기도 유형문화재 제122호)를 비롯하
여 천봉 태흘(天峰 泰屹, 1710~1793)의
부도(경기도 문화재자료 제66호)와 비(경
기도 문화재자료 제67호), 괘불, 감로왕도
(甘露王圖), 범종, 월조 계총(月照 桂叢)
의 부도, 진언집(眞言集) 판각, 망월사 현
판 등이 있다. 혜거의 부도는 팔각원당형
(八角圓堂型)으로 조선 전기에 제작된 것
으로 추정된다. 태흘의 부도도 팔각원당
형으로 1794년에 제작되었으며, 비는
1797년 수관(水觀) 거사 이충익(李忠翊)
이 새겼다. 괘불은 1887년에 제작된 것으
로 가로 3.6m 세로 6.4m의 크기다. 감로
왕도는 1801년 경상남도 진주의 백천사
(百泉寺) 운대암(雲臺庵)에서 조성·봉안
한 것을 최근에 옮겨 왔다. 범종은 1786
년에 제작된 중종으로 대웅전 안에 있다.
진언집 판각은 1800년에 제작된 목판으로
모두 56판인데, 자체가 정교하고 조각 수
법이 섬세하여 목판인쇄사의 자료적 가치
가 크다. 망월사 현판은 청나라의 위안스
카이(袁世凱)가 1891년 통상교섭사절로
우리 나라에 왔다가 이 절을 유람하고 쓴
것이다. 【참고문헌】한국사찰전서(권상
로, 동국대학교 출판부, 1979), 기내사원지
(경기도, 1988)

망월사(望月寺)
【위치】경기도 광주군 중부면 산성리 남

한산성(南漢山城) 안에 있다. 【소속】대
한불교조계종 직할교구 본사인 조계사의
말사다. 【연혁】언제 누가 창건했는지 알
수 없다. 조선시대에는 태조가 도읍을 세
울 때 서울 장의사(莊義寺)를 헐고 불상
과 금자화엄경, 금솥을 이 절로 옮겨 보관
했다. 연혁은 전하지 않는다. 신경준(申景
濬, 1712~1781)이 편찬한 《가람고(伽藍
考)》에는 폐사되었다고 나와 있으나, 최
근 중창했다. 【유적·유물】옛 절터는 경
기도 기념물 제111호로 지정되어 있다.
건물로는 법당과 요사채가 있다. 【참고문
헌】조선왕조실록, 가람고

망월사(望月寺)
【위치】전라남도 영암군 신북면 이천리
망월산(望月山)에 있다. 【소속】대한불교
조계종 제22교구 본사인 대흥사의 말사이
다. 【연혁】1777년(조선 정조 1) 백운(柏
雲)이 창건했다. 그 뒤 한 차례의 중수를
거쳐 1934년 서봉(捿奉)이 중건하여 오
늘에 이르고 있다. 【유적·유물】현존하
는 건물로는 미륵전을 비롯하여 산신각,
요사채 등이 있다. 미륵전 안에는 석불좌
상이 봉안되어 있는데, 1920년대에 근처
의 망월산에서 옮겨 온 것으로 조선 중기
이후의 작품으로 추정된다. 【참고문헌】
영암군 향토지(영암군 향토지 편찬위원회,
1972), 영암군의 문화유적(국립목포대학
박물관, 1976)

망월암(望月庵)
【이명】한때 망일사(望日寺)라고 불렸다.
【위치】경기도 안양시 만안구 석수동 관
악산에 있다. 【소속】한국불교태고종에
속한다. 【연혁】1407년(조선 태종 7) 혜
각 신미(慧覺 信眉)가 태종의 명으로 삼
성산(三聖山) 서쪽에 오층석탑을 세우고

절을 창건하여 망일사라 했다고 한다. 그러나 신미의 활동 시기로 보면 1461년(세조 7) 창건한 것으로 보인다. 언제 지금의 이름으로 바뀌었는지는 전하지 않으나 사방이 바위로 둘러싸여 있어 해나 달을 쉽게 구경할 수 없는 지형이므로 '망(望)'자를 쓴 것으로 추정된다. 그 뒤 1779년(정조 3) 동호(東湖)가 중창했다. 주지 이종식(李鐘植)이 1928년 법당을, 1929년 큰방을, 1934년 다시 법당을 중수하여 오늘에 이르고 있다. 【유적·유물】 현존하는 건물로는 대웅전과 요사채 등이 있다. 문화재로는 창건 당시 건립한 석가탑이 있다. 또 법당을 마주한 곳에 부처님 모양의 바위가 있다. 【참고문헌】 한국사찰전서(권상로, 동국대학교 출판부, 1979)

망일사(望日寺)
【위치】 충청남도 서산시 대산읍 대산리 망일산(望日山)에 있다. 【소속】 대한불교 조계종 제7교구 본사인 수덕사의 말사이다. 【연혁】 유물로 미루어 보아 조선시대에 창건된 것으로 추정된다. 신경준(申景濬, 1712~1781)이 편찬한 《가람고(伽藍考)》에는 존재한다고 나와 있다. 연혁은 전하지 않는다. 【유적·유물】 건물로는 대웅전과 산신각, 요사채가 있다. 절 주변에서 조선시대에 제작된 기와 조각이 출토되었다. 【참고문헌】 한국사찰전서(권상로, 동국대학교 출판부, 1979), 문화유적총람-사찰편(충청남도, 1990)

망일사(望日寺)
망월암(望月庵)을 보시오.

망한사(望漢寺)
자비사(慈悲寺)를 보시오.

망해사(望海寺)
【위치】 전라북도 김제시 진봉면 심포리 진봉산(進鳳山)에 있다. 【소속】 대한불교 조계종 제17교구 본사인 금산사의 말사이다. 【연혁】 671년(신라 문무왕 11) 거사 부설(浮雪)이 창건했다고 한다. 754년(경덕왕 13) 당나라에서 온 법사 통장(通藏)이 중창했다. 절이 있는 곳이 서해의 여러 섬과 일몰을 한눈에 바라볼 수 있는 경승지이기 때문에 망해사라고 이름을 지은 것으로 보인다. 1073년(고려 문종 27) 중창했고, 1371년(공민왕 20) 지각(智覺)이 다시 중창했다. 그러나 조선시대에 이르러 억불정책으로 거의 폐사됐던 것을 1589년(선조 22) 진묵 일옥(震默一玉)이 낙서전(樂西殿)을 건축하여 중창했다. 일옥은 이곳에 머물면서 수많은 이적을 남겼는데, 그 일화들이 오늘날까지 널리 전승되고 있으며, 이때가 이 절의 최전성기였다. 그 뒤 만화(萬化)와 심월(心月)이 다시 중창했으며, 1915년에는 계산(桂山)이 중창했다. 1933년 주지 김정희(金整禧)가 낙서전을 중수하고, 보광명전(普光明殿)과 칠성각 등을 신축하여 오늘에 이르고 있다. 【유적·유물】 현존하는 건물로는 낙서전(전라북도 문화재자료 제128호)을 비롯하여 보광명전, 칠성각, 요사채인 청조헌(聽潮軒) 등이 있다. 유물로는 부도군(浮屠群)이 있는데, 만화, 심월, 호심(湖心), 덕유(德有) 등의 것이다. 【참고문헌】 한국사찰전서(권상로, 동국대학교 출판부, 1979), 사찰지(전라북도, 1990)

망해사(望海寺)
【이명】 한때 신방사(新房寺)라고도 불렸다. 【위치】 경상남도 울산시 울주구 청량면 율리 영취산(靈鷲山)에 있다. 【소속】 한국불교태고종에 속한다. 【연혁】 신라 헌강왕(재위 875~886)이 창건하여 망해

사, 또는 신방사라고 했다. 그 뒤의 연혁은 전하지 않는다. 다만 출토된 기와 중에 '가정 23년(嘉靖二十三年)'이라는 명문이 있는 것으로 보아 1544년(조선 중종 39)에 불사가 있었으며, 그 뒤 1592년(선조 25) 임진왜란을 겪으면서 폐허화한 것으로 추정된다. 1957년 주지 영암(影庵)이 중창하고, 1988년부터 주지 혜학(慧學)이 대웅전을 중건하여 오늘에 이르고 있다. 【유적·유물】현존하는 건물로는 대웅전, 삼성각, 종각, 요사채 2동이 있다. 문화재로는 석조부도(보물 제173호) 2기와 도괴된 석탑 2기가 있다. 석조부도는 2기 모두 통일신라시대의 작품이나 누구의 것인지는 알 수 없다. 석탑 2기 가운데 서편의 것은 파손이 심하지만, 동편의 것은 1960년에 복원했다. 【설화】이 절의 창건 연기가 《삼국유사》에 있다. 헌강왕이 개운포(開雲浦 ; 울산)에 놀러 갔다가 돌아오는 길에 물가에서 쉬었는데, 홀연히 구름과 안개가 캄캄하게 덮여 길을 잃고 말았다. 이상히 여겨 일관(日官)에게 물었더니, 동해의 용이 변괴를 일으키는 것이라고 하면서 좋은 일을 행할 것을 권했다. 왕이 유사(有司)에게 '용을 위해 근처에 절을 지어라.'라고 명하자, 안개가 흩어지면서 동해 용이 기뻐하며 아들 일곱 명을 데리고 나타났다. 용은 왕의 덕을 칭송하며 노래와 춤을 추었고 아들 하나를 서라벌로 보내어 국정을 돕도록 했는데, 그 이름이 처용(處容)이었다. 그 뒤 왕이 환궁하여 영취산 동쪽의 좋은 땅을 가려 절을 짓고 망해사 또는 신방사라 했다고 한다. 【참고문헌】삼국유사, 울산·울주 향토사(울산문화원, 1978), 한국사찰전서(권상로, 동국대학교 출판부, 1979)

망해암(望海庵)

【위치】경기도 안양시 만안구 안양동 관악산에 있다. 【소속】대한불교조계종 제2교구 본사인 용주사의 말사다. 【연혁】665년(신라 문무왕 5) 원효(元曉)가 창건하여 망해암이라고 했다. 그 뒤 고려 때의 연혁은 전하지 않는다. 1407년(조선 태종 7) 한양의 백호(白虎)에 해당하는 관악산의 산천기맥(山川氣脈)을 누르기 위해 태종의 명으로 몇몇 절과 함께 중수됐다. 이어 1803년(순조 3) 홍대비(洪大妃)의 시주로 중건했으며, 1863년(철종 14) 대련(大蓮)이 중창했다. 1922년 화재로 전소한 뒤 1926년 주지 호남(湖南)이 법당과 요사채를 신축했다. 1939년 주지 청봉(靑峯)이 용화전과 삼성각을 중건하고 큰방을 중수했다. 1950년 6·25전쟁 때 화재로 소실한 것을 1952년 청봉이 다시 중건했고, 1973년 주지 경보(京保)가 큰방을 신축하는 등 면모를 일신하여 오늘에 이르고 있다. 【유적·유물】현존하는 건물로는 용화전과 관음전, 삼성각, 종각과 요사채 3동이 있다. 용화전 안에는 화강석으로 조성한 미륵존불이 봉안되어 있다. 【설화】조선시대 세종 때(1418~1450) 삼남지방에서 한양까지 조세를 운반하는 여러 척의 배들이 곡물을 가득 싣고 인천 월미도 부근을 지나다가 심한 풍랑으로 뒤집힐 지경에 이르렀다. 사공들이 당황한 채 죽음을 기다리고 있는데, 갑자기 뱃머리에 한 승려가 나타나서 사공들을 진정시키고 인도하여 무사히 위기를 넘겼다. 풍랑이 잠잠해진 뒤, 한 사공이 승려가 살고 있는 절이 어디인지를 묻자 '관악산 망해암에 있다'고 말한 뒤 홀연히 사라졌다. 사공들이 한양에 도착하여 은혜를 갚

기 위해 망해암을 찾았으나, 그와 같은 승려는 살지 않고 용모가 아주 닮은 부처님이 법당 안에 봉안되어 있었다. 그들은 부처님의 자비신력으로 구원받았음을 깨닫고, 나라에 상소를 올려서 이 사실을 알렸다. 이를 가상히 여긴 세종은 매년 한 섬씩 공양미를 이 절의 불전에 올리도록 했고, 이 일은 이후 400년 동안이나 계속되었다고 한다. 【참고문헌】한국사찰전서(권상로, 동국대학교 출판부, 1979), 용주사본말사지(본말사주지회, 1984)

명봉사(鳴鳳寺)
【위치】경상북도 예천군 상리면 명봉리 소백산 기슭에 있다. 【소속】대한불교조계종 제8교구 본사인 직지사의 말사이다. 【연혁】875년(신라 헌강왕 1) 두운(杜雲)이 창건했다. 그 뒤 조선 중기까지의 연혁은 전하지 않는다. 1662년(현종 3) 전소한 뒤 여러 승려들이 힘을 모아 중건했다. 1668년 다시 소실하자 신익(信益) 등이 10여 년 동안 시주를 얻어 크게 중창했다. 1807년(순조 7) 행선(幸善)이 중수하여 그 명맥을 이어오다가, 1950년 6·25전쟁 때 소실했다. 이어 1955년 주지 만준(滿俊)이 중건하여 오늘에 이르고 있다. 부속 암자로는 내원암(內院庵)이 있다. 【유적·유물】현존하는 건물로는 대웅전과 선실, 삼성각, 요사채가 있다. 대웅전 안에는 6·25전쟁 때 유일하게 소실하지 않은 대세지보살상이 봉안되어 있다. 문화재로는 경청선원 자적선사능운탑비(境淸禪院 慈寂禪師凌雲塔碑 ; 경상북도 유형문화재 제3호)와 문종대왕태실비(文宗大王胎室碑 ; 경상북도 유형문화재 제187호), 사도세자태실비(思悼世子胎室碑)가 있다. 이 중 자적선사능운탑비는 941년(고려 태조 24)에 건립된 자

적 홍준(慈寂 洪俊)의 비로서 많이 마멸되었다. 이 비의 음명(陰銘)은 1976년 판독되었는데, 신라에서 고려로 이전되는 당시의 과도기적 이두문자 연구에 귀중한 자료적 가치를 지닌 것으로 판명되었다. 문종대왕태실비는 원래 절 뒤의 산봉우리에 있었으나, 일제강점기에 발굴하여 현재 비신만을 경내로 옮겨 보관하고 있다. 사도세자태실비는 일제강점기에 이 절의 주지가 비면을 깎고 명봉사 사적 비문을 새겨 넣어 말썽이 된 적이 있다. 【참고문헌】문화유적총람(문화재관리국, 1977), 한국사찰전서(권상로, 동국대학교 출판부, 1979)

명성암(明性庵)
【위치】경기도 광주군 남종면 귀여리 남한산(南漢山)에 있다. 【소속】대한불교조계종 직할교구 본사인 조계사의 말사이다. 【연혁】고려 말에 창건됐다고 한다. 1911년 일제강점기의 31본산시대에는 봉은사(奉恩寺)의 말사였다. 【유적·유물】건물로는 대웅전과 산신각, 요사채가 있다. 유물로는 아미타후불탱화와 칠성탱화, 현왕탱화, 신중도가 있다. 아미타후불탱화는 19세기 작품으로 추정되고, 칠성탱화와 현왕탱화는 1898년(광무 2)의 작품이며, 신중도는 1890년(고종 27)의 작품이다. 【참고문헌】기내사원지(경기도, 1988)

명적사(明寂寺)
【위치】강원도 원산시 영삼리 속고산에 있다. 【연혁】고려시대 이전에 창건됐다고 한다. 그 뒤의 자세한 연혁은 전하지 않는다. 1771년(조선 영조 47) 다시 건축했으며, 1896년(건양 1) 크게 보수했다. 일제강점기의 31본산시대에는 석왕사(釋

王寺)의 말사였다. 【유적·유물】건물로
는 대웅전과 심검당이 있다. 대웅전은 돌
축대 위에 자연석으로 주춧돌을 세운 것이
특징이다. 【참고문헌】북한의 절과 불교
(정태혁·신법타, 민족사, 1990), 북한사찰
연구(한국불교종단협의회, 1993)

명적암(明寂庵)
【이명】한때 명적암(名跡庵)이라고도 했
다. 【위치】경기도 안성군 죽산면 칠장리
칠현산(七賢山)에 있다. 【소속】대한불교
조계종 제2교구 용주사의 말사인 칠장사
(七長寺)의 부속 암자이다. 【연혁】언제
누가 창건했는지 알 수 없다. 조선시대에
신경준(申景濬, 1712~1781)이 편찬한
《가람고(伽藍考)》에는 명적암(名跡庵)이
라고 나와 있다. 1794년(정조 18) 취은
명의(翠隱 明誼)가 중수했다. 1828년(순
조 28) 완진(完眞)이 대웅전을 세우고, 다
시 중수했다. 그 뒤 피폐한 상태로 명맥을
유지해 오다가 최근 중수했다. 【유적·유
물】건물로는 법당과 산신각이 있다. 유물
로는 53불명호비(佛名號碑)와 표적비(標
跡碑), 맷돌, 돌확 등이 있다. 53불명호비
와 표적비는 1728년(영조 4)에 건립한 것
이다. 【참고문헌】조선사찰사료(조선총독
부, 1911), 기내사원지(경기도, 1988)

명적암(明寂庵)
【위치】경상북도 문경시 산북면 김용리
운달산(雲達山)에 있었다. 【연혁】야운
(野雲)이 지은 《운달산 명적암 창건기》
에 의하면, 1734년(조선 영조 10) 무렵 김
룡사(金龍寺)에 살던 장로 사순(思順)이
김룡사의 산내 암자로서 창건했다고 한
다. 그는 이 절에 유마실(維摩室)이라는
선방을 짓고 낮에는 아미타불을 염불하고
밤에는 좌선에 몰두했다. 그의 나이 82세

된 어느 날 산꼭대기에서 지팡이가 날아
와 잠시 머물렀다가 그를 태우고 어디론
지 가버렸다고 하는데, 사람들은 모두 그
가 왕생극락했다고 믿었다고 한다. 그 뒤
부터 이 절에는 염불과 좌선 수행을 하는
승려들의 발길이 끊이지 않아 우리 나라
의 대표적인 미타도량(彌陀道場) 중의 하
나가 되었다. 그러나 근세에 들어 찾는 이
가 없어 폐허가 되었다. 산세가 깊고 그윽
하여 수도처로는 아주 빼어난 곳이었다.
【참고문헌】한국사찰전서(권상로, 동국대
학교 출판부, 1979)

명적암(名跡庵)
명적암(明寂庵)을 보시오.

명주사(明珠寺)
【위치】강원도 양양군 현북면 어성전리
만월산(滿月山)에 있다. 【소속】대한불교
조계종 제3교구 본사인 신흥사의 말사이
다. 【연혁】1009년(고려 목종 12) 혜명
(惠明)과 대주(大珠)가 창건하고 그들의
이름을 한 자씩 따서 명주사라고 했다. 창
건 때 비로자나불좌상을 모신 것으로 보
아 화엄종 계통의 절로 추정된다. 1123년
(인종 1) 청련암(靑蓮庵)과 운문암(雲門
庵)이 창건됐으며, 1673년(조선 현종 14)
수영(秀瑩)이 향로암(香爐庵)을 창건했
다. 1701년(숙종 27)에는 벽옥루(碧玉樓)
를 건립했고, 1781년(정조 5)에는 연파
영주(蓮坡 永住)가 원통암(圓通庵)을 창
건하고 관세음보살상을 봉안했다. 1861년
(철종 12) 화재로 소실하자 월허(月虛)가
중건했다. 1879년(고종 16) 또 다시 불에
탄 뒤 1880년 중건했다. 1897년(광무 1)
다시 불에 타자 원통암으로 옮겼다. 1917
년 주지 김백월(金白月)이 크게 중건했으
며, 1923년 주지 윤설호(尹雪昊)가 중수

했다. 1950년 6·25전쟁 때 폐허가 되어 방치되어 있다가 1963년 법당과 삼성각, 추성각(秋聲閣)이 중건되어 오늘에 이르고 있다. 예로부터 이름난 선원으로 많은 학승들을 배출했으며, 월정사의 주지를 역임했던 지암 종욱(智庵 鍾郁, 1884~1969)도 이 절에서 공부했다. 【유적·유물】 현존하는 건물로는 법당과 삼성각, 요사채뿐이다. 유물로는 동종(강원도 유형문화재 제64호)을 비롯하여 많은 부도와 탑비들이 있다. 그중 중봉당선사탑(中峯堂禪師塔)은 현재의 절에서 500m 아래에 있는데, 그 앞의 논이 옛 절터라고 한다. 만월산에는 문필봉(文筆峰)이 있는데, 이 절에서 공부하는 승려들이 그곳에 올라가 기도하면 도를 깨친다는 전설이 전하고 있다. 【참고문헌】 문화유적총람(문화재관리국, 1977), 한국사찰전서(권상로, 동국대학교 출판부, 1979), 전통사찰총서 1-강원도 2(사찰문화연구원, 1992)

모운사(暮雲寺)
【이명】 한때 모운암(暮雲庵)이라고 불렸다. 【위치】 경상북도 안동시 남후면 검암동 모운산(暮雲山)에 있다. 【소속】 대한불교조계종 제16교구 본사인 고운사의 말사이다. 【연혁】 신라시대에 창건됐다. 신라 8산의 하나인 모운산을 상징하여 모운암이라고 했다. 그 뒤 여러 차례의 중수를 거쳐 1860년(조선 철종 11) 대련(大蓮)이 중건하여 오늘에 이르고 있다. 【유적·유물】 현존하는 건물로는 백화전(白華殿)과 선성각(膳星閣), 요사채 등이 있다. 문화재로는 옥신석과 옥개석만이 부분적으로 남아 있는 석탑 1기와 형태가 완전한 삼층석탑 1기가 있다. 【참고문헌】 문화유적총람(문화재관리국, 1977)

모운암(暮雲庵)
모운사(暮雲寺)를 보시오.

목부암(木鳧庵)
원등사(遠燈寺)를 보시오.

목우사(牧牛寺)
【위치】 충청북도 청주시 상당구 수동 와우산(臥牛山)에 있었다. 【연혁】 언제 누가 창건했는지 알 수 없다. 유물로 미루어 보아 통일신라시대에 창건하여 조선 중기까지 유지해 왔던 것으로 보인다. 【유적·유물】 절터는 약 800평에 이르며, 이곳에는 석축 등이 남아 있다. 또 청주 일대 절터 중에서 가장 많은 막새가 출토되고 있어 학계의 주목을 받고 있다. 특히 '성(城)'자가 새겨진 기와가 많이 출토되어 이 절이 서원경성시대(西原京城時代)의 치소(治所)로 추정되기도 한다. 절터 앞에는 근래 목암사(牧巖寺)라는 절이 신축되어 부근에서 수습한 파불상(破佛像)을 봉안하고 있다. 유물로는 거대한 자연석을 이용하여 쌓은 길이 50m, 높이 3~8m의 석축과 석불입상, 보탑석수(寶塔石手), 각종 기와류들이 있다. 이 중 높이 195cm인 석불입상은 목암사 용화전 안에 봉안되어 있는데, 조각 수법이 빼어난 통일신라시대 작품이다. 또 1978년 발견된 보탑석수는 다문천왕(多聞天王)의 왼쪽 손으로 추정되고 있어 과거 이 절에 사천왕상이 봉안되었음을 알 수 있게 한다. 특히 각종 기와류 가운데 귀면와(鬼面瓦), 실상화문(實相華紋) 수막새, 연화문 수막새, 천력2년명(天曆二年銘; 1329) 암막새 등은 이 절 전성기의 사세를 짐작하게 해준다. 【참고문헌】 사지(충청북도, 1982)

목우암(牧牛庵)
【위치】 전라남도 무안군 몽탄면 달산리

승달산(僧達山)에 있다. 【소속】 대한불교
조계종 제22교구 대흥사의 말사인 법천사
(法泉寺)의 산내 암자이다. 【연혁】 1131
년(고려 인종 9)에서 1162년(의종 16) 사
이에 원나라 임천사(臨川寺)의 승려 원명
(圓明)이 창건했다. 원명은 꿈에 백운산
에 있는 총지사(摠持寺)에서 소 한 마리
가 나와 이 암자에 이르는 것을 보고 그곳
에 가보았더니 계곡 바위에 소 발자국 흔
적이 있었다고 한다. 그는 여기에 풀을 엮
어서 초암을 만든 뒤 수행했는데, 그의 제
자 500명이 찾아와서 이 자리에 법천사를
따로 크게 지었으며, 이 초암을 목우암으
로 삼았다고 한다. 그 뒤의 연혁은 전하지
않는다. 【유적ㆍ유물】 절 일원이 전라남
도 문화재자료 제82호로 지정되어 있다.
현존하는 건물로는 법당과 1971년에 보수
한 축성각(祝聖閣), 1984년에 건립한 요
사채 등이 있다. 법당 안에는 목조아미타
삼존불(전라남도 문화재자료 제172호)이
봉안되어 있다. 축성각은 조선 인조 때
(1623~1649) 인근 법천사의 중건과 함께
이루어진 건물로 추정된다. 내부는 석가
모니불을 중심으로 24위의 나한상을 봉안
한 나한전과 산신당으로 나뉘어 있다. 이
밖에도 이 절에는 석등과 부도가 있다. 법
당 앞에 있는 석등은 1681년(숙종 7)에
조성된 것으로 팔각간주(八角干柱)로 받쳐
져 있다. 절 옆에는 부도들이 있는데, 원래
는 법천사의 부도전에 있던 것을 옮겨 온
것이다. 【참고문헌】 한국사찰전서(권상로,
동국대학교 출판부, 1979), 내 고장 전통
가꾸기(무안군, 1981), 무안군의 문화유적
(국립목포대학 박물관, 1986)

몽성사(夢成寺)
심적암(深寂庵)을 보시오.

몽성암(夢成庵)
심적암(深寂庵)을 보시오.

묘각사(妙覺寺)
【위치】 경상북도 영천시 자양면 용화리
기룡산(騎龍山)에 있다. 【소속】 대한불교
조계종 제10교구 본사인 은해사의 말사이
다. 【연혁】 신라 때 의상(義湘, 625~702)
이 창건했다. 조선시대 중기까지의 연혁은
전하지 않는다. 1760년(영조 36) 삼성(三
性)이 중창했다. 1994년 주지 진광(眞光)
이 산신각을 새로 지었다. 【유적ㆍ유물】
건물로는 극락전과 산신각, 요사채가 있
다. 특별한 문화재는 없다. 【참고문헌】
한국사찰전서(권상로, 동국대학교 출판부,
1979)

묘각사(妙覺寺)
【위치】 경기도 개성시 영평문(永平門) 밖
에 있었다. 【연혁】 921년(고려 태조 4)
창건됐다. 1284년(충렬왕 10) 국청사(國
淸寺)의 금탑(金塔)을 보수한 뒤 충렬왕
은 장목왕후(莊穆王后)와 함께 이 절에
행차하여 승려와 속인들을 모아 경찬법회
(慶讚法會)를 열었으며, 1305년(충렬왕
31)에도 이 절에 행차했다. 그 뒤 충숙왕
도 1313년 10월 행차했다. 1321년(충숙
왕 8) 12월 8일에는 박효수(朴孝修) 등
여러 승려들이 이 절에 모여 중서성(中書
省)에 상서(上書)해 상왕의 환국을 빌었
다. 그 뒤의 연혁은 알 수 없으나, 1481년
(조선 성종 12)에 편찬된《동국여지승람》
에 이 절이 기록되어 있지 않은 것으로 보
아 고려 말이나 조선 초에 폐사된 것으로
보인다. 【참고문헌】 삼국유사, 고려사,
동국여지승람

묘각사(妙覺寺)
중암사(中庵寺)를 보시오.

묘길상암(妙吉祥庵)

【위치】강원도 금강군 내강리 금강산 마하연(摩訶衍) 동쪽에 있었다. 【연혁】신라시대에 창건됐다. 절 이름을 나타내는 묘길상(妙吉祥)은 지혜를 상징하는 문수보살의 다른 이름으로 이 절이 문수보살과 관련이 깊음을 나타내 준다. 고려시대 말 왕사 나옹 혜근(懶翁 惠勤, 1320~1376)이 중창했고, 조선시대에 폐사됐다. 【유적·유물】현재의 절터는 중향성(衆香城)이 끝나는 부분 근처에 있고, 절터 옆에는 마애여래좌상(북한 국보급 문화재 제46호)이 있다. 중향성의 중향은 향적불(香積佛)이 머무르는 국토의 이름이며, 《유마경》에서 유마(維摩) 거사가 문병 온 문수보살과 대중들을 공양하기 위해서 향반(香飯)을 빌어 먹었다는 곳이다. 마애여래좌상은 고려시대 말 혜근이 직접 조각한 그의 원불이라고 전한다. 그러나 단조로운 기법 등 전체적으로 고졸(古拙)한 인상을 풍기는 우수한 작품으로 신라시대 말기의 것으로 보는 경우도 있다. 이 불상은 미륵불이라는 설과 비로자나불이라는 설이 있는데, 최남선(崔南善, 1890~1957)은 비로자나불이라고 주장했다. 그의 논거에 따르면 이 불상이 비로봉 아래, 특히 금강산의 심장부에 있기 때문에 《화엄경》에 근거한 법기보살(法起菩薩) 신앙을 중심으로 하여 살펴볼 때 이곳은 마땅히 비로자나불이 있어야 할 곳이라고 했다. 그러나 이 불상의 오른손은 시무외인(施無畏印), 왼손은 여원인(與願印)을 하고 있는데 우리 나라 비로자나불상에서는 찾아볼 수 없는 수인(手印)이다. 이 불상 앞 바위에는 조선시대 후기의 명필 윤사국(尹師國, 1728~1809)이 쓴 '묘길상(妙吉祥)'이라는 음각 글씨가 있으며, 불상 뒤편 평지에는 옛 절터가 남아 있다. 【참고문헌】금강예찬(최남선), 북한의 사찰(한국불교연구원, 일지사, 1978), 한국사찰전서(권상로, 동국대학교 출판부, 1979), 북한사찰연구(한국불교종단협의회, 1993)

묘련사(妙蓮寺)

【위치】경기도 개성시 삼현리에 있었다. 【연혁】1284년(고려 충렬왕 10) 충렬왕이 그의 원찰로 창건했다. 개산조(開山祖)는 홍서(洪恕)이나, 당시 이 절에서 열렸던 신행결사인 묘련결사(妙蓮結社)의 주맹(主盟)은 원혜(圓慧) 국사가 맡았다. 이어 1302년(충렬왕 28) 충렬왕은 월출산 백련암(白蓮庵)으로 사람을 보내 원혜의 제자 정오(丁午)를 이 절로 초빙한 뒤 결사의 주맹으로 삼았다. 이 절은 《법화경》을 강의하여 널리 천태사상(天台思想)을 선양하는 중심적인 절이 되었으며, 천태종의 결사도량인 백련사(白蓮社)의 분원 역할을 맡게 되었다. 1321년(충숙왕 8) 5월 8일 백관들이 청운사(靑雲寺)에 있던 충선왕의 비인 의비(懿妃)의 초상을 가져다가 이 절에 안치했다. 1336년(충숙왕 복위 5)에는 원나라에서 귀국한 순암 의선(順菴 義璇)의 청을 받아들여 절을 크게 확장·중수했으며, 이 절이 중심이 되어 다시 개경에서 《법화경》에 대한 신앙을 크게 펼쳐 나갔다. 고려 말에는 충렬왕과 충선왕, 충렬왕의 비인 제국대장공주(齊國大長公主)의 영정을 모신 영당(影堂)이 있었으며, 여기에는 찻물을 담는 돌그릇인 석지조(石池槽)가 있었다. 이제현(李齊賢, 1287~1367)은 묘련사 중흥비와 〈묘련사 석지조기〉를 지었다. 그러나 그 뒤의 연혁은 전하지 않으며, 언제 폐사

되었는지도 알 수 없다. 다만 1481년(조선 성종 12)에 편찬된 《동국여지승람》에 기록이 남아 있는 것으로 보아 조선시대 전기까지는 존재했던 것으로 보인다. 【참고문헌】 고려사, 동문선, 동국여지승람, 한국사찰전서(권상로, 동국대학교 출판부, 1979)

묘련사(妙蓮寺)

묘련암(妙蓮庵)을 보시오.

묘련사(妙蓮寺)

연화사(蓮花寺)를 보시오.

묘련암(妙蓮庵)

【이명】 묘련사(妙蓮寺)라고도 불린다. 한때는 갈공사(葛空寺)라고 불렸다. 【위치】 경기도 여주군 금사면 외평리 갈공산(葛空山)에 있다. 【소속】 대한불교조계종 제2교구 본사인 용주사의 말사이다. 【연혁】 1808년(조선 순조 8) 인암(仁庵)이 창건했다. 1922년 주지 김필현(金弼鉉)이 이창규(李昌奎)와 조성달(趙性達)의 시주로 중창했다. 【유적·유물】 건물로는 대웅전과 요사채 2동이 있다. 특별한 문화재는 없다. 【참고문헌】 봉은본말지, 한국사찰전서(권상로, 동국대학교 출판부, 1979), 기내사원지(경기도, 1988)

묘봉사(妙峯寺)

【위치】 전라북도 남원시 지리산에 있었다. 【연혁】 언제 누가 창건했는지 알 수 없다. 《용성지(龍城志)》에 의하면 지리산 제1봉 아래에 있었고 더없이 좋은 절터로서 그 아래에 용연기우처(龍淵祈雨處)가 있었다고 한 것으로 보아 천왕봉 아래에 있었음을 알 수 있다. 조선 명종 때(1545~1567)의 문장가 권응인(權應仁)은 젊었을 때 친구 5명과 함께 이 절에서 독서했다. 1592년(선조 25) 7월 2일 왜병이

장수로 침략해 오자 남원부사 노종령(盧從齡)은 장령(將領)과 관아권속을 이 절로 피신시켰다. 이어 1593년 7월 7일 왜병이 반야봉을 넘어 삼기사(三岐寺)를 거쳐 이 절로 왔다. 이때 왜병이 절을 소각한 것으로 추정된다. 【참고문헌】 용성지, 한국사찰전서(권상로, 동국대학교 출판부, 1979)

묘봉암(妙峰庵)

【위치】 경상북도 영천시 청통면 치일리 팔공산에 있다. 【소속】 대한불교조계종 제10교구 본사인 은해사의 산내 암자이다. 【연혁】 833년(신라 흥덕왕 8) 심지(心地)가 창건했다. 그 뒤 오랫동안 관음기도처와 수행처로서 전승되어 왔다. 1485년(조선 성종 16) 죽청(竹淸)과 의찬(義贊)이 중창했고, 1780년(정조 4) 혜옥(惠玉)과 서징(瑞澄)이 중건했다. 최근 주지 법운(法雲)이 중수하여 오늘에 이르고 있다. 【유적·유물】 현존하는 건물로는 법당인 원통전과 요사채, 산령각(山靈閣), 염불당 등이 있다. 원통전은 무척 높아서 정사각형의 모양에 가까운데, 그 까닭은 내부에 큰 돌이 뻗어 있어 그 아래에 관세음보살상을 안치하고, 왼쪽 위에 2층을 만들어서 석가모니불을 봉안했기 때문이다. 【참고문헌】 명산 고찰 따라(이고운·박설산, 신문출판사, 1987)

묘은사(妙隱寺)

영은사(靈隱寺)를 보시오.

묘음사(妙音寺)

【이명】 한때 묘음사(妙陰寺)라고 했다. 【위치】 황해도 재령군 서림리 장수산(長壽山)에 있다. 【연혁】 언제 누가 창건했는지 알 수 없다. 다만 고려 초에 진철 이엄(眞澈 利嚴, 866~932)이 이 절에 머물

면서 참선했다는 기록으로 보아 신라 때 창건한 것으로 추정된다. 1679년(조선 숙종 5) 불에 탄 뒤 1701년(숙종 27) 벽안(碧眼)이 중창했다. 1894년(고종 31) 동학농민운동의 병화로 1901년 금순(錦淳)이 옛터에 다시 세웠다. 1903년에는 영친왕의 기도소가 되어 특별히 향촉(香燭)을 하사받기도 했다. 1934년 주지 박혜명(朴慧明)이 대웅전을 개축하고 부속 건물을 세워 면모를 새롭게 했다. 일제강점기의 31본산시대에는 패엽사(貝葉寺)의 말사였다. 【유적·유물】건물로는 대웅전을 비롯하여 청풍루, 미륵당이 있다. 또한 이 절에는 금은굴이라는 자연굴이 있는데, 굴 위에는 금은탑이라 부르는 칠층탑이 있다. 【참고문헌】한국사찰전서(권상로, 동국대학교 출판부, 1979), 북한의 절과 불교(정태혁·신법타, 민족사, 1990), 북한의 사찰(한국불교종단협의회, 1993)

묘음사(妙陰寺)

묘음사(妙音寺)를 보시오.

묘적사(妙寂寺)

【위치】경기도 남양주시 와부읍 월문리 묘적산(妙寂山)에 있다. 【소속】대한불교조계종 제25교구 본사인 봉선사의 말사이다. 【연혁】신라 문무왕 때(661~681) 원효(元曉)가 창건했다고 한다. 그 뒤 조선 초까지의 연혁은 전하지 않으며, 조선 중기에 폐허화했다. 김교헌(金敎憲)이 쓴 〈묘적사 산신각 창건기〉에 의하면, 수백 년 동안 소규모의 절로 명맥만 이어오던 것을 1895년(고종 32) 봄 규오(圭旿)가 산신각을 중건하고, 오랫동안 이 절에 있었던 산왕신상(山王神像)을 봉안했다고 한다. 1969년 주지 인구(隣九)의 실화로 산신각, 큰방 등이 전소했고, 1971년 주

지 자신(慈信)이 대웅전과 요사채를 중건했다. 【유적·유물】현존 건물로는 대웅전과 승방, 요사채 2동이 있다. 대웅전 안에는 관세음보살상을 중심으로 후불탱화, 산신탱화, 칠성탱화 등이 있다. 유물로는 팔각칠층석탑이 있는데, 이 탑은 인근의 수종사(水鐘寺) 팔각오층석탑과 양식이 동일하여 수종사 탑과 같이 조선 초에 세워진 것으로 추정된다. 이 밖에도 절 앞의 동쪽 빈터는 임진왜란과 병자호란 등의 국난에 승려들이 군공(軍功)을 세워 무예로 과거를 보게 되자 이에 대비하여 이 절의 승려들이 무예를 닦던 곳이다. 이곳에서 간혹 화살촉 등이 발견된다. 【참고문헌】봉선사본말사약지(봉선사, 1977), 한국사찰전서(권상로, 동국대학교 출판부, 1979), 기내사원지(경기도, 1988)

묘적암(妙寂庵)

【위치】경상북도 문경시 산북면 전두리 사불산(四佛山, 일명 功德山) 서북쪽에 있다. 【소속】대한불교조계종 제8교구 직지사의 말사인 대승사(大乘寺)의 산내 암자이다. 【연혁】646년(신라 선덕여왕 15) 부설(浮雪) 거사가 창건했다고 한다. 1339년(고려 충숙왕 복위 8) 나옹 혜근(懶翁 惠勤)이 이 절에 출가하여 수행했다. 혜근이 처음 이 절의 요연(了然)을 찾아 출가를 청했을 때, 요연은 '여기 온 것이 무슨 물건이냐?'라고 물었다. 혜근이 '말하고 듣고 하는 것이 왔습니다만, 보려 하여도 볼 수가 없고 찾으려 하여도 찾을 수가 없습니다.'라고 한 뒤 어떻게 닦아야 하는지를 물었다. 요연은 자신도 알지 못하니 다른 큰스님을 찾아가서 물어 볼 것을 권했다. 뒷날 혜근이 도를 깨닫고 다시 이 절로 돌아와서 회목 42그루를 심었으며, 그

뒤 혜근의 가르침을 받기 위해 많은 사람들이 이 절로 찾아왔다. 그리하여 이 절은 조선 후기까지 불교의 한 성지처럼 부각되었다. 1668년(현종 9) 성일(性日)이 중건했고, 1900년 취원(就圓)이 중수하여 오늘에 이르고 있다. 【유적·유물】현존하는 건물로는 법당과 요사채가 있다. 유물로는 마애불좌상(경상북도 유형문화재 제239호)과 여러 기의 부도가 있다. 마애불좌상은 고려시대의 것으로 그 크기는 6m에 이른다. 【참고문헌】한국사찰전서(권상로, 동국대학교 출판부, 1979)

묘지사(妙智寺)
【위치】인천광역시 강화군 화도면 사기리 마니산(摩尼山)에 있었다. 【연혁】언제 누가 창건했는지 알 수 없다. 1264년(고려 원종 5) 6월 원종이 삼랑성(三郞城)에 행차하여 오성도량(五星道場)을 3일 동안 베풀고, 이 절에도 들러 참성단(塹城壇)에 직접 제사를 올렸다. 그러나 1690년대에 이형상(李衡祥)이 편찬한 《강도지(江都志)》에는 폐사된 지 이미 오래 되었다고 나와 있다. 【유적·유물】절터에는 축대 일부가 남아 있다. 【참고문헌】고려사, 한국사찰전서(권상로, 동국대학교 출판부, 1979), 기내사원지(경기도, 1988)

묘통사(妙通寺)
【위치】인천광역시 강화군 화도면 흥왕리 마니산(摩尼山) 참성단(塹城壇) 아래에 있었다. 【연혁】신라 말이나 고려 초에 창건된 것으로 추정된다. 참성단과 가장 가까운 곳에 위치해 있어 고려시대에 나라의 비보사찰(裨補寺刹)로서, 또 왕실의 원찰 역할을 했다. 덕종과 정종은 물론 문종, 예종, 인종, 의종, 명종, 신종, 희종, 고종, 원종, 충숙왕, 충혜왕, 충목왕 등이

수시로 이 절에 행차하여 분향하거나 불사를 일으켰고, 기우제를 지내거나 기복도량(祈福道場)을 개설했으며, 마니지천도량(摩尼支天道場)도 개설하여 국가와 왕실의 안녕을 도모하기도 했다. 마니지천은 신통(神通)이 있는 승리의 천신으로서 무사들의 숭배 대상이었으며, 1066년(문종 20) 9월 29일, 1100년(숙종 5) 4월 26일, 1152년(의종 6) 6월 20일, 1173년 2월 25일, 1176년(명종 6) 4월 27일, 1209년(희종 5) 10월 7일 이 절에서 마니지천도량이 각각 개설되었다. 이로 미루어 볼 때 당시 다사다난했던 국내외의 정세와 절의 규모 등을 짐작할 수 있다. 언제 폐사되었는지는 전하지 않는다. 1690년대에 이형상(李衡祥)이 편찬한 《강도지(江都志)》에는 이미 폐사되었다고 나와 있다. 절터 인근에 수림이 울창하여 절터의 정확한 위치를 알 수 없다. 【참고문헌】고려사, 고려사절요, 강도지, 한국사찰전서(권상로, 동국대학교 출판부, 1979), 기내사원지(경기도, 1988)

무량사(無量寺)
【위치】충청남도 부여군 외산면 만수리 만수산(萬壽山)에 있다. 【소속】대한불교조계종 제6교구 본사인 마곡사의 말사이다. 【연혁】신라 말에 통효(通曉) 국사 범일(梵日, 810~889)이 창건했다. 그 뒤 무주 무염(無住 無染, 801~888)이 일시 머물렀고, 고려시대에 크게 중창했다. 조선시대에는 김시습(金時習)이 이 절에서 말년을 보내다가 1493년(성종 24) 입적했다. 곧 절 곁에 그의 영각(影閣)을 짓고 초상을 봉안했다. 그 뒤 읍의 선비들이 김시습의 풍모와 절개를 사모하여 학궁(學宮) 곁에 청일사(淸逸祠)라는 사당을 짓

고 그 초상을 옮겨 봉안했다. 또한 이 절에서 살던 진묵 일옥(震默 一玉, 1562~1633)은 아미타불을 점안하고 나무 열매로 술을 빚어 마시면서 도도한 시심(詩心)을 펼쳤다. 여러 차례 중건과 중수를 거쳤으나 자세한 연혁은 전하지 않는다. 이 절에서는 조선시대의 상당수 경전이 간행되었다. 1470년에서 1494년 사이에는 《지장보살본원경》을 1498년(연산군 4) 《법계성풍수륙승회수재의궤(法界聖風水陸勝會修齋儀軌)》를, 1522년(중종 17) 《몽산화상육도보설(夢山和尙六道普說)》을 간행했다. 【유적·유물】 현존하는 건물로는 극락전을 비롯하여 산신각, 요사채 등이 있다. 조선 중기의 목조건물인 극락전(보물 제356호)에는 동양 최대의 불좌상이라고 하는 아미타여래삼존상이 봉안되어 있는데, 이 불상들은 1633년(인조 11) 조성된 것으로 그중 아미타불좌상은 높이가 540cm이다. 산신각에는 김시습의 영정이 모셔져 있다. 문화재로는 석등(보물 제233호)과 오층석탑(보물 제185호), 당간지주(충청남도 유형문화재 제57호), 김시습의 부도(충청남도 유형문화재 제25호), 김시습의 진영(충청남도 유형문화재 제64호) 등이 있다. 【참고문헌】 동국여지승람, 한국 고인쇄 기술사(김두종, 탐구당, 1974), 한국사찰전서(권상로, 동국대학교 출판부, 1979)

무량사(無量寺)
【이명】 무량암(無量庵)이라고도 불린다. 한때 약수암(藥水庵)이라고 불렸다. 【위치】 경기도 고양시 북한동 북한산(北漢山) 북한산성 입구에 있다. 【소속】 한국불교태고종에 속한다. 【연혁】 1895년(조선 고종 32) 고종의 후궁인 순빈(淳嬪) 엄(嚴)씨가 창건했다. 순빈은 이곳에 산신각을 지어 산신탱화와 약사여래불좌상을 봉안하고 백일기도를 한 뒤 영친왕 이은(李垠, 1897~1970)을 낳았다. 그 뒤 이 절에서 백일기도를 드리면 소원을 성취한다고 하여 원당(願堂)이라고 불렀으며, 절 안에 약수가 있어 약수암이라고도 불렀다. 1902년 대웅전을 지었으며, 1980년 주지 무량(無量)이 부임하여 이름을 무량암이라고 고쳤다. 【유적·유물】 건물로는 대웅전과 요사채가 있다. 유물로는 약사여래불좌상과 산신도가 있는데, 모두 1895년에서 1906년 사이에 조성된 것으로 보인다. 【참고문헌】 기내사원지(경기도, 1988)

무량암(無量庵)
무량사(無量寺)를 보시오.

무량이절
수왕사(水王寺)를 보시오.

무봉사(舞鳳寺)
【이명】 한때 무봉암(舞鳳庵)이라고 불렸다. 【위치】 경상남도 밀양시 내일동 영남루(嶺南樓) 옆에 있다. 【소속】 대한불교조계종 제15교구 본사인 통도사의 말사이다. 【연혁】 773년(신라 혜공왕 9) 법조(法照)가 현재의 영남루 자리에 있었던 영남사(嶺南寺)의 부속 암자로 창건했다. 1359년(고려 공민왕 8) 영남사가 화재로 소실하자 무봉암이라고 했던 이 절을 무봉사로 승격시켰다. 1592년(조선 선조 25) 임진왜란 때 소실한 것을 1605년(선조 38) 혜징(慧澄)이 법당과 칠성각, 수월루(水月樓)를 새로 지었고, 1628년(인조 6) 경의(敬儀)가 중창했다. 1899년(광무 3) 경봉(慶蓬)이 중건하고, 1942년 중수·증축하여 오늘에 이르고 있다. 【유적·유

물】현존하는 건물로는 대웅전을 비롯하여 삼성각, 종루, 요사채 등이 있다. 대웅전 안에는 석조여래좌상(보물 제493호)이 봉안되어 있는데, 9세기경의 약사여래상으로 영남사 터에 전해 오던 것을 옮겼다. 현재 대좌는 없고, 광배는 출토품이기는 하지만 본래 이 불상의 것인지 확실하지 않다. 【참고문헌】경상남도지(경상남도, 1963), 한국사찰전서(권상로, 동국대학교 출판부, 1979), 명산 고찰 따라(이고운·박설산, 신문출판사, 1987)

무봉암(舞鳳庵)

무봉사(舞鳳寺)를 보시오.

무암사(霧巖寺)

【위치】충청북도 제천시 금성면 성내리 금수산(錦繡山)에 있다. 【소속】대한불교조계종 제5교구 본사인 법주사의 말사이다. 【연혁】언제 누가 창건했는지 알 수 없으나, 조선 초기 이전부터 있었다. 절의 서남쪽 1km 지점에는 늙은 승려를 뜻하는 노장암(老長巖)이 있는데, 풍수설에 따르면 절 입구에 승려 모양의 바위가 있으면 그 절의 맥이 끊기지 않을 뿐 아니라 식량이 넉넉하다는 설이 있다. 그리고 이 바위는 안개가 끼었을 때에만 나타났다고 하여 절 이름을 무암사라 했다고 한다. 극락전 지붕 위의 망와(望瓦)가 1740년(영조 16)에 중수했음을 알 수 있게 해 준다. 이 절에 소장된 유물들로 보아 상당한 역사를 지녔을 것으로 보이나 사적지가 없어 자세한 것을 알 수가 없다. 【유적·유물】현존하는 건물로는 극락전, 칠성각, 산신각, 요사채, 객실, 수호실 등이 있다. 극락전 안에는 목조아미타불좌상이 봉안되어 있으며, 1931년에 조성된 후불탱화와 지장탱화가 있다. 문화재로는 부도 4기

를 비롯하여 불기류(佛器類), 촉대, 위패 등이 있다. 4기의 부도 중 수월당(水月堂) 부도는 1959년에 발견된 조선시대의 것이며, 우부도(牛浮屠)는 이 절 창건 당시 재목과 기와 등을 운반했던 소가 죽은 뒤 화장했더니 오색영롱한 사리가 나와서 조성했다는 사리탑이다. 이 부도 주변을 소부도골이라고 부른다. 절에서 현재 사용하고 있는 불기는 100년 이상된 유기제품이며, 촉대와 위패는 정교한 솜씨로 조각하여 만든 특색 있는 유품이다. 【참고문헌】사지(충청북도, 1982)

무염사(無染寺)

산혜암(山惠庵)을 보시오.

무위갑사(無爲岬寺)

무위사(無爲寺)를 보시오.

무위사(無爲寺)

【이명】한때 관음사(觀音寺), 갈옥사(葛屋寺), 방옥사(芳玉寺), 무위갑사(無爲岬寺)라고 불렸다. 【위치】전라남도 강진군 성전면 월하리 월출산 동남쪽에 있다. 【소속】대한불교조계종 제22교구 본사인 대흥사의 말사이다. 【연혁】신라 때 원효(元曉, 617~686)가 창건하여 관음사라고 했다. 875년(헌강왕 1) 연기 도선(烟起道詵)이 중건하여 갈옥사라고 이름을 바꾼 뒤 많은 승려들이 주석했다. 946년(고려 정종 1) 선각 형미(先覺 逈微)가 3창하여 방옥사라 했다고 하나, 형미는 이미 917년에 입적했으므로 신빙성이 없다. 1550년 태감(太甘)이 4창하면서 무위사라 했다고 하는데, 경내에 있는 형미의 선각대사변광영탑(先覺大師遍光靈塔)에 의하면 신라시대에 이미 무위갑사라 불렸다고 한다. 이때의 건물은 본절이 23동, 암자가 35개로서 모두 58동에 이르는 큰 절

이었으나, 그 뒤 화재 등으로 규모가 크게 축소되었다. 남아 있던 건물은 극락전과 명부전, 요사채뿐이었으나, 1974년 벽화보존각과 해탈문, 분향각(焚香閣), 천불전, 미륵전 등을 중건하여 옛 절의 모습을 재현했다. 【유적·유물】 건물로는 극락전을 비롯하여 명부전, 벽화보존각, 해탈문, 분향각, 천불전, 미륵전, 요사채 등이 있다. 극락전(국보 제13호)은 1476년(성종 7) 이전에 지어진 건물로 벽에는 29점의 벽화가 있었다. 그러나 지금은 이들 벽화 중 본존불 뒤의 후불탱화만 극락전 안에 남아 있고, 나머지 28점은 벽화보존각에 보존되어 있다. 이 밖에도 형미의 선각대사변광탑비(보물 제507호)와 선각대사변광영탑이 있는데, 영탑은 석탑 형식을 취한 보기 드문 부도이다. 또한 미륵전 안에는 고려 말의 것으로 추정되는 석불입상이 있고, 이 앞에는 875년 도선이 석가모니 부처님의 사리를 봉안하여 세웠다는 사리탑이 있다. 【설화】 극락전 안에 있던 벽화들은 극락전이 완성된 뒤 찾아온 한 늙은 거사가 49일 동안 이 안을 들여다보지 말아 달라고 당부한 뒤 그렸다는 전설이 있다. 49일째 되는 날, 주지가 문에 구멍을 뚫고 들여다보니 파랑새 한 마리가 입에 붓을 물고 마지막으로 후불탱화의 관음보살 눈동자를 그리고 있었는데, 새는 인기척을 느끼고 어디론가 날아가 버렸다고 한다. 지금도 후불탱화의 관음보살상에는 눈동자가 없다. 【참고문헌】 동국여지승람, 문화유적총람(문화재관리국, 1977), 한국의 명산 대찰(국제불교도협회, 1982)

무장사(鍪藏寺)
【위치】 경상북도 경주시 암곡동에 있었

다. 【연혁】《삼국유사》에 의하면 신라 원성왕(재위 785~798)의 부친 효양(孝讓)이 그의 숙부 파진찬(波珍飡)을 추모하여 창건했다고 한다. 태종무열왕이 삼국을 통일한 뒤 병기와 투구(鍪)를 이 골짜기 안에 감추었기 때문에 이름을 무장사라고 지었다. 이 절에 있었던 미타전은 이 절에 살던 한 늙은 승려가 어떤 진인이 이 절 석탑의 동남쪽 언덕에 앉아서 서쪽을 향해 많은 대중들에게 설법을 하고 있는 꿈을 꾼 뒤 건립한 것이라고 한다. 미타전 안에는 소성왕(재위 799~800)의 비인 계화왕후(桂花王后)가 먼저 세상을 떠난 왕의 죽음을 슬퍼하다가 '아미타불에게 지성으로 귀의하면 구원을 받을 수 있다'는 말을 듣고 재산과 재물을 다 희사하여 명장(名匠)에게 만들게 한 아미타불상과 신중(神衆)이 봉안되어 있었다고 한다. 절은 고려시대에 목암 일연(睦庵 一然, 1206~1289)이 《삼국유사》를 저술할 때까지 남아 있었으나, 미타전은 허물어졌다고 한다. 그 뒤 언제 폐허가 되었는지 알 수 없다. 【유적·유물】 현재 절터에는 아미타불상을 조성한 인연을 적은 비문인 아미타불조상사적비(보물 제125호)의 이수 및 귀부와 숲 사이에 방치되었던 폐탑을 1963년 복원한 삼층석탑(보물 제126호)이 있다. 사적비의 비신(碑身)은 왕희지(王羲之)의 글씨를 집각한 것인데, 1915년 이 비의 파편 가운데 세 조각이 발견되어 서울의 국립중앙박물관에 보관중이다. 비편의 발견으로 이 절터가 무장사였음이 확인되었다. 또한 사적비는 이수가 남아 있는 비로서 통일신라시대의 이수 변천을 파악하는 데 귀중한 자료가 된다. 이 밖에도 석등의 옥개석(屋蓋石)과 미타전의 자리로

짐작되는 곳에 10개의 초석이 남아 있다.
【참고문헌】 삼국유사, 문화유적총람(문화
재관리국, 1977)

묵방사(墨房寺)
【위치】 경상남도 합천군 가회면 중촌리
황매산(黃梅山)에 있다. 【연혁】 신라 때
창건된 것으로 추정된다. 연혁은 전하지
않는다. 1799년(조선 정조 23)에 편찬된
《범우고(梵宇攷)》에는 존재한다고 나와
있으나, 1900년대 편찬된 《사탑고적고
(寺塔古蹟攷)》에는 이미 폐사된 것으로
나와 있다. 1990년대 현공(玄公)이 옛터
에 중창했다. 【유적·유물】 건물로는 대
웅전과 나한전, 산신각, 요사채가 있다.
유물로는 11기의 석종형(石鐘型) 부도가
있다. 모두 조선시대 중기 이후의 것으로
보인다. 【참고문헌】 한국사찰전서(권상
로, 동국대학교 출판부, 1979), 속 명산 고
찰 따라(이고운·박설산, 운주사, 1994)

묵사(墨寺)
신효사(神孝寺)를 보시오.

문수사(文殊寺)
【위치】 전라북도 김제시 황산동 봉황산
(鳳凰山)에 있다. 【소속】 대한불교조계종
제17교구 본사인 금산사의 말사이다. 【연
혁】 624년(백제 무왕 25) 왕사 혜덕(惠
德)이 문수보살의 현몽으로 문수골에 창
건했다고 한다. 950년(고려 광종 1) 화재
로 전소하자, 957년(광종 8) 왕사 혜림
(慧林)이 원래의 장소에서 약 350m 거리
에 있는 지금의 위치에 중창했다. 혜림의
중창 당시 어디선가 '문수암'이라고 쓴
현판이 날아와서 떨어졌으므로 그곳에 중
창했다고 하며, 날아온 현판은 신필(神
筆)이라고 하여 지금도 절에 보관하고 있
다. 그 뒤 1105년(숙종 10) 청원(淸元)이

폐허화한 이 절을 중창했고, 1892년(조선
고종 29) 인계(仁溪)가, 1914년에는 보룡
(寶龍)이 중창했다. 이어 1967년 주지 김
창법(金暢法)이 중창하여 면모를 혁신했
다. 【유적·유물】 현존하는 건물로는 대
웅전을 비롯하여 명부전, 산신각, 요사채
등이 있다. 【참고문헌】 한국사찰전서(권
상로, 동국대학교 출판부, 1979), 사찰지
(전라북도, 1990)

문수사(文殊寺)
【위치】 전라북도 고창군 고수면 은사리
문수산(文殊山)에 있다. 【소속】 대한불교
조계종 제24교구 본사인 선운사의 말사이
다. 【연혁】 644년(백제 의자왕 4) 신라의
자장(慈藏)이 창건했다고 한다. 그러나 당
시 이곳은 백제의 영토에 속했으므로 자장
이 창건했다는 것은 신빙성이 없다. 그 뒤
1653년(조선 효종 4) 성오(性悟)와 상유
(尙裕)가 중창하고, 1764년(영조 40) 신
화(信和)와 쾌영(快英)이 중수했다. 1835
년(헌종 1) 우홍(牛弘)이 다시 중건했다.
1907년 기삼연(奇參衍)이 의병을 일으켜
이 해 9월 23일 왜군과 싸워 대승을 거뒀
다. 1989년 칠성각을 세워 오늘에 이르고
있다. 부속 암자로는 내원암(內院庵)과 양
진암(養眞庵)이 있다. 【유적·유물】 현존
하는 건물로는 대웅전(전라북도 유형문화
재 제51호)을 비롯하여 만세루, 문수전
(전라북도 유형문화재 제52호), 명부전, 한
산전, 요사채 등이 있다. 유물로는 이 절
의 창건 설화와 관련된 문수보살석상이
있는데, 문수전에 봉안되어 있다. 이 석상
은 보살상이 아니라 조사상(祖師像)일 것
이라는 견해도 있으며, 고려 말 조선 초의
작품으로 보인다. 【설화】 자장이 당나라
에서 귀국하는 길에 이곳을 지나다가 산

이 당나라에서 수행했던 청량산(淸凉山)과 같은 느낌을 주므로, 이곳의 석굴에서 7일 동안 정성껏 기도를 드렸다. 그러던 중 땅속에서 문수보살이 나오는 꿈을 꾸었다. 그곳을 파보니 문수보살석상이 나와 문수전을 건립하고 절 이름을 문수사라 했다고 한다. 【참고문헌】문화유적총람(문화재관리국, 1977), 한국사찰전서(권상로, 동국대학교 출판부, 1979), 사찰지(전라북도, 1990), 한국독립운동사

문수사(文殊寺)
【위치】경기도 김포군 월곶면 성동리 문수산에 있다. 【소속】한국불교태고종에 속한다. 【연혁】신라 혜공왕 때(765~780) 창건했다. 그 뒤 퇴락한 것을 1613년(조선 광해군 6) 도욱(道旭)이 중창했다. 1809년(순조 9) 광선(光善)이 중창했으며, 1936년 남성(南星)이 중수하여 오늘에 이르고 있다. 【유적·유물】건물로는 대웅전과 요사채가 있다. 유물로는 풍담대사부도(楓潭大師浮屠;경기도 유형문화재 제91호) 및 비, 석탑, 사각연화대좌 등이 있다. 풍담대사부도 및 비는 의심(義諶;1592~1665)의 것으로 1668년(현종 9)에 세워졌다. 【참고문헌】문화유적총람(문화재관리국, 1977), 한국사찰전서(권상로, 동국대학교 출판부, 1979), 기내사원지(경기도, 1988)

문수사(文殊寺)
【위치】전라북도 익산시 여산면 호산리 천호산(天壺山)에 있다. 【소속】대한불교조계종 제17교구 본사인 금산사의 말사이다. 【연혁】881년(신라 헌강왕 7) 혜감(慧鑑)이 창건했다. 이후의 연혁은 전하지 않는다. 조선시대 1차 중건을 거쳐 오늘에 이르고 있다. 부속 암자로는 백운암

(白雲庵)과 백련암(白蓮庵)이 있다. 【유적·유물】현존하는 건물로는 대웅전(전라북도 문화재자료 제89호)을 비롯하여 명부전, 산신각, 요사채 등이 있다. 대웅전 안에는 목조아미타여래좌상을 중심으로 5점의 탱화와 높이 27cm의 독성상(獨聖像), 목사자고대(木獅子鼓臺) 등이 있다. 특히 독성상은 목조로서 조각 솜씨가 뛰어나다. 명부전 안에는 지장보살상과 시왕상, 인왕상, 동자상 등이 있다. 이 밖에 경내에는 언제 건립되었는지 알 수 없는 일영 충운(日影 忠雲)의 부도와 막무 월영(莫武 月影)의 부도가 남아 있다. 백운암의 법당 안에는 1858년(철종 9)에 조성된 빼어난 탱화 1점이 봉안되어 있다. 【참고문헌】한국사찰전서(권상로, 동국대학교 출판부, 1979), 사찰지(전라북도, 1990)

문수사(文殊寺)
【이명】문수암(文殊庵)이라고도 불린다. 【위치】경상남도 울산시 울주구 청량면 율리 문수산(文殊山;淸凉山)에 있다. 【소속】대한불교조계종 제15교구 본사인 통도사의 말사이다. 【연혁】신라 때 창건됐다. 연혁은 전하지 않는다. 1799년(조선 정조 23)에 편찬된 《범우고(梵宇攷)》에 존재한다고 나와 있다. 1984년 롯데그룹 회장인 신격호(辛格浩)가 시주하여 대웅전을 새로 지었다. 【유적·유물】건물로는 대웅전과 범종각, 산신각, 종무소, 요사채 등이 있다. 특별한 문화재는 없다. 【참고문헌】한국사찰전서(권상로, 동국대학교 출판부, 1979), 속 명산 고찰 따라(이고운·박설산, 운주사, 1994)

문수사(文殊寺)
【위치】경기도 개풍군 성거산(聖居山) 남쪽 만경대(萬景臺) 옆에 있었다. 【연혁】

919년(고려 태조 2) 조정에서 법왕사(法王寺)를 비롯하여 자운사(慈雲寺), 왕륜사(王輪寺), 내제석원(內帝釋院), 사나사(舍那寺), 천선원(天禪院;普濟寺), 신흥사(新興寺), 원통사(圓通寺), 지장사(地藏寺) 등과 함께 10대 사찰 중의 하나로 창건했다. 이색(李穡, 1328~1396)이 지은 〈성거산문수사기〉에는 '불에 타 황폐화한 지 오래 되었으나, 한 승려가 다시 절을 세웠다.'고 나와 있다. 자세한 연혁은 전하지 않는다. 【참고문헌】 삼국유사, 동문선, 동국여지승람, 한국사찰전서(권상로, 동국대학교 출판부, 1979)

문수사(文殊寺)
【위치】 경기도 용인군 원삼면 문촌리 문수산(文殊山)에 있었다. 【연혁】 유물로 미루어 보아 고려 초기에 창건된 것으로 추정된다. 연혁이 전하지 않아 창건 당시의 이름도 확실치 않으며, 뒤에 산 이름을 따서 문수사라고 한 듯하다. 1900년대에 편찬된 《사탑고적고(寺塔古蹟攷)》에는 초석이 남아 있다고 나와 있는 것으로 보아 이전에 폐사된 것으로 보인다. 【유적·유물】 절터에는 초석과 기와 조각이 산재해 있다. 유물로는 마애보살상(경기도 유형문화재 제120호) 2위와 맷돌 자국 등이 있다. 마애불은 고려 초기의 것으로 추정된다. 【참고문헌】 기내사원지(경기도, 1988)

문수사(文殊寺)
【위치】 서울특별시 종로구 구기동 삼각산 문수봉(文殊峯) 아래에 있다. 【소속】 대한불교조계종 직할교구 본사인 조계사의 말사이다. 【연혁】 1109년(고려 예종 4) 묵암 탄연(默庵 坦然)이 창건했다. 1451년(조선 문종 1) 연창공주(延昌公主)가 중창했으며, 그 뒤 여러 차례의 중수를 거

듭해 오다가 1950년 6·25전쟁 때 소실했다. 1957년 신수(信洙)가 중건하여 오늘에 이르렀다. 이 절은 원래 오백나한을 모신 기도처로서 유명하다. 대통령 이승만(李承晩, 1875~1965)의 어머니가 이 절의 나한에게 치성을 드려 이승만을 낳았으므로 이승만이 이 절을 찾아와서 현판을 쓴 일도 있다. 【유적·유물】 건물로는 대웅전, 나한전, 산신각, 요사 등이 있다. 대웅전에 봉안된 문수보살상은 고종의 비인 명성황후(明成皇后, 1851~1895)가, 석가모니불은 영친왕 이은(李垠)의 비인 이방자(李方子, 1901~1989)가 봉안한 것이다. 북한산 내의 여러 절 중 전망이 제일 좋은 곳에 위치하고 있다. 【참고문헌】 명산 고찰 따라(이고운·박설산, 신문출판사, 1987)

문수사(文殊寺)
【위치】 충청남도 서산시 운산면 태봉리 상왕산(象王山)의 서남쪽 기슭에 있다. 【소속】 대한불교조계종 제7교구 본사인 수덕사의 말사이다. 【연혁】 언제 누가 창건했는지 알 수 없다. 가람의 배치 등으로 미루어 보아 고려시대에 창건된 것으로 추정된다. 그러나 조선시대에 도둑 떼에 의해 극락보전을 제외한 모든 건물들이 불탔다. 【유적·유물】 현존하는 건물로는 극락보전(충청남도 유형문화재 제13호)을 중심으로 심검당(尋劍堂), 수도당(修道堂), 춘정고(春精庫) 등이 있다. 이 중 극락보전은 고려 말에 처음 세워진 건물이다. 조각수법이 수려하고 웅장할 뿐 아니라 주불인 금동여래좌상(충청남도 유형문화재 제34호)을 비롯하여 아미타불, 미륵불, 나한상, 보살상과 각종 탱화가 봉안되어 있다. 1973년 조사 때에 금동여래좌

상의 복장(腹藏)에서 발원문을 비롯하여 모시로 된 단수의(短袖衣)와 쌀, 보리 등 많은 유물들이 발굴되었다. 이 발원문은 1346년(고려 충목왕 2)에 쓰여진 것으로 이를 통하여 극락보전이 고려시대에 건립되고 조선시대에 중건된 건물임을 추정할 수 있다. 【참고문헌】 한국사찰전서(권상로, 동국대학교 출판부, 1979), 서산군지(서산군, 1982), 문화유적총람―사찰편(충청남도, 1990)

문수사(文殊寺)

【위치】 충청북도 단양군 어상천면 방북리에 있다. 【소속】 대한불교조계종 제5교구 본사인 법주사의 말사이다. 【연혁】 언제 누가 창건했는지 알 수 없다. 옛날에는 강원도 영월 보덕사(報德寺)의 승려들이 매년 정월에 이 절로 와서 부처님께 예배했고, 조선시대에는 암행어사 박문수(朴文秀, 1691~1756)가 이 절에서 공부한 뒤 문과에 급제했다고 한다. 현재 법당 옆에 있는 돌배나무는 나라에서 하사한 나무이며, 생산되는 돌배는 진상품이었다고 한다. 1824년(순조 24)과 1902년 중창하여 오늘에 이르고 있다. 【유적·유물】 현존하는 건물로는 법당, 칠성각, 산신각, 지성단(至誠壇) 등이 있다. 유물로는 요령과 등잔이 있다. 【참고문헌】 사지(충청북도, 1982)

문수사(文殊寺)

【이명】 한때 납석사(納石寺)라고 불렸다. 【위치】 경상북도 구미시 도개면 신곡동 청량산(淸凉山) 중턱에 있다. 【소속】 대한불교조계종 제8교구 본사인 직지사의 말사이다. 【연혁】 언제 누가 창건했는지 알 수 없다. 조선 중기 이전까지는 자연동굴을 이용해 법당을 만들어 납석사라고

불렀다. 그 뒤 폐사됐던 것을 최근 석굴 아래쪽에 새로 대웅전과 요사채를 신축하고 이름을 문수사라고 바꿨다. 【유적·유물】 원래 석굴 입구에는 석탑 1기가 있었으나 일제강점기 말에 도굴꾼에 의해 도괴되었으며, 지금은 조각이 새겨진 탑신부의 일부만이 남아 있다. 또 천연동굴 입구에는 사자암(獅子庵)이라는 문수사의 수도처가 있다. 이곳에는 창건 당시에 문경 대승사(大乘寺)에서 옮겨 온 불상을 비롯하여 4점의 탱화가 봉안되어 있다. 그중 뒷벽에 걸려 있는 산신탱화는 1873년(고종 10)에 제작된 것으로 우리 나라에 남아 있는 산신탱화 중에서는 연대가 비교적 오래 된 귀중한 작품이다. 【참고문헌】 한국사찰전서(권상로, 동국대학교 출판부, 1979)

문수사(文殊寺)

한송사(寒松寺)를 보시오.

문수암(文殊庵)

【위치】 경상남도 고성군 상리면 무선리 무이산(武夷山 ; 일명 淸凉山)에 있다. 【소속】 대한불교조계종 제13교구 본사인 쌍계사의 말사이다. 【연혁】 706년(신라 성덕왕 5) 의상(義湘)이 창건했다고 전하나, 의상은 702년에 입적했으므로 신빙성이 없다. 창건 이후부터 이 절은 수도도량으로서 많은 큰스님들을 배출했다. 1642년(조선 인조 20) 중창했다. 그 뒤의 연혁은 전하지 않는다. 1959년 사라호태풍으로 법당이 붕괴하자 현대식 건물로 새로 지어 오늘에 이르고 있다. 【유적·유물】 건물로는 법당 등이 있으며, 유물로는 이 절에서 수도한 청담 순호(靑潭 淳浩, 1902~1971)의 사리를 봉안하여 1973년에 세운 청담대종사사리탑이 있다. 【설화】 창

건에 얽힌 설화가 전한다. 무이산은 삼국 시대부터 해동의 명승지이며, 화랑들의 수련장으로 널리 알려져 있었다. 의상이 남해 보광산(普光山 ; 지금의 錦山)으로 기도하러 가던 길에 무선리의 민가에 묵게 되었다. 꿈속에 한 늙은 스님이 나타나서 내일 아침에 걸인을 따라서 보광산보다 무이산을 먼저 가보라고 했다. 날이 새자 걸인을 따라 무이산으로 가서 보니, 눈앞에 수많은 섬들이 떠 있고 남대, 북대, 동대, 서대가 매우 웅장하여 마치 오대산의 중대(中臺)를 연상하게 했다. 이때 한 걸인이 또 나타나자 두 걸인은 서로 손을 잡으며 바위 틈새로 사라져 버렸다. 의상이 석벽 사이를 살펴보았으나, 걸인은 보이지 않고 문수보살상만이 나타나 있었다. 꿈속의 늙은 스님이 관세음보살이고 두 걸인이 문수보살과 보현보살임을 깨달은 의상은 이곳에 문수암을 세웠다고 한다. 지금도 석벽 사이에는 천연의 문수상이 뚜렷이 나타나 보인다. 【참고문헌】한국사찰전서(권상로, 동국대학교 출판부, 1979)

문수암(文殊庵)

【위치】황해도 금천군 원명리 대둔산(大芚山)에 있었다. 【연혁】조선시대 18세기 후반에 창건되었다. 일제강점기의 31본산 시대에는 성불사(成佛寺)의 말사인 원명사(圓明寺)의 부속 암자였다. 지금의 상황은 알 수 없으나 북한측 자료에 따르면 현존하지 않는다. 【설화】창건 설화가 전한다. 문수리에 유씨 성을 가진 사람이 살고 있었는데, 하루는 이상한 꿈을 꾸었다. 한 미모의 여인이 찾아와서 말하기를, 이곳 산록을 찾아가면 머리가 부러진 내 몸뚱이가 있으니 파내어 머리를 붙여 달라고 했다. 그 여인이 가르쳐 준 곳을 찾아

땅을 파보니 머리가 부러진 석불이 있었다. 그러므로 떨어진 머리를 붙이고 그곳에 불당을 지어 봉안한 다음 문수암이라 이름했다고 한다. 이 암자는 그 뒤 유씨 가문과 지방민들이 수호하였으며, 연중 치성 기도가 끊이지 않았다. 【참고문헌】황해도지(황해도, 1970)

문수암(文殊庵)

문수사(文殊寺)를 보시오.

문수원(文殊院)

청평사(淸平寺)를 보시오.

물왕이절

수왕사(水王寺)를 보시오.

미라사(彌羅寺)

【위치】전라남도 담양군에 있었다. 【연혁】언제 누가 창건했는지 알 수 없다. 1457년(조선 세조 3) 7월 5일 이 절의 승려 혜명(慧明)이 읍민(邑民) 수십 명과 서로 모여 난을 모의하다가 발각되었다. 세조는 병조판서 구치관(具致寬), 대사성(大司成) 안지귀(安知歸)를 보내 취조하게 했다. 연혁은 전하지 않는다. 【참고문헌】조선왕조실록

미륵당(彌勒堂)

태고사(太古寺)를 보시오.

미륵당이절(彌勒堂 - -)

용화사(龍華寺)를 보시오.

미륵사(彌勒寺)

【이명】한때 금강암(金剛庵)이라고 불렸다. 【위치】전라북도 완주군 소양면 신촌리 만덕산(萬德山) 정상 부근에 있다. 【연혁】백제 위덕왕 때(554~598)의 법사 지명(知命)이 수행하기 위해 창건했다고 한다. 이 절에 소장된 탱화에 '만덕산 금강암'이라는 명기가 있는 것으로 보아 본래는 금강암이었으나 뒤에 미륵사로 이름을

바꾼 것으로 보인다. 자세한 연혁은 전하지 않는다. 1950년 6·25전쟁 때 소실한 것을 그 뒤 중창했다. 【유적·유물】 건물로는 인법당(因法堂)과 요사가 있다. 법당 뒤 자연 암반 위에 모전탑 형식의 소형탑이 있는데, 전언에 의하면 조선시대에 이 탑을 세우기 위해 진묵 일옥(震默 一玉, 1562~1633)이 도술을 써서 동자로 하여금 돌을 날라오게 했다고 한다. 【참고문헌】 전북불교총람(전북불교총연합회, 1993), 사찰지(전라북도, 1990)

미륵사(彌勒寺)

【위치】 전라북도 익산시 금마면 기양리에 있었다. 【연혁】 백제 무왕(재위 600~641)이 창건했다. 지금까지 확인된 백제의 절로서는 최대의 규모이다. 이후의 연혁은 자세하지 않다. 다만 719년(성덕왕 18) 9월 금마군(金馬郡)의 미륵에 벼락이 떨어졌다는 《삼국사기》의 기록이 있는데, '금마군의 미륵'은 미륵사의 탑으로 추정된다. 1407년(조선 태종 7) 나라에서 여러 고을의 자복사찰(資福寺刹)을 정할 때 청주의 보경사(菩慶寺), 임실의 진구사(珍丘寺) 등의 여러 절과 함께 자복사찰로 지정된 것으로 보아 이때까지는 절이 건재했음을 알 수 있다. 【유적·유물】 절터 전체가 사적 제150호로 지정되어 있다. 절터에는 석탑(국보 제11호)과 당간지주(보물 제236호)가 있다. 석탑은 높이 14.24m로 우리 나라에서 가장 오래 되고 가장 큰 것으로 백제 무왕 때 건립된 것으로 추정된다. 지금은 거의 전면이 도괴되어 동북면 한 귀퉁이의 6층까지만 남아 있다. 당간지주는 통일신라시대의 작품으로 추정된다. 【설화】 하루는 백제의 무왕이 왕비와 함께 사자사(獅子寺)의 지명

(知命) 법사를 찾아가던 중 용화산(龍華山 ; 지금의 미륵산) 아래 큰 못가에 이르렀을 때 못 가운데에서 미륵삼존이 나타났다. 왕은 수레를 멈추고 절을 올렸다. 왕비가 왕에게 못에 절을 세우기를 청하자 왕은 지명 법사에게 못을 메울 방법을 물었다. 이에 지명이 신통력으로 하룻밤 사이에 산을 무너뜨려 못을 메워 평지를 만들고 이 절을 지어 미륵삼존불을 봉안했다고 한다. 또한 이 절에는 미래불인 미륵이 3회의 설법으로 미래의 중생을 모두 제도한다는 용화삼회설(龍華三會說)에 입각하여 전(殿)과 탑과 낭무(廊廡)를 각각 세 곳에 세우고 이름을 미륵사라 했다고 한다. 또 이 절터는 서동(薯童 ; 무왕의 어릴 적 이름)과 선화공주(善化公主)의 설화가 깃든 곳이기도 하다. 【참고문헌】 삼국사기, 삼국유사, 한국사찰전서(권상로, 동국대학교 출판부, 1979)

미륵사(彌勒寺)

【위치】 충청남도 금산군 복수면 지량리 천비산(天庇山)에 있다. 【소속】 대한불교조계종 제6교구 본사인 마곡사의 말사이다. 【연혁】 852년(신라 문성왕 14) 무주 무염(無住 無染)이 창건했다. 무염은 보령에 성주사(聖住寺)를 창건하여 구산선문(九山禪門) 중의 하나인 성주산파의 본산으로 삼고, 그의 선법(禪法)을 전하기 위한 말사로서 이 절을 창건했다고 한다. 그 뒤의 자세한 연혁은 전하지 않는다. 1948년 이전까지는 대웅전, 칠성각, 산신각, 요사채 등을 갖췄었다. 1948년 대웅전이 불탄 뒤 소규모로 중건하여 오늘에 이르고 있다. 【유적·유물】 건물로는 인법당(因法堂)이 있다. 유물로는 절 인근의 옛 절터인 듯한 곳에 불상의 머리 부분

과 발 부분 석재 등이 있다. 【참고문헌】
동국여지승람, 금산군지(금산군지 편찬위
원회, 1969), 문화유적총람-사찰편(충청
남도, 1990)

미륵사(彌勒寺)
【위치】 경기도 개성시 성안에 있었다.
【연혁】 936년(고려 태조 19) 태조의 명으
로 광흥사(光興寺), 현성사(現聖寺), 내천
왕사(內天王寺) 등과 함께 창건하였다.
1109년(예종 4) 4월 예종이 이 절에서 재
(齋)를 지내고 전쟁의 승리를 기원했다.
1183년(명종 13) 윤 11월에는 명종이 태
후를 순릉(純陵)에 장사지낸 뒤 의창궁
(義昌宮)에서 이 절까지 걸어가 승복을
입고 명복을 빌기도 했다. 1262년(원종
3) 10월에는 몽고군의 침입으로 불에 탔
던 이 절과 공신당(功臣堂)을 중창했다.
원래 공신당은 태조 이래의 모든 공신을
원형의 벽에다 그려 놓고 매년 10월 불사
를 베풀어서 그들의 명복을 기려 왔던 곳
이다. 이 공신당을 중창할 때에는 몽고병
란 때 공이 컸던 최이(崔怡), 김인준(金
仁俊), 유경(柳璥), 김홍취(金洪就) 등 8
명의 영정이 추가되었다. 언제 폐사되었
는지 전하지 않으나 1481년(조선 성종
12)에 편찬된 《동국여지승람》에 이 절이
기록되어 있지 않은 것으로 보아 조선 초
기에 폐사된 것으로 추정된다. 【참고문
헌】 고려사

미륵사(彌勒寺)
【위치】 전라남도 무안군 무안읍 성남리
성남산(城南山)에 있다. 【소속】 대한불교
조계종 제22교구 본사인 대흥사의 말사이
다. 【연혁】 1472년(조선 성종 3) 혜운(慧
雲)이 창건했다. 그 뒤의 연혁은 전하지
않는다. 일제강점기 무렵 폐사된 채 있던

것을 1942년이 지나서 중창했다. 【유적
·유물】 건물로는 법당과 요사채가 있다.
유물로는 옛 절터에서 발굴된 2기의 작은
석불이 있다. 또한 1942년 신도 정종보
(丁鐘保)가 폐사된 절터에서 석조비로자
나불상을 발굴했으나, 인근에 남악사(南
岳寺)를 짓고 봉안했다. 이 불상의 기단
석은 옮기지 못해 이 절에 남아 있다.
【참고문헌】 무안군사(무안군, 1994)

미륵사(彌勒寺)
세계사(世界寺)를 보시오.

미륵세계사(彌勒世界寺)
세계사(世界寺)를 보시오.

미륵암(彌勒庵)
【이명】 한때 상두암(象頭庵)이라고 불렸
으며, 북대암(北臺庵)이라고도 불린다.
【위치】 강원도 평창군 진부면 동산리 오
대산 북대(北臺) 아래에 있다. 【소속】 대
한불교조계종 제4교구 본사인 월정사의
산내 암자이다. 【연혁】 신라 성덕왕 때
(702~737) 신문왕의 태자 보천(寶川)의
유언에 따라 왕실에서 창건했다. 보천은
유언을 통해 오래 전부터 석가모니불을
수반으로 오백나한이 계신다고 전해졌던
이곳에 나한당을 설치할 것을 당부했다.
또한 그는 원상석가(圓像釋迦)와 함께 검
은 바탕에 석가모니불을 수반으로 오백나
한을 그려 봉안하고, 승려 5인을 두어 낮
에는 《불보은경(佛報恩經)》과 《열반경》
을 읽고, 밤에는 열반예참(涅槃禮懺)을
염하도록 하고, 이 신행결사의 이름을 백
련사(白蓮社)라고 짓도록 했다. 이러한
유언에 따라 이 절은 수백 년 동안 나한도
량으로서 명맥을 이어 왔다. 1358년(고려
공민왕 7) 원나라에서 귀국한 나옹 혜근
(懶翁 惠勤)은 1360년 이 절에 머물면서

수도하다가 1361년 공민왕의 요청으로 개경으로 가서 왕사가 되었다. 이때 절의 이름은 상두암이었으나, 언제 미륵암으로 바뀌었는지 알 수 없다. 다만 설화로 미루어 혜근이 머물 당시 나한상을 상원사(上院寺)로 옮겼으며, 이어 미륵보살을 주불로 모시고 미륵암이라고 한 것으로 추정된다. 그 뒤의 자세한 연혁은 전하지 않는다. 1950년 6·25전쟁 때 모두 불탄 뒤 새로 중건했다. 【유적·유물】현존하는 건물은 너와지붕을 한 인법당(因法堂)과 산신각, 요사채가 있다. 법당 안에는 미륵보살좌상과 후불탱화가 있다. 【설화】혜근이 머물 당시 오대산 내의 승려들은 이 절에 있는 16나한상을 상원사(上院寺)로 옮기기로 했으나, 무거운 나한상을 10리도 넘는 길을 옮긴다는 것이 여간 부담스럽지가 않았다. 이때 혜근이 혼자서 다 옮기겠다고 나섰다. 그러나 혜근은 당일 해질 녘까지도 옮길 기미를 보이지 않다가, 마침내 주장자를 들고 나한전으로 들어가서 조용히 꾸짖었다. '이미 옮긴다는 사실을 알았으면 제발로 옮겨 갈 일이지, 이 화상이 없어서 옮겨 주기를 기다리고 있었느냐?' 그리고는 주장자로 한 나한상의 머리를 내리쳤다. 그러자 그 나한상은 벌떡 일어나 밖으로 날아갔다. 이렇게 하여 다른 나한상들도 모두 상원사로 날아갔다. 그러나 상원사에는 15나한상만이 도착해 있었다. 행방을 찾아 나선 승려들은 그 나한상이 칡넝쿨에 걸려 있는 것을 발견하고 모셔왔다. 이에 혜근은 오대산 산신을 불러 이운(移運) 불사를 방해한 칡넝쿨들을 오대산에서 몰아낼 것을 명했다. 이때부터 오대산에는 칡넝쿨이 없어졌다고 한다. 【참고문헌】한국의 사찰 13-월정사(한국

불교연구원, 일지사, 1977), 명산 고찰 따라(이고운·박설산, 신문출판사, 1987), 전통사찰총서 1-강원도 1(사찰문화연구원, 1982)

미륵암(彌勒庵)
【위치】전라북도 남원시 노암동에 있다. 【소속】한국불교태고종에 속한다. 【연혁】유물로 미루어 보아 고려 때 창건된 것으로 추정된다. 언제 폐사되었는지 모르나 절터에 미륵석불입상만이 방치되어 있었는데, 1947년 승려 정덕기가 작은 움막을 짓고 미륵암이라고 이름하여 중창했다. 【유적·유물】유물로는 미륵석불입상(전라북도 문화재자료 제65호)이 있는데, 고려시대의 작품으로 추정된다. 【참고문헌】전북불교총람(전북불교총연합회, 1993)

미륵암(彌勒庵)
【이명】한때 월명암(月明庵)이라고 불렸다. 【위치】충청남도 홍성군 홍성읍 상하리 용봉산(龍鳳山)에 있다. 【소속】대한불교법화종에 속한다. 【연혁】유물로 미루어 보아 고려 때에 창건된 것으로 추정된다. 연혁은 전하지 않는다. 한때 월명암이라 부르던 것을 미륵암으로 고쳤다. 【유적·유물】건물로는 인법당(因法堂)이 있다. 유물로는 미륵석불(충청남도 유형문화재 제87호)이 있는데, 높이 765cm의 대형 석불로서 고려 때의 토속적인 양식이 잘 드러나 있다. 【참고문헌】문화유적총람-사찰편(충청남도, 1990)

미륵암(彌勒庵)
【위치】경기도 남양주시 별내면 고산리 부용산(芙蓉山)에 있다. 【소속】대한불교조계종 제25교구 본사인 봉선사의 말사이다. 【연혁】조선 세종 때(1418~1450) 혜암(慧庵)이 창건했다. 구전에 의하면, 세

종 때 한 농부가 밭을 갈다가 미륵불상을 발견했다고 한다. 이 소식을 들은 수양대군(首陽大君)은 신숙주(申叔舟)에게 명하여 절을 짓게 했으며, 신숙주는 혜암에게 부탁하여 절을 창건하도록 하고 미륵암이라 했다고 한다. 그 뒤 1892년(고종 29) 운송(雲松)이 중수하여 오늘에 이르고 있다. 【유적·유물】현존하는 건물로는 법당과 산신각, 요사채, 열반당 등이 있다. 문화재로는 조선 세종 때 발견된 미륵불이 있다. 【참고문헌】봉선사본말사약지(봉선사, 1977), 한국사찰전서(권상로, 동국대학교 출판부, 1979)

미륵암(彌勒庵)
【위치】전라남도 해남군 삼산면 구림리 두륜산(頭輪山)에 있다. 【소속】대한불교조계종 제22교구 본사인 대흥사의 부속암자이다. 【연혁】대흥사를 중심으로 남북으로 두 곳에 있으며, 편의상 북미륵암과 남미륵암이라고 부르고 있다. 두 절 모두 언제 누가 창건했는지 알 수 없다. 다만 북미륵암은 1754년(조선 영조 30) 온곡 영탁(溫谷 永鐸)이 중수했으며, 이곳에서 연담 유일(蓮潭 有一, 1720~1799), 벽담 행인(碧潭 幸仁), 연파 혜장(蓮坡 惠藏, 1772~1811) 등의 큰스님들이 배출되었다. 자세한 연혁은 전하지 않는다. 【유적·유물】현재 북미륵암에는 마애여래좌상(보물 제48호)과 삼층석탑(보물 제301호)이 있다. 이 삼층석탑에서 건너다 보이는 봉우리에 같은 형식의 석탑이 또 있는데, 이는 계곡을 사이에 두고 대칭으로 서 있는 특이한 경우이다. 남미륵암에도 선각(線刻)한 미륵불이 있다. 최근 남미륵암에서는 납석(蠟石)으로 만든 여래좌상 1기가 발견되어 법당에 봉안되었다. 상부가

결실되어 있는데, 고려 때의 것으로 보인다. 【설화】남미륵암과 북미륵암 사이의 마애불에 대해서 북미륵이 양각임에 비해 남미륵이 음각이라는 점, 즉 남북·음양 두 관점에 바탕을 둔 설화가 전한다. 구전에 의하면 음각의 남미륵은 남자가 조성했고, 양각의 북미륵은 여자가 조성했다고 한다. 이들은 모두 제석천(帝釋天)의 화신이 하강하여 남북에 각각 조성한 것인데, 음각과 양각으로 한 것은 음양의 조화를 나타내기 위해서였다고 한다. 제석천이 두 미륵을 조성할 때 해가 빨리 넘어가므로, 천동천녀(天童天女)가 해를 가지 못하게 매달아서 만일암(挽日庵)이라는 암자가 생겼다고도 전한다. 이 만일암 터는 남북 미륵암의 중간 지점에 위치한다. 【참고문헌】대둔사지(초의 편), 문화유적총람(문화재관리국, 1977)

미륵암(彌勒庵)
【이명】한때 유마암(維摩庵), 법기암(法起庵)이라고 불렸다. 【위치】강원도 고성군 신북면 창대리 금강산(金剛山)에 있었다. 【연혁】유마암은 1803년(조선 순조 3) 남경(楠景)이 창건했고, 법기암은 1883년(조선 고종 20) 오덕인(吳德仁)이 창건했다. 1907년 원공(圓杲)이 법기암에 서래각(西來閣)을 건립했으며, 1917년 여신도 유경화(柳慶華)가 유마암의 옛터에 12칸 건물을 지어 미륵암이라고 이름을 고쳤다. 또한 1926년에는 법기암을 미륵암이라고 고쳤다. 문헌상의 분명한 기록은 없으나 이 절은 유마암과 법기암을 각각 계승한 것으로 추정된다. 일제강점기의 31본산시대에는 유점사(楡岾寺)의 말사인 신계사(神溪寺)의 산내 암자였다. 그러나 1950년 6·25전쟁 때 절 전체가 파괴되었

다. 【참고문헌】 한국사찰전서(권상로, 동
국대학교 출판부, 1979)

미륵암(彌勒庵)
태고사(太古寺)를 보시오.

미륵원(彌勒院)
심향사(尋香寺)를 보시오.

미면사(米麵寺)
【이명】 한때 동백련사(東白蓮社)라고 불
렸으며, 백련사(白蓮社)라고도 불린다.
【위치】 경상북도 문경시 산북면 소야리
공덕산(功德山)에 있었다. 【연혁】 신라
때에 의상(義湘, 625~702)이 창건했다.
창건 당시의 미면정(米麵井)과 의상의 삿
갓, 석장(錫杖), 설법대(說法臺)는 고려
때까지 남아 있었다. 1241년(고종 28) 소
경(小卿) 최자(崔滋)가 상주목(尙州牧)
에 들렀다가 이 절의 유래를 듣고 기이하
게 여겨 찾아가 보니 옛 전당에는 원효
(元曉)와 의상의 진상(眞像)이 먼지투성
이로 남아 있었으나, 의상의 삿갓과 석장
은 오히려 깨끗하게 보존되어 있었다. 그
는 이 밖에도 금호석(禁虎石), 냉천정(冷
泉亭), 백련사 현판 등을 보고 법조(法
曹)의 왕공(王公)을 독려하여 중창을 시
작했다. 1243년(고종 30) 불우(佛宇), 조
당(祖堂), 승료(僧寮), 객실, 허백루(虛白
樓), 신청교(神淸橋) 등을 완성하고, 조계
산인(曹溪山人) 법운 탁연(法雲 卓然)을
청하여 각 건물의 액제(額題)와 동백련사
라는 사호(寺號)를 쓰게 하여 전라남도
강진군의 만덕산(萬德山) 백련사(白蓮社)
와 구별하게 했다. 1244년(고종 31) 최자
의 품신으로 이 절의 주맹법사(主盟法師)
가 된 진정 천책(眞靜 天頙)은 〈유사불산
기(遊四佛山記)〉를 짓는 한편, 법화도량
(法華道場)을 개설하고 백련결사를 조직하

여 염불삼매를 권장, 만덕산 백련사와 함
께 천태종의 중심적 수행처가 되었다. 그
뒤 권문세가의 장지(葬地)로 잠식되어 소
수의 승려만이 살았으며, 지금은 옛 자취
도 알아볼 수 없을 정도로 폐허가 되었다.
【설화】 절 이름에 얽힌 설화가 전한다. 미
면사라고 한 것은 의상이 용녀(龍女)의 시
중을 받으며 불경을 강의할 때 뜰의 좌우
에 있는 두 곳의 우물 중 한 곳에서는 쌀이
나오고 다른 곳에서는 밀가루가 나와 아무
리 많은 대중이 공양해도 줄어들지 않았다
고 하여 지어진 것이라고 한다. 또한 백련
사라고 한 것은 원효가 이곳에 머물면서
《법화경》을 강의할 때 땅에서 연꽃이 피었
다는 것에서 유래한다. 【참고문헌】 동국여
지승람, 대승사사적기, 한국사찰전서(권상
로, 동국대학교 출판부, 1979), 불교학보
16(불교문화연구소, 1979)

미타사(彌陀寺)
【위치】 경상북도 영주시에 있었다. 《삼국
유사》에는 지금의 경상남도 진주에 해당
하는 강주(康州)에 있다고 했으나, 《한국
사찰전서》에서는 보선(寶璿)의 설 등에
근거하여 지금의 영주시에 해당한다고 주
장한다. 【연혁】 신라 진평왕 때(579~
632) 전후로 활동하던 혜숙(惠宿)이 창건
했다. 신라 경덕왕 때(742~765)에는 아
간(阿干) 귀진(貴珍)을 비롯한 남자 신도
10여 명이 서방극락정토의 왕생을 발원하
고 이 절에서 염불만일계(念佛萬日契)를
조직한 뒤 수행했다. 《삼국유사》에는 이
때 귀진의 계집종 욱면(郁面)이 법당의
대들보를 뚫고 날아가 극락왕생했다는 설
화가 전한다. 그 뒤 어떤 사람이 금탑 하
나를 만들어서 욱면이 극락왕생했다는 구
멍을 맞추어 소란(小欄) 반자 위에 모셔

서 그 기적을 기록하여 놓았는데, 고려시
대에 목암 일연(睦庵 一然, 1206~1289)
이 《삼국유사》를 지을 때에도 그 글씨와
탑이 남아 있었다고 한다. 그러나 언제 폐
사되었는지는 알 수 없다. 【설화】 귀진이
염불만일계에 참여하여 이 절에서 열심히
수행하자, 욱면도 귀진을 따라 절에 다녔
다. 그러나 법당에는 들어가지 못하고 마
당에서 염불을 했다. 귀진은 욱면이 일을
하지 않고 항상 자기를 따라다니며 염불
하므로 이를 미워하여 곡식 두 섬을 주면
서 하루 저녁에 다 찧어 놓을 것을 지시했
다. 그러나 욱면은 초저녁에 이 일을 모두
마치고 절에 와서 부지런히 염불했다. 또
한 그녀는 절의 뜰 좌우에 긴 말뚝을 박고
자신의 두 손바닥을 뚫어 노끈으로 꿰어
서 말뚝에다 매어 놨다. 그리고는 합장을
하면서 좌우로 몸을 흔들어 자신을 격려
했다. 그때 하늘에서 '욱면랑은 법당에
들어가서 염불하라.'는 소리가 들렸다.
이 소리를 들은 절의 승려들이 욱면에게
권하여 함께 법당에 들어가서 염불을 하
게 했다. 그 뒤 얼마 안 되어 서쪽 하늘에
서 음악이 들려오고 염불하던 욱면은 몸
을 솟구쳐 법당의 대들보를 뚫고 서쪽으
로 날아갔다. 마을 밖에 이르러 육신을 버
리고 부처가 되어서 연화대(蓮花臺)에 앉
아 큰 빛을 발하면서 천천히 사라졌다. 그
때까지도 하늘의 음악은 그치지 않았다고
한다. 법당 지붕에 뚫린 구멍은 열 아름이
나 되었으나, 아무리 모진 비가 내려도 젖
지 않았다고 한다. 【참고문헌】 삼국유사,
한국사찰전서(권상로, 동국대학교 출판부,
1979)

미타사(彌陀寺)

【위치】 서울특별시 성동구 옥수동에 있

다. 【소속】 대한불교조계종 직할교구 본
사인 조계사의 말사이다. 【연혁】 888년
(신라 진성여왕 2) 대원(大願)이 창건했다
고 한다. 1115년(고려 예종 10)에는 봉적
(奉寂)과 만보(萬寶) 두 비구니가 지금의
금호동 골짜기에서 종남산으로 절을 옮겨
극락전을 창건했다고 한다. 1824년(순조
4) 대원(大願)이 무량수전을 짓다가 3년
만에 입적하자, 그의 상좌 환신(幻信)이
뒤를 이어 1827년 완공했다. 1862년(철종
13)에는 인허(印虛)가 화주가 되어 조대
비(趙大妃)의 하사금과 조진관(趙鎭寬)의
부지 기부로 극락전을 다시 짓고 요사를
수리했다. 1873년(고종 10) 비구니 성흔
(性欣)이 불전과 요사를 고쳤으며, 1928
년에는 선담(仙曇)이 7층석탑을 세웠다.
1933년에는 주지 돈형과 화주 이경화(李
京華) 등이 산신각을 중수했고, 1938년에
는 화주 안성훈(安性勳) 등이 무량수전을
중수했다. 부속 암자로는 대승암과 칠성
암, 금보암, 금수암, 정수암, 용운암, 관
음암, 토굴암 등 8개가 있다. 【유적·유
물】 사세가 번성할 당시에는 모두 9동 66
칸의 건물이 있었다. 유물로는 1883년(고
종 20)에 조성된 칠성탱화를 비롯하여
1887년에 학허(鶴虛)가 그린 아미타후불
탱화와 현왕탱화, 감로왕탱화, 신중탱화,
지장탱화, 1900년(광무 4)에 보암(寶庵)
이 그린 신중탱화와 아미타후불탱화가 있
다. 【참고문헌】 서울-전통사찰총서 4
(사찰문화연구원, 1994)

미타사(彌陀寺)

【이명】 서울특별시 성북구 보문동에 있
다. 【소속】 대한불교조계종 직할교구 본
사인 조계사의 말사이다. 【연혁】 950년
(고려 광종 1) 혜거(慧居) 국사가 창건했

다고 한다. 1047년(문종 1) 오층석탑이
조성되었고, 1314년(충숙왕 1) 혜감(慧
鑑) 국사 만항(萬沆)이 중수했다고 한다.
1457년(조선 세조 3)에는 단종의 비인 정
순왕후(定順王后) 송(宋)씨가 중수했다.
당시 정순왕후는 매일 이 지역에 있는 동
망봉(東望峰)에 올라 영월에 귀양한 단종
을 그리워했다. 1836년(헌종 2) 주지인
비구니 상심(常心)이 진허 인일(震虛 仁
一)을 증명법사로 하여 중수했다. 1969년
에는 주지인 비구니 계주(季珠)가 고봉
(古峰)을 증명법사로 하여 중수했다. 【유
적·유물】 건물로는 대웅전과 삼성각, 관
음전, 단하각(丹霞閣)이 있다. 유물로는
1047년에 조성된 오층석탑이 있다. 또한
대웅전 안에는 1863년(철종 14)에 제작
된 신중탱화가 봉안되어 있고, 삼성각 안
에는 1874년(고종 11)에 조성된 칠성탱
화를 비롯하여 1915년에 조성된 독성탱화
와 산신탱화가 봉안되어 있다. 【참고문
헌】 서울-전통사찰총서 4(사찰문화연구
원, 1994)

미타사(彌陀寺)
【이명】 한때 금강사(金剛寺)라고 불렸다.
【위치】 경기도 파주군 파평면 눌로리 파
평산(坡平山)에 있다. 【소속】 대한불교조
계종 제25교구 본사 봉선사의 말사이다.
【연혁】 고려 의종 때(1146~1170) 금강
(金剛) 거사 윤언이(尹彦頤, ?~1149)가
자신의 별당(別堂)을 희사하여 승려인 관
승(貫乘)과 함께 창건하여 금강사라고 했
다. 그러나《봉선사본말사약지》에는 1095
년(헌종 1) 창건했다고 하며,《파주지(坡
州誌)》에는 인종 때(1123~1146) 창건했
다고 한다. 그러나 창건자 윤언이가 인종
때부터 크게 활동했고 말년에 관승을 사

귀고 불교에 심취하다가 1149년(의종 3)
에 죽은 것으로 보아 의종 초기에 창건했
다고 보는 것이 타당하다. 그 뒤 폐사되자
이 절에 모셨던 아미타존상 등을 옮겨 부
속 암자인 미타암에 옮겨 봉안하고 이 절
을 계승하여 미타사라고 이름했다. 1808
년(조선 순조 8) 성파(成坡)가 아미타존상
을 개금했고, 1848년(헌종 14) 쌍운(雙
運)이 중수했다. 1889년(고종 26) 삼제
(三濟)가 칠성탱화를 조성했고, 1897년
(광무 1) 지엽(智燁)이 두 차례 중수했다.
그러나 1950년 6·25전쟁 때 철수하던 영
국군이 불을 질러 10여 년 동안 폐허로
남아 있다가, 1964년 주지 창우(昌雨)가
중건했다. 【유적·유물】 현존하는 건물
로는 대웅전과 나한전, 삼성각, 요사채 등
이 있다. 유물로는 19세기에 조성된 것으
로 보이는 석조불좌상과 나한상 2위가 있
는데, 모두 나한전에 봉안되어 있다. 이
절 주변에는 파평 윤(尹)씨의 시조에 관
한 전설이 얽힌 곳이 산재해 있으며, 이
절도 윤씨들의 원찰(願刹)로 추정된다.
절에 19세기 말 무렵에 제작된 윤관(尹
瓘, ?~1111)의 초상화 1폭이 있다. 【참
고문헌】 한국사찰전서(권상로, 동국대학교
출판부, 1979), 기내사원지(경기도, 1988)

미타사(彌陀寺)
【위치】 충청북도 음성군 소이면 비산리
가섭산(迦葉山) 동쪽 기슭에 있다. 【소
속】 대한불교조계종 제5교구 본사인 법주
사의 말사이다. 【연혁】 언제 누가 창건했
는지 알 수 없다. 유물로 미루어 보아 고
려 말 이전에 창건된 것으로 추정된다.
1592년(조선 선조 25) 임진왜란 때 폐사
가 된 것을 1964년 수덕사(修德寺)의 비
구니 명안(明岸)이 와서 중창을 시작하여

1965년 4월까지 8칸의 건물을 건립했다. 1979년 사역을 확장함과 아울러 대웅전과 삼성각, 선방 등을 세워 오늘에 이르고 있다. 【유적·유물】 건물로는 대웅전과 삼성각, 선방, 요사채가 있다. 유물로는 고려 말의 작품으로 추정되는 석조아미타여래좌상과 마애불(충청북도 유형문화재 제130호) 등이 있다. 이 밖에 1973년 3월에 출토된 금동불(金銅佛), 1976년에 출토된 직경 75cm의 맷돌과 범자(梵字) 등이 새겨진 명문와(銘文瓦), 고려 말기의 수막새, 1979년 대웅전 기초공사 중 출토된 물오리 모양의 기와 등이 있다. 【참고문헌】 사지(충청북도, 1982)

미타사(彌陀寺)

운문암(雲門庵)을 보시오.

미타암(彌陀庵)

【위치】 경상남도 양산군 웅상읍 소주리 원효산(元曉山)에 있다. 【소속】 대한불교조계종 제15교구 본사인 통도사의 말사이다. 【연혁】 통일신라 초에 원효(元曉, 617~686)가 창건했다. 그 뒤 1376년(고려 우왕 2) 중창했으며, 1888년(조선 고종 25) 정진(正眞)이 중창하여 오늘에 이르고 있다. 【유적·유물】 현존하는 건물로는 법당과 산신각, 요사채 등이 있다. 문화재로는 아미타여래입상(보물 제998호)이 있는데, 화강암으로 만든 불상으로 미타굴에 봉안되어 있다. 주형(舟形)의 광배(光背)와 원형의 연화대좌, 불신(佛身) 등이 모두 단일석으로 되어 있으며, 신라시대에 만들어진 것으로 추정되는 우수한 작품이다. 【참고문헌】 문화유적총람(문화재관리국, 1977), 한국사찰전서(권상로, 동국대학교 출판부, 1979)

미타암(彌陀庵)

【이명】 한때 지장암(地藏庵)이라고 불렀다. 【위치】 강원도 고성군 토성면 신평리 설악산에 있다. 【소속】 대한불교조계종 제3교구 신흥사의 말사인 화암사(禾巖寺)의 산내 암자이다. 【연혁】 769년(신라 혜공왕 5) 진표(眞表)가 화암사를 창건한 뒤 그 부속 암자로서 창건하여 지장암이라고 했다. 1401년(조선 태종 1) 동쪽으로 옮겨 짓고 미타암이라고 이름을 고쳤다. 1796년(정조 20) 정조가 화용전(華膺殿)을 자신의 원당으로 삼고, 관음보살상 1위와 친필 병풍 6폭, 연(輦)을 하사했다. 또한 이때 정조는 화암사의 사방금표(四方禁標)를 정해 주어 창건 이래 가장 큰 사역(寺域)을 확보할 수 있었다. 1860년(철종 11) 산불로 화암사와 함께 소실했으나, 춘담(春潭)이 중심이 되어 중건했다. 【유적·유물】 건물로는 법당은 없고, 요사채 1동만이 있다. 현재 화암사의 요사채로 이용되고 있다. 특별한 문화재는 없다. 【참고문헌】 한국사찰전서(권상로, 동국대학교 출판부, 1979)

미타암(彌陀庵)

【위치】 강원도 고성군 신북면 창대리 금강산(金剛山)에 있었다. 【연혁】 언제 누가 창건했는지 알 수 없다. 1860년(조선 철종 11) 비구니 상엽(尙曄)이 문수전을 세웠다. 1905년에는 비구니 수영(壽永)이 중수했다. 일제강점기의 31본산시대에는 유점사(楡岾寺)의 말사인 신계사(神溪寺)의 산내 암자였다. 1950년 6·25전쟁 때 신계사와 함께 파괴되었다. 【참고문헌】 한국사찰전서(권상로, 동국대학교 출판부, 1979)

미타암(彌陀庵)

극락암(極樂庵)을 보시오.

미탄사(味呑寺)

【위치】경상북도 경주시 구황동 낭산(狼山)의 서쪽에 있었다. 【연혁】신라 후기에 최치원(崔致遠, 857~?)의 옛 집터에 창건했다. 연혁은 전하지 않는다. 고려시대에 목암 일연(睦庵 一然, 1206~1289)이 《삼국유사》를 지을 때는 이미 폐사되었다고 한다. 【유적·유물】절터에 9세기 중엽의 것으로 추정되는 삼층석탑이 무너진 채 남아 있었는데, 1980년 복원되었다. 복원 당시 탑의 기단부 안에서 작은 금동불입상(金銅佛立像)과 수정제(水晶製) 장식, 금동제 영락 등 29점의 유물이 출토되었다. 이 탑은 기단의 적심부(積心部)를 돌과 찰흙으로 다진 뒤 불로 단단하게 했는데, 이와 같은 예가 없다. 【참고문헌】삼국유사, 한국사찰전서(권상로, 동국대학교 출판부, 1979)

미황사(美黃寺)

【위치】전라남도 해남군 송지면 서정리 달마산(達磨山)에 있다. 【소속】대한불교조계종 제22교구 본사인 대흥사의 말사이다. 【연혁】749년(신라 경덕왕 8) 의조(義照)가 창건했다. 그 뒤 조선 중기 이전의 연혁은 전하지 않는다. 1597년(선조 30) 정유재란으로 소실하자 1601년(선조 34) 만선(晩善)이 중창했다. 1660년(현종 1) 성간(省侃)이 다시 중창했으며, 1754년(영조 30)에는 덕수(德修)가 중창하여 오늘에 이르고 있다. 우리 나라 육지의 최남단에 위치한 절이다. 【유적·유물】현존하는 건물로는 대웅전(보물 제947호), 오백나한전, 응진전(應眞殿 : 전라남도 유형문화재 제145호), 명부전, 칠성각, 요사채 등이 있다. 문화재로는 석조(石槽), 당간지주, 부도군(浮屠群), 사적비 등이 있다.

이 중 대웅전은 18세기 건물로 퇴락하여 단청도 거의 보이지 않을 정도이며, 내부에는 삼존불을 모셨고, 후불탱화가 걸려 있다. 대웅전 뒤편의 나무상자에 넣어 둔 괘불(掛佛)은 오래 된 것으로 몹시 상했다. 응진전은 1598년 만선이 신축했으며, 1971년 주지 이하덕(李河德)이 일부 보수했다. 내부에는 석가모니불과 16나한 등의 상이 봉안되어 있다. 이 절의 부도군은 두 곳으로 나뉘어 있는데, 한 곳은 26기의 부도와 설봉 회정(雪峯 懷淨, 1678~1738) 송파(松坡), 금하(錦河), 벽하 대우(碧霞 大愚, 1676~1763), 낭암 시연(朗巖 示演) 등의 비 5기가 있다. 다른 한 곳에도 5기의 부도가 있으나 전부 도굴되어 흩어져 있다. 또한 사적비는 1692년(숙종 18) 사인(社忍)이 세운 것인데, 옥개석 위에 용을 얹어 조각했다. 이 밖에 뒷산 사자봉에는 '토말(土末)'이라고 쓰여진 비석이 있어 이곳이 우리 나라의 육지 끝임을 나타내고 있다. 【설화】사적비에 창건에 얽힌 설화가 전한다. 749년 8월 한 척의 석선(石船)이 사자포 앞바다에 나타났는데, 의조가 제자 백여 명과 함께 목욕재계하고 해변으로 나갔더니 배가 육지에 닿았다. 배에 오르자 금인(金人)이 노를 잡고 있고, 놓여 있는 금함(金函) 속에는 《화엄경》, 《법화경》, 비로자나불, 문수보살, 보현보살, 40성중(聖衆), 53선지식(善知識), 16나한, 탱화 등이 있었다. 곧 하선하여 임시로 봉안했는데, 그날 밤 꿈에 금인이 나타나서 자신은 인도의 국왕인데 '금강산이 1만 부처님을 모실 만하다 하여 배에 싣고 갔더니 이미 많은 절들이 들어 서서 봉안할 곳을 찾지 못하여 되돌아가던 길에 여기가 인연 있는 땅인 줄

알고 멈추었다. 경전과 불상을 소에 싣고 가다가 소가 멈추는 곳에 절을 짓고 안치하면 국운과 불교가 함께 흥왕하리라.' 하고는 사라졌다. 다음날 소에 경전과 불상을 싣고 가다가 소가 크게 울고 누웠다가 일어난 곳에 통교사(通敎寺)를 창건하고, 마지막 멈춘 곳에 미황사를 지었다. 미황사라고 한 것은 소의 울음 소리가 지극히 아름다웠다고 하여 '미(美)'자를 취하고, 금인의 빛깔을 상징한 '황(黃)'자를 취한 것이라고 한다. 이 창건 설화는 금강산 53불 설화와 일맥상통하는 점이 있다. 【참고문헌】 조선불교통사(이능화, 신문관, 1918), 문화유적총람(문화재관리국, 1977), 한국의 명산 대찰(국제불교도협의회, 1982)

민장사(敏藏寺)
【위치】 경상북도 경주시에 있었다. 【연혁】 신라 때 각간(角干) 민장(敏藏)이 자기 집을 희사하여 창건했다. 해상(海商)을 따라갔다가 실종된 장춘(長春)을 위해 그의 어머니 보개(寶開)가 745년(경덕왕 4) 이 절의 관음보살상에 7일 동안 기도하여 무사히 생환하도록 했다고 한다. 경덕왕이 이 영험담을 듣고 전답과 재물을 절에 하사했다. 또한 언제인지 알 수 없으나 피리사(避里寺)의 한 승려가 염불을 잘하여 사람들이 모두 공경하고 이름을 염불(念佛)이라고 했는데, 그가 죽은 뒤 그의 소상(塑像)을 만들어 절에 모셨다. 연혁은 전하지 않는다. 【설화】《삼국유사》에 장춘에 관한 설화가 전한다. 장춘은 우금리(禹金里)에 살았던 해상을 따라갔다가 소식이 끊기고 말았다. 애를 태우던 어머니는 이 절의 관음보살상 앞에서 7일 동안 정성껏 기도를 드렸는데, 갑자기 장춘이 살아서 돌아왔다. 그 동안 장춘은 바다에서 돌풍을 만나 배가 부서져 동료는 모두 죽고 자신만이 판자에 의지한 채 오(吳)나라에 이르렀다가 그곳에서 노예가 되었으며, 그때 고향에서 온 듯한 이상한 승려가 와서 데리고 가더니 깊은 개천을 만나자 옆에 끼고 개천을 뛰어넘었는데 어느새 어머니 옆에 오게 된 것이라고 했다. 이때가 745년 부처님 오신 날이었다고 한다. 【참고문헌】 삼국유사, 한국사찰전서(권상로, 동국대학교 출판부, 1979)

민천사(旻天寺)
【위치】 경기도 개성시 하지전(下紙廛) 수륙교(水陸橋) 옆에 있었다. 【연혁】 1277년(고려 충렬왕 3) 충렬왕이 수녕궁(壽寧宮)을 절로 바꾸어 민천사라고 할 것을 명했으나 신하들의 반대로 뜻을 이루지 못했다. 그러나 1309년(충선왕 1) 9월 충선왕이 수녕궁에서 1만 반승(飯僧)을 베푼 뒤 모후(母后)의 추복(追福)을 위해 민천사로 바꾸었다. 그 뒤 고려 왕실의 원찰로 지정되어 수많은 불사를 행했고, 공민왕 때까지 여러 차례의 반승재(飯僧齋)가 개설되기도 했다. 1310년 원나라 사신의 감독 아래 방신우(方臣祐)가 승려와 속인 300여 명을 이 절에 모아서 금자대장경(金字大藏經)을 사경(寫經)했고, 1312년 충선왕이 모후를 추복하기 위해 금자대장경을 사경하게 했으며, 1313년(충선왕 5) 양광도, 전라도, 서해도에서 500명의 장정을 뽑아 연경궁(延慶宮)에서 불상을 주조하게 한 뒤 봉안했다. 또 1317년(충숙왕 5) 충숙왕이 자정(慈淨) 국존 미수(彌授)를 모시고 대강당에서 삼가장소(三家章疏)를 강의하게 했으며, 충혜왕이 원나라의 간섭으로 왕위를 물러나게 되자 재상과 승려들이 이 절에서 복위를 위한 불공을

드리기도 했다. 1335년(충숙왕 복위 4) 충숙왕이 이 절의 누각에 올라갔다가 불씨를 남겨 누각이 소실했다. 충목왕과 충정왕도 이 절을 즐겨 찾아 분향했다. 1353년(공민왕 2) 공민왕은 인왕도량(仁王道場)을 개설하여 왜적을 진압할 것을 기원했으며, 김원명(金元明)이 병사를 거느리고 중수할 때에는 거대한 돌을 절 반대편에서 운반해 오기도 했다. 언제 폐사되었는지 전하지 않는다. 【유적 · 유물】 1945년 8·15해방 당시에 절터는 오래 전부터 주택지로 바뀌어 있었다. 출토 유물로는 용머리를 조각한 돌과 불상이 있었다. 용머리돌은 선죽교 연지(蓮池)에 옮겨졌는데, 조각 수법이 화려하고 웅장하여 후대 유물에서는 보기 어려운 보물이었다. 청동으로 도금한 아미타여래좌상은 개성박물관에 보관되어 있었는데, 불상의 상호(相好)가 빼어났다. 【참고문헌】 고려사, 송도의 고적(고유섭, 열화당, 1977), 한국사찰전서(권상로, 동국대학교 출판부, 1979)

박곡사(朴谷寺)

【위치】경기도 용인군 외사면 박곡리 대덕산(大德山) 기슭에 있었다. 【연혁】신라 때에 창건됐다. 오백나한을 봉안한 나한도량이었으며, 지금도 절터 부근을 나한골 또는 오방난골이라고 한다. 1592년(조선 선조 25) 임진왜란 때 병화로 폐허화했다. 【유적·유물】《조선고적총람》에는 이곳에 5층의 돌담과 삼층석탑 1기, 석불 1위가 있다고 기록되어 있다. 이 중 삼층석탑은 일제강점기에 일본인들이 가져갔으며, 5층의 돌담은 밭을 개간할 때 없어졌다. 지금은 조각 수법이 치졸한 석불입상만 남아 있다. 그리고 임진왜란 중 폐사될 때 오백나한전에 있던 500위의 나한상이 흩어져서 땅속에 묻혀 있다가 최근에 발견되기도 했다. 【참고문헌】조선고적총람, 내 고장의 얼(용인문화원, 1986)

반고사(磻高寺)

【위치】경상남도 울산시 울주구 영축산(靈鷲山) 서북쪽에 있었다. 【연혁】언제 누가 창건했는지 알 수 없다. 신라 때 원효(元曉, 617~686)가 이 절에 살면서 낭지(郎智)의 도움을 받아 《초장관심론(初章觀心論)》과 《안신사심론(安身事心論)》을 저술했다. 연혁은 전하지 않는다. 【참고문헌】삼국유사

반룡사(盤龍寺)

【위치】평안남도 용강군에 있었다. 【연혁】언제 누가 창건했는지 알 수 없다. 고구려 보장왕 때(642~668) 보덕(普德)이 이 절에서 살았다. 보장왕이 재상 연개소문(淵蓋蘇文)의 청으로 도교(道敎)를 들여오려 하자, 보덕은 도교와 불교가 맞서서 나라의 운수가 위태로워질 것을 우려하여 도교를 들여오지 말라고 보장왕에게 여러 번 간했다. 그러나 보장왕은 이를 듣지 않았으며, 오히려 절을 도관(道觀)으로 삼고 도사(道士)들의 횡포를 방관했다. 이에 650년 6월 보덕은 신력(神力)으로 방장(方丈)을 날려 백제의 완산주(完山州 ; 지금의 완산) 고대산(孤大山)으로 옮겨 갔다고 한다. 그 뒤 곧 고구려가 망했다. 자세한 연혁은 전하지 않는다. 【참고문헌】삼국유사

반룡사(盤龍寺)

【위치】경상북도 경산시 용성면 용전리 구룡산(九龍山) 기슭에 있다. 【소속】대한불교조계종 제10교구 본사인 은해사의 말사이다. 【연혁】신라 때에 원효(元曉, 617~686)가 창건했다는 설과, 헌덕왕(재위 809~826)의 아들로서 왕사였던 심지(心地)가 창건했다는 설이 있다. 고려 때 원응(圓應) 국사 학일(學一, 1052~1144) 등이 주석했으며, 당시에는 안적암(安寂庵), 은선암(隱仙庵), 취운암(翠雲庵), 대

적암(大寂庵), 내원암(內院庵) 등의 다섯 암자를 두었던 큰 절이었다. 그러나 1592년(조선 선조 25) 임진왜란 때 소실하고, 1641년(인조 19) 계운(戒雲)과 명언(明彦)이 중창했다. 다시 화재로 소실한 것을 1920년 운학(雲鶴)이 중창했다. 이 절은 예로부터 관음기도처로 널리 알려진 도량이다. 【유적·유물】 현존하는 건물로는 대웅전과 산신각, 요사채가 있다. 대웅전 안에는 조선 중기에 단목(單木) 향나무로 조성된 아미타불좌상이 있다. 절의 남쪽 산록에는 기단부만 남아 있는 조선 초기 부도가 5기 남아 있는데, 대석의 연화문양이 훌륭하다. 【참고문헌】 한국사찰전서(권상로, 동국대학교 출판부, 1979), 내 고장 전통(경산군, 1982)

반룡사(盤龍寺)

【위치】 경상북도 고령군 쌍림면 용리 미숭산(美崇山) 기슭에 있다. 【소속】 대한불교조계종 제9교구 본사인 동화사의 말사이다. 【연혁】 802년(신라 애장왕 3) 해인사와 함께 창건됐다. 고려 중기에 보조(普照) 국사 지눌(知訥, 1158~1210)이 중창했고, 공민왕 때(1351~1374) 나옹 혜근(懶翁 惠勤)이 중건했다. 《동국여지승람》에는 원나라 세조가 이 절에 내린 방문(榜文)의 전문이 기록되어 있다. 이 방문은 일본 정벌을 위해 경상도 땅에 온 원나라 군사들 중 절을 짓밟거나 소란을 피우는 자는 법에 의해서 처벌할 것임을 밝히고 있다. 조선 초기에는 교종(敎宗)에 속했으며, 1592년(선조 25) 임진왜란 때 병화로 불에 탄 것을 사명 유정(四溟 惟政)이 중건했다. 그 뒤 다시 화재로 대웅전을 비롯한 육당(六堂)과 요사채가 전소했으나, 1764년(영조 40) 현감 윤심협

(尹心協)이 대웅전과 요사채, 만세루 등을 중건했다. 1930년 무렵 중수하여 오늘에 이르고 있다. 【유적·유물】 현존하는 건물로는 보광전(普光殿)을 비롯하여 칠성각, 요사채 등이 있다. 보광전 안에는 비로자나불상과 좌우보처보살상, 목조지장보살상이 봉안되어 있다. 문화재로는 석가여래사리탑이라고 전하는 높이 2.4m의 다층석탑(경상북도 유형문화재 제117호) 1기가 있는데, 일명 수마노석탑(水瑪瑙石塔)이라고 한다. 절의 뒤편에는 망향대, 갑검릉(甲劍陵), 주마대(走馬臺), 연병장, 장군수 등이 있는 미숭산성(美崇山城)이 있다. 【참고문헌】 동국여지승람, 문화유적총람(문화재관리국, 1977)

반야사(般若寺)

【위치】 충청북도 영동군 황간면 우매리 지장산(地藏山) 기슭에 있다. 【소속】 대한불교조계종 제5교구 본사인 법주사의 말사이다. 【연혁】 720년(신라 성덕왕 19) 의상(義湘)의 10대 제자 중 한 사람인 상원(相源)이 창건했다. 문무왕 때(661~681) 원효(元曉)가 창건했다는 설도 있는데, 이는 신빙성이 없다. 이름을 반야사라고 한 것은 문수보살의 반야를 상징한 것으로 이 절 주위에 문수보살이 상주한다는 신앙에 기인한 것이다. 그 뒤 수차례의 중수를 거쳐서 1464년(조선 세조 10)에는 이 절의 승려들이 세조의 허락을 얻어 크게 중창했다. 세조는 속리산 복천사(福泉寺)에 들러 9일 동안의 법회를 끝낸 뒤, 혜각 신미(慧覺 信眉) 등의 청으로 이 절의 중창된 모습을 살피고 대웅전에 참배했다. 그 뒤의 자세한 연혁은 전하지 않는다. 【유적·유물】 현존하는 건물로는 대웅전과 요사채 2동이 있다. 대웅전 안에

는 석가여래좌상을 중심으로 그 좌우에
문수보살상과 보현보살상이 봉안되어 있
는데, 모두 경주의 옥석으로 제작하여 개
금한 것들이다. 또 대웅전 안에는 탱화 6
점이 봉안되어 있는데, 이 중 1890년(고
종 27) 청주 보국사(輔國寺)에서 제작한
후불탱화와 신중탱화, 1753년(영조 29)
경상북도 김천의 봉곡사(鳳谷寺)에서 조
성한 지장탱화 등은 매우 양호한 상태로
보존되어 있다. 이 밖의 유물로는 삼층석
탑과 석조부도 2기, 영위판(靈位板), 목사
자, 청기와, 법고(法鼓), 범종 등이 있다.
삼층석탑은 원래 절 동쪽 500m 지점의 탑
벌에 있던 것을 1950년 무렵 주지 성학(性
學)이 대웅전 앞으로 옮겨 세웠으며, 고려
시대의 작품으로 추정된다. 그러나 창건
당시 상원이 세웠다는 칠층석탑은 흔적이
없다. 영위판은 왕이 죽었을 때 영위를 봉
안하는 판구(板具)로서 높이 105.5cm,
너비 15cm이며, 문수동자가 탄 목사자는
세조를 영천(靈泉)으로 인도하여 왕의 병
을 낫게 했다는 전설을 상징한다. 또 청기
와는 신라시대의 작품으로 전해오는 용마
루 기와다. 【설화】세조가 복천사 법회를
마친 뒤 이 절에 들렀을 때의 설화가 전한
다. 세조가 대웅전에 참배했을 때 문수동
자가 세조에게 따라오라고 하면서 절 뒤
쪽 계곡인 망경대(望景臺)의 영천으로 인
도하여 목욕할 것을 권했다. 동자는 '왕
의 불심이 갸륵하여 부처님의 자비가 따
른다.'는 말을 남기고 사자를 타고 사라
졌다고 한다. 세조는 황홀한 기분으로 절
에 돌아와서 어필(御筆)을 하사했는데,
이것이 지금까지 보관되어 있다. 또한 이
설화에 등장하는 문수동자를 태운 목사자
가 역시 지금까지 남아 있다. 【참고문헌】

한국사찰전서(권상로, 동국대학교 출판부,
1979), 사지(충청북도, 1982)

반야사(般若寺)
【위치】경상남도 합천군 야로면 가야산
(伽倻山)에 있었다. 【연혁】언제 누가 창
건했는지 알 수 없다. 1114년(고려 예종
9) 원경(元景) 왕사 낙진(樂眞)이 입적하
자, 인종 때(1122~1146) 그의 문도들이
원경왕사비를 이 절에 세웠다. 연혁은 전
하지 않는다. 1481년(조선 성종 12)에 편
찬된 《동국여지승람》에는 이미 폐사되었
다고 나와 있다. 【유적·유물】원경왕사
비(보물 제128호)는 현재 해인사(海印寺)
에 옮겨 세워져 있다. 【참고문헌】한국사
찰전서(권상로, 동국대학교 출판부, 1979)

반야사(般若寺)
봉원사(奉元寺)를 보시오.

반야암(般若庵)
【위치】강원도 고성군 서면 백천교리 금
강산에 있었다. 【연혁】1285년(고려 충렬
왕 11) 행전(行田)이 창건했다. 1842년
(조선 헌종 8) 춘계(春桂)가 중건하면서
아자선실(亞字禪室)을 만들어 후학들을
양성했다. 1900년 응환(應煥)이 보화 석
우(普化 石友), 덕옹(德翁) 등과 중건했
고, 1901년에는 요사채를 중건했다. 또
1918년부터 1924년까지 동선 정의(東宣
淨義)가 이 절에서 법화회(法華會)를 개
최했는데, 이때 비구니 사득(四得)은 80
여 석을 생산할 수 있는 토지를 헌납하고,
박기우(朴基佑)와 비구니 인월 상근(印月
祥根)도 각각 쌀 300두를 헌납하여 이 경
회를 유지하도록 했다. 그 뒤 1938년부터
는 선원을 열어서 후학 등을 양성했다. 일
제강점기의 31본산시대에는 유점사(楡岾
寺)의 부속 암자였다. 현재의 상황은 알

수 없으나 북한측 자료에 의하면 현존하지 않는다. 【참고문헌】유점사본말사지

반야암(般若庵)

【위치】경상북도 문경시 산북면 전두리 사불산(四佛山)에 있었다. 【연혁】누가 언제 창건했는지 알 수 없다. 1415년(조선 태종 15) 함허 기화(涵虛 己和)가 이 절에 주석하면서 《금강경오가해설의(金剛經五家解說誼)》를 지었다. 또 원규(元奎)가 지은 〈대승사반야암이건기(大乘寺般若庵移建記)〉에 의하면, 원래 절이 있던 곳은 주변의 숲이 너무 우거져서 도둑 떼로 인한 피해가 많아, 1899년(광무 3) 문봉(文峯)이 대승사(大乘寺) 부근으로 옮겨 지었다고 한다. 대승사의 산내 암자였으나, 1950년 6·25전쟁 때 모든 건물이 불에 타 폐사되었다. 지금은 절터만 남아 있다. 【참고문헌】한국사찰전서(권상로, 동국대학교 출판부, 1979)

반월암(半月庵)

【이명】한때 삼막사(三幕寺)라고 불렸다. 【위치】경기도 안양시 만안구 안양동 삼성산(三聖山) 기슭에 있다. 【소속】한국불교태고종에 속한다. 【연혁】신라 때에 원효(元曉, 617~686)가 창건하여 삼막사라 했다고 한다. 전설에 의하면, 이 삼성산에다 원효가 삼막사를, 의상(義湘)이 이막사(二幕寺)를, 윤필(閏筆)이 일막사(一幕寺)를 창건했는데, 그 뒤 일막사와 이막사는 없어지고 삼막사만 남았다고 한다. 그러나 현재도 이 삼성산에 삼막사라는 이름의 또 다른 절이 존재하고 있어 이 절이 과연 삼막사의 후신 또는 부속 암자였는지는 정확하지 않다. 고려 말 나옹 혜근(懶翁 惠勤, 1320~1376)이 중수하고, 이름을 반월암이라고 바꿨다. 그 뒤의 연

혁은 전하지 않는다. 1918년 주지 원응(圓翁)이 이응선(李應善)의 시주를 얻어서 법당과 요사채를 중수하였다. 1942년 암자 뒷산이 붕괴되어 법당과 요사채 일부가 도괴된 것을 원주(院主) 삼현(三賢)이 보수하였다. 1950년 6·25전쟁 때 불에 탄 것을 중건하여 오늘에 이르고 있다. 【유적·유물】현존하는 건물로는 인법당(因法堂), 산신각 등이 있다. 【참고문헌】한국사찰전서(권상로, 동국대학교 출판부, 1979)

발삽사(勃颯寺)

용공사(龍貢寺)를 보시오.

발연사(鉢淵寺)

【이명】발연암(鉢淵庵), 발연수(鉢淵藪)라고도 불렸다. 【위치】강원도 고성군 외금강면 용강리 금강산 미륵봉(彌勒峰) 동편에 있었다. 【연혁】770년(신라 혜공왕 6) 진표(眞表)가 창건했다. 원래 이 자리는 절이 세워지기 전에 진표가 지극한 참회를 통해 미륵보살로부터 친히 간자(簡子)를 전수받았던 곳이었다고 한다. 미륵봉 동쪽의 험준한 계곡 아래 발연이라는 못이 있는데, 이는 주위의 바위 모양이 발우(鉢盂) 모양과 같다고 하여 붙여진 이름이며, 절 이름도 이것에 기인한다. 진표는 이 절에서 입적했으며, 고려시대에 목암 일연(睦庵 一然, 1206~1289)이 편찬한 《삼국유사》에는 '지금도 진표의 사리가 있다.'고 나와 있다. 1657년(조선 효종 8) 불에 탄 뒤 1659년 승찬(勝燦)이 중건했다. 언제 폐사되었는지는 전하지 않는다. 한말에 북명(北溟)이라는 걸승이 중창하려 했으나 뜻을 이루지 못했다고 한다. 【설화】진표는 이 절을 창건한 뒤 7년 동안 이 절에서 살았다. 당시 명주(溟

州) 지방에 흉년이 들어 사람들이 굶주리
자 그는 계법(戒法)을 설해 사람들이 스
스로 이를 지켜 삼보(三寶)를 공경하게
했다. 이때 갑자기 고성 바닷가에 무수한
고기들이 저절로 죽어 떠올라 사람들은
이를 팔아 먹을 것을 장만했고 죽음을 면
했다. 또한 이 절의 퇴락에 얽힌 설화도
전한다. 절이 한창 번성하던 시절의 어느
날 한 노인이 찾아와서 구걸을 청했다. 절
에서 귀찮다고 박대를 하여 쫓아 버리자
노인은 다음날 지관의 행색을 하고서 다
시 절을 찾았다. 그리고 절 앞의 계곡에
다리가 있었더라면 더욱 융성해 질 것이
라는 말을 되풀이하고는 아쉽다는 듯이
절을 떠났다. 그러자 승려들은 곧 다리를
만들어 홍교(虹橋)라고 이름을 지었다.
그런데 그 뒤부터 자꾸 절의 재산이 줄어
이윽고 폐사 직전에 이르렀다. 이상하게
생각하여 알아보니, 절 건너편에 고양이
모습의 바위가 있는데, 전에는 시냇물에
막혀서 오고 갈 수가 없었으나 다리를 놓
았기 때문에 이 바위가 고양이로 변하여
자주 왕래하여 곡식을 가져가 절이 쇠퇴
하게 된다는 것이었다. 그리하여 승려들은
다리를 다시 허물었으나 그때마다 시냇물
에 떠내려온 바위들이 저절로 모여서 다리
역할을 해냈으며 절은 결국 폐사되었다고
한다. 【참고문헌】 삼국유사, 한국사찰전서
(권상로, 동국대학교 출판부, 1979), 한국의
사찰 17—북한의 사찰(한국불교연구원, 일
지사, 1978)

발연수(鉢淵藪)
발연사(鉢淵寺)를 보시오.
발연암(鉢淵庵)
발연사(鉢淵寺)를 보시오.
방옥사(芳玉寺)

무위사(無爲寺)를 보시오.
방현사(放賢寺)
【위치】 강원도 강릉시 연곡면 방내리 소
금강산(小金剛山)에 있었다. 【연혁】 유물
로 미루어 보아 신라 때에 창건된 것으로
추정된다. 그 뒤의 자세한 연혁은 전하지
않으며, 언제 폐사되었는지도 알 수 없다.
【유적ㆍ유물】 절터에는 신라 말에서 고려
초의 것으로 추정되는 삼층석탑(강원도
유형문화재 제36호) 1기와 목이 없어진 석
불좌상이 있다. 이 중 삼층석탑은 균형이
잘 잡힌 우수한 탑으로 초층 탑신에는 사
방불(四方佛)이 조각되어 있다. 또한 2위
의 철불이 발굴되어 인근의 청송사(靑松
寺)와 송라사(松蘿寺)에 각각 봉안되어
있다. 절측에서는 이 철불이 모두 신라시
대의 것이라고 주장하나, 청송사의 철불
은 고려시대의 것으로 추정된다. 【설화】
청송사로 옮겨간 철불에 얽힌 설화가 전
한다. 절터에 남아 있던 이 철불을 촌민들
이 오대산의 절로 옮기던 중 청송사 앞에
이르자 갑자기 무거워져 더 이상 옮길 수
가 없었다고 한다. 또한 마침 그때 비구름
이 몰려오면서 소나기가 세차게 내렸으므
로 불상의 인연처가 청송사임을 깨닫고
여기에 봉안했다. 그때부터 이 불상에 기
도하면 반드시 영험이 있다고 하여 참배객
이 끊이지 않았다. 일제강점기에는 일본인
이 이 불상을 반출하기 위해 주문진까지
옮겨 갔으나 배에 실으려다가 갑자기 풍랑
이 크게 일어 포기했다. 그때 1917년 청송
사를 중창했던 춘담(春潭)이 동해안을 여
행하다가 이 불상의 소문을 듣고 찾아와
예불을 드리고 돌아갔는데, 그 뒤 3년 동
안 시름시름 앓았다. 어느 날 이 불상이
나타나서 '왜 나를 봉안하지 않느냐' 라고

꾸짖기에 청송사를 중창하고 이 불상을 봉안하자 병이 나았다고 한다. 【참고문헌】 명산 고찰 따라(이고운·박설산, 신문출판사, 1987)

백담사(百潭寺)

【이명】 한때 한계사(寒溪寺), 운흥사(雲興寺), 심원사(深原寺), 선구사(旋龜寺), 영축사(靈鷲寺), 심원사(尋源寺)라고 불렸다. 【위치】 강원도 인제군 북면 용대리 설악산(雪嶽山)에 있다. 【소속】 대한불교 조계종 제3교구 본사인 신흥사의 말사이다. 【연혁】 647년(신라 진덕여왕 1) 자장(慈藏)이 설악산 한계리에 창건하여 한계사라고 했다. 690년(신문왕 10) 불에 탄 뒤 719년(성덕왕 18) 낭천현(狼川縣)의 비금사(琵琴寺)를 옮겨 재건했다. 785년(원성왕 1) 다시 불에 탔으며, 종연(宗演) 등이 790년 아래쪽 30리 지점으로 옮겨 짓고 운흥사라고 이름을 바꿨다. 984년(고려 성종 3) 다시 불에 탔으므로 준희(俊熙) 등이 북쪽 60리 지점에 옮겨 짓고 987년(성종 6) 심원사(深源寺)라고 했다. 〈설악산심원사(尋源寺)사적〉에는 이때 부속 암자로는 동암(東庵), 원명암(元明庵), 백련암(白蓮庵), 오세암(五歲庵), 봉정암(鳳頂庵) 등이 있었으며, 형훈(迴薰), 준희 등의 뛰어난 큰스님들이 거주하고 있었다고 전한다. 그 뒤 별다른 변화없이 전승되다가 1432년(조선 세종 14) 네 번째 화재로 전소됐다. 2년 뒤 의준(義俊) 등이 아래쪽 30리 지점에 선구사라고 이름을 바꾸고 법당과 극락전, 요사채 2동을 세웠다. 그러나 1443년 다시 소실했고, 1447년 서쪽 1리 지점에 다시 절을 세우고 영축사라고 했다. 1455년(세조 1) 김시습(金時習)이 관음암에 출가했으며,

이 해 소실하여 재익(載益) 등이 위쪽 20리 지점에 중건하고 백담사라고 이름을 바꿨다. 1775년(영조 51) 겨울 다시 불에 탔지만 최붕(最鵬) 등이 인법당(因法堂)을 짓고 심원사(尋源寺)라고 이름을 바꿨으며, 6년 동안 법당과 향각(香閣) 등을 중건했다. 1783년(정조 7) 최붕과 영담(靈潭)이 중건하고, 심원사를 다시 백담사로 바꿨다. 1905년 용운 봉완(龍雲 奉玩)이 이 절에 출가한 이래 여기서 《불교유신론(佛敎維新論)》과 《십현담주해(十玄談註解)》《님의 침묵》을 집필하여 이른바 만해사상의 고향이 되었다. 봉완은 1928년 〈백담사사적〉을 편찬하기도 했다. 1915년 겨울에는 건물과 범종까지도 불에 타자, 주지 인공(印空)이 기호(基鎬)와 인순(仁淳)의 도움을 받아 강원도 일대에서 시주받은 1,786원으로 1919년 4월 법당과 화엄실(華嚴室)을 건립했으며, 1921년 봄 응향각(凝香閣) 및 사무실 등을 세우고, 종과 북을 새로 주조하여 낙성법회를 열었다. 1950년 6·25전쟁 때 다시 소실했으며, 1957년 재건하여 오늘에 이르고 있다. 한편 1988년 12월에는 전두환(全斗煥) 전대통령이 이후 2년 동안 이 절에 은거하며 참회기도를 하기도 했다. 〈백담사사적〉에는 부속 암자 중 없어진 것으로는 동암, 백련암, 원명암, 은선암(隱善庵), 극락암, 오봉암(五峯庵), 복호암(伏虎庵), 지장암, 흥성암(興盛庵), 자장암(慈藏庵), 금선암(金仙庵), 통선암(通禪庵), 심적암(深寂庵), 보문암(普門庵), 축성암(祝聖庵) 등이 있다고 적고 있다. 현존하는 부속 암자로는 봉정암, 오세암, 영시암(永矢庵) 등이 있다. 【유적·유물】 현존하는 건물로는 극락보전을 중심으로

산령각, 화엄실, 법화실, 요사채, 정문 등이 있다. 뜰에는 삼층석탑 1기가 있으나, 그 외의 특별한 문화재는 없다. 또한 한계사의 옛터에는 삼층석탑 2기와 석불 부재, 석등 부재 등이 있다. 모두 통일신라 때의 것으로 추정된다. 【설화】〈설악산심원사사적기〉에는 낭천현의 비금사를 옮겨 갈 때의 설화가 전한다. 비금사 주위의 산은 짐승들이 많아 사냥꾼들이 많이 찾아들었다. 이로 인해 그곳의 산수가 매우 부정해졌지만 비금사 승려들은 그것을 모른 채 계속 샘물을 길어 부처님께 공양했다. 그와 같은 더러움을 싫어한 산신령은 하룻밤 사이에 절을 설악산의 대승폭포 아래의 옛 한계사 터로 옮겼다. 그 사실을 모르던 승려와 과객들이 아침에 깨어나 보니 비금사임에는 틀림없었지만, 기암괴석이 좌우에 늘어서고 전후에 쏟아지는 폭포가 있어 산이 이전과 달랐다. 이들이 어리둥절해 있을 때 갑자기 관음청조(觀音靑鳥)가 날아가면서 '낭천의 비금사를 옛 한계사로 옮겼노라.'고 하여 사람들에게 그 신이함을 알렸다고 한다. 그리고 이 지방 사람들은 춘천 부근의 절구골, 한계리의 청동골 등의 지명이 당시 절을 옮길 때 절구와 청동화로를 떨어뜨렸기 때문에 생겨난 것이라고 믿고 있다. 화재와 백담사라는 이름에 얽힌 설화도 전한다. 화재가 있을 때마다 주지 스님의 꿈에 도포를 입고 말을 탄 사람이 나타나 변을 알려 주었다고 한다. 기이하게도 지금도 이 근처에 도포를 입고 말을 탄 듯한 암석이 솟아 있다. 거듭되는 화재로 절 이름을 고쳐 보려고 하던 어느 날 밤, 주지의 꿈에 백발 노인이 나타나 대청봉에서 절까지의 웅덩이(潭)를 세어 보라고 해서 이튿날 세어 보니 꼭 1백 개에 달했다. 그래서 백담사라고 이름을 고치는 동시에 지금의 장소로 옮겼는데, 그 뒤부터는 150년 가까이 화재가 없었다고 한다. 이러한 설화로 미루어 보아 백담사라는 이름에는 거듭되는 화재를 피해 보고자 하는 의지가 담겨 있음을 알 수 있다. 【참고문헌】 건봉사급건봉사말사사적(한용운), 한국관광자료총람(국제관광공사, 보진재, 1979), 한국사찰전서(권상로, 동국대학교 출판부, 1979), 한국의 사찰-낙산사(한국불교연구원, 일지사, 1978), 한국의 명산 대찰(국제불교도협의회, 1982)

백련대(白蓮臺)
천은사(天恩寺)를 보시오.

백련사(白蓮寺)
【위치】인천광역시 강화군 하점면 부근리 고려산(高麗山)에 있다. 【소속】대한불교 조계종 직할교구 본사인 조계사의 말사이다. 【연혁】416년(고구려 장수왕 4) 한 인도 승려가 창건했다고 한다. 그 뒤의 자세한 연혁은 전하지 않는다. 1905년 인암(忍庵)이 박보월(朴寶月)과 함께 퇴락한 건물을 중건했으며, 1908년 불상을 개금하고 탱화를 봉안했다. 【유적·유물】현존하는 건물로는 극락전과 삼성각, 종각, 큰방, 요사채 2동 등이 있다. 유물로는 의해 처활(義海 處活)의 부도와 비를 비롯하여 철조아미타불좌상과 아미타후불탱화, 신중탱화, 지장탱화, 현왕탱화, 칠성탱화, 독성탱화 등이 있다. 처활의 부도와 비는 1806년(조선 순조 5)에 세워졌다. 처활은 청허 휴정(清虛 休靜)의 6세손에 해당하는 선맥(禪脈)을 이은 큰스님이다. 철조아미타불좌상(보물 제994호)은 고려 말 조선 초의 것이다. 아미타후불탱화는

1908년에 조성된 것이고, 신중탱화, 지장탱화, 칠성탱화, 독성탱화는 1888년(고종 25)에 조성된 것이며, 현왕탱화는 1881년에 조성된 것이다. 【설화】 강화도에는 이 절을 비롯하여 청련사(靑蓮寺), 황련사(黃蓮寺) 등 연꽃과 관련된 이름을 가진 절이 많은데, 그 유래에 얽힌 전설이 전한다. 삼국시대에 이름이 전하지 않는 인도 승려가 우리 나라에 들어와서 절터를 물색하다가 강화도 고려산에 이르렀을 때 그 산정에서 다섯 색깔의 연꽃이 만발한 연못을 발견했다. 인도 승려는 여기서 색깔별로 다섯 연꽃을 꺾어서 공중으로 날리고 그 연꽃이 떨어지는 곳마다 절을 세웠는데, 흰 연꽃이 떨어진 곳을 백련사라 했다고 한다. 이런 식으로 다섯 절을 창건한 인도 승려는 산 이름도 오련산(五蓮山)이라고 지었는데, 후세에 이르러 고려산이라고 고쳐 부르게 되었다고 한다. 【참고문헌】 한국의 사찰 15-전등사(한국불교연구원, 일지사, 1978), 문화유적총람(문화재관리국, 1977), 한국사찰전서(권상로, 동국대학교 출판부, 1979), 기내사원지(경기도, 1988)

백련사(白蓮寺)

【이명】 한때 백련암(白蓮庵), 감악사(紺岳寺)라고 불렀다. 【위치】 충청북도 제천시 봉양읍 명암리 감악산(紺岳山)에 있다. 【소속】 대한불교조계종 제5교구 본사인 법주사의 말사이다. 【연혁】 662년(신라 문무왕 2) 의상(義湘)이 백련지(白蓮池) 동쪽에 작은 암자를 창건하고 백련암이라고 했다. 692년(효소왕 1) 큰 비가 와서 산사태로 백련지가 파묻히고 암자가 매몰되었는데, 819년(헌덕왕 11) 무착(無着)이 옛터를 찾아 중창했다. 1358년(고려 공민왕 7) 나옹 혜근(懶翁 惠勤)이 여주 신륵사(神勒寺)를 창건한 뒤 이 절을 중수했고, 1587년(조선 선조 20) 벽운(碧雲)이, 1624년(인조 2) 취운 학린(翠雲 學璘)이 중수했다. 1798년(정조 22)에는 처봉(處峰)이 중수한 뒤 산의 이름을 따서 감악사라고 이름을 바꿨다. 1910년에는 욱일(旭日)이 중수했으나, 1916년 화재로 전소했다. 이 해 10월 주지 윤인선(尹仁善)이 산성 안인 현 위치로 옮겨 중창하고 백련사라고 이름을 바꿨다. 1950년 6·25전쟁 때 일부가 파손되었으며, 그 뒤 1959년과 1962년 중건하여 오늘에 이르고 있다. 전성기에는 말사로서 미륵사(彌勒寺), 신흥사(新興寺), 천수암(天壽庵), 은적암(隱寂庵), 청련암(淸蓮庵) 등이 있었다고 하나, 지금은 터만 남아 있다. 【유적·유물】 현존하는 건물로는 대웅전을 비롯하여 강당, 삼성각, 요사채 등이 있다. 대웅전에는 목조아미타좌불상이 봉안되어 있다. 문화재로는 대웅전 내에 있는 범종과 절의 동남쪽 병풍바위 위에 있는 부도 1기가 있다. 부도는 중창주 무착의 부도라고 하나, 그 양식이 전형적인 석종형(石鐘型) 부도로서 조선시대의 것으로 추정된다. 또 절 남쪽의 백련지에는 예로부터 백련이 자생했다. 절 뒤쪽 석굴에는 금수탕(金水蕩)이라는 약수가 있고, 삼성각 밑에는 구세정(救世井)이라는 은수탕(銀水蕩)이 있는데, 이와 같은 약수의 명칭은 물 속에 늘 금분과 은분이 깔려 있기 때문에 붙여진 것이다. 특히 큰 가뭄이 있을 때면 은수탕에서 기우제를 지내며, 또한 영험이 있다고 하여 많은 병자들이 절에 머물러 기도하며 이 약수를 마신다. 【참고문헌】 사지(충청북도, 1982)

백련사(白蓮寺)

【위치】전라북도 무주군 설천면 삼공리 덕유산(德裕山)에 있다. 【소속】대한불교 조계종 제17교구 본사인 금산사의 말사이다. 【연혁】신라 신문왕 때(681~692) 백련(白蓮)이 초암을 짓고 수도하던 중 그 장소에서 흰 연꽃이 솟아나와 절을 창건했다고 한다. 그 뒤의 연혁은 자세히 전하지 않으나, 여러 차례의 중건과 중수를 거쳤다. 1900년에는 현감 이하섭(李夏燮)이 중수했다. 일제강점기에는 구천동 일대가 일본 북해도제국대학(北海島帝國大學)의 대학림이 되어 일본인에 의해 이 절이 왜식 초가로 개조되기도 했다. 1950년 6·25전쟁 때 불에 탄 뒤 1961년 대웅전을 건립했고, 1968년 요사를 건립했다. 1975년 단청불사를 했으며, 1977년 사천왕문과 명부전을 보수하여 오늘에 이르고 있다. 【유적·유물】옛 절터는 전라북도 기념물 제62호로 지정되어 있다. 건물로는 대웅전과 수선당(修禪堂), 명부전, 사천왕문, 일주문 등이 있다. 문화재로는 김시습(金時習, 1435~1493)의 매월당부도(梅月堂浮屠 : 전라북도 유형문화재 제43호)와 정관일선(靜觀 一禪, 1533~1608)의 정관당부도(靜觀堂浮屠 : 전라북도 유형문화재 제102호), 계단(戒壇 : 전라북도 기념물 제42호) 등이 있다. 매월당부도는 1783년(정조 7) 3월에 건립된 석종형(石鐘型)으로 '매월당설잠지탑(梅月堂雪岑之塔)'이라는 글자가 새겨져 있다. 【참고문헌】문화유적총람(문화재관리국, 1977), 사찰지(전라북도, 1990)

백련사(白蓮寺)

【이명】한때 정토사(淨土寺)라고 불렀다. 【위치】서울특별시 서대문구 홍은동 백련산(白蓮山) 남쪽 기슭에 있다. 【소속】한국불교태고종에 속한다. 【연혁】746년(신라 경덕왕 5) 진표(眞表)가 창건하여 정토사라고 했다. 그 뒤 고려시대까지의 연혁은 전하지 않는다. 1399년(조선 정종 1) 함허 기화(涵虛 己和)가 스승 무학 자초(無學 自超)의 지시로 중창했고, 1413년(태종 13) 상왕인 정종이 요양차 머물렀다. 세조 때(1455~1468) 의숙옹주(懿淑翁主)의 원당으로 정하면서 이름을 백련사로 바꾸었다. 1546년(명종 1) 정월 명종이 전지(傳旨)를 내려 유생들이 이 절에서 그릇되게 노니는 것을 엄금했는데, 이는 이 절이 의숙옹주의 원당이었기 때문이다. 1592년(선조 25) 임진왜란 때 소실하자, 절의 승려들이 모연(募緣)하여 중건했으며, 1662년(현종 3) 법전(法殿)을 중건했다. 1701년(숙종 27) 화재로 소실한 것을 다음해 중건했고, 1774년(영조 50) 이탱(李樘)의 시주로 중창했으며, 1891년(고종 28) 경운(景芸)이 모연하여 중창했다. 1911년 명부전을 중수했고, 1914년 서옹(西翁)이 삼성전을 중건했으며, 1917년 서옹이 사무실을 신축했다. 【유적·유물】현존하는 건물로는 1965년에 준공한 극락전을 비롯하여 약사전, 명부전, 관음전, 삼성전, 산신각, 독성각, 범종각, 종무소, 요사채 등이 있다. 【참고문헌】한국사찰전서(권상로, 동국대학교 출판부, 1979), 봉은본말사지

백련사(白蓮寺)

【이명】한때 만덕사(萬德寺), 백련사(白蓮社)라고도 불렀다. 【위치】전라남도 강진군 도암면 만덕리 만덕산(萬德山)에 있다. 【소속】대한불교조계종 제22교구 본사인 대흥사의 말사이다. 【연혁】839년

(신라 문성왕 1) 무주 무염(無住 無染)이 창건했으며, 만덕산에 위치하고 있으므로 만덕사라고도 했다고 한다. 1211년(희종 7) 원묘 요세(圓妙 了世)가 크게 중창한 뒤 수도도량으로서의 면모를 새롭게 했다. 요세는 강진에 사는 최표(崔彪), 최홍(崔弘), 이인천(李仁闡) 등의 권유로 만덕산에 자리를 잡고 제자 원형(元瑩), 지담(之湛), 법안(法安) 등에게 1211년부터 1232년까지 가람 80칸을 짓게 했다. 당시 목백(牧伯)은 지극한 정성으로 재물을 보시했다고 한다. 절이 완공되자 요세는 보현도량(普賢道場)을 개설하고 실천 중심의 수행인들을 모아 결사(結社)를 맺었다. 이것이 송광사를 중심으로 한 수선사(修禪社)와 쌍벽을 이루었던 백련사결사(白蓮寺結社)이다. 그 뒤 이 절에서는 120년 동안 고려의 여덟 국사(國師)를 배출했다. 조계종이 송광사를 중심으로 하여 세력을 키우고 있을 때, 이 절은 천태사상에 입각한 결사도량을 개설하여 침체한 불교의 중흥을 꾀하는 데 중심지 구실을 했다. 고려 말에 강진 지방은 세 차례 왜구의 침입을 받았는데, 이때 이 절도 함께 폐허화했다. 1407년(조선 태종 7) 조정에서 조계종의 자복사찰(資福寺刹)로 삼았다. 세종 때(1418~1450)에는 효령대군(孝寧大君)의 지원을 받아 주지 행호(行乎)가 불에 탄 가람을 복원했다. 그 뒤 효종 때(1649~1659) 3차 중수를 했으며, 그때 탑과 사적비를 세웠다. 그러나 외세의 잦은 침입으로 인해 많은 피해를 입었기 때문에 절 주위에 성을 쌓았으며 이 성을 행호토성(行乎土城)이라고 한다. 【유적·유물】 현존하는 건물로는 대웅전과 시왕전, 나한전, 만경루(萬景樓), 칠성각,

요사채 등이 있다. 대웅전 안에는 석가모니불이 봉안되어 있다. 유물로는 사적비(전라남도 유형문화재 제137호)와 원묘국사중진탑(圓妙國師中眞塔)이 있다. 이 밖에도 절 주위에는 동백림(천연기념물 제151호)이 있으며, 정약용(丁若鏞)이 1801년(순조 1) 신유사옥 때 강진으로 귀양와 조선의 실학을 집대성하고 차를 끓여 마시던 다산초당(茶山草堂)도 있다. 《동국여지승람》에서는 이 절을 가리켜 '남쪽 바다에 임해 있고 골짜기 가득히 송백이 울창하며 동백 또한 곁들여서 창취(蒼翠)가 사계절을 통해 한결같은 절경'이라고 할 만큼 주위의 경관 또한 아름답다. 【참고문헌】 팔도지리지(윤회), 동국여지승람, 만덕사지(정약용), 한국사찰전서(권상로, 동국대학교 출판부, 1979), 한국의 명산 대찰(국제불교도협의회, 1982)

백련사(白蓮寺)
【위치】 경기도 안성군 원곡면 지문리에 있다. 【소속】 한국불교태고종에 속한다. 【연혁】 고려 중기에 창건됐다고 한다. 1592년(조선 선조 25) 임진왜란 때 소실한 채 있던 것을 조선 후기에 복원했다. 그러나 다시 폐사되었다가 최근 중창했다. 【유적·유물】 건물로는 대웅전과 산신각, 요사채가 있다. 특별한 유물은 없다. 【참고문헌】 기내사원지(경기도, 1988)

백련사(白蓮寺)
【이명】 백련암(白蓮庵)이라고도 불린다. 【위치】 전라북도 임실군 강진면 백련리 백련산(白蓮山)에 있다. 【소속】 한국불교태고종에 속한다. 【연혁】 1907년 거사 박경원이 창건하여 백련암이라고 했다. 박경원은 1396년(조선 태조 5)에 설치된 기단에 법당을 건립한 것이다. 1927년 이광

휘가 중창하여 오늘에 이르고 있다. 【유
적·유물】법당과 산신각, 칠성각이 있
다. 【참고문헌】사찰지(전라북도, 1990)

백련사(白蓮寺)

미면사(米麵寺)를 보시오.

백련사(白蓮社)

백련사(白蓮寺)를 보시오.

백련사(白蓮寺)

백련암(白蓮庵)을 보시오.

백련사(白蓮寺)

벽련사(碧蓮寺)를 보시오.

백련암(白蓮庵)

【이명】백련사(白蓮寺)라고도 불린다. 【위
치】경기도 용인군 포곡면 에버랜드 안의
방향산(芳香山)에 있다. 【소속】대한불교
조계종 제2교구 본사인 용주사의 말사이
다. 【연혁】801년(신라 애장왕 2) 3월 5
일 신응(愼應)이 창건했다. 1389년(공양
왕 1) 천공(泉公)이 중수했고, 1404년(조
선 태조 4) 4월 15일 왕사 무학 자초(無學
自超)가 16나한상을 조성하면서 이 절을
중건했다. 1671년(현종 12) 6월 수경 도
원(琇璟 道元)이 중수했으며, 화재로 일
부 건물이 소실한 뒤 1790년(정조 14) 석
담(石潭)이 중건했다. 이어 1980년 여신
도 청정월(淸淨月)의 시주로 요사를 중수
했으며, 1983년 김대일이 심검당(尋劍堂)
을 신축하여 오늘에 이르고 있다. 【유적
·유물】건물로는 대웅전과 지장전, 삼성
각, 종각, 심검당, 요사채가 있다. 요사채
는 원래 법당으로 사용했던 건물이며,
1960년대까지는 요사의 용마루와 대웅전
의 용마루에 고려 때부터 전해 오던 청기
와가 1개씩 얹혀 있었다고 하나, 그 뒤 모
조품으로 바뀌었다. 유물로는 석조여래좌
상과 오존불, 14나한상, 신중탱화, 부도,

도원의 비가 있다. 석가여래좌상은 심검
당 아래에 있는데, 고려 말의 것으로 추정
된다. 오존불은 대웅전 안에 봉안된 석가
여래상이며, 조선시대의 것으로 추정된
다. 나한상은 자초가 조성한 것으로서 16
나한 중 14위만 전해 오고 있으며, 모두
화강암 1석으로 조성되었다. 신중탱화는
1869년(고종 6)에 조성하여 경기도 화성
군 만의사(萬儀寺)의 속암 도성암(道成
庵)에 있던 것을 옮겨 온 것이다. 부도는
조선 중기의 석종형(石鐘型)으로 옆에 있
는 비와 함께 도원의 것이다. 【참고문헌】
한국사찰전서(권상로, 동국대학교 출판부,
1979), 기내사원지(경기도, 1988)

백련암(白蓮庵)

【위치】경기도 안성군 죽산면 칠장리 칠현
산(七賢山)에 있었다. 【연혁】고려 때에
혜소(慧炤) 국사 정현(鼎賢, 972~1054)
이 칠장사(七長寺)에 홍제관(弘濟館)을
지어 칠장사의 암자로서 이 절을 창건했
다. 그 뒤 이 홍제관에 정현의 비를 세워
비전(碑殿)이라고 불렸다. 1592년(조선
선조 25) 임진왜란 때 정현의 비가 파손되
고 건물도 화재를 입어 사간(思侃)이 중
수했다. 1887년(고종 24) 덕암(德庵)이
다시 중수했으나, 최근 불에 타 폐사되었
다. 【유적·유물】유물로는 혜소국사비
(보물 제488호)와 석등이 있다. 혜소국사
비는 1060년(문종 14)에 건립된 것이다.
【참고문헌】기내사원지(경기도, 1988)

백련암(白蓮庵)

【위치】경상남도 양산군 하북면 지산리
영축산(靈鷲山)에 있다. 【소속】대한불교
조계종 제15교구 본사인 통도사의 산내
암자다. 【연혁】1374년(고려 공민왕 23)
월화 지원(月華 智圓)이 창건했다. 그 뒤

1634년(조선 인조 12) 현암 치원(懸巖 致圓)이 중건했다. 이 절은 조선시대 이후부터 우리 나라의 대표적인 선원의 하나이며, 선객이면 누구나 한 철씩 지내지 않은 이가 없을 정도로 유명하다. 【유적·유물】 건물은 법당과 요사채 등 모두 6동이다. 건물은 중수를 거듭했을 뿐 1634년 중건 당시의 원형을 유지하고 있는 것으로 보인다. 법당의 현판은 '백련사(白蓮舍)'로 되어 있는데, 이는 부처님 당시의 죽림정사(竹林精舍)나 기원정사(祇園精舍)를 본딴 것이다. 【참고문헌】 한국의 사찰 4-통도사(한국불교연구원, 일지사, 1974), 한국사찰전서(권상로, 동국대학교 출판부, 1979)

백련암(白蓮庵)

【위치】 경상남도 합천군 가야면 치인리 가야산에 있다. 【소속】 대한불교조계종 제12교구 본사인 해인사의 산내 암자이다. 【연혁】 언제 누가 창건했는지 알 수 없다. 1605년(조선 선조 38) 청허 휴정(淸虛 休靜)의 제자 소암(昭庵)이 중창했다. 소암은 임진왜란 당시 해인사를 수호했는데, 왜병들이 그의 명성을 듣고 해인사 앞의 산마루턱에서 머무르면서 침범하지는 못했다고 한다. 그 뒤 1687년(숙종 13) 이후 환적 의천(幻寂 義天)이 이 절에 와서 원통전을 신축했다. 또한 그는 토굴을 파서 환적대(幻寂臺)라고 이름 짓고, 이곳에서 입적할 때까지 좌선했다. 뒤에 응해(應海)가 원통전을 중건했다. 이 절은 예로부터 큰스님들이 많이 배출된 유명한 수도처이며, 해인총림의 방장이자 대한불교조계종의 종정이었던 퇴옹 성철(退翁 性徹)이 1993년 입적할 때까지 머물렀던 곳이다. 【유적·유물】 현존하는 건물로는 원통전과 영자당(影子堂), 요사가 있다. 영자당에는 의천, 통엽(通曄), 활해(闊海), 인파(人坡), 신해(信海), 춘계(春溪), 대송(對松), 월파(月波), 침운(枕雲), 나은(懶隱) 등의 초상화가 봉안되어 있다. 또한 의천의 저술인 《유완록(遊翫錄)》 등의 각판 일부가 남아 있다. 해인사의 암자 가운데 가장 높은 곳에 위치하며, 기이한 바위와 탁 트인 전망은 가야산의 제일 경승지로 손꼽힌다. 주위에 용각대(龍角臺), 절상대(絕相臺), 환적대, 신선대(神仙臺) 등의 기암이 있고, 뜰 안의 불면석(佛面石)은 마치 부처님 얼굴과 같은 형상이다. 【설화】 의천이 환적대에 머물고 있을 당시의 설화가 전한다. 그는 늘 호랑이 한 마리와 벗했는데, 그 호랑이가 제자를 해쳤다. 이에 그는 산신에게 명하여 다시는 가야산 안으로는 호랑이가 들어오지 못하도록 했으며, 그 뒤 가야산 일대에서는 호랑이의 피해를 받는 사람이 없었다고 한다. 【참고문헌】 해인사지(김설제, 1963), 한국의 사찰 7-해인사(한국불교연구원, 1975)

백련암(白蓮庵)

【위치】 경기도 광주군 도척면 추곡리 대화산(大華山)에 있다. 【소속】 대한불교대승종에 속한다. 【연혁】 언제 누가 창건했는지 알 수 없다. 조선시대에 신경준(申景濬, 1712~1781)이 편찬한 《가람고(伽藍考)》와 1799년(정조 23)에 편찬된 《범우고(梵宇攷)》에는 존재한다고 나와 있다. 1954년 중창하여 오늘에 이른다. 【유적·유물】 건물로는 인법당(因法堂)이 있다. 유물로는 누구의 것인지 알 수 없는 석종형(石鐘型) 부도(경기도 문화재 자료 제53호) 1기가 있다. 이 부도는 17세

기 무렵에 조성된 우수한 작품이다. 【참고문헌】한국사찰전서(권상로, 동국대학교 출판부, 1979), 기내사원지(경기도, 1988)

백련암(白蓮庵)

【위치】경상북도 문경시 가은읍 원북리 희양산(曦陽山)에 있다. 【소속】대한불교조계종 제8교구 직지사의 말사인 봉암사(鳳巖寺)의 산내 암자이다. 【연혁】언제 누가 창건했는지 알 수 없다. 1871년(조선 고종 8) 유겸(裕謙)이 중수했다. 그 뒤의 연혁은 자세히 전하지 않는다. 【유적·유물】건물로는 인법당(因法堂)과 산신각이 있다. 【참고문헌】한국사찰전서(권상로, 동국대학교 출판부, 1979), 한국의 명산 대찰(국제불교도협의회, 1982)

백련암(白蓮庵)

백련사(白蓮寺)를 보시오.

백련정사(白蓮精寺)

【이명】한때 천곡사(泉谷寺), 신수리사(新修理寺)라고 불렸다. 【위치】강원도 인제군 인제읍 상동에 있다. 【소속】대한불교조계종 제3교구 본사인 신흥사의 말사이다. 【연혁】통일신라시대에 창건했다. 절의 위쪽 2km 지점에는 용천(龍泉)이 있는데, 그 물이 계곡을 이루어 절 앞을 지나가므로 '용천수가 흐르는 계곡에 있는 절'이라는 뜻에서 이름을 천곡사라 했다고 한다. 그 뒤의 연혁은 전하지 않으며, 구한말에 용천 곁으로 옮겨 짓고 신수리사로 이름을 바꾸었다. 그러나 1950년 6·25전쟁 때 완전히 소실하여 폐사되었다가 1966년 중건됐다. 1968년 주지로 취임한 강효진(姜曉進)이 천일관음기도를 행한 뒤 이름을 백련정사로 바꾸었으며, 법당 등을 신축하여 오늘에 이르고 있다. 【유적·유물】건물로는 대비전(大悲殿)

과 인법당(因法堂)인 관음전이 있다. 대비전 안에는 관세음보살상과 후불탱화 등이 봉안되어 있다. 경내에는 삼층석탑(강원도 민속자료 제34호) 1기와 석불좌상이 있다. 원래 이 두 문화재는 인제군 남면 신남리의 한 암자 옆에 있었으나, 소양댐 건설로 1972년 12월 23일 이 절로 옮겼다. 양식상으로 볼 때 둘 다 고려시대에 조성된 것으로 추정된다. 【참고문헌】전통사찰총서 1-강원도 2(사찰문화연구원, 1992)

백룡사(白龍寺)

【이명】한때 금고사(金鼓寺)라고 불렸다. 【위치】경상북도 예천군 예천읍 부남리에 있다. 【소속】한국불교태고종에 속한다. 【연혁】유물로 미루어 보아 신라 말에서 고려 초에 창건된 것으로 추정된다. 원래는 금고사라고 불렸다. 1964년 3월 폐사 직전에 있던 것을 법륜(法輪)이 이곳에 와서 법당을 신축하고, 방치되었던 석불 3위를 봉안한 뒤 백룡사라고 이름을 바꿨다. 1968년에는 주지 청암(淸巖)이 요사채 2동을 신축하고 법당을 증축하여 오늘에 이르고 있다. 【유적·유물】현존하는 건물로는 법당과 요사채 2동이 있다. 법당에 봉안되어 있는 석불입상 3위는 고려 초기 이전의 작품으로 추정된다. 현재 3위 모두 한곳에 봉안되어 있으나, 원래는 삼존불로 모셔졌던 것이 아닌 것으로 추정된다. 즉 오른쪽 입상은 보살상으로 보이는데, 조각 솜씨가 섬세하여 신라 말이나 고려 초의 작품으로 추정되며, 중앙과 왼쪽의 2위는 고려 초반의 작품으로 추정되기 때문이다. 이 밖에 원형의 대석(臺石)과 광배(光背)의 일부분이 보존되어 있다. 【설화】전설에 의하면 이 절은 승

려의 수도장으로 최적지였다고 하며, 옛
날 승려들의 왕래가 잦았기 때문에 왕승
골(往僧洞)이라는 마을 이름이 현재도 남
아 있다. 또 속설에는 아들을 낳지 못하는
사람이 이 절의 부처님께 기도하면 영험
이 많았다고 한다. 【참고문헌】 내 고장
예천(예천군, 1981)

백룡사(白龍寺)
【위치】 전라북도 부안군 백산면 용계리
백산(白山) 정상에 있다. 【소속】 한국불
교태고종에 속한다. 【연혁】 조선시대에
진묵 일옥(震默 一玉, 1562~1633)이 완
주 봉서사(鳳棲寺)에서 부안 월명암(月明
庵)으로 가는 도중 회포리 마을에서 바라
보니 야산 중에 우뚝 솟은 백산이 있어 기
도하기 좋은 터라고 생각하고 머물러 창
건했다고 한다. 그러나 언제 폐사되었는
지는 알 수 없다. 1906년 승려 장인수가
작은 암자를 지어 중창했으며, 1970년 승
려 고성환이 주지로 부임하여 대웅전과
요사를 건립하여 절로서의 면모를 갖추었
다. 【유적・유물】 건물로는 1970년에 건
립된 대웅전과 요사가 있다. 【참고문헌】
전북불교총람(전북불교총연합회, 1993)

백률사(栢栗寺)
【위치】 경상북도 경주시 동천동 금강산
(金剛山) 기슭에 있다. 【소속】 대한불교
조계종 제11교구 본사인 불국사의 말사이
다. 【연혁】 693년(신라 효소왕 2) 이전에
창건됐다. 이 절의 대비관음상(大悲觀音
像)은 중국의 공장(工匠)이 만든 것이라
고 하는데, 693년 국선(國仙)이 된 부례
랑(夫禮郞)이 말갈족에게 잡혀 가자, 그
의 부모가 이 관음상 앞에서 기도하여 돌
아오게 됐다고 한다. 당시 이 절은 상당히
번창한 큰 절이었을 것으로 짐작된다.

1412년(조선 태종 12) 10월 18일 구리 개
경사(開慶寺)의 주지 성민(省敏)이 조정
에 요청해 이 절의 전단관음상(栴檀觀音
像)을 개경사로 옮겼다. 그러나 이 전단
관음상이 대비관음상인지는 분명하지 않
다. 1592년(선조 25) 임진왜란 때 폐허화
한 것을 경주 부윤(府尹) 윤승순(尹承順)
이 임진왜란 뒤 중수했다. 이때 대비관음
상은 이미 없어진 것으로 추정된다. 그 뒤
의 자세한 연혁은 전하지 않는다. 【유적
・유물】 현존하는 건물로는 대웅전과 선
원, 요사채가 있다. 이 중 대웅전(경상북
도 문화재자료 제4호)은 선조 때 중창된
것이다. 내부에 봉안되어 있던 금동약사
여래상(국보 제28호)과 이차돈공양석당
(異次頓供養石幢)은 1927년 지금의 국립
경주박물관으로 옮겨졌다. 또한 경내의
자연암벽에 조각되어 있는 마애탑(磨崖
塔)은 높이가 3.2m나 되는 삼층석탑이
다. 이 탑은 대웅전 앞에 탑을 건립할 자
리가 없어 금강산에 만들었다고 전하고
있다. 또 금강산 정상에서 북쪽 30m 아래
지점에는 아미타불을 주존으로 하는 마애
삼존좌상이 있는데, 손이나 얼굴 모습이
식별할 수 없을 정도로 마멸이 심하다. 이
밖에도 옛 건물에 쓰였던 것으로 보이는
초석과 석등의 옥개석(屋蓋石) 등이 있
고, 1972년 대웅전 동편 암벽에서 신라시
대의 작품으로 추정되는 음각(陰刻)된 칠
층석탑이 발견되었다. 【설화】 관음상에
얽힌 영험담이 전한다. 692년 국선이 된
부례랑은 693년 3월 화랑의 무리를 거느
리고 북명(北溟)의 지경(地境)에 이르렀
다가 말갈족에게 잡혀갔다. 문객(門客)들
은 당황하여 되돌아갔으나 안상(安常)만
이 그를 뒤쫓아갔다. 효소왕은 이 소식을

들고 놀라움을 금하지 못했다. 그때 상서
로운 구름이 천전고(天奠庫)를 덮자 내고
(內庫)를 조사하게 했더니 현금(玄琴)과
신적(神笛)의 두 보물이 없어졌다. 5월
15일 부례랑의 부모가 이 관음상 앞에서
여러 날 기도를 드리고 있었는데, 난데없
이 향탁(香卓) 위에 현금과 신적이 있고,
부례랑과 안상 두 사람도 불상 뒤에 와 있
었다. 부모가 놀라 그 내력을 물으니, 부
례랑이 적에게 잡혀 가서 말 먹이는 자가
되어 방목(放牧)을 하고 있는데, 용모가
단정한 스님이 손에 현금과 신적을 가지
고 와서 위로하며 '나를 따라오라.'고 해
서 쫓아가니, 해변에 이르러 거기서 안상
과 만나게 되었다고 했다. 승려는 신적을
둘로 쪼개어 부례랑과 안상에게 하나씩 타
게 하고 자기는 현금을 타고 하늘을 날아
서 잠깐 사이에 백률사에 왔다는 것이었
다. 부례랑이 현금과 신적을 왕에게 바치
고 이 사실을 아뢰니, 왕이 이 절에 금과
은으로 만든 그릇과 마납가사(摩衲袈裟)를
바쳐 부처님의 은덕에 보답했다. 【참고문
헌】 삼국유사, 한국의 사찰 3-신라의 폐
사 1(한국불교연구원, 일지사, 1974), 문화
유적총람(문화재관리국, 1976), 한국사찰
전서(권상로, 동국대학교 출판부, 1979)

백암(白庵)

쌍계사(雙溪寺)를 보시오.

백암사(白巖寺)

【위치】 경상북도 울진군 온정면 온정리
백암산(白巖山) 기슭에 있다. 【연혁】 고
려 명종 때(1170~1197) 창건됐다고 한
다. 연혁은 전하지 않는다. 1481년(조선
성종 12)에 편찬된 《동국여지승람》에는
존재한다고 나와 있으나, 1799년(정조
23)에 편찬된 《범우고(梵宇攷)》에는 이

미 폐사된 것으로 나와 있다. 【유적·유
물】 절터에는 돌담만이 남아 있다. 【참
고문헌】 한국사찰전서(권상로, 동국대학
교 출판부, 1979)

백암사(伯巖寺)

백엄사(伯嚴寺)를 보시오.

백암선원(白岩禪院)

청평사(淸平寺)를 보시오.

백양사(白羊寺)

【이명】 한때 정토사(淨土寺)라고 불렸
다. 【위치】 전라남도 장성군 북하면 약
수리 백암산(白巖山)에 있다. 【소속】 대
한불교조계종 제18교구 본사이다. 【연
혁】 632년(백제 무왕 33) 여환(如幻)이
창건하여 백양사라고 했다. 1034년(고려
덕종 3) 중연(中延)이 중창하면서 정토
사라고 이름을 바꿨고, 1350년 각진(覺
眞) 국사 복구(復丘)가 3창했다. 그 뒤
환양(喚羊)이 주석하면서 매일《법화경》
을 독송하자 흰 양이 경을 읽는 소리를
듣고 몰려오는 일이 많아, 1574년(조선
선조 7) 이 절을 중건하면서 절 이름을
다시 백양사라고 고치고 자신의 법명도
환양이라고 했다. 1786년(정조 10) 환성
(喚惺)이 중건했고, 1864년(고종 1) 도
암(道巖)이 중건했다. 이어 1917년 만암
종헌(曼庵 宗憲)이 중건하여 오늘에 이
르고 있다. 종헌은 30년 가까이 이 절에
주석하면서 불사에 진력하는 한편, 강원
을 개설하여 많은 인재를 길러냈다. 이
절은 일제강점기의 31본산시대에도 본산이
었으며, 현재는 말사 26개소를 관장하고
있다. 산내 암자로는 백제 때 여환이 창건
한 운문암(雲門庵)과 약사암(藥師庵), 영
천암(靈泉庵), 1351년에 창건한 청류암
(淸流庵), 1981년에 창건한 물외암(物外

庵), 천진암(天眞庵) 등이 있다. 【유적·유물】 현존하는 건물로는 대웅전을 비롯하여 극락보전, 명부전, 칠성각, 진영각(眞影閣), 천왕문, 선실(禪室), 요사채, 범종각이 있다. 이 중 대웅전(전라남도 유형문화재 제43호)은 1917년 종헌이 중건하면서 건립한 것으로 내부에는 석가여래삼존불과 1979년 보각행(普覺行)이 조성한 10척 높이의 불상, 용두관음탱화가 봉안되어 있다. 또한 대웅전 내에는 바늘귀를 꿰는 모습, 등을 긁는 모습 등 해학적인 모습을 한 나한상 16위가 봉안되어 있다. 극락보전(전라남도 유형문화재 제32호)은 백양사에서 가장 오래 된 건물로 조선 선조 때에 환양이 세웠다고 한다. 명부전은 1896년에 건립된 것으로 내부에는 흙으로 조성된 시왕상과 흙에다 금을 도금한 지장보살상이 봉안되어 있다. 사천왕문(전라남도 유형문화재 제44호)은 이 절의 정문으로 1917년 건립되었다. 이 밖에도 대웅전 뒤편에 있는 팔정도(八正道)를 상징한 팔층탑에는 석가모니 부처님의 사리 3과가 안치되어 있으며, 부도전에는 이 절에서 배출했거나 주석했던 청허 휴정(淸虛 休靜, 1520~1604), 사명 유정(四溟 惟政, 1544~1610), 모운 진언(慕雲 震言, 1622~1703), 소요 태능(逍遙 太能, 1562~1649), 범해 각안(梵海 覺岸, 1820~1896) 등 승려 18인의 사리와 유골을 모신 석종형(石鐘型) 부도와 비가 있다. 이 중 소요대사부도(逍遙大師浮屠 ; 전라남도 유형문화재 제56호)는 이 절의 재흥에 힘쓴 태능의 유업을 기념하기 위해 건립한 것이다. 또 절 오른쪽 계곡 상부에 있는 국제기(國祭基)는 천신께 제사를 올리던 곳으로, 호남 일대에 재난이 있을 때에는 나라의 명을 받아 이곳에서 천제(天祭)를 올렸다. 그 유래는 조선시대 영조 때(1724~1776) 호남지방에 큰 유행병이 나돌아 호남감사가 영조에게 상소를 올리자 영지를 택하여 크게 기도를 드리라고 한 데 따른 것이다. 또 단칸의 영천암과 함께 있는 영천굴은 20평 남짓한 천연석굴로 이 굴 속의 바위틈에서 솟아나오는 영천이라는 샘이 있다. 백양 12경의 하나인 일광정(日光亭)에서는 해마다 부처님 오신 날에 시련법식(侍輦法食)이 거행되며, 절 뒤의 학바위는 고려 때부터 조선 중종 때(1506~1544)까지 천제를 지낸 곳이라고 한다. 절 일대에는 비자나무(천연기념물 제153호) 약 3만 그루가 밀집하고 있어 '춘백양(春白羊) 추내장(秋內藏)'의 호칭을 얻고 있다. 이 밖에도 백암산의 학봉, 상왕봉, 사자봉, 가인봉 등의 절경과 설경 등이 어울려 절 일대가 예로부터 조선 팔경의 하나로 유명했다. 【설화】 운문암에는 진묵 일옥(眞默 一玉, 1562~1633)의 일화가 전해 오고 있다. 일옥은 임진왜란 직전 이 암자에서 차를 달이는 소임을 맡고 있었는데, 전체 대중이 '차를 달이는 운문암 승려를 조사(祖師)로 모시라'는 현몽을 한 뒤 일옥을 조실(祖室)로 추대했다. 어느 날 일옥은 '내가 올 때까지는 이 불상을 도금하지 말라.'는 말을 남기고 자취를 감추었다. 그래서 지금도 그 불상은 어두운 색을 띤 채 일옥이 나타나기를 기다리고 있다고 한다. 또한 영천에 얽힌 설화도 있다. 영천은 옛날에는 한 사람이 먹을 만큼의 쌀이 나왔는데, 하루는 어떤 손님이 와서 더 많이 나오라고 작대기로 쑤셨더니 그 뒤로는 더 이상 쌀이 나오지 않았다고 한다. 【참고문헌】 문화유적

총람(문화재관리국, 1977), 한국사찰전서(권상로, 동국대학교 출판부, 1979), 한국의 명산 대찰(국제불교도협의회, 1982), 명산 고찰 따라(이고운·박설산, 신문출판사, 1987)

백양사(白楊寺)

【이명】백양사(白陽寺, 伯楊寺)라고도 한다. 【위치】경상남도 울산시 중구 성안동 함월산(含月山)에 있다. 【소속】대한불교 조계종 제15교구 본사인 통도사의 말사이다. 【연혁】932년(신라 경순왕 6) 백양(白楊)이 창건했다. 그 뒤 조선 전기까지의 연혁은 전하지 않는다. 1592년(선조 25) 임진왜란 때 병화로 불에 탄 것을 1678년(숙종 4) 연정(衍淨)이 중창했으며, 1753년 설인(雪仁)이 중건했다. 1923년 설고(雪皐)가 중수하여 오늘에 이르고 있다. 절 이름은 1780년의 《울산읍지》에는 백양사(白陽寺)로 기록되어 있고, 1899년의 《울산읍지》에는 '백양사(伯楊寺)'라고 기록되어 있다. 【유적·유물】현존하는 건물로는 대웅전을 비롯하여 명부전, 칠성각, 산령각, 선실, 누각, 종각 등이 있다. 문화재로는 2기의 부도가 있다. 서편 송림 속에 있는 것은 창건주 백양의 사리를 모신 부도이며, 동편에 있는 것은 연정의 부도라고 전한다. 【참고문헌】한국사찰전서(권상로, 동국대학교 출판부, 1979), 내 고장의 전통(울산시, 1982)

백양사(白陽寺, 伯楊寺)

백양사(白楊寺)를 보시오.

백엄사(伯嚴寺)

【이명】대동사(大同寺), 백암사(伯巖寺)라고도 불렸다. 【위치】경상남도 합천군 대양면 백암리에 있었다. 【연혁】신라 때 엄흔(嚴欣)과 백흔(伯欣)이 살던 집을 희사하여 창건하고, 두 사람의 이름을 따서 백엄사라 했다고 한다. 일설에는 신라 때 북택청(北宅廳) 터를 희사하여 창건했다고 한다. 그 뒤 건물이 퇴락하여 한때 폐허화했으나, 906년(효공왕 10) 사목곡(沙木谷)의 양부(陽孚)가 중창하고 주지가 되어 선종의 중심 도량으로 만들었다. 925년(고려 태조 8) 구산선문(九山禪門) 중 하나인 희양산파(曦陽山派)의 큰스님 정진 긍양(靜眞 兢讓)이 주지로 와서 스승 양부의 뜻을 이어 10년 동안 후학을 지도하다가 다시 희양산으로 돌아갔다. 그 뒤를 이어 신탁(神卓)이 남원 백암수(白嵓藪)에서 이 절로 옮겨 와 주지가 되었다. 1065년(문종 19) 11월 주지 수립(秀立)이 '원중상규 10조(院中常規 十條)'를 정하고 오층석탑을 세워 석가모니 부처님의 사리 24과를 봉안했다. '원중상규 10조'는 보(寶)를 조직하여 사리탑을 비롯, 사호법경승(寺護法敬僧)인 엄흔, 백흔, 근악(近岳)의 삼위전(三位前) 등에 공양을 올릴 것 등을 규정한 것이다. 그 뒤의 연혁은 전하지 않으며, 고려 말 조선 초에 폐사된 것으로 추정된다. 【유적·유물】현재 절터 가운데 일부는 경작지로 변했다. 남은 절터에는 석등(보물 제381호)과 석조여래좌상(경상남도 유형문화재 제42호)이 남아 있다. 석등은 신라시대의 작품으로 화사석(火舍石)을 고정시키기 위한 치석(治石)을 사용하고 있어 특이하며, 또 사천왕상의 조각 등은 주목되는 양식 수법이다. 석조여래좌상은 얼굴 부분의 마멸이 심하며, 일부는 시멘트로 보수했으나 조각 수법이 석등의 것과 비슷한 것으로 보아 통일신라시대의 작품으로 추정된다. 【참고문헌】삼국유사, 문화유적

총람(문화재관리국, 1977), 한국사찰전서 (권상로, 동국대학교 출판부, 1979)

백운사(白雲寺)

【위치】강원도 강릉시 연곡면 유등리 만월산(滿月山)에 있다. 【소속】대한불교조계종 제4교구 본사인 월정사의 말사이다. 【연혁】875년(신라 헌강왕 1) 도운(道雲)이 창건했다. 그 뒤의 연혁은 자세히 전하지 않는다. 다만 현재 절 주변에 산재하는 초석과 축대 등의 유적과, 이 절에서 공양미를 씻은 물이 연곡면의 행정천(杏亭川)을 부옇게 물들였다는 전설 등으로 미루어 보아 그 규모가 컸음을 짐작할 수 있다. 1545년(조선 인종 1) 무렵에는 이이(李珥)와 최옥(崔沃) 등의 유생들이 이 절을 강례처(講禮處)로 이용했다. 그러나 그 뒤 곧 폐사된 것으로 보인다. 1945년 김용환(金龍煥)이 병 치료를 위해 산신에게 천일기도를 올린 뒤 오대산 상원사에서 관음기도를 하던 중, 선인의 현몽으로 이 절터에 토굴을 짓고 다시 기도하여 병이 나았다고 한다. 그 뒤 상원사의 향봉(香峰)과 청월(淸月)이 1952년 중창 불사를 시작하여 이듬해 준공했다. 그리고 1955년 영주 부석사(浮石寺)에 있는 관세음보살상을 옮겨 왔으며, 1959년 3월 조선 순종의 계비인 순정효황후(純貞孝皇后) 윤(尹)씨의 보시로 개금했다. 【유적·유물】현존하는 건물로는 대웅전을 비롯하여 1965년 건립한 삼성각, 요사채 등이 있다. 【참고문헌】임영지(명주군, 1975)

백운사(白雲寺)

【이명】한때 숭암사(崇巖寺)라고도 불렸다. 【위치】충청남도 보령시 성주면 성주리 성주산(聖住山)에 있다. 【소속】한국불교태고종에 속한다. 【연혁】신라 때 무주 무염(無住 無染, 801~888)이 창건하여 숭암사라고 했다고 한다. 그 뒤의 자세한 연혁은 전하지 않는다. 다만 1592년(조선 선조 25) 임진왜란 때 인근 성주사(聖住寺)와 함께 전소했다가 중건되었다. 또한 언제인지는 모르나 절이 높은 곳에 위치하여 흰 구름 속의 절과 같다고 하여 백운사로 이름을 바꾸어 불렀다. 【유적·유물】현존하는 건물로는 대웅전과 요사채가 있다. 문화재로는 무염의 덕을 기린 '대낭혜대사송덕문(大郞慧大師頌德文)'이 있다. 이 송덕문은 아름다운 문장과 명필로 널리 알려져 있다. 【참고문헌】한국사찰전서(권상로, 동국대학교 출판부, 1979)

백운사(白雲寺)

【위치】전라북도 익산시 여산면 호산리 천호산(天壺山)에 있다. 【소속】대한불교조계종 제17교구 본사인 금산사의 말사이다. 【연혁】928년(신라 경순왕 2) 백양(白楊)이 창건했다고 한다. 언제 폐사되었는지는 알 수 없으나, 오랫동안 폐사된 채로 있었다. 옛터에서 아래로 1.5km 떨어진 곳으로 옮겨서 중창했으며, 1956년 이종태(李鍾泰)가 중건하여 절의 면모를 갖추었다. 【유적·유물】현존하는 건물로는 대웅전과 보광전(전라북도 문화재자료 제90호), 삼성각, 요사 등이 있다. 【참고문헌】전북불교총람(전북불교총연합회, 1993), 사찰지(전라북도, 1990)

백운사(白雲寺)

【위치】전라북도 정읍시 이평면 산매리에 있다. 【소속】한국불교태고종에 속한다. 【연혁】유물로 미루어 보아 고려시대에 창건된 것으로 추정된다. 연혁은 전하지 않는다. 폐사된 채 있던 것을 1949년 송곡 최재석(松谷 崔在錫)이 중창했다. 【유

적·유물】 건물로는 인법당(因法堂)이 있다. 유물로는 석불입상이 있는데 고려시대의 것으로 보인다. 【참고문헌】 사찰지(전라북도, 1990)

백운사(白雲寺)

【이명】 한때 서운암(瑞雲庵)이라고 불렸다. 【위치】 충청북도 음성군 삼성면 용성리 백운산에 있었다. 【연혁】 고려시대 중기에 경기도 안성의 칠장사(七長寺)에 사는 한 도승이 창건하여 당시의 산 이름을 따서 서운암이라고 했다고 한다. 사세가 날로 번창하여 1592년(조선 선조 25) 임진왜란 때에는 인근 마을 주민들이 이 절로 몰려들어 매일 수백 명의 피난민이 숙식을 하며 머물렀다. 그러나 이 해 8월 왜병이 불태워 전소하였다. 1602년(선조 35) 통정대부(通政大夫) 상명(尙明)이 중창하여 백운사라고 이름을 바꿨다. 고종 때(1863~1907)까지는 명맥을 이어 왔으나 그 뒤 폐사되었다. 【유적·유물】 절터는 약 4,500평방미터이며, 기와 조각이 산재해 있다. 사적비가 세워져 있었다고 하나, 1978년 한 주민이 파괴해 버려 지금은 없다. 또한 절터 서쪽 골짜기에 도괴한 부도 3기가 있다. 【참고문헌】 사지(충청북도, 1982)

백운사(白雲寺)

【이명】 한때 대흥사(大興寺)라고 불렸다. 【위치】 충청북도 괴산군 사리면 소매리 백마산(白馬山)에 있다. 【소속】 대한불교법화종에 속한다. 【연혁】 1321년(고려 충숙왕 8) 창건하여 대흥사라고 했다. 그러나 조선 영조 때(1724~1776) 폐사되었는데, 이는 승려들이 힘 자랑을 하다가 살인을 했기 때문이라고 한다. 그 뒤 1930년 장우(長雨)가 초막을 세우고 백운사라고

했다. 1933년 봉국사(奉國寺)의 송운재(宋雲齋)가 인수하여 법당을 신축했고, 1956년 법당을 보수했다. 1960년 화재로 전소하자 곧 중창하여 오늘에 이르고 있다. 이 절 동쪽에 있는 승니골(僧尼谷)은 비구니들이 기거했던 곳이라고 한다. 【유적·유물】 현존하는 건물로는 대웅전과 요사채, 객실 등이 있다. 유물로는 법당 뒤 칠성바위에 1941년 조각된 칠성불(七星佛)을 비롯하여 1942년 조각된 높이 3m의 불상과 산신상, 법당 뒤 바위의 미륵불상, 1966년 발견된 높이 17cm의 석조여래좌상 1위가 있다. 이 밖에도 1941년 발견된 높이 15cm의 금동여래입상과 1952년 발견된 높이 10cm의 철제여래좌상이 있었으나 뒤에 없어졌다. 이 절에는 5기의 부도가 있다. 1기는 1955년에 세워진 송운재의 것이며, 나머지 4기는 대흥사 터의 산제당골(山祭堂谷)에 있던 것을 옮겨 봉안한 것으로 이 중에는 고려시대의 작품으로 추정되는 것도 있다. 이 절에는 또한 영수(靈水)로 불리는 약수가 있다. 【참고문헌】 사지(충청북도, 1982)

백운사(白雲寺)

【위치】 충청남도 서천군 시초면 초현리 천방산(千方山)에 있었다. 【연혁】 언제 누가 창건했는지 알 수 없다. 조선시대에 신경준(申景濬, 1712~1781)이 편찬한 《가람고(伽藍考)》와 1799년(정조 23)에 편찬된 《범우고(梵宇攷)》에는 존재한다고 나와 있다. 언제 폐사되었는지 알 수 없다. 【유적·유물】 절터에는 옥개석을 비롯하여 석등 옥개석, 원형 석재 등이 남아 있었으나, 1988년의 홍수로 절터가 파괴되어 국립부여박물관에 옮겨져 보관하고 있다. 【참고문헌】 문화유적총람-사

찰편(충청남도, 1990)
백운사(白雲寺)
【위치】경기도 의왕시 왕곡동 백운산(白雲山) 동남쪽 기슭에 있다. 【소속】대한불교조계종 제2교구 본사인 용주사의 말사이다. 【연혁】언제 누가 창건했는지 알 수 없다. 1894년(조선 고종 31) 산불로 소실한 뒤 석탑의 일부와 주춧돌만이 남게 되자 1895년 청풍(淸風) 김(金)씨들이 지금의 자리로 옮겨 중건했다. 이어 1916년 주지 경흔(敬欣)이 중수했으며, 1955년 무렵 금오 태전(金烏 太田)이 머무르면서 수행승들을 지도했다. 1971년에는 비구니 정화(貞和)가 법당을 확장하여 다시 짓고, 요사채를 신축하여 오늘에 이르고 있다. 【유적·유물】현존하는 건물로는 관음전과 요사채가 있다. 관음전 안에는 관세음보살상을 비롯하여 후불탱화, 신중탱화, 산신탱화, 칠성탱화 등이 봉안되어 있다. 원래의 절터는 절 위쪽 3km 지점에 있으며, 1900년대에 편찬된《사탑고적고(寺塔古蹟攷)》에는 초석과 석탑의 부재가 산재해 있었다고 하나 지금은 군부대가 주둔하고 있어 그 흔적을 찾을 수 없다. 【참고문헌】용주사본말사지(본말사주지회, 1984), 기내사원지(경기도, 1988)
백운사(白雲寺)
용궁사(龍宮寺)를 보시오.
백운사(白雲寺)
흥룡사(興龍寺)를 보시오.
백운암(白雲庵)
【위치】경상남도 양산군 하북면 지산리 영축산(靈鷲山)에 있다. 【소속】대한불교조계종 제15교구 본사인 통도사의 산내 암자이다. 【연혁】652년(신라 진덕여왕 6) 조일(早日)이 창건했다. 그 뒤 여러 차

례의 중수를 거쳐 1810년(조선 순조 10)에는 침허(枕虛)가 중창했다. 1970년대 경봉 정석(鏡峰 靖錫)의 후원으로 사세를 확장하여 오늘에 이르고 있다. 이 절은 통도사의 부속 암자 중 가장 높은 곳에 위치하여 예로부터 한적한 수도처로서 손꼽혔다. 이곳에는 근대의 큰스님 만공 월면(滿空 月面, 1871~1946)의 오도(悟道)를 비롯하여 수많은 큰스님들의 수행 일화가 전하고 있다. 【유적·유물】현존하는 건물로는 법당과 산신각, 요사채 등이 있다. 특별한 문화재는 없다. 석양 무렵의 경치와 어우러지는 이 절의 북소리는 통도팔경(通度八景) 중의 하나이다. 금수(金水)라고 불리는 약수가 있다. 【참고문헌】한국사찰전서(권상로, 동국대학교 출판부, 1979)
백운암(白雲庵)
【위치】전라남도 광양시 옥룡면 동곡리 백운산(白雲山)에 있다. 【소속】대한불교조계종 제19교구 본사인 화엄사의 말사다. 【연혁】상백운암, 하백운암, 백운암의 세 암자가 아래 위로 함께 위치하고 있는데, 이 세 암자 모두 1181년(고려 명종 11) 보조(普照) 국사 지눌(知訥)이 창건했다. 1592년(조선 선조 25) 임진왜란 때 전소했다. 그 뒤 1914년 눌암(訥巖)이 중건했다. 1948년 세 암자가 모두 여순반란 사건으로 다시 소각되자 1960년 6월 구산 수련(九山 秀蓮)이 중건을 시작하여 1963년에 마쳤다. 【유적·유물】현존하는 건물로는 인법당(因法堂), 요사채가 있다. 특별한 문화재는 남아 있지 않다. 【참고문헌】문화유적총람(문화재관리국, 1977)
백운암(白雲庵)
【위치】충청북도 충주시 엄정면 괴동리 백운산(白雲山)에 있다. 【소속】대한불교

조계종 제5교구 본사인 법주사의 말사이다. 【연혁】 1886년(조선 고종 23) 진령군(眞靈君) 파평(坡平) 윤(尹)씨가 창건했다. 윤씨는 원래 무당으로서 1882년 임오군란으로 장호원으로 피난왔던 명성황후(明成皇后)가 곧 궁으로 돌아가게 될 것임을 예언했는데, 황후가 궁으로 환도한 뒤 윤씨를 불러 용하다는 칭송과 함께 진령군여대감(眞靈君女大監)이란 벼슬을 내렸다. 그 뒤 괴산리에 거주하던 중 흰 옷을 걸친 철불(鐵佛)이 나타나서 지금의 절터에 불상을 안치하라는 꿈을 꾸고 절을 창건하여 백운암이라고 했다고 한다. 더 이상의 자세한 연혁은 전하지 않는다. 【유적·유물】 현존하는 건물로는 법당과 삼성각, 요사채 등이 있으며, 법당은 1886년 윤씨가 세운 것이다. 법당 안에는 철불좌상(충청북도 유형문화재 제21호)을 비롯하여 후불탱화, 신중탱화, 지장탱화 등이 있다. 이 중 철불좌상은 고려시대의 것으로 추정되는 빼어난 작품이다. 현재는 철불 위에 석고를 바르고 그 위에 개금했다. 【참고문헌】 사지(충청북도, 1982)

백월산남사(白月山南寺)

남백사(南白寺)를 보시오.

백장암(百丈庵)

【위치】 전라북도 남원시 산내면 대정리 지리산(智異山)에 있다. 【소속】 대한불교 조계종 제17교구 금산사의 말사인 실상사(實相寺)의 부속 암자이다. 【연혁】 828년(신라 흥덕왕 3) 증각 홍척(證覺 洪陟)이 실상사를 창건하면서 부속 암자로서 함께 창건했다. 또한 그 뒤 실상사가 선풍(禪風)을 떨칠 때에는 실상산파(實相山派)의 참선도량으로 활용되었다. 1468년(조선 세조 14) 실상사가 화재로 폐허화한 이후

부터 1679년(숙종 5)까지 약 2백 년 동안 실상사 승려들이 이 절에서 머물렀다고 한다. 숙종 때 소실됐던 것을 1901년 재건했다. 【유적·유물】 현존하는 건물로는 인법당(因法堂)과 칠성각, 산신각이 있다. 남아 있는 건물 터로 보아 상당히 규모가 컸었음을 알 수 있다. 문화재로는 삼층석탑(국보 제10호)과 석등(보물 제40호), 청동은입사향로(靑銅銀入絲香爐 ; 보물 제420호)가 있다. 삼층석탑은 통일신라시대의 걸작품으로 상륜부가 원형 그대로 남아 있어 불국사의 석가탑을 복원할 때 이 탑을 본떴다. 석등 또한 삼층석탑과 같은 시기에 만들어진 것으로 보인다. 청동은입사향로는 1584년(선조 17)에 만들어진 것으로 지금은 전주시립박물관에 보관되어 있다. 【참고문헌】 문화유적총람(문화재관리국, 1977), 한국사찰전서(권상로, 동국대학교 출판부, 1979), 사찰지(전라북도, 1990)

백제사(百濟寺)

【위치】 일본 시가현(滋賀縣) 에치군(愛知郡)의 석가산(釋迦山)에 있다. 【연혁】 사전(寺傳)에 의하면, 스이코왕(推古王)의 원에 따라 쇼토쿠태자(聖德太子)와 함께 6세기 후반에서 7세기 초에 걸쳐 백제에서 건너간 혜총(惠聰), 도흔(道欣), 관륵(觀勒) 등이 중심이 되어 백제의 용운사(龍雲寺)를 모방하여 창건했다고 한다. 《담해온고록(淡海溫故錄)》에는 665년 백제의 왕자가 일본에 갔을 때 왕자를 수행원들과 함께 이곳에 거처하도록 했다고 하여 절의 이름이 백제사로 불리게 되었다고 한다. 또한 《태자전고금목록초(太子傳古今目錄抄)》에도 이 절의 이름을 일본식으로 발음하여 구다라사(俱多羅寺)라고

했고, 일련의 태자전(太子傳)의 주석서인 《법공초(法空抄)》《중회초(重懷抄)》《송예초(松譽抄)》 등에서는 이 절을 쇼토쿠 태자가 창건한 46원(院) 중의 하나로 꼽고 있는 것으로 보아, 이 절은 아스카시대(飛鳥時代)에 창건된 것으로 추정된다. 그리고 일본 천태종의 개조인 사이초(最澄)가 이 절을 중흥했을 때에는 칠당가람(七堂伽藍)이었고, 600여 승방을 갖춘 큰 절로서 승려들도 무려 천 명이 거주하고 있었다고 한다. 1498년, 1503년, 1577년 등 세 차례의 화재로 건물과 보물은 거의 소실했다. 그러나 다행히 화재를 면한 십일면관음보살상은 현재 본존으로서 봉안되어 있다. 그 밖의 불상으로는 금동의 미륵반가사유상이 있는데, 교토(京都)의 고류사(廣隆寺)에 봉안되어 있는 백제 불상 미륵반가사유상과 동일한 형태의 것으로 이 절이 백제인들에 의해 이루어지고 신앙되었음을 입증한다. 실제로 백제 계통의 이주민들은 백제가 멸망한 뒤 이 지역으로 대거 유입하여 정착했다. 그 예로서 이들의 지도자였던 귀실집사(鬼室集斯)의 묘가 이곳에서 가까운 오노(小野)라는 지역에 있다. 그리고 이 일대에 정착하여 번창했던 신라 계통의 하타씨족(秦氏族)과도 이 절은 밀접한 관련을 가졌을 것으로 추정된다. 이곳에 거주한 하타씨족을 에치하타씨(依智秦氏)라고 하고, 이곳을 에치군(愛知郡)이라고 한 것이 바로 하타씨족의 '에치(依智)'에서 유래한 것으로 보아 이 절이 신라와 백제 계통의 씨족들과 밀접한 관련을 갖고 있었음이 분명하다. 【유적·유물】 현재 이 절에는 에도시대(江戶時代)에 건립된 본당을 비롯하여 적문(赤門), 극락교, 본방(本坊), 인왕문 등

의 건물이 있다. 【참고문헌】 歸化人の社寺(今井啓一, 綜藝舍, 1973), 日本の中の朝鮮文化(金達壽, 講談社, 1983)

백제사(百濟寺)
【위치】 일본 오사카부(大阪府) 이쿠노구(生野區)에 있었다. 【연혁】 언제 누가 창건했는지 알 수 없다. 지역이 백제군(百濟郡)으로 불릴 만큼 백제 계통의 이주인들이 많이 정착해 살던 곳이어서 백제가 망한 뒤 백제인들이 창건한 것으로 보인다. 《일본영이기(日本靈異記)》에 백제의 승려 의각(義覺)이 백제가 신라에게 망한 뒤 일본으로 건너가 난파(難波)의 백제사에 머물렀다고 나오는데, 이 백제사가 바로 이 절인 것으로 추정된다. 《성덕태자전력(聖德太子傳曆)》《태자전고금목록초(太子傳古今目錄抄)》 등의 문헌에도 난파의 백제사가 등장한다. 그러나 지금은 폐사되어 이름만 전한다. 이 절이 있었던 것으로 추정되는 사리사정(舍利寺町)에 오늘날에는 사리존칭사(舍利尊稱寺)라는 절이 세워져 있다. 이쿠노구 일대는 일본에서도 재일한국인들이 가장 많이 거주하는 지역으로 알려져 있다. 【유적·유물】 경내 중심부에는 선광당(善光堂)이 있는데, 선광은 백제왕족의 후예로서 백제가 멸망한 뒤 일본으로 건너가 이 지역에 정착한 백제인 사회의 지도자 역할을 했던 사람이다. 【설화】 의각과 관련된 설화가 전한다. 어느 날 밤 이 절에 같이 있던 혜의(慧義)가 밤중에 그가 있는 방을 보니 광명이 찬란하므로 창틈으로 엿보았다. 그가 단정히 앉아 경을 외우는데, 입에서 광명이 솟아났다고 한다. 하루는 그가 대중들에게 '내가 밤에 눈을 감고 《반야심경》을 백 번 외우고 눈을 떠보니 사방 벽이

훤해서 들 밖까지 내다보이기에 일어나서 벽을 만져 보았으나 벽과 창이 모두 달려 있었다. 다시 앉아서 경을 외우면 역시 그러했다. 이는 반야의 부사의(不思議)한 묘용(妙用)이다.'라고 말했다. 【참고문헌】日本國現報善惡靈異記, 本朝高僧傳, 元亨釋書, 歸化人の社寺(今井啓一, 綜藝舍, 1973), 歸化人(關晃, 至文堂, 1983), 日本の中の朝鮮文化(金達壽, 講談社, 1983), 재일한국인(이광규, 일조각, 1983)

백제사(百濟寺)

【위치】일본 오사카부(大阪府) 히라카타시(枚方市) 지큐산(字宮山)에 있었다. 【연혁】백제가 멸망한 뒤 일본으로 망명한 백제 왕족의 후예들이 그들의 씨족 절로서 창건했다. 이 절을 창건한 백제왕씨(百濟王氏)는 다른 한국의 이주민들과는 달리 일본 정부에서 특별히 우대했기 때문에 정치적으로 높은 지위를 얻어 상류계층의 귀족에 준하는 생활을 했다. 간무왕(桓武王)이 즉위하자 그의 생모인 다카노(高野新笠)가 백제 무녕왕의 후손인 야마토씨(和史氏) 출신이었기 때문에 일본의 왕들은 자신의 외척이 되는 이들 백제왕의 후손들을 우대했던 것으로 추정된다. 연혁은 전하지 않는다. 당시 중요한 건물로는 남대문과 중문, 금당, 강당 등이 있었다. 금당 앞의 동쪽과 서쪽에 각각 탑이 있었으며, 회랑 등도 아울러 갖추고 있었다. 【유적·유물】오늘날에는 절터가 사적공원으로 지정이 되어 있으나 완전히 폐사되어 그 흔적만 찾아볼 수 있다. 【참고문헌】歸化人の社寺(今井啓一, 綜藝舍, 1973), 歸化人(關晃, 至文堂, 1983)

백족사(白足寺)

【이명】한때 심진암(尋眞庵)이라고 불렸다. 【위치】충청북도 청원군 가덕면 상야리 백족산 중턱에 있다. 【소속】한국불교태고종에 속한다. 【연혁】유물로 미루어 보아 고려 중기에 창건된 것으로 추정된다. 원래는 심진암이라고 불렸으나 뒤에 산 이름을 따서 백족사라고 바꾸었다. 조선시대까지도 존속해 오다가 폐사되었으나 근년에 대웅전을 짓고 중창했다. 【유적·유물】건물로는 대웅전과 요사가 있다. 문화재로는 대웅전 앞에 삼층석탑이 있는데 일제강점기 말에 주지 김학수(金學洙)가 발견하여 복원했다. 고려시대의 것으로 추정된다. 【참고문헌】사지(충청북도, 1982)

백지사(栢旨寺)

백흥암(百興庵)을 보시오.

백천사(栢川寺)

【이명】장원암(壯元庵)이라고도 불렸다. 【위치】광주광역시 동구 지산동 무등산(無等山)에 있었다. 【연혁】유물로 미루어 보아 통일신라 때 창건된 것으로 추정된다. 연혁은 전하지 않는다. 1899년(광무 3)에 편찬된 《호남읍지》와 1925년에 편찬된 《광주읍지》에는 '장원암이 일명 백천사이며 현존한다.'고 나와 있다. 그러나 1987년에 실시된 무등산의 문화유적 지표조사에서 장원봉(壯元峰) 아래에서 장원암의 터로 추정되는 별도의 절터가 발견됨으로써 백천사와 장원암을 별개의 절로 보는 견해도 있다. 【유적·유물】절터에는 오층석탑(보물 제110호)만이 남아 있다. 이 탑은 통일신라 말인 9세기 무렵에 조성된 것으로 추정되는데, 1955년 해체·복원할 당시 4층의 옥신(屋身)에서 청동제 사리구(舍利具)가 발견되어 지금 서울의 국립중앙박물관에 보존하고 있다.

또한 1960년 절터에서 금동제 소품(小品) 1점이 출토되어 전남대학교 박물관에서 보관중 1973년 도난당했다. 【참고문헌】 광주의 불적(광주직할시, 1990)

백화암(白華庵)

【이명】 한때 축성암(祝聖庵)이라고 불렀다. 【위치】 강원도 고성군 오대면 냉천리 금강산에 있었다. 【연혁】 845년(신라 문성왕 7) 창건하여 축성암이라고 했다. 그 뒤 조선 후기까지의 연혁은 전하지 않는다. 1846년(헌종 12) 불에 탔으며, 1858년(철종 9) 석담(石潭)과 몽허(夢虛)가 중창했다. 1878년(고종 15) 다시 불에 타서 다음해 중수하여 수도도량으로 명맥을 이어왔다. 일제강점기의 31본산시대에는 건봉사(乾鳳寺)의 말사였다. 현재의 상황은 알 수 없으나 북한측 자료에 의하면 현존하지 않는다. 【참고문헌】 한국사찰전서(권상로, 동국대학교 출판부, 1979)

백화암(白華庵)

【이명】 한때 불곡사(佛谷寺)라고 불렀다. 【위치】 경기도 양주군 주내면 유양리 불곡산(佛谷山)에 있다. 【소속】 대한불교조계종 제25교구 본사인 봉선사의 말사이다. 【연혁】 898년(신라 효공왕 2) 연기 도선(烟起 道詵)이 창건하여 불곡사라고 했다. 1592년(조선 선조 25) 임진왜란 때 불에 탄 것을 1598년에 광종(廣宗)이 중건했다. 1868년(고종 5) 축성루(祝聖樓)를 신축했고, 1923년 주지 월하(月河)가 절 전체를 중수했다. 그러나 1950년 6·25전쟁 때 건물이 모두 불에 타 1956년 주지 성봉(性峰)이 복원하여 백화암이라고 이름을 바꾸었다. 1968년 비구니 무상(無常)이 대웅전을 중건하고, 요사채를 신축했다. 1985년 주지 한암(閑庵)이 대웅전

과 산신각을 중수하여 오늘에 이르고 있다. 【유적·유물】 현존하는 건물로는 대웅전을 비롯하여 산신각, 요사채 2동, 신도들이 머무르는 속청(俗廳) 1동이 있다. 대웅전 안에는 석가여래상을 중심으로 좌우에 관음상과 대세지보살상이 있고, 후불탱화, 신중탱화, 지장탱화 등이 봉안되어 있다. 이 밖에도 석조연화사각대좌가 있는데, 통일신라 말이나 고려 초의 것으로 추정된다. 【참고문헌】 기내사원지(경기도, 1988)

백화암(白華庵)

【위치】 강원도 회양군 내금강면 장연리 금강산에 있었다. 【연혁】 언제 누가 창건했는지 알 수 없다. 1366년(고려 공민왕 15) 나옹 혜근(懶翁 惠勤)이 이 절의 남쪽 바위에 웅장한 불상 3위를 새긴 것으로 보아 고려 말 이전에 창건된 것으로 추정된다. 그 뒤 1632년(조선 인조 10) 청허 휴정(淸虛 休靜)의 부도비가 세워졌고, 1645년 편양 언기(鞭羊 彦機)의 부도비가 세워졌다. 특히 이 절은 휴정과 그의 제자 언기와 매우 깊은 인연을 지녔다. 휴정을 백화도인(白華道人)이라고 별호하는 것도 이 절에 오래 머물렀기 때문이다. 1837년(헌종 3) 허백 명조(虛白 明照)의 부도비가, 1843년(헌종 9) 풍담 의심(楓潭 義諶)의 부도비가 각각 건립되었다. 1845년 원섬(圓暹)이 시주하여 중건했으며, 1869년(고종 6) 완성(玩星)과 월하(月河)가 영각(影閣)을 건립했다. 그리고 1914년 3월 8일 소실한 뒤 다시 중건했다. 일제강점기의 31본산시대에는 유점사(楡岾寺)의 말사인 표훈사(表訓寺)의 산내 암자였다. 현재의 상황은 알 수 없으나 북한측 자료에 따르면 현존하지 않는다. 【참고문헌】

한국사찰전서(권상로, 동국대학교 출판부, 1979)

백흥암(百興庵)

【이명】한때 백지사(栢旨寺)라고 불렸다. 【위치】경상북도 영천시 청통면 치일리 팔공산(八公山)에 있다. 【소속】대한불교 조계종 제10교구 본사인 은해사의 산내 암자이다. 【연혁】적인 혜철(寂忍. 惠哲) 이 861년(신라 경문왕 1) 착공하여 그가 입적한 뒤인 873년 완공했으며, 절 주위 에 잣나무가 많아서 백지사라 했다고 한 다. 그 뒤 조선 전기까지의 연혁은 전하지 않는다. 1546년(명종 1) 백흥암이라고 이 름을 바꾸었고, 1651년(효종 2) 중건했으 며, 1677년(숙종 3) 중수했다. 1730년(영 조 6) 보화루(普化樓)를 중건했고, 1858 년(철종 9) 청봉(靑峰)이 영산전을 중수 하여 오늘에 이르고 있다. 한때는 수백 명 이 수도했다고 하며, 규모도 암자로서는 매우 큰 편이다. 현재는 비구니의 수도도 량이다. 【유적·유물】현존하는 건물로 는 극락전을 중심으로 영산전, 명부전, 문 루(門樓), 산신각, 선실, 원주실(院主室), 요사채 등이 있다. 극락전(보물 제790호) 안의 아미타삼존불을 받치고 있는 수미단 (須彌壇 ; 보물 제486호)은 목조 탁자로서 각 면마다 안상(眼象), 봉황, 공작, 학, 용, 동자, 물고기, 개구리, 코끼리, 사자, 사슴 등이 조각되어 있으며, 우리 나라 조 각미술의 원조라고 할 만큼 조각사 연구 에 귀중한 자료가 되고 있다. 이 밖에도 이 절에는 1531년(중종 26)에 간행된 법 화경판(法華經板)과 이 절을 거쳐간 24인 의 큰스님들의 영정이 봉안되어 있다. 【참고문헌】한국사찰전서(권상로, 동국대 학교 출판부, 1979), 명산 고찰 따라(이고

운·박설산, 신문출판사, 1987)

범굴사(梵窟寺)

대성암(大聖庵)을 보시오.

범륜사(梵輪寺)

【이명】한때 운계사(雲溪寺)라고 불렸다. 【위치】경기도 파주군 적성면 설마리 감 악산(紺岳山)에 있다. 【소속】한국불교태 고종에 속한다. 【연혁】언제 누가 창건했 는지 알 수 없다. 1481년(조선 성종 12) 에 편찬된《동국여지승람》에는 존재한다 고 나와 있고, 1799년(정조 23)에 편찬된 《범우고(梵宇攷)》에는 폐사되었다고 나 와 있다. 자세한 연혁은 전하지 않는다. 1971년 중창하여 범륜사라고 이름을 바꿨 다. 【유적·유물】건물로는 대웅전과 강 원, 요사채 등이 있다. 유물로는 삼층석탑 이 있다. 이 탑은 원래 있던 조선시대의 탑재들을 조립하여 최근 조성한 것이다. 요사채 옆에는 조선 후기의 기와 조각이 쌓여 있다. 【참고문헌】한국사찰전서(권 상로, 동국대학교 출판부, 1979), 기내사원 지(경기도, 1988)

범어사(梵魚寺)

【위치】부산광역시 금정구 청룡동 금정산 (金井山)에 있다. 【소속】대한불교조계종 제14교구 본사이다. 【연혁】신라 흥덕왕 때(826~836) 창건했다고 하는 설과, 의 상(義湘)이 당나라에서 귀국한 뒤인 678 년(문무왕 18)에 창건했다는 설이 있다. 그러나 이 절이 신라 화엄십찰(華嚴十刹) 의 하나라는 점에서 의상이 창건했다는 《삼국유사》의 설이 타당성이 크다. 그 뒤 의상의 제자 표훈(表訓)이 주석했으며, 당시에는 왜구를 진압하는 비보사찰(神補 寺刹)의 하나로서 중요한 위치에 있었다. 고려시대의 연혁은 전하지 않는다. 조선

시대에 들어와 1592년(선조 25) 임진왜란 때 불에 탔다. 그 뒤 폐허로 있다가 1602년(선조 35) 관(觀) 선사가 중건했으나, 곧 다시 소실했다. 1613년(광해군 5) 묘전(妙全) 등이 법당 및 요사채를 중창했다. 그 뒤 이 절은 많은 큰스님들을 배출하면서 절의 규모를 넓혔으며, 선찰대본산(禪刹大本山)이란 이름 아래 현재 부산과 경상남도 3대 절의 하나로 발전했다. 이 절과 인연이 깊은 큰스님으로는 창건주로 추정되는 의상과 신라 10성(十聖) 중의 한 사람인 표훈, 일생을 남에게 보시한 것으로 유명한 낙안(樂安), 구렁이가 된 스승을 제도한 영원(靈源), 근대의 경허 성우(鏡虛 惺牛, 1849~1912), 용운 봉완(龍雲 奉玩, 1879~1944), 동산 혜일(東山 慧日, 1890~1965) 등이 있다. 【유적·유물】현존하는 건물로는 일주문(부산광역시 유형문화재 제2호)과 천왕문, 불이문, 보제루(普濟樓), 심검당(尋劍堂), 비로전, 미륵전, 선원, 요사채, 강당, 종무소, 후원(後院), 대웅전(보물 제434호), 관음전, 일로향각(一爐香閣), 명부전, 서향각(西香閣), 팔상전, 독성각, 나한전, 산령각(山靈閣) 등이 있다. 중요 유물로는 보제루 앞 뜰에 신라시대의 삼층석탑(보물 제250호)이 있고, 대웅전의 남쪽에는 거대한 칠층석탑이 있다. 이 칠층석탑은 근세에 인도 승려가 가지고 온 부처님의 사리를 봉안한 탑으로서 전통적인 신라 석탑 형식에 다소 변화를 주어 새로 건립한 것이다. 삼층석탑에서 남쪽에 위치한 곳에 이 절 유일의 석등(부산광역시 유형문화재 제16호)이 있는데, 고려 말의 작품으로 추정된다. 일주문 옆 숲 속에는 수많은 비석이 있고, 그 비석 아래쪽에 혜일

의 석조부도가 있다. 이 부도는 최근의 작품이지만 고려 이래의 전통적 석조부도의 아름다운 형태를 나타내고 있는 작품이다. 이 밖에도 옥인(玉印)과 당간지주(부산광역시 유형문화재 제15호), 구룡병풍(九龍屛風), 삼층석탑, 옥와(玉瓦), 석존사리탑, 금강저(金剛杵), 목조미륵불, 범종, 어병(御屛), 오동향로(烏銅香爐) 등이 있다. 이 중 옥인은 의상 또는 원효의 것이라고 전하는데, 산내 암자인 원효암(元曉庵)의 우물 보수중에 발견된 것이며, '널리 화엄의 그물을 펴서 인간과 천상의 중생을 제도한다'는 뜻을 지닌 '장대교망로인천지어(張大敎網攄人天之魚)'라는 글자가 새겨져 있다. 【설화】창건에 얽힌 설화가 전한다. 절 창건 약 20년 전 왜인이 10만의 병선을 거느리고 신라를 침략하려 했으므로 무열왕이 근심하고 있는데, 문득 꿈에 신인(神人)이 나타나서 의상을 청해 화엄신중기도(華嚴神衆祈禱)를 할 것을 권했다. 신인은 '태백산에서 의상이 3천 명의 대중을 거느리고 화엄의지법문(華嚴義持法門)을 연설하며, 화엄신중들이 항상 그의 옆을 떠나지 않고 수행하고 있다. 또 동국 해변에 금정산(金井山)이 있는데, 그 산정에 높이 50여 척이나 되는 바위가 솟아 있고, 그 바위 위에 우물이 있으니, 그 우물은 항상 금색이며, 사시사철 언제나 가득 차 마르지 않고, 범천에서 오색 구름을 타고 온 금빛 물고기들이 헤엄치며 놀고 있다.'고 하면서 왕이 의상을 청해 함께 금정산 아래로 가서 7일 동안 화엄신중을 독송하면 왜병이 자연히 물러갈 것이라고 했다. 왕이 그대로 했더니 왜선이 서로 공격하여 모든 병사가 빠져 죽고 살아 남은 자가 없었다. 왕

이 매우 기뻐하여 의상을 예공(銳公) 대사로 삼고, 그 뒤 문무왕이 평장사(平章事) 유춘우(柳春雨)에게 명하여 기도하던 자리에 범어사를 창건했다고 한다. 【참고문헌】 삼국유사, 동국여지승람, 범어사 창건사적, 선찰대본산 범어사 안내, 한국의 사찰-범어사(한국불교연구원, 일지사, 1978), 한국의 명산 대찰(국제불교도협의회, 1982)

법계사(法界寺)
【위치】 경상남도 산청군 시천면 중산리 지리산 천왕봉(天王峯)의 동쪽 중턱에 있다. 【소속】 대한불교조계종 제12교구 본사인 해인사의 말사이다. 【연혁】 544년(신라 진흥왕 5) 연기(緣起)가 창건했다. 1405년(조선 태종 5) 벽계 정심(碧溪 正心)이 중창한 뒤 수도처로서 널리 알려졌으며, 많은 큰스님들을 배출했다. 그러나 1950년 6·25전쟁 때 불에 탄 뒤 워낙 높은 곳에 위치해 있어 중수하지 못한 채 토굴만으로 명맥을 이어왔다. 그러던 중 최근에 법당이 준공되어 절다운 면모를 갖추었다. 해발 1,400m에 위치하는 우리나라에서는 가장 높은 곳에 있는 절이다. 【유적·유물】 건물로는 법당 등이 있다. 법당 왼쪽에 고려 초에 조성된 것으로 보이는 삼층석탑(보물 제473호)이 있으며, 절 뒤에는 암봉(巖峰)과 문창대(文昌臺)가 있다. 【참고문헌】 명산 고찰 따라(이고운·박설산, 신문출판사, 1987)

법광사(法廣寺)
【이명】 법광사(法光寺)라고도 했다. 【위치】 경상북도 포항시 북구 신광면 상읍리 비학산(飛鶴山)에 있었다. 【연혁】 신라 진평왕 때(579~632) 원효(元曉)가 왕명으로 창건했다고 한다. 549년(진흥왕 10)

양(梁)나라 무제(武帝)가 신라에 사신을 파견하여 부처님 사리를 보내 오자 진흥왕이 궁에 맞아들였고, 그 뒤 진흥왕의 손자 진평왕이 원효에게 명하여 이 절을 창건하고 탑을 세워 사리를 봉안하여 원당으로 삼았다는 것이다. 그러나 원효는 648년(진덕여왕 2) 32세에 비로소 출가했으므로 신빙성이 없다. 창건 당시의 건물로는 대웅전과 2층 금당, 향화전(香火殿), 오층석탑 등 525칸이 있었다. 그 뒤 차츰 퇴락해 오다 1746년(조선 영조 22) 명옥(明玉) 등의 비구니들이 오층석탑을 중수하려고 헐었을 때, 맨 아래층의 옥으로 만든 함 속에 22과의 석가모니 부처님 진신사리가 들어 있음을 발견하고 다시 동함(銅函)을 만들어 사리를 탑 2층에 봉안했으며, 그 해 가을에 탑 앞에 법당을 짓고 금강계단이라고 했다. 그러나 수십 년이 못 되어 전소하여 폐사됐다. 1876년(고종 13) 규민(圭敏)이 중흥하고자 1886년까지 원통전을 비롯해 득수당(得水堂), 상운각(祥雲閣), 산령각(山靈閣), 독성각 등을 차례로 중건했다. 1887년(고종 24)에는 5층 중 3층만 남아 있던 사리탑을 중수했는데, 이때 1750년(영조 26)에 쓰여진 〈사리탑중수기〉가 발견되었다. 다시 화재로 소실하여 폐허화했다. 【유적·유물】 절터는 경상북도 기념물 제20호로 지정되어 있다. 현존하는 유물로는 석탑과 불상연화대좌, 쌍귀부(雙龜趺) 등이 있다. 현재 4층까지만 남아 있는 사리석탑은 1968년 도굴되었으며, 도굴 뒤 탑 속에서 '법광사 석탑기'라고 제목을 붙인 탑지석(塔誌石) 두 개가 발견되었다. 이는 신라 후기에 제작된 것으로 법광사의 자세한 내력을 밝히고 있는데, 현재 동국대학교 박

물관에 보관되어 있다. 또 불상연화대좌는 지름 2.2m, 둘레 7.3m로 이 대좌 위에는 거대한 불상이 봉안되었음을 추정하게 한 다. 이 밖에도 절터에는 당간지주와 수많 은 주춧돌들이 남아 있다. 【참고문헌】조 선금석총람(조선총독부, 1919), 한국사찰 전서(권상로, 동국대학교 출판부, 1979), 내 고장 전통 가꾸기(영일군, 1981)

법광사(法光寺)

법광사(法廣寺)를 보시오.

법기암(法起庵)

미륵암(彌勒庵)을 보시오.

법련사(法蓮寺)

【위치】경기도 시흥시 조남동에 있다. 【소속】대한불교조계종 제2교구 본사인 용주사의 말사이다. 【연혁】1650년(조선 효종 1) 효종의 비인 인선왕후(仁宣王后) 가 자신의 아버지 장유(張維)의 명복을 빌기 위해 창건했다. 그 뒤 1927년 주지 벽숭(碧崇)이 중수했고, 1950년 6·25전쟁 때 폭격으로 절의 절반이 파괴되었던 것을 1952년 대은(大隱)이 중수했다. 1968년 복만(福萬)이 도괴 직전의 관음전을 개축 하고 대웅전으로 이름을 바꾸었다. 1976년 비구니 도원(道圓)이 요사채를 중수했고, 1981년 장유의 후손인 장씨 집안에서 철 조석가여래좌상을 조성해 봉안했다. 【유 적·유물】현존하는 건물로는 대웅전과 요사채 2동이 있다. 대웅전 안에는 석가 여래좌상을 비롯하여 후불탱화, 신중탱 화, 칠성탱화, 독성탱화, 산신탱화 등이 봉안되어 있다. 원래의 절터에는 주춧돌과 축대가 남아 있으며, 절터 입구에 장유의 묘와 신도비(神道碑), 장유의 아버지 장운 익(張雲翼, 1561~1599)의 신도비가 있 다. 【참고문헌】용주사 본말사지(본말사주

지회, 1984), 기내사원지(경기도, 1988)

법룡사(法龍寺)

【위치】경상북도 안동시 당북동 화산(花 山)에 있다. 【소속】대한불교조계종 제16 교구 본사인 고운사의 말사이다. 【연혁】 신라 때 연기 도선(烟起 道詵, 827~898) 이 창건했다고 한다. 조선시대 중기까지의 연혁은 전하지 않는다. 1726년(영조 2) 치 도(緇徒)가 중수했다. 1950년 6·25전쟁 때 폭격당해 전부 소실한 뒤 1962년 법당 과 요사채를 새로 중창하여 오늘에 이른 다. 【유적·유물】건물로는 법당과 요사 채가 있다. 특별한 문화재는 없다. 【참고 문헌】한국불교사학대사전(조명기, 대한불 교문화진흥회, 1991)

법륜사(法輪寺)

【이명】한때 죽장사(竹長寺)라고 불렸다. 【위치】경상북도 구미시 선산읍 죽장리에 있다. 【소속】대한불교조계종 제8교구 본 사인 직지사의 말사이다. 【연혁】신라 때 창건됐다. 당시에는 죽장사라고 했다. 연 혁은 전하지 않는다. 폐사된 채 있던 것을 1954년 민가형의 법당으로 중창하여 이름 을 법륜사라고 했다. 그 뒤 1991년부터 1994년까지 명효(明曉)가 대웅전과 삼성 각, 요사채를 새로 짓고 크게 중창했다. 【유적·유물】건물로는 대웅전과 삼성각, 요사채 3동이 있다. 유물로는 오층석탑 (국보 제130호)이 있는데, 통일신라 때의 것으로 추정된다. 【참고문헌】속 명산 고 찰 따라(이고운·박설산, 운주사, 1994)

법림사(法林寺)

【위치】경상북도 경주시에 있었다. 【연 혁】신라 때 창건됐다. 선덕여왕 때(632~ 647) 활동하던 양지(良志)가 이 절의 주불 (主佛)인 삼존불상과 좌우 금강역사(金剛

力士)를 조성했으며 현판을 썼다. 연혁은 전하지 않는다.【참고문헌】삼국유사

법림사(法林寺)

【위치】경상북도 안동시 동부동에 있었던 듯하다.【연혁】통일신라 때 창건된 것으로 추정된다. 연혁은 전하지 않는다. 1481년(조선 성종 12)에 편찬된《동국여지승람》과 1608년(선조 41)에 편찬된《영가지(永嘉誌)》에는 안동성(安東城) 안에 존재한다고 나와 있으나, 1799년(정조 23)에 편찬된《범우고(梵宇攷)》에는 이미 폐사된 것으로 나와 있다.【유적·유물】절터에는 오층전탑(보물 제56호)과 당간지주(경상북도 유형문화재 제100호)가 있는데, 모두 통일신라 때의 것으로 추정된다. 초층 남편에는 감실이 있고, 2층 남편에는 드물게 2위의 인왕상이 양각되어 있다.【참고문헌】한국사찰전서(권상로, 동국대학교 출판부, 1979)

법성사(法性寺)

회룡사(回龍寺)를 보시오

법수사(法水寺)

【이명】한때 금당사(金塘寺)라고 불렸다.【위치】경상북도 성주군 수륜면 백운리 가야산 남쪽 중기(中基) 마을에 있었다.【연혁】802년(신라 애장왕 3) 창건하여 금당사라고 했다. 신라가 망하자 경순왕의 작은 왕자 범공(梵空)이 승려가 되어 머물렀다. 고려 때 중창하고 법수사로 이름을 바꿨으며, 1114년(예종 9) 왕사가 된 원경 낙진(元景 樂眞)이 그 뒤 이 절의 주지를 지냈다. 1592년(조선 선조 25) 임진왜란 이후 폐사된 뒤 복원하지 못했다. 전성기에는 구금당(九金堂), 팔종각(八鐘閣) 등 1천여 칸이 넘는 건물이 있었다고 한다. 부속 암자도 100여 개에 이르렀다

고 하나 지금은 도은암(道恩庵), 보현암(普賢庵), 백운암(白雲庵), 일요암(日曜庵) 등의 이름만이 전하고 있다.【유적·유물】절터 곳곳에는 석탑, 당간지주, 주춧돌 등이 산재해 있다. 부속 암자 중 현존하는 것은 없으며, 다만 골짜기에 암자터가 남아 있다. 이 절에 봉안되어 있던 비로자나불상은 폐사 직후 인근 용기사(龍起寺)로 옮겨졌다가, 용기사마저 폐사된 뒤 1897년 범운(梵雲)에 의해 해인사 대적광전으로 옮겨져 현재 해인사의 주존불로 봉안되어 있다. 미륵당에 있던 불상은 1967년 경북대학교로 옮겨졌고, 진등촌락에 있던 목 없는 석불좌상은 백운초등학교로 옮겨졌다. 현재 절터에는 삼층석탑(경상북도 유형문화재 제86호)과 당간지주(경상북도 유형문화재 제87호), 시식대(施食臺) 등이 남아 있다. 이 중 삼층석탑은 신라시대의 작품으로 추정되며, 시식대는 영혼의 천도식을 마치고 나서 마지막으로 잡귀에게 밥을 주면서 경전을 읽던 도구이다.【참고문헌】경북문화재대관(경상북도, 1980)

법왕대(法王臺)

【이명】능인암(能仁庵)이라고도 부른다.【위치】평안북도 영변군 북신현면 묘향산(妙香山)에 있다.【연혁】정관(貞觀) 때(627~649) 고구려의 한 신승(神僧)이 창건했다고 한다. 그는 백두산에서 묘향산 대비로봉에 와서 부용봉(芙蓉峰)의 4대(臺) 중 동쪽 대에 이 절을 짓고 석가모니불상을 모셨으며, 서쪽대에 금선대(金仙臺)를 짓고 아미타불상을 모시고 아침 저녁으로 예배했다는 것이다. 가정(嘉靖) 때(1522~1560)에 학훈(學訓)이 중창하고, 융경(隆慶) 때(1567~1572)에

행진(行眞)이 다시 중창했다. 이어 1780 년대에 중건하여 오늘에 이르고 있다. 일제강점기의 31본산시대에 보현사(普賢寺)의 말사였다. 【유적·유물】 현존하는 건물로는 인법당(因法堂)이 있다. 【참고문헌】 한국사찰전서(권상로, 동국대학교 출판부, 1979), 북한사찰연구(한국불교종단협의회, 1993)

법왕사(法王寺)

【이명】 한때 칠성암(七星庵)이라고 불렸다. 【위치】 강원도 강릉시 구정면 어단리 칠성산(七星山) 중턱에 있다. 【소속】 대한불교조계종 제4교구 본사인 월정사의 말사이다. 【연혁】 634년(신라 선덕여왕 3) 자장(慈藏)이 창건했다. 신라 말 구산선문(九山禪門) 중의 하나인 사굴산파(闍崛山派)의 개조 통효(通曉) 국사 범일(梵日, 810~889)이 출가하여 수도한 곳이라고 한다. 그러나 범일이 굴산사(崛山寺)를 창건한 뒤 그의 제자들이 참선도량으로 이 절을 지었다는 설도 있다. 그 뒤의 자세한 연혁은 전하지 않고 있다. 원나라의 침입으로 굴산사와 함께 불에 탄 뒤 이 절만 재건되었다. 1592년(조선 선조 25) 임진왜란 때에는 이 절의 승려들이 궐기하여 호국의 대열에 앞장섰다. 그러나 조선시대의 혹심한 배불정책으로 승려들이 머무를 수 없게 되자 폐허화했으며, 그 뒤 마을 부녀자들이 칠성기도 도량으로 이용했다. 1896년(건양 1) 진사 정은(鄭溵)이 이곳에 독서재(讀書齋)를 짓고 글을 가르치다가 물러나자, 마을 사람들이 독서재를 법당으로 바꾸고, 이름도 칠성암이라고 불렀다. 이어 운곡(雲谷)이 법당과 요사채를 세워 절로서의 면모를 갖추었고, 1946년 주지 청우(聽雨)가 거사 정

주교(鄭冑敎)로부터 임야 36정보를 시주받고, 거사 차인철로부터 정재를 시주받아 대웅전과 부속 건물을 신축하고 이름을 법왕사라고 바꿨다. 1950년 6·25전쟁 때 불에 타자 1958년 다시 법당을 건립하고 1967년과 1968년 요사채 1동씩을 신축했다. 1970년 주지로 부임한 혜운(惠雲)이 꾸준히 불사를 전개하여 청우당(淸雨堂)과 범종각, 삼성각을 지었다. 【유적·유물】 현존하는 건물로는 대웅전을 비롯하여 천불전, 반야원, 백운선원, 삼성각, 종각 등이 있다. 경내에는 1930년 정주교가 세운 기적비(紀蹟碑)와 운곡선사비가 있고, 절 아래쪽에는 언제 세워졌는지 알 수 없는 팔도도원장겸총섭사이선사비(八道都院長兼摠攝舍伊禪師碑)가 있다. 팔도도원장겸총섭사이선사비는 사명 유정(泗溟 惟政, 1544~1610)의 사리비를 연담 유일(蓮潭 有一, 1720~1799)과 연파 혜장(蓮波 惠藏, 1722~1811), 완파(翫波) 등 스님이 세운 것으로 추정된다. 이 밖에도 월파 태율(月波 兌律, 1695~?)과 완파의 부도가 있다. 【참고문헌】 임영지(명주군, 1975), 한국사찰전서(권상로, 동국대학교 출판부, 1979)

법왕사(法王寺)

【위치】 경상북도 영주시에 있었다. 《삼국유사》에는 지금의 경상남도 진주에 해당하는 강주(康州)에 있다고 했으나, 《한국사찰전서》에서는 보선(寶璿)의 설 등에 근거하여 지금의 영주시에 해당한다고 주장한다. 【연혁】 신라 경덕왕 때(742~765) 아간(阿干) 귀진(貴珍)이 창건했다. 당시 귀진 등 남자 신도 10여 명이 미타사(彌陀寺)에서 서방극락정토의 왕생을 발원하고 염불만일계(念佛萬日契)를 조직

한 뒤 수행할 때 귀진의 계집종 욱면(郁面)이 법당의 대들보를 뚫고 날아가 극락왕생했다고 한다. 이에 귀진이 자신의 집을 '신이(神異)한 사람이 의탁해 살던 곳'이라고 하여 희사하고 토지와 종을 바쳐 절을 만들고 법왕사라고 이름한 것이다. 오래 뒤 절은 없어지고 빈터만 남아 있던 것을 신라 말에 대사 회경(懷鏡)이 승선(承宣) 유석(劉碩), 소경(小卿) 이원장(李元長)과 함께 발원하여 중건했다. 이 때 회경이 친히 토목의 일을 맡았는데, 재목을 처음 운반할 때 꿈에 늙은 아버지가 삼으로 삼은 신과 칡으로 삼은 신을 각각 한 켤레씩 주었다고 한다. 또 옛 신사(神社)에 가서 불교의 이치를 설명했으므로 신사 옆의 재목을 베어다가 5년 만에 공사를 마쳤다. 이어 노비들을 더 받아 이 절은 매우 번성하여 동남 지방에서 그 이름을 크게 떨쳤으며, 사람들은 회경을 '귀진의 후신'이라 불렀다고 한다. 그러나 그 뒤의 연혁은 전하지 않는다. 【설화】 귀진이 염불만일계에 참여하여 미타사에서 열심히 수행하자, 욱면도 귀진을 따라 미타사에 나다녔다. 그러나 법당에는 들어가지 못하고 마당에서 염불을 했다. 귀진은 욱면이 일을 하지 않고 항상 자기를 따라다니며 염불하므로 이를 미워하여 곡식 두 섬을 주면서 하루 저녁에 다 찧어 놓을 것을 지시했다. 그러나 욱면은 초저녁에 이 일을 모두 마치고 절에 와서 부지런히 염불했다. 또한 그녀는 절의 뜰에 긴 말뚝을 박고 자신의 두 손바닥을 뚫어 노끈으로 꿰어서 말뚝에다 매어 놨다. 그리고 합장을 하면서 좌우로 몸을 흔들어 자신을 격려했다. 그때 공중에서 '욱면랑은 법당에 들어가서 염불하라.'는 소리가 들

렸다. 이 소리를 들은 절의 승려들이 욱면에게 권하여 함께 법당에 들어가서 염불을 하게 했다. 그 뒤 얼마 안 되어 서쪽 하늘에서 음악이 들려오고 염불하던 욱면은 몸을 솟구쳐 법당의 대들보를 뚫고 서쪽으로 날아갔다. 마을 밖에 이르러 육신을 버리고 부처가 되어서 연화대(蓮花臺)에 앉아 큰 빛을 발하면서 천천히 사라져 갔다. 그때까지도 하늘의 음악은 그치지 않았다고 한다. 미타사 법당 지붕에 뚫린 구멍은 열 아름이나 되었으나 아무리 모진 비가 내려도 젖지 않았다고 한다. 【참고문헌】 삼국유사, 한국사찰전서(권상로, 동국대학교 출판부, 1979)

법왕사(法王寺)
【이명】 한때 옥룡사(玉龍寺)라고 불렸다. 【위치】 전라남도 광양시 옥룡면 추산리 백계산(白鷄山) 기슭에 있다. 【연혁】 864년(신라 경문왕 4) 연기 도선(烟起 道詵)이 창건하여 옥룡사라고 했다. 300년 뒤 불에 타서 방치된 채 있다가 1967년에서야 혜성(慧性)이 중창하여 법왕사라고 했다. 【유적・유물】 건물로는 인법당(因法堂)만이 있다. 954년(고려 광종 5)에 세워진 동진 경보(洞眞 慶甫, 868~947)의 동진대사비와 1150년(의종 4)에 세워진 도선국사비가 있었다고 하나 전하지 않는다. 또한 원래의 절터에는 영모재(永慕齋)라고 하는 재실이 있고, 절 주변에는 도선이 창건할 때 땅 기운이 약한 것을 보하기 위해서 심었다고 하는 동백나무의 번식목들이 있다. 【설화】 창건에 얽힌 설화가 전한다. 이 절을 세운 곳에는 원래 큰 연못이 있었는데, 그 안에는 아홉 마리의 용이 살면서 도술을 부려 많은 사람을 괴롭혔다. 도선이 그들의 퇴거를 명하자

여덟 마리는 따랐으나, 백룡만은 도술을 부리면서 대항했다. 도선이 지팡이로 용의 왼쪽 눈을 멀게 하고 물을 끓게 하여 용을 쫓은 뒤 절터를 닦았다. 그러나 습지를 메우고 땅을 굳게 하는 일이 쉽지 않았다. 그때 주변 마을에 갑자기 원인 모를 눈병이 유행했는데, 눈병 있는 사람들이 숯 한 섬씩을 가져다가 연못에 부으면 감쪽같이 눈병이 나았다. 많은 사람들이 풍문을 좇아 숯을 가져다 연못을 메웠다. 이렇게 절터를 닦아 건물을 지은 뒤 부처님의 치아를 봉안했다고 한다. 이때 도선은 승속을 막론하고 이름에 '백(白)'자가 들어가는 사람을 이 절에 들이지 말라는 말을 남겼다고 한다. 그러나 300년 뒤에 백룡(白龍)이라는 거사가 이름을 속이고 들어와서 살다가 절을 불태웠으며, 그 뒤 방치되었다고 한다. 【참고문헌】 명산 고찰 따라(이고운·박설산, 신문출판사, 1987)

법왕사(法王寺)

【위치】 경기도 개성시 연경궁(延慶宮) 동쪽에 있었다. 【연혁】 919년(고려 태조 2) 태조가 10대 사찰의 하나로 창건했다. 이 절은 화엄종의 절로서 팔관회(八關會)를 개최하는 것을 주요 기능으로 했다. 981년(경종 6) 12월 경종이 팔관회에서 행하는 '불경스러운 잡기와 번거로움'을 피하기 위해 이 절에 행차하여 향을 올렸다. 1009년(목종 12) 2월 3일 목종이 이 절에 행차했고, 1035년(정종 1) 11월 14일 팔관회 때에는 정종이 신봉루(神鳳樓)에서 백관에게 저녁을 내린 뒤 이 절에 행차했다. 1047년(문종 1) 11월 14일 팔관회 때와 1056년, 1060년, 1061년 11월의 팔관회 때에도 문종은 이 절에 행차했으며, 1076년 11월의 팔관회 때에는 태자에게

이 절에 가서 참배할 것을 명했다. 1084년(선종 1) 12월 팔관회 때에도 선종이 이 절에 행차했다. 1129년(인종 7) 9월 28일 인종은 이 절에 백고좌도량(百高座道場)을 개설하고 3일 동안 3만 명의 승려에게 반승(飯僧)했고, 1131년 10월 10일 이 절에서 팔관회를 열었다. 명종과 신종도 이 절에서 팔관회를 열었으며, 희종은 1205년 9월 연등(燃燈)을 한 뒤 이 절에 행차했다. 그 뒤에도 이 절은 고려 왕들의 참배 절로서 많은 왕들이 찾았다. 1212년(강종 1) 11월과 1217년(고종 4) 1월과 6월, 1219년 11월에 강종과 고종이 각각 행차한 것을 비롯하여 고종은 1258년까지 매년 봄과 가을 행차하여 공양을 올렸다. 원종은 1260년과 1266년 11월 팔관회를 열고 이 절에 행차했으며, 충렬왕은 1295년 11월, 충숙왕은 1345년 11월 각각 팔관회를 열고 이 절에 행차했다. 공양왕도 1391년 11월 14일에 팔관회를 열고 이 절에 행차했다. 이 절은 고려시대의 팔관회와 매우 깊은 연관을 가지고 있으며, 팔관회 뒤에는 대부분 왕이 행차하여 분향하는 국가적 대찰의 성격을 띠었다. 조선 초기에 이 절은 급격히 퇴락했다. 《동문선》에 기록된 권근(權近, 1352~1409)의 〈조사당기(祖師堂記)〉에 의하면, 당시 이 절은 계단이 무너지고 초석이 파괴되어 잡초만이 무성하던 것을 화엄종의 승려 침공(砧公)이 중건했다고 한다. 그러나 그 뒤의 연혁은 전하지 않으며, 언제 폐사되었는지도 알 수 없다. 【참고문헌】 고려사, 동문선, 한국사찰전서(권상로, 동국대학교 출판부, 1979)

법운사(法雲寺)

【위치】 경기도 개성시에 있었다. 【연혁】

언제 누가 창건했는지 알 수 없다. 1106
년(고려 예종 1) 5월 10일 예종이 이 절에
행차했고, 이 해 6월 28일 이 절에서 기
우제를 지냈다. 1140년(인종 18) 윤6월
19일에는 인종이 기우제를 지냈다. 1231
년(회종 5) 7월 20일에도 회종이 행차하
여 인왕도량을 베풀었다. 연혁은 전하지
않는다. 【참고문헌】 고려사

법운암(法雲庵)
【위치】 평안남도 평양시 만경대구역 용봉
리 용악산(龍岳山)에 있다. 【연혁】 유물
로 미루어 보아 고구려 때 창건된 것으로
추정된다. 연혁은 전하지 않으며, 조선시
대 중기에 이르기까지 수차례 중건하여
오늘에 이르고 있다. 일제강점기의 31본
산시대에는 영명사(永明寺)의 말사였다.
【유적·유물】 현존하는 건물로는 나한전을
비롯하여 산신각, 칠성각, 승방이 있다.
【참고문헌】 북한의 절과 불교(정태혁·신
법타, 민족사, 1990), 북한불교연구(한국불
교종단협의회, 1993)

법인사(法印寺)
【이명】 한때 유마사(維摩寺)라고 불렸다.
【위치】 전라북도 정읍시 금붕동 칠보산
(七寶山) 남쪽 아래에 있다. 【소속】 한국
불교태고종에 속한다. 【연혁】 고구려 보
장왕 때(642~668) 보덕(普德)이 백제에
귀화하여 완주 고달산(高達山)에 경복사
(景福寺)를 지어 포교할 때 그의 제자 수
정(水淨)이 창건하여 유마사라고 했다.
그 뒤의 연혁은 전하지 않는다. 1481년
(조선 성종 12)에 편찬된 《동국여지승람》
에는 존재한다고 나와 있으나, 1799년(정
조 23)에 편찬된 《범우고(梵宇攷)》에는
이미 폐사된 것으로 나와 있다. 절터만 오
랫동안 방치되어 있던 것을 1983년 남강

(南江)과 성종(成琮), 무종(無琮), 우종
(又琮) 등이 복원하여 법인사라고 이름했
다. 부속 기관으로는 1992년 설립한 유치
원이 있다. 【유적·유물】 건물로는 대웅
전을 비롯하여 요사, 선방, 유치원이 있
다. 【참고문헌】 전북불교총람(전북불교총
연합회, 1993)

법장사(法藏寺)
【이명】 한때 고산사(高山寺)라고 불렸다.
【위치】 대구광역시 남구 봉덕동 고산골
(高山谷)에 있다. 【소속】 대한불교조계종
제9교구 본사인 동화사의 말사이다. 【연
혁】 언제 누가 창건했는지 알 수 없다. 다
만 구전이나 유물로 보아 신라 말에 창건
한 것으로 추정된다. 1592년(조선 선조
25) 임진왜란 때 모든 건물이 불에 타고
삼층석탑만 남았다. 그 뒤 연혁은 전하지
않지만, 중창 때에 법장사라고 이름을 바
꾼 것으로 추정된다. 【유적·유물】 현존
하는 건물로는 대웅전을 비롯하여 산신
각, 요사채 등이 있다. 삼층석탑(대구광역
시 문화재자료 제5호)은 탑재(塔材)를 찾
아서 최근에 복원한 것이다. 【설화】 창건
에 얽힌 설화가 전한다. 신라 말의 한 왕
에게는 대를 이을 왕자가 없었다. 어느 날
왕의 꿈에 백발노인이 나타나서 '서쪽으
로 수백 리 되는 곳에 산 좋고 물 맑은 곳
이 있으니 그곳에 절을 짓고 정성을 다하
면 소원을 이루리라.'고 했다. 그 뒤 왕명
을 받은 신하들이 보름 만에 고산골에 이
르렀는데, 앞뒤가 산으로 포근히 둘러싸
인 데다 옥 같은 물이 흐르고 있었다. 보
고를 받은 왕은 그곳에 절을 짓고 고산사
라고 했으며, 왕비와 시녀를 보내 백일기
도를 드리게 했다. 백일기도 후 왕비의 몸
에는 태기가 있어 왕자를 낳았고, 이듬해

에도 두번째의 왕자를 낳았으므로 이 경사를 기뻐한 왕은 이 절에 삼층석탑을 세우도록 했다. 그 뒤로 이 절에는 자식이 없는 부녀자들의 기도 행렬이 끊이지 않았다고 한다. 임진왜란 때에는 절을 불태운 왜병들이 이 석탑 속의 보물을 훔치기 위해 탑을 헐려고 하자, 갑자기 소나기가 쏟아지고 뇌성벽력이 쳐서 왜군이 크게 놀라 물러갔다고 한다. 【참고문헌】 대구의 향기(대구직할시, 1982)

법정암(法井庵)

관음사(觀音寺)를 보시오.

법주사(法住寺)

【위치】 경상북도 군위군 소보면 달산리 청화산(靑華山) 동남쪽 기슭에 있다. 【소속】 대한불교조계종 제10교구 본사인 은해사의 말사이다. 【연혁】 480년(신라 소지왕 2) 창건됐다는 설과, 801년(애장왕 2) 창건됐다는 설이 있으나, 모두 신빙성이 없다. 1690년(조선 숙종 16) 보광명전(普光明殿)을 건립했다. 사역은 전성기에 만여 평이 넘었다고 하며, 경내 여러 곳에서 옛 주춧돌이 발견되고 있다. 그러나 자세한 연혁은 전하지 않는다. 【유적·유물】 현존하는 건물로는 보광명전을 비롯하여 산신각, 요사채 등이 있다. 보광명전 안에는 아미타불좌상, 관세음보살좌상, 대세지보살좌상 등 목조아미타삼존불이 봉안되어 있는데, 주존불의 복장(腹藏) 묵기(墨記)를 통하여 이 불상들이 1660년(현종 1)에 조성되었음이 확인되었다. 또 후불탱화는 강희(康熙, 1662~1722)·건륭(乾隆, 1736~1795) 때에 조성된 것으로 문화재적 가치가 크다. 또한 1977년 봄에 비가 새는 것을 고치기 위해 보광명전의 용마루를 헐었을 때 그곳에서 해서체의 필사본

《화엄경》 81책 1질과 《법화경》 영인본 7권 1질, 《묘법연화경》 1권, 1531년(중종 26) 4월 인출한 국한문 《은중경(恩重經)》 1권, 《전등록(傳燈錄)》 11권 1질, 《염송(拈頌)》 5권, 《대반야경》 11권 등의 귀중한 경전이 발견되어 보관중이다. 이들과 함께 발견된 기록에 의하면 본당 서편에 파불(破佛) 15위를 매몰하고, 5위는 대법당 앞에 매몰했다고 하는 것으로 보아 당시 어떤 재난이 있기 전에는 큰 절이었음을 알 수 있다. 이 밖에도 나한상으로 보이는 불두(佛頭), 오층석탑(경상북도 문화재자료 제27호), 석불입상 등이 있다. 【참고문헌】 문화유적총람(문화재관리국, 1977)

법주사(法住寺)

【이명】 한때 길상사(吉祥寺)라고 불렸다. 【위치】 충청북도 보은군 내속리면 사내리 속리산(俗離山) 기슭에 있다. 【소속】 대한불교조계종 제5교구 본사이다. 【연혁】 553년(신라 진흥왕 14) 의신(義信)이 창건했다. 이름을 법주사라고 한 것은 의신이 서역에서 돌아올 때 나귀에 경전을 싣고 와서 이곳에 머물렀다는 설화에서 유래한다. 금산사(金山寺)를 창건한 진표(眞表)가 제자 영심(永深) 등에게 속리산의 길상초(吉祥草)가 난 곳에 길상사를 짓고 교법을 펴게 했다. 이에 776년(혜공왕 12) 영심 등이 중창하여 미륵신앙의 중심 도량이 됨으로써 큰 절의 규모를 갖추게 되었다. 그 뒤 1101년(고려 숙종 6) 숙종이 그의 아우 대각(大覺) 국사 의천(義天)을 위해 인왕경회(仁王經會)를 이 절에서 베풀었는데, 당시 3만 명의 승려들이 모였다. 조선시대에는 태조가 상환암(上歡庵)에서 기도했고, 세조는 병을 고치기 위해 복천암(福泉庵)에서 3일 동안

법회를 열기도 했다. 영심의 중창 이래 이 절은 왕실의 비호를 받으면서 8차례의 중수를 거쳐 60여 동의 건물과 70여 개의 암자를 거느린 큰 절이 되었다. 1592년 (선조 25) 임진왜란 때 전소한 것을 1624년(인조 2) 벽암 각성(碧巖 覺性)이 중창했다. 그 뒤 여러 차례의 중건·중수를 거쳐 오늘에 이르고 있다. 부속 암자로는 수정암(水晶庵), 복천암, 중사자암(中獅子庵), 여적암(汝寂庵), 탈골암(脫骨庵), 상환암, 상고암(上庫庵), 동암(東庵) 등이 있다. 【유적·유물】 현존하는 건물로는 대웅전(보물 제915호)을 비롯하여 팔상전(국보 제55호), 극락전, 원통보전(보물 제916호), 천왕문(충청북도 유형문화재 제46호), 금강문, 능인전(能仁殿), 조사각, 사리각, 염화실, 대향각(大香閣 ; 지금은 總持禪院), 응향각(凝香閣) 등이 있다. 이 중 대웅전은 1624년 각성이 건립한 61척의 대규모 건물이며, 무량사(無量寺) 극락전, 화엄사 각황전(覺皇殿) 등과 함께 우리 나라 3대 불전의 하나로 꼽히고 있다. 내부에는 비로자나불을 중앙에 모시고 좌우에 노사나불과 석가모니불이 봉안되어 있는데, 모두 각성이 중창할 때 조성한 것이다. 팔상전은 5층 목탑으로서 우리 나라 목탑 연구에 중요한 자료가 된다. 이 팔상전은 신라 진흥왕 때 의신이 세웠고 776년 병진(秉眞)이 중창했으며 1597년 정유재란 때 소실한 것을 1605년 (선조 38) 재건했다. 극락전은 1624년 각성이 중창한 건물이며, 원통보전은 의신이 세웠고 진표가 중창했으며 각성이 1624년 삼창하여 오늘에 이르고 있다. 천왕문은 우리 나라의 천왕문 가운데 가장 규모가 큰 것으로 1624년 각성이 중창했

다. 조사각은 영조(재위 1724~1776)의 후궁이었던 영빈(暎嬪) 이(李)씨의 원당으로서 선희궁원당(宣喜宮願堂)이라고도 부른다. 내부 중앙에 개산조 의신을 비롯하여 모두 21인의 영정이 봉안되어 있다. 사리각에는 석가모니 부처님의 사리를 모신 사리탑과 이 탑을 조성하게 된 연기를 적은 세존사리비가 있다. 1650년(효종 1)에 건립된 세존사리비에는 이 사리탑이 1362년(공민왕 11)에 세워졌다고 기록되어 있다. 당시 공민왕이 이 절에 행차했을 때 사신을 통도사로 보내 석존사리 1과를 옮겨 오게 했다고 한다. 용화보전(龍華寶殿)은 지금은 없어지고 터만 있는데, 법주사의 정신을 상징하는 중심 법당이다. 이 전각은 산호전 또는 산호보광명전(珊瑚普光明殿)이라고도 불리었는데, 이 전각의 후면 암석을 산호대라고 불렀기 때문에 붙여진 이름이다. 《동국여지승람》에 의하면, 이 전각 안에는 금색의 장륙상(丈六像)이 안치되어 있었으나, 1872년(고종 9) 대원군이 경복궁 복원을 위한 당백전 주조의 명목으로 불상을 압수하라는 명을 내려 불상은 압수되고 용화보전은 헐리게 되었다. 현재에도 옛터에는 당시의 초석과 미륵삼존불의 좌대 3기가 있다. 이 용화보전 터에는 1964년 6월 시멘트로 만든 미륵불입상이 세워졌다가 1986년 10월 이를 헐고 청동 160t을 들여서 1989년 부처님 오신 날에 높이 33m의 청동미륵불이 점안되었다. 문화재보는 쌍사자석등(雙獅子石燈 ; 국보 제5호)을 비롯하여 석연지(石蓮池 ; 국보 제64호), 사천왕석등(四天王石燈 ; 보물 제15호), 마애여래의상(磨崖如來倚像 ; 보물 제216호), 신법천문도병풍(新法天文圖屛風 ; 보물 제848호),

세존사리탑(世尊舍利塔 ; 충청북도 유형문화
재 제16호), 희견보살석상(喜見菩薩石像 ;
충청북도 유형문화재 제38호), 석조(石槽 ;
충청북도 유형문화재 제70호), 벽암대사비
(碧巖大師碑 ; 충청북도 유형문화재 제71호),
자정국존비(慈淨國尊碑 ; 충청북도 유형문화
재 제79호), 괘불(掛佛 ; 충청북도 유형문화
재 제119호), 철확(鐵鑊 ; 충청북도 유형문화
재 제143호), 당간지주, 석옹(石翁) 등이
있다. 이 중 미륵대불 앞에 위치하는 희견
보살석상은 향로를 머리에 이고 서 있는
모습인데, 이는 진표나 영심 등이 대성(大
聖)의 수기를 얻기 위해 일신을 아끼지 않
던 법상종 특유의 신앙 형태를 나타낸 걸
작이다. 또 자정 미수(慈淨 彌授 ; 1240~
1327)의 자정국존비는 1341년(충혜왕 2)
에 세워진 것이며, 절에 이르는 길가에는
세조의 어련(御輦)이 지나갈 때 길을 비켰
다는 정이품송(正二品松 ; 천연기념물 제103
호)이 있다. 【참고문헌】 삼국유사, 동국여
지승람, 법주사사적, 한국의 사찰 5 ― 법주
사(한국불교연구원, 일지사, 1975), 사지
(충청북도, 1982)

법천사(法泉寺)
【위치】 강원도 원주시 부론면 법천리 명
봉산(鳴鳳山)에 있었다. 【연혁】 725년
(신라 성덕왕 24) 창건됐다. 지광(智光)
국사 해린(海麟)이 출가 전 999년(고려
목종 2) 이 절에 들어와 관웅(寬雄)에게
경전을 배웠으며, 1067년(문종 21) 국사
가 된 뒤 이 절에 돌아와 3년 동안 머물다
가 입적했다. 조선 초기에는 유방선(柳方
善, 1388~1443)이 머물면서 강학(講學)
했는데, 이때 수학한 한명회(韓明澮), 강
효문(康孝文), 서거정(徐居正), 권람(權
擥) 등이 탑에 그들의 이름을 새겨 놓았

다. 그 뒤의 연혁은 자세히 전하지 않으
나, 1592년(선조 25) 임진왜란 때 전소한
뒤 중창하지 못했다. 【유적 · 유물】 절터
가 강원도 기념물 제48호로 지정되어 있
다. 문화재로는 금당 터의 북쪽에 있는 지
광국사현묘탑비(智光國師玄妙塔碑 ; 국보 제
59호)를 비롯하여 불상광배(佛像光背), 불
두(佛頭), 연화문대석(蓮華紋臺石), 용두
(龍頭), 석탑재(石塔材) 등이 있다. 지광
국사현묘탑비는 1085년(선종 2)에 세워
진 것으로서 비면 주위에는 아름다운 국
화 문양을 조각했고, 좌우에는 각각 두 마
리의 나는 용이 여의주를 희롱하는 모습
을 양각으로 조각했는데, 이는 11세기를
대표하는 최고의 걸작이다. 이 탑비 옆에
는 원래 지광 국사의 부도(국보 제101호)
가 있었는데, 1910년 한일합방 뒤에 일본
으로 반출되었다가 1945년 8·15광복 이
후 다시 반환되어 서울 국립중앙박물관
뜰에 보존되어 있다. 또한 절터 남쪽에 완
전한 형태의 당간지주(강원도 문화재자료
제20호)가 있는데, 신라시대의 작품으로
당시 이 절의 규모를 대변하는 유물이다.
【참고문헌】 한국사찰전서(권상로, 동국대
학교 출판부, 1979)

법천사(法泉寺)
【위치】 전라남도 무안군 몽탄면 달산리
승달산(僧達山)에 있다. 【소속】 대한불교
조계종 제22교구 본사인 대흥사의 말사이
다. 【연혁】 725년(신라 성덕왕 24) 서역
금지국(金地國)의 승려 정명(淨明)이 창
건했다고 한다. 고려시대에 들어와서는
1131년(인종 9)에서 1162년(의종 16) 사
이에 원나라 임천사(臨川寺)의 승려 원명
(圓明)이 중창했다. 원명은 이곳에다 초
암을 짓고 수행을 했는데, 그의 제자 500

명이 찾아와서 크게 중창한 뒤 함께 도를 이루었으므로 산 이름을 승달산으로 바꾸었다고 한다. 그 뒤 1662년(조선 현종 3) 영욱(靈旭)이 중창했으며, 1896년(건양 1) 폐허화한 것을 1913년 나주에 살던 정병우(丁丙愚)가 조그마한 암자를 새로 건립했다. 1964년 활연(活然)이 중창하여 오늘에 이르고 있다. 부속 암자로는 목우암(牧牛庵)이 있는데, 이 암자는 원명이 처음 초암을 짓고 살았던 곳에 있다. 【유적·유물】건물로는 법당 등이 있다. 모두 1964년에 건립된 것이다. 옛 절터는 약 2천여 평에 이른다. 여기서 출토된 유물로는 입구의 장승 2기(전라남도 민속자료 제24호), 초석 10여 개, 석탑재와 좌불 파편 각 1점, 흙으로 만든 불두(佛頭) 1점 등이 있다. 현재 목우암 옆에 있는 부도들도 원래는 이 절의 부도전에 있던 것을 옮긴 것이다. 【참고문헌】한국사찰전서(권상로, 동국대학교 출판부, 1979)

법천사(法泉寺)
【위치】경기도 개성시에 있었다. 【연혁】언제 누가 창건했는지 알 수 없다. 1160년(고려 의종 14) 4월 의종이 이 절에 행차했고, 1164년 3월에는 이 절의 주지이며 예종의 궁인 아들인 각예(覺倪)가 의종에게 향응을 베풀었다. 연혁은 전하지 않는다. 【참고문헌】고려사

법천사(法泉寺)
【위치】평안남도 용강군 삼화면 충현리 석골산(石骨山)에 있었다. 【연혁】언제 누가 창건했는지 알 수 없다. 연혁은 전하지 않는다. 1481년(조선 성종 12)에 편찬된 《동국여지승람》과 신경준(申景濬, 1712~1781)이 편찬한 《가람고(伽藍考)》에는 존재한다고 나와 있으나, 1900년대에 편

찬된 《사탑고적고(寺塔古蹟攷)》에는 폐사된 것으로 나와 있다. 【유적·유물】《사탑고적고》에는 옛터에 석불과 석비(石碑), 1705년(숙종 31)에 건립된 높이 6척의 비가 남아 있다고 나와 있다. 【참고문헌】동국여지승람, 가람고, 사탑고적고, 한국사찰전서(권상로, 동국대학교 출판부, 1979)

법화사(法華寺)
【위치】경상북도 청도군 보현산(普賢山)에 있었다. 【연혁】신라 문무왕 때(661~681) 의상(義湘)이 창건했다. 그 뒤의 연혁은 전하지 않는다. 1742년(조선 영조 18) 징월(澄月)이 이 절의 건물을 옮겨 영천 봉림사(鳳林寺)를 창건하고, 이 절을 폐사시켰다. 【참고문헌】한국사찰전서(권상로, 동국대학교 출판부, 1979)

법화사(法華寺)
【위치】제주도 서귀포시 하원동에 있다. 【소속】대한불교조계종 제23교구 본사인 관음사의 말사이다. 【연혁】신라 때 장보고(張保皐, ?~846)가 창건했다고 한다. 1481년(조선 성종 12)에 편찬된 《동국여지승람》과 1799년(정조 23)에 편찬된 《범우고(梵宇攷)》에 존재한다고 나와 있다. 자세한 연혁은 전하지 않는다. 【유물·유적】옛 절터는 제주도 기념물 제13호로 지정되어 있다. 건물로는 법당 등이 있다. 【참고문헌】한국사찰전서(권상로, 동국대학교 출판부, 1979)

법화사(法華寺)
【이명】한때 법화암(法華庵)이라고 불렸다. 【위치】경상남도 함양군 휴천면 대천리에 있다. 【소속】대한불교조계종 제12교구 본사인 해인사의 말사이다. 【연혁】883년(신라 헌강왕 9) 헌강왕이 결언(決

言)에게 인근의 엄천사(嚴川寺)와 함께 이 절을 창건하게 했다. 당시의 이름은 법화암이었다. 이후의 연혁은 전하지 않고 있다. 1950년 6·25전쟁 때 본당이 소실했고, 1951년 다시 공비들에 의해 전소했다. 1955년 옛 위치에 중창하는 것이 어려워 현재의 대포마을에 별원(別院)을 짓고 오늘에 이르고 있다. 【유적·유물】현존하는 건물로는 대웅전을 비롯하여 산신각과 요사채 등이 있다. 문화재로는 지리산 마적사(馬迹寺)의 큰스님 마적(馬迹)이 조화를 부릴 때 사용했다는 석장(錫杖)과 탑을 조각한 탑인(塔印), 용유담에서 살았다는 아홉 마리 용을 그린 구룡병풍 등이 전한다. 이 중 탑인은 엄천사에서 옮겨 온 것으로 삼각탑인이라고도 하는데, 세로 34.5cm, 가로 10cm의 삼각형 동판에 13층석탑을 조각하고 그 뒷면에 명(銘)을 음각했다. 이 탑인의 유래에 대해서는 두 가지 설이 있다. 즉 마적이 신도들 사이에 어음으로 사용하게 한 것이라는 설과, 엄천사의 계단(戒壇)에서 비구계를 설하고 계첩(戒牒)에 이를 날인하여 수계의 증명으로 사용한 신라 때의 유물이라는 설이 있다. 그러나 탑의 양식이나 명문으로 보아 13세기 무렵의 유물로 추정된다. 이 밖에도 왕산사종(王山寺鐘)과 〈엄천사기〉가 함께 보관되어 있다. 【참고문헌】천령의 맥(함양군, 1983)

법화사(法華寺)
【위치】경기도 개성시에 있었다. 【연혁】언제 누가 창건했는지 알 수 없다. 1274년(고려 충렬왕 10) 11월 5일 충렬왕이 공주와 더불어 이 절에 행차했다. 이듬해 3월 13일에도 충렬왕이 공주와 더불어 행차했다. 연혁은 전하지 않는다. 【참고문헌】고려사

법화암(法華庵)
【위치】경상남도 창녕군 영산면 구계리 영축산(靈鷲山) 남쪽 기슭에 있다. 【소속】대한불교조계종 제15교구 본사인 통도사의 말사이다. 【연혁】신라 때 창건됐다. 이후의 연혁은 전하지 않으며, 원래는 영축산에 있던 보림사(寶林寺)의 부속 암자였다. 1850년(조선 철종 1) 국의(國儀)가 중창했고, 1857년(철종 8) 다시 국의가 중수하여 오늘에 이른다. 【유적·유물】건물로는 법당 등이 있다. 법당 안에는 법흥왕 때(514~540) 조성되었다고 전하는 불상이 안치되어 있다. 문화재로는 다층석탑(경상남도 유형문화재 제69호)이 있는데, 이 석탑은 보림사에 속했던 것을 보림사가 폐사된 뒤 이 절로 옮긴 것이다. 【참고문헌】한국사찰전서(권상로, 동국대학교 출판부, 1979), 창녕군지(창녕군, 1984)

법화암(法華庵)
법화사(法華寺)를 보시오.

법화원(法華院)
【위치】중국 산동반도 적산촌(赤山村)에 있었다. 【연혁】신라 흥덕왕 때(826~836) 장보고(張保皐)가 창건했다. 통일신라시대에 당나라와 교역이 성했던 산동반도와 장쑤성(江蘇省) 등 신라인의 왕래가 빈번했던 곳에 있었던 신라인의 집단거주지를 신라방(新羅坊)이라고 하며, 이곳에 세운 절을 신라원(新羅院)이라고 했다. 신라원은 당나라에 머물렀던 신라인의 신앙 의지처이며 항해의 안전을 기원하던 예배처였다. 이 절은 신라원 중에서도 대표적인 것으로 포교원의 구실을 담당했을 뿐만 아니라 신라와의 연락기관 구실도 했으며, 신라의 도당승(渡唐僧)은 물론,

일본의 승려들도 이 절에 머물면서 많은 혜택을 받았다. 이 절은 많은 재력을 갖추고 있어서 한때 법청(法淸), 양현(諒賢), 성림(聖琳) 등 30여 명의 승려들이 상주하고 있었는데, 그 중에는 법행(法行), 충신(忠信), 궤범(軌範), 혜각(惠覺) 등의 선승들도 함께 있었다. 신라의 예에 따라 8월 15일을 전후하여 3일 동안 축제를 열고, 정기적인 강경회(講經會)를 여는 등 활발한 행사를 행했다. 이 절의 의식은 신라의 법회의식을 명확하게 알려 주는 유일한 것으로서 강경의식(講經儀式), 일일강의식(一日講儀式), 송경의식(誦經儀式) 등이 전하고 있다. 이는 일본 천태종의 엔닌(圓仁)이 찬술한 《입당구법순례행기(入唐求法巡禮行記)》에 수록되어 있다. 이곳에서 이루어진 강경의식은 신라뿐만 아니라 당나라의 불교의식을 엿볼 수 있는 좋은 자료이기도 하다. 또한 매년 두 차례 2개월씩 계속되었으며, 여름에는 《금광명경》을, 겨울에는 《법화경》을 강의했다는 것도 주목할 만하다. 이후의 연혁은 자세히 전하지 않는다. 【참고문헌】입당구법순례행기

법흥사(法興寺)
【이명】한때 흥녕사(興寧寺)라고 불렸다. 【위치】강원도 영월군 수주면 법흥리 사자산(獅子山) 남쪽 기슭에 있다. 【소속】대한불교조계종 제4교구 본사인 월정사의 말사이다. 【연혁】자장(慈藏)이 643년 (신라 선덕여왕 12) 당나라에서 귀국한 뒤 오대산 상원사(上院寺), 태백산 정암사(淨岩寺), 영축산 통도사(通度寺), 설악산 봉정암(鳳頂庵) 등에 부처님 진신사리를 봉안하고, 마지막으로 이 절을 창건하여 역시 진신사리를 봉안했으며, 이름을 흥

녕사라고 했다. 그 뒤 헌강왕 때(875~886) 징효 절중(澄曉 折中)이 중창하여 선문구산(禪門九山) 중 사자산문(獅子山門)의 중심 도량으로 삼았다. 당시 헌강왕은 이 절을 중사성(中使省)에 예속시켜 보살핌을 받도록 했다. 그러나 891년(진성여왕 5) 병화로 소실했고, 944년(고려 혜종 1) 중건했다. 그 뒤 다시 불에 타서 천 년 가까이 작은 절로서 명맥만 이어왔다. 1902년 비구니 대원각(大圓覺)이 중건하고 법흥사로 이름을 바꾸었다. 1912년 다시 소실한 뒤 1930년 중건했으며, 1931년 산사태로 옛 절터의 일부와 석탑이 유실했다. 우리 나라 5대 적멸보궁(寂滅寶宮) 중의 한 곳으로서 대표적인 불교 성지이다. 【유적·유물】현존하는 건물로는 적멸보궁(강원도 문화재자료 제29호)을 비롯하여 대웅전, 무설전(無說殿), 노전, 산신각, 요사채 2동, 객사 등이 있다. 이 중 적멸보궁은 1939년 중수했으며, 법당 안에는 불상을 봉안하지 않고 있다. 적멸보궁 뒤에는 자장이 부처님의 사리를 봉안한 사리보탑(舍利寶塔 ; 강원도 유형문화재 제73호)과 수도하던 곳이라고 전하는 토굴, 당나라에서 사리를 넣어 사자 등에 싣고 왔다는 석함(石函 ; 강원도 유형문화재 제109호)이 남아 있다. 이 밖에도 징효대사부도(강원도 유형문화재 제72호)와 징효대사비(보물 제612호), 패엽경(貝葉經), 흥녕선원 터(강원도 기념물 제6호)가 있다. 이 중에서 패엽경은 종이가 없던 시절에 인도에서 영라수(靈羅樹) 잎에 경전을 기록했던 것으로 앞뒤 가득하게 범어로 경전이 쓰여져 있는 희귀한 것이다. 본래 금강산 마하연사(摩訶衍寺)에 봉안되어 있었는데, 1945년 8·15해방 후 공산 치하

를 피하여 한 승려가 남한으로 가지고 내
려왔으나, 30여 년 동안 행방이 묘연하다
가 부산의 어느 절 주지가 신도로부터 얻
어 이 절에 봉안하게 된 것이라고 한다.
현재 이 절은 부처님의 사리와 함께 패엽
경을 친견하기 위해 찾아오는 신도들의
발길이 항상 끊이지 않고 있다. 또한 891
년의 병화 전의 융성을 입증하는 3개의
안내 석탑과 수호석불좌상이 현존하고 있
다. 전국 각지에서 찾아오는 사람들을 위
해 이 절에 이르는 길목에 안내 석탑을 설
치했는데, 충청북도 제천시 장락동과 영월
군 주천면 주천리, 영월군 수주면 무릉리
등에 남아 있으며, 수호석불좌상은 높이가
7m로 무릉리의 요선암(邀仙巖)에 조각되
어 있다. 【참고문헌】한국의 명산 대찰(국
제불교도협의회, 1982), 전통사찰총서 1-
강원도 1(사찰문화연구원, 1992)

법흥사(法興寺)
【위치】평안남도 평원군 신성리 법흥산
(法弘山)에 있다. 【연혁】고려 때 법흥
(法興)이 창건했다는 설과 신라 때 광통
(光統 ; 일명 菩提流支)이 짓고 고려 때 법
흥이 중창했다는 설이 있다. 1123년(고려
인종 1) 3월 징오(澄悟)가 김부식(金富
軾)과 정습명(鄭襲明)의 지원으로 중창을
시작, 1125년 봄 80여 칸의 건물을 이룩
하여 큰 절의 면모를 갖췄다. 당시 이 절
은 묘청의 난으로 희생된 고려 왕실 계통
사람들의 명복을 빌기 위해 옛 절의 북쪽
10여 보 떨어진 곳에 옮겨서 지었다. 인종
은 낙성식 때 재문(齋文)과 향물(香物)을
보냈다. 1592년(조선 선조 25) 임진왜란
때 의승장 청허 휴정(淸虛 休靜)이 선조
로부터 팔도선교도총섭(八道禪敎都摠攝)
의 직함을 받고 의승군을 이 절로 집결시

켰는데, 당시 1,500명의 승려가 자원하여
1593년 1월 명나라 군사와 함께 평양성을
탈환하는 데 혁혁한 공을 세웠다. 임진왜
란 뒤 중건했으나, 그 뒤의 연혁은 전하지
않는다. 일제강점기의 31본산시대에는 본
산 중의 하나였다. 1950년 6·25전쟁 때
재화를 입은 것을 전쟁 뒤 복구했다. 【유
적·유물】현존하는 건물로는 극락전과 왕
사전, 장경각, 요사채가 있다. 유물로는 팔
만대장경 목각경판 700여 매가 있었으나,
1945년 8·15해방 직후 묘향산 보현사(普
賢寺)로 옮겼다. 【참고문헌】동국여지승
람, 연려실기술, 북한의 사찰(한국불교연
구원, 일지사, 1978), 한국사찰전서(권상
로, 동국대학교 출판부, 1979), 북한사찰연
구(한국불교종단협의회, 1993)

법흥사(法興寺)
【위치】강원도 횡성군 횡성읍 남선리에
있었다. 【연혁】유물로 미루어 보아 고려
시대에 창건된 것으로 추정된다. 연혁은
전하지 않는다. 1481년(조선 성종 12)에
편찬된 《동국여지승람》에는 존재한다고
나와 있으나, 1799년(정조 23)에 편찬된
《범우고(梵宇攷)》에는 이미 폐사된 것으
로 나와 있다. 【유적·유물】절터에는 고
려시대 것으로 보이는 수지문(樹枝紋) 기
와 조각들이 많이 흩어져 있고, 입구에 석
종형(石鐘型) 부도 2기가 있다. 【참고문
헌】한국사찰전서(권상로, 동국대학교 출
판부, 1979)

법흥사(法興寺)
혜국사(惠國寺)를 보시오.

벽련사(碧蓮寺)
【이명】한때 백련사(白蓮寺)라고 불렸으
며 벽련암(碧蓮庵)이라고도 불린다. 【위
치】전라북도 정읍시 내장동 내장산(內藏

山)에 있다. 【소속】 대한불교조계종 제24교구 선운사의 말사인 내장사(內藏寺)의 부속 암자이다. 【연혁】 660년(백제 의자왕 20) 환해(幻海)가 창건하여 백련사라고 불렀다. 1539년(조선 중종 34) 조정의 폐찰령(廢刹令)으로 영은사(靈隱寺)와 아울러 소각하였다. 그 뒤 중창하여 내장산을 찾는 많은 시인묵객들이 이 절에 머물렀으며, 추사 김정희(秋史 金正喜, 1786~1856)는 이름을 벽련암으로 고칠 것을 권하고 사액(寺額)을 써서 걸었다. 1925년 학명 계종(鶴鳴 啓宗)이 내장사를 옮겨 와 중창하고 이름을 벽련사로 바꿨다. 그 후 1938년 매곡 혜순(梅谷 慧順)이 지금의 내장사 터로 내장사를 다시 지어 옮겨 가고 이 절은 남겼다. 1951년 1월 6·25전쟁 때 다시 소실했다가 1986년 복원하여 오늘에 이르고 있다. 【유적·유물】 옛 절터가 전라북도 기념물 제73호로 지정되어 있다. 건물로는 극락보전과 삼성각, 선당 등이 있다. 유물로는 부도가 있으나, 어느 때 누구의 것인지는 알 수 없다. 【참고문헌】 사찰지(전라북도, 1990)

벽련사(碧蓮寺)
내장사(內藏寺)를 보시오.

벽련암(碧蓮庵)
벽련사(碧蓮寺)를 보시오.

벽송사(碧松寺)
【위치】 경상남도 함양군 마천읍 추성리 지리산 칠선계곡(七仙溪谷)에 있다. 【소속】 대한불교조계종 제12교구 본사인 해인사의 말사이다. 【연혁】 유물로 미루어 보아 신라 말 또는 고려 초에 창건된 것으로 추정된다. 예로부터 수행처로 널리 알려진 곳이지만 여러 번의 화재로 인해 사적기(事蹟記)가 소실하여 역사를 알 수 없다. 1520년(조선 중종 15) 벽송 지엄(碧松 智嚴)이 중창하여 벽송사라고 했으며, 1950년 6·25전쟁 때 소실한 뒤 곧 중건하여 오늘에 이르고 있다. 【유적·유물】 현존하는 건물로는 법당인 보광전(普光殿)을 비롯하여 방장선원(方丈禪院), 간월루(看月樓), 산문, 종루, 산신각이 있다. 문화재로는 고려 초기의 양식을 보이는 삼층석탑(보물 제474호) 1기, 목장승(경상남도 민속자료 제2호) 2기가 있다. 【설화】 이 절에 살던 서룡 상민(瑞龍 詳玟)의 이야기가 전한다. 만년에 이 절에 머물렀던 상민은 1890년(고종 27) 12월 27일 문도를 불러서 입적할 것을 알렸으나, 제자들이 그믐의 바쁜 일이 끝나거든 입적할 것을 청했다. 정월 초이튿날 다시 입적하려고 하자 제자들은 불공하러 오는 신도들이 많다는 이유로 다시 며칠을 미루도록 했다. 4일에는 '이제 가도 되겠느냐?'고 물은 뒤, 제자들에게 '불법을 닦을 때 생사를 해탈하려면, 먼저 생사가 없는 이치를 알아야 하고(知無生死), 둘째 생사가 없는 이치를 증득하여야 하며(證無生死), 셋째 생사가 없는 것을 활용할 줄 알아야 한다(用無生死).'는 유명한 말을 남기고 입적했다. 【참고문헌】 문화유적총람(문화재관리국, 1976), 명산 고찰 따라(이고운·박설산, 신문출판사, 1987)

벽송암(碧松庵)
【위치】 전라북도 전주시 완산구 중노송동에 있다. 【소속】 한국불교태고종에 속한다. 【연혁】 신라 때인 7세기에 활동하던 자장(慈藏)이 창건했다고 한다. 자세한 연혁은 전하지 않는다. 1957년 주지 박정우가 위치를 옮겨 중건했다. 【유적·유물】 건물로는 법당과 요사채가 있다. 【참

고문헌】사찰지(전라북도, 1990)

벽절(璧-)

신륵사(神勒寺)를 보시오.

보경사(寶鏡寺)

【위치】경상북도 포항시 북구 송라면 중산리 내연산(內延山) 동쪽 기슭에 있다. 【소속】대한불교조계종 제11교구 본사인 불국사의 말사이다. 【연혁】신라의 지명(智明)이 602년(진평왕 24) 진나라에서 유학하고 돌아온 뒤 창건했다. 지명은 왕에게 '동해안 명산에서 명당을 찾아 자신이 진나라의 어떤 도인에게서 받은 팔면보경(八面寶鏡)을 묻고 그 위에 불당을 세우면 왜구의 침입을 막을 수 있을 뿐만 아니라 이웃 나라의 침략도 받지 않으며 삼국을 통일할 것'이라고 했다. 왕이 기뻐하여 그와 함께 동해안 북쪽 해안을 거슬러 올라가다가 해아현(海阿縣) 내연산 아래에 있는 큰 못 속에 팔면보경을 묻고 못을 메워 금당을 건립한 뒤 보경사라고 했던 것이다. 그러나 사명 유정(泗溟 惟政, 1544~1610)이 지은 〈금당기문(金堂記文)〉에 의하면, 67년 인도의 승려 마등(摩騰)과 법란(法蘭)이 백마에 불상과 불경, 팔면원경(八面圓鏡), 십이면원경을 싣고 중국에 와서 십이면원경을 묻고 백마사(白馬寺)를 지었으며, 그들의 제자인 일조(日照)는 바다를 건너 우리 나라에 와 이 자리에 팔면원경을 묻고 이 절을 창건했다고 하나 신빙성이 없다. 723년(성덕왕 22) 각인(覺仁)과 문원(文遠)이 '절이 있으니 탑이 없을 수 없다'고 하면서 시주를 얻어 금당 앞에 오층석탑을 조성했다. 745년(경덕왕 4) 철민(哲敏)이 중창했고, 1214년(고려 고종 1) 주지 원진(圓眞) 국사 승형(承逈)이 승방 4동과 정문 등을 중수했다. 1677년(조선 숙종 3)에는 도인(道仁) 등이 중창을 시작하여 1695년(숙종 21) 가을 준공했으며, 삼존불상과 영산전의 후불탱화도 조성했다. 이와 동시에 도인은 청련암(靑蓮庵)을 창건하고, 탁근(卓根)은 서운암(瑞雲庵)을 창건했다. 1725년(영조 1) 성희(性熙)와 관신(寬信)이 명부전을 옮겨 지었으며, 성희는 괘불을 중수했는데, 이때가 이 절의 전성기였다고 전한다. 1916년부터 1921년까지는 장욱(壯旭)이 많은 사재를 내어 전당과 탑을 중수했으며, 홍수로 파손된 제방을 쌓았다. 또한 교량을 시설하고, 전답을 헌납했다. 1917년 10월 태인(泰仁)이 명부전을 중수했고, 1932년 대웅전과 상지전(上持殿)을 중수했다. 1975년 이후 약간의 단청불사를 거쳐 오늘에 이르고 있다. 현존하는 산내 암자로는 청련암과 서운암, 보경사 창건과 동시에 건립되었다는 문수암(文殊庵)과 보현암(普賢庵) 등이 있다. 【유적·유물】현존하는 건물로는 대적광전을 비롯하여 대웅전, 영산전, 팔상전, 명부전, 산신각, 원진각(圓眞閣), 일로향각(一爐香閣), 동로각(東爐閣), 누각, 수월당(水月堂), 천왕문, 일주문, 원진국사비각, 설산당비각(雪山堂碑閣) 등이 있다. 대적광전에는 비로자나불과 문수보살, 보현보살을 모셨으며, 대웅전에는 석가모니불을 모셨다. 또한 영산전에는 석가모니불을 중심으로 사자를 탄 문수보살과 코끼리를 탄 보현보살, 16나한 등을 모셨다. 문화재로는 원진국사사리탑(보물 제430호)과 원진국사비(보물 제252호), 오층석탑(경상북도 유형문화재 제203호)이 있으며, 조선 숙종이 이곳의 12폭포를 유람하고 그 풍경의 아름다움을

시로 지어 남겼다는 어필의 각판이 있다.
부도로는 동봉(東峯), 청심(淸心), 심진
(心眞) 등의 부도 11기가 있다. 절의 주변
에는 상태사(常泰寺)와 성도암(成道庵),
계조암(繼祖庵), 내원암(內院庵), 대비암
(大悲庵) 등의 옛터가 남아 있다. 【참고문
헌】 한국사찰전서(권상로, 동국대학교 출
판부, 1979), 보경사의 사적과 사화(이종
익, 감로당, 1980)

보광사(普光寺)
【위치】 전라북도 완주군 구이면 평촌리
고달산(高達山)에 있었다. 【연혁】 백제
때 창건됐다. 그 뒤 화엄도량으로서 명맥
을 이어 오다가, 1343년(고려 충혜왕 복위
4) 중향(中向)이 중건했다. 일찍이 중향
은 중건의 뜻을 품고 원나라로 자정원사
(資政院使) 고용보(高龍普 ; 일명 高龍鳳)
를 찾아가 중건을 도와줄 것을 청했다. 고
용보는 저폐(楮幣) 천 냥을 지원해 주겠
다고 약속하면서 절을 새로 짓고 경율론
(經律論) 삼장(三藏)을 갖추도록 했다.
그러나 1335년(충숙왕 복위 4) 고용보가
관직에서 쫓겨났으므로 공사를 진척시키
지 못하다가, 다시 복직하자 1337년 봄
공사를 시작하여 1343년 겨울에 완공했
다. 이때 세운 건물은 100여 칸으로 불전
과 승당, 객실, 방장실, 해장전(海藏殿),
향적전(香積殿) 등이었으며, 절 주위에는
벽을 둘렀다. 준공 날에는 화엄법회를 크
게 열어서 낙성식을 가졌는데, 50여 일
동안 3천 여 대중이 모였다. 그 뒤 중향은
절 바깥쪽에 누구나 편히 쉴 수 있는 누각
도 세웠으며, 이곡(李穀)은 이 누각에 심
원루(心遠樓)라는 이름을 붙였다. 그러나
이 절은 조선시대에 폐허화했으며, 그 목
재를 모악산(母岳山)으로 옮겨 절을 짓고

다시 보광사라 했다고 전한다. 《동문선》
에는 이 절과 관련된 이곡의 〈중흥대화엄
보광사기(重興大華嚴普光寺記)〉와 〈신작
심원루기(新作心遠樓記)〉가 있다. 【유적
·유물】 절터에는 석등대좌와 연화대좌가
있는데, 모두 고려시대의 것이다. 석등은
일제강점기에 일본인이 반출하여 갔다고
한다. 【참고문헌】 동문선, 동국여지승람,
범우고, 사찰지(전라북도, 1990)

보광사(普光寺)
【위치】 경상북도 청송군 청송읍 덕리 보
광산에 있다. 【소속】 대한불교조계종 제
10교구 본사인 은해사의 말사이다. 【연
혁】 668년(신라 문무왕 8) 의상(義湘)이
창건했다고 한다. 그러나 이때 의상은 당
나라에 유학중이었다가 671년(문무왕 11)
귀국했으므로 신빙성이 없다. 조선 세종
때(1418~1450) 세종의 비인 소헌왕후(昭
憲王后) 심(沈)씨가 조상의 묘가 이 산에
있다고 하여 원당으로 삼고, 재실인 추모
재(追慕齋)와 만세루를 건립했다. 1979년
주지 보진(普眞)이 극락전을 중수하고,
1995년 보진이 산신각을 신축했다. 【유적
·유물】 건물로는 극락전(경상북도 유형
문화재 제184호)과 산신각, 만세루, 추모
재, 요사채가 있다. 이 중 추모재와 만세
루는 청송 심씨 문중과 공동으로 관리하
고 있다. 【참고문헌】 한국사찰전서(권상
로, 동국대학교 출판부, 1979)

보광사(普光寺)
【위치】 경기도 과천시 갈현동에 있다.
【소속】 대한불교조계종 제2교구 본사인
용주사의 말사이다. 【연혁】 유물로 미루
어 보아 신라 때 창건된 것으로 추정된다.
연혁은 전하지 않는다. 폐사된 채로 있던
것을 1946년 지금의 자리로 옮겨 중창하

여 보광사라고 이름하여 오늘에 이른다. 【유적·유물】 건물로는 대웅전을 중심으로 영산각, 종무소, 요사채가 있다. 유물로는 삼층석탑(경기도 문화재자료 제39호)과 석조미륵보살입상이 있다. 삼층석탑은 통일신라 말기의 것으로 추정되며, 현재 대웅전 뒤편에 있다. 1946년 이 절을 중창할 때 인근 문원동의 옛 절터에서 옮겨 온 것이다. 【참고문헌】 기내사원지(경기도, 1988)

보광사(普光寺)

【위치】 경기도 파주군 광탄면 영장리 고령산(高靈山)에 있다. 【소속】 대한불교조계종 제25교구 본사인 봉선사의 말사이다. 【연혁】 894년(신라 진성여왕 8) 진성여왕의 명으로 연기 도선(烟起 道詵)이 창건했다. 당시는 국가의 비보사찰(裨補寺刹)로서 한강 이북의 6대 사찰 중의 하나였다고 한다. 1215년(고려 고종 2) 원진(圓眞) 국사 승형(承逈)이 중창하고 법민(法敏)이 불보살상 5위를 조성하여 법당에 봉안했으며, 1388년(우왕 14) 무학 자초(無學 自超)가 중창했다. 그 뒤 1592년(조선 선조 25) 임진왜란 때 사명 유정(四溟 惟政)이 이곳에서 승병 3천 명을 거느리고 권율(權慄)과 함께 왜군에 대항하면서 전소했으며, 이때 많은 시체가 이곳에 쌓였으므로 지금도 피밭골이라고 불린다. 1622년(광해군 14) 설미(雪眉)와 덕인(德仁)이 폐사된 이 절에 법당과 승당을 복원했다. 1631년(인조 9) 도원(道元)이 범종을 만들기 위해 모연을 시작한 뒤 3년 만에 죽자 신관(信寬)이 뒤를 이어 1634년(인조 12) 300근의 범종을 완성했다. 1667년(현종 8) 지간(智侃 ; 攴干)과 석련(釋蓮 ; 石蓮)이 대웅보전과 관음전,

만세루 등을 다시 짓고, 1740년(영조 16) 무렵 숙종의 후궁이며 영조의 어머니인 숙빈(淑嬪) 최(崔)씨의 능인 소녕원(昭寧園)의 원찰이 되어 대웅전과 광응전(光膺殿), 만세루 등을 중수했다. 1863년(철종 14)에는 쌍세전(雙世殿)과 나한전, 큰방, 수구암(守口庵)을 건립하고 지장보살과 시왕상, 석가여래삼존불, 16나한상 등을 조성했다. 1884년(고종 21) 관음전과 별당을 지었고, 1893년(고종 30) 산신각을 신축했다. 그 뒤 1901년 인파(仁坡)가 상궁 천(千)씨의 시주를 얻어 중수했으며, 1950년 6·25전쟁 때 별당 등 일부 건물이 소실했다. 1957년 수각(水閣)을 건립했고, 1973년 주지 와운(臥雲)이 종각을 건립했다. 이어 1981년 초우(草宇)와 도형(道馨)이 호국대불을 세워 오늘에 이르고 있다. 부속 암자로는 수구암, 영묘암(靈妙庵), 도솔암(兜率庵)이 있다. 【유적·유물】 현존하는 건물로는 대웅보전을 중심으로 만세루, 쌍세전(雙世殿), 응진전, 산신각, 어실각(御室閣), 범종각, 요사채가 있다. 대웅보전(경기도 유형문화재 제83호)과 응진전, 산신각은 1740년에 지은 건물이다. 대웅보전 안에는 1215년에 법민이 만든 목조비로자나삼존불과 문수보살상, 보현보살상이 봉안되어 있다. 쌍세전 안에는 1863년에 조성된 지장보살상과 시왕상 등이 봉안되어 있다. 이외에도 유물로는 호국대불과 범종, 영조의 친필 편액, 김정희(金正喜)의 친필 편액, 부도 1기가 있다. 호국대불은 1981년 화강암으로 만들어진 것으로 높이가 12.5m에 이른다. 범종은 1634년에 조성된 것으로 이 절의 역사가 표면에 새겨져 있다. 【참고문헌】 봉선사본말사약지(봉선사, 1977),

한국사찰전서(권상로, 동국대학교 출판부, 1979), 기내사원지(경기도, 1988)

보광사(普光寺)
【위치】충청남도 부여군 임천면 가신리 성주산(聖住山)에 있었다. 【연혁】고려 초기에 창건됐다. 1334년(충숙왕 복위 3) 원명(圓明) 국사 설봉 충감(雪峰 沖鑑)이 중창하고, 1338년 이 절에서 입적했다. 1358년(공민왕 7) 충감의 제자들이 중창비를 세웠다. 1592년(조선 선조 25) 임진왜란 때 건물이 불에 타고, 중창비도 마멸하여 1750년(영조 26) 주지 능일(能一)이 중창비를 고쳐 새겼다. 그러나 그 뒤 폐사되었다. 【유적·유물】유물로는 1358년에 세운 중창비(보물 제107호)와 옥개석만 남아 있는 부도가 있다. 중창비는 1963년에 국립부여박물관으로 옮겨져 보존되고 있다. 【참고문헌】동국여지승람, 한국불교인명사전(이정, 불교시대사, 1993), 문화유적총람-사찰편(충청남도, 1990)

보광사(普光寺)
【위치】충청북도 괴산군 사리면 사담리 보광산(普光山)에 있다. 【소속】한국불교태고종에 속한다. 【연혁】언제 누가 창건했는지 알 수 없다. 1481년(조선 성종 12)에 편찬된《동국여지승람》등의 기록으로 보아 조선 초기 이전에 창건됐음을 알 수 있다. 전언으로는 17~18세기까지만 해도 승려 100여 인이 거주하는 큰 절이었다고 한다. 그러나 조선 고종 때(1863~1907) 퇴락하여 폐사되었다. 1925년 봉주(鳳柱)가 여기에 초암을 지었고, 1936년 여신도 김봉삼(金奉三)이 석불을 봉안하고 중창해 오늘에 이르고 있다. 【유적·유물】현존하는 건물로는 대웅전과 산신각, 요사채 등이 있다. 대웅전 안에는 석

조여래좌상(충청북도 유형문화재 제30호)이 봉안되어 있는데, 여성적인 온후함과 자비가 넘치는 걸작품으로서 고려 초기의 작품으로 추정된다. 이 불상은 원래 봉학사(鳳鶴寺) 법당에 있던 주불이었는데, 헌종 때(1834~1849) 충청도 관찰사인 김소(金素)의 자손들이 김소의 묘를 쓰고자 절을 헐고 불상의 머리를 절단하여 매장했다고 한다. 구전에 의하면, 19세기 중엽 보광산 밑의 하도마을에 사는 손(孫)씨의 꿈에 노승이 나타나 '때가 되었으니 보광사 남쪽의 언덕에 있는 불상을 파내어서 봉안하라.'고 현몽했다고 한다. 손씨는 같은 꿈을 세 번 꾸고 난 뒤 10여 인의 동조자들과 함께 불상을 찾아 제사를 지냈다. 그 뒤 많은 불공객들이 찾아왔을 뿐 아니라 손씨 집안이 크게 번창했다고 한다. 1936년 노천에 있던 이 불상을 김봉삼이 이 절로 옮겨 오늘에 이르렀다. 또한 이 절에서는 봉학사 터에 있던 오층석탑(충청북도 유형문화재 제29호)을 관리하고 있다. 이 밖에도 옛 절터에는 고려 초기의 석등 하대석(下臺石), 주춧돌, 기와 조각 등이 남아 있다. 【참고문헌】사지(충청북도, 1982)

보광사(寶光寺)
【이명】한때 남산사(南山寺)라고 불렸다. 【위치】강원도 횡성군 횡성읍 남산리 덕고산(德高山)에 있다. 【소속】대한불교조계종 제4교구 본사인 월정사의 말사이다. 【연혁】언제 누가 창건했는지 알 수 없다. 조선시대에 신경준(申景濬; 1712~1781)이 편찬한《가람고(伽藍考)》와 1799년(정조 23)에 편찬된《범우고(梵宇攷)》에 남산사의 이름이 기록되어 있다. 전언에 따르면, 구한말에 이곳이 도둑의 소굴이 되자 관

군들이 도둑들을 일망타진하면서 폐사로 만들었다고 한다. 그 뒤 1934년 3월 횡성읍에 사는 여신도 강대희(姜大熙)가 조그만 불당을 세웠으며, 말년에는 지금의 자리에 요사와 불당을 짓고 염불로써 일생을 마쳤다. 1949년 6월 대인(大仁)이 지금의 법당을 건립했고, 1961년 영식(永植)이 주지로 와서 보광사라 이름을 바꾸고, 삼성각을 건립했다. 1978년 유인(唯忍)이 동별당(東別堂)을 건립했고, 이어 유심(唯心)이 1985년 심검당(尋劍堂)을, 1987년 유치원을 건립했다. 부속 기관으로는 룸비니유치원이 있다. 현재 횡성군내의 대표적인 포교당으로 지역 포교에 이바지하고 있다. 【유적・유물】건물로는 법당인 보문전을 중심으로 삼성각, 심검당, 요사채, 유치원 등이 있다. 보광전 안에는 관세음보살좌상이 봉안되어 있다. 문화재로는 절 입구에 석종형(石鐘型) 부도 2기가 있다. 【참고문헌】전통사찰총서 1-강원도 1(사찰문화연구원, 1992)

보광사(寶光寺)

【위치】경기도 남양주시 화도읍 가곡리 천마산(天磨山) 동쪽 기슭에 있다. 【소속】대한불교조계종 제25교구 본사인 봉선사의 말사이다. 【연혁】1851년(조선 철종 2) 판부사(判府事) 이유원(李裕元)이 화담 경화(華潭 敬和, 1786~1848)와 교분이 두터워 경화를 위해 창건했다. 1894년(고종 31) 봉성(鳳城)이 중수했다. 1950년 6・25전쟁으로 완전히 불에 탄 것을 학산(鶴山)이 재건했다. 【유적・유물】건물로는 대웅전과 요사채 2동뿐이다. 특별한 유물도 전하지 않는다. 【참고문헌】기내사원지(경기도, 1988)

보광사(普光寺)

보리암(菩提庵)을 보시오.

보광암(普光庵)

【이명】한때 낙가암(洛迦庵)이라고 불렸다. 【위치】강원도 고성군 외금강면 창대리 금강산(金剛山)에 있었다. 【연혁】899년(신라 효공왕 3) 포함(抱含)이 창건하여 낙가암이라고 했다. 그 뒤 조선 중기까지의 연혁은 전하지 않는다. 1800년(정조 24) 민혜(玟惠)가 중건했고, 1848년(헌종 14) 취봉(鷲峰)이 중건한 뒤 보광암이라고 이름을 바꿨다. 1871년(고종 8) 명허 윤선(明虛 侖璇)과 의성(義惺) 등이 또 한 차례 중건했다. 일제강점기의 31본산시대에는 유점사(楡岾寺)의 말사인 신계사(神溪寺)의 부속 암자였다. 지금의 상황은 알 수 없으나 북한측 자료에 의하면 현존하지 않는다. 【유적・유물】건물로는 인법당(因法堂)을 비롯하여 화엄각, 요사채 등이 있었다. 별당인 화엄각은 승려들의 수도처로 이용되었다. 구한말의 큰스님 대응 탄종(大應 坦鍾, 1830~1894)은 이곳에 오래 머물렀는데, 그의 법문을 듣기 위해 한꺼번에 3천 명의 신도들이 모여들곤 했다. 절 주위에는 주봉인 관음봉(觀音峰)을 필두로 세존봉(世尊峰), 채하봉(彩霞峰), 집선봉(集仙峰) 등이 구부러진 활 모양으로 절을 감싸고 있었다. 관음봉 아래에는 노승이 바랑을 메고 들어오는 모습을 한 노장바위가 있었다. 【참고문헌】유점사본말사지, 북한의 사찰(한국불교연구원, 일지사, 1978), 한국사찰전서(권상로, 동국대학교 출판부, 1979)

보국사(輔國寺)

【위치】충청북도 청주시 상당성(上黨城) 안에 있었다. 【연혁】언제 누가 창건했는지 알 수 없다. 1901년 고종의 비인 순빈

(淳嬪) 엄(嚴)씨의 꿈에 미륵불이 현신하여 절을 짓고 자신을 모시라고 하자, 청주군지주(淸州郡知州) 이희복(李熙復)에게 명하여 이 절을 이건하여 용화사(龍華寺)를 창건하게 했다. 【유적·유물】유물로는 1890년(고종 27)에 이 절에서 제작한 후불탱화와 신중탱화가 있었는데, 지금은 영동 반야사(般若寺)에 있다. 【참고문헌】사지(충청북도, 1982)

보덕굴(普德窟)
만월암(滿月庵)을 보시오.

보덕굴(普德窟)
보덕암(普德庵)을 보시오.

보덕사(普德寺)
【위치】경기도 화성군 우정면 이화리 보금산(保琴山)에 있다. 【소속】한국불교태고종에 속한다. 【연혁】삼국시대에 창건됐다고 한다. 1392년(조선 태조 1) 이성계(李成桂)가 조선을 건국할 때 고려 왕족이었던 왕(王)씨들이 이성계 추종자들에게 패한 뒤 이곳으로 피난와서 금(琴)씨로 성을 갈고 자신들의 보호를 위해 산이름을 보금산으로 바꾸고 지령당(至靈堂)을 지어 기도했다고 한다. 1750년(영조 26) 9월 중수했으며, 1920년대에 중창하여 오늘에 이르고 있다. 【유적·유물】건물로는 대웅보전을 비롯하여 지령당, 요사채 2동이 있다. 【설화】지령당 오른쪽 부처바위에 얽힌 설화가 전한다. 1592년(선조 25) 임진왜란 때 이 바위 위에 절의 불상을 모셔 놓고 피난을 갔다 왔는데, 불상이 아무런 손상 없이 그 자리에 남아 있었다. 그 뒤부터 이 바위의 이름을 부처바위라고 부르게 되었다. 【참고문헌】기내사원지(경기도, 1988)

보덕사(普德寺)
【이명】한때 왕방사(王訪寺), 왕산사(王山寺)라고 불렸다. 【위치】경기도 포천군 포천읍 신읍리 왕방산(王訪山)에 있다. 【소속】대한불교조계종 제25교구 본사인 봉선사의 말사이다. 【연혁】872년(신라 경문왕 12) 무렵 연기 도선(烟起 道詵)이 창건했다. 당시 도선의 명성을 듣고 헌강왕(재위 875~886)이 직접 이 절에 행차했으므로 절과 산 이름을 왕방사, 왕방산이라 했다고 한다. 이후 조선 초기까지의 연혁은 전하지 않는다. 1572년(선조 5) 청암(靑巖)과 백운(白雲)이 중수했고, 1627년(인조 5) 청산(靑山)과 무영(無影)이 중창하여 왕산사라고 했다. 그 뒤 폐사가 된 것을 1947년 청매(靑梅)가 초막을 짓고 복원을 시작하면서 보덕사라고 했다. 청매는 1948년 대웅전을 신축했고, 1957년 삼성각을 세웠으며, 1962년에는 초암을 철거하고 요사채를 신축했다. 또한 1967년 화암(華巖)이 미륵석불상을 조성했고, 1969년 산신각을 신축하여 오늘에 이르고 있다. 【유적·유물】현존하는 건물로는 대웅전과 삼성각, 산신각, 요사채 1동이 있다. 대웅전 안에는 석가모니불상, 아미타불상, 관세음보살상을 비롯하여 후불탱화, 신중탱화, 현왕탱화 등이 봉안되어 있다. 특별한 문화재는 없으나, 대웅전 뒤쪽에 미륵석불이 있다. 【참고문헌】봉선사본말사약지(봉선사, 1977)

보덕사(報德寺)
【위치】강원도 영월군 영월읍 영흥리 태백산에 있다. 【소속】대한불교조계종 제4교구 본사인 월정사의 말사이다. 【연혁】1698년(조선 숙종 24) 단종이 복위된 뒤 창건했다. 단종이 복위되고 그의 묘가 장릉(莊陵)으로 승격되자 지덕암(旨德庵)

터에 큰 절을 짓고 지덕암을 폐사시켰던 것이다. 668년(신라 문무왕 8) 의상(義湘)이 창건하여 발봉산(鉢峰山) 지덕사라고 했다는 등의 설이 있으나, 의상은 661년 당나라에 가서 671년(문무왕 11) 귀국했으므로 신빙성이 없다. 1705년(숙종 31) 한의(漢誼)와 천밀(天密)이 대금당(大金堂)을 건립한 뒤 단종 장릉의 원찰로 지정되면서 보덕사라고 했다. 1726년(영조 2)에는 장릉 수호. 조포사(造泡寺)로 지정되었다. 1854년 화재로 극락보전과 종각, 내원암(內院庵)이 소실했으나, 1868년(고종 5) 응봉과 보혜가 중건했다. 장릉의 조포사로서 규모가 커서 사전(寺田)이 1천 석에 이르렀고, 승려도 100명 이상이 머무르는 등 월정사의 말사 중 가장 큰 절이었다. 그러나 1950년 6·25전쟁 때 건물의 대부분이 불에 타 사세가 크게 위축되었다. 부속 암자로는 금몽암(禁夢庵)이 있다. 【유적·유물】현존하는 건물로는 극락보전을 비롯하여 사성전(四聖殿), 산신각, 심검당(尋劍堂), 칠성각, 객방 등이 있다. 이 중 극락보전(강원도 문화재자료 제23호)은 고려 의종 때 운허(雲虛)와 충희(沖曦)가 증축했다고 전하나, 현존 건물은 조선 후기 양식을 띠고 있다. 절 옆에는 단종의 장릉(사적 제196호)이 있다. 【참고문헌】문화유적총람(문화재관리국, 1977), 명산 고찰 따라(이고운·박설산, 신문출판사, 1987), 한국사찰전서(권상로, 동국대학교 출판부, 1979)

보덕사(普德寺)
【위치】충청남도 당진군 석문면 삼화리 절산에 있다. 【소속】대한불교조계종 제7교구 본사인 수덕사의 말사이다. 【연혁】언제 누가 창건했는지 알 수 없다. 암벽

위에 건물을 조성하여 비바람으로 건물과 축대가 붕괴될 위험에 처하자, 1676년(조선 숙종 2) 혜행(惠行)이 지금의 자리로 옮겨 지었다. 그 뒤 여러 차례의 중수를 거쳐 오늘에 이르고 있다. 자세한 연혁은 전하지 않는다. 【유적·유물】건물로는 대웅전과 범종각, 요사채가 있다. 유물로는 보덕사중수비가 있는데, 1676년 중수 당시에 건립된 것이다. 【참고문헌】문화유적총람-사찰편(충청남도, 1990)

보덕사(報德寺)
【위치】충청남도 예산군 덕산면 상가리 서원산(書院山) 남쪽 기슭에 있다. 【소속】대한불교조계종 제7교구 본사인 수덕사의 말사이다. 【연혁】본래 가야산 옥양봉 남쪽 기슭에 있던 가야사(伽耶寺)를 승계하여 1871년(조선 고종 8) 고종이 창건했다. 원래 가야사에는 금탑이라고 불리는 지극히 빼어난 철첨석탑(鐵尖石塔)이 있었고, 그 탑의 사면에는 석감(石龕)이 있어 각각 석불이 봉안되어 있었다. 그러나 이 절의 터가 '왕손이 나올 곳'이라는 풍수설을 믿은 흥선대원군(興宣大院君)이 1844년(헌종 10) 가야사를 불사르고 아버지인 남연군(南延君) 이구(李球)의 묘를 썼다. 그 뒤 1863년 아들 고종이 보위에 오르게 되자 그 보은의 뜻으로 지금의 위치에 절을 짓고 보덕사라고 이름하고 벽담 도문(碧潭 道文)을 주지로 삼았다. 1950년 6·25전쟁 때 소실했으나, 1951년 2월 비구니 화산 수옥(華山 守玉)이 중창했다. 1962년 비구니 종현(宗顯)이 증축하여 오늘에 이르고 있다. 【유적·유물】현존하는 건물로는 극락전과 칠성각, 요사채, 강원, 관음암(觀音庵) 등이 있다. 유물로는 석등(충청남도 문화재자료

제183호)과 동종(銅鐘) 등이 있다. 석등
은 1950년 가야사 터에서 옮겨 온 것으로
고려시대의 작품이다. 동종은 극락전 안
에 있는데, 1673년(현종 14)에 조성된 것
으로 원래는 서산 개심사(開心寺)의 것이
었다. 【참고문헌】 범우고, 문화유적총람
-사찰편(충청남도, 1990)

보덕암(普德庵)
【이명】 보덕굴(普德窟)이라고도 불린다.
【위치】 강원도 회양군 내금강면 장연리
금강산 법기봉(法起峰) 중턱 만폭동(萬瀑
洞)에 있다. 【연혁】 627년(고구려 영류왕
10) 보덕(普德)이 수도하기 위해서 자연굴
을 이용하여 창건했다. 이어 1156년(고려
의종 10) 회정(懷正)이 중창했다. 1540년
(조선 중종 35) 왕실에서 중수했고, 1808
년(순조 8) 율봉 청고(栗峰 靑杲)가 중수
했다. 일제강점기의 31본산시대에는 유점
사(楡岾寺)의 말사였다. 1950년 6·25전
쟁 때 파괴되었으나 전쟁 후 복구하여 오
늘에 이르고 있다. 【유적·유물】 건물로
는 인법당(因法堂)만 있다. 이 건물은 깎
아지른 벼랑의 돌출 부분 위에서부터 쇠
사슬을 내려서 그 밑을 쇠기둥으로 버티
었다. 그 쇠기둥 위로 판자를 얹고 판자의
다른 부분은 쇠사슬로 엮어서 바위에 기
대게 했다. 본전인 관음전에 들어서면 흔
들거리는 마루와 그 밑으로 내려다보이는
천길 낭떠러지가 보인다. 그곳에서 조금
아래쪽에는 관음상을 봉안한 관음굴이 있
다. 암벽의 서쪽을 파서 뚫은 인공석굴로
서 백색의 관음상을 안치했다. 이 관음상
은 금강산 안에서 가장 영험 있는 불상으
로 유명하다. 또 굴 입구를 덮은 지붕의
정상에는 탑을 안치했는데, 기단부는 없
어지고 상륜부(相輪部) 일부와 2층 탑신

이 남아 있다. 이 탑에는 우리 나라 탑의
조각에서는 매우 희귀한 본생담(本生譚)
1편이 음각되어 있다. 【설화】 회정의 중
창에 얽힌 설화가 전한다. 그는 금강산 송
라암(松蘿庵)에서 3년 동안 지극한 정성
으로 관세음보살을 부르며 한번 친견할
것을 원했다. 어느 날 꿈에 흰 옷 입은 노
파가 나타나 몰골옹(沒骨翁)과 해명방(解
明方)을 찾아 가라고 했다. 여러 해를 찾
아 다닌 결과 어떤 산가(山家)에서 해명
방을 만날 수 있었고, 그의 딸 보덕각시와
여러 날을 동침하여 화촉까지 밝히게 되
었다. 그러나 승려의 신분으로 결혼 생활
을 한다는 것에 회의를 느껴 그 집을 떠났
다. 그런데 이번에는 몰골옹을 만나 해명
방이 보현보살이고 보덕각시가 관세음보
살이라는 사실을 알게 되었다. 다시 돌아
가 그 집을 찾았으나 집도 사람도 찾을 수
가 없었다. 크게 느끼는 바가 있어서 송라
암으로 돌아와 관음기도를 계속했다. 다
시 꿈에 흰 옷을 입은 노파가 나타나 그의
전생이 고구려 때 큰스님 보덕임을 일러
주었다. 또한 노파는 보덕이 금강산 만폭
동 위의 보덕굴에서 수도했다고 가르쳐
주었다. 그가 만폭동을 찾아가자 관세음
보살의 화신인 보덕각시가 개울가에서 몸
을 씻고 있다가 굴 안으로 들어갔다. 그는
이곳이 관세음보살의 거처요 보덕이 수행
했던 곳임을 깨닫고 굴에 머물면서 열심
히 관음기도를 행했다. 그러자 여러 가지
이적들이 나타나 많은 사람들이 이곳을
관음기도 도량으로 삼아 참배하기를 끊이
지 않았으므로, 여러 가지 구조물을 첨가
하여 절을 중창했다고 한다. 【참고문헌】
동국여지승람, 유점사본말사지, 북한의 사
찰(한국불교연구원, 일지사, 1978), 한국사

찰전서(권상로, 동국대학교 출판부, 1979), 북한의 절과 불교(정태혁·신법타, 민족사, 1990), 북한불교연구(한국불교종단협의회, 1993)

보덕암(菩德庵)

화계사(華溪寺)를 보시오.

보리갑사(菩提岬寺)

보리사(菩提寺)를 보시오.

보리사(菩提寺)

【위치】경상북도 영주시 소백산에 있었다. 《삼국유사》에는 지금의 경상남도 진주에 해당하는 강주(康州)에 있었다고 했으나, 《한국사찰전서》에서는 보선(寶璿)의 설 등에 근거하여 지금의 영주시에 해당한다고 주장한다. 【연혁】755년(신라 경덕왕 14) 아간(阿干) 귀진(貴珍)의 여자 노비인 욱면(郁面)이 극락왕생할 때 신 한 짝을 떨어뜨렸다는 곳에 창건했다. 연혁은 전하지 않는다. 【설화】욱면은 만일염불계에 참여하는 귀진을 모시고 미타사(彌陀寺)에 다니다가 염불을 익혔다. 하루는 주인 몰래 절 마당에 서서 스님을 따라 염불을 했는데, 귀진이 이를 못마땅하게 여겨 절에 따라오지 못하도록 곡식 두 섬을 하루 저녁에 다 찧게 했다. 그녀는 이를 초저녁에 다 찧고 절에 가서 부지런히 염불을 했다. 또한 그녀는 절의 뜰에 긴 말뚝을 세운 뒤 자신의 두 손바닥을 새끼줄로 꿰어 묶어 놓았다. 그리고는 합장을 하면서 좌우로 몸을 흔들어 자신을 격려했다. 그때 하늘에서 '욱면랑은 법당에 들어가 염불하라.'는 소리가 들려왔다. 절의 대중들이 그 소리를 듣고 그녀를 풀어 주어 법당에 들어오도록 했다. 그녀는 다시 예전처럼 9년 동안이나 정진을 계속하다가, 755년 1월 21일 예불 도중에 몸이 솟구쳐 절 지붕을 뚫고 올라가 소백산에 이르러 신 한 짝을 떨어뜨리고 그 산기슭에 육신을 버렸다고 한다. 뒤에 신이 떨어졌다는 자리에 이 절을, 육신을 버렸다는 자리에는 이보리사(二菩提寺)를 지었다. 【참고문헌】삼국유사, 한국사찰전서(권상로, 동국대학교 출판부, 1979)

보리사(菩提寺)

【위치】경상북도 경주시 배반동 남산 미륵곡(彌勒谷)에 있다. 【소속】대한불교조계종 제11교구 본사인 불국사의 말사이다. 【연혁】886년(신라 헌강왕 12)에 창건됐다. 그 뒤의 자세한 연혁은 전하지 않는다. 폐사된 채 있던 것을 1911년 보경사(寶鏡寺)의 비구니 박덕념(朴德念)이 중창했으며, 1932년 비구니 남법명(南法明)이 중수했다. 인법당(因法堂)과 요사채만 있었는데,1977년부터 비구니 추묘운(秋妙雲)이 중건에 착수하여 1980년 대웅전, 선원, 요사채 등을 완공하여 오늘에 이르고 있다. 【유적·유물】건물로는 대웅전과 선원, 종각, 요사채 등이 있다. 문화재로는 석불좌상(보물 제136호)과 마애불(磨崖佛) 등이 있다. 석불좌상은 경주 남산의 불상 중 가장 우수한 불상으로 평가하고 있다. 이 불상 부근에는 석등의 파편들과 석탑의 부재(部材)가 흩어져 있다. 마애불은 광배형(光背形) 감실(龕室)을 파고 그 안에 0.9m의 여래좌상을 조각했는데, 전체적인 조각기법은 거친 편이다. 【참고문헌】신라의 사찰 II(한국불교연구원, 일지사, 1977)

보리사(菩提寺)

【이명】한때 보리갑사(菩提岬寺)라고 불렸다. 【위치】경기도 양평군 용문면 연수리 용문산에 있었다. 【연혁】언제 누가

창건했는지 알 수 없다. 고려 태조(재위 918~943)가 대경 여엄(大鏡 麗嚴)을 맞아 설법을 듣고, 그를 이 절의 주지로 봉했다. 930년(태조 13) 여엄이 이 절에서 입적했다. 그 뒤의 자세한 연혁은 전하지 않는다. 다만 1407년(조선 태종 7) 조정에서 조계종의 자복사찰(資福寺刹)로 삼았으며, 당시의 이름은 보리갑사였다. 1481년(성종 12)에 편찬된 《동국여지승람》에는 존재한다고 나와 있으나, 1799년(정조 23)에 편찬된 《범우고(梵宇攷)》에는 이미 폐사되었다고 나와 있다. 【유적·유물】절터에는 석축과 기와 조각, 도자기 조각이 산재해 있다. 또한 대경대사현기탑비(大鏡大師玄機塔碑; 보물 제361호)와 석조부도(보물 제351호)가 있었다. 그러나 1920년 무렵 일본인이 절터에서 모두 반출해 갔는데, 939년(태조 22)에 세워진 대경대사현기탑비는 서울 경복궁에 옮겨져 보관되고 있으며, 석조부도는 이화여자대학교 박물관에 소장되어 있다. 석조부도는 대경대사현기탑비와 견주어 볼 때 여엄의 부도로 추정된다. 【참고문헌】대동금석서, 해동금석원, 조선금석총람(조선총독부, 1919), 기내사원지(경기도, 1988)

보리사(菩提寺)

【위치】경상남도 의령군 가례면 갑을리에 있었다. 【연혁】언제 누가 창건했는지 알 수 없다. 1481년(조선 성종 12)에 편찬된 《동국여지승람》과 1799년(정조 23)에 편찬된 《범우고(梵宇攷)》에는 존재한다고 나와 있으나, 1900년대에 편찬된 《사탑고적고(寺塔古蹟攷)》에는 이미 폐사된 것으로 나와 있다. 연혁은 전하지 않는다. 【유적·유물】최근 절터에서 금동여래입상(보물 제731호)이 발견되어 동아대학교 박물관에 보관되어 있다. 【참고문헌】한국사찰전서(권상로, 동국대학교 출판부, 1979)

보리사(菩提寺)

보리암(菩提庵)을 보시오.

보리암(菩提庵)

【이명】한때 보광사(普光寺)라고 불렸다. 【위치】경상남도 남해군 이동면 상주리 금산(錦山) 남쪽 봉우리에 있다. 【소속】대한불교조계종 제13교구 본사인 쌍계사의 말사이다. 【연혁】683년(신라 신문왕 3) 원효(元曉)가 이곳에 초당을 짓고 수도하면서 관세음보살을 친견한 뒤 산 이름을 보광산(普光山), 초암의 이름을 보광사라고 했다. 그 뒤 이성계(李成桂, 1335~1408)가 이곳에서 백일기도를 하고 조선 왕조를 연 것을 감사하는 뜻에서 1660년(현종 1) 현종이 이 절을 왕실의 원당으로 삼고 산 이름을 금산, 절 이름을 보리암이라고 바꿨다. 1901년 낙서(樂西)와 신욱(信旭)이 중수했고, 1954년 동파(東波)가 중수했다. 1969년 주지 양소황(梁素滉)이 중건하여 오늘에 이르고 있다. 【유적·유물】현존하는 건물로는 보광전(普光殿)을 비롯하여 간성각(看星閣), 산신각, 범종각, 요사채 등이 있다. 문화재로는 관세음보살상과 삼층석탑(경상남도 유형문화재 제74호)이 있다. 향나무에 조각된 관세음보살상은 큰 대나무 조각을 배경으로 좌정하고 남순동자(南巡童子)와 해상용왕을 거느리고 있는데, 김수로왕(재위 42~199)의 비인 허황옥(許黃玉)이 인도에서 모셔 왔다고 하나 신빙성이 없다. 삼층석탑은 신라 석탑의 양식을 보이고 있으나, 고려 초기의 것으로 추정되고 있다. 이 밖에도 절 주위에는 원효가 좌선했다는 좌선대를 비롯하여 쌍홍문(雙虹

門) 등 38경의 경승지가 있다. 【참고문
헌】명산 고찰 따라(이고운·박설산, 신문
출판사, 1987)

보리암(菩提庵)

【이명】 보리사(菩提寺)라고도 불린다.
【위치】 전라남도 담양군 용면 월계리 추
월산(秋月山) 정상 가까이에 있다. 【소
속】 대한불교조계종 제18교구 본사인 백
양사의 말사이다. 【연혁】고려 신종 때
(1197~1204) 보조(普照) 국사 지눌(知
訥)이 지리산 상무주암(上無住庵)에 있을
때 나무로 매를 만들어서 날려 보냈는데,
그 매가 내려앉아 불좌복전(佛座福田)임
을 점지하여 주었다고 하여 이 자리에 절
을 창건했다고 한다. 그 뒤 이름 있는 기
도 및 수도처로서 많이 이용되었으나, 자
세한 연혁은 전하지 않는다. 【유적·유
물】절 일원이 전라남도 문화재자료 제19
호로 지정되어 있다. 현존하는 건물로는
법당인 대웅전과 요사채가 있다. 대웅전
은 매우 규모가 큰 것으로서 1980년 주지
진공(眞空)이 신도 묘월화(妙月華)와 법
계성(法界性) 등의 도움을 받아 완공한
것이다. 특별한 문화재는 없다. 【설화】
이 절에는 지름 1.2m, 깊이 0.7m 정도의
큰 솥이 있다. 순창에 살았던 기생이 사람
들을 동원하여 절 아래에 있는 굴까지는
운반했으나, 그 앞의 절벽 때문에 더 이상
옮길 수 없어 애를 태웠는데, 이튿날 보니
부처님의 힘으로 솥이 절에 옮겨져 있었
다는 전설이 전한다. 또 이 절은 사다리를
이용해야만 오를 수 있는 절벽 끝에 위치
해 있는데도 많은 물이 나오는 샘이 있는
데, 이 샘은 부정을 타면 물이 나오지 않
는다고 한다. 어느 때 파계승이 샘가에서
닭을 잡아 먹은 일이 있었는데, 석 달 동

안 물줄기가 끊어져 아랫동네에서 물을
길어다 먹은 일이 있었다고 한다. 【참고
문헌】 한국사찰전서(권상로, 동국대학교
출판부, 1979), 명산 고찰 따라(이고운·
박설산, 신문출판사, 1987)

보림사(寶林寺)

【이명】한때 가지사(迦智寺)라고도 불렸
다. 【위치】전라남도 장흥군 유치면 봉덕
리 가지산(迦智山) 남쪽 기슭에 있다.
【소속】대한불교조계종 제21교구 본사인
송광사의 말사이다. 【연혁】신라 선문구
산(禪門九山) 중에서 제일 먼저 개산한
가지산파(迦智山派)의 개조 보조 체징(普
照 體澄)이 860년(헌안왕 4) 헌안왕의 권
유로 창건했다. 이어 장사현(長沙縣: 전라
북도 고창군 무장면)의 부수(副守) 김언경
(金彦卿)이 체징에게 제자의 예를 갖추고
자신의 녹봉과 사재를 희사하여 철 2천 5
백 근을 사서 비로자나불 1위를 조성했
고, 헌안왕은 교지를 내려 망수리 이남의
여러 집에서 금 1백 60근과 곡식 2천 곡
(斛: 10말)을 하사하여 중창을 도왔다. 그
리하여 861년(경문왕 1) 중창을 마쳤으
며, 가지산파의 중심 도량으로 발전했다.
880년(헌강왕 6) 체징이 입적할 당시에는
무려 8백여 명의 그의 제자들이 여기에
머물렀다. 884년 헌강왕이 절 이름을 보
림사라고 했다. 조선시대에는 1407년(태
종 7) 조계종(曹溪宗)의 자복사찰(資福寺
刹)로 지정되었으며, 이때는 가지사라고
불렸다. 1481년(성종 12)에 편찬된 《동
국여지승람》에는 이 절이 존재한다고 나
와 있으나, 1799년(정조 23)에 편찬된
《범우고(梵宇攷)》에는 폐사되었다고 나
와 있다. 그 뒤 다시 중창과 중수를 거쳐
1950년 6·25전쟁 때 소실하기 전까지는

20여 동의 전각을 갖춘 큰 절이었다. 그러나 전쟁 중 공비들이 자신들의 소굴로 이용하다가 도주하면서 방화하여 대웅전(당시 국보 제204호) 등 대부분의 건물들이 불에 타고, 단지 천왕문과 사천왕, 외호문(外護門)만이 남았다. 대웅전은 조선 초기에 중건된 것으로 추정되는 우수한 건물이었으며, 금동석가여래상과 양쪽에 협시불이 봉안되어 있었다. 이후 주민들이 대적광전을 다시 지어 대웅전에 있었던 비로자나불을 모셨다. 【유적·유물】 현존하는 건물로는 대적광전과 천왕문, 영각(影閣), 요사채 등이 있다. 사천왕문(전라남도 유형문화재 제85호) 안에 봉안된 사천왕상은 1780년(정조 4) 조성된 국내 목각상의 대표적인 것으로 최근 중수하여 옛 모습을 그대로 복원했으나, 복장 속의 비장품은 도굴꾼들에 의해 망가진 상태로 방치되었다. 문화재로는 삼층석탑 및 석등(국보 제44호), 철조비로자나불좌상(국보 제117호), 동부도(東浮屠 ; 보물 제155호), 서부도(西浮屠 ; 보물 제156호), 보조선사창성탑(普照禪師彰聖塔 ; 보물 제157호), 보조선사창성탑비(보물 제158호) 등이 있다. 이 중 삼층석탑 2기와 석등은 모두 870년(경문왕 10)에 건립되었다. 또 비로자나불좌상은 860년 김언경이 자신의 녹봉을 모아 조성한 불상이다. 【참고문헌】 동국여지승람, 범우고, 가람고, 동사열전, 문화유적총람(문화재관리국, 1977)

보림사(寶林寺)
【위치】 전라북도 정읍시 북면 보림리 칠보산(七寶山) 중턱에 있다. 【소속】 대한불교조계종 제24교구 본사인 선운사의 말사이다. 【연혁】 864년(신라 경문왕 4) 청환(淸煥)이 장흥 보림사(寶林寺)에 있다

가 이곳에 와서 창건하고 보림사와 같은 이름을 붙였다고 한다. 이후 조선시대에 이일제(李一齊)의 서실(書室)이 되었으며, 태인현감 신체(申替)와 전라관찰사 송인수(宋麟壽, 1487~1547)가 이곳을 왕래하며 서당으로 중건했다고 한다. 그 뒤 언제인지는 모르나 승려와 신도들이 절을 복원했다. 1989년에는 비구니 지성(志成)이 주지로 부임하여 대웅전을 건립하여 절의 면모를 새롭게 했다. 【유적·유물】 건물로는 대웅전과 요사채가 있다. 요사채는 옛 서당 건물로 추정된다. 【참고문헌】 전북불교총람(전북불교총연합회, 1993)

보림사(寶林寺)
【위치】 경상남도 창녕군 영산면 구계리 영축산(靈鷲山) 남쪽 기슭에 있었다. 【연혁】 유물로 미루어 보아 신라 말이나 고려 초에 창건된 것으로 추정된다. 《동국여지승람》에 의하면, 고려 말에 인도의 큰스님 지공(指空)이 이곳에 반야루(般若樓)를 건립하고 3일 동안 《반야경》을 설했다고 한다. 또한 지공은 이 산이 인도의 영축산과 모양이 같다고 하여 산 이름을 영축산이라고 지었다. 전성기에는 그 규모가 방대하여 법화암(法華庵) 등 9개 암자에 승려가 천 명 이상 머물렀다고 하며, 영산천(靈山川)은 항상 쌀뜨물로 인해 탁류가 흘렀다고 한다. 그러나 1592년(조선 선조 25) 임진왜란 때 병화로 전소한 뒤 복원되지 못했다. 전설에 의하면, 절 뒤 고깔봉에 밀양부사가 묘를 쓰고 난 다음부터 폐사되었다고도 한다. 부속 암자로는 법화암(法華庵)이 남아 있다. 【유적·유물】 유물로는 천여 평의 절터에 흩어져 있는 기와 조각을 비롯하여 석종형(石鐘型) 사리탑과 부도 2기, 삼층석탑 1기 등

이 있다. 삼층석탑은 1915년 무렵 지금의 영산초등학교로 옮겨졌으며, 신라시대의 양식을 띠고 있다. 또 얼굴의 마멸이 심한 석조여래좌상(경상남도 유형문화재 제9호)과 법화암으로 옮겨진 다층석탑(경상남도 유형문화재 제69호)도 이 절에 속했던 유물이다. 법화암에는 신라 법흥왕 때(514~540) 조성되었다고 전하는 불상이 안치되어 있다. 【참고문헌】동국여지승람, 창녕군지(창녕군, 1984)

보문련사(普門蓮社)
보문사(普門寺)를 보시오.

보문사(普門寺)
【위치】인천광역시 강화군 삼산면 매음리 낙가산(洛迦山) 서쪽 중턱에 있다. 【소속】대한불교조계종 직할교구 본사인 조계사의 말사이다. 【연혁】635년(신라 선덕여왕 4) 4월 한 어부가 바닷속에서 22존의 불상을 건져 올린 뒤 창건했다고 한다. 그 뒤 고려 중기에 금강산 보덕굴(普德窟)에서 관음보살을 친견한 회정(懷正)이 이곳에 와서 불상을 살펴보니, 가운데 좌상은 석가모니불, 좌보처는 미륵보살, 우보처는 제화갈라보살이었고, 나머지는 18나한과 송자관음이었다. 회정은 22존 중 삼존불과 18나한은 굴 속에 모시고 송자관음은 따로 관음전을 지어서 봉안한 다음 이 절을 보문사라고 했다. 또한《전등본말사지(傳燈本末寺誌)》에는 635년 회정이 금강산에서 와서 창건하고, 649년(진덕여왕 3) 어부들이 바닷속에서 22존의 불상을 건져 올려 석굴에 봉안했다고 한다. 그러나 금강산 보덕굴에서 활동하던 회정은 고려 때 사람이므로 이 창건설은 신빙성이 없다. 그 뒤 조선 중기까지의 연혁은 자세히 전하지 않는다. 1812년(순

조 12) 홍봉장(洪鳳章)의 도움을 받아 중건했으며, 1867년(고종 4) 경산(京山)이 석굴 안에 처마를 이어 나한전을 건축했다. 1893년(고종 30) 명성황후(明成皇后)의 전교로 요사와 객실을 중건했고, 1918년 김대원(金大圓)이 관음전을 중수했다. 1932년 주지 배선주(裵善周)가 객실을 새로 지었으며, 1935년 나한전을 중창했다. 그 뒤 관음전을 중건하고 대범종을 조성하여 오늘에 이르고 있다. 우리 나라 3대 관음영지(觀音靈地) 중의 한 곳으로 일컬어진다. 【유적·유물】현존하는 건물로는 대법당, 관음전, 큰방, 종각, 석실 등이 있다. 이 중 석실(인천광역시 유형문화재 제27호) 안에는 나한상이 봉안되어 있으며, 탱주(撑柱)를 설치하고 그 사이에 21개소의 감실을 두어 석불을 안치하였다. 이 밖에도 마애석불좌상(인천광역시 유형문화재 제29호)과 천인대(千人臺)가 있다. 마애석불좌상은 1921년 금강산 표훈사(表訓寺)의 이화응(李華應)이 주지 배선주와 함께 조각한 것으로 높이 9.2m, 폭 3.3m이다. 이 석불과 석굴에서 기도를 하면 아이를 가질 수 있다는 영험 설화가 전한다. 또 천인대는 길이 40cm, 폭 5m의 큰 바위이다. 이 절의 창건 당시 인도의 한 큰스님이 불상을 모시고 이 천인대에 날아왔다고 한다. 그 뒤 이 바위는 법회 때 설법하는 장소로도 사용되었는데, 이 바위 위에 천 명이 앉을 수 있다고 하여 천인대라고 이름했다. 【설화】이 절의 창건 연기가 전한다. 635년 4월 삼산면에서 살던 한 어부가 바닷속에 그물을 던졌더니 인형 비슷한 돌덩이가 22개가 함께 올라왔다. 실망한 어부는 돌덩이들을 즉시 바다로 던져 버리고 다시 그물을 쳤지만

역시 건져 올린 것은 전과 같은 돌덩이였으므로 다시 바다에 던졌다. 그런데 그날 밤 어부의 꿈에 한 노승이 나타나서 귀중한 것을 바다에 두 번씩이나 던졌다고 책망하면서, 내일 다시 돌덩이를 건지거든 명산에 잘 봉안해 줄 것을 당부했다. 다음날 22개의 돌덩이를 건져 올린 어부는 노승이 일러준 대로 낙가산으로 이들을 옮겼는데, 현재의 석굴 부근에 이르렀을 때 갑자기 돌이 무거워져서 더 이상은 나아갈 수 없었으므로 '바로 이곳이 영험스런 자리구나'하고는 굴 안에 단을 마련해 모셨다고 한다. 【참고문헌】 전등본말사지, 한국사찰전서(권상로, 동국대학교 출판부, 1979), 기내사원지(경기도, 1988)

보문사(普門寺)
【위치】 경상북도 예천군 보문면 도계리 학가산(鶴駕山) 북쪽 기슭에 있다. 【소속】 대한불교조계종 제8교구 본사인 직지사의 말사이다. 【연혁】 676년(신라 문무왕 16) 의상(義湘)이 창건했다. 1185년(고려 명종 15) 보조 지눌(普照 知訥)이 중창했는데, 지눌이 《화엄론》을 읽다가 깨달음을 얻은 절로서 유명하다. 또한 이 절은 고려 왕조의 사고(史庫)로 이용되기도 했는데, 고려 말 왜구의 잦은 출몰로 1381년(우왕 7) 7월 충주 개천사(開天寺)로 옮겼다. 1407년(조선 태종 7) 교종(敎宗)에 예속되었고, 1569년(선조 2) 중수했다. 1592년(선조 25) 임진왜란 때 병화로 불탄 뒤, 1791년(정조 15) 중창했다. 1882년(고종 19) 강주(講主) 금해(錦海)가 이 절에 머물러 있을 때만 해도 극락보전을 비롯하여 노전, 선당, 조실, 범종각, 나한전, 보조영당(普照影堂), 산신각, 칠성각, 운계암(雲溪庵) 등의 건물들이 있었고, 대중

의 수효도 보문사에 50여 명, 운계암에 30여 명이 머물고 있었다고 한다. 그 뒤 황폐화했던 것을 1926년 주지 최성환(崔成煥)이 불전 및 승당을 중수했고, 1967년 주지 화운(華雲)이 보수하고 단청하여 현재에 이르고 있다. 【유적·유물】 현존하는 건물로는 극락보전(경상북도 유형문화재 제186호)과 반학루(伴鶴樓), 선방, 조실 등이 있다. 극락보전은 조선 후기 건물로서 삼존불상과 탱화 8점이 봉안되어 있다. 탱화 중 2점은 1767년(영조 43)에 제작된 것이고, 1점은 1830년(순조 30)에 제작된 것이다. 이 밖에 문화재로는 삼층석탑(경상북도 유형문화재 제186호)을 비롯하여 광배(光背), 맷돌, 범종 등이 있다. 이 중 삼층석탑은 1185년 지눌이 중창할 때 세운 탑으로서 나한전 본존석가여래상의 표증석탑(表證石塔)이라고 하며, 당시 경내의 운계암 뜰에 건립했던 것이다. 규모가 작지만 석불을 만든 솜씨가 정교하고 화려함을 엿볼 수 있다. 【참고문헌】 동문선, 한국사찰전서(권상로, 동국대학교 출판부, 1979), 내 고장 예천(예천군, 1981)

보문사(普門寺)
【이명】 한때 원통사(圓通寺), 보은사(報恩寺)라고 불렸다. 【위치】 서울특별시 도봉구 쌍문동 도봉산 우이암(牛耳巖) 동쪽 아래에 있다. 【연혁】 863년(신라 경문왕 3) 연기 도선(烟起 道詵)이 창건하여 원통사라고 했다. 1053년(고려 문종 7) 관월(觀月)이, 1392년(조선 태조 1) 천은(天隱)이 중창했다. 그 뒤 영조 때(1724~1776) 유인(宥物)이 퇴락한 불전과 승당을 중수했고, 1810년(순조 10) 청화(淸和)가 중수했으며, 1887년 응허(應虛)가

대법당을 중수했다. 1928년 초여름 이 절의 주지로 온 비구니 자현(慈賢)이 중건을 발원하고 설악산의 춘성(春城)을 청해 천일관음기도를 올렸다. 이어 1929년 불전을 신축하는 한편, 보경 보현(寶鏡普賢)을 청해 아미타불과 지장보살상을 조성했다. 1931년 천일기도가 끝나자 그 해 겨울 지리산의 보응과 함께 만일회(萬日會)를 개설했다. 그 뒤 1933년 칠성각을, 1936년 법당 일부와 큰방을 중수했고, 이 때 이름을 보문사로 바꿨다. 1938년에는 독성각을 건립하였다. 이 절은 관음신앙의 중심적 도량이다.【유적 · 유물】현존하는 건물로는 법당인 관음보전과 삼성각, 요사채 등이 있다. 이 중 관음보전만이 1929년에 건립된 것이고, 나머지는 근래에 지은 건물들이다. 이 밖에도 오래 된 석물들과 축대, 요사채의 주춧돌, 수령 600여 년의 느티나무 등이 있다.【참고문헌】봉은본말지, 한국사찰전서(권상로, 동국대학교 출판부, 1979), 명산 고찰 따라 (이고운 · 박설산, 신문출판사, 1987)

보문사(普門寺)
【위치】경상북도 경주시 보문동에 있었다.【연혁】유물로 미루어 보아 통일신라시대에 창건된 것으로 추정된다. 연혁은 전하지 않는다. 다만 '보문(普門)'이라고 새겨진 평기와가 출토되어 이 절이 있었음을 알 수 있을 뿐이다.【유적 · 유물】절터의 대부분은 경작지로 이용되고 있다. 유물로는 당간지주 2기(보물 제910호, 보물 제123호)와 석조(보물 제64호), 초석, 석등 부재 등이 있다. 모두 통일신라 때의 것이다. 당간지주 1기(보물 제910호)의 상부 외측 면에는 팔판연화문(八瓣蓮華紋)이 조각되어 있는데, 이와 같이 연

화문이 조각된 예가 없다. 통일신라 때 제작된 것 중 가장 특수한 형태를 띠고 있다는 점에서 주목된다.【참고문헌】문화재대관 4-보물 2(한국문화재보호협회, 대학당, 1986), 경주지방 당간지주의 연구(박홍국, 경주사학 4, 동국대학교 경주캠퍼스 역사학회, 1985)

보문사(普門寺)
【이명】한때 보문련사(普門蓮社)라고 불렸다.【위치】강원도 원주시 행구동 치악산(雉岳山)에 있다.【소속】한국불교태고종에 속한다.【연혁】신라 경순왕 때(927~935) 무착(無着)이 창건했다고 한다. 연혁은 전하지 않는다. 다만《보문암창기(普門庵創記)》에 의하면, 1592년(조선 선조 25) 임진왜란 이후 중창된 것으로 추정되며, 당시는 관세음보살을 모신 신행결사도량인 보문련사라고 불렸다. 1930년 승려 강상준이 중건하고, 1971년 주지 이백련화(李白蓮華)가 중창했다.【유적 · 유물】건물로는 대웅전과 약사전, 산신각, 천일기도도량, 범종각, 요사채 등이 있다. 대웅전 안에는 아미타삼존불이 봉안되어 있다. 문화재로는 높이 1m 정도의 점판암으로 조각된 칠층석탑 1기(일명 청석탑 ; 강원도 유형문화재 제103호)가 있는데, 탑신에는 범어(梵語)가 새겨져 있다. 고려 말 조선 초의 작품으로 보인다.【참고문헌】전통사찰총서 1-강원도 1(사찰문화연구원, 1992)

보문사(普門寺)
【이명】한때 탑골승방이라고 불렸다.【위치】서울특별시 성북구 보문동에 있다.【소속】대한불교보문종의 총본산이다.【연혁】1115년(고려 예종 10) 담진(曇眞)이 비구니의 수련장으로 창건했다. 당시에는 조

그만 암자였으며, 탑골에 있었으므로 탑골 승방이라고 했다. 그 뒤 1692년(조선 숙종 18) 대웅전을 개축하고, 1826년(순조 26) 수봉 법총(秀峰 法聰)이 만세루와 법당을 신축했다. 1945년 비구니 설월 긍탄(雪月 亘坦)이 만세루를 중수하고, 1959년 비구니 은영(恩榮)이 2층 규모의 불교전수강당(佛敎專修講堂)을 신축하는 등 절을 크게 중창했다. 원래는 조계종 산하였으나, 1972년 비구니들로만 구성된 세계 유일의 종단인 보문종을 창종하고 보문종의 본산이 되었다. 현재 규모면에서 손꼽히는 큰 절이 되었으며, 언제나 150명이 넘는 비구니들이 수도에 임하고 있다. 【유적·유물】 현존하는 건물로는 대웅전을 비롯하여 극락전, 석굴암, 호지문, 선불장(選佛場), 보광전(普光殿), 산령각(山靈閣), 석굴암 노전(爐殿), 삼성각, 별당, 요사채, 한의원 및 양로원이 있는 시자원(施慈園) 등이 있다. 이 가운데 석굴암은 은영이 1972년 부처님 오신 날 착공하여 3년 6개월 만에 준공했다. 경주 석굴암과 똑같은 규모로 만들었으나, 경주 석굴암의 전실에 있는 팔부신중상(八部神衆像)을 이곳에서는 생략하고 있다. 특별한 문화재는 없으나 석굴암 앞의 높은 단 위에 세워진 팔각구층석탑은 강원도 오대산 월정사(月精寺)의 것을 그대로 재현한 것으로 탑 안에는 인도에서 가져온 석가모니 부처님의 사리가 봉안되어 있다. 【참고문헌】 한국사찰전서(권상로, 동국대학교 출판부, 1979), 명산 고찰 따라(이고운·박설산, 신문출판사, 1987)

보문사(普門寺)
【위치】 충청남도 천안시 목천면 교촌리 흑성산(黑城山)에 있었다. 【연혁】 유물로

미루어 보아 조선시대 또는 그 이전에 창건된 것으로 추정된다. 연혁은 전하지 않는다. 일제강점기의 31본산시대에는 본산인 마곡사의 말사였으나, 그 이후 폐사되었다. 【유적·유물】 절터는 길과 밭으로 변했고 기와 조각이 산재해 있다. 유물로는 석불좌상과 목조삼존불상이 절터에 남아 있다. 석불좌상은 머리 부분이 결실되었으며, 목조삼존불상은 조선시대의 것으로 추정된다. 【참고문헌】 문화유적총람—사찰편(충청남도, 1990), 한국사찰전서(권상로, 동국대학교 출판부, 1979)

보문사(普門寺)
【위치】 대전광역시 중구 무수동 보문산(寶文山)에 있었다. 【연혁】 유물로 미루어 보아 고려 말 조선 초에 창건된 것으로 추정된다. 연혁은 전하지 않는다. 다만 조선시대의 신경준(申景濬, 1712~1781)이 편찬한 《가람고(伽藍考)》와 1799년(정조 23)에 편찬된 《범우고(梵宇攷)》에는 존재한다고 나와 있는 것으로 보아 조선 후기까지는 존속했던 것으로 보인다. 【유적·유물】 절터는 대전광역시 기념물 제4호로 지정되어 있다. 절터에는 초석들과 석조(石槽; 대전광역시 문화재자료 제10호)가 남아 있으며, 고려 말 조선 초의 기와와 자기 조각들이 출토되었다. 일제강점기에 일본인들이 이곳에서 철불을 반출해 갔다고 한다. 【참고문헌】 문화유적총람—사찰편(충청남도, 1990)

보문사(普門寺)
독정사(獨亭寺)를 보시오.

보문암(普門庵)
국향사(國享寺)를 보시오.

보법사(報法寺)
【위치】 경기도 개풍군 대성면 고읍리 말

흘산(末訖山)에 있었다. 【연혁】고려 태조(재위 918~943)의 비인 신명왕후(神明王后)가 자기 집을 희사하여 창건했다. 그 뒤 폐사되었던 것을 충혜왕 때(1330~1332, 1339~1344) 윤시중(尹侍中)이 선원 법온(禪源 法蘊)과 함께 중건을 시작하여 1343년 완공했다. 이색(李穡, 1328~1396)이 지은 《보법사기》에 의하면 왕성(王城) 가까이 산이 있고, 백마산(白馬山)의 북쪽에 이 절이 있다고 했다. 그러나 언제인지는 알 수 없으나 다시 폐사되었다. 【유적·유물】현재 절터에는 동서 약 35칸, 남북 50칸의 터에 주춧돌이 남아 있고, 미륵석상 1위가 있다. 【참고문헌】한국사찰전서(권상로, 동국대학교 출판부, 1979)

보살사(菩薩寺)

【위치】충청북도 청주시 상당구 용암동 낙가산에 있다. 【소속】대한불교조계종 제5교구 본사인 법주사의 말사이다. 【연혁】법주사를 창건한 의신(義信)이 567년(신라 진흥왕 28) 창건했다. 778년(혜공왕 14) 율사 진표(眞表)의 제자 융종(融宗)이 중창했다. 923년(고려 태조 6) 태조의 다섯째 왕자인 증통(證通) 국사가 3창했고 1107년(예종 2) 자정(慈靜) 국사가 4창했다. 또한 공민왕(재위 1351~1374)은 전답(田畓)을 하사하여 향화공양(香火供養)의 비용으로 사용하게 했다. 1458년(조선 세조 4) 12월 세조의 명으로 중수했으며, 1626년(인조 4) 벽암 각성(碧巖 覺性)의 제자 경특(瓊特)이 중수했다. 그 뒤 1683년(숙종 9) 일륜(日輪)이 중건하여 오늘에 이르고 있다. 【유적·유물】현존하는 건물로는 극락보전(충청북도 유형문화재 제56호)과 요사채가 있다. 극

락보전은 조선 초기에 세워진 것으로 조선 선조 때(1567~1608)에 중수되었으며, 내부에는 이존병립불상(二尊立立佛像; 충청북도 유형문화재 제24호)과 지장보살상, 삼존불상 등이 봉안되어 있다. 이 중 이존병립불상과 지장보살상은 1970년 4월 부처님 오신 날 행사 중에 발굴된 것으로 고려시대에 조성된 것으로 추정되며, 표현 수법이 매우 사실적이다. 삼존불은 조선시대의 목조불상으로 최근에 개금했는데, 가운데에 아미타여래좌상이 봉안되고 좌우에는 동일한 수법의 보살좌상 2위가 봉안되어 있다. 삼존불 뒤에는 1759년(영조 35) 3월에 조성된 후불탱화가 있는데, 18세기에 유행했던 화려하고 복잡한 아미타불화의 양식을 띠고 있다. 또 극락전 좌측 벽에는 1902년에 조성된 극락회상탱(極樂會上幀)이 있는데, 청주 용화사(龍華寺)에 봉안되어 있던 것이며, 우측 벽에는 광무(光武) 때(1897~1907)에 조성된 칠성탱화가 있다. 이 밖에도 오층석탑(충청북도 유형문화재 제65호)과 중수비, 석탑 옥개석(屋蓋石), 동종 등이 있다. 이 중 오층석탑은 1703년(숙종 29)에 건립된 것으로 조선 중기의 석탑 양식을 고증하는 데 중요한 자료가 된다. 또 요사채 앞에는 옛 건물 터가 남아 있다. 【참고문헌】청주지(청주시지 편찬위원회, 1961), 사지(충청북도, 1982)

보살사(菩薩寺)

【위치】강원도 이천군 산내면 개연리 고달산(高達山)에 있었다. 【연혁】1395년(조선 태조 4) 무학 자초(無學 自超)가 태조의 명으로 창건했으며, 왕실에서 전답을 하사받아 운영했다. 그 뒤 1723년(경종 3) 가선대부(嘉善大夫) 김옥선(金玉

先)의 시주로 성원 각초(性源 覺初)가 중건했으며, 1921년 방주(房主) 정축인(鄭丑仁)이 중수했다. 일제강점기의 31본산시대에는 금강산 유점사(楡岾寺)의 말사였다. 현재 상황은 알 수 없으나 북한측 자료에 의하면 현존하지 않는다. 【참고문헌】 유점사본말사지, 한국사찰전서(권상로, 동국대학교 출판부, 1979)

보석사(寶石寺)

【위치】 충청남도 금산군 남이면 석동리 진락산(眞樂山)에 있다. 【소속】 대한불교 조계종 제6교구 본사인 마곡사의 말사이다. 【연혁】 885년(신라 헌강왕 11) 조구(祖丘)가 창건했다. 당시 절 앞산에서 채굴한 금으로 불상을 주조했기 때문에 이름을 보석사라고 했다. 그 뒤 조선 초기까지의 자세한 연혁은 전하지 않는다. 1592년(선조 25) 임진왜란 때 불에 탄 것을 고종 때(1863~1907) 명성황후(明成皇后)가 중창하여 원당으로 삼았다. 일제강점기에는 31본산의 하나로서 전라북도 일원의 33개 말사를 통괄했다. 【유적·유물】 현존하는 건물로는 대웅전과 진영각, 심검당(尋劒堂), 산신각, 응향각(凝香閣), 요사채 등이 있다. 유물로는 석가여래좌상과 관세음보살좌상, 문수보살좌상, 부도 4기, 의병승장비(義兵僧將碑) 등이 있다. 석가여래좌상과 관세음보살좌상, 문수보살좌상은 대웅전에 모셔져 있는데, 조선시대의 작품으로 조각 수법이 정교하고 섬세하며 상호가 원만하고 자비로워 조선시대 불상 중에서도 극치의 것으로 평가받고 있다. 이 밖에도 청허 휴정(淸虛 休靜, 1520~1604), 사명 유정(四溟 惟政, 1544~1610), 기허 영규(騎虛 靈圭, ?~1592)의 영정을 진영각에 모셨었으나,

최근에 도난당했다. 의병승장비는 공주의 청련암(靑蓮庵)과 보석사에서 무예를 익힌 뒤 임진왜란 때 왜병과 싸우다가 전사한 승병장 영규의 순절비로서 1839년(헌종 5) 5월 금산군수가 절 입구에 세운 것이다. 영규가 순국한 내용을 적은 이 비는 일제강점기에 일본인에 의해서 자획이 뭉개진 채 땅에 묻혔던 것을 1945년 정요신(鄭堯臣)이 찾아서 다시 세웠다. 이 밖에도 절 입구에는 큰 은행나무가 있는데, 창건주 조구가 제자 5인과 더불어 육바라밀(六波羅蜜)을 상징하는 뜻에서 둥글게 여섯 그루를 심은 것이 하나로 합해졌다고 하며, 나라에 이변이 있을 때에는 24시간 동안 운다고 한다. 【참고문헌】 조선불교통사(이능화, 신문관, 1918), 문화유적총람-사찰편(충청남도, 1990)

보성사(寶盛寺)

【이명】 보성암(寶盛庵)이라고도 불린다. 【위치】 함경남도 이원군 남면 장동리 대덕산(大德山)에 있었다. 【연혁】 1771년(조선 영조 47) 태수 남공(南公)이 터를 잡고 소금강에서 온 행원(行願), 행찰(行察), 보화(普化) 등이 유정공(惟精公)의 시주를 받아 창건했다. 그 뒤 1899년(광무 3) 설송(雪松)이 산신각을 신축했고, 1901년 육화료(六和寮)를 크게 지었으며 보광전(普光殿)을 중수했다. 1902년 설송이 범종을 주조했으며, 1907년 사적비를 세웠다. 일제강점기의 31본산시대에는 귀주사(歸州寺)의 말사였다. 지금의 상황은 알 수 없으나, 북한측 자료에 의하면 현존하지 않는다. 【유적·유물】 건물로는 1945년 8·15해방 전까지만 해도 보광전, 대웅전, 육화료, 산신각 등을 갖추고 있었으며, 절 일대에는 옛 기와 조각들이 산재해 있었

다. 또 법당 내에는 언제 누가 그렸는지 알 수 없는 훌륭한 불화들이 많았다. 【참고문헌】 이원군지(이원군지 편찬위원회, 1984)

보성암(寶盛庵)

보성사(寶盛寺)를 보시오.

보안사(寶安寺)

【이명】 한때 수암사(水庵寺)라고 불렸다. 【위치】 충청북도 괴산군 청안면 효근리 효재마을 칠보산(七寶山)에 있다. 【소속】 대한불교법화종에 속한다. 【연혁】 언제 누가 창건했는지 알 수 없다. 다만 1481년(조선 성종 12)에 편찬된 《동국여지승람》에 수암사가 기록되어 있는 것으로 보아 조선 초기 이전에 창건된 것임을 알 수 있다. 고종 때(1863~1907) 간행된 《청안군읍지(淸安郡邑誌)》에 이미 폐사되었다는 기록이 있다. 1957년 마을 주민들이 절터에서 파손된 탑의 부재(部材)를 모아 탑을 세우고, 석불 1위를 발굴하여 보호각을 지어 봉안한 뒤 보안사라고 이름을 지었다. 【유적·유물】 현존하는 건물로는 대웅전과 요사채가 있다. 대웅전 안에는 조선시대 작품으로 추정되는 석조약사여래좌상이 봉안되어 있다. 이 밖에도 이 절에는 석불입상 1위와 삼층석탑 1기, 탱화 5점이 있다. 이 중 석불입상은 대좌와 불상이 동일석으로 되어 있으며, 가슴에 영락(瓔珞)을 두른 보살상으로서 균형 있는 몸매에 사실적으로 표현된 옷의 문양 등을 지닌 우수한 작품이나 두부(頭部)와 무릎 부분이 단절되어 있다. 조각 수법으로 보아 고려시대 중기 이전의 작품으로 추정된다. 또 화강암으로 다듬어진 삼층석탑은 고려시대 말기의 작품으로 추정되며, 1942년의 《조선보물고적조사자료》의

기록에는 오층석탑이라고 했으나 이는 잘못된 기록이다. 【참고문헌】 동국여지승람, 사지(충청북도, 1982)

보암사(寶巖社)

【위치】 경기도 개성시에 있었다. 【연혁】 언제 누가 창건했는지 알 수 없다. 고려 때 왕실을 중심으로 법화신앙이 크게 일자 개경(開京)에서는 이 절과 연화원(蓮華院) 등에서 법화결사(法華結社)가 성행했다. 이 절에서는 60세가 넘은 40여 명의 퇴관 노인들이 매월 3일, 14일, 15일, 23일, 29일, 30일의 육재일(六齋日)마다 모여 《법화경》을 서로 돌아 가며 읽고 토론하는 한편, 15일의 재일에는 밤을 세워 가며 극락왕생을 위한 염불을 했다. 연화원에서도 육재일에 모임을 가지는 것은 같았으나, 연령의 제한 없이 남쪽의 주민들이 주로 모였다. 언제 폐사되었는지 밝혀지지 않고 있다. 【참고문헌】 한국불교사연구(안계현, 동화출판공사, 1982)

보암사(寶巖寺)

영암사(靈巖寺)를 보시오.

보운암(普雲庵)

【이명】 한때 종인암(宗仁庵)이라고 불렸다. 【위치】 강원도 고성군 신북면 창대리 금강산(金剛山)에 있었다. 【연혁】 518년(신라 법흥왕 5) 조사 보운(普雲)이 창건했다. 자세한 연혁은 전하지 않는다. 1799년(조선 정조 23)에 편찬된 《범우고(梵宇攷)》에는 보운암으로 이름이 바뀌었다고 나와 있다. 1907년 설호(雪湖)를 화주로 중건했다. 일제강점기의 31본산시대에는 유점사(楡岾寺)의 말사인 신계사(神溪寺)의 산내 암자였다. 그러나 1950년 6·25전쟁 때 신계사를 비롯한 절 전체가 파괴되었다. 【참고문헌】 유점사본말사지

보원사(普願寺)
강당사(講堂寺)를 보시오.

보월사(寶月寺)
【위치】 평안북도 구장군 우현리 묘향산
(妙香山)에 있다. 【연혁】 975년(고려 광
종 26) 창건됐다. 그 뒤의 자세한 연혁은
전하지 않으며, 1820년(조선 순조 20)과
1867년(고종 4) 보수하여 오늘에 이르고
있다. 일제강점기의 31본산시대에는 보현
사(普賢寺)의 말사였다. 【유적·유물】
건물로는 '보월사'라고 편액한 법당을 중
심으로 망월루(望月樓) 등이 있다. 【참고
문헌】 북한의 절과 불교(정태혁·신법타,
민족사, 1990), 북한사찰연구(한국불교종
단협의회, 1993)

보월암(寶月庵)
【이명】 한때 현운사(懸雲寺)라고 불렸다.
【위치】 강원도 이천군 안협면 만경산(萬
景山)에 있었다. 【연혁】 1896년(조선 고
종 33) 취두산(鷲頭山)에 있던 심곡사(深
谷寺)를 옮겨 짓고 창건하여 이름을 현운
사라고 했다. 그 뒤 1906년 신도 이완구
(李完龜)가 중수하고 이름을 보월암으로
바꿨으며, 1933년 주지 임영순(林永順)이
다시 중수했다. 일제강점기의 31본산시대
에는 금강산 유점사(楡岾寺)의 말사였다.
현재의 상황은 알 수가 없으나 북한측 자
료에 따르면 현존하지 않는다. 【참고문
헌】 유점사본말사지, 한국사찰전서(권상
로, 동국대학교 출판부, 1979)

보은사(報恩寺)
보문사(普門寺)를 보시오.

보은사(報恩寺)
신륵사(神勒寺)를 보시오.

보응사(普膺寺)
천선원(天禪院)을 보시오.

보적사(寶積寺)
세마사(洗馬寺)를 보시오.

보제사(普濟寺)
연복사(演福寺)를 보시오.

보조암(普照庵)
【위치】 전라남도 순천시 송광면 신평리
조계산(曹溪山)에 있었다. 【연혁】 1200
년(고려 신종 3) 보조(普照) 국사 지눌
(知訥)이 송광사(松廣寺)의 부속 암자로
창건했다. 지눌은 정혜사(定慧寺)를 창설
하기 위해 송광사를 중창할 때 줄곧 이 절
에서 머물렀다고 한다. 그 뒤 1592년(조
선 선조 25) 임진왜란 때 불에 탄 것을
1606년(선조 39) 응선(應禪)과 영기(靈
機) 등이 법당을 중건하고 불구(佛具) 등
을 새로 갖추었다. 1725년(영조 1) 청인
(淸仁)이 동지 21인의 도움을 얻어서 법
당과 동각(東閣), 원응방(圓應房) 등을
중수했다. 1771년(영조 47) 교안(敎安)
과 사달(思達)이 지눌의 영각(影閣)을 중
수했다. 이 후 1891년(고종 28) 화성(華
性)이 중건했으며, 1905년 용운(龍雲)이
청원루(淸遠樓)를 중수했다. 1950년 6·
25전쟁 때 전소한 뒤 다시 복원하지 못했
다. 【참고문헌】 한국의 사찰 6-송광사
(한국불교연구원, 일지사, 1975), 한국사찰
전서(권상로, 동국대학교 출판부, 1979)

보천사(寶泉寺)
【위치】 전라북도 군산시 서수면 취동리
축성산(鷲城山)에 있다. 【소속】 대한불교
화엄종에 속한다. 【연혁】 602년(백제 무
왕 3) 신라의 혜공(惠空)이 창건했다고
한다. 그러나 당시의 지리적 여건으로 보
아 신빙성이 없다. 1352년(고려 공민왕
1) 나옹 혜근(懶翁 惠勤)이 중창했다고
하나 당시 혜근은 원나라에 머물고 있었

으므로 역시 신빙성이 없다. 조선시대에
는 추계 유문(秋溪 有文, 1614~1689) 등
이 머물면서 중수했다. 1924년 사세가 기
울어진 틈을 타서 일본인이 법당을 매입
하여 일본으로 옮겨 갔다고 한다. 이때 불
상과 불구(佛具)는 숭림사(崇林寺)로 옮
겨 갔고 절은 폐사되었다. 1936년 승려
백낙도(白洛道)가 옛 절터 옆의 언덕에
새 절을 중창하고, 1971년 주지로 부임한
김무진(金武震)이 대웅전을 중수하여 오
늘에 이르고 있다. 【유적·유물】 건물로
는 대웅전과 삼성각, 부도전, 종각, 염불
당, 요사채 등이 있다. 유물로는 부도 3기
가 있는데, 1기는 유문의 것이며 2기는
누구의 것인지 알 수 없다. 유문의 사리탑
은 옛 절터에서 옮겨 온 것인데, 당시에
사리함이 나와서 현재 군산대학 박물관에
보관하고 있다. 또한 김무진이 세운 오층
석탑이 부도 앞에 있다. 【참고문헌】 사찰
지(전라북도, 1990), 전북불교연감(전북
불교총연합회, 1993)

보천사(寶泉寺)
【위치】 경상북도 구미시 해평면 해평리
매봉산 기슭에 있다. 【소속】 대한불교조
계종 제8교구 본사인 직지사의 말사이다.
【연혁】 유물로 미루어 보아 신라 때 창건
된 것으로 추정된다. 오래 전부터 보천
(寶泉)이라는 샘이 있어서 보천사라 했다
고 한다. 고려 충렬왕(재위 1274~1308)
의 아들 왕소군(王小君)이 신병을 치료하
기 위해 이 절에 머무르면서 보천수를 먹
고 병이 완쾌되었다고 한다. 1592년(조선
선조 25) 임진왜란 때 병화로 완전히 소실
한 뒤 폐사되었다. 그 뒤 이름만 남은 옛
절터에서 석조여래좌상이 발견되어 1959
년 보호각을 신축하고 봉안했다. 이때 석

불 앞에서 금동불 1위가 함께 출토되었으
나 그 뒤 유실했다. 1979년 석조여래좌상
의 보호각을 중건했고, 1981년 주지 진상
(眞尙)이 적묵전(寂默殿)과 산신각을 신
축했다. 1982년에 신도들의 성금으로 요
사채를 준공하여 오늘에 이르고 있다.
【유적·유물】 건물로는 적묵전과 산신각,
석조여래좌상 보호각 등이 있다. 문화재
로는 석조여래좌상(보물 제492호)이 있
다. 이 불상은 높이 1.32m로서 9세기 중
엽의 통일신라시대에 제작된 것으로 추정
된다. 현재 절 주위에는 옛 기와와 주춧돌
들이 산재해 있다. 【참고문헌】 문화유적
총람(문화재관리국, 1977)

보천사(寶泉寺)
【이명】 수암사(水巖寺)라고 불렸다. 【위
치】 경상남도 의령군 의령읍 하리 벽화산
(碧華山) 기슭에 있었다. 【연혁】 신라 경
덕왕 때(742~765) 창건됐다고 한다. 그
뒤의 연혁은 전하지 않는다. 구전에 의하
면 절에 빈대가 많아 승려들이 더 이상 살
수 없어서 다른 절로 떠난 뒤 폐사되었다
고 한다. 조선 중기 이전에 이미 없어진
것으로 추정된다. 【유적·유물】 절터에
는 삼층석탑(보물 제373호)과 부도(보물
제472호)가 남아 있다. 삼층석탑은 전형
적인 신라시대의 양식을 취하고 있으나
고려 초기의 작품으로 추정된다. 1967년
도굴꾼에 의해 이 탑이 도괴·훼손되었을
때 사리공(舍利孔)에서 소형의 청동불상
과 광배(光背) 모양의 동편(銅片)이 발견
되었다. 부도는 팔각원당형(八角圓堂型)
의 기본형을 갖추고 있는 큰스님의 사리
부도로서 하대석의 전면에 조각된 운룡
(雲龍)과 옥개석 추녀의 우각(隅角)에 조
각된 귀꽃은 매우 섬세하여 눈길을 끈다.

이 밖에도 삼층석탑 옆에 석등의 대석이 남아 있다. 【참고문헌】문화재대관(문화재관리국, 1975)

보천암(寶川庵)

【이명】화장사(華藏寺)라고도 불렸다. 【위치】강원도 평창군 진부면 동산리 오대산(五臺山) 중대(中臺)에 있었다. 【연혁】신라 신문왕(재위 681~692)의 태자 보천(寶川)이 창건했다. 보천은 동생 효명(孝明)과 하서부(河西府 ; 지금의 溟州) 지역을 유람하다가 어느 날 세속을 떠날 것을 함께 약속하고 오대산에 들어갔다. 두 태자가 산 가운데에 이르니 홀연히 땅 위에서 푸른 연꽃이 피므로 보천이 이곳에 암자를 짓고 살았는데, 이를 보천암이라 부르게 되었다는 것이다. 보천은 임종 때에 오대산을 나라를 돕는 신행결사도량으로 만들 것을 유언했다. 그는 '보천암을 고쳐 세워 화장사라 하고 원상(圓像) 비로자나삼존불과 대장경을 모셔라. 복전(福田)인 스님 5인이 낮에는 대장경을 읽고 밤에는 화엄신중을 염송할 것이며, 매년 백 일 동안 화엄회를 베풀어라. 그리고 이를 법륜사(法輪社)라 일컬어라. 이 화장사를 오대(五臺)의 각 사(社)의 본사로 하여 굳게 지키도록 하라. 여기에는 복전 정행(淨行)에게 명하여 길이 향화(香火)를 계속하도록 하라. 그러면 왕은 오래 살고 백성은 편안할 것이며, 문무(文武)가 화평하고 백곡이 풍성할 것이다.'라고 말했다. 그 뒤의 연혁은 전하지 않는다. 【참고문헌】삼국유사

보탑정사(寶塔精舍)

【이명】한때 청룡사(靑龍寺)라고 불렸다. 【위치】전라북도 군산시 대야면 죽산리 건장산 아래에 있다. 【소속】한국불교태고종에 속한다. 【연혁】유물로 미루어 보아 백제 때 창건된 것으로 추정된다. 자세한 연혁은 전하지 않으며, 폐허화하여 삼층석탑만 남아 있던 것을 1890년(조선 고종 27) 무렵 승려 정매진이 작은 암자를 지어 청룡사라고 이름했다. 그 뒤 1936년 무렵 승려 오상택이 중건했다. 1989년 주지 송지산(宋智山)이 옛 이름인 보탑정사로 바꾸었으며, 1992년 대웅전을 건립하고 요사도 중수해 절의 면모를 갖추었다. 【유적·유물】건물로는 대웅전과 요사가 있다. 문화재로는 삼층석탑(전라북도 유형문화재 제66호)이 있으며, 백제 때의 것으로 추정된다. 【참고문헌】전북불교총람(전북불교총연합회, 1993)

보통원(普通院)

【위치】임진강과 예성강의 나루터에 있었다. 【연혁】고려시대에 빈민 구제와 자선 사업을 위해 창건됐다. 임진보통원(臨津普通院)과 서보통원(西普通院) 등이 있었다. 《고려사》에 따르면, 1064년(문종 18) 5월 15일부터 7월 15일까지 임진보통원에서 무료로 나그네들에게 음식을 베풀었고, 1071년(문종 25) 12월 현덕궁(玄德宮)에서 반출한 500석의 쌀로 서보통원에서 영세민을 위해 식사를 제공했으며, 1101년(숙종 6) 임진보통원에서 4월부터 7월까지 3개월 동안 무료로 나그네들에게 식사를 제공했다고 한다. 임진보통원은 임진강 부근에 세워진 것이며, 예성강 부근에도 보통원이 있었다고 한다. 또한 서보통원이 있었으면 동보통원도 있었을 것으로 보여 보통원은 모두 둘 또는 셋이 있었을 것으로 추정된다. 당시의 보통원은 당나라의 오대산(五臺山)에 설치되었던 보통원에서 유래하고 있다. 당나라의 보

통원은 문수보살의 영장(靈場)인 오대산을 찾는 순례자들의 편의를 돕고 야숙(野宿)의 불편을 없애 주려고 산 중턱에 이르는 동쪽과 서쪽의 양쪽 길에 반나절 거리마다 설치되어 무료 숙박소 또는 무료 휴게소의 구실을 했던 곳이다. 또한 이곳에서는 항상 밥과 죽을 준비하여 나누어 주었으며, 승려나 속인을 가리지 않고 다같이 함께 숙박했기 때문에 이름을 보통원이라고 했다. 이로 미루어 우리 나라의 보통원도 나그네와 빈궁자들을 위해서 식사를 제공했을 뿐만 아니라, 무료 숙박소 또는 무료 휴게소의 구실도 했을 것으로 추정된다. 언제 폐사되었는지는 알 수 없다. 【참고문헌】 고려사

보현사(普賢寺)
【위치】 강원도 안변군 영신리 황룡산(黃龍山)에 있다. 【연혁】 737년(신라 효성왕 1) 창건됐다. 그 뒤 세 차례의 화재가 있었으며, 16세기에 중창한 이래 수차례 보수했다. 자세한 연혁은 전하지 않는다. 일제강점기의 31본산시대에는 석왕사(釋王寺)의 말사였다. 1950년 6·25전쟁 때 심하게 파괴되었으나, 전쟁 후에 복구되었다. 【유적·유물】 현존하는 건물로는 보광전과 응진전, 정화실, 극락전, 명부전, 일주문, 산신각이 있다. 유물로는 보광전 앞에 높이 8m, 길이 2m의 돌사자가 있다. 【참고문헌】 북한사찰연구(한국불교종단협의회, 1993)

보현사(普賢寺)
【위치】 강원도 강릉시 성산면 보광리 만월산(滿月山)에 있다. 【소속】 대한불교조계종 제4교구 본사인 월정사의 말사이다. 【연혁】 언제 누가 창건했는지 알 수 없다. 다만 신라시대에 보현보살이 직접 창건했다는 전설이 있으며, 나한도량으로 유명하다. 913년(신덕왕 2) 낭원 개청(朗圓 開淸)이 크게 중창하고, 지장선원(地藏禪院)을 열어 전국의 학승들을 가르치다가 930년(경순왕 4) 입적했다. 그 뒤의 연혁은 전하지 않는다. 1904년 중건했다. 【유적·유물】 현존하는 건물로는 대웅보전(강원도 문화재자료 제37호)과 영산전, 삼성각, 만월당, 범종각, 요사채가 있다. 대웅보전은 1904년 중건 때 지어진 것으로 안에는 흙으로 조성된 아미타삼존불이 봉안되어 있으며, 1822년 제작된 후불탱화가 있다. 1799년 제작된 탱화 1점도 있었으나, 도난당했다. 또한 청나라 사람의 옷차림에 모자를 쓰고 의자에 앉은 모습의 신중상(神衆像)도 있는데, 유례를 찾아볼 수 없는 특이한 모습이다. 또 영산전에는 16나한상이 봉안되어 있다. 문화재로는 940년(고려 태조 23)에 세워진 낭원대사오진탑(朗圓大師悟眞塔 ; 보물 제191호)과 낭원대사오진탑비(보물 제192호), 석탑, 사자 모양을 한 석물(石物), 20여 기의 부도가 있다. 【설화】 창건에 얽힌 설화가 전한다. 신라 때 천축국(天竺國 ; 인도)에서 문수보살과 보현보살이 강릉의 동남쪽 남항진(南項津) 해변에 당도하여 문수사(文殊寺 ; 지금의 寒松寺)를 세웠다. 이때 보현보살은 '한 절에 두 보살이 함께 있을 필요가 없으니, 내가 활로 쏘아 화살이 떨어진 곳을 절터로 삼아 떠나겠다.'라고 말하고 시위를 당기니 보현사 터에 화살이 떨어졌으므로 이 절을 창건했다고 한다. 【참고문헌】 한국사찰전서(권상로, 동국대학교 출판부, 1979), 명산 고찰 따라(이고운·박설산, 신문출판사, 1987)

보현사(普賢寺)

【위치】 평안북도 향산군 향암리 묘향산(妙香山)에 있다. 【연혁】 1042년(고려 정종 8) 굉확(宏廓)이 창건하여 산 이름을 묘향산, 절 이름을 보현사라고 했다. 당대의 큰스님 탐밀(探密)은 화엄교관(華嚴敎觀)을 공부한 뒤 1028년(현종 19) 묘향산에 들어가 이곳에 안심사(安心寺)를 짓고 살았는데, 1038년 굉확이 탐밀의 제자가 되어 명성이 높아지자 학승들이 너무 모여들어 다 수용할 수가 없었다. 이에 굉확은 1042년(정종 8) 동남쪽 100여 보 되는 곳에 243칸의 정사를 이룩하여 이 절을 창건했던 것이다 탐밀과 굉확이 입적한 뒤에도 제자들이 계속 증축했으며, 1067년(문종 21) 문종이 밭 등 토지를 하사했다. 이어 1096년(숙종 1) 달보(達寶)가 중창했다. 1216년(고종 3) 9월 여진족이 묘향산에 들어와 절을 불태우자 중창을 하게 되었는데, 이는 1218년 거란의 적병을 토벌했던 김양경(金良鏡)의 시에 잘 나타나고 있다. 당시 이 절은 한창 중수중이었는데, 그 규모는 300여 칸에 달했다고 한다. 1361년(공민왕 10) 나옹 혜근(懶翁 惠勤)이 다시 중창했으며, 1449년(조선 세종 31)에는 해정(海正)이 중창했다. 1532년(중종 27) 다시 한번 달부 지원(達夫 智圓)이 중창했다. 1592년(선조 25) 임진왜란 때, 신라 자장(慈藏)이 통도사에 봉안했던 부처님 사리가 왜병의 침입으로 해를 입게 되자, 사명 유정(四溟 惟政)이 이 사리를 금강산으로 옮겨 왔다. 이에 청허 휴정(淸虛 休靜)이 '금강산도 바다 가까이에 있어 적국과 가까우며, 또한 적이 노리는 것은 사리보다는 금은 보화일 것이고, 자장의 본래 뜻도 사리가 통도사에 있는 것에 있다.'는 이유를 들

어 그 중 1함은 묘향산에 봉안하고 1함은 통도사로 되돌려 보냈다. 그리하여 부처님 사리는 통도사와 이 절에 나뉘어 봉안되었으며, 석가여래사리탑비가 세워졌다. 1634년(인조 12) 건물들이 불타자 의승장 허백 명조(虛白 明照)와 벽암 각성(碧巖 覺性)이 중창했으며, 1761년(영조 37) 9월 다시 실화로 모두 불타자 4년 동안에 걸쳐 남파(南坡), 향악(香岳) 등이 중창했다. 또 1818년(순조 18)에는 한월(漢月)이 개금 불사를 했다. 1912년에 31본산 중의 하나가 되어 이후 일제강점기에는 인근 21개 군에 있던 총 112개의 말사를 관장했다. 이 중 산내 말사는 내원암(內院庵)을 비롯하여 보윤암(普潤庵), 화장암(華藏庵), 상원암(上院庵), 축성전(祝聖殿), 내보현암(內普賢庵), 불지암(佛智庵), 보발암(寶鉢庵), 하비로암(下毘盧庵), 남정암(南靜庵), 계조암(繼祖庵), 일출암(日出庵), 백운암(白雲庵), 신흥암(新興庵), 은봉암(隱峯庵), 법왕대(法王臺; 能仁庵), 불영대(佛影臺), 삼성대(三聖臺), 설령대(雪靈臺), 안심사(安心寺), 보월사(寶月寺) 등 24개가 있었다. 1950년 6·25전쟁 때 대웅전과 만세루가 불에 탔으나, 1975년 대웅전을, 1979년 만세루를 복구했다. 1983년 팔만대장경보존고를 신축했다. 【유적·유물】 이 절은 북한 국보급 문화재 제22호로 지정되어 있다. 현존하는 건물로는 대웅전과 명부전, 심검당(尋劍堂), 동림헌(東林軒), 만수각(萬壽閣), 관음전, 대장전, 영산전, 수충사(酬忠祠), 만세루, 조계문, 해탈문, 천왕문, 해장원, 길상각, 팔만대장경보존고 등이 있다. 이 중 수충사는 임진왜란 때 전국의 절에 격문을 보내어 의승의 궐기를 독려

했던 초대 승군대장 휴정의 공을 기리기 위해 세운 사당이다. 팔만대장경보존고에는 팔만대장경 전질과 고려 및 조선시대의 경판 3,000여 점이 국보로 지정받아 보존되어 있다. 유물로는 사각구층석탑(四角九層石塔 ; 북한 보물급 문화재 제19호)과 팔각십삼층석탑(북한 국보급 문화재 제23호), 석가여래사리탑비, 휴정의 부도, 완허 원준(琓虛 圓俊, 1530~1619)의 부도, 편양 언기(鞭羊 彦機, 1581~1644)의 부도와 비, 풍담 의심(楓潭 義諶, 1592~1665)의 비, 영암(靈巖)의 비, 월저 도안(月渚 道安, 1638~1715)의 비 등이 있다. 사각구층석탑은 1044년(정종 10)에 세워진 것이고, 팔각십삼층석탑은 일명 석가탑으로 고려시대 말기의 것이다. 석가여래사리탑비는 휴정이 비문을 지은 뒤 손수 쓴 것으로 알려져 있다. 【참고문헌】 고려사, 동국여지승람, 조선불교통사(이능화, 신문관, 1918), 조선사찰사료(조선총독부, 1911), 북한사찰연구(한국불교종단협의회, 1993)

보현사(普賢寺)
【위치】 경기도 개성시에 있었다. 【연혁】 언제 누가 창건했는지 알 수 없다. 1160년(고려 의종 14) 10월 12일 의종이 이 절에 행차하여 스님들에게 공양하고, 30근짜리 은병 10개를 만들어 각 병에 다섯 가지의 향과 다섯 가지의 약을 가득 담아 이 절에 보시했다. 연혁은 전하지 않는다. 【참고문헌】 고려사

보현사(普玄寺)
【이명】 한때 보현사(寶賢寺)라고 했다. 【위치】 전라북도 남원시 보절면 도룡리 만행산(萬行山)에 있다. 【소속】 한국불교 태고종에 속한다. 【연혁】 1306년(고려 충

렬왕 32) 만항(萬恒)이 창건을 시작하여 1314년(충숙왕 1)에 완공했다. 원래 이곳에는 한 암자가 있었는데, 만항이 평생 머무를 만한 곳이라는 현몽을 얻은 뒤 창건했다고 한다. 당시의 건물로는 법당, 나한전, 약사전, 문수전, 조사전, 시왕전, 정루(正樓), 승당, 선당, 서상실(西上室), 만월당(滿月堂) 등이 있었다. 1318년(충숙왕 5) 민지(閔漬)가 충숙왕의 명으로 이 절을 찬양하는 글을 지었으나 원본은 전하지 않는다. 1481년(조선 성종 12)에 편찬된 《동국여지승람》과 1799년(정조 23)에 편찬된 《범우고(梵宇攷)》에는 모두 보현사(寶賢寺)라고 나와 있다. 1692년(숙종 18) 처능(處能)이 중창했으나 화재로 전소했다. 그 뒤 오랫동안 폐허로 남아 있다가 1956년 승려 이봉기가 중창했다. 1973년 법당과 요사채를 지어 오늘에 이르고 있다. 【유적·유물】 건물로는 법당과 요사채가 있다. 【참고문헌】 한국사찰전서(권상로, 동국대학교 출판부, 1979), 고향 남원의 얼(남원군, 1982), 사찰지(전라북도, 1990)

보현사(普賢寺)
능가사(楞伽寺)를 보시오.

보현사(寶賢寺)
보현사(普玄寺)를 보시오.

보현사(普賢寺)
일선사(一禪寺)를 보시오.

보현암(普賢庵)
【위치】 강원도 회양군 금강산(金剛山) 울연(鬱淵) 위에 있었다. 【연혁】 언제 누가 창건했는지 알 수 없다. 태정(泰定) 때(1324~1327)에 주지 지견(智堅)이 중수했다. 당시 원나라 조정의 규장공(奎章公)이 서울에 왔다가 금강산의 여러 절들

을 유람하던 중 이 절에 들러 지견을 만났
다. 그는 '이 산은 천하에 이름이 났고,
이 산중의 명승지로는 여기가 으뜸이니,
큰스님의 중수 공사에 내가 시주자가 되
겠습니다.'라고 말하고 돌아갔다. 1336년
(충숙왕 복위 5) 이 절의 달정(達正)이 규
정공을 찾아가자 그는 저폐(楮幣) 5천 냥
을 주면서 '보현암은 지금까지 나의 마음
속에서 떠나지 않았습니다. 오히려 스님
께서 오는 것이 늦었습니다.'라고 말했
다. 달정은 돌아와 승려 3백여 명을 청하
여 옷과 바루를 시주하고 4월 8일부터 7
월 15일까지 큰 불공을 올렸으며, 이듬해
에는 선열회(禪悅會)를 개최하기도 했다.
그 뒤의 연혁은 전하지 않는다. 【참고문
헌】동문선

보현원(普賢院)
청평사(淸平寺)를 보시오.

보흥사(寶興寺)
【이명】한때 광덕사(廣德寺), 북수사(北
水寺)라고 불렀다. 【위치】전라북도 진안
군 마령면 강정리에 있다. 【소속】대한불
교조계종 제17교구 본사인 금산사의 말사
이다. 【연혁】신라 때 창건하여 광덕사라
고 했다. 1448년(조선 세종 30) 중창했으
나 그 뒤 폐허화한 것을 1914년 신자 민
(閔)씨가 옛 절터에 법당과 산신각을 신
축하고 북수사라고 했다. 그러나 최근에
절터에서 1448년 중수 때의 상량문이 발
견되어, 그 기록에 따라 보흥사로 고쳐 부
르게 되었다. 【유적·유물】현존하는 건
물로는 대웅전을 비롯하여 산신각, 요사
채 등이 있다. 문화재로는 고려시대의 작
품으로 추정되는 오층석탑이 있다. 절 입
구에는 용이 승천했다는 전설이 얽힌 용
소와 육탕폭포가 있고, 절 뒤쪽에는 피부

병에 좋다는 약수와 귀를 밝게 한다는 이
명천(耳明泉)이 있다. 절 옆의 북수골에
는 1592년(선조 25) 임진왜란 때 5인의
공(公)이 왜병을 크게 물리쳤다는 설화가
전한다. 【참고문헌】문화유적총람(문화재
관리국, 1976)

복녕사(福寧寺)
【위치】경기도 개풍군 삼성면 곡령리 복녕
동에 있었다. 【연혁】언제 누가 창건했는
지 알 수 없다. 1358년(고려 공민왕 7) 4
월 10일 이 절에서 기우제를 지냈다. 연혁
은 전하지 않는다. 【유적·유물】1900년
대에 편찬된《사탑고적고(寺塔古蹟攷)》에
는 '절터에 주춧돌이 흩어져 있다.'고 나
와 있다. 【참고문헌】고려사, 사탑고적고

복령사(福靈寺)
【위치】경기도 개성시 송악산 서쪽 기슭에
있었다. 【연혁】언제 누가 창건했는지 알
수 없다. 1481년(조선 성종 12)에 편찬된
《동국여지승람》에 기록된 박은(朴誾;1479
~1504)의 시에 따르면 신라시대에 창건됐
고, 서천축국(西天竺國;인도)에서 모셔왔
다는 천 불상이 당시 이 절에 있었다고 한
다. 고려시대에는 숙종 때부터(특히 고종
이후) 왕실의 보호를 받으면서 발전했다.
숙종은 1100년(숙종 5) 8월 이 절에 행차
했다. 고려의 도읍을 강화도로 옮겼을 때
에는 강화도에 다시 복령사라는 이름으로
절을 창건하고 고종과 원종이 자주 행차했
다. 그 뒤에도 충렬왕이 5번, 충숙왕이 2
번, 충목왕이 1번, 공민왕이 5번 행차했다.
이 중 충렬왕과 공민왕은 주로 공주와 함
께 행차했으며, 특히 공민왕은 1353년(공
민왕 2) 4월과 9월 공주와 함께 불공을 드
리기도 했다. 언제 폐사되었는지는 알 수
없다. 이 절에 관한 김극기(金克己), 조위

(曹偉, 1454~1503), 박은의 시가 《동국여지승람》에 전한다. 【참고문헌】고려사, 동국여지승람, 한국사찰전서(권상로, 동국대학교 출판부, 1979)

복령사(福靈寺)

【위치】인천광역시 강화군에 있었다. 【연혁】1232년(고려 고종 19) 고려의 강화 천도 직후에 창건됐다. 원래 개성 송악산(松嶽山)에 있었던 같은 이름의 복령사를 강화 천도와 함께 옮겨 와 창건했던 것이다. 1245년(고종 32) 3월과 1246년 윤4월에 고종이 이 절과 건성사(乾聖寺)에 행차했다. 또한 1249년 윤2월에도 고종이 이 절과 건성사에 행차하여 소재도량(消災道場)을 설치했고, 이 해 9월과 1250년 4월과 9월, 1251년 10월, 1252년 3월과 9월, 1253년 3월, 1254년 4월과 9월, 1255년 4월과 9월, 1256년 3월과 9월, 1257년 3월과 10월, 1258년 3월과 9월, 1259년 3월에도 고종이 이 절과 건성사에 행차했다. 1261년(원종 2) 2월과 8월, 1263년 3월, 1264년 3월, 1265년 3월, 1266년 3월, 이 해 8월에는 원종이 이 절과 건성사에 행차했다. 1268년 3월에는 원종이 이 절에만 행차했다. 이러한 사실로 미루어 왕실의 원찰이었던 것으로 추정된다. 언제 폐사되었는지는 전하지 않는다. 【참고문헌】고려사, 한국사찰전서(권상로, 동국대학교 출판부, 1979)

복천사(福川寺, 福泉寺)

강천사(剛泉寺)를 보시오.

복천암(福泉庵)

【위치】충청북도 보은군 내속리면 사내리 속리산에 있다. 【소속】대한불교조계종 제5교구 본사인 법주사의 산내 암자이다. 【연혁】720년(신라 성덕왕 19) 창건됐다.

고려 공민왕(재위 1351~1374)은 극락전의 '무량수(無量壽)'라는 친필 편액을 내렸다. 그 뒤 조선 세조가 이곳에서 난치병을 치료하면서부터 널리 알려졌다. 1464년(세조 10) 세조는 이 절에서 당대의 큰스님인 혜각 신미(慧覺 信眉), 등곡 학조(燈谷 學祖), 학열(學悅) 등과 함께 3일 동안 기도를 드린 뒤, 절에 이르는 길목의 목욕소(沐浴沼)에서 목욕을 하자 피부병이 말끔히 치료되었다. 그래서 세조는 절을 중수하고, '만년보력(萬年寶曆)'이라고 쓴 사각옥판(四角玉板)을 하사했다. 1592년(선조 25) 임진왜란 때 병화로 소실했으나, 곧 중건했다. 그 뒤의 자세한 연혁은 전하지 않는다. 【유적·유물】현존하는 건물로는 극락전과 나한전, 선방, 요사채 등이 있다. 극락전은 임진왜란 때 소실한 뒤 중건했으며, 공민왕이 쓴 '무량수'라는 편액이 걸려 있다. 나한전은 1909년 중수됐다. 문화재로는 수암화상부도(秀庵和尚浮屠;충청북도 유형문화재 제12호)와 학조등곡대사부도(충청북도 유형문화재 제13호)가 있다. 수암의 부도는 1480년(성종 11)에 건립된 것이다. 학조의 부도는 일반적인 석종형(石鐘型) 부도보다 훨씬 발전된 형식을 띠고 있다. 【참고문헌】한국사찰전서(권상로, 동국대학교 출판부, 1979)

복흥사(復興寺)

【이명】복흥사(福興寺)라고도 불렸다. 【위치】경기도 개풍군 영북면 월고리 원통동(圓通洞)에 있었다. 【연혁】고려 초기에 창건됐다. 특히 고려시대에는 승려를 출가시키기 위해 나라에서 마련한 계단(戒壇)인 관단(官壇)이 있어서 원융(圓融)국사 결응(決凝, 964~1053), 혜덕(慧德)왕사 소현(韶顯, 1038~1096) 등을 배출

한 유명한 절이었다. 자세한 연혁은 전하지 않고 다만 1481년(조선 성종 12)에 편찬된 《동국여지승람》에 이 절에 관한 오학린(吳學麟)과 변계량(卞季良, 1369~1430)의 시가 전하고 있다. 이에 따르면 조선 초기에는 법당과 수각(水閣)이 있었고, 매우 한적한 절이었다고 한다. 이러한 기록으로 보아 조선 중기 이후에 폐사된 것으로 추정된다. 【유적·유물】절터에는 법당 터의 주춧돌과 삼층석탑, 2기의 석재, 부도, 귀부(龜趺) 등이 있다. 또한 이 절터는 신라 말 고려 초에 개성 부근에 세워진 절 중에서 유일하게 쌍탑가람(雙塔伽藍)의 형식을 보이고 있는 매우 희귀한 곳이다. 【참고문헌】동국여지승람, 송도의 고적(고유섭, 열화당, 1977)

복흥사(福興寺)
【이명】한때 청수암(淸水庵), 정수암(淨水庵), 정수사(淨水寺)라고 불렸다. 【위치】함경남도 이원군 동면 용산리 만덕산(萬德山)에 있었다. 【연혁】1436년(조선 세종 18) 창건하여 청수암이라고 했다. 그 뒤 알 수 없는 때에 정수암으로 고쳐 불렀으며, 1700년(숙종 26) 영흥(永興)이 육화료(六和寮)를 신축했다. 1717년에서 1738년(영조 14) 사이에 신원(信元), 법혜(法惠), 정언(淨彦), 담행(曇行) 등이 법당을 신축하고, 불상과 불화, 500근의 범종 등을 주조했으며, 옛 건물들을 중수하여 정수사로 고쳐 불렀다. 그러나 1741년(영조 17) 산이 무너지고 땅이 갈라져서 절이 무너질 우려가 있었으므로 담행과 신원이 1744년 산기슭 쪽으로 옮겨 지었다. 그들은 먼저 청풍루와 소향각을 짓고 옛 절에 있던 불상을 옮겨 봉안했다. 그 뒤 찬압(粲鴨), 영삼(映森)이 시주를 얻어서 승

료와 법당을 신축한 뒤 이름을 복흥사로 다시 바꿨다. 1757년(영조 33) 부속 암자인 내원암(內院庵)을 창건했고, 1761년 명제(明濟)가 구층석탑을 건립하여 절의 면모를 새롭게 했다. 또한 1782년(정조 6) 개축했으며, 1815년(순조 15) 4월 중수했다. 구전에 의하면 중건에 참여한 목수는 경복궁을 지은 목수였다고 하는데, 공사중에 오른팔이 잘리자 왼팔로 절을 완공했다고 한다. 일제강점기인 1929년 광주학생운동을 전후한 시기에는 이 절의 젊은 승려들이 항일운동에 참가했으며, 이로 인해 일제의 심한 탄압을 받기도 했다. 1929년 가을 대웅전 전체가 불에 탔으며, 구층석탑의 일부도 열을 받아 탑신이 손상되었고, 순금으로 된 국보급 석가여래좌상도 도난을 당했다. 1945년 8·15 광복 이전에 다시 신축했으나 건축미가 이전의 것에 미치지 못했다. 일제강점기의 31본산시대에는 귀주사(歸州寺)의 말사였다. 현재의 상황은 알 수 없으나 북한측 자료에 의하면 현존하지 않는다. 【참고문헌】한국사찰전서(권상로, 동국대학교 출판부, 1979), 이원군지(이원군지 편찬위원회, 1984)

복흥사(福興寺)
복흥사(復興寺)를 보시오.

봉곡사(鳳谷寺)
【이명】한때 석가암(釋迦庵), 석암(石庵), 봉서암(鳳棲庵)이라고 불렸다. 【위치】충청남도 아산시 송악면 유곡리 봉수산(鳳首山) 기슭에 있다. 【소속】대한불교조계종 제6교구 본사인 마곡사의 말사이다. 【연혁】887년(신라 진성여왕 1) 연기 도선(烟起 道詵, 827~898)이 창건하여 산 이름을 봉수산(鳳首山), 절 이름을 석

가암이라고 했다. 1170년(고려 의종 24) 보조(普照) 국사 지눌(知訥)이 중창했다고 한다. 그러나 지눌은 1158년에야 태어났으므로 중창한 때에 대한 신빙성이 없다. 그 뒤 조선시대 초부터 석가암을 잘못 발음하여 절 이름을 석암이라고 불렀다. 1419년(조선 세종 1) 함허 기화(涵虛 己和)가 중창했는데, 당시에는 부속 암자만 해도 상암(上庵), 벽련암(碧蓮庵), 보조암(普照庵), 태화암(泰和庵) 등이 있었다. 1584년(조선 선조 17) 3월 거사 화암(華巖)이 중수하여 봉서암이라고 했으나, 1592년(선조 25) 임진왜란 때 본전과 암자들이 모두 불에 타 폐허가 되었다. 1646년(인조 24) 다시 중창하고, 1794년(정조 18) 경헌(敬軒)과 각준(覺俊)이 대웅전을 중수하고 봉곡사라고 했으며, 동시에 요사도 중건했다. 1825년(순조 25) 봄 요사를 중수하는 한편, 2층 누각을 신축했고, 1872년(고종 9) 서봉(瑞峰)이 요사채의 후방(後房)을 증축했다. 이어 1931년의 중수를 거쳐 오늘에 이르고 있다. 현재 비구니의 수도도량이다. 【유적·유물】현존하는 건물로는 대웅전을 중심으로 하여 향각전(香閣殿), 선실, 요사채가 있다. 유물로는 목조석가여래좌상과 목조문수보살좌상, 영산회상도와 지장탱화(충청남도 문화재자료 제242호), 목조문수보살좌상의 복장유물 등이 있다. 영산회상도와 지장탱화는 대웅전 안의 후불탱화들로서 지장탱화는 1867년(고종 4)에 제작되었으며, 영산회상도도 같은 시기의 것으로 보인다. 목조문수보살좌상의 복장유물로는 《묘법연화경》 5권 등이 있는데, 1448년(세종 30)에 간행된 목판본으로 추정된다. 대웅전 안의 후불탱화 중 관음탱

화에 얽힌 일화가 전한다. 일제강점기에 이 절에 병든 승려가 살고 있었는데, 이 승려에게 한 일본인이 약을 주어 병이 완쾌되었다. 승려는 감사의 뜻으로 일본인에게 이 관음탱화를 선물하여 이 탱화가 일본으로 건너가게 되었다. 그러나 1958년 4월 5일 구원회(具沅會)가 일본에서 이 탱화를 가져와 다시 이 절에 봉안했다고 한다. 이러한 사실이 불화갑(佛畫匣) 뚜껑에 쓰여 있다. 【참고문헌】충청남도지(충청남도, 1979), 문화유적총람 －사찰편(충청남도, 1990), 한국사찰전서(권상로, 동국대학교 출판부, 1979)

봉곡사(鳳谷寺)

【위치】경상북도 김천시 대덕면 조룡리 비봉산(飛鳳山)에 있다. 【소속】대한불교 조계종 제8교구 본사인 직지사의 말사이다. 【연혁】922년(고려 태조 5) 연기 도선(烟起 道詵)이 창건했다고 하나, 도선은 898년 입적했으므로 신빙성이 없다. 이후의 자세한 연혁은 전하지 않는다. 전성기에는 대웅전을 비롯하여 40여 동의 건물과 오층석탑, 석교(石橋) 등이 있었다. 또한 승려 천여 명이 기거했고, 경남·전북 일원까지 말사를 거느렸던 큰 절이었다고 한다. 그러나 1592년(조선 선조 25) 임진왜란 때 소실한 후 소규모로 중건되어 오늘에 이르고 있다. 【유적·유물】현존하는 건물로는 대웅전과 명부전, 동상실(東上室) 등이 있다. 대웅전은 1707년(숙종 33) 세번째의 중수를 거쳐 1916년 단청과 함께 중수됐으며, 명부전은 1690년 대완(大完)이 중건했고, 1908년 중수했다. 또한 1753년(영조 29)에 이 절에서 조성한 지장탱화가 충청북도 영동의 반야사(般若寺)에 봉안되어 있다. 【설화】

창건에 얽힌 설화가 전한다. 도선이 산 너
머에 있는 구성면 연곡(燕谷)에 절터를
닦고 목수를 불러 재목을 다듬는데, 까마
귀들이 날아와서 재목을 다듬고 난 조각
들을 자꾸 물어 가기에 신기하게 생각하
고 따라가 보니 지금의 절터였다. 그 자리
가 더 훌륭한 곳임을 판단한 도선은 자신
이 미물인 새만도 못하다고 탄식하면서
자리를 옮겨 지었다고 한다.【참고문헌】
내 고장 우리 향토(금릉군, 1983)

봉곡사(鳳谷寺)
【위치】충청북도 보은군 내속리면 사내리
속리산에 있다.【소속】대한불교조계종
제5교구 본사인 법주사의 산내 암자이다.
【연혁】1606년(조선 선조 39) 벽암 각성
(碧巖 覺性)이 창건했다. 그 뒤의 연혁은
전하지 않는다.【유적·유물】건물로는
법당과 삼성각, 요사 등이 있다. 법당에는
약사여래상이 봉안되어 있다.【참고문헌】
사지(충청북도, 1982)

봉국사(奉國寺)
【위치】경기도 성남시 수정구 태평동 영
장산(靈長山) 서남쪽 기슭에 있다.【소
속】대한불교조계종 직할교구 조계사의
말사이다.【연혁】1028년(고려 현종 19)
창건됐다. 그 뒤 폐사된 것을 1395년(조
선 태조 4) 담화(曇華)가 태조의 명으로
중수했다. 1674년(현종 15) 현종이 공주
명혜(明惠)와 명선(明善)의 명복을 빌기
위해 공주의 능 근처에 있던 이 절을 금강
산의 일축(日쓰)에게 중창하게 하고 봉국
사라고 이름을 바꾸었다. 그 뒤의 연혁은
자세히 알 수 없다. 1924년 주지 권두창
(權斗昌)이 중수했고, 1932년 주지 이춘
성(李春城)이 서울 삼청동에다 이 절의
부속 암자를 만들었다. 그 뒤 퇴락해 폐허

화한 것을 1958년 비구니 법운(法雲)이
중수했다. 1967년에는 혜성(慧星)이 삼
성각을 신축했으며, 1969년 4월에는 요사
채를 신축했다. 1974년 완전 해체·복원
했고, 목조본존불을 개금했다. 1977년 5
월 삼층석탑과 석등을 조성하면서 부처님
사리를 봉안했다. 이 사리는 태국에서 가
져온 3과 중 1과로서 수정함, 금함, 자기,
대리석함 등에 차례로 넣어 불경과 함께
삼층석탑에 봉안하였다.【유적·유물】
현존하는 건물로는 대광명전과 삼성각,
심검당(尋劍堂), 범종루, 요사채 2동이 있
다. 대광명전(경기도 유형문화재 제101호)
은 1674년에 건립된 건물로서 문화재적인
가치가 크다. 또 대광명전 안의 목조아미
타여래좌상은 1674년에 조성된 불상으로
추정된다.【참고문헌】한국사찰전서(권
상로, 동국대학교 출판부, 1979), 기내사원
지(경기도, 1988)

봉국사(奉國寺)
【위치】경기도 개성시에 있었다.【연혁】
언제 누가 창건했는지 알 수 없다. 1308
(고려 충렬왕 34) 4월 8일 부처님 오신 날
에 충렬왕이 숙창원비(淑昌院妃)와 함께
이 절에 행차했다. 이어 1313년(충숙왕
즉위) 10월 8일 상왕인 충선왕이 안국사
(安國寺)와 이 절에 행차했다. 연혁은 전
하지 않는다.【참고문헌】고려사

봉국사(奉國寺)
【이명】한때 약사사(藥師寺)라고 불렀다.
【위치】서울특별시 성북구 정릉동 정릉
(貞陵) 북쪽에 있다.【소속】대한불교조
계종 직할교구 본사인 조계사의 말사이
다.【연혁】1395년(조선 태조 4) 무학 자
초(無學 自超)가 조선의 무궁한 발전을
기원하기 위해 창건했다. 당시 자초는 약

사여래를 봉안하고 약사사라고 했다. 1468년(세조 14) 중건했으며, 1669년(현종 10) 태조의 두번째 왕비인 신덕왕후(神德王后)의 황폐화한 묘소를 능묘로 복원하면서 왕실의 원찰로서 이 절을 지정하고 나라를 받든다는 뜻에서 봉국사로 고쳐 불렀다. 그 뒤 조선 말기 이전까지의 연혁은 전하지 않는다. 1882년(고종 19) 임오군란으로 불에 탄 것을 이듬해 청계(淸溪)와 덕운(德雲)이 중창했다. 1898년 운담(雲潭), 영암(永庵), 취봉(翠峰) 등이 명부전을 중건했고, 1913년 칠성각을, 1938년에는 염불당을 신축했다. 1977년 일주문 곁에 아담한 2층 건물을 지어 아래에는 천왕문, 위는 일음루(一畜樓)라는 종루를 세워 오늘에 이르고 있다. 【유적·유물】 현존하는 건물로는 만월보전(滿月寶殿)을 비롯하여 염불당, 용왕각, 명부전, 삼성각, 독성각, 요사채 등이 있다. 【참고문헌】 한국사찰전서(권상로, 동국대학교 출판부, 1979)

봉국사(奉國寺)
【위치】 경기도 의정부시 호원동 도봉산에 있었다. 【연혁】 언제 누가 창건했는지 알 수 없다. 1481년(조선 성종 12)에 편찬된 《동국여지승람》에 존재한다고 나와 있으나, 연혁은 전하지 않는다. 【유적·유물】 1977년에 편찬된 《문화유적총람》에 이 절의 경내에 혜거국사탑비(慧炬國師塔碑)가 있다고 했으나, 도봉산 일대에는 이러한 비가 없다. 다만 도봉산 망월사(望月寺)에 혜거국사 부도가 있을 뿐이다. 【참고문헌】 동국여지승람, 문화유적총람(문화재관리국, 1977), 기내사원지(경기도, 1988)

봉녕사(奉寧寺)
【이명】 한때 성창사(聖彰寺), 봉덕사(奉

德寺)라고 불렀다. 【위치】 경기도 수원시 팔달구 우만동 광교산(廣敎山) 기슭에 있다. 【소속】 대한불교조계종 제2교구 본사인 용주사의 말사이다. 【연혁】 1208년(고려 희종 4) 국사 원각(圓覺)이 창건하여 성창사라고 했다. 그 뒤 조선시대에 들어와 1400년대 초에 봉덕사라고 이름을 바꿨으며, 1469년(예종 1) 혜각 신미(慧覺 信眉)가 중수하고 봉녕사라고 다시 고쳐 불렀다. 그 뒤의 자세한 연혁은 전하지 않는다. 1971년 비구니 묘전(妙典)이 좁은 도량을 확장하여 별당과 요사채를 신축하고 봉녕선원을 열었다. 또한 1991년 대웅전을 신축하고, 1975년 비구니 세주 묘엄(世主 妙嚴)을 강사로 승가학원(僧伽學院)을 열었다. 1979년에는 묘엄이 주지로 부임하여 이듬해 종각과 목욕탕의 신축과 함께 대종(大鐘)을 주조했다. 또한 묘엄은 1991년 대강당인 육화당(六和堂)을 신축하여 비구니 교육의 중심 도량으로 활용하고 있다. 【유적·유물】 현존하는 건물로는 대웅전을 비롯하여 약사전, 선원, 강당, 종각, 종무소, 요사채 3동 등이 있다. 대웅전 안에는 석가모니불상과 후불탱화, 신중탱화 등이 봉안되어 있고, 약사전 안에는 약사여래상과 독성상을 비롯하여 후불탱화, 신중탱화, 현왕탱화, 독성탱화, 칠성탱화 등이 봉안되어 있다. 【참고문헌】 용주사본말사지(본말사주지회, 1984)

봉덕사(奉德寺)
【위치】 경상북도 경주시 북천(北川)의 남안인 옛 남천리(南川里)에 있었다. 【연혁】 신라 성덕왕(재위 702~736)이 증조인 태종무열왕(재위 654~661)을 위해 창건을 시작했다. 736년 성덕왕이 죽자 효

성왕이 부왕 성덕왕의 추복을 위해 공사를 계속하여 738년(효성왕 2) 완공, 인왕도량(仁王道場)을 개설했다. 또한 경덕왕(재위 742~765)은 부왕 성덕왕을 위해 황금 12만 근으로 대종(大鐘)을 만들려다 뜻을 이루지 못하고 죽었는데, 그 아들 혜공왕(765~780)이 완성하여 성덕대왕신종(聖德大王神鐘)이라고 명명했다. 이처럼 이 절은 왕실의 원당 성격이 강했다. 그 뒤 이 절이 북천(北川)에 묻혀 폐사하자, 1460년(조선 세조 6) 이 종을 영묘사(靈妙寺)에 옮겨 달았다. 【유적·유물】성덕대왕신종(국보 제29호)은 현재 국립경주박물관에 전시되고 있으며, 일명 에밀레종이라고 부르기도 한다. 이 종은 높이 333cm, 지름 227cm로 우리 나라에 남아 있는 종 중에서 가장 큰 것이며, 평창 상원사(上院寺)의 동종과 함께 통일신라시대의 대표적인 종이다. 【설화】성덕대왕신종에 얽힌 설화가 전한다. 이 종은 몇 번이나 만들었으나, 종이 울리지 않아 실패했다. 이때 한 승려가 권고하여 어느 여인의 무남독녀인 어린 딸을 쇳물가마에 넣어 다시 종을 만들자 비로소 울렸다. 그리고 울리는 소리가 어머니를 부르는 아이의 울음 소리와 같다고 하여 에밀레종이라고도 부르게 되었다고 한다. 【참고문헌】삼국사기, 삼국유사, 한국사찰전서(권상로, 동국대학교 출판부, 1979)

봉덕사(鳳德寺)
【이명】한때 만수사(萬壽寺)라고 불렸다. 【위치】경기도 안성군 안성읍 봉남리 비봉산(飛鳳山)에 있다. 【소속】대한불교조계종 제2교구 본사인 용주사의 말사이다. 【연혁】1900년 4월 8일 승려 이진해가 호고당이라는 암자를 짓고 창건했다. 그 뒤 만수사라고 이름을 바꾸었다. 이어 인근 청룡사(靑龍寺)의 주지였던 대련 일형(大蓮 日馨)의 제자 만하(萬河)가 중수했고, 만하가 다시 봉덕사로 이름을 바꾸었다. 【유적·유물】건물로는 대웅전과 산신각, 요사채 2동이 있다. 【참고문헌】기내사원지(경기도, 1988)

봉덕사(奉德寺)
봉녕사(奉寧寺)를 보시오.

봉덕사(奉德寺)
의림사(義林寺)를 보시오.

봉령사(奉靈寺)
【위치】경기도 개성시에 있었다. 【연혁】언제 누가 창건했는지 알 수 없다. 1165년(고려 의종 19) 4월 10일 의종이 이 절에서 열린 정함(鄭諴)의 연회에 참석하기 위해 이 절에 행차했다. 연혁은 전하지 않는다. 【참고문헌】고려사

봉릉사(奉陵寺)
금정사(金井寺)를 보시오.

봉린사(鳳麟寺)
안국사(安國寺)를 보시오.

봉림사(鳳林寺)
【위치】경기도 화성군 남양면 북양리 무봉산(舞鳳山) 중턱에 있다. 【소속】대한불교조계종 제2교구 본사인 용주사의 말사이다. 【연혁】신라 진덕여왕 때(647~654) 고구려의 침략을 불교의 힘으로 막기 위해 창건했다. 절 이름과 산 이름은 창건 당시 궁궐에서 기르던 새가 절 주위의 숲에 와서 앉았으므로 지은 것이라고 전한다. 그 뒤 조선 중기까지의 연혁은 전하지 않는다. 1621년(광해군 13) 법당과 종각 요사를 중수했고, 1708년(숙종 34)에도 중수했다. 이어 1978년 목조아미타여래좌상의 복장(腹藏)에서 사리가 발견

되어 이듬해 사리탑을 세웠으며, 봉향각(奉香閣)과 종각을 개축했다. 【유적·유물】 현존하는 건물로는 대웅전을 비롯하여 봉향각, 망양루(望洋樓), 범종각, 요사채 등이 있다. 유물로는 목조아미타여래좌상과 후불탱화, 칠성탱화, 지장탱화, 신중탱화, 《법화경》 등이 있다. 목조아미타여래좌상(보물 제980호)은 대웅전에 봉안되어 있는데, 1362년(고려 공민왕 11)에 개금했다는 기록으로 보아 고려 후기에 조성된 것으로 추정된다. 1978년 개금할 때 복장유물로 지정(至正) 때(1341~1367)의 묵기(墨記)와 전적물(보물 제1095호), 사리가 나왔다. 전적물은 《감지은자화엄경(紺紙銀字華嚴經)》 등 10여 종에 이르나, 5종 13권의 《법화경》을 제외하고는 용주사에서 보관하고 있으며, 이것들은 모두 고려 때의 것이다. 후불탱화, 지장탱화, 신중탱화는 1884년(고종 21)에 조성된 것이고, 칠성탱화는 1888년(고종 25)에 조성된 것이다. 【참고문헌】 문화유적총람(문화재관리국, 1977), 기내사원지(경기도, 1988)

봉림사(鳳林寺)

【위치】 경상남도 창원시 봉림동에 있었다. 【연혁】 신라 말기에 원감 현욱(圓鑑 玄昱)의 제자 진경 심희(眞鏡 審希)가 897년(진성여왕 11) 이후 남계(南界)의 진례(進禮)에 이르렀을 때 진례 제군사(諸軍事) 김율희(金律熙)가 정려(精廬)를 짓고 머물기를 청하자 이에 응했는데, 효공왕이 봉림사라고 사액하고 장군 김인광(金仁匡)이 수축을 도와 창건했다. 심희가 이곳에 머물러 크게 교화 활동을 편 선문구산(禪門九山) 중 하나인 봉림산파(鳳林山派)의 중심 도량이 되었다. 그 뒤의 자세한 연혁은 전하지 않으며 18세기 말 이후에 폐사된 것으로 추정된다. 【유적·유물】 유물로는 국립중앙박물관에 있는 진경대사보월능공탑(보물 제362호)과 진경대사보월능공탑비(보물 제363호), 창원시 지귀동에 있는 신라 말 고려 초에 조성된 화강암재 삼층석탑(경상남도 유형문화재 제26호)이 있다. 또 절터 인근의 부처고개에는 마애불이 선각(線刻)되어 있다. 【설화】 폐사와 관련된 전설이 있다. 이언적(李彦迪, 1491~1553)의 후손으로 18세기 말에 밀양에 살고 있던 여주 이(李)씨들이 봉림사가 명당임을 알고 묘를 쓰려 했으나 승려들의 완강한 반대로 뜻을 이루지 못했다. 이에 여주 이씨들은 선친이 별세하자 시신이 들어 있지 않은 상여 세 개를 만들어서 가로막는 승려들을 유인했고, 그 틈에 시신이 들어 있는 상여를 운반하여 묘를 썼다. 그 뒤 절은 폐허화했고 여주 이씨의 가문도 역시 망했다고 한다. 절터 인근에는 중사골이라는 지명이 아직까지 전해 오고 있다. 【참고문헌】 문화유적총람(문화재관리국, 1977)

봉림사(鳳林寺)

【위치】 전라북도 완주군 고산면 삼기리에 있었다. 【연혁】 유물로 미루어 보아 신라 말 고려 초에 창건된 것으로 추정된다. 연혁은 전하지 않으며, 언제 폐사되었는지도 알 수 없다. 【유적·유물】 절터에는 석탑과 석등(보물 제234호), 석조아미타여래삼존불상이 남아 있었는데, 일제강점기에 석탑과 석등은 일본인에 의해 옮겨져 지금은 군산시 개정면 발산(鉢山) 초등학교 교정에 있다. 석탑은 고려 때의 것이며, 석등은 신라 말 고려 초인 10세기 때의 것으로 보인다. 석조아미타여래삼존불

상은 고산면 삼기(三奇)초등학교에 옮겨져 방치된 채 있던 것을 1977년 전북대학교 박물관 앞으로 옮겨 완전 복원했다. 그러나 주존불인 아미타여래좌상은 머리 부분이 없어졌다. 역시 신라 말 고려 초인 10세기 때의 작품으로 보인다. 【참고문헌】사찰지(전라북도, 1990)

봉림사(鳳林寺)

【위치】경상북도 영천시 화북면 자천리 학서산(鶴棲山)에 있다. 【소속】대한불교조계종 제10교구 본사인 은해사의 말사이다. 【연혁】1742년(조선 영조 18) 징월(澄月)이 창건했다. 징월은 신라 문무왕 때(661~681) 의상(義湘)이 창건한 청송 보현산(普賢山)의 법화사(法華寺)를 옮겨 지어 이 절을 창건했던 것이다. 그 뒤 1857년(철종 8) 소월(韶月)이 중창하여 오늘에 이르고 있다. 【유적·유물】현존하는 건물로는 대웅전과 산신각, 요사채 등이 있다. 대웅전 안에는 석가여래삼존불을 비롯하여 오래 된 후불탱화, 신중탱화, 지장탱화, 칠성탱화 등이 봉안되어 있다. 【참고문헌】한국사찰전서(권상로, 동국대학교 출판부, 1979)

봉림사(鳳林寺)

신둔사(薪芚寺)를 보시오.

봉복사(鳳腹寺)

【이명】한때 봉복사(奉福寺)라고도 했다. 【위치】강원도 횡성군 청일면 신대리 덕고산(德高山 ; 일명 鳳腹山) 남쪽 기슭에 있다. 【소속】대한불교조계종 제4교구 본사인 월정사의 말사이다. 【연혁】647년(신라 진덕여왕 1) 자장(慈藏)이 창건했다. 당시의 절터는 지금 삼층석탑이 세워져 있는 곳이었다. 669년(문무왕 9) 화재로 소실하자 671년 원효(元曉)가 중건하기

위해 재목을 구해 공사를 시작하려 했다. 그러나 장소가 마땅하지 않아서인지 어느 날 밤 사이에 부처님이 재목 등을 지금의 자리로 옮겨 절터를 계시했다고 한다. 원효는 이듬해 대웅전, 천왕문, 요사채, 종각 등을 준공했다. 절의 전성기에는 승려가 100인이 넘게 머물렀고, 산내 암자도 낙수대(落水臺), 천진암(天眞庵), 반야암(般若庵), 해운암(海雲庵) 등 9개에 달했다고 한다. 1901년 일본군과 싸우던 의병들의 방화로 불에 탄 뒤 1907년 주지 취운(翠雲)이 중건하여 봉복사(奉福寺)를 지금의 이름으로 바꿨다. 1950년 6·25전쟁 때 다시 불에 탄 뒤 중건했다. 【유적·유물】현존하는 건물로는 인법당(因法堂)을 비롯하여 삼성각, 국사당(國祠堂), 요사채 등이 있다. 인법당에는 석가여래삼존좌상이 모셔져 있다. 문화재로는 창건 당시 자장이 세웠다고 전하는 삼층석탑(강원도 유형문화재 제60호)이 옛 절터에 있고, 절 입구에는 7기의 부도가 있다. 【참고문헌】전통사찰총서 1-강원도 1(사찰문화연구원, 1992)

봉복사(奉福寺)

봉복사(鳳腹寺)를 보시오.

봉서사(鳳棲寺)

【위치】전라북도 완주군 용진면 간중리 종남산(終南山)과 서대산(西大山) 사이의 계곡에 있다. 【소속】한국불교태고종에 속한다. 【연혁】727년(신라 성덕왕 26) 창건됐다. 고려 공민왕 때(1351~1374) 나옹 혜근(懶翁 惠勤)이 중창했다. 조선시대에 들어와서는 선조 때(1567~1608) 진묵 일옥(震默 一玉)이 중창하고 이곳에 머물면서 전국승려대조사(全國僧侶大祖師)로 추앙받으며 교화 활동을 폈다. 그 뒤의 연혁

은 전하지 않는다. 1950년 6·25전쟁 전에는 대웅전, 관음전, 명부전, 나한전, 삼성루, 천왕각, 칠성각, 진묵전(震默殿), 동루(東樓), 서전(西殿), 일주문, 상운암(上雲庵) 등이 있었던 큰 절이었으나, 6·25전쟁 때 대웅전을 비롯한 건물들이 완전히 소실하여 폐사가 되었다. 그 뒤 호산(湖山)이 1963년 대웅전과 요사채를 중건하고, 1975년 삼성각을 신축했다. 1979년에는 대웅전과 관음전, 진묵전을 신축하여 오늘에 이르고 있다. 【유적·유물】현존하는 건물로는 대웅전, 관음전, 칠성각, 진묵전, 요사채 등이 있다. 문화재로는 진묵대사부도(전라북도 유형문화재 제108호)를 비롯한 몇 기의 부도가 있다. 【설화】일옥과 해인사(海印寺) 대장경에 얽힌 설화가 전하고 있다. 이 절에서 수도하던 일옥은 자주 해인사를 내왕하면서 대장경을 모두 암송했다고 한다. 그러던 어느 날 제자를 데리고 급히 해인사로 갔는데, 그날 밤 장경각 옆에서 불이 나 도저히 끌 수가 없었다. 이때 일옥이 솔잎에 물을 적셔 불길이 번지는 곳에 몇 번 뿌리자 갑자기 폭우가 내려 불길을 잡음으로써 대장경판의 소실 위기를 넘겼다고 한다. 【참고문헌】진묵대사유적고, 문화유적총람(문화재관리국, 1977), 한국사찰전서(권상로, 동국대학교 출판부, 1979), 사찰지(전라북도, 1990)

봉서사(鳳棲寺)
원당암(願堂庵)을 보시오.

봉서암(鳳棲庵)
봉곡사(鳳谷寺)를 보시오.

봉선사(奉先寺)
【이명】한때 운악사(雲岳寺)라고 불렸다. 【위치】경기도 남양주시 진접읍 부평리

운악산(雲岳山) 기슭에 있다. 【소속】대한불교조계종 제25교구 본사이다. 【연혁】969년(고려 광종 20) 법인(法印) 국사 탄문(坦文)이 창건하여 운악사라고 했다. 그 뒤 조선 세종 때(1418~1450) 이전의 7종을 선교양종(禪敎兩宗)으로 통합할 당시 이 절을 혁파했다가, 1469년(예종 1) 세조의 비인 정희왕후(貞熹王后) 윤(尹)씨가 세조를 추모하여 능침을 보호하기 위해 89칸의 규모로 중창한 뒤 봉선사라고 했다. 당시 봉선사의 현판은 예종이 직접 썼다고 하며, 이 해에 범종도 주조했다. 1551년(명종 6) 이 절은 선교양종 중 교종의 수사찰(首寺刹)로 지정되어 전국의 승려와 신도에 대한 교학 진흥의 중추적 기관이 되었다. 1592년(선조 25) 임진왜란 때 전소했으며, 이듬해인 1593년 주지 낭혜(朗慧)가 중창했다. 1636년(인조 14) 병자호란으로 다시 소실한 것을 1637년 주지 계민(戒敏)이 중창했으며, 1749년(영조 25) 주지 재점(再霑)이 중수했다. 1790년(정조 14) 나라에서 전국의 절을 관할하기 위한 5규정소(五糾正所)를 설치할 때, 관북(關北) 일원의 절을 관장하는 역할을 맡았다. 1848년(헌종 14)에는 화주 성암(誠庵)과 월성(月城)이 중수했다. 1902년 도성 안의 원흥사(元興寺)를 수사찰인 대법산(大法山)으로 삼았을 때, 16개의 중법산(中法山) 가운데 하나로 지정되어 경기도의 모든 절을 관장했다. 1911년 일제강점기에는 사찰령으로 31본산의 하나가 되었고, 교종대본산으로 지정되어 교학 진흥의 주역을 담당했다. 또 1926년에는 주지 월초 거연(月初 巨淵)이 대웅전과 요사채를 중수하고 삼성각을 신축했다. 그러나 6·25전쟁으로 1951년 3월

6일 법당 등 건물 14동이 완전히 소실했다. 그 뒤 1956년 화엄(華嚴)이 범종각을 세운 데 이어, 1961년부터 1963년까지 운경(雲鏡)과 능허(凌虛)가 운하당(雲霞堂)을 세웠다. 1968년 조계종의 제25교구 본사가 되어 경기도 의정부시, 양주군, 포천군, 파주군, 가평군, 연천군, 양평군 일원의 절을 관장하게 되었다. 1969년 주지 운허 용하(耘虛 龍夏)가 큰법당을 중건하고, 1973년 만허(萬虛)가 방적당(放跡堂)을 복원했다. 1977년 주지 월운 해룡(月雲 海龍)이 영각(靈閣)을 세워 오늘에 이르고 있다. 【유적·유물】 현존하는 건물로는 큰법당, 삼성각, 개건당(開建堂), 방적당, 운하당, 범종각, 청풍루(淸風樓), 요사채 등이 있다. 이 중 큰법당은 대웅전과 같은 법당으로서 우리 나라에서 처음으로 한글 현판을 단 것이며, 법당 사방 벽에는 한글 《법화경》과 한문 《법화경》을 동판에 양각해 놓아 이채롭다. 문화재로는 1469년에 주조된 범종(보물 제397호)을 비롯하여 1903년에 그려진 칠성탱화, 절 입구의 조선시대 작품인 보운당부도(報雲堂浮屠) 등이 있다. 그리고 큰법당 앞에는 1975년 용하가 스리랑카에서 모셔 온 부처님 사리 1과를 봉안한 오층탑이 있으며, 1981년에 세워진 용하의 부도탑도 있다. 이 밖에도 절 안에는 춘원 이광수(春園 李光洙)의 기념비가 세워져 있다. 이광수는 1945년 8·15해방 후 친일파로 지목되어 이 절에서 은거한 바 있다. 이 절 옆에 있는 광릉은 사적 제197호이며, 천연기념물 제11호인 크낙새가 주변 숲에 서식한다. 【참고문헌】 조선불교통사(이능화, 신문관, 1918), 봉선사본말사약지(봉선사, 1977), 한국사찰전서(권상로, 동국대학교 출판부, 1979), 기내사원지(경기도, 1988)

봉선사(奉先寺)
【위치】 경기도 개성시 만월동 유암산(由巖山) 기슭에 있었다. 【연혁】 언제 누가 창건했는지 알 수 없다. 《고려도경》에 기록이 있는 것으로 보아 고려 초기 이전에 창건됐음을 알 수 있다. 공민왕이 1366년(공민왕 15) 8월 이 절에 행차하여 성상도(星像圖)를 관람했고, 1367년 4월 격구를 관람했다. 또한 1368년 7월 소재도량(消災道場)을 열었고, 1374년 8월 이 절의 솔밭에서 유희를 관람하기도 했다. 그러나 절의 규모는 어느 정도였는지, 언제 폐사되었는지는 전하지 않는다. 【참고문헌】 고려사

봉선홍경사(奉先弘慶寺)
홍경사(弘慶寺)를 보시오.

봉성사(奉聖寺)
【이명】 신충봉성사(信忠奉聖寺)라고도 불렸다. 【위치】 경상북도 경주시 성동동에 있었다. 【연혁】 685년(신라 신문왕 5) 혜통(惠通)의 청으로 신문왕이 신충(信忠)의 명복을 빌기 위해서 창건했다. 혜통이 당나라의 선무외(善無畏)로부터 비밀법(秘密法)을 전수받은 뒤 귀국하자, 마침 신문왕이 등창이 나서 그를 청했다. 그가 신문왕에게 가서 주문을 외우자 등창이 즉시 나았으며, 이때 그는 '폐하가 전생에 재상의 몸으로 있었을 때 양민 신충의 송사를 잘못 판결하여 종으로 삼았으므로, 신충이 원한을 품고 환생할 때마다 보복하는 것입니다. 지금 이 등창도 신충의 재앙이오니 마땅히 신충을 위해 절을 세우고 명복을 빌어 원한을 풀게 하소서.'라고 말했다. 신문왕은 그 말에 따라 절을

세우고 이름을 신충봉성사라 했다고 한다. 절이 완공된 뒤 공중에서 '왕이 절을 지어 주어 고통에서 벗어나 하늘에 태어났으니 원이 풀렸도다.'라는 노랫소리가 들렸으며, 이에 그 노래를 부른 곳에 절원당(折怨堂)을 세웠다고 한다. 그 뒤 이 절은 신라 왕실의 비호사찰 중 하나로서 매우 격이 높은 우대를 받았다. 그리고 이 절에는 신라의 쇠퇴와 패망을 예시하는 징조가 있었다고 한다. 766년(혜공왕 2) 7월 이 절의 밭에서 연(蓮)이 났는데, 7월 3일 각간 대공(大恭)이 반란을 일으켰고, 장창(長倉)이 불탔다고 한다. 《안국병법(安國兵法)》에는 밭에 연이 나면 큰 병란이 있다고 했다. 또 912년(신덕왕 1) 이 절 바깥문 동서 21칸에 까치가 깃들여 집을 짓고 신라의 패망을 예시했다고 한다. 이처럼 이 절은 신라 왕실과 밀접한 연관을 가지면서 명맥을 이어왔다. 그 후의 연혁은 전하지 않는다. 다만 1481년(조선 성종 12) 편찬된 《동국여지승람》에 존재한다고 나와 있는 것으로 보아 조선 중기 이후에 폐사된 것으로 추정된다. 【참고문헌】 삼국유사, 동국여지승람

봉성사(奉聖寺)

【위치】 경상남도 밀양시에 있었다. 【연혁】 신라 때 창건됐다. 신라 말에 보양(寶壤)은 당나라에서 불교를 배우고 귀국한 뒤 이 절에 머물렀다. 그때 고려의 태조(재위 918~943)가 청도 견성(犬城)에 있는 산적을 물리치려고 했으나 쉽게 항복하지 않으므로 보양을 찾아가서 적을 쉽게 제어할 수 있는 방책을 물었다. 이에 보양은 '대개 개(犬)라는 것은 밤에 지키되 낮에는 지키지 않고, 앞은 지키되 뒤는 잊어버리는 것이니 마땅히 낮에 성의 북

쪽을 쳐들어가야 할 것입니다.'라고 했다. 태조가 그의 말대로 하자 과연 적이 패하여 항복했다. 이에 태조는 보양의 신통한 지혜를 높이 사서 해마다 가까운 고을의 조세 중 벼 50석을 이 절에 주어 향화(香華)를 받들게 했다. 이 절에는 보양과 태조의 진용(眞容)을 봉안했으므로 그 뒤부터 절 이름을 봉성사라고 했다. 그 뒤의 연혁은 전하지 않는다. 【참고문헌】 삼국유사

봉성암(奉聖庵)

【위치】 경기도 고양시 북한동 북한산(北漢山)에 있다. 【소속】 대한불교조계종 직할교구 본사인 조계사의 말사이다. 【연혁】 1713년(조선 숙종 39) 계파 성능(桂坡 性能)이 창건했다. 숙종 때 그가 팔도도총섭(八道都摠攝)이 되어 북한산성을 쌓을 당시 산성을 수호하는 승군들을 거주시키기 위해 창건한 12개 절 중의 하나이며, 최초의 규모는 25칸이었다. 그 뒤 1860년(철종 11) 중수했는데, 보담(寶曇)이 쓴 상량문에 의하면, 그 당시까지 상당히 많은 승려들이 머물렀고, 신자도 매우 많았음을 알 수 있다. 그 뒤의 연혁은 전하지 않는다. 【유적·유물】 현존하는 건물로는 인법당(因法堂)만이 있다. 유물로는 창건주이자 북한산성 도총섭을 맡았던 성능의 사리탑이 있다. 이 탑은 1950년 6·25전쟁 때 폭격으로 도괴한 것을 1960년대에 복원했다. 【참고문헌】 한국사찰전서(권상로, 동국대학교 출판부, 1979), 고양군지(고양군, 1987)

봉암사(鳳巖寺)

【위치】 경상북도 문경시 가은읍 원북리 희양산(曦陽山) 남쪽 기슭에 있다. 【소속】 대한불교조계종 제8교구 본사인 직지

사의 말사이다. 【연혁】864년(신라 경문왕 4)부터 현계산(賢溪山) 안락사(安樂寺)의 주지를 맡고 있던 도헌 지선(道憲智詵)에게 거사 심충(沈忠)이 제자를 자칭하면서 희양산에 절 짓기를 청하므로 이에 응했다. 881년(헌강왕 7) 헌강왕이 승통(僧統) 후공(後恭)과 숙정사(肅正史) 배율문(裵律文)을 보내 절의 경계를 정하게 하고 절 이름을 봉암사라고 사액했다. 935년(고려 태조 18) 정진 긍양(靜眞 兢讓)이 이미 폐사된 이 절을 중창하여 몰려드는 많은 학승들을 가르쳤다. 이로서 선문구산(禪門九山) 중의 하나인 희양산파의 중심적인 절이 되었다. 이후 고려시대의 연혁은 전하지 않는다. 조선 초기에는 득통 기화(得通 己和)가 1431년(세종 13) 절을 중수한 뒤 오랫동안 머물면서 《금강경오가해설의(金剛經五家解說宜)》를 저술했다. 그 뒤 1674년(현종 15) 소실한 뒤 신화(信和)가 중건하였고, 1703년(숙종 29) 다시 불전과 승료(僧寮)가 소실하여 중건했다. 1907년에는 병화로 절이 전부 소실하자, 1915년 윤세욱(尹世煜)이 요사와 영각(影閣), 창고 등 3동을 신축했다. 이어 1927년 윤세욱이 지선의 비각과 익랑(翼廊)을 세워 오늘에 이르고 있다. 산내 부속 암자로는 백련암(白蓮庵)과 백운암(白雲庵)이 있다. 【유적·유물】현존하는 건물로는 대웅전과 극락전, 선원, 요사채 등이 있다. 극락전은 신라 경순왕(재위 927~935)이 한때 피신한 적이 있는 건물로 전하는데, 건물의 가구(架構) 방법이 이채롭고 천장 꼭대기에 석탑 상륜부처럼 보주(寶珠)를 얹고 있음이 특이하다. 문화재로는 지선의 지증대사적조탑(智證大師寂照塔; 보물 제137호)과 지증대

사적조탑비(보물 제138호), 긍양의 정진대사원오탑(靜眞 大師圓悟塔; 보물 제171호), 정진대사원오탑비(보물 제172호), 삼층석탑(보물 제169호), 석종형(石鐘型) 부도(경상북도 문화재자료 제135호), 마애보살좌상(경상북도 유형문화재 제121호), 환적당지경탑(幻寂堂智鏡塔; 경상북도 문화재자료 제133호), 기화의 함허당득통탑(涵虛堂得通塔; 경상북도 문화재자료 제134호) 등이 있다. 석탑은 지선이 세운 것이라고 하는데, 통일신라시대의 것으로 기단구조가 특이하며 상륜부의 원형이 보전되어 주목되는 탑이다. 이 밖에도 희양산에는 대궐 터라고 불리우는 석성(石城)과 군창지(軍倉址)가 있고, 산록에는 홍문정(紅門亭), 배행정(拜行亭), 태평교(太平橋) 등 왕과 관련된 명칭을 가진 곳이 많아 통일신라 말의 난세 때 경순왕의 행궁(行宮)이 있었던 곳임을 증명해 주고 있다. 또한 절 서쪽 계곡에 위치한 옥석대(玉石臺)에는 암석에 조각된 불상 아래로 넓게 깔린 암반에서 목탁 소리가 난다고 한다. 【참고문헌】한국사찰전서(권상로, 동국대학교 출판부, 1979), 명산 고찰 따라(이고운·박설산, 신문출판사, 1987), 한국의 명산 대찰(국제불교도협의회, 1982)

봉암사(鳳巖寺)
【이명】한때 감악사(紺岳寺)라고 불렸다. 【위치】경기도 파주군 적성면 객현리 감악산(紺岳山)에 있다. 【소속】대한불교조계종 제25교구 본사인 봉선사의 말사이다. 【연혁】신라 때 창건됐다. 고려 때 황빈연(黃彬然)이 과거를 보기 전까지 이곳에서 독서하며 지냈고, 명종 때(1170~1197) 김신윤(金莘尹)은 권신에게 미움을 받자 도성을 나와 황빈연과 함께 이곳에

머물렀다. 감악산은 삼국시대 이래 군사적 요충지로서 아래로 칠중성(七重城)이 구축되어 있으며, 이 절 역시 산악지형에 따르는 국방의 목적이 컸던 것으로 추정된다. 조선시대 신경준(申景濬, 1712~1781)이 편찬한 《가람고(伽藍考)》에는 이 절이 존재한다고 나와 있으나, 1799년(정조 23)에 편찬된 《범우고(梵宇攷)》에는 폐사되었다고 나와 있다. 1858년(조선 철종 9) 창헌(暢憲)이 옛터에 부근의 절을 옮겨서 중건하여 봉암사라고 했다. 절 소유의 땅이 많았으나, 일제강점기 초기에 주지 영재(影齋)가 등기를 포기하여 9백여 정보의 임야가 국유림으로 바뀌었다. 1950년 6·25전쟁 때 완전히 소실했던 것을 1953년 학규(學圭)가 초막을 지어 복원했다. 1971년 인법당(因法堂)을 세웠으며, 1974년 정원순(鄭元順)의 시주로 산신각을 복원하여 오늘에 이르고 있다. 【유적·유물】 건물로는 인법당과 산신각 등이 있다. 특별한 문화재는 남아 있지 않다. 【참고문헌】 범우고, 가람고, 봉선사본말사약지(봉선사, 1977)

봉업사(奉業寺)
【위치】 경기도 안성군 죽산면 죽산리 비봉산(飛鳳山)에 있었다. 【연혁】 언제 누가 창건했는지 알 수 없다. 고려 때에는 태조 왕건(王建 ; 재위 918~943)의 진영을 봉안했으며, 1363년(공민왕 12) 공민왕이 태조의 진전(眞殿)을 참배했다. 1481년(조선 성종 12)에 편찬된 《동국여지승람》에는 폐사되어 석탑만 남아 있다고 나와 있다. 【유적·유물】 유물로는 당간지주와 오층석탑(보물 제435호), 삼층석탑, 석불입상(보물 제983호), 반자(盤子) 2개, 향완(香玩) 등이 있다. 당간지주와 오층석탑, 삼층석탑은 모두 고려 때의 것으로 추정된다. 석불입상은 신라 말 고려 초의 것으로 추정되며, 인근 칠장사(七長寺)로 옮겨 봉안했다. 반자는 1966년 일괄유물이 수습될 당시에 발견된 것으로 연세대학교 박물관에 소장되어 있는데, 1개는 보물 제576호로서 1217년(고종 4)을 나타내는 기록이 있다. 향완은 《한국금석유문》에 기록되어 있는 것으로 1081년(문종 35)과 봉업사라는 기록이 있다. 절터는 지금 농토로 활용되고 있다. 【참고문헌】 고려사, 동국여지승람, 한국금석유문(황수영, 일지사, 1976), 기내사원지(경기도, 1988)

봉영사(奉永寺)
【이명】 한때 봉인암(奉仁庵)이라고 불렸다. 【위치】 경기도 남양주시 진접읍 내각리 천견산(天見山) 기슭에 있다. 【소속】 대한불교조계종 제25교구 본사인 봉선사의 말사이다. 【연혁】 599년(신라 진평왕 21) 창건하여 봉인암이라고 했다. 그 뒤 조선 중기까지의 연혁은 전하지 않는다. 1737년(영조 13) 태전(太顚), 해청(海淸), 치학(致學, 또는 致㙮)이 황폐해진 이 절을 중창했고, 1755년(영조 31) 선조의 후궁인 인빈(仁嬪) 등의 묘가 순강원(順康園)으로 승격하면서 이 절을 인빈의 원찰로 삼고 신실(神室)을 지었으며, 이름을 봉영사라고 바꿨다. 이때 토지 10결을 내려 설날과 추석에 제사를 모시게 했다. 1877년(고종 14) 당시 고종의 숙부이면서 상국(相國)으로 있던 이공(李公)이 내탕전(內帑錢) 4천 관을 희사하여 크게 중수했고, 1924년 주지 서경(西耕)이 중수했다. 1942년에는 주지 성호(星浩)가 중수했으며, 1968년 이후 혜경(慧鏡)이 중수했다.

【유적·유물】현존하는 건물로는 대웅전과 명부전, 승방, 요사 등이 있다. 대웅전에는 아미타후불탱화, 신중탱화, 산신탱화가 봉안되어 있다. 아미타후불탱화는 1853년에, 신중탱화와 산신탱화는 1903년에 각각 제작된 것이다. 절 주위에는 순강원과 풍양궁 터, 그리고 인빈의 아들인 이광(李珖)의 묘 등이 있다. 【참고문헌】봉선사본말사약지(봉선사, 1977), 한국사찰전서(권상로, 동국대학교 출판부, 1979), 기내사원지(경기도, 1899)

봉원사(奉元寺)

【이명】한때 반야사(般若寺)라고 불렸다. 【위치】서울특별시 서대문구 봉원동 안산(鞍山)에 있다. 【소속】한국불교태고종에 속한다. 【연혁】889년(신라 진성여왕 3) 연기 도선(烟起 道詵)이 한 신도의 집을 희사받아 창건하고 반야사라고 했다. 그 뒤 고려 공민왕 때(1351~1374) 태고 보우(太古 普愚)가 중건하여 큰 절의 면모를 갖추었으며, 1396년(조선 태조 5)에는 태조의 초상화를 모신 원당 반야암(般若庵)을 이 절에 지어 불교 탄압의 영향을 받지 않게 되었다. 특히 선조, 인조, 영조 때에는 반야암을 수호하라는 왕명으로 조정의 극진한 보호를 받았다고 한다. 1592년(선조 25) 임진왜란 때 병화로 소실한 것을 지인(智仁)이 크게 중창했고, 1651년(효종 2) 다시 법당과 동서의 요사가 소실했지만 극령(克齡)과 휴엄(休嚴)이 중건했다. 1748년(영조 24) 영조가 부지를 하사하여 찬즙(贊汁), 증암(增嚴) 등이 현재의 자리로 옮겨 지었고, 영조가 봉원사라는 현판을 내려 이때부터 이름을 봉원사라고 바꾸었다. 1788년(정조 12) 팔도승풍규정소(八道僧風糾正所)를 설치

하여 승려의 승풍을 지도·단속하게 했고, 1884년(고종 21) 갑신정변의 주동 인물이었던 김옥균(金玉均), 서광범(徐光範), 박영효(朴泳孝) 등이 승려 이동인(李東仁)의 지도 아래 이 절에서 개화파의 젊은이들을 깨우쳐 정변을 일으키게 하기도 했다. 1894년(고종 31) 주지 성곡(性谷)이 약사전을 신축했으며, 1911년 다시 이보담(李寶潭)이 크게 중수했으나, 1950년 6·25전쟁 때 가람의 일부가 소실했다. 현재의 건물은 1966년 최영월(崔映月)이 복원한 것이다. 1960년대 이래 태고종의 총본산이었으나, 1987년 서울 성북동의 태고사(太古寺)로 기능을 이관했다. 【유적·유물】현존하는 건물로는 대웅전(서울특별시 유형문화재 제68호)과 무량수전을 비롯하여 범종각, 명부전, 납골당, 산신각, 칠성각, 종무소 등이 있다. 유물로는 도선의 반야암 편액을 비롯하여 이광사(李匡師)의 대웅전, 정도전(鄭道傳)의 명부전, 김정희(金正喜)의 '청련시경(靑蓮詩境)'과 '산호벽루(珊瑚碧樓)', 이완용(李完用)의 '지장대성위신력(地藏大聖威信力)', 청나라 옹방강(翁方綱)의 무량수각 편액 등과 장승업(張承業)의 신선도 십폭병풍 등이 소장되어 있다. 또한 경내에는 서울특별시 보호수 제67, 69, 70호로 지정되어 있는 수령 약 5백 년의 괴목이 있고, 절 뒤에는 관세음보살의 영험담이 얽힌 관음바위가 있다. 【참고문헌】한국사찰전서(권상로, 동국대학교 출판부, 1979), 명산 고찰 따라(이고운·박설산, 신문출판사, 1987), 한국의 명산 대찰(국제불교도협의회, 1982)

봉은사(奉恩寺)

【이명】한때 진지대왕사(眞智大王寺)라고도 불렸다. 【위치】경상북도 경주시에 있

었던 듯하다. 【연혁】 신라 혜공왕 때
(765~780) 진지왕의 추복(追福)을 위해
창건됐다. 신라 중기 왕실의 원찰 성격을
지녔으며, 이 절의 관리를 맡은 관부로서
봉은사성전(奉恩寺成典)이 있었다. 그 뒤
폐사되었던 것을 794년(원성왕 10) 원성
왕이 중창했다. 애장왕 때(800~809) 봉
은사성전의 책임자 관직을 원래의 금하신
(衿荷臣)에서 영(令)으로 바꿔 부르게 한
것으로 보아, 이 절은 애장왕 이후에 폐사
된 것으로 보인다. 【참고문헌】 삼국사기,
삼국유사, 황룡사 구층탑지의 연구(변선
웅, 국회도서관보 10~10, 1974)
봉은사(奉恩寺)
【이명】 한때 견성사(見性寺)라고 불렸다.
【위치】 서울특별시 강남구 삼성동 수도산
(修道山)에 있다. 【소속】 대한불교조계종
직할교구 본사인 조계사의 말사이다. 【연
혁】 794년(신라 원성왕 10) 연회(緣會)
국사가 창건하여 견성사라고 했다. 그 뒤
고려시대의 연혁은 전하지 않는다. 1498
년(조선 연산군 4) 성종의 계비 정현왕후
(貞顯王后)가 선릉(宣陵 ; 성종의 능)을 위
해 능의 동편에 있던 이 절을 크게 중창했
고, 절 이름을 봉은사라고 바꿨다. 1551
년(명종 6) 이 절을 선종의 수사찰로, 광
릉의 봉선사(奉先寺)를 교종의 수사찰로
삼았는데, 이때 허응 보우(虛應 普雨)를
주지로 삼아 불교를 중흥하는 중심 도량
이 되게 했다. 보우는 1562년(명종 17)
정릉(靖陵 ; 중종의 능)을 선릉 동쪽으로
옮기고 절을 지금의 자리로 옮겨 중창했
다. 당시 이 절은 서울 일대의 절 중에서
그 규모가 으뜸이었다. 그러나 임진왜란
과 병자호란 때 병화로 소실했고, 1637년
경림(敬林)과 벽암 각성(碧巖 覺性)이 중

건했다. 1665년(현종 6) 다시 소실했으
나, 1692년(숙종 18) 왕실에서 시주하여
석가모니불, 아미타여래불, 약사여래불
등의 삼존불상을 안치했고, 1702년(숙종
28) 숙종이 전백(錢帛)을 하사하여 중건
을 마쳤다. 1747년(영조 23)에는 순찰사
남태착(南泰着)의 주청으로 조정에서 쌀
과 돈, 목재 등을 내려 중수하게 했는데,
이때 상헌(尙軒), 영옥(穎玉), 선욱(善
旭) 등이 힘을 모아 중수했다. 1789년(정
조 13) 조정의 전교(傳敎)에 따라 선욱,
포념(抱念) 등이 세자각(世子閣), 대웅
전, 명부전, 향각전, 관응당(觀應堂) 및
각 방사를 보수했고, 1825년(순조 25) 경
성(鏡星), 한영(漢映), 승준(勝俊) 등이
세자각을 비롯하여 모든 건물들을 중수했
다. 일제강점기의 31본산시대에는 경성
(서울) 일원을 관장하는 본산이 되었다.
그러나 1939년 4월 실화로 대웅전과 동서
의 승당, 진여문, 만세루, 창고 등이 소실
했다. 1941년 주지 도평(道平)이 대웅전
과 동서의 두 승당을, 1942년 영산전, 북
극전(北極殿), 만세루, 천왕문 등을 새로
세웠다. 또 1943년 이 절의 서쪽에 있던
종남산(終南山) 명성암(明性庵)을 이곳으
로 옮겨 현재에 이르고 있다. 【유적·유
물】 현존하는 건물로는 대웅전과 대향각,
판전, 영산전, 심검당, 관응당, 천왕전, 강
선전(降仙殿), 북극전, 만세루, 사천왕문
등이 있다. 문화재로는 고려 충혜왕 5년
(1344)의 명문(銘文)이 있는 고려청동루
은향로(高麗靑銅縷銀香爐 ; 일명 烏銅香爐,
보물 제321호)가 있다. 사명 유정(四溟 惟
政)이 쓰던 것이라고 하며, 지금은 동국대
학교 박물관에 보관해 두고 있다. 대웅전
편액은 추사 김정희(金正喜)의 글씨이며,

판전(板殿) 편액은 김정희가 죽기 3일 전에 마지막으로 쓴 것이다. 판전에는 1856년(철종 7) 개판한《화엄경》을 비롯한 많은 목판본이 보관되어 있는데, 현재 총 16부 1,480매에 달한다. 【참고문헌】 조선불교통사(이능화), 한국사찰전서(권상로, 동국대학교 출판부, 1979), 한국의 명산 대찰(국제불교도협의회, 1982)

봉은사(奉恩寺)
【위치】 경기도 개성시 태평동에 있었다.
【연혁】 951년(고려 광종 2) 광종이 태조의 원당으로 창건한 국찰이다. 태조의 진영(眞影)을 봉안하고 있어서 고려시대의 절 가운데에서 가장 중요한 위치를 차지했다. 1032년(덕종 1)과 1142년(인종 20), 1180년(명종 10) 등 세 차례에 걸쳐서 중수했다. 이어 1234년(고종 21)의 몽고병란으로 강화도로 천도했을 때에는 참지정사(參知政事) 차척(車倜)의 집을 봉은사로 쓰다가 환도한 뒤 다시 중건했다. 태조 진영을 봉안한 곳은 효사관(孝思觀)이라고 했다가 1373년(공민왕 22) 경명전(景命殿)이라고 바꾸었다. 국가의 크고 작은 일이 있을 때마다 왕들이 행차하여 기도했다. 1038년(정종 4) 정종이 연등행사 때 제일 먼저 이 절에 들렀으며, 1354년(공민왕 3)에는 천재가 심했으므로 공민왕이 그 제액(除厄)을 태조 진영 앞에서 기도하기도 했다. 1357년(공민왕 6) 한양으로 도읍을 옮기려 했을 때에도 이곳에서 점을 쳤으며, 북원(北元)이 토도부카(脫脫不花)를 왕으로 옹립하고자 할 때에는 이인임(李仁任) 등 고려의 백관들이 태조 진영 앞에서 반대의 뜻을 맹세하기도 했다. 고려 멸망 직전인 1389년(공양왕 1) 우왕과 그 소생 창왕 등을 신돈(辛

旽)의 소생이라고 하여 폐위시킬 때 고축문(告祝文)을 읽었던 곳으로도 유명하다. 또 이 절에는 홍법(弘法), 도융(圖融), 혜소 정현(慧炤 鼎賢, 972~1054), 지광 해린(智光 海麟, 984~1067), 원경 낙진(元景 樂眞, 1045~1114), 담진(曇眞), 태고 보우(太古 普愚, 1301~1382) 등 고려시대의 큰스님들이 국사나 왕사의 직위를 받아 주석하면서 경과 선을 논하는 법회를 베풀어 다른 절에서 볼 수 없는 성황을 이루었다. 보우가 머물 때에는 공민왕과 그의 비 노국공주(魯國公主)가 친히 행차하여 정례하고 승려 300여 명에게 백포(白布) 2필과 가사 1령씩을 하사하기도 했다. 그러나 조선시대에 들어오면서 점차 퇴락하여 중기 이후에는 그 위치조차 모르게 되었다. 또한 절의 건축 구조나 가람 배치에 관해서도 전혀 알려져 있지 않다. 【참고문헌】 고려사, 송도의 고적(고유섭, 열화당, 1977), 한국사찰전서(권상로, 동국대학교 출판부, 1979)

봉은사(奉恩寺)
【위치】 인천광역시 강화군 하점면 장정리 봉천산(奉天山)에 있었다. 【연혁】 고려 후기에 평장사(平章事)로서 하음백(河陰伯)에 봉해진 봉천우(奉天佑)가 창건했다. 봉천우(奉天佑)는 자신의 선조가 발상(發祥)한 은혜를 기념하고 그 덕을 기리기 위해 산 정상에 대를 만들어 봉천대(奉天臺)라 하고, 절을 창건하여 봉은사라 했던 것이다. 1234년(고종 21) 피란 중인 고종이 개성의 봉은사를 대신해 이 절에 행차하여 연등을 했고, 참지정사(參知政事) 차척(車倜)의 집을 이 절에 귀속시켰으며, 민가를 철거하여 왕이 행차하는 연로(輦路)를 넓혔다. 이후 팔관회(八關

會), 연등회, 행향(行香) 등을 이 절에서 행했는데, 고종은 1235년과 1236년 2월 연등회를 행했고, 또 1249년부터 1259년(고종 46)까지 매년 2월 열한 차례나 연등을 했다. 또 원종도 재위 15년 중 7년 동안 이 절에서 연등을 했다. 이 절에는 봉천탑(奉天塔)이라고 하는 칠보석탑과 거석(巨石)으로 만든 하음노구석상탑(河陰老嫗石像塔)이 있었다고 한다. 또 봉천대는 고려 때에는 축리소(祝釐所)로 사용되었으며, 조선 중기에 와서는 봉화대로 사용되었다고 한다. 언제 폐사되었는지는 전하지 않는다. 【유적·유물】절터로 추정되는 곳에는 석탑(보물 제10호)과 우물이 남아 있다. 석탑은 원래 도괴·도굴되었던 것을 1960년에 재건했으며 고려 때의 것으로 추정된다. 【참고문헌】고려사, 한국사찰전서(권상로, 동국대학교 출판부, 1979), 기내사원지(경기도, 1988)

봉인사(奉印寺)

【위치】경기도 남양주시 진건면 송릉리 천마산(天磨山) 서쪽 기슭에 있다. 【소속】대한불교원효종에 속한다. 【연혁】언제 누가 창건했는지 알 수 없다. 1619년(조선 광해군 11) 석가모니 부처님의 사리를 중국에서 모셔 오자 이듬해 5월 광해군이 예관(禮官)에 명하여 이 절에 석가법인탑(釋迦法印塔)을 세우면서 이를 수호하기 위해 부도암(浮圖庵)을 창건했다. 1887년(고종 24)에는 왕가에서 나라를 위해 치성하라는 뜻으로 향촉(香燭)을 하사했는데, 승려들이 황촉등(黃燭燈)을 법당 중앙에 달고 밤을 새우다가 불이 나 대법당과 응진전(應眞殿), 시왕전 등이 불타고 큰방과 노전 두 동만 남게 되었다. 이어 융희(隆熙) 때(1907~1910)에 왕가에서 금곡(金谷)에다 홍릉(洪陵)을 만들기로 하자, 절 아래 동네에 사는 이천응(李天應)이 폐사가 되다시피 한 이 절의 건물을 헐어 홍릉의 전각(殿閣) 용도로 매각하고, 또 절의 땅과 산림 전부를 자기의 소유로 횡점(橫占)했다. 이로서 이 절은 폐허화했는데, 1925년에는 주지 동파(東坡)가 중수했다. 그 뒤 폐사되었던 것을 1979년 법사 한길로가 재건하여 원효종에 부속하였다. 【유적·유물】건물로는 법당이 있다. 유물로는 윤행순(尹行醇)이 쓰고 조윤형(曺允亨)이 새긴 풍암 취우(楓巖 取愚, 1695~1766)의 풍암대사부도비(楓巖大師浮屠碑)가 있다. 이 부도는 땅에 묻혀 있던 것을 1979년 한길로가 이 절을 재건하던 중 발굴하여 다시 세운 것이다. 이 밖에도 1984년 한길로가 부도암에 있던 석가법인탑을 모방하여 탑을 세웠다. 【참고문헌】한국사찰전서(권상로, 동국대학교 출판부, 1979), 기내사원지(경기도, 1988)

봉인암(奉仁庵)

봉영사(奉永寺)를 보시오.

봉일사(奉日寺)

【위치】경기도 광주군 도척면 방도리 계양산(桂陽山)에 있다. 【연혁】언제 누가 창건했는지 알 수 없다. 1481년(조선 성종 12)에 편찬된 《동국여지승람》에는 존재한다고 나와 있고, 1799년(정조 23)에 편찬된 《범우고(梵宇攷)》에는 폐사되었다고 나와 있다. 1960년대에 폐사된 터에 동국대학교 불교문화연구소와 관련된 인사들이 모여서 절을 짓고, 동국대학교 교수 또는 총장을 지낸 김동화(金東華), 황성기(黃晟起), 이선근(李宣根) 등이 주지를 역임했다. 【유적·유물】건물로는 대

응전과 산신각, 요사채가 있다. 【참고문
헌】 기내사원지(경기도, 1988)

봉전사(蜂田寺)

화림사(華林寺)를 보시오.

봉정사(鳳停寺)

【위치】 경상북도 안동시 서후면 태장리
천등산(天燈山) 기슭에 있다. 【소속】 대
한불교조계종 제16교구 본사인 고운사의
말사이다. 【연혁】 682년(신라 신문왕 2)
의상(義湘)이 창건했다. 당시 의상은 이
절에다 화엄강당(華嚴講堂)을 짓고 신림
(神琳) 등의 제자들에게 법을 전했다고
한다. 그러나 1950년 6·25전쟁 때 인민군
이 머무르면서 절에 있던 경전과 사지(寺
誌) 등을 모두 불태운 까닭으로 역사를
자세히 알 수가 없다. 부속 암자로는 영산
암(靈山庵)과 지조암(智照庵)이 있다.
【유적·유물】 현존하는 건물로는 극락전
(국보 제15호)을 비롯하여 대웅전(보물 제
55호), 화엄강당(보물 제448호), 고금당
(古今堂: 보물 제449호), 승방인 무량해회
(無量海會), 만세루, 우화루(羽化樓), 요
사채 등 21동의 건물이 있다. 극락전은
고려 중기에 건립되어 영주 부석사(浮石
寺)의 무량수전(無量壽殿)과 함께 우리
나라에서 가장 오래 된 목조건물로 알려
져 있다. 이 밖에도 고려시대에 세워진 삼
층석탑(경상북도 유형문화재 제182호)이
있고, 경판고(經板庫)에는 대장경 판목이
보관되어 있다. 【설화】 창건에 얽힌 설화
가 전한다. 부석사를 창건한 의상이 도력
으로 종이 새(鳳)를 만들어 날렸는데, 이
새가 앉은 곳에 절을 짓고 봉정사라 했다
고 한다. 또 일설에는 의상이 화엄기도를
드리기 위해서 이 산에 오르자 선녀가 나
타나 횃불을 밝혔고, 청조(靑鳥)가 앞길을

인도하여 지금의 대웅전 자리에 앉았기 때
문에 산 이름을 천등산이라고 하고, 청조
가 앉은 것을 기념하기 위해서 절 이름을
봉정사라 했다고도 한다. 【참고문헌】 문화
유적총람(문화재관리국, 1977), 한국의 명
산 대찰(국제불교도협의회, 1982)

봉정암(鳳頂庵)

【위치】 강원도 인제군 북면 용대리 설악
산 소청봉(小靑峰) 서북쪽에 있다. 【소
속】 대한불교조계종 제3교구 신흥사의 말
사인 백담사(百潭寺)의 부속 암자이다.
【연혁】 643년(신라 선덕여왕 12) 자장(慈
藏)이 당나라에서 부처님의 사리를 가지
고 귀국하여 이곳에다 사리를 봉안하고
창건했다. 이름을 봉정사라고 한 것은 애
장왕 때(800~809) 조사 봉정(鳳頂)이
이곳에서 수도했기 때문에 붙여졌다는 설
이 있다. 677년(문무왕 17) 원효(元曉)가
중건했고, 1188년(고려 명종 18) 보조(普
照) 국사 지눌(知訥)이 중건했다. 1518년
(조선 중종 13) 환적(幻寂)이 중수했으며,
1548년(명종 3) 등운(騰雲)이 중수했고,
1632년(인조 10) 설정(雪淨)이 중건했다.
1780년(정조 4)에는 계심(戒心)이, 1870
년(고종 7)에는 인공(印空)과 수산(睡
山)이 중건했으나, 1950년 6·25전쟁 때
전소했다. 1960년대 중반에 법련(法蓮)
이 법당과 요사채를 짓고 머물다가, 1985
년 도형(度亨)이 주지로 부임하여 6년에
걸쳐 법당을 비롯하여 요사채, 일주문, 해
탈문, 산신각 등을 새로 짓는 등 대대적으
로 중수하여 오늘에 이르고 있다. 우리 나
라의 대표적 불교 성지인 5대 적멸보궁
(寂滅寶宮) 중의 하나로서 오늘날까지 신
자들의 순례지로 유명하다. 【유적·유
물】 건물로는 법당과 요사채, 일주문, 해

탈문, 산신각 등이 있다. 법당 옆 바위 위에는 석가사리탑(강원도 유형문화재 제31호)이 있는데, 이 탑은 오층석탑으로 자장이 사리를 봉안했던 때보다 훨씬 후대인 고려시대의 작품으로 추정된다. 【참고문헌】 한국사찰전서(권상로, 동국대학교 출판부, 1979)

봉학사(鳳鶴寺)
【위치】 충청북도 괴산군 사리면 사담리에 있었다. 【연혁】 1340년(고려 충혜왕 복위 1) 창건됐다. 그 뒤의 자세한 연혁은 전하지 않는다. 조선 헌종 때(1834~1849) 충청도 관찰사 김소(金素)의 자손들이 김소의 묘를 쓰고자 절을 헐어 폐사시키고 불상의 머리를 절단하여 매장했다고 한다. 【유적·유물】 절터에는 오층석탑(충청북도 유형문화재 제29호)이 있는데, 고려시대 초기인 10세기의 작품으로 추정된다. 1928년 봄 인근 주민들이 작당하여 이 탑을 허물어뜨려 놋그릇(眞鍮製食器)과 사리함을 꺼내 집으로 돌아가던 중 날벼락을 맞아 즉사했다고 한다. 또한 이 절의 법당에 주불로 모셔져 있던 석조여래상(충청북도 유형문화재 제30호)은 인근 보광사(普光寺)의 대웅전에 봉안되어 있는데, 이 불상은 절이 폐사될 당시 김소의 자손들이 매장했던 것이다. 구전에 의하면 19세기 중엽 보광산 밑의 하도마을에 사는 손(孫)씨의 꿈에 노승이 나타나 '때가 되었으니 보광사 남쪽의 언덕에 있는 불상을 파내어 봉안하라.'고 했다고 한다. 손씨는 같은 꿈을 세 번 꾸고 난 뒤 10여 명의 동조자들과 함께 불상을 찾아 제사를 지냈다. 그 뒤 많은 불공객들이 찾아왔을 뿐 아니라 손씨 집안도 크게 번창했다. 1936년 여신도 김봉삼(金奉三)이

노천에 있던 이 불상을 보광사에 봉안하여 오늘에 이르고 있다. 【참고문헌】 사지(충청북도, 1982)

봉황사(鳳凰寺)
황산사(黃山寺)를 보시오.

부개사(夫蓋寺)
【위치】 경상북도에 있었다. 【연혁】 신라 후기에 혜공(慧空)이 창건했다. 혜공은 조그마한 절에 살면서 늘 술에 취하여 삼태기를 지고 미친 듯이 거리를 돌아다니며 노래하고 춤을 췄기 때문에 사람들이 그를 부궤화상(負簣和尙)이라고 불렀으며, 이 절을 부개사라고 불렀다. 그는 이 절의 우물 속에 들어가 몇 달씩 나오지 않았다고 한다. 그가 우물 속에서 나올 때면 푸른 옷을 입은 신동이 먼저 솟아나왔으므로 이 절의 스님들은 이것을 이상한 일이 일어날 조짐으로 여겼다. 그 뒤의 연혁은 전하지 않는다. 【참고문헌】 삼국유사

부귀사(富貴寺)
【위치】 경상북도 영천시 신령면 왕산리 팔공산(八公山)에 있다. 【소속】 대한불교 조계종 제10교구 본사인 은해사의 말사이다. 【연혁】 언제 누가 창건했는지 알 수 없다. 1481년(조선 성종 12)에 편찬된 《동국여지승람》과 1799년(정조 23)에 편찬된 《범우고(梵宇攷)》에 존재한다고 나와 있다. 1873년(고종 10) 담운(曇雲)이 중창했다. 【유적·유물】 건물로는 법당과 요사채가 있다. 【참고문헌】 한국사찰전서(권상로, 동국대학교 출판부, 1979)

부도암(浮屠庵)
【이명】 부도암(不到庵)이라고도 불렸다. 【위치】 경기도 남양주시 진건면 송릉리 천마산(天摩山)에 있었다. 【연혁】 1619년(조선 광해군 11) 봉인사(奉印寺)의 부

속 암자로서 창건했다. 1619년 석가모니 부처님의 사리가 중국을 거쳐 우리 나라에 들어오자 이듬해 5월 광해군이 예관(禮官)에 명하여 봉인사에 석가법인탑(釋迦法印塔)을 세우면서 이를 수호하기 위해 당(堂)을 지어 창건했던 것이다. 그 뒤 1757년(영조 33) 풍암 취우(楓巖 取愚)가 탑과 당을 중수했으며, 1854년(철종 5) 혜암(慧庵)이 다시 봉인사를 중수하고 탑 앞에 종각을 세워 김화의 폐사인 수태사(水泰寺)에서 종을 옮겨 왔다. 1864년(고종 1) 혜암과 환옹 환진(幻翁 喚眞)이 탑과 법당을 신축했다. 그 뒤 융희(隆熙) 때(1907~1910)에 왕가에서 금곡(金谷)에다 홍릉(洪陵)을 만들기로 하자, 절 아래 동네에 사는 이천응(李天應)이 폐사가 되다시피 한 봉인사와 이 암자의 건물을 헐어 홍릉의 전각(殿閣) 용도로 매각하고, 또 절의 땅과 산림 전부를 자기의 소유로 횡점(橫占)했다. 이로서 이 절은 폐허화되었다. 【유적·유물】절터에는 석가법인탑이 남아 있었는데, 1907년 남양주시 화도면 가곡리에 살던 영의정 이유원(李裕元 ; 1814~1888)의 차남 이호영(李琥榮)이 당시 인근 견성암(見聖庵)의 승려 환송(喚松)과 공모하여 사리장치 등을 꺼내 매각함으로써 훼손되고 말았다. 그 뒤 탑과 사리, 1757년 취우가 세운 사리탑중수비가 일본인의 손을 전전하며 일본 절인 서울 본원사(本願寺)에 있다가 1927년 일본으로 옮겨져 오사카시립미술관 뜰에 전시되었다. 그러나 1987년 소유자인 한 일본인이 모두 기증하여 보물 제928호로 지정되어 서울 국립중앙박물관 앞 뜰에 복원·전시하고 있다. 탑은 형태가 완전하여 우리 나라 탑파 연구에 귀중

한 자료가 되고 있다. 이 밖에도 이 절에는 윤행순(尹行醇)이 쓰고 조윤형(曺允亨 : 1725~1799)이 새긴 풍암대사부도비(楓巖大師浮屠碑)가 있었으나, 땅에 묻혔던 것을 1979년 법사 한길로가 봉인사를 재건하던 중 발굴하여 봉인사에 세웠다. 【참고문헌】한국사찰전서(권상로, 동국대학교 출판부, 1979), 조선불교통사(이능화, 신문관, 1918), 기내사원지(경기도, 1988)

부도암(浮屠庵)
【위치】대구광역시 동구 도학동 팔공산(八公山) 남쪽 기슭에 있다. 【소속】대한불교조계종 제9교구 본사인 동화사의 부속 암자이다. 【연혁】1658년(조선 효종 9) 도오(道悟)가 창건했다. 1790년(정조 14) 춘파(春坡)가 중수했으며, 절 뒤 서쪽 산기슭엔 12기의 부도가 있던 자리에서 지금의 자리로 옮겼다는 설이 있다. 1841년(헌종 7) 쓰여진 《양간록(樑間錄)》등 염불암(念佛庵)에서 발견된 문서에 당시 이 절에 72명의 승려가 머물러 있다고 기록된 것으로 보아, 동화사의 부속 암자 중 규모가 가장 컸음을 알 수 있다. 일제강점기 이래 대처승이 거주했으나, 1955년 불교계 정화 이후 비구니들이 인수하여 참선도량으로 만들었다. 1960년 개축 도중 낡은 건물이 무너져서 새로 더 큰 건물을 건립하여 지금에 이르고 있다. 【참고문헌】대구의 향기(대구직할시, 1982)

부도암(不到庵)
부도암(浮屠庵)을 보시오.

부사의방(不思議房)
부사의암(不思議庵)을 보시오.

부사의방장(不思議方丈)
부사의암(不思議庵)을 보시오.

부사의암(不思議庵)

【이명】 부사의방장(不思議方丈), 부사의 방(不思議房)이라고도 불렸다. 【위치】 전라북도 부안군 변산면 중계리 변산(邊山)에 있었다. 【연혁】 언제 누가 창건했는지 알 수 없다. 신라 법상종(法相宗)의 개조 진표(眞表)가 출가하여 12세에 금산사(金山寺) 숭제(崇濟)에게 가르침을 청하자, 숭제가 《사미계법전교공양차제비법(沙彌戒法傳敎供養次第秘法)》 1권과 《점찰선악업보경(占察善惡業報經)》 2권을 주면서 '이 계법을 가지고 미륵보살, 지장보살 앞에서 참회하고 간절히 구하여 계를 받아서 세상에 유포시키라.'고 말했다. 진표는 이것을 받아 들고 명산으로 다니다가 이 절에서 삼업(三業)을 닦으며 7일 낮 7일 밤을 기도한 끝에 740년(효성왕 4) 3월 15일 지장보살의 현신을 맞아 계를 받았다고 한다. 자세한 연혁은 전하지 않는다. 다만 1481년(조선 성종 12)에 편찬된 《동국여지승람》에는 '백 척 높이의 사다리를 타고 내려와야 이 방장에 이를 수 있고, 그 아래는 무시무시한 골짜기라서 바위에 못질을 하여 집을 지었는데, 사람들은 모두 바다의 용이 지은 절이라고 말했다.'고 나와 있다. 언제 폐사됐는지 알 수 없다. 현재 절터만 남아 있다. 【참고문헌】 삼국유사, 사찰지(전라북도, 1990), 한국사찰전서(권상로, 동국대학교 출판부, 1979)

부석사(浮石寺)
【이명】 한때 선달사(善達寺), 흥교사(興敎寺)라고도 불렸다. 【위치】 경상북도 영주시 부석면 북지리 봉황산(鳳凰山) 중턱에 있다. 【소속】 대한불교조계종 제16교구 본사인 고운사의 말사이다. 【연혁】 676년(신라 문무왕 16) 2월 의상(義湘)이 문무왕의 명으로 창건했다. 당시 의상은 이 절에서 40일 동안 법회를 열고 화엄을 설법함으로써 우리 나라에 화엄종(華嚴宗)을 정식으로 펼쳤으며, 이 절을 화엄종의 중심 도량으로 삼았다. 의상의 존호를 부석(浮石) 존자라고 하고, 의상의 화엄종을 부석종(浮石宗)이라고 부르기도 하는 것은 모두 이 절과의 연관 때문이다. 그 뒤 799년(원성왕 15) 적인 혜철(寂忍 惠哲)이 이 절에 출가하여 《화엄경》을 배웠으며, 813년(헌덕왕 5) 출가한 무주 무염(無住 無染)은 수년 뒤 이 절에서 석징(釋澄)에게 《화엄경》을 배웠다. 840년(문성왕 2) 징효 절중(澄曉 折中)도 이 절에서 장경(藏經)을 열람하며 《화엄경》을 배웠다. 고려시대에는 이름을 선달사 또는 흥교사라고 했는데, '선달'이란 '선돌'의 음역으로 '부석(浮石)'의 향음(鄕音)이 아닐까 하는 견해도 있다. 원융 결응(圓融 決凝)은 만년에 이 절을 크게 중창한 뒤 1053년(문종 7) 이 절에서 입적했다. 1203년(신종 6)에는 당시의 무신정권에 반발하여 이 절의 승려들이 반란을 일으키자, 이들을 붙잡아 섬으로 귀양보냈다. 1372년(공민왕 21) 원응(圓應) 국사가 주지로 임명되어 퇴락한 건물을 보수하고 많은 건물들을 다시 세웠다. 조선시대에는 1580년(선조 13) 사명 유정(泗溟 惟政)이 중건했으며, 1746년(영조 22)에 화재로 추승당(秋僧堂), 만월당(滿月堂), 서별실(西別室), 만세루, 범종각 등이 소실하자 그 뒤 중건하여 오늘에 이르고 있다. 【유적·유물】 현존하는 건물로는 무량수전(국보 제18호)과 조사당(국보 제19호)을 비롯하여 조선시대 후기의 건물인 범종루, 원각전(圓覺殿), 안양루(安養樓),

선묘각(善妙閣), 응진전(應眞殿), 자인당(慈忍堂), 취현암(醉玄庵), 요사채 등이 있다. 이 중 선묘각은 의상을 사모했던 선묘(善妙)의 영정을 봉안한 곳이다. 취현암은 원래 조사당 옆에 있었던 선원이었으나, 일제강점기에 이전되어 현재는 주지실과 종무소로 사용하고 있다. 문화재로는 무량수전 앞 석등(국보 제17호)과 소조여래좌상(국보 제45호), 조사당 벽화(국보 제46호), 삼층석탑 2기(보물 제249호 및 경상북도 유형문화재 제130호), 당간지주(보물 제255호), 고려각판(보물 제735호), 원융국사비(경상북도 유형문화재 제127호), 석룡(石龍), 녹유전(綠釉塼), 선비화(禪扉花) 등이 있다. 이 중 원융국사비는 1054년에 건립된 것이며, 보물 제249호인 삼층석탑은 본래 인근 약사골의 동방사(東方寺) 터에 있던 것을 옮겨서 익산의 왕궁리탑(王宮里塔)에서 출토된 사리를 그 안에 봉안한 것이다. 석룡은 절의 창건과 관련된 것으로 현재 무량수전 밑에 묻혀 있는데, 일제강점기에 이 절을 개수할 때 이 거대한 석룡의 일부가 발견되었으며, 자연적인 용의 비늘 모습이 있었다고 한다. 녹유전은 표면에 녹유를 발라 광택을 내게 한 신라시대의 벽돌이다. 이것은 《아미타경》에 극락세계의 땅이 유리로 되어 있다고 한 것에 근거하여 무량수전의 바닥에 깔았던 것이다. 선비화는 의상이 사용했던 지팡이를 꽂아 놓았더니 살아난 것이라고 하는데, 《택리지(擇里志)》에 의하면 의상이 죽을 때 '내가 여기를 떠난 뒤 이 지팡이에서 반드시 가지와 잎이 날 것이다. 이 나무가 말라 죽지 않으면 내가 죽지 않으리라.'고 했다는 기록이 전한다. 【설화】《삼국유사》에 이 절의 창건에 얽힌 설화가 있다. 661년(문무왕 1) 불교 공부를 위해 당나라를 향해 떠난 의상은 상선을 타고 등주(登州) 해안에 도착했는데, 그곳 어느 신자의 집에서 며칠을 머무르게 되었다. 신자의 딸 선묘는 의상을 사모하여 결혼을 청했으나, 의상은 오히려 선묘를 감화시켜 보리심을 발하게 했다. 선묘는 그때 '영원히 스님의 제자가 되어 스님의 공부와 교화와 불사를 성취하는 데 도움이 되어 드리겠다.'는 원을 세웠고, 의상은 종남산(終南山)에 있는 지엄(智儼)을 찾아가서 화엄학을 공부했다. 그 뒤 귀국하는 길에 의상은 다시 선묘의 집을 찾아 그 동안 베풀어 준 편의에 감사를 표하고 뱃길이 바빠 곧바로 배에 올랐다. 선묘는 의상을 위해 준비해 두었던 법복과 집기 등을 전하기도 전에 의상이 떠나 버렸으므로, 급히 이들을 넣은 상자를 가지고 선창으로 달려 갔으나 배는 이미 떠나고 있었다. 선묘는 의상에게 공양하려는 지극한 정성으로 저만큼 떠나는 배를 향해 상자를 던져 의상에게 전했다. 곧 이어 선묘는 다시 서원을 세우고 몸을 바다에 던져 의상이 탄 배를 호위하는 용이 되었다. 용은 의상이 신라에 도착한 뒤에도 줄곧 의상을 호위하고 다녔다. 의상이 화엄을 펼 수 있는 땅을 찾아 봉황산에 이르렀으나 거기에는 500명의 도둑 떼가 살고 있었다. 이때 용은 커다란 바위로 변하여 공중에 떠서 도둑들을 위협하여 모두 몰아내고 절을 창건할 수 있도록 했다. 의상은 용이 바위로 변해 절을 지을 수 있도록 했다고 하여 절 이름을 부석사로 지었다. 현재 이 절 무량수전 뒤에 부석이라는 바위가 있는데, 이 바위가 당시의 그 바위라고 한다. 【참고

문헌】삼국유사, 조선금석총람(조선총독부, 1919), 조선불교통사(이능화, 신문관, 1918), 한국의 사찰 9-부석사(한국불교연구원, 일지사, 1976), 한국사찰전서(권상로, 동국대학교 출판부, 1979)

부석사(浮石寺)

【위치】충청남도 서산시 부석면 취평리 도비산(島飛山)에 있다. 【소속】대한불교조계종 제7교구 본사인 수덕사의 말사이다. 【연혁】고려 말의 충신 유금헌(柳琴軒)은 조선이 개국하자 망국의 한을 품고 물러나 이곳에다 별당을 지어 독서삼매로써 소일했는데, 그가 죽자 승려 적감(赤感)이 별당을 절로 개조하고, 이름도 바다 가운데 있는 바위섬이 마치 바다에 떠 있는 것처럼 보이므로 부석사라 했다고 한다. 677년(신라 문무왕 17) 의상(義湘)이 창건했다는 설도 있으나 신빙성이 없다. 조선 초에 무학 자초(無學 自超, 1327~1405)가 중건했고, 근대에는 만공 월면(滿空 月面, 1871~1946)이 주석하면서 선풍을 떨치기도 했다. 【유적·유물】절 일원이 충청남도 문화재자료 제195호로 지정되어 있다. 현존하는 건물로는 극락전을 중심으로 심검당(尋劍堂), 요사채, 산신각, 안양루(安養樓) 등이 있다. 유물로는 아미타삼존불과 석종형(石鐘型) 부도 5기가 있다. 그러나 극락전 안에 봉안되어 있었던 아미타삼존불은 상호가 빼어난 수작이었으나 1980년 도난당했다. 부도 5기는 모두 조선시대의 것이다. 【설화】의상이 이 절을 창건할 때 도둑의 무리들이 몇 번이나 달려들어 허물어 버리자, 당나라 유학중의 의상을 흠모했던 당나라 선묘(善妙)의 화신인 용이 크게 노하여 큰 바위를 공중에 띄어 빙글빙글 돌리면서

당장이라도 떨어뜨릴 기세를 보였다. 이에 도둑들이 혼비백산한 뒤 의상은 절을 창건하고 선묘의 호법(護法)을 기리기 위해 부석사라 했다고 한다. 그러나 이는 영주 부석사(浮石寺)에 얽힌 설화로서 잘못 전해진 것이다. 현재 절 앞 10km 지점의 바다에 부석섬이 있고, 이 절이 있는 산 이름을 섬이 날았다는 뜻에서 도비산이라고 한 것 역시 모두 잘못 전해진 이 설화와 관련된 것이다. 【참고문헌】충청남도지(충청남도, 1970), 문화유적총람-사찰편(충청남도, 1990)

부왕사(扶旺寺)

부황사(扶皇寺)를 보시오.

부인사(符仁寺)

【이명】부인사(符印寺), 부인사(夫人寺)라고도 한다. 【위치】대구광역시 동구 신무동 팔공산(八公山) 남쪽 중턱에 있다. 【소속】대한불교조계종 제9교구 본사인 동화사의 말사이다. 【연혁】신라시대에 창건됐다. 예로부터 선덕여왕(재위 632~647)을 기리는 선덕묘(善德廟)라는 사당이 있었던 것으로 추정되며, 불교가 흥성했던 신라와 고려 때에는 약 2천 명의 승려가 수도했다고 한다. 고려 현종 때(1010~1031)부터 문종 때(1046~1083)에 이르기까지 이곳에 도감(都監)을 설치하여 고려 초조대장경(初彫大藏經)을 판각했다. 이 초조대장경은 1231년(고종 18) 몽고의 침입 때 대부분 불타 없어지고, 현재 일본 교토(京都)의 남례사(南禮寺)에 1,715판이 남아 있다. 전성기에는 39개의 부속 암자를 관장했고, 전국에서 유일하게 정기적으로 승려들만의 승시장(僧市場)이 섰다는 구전이 전한다. 몽고의 침입 이후 중건했다가 1592년(조선 선조 25) 임진왜란 때

다시 소실했다. 이후의 연혁은 전하지 않는다. 현재의 건물은 원래의 위치에서 서북쪽으로 약 400m에 위치한 암자 터에다 1930년대 초 비구니 허상득(許相得)이 중창한 것이다. 【유적·유물】 옛 절터는 대구광역시 기념물 제3호로 지정되어 있다. 건물로는 대웅전과 선덕묘, 요사채 2동이 있다. 대웅전에는 석가모니불상과 아미타불상, 관세음보살상을 모셨다. 선덕묘는 선덕여왕의 영정을 모신 것으로 임진왜란 때 불타 없어지고 일부 남았던 것을 1930년대 초 중건한 것이며, 음력 3월 보름에는 이곳에서 동네 사람들과 함께 선덕제(善德祭)를 지내고 있다. 문화재로는 쌍탑(雙塔)을 비롯하여 석등(대구광역시 유형문화재 제16호), 당간지주, 석등 대석(臺石), 배례석(拜禮石), 마애여래좌상 등이 있다. 최근까지 무너져 있었던 쌍탑 중 서탑(대구광역시 유형문화재 제17호)은 1966년 복원됐으며, 신라 말의 전형적인 석탑 양식을 보이고 있다. 이 서탑 옆에는 머리 없는 석불이 여러 위 있었으나, 1979년 1위만 남고 모두 없어졌다고 한다. 또 절 부근 밭에는 신라 때의 당간지주가 있어 전성기의 절 영역을 알 수 있게 한다. 특히 바위에 감실을 파고 조각한 마애여래좌상은 고려 초기의 것으로 추정되는 특이한 것이다. 이 밖에도 초석과 축대에 남아 있는 화려한 장대석(長臺石)이 산재해 있다. 【참고문헌】 삼국유사, 명산 고찰 따라(이고운·박설산, 신문출판사, 1987)

부인사(符印寺, 夫人寺)
부인사(符仁寺)를 보시오.

부혜사(浮惠寺)
정혜사(淨惠寺)를 보시오.

부황사(扶皇寺)

【이명】 한때 부왕사(扶旺寺), 부황사(浮皇寺)라고 불렀다. 【위치】 경기도 고양시 북한동 북한산(北漢山) 원각문(圓覺門) 동쪽에 있었다. 【연혁】 1717년(조선 숙종 43) 심운(尋雲)이 창건했다. 숙종은 북한산성을 수비하기 위해서 산성 안에 12개의 절을 새로 지어 승군으로 하여금 산성을 지키게 했는데, 이 절도 그 일환으로 창건했다. 창건 당시에는 부왕사라고 했으나, 그 뒤 음이 비슷한 부황사(浮皇寺), 또는 부황사(扶皇寺) 등으로 불리게 되었다. 언제 지금의 이름으로 불리게 되었는지는 알 수 없다. 창건 이후 1894년(고종 31) 갑오경장 이전까지는 호국사찰로 명맥을 이어왔으며, 1939년 9월 주지 원법(元法)과 화주(化主) 상덕(尙德)이 영산전과 별당(別堂)을 신축했다. 1942년 이주옥(李柱玉)이 절 동쪽 기슭에 도원(道院)을 신축했으나, 1950년 6·25전쟁 때 모두 파괴되어 현재 폐허가 되어 있다. 【참고문헌】 한국사찰전서(권상로, 동국대학교 출판부, 1979)

부황사(浮皇寺)
부황사(扶皇寺)를 보시오.

북고사(北固寺)

【이명】 한때 경월사(慶月寺)라고 불렸다. 【위치】 전라북도 무주군 무주읍 읍내리 향로산(香爐山)에 있다. 【소속】 대한불교조계종 제17교구 본사인 금산사의 말사이다. 【연혁】 언제 누가 창건했는지 알 수 없다. 원래의 절 이름은 경월사였다. 1392년(조선 태조 1) 이성계(李成桂)가 조선을 개국하자, 무학 자초(無學 自超)는 새 도읍지를 찾아 이곳에 이르러 '무주의 지세가 복지(卜地)이나, 북릉이 약하다'고 보고 고을 현감에게 '이 절에 탑을 세우고 북고사라고 이름을 바꾸면 장차 큰 고을이

될 것'이라고 말했다. 이에 현감이 그대로 따랐다. 그 뒤의 연혁은 전하지 않는다. 1978년 주지 관주(觀柱)가 극락전을 복원했다. 현재 비구니들의 수행도량이다. 【유적·유물】 건물로는 극락전과 칠성각, 산왕각, 요사채가 있다. 유물로는 산신탱화와 칠성탱화, 삼층석탑 등이 있다. 산신탱화와 칠성탱화는 극락전에 봉안되어 있으며, 1928년에 제작된 것이다. 삼층석탑은 고려시대의 전형적인 양식으로 창건 당시에 조성된 것이라고 한다. 【참고문헌】 전북불교총람(전북불교총연합회, 1993), 사찰지(전라북도, 1990)

북고사(北固寺)
진북사(鎭北寺)를 보시오.

북대암(北臺庵)
미륵암(彌勒庵)을 보시오.

북미륵암(北彌勒庵)
미륵암(彌勒庵)을 보시오.

북수사(北水寺)
보흥사(寶興寺)를 보시오.

북악사(北嶽寺)
영월암(映月庵)을 보시오.

북암(北庵)
감로암(甘露庵)을 보시오.

북장사(北長寺)
【이명】 북장사(北丈寺)라고도 한다. 【위치】 경상북도 상주시 내서면 북장리 천주산(天柱山)에 있다. 【소속】 대한불교조계종 제8교구 본사인 직지사의 말사이다. 【연혁】 833년(신라 흥덕왕 8) 진감(眞鑑)국사 혜소(慧昭)가 창건했다. 이후 이 절은 수미암(須彌庵), 상련암(想蓮庵), 은선암(隱仙庵) 등의 부속 암자를 가진 국찰이었으나, 1592년(조선 선조 25) 임진왜란 때 병화로 완전 소실하여 폐허가 되었

다. 1624년(인조 2) 이곳에 온 중국의 승려 10여 명이 중건했고, 그 뒤 많은 승려가 모여 수행했다. 1650년(효종 1) 화재로 건물이 모두 소실하자 서묵(瑞默), 충운(忠雲), 진일(眞一) 등이 중건했으나, 1657년 다시 화재로 소실했다. 1658년(효종 9) 현재의 위치로 옮겨 응순(應醇)이 궁현당(窮玄堂)을, 취건(就建)이 원통전을, 일휘(一輝)가 은현당(隱賢堂)을 각각 세우고, 행종(幸宗)이 남암(南庵)을 옮겨와서 만월당(滿月堂)을 세웠다. 1660년(현종 1) 여행(呂行)이 극락전 건립에 착수하여 8년 만에 완성했고, 1663년 충운이 심검당(尋劒堂)을, 1669년 문식(文湜)이 적요당(寂蓼堂)을, 1673년(현종 14) 처웅(處雄)이 명월당(明月堂)을 세웠다. 1676년(숙종 2) 승은(勝峕)이 대향로전(大香爐殿)을, 청윤(淸允)이 소향로전을, 삼주(三周)가 백련당(白蓮堂)을, 승은이 향적전(香積殿)을 각각 세웠으며, 이듬해 행종이 육화당(六和堂)을 건립했다. 1685년 주학(主學)이 삼강실(三綱室)을, 1688년 선욱(禪旭)이 황학루(黃鶴樓)를 세웠으며, 1692년 승은이 한송당(寒松堂)을 세웠다. 1695년 사찰(思察)이 궁현당(窮玄堂)을 중건했고, 1699년 옥청(玉淸)이 명부전을, 1704년(숙종 30) 화장전(華藏殿)을, 일영(一暎)은 정문(正門)을 세웠다. 1736년(영조 12) 또 다시 전소하자 극락전, 명부전, 만월당 등을 재건했다. 1875년(고종 12) 운봉(雲峯)이 극락전을 중건했고, 1880년 기봉(奇峰)이 만월당을 중수했다. 1890년(고종 27) 다시 기봉이 수월암을 중수하고, 이듬해 향각(香閣)을 보수했다. 【유적·유물】 현존하는 건물로는 극락보전을 비롯하여 명부전, 산신

각, 요사채뿐이다. 극락보전은 1660년에 지은 것으로 내부에는 1676년 향나무로 조성한 아미타삼존불이 봉안되어 있다. 문화재로는 1688년에 그린 괘불(掛佛)과 마애불두(磨崖佛頭), 부도, 석등재(石燈材) 등이 있다. 이 중 괘불은 기우제를 지낼 때만 내어 건다고 하는데, 그때마다 반드시 영험을 나타낸다고 한다. 【참고문헌】 동국여지승람, 상산지, 문화유적총람(문화재관리국, 1977), 한국사찰전서(권상로, 동국대학교 출판부, 1979)

북장사(北丈寺)
북장사(北長寺)를 보시오.

북지장사(北地藏寺)
【이명】 한때 지장사(地藏寺)라고 불렸다. 【위치】 대구광역시 동구 도학동 팔공산(八公山) 동남쪽 기슭에 있다. 【소속】 대한불교조계종 제9교구 본사인 동화사의 말사이다. 【연혁】 1192년(고려 명종 22) 보조(普照) 국사 지눌(知訥)이 창건했다고 한다. 그러나 1040년(정종 6) 최제안(崔齊顔)이 쓴 경주 천룡사(天龍寺)의 중창과 관련된 신서(信書)를 보면 이 절의 납입전(納入田)이 200결이라고 기록하고 있어, 이 절이 매우 규모가 컸다는 것과 1040년 이전에 창건되었다는 것을 알 수 있다. 또한 이 절에는 지장사유공인영세불망비(地藏寺有功人永世不忘碑)가 있는데, 이 비문에도 이 절이 신라 때의 절이라고 기록되어 있다. 옛날에는 동화사를 말사로 거느렸었다고 한다. 그러나 그 뒤의 연혁은 전혀 전하지 않는다. 다만 대웅전의 기와 중에 1623년(인조 1)과 1665년(현종 6)의 명(銘)이 있는 것으로 보아, 이 절이 1623년 중창되고 1665년 중수되었음을 추정할 수 있다. 【유적·유물】 현존

하는 건물로는 대웅전(보물 제805호)을 비롯하여 산신각과 2동의 요사채가 있다. 유물로는 삼층석탑(대구광역시 유형문화재 제6호) 2기와 석조지장보살좌상(대구광역시 유형문화재 제15호)이 있는데, 삼층석탑은 고려시대의 탑으로 추정된다. 원래 이 탑의 뒤쪽은 법당이 있던 곳으로 현재 많은 석재 유물이 산재해 있다. 이 밖에도 대웅전 앞에 지장사유공인영세불망비가 있다. 【참고문헌】 삼국유사, 대구의 향기(대구직할시, 1982)

분황사(芬皇寺)
【위치】 경상북도 경주시 구황동에 있다. 【소속】 대한불교조계종 제11교구 본사인 불국사의 말사이다. 【연혁】 634년(신라 선덕여왕 3) 용궁(龍宮)의 북쪽인 전불시대(前佛時代)의 가람 터라고 전하는 칠처가람(七處伽藍) 중의 하나로서 창건했다. 643년(선덕여왕 12) 자장(慈藏)이 당나라에서 대장경 일부와 불전(佛殿)을 장식하는 번(幡), 당(幢), 화개(花蓋) 등을 가지고 귀국하자, 선덕여왕은 그를 이 절에 머무르게 한 뒤 많은 급여를 내리고 호위를 붙이는 등 대접을 극진히 했다. 그 뒤 원효(元曉, 617~686)가 이 절에 머물면서 《화엄경소》《금광명경소》 등의 수많은 저술을 남겼고, 그의 교학을 이 절을 중심으로 널리 펴게 됨에 따라 법성종(法性宗: 일명 원효종, 분황종, 해동종)의 근본 도량이 되었다. 또 원효가 죽은 뒤 아들 설총(薛聰)은 원효의 유해로 소상을 만들어서 이 절에 안치하고 죽을 때까지 공경하고 사모하는 뜻을 다했는데, 언젠가 설총이 옆에서 절을 하자 소상이 갑자기 고개를 돌렸다는 설화도 전한다. 고려시대에 일연(一然, 1206~1289)이 《삼국유

사》를 저술할 때까지는 원효의 소상이 남아 있었으며, 그때까지도 소상이 고개를 돌린 채 있었다고 한다. 그 밖에도 이 절에는 솔거(率居)가 그린 관음보살상이 있었고, 좌전(左殿) 북쪽 벽에 있었던 천수대비(千手大悲) 그림은 영험이 있기로 유명했다. 755년(경덕왕 14) 본피부(本彼部)의 강고내말(強古乃末)이 약사여래입상을 만들어서 이 절에 봉안했는데, 그 무게는 30만 6천 700근이었다. 1101년(고려 숙종 6) 8월 숙종의 명으로 평장사(平章事) 한문준(韓文俊)이 지은 화쟁국사비(和諍國師碑)가 건립되었다. 숙종은 원효와 의상(義湘)이 동방의 성인인데도 불구하고 비기(碑記)와 시호가 없어 그 덕이 크게 드러나지 않음을 애석히 여겨서 원효에게 대성화쟁국사(大聖和諍國師)라는 시호를 내리고, 유사(有司)로 하여금 연고지에 비석을 세우게 했던 것이다. 그 뒤 몽고의 침략과 임진왜란 등으로 이 절은 크게 손상을 입었다. 그 뒤의 자세한 연혁은 전하지 않는다. 【유적·유물】현존하는 건물로는 약사여래입상을 모신 보광전과 승당, 종각 등이 있다. 문화재로는 석탑(국보 제30호)과 화쟁국사비편(경상북도 유형문화재 제97호), 석정(石井 ; 경상북도 문화재자료 제9호) 등이 있다. 이 중 석탑은 원래 9층이었으나 현재 3층만이 남아 있는 모전탑으로서 1592년(조선 선조 25) 임진왜란 당시 왜구들이 이 탑을 반쯤 헐었다고 한다. 그 뒤 절의 승려들이 탑을 쌓기 위해 헐었더니 바둑알만한 작은 구슬이 출토되었는데, 그 구슬은 수정처럼 빛나고 투명했으며 태양을 쪼여 솜을 가까이 대면 불길이 일어났다. 당시 이것을 백률사(柏栗寺)에 보관했다고 한다.

화쟁국사비편은 지금도 가끔씩 발견되고 있는데, 비신(碑身)을 받쳤던 비대(碑臺)는 절 근처에서 발견되어 추사 김정희(秋史 金正喜, 1786~1856)가 이를 확인했다. 석정은 삼룡변어정(三龍變魚井)이라고 불리는 신라시대의 우물이다. 우물 틀의 외부는 8각, 내부는 원형인데, 이것은 불교의 팔정도와 원융(圓融)의 진리를 뜻한다. 이 밖에도 이 절에는 석등 대석과 많은 초석들이 남아 있으며, 1974년의 발굴 조사에서 금동보살입상과 귀면와(鬼面瓦), 신라 및 고려시대의 와당 등이 발견되었다. 【설화】솔거가 그린 벽화 천수대비와 석정에 얽힌 설화가 전한다. 경덕왕 때(742~765) 한기리(漢岐里)에 사는 여인 희명(希明)의 아이가 다섯 살 때 갑자기 눈이 멀게 되자, 희명이 아이를 안고 천수대비 앞에 나아가서 〈도천수대비가(禱千手大悲歌)〉를 가르쳐 주고 노래를 부르면서 빌게 했더니 눈을 뜨게 되었다고 한다. 또한 석정에는 세 마리의 호국룡이 살고 있었는데, 795년(원성왕 11) 당나라의 사신이 이 용을 세 마리의 물고기로 변신시킨 뒤 잡아서 길을 떠났다. 하루 뒤에 두 여인이 원성왕 앞에 나타나서 사실을 아뢰면서 남편을 찾아 줄 것을 호소했다. 왕이 사람을 시켜 당나라 사신을 쫓아가서 빼앗아 우물에 놓아 주고 다시 살게 했는데, 그 뒤부터 삼룡변어정이라고 부르게 되었다고 한다. 【참고문헌】삼국유사, 동경잡기, 신라의 폐사 I(한국불교연구원, 일지사, 1974)

불갑사(佛甲寺)

【이명】불갑사(佛岬寺)라고도 불린다. 【위치】전라남도 영광군 불갑면 모악리 불갑산 북쪽 능선에 있다. 【소속】대한불교조

계종 제18교구 본사인 백양사의 말사이다. 【연혁】 384년(침류왕 1) 백제에 불교를 전한 인도의 승려 마라난타(摩羅難陀)가 진나라에서 인근 법성포(法聖浦)를 통해 백제에 들어오면서 이곳에 창건했다고 한다. 이것이 사실이라면 백제 최초의 절이 된다. 그러나 1741년(조선 영조 17) 이만석(李萬錫)이 쓴 사적비에는 언제 창건했는지 알 수 없다고 했으며, 또 다른 기록에는 문주왕 때(475~477) 행은(幸恩)이 창건했다고 한다. 고려시대에 각진(覺眞) 국사 복구(復丘, 1270~1355)가 머무르면서 크게 번창했다. 당시 이 절에는 수백 인의 승려가 머물렀고, 사전(寺田)이 10리에 미쳤다. 그 뒤 많은 중수를 거쳐오다가 1597년(조선 선조 30) 정유재란 때 전소했다. 이어 다시 중건했으며, 1938년 설제(雪霽)가 아홉번째로 중수하여 오늘에 이르고 있다. 부속 암자로는 전일암(餞日庵), 해불암(海佛庵), 수도암(修道庵), 불영암(佛影庵) 등이 있다. 【유적·유물】 현존하는 건물로는 대웅전을 비롯하여 팔상전, 칠성각, 일광당(一光堂), 명부전, 만세루(전라남도 문화재자료 제166호), 보광전, 산신각, 천왕문 등 15동의 건물이 있다. 이 중 대웅전(보물 제830호)은 다른 절과는 달리 중앙에 석가모니불, 왼쪽에 약사여래불, 오른쪽에 아미타불을 모셔 특이한 불상 배치를 보여 주고 있다. 또한 대웅전 용마루 귀면(鬼面) 위에는 작은 석탑과 보리수를 새긴 삼존불대(三尊佛臺)가 있는데, 역시 다른 절에서는 찾아볼 수 없는 특이한 모양이다. 이 밖에도 대웅전 안에는 묘한 웃음을 짓고 있는 목각동자상과 성기가 두드러지게 묘사되어 있는 목각사자상이 있으며, 1359년(공민

왕 8)에 세워진 복구의 각진국사비와 사천왕상(전라남도 유형문화재 제159호), 복구가 심었다고 전하는 수령 700여 년의 참식나무(천연기념물 제112호)가 있다. 【참고문헌】 문화유적총람(문화재관리국, 1977), 한국의 명산 대찰(국제불교도협의회, 1982)

불갑사(佛岬寺)

불갑사(佛甲寺)를 보시오.

불곡사(佛谷寺)

【위치】 경상남도 창원시 대방동에 있다. 【소속】 대한불교조계종 제14교구 본사인 범어사의 말사이다. 【연혁】 935년(고려 태조 18) 진경(眞鏡)이 창건했다. 자세한 연혁은 전하지 않는다. 1932년 우담(優曇)이 중건하여 오늘에 이르고 있다. 【유적·유물】 건물로는 비로전을 비롯하여 일주문, 세읍루(洗邑樓), 승당, 산신각, 요사채 등이 있다. 이 중 일주문(경상남도 유형문화재 제133호)은 원래 창원부 객사 3문 중의 하나로서 웅천향교에 있던 것을 1932년 우담이 이 절로 옮겨 온 것이다. 쌍룡의 용틀임새가 매우 섬세하며, 용틀임새 밑에는 각종 동물이 조각되어 있다. 문화재로는 이 절의 창건 당시에 조성된 것으로 추정되는 석조비로자나불좌상(보물 제436호)이 있다. 【참고문헌】 내 고장의 뿌리(창원시, 1982)

불곡사(佛谷寺)

백화암(白華庵)을 보시오.

불국사(佛國寺)

【위치】 경상북도 경주시 진현동 토함산 기슭에 있다. 【소속】 대한불교조계종 제11교구 본사이다. 【연혁】 751년(신라 경덕왕 10) 김대성(金大城)이 현세의 부모를 위해 창건했다고 한다. 그러나 〈불국

사 고금창기(佛國寺 古今創記)〉에 의하면 이차돈(異次頓)이 순교한 이듬해인 528년(법흥왕 15) 법흥왕의 어머니 영제부인(迎帝夫人)과 기윤부인(己尹夫人)이 창건하고 비구니가 되었다고 한다. 그리고 574년(진흥왕 35) 진흥왕의 어머니인 지소부인(只召夫人)이 이 절을 중창하고 승려들을 득도하게 했으며, 진흥왕의 부인은 비구니가 된 뒤 이 절에다 비로자나불상과 아미타불상을 봉안했다. 또한 670년(문무왕 10) 강당으로서 무설전(無說殿)을 짓고 신림(神琳), 표훈(表訓) 등 의상(義湘)의 제자들을 머물게 했다고 전한다. 당시 문무왕은 이 건물에서 의상과 그의 제자 오진(悟眞), 표훈 등에게 《화엄경》을 강론하게 했다. 이들 기사는 다소의 모순이 있지만, 현재 대웅전에 봉안되어 있는 불상의 복장기에는 이 불상들이 681년(신문왕 1) 4월 8일 낙성되었다고 했으므로 당시의 불국사가 대규모는 아니었지만, 이미 대웅전과 무설전을 갖췄음을 알 수 있다. 그 뒤 김대성이 751년 공사를 시작하고 774년(혜공왕 10) 12월 죽자, 이후 나라에서 완성하였다. 이때 이 절은 대웅전을 중심으로 하여 극락전, 비로전, 관음전, 지장전 등 5개의 지역으로 구분된 대규모 가람이었으며, 김대성 개인의 원찰이라기보다는 국가의 원찰 성격을 띠고 있었다. 887년(진성여왕 1)과 1024년(고려 현종 15) 중수했고, 1172년(명종 2) 비로전과 극락전의 기와를 갈았으며, 1312년(충선왕 4)에도 중수를 했다. 1436년(조선 세종 18) 대웅전과 관음전과 자하문(紫霞門)을 중수했고, 1470년(성종 1) 관음전을, 1490년 대웅전을 중수했다. 또한 1514년(중종 9) 극락전의

벽화를, 1564년(명종 19) 대웅전을 중수했다. 1593년(선조 26) 5월 왜구가 침입하여 노략질할 때 좌병사(左兵使)가 활과 칼 등을 지장전 벽 사이에 감추었다. 이어 왜병 수십 명이 와서 이 절의 아름다움에 감탄했다가 무기가 감추어져 있는 것을 발견하고는 여덟 사람을 밟아 죽이고 절을 불태웠다. 이때 난을 피해 장수사(長壽寺)에 와 있던 담화(曇華)가 문도를 이끌고 이 절에 도착했을 때에는 이미 대웅전, 극락전, 자하문 등 2천 여 칸이 모두 불탄 뒤였고, 금동불상과 석조물 등만이 화를 면할 수 있었다. 그 뒤 20년이 지난 뒤부터 점차 복구되었는데, 해안(海眼)이 1612년(광해군 4) 경루와 범종각, 남행랑 등을 복구했고, 1630년(인조 8) 태호(泰湖)가 자하문을 중수했으며, 1648년 해정(海淨)이 무설전을 복구했다. 대웅전은 1659년(효종 10) 천심(天心)이 경주부윤의 시주를 얻어 중건했다. 그 뒤 또 다시 퇴락하다가, 근래 대통령 박정희(朴正熙)의 발원으로 중창되었다. 1970년 2월부터 중창이 시작되어 당시까지 터로만 남아 있던 무설전, 관음전, 비로전, 경루, 회랑 등을 복원하여 오늘에 이르고 있다. 이 절은 불국정토(佛國淨土) 건설을 위한 신라인의 염원이 곳곳에 담겨 있다. 【유적·유물】 경내가 사적 및 명승 제1호로 지정되어 있다. 중요 건물과 석조물로는 석단(石壇)과 석교를 비롯하여 자하문, 회랑, 범영루, 경루, 삼층석탑(일명 석가탑 ; 국보 제21호), 다보탑(국보 제20호), 대웅전, 무설전, 극락전, 안양전, 관음전, 비로전 등이 있다. 석단에는 대웅전으로 향하는 국보 제23호인 청운교(靑雲橋)·백운교(白雲橋)와 극락전으로 향하는 국보 제22

호인 연화교(蓮華橋)·칠보교(七寶橋) 등
두 쌍의 다리가 놓여 있다. 또한 석가탑과
다보탑은 이 절의 사상 및 예술의 정수이
다. 《법화경》에 근거하여 세워진 이 탑은
영원한 법신불인 다보여래와 보신불인 석
가모니불이 이곳에 상주한다는 깊은 상징
성을 가진 탑으로서 불교의 이념을 이 땅
에 구현하고자 노력한 신라 민족혼의 결
정이기도 하다. 대웅전은 1765년(영조
41)에 중창된 것이며, 안에는 목조석가삼
존불이 안치되어 있다. 석가모니불을 중
심으로 좌우에 미륵보살과 갈라보살이 있
으며, 다시 그 좌우에 흙으로 빚은 가섭
(迦葉)과 아난(阿難)의 두 제자상이 모셔
져 있다. 무설전은 670년에 건립되어 이
절의 여러 건물 중 제일 먼저 만들어진 건
물이다. 또한 극락전 안에는 금동아미타
여래좌상(국보 제27호)이, 비로전 안에는
비로자나불(국보 제26호)이, 관음전 안에
는 관세음보살상이 안치되어 있었다. 이
관음상은 922년(경명왕 6) 왕비의 명으로
전단향목(栴檀香木)으로 만든 것이며, 중
생사(衆生寺)의 관음상과 함께 영험이 크
다고 하여 매우 존숭받았다고 한다. 1769
년(영조 45)의 마지막 개금 기록으로 보아
18세기 중엽까지는 이 관음상이 존재해 있
었는데, 그 뒤 없어졌다. 현재는 1973년의
복원 때 새로 조성한 관음입상을 봉안하
고 있다. 그 밖에도 경내에는 사리석탑
(보물 제61호)과 석조(石槽 ; 경상북도 유형
문화재 제98호), 5기의 부도가 있다. 또한
삼층석탑 내 발견 유물(국보 제126호)이
있는데, 이는 국립중앙박물관에 보관되어
있다. 【참고문헌】 삼국유사, 불국사고금
창기, 한국의 사찰 1－불국사(한국불교연
구원, 일지사, 1974), 한국사찰전서(권상
로, 동국대학교 출판부, 1979)

불굴사(佛窟寺)
【이명】 불굴암(佛窟庵)이라고도 불린다.
【위치】 경상북도 경산시 와촌면 강학리
팔공산에 있다. 【소속】 대한불교조계종
제10교구 본사인 은해사의 말사이다. 【연
혁】 690년(신라 신문왕 10) 옥희(玉熙)가
창건했다. 조선 중기까지만 해도 500동의
건물과 12암자, 8대의 물레방아를 갖춘
큰 절이었다고 한다. 1736년(영조 12) 큰
비로 대파되자 송광사에서 온 한 노승이
중건하여 오늘에 이르고 있다. 【유적·유
물】 현존하는 건물로는 법당을 비롯하여
약사전, 염불당, 산신각, 식당, 종무소,
염화실이 있다. 문화재로는 삼층석탑(보
물 제429호)을 비롯하여 약사여래입상,
석등, 부도 등이 있다. 삼층석탑은 9세기
때의 것이다. 약사여래입상은 고려 때의
것으로 큰 비로 절이 대파될 때 매몰된 것
을 송광사 노승이 현몽하여 발굴했다고
하며, 현재 약사전 안에 봉안되어 있다.
또 석등은 신라 때의 것으로 보인다. 【설
화】 이 절의 쇠퇴와 관련된 설화가 있다.
원래 은해사를 말사로 거느렸던 이 절은
조선시대의 억불정책으로 인해 유생들의
횡포에 크게 곤혹을 치르고 있었다. 유생
들은 절을 놀이터로 삼고 승려들에게 수
발을 들게 했는데, 어느 날 점잖은 과객이
이 절을 찾아왔다. 승려들은 하소연을 하
면서 절에 유생들이 찾아오지 못하게 하
는 방법을 물었다. 과객은 산 너머 솔밭에
가면 큰 거북돌이 있을 것이니, 그 거북의
눈을 빼면 손님이 오지 않을 것이라고 했
다. 승려들은 유생들 때문에 워낙 지쳐 있
었기 때문에 거북의 눈을 뺐다. 그러자 갑
자기 뇌성벽력이 치고 비가 오더니 산사

태가 일어나서 절이 묻혀 버렸다. 그 뒤 은해사가 큰 절이 되고 이 절은 은해사의 암자가 되었다고 한다. 【참고문헌】 문화 유적총람(문화재관리국, 1977)

불굴암(佛窟庵)

불굴사(佛窟寺)를 보시오.

불귀사(佛歸寺)

불영사(佛影寺)를 보시오.

불령사(佛靈寺)

【위치】 경상북도 청도군 매전면 용산리 효양산(孝養山)에 있다. 【소속】 대한불교조계종 제9교구 본사인 동화사의 말사이다. 【연혁】 신라 때 원효(元曉, 617~686)가 창건했다. 그 뒤의 연혁은 전하지 않는다. 1915년 봉주(奉周)가 중창했고, 1930년 이종대(李鐘台)가 중수했다. 폐사 지경에 있던 것을 1985년 지선(志珖)이 주지로 부임하여 요사채와 산신각을 새로 지었다. 【유적·유물】 건물로는 법당과 산신각, 요사채가 있다. 유물로는 전탑 1기가 있다. 이 전탑은 선덕여왕 때(632~647) 조성된 것으로 벽돌 하나 하나에 불상과 탑을 새겨 놓았으므로 천불천탑이라고도 부른다. 일제강점기에 도괴하여 원형을 잃었다. 【참고문헌】 한국사찰전서(권상로, 동국대학교 출판부, 1979)

불무사(佛無寺)

【위치】 경상북도 경주시 내남면 용장리 남산(南山) 서쪽 비파곡(琵琶谷)에 있었다. 【연혁】 697년(신라 효소왕 6) 효소왕이 창건했다. 《삼국유사》에 의하면, 697년 망덕사(望德寺)의 낙성회에 효소왕이 친히 참석하여 공양을 베풀었는데, 그때 누추한 모습을 한 비구승이 찾아와서 재(齋)에 참석하게 해줄 것을 요청했다. 왕은 말석에 참례할 것을 허락한 뒤 재를 마치려 할 때 그를 희롱하고자 사는 곳을 물었다. 그가 비파암(琵琶庵)에 산다고 하자 왕은 '돌아가서 다른 사람에게 국왕이 친히 불공하는 재에 참석했다고 말하지 말라.'고 했다. 비구는 웃으면서 '왕 또한 다른 사람에게 진신석가(眞身釋迦)를 공양했다는 말을 말라.'고 하고는 몸을 솟구쳐서 남쪽을 향해 날아가 버렸다. 왕은 놀랍고 부끄러워 동쪽 산에 달려 올라가서, 그가 사라진 방향을 향해 절하고 사람들에게 가서 찾게 했다. 그러나 그는 남산 참성곡(參星谷)에 이르러 바위 위에 지팡이와 바리때를 놓아 두고 숨어 버렸다. 사자(使者)가 와서 복명하니 왕은 석가사(釋迦寺)를 비파암 아래에 세우고, 이 절을 그의 자취가 없어진 곳에 세워 지팡이와 바리때를 나누어 봉안하게 했다고 한다. 이 이상의 연혁은 전하지 않는다. 다만 고려시대에 목암 일연(睦庵 一然, 1206~1289)이 《삼국유사》를 저술할 당시까지는 남아 있었다고 한다. 절터에는 석탑을 세웠던 터만 남아 있다. 【참고문헌】 삼국유사, 경주남산불적, 한국의 사찰 12-신라의 폐사 II(한국불교연구원, 일지사, 1977)

불복장사(佛福藏寺)

【위치】 경기도 개성시에 있었다. 【연혁】 언제 누가 창건했는지 알 수 없다. 1365년(고려 공민왕 14) 6월 4일 공민왕이 이 절에서 활을 쏘고, 아이들 무리가 척초희(擲草戲)를 하는 것을 관람했다. 1366년 7월 29일에는 공민왕이 걸어서 이 절에 와서 진각(眞覺) 국사 설산 천희(雪山 千禧)를 방문했다. 연혁은 전하지 않는다. 일제강점기의 31본산시대에는 전등사(傳燈寺)의 말사였다. 현재의 상황은 알 수

없으나 북한측 자료에 의하면 현존하지 않
는다. 【참고문헌】고려사, 전등본말사지

불암사(佛巖寺)
【위치】전라북도 순창군 적성면 석산리
서룡산(瑞龍山)에 있었다. 【연혁】백제
의자왕 때(641~660) 궁선(窮禪)이 창건
했다고 한다. 그 뒤의 연혁은 전하지 않는
다. 1481년(조선 성종 12)에 편찬된《동
국여지승람》에는 원래 이 절은 인근 취암
사(鷲巖寺)를 암자로 갖고 있었으나, 당
시에는 취암사의 암자로서 존재한다고 나
와 있다. 그러나 1799년(정조 23)에 편찬
된《범우고(梵宇攷)》에는 이미 폐사되었
다고 나와 있다. 【유적·유물】절터에는
마애석불이 있다. 암벽을 깎아 불상을 조
성한 것인데, 11세기나 12세기 무렵의 작
품으로 추정된다. 【설화】궁선이 이 자리
에 대웅전 터를 닦고 잠이 들었는데, 한
노인이 꿈에 나타났다. 노인은 '중생들은
들어라. 나는 중생들을 위해 찾아다니는
보살이다. 한 처녀와 아기 금불상을 보내
니 이 절 발전의 대들보가 될 것이며, 아
이를 갖지 못하는 중생들에게는 아이를
갖게 해줄 것이다. 또 내가 타고 온 송아
지를 주고 갈 테니 이 송아지가 이 산의
주인이 될 것이다. 뜰 앞 바위 밑에 두어
잘 키워라. 대웅전은 내가 서 있는 자리에
세우면 대성황을 이룰 불전이 될 것이다.'
라고 말했다. 궁선이 꿈에서 깨어 밖에 나
가 보니 처녀 보살이 아기 금불상을 업고
뜰에 서 있었으며, 바위 밑에는 송아지가
풀을 뜯고 있었다. 궁선은 노인이 시킨 대
로 실천에 옮겨 드디어 이 절을 세웠다.
【참고문헌】동국여지승람, 범우고, 한국사
찰전서(권상로, 동국대학교 출판부, 1979),
사찰지(전라북도, 1990)

불암사(佛巖寺)
【위치】경기도 남양주시 별내면 화접리
불암산(佛巖山)에 있다. 【소속】대한불교
조계종 제25교구 본사인 봉선사의 말사이
다. 【연혁】824년(신라 헌덕왕 16) 구산
선문(九山禪門) 중의 하나인 희양산파(曦
陽山派)를 일으켰던 도헌 지선(道憲 智
詵)이 창건했다고 한다. 그러나 지선은
824년에야 태어났으므로 신빙성이 없다.
연기 도선(烟起 道詵, 827~898)이 중창
했으며, 무학 자초(無學 自超, 1327~
1405)가 중창했다. 조선 세조 때(1455~
1468) 왕성 사방에 왕실의 원찰을 하나씩
정할 때에는 '동불암(東佛巖)'이라고 하
여 뽑혔다. 그 뒤 성종 때(1469~1494)
중건했고, 1776년(영조 52) 이후 서악 명
관(瑞岳 明瓘)이 폐사 직전의 이 절을 대
대적으로 중수했다. 그는 1776년 선당(禪
堂)을 신축하고, 1782년(정조 6) 보광명
전과 관음전을 중수했으며, 이어 제월루
(霽月樓)를 신축하고, 범종을 주조하는
등 절의 면모를 일신하여 1786년 낙성했
다. 1844년(헌종 10)에는 불전과 요사를
중수했으며, 1853년(철종 4) 화주 보성
(普城)이 제월루를 중수하고, 춘봉(春峯)
이 향로전을 다시 세웠다. 1855년에는 혜
월(慧月)과 보성 등이 불전과 요사를 다시
중수했다. 그 뒤 1910년 독성각, 산신각,
동축당(東竺堂)을 신축했다. 1959년에는
주지 만허(滿虛)가 칠성각을 신축했다.
부속 암자로는 이 절과 비슷한 시기에 창
건한 석천암(石泉庵)이 있다. 【유적·유
물】현존하는 건물로는 대웅전을 중심으
로 제월루, 관음전, 산신각, 독성각, 종
각, 경판고(經板庫), 동축당, 수성전(壽聖
殿), 요사 등이 있다. 수성전은 영친왕 이

은(李垠, 1897~1970)의 어머니 엄비(嚴妃)가 세운 것이다. 문화재로는 《석씨원류(釋氏源流)》목판(보물 제591호) 212매가 경판고에 있다. 이는 1638년(인조 16) 인조의 명으로 역대 승려의 법통 계승 관계를 판각한 것으로 고창 선운사(禪雲寺)와 이 절에만 보존되어 있는 귀중본이다. 이 밖에도 379매의 경판(경기도 유형문화재 제53호)이 있는데, 이 중에는 언해판 4종이 포함되어 있다. 제월루 앞에는 1731년(영조 7)에 세운 천보산불암사사적비(天寶山佛巖寺事蹟碑)가 있다. 또한 절 뒤편의 암벽에 조각된 마애삼존불은 최근의 작품으로 조각 솜씨가 우아하다. 【참고문헌】한국사찰전서(권상로, 동국대학교 출판부, 1979), 기내사원지(경기도, 1988)

불영대(佛影臺)

【위치】평안북도 향산군 향암리 묘향산(妙香山)에 있다. 【연혁】1570년(조선 선조 3) 창건됐다. 1597년(선조 30) 정유재란 때 왜적의 침입을 피하여 안주에 보관해 오던 《조선왕조실록》을 강화도로 옮겼다가 다시 안주로 옮겨 왔으며, 뒤에 이를 이 절로 옮겨 와 지금까지 보관하고 있다. 1700년(숙종 26) 중창했으며, 그 뒤 여러 차례 보수했다고 한다. 일제강점기의 31본산시대에는 보현사(普賢寺)의 말사였다. 【유적·유물】현존하는 건물로는 불영대만이 있다. 《조선왕조실록》이 보관되어 있어서 복각하는 데 원본으로 사용했다. 【참고문헌】북한사찰연구(한국불교종단협의회, 1993)

불영사(佛影寺)

【이명】한때 불귀사(佛歸寺)라고도 불렸다. 【위치】경상북도 울진군 서면 하원리 천축산(天竺山)에 있다. 【소속】대한불교 조계종 제11교구 본사인 불국사의 말사이다. 【연혁】651년(신라 진덕여왕 5) 의상(義湘)이 창건했다. 이후 여러 차례의 중수를 거쳤으며, 1396년(조선 태조 5) 나한전만 남기고 모두 소실했던 것을 이듬해 소설(小雪)이 중건했다. 그 뒤 1500년(연산군 6) 양성(養性)이 중건했고, 선조 때(1567~1608)에는 성원(性元)이 목어, 법고, 범종, 바라 등을 조성했다. 또한 남쪽 절벽 밑에 남암(南庵)을 지었으며, 의상이 처음 지은 청련전(靑蓮殿)을 옛터에 중건한 뒤 동전(東殿)이라고 했고, 영산전과 서전(西殿)을 건립했다. 그러나 1592년(선조 25) 임진왜란 때 영산전만 남고 모두 전소했다. 성원이 1609년(광해군 1) 선당(禪堂)을 건립했고, 불전(佛殿), 승사(僧舍)를 중건했다. 1701년(숙종 27) 진성(眞性)이 중수했고, 1721년 천옥(天玉)이 중건했다. 그 뒤 혜능(惠能)이 요사채를 신축했으며, 재헌(在軒)과 유일(有逸)이 원통전을 중수하고 청련암(靑蓮庵)을 옮겨 지었다. 1899년(광무 3)과 1906년 설운(雪雲)이 중수하고 선방을 신축했다. 【유적·유물】현존하는 건물로는 응진전(應眞殿 ; 보물 제730호)을 비롯하여 극락전, 대웅보전, 명부전, 조사전, 칠성각, 범종각, 산신각, 황화당(黃華堂), 설선당(說禪堂), 응향각(凝香閣) 등이 있다. 문화재로는 삼층석탑(경상북도 유형문화재 제135호), 양성당부도(養性堂浮屠 ; 경상북도 문화재자료 제162호), 대웅전 축대 밑에 있는 석귀(石龜)와 배례석(拜禮石), 불영사사적비 등이 있다. 【설화】유백유(柳伯儒)가 지은 《천축산불영사기》에 의하면, 의상이 경주에서 해안을 따라 단하동(丹霞洞)에 들어가서 해운봉(海運峰)

에 올라 북쪽을 바라보니 서역(인도)의
천축산을 옮겨 온 듯한 지세가 있었다. 또
그는 맑은 냇물 위에서 다섯 부처님 영상
이 떠오르는 모습을 보고 기이하게 여겨
내려가 살펴보니 독룡(毒龍)이 살고 있는
큰 폭포가 있었다. 의상은 독룡에게 법을
설하고 그곳에다 절을 지으려 했으나, 독
룡이 듣지 않았으므로 신비로운 주문을 외
어 독룡을 쫓은 뒤 용지(龍池)를 메워 절
을 지었다고 한다. 동쪽에 청련전과 무영
탑(無影塔)을 세우고 천축산 불영사라고
했다. 676년(문무왕 16) 의상이 다시 불영
사를 향해 가다가 선사촌(仙槎村)에 이르
렀는데, 한 노인이 '우리 부처님이 돌아오
셨구나.' 하면서 기뻐했다. 그 뒤부터 마을
사람들은 불영사를 부처님이 돌아오신 곳
이라고 하여 불귀사라고 불렀다. 의상은
이 절에서 9년을 살았으며, 뒤에 원효(元
曉)도 이곳에 와서 의상과 함께 수행했다
고 한다. 뒤에 무영탑료(無影塔寮)와 청련
전은 각각 환희료(歡喜寮)와 환생전(還生
殿)으로 불리기도 했다. 1408년(태종 8)
이문명(李文命)이 지은 《환생전기》에 의
하면, 옛날에 백극재(白克齋)가 울진현령
으로 부임한 지 3개월 만에 급병을 얻어
횡사하자 그 부인이 비통함을 이기지 못
하여 이 절로 와서 남편의 관을 탑 앞으로
옮겨 지극한 정성으로 기도를 올렸다. 그
러자 3일 만에 남편이 되살아나 관을 뚫
고 나오자 기쁨을 이기지 못하여 탑료를
환희료, 불전을 환생전이라 하고, 《법화
경》 7권을 금자(金字)로 사경(寫經)하여
부처님의 은혜에 보답했다고 한다. 【참고
문헌】 불영사기, 문화유적총람(문화재관
리국, 1977), 한국사찰전서(권상로, 동국
대학교 출판부, 1979)

불은사(佛恩寺)

【이명】 한때 유암사(留巖寺)라고 불렀다.
【위치】 경기도 개성시 서본동 비슬산(琵
瑟山)에 있었다. 【연혁】 고려 초기 이전
에 창건하여 유암사라고 했다. 광종(재위
949~975)이 이곳에서 약사도량을 열었
는데, 재(齋)를 올리는 도중 약사여래를
친견했다고 하여 불은사라고 이름을 바꿨
다. 예종 때(1105~1122)에는 왕태후가
거처를 이곳으로 옮겼고, 의종 때(1146~
1170)에는 최윤의(崔允儀, 1102~1162)
의 유골을 이 절의 보리원(菩提院)에 안
치했다. 또한 1298년(충렬왕 24) 왕세자
(충선왕)가 이곳에 행차하여 영궁기지(營
宮基地)를 보고 덕자궁(德慈宮)을 건립했
는데, 뒤에 충렬왕이 보위에서 물러나 이
덕자궁에 거주했다. 그 뒤 원나라의 큰스
님 현오(玄悟)가 1324년(충숙왕 11) 병이
들어 백약이 무효하게 되었을 때, 이 절의
약사여래에게 기도하여 완쾌되었다. 현오
는 이에 보은하기 위해 1338년(충숙왕 복
위 7)부터 약 20년에 걸쳐 중창했다. 현
오의 중창 전에 이 절은 난리로 인해 불에
타 원래의 절터에서 동쪽으로 옮겨 짓고
이름만 따랐던 것인데, 현오가 원래의 자
리에 대규모의 절을 다시 이룩했던 것이
다. 또한 이 절은 고려 왕들의 잦은 행차
가 있었다. 1106년 예종의 행차를 비롯하
여 고종, 충선왕, 공민왕 등이 자주 행차
했다고 한다. 그러나 언제 폐사되었는지
는 전혀 전하지 않는다. 【설화】 광종이
재를 올릴 때의 설화가 전한다. 재는 매일
같은 수의 승려에 의해 올려졌는데, 어느
날 아침에는 한 사람의 수효가 모자랐다.
그래서 지나가는 초라한 승려 한 사람을
불러들여 좌석을 채우고 희롱조로 '말비

구(末比丘)는 왕궁의 재에 갔다고 말하지 말라.'고 했더니, 그 승려가 '너도 약사를 친히 보았다는 말을 하지 말라.' 하고 허공으로 올랐다가 이 절의 우물 속으로 들어갔다. 왕이 이에 절을 크게 중창하여 불은사라고 하고 매우 존숭했다고 한다. 【참고문헌】 고려사, 동문선, 송도의 고적(고유섭, 열화당, 1977), 한국사찰전서(권상로, 동국대학교 출판부, 1979)

불일사(佛日寺)
【위치】 경기도 판문군 선적리 보봉산에 있었다. 【연혁】 951년(고려 광종 2) 광종이 태조의 원당으로 봉은사(奉恩寺)를 창건하면서 어머니 유(劉)씨의 원당으로 이 절을 창건했다. 1057년(문종 11) 4월에는 문종이 이 절에 행차하여 반승(飯僧)을 베풀었다. 1066년(문종 20) 대각 의천(大覺 義天)과 1099년(숙종 4) 복세 징엄(福世 澄嚴)이 각각 이 절에서 구족계를 받았다. 조선 태조(재위 1392~1398)는 이 절의 부지가 광활하고 길지(吉地)였으므로 건국 후 여기로 수도를 옮기려 했으나 이루지는 못했다. 그 뒤의 연혁은 전하지 않으나, 1481년(조선 성종 12)에 편찬된 《동국여지승람》에는 당시 이 절이 존재한다고 기록되어 있는 것으로 보아 조선 중기 이후에 폐허화한 것으로 추정된다. 【유적·유물】 유물로는 오층석탑(북한 국보급 문화재 제35호)과 오층석탑 내 금동탑이 있다. 오층석탑은 고려시대 초기의 것으로 1960년 개성시 내성동 공원 안으로 옮겼다. 당시에 1층과 2층 탑신에서 금동탑 3기와 작은 석탑 22기, 고려청자, 녹유도기, 유리병, 경전, 비단, 종이, 구슬 등이 출토되었다. 출토 유물은 현재 개성역사박물관과 중앙역사박물관에 나누어 소장되어 있다. 1900년대에 편찬된 《사탑고적고(寺塔古蹟攷)》에 의하면, 이 절터는 동서로 약 150칸, 남북으로 약 100칸의 유지가 남아 있으며, 이 유지에는 육층석탑을 비롯하여 석불 4위와 사리탑 2기, 당간지주 등이 남아 있다고 했다. 그러나 현재의 상황은 알 수 없다. 【참고문헌】 고려사, 동국여지승람, 사탑고적고, 한국사찰전서(권상로, 동국대학교 출판부, 1979), 북한사찰연구(한국불교종단협의회, 1993)

불일암(佛日庵)
【위치】 경상남도 하동군 화개면 운수리 지리산에 있다. 【소속】 대한불교조계종 제13교구 본사인 쌍계사의 부속 암자이다. 【연혁】 신라 말에 쌍계사를 중창한 진감(眞鑑) 국사 혜소(慧昭, 774~850)가 창건했다. 원래 이 자리는 절을 창건하기 전부터 신라의 원효(元曉, 617~686)와 의상(義湘, 625~702)이 도를 닦았던 곳이라고 한다. 고려시대에 보조(普照) 국사 지눌(知訥, 1158~1210)이 중창하고 수도도량으로 삼은 뒤 지눌의 시호를 따서 불일암이라고 했다. 그 뒤 폐허화한 것을 1911년 쌍계사 승려 양용은(梁龍隱)이 중건하여 오늘에 이르고 있다. 【유적·유물】 건물로는 인법당(因法堂)이 있다. 특별한 문화재는 없다. 【참고문헌】 한국사찰전서(권상로, 동국대학교 출판부, 1979)

불정사(佛頂寺)
자천사(資薦寺)를 보시오.

불지사(佛智寺)
【위치】 전라북도 군산시 나포면 장상리 망해산(望海山)에 있다. 【소속】 대한불교조계종 제17교구 본사인 금산사의 말사이다. 【연혁】 백제 의자왕 때(641~660) 창건됐다고 한다. 1716년(조선 숙종 42) 덕

뢰(德雷)와 신초(愼初)가 대웅전을 중창했으며, 1911년 주지 김종우(金鍾雨)가 대웅전을 비롯하여 응진전(應眞殿), 벽안당(碧眼堂)을 중수했다. 【유적·유물】 현존하는 건물로는 대웅전(전라북도 유형문화재 제117호)을 중심으로 삼성각, 16나한전, 요사채와 주방이 붙어 있는 벽안당이 있다. 이 중 대웅전은 1716년에 세워진 건물이다. 삼성각에는 산신, 칠성, 독성의 탱화가 봉안되어 있다. 특별한 문화재는 없으나, 절 마당에 작은 부도 1기가 있다. 【참고문헌】 한국사찰전서(권상로, 동국대학교 출판부, 1979), 사찰지(전라북도, 1990)

불지암(佛地庵)
【이명】 불지암(不池庵)이라고도 불린다. 【위치】 강원도 회양군 내금강면 금강산에 있다. 【연혁】 신라 때 의상(義湘, 625~702)이 창건했다고 한다. 그 뒤 조선시대 후기까지의 자세한 연혁은 전하지 않는다. 1824년(순조 24) 당시 순조의 장인인 영안부원군(永安府阮君) 김조순(金祖淳)이 오래 되어 낡은 이 절에 시주하여 중수했다. 1854년(철종 5)과 1864년(고종 1) 김조순의 아들 김좌근(金左根)과 손자 김병기(金炳冀)가 힘을 모아 1877년 칠성각을 지었고, 1878년(고종 15) 탱화를 봉안했다. 지금의 상황은 알 수 없으나 북한측 자료에 의하면 현존하는 것으로 전한다. 【참고문헌】 북한사찰연구(한국불교종단협의회, 1993)

불지암(不池庵)
불지암(佛地庵)을 보시오.

불호사(佛護寺)
불회사(佛會寺)를 보시오.

불회사(佛會寺)

【이명】 불호사(佛護寺)라고도 불린다. 【위치】 전라남도 나주시 다도면 마산리 덕룡산(德龍山) 중턱에 있다. 【소속】 대한불교조계종 제18교구 본사인 백양사의 말사이다. 【연혁】 384년(백제 침류왕 1) 인도의 승려 마라난타(摩羅難陀)가 백제에 불교를 전래함과 동시에 창건했다. 그 뒤 신라 말에 연기 도선(烟起 道詵, 827~898)이 중건했고, 1402년(조선 태종 2) 원진(元禛)이 중창했다. 1950년 6·25전쟁 때 일부 전각이 피해를 본 뒤 복원되지 못한 채로 있다. 【유적·유물】 현존하는 건물로는 대웅전과 명부전, 칠성각, 응진각(應眞閣) 등이 있다. 대웅전(전라남도 유형문화재 제3호)은 1402년 중창 때 건립되었으며, 가구(架構) 방법이 우수하다. 또한 그 문짝은 두터운 통판자로 짜서 창살무늬와 불상, 화조 등을 새긴 희귀한 것이었는데, 6·25전쟁 때 공비들이 그들의 소굴을 덮기 위해 떼어 갔다고 한다. 대웅전 안에는 비로자나불, 석가모니불 등 삼존불이 봉안되어 있다. 이 중 석가모니불은 종이로 만든 지불(紙佛)로서 그 예가 매우 희귀한 것이다. 명부전도 1402년 건립되어 18세기 말에 중수했다. 원래 이 절에는 청허 휴정(淸虛 休靜)과 사명 유정(四溟 惟政)의 영정도 봉안되어 있었다고 한다. 이 밖에도 당간지주 2기와 원진국사부도, 석장승 2기(중요민속자료 제11호) 등이 있다. 【참고문헌】 문화유적총람(문화재관리국, 1977), 한국의 명산 대찰(국제불교도협의회, 1982)

비래방장(飛來方丈)
경복사(景福寺)를 보시오.

비래사(飛來寺)
비래암(飛來庵)을 보시오.

비래암(飛來庵)

【이명】 비래사(飛來寺)라고도 불린다. 【위치】 대전광역시 대덕구 비래동 계족산(鷄足山) 중턱에 있다. 【소속】 대한불교조계종 제6교구 본사인 마곡사의 말사이다. 【연혁】 조선시대 중기에 회덕(懷德) 송(宋)씨의 종친들이 15세기 중반 이후 크게 활약하던 큰스님 등곡 학조(燈谷 學祖)에게 부탁하여 창건했다. 법당의 비래암이란 현판은 송시열(宋時烈, 1607~1689)이 썼다고 한다. 그 뒤 1647년(인조 25) 중수했다. 이 절은 일찍이 송시열을 비롯한 많은 유생들이 노닐면서 공부하던 곳으로 알려져 있고, 회덕 송씨 종친들의 기도처로도 이용되었다. 【유적·유물】 현존하는 건물로는 대웅전과 산신각, 요사채 등이 있다. 절 입구에는 석주(石柱)를 세워 건립한 옥류각(玉溜閣 ; 대전광역시 유형문화재 제7호)이 있는데, 17세기 초반에 송준길(宋浚吉) 등이 강학하던 곳으로 절의 산문에 해당한다. 【참고문헌】 충청남도지(충청남도, 1979), 내 고장의 뿌리(대덕군, 1981), 문화유적총람-사찰편(충청남도, 1990)

비로사(毘盧寺)

【이명】 한때 소백산사(小白山寺)라고도 불렸다. 【위치】 경상북도 영주시 풍기읍 삼가리 소백산 비로봉 중턱에 있다. 【소속】 대한불교조계종 제16교구 본사인 고운사의 말사이다. 【연혁】 683년(신라 신문왕 3) 의상(義湘)이 창건한 화엄종의 절로서 소백산사라고도 불렸다. 신라 말에는 한 승려가 중창하고 진공(眞空, 855~937)을 청해 이곳에서 살게 했는데, 그때 고려 태조가 방문하여 법문을 듣고 그를 매우 존중했다. 그가 이 절에서 입적하자 태조는 진공 대사라는 시호와 보법(普法)이란 탑호를 내려 주었다. 1126년(인종 4) 인종이 김부식(金富軾)으로 하여금 불아(佛牙)를 이 절에 봉안하도록 했고, 1385년(우왕 11) 환암(幻庵)이 중창했다. 조선 세조 때(1455~1468)에는 복전(福田) 5명을 두어 《화엄경》을 강의하게 했고, 1468년(예종 1)에는 김수온(金守溫)이 사재를 들여 왕실의 복을 비는 도량으로 삼았다. 1592년(선조 25) 임진왜란 때 병화로 석불상 2위만 남고 모두 불에 탔으며, 1609(광해군 1) 경희(慶熙)가 중건했다. 이어 1684년(숙종 10) 월하(月下)가 법당과 산신각 등을 중창했고, 1907년 범선(泛船)이 요사를 증축했다. 1908년 8월 15일에는 법당을 제외한 모든 건물과 사지(寺誌)가 화재로 소실하였다. 1919년 희방사(喜方寺) 주지 범선(泛船)이 법당을 중수했고, 1927년 요사를 중건했으며, 1932년 다시 법당을 중수했다. 이 절은 계단식으로 된 전형적인 산간 절이다. 【유적·유물】 현존하는 건물로는 새로 지은 법당과 요사채뿐이다. 문화재로는 진공대사보법탑비(경상북도 유형문화재 제4호)와 석조당간지주(경상북도 유형문화재 제7호), 석조아미타불 및 석조비로자나불좌상(보물 제996호) 등 신라 말 고려 초의 중요한 유물들이 남아 있다. 최언위(崔彦撝, 868~944)가 짓고 이환추(李桓樞)가 글씨를 쓴 진공대사보법탑비는 939년(태조 22)에 세워진 것인데, 특히 비음(碑陰)에 입적할 때의 유계(遺誡)를 새긴 것이 특징이다. 9세기 후기의 양식을 보여주고 있는 비로자나불상과 아미타여래불상은 현재 법당 안에 있다. 또한 이 절에서는 1572년(선조 5) 《월인석보(月印釋

譜)》가, 1573년 《수륙무차평등재의촬요(水陸無遮平等齋儀撮要)》가, 1574년 《묘법연화경》이 각각 판각되었다. 【설화】 창건 당시 진정(眞定)이란 사람이 있었는데, 가난으로 인해 장가도 들지 못한 채 홀어머니를 봉양하던 중 의상이 태백산에서 많은 사람들을 교화한다는 소문을 듣고 출가하여 의상의 문하에서 화엄학을 공부했다. 3년 뒤 어머니가 죽었다는 소식을 듣고 7일 동안 선정에 들었다가 그 소식을 의상에게 아뢰었다. 진정의 지극한 효성에 감동한 의상은 그의 어머니를 위해 문도를 거느리고 소백산 추동(錐洞)으로 가서 초가를 짓고 제자 3천 명을 모아 90일 동안 《화엄경》을 강의했다. 강의가 끝나자 그 어머니가 꿈에 나타나 '나는 벌써 하늘에 환생했다.'고 했다. 학계에서는 이때의 소백산 추동이 비로사였던 것으로 추정하고 있다. 【참고문헌】 삼국유사, 비로사사적기, 조선금석총람(조선총독부, 1919), 한국사찰전서(권상로, 동국대학교 출판부, 1979)

비로암(毘盧庵)
【위치】 경상남도 양산군 하북면 지산리 영축산(靈鷲山)에 있다. 【소속】 대한불교조계종 제15교구 본사인 통도사의 산내 암자이다. 【연혁】 1345년(고려 충목왕 1) 영숙(靈淑)이 창건했다. 1578년(조선 선조 11) 숙관 태흠(肅寬 太欽)이 중창했다. 1592(선조 25) 임진왜란 때 불에 탄 것을 연파 덕장(蓮波 德藏)이 삼창했다. 이어 회봉 지오(檜峰 志五)가 중수하여 오늘에 이른다. 【유적·유물】 건물로는 법당과 북극각(北極閣), 요사채 2동, 일주문이 있다. 특별한 문화재는 없다. 【참고문헌】 한국사찰전서(권상로, 동국대학교 출판부,

1979), 속 명산 고찰 따라(이고운·박설산, 운주사, 1994)

비로암(毘盧庵)
선암사(仙巖寺)를 보시오.

비마라사(毘摩羅寺)
【위치】 충청북도 단양군 영춘면 두지원리 바마루 비마라산에 있었다. 【연혁】 신라 때 의상(義湘, 625~702)이 창건했다고 한다. 《삼국유사》에 화엄십찰(華嚴十刹)의 하나로서 영주 부석사(浮石寺) 다음으로 이 절을 꼽고 있는 것으로 미루어 보아 신라 때에는 화엄종의 중심 도량으로서 매우 중요한 위치를 차지하고 있었으며, 창건자가 의상이었음을 알 수 있다. 그러나 최치원(崔致遠, 857~?)의 《법장화상전(法藏和尙傳)》에는 이 절의 이름이 보이지 않는다. 조선시대 영조 때(1724~1776) 편찬된 《여지도서(輿地圖書)》에 이 절이 '화적(火賊)으로 인해 불타서 소실했으며, 이어 승려 사언(師彦)이 중창했으나, 지금은 폐사되었다.'는 기록이 있다. 【유적·유물】 절터에는 법당 자리에 초석 6개와 석축이 있다. 1978년 단국대학교 학술조사단이 이 절터를 조사한 결과에 의하면 신라 때의 절이 아니라 고려시대의 절로 추정되고 있다. 【참고문헌】 삼국유사, 한국사찰전서(권상로, 동국대학교 출판부, 1979)

비사문사(毘沙門寺)
【위치】 함경남도 정평군 성산(城山)에 있었다. 【연혁】 언제 누가 창건했는지 알 수 없다. 1108년(고려 예종 3) 7월 28일 예종이 사신을 보내 이 절에 사천왕도량을 설치하여 변방에 들끓는 왜구를 물리칠 것을 기원했다. 연혁은 전하지 않는다. 1481년(조선 성종 12)에 편찬된 《동국여

지승람》에는 존재한다고 나와 있다. 언제
폐사됐는지 전하지 않는다. 【참고문헌】
한국사찰전서(권상로, 동국대학교 출판부,
1979)

비암사(碑巖寺)

【위치】충청남도 연기군 전동면 다방리
운주산(雲住山)에 있다. 【소속】대한불교
조계종 제6교구 본사인 마곡사의 말사이
다. 【연혁】백제 때 창건됐다고 한다. 신
라 말에 연기 도선(烟起 道詵, 827~898)
이 중창했으나, 그 뒤의 자세한 연혁은 전
하지 않는다. 【유적·유물】건물로는 극
락전(충청남도 유형문화재 제79호)과 요사
채가 있다. 극락전은 조선 후기의 목조건
물이다. 내부에는 조선시대의 것으로 보
이는 아미타불상을 안치했고, 불상 위의
닫집과 조각상들은 그 수법이 우수한 것
이다. 유물로는 삼층석탑(충청남도 유형문
화재 제119호)과 사면군상(四面群像), 부
도 3기가 있다. 삼층석탑은 고려시대의
것이며, 사면군상은 이 탑의 정상 부분에
서 발견되었다. 이 석상 중 계유명전씨아
미타불삼존석상(癸酉銘全氏阿彌陀佛三尊
石像 ; 국보 제106호)은 673년(신라 문무왕
13)의 것으로 추정되며, 기축명아미타여
래제불보살석상(己丑銘阿彌陀如來諸佛菩
薩石像 ; 보물 제367호)은 7세기 후반의 것
으로 추정된다. 미륵보살반가석상(보물
제368호)은 위의 두 불상보다 좀 늦은 시
기의 것으로 추정된다. 이들 석상은 모두
서울 국립중앙박물관에 보관되어 있다.
【참고문헌】 문화유적총람(문화재관리국,
1977), 문화유적총람-사찰편(충청남도,
1990), 한국사찰전서(권상로, 동국대학교
출판부, 1979),

비파암(琵琶庵)

【위치】경상북도 경주시 내남면 용장리
남산(南山) 서쪽 비파곡(琵琶谷)에 있었
다. 【연혁】신라 때 창건됐다. 697년(효
소왕 6) 망덕사(望德寺)의 낙성회를 열어
서 효소왕이 친히 공양을 베풀었는데, 그
때 누추한 모습을 한 승려가 찾아와서 재
(齋)에 참석하게 해줄 것을 요청했다. 효
소왕은 말석에 참례할 것을 허락한 뒤 재
를 마치려 할 때 그를 희롱하고자 사는 곳
을 물었다. 그가 비파암에 산다고 하자 효
소왕은 '돌아가서 다른 사람에게 국왕이
친히 불공하는 재에 참석했다고 말하지
말라.'고 했다. 승려는 웃으면서 '왕 또한
다른 사람에게 진신석가(眞身釋迦)를 공
양했다는 말을 말라.'고 하고는 몸을 솟
구쳐서 남쪽을 향해 날아가 버렸다. 효소
왕은 놀랍고 부끄러워 동쪽 산에 달려 올
라가서 그가 사라진 방향을 향해 절하고
사람들에게 그를 찾게 했다. 그는 남산 참
성곡(參星谷)이라는 곳에 이르러 바위 위
에 지팡이와 바리때를 놓아 두고 숨어 버
렸다. 사자(使者)가 와서 복명하니 왕은
비파암 아래에 석가사(釋迦寺)를 세우고,
그의 자취가 없어진 곳에 불무사(佛無寺)
를 세워 지팡이와 바리때를 나누어 봉안
하게 했다고 한다. 연혁은 전하지 않는다.
【참고문헌】삼국유사.

빈발암(賓鉢庵)

【이명】한때 빙발암(氷鉢庵)이라고 불렸
다. 【위치】평안북도 영변군 묘향산에 있
었다. 【연혁】고려시대 중기 이후에 선승
들의 수도처로서 창건됐다. 그 뒤 1635년
(조선 인조 13) 성천(性天)이 제자 능일
(能一), 법연(法演) 등과 함께 육자당(六
慈堂)과 향적전(香積殿), 방장실(方丈室),
숙정소(熟淨所) 등 퇴락한 건물들을 보수

했다. 이때까지는 절 이름이 빙발암으로
전해졌으나, 중수 이후 이 절이 인도에서
경전의 제1결집을 행했던 빈발라굴(賓鉢
羅窟)을 상징한 것임을 밝혀 내고 빈발암
으로 고쳐 부르게 되었다. 그 뒤의 연혁은
전하지 않지만, 이 절은 제1결집의 정신
을 이어받아 수행자들이 즐겨 찾았던 참
선 도량이었다. 일제강점기의 31본산시대
에는 보현사(普賢寺)의 말사였다. 지금의
상황은 알 수가 없으나 북한측 자료에 의
하면 현존하지 않는다. 【참고문헌】편양
당집(언기), 한국사찰전서(권상로, 동국대
학교 출판부, 1979)

빈신사(頻迅寺)
사자빈신사(獅子頻迅寺)를 보시오.

빙발암(冰鉢庵)
빈발암(賓鉢庵)을 보시오.

빙산사(冰山寺)
【이명】한때 영니사(盈尼寺)라고 불렸다.
【위치】경상북도 의성군 춘산면 빙계리
빙산(冰山)에 있었다. 【연혁】신라 때 선
덕여왕(재위 632~647)이 비구니들을 위
해 창건하여 영니사라고 했다. 1407년(조
선 태종 7) 전국 88개 자복사찰(資福寺刹)

중의 하나로 꼽혔으며, 이때의 이름은 빙
산사였다. 1592년(선조 25) 임진왜란 때
권응수(權應銖) 장군에게 쫓기던 왜군이
상주로 철수하면서 절을 불태워 폐사되었
다. 그 뒤 복구되지 못한 채 있다가 1600
년(선조 33) 장천서원(長川書院)이 이 절
터로 이전해 왔다. 【유적·유물】절터에
는 오층모전석탑(五層模塼石塔;보물 제
327호)이 있는데, 신라 말 고려 초의 것으
로 추정된다. 원래 초층 탑신의 남면에는
감실이 있고 그 안에 금동불좌상이 안치
되어 있었으나, 임진왜란 때 왜군이 훔쳐
갔다. 다만 불좌대(佛座臺)만 빙혈(冰穴)
입구에 남아 있다. 한편 1973년 이 탑을
해체·복원할 때 3층 옥개석 안의 석함
(石函) 속에서 금동사리장치가 발견되어
서울의 국립중앙박물관으로 옮겨 갔다.
이 밖에도 절터의 북쪽 기슭에는 예로부터
유명한 빙혈이 있는데 봄·여름의 평균 온
도가 섭씨 영하 4도에 이른다. 【참고문헌】
한국사찰전서(권상로, 동국대학교 출판부,
1979), 속 명산 고찰 따라(이고운·박설
산, 운주사, 1994)

사고사(史庫寺)

영감사(靈鑑寺)를 보시오

사나사(舍那寺)

【위치】경기도 개성시 궁성 밖에 있었다.
【연혁】919년(고려 태조 2) 나라에서 법왕
사(法王寺)를 비롯하여 자운사(慈雲寺),
왕륜사(王輪寺), 내제석원(內帝釋院), 천
선원(天禪院 ; 普膺寺), 신흥사(新興寺), 문
수사(文殊寺), 원통사(圓通寺), 지장사(地
藏寺)와 함께 10대 사찰의 하나로서 궁성
밖에 창건했다. 1279년(충렬왕 5) 4월 28
일 충렬왕이 이 절에 행차했다. 그 뒤의
연혁은 전하지 않는다. 【참고문헌】삼국
유사, 고려사

사나사(舍那寺)

【위치】경기도 양평군 옥천면 용천리 용
문산에 있다. 【소속】대한불교조계종 제
25교구 본사인 봉선사의 말사이다. 【연
혁】923년(고려 태조 6) 대경 여엄(大鏡
麗嚴)이 제자 융천(融闡) 등과 함께 창건
했다. 이때 노사나불과 삼층석탑을 조성
하고 이름을 사나사라고 했다. 그 뒤
1367년(공민왕 16) 태고 보우(太古 普愚)
가 140여 칸의 규모로 중창했으며, 1597
년(조선 선조 30) 정유재란 때 모두 불에
탄 것을 1608년(선조 41) 덕조(德照)가
소규모로 법당을 재건했다. 1773년(영조
49) 양평군 내의 유지들이 뜻을 모아 불

량답(佛糧畓)을 마련했다. 그 뒤 1907년
의병과 일본군의 충돌로 인해 다시 모두
불에 탔으며, 1909년 계헌(戒憲)이 큰방
을 신축했다. 1937년 주지 맹현우(孟玄愚)
가 법당인 광명전과 조사전을 건립했다.
1950년 6·25전쟁으로 불에 타자 1956년
주지 김두준(金斗俊)과 함문성(咸文成)이
협력하여 대웅전과 큰방을 재건하고, 함씨
각(咸氏閣)을 신축했다. 【유적·유물】현
존하는 건물로는 대웅전을 비롯하여 산신
각, 함씨각, 큰방 등이 있다. 유물로는 원
증국사석종(圓證國師石鐘 ; 경기도 유형문화
재 제72호)과 원증국사석종비(경기도 유형
문화재 제73호), 삼층석탑(경기도 문화재
자료 제21호), 불량비가 있다. 원증국사석
종비는 1386년(우왕 12)에 세운 보우의
비로서 정도전(鄭道傳, ?~1398)이 글을
짓고 의문(誼聞)이 글씨를 썼다. 삼층석
탑은 고려 초기에 세운 것이다. 불량비는
1773년 양평군 내의 유지들이 불량답을
기증하고 이를 기념해 세운 것이다. 【참
고문헌】한국사찰전서(권상로, 동국대학교
출판부, 1979), 기내사원지(경기도, 1988)

사라사(娑羅寺)

초개사(初開寺)를 보시오.

사리암(舍利庵)

【위치】경기도 양주군 남면 신산리 사리
산에 있다. 【소속】한국불교태고종에 속

한다. 【연혁】언제 누가 창건했는지 알
수 없다. 다만 이곳의 지명이 절터골이며,
절터에서 기와 조각과 백자 조각이 산재
해 있어 역사가 오래 된 절이 있었음을 알
게 해준다. 폐허가 된 채 있던 것을 1950
년 6·25전쟁 뒤 한 여신도가 중창했다.
1971년 주지 도진(度津)이 대웅전을 신축
하고, 1972년 도진이 보병 제25사단 사단
장 손장제의 도움으로 산신각을 신축했
다. 이어 1982년에도 도진이 보병 제25사
단 사단장 김희오의 도움으로 대웅전을
증축하여 오늘에 이르고 있다. 인근의 보
병 제25사단이 1982년 자체의 법당을 짓
기 전까지는 이 절을 장병들의 신앙처로
삼았다. 【유적·유물】건물로는 대웅전
을 비롯하여 산신각, 강당, 요사채가 있
다. 또한 절 입구에는 산제당(山祭堂)이
자리하고 있다. 【참고문헌】기내사원지
(경기도, 1988)

사림사(沙林寺)

선림원(禪林院)을 보시오.

사명암(泗溟庵)

【위치】경상남도 양산군 하북면 지산리
영축산(靈鷲山)에 있다. 【소속】대한불교
조계종 제15교구 본사인 통도사의 산내
암자이다. 【연혁】1573년(조선 선조 6)
이기 신백(爾奇 信白)이 창건했다. 한때
사명 유정(泗溟 惟政, 1544~1610)이 이
곳에서 수도하면서 통도사 금강계단(金剛
戒壇)의 부처님 사리를 수호했는데, 이를
기려서 이름을 사명암이라고 한 듯하다.
그 뒤 알 수 없는 때에 서파(西坡)가 중
창했다. 【유적·유물】건물로는 법당과
요사채 등 모두 5동이 있다. 특별한 문화
재는 없다. 【참고문헌】한국사찰전서(권
상로, 동국대학교 출판부, 1979), 한국의

사찰 4-통도사(한국불교연구원, 일지사,
1974)

사성암(四聖庵)

【이명】한때 오산사(鼇山寺)라고 불렀다.
【위치】전라남도 구례군 문척면 죽마리
오산(鼇山)에 있다. 【소속】대한불교조
계종 제19교구 본사인 화엄사의 말사이
다. 【연혁】544년(백제 성왕 22) 조사 연
기(緣起)가 창건하여 오산사라고 했다.
그 뒤 신라의 원효(元曉, 617~686)와 연
기 도선(烟起 道詵, 827~898), 고려의 진
각(眞覺) 국사 혜심(慧諶, 1178~1234)이
이 절에서 수도했다. 그러므로 이들 네 스
님을 기려 이름을 사성암이라 고쳐 불렀
다. 1630년(조선 인조 8) 중건됐다. 1939
년 이용산(李龍山)이 중창하여 오늘에 이
른다. 【유적·유물】절 일원은 전라남도
문화재자료 제33호로 지정되어 있다. 건
물로는 인법당(因法堂)만 남아 있다. 유
물로는 도선이 조각했다고 전하는 마애불
이 있다. 【참고문헌】속 명산 고찰 따라
(이고운·박설산, 운주사, 1994)

사자빈신사(獅子頻迅寺)

【이명】 빈신사(頻迅寺)라고도 불렸다.
【위치】충청북도 제천시 한수면 송계리에
있었다. 【연혁】유물로 미루어 보아 고려
시대 초기에 창건된 것으로 추정된다. 연
혁은 전하지 않으며, 1481년(조선 성종
12) 편찬된 《동국여지승람》에 이름이 나
타나지 않은 것으로 보아 조선시대 초기
에 이미 폐사된 것으로 보인다. 【유적·
유물】절터에는 오층석탑(보물 제94호)이
남아 있다. 이 석탑은 1022년(고려 현종
13)에 세워진 것으로 원래는 9층이었다.
일반적인 의장을 벗어난 탑으로서 기단부
에 네 마리의 사자상을 배치하여 주목을

끈다. 【참고문헌】 사지(충청북도, 1982)

사자사(師子寺)

사자암(獅子庵)을 보시오.

사자암(獅子庵)

【이명】 한때 사자사(師子寺)라고 불렸다. 【위치】 전라북도 익산시 금마면 신룡리 미륵산(彌勒山) 남쪽 중턱에 있다. 【소속】 대한불교조계종 제17교구 본사인 금산사의 말사이다. 【연혁】 언제 누가 창건했는지 알 수 없다. 백제 때 이 절에는 유명한 지명(知命) 법사가 살고 있어서 뒤에 백제 무왕(재위 600~641)이 된 서동(薯童)이 자주 찾아와 가르침을 받았다고 하며, 이때의 절 이름은 사자사였다. 지금의 이 절이 원래의 사자사인지는 확실치 않았으나 1993년 '사자사'라는 명문이 새겨진 기와 조각이 발견되어 사자사임이 입증되었다. 무왕은 즉위한 뒤에도 왕비와 함께 이 절의 지명을 찾아가 가르침을 받았다고 한다. 절의 중건 및 중수의 연혁은 거의 전하지 않는다. 다만 지난날에는 이 절을 중심으로 죽사(竹寺), 수백암(水柏庵), 만방암(萬房庵), 영혈사(靈穴寺), 명적암(明寂庵), 천정암(天定庵) 등이 있었으며, 절 바로 밑 석굴에는 많은 소동불(小銅佛)이 봉안되어 있었다고 하나 지금은 찾아볼 수 없다. 또 이 절의 서쪽에 있는 2개의 판자바위(板巖)는 석문(石門)이라고 하는데, 이 절을 창건할 때 바위를 깨낸 뒤 문을 만든 것이라고 한다. 【유적·유물】 현존하는 건물로는 대웅전과 산신각, 요사채 등이 있다. 문화재로는 청동제약사여래입상 1위와 삼층석탑이 있다. 이 불상은 1993년에 발굴되었는데, 몸체와 대좌가 하나로 되어 있으며, 높이가 9.5cm로서 통일신라시대의 것으로 추정된다. 삼층석탑은 고려 때의 것으로 추정된다. 【설화】 이 절에 살던 지명에 대한 설화가 전한다. 백제 무왕의 어릴 적 이름은 서동이었는데, 신라 진평왕의 셋째 공주 선화(善花)와 혼인하여 백제에 돌아와 살면서 금(金)을 언덕처럼 쌓아 놓고 이 절의 지명에게 신라로 수송할 계책을 물었다. 지명은 신통력으로 보낼 수 있으니 금을 가져오라고 했다. 공주가 편지를 써서 금과 함께 이 절 앞에 가져다 놓으니, 지명은 신통력으로 하룻밤 사이에 신라 궁중으로 보내 주었다. 진평왕은 신비로운 변화를 이상히 여겨 더욱 서동을 존경해서 늘 편지를 보내어 안부를 물었으며, 서동은 이로 말미암아 왕위에 올랐다고 한다. 하루는 무왕이 왕비와 함께 이 절의 지명을 찾아가던 중 용화산(龍華山 ; 지금의 미륵산) 아래의 큰 못가에 이르자 미륵삼존불이 못 가운데에서 나타나므로 수레를 멈추고 절을 올렸다. 왕비가 왕에게 그 못에다 큰 절을 세울 것을 청하자 왕은 지명에게 못을 메울 방법을 물었다. 이에 지명이 신통력으로 하룻밤 사이에 산을 무너뜨려 못을 메워 평지로 만들어 미륵사(彌勒寺)를 짓고 미륵삼존불을 봉안했다고 한다. 【참고문헌】 삼국유사, 한국사찰전서(권상로, 동국대학교 출판부, 1979)

사자암(獅子庵)

【위치】 서울특별시 동작구 상도동 삼성산(三聖山) 국사봉(國師峰) 아래에 있다. 【소속】 대한불교조계종 직할교구 본사인 조계사의 말사이다. 【연혁】 1396년(조선 태조 5) 무학 자초(無學 自超)가 창건했다. 자초가 태조의 명으로 한양 천도를 도모하기 위해 지세를 살펴보니 만리현(萬里峴 ; 지금의 만리동)이 밖으로 달아나려는

백호(白虎)의 형상이었다. 이에 한양의 안정을 위해 만리현 맞은편 관악산에 호압사(虎壓寺)를 지어 백호를 누르는 한편, 사자 형상인 이곳에 절을 지어 사자의 위엄으로 백호의 움직임을 막고자 했다고 한다. 1726년(영조 2) 숙종의 여섯째 아들 연령군(延齡君)의 부인 서(徐)씨가 사별한 남편과 다시 만날 것을 발원하여 이 절의 아미타불상을 개금했다. 1910년 경암(敬庵)이 극락전과 산신각, 요사채를 중수했으며, 1936년 성월이 극락전을 보수했다. 1977년 원명(元明)이 주지로 부임한 뒤, 1978년 조실당을 신축했고, 1985년 극락보전과 단하각(丹霞閣), 수세전(壽世殿), 요사채 2동을 중건했다. 【유적·유물】 현존하는 건물로는 극락보전과 단하각, 수세전, 종각, 요사채 3동이 있다. 유물로는 극락보전에 봉안된 아미타불상과 지장탱화, 신중탱화, 현왕탱화 등이 있다. 아미타불상은 조선 초기의 것으로 추정되며, 1726년에 개금된 것이다. 지장탱화와 신중탱화는 1846년(헌종 12)에 봉안되었고, 현왕탱화는 1880년(고종 17)에 봉안된 것이다. 【참고문헌】 동작구지(동작구, 1994)

사자암(獅子庵)
중대암(中臺庵)을 보시오.

사천왕사(四天王寺)
【이명】 천왕사(天王寺)라고도 불렸다. 【위치】 경상북도 경주시 배반동 낭산(狼山) 기슭 신문왕릉(神文王陵) 옆에 있었다. 【연혁】 679년(신라 문무왕 19) 명랑(明朗) 법사가 낭산 남쪽 신유림(神遊林)에 창건했다. 674년 2월 당나라에 머물던 의상(義湘)은 김인문(金仁問)에게서 '신라가 당나라의 도독부 군사를 공격한다는

핑계를 내세워 곧 당나라가 신라를 침략할 것'이라는 말을 듣고 즉시 귀국하여 문무왕에게 이 사실을 알렸다. 이에 문무왕이 명랑에게 적을 막을 계책을 묻자, 명랑은 부처님의 가피력으로 이를 막고자 신유림에 사천왕사를 세우고 도량을 열 것을 권했다. 그러나 50만 대병을 일으킨 당나라의 침략으로 절을 완성할 시간적 여유가 없어, 명랑은 여러 가지 채색 비단으로 임시로 절을 짓고 풀로써 오방(五方)의 신상(神像)을 만든 뒤 유가(瑜伽)에 밝은 승려 12인과 더불어 밀교(神印宗)의 비법인 문두루(文豆婁) 비법을 썼다. 그러자 두 나라의 군사가 접전하기도 전에 풍랑이 사납게 일어 당나라 배가 모두 침몰했다. 그 뒤 당나라는 다시 5만 명의 군사로 쳐들어왔으나, 역시 문두루 비법을 쓰자 배가 침몰하고 말았다. 이에 당나라의 고종(高宗)이 김인문과 함께 옥에 갇혀 있던 박문준(朴文俊)에게 그 까닭을 물으니, 박문준은 '우리 나라가 당나라의 은혜를 두텁게 입어 삼국을 통일했으므로 그 은덕을 갚으려고 낭산 남쪽에 새로 천왕사를 짓고 황제의 만년 수명을 빌면서 법석을 열고 있다고 들었다.'고 둘러댔다. 이에 고종은 오히려 크게 기뻐하여 신라에 사신 악붕구(樂鵬龜)를 보내 이 절을 살펴보게 했다. 이때 문무왕이 새로 남쪽에 절을 지어 사신을 안내했다. 사신은 '이 절은 황제의 수명을 비는 사천왕사가 아니고, 망덕요산(望德遙山)의 절이다.'고 하여 끝내 들어가지 않았다. 그러나 사신에게 금 천 냥을 주어 무마하자, 그는 본국에 돌아가 '신라에서는 천왕사를 지어 황제의 장수를 빌 뿐이었습니다.'라고 아뢰었다고 한다. 이때부터 이 새 절은 망

덕사(望德寺)라고 부르게 되었는데 사신이 '망덕요산의 절'이라고 일컬은 데 연유한다. 그 뒤 679년 망덕사와는 별도로 원래 임시로 지었던 절을 다시 고쳐 짓고 사천왕사라고 했다. 고려시대에 목암 일연(睦庵 一然, 1206~1289)이《삼국유사》를 지을 때까지는 문두루 비법을 행한 단석(壇席)이 남아 있었다고 한다. 이 절을 지은 곳인 신유림은 칠처가람(七處伽藍) 터의 하나로서 선덕여왕(재위 632~647)은 도리천(忉利天)이 있는 곳이라고 하여 신성시했다. 또한 선덕여왕은 죽으면서 낭산의 남쪽에 있는 도리천에 묻어 줄 것을 유언했다. 선덕여왕이 죽은 지 30여 년 만에 왕릉 아래에 이 절을 짓게 되자, 사람들은 선덕여왕의 예언이 맞았음을 알게 되었다. 불교에서 사천왕이 거주하는 사왕천(四王天)은 사바세계의 중심지인 수미산(須彌山)의 중턱에 위치하며 그 꼭대기에 도리천을 두고 있는데, 낭산을 이러한 수미산으로 생각하려 했던 것에서 신라인의 불국토(佛國土) 사상의 일면을 엿볼 수 있다. 경덕왕 때(742~765)의 월명(月明)은 이 절에서 〈도솔가(兜率歌)〉 〈제망매가(祭亡妹歌)〉 등의 향가를 지었고, 피리를 잘 불어 달이 그를 위해 가기를 멈출 정도였다고 한다. 그리하여 당시 사람들은 이 절의 앞 동네를 월명리(月明里)라고 불렀다. 또한 선덕왕 때(780~785)의 양지(良志)는 이 절에서 천왕상(天王像), 팔부신중상(八部神衆像) 등을 조성했으며, 이 조각들은 그의 대표작으로 전해져 온다. 1074년(고려 문종 28) 7월에는 문종이 이 절에 문두루도량을 27일 동안 개설하여 번병(蕃兵)을 물리칠 것을 기원했다. 그러나 언제 폐사되었는

지는 알 수 없다. 【유적·유물】절터가 사적 제8호로 지정되어 있다. 이 절은 일탑일가람제(一塔一伽藍制)에서 신라의 삼국통일 이후 금당을 중심으로 동서에 각각 탑을 세우는 쌍탑가람제(雙塔伽藍制)로 변모된 뒤에 세워진 최초의 절 가운데 하나이다. 절터에는 머리가 잘린 귀부(龜趺) 2기와 당간지주(幢竿支柱) 1기가 남아 있을 뿐이다. 귀부는 절터 동편에 비신(碑身)과 거북 머리가 없어진 채 있는데, 무열왕릉의 귀부에 버금가는 걸작이다. 지금은 없지만 1922년의 조선총독부 〈고적조사보고〉에 의하면 우수한 당초문(唐草紋)의 기와와 사천왕부조(四天王浮彫)의 벽돌 등이 절터에서 출토되었다고 하며, 이들은 양지의 작품으로 추정된다. 사천왕부조는 허리 윗부분이 잘린 채 지금 국립경주박물관에 보관되어 있다. 【참고문헌】삼국유사, 신라의 폐사 I(한국불교연구원, 일지사, 1974), 문화유적총람(문화재관리국, 1978)

사현사(沙峴寺)

【위치】경기도 고양시 삼각산(三角山)에 있었다. 【연혁】1045년(고려 정종 11) 혜소(慧炤) 국사 정현(鼎賢)이 창건했다. 정현은 이 절에 머물며 왕사와 국사를 지냈고 교화활동에 힘썼다. 그 뒤의 연혁은 전하지 않는다. 절터에 혜소국사비가 있다고 했으나 지금은 절터조차 모른다. 【참고문헌】조선금석총람(조선총독부, 1919)

산계사(山溪寺)

【위치】강원도 강릉시 옥계면 산계리에 있었다. 【연혁】삼국시대에 창건됐다고 한다. 1900년대에 편찬된 《사탑고적고(寺塔古蹟攷)》에 '절터에 초석과 기와 조각이 산재해 있으며, 석탑이 남아 있다.'고 나

와 있다. 연혁은 전하지 않는다. 【유적·
유물】 절터에는 삼층석탑(강원도 문화재
자료 제43호)이 있다. 【참고문헌】 한국사
찰전서(권상로, 동국대학교 출판부, 1979)

산성사(山城寺)
호국사(護國寺)를 보시오.

산성절(山城-)
선국사(善國寺)를 보시오.

산혜암(山惠庵)
【이명】 한때 무염사(無染寺), 월산암(月
山庵)이라고 불렀다. 【위치】 충청남도 홍
성군 홍성읍 월산리 백월산(白月山)에 있
다. 【소속】 대한불교조계종 제7교구 본사
인 수덕사의 말사이다. 【연혁】 신라 문성
왕 때(839~857) 무주 무염(無住 無染)이
창건하여 산혜암이라고 했다. 자세한 연
혁은 전하지 않는다. 다만 권상로(權相老,
1879~1965)가 펴낸 《한국사찰전서》에는
이 백월산에 있는 석련사(石蓮寺)의 원래
이름이 산혜암이었다고 밝히고 있지만 그
진위는 알 수 없다. 뒤에 무염사라고 부르
다가 일제강점기에는 월산암이라고 불렀
던 것을 최근 주지 박법안(朴法眼)이 다
시 산혜암으로 고쳤다. 1985년 대웅전을
신축했다. 【유적·유물】 건물로는 대웅
전과 요사채가 있다. 유물로는 석종형(石
鐘型) 부도 1기와 석조약사보살 1위가 있
다. 【참고문헌】 한국사찰전서(권상로, 동
국대학교 출판부, 1979), 문화유적총람-
사찰편(충청남도, 1990)

산혜암(山惠庵)
석련사(石蓮寺)를 보시오.

삼곡사(三谷寺)
【위치】 일본 히로시마현(廣島縣) 후타미
군(雙三郡)에 있었다. 【연혁】 백제가 신
라에게 멸망한 직후인 7세기 무렵에 백제

의 승려 홍제(弘濟)가 창건했다. 이 지역
대령(大領)의 선조 중 한 사람이 백제가
나당연합군과 치열한 전투를 벌일 때 백
제의 구원군으로 참전했으나, 당나라 군
사의 포로가 되었다. 그는 백제 지역에서
억류 생활을 하던 중 무사히 일본으로 돌
아갈 수만 있다면 절을 건립하겠다는 원
을 세웠다. 그 뒤 그는 홍제와 함께 일본
에 돌아가 홍제를 통해 이 절을 창건했던
것이다. 이처럼 대령의 선조가 이 절을 창
건할 계획을 이미 세워 놓고 있었다면 승
려인 홍제뿐만 아니라, 절 건립에 참여할
공인(工人)들의 집단도 아울러 이곳으로
이주했을 것으로 추정된다. 언제 폐사되
었는지 알 수 없다. 【설화】 홍제에 관한
한 가지 일화가 전한다. 그는 삼곡사의 불
상을 만들 때 당시 이 지역에서는 불상의
안료로 쓸 금단(金丹)을 구할 수 없어 교
토(京都)로 갔다. 사재를 팔아 황금과 붉
은 안료 등을 구입하여 돌아오던 중 나니
와(難波; 지금의 大阪)에서 팔고 있는 거
북 네 마리를 사서 방생하여 주었다. 그런
데 배를 타고 돌아오던 중 욕심을 일으킨
선원이 그의 물건을 빼앗고 그를 바닷속
으로 빠뜨렸으나, 나니와에서 방생해 준
거북의 도움으로 무사히 구조되었다. 그
뒤 선원들이 훔친 금단을 팔기 위해 삼곡
사를 찾아오자 그들의 나쁜 행위가 드러
났으나, 홍제는 형벌을 가하지 않고 그들
을 용서해 주었다. 불상과 탑이 완성되자
그는 거처를 해변으로 옮겨 그곳을 왕래
하는 사람들을 교화하며 80여 세로 생애
를 마쳤다고 한다. 그가 거처를 해변으로
옮긴 이유는 당시 한반도에서 건너간 많
은 이주인들이 이곳(瀬戸內海)을 통과했
기 때문에 이들을 교화의 대상으로 삼기

위한 것으로 추정된다. 【참고문헌】조선
불교통사(이능화, 신문관, 1918), 古代朝鮮
佛敎と日本佛敎(田村圓澄, 講談社, 1985)

삼곤사(三坤寺)

혜봉원(慧峰院)을 보시오.

삼공사(三公寺)

삼화사(三和寺)를 보시오.

삼길사(三吉寺)

【이명】한때 해월암(海月庵)이라고 불렸
다. 【위치】충청남도 서산시 대산읍 화곡
리 삼길산(三吉山)에 있다. 【소속】대한
불교조계종 제7교구 본사인 수덕사의 말
사이다. 【연혁】백제 때 창건됐다고 한
다. 원통전에 '삼길산 해월암 중수기' 현
판이 걸려 있는 것으로 보아 조선 후기에
중수했으며, 당시에는 해월암이라고 불렸
음을 짐작할 수 있다. 최근에 삼길사라고
이름을 고쳤다. 자세한 연혁은 전하지 않
는다. 【유적·유물】건물로는 원통전과
산신각, 요사채가 있다. 【참고문헌】문화
유적총람-사찰편(충청남도, 1990)

삼랑사(三郞寺)

【위치】경상북도 경주시 성건동 서천(西
川) 옆에 있었다. 【연혁】597년(신라 진
평왕 19) 창건됐다. '삼랑'이라는 절 이름
은 세 사람의 화랑을 지칭하는 뜻이라고
추정하지만 그 유래에 대한 기록은 찾을
수 없다. 신문왕(재위 681~692)은 즉위
하면서 문무왕의 유언을 받들어 경흥(憬
興)을 국사로 삼아 이 절에 머물게 했고,
경흥은 이 절에서 저술에 힘썼으며, 두 번
씩이나 문수보살의 교시(敎示)를 받았다
고 한다. 그 뒤의 연혁은 전혀 전하지 않
으며 언제 폐사되었는지도 알 수 없다.
【유적·유물】절터에는 현재 집들이 들어
서 있다. 집 사이에 당간지주(보물 제127

호)만이 남아 있고, 주춧돌이나 다른 석
조 유물들은 파묻혀서 옛 모습을 찾을 길
없다. 【설화】경흥에 관한 설화가 전한
다. 경흥이 국사가 된 뒤 갑자기 병이 들
어 한 달이 되어도 낫지 않았다. 이때 한
비구니가 찾아와 '스님의 병은 근심으로
생긴 것이니, 기쁘게 웃으면 나을 것'이
라 말하고, 열한 가지의 해학적인 모습으
로 춤을 추었다. 경흥은 하도 우스워서 턱
을 떨어뜨릴 지경이 되었으며, 병도 씻은
듯이 나았다. 또한 어느 날 경흥이 대궐에
들어가려고 하자, 시종하는 이들이 말과
안장, 신과 갓 등을 매우 화려하게 갖추었
다. 이때 마른 물고기를 넣은 광주리를 등
에 지고 지팡이를 짚은 한 승려(또는 거
사)가 옆에 와 쉬고 있자, 시종하는 이가
'너는 승복을 입고 어찌 깨끗하지 못한 물
건을 지고 있느냐.'고 꾸중했다. 그러자
이 승려는 '산 고기(말)를 두 다리 사이
에 끼고 있는 것보다 시장의 마른 고기를
지고 있는 것이 더 나쁠 것이 무엇이냐.'
고 말하고는 일어나 가버렸다. 경흥이 문
을 나오다가 이 말을 듣고 시종하는 이를
시켜 승려를 따르게 했는데, 이 승려는 남
산 문수사(文殊寺) 문 밖에 이르러 광주리
를 버리고 숨었으며, 지팡이는 문수보살상
앞에 있었다. 경흥은 이 말을 듣고 '문수보
살이 와서 내가 말을 타고 다니는 것을 경
계한 것이었구나.'라고 말하고, 그 뒤로 입
적할 때까지 다시는 말을 타지 않았다고
한다. 【참고문헌】삼국사기, 삼국유사, 문
화유적총람(문화재관리국, 1977)

삼막사(三幕寺)

【이명】한때 관음사(觀音寺), 삼막사(三
邈寺)라고 불렸다. 【위치】경기도 안양시
만안구 석수동 삼성산(三聖山) 중턱에 있

다. 【소속】대한불교조계종 제2교구 본사인 용주사의 말사이다. 【연혁】677년(신라 문무왕 17) 원효(元曉), 의상(義湘), 거사 윤필(閏筆) 등 세 사람이 관악산에 들어와서 막(幕)을 치고 수도하다가, 그 뒤 그곳에 절을 짓고 삼막사라 했다고 한다. 이러한 사실에 연유하여 산 이름도 삼성산이라고 한다. 그러나 현재도 이 삼성산에 삼막사의 후신이라고 주장하는 반월암(半月庵)이 존재하고 있어 그 진위를 가리기가 어렵다. 그 뒤 폐허가 되었는데, 신라 말에 연기 도선(烟起 道詵, 827~898)이 중건하여 관음사라고 이름을 바꾸었다. 고려 태조(재위 918~943)가 비보사찰(裨補寺刹) 중의 하나로 중수하여 사세가 늘어나자, 이 절의 규모가 중국 소주(韶州)의 삼막사(三邈寺)와 몹시 닮았다고 하여 삼막사(三邈寺)라고 했다가 다시 삼막사(三幕寺)로 바꾸었다. 1348년(충목왕 4) 나옹 혜근(懶翁 惠勤)이 이 절에 머물면서 수도했고, 이듬해 지공(指空)이 중국에서 혜근을 찾아오자 선풍(禪風)이 크게 일어났다. 1394년(조선 태조 3) 왕사무학 자초(無學 自超)가 이 절에서 국운의 융성을 기원했다. 이러한 인연으로 1398년(태조 7) 태조의 명으로 중건했으며, 1407년(태종 7)에도 태종의 명에 의해 대대적으로 중창했다. 그 뒤 몇 차례의 중건과 중수를 거쳐 1880년(고종 17) 의민(義旻)이 명부전을 짓고, 이듬해 칠성각을 지었다. 1896년(건양 1) 응월(應月)이 대웅전을 중건했으며, 1935년 주지 안원오(安元旿)가 대웅전과 망해루를 중수하고, 이듬해 영산전과 명부전, 산신각을 중수했다. 1973년에는 이지환(李知幻)이 주지로 부임하여 대웅전을 비롯하여 요사, 누각 등

의 모든 건물을 중수했다. 이 절을 지칭하여 조선시대부터 '남왈삼막(南曰三幕)'이라고 했는데, 이 절이 남서울의 수사찰이자 서울 주변의 4대 명찰 중 하나였기 때문이다. 【유적·유물】현존하는 건물로는 대웅전(경기도 문화재자료 제38호)을 비롯하여 명부전(경기도 문화재자료 제60호), 망해루(望海樓), 큰방, 칠성각 등이 있다. 이 중 대웅전은 1398년 자초가 석조기둥으로 중수한 건물로서 내부에 봉안된 탱화는 광무(光武) 때(1897~1907)에 제작된 것이며, 범종은 1625년(인조 3)에 제작된 것이다. 망해루는 1398년 자초가 세운 것으로서 청명한 날 서해가 바라보인다고 하여 붙어진 이름이다. 명부전은 1880년 의민이 지은 건물로서 내부에는 지장보살, 십대왕(十大王), 판관 등의 상이 봉안되어 있는데, 십대왕상은 이 절의 보물로 전해진다. 칠성각은 1881년에 세워진 건물로서 석굴사원 앞 건물 양식이다. 내부에는 1763년(영조 39) 화주 오심(悟心)이 서세준(徐世俊)의 시주로 조성한 마애삼존불(경기도 유형문화재 제94호)이 있다. 또한 큰방 뒤에 있는 삼층석탑(경기도 유형문화재 제112호)은 1232년(고려 고종 19) 12월 16일 의승장 김윤후(金允侯)가 몽고의 장수 살리타이를 화살 한 촉으로 쓰러뜨린 것을 기념하여 세운 것이라고 전하나 사실인지는 알 수 없다. 이 밖에도 조선 정조 때(1777~1800)의 인물인 김창영(金昌永)의 탄생 전설을 지닌 거북 모양의 감로정석조(甘露井石槽)와 동종(경기도 유형문화재 제95호), 사적비(경기도 유형문화재 제125호), 남녀근석(男女根石 ; 경기도 민속자료 제3호)이 있다. 【참고문헌】문화유적총람(문화재관리국, 1977),

기내사원지(경기도, 1988)

삼막사(三幕寺)

반월암(半月庵)을 보시오.

삼막사(三邈寺)

삼막사(三幕寺)를 보시오.

삼불사(三佛寺)

【위치】경상북도 경주시 배동 남산(南山) 선방곡(禪房谷 ; 일명 僧房谷)에 있다. 【소속】대한불교 조계종 제11교구 본사인 불국사의 말사이다. 【연혁】유물로 미루어 보아 신라 때 창건된 것으로 추정된다. 연혁은 전하지 않는다. 폐사된 채 있던 것을 근래 중창했다. 【유적·유물】건물로는 법당과 산신각, 요사채가 있다. 유물로는 삼존석불입상(일명 三體石佛 ; 보물 제63호)과 2기의 불완전한 석탑이 있다. 삼존석불입상은 7세기 작품으로 보이며, 칠불암(七佛庵)의 삼존불상과 함께 경주 남산에서 가장 우수한 작품이다. 땅에 매몰된 채 있던 것을 1923년 발굴하여 지금의 자리에 다시 세웠다. 석탑 2기는 통일신라 이전의 것이다. 【참고문헌】속 명산 고찰 따라(이고운·박설산, 운주사, 1994)

삼선암(三仙庵)

【위치】경상남도 합천군 가야면 치인리 가야산에 있다. 【소속】대한불교조계종 제12교구 본사인 해인사의 산내 암자이다. 【연혁】1893년(조선 고종 30) 자홍(慈洪)이 창건했다. 1904년 보찬(普讚)과 지종(智宗)이 중건하여 오늘에 이르고 있다. 비구니들의 수도 도량이다. 【유적·유물】건물로는 법당 등이 있다. 유물로는 문오(文午)의 부도가 있다. 【참고문헌】한국의 사찰 7-해인사(한국불교연구원, 일지사, 1975)

삼성암(三聖庵)

【위치】경상북도 김천시 대항면 운수리 황악산(黃嶽山)에 있다. 【소속】대한불교 조계종 제8교구 본사인 직지사의 산내 암자이다. 【연혁】신라 중기에 창건됐다. 옛날 세 성현이 출현했다고 하여 삼성암이라 했다고 전한다. 조선시대까지만 해도 선승들의 발길이 끊이지 않았고, 선원으로서 널리 알려져 있었다. 일제강점기에 독립운동가 편강렬(片康烈)이 105인 사건으로 형을 받고 감옥을 나와 1915년부터 약 10년 동안 이 절에서 일본 경찰의 눈을 피해 제자들과 함께 무술을 닦으며 조국 광복을 위해 힘을 길렀다. 【유적·유물】현존하는 건물로는 인법당(因法堂), 산신각, 요사채 등이 있는데, 이들은 모두 근래에 다시 건립한 것이다. 문화재로는 후불탱화 1점이 있었으나 1980년에 도난당했다. 이 탱화는 검은 바탕에 금사(金砂)로 그린 수작이었다. 【참고문헌】내 고장 우리 향토(금릉군, 1983)

삼성암(三聖庵)

【위치】경상남도 창녕군 계성면 사리 화왕산(火旺山)에 있다. 【소속】대한불교조계종 제15교구 본사인 통도사의 말사이다. 【연혁】통일신라 말에 창건됐다. 작은 토굴의 형태로 명맥을 이어오던 것을 1831년(조선 순조 31) 문찰(文察)의 은사가 수해로 도괴한 인근 절의 목재를 가져다가 중수했으며, 1866년(고종 3)에는 문찰이 중창했다. 1988년부터 주지 관행(觀行)이 꾸준히 중창하여 면모를 일신했다. 【유적·유물】건물로는 대웅전과 명부전, 삼성각, 요사채가 있다. 특별한 문화재는 없다. 【참고문헌】한국사찰전서(권상로, 동국대학교 출판부, 1979)

삼성암(三聖庵)

【이명】한때 소란야(小蘭若)라고 불렸다. 【위치】서울특별시 강북구 수유동 삼각산(三角山)에 있다. 【소속】대한불교조계종 직할교구 본사인 조계사의 말사이다. 【연혁】1872년(조선 고종 9) 신자 고상진(高尙鎭)이 창건하여 소란야라고 했다. 1870년 봄 고상진을 비롯하여 박선묵(朴銑默), 유성종(劉聖鐘), 서윤구(徐潤龜), 이원기(李元基), 장윤구(張潤九), 유재호(劉在護) 등 한양에 살았던 7인의 신자들이 함께 발심하여 현재의 절에 있는 천태굴(天台窟)에서 3일 동안 독성기도를 마치고 절의 창건을 약속했는데, 그 약속에 따라 창건한 것이다. 그 뒤 1881년(고종 18) 박선묵이 독성각을 신축하고 절 이름을 삼성암으로 바꾸었다. 1942년 7월 산사태를 동반한 폭우로 절이 무너지자, 화계사(華溪寺) 주지 회경(會鏡)이 중창의 뜻을 세워 중현(重玄), 성섭(性攝)과 함께 큰 방을 세웠으며, 1943년 동운(東雲)이 신자 김용태(金容泰)의 시주로 칠성각을 중건했다. 이 해에 혜운(慧雲)이 독성각을 다시 세웠다. 이 절은 청도 운문사(雲門寺) 사리암(舍利庵) 등과 함께 대표적인 독성기도처로 널리 알려져 있다. 【유적·유물】현존하는 건물로는 법당인 무량수각을 중심으로 칠성각, 독성각, 요사채 등이 있다. 무량수각 안에는 아미타여래좌상을 중심으로 관세음보살과 지장보살상이 봉안되어 있다. 【참고문헌】봉은본말지, 한국사찰전서(권상로, 동국대학교 출판부, 1979)

삼장사(三藏寺)
【이명】한때 죽장사(竹藏寺), 관음사(觀音寺)라고 불렸다. 【위치】강원도 삼척시 성내동에 있다. 【소속】대한불교조계종 제4교구 본사인 월정사의 말사이다. 【연혁】신라 말 통효(通曉) 국사 범일(梵日, 810~889)이 창건하여 죽장사라고 했다. 고려시대에 이름을 관음사로 바꿨다. 1481년(조선 성종 12)에 편찬된《동국여지승람》에 공민왕 때(1351~1374) 강릉 안검사를 지낸 정추(鄭樞)가 이 절 인근에 있는 죽서루(竹西樓)를 조망하면서 지은 시가 실려 있는데, 여기에 이 절이 나온다. 그러나 조선 초기에 죽서루 동쪽에 관청을 설치하면서 폐사시켰다. 그 뒤 1925년 영우(靈愚)가 지금의 자리에 절을 중창하여 삼장사라고 했다. 1969년 재덕(在德)이 대웅전을 중수하고, 1972년 요사채를 지었다. 1987년에는 불교회관을 지어 유치원으로도 활용하고 있다. 부속 기관으로는 중앙유치원이 있다. 【유적·유물】건물로는 대웅전과 불교회관, 요사채 2동 등이 있다. 대웅전 안에는 석가여래삼존불, 지장보살좌상이 봉안되어 있다. 이는 1948년 삼척시 미로면에 있는 천은사(天恩寺)에서 옮겨 온 불상이라고 한다. 【참고문헌】동국여지승람, 전통사찰총서 1-강원도 1(사찰문화연구원, 1992)

삼존사(三尊寺)
【위치】충청남도 홍성군 갈산면 가곡리 삼준산(三峻山)에 있었다. 【연혁】유물로 미루어 보아 고려 때에 창건된 것으로 추정된다. 연혁은 전하지 않는다. 1481년(조선 성종 12)에 편찬된《동국여지승람》과 1799년(정조 23)에 편찬된《범우고(梵宇攷)》에는 존재한다고 나와 있다. 그러나 언제 폐사되었는지 알 수 없다. 【유적·유물】절터에는 민간신앙을 신봉하는 종교의 건물이 들어서 있으며, 고려시대와 조선시대의 기와 조각들이 산재해

있다. 유물로는 석탑이 있는데, 절터에 산재한 석탑 부재들을 모아서 쌓아 놓은 것이다. 【참고문헌】 문화유적총람－사찰편 (충청남도, 1990), 한국사찰전서(권상로, 동국대학교 출판부, 1979)

삼존석굴사(三尊石窟寺)

【이명】 석굴암(石窟庵)이라고도 불린다. 【위치】 경상북도 군위군 부계면 남산리 팔공산(八公山) 북편 기슭에 있다. 【소속】 한국불교태고종에 속한다. 【연혁】 493년(신라 소지왕 15) 극달(極達)이 석굴을 만들어 창건했다고 하나 신빙성이 없다. 학계에서는 7세기 후반에 석굴을 만든 것으로 추정하고 있으며, 불상 조각의 정수인 석굴암의 선례가 된다는 점에서 제2의 석굴암이라고 부르고 있다. 이후의 연혁은 자세히 전하지 않는다. 1960년대에 대웅전을 중건하여 오늘에 이르고 있다. 【유적·유물】 건물로는 대웅전, 산신각 등이 있다. 대웅전 안에는 약간 훼손된 석불입상이 있다. 석굴(국보 제109호)은 지상에서 약 20m 높이에 있는 동남향의 자연석굴로서 그 안에는 아미타삼존불을 봉안하고 있다. 그러므로 삼존석굴이라고 부른다. 석굴 앞 계곡변에는 청석으로 쌓은 전탑이 있는데, 원래는 삼층석탑이었으나 도굴로 도괴되어 다시 쌓았다. 절 주위에는 약수터와 폭포, 척우정(陟雨亭) 등이 있다. 【참고문헌】 명산 고찰 따라(이고운·박설산, 신문출판사, 1987)

삼천사(三川寺)

【위치】 서울특별시 은평구 진관외동 북한산(北漢山)에 있다. 【연혁】 661년(신라 문무왕 1) 원효(元曉)가 고양의 흥국사(興國寺) 등과 함께 창건했다고 한다. 그 뒤의 연혁은 전하지 않는다. 다만 1027년

(고려 현종 18) 6월 이 절을 비롯하여 장의사(莊義寺)와 청연사(青淵寺)의 승려들이 나라의 금령을 위반하고 쌀 360여 석을 들여 술을 빚어 단죄되었다는 기록이 《고려사》에 있다. 1950년 6·25전쟁 때 불에 탄 뒤 1960년 중건했다. 【유적·유물】 현존하는 건물로는 대웅전과 선실, 요사채가 있다. 대웅전 위쪽에 마애석가여래입상(보물 제657호)이 있는데, 통일신라시대 작품으로 추정되며, 양각과 음각을 함께 섞어 조각하여 선을 잘 살린 매우 우수한 작품이다. 또한 이 절에는 오래된 큰 석조(石槽)와 고려시대에 이영간(李靈幹)이 쓴 대지(大智) 국사 목암 찬영(木庵 粲英, 1328~1390)의 비명(碑銘)이 있다. 【참고문헌】 고려사, 한국사찰전서(권상로, 동국대학교 출판부, 1979), 명산 고찰 따라(이고운·박설산, 신문출판사, 1987)

삼화사(三和寺)

【이명】 한때 삼공사(三公寺), 흑련대(黑蓮臺)라고도 불렸다. 【위치】 강원도 동해시 삼화동 두타산(頭陀山)에 있다. 【소속】 대한불교조계종 제4교구 본사인 월정사의 말사이다. 【연혁】 고려시대의 승려 식영암(息影庵)의 기록에 의하면, 구산선문(九山禪門) 중 하나인 사굴산문(闍崛山門)의 통효(通曉) 국사 범일(梵日, 810~889)이 창건하여 삼공사라 했다고 한다. 신라 말에 세 사람의 신인(神人)이 있었는데, 그들은 각각 많은 무리들을 거느리고 이곳에서 무엇인가 열심히 논의했다고 한다. 그들이 떠나자 그 지방 사람들이 이곳을 '삼공(三公)'이라고 했으며, 얼마 뒤 범일이 여기에 절을 지었다는 것이다. 뒤에 조선의 태조(재위 1392~1398)가 칙령을 내려 이 절의 이름을 문안(文案)에 기

록하고 후사(後嗣)에 전하게 하면서 '신인이 절터를 알려 준 것이니 신기한 일'이라고 하고, 그 옛날 삼국을 통일한 것은 부처님 영험의 덕택이었으므로 이를 기리기 위해 '삼국이 화합하여 통일이 되었다'는 뜻으로 절 이름을 고쳤다고 한다. 한편 읍지(邑誌)에 의하면, 자장(慈藏)이 당나라에서 돌아와 오대산을 두루 돌면서 성지를 돌아보다가 두타산에 와서 642년(선덕여왕 11) 흑련대를 창건했는데, 이것이 삼화사라고 한다. 그러나 자장은 643년에 당나라에서 귀국했으므로 창건한 때에 대한 신빙성이 없다. 약사삼불(藥師三佛)이 흑련(黑蓮)을 가지고 이곳으로 와 절을 창건한 뒤 흑련대라고 했다는 설도 있다. 고려 말에 이승휴(李承休, 1224~1300)는 이 절 가까이에 자신의 별장인 용안당(容安堂)을 짓고 그곳에서 《제왕운기(帝王韻紀)》를 저술했으며, 10여 년 동안 절에 있는 불경을 독파하다가 용안당을 이 절에 희사하고, 간장암(看藏庵)이라 했다고 한다. 이후 1592년(조선 선조 25) 임진왜란 때 왜구의 병화로 소실했으며, 조선 후기에 여러 차례 중수했다. 1747년(영조 23) 홍수와 사태로 무너지자 옛터에서 조금 위로 옮겨 지었고, 1820년(순조 20) 화재가 나서 1824년 중건했으며, 1829년(순조 29) 다시 불에 타자 정원용(鄭元容), 이기연(李紀淵), 이광도(李廣度), 윤청(尹晴) 등이 협력하여 중건했다. 1869년(고종 6) 화운(華雲), 덕추(德秋)가 단청을 했고, 1873년(고종 10) 선당을 세웠으며, 1896년(건양 1) 학송(鶴松), 창명(彰明), 의경(誼鏡) 등이 승당을 지었다. 그 뒤 1907년 삼척지방의 의병들이 이 절을 거점으로 삼고 봉기하자 왜병들이 방화하여 대웅전, 선당 등 200여 칸을 태웠다. 그 이듬해 대웅전, 요사채, 칠성당 등 일부를 건축했다. 1977년에는 이 절 일대가 쌍용양회 동해공장의 채광권 안에 속하게 되어 이 해 8월 옛 개국사(開國寺) 터인 현재의 자리로 옮겨서 중건했다. 이 절의 전성기에는 대승암(大乘庵), 성도암(成道庵), 은선암(隱仙庵) 등이 있었다. 현재 부속 암자로는 관음암(觀音庵)이 있다. 【유적·유물】 현존하는 건물로는 대웅전, 삼성각, 범종각, 약사전, 육화료(六和寮), 큰방, 천왕문, 일주문, 요사채 등이 있다. 이 중 대웅전 안에 안치된 철불은 창건 설화와 관련된 약사삼불 가운데 맏형의 불상이라고 전한다. 문화재로는 삼층석탑 1기를 비롯하여 운암당상준대사부도(雲嚴堂尙俊大師浮屠), 원곡당대선사부도(元谷堂大禪師浮屠)와 비가 있다. 삼층석탑은 644년에 세웠다고 하나, 양식으로 보아 신라 말 고려 초의 탑이다. 절 주변에는 전설이 깃들어 있는 명승지인 두타산성(頭陀山城), 오십정(五十井), 용추폭포, 학소대(鶴沼臺) 등이 있다. 【설화】 창건에 관한 설화가 전한다. 약사삼불인 백(伯), 중(仲), 계(季) 삼 형제가 서역에서 동해로 돌배(石舟)를 타고 유력했다. 그러다가 우리 나라에 와서 첫째는 흑련을 가지고 흑련대에, 둘째는 청련(靑蓮)을 가지고 청련대(靑蓮臺)에, 막내는 금련(金蓮)을 가지고 금련대(金蓮臺)에 각각 머물렀다고 하며, 이곳이 지금의 삼화사, 지향사(池香寺), 영은사(靈隱寺)라고 전한다. 또 약사삼불은 용을 타고 왔는데 그 용이 변하여 바위가 되었으며, 바위 뒤쪽에는 약사삼불이 앉았던 자리가 완연한 형태로 남아 있었다고 한다. 또한 약사

삼불의 손은 외적(外賊)이 잘라 땅속에 묻었다고도 한다. 그러나 지금은 시멘트공장이 들어서서 그 자취가 완전히 사라졌다. 【참고문헌】 동국여지승람, 한국사찰전서(권상로, 동국대학교 출판부, 1979), 한국의 명산 대찰(국제불교도협의회, 1982)

상고암(上庫庵)

【위치】 충청북도 보은군 내속리면 사내리 속리산에 있다. 【소속】 대한불교조계종 제5교구 본사인 법주사의 산내 암자이다. 【연혁】 720년(신라 성덕왕 19) 창건됐다. 처음에는 법주사를 짓기 위한 목재를 저장해 두던 창고로 이용하다가 뒤에 절로 바꾸었다고 한다. 또 일설에는 비로봉을 중심으로 모자성을 구축하고 군량미를 비축했다고 해서 뒷날 상고암이라고 부르게 되었다고 한다. 그 뒤 1876년(조선 고종 13) 인명(仁明)이 중창했고, 1897년(광무 1) 보봉(普峰)이 다시 중수했으나, 1945년 8·15 광복 후 황폐화했다. 1963년 여신도 한대련화(韓大蓮華)가 옛터에 법당을 다시 세웠고, 1975년 대련화의 아들 권왕연(權王淵)이 극락보전을, 1976년 이영철(李領哲)이 영산전과 산신각을, 현공(玄空)이 남북통일기원탑을 세워 오늘에 이르고 있다. 원래 속리산에는 상고(上庫), 중고(中庫), 하고(下庫)의 삼고(三庫)가 있었는데, 중고암과 하고암은 1920년 무렵에 파괴되었다고 한다. 이 절은 속리산에서 가장 높은 곳에 위치한다. 【유적·유물】 건물로는 극락보전과 영산전, 요사채 등이 있다. 암자의 동북방에는 유명한 입석대(立石臺)와 경업대(慶業臺)가 있고, 조선시대 임경업(林慶業, 1594~1646) 장군의 휘하에 있던 승려 여충 독보(麗忠 獨步)가 수도했던 토굴이 있었다

고 하나 찾을 수 없다. 【참고문헌】 한국의 사찰 5-법주사(한국불교연구원, 일지사, 1975), 사지(충청북도, 1982)

상도솔암(上兜率庵)

도솔암(兜率庵)을 보시오.

상두암(象頭庵)

미륵암(彌勒庵)을 보시오.

상림사(桑林寺)

고림사(古林寺)를 보시오.

상무주암(上無住庵)

【위치】 경상남도 함양군 마천읍 삼정리 지리산에 있다. 【소속】 대한불교조계종 제12교구 본사인 해인사의 말사이다. 【연혁】 1197년(고려 신종 즉위) 보조(普照)국사 지눌(知訥)이 약간의 수행승들과 함께 창건했다. 그 뒤 지눌은 3년 동안 일체 외부와 인연을 끊고 내관(內觀)에만 힘쓰던 중 《대혜보각선사어록(大慧普覺禪師語錄)》을 읽고 크게 깨달았다. 이때부터 그는 은둔 생활을 떠나 적극적 보살행으로써 현실 참여를 지향했으며, 1200년(신종 3)에는 조계산 송광사로 옮겨 수선사(修禪社)를 만들었다. 공민왕 때(1351~1374) 구곡 각운(龜谷 覺雲)이 이 절에 머물며 저술에 전념했다. 지눌이 크게 깨달은 뒤 이 절은 성지화되어 많은 승려들이 머물며 수행했다. 그 뒤의 자세한 연혁은 전하지 않는다. 【유적·유물】 현존하는 건물로는 인법당(因法堂)만이 있다. 문화재로는 절 왼편의 작고 불완전한 삼층석탑 1기가 있다. 이 탑은 각운의 필단사리탑(筆端舍利塔)인데, 각운이 《선문염송설화(禪門拈頌說話)》30권의 저술을 끝냈을 때 붓통 속에 떨어졌다는 사리를 봉안한 탑으로서 방광(放光)을 했다고 한다. 【참고문헌】 한국의 불교(이기영, 세종대왕기념

사업회, 1974), 한국사찰전서(권상로, 동국대학교 출판부, 1979), 명산 고찰 따라(이고운·박설산, 신문출판사, 1987)

상백운암(上白雲庵)
【위치】전라남도 광양시 옥룡면 동곡리에 있다. 【소속】대한불교조계종 제19교구 본사인 화엄사의 말사이다. 【연혁】상백운암, 하백운암, 백운암의 세 암자가 아래위로 함께 위치하고 있는데, 이 세 암자 모두 1181년(고려 명종 11) 보조(普照) 국사 지눌(知訥)이 창건했다. 그 뒤 1367년(공민왕 16) 선현(禪顯)이 중건했으며, 1437년(조선 세종 19)에는 행자(行者)가 중건했다. 1597년(선조 30) 정유재란 때 불에 타 없어진 뒤 1638년(인조 16) 시보(枾步)가 중건했다. 다시 불에 타 없어진 것을 1788년(정조 12) 법훈(法勳)이 중건하여 군민들이 헌납한 논 76두락으로 명맥을 이어왔다. 1908년 의병의 궐기를 막기 위한 왜병의 방화로 폐사됐으며, 1948년 여순반란사건으로 다시 소각되었다. 1960년 6월 구산 수련(九山 秀蓮)이 중창하여 오늘에 이르고 있다. 【유적·유물】현존하는 건물로는 인법당(因法堂) 1동이 있다. 법당에는 삼존불상이 봉안되어 있다. 【참고문헌】문화유적총람(문화재관리국, 1977), 내 고장 전통 가꾸기(광양군, 1981)

상선암(上禪庵)
【이명】한때 선암사(仙巖寺)라고 불렸다. 【위치】충청북도 단양군 단양읍 가산리에 있다. 【소속】한국불교태고종에 속한다. 【연혁】신라 때 의상(義湘, 625~702)이 창건하여 선암사라고 했다. 그 뒤 조선 숙종 때(1674~1720) 좌의정을 지냈던 권상하(權尙夏)가 이곳에서 공부하여 크게 깨달음을 얻어 송시열(宋時烈)의 아낌을 받

았다고 하며, 그가 이곳을 찾아 경치를 노래한 시 등이 전한다. 1822년(순조 22)과 1857년(철종 8) 중수했으며, 1910년 대웅전이 헐리고 거의 폐허화한 것을 1956년 대웅전을 중건하여 상선암이라고 했다. 【유적·유물】현존하는 건물로는 대웅전을 비롯하여 1963년에 건립된 산신각과 요사채 등이 있다. 대웅전 안에는 석가여래상 2위와 관세음보살상, 탱화 3점이 있다. 또한 이 절에는 권상하의 문집인《한수재집(寒水齋集)》과 그의 제자 한원진(韓元震)의 저서인《남당기문록(南塘記聞錄)》등의 판목을 간직하고 있었으나, 일제강점기 초에 그의 후손들이 제천 황강(黃江)으로 옮겨 갔다가 1950년 6·25전쟁 때 소실했다. 【참고문헌】단양군지(단양군, 1977), 사지(충청북도, 1982)

상왕사(霜旺寺)
흥왕사(興旺寺)를 보시오.

상운사(祥雲寺)
【이명】한때 노적사(露積寺)라고 불렸다. 【위치】경기도 고양시 북한동 북한산 원효봉(元曉峰) 남쪽 중턱에 있다. 【소속】대한불교조계종 직할교구 본사인 조계사의 말사이다. 【연혁】언제 누가 창건했는지 알 수 없다. 조선 중기 이후 북한치영(北漢緇營)의 승려들이 머물렀던 절로 추정된다. 1722년(경종 2) 승병장 회수(懷秀)가 폐허화한 옛 절터에 중창하여 노적사라고 했고, 1813년(순조 13) 승병장 태월(太月)과 지청(智廳)이 중건하여 상운사라고 했다. 1864년(고종 1) 긍홍(亘弘)이 극락전을, 1898년(광무 2) 한암(漢庵)이 큰방을 중건했으며, 1942년 주지 법연(法延)과 화주 덕산(德山)이 법당을 중수했다. 사세가 미약하여 퇴락했다가 1980년

법당을 중건하고 요사채를 다시 세워서 오늘에 이르고 있다. 【유적·유물】현존하는 건물로는 대웅전, 삼성각, 범종각, 요사채 2동이 있다. 유물로는 고려 중기의 석탑과 석등 부재가 있다. 석탑은 기단부와 1층 탑신만이 남아 있다. 문화재는 없으나, 절 뒤에 신라 때 원효(元曉, 617~686)가 좌선했다는 바위가 있다. 【참고문헌】기내사원지(경기도, 1988)

상원사(上院寺)
【위치】전라북도 고창군 고창읍 월곡리 방장산(方丈山)에 있다. 【소속】대한불교조계종 제24교구 본사인 선운사의 말사이다. 【연혁】544년(신라 진흥왕 5) 진흥왕으로부터 절을 창건하라는 밀명을 받고 고봉(高峰)과 반룡(盤龍) 두 법사가 당시 백제 땅인 이곳에 546년(백제 성왕 24) 창건했다고 한다. 당시 착공에서 준공까지 2년 6개월에 걸쳐 전(錢) 5천 냥, 쌀 천 석, 철(鐵) 3천 근이 소요되었고, 절의 경역도 넓어 동쪽으로 솔치(率峙), 서쪽으로 사자치(獅子峙), 남쪽으로 취암(鷲岩), 북쪽으로 용초(龍礎)에 이르렀으며, 사답(寺畓)도 20통(統)에 이르렀다. 942년(고려 태조 25) 은장(隱藏)이 중건했는데, 조선시대에 들어와서 억불정책으로 폐사의 위기를 맞게 되었다. 그러나 인근 말사와 암자들이 거의 폐사된 가운데 이 절만은 존속했다. 1650년(효종 1) 중수했으며, 1734년(영조 10) 다시 중수했다. 이어 1848년(헌종 14) 중수했고, 1939년에는 승려 최지연(崔智蓮)이 중수했으며, 1947년 승려 송용헌(宋龍憲)이 중수하여 오늘에 이르고 있다. 【유적·유물】건물로는 대웅전(전라북도 문화재자료 제126호)을 비롯하여 칠성각, 요사채, 종각이 있다. 【참고문헌】

전북불교총람(전북불교총연합회, 1993), 사찰지(전라북도, 1990)

상원사(上院寺)
【위치】강원도 원주시 신림면 성남리 치악산 남대봉 아래에 있다. 【소속】대한불교조계종 제4교구 본사인 월정사의 말사이다. 【연혁】신라 문무왕 때(661~681) 의상(義湘)이 창건했다고 한다. 그러나 경순왕(재위 927~935)의 왕사였던 무착(無着)이 당나라에서 귀국한 뒤 오대산 상원사(上院寺)에서 수도하며 관법(觀法)으로 이 절을 창건했다는 설도 있다. 이어 무착이 중창했으며, 고려 말에는 나옹 혜근(懶翁 惠勤, 1320~1376)이 중창했다. 그 뒤 월봉(月峰), 위학(偉學), 정암(靜巖), 해봉(海峰), 삼공(三空), 축념(竺念) 등이 이곳에서 수도했다. 또한 조선시대에는 여러 왕들이 이 절을 국태민안을 위한 기도처로 삼았다. 1950년 6·25전쟁 때 전소하여 폐허화했던 것을 1968년 주지 송문영(宋文永)과 의성(義成)이 중건했다. 1988년 경덕(敬悳)이 대웅전을 다시 짓고, 범종각과 일주문을 신축해 오늘에 이르고 있다. 【유적·유물】현존하는 건물로는 대웅전(강원도 문화재자료 제18호)과 산신각, 범종각, 일주문, 요사채, 주지실 등이 있다. 유물로는 대웅전을 중심으로 동서에 신라 석탑의 양식을 따른 삼층석탑(강원도 유형문화재 제25호) 2기가 있다. 이 탑은 절의 창건과 동시에 세워진 것으로 상륜부(上輪部)에 연꽃 봉오리 모양을 새겨 일반 탑에서 보기 어려운 양식을 나타내고 있다. 동쪽 탑의 바로 앞에는 불상의 광배(光背)와 연화대석(蓮華臺石)이 있어 원래 이 절에 석불이 봉안되어 있었음을 추정할 수 있다. 이 밖에 절 뒤쪽

에는 매우 오래 된 부도와 무착이 중국에
서 묘목을 얻어와 심었다는 계수나무 네
그루가 있다. 【설화】 치악산 기슭에 수행
이 깊은 승려가 있었는데, 어느 날 산길에
서 큰 구렁이가 새끼를 품고 있는 꿩을 감
아 죽이려는 것을 보고 지팡이로 구렁이
를 쳐서 꿩을 구했다. 그날 저녁 승려는
폐사가 되다시피한 구룡사(龜龍寺)에 도
착해 잠이 들었다. 한밤중에 승려는 가슴
이 답답하여 눈을 떴는데, 구렁이 한 마리
가 자신의 몸을 친친 감고 노려 보고 있었
다. '네가 나의 먹이를 먹지 못하게 했으
니 대신 너라도 잡아 먹어야겠다. 전생엔
나도 사람이었으나, 성낼 만한 일이 아닌
데 성을 낸 죄로 구렁이의 몸을 받았다.
전생을 생각해 살생을 금하려 했으나 배
가 너무 고파 꿩을 잡아 먹으려 했던 것이
다. 그러나 날이 새기 전에 이 산중에서
종소리를 들을 수 있다면 나는 이고득락
(離苦得樂)할 수 있다. 그러면 너를 살려
주겠다.' 승려는 막막했다. 산 위 30리 지
경의 상원사에 가야만 종이 있었는데, 날
이 새기 전에 거기에 도착하기란 도저히
불가능했다. 승려는 죽음을 기다리며 고
요히 염불만을 할 수밖에 없었다. 그런데
새벽 세 시가 되자 기적처럼 먼 곳에서 종
소리가 들렸다. 구렁이는 기뻐하면서 이
것은 부처님의 뜻이므로 다시는 원한을
품지 않겠다는 말을 남기고 사라졌다. 승
려가 상원사로 올라가 보니 종루 밑에 두
마리의 꿩이 머리가 깨져 피투성이가 된
채 죽어 있었다. 이와 같이 꿩이 죽음으로
보은했다고 하여 이 산을 치악산이라고 불
렀다고 한다. 무학 자초(無學 自超, 1327
~1405)의 시에 의하면 이 승려가 바로 무
착이었다고 한다. 【참고문헌】 한국사찰전

서(권상로, 동국대학교 출판부, 1979), 명
산 고찰 따라(이고운·박설산, 신문출판사,
1987)

상원사 (上院寺)

【이명】 한때 진여원(眞如院)이라고 불렸
다. 【위치】 강원도 평창군 진부면 동산리
오대산(五臺山)의 중대(中臺)에 있다. 【소
속】 대한불교조계종 제4교구 본사인 월정
사의 부속 암자이다. 【연혁】 705년(신라
성덕왕 4) 신문왕의 왕자인 보천(寶川)과
효명(孝明)이 창건하여 진여원이라고 했
다. 원래는 자장(慈藏)이 643년(선덕여왕
12) 당나라에서 귀국한 뒤 태백산 정암사
(淨岩寺)를 비롯하여 영축산 통도사(通度
寺), 설악산 봉정암(鳳頂庵), 사자산 법흥
사(法興寺), 그리고 이 절의 자리에 부처
님의 진신사리를 봉안하고 잠시 머물렀던
적이 있었다. 《삼국유사》에 의하면, 보천
과 효명 두 왕자가 오대산에 들어가 형인
보천은 중대 남쪽 진여원 터 아래의 푸른
연꽃이 핀 곳에 암자를 짓고 살았으며, 아
우 효명은 북대(北臺) 남쪽 산 끝의 푸른
연꽃이 핀 곳에 암자를 짓고 살았다고 한
다. 이 두 형제는 오대에 나아가 항상 정
성을 다해 예배하고 염불했으며, 날마다
이른 아침에 골짜기의 물을 길어다 차를
달여 1만 진신(眞身)의 문수보살에게 공
양했다고 한다. 마침 신라의 왕이 죽자 나
라 사람들이 오대산에 와서 두 왕자를 서
라벌로 데려가려 했으나 보천이 울면서
돌아가려 하지 않자, 효명만 서라벌로 돌
아가 왕위에 추대됐다. 그 뒤 20여 년이
지난 705년 3월 8일 진여원을 처음으로
세웠다. 보천은 오대산을 나라를 돕는 신
행결사도량으로 만들 것을 유언했다. 유
언에 따라 진여원에 문수보살상을 모시고

낮에는 《반야경》과 《화엄경》을 독송하게 했으며, 밤에는 문수예참(文殊禮懺)을 행하게 했다. 또 결사의 이름을 화엄사(華嚴社)라고 했고 복전(福田) 7인을 두었으며, 그 경비는 가까운 주현(州縣)에서 주었다고 한다. 고려 말에 이 절은 극도로 황폐해 있었는데, 나옹 혜근(懶翁 惠勤, 1320~1376)의 제자 영령암(英靈庵)이 오대산을 유람하던 중 터만 남은 이 절을 보고 판서 최백청(崔伯淸)과 그의 부인 김(金)씨의 시주로 1376년(우왕 2) 중창에 착수하여 이듬해 가을 낙성을 보았다. 그 해 겨울 선객 33명을 모아 10년 좌선을 시작했는데, 1381년(우왕 7) 5주년 기념법회를 열자 승당의 불상이 방광을 하고 향내음을 풍겼다. 중창주 김씨 부인은 이 사실을 직접 보고 더욱 불교를 믿는 마음이 지극해졌고, 토지와 노비를 시주했다. 조선 태종은 억불정책을 편 대표적인 왕이었지만, 1401년(태종 1) 봄 이 절의 사자암(獅子庵 ; 지금의 中臺庵)을 중건할 것을 권근(權近)에게 명하여 불상을 봉안하고, 스님들의 거처로 사용할 집과 목욕소를 만들었다. 또한 그 해 11월 태종은 사자암에 행차하여 성대한 법요식과 낙성식을 베풀었다. 이때 태종은 다시 권근에게 명하여 '먼저 떠난 이의 명복을 빌고, 후세에까지 그 이로움이 미치게 하여 남과 내가 고르게 부처님의 은혜를 받게 하고자 하니, 경은 기록을 남겨 오래도록 후세에 알게 하라.'고 했다. 또한 세조(재위 1455~1468)는 이 절에서 문수동자를 만나 괴질을 치료받고, 고양이의 도움으로 자객의 습격을 피하기도 했다. 그 후 세조는 혜각 신미(慧覺 信眉)와 학열(學悅)의 권유로 이 절을 중창했다. 1465년(세조 11) 학열이

공사의 총감독을 맡았고, 인수대비(仁粹大妃)는 쌀 5백 석과 비단 1천 필을 함께 내어 공사비에 충당하게 했다. 1466년 나한전, 청련당(淸蓮堂), 재주실(齋廚室), 범종각 등을 지어 낙성했다. 다시 인수대비는 탱화를 봉안하기 위해 조(租) 150석을 하사하고, 신미를 초대 주지로 모시게 했다. 세조도 이 절에 들려 의발(衣鉢)과 좌구(坐具) 등 수선(修禪)에 필요한 물건들을 하사했다. 그 해 52명의 선객을 모아 수선을 시작했다. 예종은 세조의 뜻을 따르기 위해 1469년(예종 1) 세조의 원찰로 삼고, 전대에 하사한 전답에 대해 조세하는 것을 금했다. 1946년 건물이 전소하여 1947년 월정사 주지 지암 종욱(智庵 鍾郁)이 금강산 마하연사(摩訶衍寺)의 건물을 본떠 중창했다. 1951년 6·25전쟁 중에는 국군이 북으로 진격하면서 이 절이 공비의 소굴이 된다고 하여 소각하려 하자 한암 중원(漢巖 重遠)이 나서서 이를 막았다. 중원은 불태우려는 국군에 맞서서 법당에 앉아 '당신들이 군인의 본분에 따라 상관의 명령에 복종해야 하듯이 절을 지키는 것은 승려의 본분이다. 나는 법당에 앉아 마지막까지 승려의 본분을 저버리지 않겠으니 그냥 불을 질러라.'라고 말했다. 이에 불을 지르려던 장교는 상관의 명령을 따르기 위한 방편으로 법당 문짝만 떼어서 불을 지른 뒤 돌아갔다. 현재까지 전국 수도승들의 요람으로 중요시되고 있다. 【유적·유물】 현존하는 건물로는 적멸보궁(寂滅寶宮 ; 강원도 유형문화재 제28호)을 비롯하여 선원, 승당인 소림초당(少林草堂), 영산전, 종각인 동정각(動靜閣), 후원 등이 있다. 선원은 청량선원(淸凉禪院)이라고 하는데, 오대산을 일명

청량산(淸凉山)이라고 하는 데서 유래한 것이다. 선원 안에는 석가여래좌상과 문수보살상, 목각(木刻)문수동자상(국보 제221호), 3위의 소형 동자상, 서대(西臺)에서 이곳으로 옮겨 온 목각대세지보살상이 함께 봉안되어 있다. 이 중 문수동자상은 상원사와 밀접한 연관을 맺고 있으며, 오대산이 문수보살의 주처(住處)임을 증명하는 역사적 산물이다. 이 동자상에서는 총 23점의 복장 유물(보물 제793호)이 나왔다. 또한 신중상(神衆像)은 일명 동진보살(童眞菩薩)이라고도 하는데, 흔히 신중들이 탱화로서 봉안되어 있는데 이곳만은 유독 조상(彫像)으로 되어 있음이 특이하다. 이 상의 조성연대는 세조의 상원사 중건 때로 추정된다. 영산전은 선원 화재 때에 불길을 모면한 유일한 건물이며, 산내에서 가장 오래 된 법당이다. 내부에는 석가삼존상과 16나한상을 봉안했고, 또 세조가 희사한 39함의 고려대장경이 봉안되어 있다. 영산전 옆에서 화강암 석재들이 출토되어 현재 법당 옆에 쌓여 있다. 적멸보궁은 자장이 중국에서 모셔 온 부처님 사리가 있다고 하여 그 내부에 불상을 모시지 않고 있다. 그러나 사리탑조차도 없고 보궁 뒤에 석탑을 조각한 마애불탑만이 있어서 어디에 사리를 모셨는지는 알 수 없다. 또한 725년(성덕왕 24) 주조하여 국내에서 가장 오래 된 동종(銅鐘 ; 국보 제36호)이 있다. 【설화】문수동자상에 얽힌 설화가 전한다. 괴질에 시달리던 세조가 월정사를 거쳐 상원사로 가던 중 시종들을 멀리하고 계곡 물에 들어가 목욕을 했다. 이때 동자가 숲속에서 걸어 나오자, 세조는 동자에게 시원하게 등을 밀어 달라고 부탁했다. 이어 세조가 '그대는

누구에게도 임금의 옥체를 씻어 주었다고 말하지 말라.'고 하자, 동자는 '임금도 어디 가서 문수보살을 만났다 말하지 말라.'고 했다. 말을 마친 동자는 홀연히 사라져 버렸고, 세조는 몸에 났던 종기가 씻은 듯이 나았다. 세조는 감격하여 화공에게 명하여 문수동자의 모습을 그리도록 했으며, 이어 나무로 문수동자상을 조각하도록 하여 상원사에 봉안했다. 또한 이 절에는 고양이 석상이 있는데, 이것은 세조가 고양이 때문에 암살을 피해 살아 남을 수 있었다는 설화를 간직하고 있다. 오대산에서 괴질을 고친 세조는 곧 바로 법당으로 올라가 예배를 올리고자 했다. 그런데 어디선가 고양이 한 마리가 나타나 세조의 옷자락을 물고 계속 잡아당겼다. 이상히 여긴 세조는 병사들을 시켜 법당 안팎을 샅샅이 조사하게 했다. 뜻밖에도 불탁 밑에 자객이 숨어 있었다. 세조는 자신의 목숨을 구해 준 고양이의 은혜에 보답하기 위해 고양이를 위한 밭(猫田)을 하사하고, 한 쌍의 고양이를 돌로 새겼다. 이후 세조는 서울 근교에도 여러 군데 묘전을 설치하고 고양이를 길렀다. 지금도 이 절에는 법당의 돌계단 옆에 한 쌍의 고양이 석상이 있다. 【참고문헌】삼국유사, 동문선, 동국여지승람, 조선사찰사료(조선총독부, 1911), 조선불교통사(이능화, 신문관, 1918)

상원사(上院寺)
【위치】강원도 춘천시 서면 덕두원리 삼악산(三岳山)에 있다. 【소속】대한불교조계종 제3교구 본사인 신흥사의 말사이다. 【연혁】신라 때 창건됐다고 한다. 그 뒤의 연혁은 전하지 않는다. 이 절이 화재로 소실하자, 1858년(조선 철종 9) 금강산에

서 온 풍계(楓溪)가 부속 암자인 고정암
(高精庵)을 중건하여 '상원사'라고 편액
을 바꾸어 걸었다. 1930년 주지 보련(寶
蓮)이 운송(雲松)과 함께 중건했으나,
1950년 6·25전쟁 때 전소했다. 그 뒤
1954년 보련이 인법당(因法堂)과 칠성각
을 중건했고, 1984년 대웅전을 세웠다.
【유적·유물】 현존하는 건물로는 대웅전
을 중심으로 삼성각, 요사채 등이 있다.
특별한 문화재는 없으나 폐탑 1기가 절
입구에 있다. 【참고문헌】 전통사찰총서
1-강원도 2(사찰문화연구원, 1992)

상원사(上院寺)
【이명】 상원암(上院庵)이라고도 불린다.
【위치】 경기도 양평군 용문면 연수리 용
문산(龍門山) 중턱에 있다. 【소속】 대한
불교조계종 제25교구 본사인 봉선사의 말
사이다. 【연혁】 유물로 미루어 보아 고려
시대에 창건된 것으로 추정된다. 1330년
대에 태고 보우(太古 普愚)가 이 절에 머
물며 고행 정진했고, 1398년(조선 태조 7)
조안(祖眼) 선사가 중창했으며, 무학 자초
(無學 自超, 1327~1405)가 왕사를 그만둔
뒤 잠시 머물렀다. 1450년(세종 32) 세종
은 정효강(鄭孝康)을 이 절로 보내 병을
치료하기 위한 수륙재를 베풀게 했다.
1462년(세조 8) 10월 세조가 이곳에 들러
관음보살의 현상(現相)을 친견하고 명을
내려 크게 중수하게 했는데, 최항(崔恒)
이 그때의 모습을 기록한 〈관음현상기〉
가 지금도 전하고 있다. 중수 뒤 효령대군
(孝寧大君)의 원찰로 삼았다. 그 뒤 이 절
은 끊임없이 중수되면서 면면히 이어오다
가, 1907년의 의병 봉기 때 일본군이 불
을 질러 겨우 법당만 남았다. 1918년 주
지 최화송(崔華松)이 화주(化主) 차상원

(車祥元)의 도움으로 큰방을 재건했고,
1934년 주지 최경언(崔璟彦)이 객실을 신
축했으나, 1950년 6·25전쟁 때 용문산전
투를 겪으면서 다시 불에 타 없어졌다. 그
뒤 1969년 주지 덕송(德松)이 초막을 짓
고 복원에 착수했으며, 이 절을 용문사
(龍門寺)의 암자에서 독립시켰다. 1970년
비구니 경한(鏡漢)이 주지로 부임하여 요
사를 복원하고, 1972년 삼성각을, 1975년
대웅전을 각각 복원하여 오늘에 이르고
있다. 【유적·유물】 건물로는 대웅전을
비롯하여 용화전, 삼성각, 요사 등이 있
다. 유물로는 팔각연화대좌 위에 놓여 있
는 석사자상이 있다. 이 석사자상은 고려
중기에 제작된 것으로 보인다. 원래 이 절
에는 범종과 팔각석탑등(八角石塔燈)도
있었으나 지금은 없다. 범종은 일제강점
기에 일본인이 훔쳐간 것을 다시 찾아와
현재 서울 조계사(曹溪寺)에 안치했다.
또 팔각석등은 제작 연대가 고려시대 중
기로 추정되는 우수한 작품이었다고 한
다. 【참고문헌】 한국사찰전서(권상로, 동
국대학교 출판부, 1979), 기내사원지(경기
도, 1988)

상원사(上願寺)
동학사(東鶴寺)를 보시오.

상원암(上院庵)
【위치】 충청남도 공주시 사곡면 운암리
태화산(泰華山)에 있다. 【소속】 대한불교
조계종 제6교구 본사인 마곡사의 부속 암
자이다. 【연혁】 유물로 미루어 보아 고려
때에 창건된 것으로 추정된다. 연혁은 전
하지 않는다. 【유적·유물】 건물로는 법
당과 요사채 등이 있다. 유물로는 부도 6
기가 있다. 모두 조선시대의 것들인데,
1757년(영조 33)에 세워진 제봉(霽峰)의

부도를 비롯하여 1719년(숙종 45)에 세워진 완허(玩虛), 1780년(정조 4)에 세워진 청암(靑巖)·추월(秋月)·주월(柱月) 등의 부도가 있다. 【참고문헌】 문화유적총람-사찰편(충청남도, 1990)

상원암(上院庵)
【위치】 평안북도 향산군 향암리 묘향산(妙香山)에 있다. 【연혁】 고려시대에 창건됐다고 한다. 상원암 상량문에 의하면, 1580년(조선 선조 13) 중창했다고 하며, 상원암 불량비(佛糧碑)에 의하면 1794년(정조 18) 대대적으로 보수했다고 한다. 그 뒤의 자세한 연혁은 전하지 않는다. 일제강점기의 31본산시대에는 보현사(普賢寺)의 말사였다. 【유적·유물】 건물로는 본전을 비롯하여 칠성각, 불유각, 산신각이 있다. 상원암이라는 현판은 추사 김정희(秋史 金正喜, 1786~1856)의 작품이라고 한다. 【참고문헌】 북한의 절과 불교(정태혁·신법타, 민족사, 1990), 북한사찰연구(한국불교종단협의회, 1993), 한국사찰전서(권상로, 동국대학교 출판부, 1979)

상원암(上院庵)
상원사(上院寺)를 보시오.

상이암(上耳庵)
【위치】 전라북도 임실군 성수면 성수리 성수산(聖壽山)에 있다. 【소속】 대한불교조계종 제24교구 본사인 선운사의 말사이다. 【연혁】 875년(신라 헌강왕 1) 연기 도선(烟起 道詵)이 창건했다. 뒤에 조선의 태조가 된 이성계(李成桂)가 이곳에 와서 치성을 드리니 위에서 '왕이 되리라' 하는 소리가 들렸다고 하여 상이암이라 했다고 한다. 1394년(조선 태조 3) 각여(覺如) 선사가 중수했으며, 1894년(고종 31) 동학혁명으로 불에 탄 것을 1909

년 김대건(金大建)이 중건했다. 그 뒤 의병대장 이석용(李錫庸, 1878~1914)이 이 절을 근거지로 삼고 항일운동을 전개해서 왜병들이 소각하였다. 1912년 대원(大圓)이 중건했지만 1950년 6·25전쟁 때 공비들의 방화로 다시 소실했다. 1958년 임실군수 양창현(梁昌鉉)이 중심이 된 상이암 재건위원들이 빈 터에 법당과 요사채를 세웠으며, 당시의 신문 기사에 의하면, 법당 상량식 도중 오색 서광이 원형을 그리면서 식장 위로 하늘 높이 뻗쳐서 이 광경을 본 참석자들이 모두 감격했다고 한다. 【유적·유물】 건물로는 인법당(因法堂)과 산신각, 칠성각, 용왕당, 어필각, 요사채가 있다. 유물로는 혜월(慧月)과 두곡(杜谷)의 부도 2기(전북도 문화재자료 제124호)와 비가 있다. 부도는 2기 모두 고려 말 조선 초의 것으로 추정된다. 비는 조선 태조가 '삼청동(三淸洞)'이라고 새긴 것이다. 태조는 등극 전에 100일 동안 치성을 드렸으나 소득이 없어 계곡의 맑은 물에 목욕재계하고 3일 동안 더 기도를 했다. 그러던 중 마침내 관음보살의 계시를 얻어 자연석에 삼청동이라고 새겼다. 뒤에 이를 다듬어 절 입구에 세우고 어필각을 지었다. 【참고문헌】 임실군사(임실군, 1977), 한국사찰전서(권상로, 동국대학교 출판부, 1979), 전북일보(1958. 11. 28), 사찰지(전라북도, 1990)

상주사(上柱寺)
【이명】 한때 상주사(上住寺)라고 불렸다. 【위치】 전라북도 군산시 서수면 취동리 취성산(鷲城山)에 있다. 【소속】 대한불교조계종 제17교구 본사인 금산사의 말사이다. 【연혁】 606년(백제 무왕 7) 신라의 혜공(惠空)이 창건하여 상주사(上住寺)

라고 했다. 그러나 당시 이 지역은 백제의 영토였으므로 신빙성이 없다. 1362년(고려 공민왕 11) 나옹 혜근(懶翁 惠勤)이 중창하면서 지금의 이름으로 바꿨다. 그 뒤 1641년(조선 인조 19) 취계(鷲溪)가 중수했고, 1762년(영조 38) 학봉(鶴峯)이 중수했다. 현재 이 절은 나한 기도처로서 유명하다. 【유적·유물】건물로는 대웅전과 나한전, 범종각, 요사채 등이 있다. 대웅전(전라북도 유형문화재 제37호)은 조선 중기 건물로서 내부에 2개의 업경대(業鏡臺)와 3개의 전패목(殿牌木)이 있다. 특히 전패목의 용상 조각은 섬세하고 정교하다. 나한전에는 석가모니불을 중심으로 한 삼세불(三世佛)과 16나한, 사천왕상이 봉안되어 있다. 【설화】나한전에 있는 16나한의 봉안에 대한 설화가 전한다. 1834년(순조 34) 임피현(臨陂縣)의 수령으로 있던 민치록(閔致祿)의 꿈에 하얀 갓을 쓴 세 사람이 나타나서 '우리를 높은 곳으로 안내해 달라.'고 했다. 같은 꿈을 세 번 꾸고 난 뒤 관속들에게 현 안의 특별한 일을 보고하도록 지시했다. 며칠 뒤 서포(西浦)에 사공이 없는 배가 한 척 있는데, 그 안에 16나한이 실려 있다는 보고를 받았다. 민치록은 이들을 높은 곳으로 모시려고 궁리한 끝에 이 절에 봉안했다고 한다. 이곳에 16나한을 모신 뒤에는 많은 사람들이 기도해서 소원을 성취했다고 한다. 【참고문헌】한국사찰전서(권상로, 동국대학교 출판부, 1979), 오성의 횃불(옥구군, 1982), 사찰지(전라북도, 1990)

상주사(上住寺)
상주사(上柱寺)를 보시오.

상환암(上歡庵)
【이명】한때 길상암(吉祥庵)이라고 불렸다. 【위치】충청북도 보은군 내속리면 사내리 속리산에 있다. 【소속】대한불교조계종 제5교구 본사인 법주사의 산내 암자이다. 【연혁】720년(신라 성덕왕 19) 창건됐다. 1391년(고려 공양왕 3)에는 이성계(李成桂)가 이곳에 와서 백일기도를 드렸다고 하며, 조선 세조(재위 1455~1468)는 복천암(福泉庵)을 다녀갈 때 이곳에 머물며 7일 동안 기도하고 '선왕 태조의 유적을 추모하는 즐거움이 비할 데 없다.'고 하면서 이 암자를 길상암에서 상환암이라고 이름을 바꿨다. 1950년 6·25전쟁 때 모두 불타 버린 것을 1963년 법운(法雲)이 신자 조통원(趙統元)의 시주로 원통보전과 삼성각을, 1968년 요사채를 건립하여 오늘에 이르고 있다. 기암절벽에 둘러싸인 수도처로서 현대에 이르기까지 청담 순호(靑潭 淳浩, 1902~1971) 등을 비롯한 많은 큰스님들이 머물렀다. 【유적·유물】건물로는 원통보전, 삼성각, 요사채가 있다. 문화재로는 원통보전 앞에 1976년에 건립된 삼층석탑 1기가 있다. 절 주위에는 순조대왕태실(純祖大王胎室; 충청북도 유형문화재 제11호), 학소대(鶴巢臺), 은폭동(隱瀑洞), 신은폭동(新隱瀑洞) 등의 명소가 있다. 이 중 태실은 1806년(순조 6) 건립된 것인데, 1928년 태항아리를 창경궁으로 옮겨 가서 지금은 비석과 석조물만이 남아 있다. 【참고문헌】한국의 사찰 5-법주사(한국불교연구원, 일지사, 1975), 사지(충청북도, 1982)

생의사(生義寺)
【이명】성의사(性義寺)라고도 불렸다. 【위치】경상북도 경주시 탑동 남산에 있었다. 【연혁】644년(신라 선덕여왕 13) 승려 생의(生義)가 창건했다고 한다. 도중

사(道中寺)에 살고 있던 생의의 꿈에 '남산에 올라오면 풀을 맺어 표시한 곳에 내가 묻혔 있으니 청컨대 나를 파내어 고개마루에 안치해 달라.'고 하므로, 그곳에 가서 땅을 파보니 미륵석상이 있었다고 한다. 이를 삼화령(三花嶺) 꼭대기에 모셨다가 절을 창건했다는 것이다. 경덕왕 때(742~765)의 승려 충담(忠談)이 이 미륵석상에 해마다 3월 3일과 9월 9일에 차를 달여 공양했다. 그러나 연혁은 전하지 않는다. 다만 고려시대에 목암 일연(睦庵 一然, 1206~1289)이 편찬한 《삼국유사》에 '지금은 잘못 전해져 성의사라고 한다.'고 나와 있다. 【유적·유물】 일제강점기에 삼화령에 있던 미륵삼존불을 국립경주박물관으로 옮겨 놓았다. 그 자비로운 모습은 신라 불상의 대표적인 것 중의 하나이다. 【참고문헌】 삼국유사, 문화유적총람(문화재관리국, 1977)

서고사(西固寺)
【위치】 전라북도 전주시 덕진구 만성동 황방산(黃尨山) 중턱에 있다. 【소속】 대한불교조계종 제17교구 본사인 금산사의 말사이다. 【연혁】 908년(후백제 견훤왕 17) 명덕(明德)이 창건했다. 견훤이 후백제를 세워 완산주(完山州)에 도읍을 정하고 전주를 중심으로 사방에 동고진(東固鎭), 서고진, 남고진, 북고진을 두어 방비를 두텁게 할 때 그곳에 각각 절을 세우게 했는데, 이때 서고진에 창건한 절이다. 1363년(고려 공민왕 12) 혜공(惠空)이 중창했고, 조선 초기에 벽송 지엄(碧松 智嚴, 1464~1534)이 중건했다. 그 뒤 어느 때인지 알 수 없는 정미년(丁未年)에 병화로 소실했던 것을 복원했으며, 1951년 중수하여 오늘에 이르고 있다. 【유적·유

물】 현존하는 건물로는 대웅전, 나한전, 미륵전, 요사채 2동이 있다. 대웅전 안에는 소형 석불이 봉안되어 있다. 【참고문헌】 문화유적총람(문화재관리국, 1977), 전통의 고장 완주(완주군, 1982), 사찰지(전라북도, 1990)

서대암(西臺庵)
염불암(念佛庵)을 보시오.

서림사(西林寺)
【이명】 한때 은하사(銀河寺)라고 불렸다. 【위치】 경상남도 김해시 삼방동 신어산(神魚山)에 있다. 【소속】 대한불교조계종 제14교구 본사인 범어사의 말사이다. 【연혁】 가락국 김수로왕 때(42~199) 승려 장유(長遊)가 창건했다고 한다. 그러나 이때는 우리 나라에 불교가 들어오기 전이므로 신빙성이 없다. 1592년(조선 선조 25) 임진왜란 때 불에 탄 것을 1600년대에 중창하여 오늘에 이르고 있다. 처음에 산 이름과 관련해 이름을 은하사라고 했는데, 장유가 인도에서 와서 가야에 불교를 전파한 것을 기념하기 위해 최근 서림사로 바꾸었다. 【유적·유물】 현존하는 건물로는 대웅전, 화운루(華雲樓), 설선당(說禪堂), 명부전, 응진전(應眞殿), 요사채 2동, 객사, 산신각, 종각 등이 있다. 이 중 대웅전(경상남도 유형문화재 제238호)은 조선 중기 이후의 건물이다. 특별한 문화재는 없으나 대웅전 앞에 오층석탑이 있고, 응진전 앞에는 삼층석탑이 있으나 모두 오래 된 것은 아니다. 【참고문헌】 명산 고찰 따라(이고운·박설산, 신문출판사, 1987)

서림사(西琳寺)
【위치】 일본 오사카부(大阪府) 미나미가와치군(南河內郡)에 있었다. 【연혁】 6세

기 중엽 백제 왕인(王仁)의 후예라고 칭하는 가와치노아야노씨(西文氏)의 일족이 창건했다. 가와치노아야노씨는 일본 조정에서 주로 문필 관계의 직무에 종사했던 씨족이었다. 사전(寺傳)에 의하면, 이 절은 긴메이조(欽明朝 ; 539~571)에 서수아사고(書首阿斯高)와 그의 아들 서수지미고(書首支彌高)가 발원하여 이에 동조한 서수전단고(書首栴檀高)와 토사연장형고(土師連長兄高), 서수양고(書首羊古), 서수한회고(書首韓會古) 등 네 사람이 공동으로 건물을 지었고, 또 659년 정월 금동아미타불을 만들어 안치했다. 그러나 그 뒤의 자세한 연혁은 전하지 않으며, 언제 폐사되었는지도 알 수 없다. 지금은 절터만 남아 있다. 743년에 있었던 건물로는 금당, 보탑(寶塔), 강당, 보랑(步廊), 종대(鍾台), 와즙쌍창(瓦葺雙倉), 식당, 동승방(東僧坊), 서승방(西僧坊)이 있었다. 【참고문헌】 飛鳥·奈良儒教(中村元, 佼成出版, 1972), 歸化人(關晃, 至文堂, 1966), 日本に殘る古代朝鮮(段熙麟, 創元社, 1976)

서림사(西林寺)

【위치】 충청남도 예산군 봉산면 봉산리 서원산(書院山)에 있었다. 【연혁】 유물로 미루어 보아 고려 때에 창건된 것으로 추정된다. 연혁은 전하지 않는다. 1481년(조선 성종 12)에 편찬된 《동국여지승람》에는 존재한다고 나와 있으나, 1799년(정조 23)에 편찬된 《범우고(梵宇攷)》에는 '지금은 폐사되었다.'고 나와 있다. 【유적·유물】 절터에는 당간지주와 부도 대석(臺石)이 있다. 당간지주는 고려 말 조선 초의 것으로 추정되며, 부도 대석은 고려 중기 이후의 것으로 보인다. 【참고문헌】 한국사찰전서(권상로, 동국대학교 출판부, 1979), 문화유적총람―사찰편(충청남도, 1990)

서보통사(西普通寺)

【위치】 경기도 개성시에 있었다. 【연혁】 언제 누가 창건했는지 알 수 없다. 1308년(고려 충선왕 즉위) 10월 11일 충선왕이 이 절에서 승려들에게 옷을 베푸는 석복(釋服) 도량을 열었다. 1313년(충숙왕 즉위) 6월 24일에는 충숙왕이 상왕인 충선왕과 함께 이 절에 행차하자 백관들이 나아가 맞이했으며, 두 왕은 이 날 이 절에서 유숙했다. 연혁은 전하지 않는다. 【참고문헌】 고려사, 한국사찰전서(권상로, 동국대학교 출판부, 1979)

서보통원(西普通院)

보통원(普通院)을 보시오.

서봉사(瑞峰寺)

【위치】 경기도 용인군 수지면 신봉리 광교산(光敎山)에 있었다. 【연혁】 언제 누가 창건했는지 알 수 없다. 고려 때에 현오(玄悟) 국사 종린(宗璘, 1127~1179)이 이곳에 주석하면서 왕에게 강학(講學)했다는 설이 있다. 1185년(명종 15) 이 절에 종린의 비가 세워졌는데, 이로 보아 화엄종의 절로서 유명했을 것으로 추정된다. 1407년(조선 태조 7) 나라에서 천태종의 자복사찰(資福寺刹)로 삼았다. 1592년(선조 25) 임진왜란 때 왜군들이 북상하면서 절을 불태웠다. 또한 임진왜란 때 전라감사 이광(李廣)이 이끄는 근왕병 5만 명이 이곳에서 왜군과 싸웠다. 특히 이 절에서는 언제인지는 모르나 《인천안목(人天眼目)》《불조삼경(佛祖三經)》 등 10여 종의 목판본을 간행했는데, 그중에서도 《불설예수시왕경(佛說豫修十王經)》은 특출했던 것으로 전한다. 1979년 현오국사탑

비의 비각을 건립하는 공사 중에 명문와편 (銘文瓦片)이 발견되어 이 절의 이름이 서봉사임을 알게 되었다. 【유적·유물】절터에는 주춧돌과 탑재 등이 흩어져 있으며, 현오국사탑비(보물 제9호)와 비각이 있다. 탑비는 이지명(李知命)이 짓고 유공권(柳公權)이 써서 1185년에 세운 것이고, 비각은 이를 보호하기 위해 1979년에 건립된 것이다. 절터의 크기로 보아 매우 큰 규모의 절이었음을 추정할 수 있다. 【참고문헌】 문화유적총람(문화재관리국, 1977), 기내사원지(경기도, 1988)

서봉사(西鳳寺)

건봉사(乾鳳寺)를 보시오.

서악사(西岳寺)

【위치】 경상북도 예천군 예천읍 대심리 봉덕산(鳳德山) 중턱에 있다. 【소속】대한불교조계종 제8교구 본사인 직지사의 말사이다. 【연혁】1701년(조선 숙종 27) 창건됐다. 1737년(영조 13) 옮겨 지었으며, 1761년 요사채를 지었다. 이러한 사실은 1960년 요사채를 중수할 때 발견된 상량문에 의해 밝혀졌다. 【유적·유물】건물로는 법당인 원통전과 요사채 2동이 있다. 원통전 안의 불상은 최근에 조성된 것이지만, 탱화 6점은 모두 연대가 있는 귀중한 것이다. 이 중 1770년(영조 46)에 그려진 것이 3점, 1868년(고종 5)에 그려진 것이 1점이다. 이 밖의 유물로는 1933년 3월에 조성된 동종이 있는데, 이는 조선시대의 양식을 잘 보여 주는 작품이다. 또한 절의 입구에 있는 바위에 '연파독역산(蓮坡讀易山)'이란 글귀가 음각되어 있는데, 이는 절 뒷산에 묘가 있는 장화식(張華植)이 《역경(易經)》을 읽었던 산이라는 뜻이다. 【참고문헌】 내 고장 예천

(예천군, 1981)

서악사(西岳寺)

운대사(雲臺寺)를 보시오.

서영사(西塋寺)

영원사(塋源寺)를 보시오.

서운사(瑞雲寺)

【위치】 충청북도 청주시 상당구 율량동 율양산(栗陽山)의 남쪽 기슭에 있다. 【소속】한국불교태고종에 속한다. 【연혁】언제 누가 창건했는지 알 수 없다. 유물 등으로 미루어 보아 고려시대에 창건되어 조선시대에 폐사된 것으로 추정된다. 근래에 법당과 요사채를 지어 이름을 서운사라고 했다. 【유적·유물】건물로는 법당과 요사채가 있다. 유물로는 법당 안에 봉안되어 있는 약사여좌상이 있는데, 통일신라시대의 불상 양식을 계승한 고려 중기 이후의 작품으로 추정된다. 이 불상의 광배는 현재 법당 뒤에 따로 보관되어 있다. 절의 앞마당에는 석종형(石鐘型) 부도의 부재로 보이는 유물이 남아 있으며, 법당 위에는 조선시대에 조성된 것으로 보이는 석불 2위가 있다. 【참고문헌】 사지(충청북도, 1982)

서운사(棲雲寺)

【위치】 평안북도 영변군 영변읍 약산(藥山)에 있다. 1345년(고려 충목왕 1) 창건됐다. 1709년(조선 숙종 35)에 길인지(吉仁知)가 지은 '약산 서운사 고비(古碑)'의 비문에 의하면, '법사 장준(壯俊)이 절의 불상을 개금할 때 불상 속에서 나온 글에 1345년 이 절을 처음 세웠다는 글이 있었다.'는 기록이 발견되었다고 한다. 창건 당시에는 대웅전과 선승당(禪僧堂)이 있었다. 1654년(효종 5) 수계(守戒), 천십(天什), 벽취(碧翠) 등이 중건했으며,

당시에는 백화전(白花殿)과 응진전(應眞殿), 청운당(淸雲堂) 등이 있었다. 1678년(숙종 4) 중창했고, 1683년(숙종 9) 섭청루를 축조했다. 1708년(숙종 34) 석훈(碩勳)이 향로전을 중수했는데, 이로써 이 절의 규모가 묘향산 보현사(普賢寺)와 같았다고 한다. 1756년(영조 32) 다시 중창했다. 그 뒤의 자세한 연혁은 전하지 않는다. 일제강점기의 31본산시대에는 보현사의 말사였다. 【유적·유물】건물로는 근대에 이르기까지 대웅전과 백화전, 응진전, 청운당 등 여러 건물이 있었으나, 지금은 대웅전과 청운당만이 남아 있다. 이 절은 북한 보물급 문화재 제18호로 지정되어 있다. 대웅전의 안팎에는 다른 절에서 보기 드문 매우 화려한 장식을 했다. 두공은 용머리와 봉황머리로 장식했으며, 대들보는 소란반자를 대고 네 모서리에 비천(飛天)을 조각했으며, 그 밖에 봉황새, 연꽃 봉오리 등도 새겨 놓았다. 세 면 벽에는 여러 가지 내용의 그림을, 두공 사이 벽에는 오백나한을 그려 놓았다. 특히 대웅전의 금단청은 우리 나라 단청미술을 대표하는 것으로 평가된다. 【참고문헌】한국사찰전서(권상로, 동국대학교 출판부, 1979), 북한사찰연구(한국불교종단협의회, 1993)

서운암(瑞雲庵)

【위치】경상남도 양산군 하북면 지산리 영축산(靈鷲山)에 있다. 【소속】대한불교조계종 제15교구 본사인 통도사의 산내 암자이다. 【연혁】1346년(고려 충목왕 2) 충현(沖絢)이 창건했다. 1859년(조선 철종 10) 남봉(南逢)이 중창했다. 【유적·유물】건물은 법당과 요사채 등 모두 4동이 있다. 특별한 문화재는 없다. 【참고문헌】한국사찰전서(권상로, 동국대학교 출판부, 1979)

서운암(瑞雲庵)

【위치】경기도 안성군 서운면 청룡리 서운산(瑞雲山)에 있다. 【소속】대한불교조계종 제2교구 용주사의 말사인 청룡사(靑龍寺)의 부속 암자이다. 【연혁】1861년(조선 철종 12) 대윤 만우(大潤 萬雨)가 창건했다. 그 뒤의 연혁은 자세히 알 수 없다. 현재는 '토굴'이라고만 불리며, 선승들의 참선도량으로 활용되고 있다. 【유적 유물】건물로는 인법당(因法堂)이 있다. 【참고문헌】한국사찰전서(권상로, 동국대학교 출판부, 1979)

서운암(瑞雲庵)

백운사(白雲寺)를 보시오.

서혈사(西穴寺)

【위치】충청남도 공주시 웅진동 쉬엇골 망월산(望月山)에 있었다. 【연혁】유물로 미루어 보아 백제 때 창건된 것으로 추정된다. 연혁은 전하지 않는다. 다만 백제 때에는 소규모로 조성했으나, 통일신라 때에 이르러 당(堂)과 탑을 갖춰 본격적인 절의 면모를 보였던 것으로 추정된다. 1481년(조선 성종 12)에 편찬된 《동국여지승람》에는 이 절이 망월산에 존재한다고 나와 있다. 1859년(철종 10) 임정회(林挺會) 등이 편찬한 《공산지(公山誌)》에는 방위에 따라 4개의 혈사(穴寺)가 공주 지역에 존재했었다고 나와 있다. 그러나 언제 폐사되었는지는 전하지 않는다. 【유적·유물】절터에는 석굴이 남아 있으며, 현재 농경지로 이용되고 있다. 1929년과 1960년, 1970년 세 차례에 걸쳐 절터를 조사했다. 유물로는 석탑 부재와 석조석가여래좌상 3위가 있다. 이들 유물은

모두 통일신라 때의 것으로 보이며, 불상은 모두 국립공주박물관에 옮겨졌다. 불상 1위(보물 제979호)는 불상과 대좌가 갖춰져 있으며, 나머지 2위는 불두가 없다. 【참고문헌】 문화유적총람-사찰편(충청남도, 1990)

석가사(釋迦寺)

【위치】 경상북도 경주시 내남면 용장리 남산(南山) 서쪽 비파곡(琵琶谷)에 있었다. 【연혁】 697년(신라 효소왕 6) 효소왕이 창건했다. 697년 망덕사(望德寺)의 낙성회를 열어서 효소왕이 친히 공양을 베풀었는데, 그때 누추한 모습을 한 승려가 찾아와서 재(齋)에 참석하게 해줄 것을 요청했다. 효소왕은 말석에 참례할 것을 허락한 뒤 재를 마치려 할 때, 그를 희롱하고자 사는 곳을 물었다. 그가 비파암(琵琶庵)에 산다고 하자 효소왕은 '돌아가서 다른 사람에게 국왕이 친히 불공하는 재에 참석했다고 말하지 말라.'고 했다. 승려는 웃으면서 '왕 또한 다른 사람에게 진신석가(眞身釋迦)를 공양했다는 말을 말라.'고 하고는 몸을 솟구쳐서 남쪽을 향해 날아가 버렸다. 효소왕은 놀랍고 부끄러워 동쪽 산에 달려 올라가서 그가 사라진 방향을 향해 절하고 사람들에게 가서 그를 찾게 했다. 그는 남산의 참성곡(參星谷)이라는 곳에 이르러 바위 위에 지팡이와 바리때를 놓아 두고 숨어 버렸다. 사자(使者)가 와서 복명하니 왕은 이 절을 비파암 아래에 세우고, 불무사(佛無寺)를 그의 자취가 없어진 곳에 세워 지팡이와 바리때를 나누어 봉안하게 했다고 한다. 이 밖의 연혁은 전하지 않는다. 고려시대에 목암 일연(睦庵 一然, 1206~1289)이 《삼국유사》를 저술할 당

시까지는 이 절이 존재하고 있었다고 한다. 【유적·유물】 절터에는 삼층석탑이 있었던 것으로 추정되는 석탑재들이 남아 있다. 자연석의 기단 옆에 옥신(屋身)과 옥개석(屋蓋石)이 있으며, 그 아래는 깨진 옥개석이 있다. 【참고문헌】 삼국유사, 한국의 사찰 12-신라의 폐사 2(한국불교연구원, 일지사, 1977)

석가암(釋迦庵)

봉곡사(鳳谷寺)를 보시오.

석골사(石骨寺)

【위치】 경상남도 밀양시 산내면 원서리 운문산(雲門山)에 있다. 【소속】 대한불교조계종 제15교구 본사인 통도사의 말사이다. 【연혁】 773년(신라 혜공왕 9) 법조(法照)가 창건했다. 왕건(王建, 877~943)이 고려를 건국할 때 이 지역의 대표적 선종사찰인 봉성사(奉聖寺)와 더불어 경제적으로 크게 기여했다. 1735년(조선 영조 11) 함화(含花)가 중창했다. 그 뒤 1950년 6·25전쟁 때 불탄 것을 다시 세웠다. 【유적·유물】 건물로는 대광전과 칠성각, 산신각, 요사채 2동이 있다. 유물로는 석조아미타삼존불과 돌절구, 석탑 부재 등이 있다. 석조아미타삼존불은 대광전 안에 봉안되어 있으며, 석탑 부재는 기단과 보주 등이 있으나, 이들 모두 어느 때 것인지는 알 수 없다. 【참고문헌】 한국사찰전서(권상로, 동국대학교 출판부, 1979), 속 명산 고찰 따라(이고운·박설산, 운주사, 1994)

석굴사(石掘寺)

【위치】 경상북도 청도군 운문면 운문산(雲門山)에 있었다. 【연혁】 언제 누가 창건했는지 알 수 없다. 937년(고려 태조 20) 운문사(雲門寺)를 중창한 보양(寶壤)

이 이 절의 비허(備虛)와 사형 사제가 되어 서로 왕래했다. 당시 봉성사(奉聖寺)와 이 절, 운문사 등 세 절이 산봉우리에 연하여 위치하여 있었다고 기록되어 있는 점으로 미루어 보아 이 절이 운문사 인근에 있었던 듯하다. 연혁은 전하지 않는다.
【참고문헌】삼국유사

석굴암(石窟庵)
【위치】서울특별시 도봉구 도봉동 도봉산 만장봉(萬丈峰) 아래에 있다.【소속】대한불교 조동종에 속한다.【연혁】신라 문무왕 때(661~681) 의상(義湘)이 창건했다는 설과, 언제인지는 알 수 없으나 의상이 창건했다는 설이 있다. 창건 뒤 6차례나 폐사가 되었다고 하며, 1935년 응담(應潭)이 김병룡(金秉龍)의 시주를 얻어 중창했다. 예로부터 참선 수도하는 승려들이 많이 찾았던 곳이다.【유적·유물】현존하는 건물로는 석굴과 만월보전(滿月寶殿), 나한전, 종각, 요사채 등이 있다.
【참고문헌】명산 고찰 따라(이고운·박설산, 신문출판사, 1987)

석굴암(石窟庵)
【이명】한때 석불사(石佛寺)라고 불렀다.【위치】경상북도 경주시 진현동 토함산(吐含山) 산정 동쪽에 있다.【소속】대한불교조계종 11교구 본사인 불국사의 부속 암자이다.【연혁】751년(신라 경덕왕 10) 김대성(金大城)이 창건했다. 김대성은 현세의 부모를 위해 불국사를 세우고, 전생의 부모를 위해 이 절을 세워서 석불사라고 이름하고 신림(神琳)과 표훈(表訓)을 청해 각각 머무르게 했던 것이다. 그러나 이 절은 김대성의 개인적 원찰보다는 나라와 왕(경덕왕)을 위한 국찰로서 창건되고, 경영된 것으로 추정된다. 특히 토함산

은 왜구의 침입을 막는 국토 방위상의 요충이었으며, 당시 경덕왕 때에는 정치·문화 등 각 방면에서 신라 최고의 융성기를 이룩했던 시기였기 때문이다. 창건 이후 조선 중기까지의 연혁은 전하지 않는다. 1703년(숙종 29) 종열(從悅)이 석굴을 중수하고 굴 앞의 돌계단을 쌓았으며, 1758년(영조 34) 대겸(大謙)이 다시 중수했다. 정시한(丁時翰)의 《산중일기》에 따르면, 1688년(숙종 14) 5월 15일 그가 이곳을 찾았을 때에는 불국사의 골굴암(骨窟庵)과 함께 당시에 잘 알려진 관광 순례지였다고 한다. 많은 사람들이 이곳을 방문하고 예술 작품을 남겼다. 영조 때 사람 남경희(南景羲)는 '우중숙석굴(雨中宿石窟)'과 '석굴'을, 같은 시기의 이관오(李觀吾)는 '석굴암'을, 최천익(崔天翼)은 '유석굴증등여상인(遊石窟贈登如上人)'이라는 시를 지었다. 정선(鄭歚)은 1733년(영조 9)에 그린 《교남명승첩(嶠南明勝帖)》 2권 중에 골굴과 석굴을 남겼다. 이 화첩은 석실 입구에 전실(前室)이 있었음을 보여 주고 있어 최근의 복원공사에서 목조 전실을 첨가하게 했다. 조선 말기에 울산병사 조예상(趙禮相)이 석굴을 크게 중수했다. 이로 인해 이 절을 가리켜 '조가절(趙家寺)'이라고 지칭하기도 했다. 그러므로 1907년 무렵 한 우편배달부에 의해 처음으로 이 절이 발견되었다고 하는 일본인들의 주장은 사실과 다르다. 1912년 조선총독부는 세 차례의 중수를 행했는데, 제1차는 1913~1915년, 제2차는 1917년, 제3차는 1920~1923년 사이에 이루어졌다. 1912년의 중수를 위한 기초조사에 따르면, '천장의 3분의 1이 이미 추락하여 구멍이 생겼고, 그 구멍으로

부터 흙이 들어오고 있으며, 구멍을 그대로 방치할 경우 본존불상까지 파손될 위험이 있다.'고 보고하고 있다. 1차 중수는 거의 완전한 해체 및 복원공사였다. 당시 새로운 재료로 등장한 시멘트를 석조물 조립에 사용했는데, 이는 오늘날까지도 석굴암 보전에 큰 후유증을 남기고 있다. 그 뒤 2차, 3차 중수가 행해졌으나, 결로(結露)와 침수, 외부 경관의 손상에 대한 근본적인 시정은 불가능했다. 또한 1차 공사에서 잘못 배치된 상(像)들과 굴의 구조에도 아무런 수정을 가하지 못했다. 1945년 8·15해방 후에는 거의 버려진 상태에 있다가 1961년에야 조사가 이루어졌고, 그 결과 1962년부터 1964년까지 전면적으로 중수했다. 석굴에 영향을 주는 자연조건을 일일이 제거하고, 상의 배치에 대한 일본인들의 잘못을 수정했다. 또 이때 수광전(壽光殿), 삼층석탑, 요사 등의 부속건물과 유적 등도 보수했다. 【유적·유물】석굴 자체가 국보 제24호 및 국제연합 교육과학문화기구(UNESCO)의 세계문화유산으로 지정되어 있다. 석굴의 구조는 전실, 비도(扉道), 원실(圓室)로 나뉘어져 있으며, 각각의 석벽에 부조상이 있다. 전실 좌우의 석벽에는 4위씩의 팔부신중이 각각 마주보고 있다. 그리고 전면 좌우 석벽에는 입구를 향해 2위의 금강역사가 서 있어 항상 비도를 지키고 있다. 비도에는 좌우 2위씩 4위의 사천왕이 조각되어 있다. 상부는 아치형으로 덮여 있으므로 원래 전실에 목조건축이 없었을 당시에는 바로 여기서부터 석굴의 내부인 원실로 들어간다는 인상을 받도록 되어 있었다. 원실의 입구에는 좌우 2기의 석주(石柱)가 있어 비도와 원실을 구분하는

경계 역할을 한다. 원실에는 석련대좌가 있고, 그 위에 본존불상이 안치되어 있다. 높이 약 2.27m의 본존불상은 전세계의 종교예술사상 가장 탁월한 유산으로 평가되고 있다. 지금까지 학계에서는 이 본존불이 대체로 석가모니불을 표현하는 것으로 보았으나, 그 위치나 불국사와 관련지어 판단할 때 서방에 위치하는 극락정토의 본존인 아미타불로 보는 견해도 있다. 원실의 주위에는 10개의 요석(腰石 ; 굴의 벽을 이루는 돌)과 그 위에 15면의 화강암 석벽을 병렬시켜 각 면에 엷은 부조의 석상들이 조각되어 있다. 본존불 바로 뒤 중앙에는 십일면관음보살의 입상이 있고, 그 좌우로 각각 5위씩 10위의 십대제자입상이, 다시 그 좌우로 각각 2위씩의 천(天) 또는 보살상이 조각되어 있다. 본존불의 바로 뒤 십일면관음의 위쪽으로는 복선단판(複線單瓣)의 광배(光背)가 새겨져 있고, 그 좌우로 각 5개의 작은 감실(龕室)이 만들어져 있다. 그 안에는 문수, 유마, 지장 및 기타의 보살상이 안치되어 있다. 다만 현존하는 것은 좌우 4위씩 모두 8위뿐이며, 나머지 두 개의 감실은 일제강점기에 누군가가 일본으로 반출하여 비어 있다. 천장은 교묘하게 쌓여진 석재에 의하여 아름다운 조화를 이루는 아치형으로 만들어져 있다. 본존불 바로 위에는 하나의 큰 돌을 중심으로 웅장하고 화려한 단선복판의 연꽃을 새겨 놓았다. 석굴 안의 조상은 모두 24위이다. 그리고 십일면관음보살상 앞에는 크기는 작지만 매우 탁월한 솜씨로 만들어진 오층탑이 안치되어 있었으나, 역시 누군가에 의해 일본으로 반출됐다. 전실의 조상까지를 합하면 현존하는 조상은 모두 38위에 이

른다. 이 숫자가 창건 당시와 같은 숫자인지는 잘 알 수 없으나, 잃어버린 2위를 예외로 하고 나머지 것은 모두 옛날 그대로의 모습을 갖추고 있는 것 같다. 이 밖에도 이 절에 있는 문화재로는 삼층석탑(보물 제911호)과 수광전 등이 있다. 삼층석탑은 석굴의 동쪽 언덕에 있는데, 일제강점기에 도괴의 위험으로 해체·복원된 바 있고, 1963년 다시 복원됐다. 수광전은 원래 승방으로 사용된 건물이었으나, 1963년 개축하여 현재는 휴게실 겸 관리사무실로 사용하고 있다. 【참고문헌】 삼국유사, 불국사고금창기, 한국의 사찰 2-석굴암(한국불교연구원, 일지사, 1974)

석굴암(石窟庵)

【위치】 경기도 양주군 장흥면 교현리 오봉산(五峰山)에 있다. 【소속】 대한불교조계종 제25교구 본사인 봉선사의 말사이다. 【연혁】 언제 누가 창건했는지 알 수 없다. 조선시대에 단종(재위 1452~1455)의 비인 정순왕후(定順王后)의 원찰이었다. 15세기 중·후기에 설암 관익(雪庵寬益)이 중창하여 선풍(禪風)을 드날렸다. 그 뒤의 자세한 연혁은 전하지 않는다. 1950년 6·25전쟁 때 전소하자 1964년 초안(超安)이 석굴을 중수했고, 1975년 역시 초안이 대웅전을 중건했다. 【유적·유물】 건물로는 대웅전을 비롯하여 나한전, 산신각, 종각, 요사채 등이 있다. 유물로는 석조지장좌상과 석조독성좌상이 있다. 석조지장좌상은 관익이 조성한 것이다. 석조독성좌상은 나한전인 석굴에 봉안되어 있으며 조선 중기의 것으로 추정된다. 【참고문헌】 기내사원지(경기도, 1988)

석굴암(石窟庵)

【위치】 경기도 의정부시 호원동 도봉산에 있다. 【소속】 대한불교조계종 제25교구 본사인 봉선사의 말사이다. 【연혁】 1910년 회룡사(回龍寺)의 비구니 순악(順岳)이 자신의 속가에서 재물을 가져다가 법당을 꾸미고 자연석굴을 확장하여 회룡사의 암자로서 창건했다. 1950년 순악의 제자인 비구니 복전(福田)이 극락보전과 산신각, 요사채 2동을 지어 중창했다. 1970년 동학사(東鶴寺) 강사인 비구니 혜성(慧性)이 제자 지본(知本)과 함께 와서 교학을 강론하는 한편, 석굴을 중수하는 등 절의 면모를 현대적으로 일신했다. 1979년 회룡사로부터 독립했다. 현재 비구니들의 수도 도량이다. 【유적·유물】 건물로는 극락보전과 산신각, 요사채 2동이 있다. 특별한 문화재는 없으나, 1948년 가을 김구(金九)가 직접 쓴 '김구(金九)'라는 글씨가 석굴의 우측 바위에 양각되어 있다. 【참고문헌】 기내사원지(경기도, 1988)

석굴암(石窟庵)

삼존석굴사(三尊石窟寺)를 보시오.

석남사(石南寺)

【위치】 경기도 안성군 금광면 상중리 서운산(瑞雲山)에 있다. 【소속】 대한불교조계종 제2교구 본사인 용주사의 말사이다. 【연혁】 680년(신라 문무왕 20) 담화(曇華) 또는 석선(奭善)이 창건했다고 한다. 876년(문성왕 18) 염거(廉居)가 주석하며 중수했다. 고려 때에는 광종(재위 949~975)의 아들인 국사 혜거(慧炬)가 중창하여 수백 명의 선승들이 머물렀다. 1407(조선 태종 7) 나라에서 조계종의 자복사찰(資福寺刹)로 삼았다. 1457년(세조 3) 세조는 명을 내려 이 절 승려들에게 잡부

역을 면제시켰으며, 1580년(선조 13) 선조는 40근의 황금을 섞어 200근짜리 범종을 만들어 하사했다. 그러나 1592년(선조 25) 임진왜란 때 전소했고, 선조가 하사한 범종도 없어졌다. 그 뒤 효종 때(1649~1659) 석왕사(釋王寺)의 해원(海源)이 중수하여 사세를 확장했으며, 1732년(영조 8) 다시 중수했다. 이어 점차 쇠락해지자, 1978년 주지 윤성종(尹性鍾)이 풍수지리설에 근거하여 영산전 앞에 있던 대웅전을 영산전 뒤로 옮겼다. 【유적·유물】건물로는 대웅전(경기도 유형문화재 제108호)을 비롯하여 영산전(보물 제823호), 요사채 등이 있다. 영산전은 조선시대 전기와 중기 사이의 특징을 간직하고 있어 건축사적으로 의의가 크다. 유물로는 마애불입상(경기도 유형문화재 109호)과 부도 2기, 석탑 2기, 신중탱화, 칠성탱화 등이 있다. 마애불은 절에서 1km 떨어진 곳의 자연 암벽에 새겨져 있는데, 신라 말의 것으로 추정된다. 부도 2기는 조선시대 후기의 것으로 석종형(石鐘型)이다. 석탑 2기는 대웅전을 향하는 계단 좌우에 나란히 세워져 있는데, 부재들을 맞추어 쌓아 놓은 것으로 결실된 부분이 많으며, 조선시대 전기 이전의 것으로 추정된다. 신중탱화와 칠성탱화는 모두 대웅전에 봉안되어 있으며, 각각 1890년(고종 27)과 1869년(고종 6)에 조성된 것이다. 【참고문헌】문화유적총람(문화재관리국, 1977), 한국사찰전서(권상로, 동국대학교 출판부, 1979), 기내사원지(경기도, 1988)

석남사(石南寺)
【이명】한때 석남사(碩南寺), 석안사(碩眼寺)라 불렸다고 한다. 【위치】경상남도 울산시 울주구 상북면 덕현리 가지산(迦智山) 동쪽 기슭에 있다. 【소속】대한불교조계종 제15교구 본사인 통도사의 말사이다. 【연혁】824년(신라 헌덕왕 16) 우리 나라에 처음 선을 들여온 원적 도의(元寂 道義)가 창건했다. 당시 화관보탑(華觀寶塔)의 빼어남과 각로자탑(覺路慈塔)의 아름다움이 영남 제일이라고 하여 석남사(碩南寺)라 했다고 하며, 일설에는 가지산의 별명이 석안산(碩眼山)이기 때문에 석안사라고 했다고도 한다. 1592년(조선 선조 25) 임진왜란 때 전소한 뒤 1674년(현종 15) 언양현감 강응(姜膺)의 시주로 탁령(卓靈) 등이 중창했다. 이어 정우(淨佑) 등이 극락전, 청풍당, 청운당, 청화당, 향각(香閣)을 세웠다. 1803년(순조 3) 침허(枕虛)와 수일(守一)이 중수했고, 1912년 우운(友雲)이 중수했다. 1950년 6·25전쟁 이후 폐허화했던 것을 1957년 비구니 원허 인홍(圓虛 仁弘)이 주지로 와서 크게 증축했다. 이때부터 비구니 수도처로서 각광을 받아 항상 100명이 넘는 비구니들이 엄격한 계율을 준수하면서 수도에 정진하고 있다. 【유적·유물】현존하는 건물로는 대웅전을 중심으로 극락전, 설선당(說禪堂), 조사전, 심검당(尋劍堂), 침계루(枕溪樓), 정애루(正愛樓), 종루, 무진료(無盡寮), 큰방 등 30여 동이 있다. 이 중 극락전은 1791년에 세운 가장 오래 된 건물이다. 문화재로는 도의 국사의 사리탑이라 전하는 팔각원당형부도(八角圓堂型浮屠; 보물 제369호)와 삼층석탑(경상남도 유형문화재 제22호), 조선 초기에 제작된 엄나무 구유와 돌 구유(경상남도 문화재자료 제157호) 등이 있다. 삼층석탑은 824년 도의가 호국의 염원을 갖고 15층으로 세운 것이라고 하나, 임진왜란

때 파괴된 채 방치되어 오다가 1973년 스리랑카의 승려가 사리 1과를 기증하여 봉안하면서 3층으로 개축한 것이다. 이 밖에도 절 입구에 4기의 부도가 있다. 【참고문헌】 문화유적총람(문화재관리국, 1977), 한국사찰전서(권상로, 동국대학교 출판부, 1979), 한국의 명산 대찰(국제불교도협의회, 1982)

석남사(碩南寺)
석남사(石南寺)를 보시오.

석대사(石臺寺)
석대암(石臺庵)을 보시오.

석대암(石臺庵)
【이명】 한때 석대사(石臺寺)라고 불렸다. 【위치】 경기도 연천군 신서면 내산리 보개산(寶蓋山) 관음봉(觀音峯) 아래에 있었다. 【연혁】 720년(신라 성덕왕 19) 사냥꾼 이순석(李順碩)이 출가하여 창건했다. 고려 때 중열(中悅)이 중창했고, 1400년(조선 정종 2) 삼창했다. 1861년(철종 12) 내탕금(內帑金)을 하사받아 중건했으며, 1887년(고종 24) 김상궁(金尙宮)의 시주를 얻어 다시 중건했다. 1931년 중수했고, 1935년 주지 서상인(徐相仁)이 중수했다. 보개산은 금강산, 오대산과 함께 삼악도(三惡道)에 떨어지지 않는 영산(靈山)이라고 하며, 절은 지장보살이 머물고 있는 곳으로 신봉되어 기도도량으로 유명했다. 그러나 1950년 6·25전쟁으로 폐허화했다. 심원사(深源寺)의 부속 암자였다. 【설화】 창건 설화가 전한다. 어느 날 순석과 순득(順得)이라는 두 사냥꾼이 금빛 멧돼지에게 활을 쏘았는데, 멧돼지는 피를 흘리면서 관음봉 쪽으로 달아났다. 그 뒤를 쫓아 샘물이 있는 곳까지 가니 멧돼지는 보이지 않고 왼쪽 어깨에 화살이

꽂힌 지장보살 석상만이 샘 속에 있었다. 이에 크게 깨달은 바가 있어 두 사람은 참회하고 출가하여 도를 이루었다. 그 뒤 그들은 300명의 제자와 함께 이 절을 창건했고, 두 사람이 항상 숲속에서 돌을 모아 대를 쌓고 그 위에서 정진했으므로 석대사라고 했다. 【참고문헌】 유점사본말사지, 동문선, 한국사찰전서(권상로, 동국대학교 출판부, 1979)

석련사(石蓮寺)
【이명】 한때 산혜암(山惠庵), 석령사(錫鈴寺)라 불렸다고 한다. 【위치】 충청남도 홍성군 구항면 오봉리 백월산(白月山)에 있다. 【소속】 대한불교조계종 제7교구 본사인 수덕사의 말사이다. 【연혁】 신라 문성왕 때(839~857) 무주 무염(無住 無染)이 창건하여 산혜암이라고 했다고 한다. 권상로(權相老, 1879~1965)가 편찬한 《한국사찰전서》에도 석련사의 원래 이름이 산혜암이었다고 하나, 이 백월산에 무염이 창건한 산혜암이라는 다른 절이 존재하고 있어 그 진위는 알 수 없다. 자세한 연혁은 전하지 않는다. 1481년(조선 성종 12)에 편찬된 《동국여지승람》에는 '석령사가 백월산에 있다.'고 나와 있는데, 이 절의 이름과 발음이 비슷하여 같은 절로 추정된다. 1799년(정조 23)에 편찬된 《범우고(梵宇攷)》에는 석령사가 '지금은 폐사되었다.'고 나와 있다. 그 뒤 다시 중창하여 오늘에 이르고 있다. 【유적·유물】 건물로는 대웅전과 요사채가 있다. 【참고문헌】 동국여지승람, 한국사찰전서(권상로, 동국대학교 출판부, 1979), 문화유적총람-사찰편(충청남도, 1990)

석령사(錫鈴寺)
석련사(石蓮寺)를 보시오.

석림사(石林寺)

【이명】한때 석림암(石林庵)이라고 불렸다. 【위치】경기도 의정부시 장암동 수락산(水落山) 기슭에 있다. 【소속】대한불교조계종 제25교구 본사인 봉선사의 말사이다. 【연혁】1671년(조선 현종 12) 석현(錫賢)과 그의 제자 치흠(致欽)이 창건하여 석림암이라고 했다. 그 뒤 숙종 때(1674~1720) 문신 박태보(朴泰輔)가 김시습(金時習)의 명복을 빌기 위해서 중창했다. 1698년(숙종 24) 창건 당시 유담(裕潭)이 지은 삼소각(三笑閣)을 재건했다. 1745년(영조 21) 홍수로 피해를 입자 다시 중건했다. 1950년 6·25전쟁 때 모든 건물이 불탔으며, 1960년부터 비구니 상인(相仁)과 그 제자 보각(寶覺)이 중창하여 오늘에 이르고 있다. 【유적·유물】현존하는 건물로는 극락보전을 중심으로 칠성각(산신각), 독성각, 적묵당, 요사채 2동이 있다. 극락보전에는 아미타삼존불을 비롯하여 후불탱화, 신중탱화 등이 봉안되어 있다. 극락보전 앞에 1969년 상인이 부처님 사리를 봉안하여 건립한 탑이 있다. 【참고문헌】봉선사본말사약지(봉선사, 1977)

석림암(石林庵)

석림사(石林寺)를 보시오.

석불사(石佛寺)

【위치】전라북도 익산시 삼기면 연동리에 있다. 【소속】대한불교화엄종에 속한다. 【연혁】유물로 미루어 보아 백제 무왕 때(600~641) 창건된 것으로 추정된다. 언제인지는 알 수 없으나 폐사되었다가 1967년 여신도들이 절터를 닦다가 그 터와 석불이 발견되어 이듬해 중창했다. 1976년 휴암(休巖)이 주지로 부임

하여 10여 년 동안 대웅전과 요사, 산신각, 일주문 등을 건립하여 면모를 일신했다. 【유적·유물】건물로는 대웅전, 산신각, 일주문, 요사 등이 있다. 문화재로는 대웅전에 봉안된 석불좌상(보물 제45호)이 있는데, 무왕 때의 석불 양식과 비슷하여 이때의 작품으로 추정된다. 【참고문헌】사찰지(전라북도, 1990), 전북불교총람(전북불교총연합회, 1993)

석불사(石佛寺)

【이명】한때 석불암(石佛庵)이라고 불렸다. 【위치】서울특별시 마포구 마포동에 있다. 【소속】대한불교조계종 직할교구 본사인 조계사의 말사이다. 【연혁】조선 숙종 때(1674~1720) 창건됐다. 당시 한강의 마포항에 위치하여 선원들의 무사 항해와 상업의 번영을 기원하는 절로서 기능했다. 그러나 흥선대원군(興宣大院君, 1820~1898)의 배불정책으로 폐사되고, 절터에 풍월정(風月亭)이라는 정자가 세워졌다. 일제강점기에 절터에서 석불이 발견되자 중창하여 이름을 석불암이라고 했다. 1950년 6·25전쟁 때 삼성각을 제외한 모든 건물이 소실했다. 1960년 이후 10년 동안 대웅전과 극락전을 재건했으며, 1991년 대웅전과 요사채를 다시 세웠다. 【유적·유물】건물로는 대웅전과 극락전, 요사채가 있다. 특별한 문화재는 없다. 【참고문헌】마포 어제와 오늘 내일(마포구, 1992)

석불사(石佛寺)

석굴암(石窟庵)을 보시오.

석불암(石佛庵)

석불사(石佛寺)를 보시오.

석상암(石床庵)

【위치】전라북도 고창군 아산면 삼인리

선운산(禪雲山)에 있다. 【소속】대한불교
조계종 제24교구 본사인 선운사의 산내
암자이다. 【연혁】백제 때 창건됐다고 한
다. 절 서쪽 인근에 평상처럼 넓은 바위가
있는데, 이를 보고 석상암이라고 이름했
다고 한다. 《선운사사적기》에 의하면, 선
운사의 부속 암자로 1318년(고려 충숙왕
5) 효종(孝宗)이 1차 중수하고, 1474년
(조선 성종 5) 행호(幸浩)가 2차 중건했
다. 1597년(선조 30) 정유재란 때 병화로
소실한 것을 1614년(광해군 6) 일관(一
寬)과 원준(元俊) 등이 선운사를 대대적으
로 중창하면서 함께 중창했다. 그 뒤 1665
년(현종 6) 학철(學哲)이 다시 중수하여
오늘에 이르고 있다. 【유적·유물】건물
로는 인법당(因法堂)과 칠성각이 있다. 유
물로는 법당의 후불탱화와 칠성각의 칠성
탱화가 있다. 이 두 탱화 모두 1754년(영
조 30)에 조성된 것이다. 【참고문헌】전북
불교총람(전북불교총연합회, 1993), 사찰
지(전라북도, 1990)

석수암(石水庵)
【위치】경상북도 안동시 안기동에 있다.
【소속】대한불교조계종 제16교구 본사인
고운사의 말사이다. 【연혁】신라 때 연기
도선(烟起 道詵, 827~898)이 창건했다고
한다. 연혁은 전하지 않는다. 1983년 주
지 정길(淨吉)이 관음전을 건립했다. 【유
적·유물】건물로는 무량수전과 관음전,
산령각, 요사채, 객사가 있다. 유물로는
법당 옆에 오래 된 석불좌상이 있는데,
1983년 관음전을 건립할 당시 발굴된 것
이다. 무릎 부위와 오른손은 결실되었다.
【참고문헌】속 명산 고찰 따라(이고운·
박설산, 운주사, 1994)

석안사(碩眼寺)

석남사(石南寺)를 보시오.

석암(石庵)
봉곡사(鳳谷寺)를 보시오.

석왕사(釋王寺)
【위치】강원도 고산군 설봉리 설봉산(雪
峰山)에 있다. 【연혁】고려 말에 이성계
(李成桂)가 창건했다고 한다. 이성계는
조선을 건국하기 전에 무학 자초(無學 自
超, 1327~1405)의 해몽을 듣고 왕이 될
것을 기도하기 위해 이 절을 창건했다는
것이다. 그러나 1377년(고려 우왕 3) 이
성계가 동북면도원수로 있을 때 정몽주
(鄭夢周), 이화(李和) 등과 함께 청주(淸
州; 지금의 北淸郡)에 갔을 때 해양(海陽;
지금의 吉州郡) 광적사(廣積寺)가 병화로
폐허가 되었지만 대장경 1부와 불상 및
법기(法器)가 있다는 말을 듣고 중랑장
김남련(金南連)을 보내 이들을 보완한 뒤
석왕사에 봉안하고 오랫동안 왕을 축수
(祝壽)하고 나라의 복을 빌게 했다는 기
록도 있다. 또한 이성계는 젊은 시절에 이
절에서 가까운 설봉산 귀주사(歸州寺)에
서 독서를 하며 머물렀다. 그러므로 이 절
의 창건은 이성계와 관련이 깊고, 1377년
이전에 이루어진 것이 분명하다. 청허 휴
정(淸虛 休靜, 1520~1604)의 《설봉산 석
왕사기》에 의하면, 이성계는 등극하기 전
에 왕업을 이루기 위한 기도처로서 응진
전(應眞殿)을 세워 오백나한재를 개설했
고, 이때 천진당(天眞堂), 진헐당(眞歇
堂), 인지료(仁智寮), 용비루(龍飛樓) 등
을 지었다고 한다. 또 왕이 된 뒤에 대가
람을 이룩했으며, 1401년(태종 1) 이곳에
와서 마을 입구에 소나무를 심고, 뜰에 배
나무를 심었다. 그 뒤 왕명에 의해 이곳의
소나무를 베는 것을 금했고 좋은 배를 왕

에게 바치게 했다. 1732년(영조 8) 대웅
전과 영월루(暎月樓), 홍복루(興福樓), 범
종루, 용비루, 조계문(曹溪門) 등을 개수
했다. 일제강점기의 31본산시대에는 본산
중의 하나로서 함경남도 안변군, 덕원군,
문천군, 고원군, 영흥군, 정평군, 이천군
에 소재한 48개의 말사를 관장하고 있었
다. 1951년 6·25전쟁중에 대웅전이 소실
하는 등 크게 파손되었다. 【유적·유물】
이 절은 북한 국보급 문화재 제43호로 지
정되어 있다. 현존하는 건물로는 불이문
과 조계문, 설성동루, 용비루, 인지료 등
이 있다. 【참고문헌】 조선금석총람(조선
총독부, 1919), 조선불교통사(이능화, 신
문관, 1918), 북한의 사찰(한국불교연구
원, 일지사, 1978), 북한사찰연구(한국불
교종단협의회, 1993)

석장사(錫杖寺)
【위치】 경상북도 경주시 현곡면 금장리
석장(錫丈) 마을에 있었다. 【연혁】 신라
선덕여왕 때(632~647) 양지(良志)가 창
건했다. 자세한 연혁은 전하지 않는다. 조
선 초기까지는 존재해 있었던 것으로 추
정된다. 【유적·유물】 1940년 5월 절터
에서 '임신서기석(壬申誓記石)'이 발견되
었는데, 임신년으로 추정되는 해의 6월
16일에 2인이 쓴 것이다. 그 내용은 '하늘
앞에 맹세하노니, 지금부터 3년 이후에
충도(忠道)를 굳게 지켜 서원이 조금도
어긋남이 없게 하리라. 만약 이를 지키지
않는다면 하늘이 내리는 대죄를 받을 것
을 맹세하며, 만약 나라가 큰 난리로 불안
해지면 가히 행동으로 나타낼 것을 맹세
하노라.'라고 되어 있다. 1985년부터 동
국대학교 경주캠퍼스 박물관 팀이 절터를
본격적으로 발굴 조사하여 불상 등 많은

유물들을 출토했다. 【설화】 양지와 관련
된 설화가 전한다. 그는 신기한 도술을 부
릴 줄 아는 승려로서 석장(錫杖) 끝에 포
대를 걸어 놓으면 석장이 저절로 날아다
니며 시주할 집에 가서 시주를 받았다. 지
팡이가 시주할 집 대문 앞에 와서 목탁 소
리를 내면 그 집에서는 미리 양지가 보낸
것인 줄 알고 포대에 시주를 담아 주었는
데, 이렇게 해서 포대가 가득 차면 다시
날아서 돌아갔다고 한다. 이 때문에 양지
가 거처했던 이 절의 이름을 석장사라고
불렀다. 【참고문헌】 삼국유사, 한국사찰
전서(권상로, 동국대학교 출판부, 1979),
고도 경주(경주시, 1982)

석종사(石鍾寺)
관북사(館北寺)를 보시오.

석천사(石泉寺)
【이명】 석천암(石泉庵)이라고도 불린다.
【위치】 경기도 남양주시 별내면 화접리
불암산(佛巖山)에 있다. 【소속】 대한불교
조계종 제25교구 봉선사의 말사인 불암사
(佛巖寺)의 부속 암자이다. 【연혁】 신라
흥덕왕 때(826~836) 지증(智證) 국사 도
헌 지선(道憲 智詵)이 불암사와 함께 창
건했다고 한다. 그러나 지선은 840년(문
성왕 2)에야 17세가 되어 구족계를 받았
으므로 흥덕왕 때 창건했다는 설은 신빙
성이 약하다. 이후 조선 후기까지의 연혁
은 전하지 않는다. 1882년(고종 19) 오위
장(五衛將)으로 있던 이(李)장군이 입산
하여 암자를 짓고 수도했으며, 1922년 김
한구(金漢九)가 퇴락한 건물을 보수하고
염불하며 정진했다. 1956년 주지 창근(昶
根)이 요사채를 중수했고, 1960년 법당을
신축하여 오늘에 이르고 있다. 【유적·유
물】 현존하는 건물로는 법당과 산신각,

요사채 등이 있다. 법당 안에는 아미타삼
존불을 비롯하여 후불탱화가 있고, 산신
각에는 산신탱화가 봉안되어 있다. 이 밖
에도 호인상(好人像)의 특이한 마애불이
있다. 【참고문헌】한국사찰전서(권상로,
동국대학교 출판부, 1979), 봉선사본말사
약지(봉선사, 1977), 명산 고찰 따라(이고
운·박설산, 신문출판사, 1987)

석천사(石泉寺)
【위치】충청남도 아산시 도고산(道高山)
에 있었다. 【연혁】언제 누가 창건했는지
알 수 없다. 1481년(조선 성종 12)에 편
찬된 《동국여지승람》에는 이 절이 존재
한다고 나와 있으나, 1799년(정조 23)에
편찬된 《범우고(梵宇攷)》에는 지금은 폐
사되었다고 나와 있다. 【유적·유물】이
절의 유물로 전하는 석조물 2기가 현재
아산시 온천동 뉴서울여관 내에 있다. 이
들 석조물은 언제 옮겨졌는지 모르나, 모
두 부도로 추정되며, 다른 석조물들과 섞
여서 맞춰져 있다. 【참고문헌】한국사찰
전서(권상로, 동국대학교 출판부, 1979),
문화유적총람-사찰편(충청남도, 1990)

석천사(石泉寺)
【위치】전라남도 여수시 덕충동 마래산
(馬來山)에 있다. 【소속】대한불교조계종
제19교구 본사인 화엄사의 말사이다. 【연
혁】1601년(조선 선조 34) 무렵 승장 옥형
(玉炯)과 자운(慈雲)이 창건했다. 1592년
임진왜란 때 옥형과 자운 두 스님은 승장
으로서 직접 이순신(李舜臣) 장군의 장선
(將船)을 타고 종군했으며, 거북선 건조
등을 도왔다. 이순신이 전사하고, 1601년
왕명으로 이곳에 충민사(忠愍祠)라는 이
순신의 사당을 세우자, 두 스님은 사당 옆
에 절을 세워 이순신을 비롯한 순국 장병

들의 극락왕생을 기원했던 것이다. 1980년
대에 주지 진만(眞晩)이 대웅전과 종각을
새로 지었다. 【유적·유물】건물로는 대
웅전과 종각, 의승당, 석천사(石泉舍), 요
사채가 있다. 【참고문헌】속 명산 고찰 따
라(이고운·박설산, 운주사, 1994)

석천사(石泉寺)
석천암(石泉庵)을 보시오.

석천암(石泉庵)
【이명】석천사(石泉寺)라고도 불렸다. 【위
치】강원도 철원군 갈말읍 군탄리 명성산
(鳴聲山) 중턱에 있었다. 【연혁】고려시
대에 인근 용화사(龍華寺)의 한 승려가
창건했다고 한다. 조선시대에 이르기까지
유명한 수도처의 하나로서 많은 수도승들
이 거처했고, 효험이 좋은 약수가 있어서
요양객들도 즐겨 찾았다. 그러나 조선시
대 후기에 폐사되었다. 【유적·유물】현
재 절터에는 돌담의 흔적이 있으며, 석재
와 기와, 식기류의 파편 등이 출토되고 있
다. 【설화】폐사와 관련된 전설이 전한
다. 이 절의 바위틈에서는 매일 1인분의
쌀이 나왔다고 한다. 어느 날 욕심 많은
한 수도승이 쌀을 많이 나오게 하려고 바
위틈을 크게 뚫었으나, 쌀은 나오지 않고
샘이 터지면서 뱀이 몰려 나왔다. 그 뒤
샘이 흐려지게 됨에 따라 승려들이 모두
떠나게 되었고, 절은 자연히 폐사되었다
고 한다. 이는 전국에 분포되어 있는 폐사
설화의 대표적인 유형 가운데 하나이다.
【참고문헌】 문화유적총람(문화재관리국,
1977)

석천암(石泉庵)
석천사(石泉寺)를 보시오.

석탄사(石灘寺)
【위치】전라북도 정읍시 칠보면 반곡리

사자산(獅子山)에 있다. 【소속】한국불교
태고종에 속한다. 【연혁】신라 선덕여왕
때(632~647) 의상(義湘)이 창건했다고
한다. 그러나 당시 이 지역은 백제의 영토
였으므로 신빙성이 없다. 1597년(조선 선
조 30) 정유재란 때 병화로 소실했는데,
1750년(영조 26) 칠보면 백암리에 사는
모은 박잉걸(慕隱 朴仍傑)이 중건했다.
1894년(고종 31) 동학농민혁명으로 다시
소실했으며, 그 뒤 태인의 가산 김수곤
(迦山 金水坤, 1873~1950)이 중건했다.
1950년 6·25전쟁으로 또 한번 소실했고,
1973년 탄월 조병준(灘月 趙柄晙)이 어머
니 송(宋)씨 부인의 유지를 받들어 중건을
추진해 1986년 불전과 종각을 세워 면모를
일신했다. 【유적·유물】건물로는 대웅전
과 종각, 요사, 염불전, 삼성각 등이 있다.
유물로는 범종과 오층석탑, 석조십일면보
살상 등이 있으나 모두 1980년 이후에 조
성된 것으로 문화재적인 가치는 없다. 【참
고문헌】 전북불교총람(전북불교총연합회,
1993), 사찰지(전라북도, 1990)

석탑사(石塔寺)
【위치】 경상북도 안동시 북후면 석탑리
학가산(鶴駕山)에 있다. 【소속】대한불교
조계종 제16교구 본사인 고운사의 말사이
다. 【연혁】신라시대에 창건됐다고 한다.
그 뒤 여러 차례의 중수를 거쳤다. 1803
년(조선 순조 3) 중건하여 오늘에 이르고
있다. 【유적·유물】현존하는 건물로는
원통전과 요사채가 있다. 조선시대 말기
에 건립된 원통전 안에는 관세음보살상과
1803년에 봉안된 후불탱화가 있다. 【참고
문헌】문화유적총람(문화재관리국, 1977),
내 고장 전통 가꾸기(안동군, 1985)

선구사(旋龜寺)

백담사(百潭寺)를 보시오.

선국사(善國寺)
【이명】 한때 용천사(龍泉寺)라고 불렸으
며 산성절(山城-)이라고도 불린다. 【위
치】전라북도 남원시 산곡동 교룡산성(蛟
龍山城) 내에 있다. 【소속】대한불교조계
종 제17교구 본사인 금산사의 말사이다.
【연혁】685년(신라 신문왕 5) 남원 소경
(小京)이 설치될 때 창건됐으며, 이곳에
용천(龍泉)이 있다고 하여 용천사라고 했
다. 언제 선국사로 이름이 바뀌었는지는
분명하지 않으나, 이 절이 교룡산성 내에
서 국태민안과 전승을 기원하는 도량의
역할을 했기 때문에 이름을 바꾼 것으로
추정된다. 건물은 교룡산성을 지키는 군
본부로 사용되어 수성장과 별장(別將)이
배치되어 있었으며, 전성기에는 3백여 명
의 승려가 머물렀다고 한다. 특히 1893년
(고종 30) 동학농민혁명 때에는 동학군들
이 이곳을 점령하여 일대 접전을 벌였는
데, 이때 건물의 일부와 열 섬들이의 장독
이 파괴되었다고 한다. 1917년 현암(玄
巖)이 대웅전을 중수하여 오늘에 이르고
있다. 【유적·유물】현존하는 건물로는
대웅전(전라북도 유형문화재 제114호)을
비롯하여 칠성각, 요사채, 보제루(普濟
樓) 등이 있다. 이 중 보제루는 군사용으
로 많이 사용되었던 건물이다. 문화재로
는 쇠가죽으로 만든 조선시대의 대북(전
라북도 민속자료 제5호)과 '교룡산성 수성
장인(蛟龍山城 守城將印)'이라고 새겨진
동인(銅印 ; 전라북도 민속자료 제27호)이 있
다. 이 도장은 1960년 보월(寶月)이 보제
루 마루 밑에서 발견한 것으로 산성 별장
이 동학군에게 성을 빼앗길 때 빠뜨리고
간 것이다. 【참고문헌】고도 남원의 얼(남

원군, 1982), 사찰지(전라북도, 1990)

선달사(善達寺)

부석사(浮石寺)를 보시오.

선림사(禪林寺)

【위치】충청남도 보령시 오천면 소성리에 있다. 【소속】대한불교조계종 제6교구 본사인 마곡사의 말사이다. 【연혁】585(신라 진평왕 7) 담화(曇和)가 창건했다고 한다. 자세한 연혁은 전하지 않는다. 1860년(조선 철종 11) 산신각을 중수했고, 최근에 법당을 중수했다. 【유적·유물】건물로는 법당과 산신각, 요사채 등이 있다. 【참고문헌】 문화유적총람-사찰편(충청남도, 1990), 한국사찰전서(권상로, 동국대학교출판부, 1979)

선림사(禪林寺)

은적사(隱寂寺)를 보시오.

선림사(禪林寺)

천방사(千房寺)를 보시오.

선림원(禪林院)

【이명】사림사(沙林寺)라고도 불렸다. 【위치】강원도 양양군 서면 황이리 미천골에 있었다. 【연혁】804년(신라 애장왕 5) 무렵 순응(順應)이 창건한 것으로 추정된다. 이는 1948년 이 절터에서 출토된 범종이 804년 주조된 것으로 기록되어 있기 때문이다. 창건 당시는 해인사와 같은 화엄종 계통의 절이었다고 한다. 그 뒤 경문왕 때(861~875) 홍각(弘覺)이 이 절로 옮겨 왔고, 헌강왕 때(875~886) 홍각이 크게 중창했다. 그러나 10세기 전반기에 산사태로 매몰된 것으로 추정되며, 그 뒤 중창이 이루어지지 못했다. 1900년대 편찬된 《사탑고적고(寺塔古蹟攷)》에는 이 절이 사림사라고 기록되어 있다. 【유적·유물】절터 전체는 강원도 기념물 제53호

로 지정되어 있다. 절터에 남아 있던 문화재로는 삼층석탑(보물 제444호)과 석등(보물 제445호), 홍각선사탑비 귀부 및 이수(보물 제446호), 부도(보물 제447호)가 있다. 삼층석탑과 석등은 전형적인 신라 때의 양식을 갖추고 있으며, 886년(정강왕 1)에 세워진 홍각선사탑비 중 비신은 서울 국립중앙박물관에 옮겨 보관하고 있다. 부도는 홍각의 것으로 추정되며, 886년 또는 그 이전에 세워진 것으로 보인다. 이 밖에 이 절터에서는 800년 무렵의 것으로 추정되는 금은동불입상과 금동풍탁(金銅風鐸), 납석제소탑(蠟石製小塔), 귀면와(鬼面瓦), 암막새 기와, 수막새 기와가 출토되었으며, 현재에도 토기의 파편 등이 발견되고 있다. 특히 이 절에 있었던 신라 범종은 그 양식이 독특하여 우리 나라 범종의 연구에서 빠뜨릴 수 없는 귀중한 문화재였으나, 1950년 6·25전쟁 때 녹아서 형태를 알아볼 수 없을 정도의 잔편만이 남은 채 국립중앙박물관에 보관되어 있다. 【참고문헌】문화유적총람(문화재관리국, 1977), 전통사찰총서 1-강원도 2(사찰문화연구원, 1992)

선본사(禪本寺)

【이명】선본암(禪本庵)이라고도 불린다. 【위치】경상북도 경산시 와촌면 대한리 팔공산(八公山) 관봉(冠峯) 아래에 있다. 【소속】대한불교조계종 제10교구 본사인 은해사의 말사이다. 【연혁】491년(신라 소지왕 13) 극달(極達)이 창건했다. 조선 전기까지의 연혁은 전하지 않는다. 1641년(인조 19) 수총(秀聰)이 중창했으며, 그 뒤 대웅전 등 5동의 건물을 중수하여 오늘에 이르고 있다. 【유적·유물】현존하는 건물로는 대웅전을 비롯하여 극락전,

산신각, 요사채 등이 있다. 문화재로는 약사여래좌상(보물 제431호)을 비롯하여 삼층석탑(경상북도 유형문화재 제115호), 석등 대석(臺石) 등이 있다. 이 중 자연석을 갓 모양으로 머리에 이고 있어 '갓바위 부처님'이라고도 불리는 약사여래좌상은 원광(圓光)의 제자 의현(義玄)이 돌아가신 어머니를 위해 638년(선덕여왕 7) 조성했다고 한다. 이 불상에 지성껏 빌면 한 가지 소원이 꼭 이루어지며, 영험이 많다고 하여 예불하기 위해 찾아오는 신자들의 발길이 끊이지 않는다. 또 삼층석탑은 약사여래좌상과 이 절 사이의 산 능선상에 위치하고 있으며, 신라 후기의 탑으로 추정되고 있다. 요사채 옆의 석등 대석 또한 신라 후기의 작품으로 추정된다. 【참고문헌】문화유적총람(문화재관리국, 1977), 내 고장 전통(경산군, 1982), 명산 고찰 따라(이고운·박설산, 신문출판사, 1987)

선본암(禪本庵)

선본사(禪本寺)를 보시오.

선봉사(仙鳳寺)

【위치】경상북도 칠곡군 북삼면 숭도리 금오산(金烏山)에 있다. 【연혁】언제 누가 창건했는지 알 수 없다. 1131년(고려 인종 9) 인종이 임존(林存)에게 명하여 대각(大覺) 국사 의천(義天)의 비를 짓게 하여 이 절에 세웠다. 1481년(조선 성종 12)에 편찬된 《동국여지승람》과 1799년(정조 23)에 편찬된 《범우고(梵宇攷)》에 존재한다고 나와 있다. 연혁은 전하지 않는다. 【유적·유물】건물로는 법당과 요사채 등이 있다. 유물로는 대각국사비(보물 제251호)가 남아 있다. 【참고문헌】한국사찰전서(권상로, 동국대학교 출판부, 1979)

선석사(禪石寺)

【이명】한때 신광사(神光寺)라고 불렸다. 【위치】경상북도 성주군 월항면 인촌리 서진산(棲鎭山) 기슭에 있다. 【소속】대한불교조계종 제9교구 본사인 동화사의 말사이다. 【연혁】692년(신라 효소왕 1) 의상(義湘)이 화엄십찰(華嚴十刹) 중의 하나로 창건하여 신광사라고 했다. 1361년(고려 공민왕 10) 나옹 혜근(懶翁 惠勤)이 주지로 부임한 뒤 현재의 위치인 동쪽으로 옮겼는데, 당시 새 절터를 닦다가 큰 바위가 나왔다고 하여 '터 닦을 선(禪)'자를 넣어 선석사라 했다고 한다. 지금도 그 바위는 대웅전 앞뜰에 묻힌 채 머리 부분만 땅 위로 나와 있다. 1592년(조선 선조 25) 임진왜란 때 전소한 뒤 1684년(숙종 10) 은현(嘗玄), 혜묵(惠默), 나헌(懶軒)이 중창했다. 1725년(영조 1)에는 서쪽의 옛 터로 옮겼다가 1804년(순조 4) 동파(桐坡), 서윤(瑞允)이 신도들의 도움을 얻어 지금의 자리로 다시 옮기고, 대웅전, 명부전, 칠성각, 산왕각, 어필각(御筆閣), 정법료(正法寮) 등의 건물을 갖추었다. 세종의 왕자 태실(胎室)이 있는 태봉(胎峰) 옆에 위치하여 왕자의 태실을 수호하는 절로 지정되었으므로 영조로부터 어필을 하사받기도 했다. 그 뒤 화재로 어필각이 소실하여 영조 어필의 병풍은 정법료에 보관되어 있다. 현재 성주 지방에서는 가장 큰 절이다. 【유적·유물】현존하는 건물로는 대웅전(경상북도 문화재자료 제113호)을 비롯하여 명부전, 칠성각, 정법료, 산신각, 요사채 등이 있다. 옛날 어필각 주위에는 바람이 불면 이상한 소리를 내는 쌍곡죽(雙谷竹)이라는 대나무숲이 있었다고 한다. 이 대나무를 잘라 만든 피리는 그 소리의 맑고 깨끗하기가 다른 피리와 비길 바

가 아니었으며, 이를 교방적(敎坊笛)이라고 했다. 그러나 지금은 이 쌍곡죽이 남아 있지 않다. 【참고문헌】한국사찰전서(권상로, 동국대학교 출판부, 1979)

선암(船庵)

【이명】용암(龍庵)이라고도 불렸다. 【위치】강원도 회양군 내금강면 장연리 금강산(金剛山) 지장봉(地藏峯) 남쪽에 있었다. 【연혁】고려 광종 때(949~975) 거사 박빈(朴彬)이 창건했다. 그는 혼자서 이 암자를 짓고 염불정업(念佛淨業)을 닦다가 30년이 되던 해 백종일(百種日)에 극락세계로부터 온 성중(聖衆)의 내영을 받아 왕생했다고 한다. 그때 거사가 용선(龍船)을 타고 왕생했다고 하여 선암 또는 용암이라고도 불리게 되었다고 한다. 일제강점기의 31본산시대에는 유점사(楡岾寺)의 말사인 표훈사(表訓寺)의 산내 암자였다. 현재의 상황은 알 수 없으나 북한측 자료에 의하면 현존하지 않는다. 【유적·유물】건물로는 지장봉 남쪽에 위치한 평면의 바위 위에 지은 작은 정사(精舍)가 있었다. 암자의 바로 앞 석등 밑에는 바위에 눌린 작은 샘이 있는데, 이를 장군수(將軍水)라고 했다. 옛날 어느 장군이 돌로 샘을 봉해 놓고 혼자만 마셨다고 하여 붙여진 이름이다. 【참고문헌】한국의 사찰 17-북한의 사찰(한국불교연구원, 일지사, 1978)

선암사(仙巖寺)

【이명】한때 비로암(毘盧庵)이라고 불렸다. 【위치】전라남도 순천시 승주읍 죽학리 조계산(曹溪山)에 있다. 【연혁】542년(신라 진흥왕 3) 아도(阿道)가 창건하여 비로암이라고 했다는 설과, 875년(헌강왕 1) 연기 도선(烟起 道詵)이 창건하여 선암

사라고 했다는 설이 있다. 박전지(朴全之, 1250~1325)의 〈영봉산 용암사 중창기(靈鳳山 龍巖寺 重創記)〉에는 '지리산 성모천왕(聖母天王)이 만일 세 개의 절을 창건하면 삼한이 합하여 한 나라가 되고 전쟁이 저절로 종식될 것이라고 한 말에 따라 도선이 세 암자를 창건했는데, 곧 선암, 운암(雲巖), 용암(龍巖)이 그것'이라고 기록하고 있다. 절 서쪽에 선인이 바둑을 두던 곳이라고 하는 10여 장(丈) 높이의 평평하고 큰 돌이 있는 까닭에 이름을 선암이라 했다고 한다. 1088년(고려 선종 6) 대각(大覺) 국사 의천(義天)이 중창했다. 그 뒤 수많은 건물이 있었으나, 1597년(조선 선조 30) 정유재란 때 석종(石鐘), 철불(鐵佛), 보탑(寶塔), 부도, 문수전, 조계문(曹溪門) 등만 남고 모든 건물이 병화로 소실했다. 1660년(현종 1) 경준(敬俊), 경잠(敬岑), 문정(文正)이 중건했고, 그 뒤에 침굉 현변(枕肱 懸辯, 1616~1684)이 많은 건물들을 보수했다. 특히 현변은 규범을 엄하게 하여 해마다 제석(除夕)에 승려들이 동서로 패를 나누어 술을 마시며 노는 일을 금하고 염불로써 밤을 새도록 했다. 현변의 제자 호암 약휴(護巖 若休)는 1698년(숙종 24)부터 8년 동안 원통각, 약선궁(若仙宮), 대법당, 오십전 등을 짓고, 관음상 1위, 소상(塑像) 61위, 화상(畫像) 등을 조성하여 이 절을 중창했다. 1819년(순조 19) 봄 불에 타자 곧 상월(霜月)이 중건했고, 1823년(순조 23) 또 다시 불에 타자 그 이듬해 해붕 전령(海鵬 展翎), 눌암(訥庵), 월파(月波)가 대규모의 중수를 이룩했다. 1912년 사찰령에 의해 31본산 중의 하나가 되어 승주군(지금은 순천시에 편입됨)과 여수시, 여천군(지금은 여천시로

승격됨)의 말사를 통괄했다. 당시의 산내 암자로는 대각암(大覺庵), 대승암(大乘庵), 청련암(靑蓮庵), 운수암(雲水庵), 선조암(禪助庵), 향로암(香爐庵), 비로암(毘盧庵)이 있었다. 1950년 6·25전쟁 이전에는 모두 65동의 건물이 있었으나, 전쟁중에 대부분 불에 탔다. 1960년대의 소유권 분규로 인해 현재 대한불교조계종이 그 소유권을 가지고 있으나, 한국불교태고종이 점유하여 사용하고 있다. 【유적·유물】절 일원이 전라남도 문화재자료 제42호로 지정되어 있다. 현존하는 건물로는 대웅전(전라남도 유형문화재 제41호), 천불전, 팔상전(전라남도 유형문화재 제60호)을 비롯하여 장경각, 강선루(降仙樓) 등 20여 동이 있다. 이 중 대웅전은 조선 중기 이후의 건물 특징을 지니고 있으며, 특히 기단(基壇)과 석계(石階)는 고려시대의 것이었으나 근세에 이르러 모두 고쳤다. 원통전은 1660년 경잠 등이 중수할 당시의 건물로 알려져 있다. 불상으로는 고려시대에 조성된 석가모니불상과 1685년에 조성된 석가모니불상 등이 남아 있다. 그리고 1624년에 그려진 괘불(掛佛 : 전라남도 유형문화재 제27호)과 화엄탱화 등의 불화가 있다. 그 외의 문화재로는 대웅전 앞의 삼층석탑(보물 제395호), 대각국사진영(大覺國師眞影 ; 보물 제1044호), 입구의 승선교(昇仙橋 ; 보물 제400호), 금동향로(전라남도 유형문화재 제20호), 마애여래입상(전라남도 문화재자료 제157호), 대각암 부도(보물 제1117호), 선조암 부도(전라남도 유형문화재 제118호), 중수비(전라남도 유형문화재 제92호)가 있다. 또한 부도 2기가 경내에 있는데, 특히 조선 후기의 부도의 특징을 간직한 화산대사

사리탑(華山大師舍利塔)이 주목된다. 그리고 정조는 석왕사와 선암사에서 태자의 출생을 기원하여 순조가 탄생하자 석왕사에 부처님의 공덕을 기리는 비를 세웠다. 또한 순조는 선암사가 큰 복의 밭이라고 하여 '대복전(大福田)'이라는 글을 금자(金字)로 썼다고 한다. 그 뒤 순조는 다시 '천(天)'자와 '인(人)'자를 한 자씩 써 주어 대복전 현판 양쪽에 걸어 '인천대복전(人天大福田)'이 되게 했다고 전한다. 입구의 강선루 현판은 두 개가 걸려 있는데, 안의 것은 윤용구(尹用求, 1853~1936), 밖의 것은 김돈희(金敦熙, 1871~1936)의 글씨이다. 【참고문헌】고려사, 동국여지승람, 동문선, 조선불교통사(이능화, 신문관, 1918), 한국사찰전서(권상로, 동국대학교 출판부, 1979), 한국의 명산 대찰(국제불교도협의회, 1982), 명산 고찰 따라(이고운·박설산, 신문출판사, 1987)

선암사(仙巖寺)
【이명】한때 견강사(見江寺)라고 불렸다. 【위치】부산광역시 부산진구 부암동 백양산(白陽山)에 있다. 【소속】대한불교조계종 제14교구 본사인 범어사의 말사이다. 【연혁】675년(신라 문무왕 15) 원효(元曉)가 창건하여 견강사라고 했다. 그 뒤 조선시대 전기까지의 연혁은 전하지 않는다. 1483년(성종 14) 각초(覺招)가 중창하면서 이름을 선암사라고 바꿨다. 1568년(선조 1)에는 신연(信衍)이 중수하고, 1718년(숙종 44)에는 선오(禪悟)가 중수했다. 이어 1918년에는 동운(東雲)이 중수하고, 1955년에는 석암 혜수(昔巖 慧修)가 중수했다. 【유적·유물】건물로는 법당과 관음전, 극락전, 산신각, 칠성각, 원효각, 명부전, 종각, 종무소, 요사채가

있다. 특별한 문화재는 없다. 【참고문헌】 속 명산 고찰 따라(이고운·박설산, 운주사, 1994)

선암사(仙巖寺)
【위치】 경기도 개성시에 있었다. 【연혁】 언제 누가 창건했는지 알 수 없다. 1308 년(고려 충선왕 즉위) 10월 4일 충선왕이 중문(中門)에 방을 붙이기를 '왕륜사(王輪寺) 주지 인조(仁照)와 용암사(龍巖寺) 주지 용선(用宣), 선암사 주지 약굉(若宏) 등을 제외한 사람들은 특별히 부르지 않으면 들어오지 말라.'고 했다. 연혁은 전하지 않는다. 【참고문헌】 고려사

선암사(仙巖寺)
상선암(上禪庵)을 보시오.

선암사(仙狎寺)
【위치】 전라북도 임실군 청웅면 두복리 백련산(白蓮山) 기슭에 있었다. 【연혁】 언제 누가 창건했는지 알 수 없다. 1481 년(조선 성종 12)에 편찬된 《동국여지승람》에는 존재한다고 나와 있으며, 당시 이 절의 부속 암자로는 용문암(龍門庵), 천태암(天台庵), 산탄암(山灘庵) 등 5대 암자가 있었다고 한다. 그러나 1799년(정조 23)에 편찬된 《범우고(梵宇攷)》에는 폐사되었다고 나와 있다. 일설에 의하면, 18세기 후반에 정읍에 사는 권진사(權進士)가 절 안에 명당이 있음을 알고 여기에 묘를 쓰려 했으나 뜻을 이루지 못하자, 시신을 뒷산으로 몰래 들여오고 앞 큰 길로 빈 상여를 만들어 행상을 했다. 승려들이 모두 나가 상여를 제지하는 사이에 시신을 묻고 불을 질렀다고 한다. 그 뒤 절은 폐허화했고, 그 자손들이 이곳에 머물러 살았다고 한다. 【유적·유물】 절터는 현재 밭으로 변했는데, 주춧돌과 계단석,

기와 조각 등이 산재해 있다. 중요 유물은 일제강점기 때 일본인들이 모두 가져갔다. 밭을 경작하는 농부들이 금불상이나 수저 등을 찾아내곤 했다고 한다. 【참고문헌】 동국여지승람, 범우고, 사찰지(전라북도, 1990)

선운사(禪雲寺)
【이명】 한때 중애사(重愛寺)라고 불렸다. 【위치】 전라북도 고창군 아산면 삼인리 도솔산(兜率山) 북쪽 기슭에 있다. 【소속】 대한불교조계종 제24교구 본사이다. 【연혁】 신라 진흥왕(재위 540~576)이 창건하여 중애사라고 했다는 설과 577년(위덕왕 24) 백제의 승려 검단(檢旦, 黔丹)이 창건했다는 설이 있다. 그러나 1707년(조선 숙종 33)에 편찬된 〈도솔산선운사 창수승적기(創修勝蹟記)〉 등의 사료에는 진흥왕이 창건하고, 검단이 중건한 것으로 기록하고 있다. 이 창건설은 당시 이 지역이 백제 영토였을 것이라는 점에서 신빙성이 없다. 1354년(고려 공민왕 3) 효정(孝正)이 중수했고, 1472년(조선 성종 3)부터 10여 년 동안 극유(克乳)가 크게 중창했다. 그는 이 절에 구층석탑만이 서 있는 것을 보고 발원하여 1473년 2월 제자 종념(終念)과 함께 성종의 작은아버지 덕원군(德源君)이 쓴 원문(願文)을 얻어 중창을 시작했다. 그 해 여름 나주 보을정도(寶乙丁島)에서 재목 천여 그루를 3척의 배에 실어 왔으며, 1473년 봄부터 가을까지 기와 20여 가마를 구웠다. 그리하여 1474년 2층의 장륙전(丈六殿)과 관음전을 세웠으며, 1476년 천불대광명전(千佛大光明殿)을 조성했다. 1481년(성종 12) 모든 건물의 단청을 마쳤고, 지장전, 동상실(東上室), 금당, 능인전(能仁殿) 등을

지었으며, 영산회 등 53불회탱(五十三佛
會幀)을 조성했다. 이와 같은 극유의 중
창으로 이 절은 건물이 189채나 되는 웅
장한 옛 모습을 되찾았다. 그러나 1597년
(선조 30) 정유재란 때 어실(御室)을 제
외한 모든 건물이 소실하였다. 1608년(선
조 41)부터 수년 동안 선방과 법당을 지
었다. 1613년(광해군 5) 봄 태수 송석조
(宋碩祚)가 일관(一寬)에게 중창을 부탁
하자, 일관은 1619년까지 원준(元俊)과
더불어 보전(寶殿)과 상하 누각, 동서 양
실(兩室)을 건립했다. 그 뒤 1707년(숙종
33)에 이르기까지 일관, 원준 등이 불사
를 계속했다. 1698년 김우항(金宇杭)이
쓴 〈선운사중신기(禪雲寺重新記)〉에는 당
시 이 절에 살면서 중수에 참여한 대중
260여 명을 기록해 놓고 있는데, 이는 당
시의 절 규모와 조직 등을 알 수 있는 중
요한 자료이다. 1839년(헌종 5) 비로 인
해 법당이 일부 무너지자 찬성(贊誠) 등
이 법당과 향운전(香雲殿)을 수리했다.
이때까지는 이 절에 속한 산내 암자가 무
려 50여 개나 있었으나, 지금은 1693년 천
성(天性)이 중창한 동운암(東雲庵)과,
1665년 학철(學哲)이 중창한 석상암(石床
庵) 및 참당암(懺堂庵), 도솔암(兜率庵)
등 4개의 암자만이 남아 있다. 【유적·유
물】 현존하는 건물로는 대웅보전(보물 제
290호)과 영산전, 명부전, 나한전(전라북
도 문화재자료 제110호), 만세루(전라북도
유형문화재 제53호), 산신각, 천왕문, 큰
방, 요사 등이 있다. 문화재로는 금동보살
좌상(보물 제279호)과 영산전 목조삼존불
상(전라북도 유형문화재 제28호), 약사불
상, 삼존불좌상, 보살입상, 아미타삼존상,
십육나한상, 판관상(判官像), 녹사상(錄

使像), 사자상(使者像), 십대왕상(十大王
像), 동자상, 호법신장상(護法神將像 ; 仁
王像), 팔상전 석가모니불좌상, 육층석탑
(전라북도 유형문화재 제29호), 범종(전라
북도 유형문화재 제31호), 약사여래불상
(전라북도 유형문화재 제33호), 부도, 탑비
등이 남아 있다. 절 입구에 있는 부도와
탑비 중에는 김정희(金正喜)가 쓴 백파
긍선(白坡 亘璇, 1767~1852)의 백파대사
비(白坡大師碑 ; 전라북도 유형문화재 제122
호)와 채제공(蔡濟恭)이 쓴 설파 상언(雪
坡 尙彦, 1707~1791)의 설파대사비가 있
고, 절 아래 마을에는 〈선운사 동구〉라는
시를 새긴 서정주(徐廷柱)의 시비가 있
다. 또한 부속 암자에 있는 문화재로는 도
솔암 내원궁(內院宮)의 지장보살좌상(보
물 제280호)과 마애불상(보물 제1200호),
참당암 대웅전(보물 제803호) 등이 있다.
이 밖에도 이 절 주변에는 진흥왕이 수도
했다는 진흥굴, 검단에게 쫓긴 이무기가
당황하여 바위를 뚫고 나갔다는 용문굴
(龍門窟), 조망이 뛰어난 만월대(滿月臺),
동백나무숲(천연기념물 제184호) 등의 명
소가 있다. 【설화】 〈도솔산선운사 창수승
적기〉에 창건 설화가 전한다. 진흥왕은
왕위를 버린 첫날밤에 좌변굴(左邊窟 ; 진
흥굴)에서 잠을 잤다. 꿈속에 미륵삼존불
이 바위를 가르고 나오는 것을 보고 감동
하여 중애사를 창건했다. 왕은 다시 이를
크게 일으켰는데, 이것이 이 절의 시초라
고 했다. 또한 검단과 바닷가 마을인 검단
리(檢旦里)와 관련된 설화도 있다. 옛날
선운사 일대는 도적의 소굴이었는데, 검
단이 선운사를 창건하고 이들을 바닷가에
정착시켜 소금과 종이 만드는 기술을 가
르쳐 양민으로 살아가도록 했다고 한다.

그래서 이들의 후손들이 1945년 8·15해
방 전까지만 해도 선운사에 소금을 보시
했다는 것이다. 【참고문헌】선운사사적,
동국여지승람, 전라북도 사찰사료집(불교
학보 3. 4, 1966), 한국사찰전서(권상로,
동국대학교 출판부,1979), 사찰지(전라북
도, 1990)

선원사(禪院寺)
【위치】전라북도 남원시 도통동 만행산
(萬行山)에 있다. 【소속】대한불교조계종
제17교구의 본사인 금산사의 말사이다.
【연혁】875년(신라 헌강왕 1) 연기 도선
(烟起 道詵)이 창건했다. 사적비에 의하
면, 도선이 남쪽의 산천을 유력하다가 남
원의 진압 절로서 창건하고 약사여래를
봉안했는데, 초창기의 건물은 30동이 넘
었다고 한다. 그 뒤 1597년(조선 선조 30)
정유재란 때 왜군에 의해 만복사(萬福寺)
와 함께 완전히 불탄 것을 1755년(영조
31) 부사 김세평(金世平)이 약사전과 명
월당(明月堂)을 재건했고, 창건 당시의
철불을 약사전에 안치했다. 1961년 주지
일학(一鶴)이 신도들의 보시를 받아 대웅
전을 건립하고 전라북도 완주 위봉사(威
鳳寺) 보광명전의 주불을 옮겨 봉안했다.
1963년 도괴 직전의 명월당을 헐고 그 자
리에 명부전을 지은 뒤, 역시 위봉사의 시
왕상을 옮겨 안치했으며, 오층석탑과 탑
비 등을 건립했다. 【유적·유물】현존하
는 건물로는 대웅전(전라북도 문화재자료
제45호), 약사전(전라북도 유형문화재 제
119호), 명월당, 칠성각과 요사채가 있다.
약사전은 1754년 김세평이 지은 건물이
다. 문화재로는 철제여래좌상(보물 제422
호)과 동종(전라북도 유형문화재 제25호),
괘불(掛佛)이 있다. 철제여래좌상은 고려

시대의 것으로 약사전 안에 봉안되어 있
다. 동종은 조선시대 말기의 것으로 보이
며, '보현사(普賢寺) 중종(中鐘)'이라는
명기가 있다. 괘불은 김세평이 약사전을
재건할 때 제작한 것이다. 【참고문헌】문
화유적총람(문화재관리국, 1977), 한국사
찰전서(권상로, 동국대학교 출판부, 1979),
사찰지(전라북도, 1990)

선원사(禪源寺)
【이명】한때 선원사(禪源社)라고도 불렸
다. 【위치】인천광역시 강화군 선원면 지
산리에 있었다. 【연혁】1245년(고려 고종
32) 최우(崔瑀)가 창건했다. 1232년 강화
도로 도읍을 옮긴 최우는 대몽항쟁을 위
한 국민총화의 일환으로 이 절을 창건했
던 것이다. 주지로는 초대에 진명(眞明)
국사 혼원(混元, 1191~1271), 제2대에 원
오(圓悟) 국사 충경 천영(沖鏡 天英,
1215~1286), 제3대에 자오(慈悟) 국사,
제4대에 원명(圓明) 국사 설봉 충감(雪峰
沖鑑, 1274~1338), 제5대에 죽간 굉연
(竹磵 宏演) 등 당대의 신망이 높은 큰스
님들이 차례로 임명되었다. 1246년(고종
33) 고종이 직접 행차하는 등 송광사(松
廣寺)와 함께 당시의 2대 선종 사찰로 손
꼽혔다. 1272년(원종 13) 원나라의 총독
격이던 이익(李益)이 이 절에 와서 강화
도의 방비 태세를 정탐하고 간 적이 있으
며, 1290년(충렬왕 16) 원나라의 반적(叛
賊) 합단(哈丹)이 침입했을 때 이 절에
임시 궁전을 설치했다. 1309년(충선왕 1)
충선왕이 쌀 3백 석을 대장도감(大藏都
監)과 이 절에 나누어 주라고 명령했으
며, 1398년(조선 태조 7) 이 절에 보관하
고 있던 대장경판을 서울로 옮겼다. 고려
때 대장도감의 본사(本司)가 강화도에 있

었고, 승려들이 경판을 필사하고 조각했다는 점 등을 감안하면, 경판을 보관했던 이 절에 대장도감을 설치하고 여기서 대장경판을 만들었을 것으로 추정된다. 그러나 고려의 왕실이 다시 개경으로 환도한 뒤 차츰 쇠퇴하여 조선 초기 이후에 폐허화한 것으로 추정된다. 《고려사》에 1246년 고종의 행차와 1290년 충렬왕의 행차 때에는 선원사(禪源社)라고 나와 있다. 【유적·유물】 절터는 사적 제259호로 지정되어 있다. 1976년 동국대학교 강화도학술조사단에 의해서 절터가 발견되고, 절터에서 많은 유물들이 출토되었다. 대표적인 유물로는 보상화문전(寶相花文塼), 명문 막새기와, 치미(鴟尾), 원숭이상, 옥등 등이 있다. 이들은 그 양도 풍부하고 질적으로도 상당히 우수한 것으로 평가되고 있으며, 거의가 고려시대 유물로 추정된다. 【참고문헌】 고려사, 동문선, 한국의 사찰 15-전등사(한국불교연구원, 일지사, 1978), 기내사원지(경기도, 1988)

선원사(禪源社)
선원사(禪源寺)를 보시오.

선장사(禪長寺)
【위치】 경기도 용인군 포곡면 신원리 선장산(禪長山)에 있었다. 【연혁】 조선시대 초에 태조의 사위인 이제(李濟, ?~1398)의 원찰로서 창건했다고 한다. 이제는 태조의 셋째 딸 경순공주(慶順公主)의 남편으로 1398년(태조 7) 왕자의 난에 연루되어 극형에 처해졌다. 그러므로 이 절은 세종이 이제를 복권시켰을 때 창건했거나, 태조가 이제의 생전에 경순공주를 위해 창건했을 것으로 추정된다. 1481년(성종 12)에 편찬된 《동국여지승람》에는 존재

한다고 나와 있으나, 1799년(정조 23)에 편찬된 《범우고(梵宇攷)》에는 폐사되었다고 나와 있다. 【유적·유물】 절터에는 석축과 초석, 기와 조각, 도자기 조각 등이 산재해 있다. 기와 조각 중 수막새는 비늘 무늬가 나타나며, 그 질이 좋아 호화로운 건축물이 있었음을 추정하게 한다. 또한 백자와 분청사기 조각도 수습된다. 인근에 이제와 경순공주의 묘가 있다. 【참고문헌】 기내사원지(경기도, 1988)

선적사(善積寺)
【위치】 경기도 포천군 이동면 도평리에 있었다. 【연혁】 1942년에 편찬된 《조선보물고적조사자료》에 의하면 신라 말에 창건됐다고 한다. 연혁은 전하지 않는다. 【유적·유물】 《조선보물고적조사자료》에는 절터에 삼층석탑이 남아 있고 기와 조각이 흩어져 있다고 하나, 지금은 부도의 대좌 일부와 석탑의 옥개석만이 남아 있다. 이들은 고려 초기의 것으로 추정되며, 특히 부도의 대좌는 거대한 크기와 연꽃, 구름의 뛰어난 조각술이 걸작이다. 【참고문헌】 조선보물고적조사자료(1942), 기내사원지(경기도, 1988)

선정사(善正寺)
【위치】 일본 오사카부(大阪府) 하비키노시(羽曳野市)에 있었다. 【연혁】 백제계 이주민인 즈(津)씨 일족이 나라(奈良)시대에 창건했다. 즈씨 일족은 백제 진사왕(재위 385~392)의 아들인 진손왕(辰孫王)의 후예로서 일본에 이주했다. 이들은 주로 항구를 관리·운영하면서 교역세와 항만세 등을 징수하여 일본 정부의 재정 확보에 크게 공헌했다고 한다. 언제 폐사되었는지도 알 수 없다. 【유적·유물】 제2차 세계대전 이후 이 절터를 발굴 조사

했다. 그 결과 이 절이 동쪽과 서쪽에 각각 탑을 배치하는 약사사식(藥師寺式)가람 배치를 채택했음이 밝혀졌다. 또한 나라시대 초기의 기와가 출토되어 이 절의 창건이 나라시대에 이루어졌음을 분명하게 보여 주었다. 현재 절터에는 탑, 금당, 강당이 있었던 자리에 그 기단만이 남아 있다. 【참고문헌】歸化人(今井啓一, 綜藝舍, 1974), 日本に殘る古代朝鮮(段熙麟, 創元社, 1978), 日本と朝鮮の二千年(中村新太郞, 東邦出版, 1981), 日本の渡來文化(司馬遼太郞, 上田正昭, 金達壽 編, 中央公論社, 1982), 日本史に生きた渡來人たち(段熙麟, 松籍社, 1986)

선정사(禪定寺)
신흥사(神興寺)를 보시오.

선조사(善祖寺)
【위치】충청북도 충주시 신니면 원평리에 있었다. 【연혁】702년(신라 성덕왕 1) 창건됐다. 그 뒤의 자세한 연혁은 전하지 않는다. 1636년(조선 인조 14) 병자호란 때 이 절의 승려들이 불을 지르고 산중으로 도망하여 폐사가 되었다고 한다. 【유적·유물】현존하는 유물로는 미륵불입상(충청북도 유형문화재 제18호)과 삼층석탑 1기만이 남아 있다. 미륵불입상은 전체적으로 볼 때 균형이 잡혀 있고 웅대하며 섬세한 솜씨를 보여 주고 있어 통일신라시대 작품임이 분명하다. 삼층석탑은 고려시대의 작품으로 추정되며, 탑의 결손 부분이 많다. 이 탑 외에도 삼층석탑 1기가 더 있었으나 1930년대에 다른 곳으로 옮겨 갔다고 한다. 【참고문헌】사지(충청북도, 1982)

선종암(善宗庵)
【위치】전라북도 군산시 소룡동 설림산(雪林山)에 있었다. 【연혁】백제 때 창건됐다고 한다. 7세기에 활동하던 신라의 자장(慈藏)이 이곳에서 수도를 하여 자장의 속명 선종(善宗)을 따서 선종사라고 했다고 하나, 당시의 지리적인 여건으로 보아 신빙성이 없다. 자세한 연혁은 전하지 않는다. 1914년 천방산(千房山)과 설림산의 골짜기를 가로막아 수원지를 만든 뒤 절 전체가 수몰되었다. 【유적·유물】고려시대의 것으로 추정되는 이 절의 삼층석탑이 소룡동 은적사(隱寂寺)에 옮겨 세워져 있다. 원래는 오층석탑이었을 것으로 보인다. 【참고문헌】사찰지(전라북도, 1990)

선효사(宣孝寺)
【이명】한때 오미원(吳彌院)이라고 불렸다. 【위치】경기도 개성시 동쪽에 있었다. 【연혁】언제 누가 창건했는지 알 수 없다. 1181년(고려 명종 11) 의종의 진영을 봉안했다. 의종의 진영은 원래 성의 서쪽 해안사(海安寺)에 있었는데, 무신들이 '의종은 무인을 원수로 여겼으니 그 진영을 무방(武方; 서쪽)에 봉안하는 것은 옳지 못하다'고 하여 조정에 청해 오미원을 선효사로 고치고, 이 절에 진전(眞殿)을 지어 옮기게 했던 것이다. 1196(명종 26) 2월 22일에는 명종이 추밀원사(樞密院事) 이준창(李俊昌)을 보내 이 절에 있던 의종의 신어(神御)를 불주사(佛住寺)로 이전하게 했다. 연혁은 전하지 않는다. 【참고문헌】고려사

선흥사(禪興寺)
【위치】경기도 개성시에 있었다. 【연혁】언제 누가 창건했는지 알 수 없다. 1320년(고려 충숙왕 7) 5월 1일 충숙왕이 신하들과 더불어 이 절 앞에서 타구(打毬)했

다. 1410년(조선 태종 10) 4월 8일 부처
님 오신 날에는 태종이 이 절의 탑을 개경
사(開慶寺)로 옮기라고 명하고, 공조판서
박자청(朴子靑)에게 그 일을 담당케 했
다. 연혁은 전하지 않는다. 【참고문헌】
고려사, 조선왕조실록

설성사(雪城寺)

신흥사(新興寺)를 보시오.

성당사(聖堂寺)

【위치】 충청남도 당진군 고대면 진관리
성당산(聖堂山)에 있다. 【소속】 대한불교
조계종 제7교구 본사인 수덕사의 말사이
다. 【연혁】 1258년(고려 고종 45) 영산
(靈山)이 창건했다고 한다. 자세한 연혁
은 전하지 않는다. 다만 1799년(조선 정
조 23)에 편찬된 《범우고(梵宇攷)》 등에
존재한다고 나와 있는 것으로 보아 조선
시대 후기에 이르기까지 매우 큰 규모로
존속해 오다가 폐사된 것으로 추정된다.
1938년 지금의 자리에 중창하여 오늘에
이르고 있다. 【유적·유물】 건물로는 법
당과 요사채가 있다. 【참고문헌】 문화유
적총람-사찰편(충청남도, 1990)

성등암(聖燈庵)

【위치】 경기도 장단군 오관산(五冠山)에
있었다. 【연혁】 고려 태조(재위 918~
943)가 창건했다. 태조 왕건(王建)이 후
삼국을 통일하고 개성에 도읍을 세웠을
때 한 술사(術士)로부터 도읍의 삼재(三
災)를 막기 위해서는 석당(石幢)을 극암
(戟巖)에 세워야 한다는 권고를 받았다.
이에 왕건은 극암의 남쪽 벼랑 큰 돌 위에
다 돌기둥을 사방으로 벌여 세워 집처럼
만들고 장명등(長明燈)을 설치했다. 그리
고 극암의 삼재를 진압하여 밝은 임금이
대대로 계승하고 충신이 끊기지 않게 하

여 줄 것을 기원했다. 그 뒤 태부시(太府
寺)에서는 대대로 장명등의 기름을 제공
했다. 충숙왕 때(1313~1330)에는 시중
윤석(尹碩)이, 충혜왕 때(1330~1332)에
는 시중 한악(韓渥)이 기름을 제공했다.
1383년(우왕 9) 시중 조민수(曺敏修)는
쌀과 포목을 시주했으며, 첨서 유순(柳
珣) 등은 집을 짓기도 했다. 1398년(조선
태조 7) 태조의 명으로 중창에 착수하여
1399년 불전과 승방을 세웠으며, 석가삼
존, 16나한, 오백나한을 함께 그린 영산
회상도를 불전에 봉안했다. 또한 태조는
이때 밭 100결과 노비 16명을 주었다.
1799년(정조 23)에 편찬된 《범우고(梵宇
攷)》에 이미 폐사되었다고 나와 있는 것
으로 보아 조선 중기 이후에 폐사된 것으
로 추정된다. 《동국여지승람》에는 이 절
에 대한 권근(權近, 1352~1409)의 기문
이 상세히 기록되어 있다. 【참고문헌】 동
국여지승람, 범우고

성류굴(聖留窟)

성류사(聖留寺)를 보시오.

성류사(聖留寺)

【이명】 한때 탱천굴(撑天窟)이라고 불렸
으며 성류굴(聖留窟)이라고도 불린다.
【위치】 경상북도 울진군 근남면 구산리
백련산(白蓮山)에 있었다. 【연혁】 신라
신문왕(재위 681~692)의 태자 보천(寶
川)이 창건했다. 보천은 석회암의 천연동
굴 앞에 절을 짓고, 진덕여왕 때(647~
654) 원효(元曉)가 머물며 수도했던 사실
을 기려 '성인이 머물렀던 곳'이란 의미로
성류사라 이름하고 수도했다. 자세한 연혁
은 전하지 않는다. 1481년(조선 성종 12)
에 편찬된 《동국여지승람》에는 '이 절은
곧 성류굴이며, 옛 이름이 탱천굴이다.' 고

나와 있으며, 이곡(李穀, 1298~1351)의 〈성류사기〉가 실려 있다. 1592년(선조 25) 임진왜란 때에는 주민과 의병 500여 명이 굴 속으로 피신했다가 사망했다. 언제 폐사되었는지 알 수 없다. 【유적·유물】성류굴만이 남아 있으며, 이 굴은 천연기념물 제155호로 지정되어 있다. 【참고문헌】동국여지승람, 한국사찰전서(권상로, 동국대학교 출판부, 1979)

성림사(聖林寺)

【위치】충청남도 부여군 세도면 사산리에 있었다. 【연혁】유물로 미루어 보아 고려 때 창건된 것으로 추정된다. 조선시대에 신경준(申景濬, 1712~1781)이 편찬한 《가람고(伽藍考)》와 1799년(정조 23)에 편찬된 《범우고(梵宇攷)》에는 존재한다고 나와 있으나, 1900년대에 편찬된 《사탑고적고(寺塔古蹟攷)》에는 이미 폐사되었고 절터에는 석탑 부재가 산재해 있다고 나와 있다. 【유적·유물】지금 절터에는 민가가 들어서 있다. 초석 2개와 판석, '소비(牛碑)'라고 불리는 부도 등이 남아 있으며, 고려시대에 유행했던 어골문(魚骨文) 계통의 기와 조각이 산재해 있다. 【참고문헌】한국사찰전서(권상로, 동국대학교 출판부, 1979), 문화유적총람-사찰편(충청남도, 1990)

성림사(成林寺)

【위치】충청북도 진천군 덕산면 산수리에 있다. 【소속】한국불교태고종에 속한다. 【연혁】유물로 미루어 보아 고려 때 창건된 것으로 추정된다. 연혁은 알 수 없다. 절터 주변에 흩어져 있는 기와 조각 등으로 보아 비교적 큰 규모의 절이었던 것으로 추정된다. 폐사된 채 있던 것을 1960년대 이후에 법당과 요사를 새로 지어 오늘에 이르고 있다. 【유적·유물】건물로는 법당과 요사가 있다. 문화재로는 고려시대 중기 이후의 작품으로 보이는 석조여래좌상이 있다. 【참고문헌】사지(충청북도, 1982)

성문사(省門寺)

【이명】초문사(肖門寺)라고도 하나 이는 성문사의 오식이다. 【위치】중국 만주 집안현(輯安縣) 통구(通溝), 즉 옛 고구려의 수도인 국내성(國內城)에 있었다. 【연혁】375년(고구려 소수림왕 5) 소수림왕이 창건했다. 372년 전진(前秦)의 왕 부견(苻堅)이 승려 순도(順道)를 통해서 불상과 경문을 고구려에 보냈다. 우리 나라에 처음으로 불교가 전래한 것이다. 이어 374년에는 아도(阿道)가 동진(東晉)에서 오자, 이듬해 소수림왕은 이 절과 이불란사(伊弗蘭寺)를 지어 이 절에는 순도를 이불란사에는 아도를 머물게 했다. 그러므로 이 두 절이 고구려 최초의 절이자 우리 나라 최초의 절이 되었다. 그러나 그 뒤의 연혁은 전하지 않는다. 【참고문헌】삼국사기, 삼국유사

성문사(城門寺)

금곡사(金谷寺)를 보시오.

성불사(成佛寺)

【위치】황해도 사리원시 강성동 정방산(正方山)에 있다. 【연혁】신라 말 연기도선(烟起 道詵, 827~898)이 창건했다. 1374년(고려 공민왕 23) 나옹 혜근(懶翁 惠勤)이 중창했는데, 혜근은 건물의 중창뿐 아니라 이 절을 비롯한 산내 암자에 15개의 석탑을 안치하는 등 많은 석물을 조성했다고 한다. 그 뒤 1569년(조선 선조 2) 설숭(雪崇)이 중수했으나, 1592년(선조 25) 임진왜란 때 소실했다. 1632년

(인조 10) 외적의 침입에 대처하기 위해 정방산에 성을 쌓은 이후부터는 해서지방의 종찰이 되었다. 숙종 때(1674~1720)에는 이 절에 장륙탱화를 모시고 무게 400근의 대종을 조성했으며, 1751년(영조 27) 찬훈(贊訓)이 중수했다. 1924년에는 주지 이보담(李寶潭)이 3차 중수했는데, 그때 명부전, 향로전, 청풍루, 극락전, 응진전(應眞殿), 승방 등을 수리했다. 당시 이 절의 본사와 말사에는 청허 휴정(淸虛休靜)의 법손이 주지가 되도록 지정되어 있었다. 일제강점기의 31본산시대에는 본산 중의 하나로서 산내 말사인 안국사(安國寺), 원통사(圓通寺), 상원암(上院庵)을 비롯하여 산외 말사로서 황주군의 10개, 봉산군의 5개, 서흥군의 2개, 수안군의 4개, 곡산군의 6개, 평산군의 3개, 연백군의 1개, 금천군의 1개, 신계군의 1개 등 황해도 9개 군의 총 36개 말사를 관장하기도 했다. 1950년 6·25전쟁 때 파괴되었으나 1957년 옛 모습대로 복원했다. 【유적·유물】이 절은 북한의 국보급 문화재 제31호로 지정되어 있다. 현존하는 건물로는 극락전을 중심으로 응진전, 명부전, 청풍루, 운하당, 산신각 등이 있다. 응진전은 황해도 연탄 심원사(心源寺)의 보광전, 평안북도 박천 심원사(深源寺)의 보광전, 경상북도 영주 부석사(浮石寺)의 무량수전과 같이 가장 오래 되고 우수한 국보적인 건물이다. 유물로는 오층석탑(북한 국보급 문화재 제32호)과 사적비가 있다. 오층석탑은 일제강점기에는 보물 제130호로 지정되어 있던 것이다. 【참고문헌】조선불교통사(이능화, 신문관, 1918), 북한의 절과 불교(정태혁·신법타, 민족사, 1990), 북한사찰연구(한국불교종단협의회,

1993)

성불사(成佛寺)
【이명】한때 성불사(成不寺)라고 했다. 【위치】충청남도 천안시 안서동 태조산(太祖山)에 있다. 【소속】대한불교조계종 제6교구 본사인 마곡사의 말사이다. 【연혁】921년(고려 태조 4) 연기 도선(烟起道詵)이 창건했다고 한다. 태조가 도선에게 송도에 대흥사를 짓게 하고, 전국에 3,800개의 비보사찰(裨補寺刹)을 세웠는데, 이 무렵 도선이 이곳에 당도해 보니 백학 세 마리가 지금의 대웅전 뒤 암벽에 불상을 조각하다가 완성하지 못하고 날아가서 그 자리에 절을 짓고 성불사(成不寺)라 했다고 한다. 그러나 도선은 898년(신라 효공왕 2)에 입적했으므로 창건한 때에 대한 신빙성이 없다. 1002년(목종 5) 담혜(湛慧)가 왕명으로 중창했고, 1398년(조선 태조 7) 태조가 무학 자초(無學自超)의 권고로 중건했는데, 이전까지 성거산(聖居山)이라고 부르던 것을 태조가 기도했다고 하여 태조산이라고 부르게 되었다고 한다. 이처럼 몇 차례의 중수를 거치면서 성불사(成佛寺)라고 이름을 고쳤다. 그러나 그 뒤의 자세한 연혁은 전하지 않는다. 【유적·유물】절 일원이 충청남도 문화재자료 제10호로 지정되어 있다. 현존하는 건물로는 대웅전과 산신각, 요사채가 있다. 대웅전에는 불상을 모시지 않고, 대웅전 후면 암벽에 창건 당시에 조각했다고 하는 불상을 볼 수 있도록 벽면에 유리창을 내었다. 이 불상은 부처님의 입상을 희미하게 부조한 것으로 지금도 미완인 채로 남아 있으나, 측면에는 여러 작은 불상들이 뚜렷이 조각되어 있다. 【참고문헌】한국사찰전서(권상로, 동국대학교

출판부, 1979), 문화유적총람-사찰편(충청남도, 1990)

성불사(成不寺)
성불사(成佛寺)를 보시오.

성불사(成佛寺)
용흥사(龍興寺)를 보시오.

성사(聖寺)
내원암(內院庵)을 보시오.

성수암(聖壽庵)
【위치】경기도 개풍군 영남면 대덕산(大德山)에 있었다. 【연혁】1743년(조선 영조 19) 영조의 비인 정성왕후(貞聖王后)의 명으로 대진(大眞)이 창건했으며, 나라에서 성수암이라고 사액했다. 1858년(철종 9) 성봉(聖峯)이 법당을 중수했고, 1925년 주지 금성(金成)이 시주를 얻어서 퇴락한 건물들을 모두 개축하고 불상을 개금했다. 일제강점기의 31본산시대에는 전등사(傳燈寺)의 말사였다. 현재의 상황은 알 수 없으나 북한측 자료에 의하면 현존하지 않는다. 【참고문헌】전등본말사지, 한국사찰전서(권상로, 동국대학교 출판부, 1979)

성수원(聖壽院)
【위치】경기도 개성시에 있었다. 【연혁】고려시대 중기에 각예(覺倪)가 창건했다. 1166년(의종 20) 4월 11일 의종이 밤에 이 절에서 각예와 더불어 잔치를 벌였다. 또한 이 해 4월 15일에는 의종이 각예를 불러 달을 바라보며 시를 짓고 놀았다. 연혁은 전하지 않는다. 【참고문헌】고려사

성암사(聖巖寺)
수다사(水多寺)를 보시오.

성왕사(聖旺寺)
【이명】한때 태조사(太祖寺)라고 불렸다. 【위치】충청남도 서산시 음암면 부산리

성왕산(聖旺山) 기슭에 있다. 【소속】대한불교조계종 제7교구 본사인 수덕사의 말사이다. 【연혁】고려 태조 때(918~943) 혜량(慧亮)이 창건하여 태조사라고 했다. 그러나 그 뒤의 연혁은 전하지 않으며 언제 폐사되었는지도 모른다. 1933년 박해경(朴海耕)이 옛터에 포교원을 짓고 낡은 건물을 중수하는 등 본격적인 포교활동에 전념했다. 1945년 8·15광복 후에는 면모를 일신하여 포교원의 이름을 성왕사라고 바꾸었다. 【유적·유물】현존하는 건물로는 대웅전을 비롯하여 산신각, 요사채 등이 있다. 법당 내에는 석가모니불을 중심으로 후불탱화, 신중탱화 등이 봉안되어 있다. 【참고문헌】서산군지(서산군, 1982)

성월사(城月寺)
【이명】성월암(城月庵)이라고도 불린다. 【위치】충청남도 천안시 직산면 군서리 태조산(太祖山)에 있다. 【소속】대한불교조계종 제6교구 본사인 마곡사의 말사이다. 【연혁】조선 세종 때(1418~1450) 창건됐다고 한다. 자세한 연혁은 전하지 않는다. 【유적·유물】건물로는 대웅전과 요사채가 있다. 주변에 조선시대의 수막새 기와를 비롯한 기와 조각과 토기 조각, 석조불상의 파편 1점 등이 산재해 있다. 【참고문헌】 문화유적총람-사찰편(충청남도, 1990)

성월암(城月庵)
성월사(城月寺)를 보시오.

성의사(性義寺)
생의사(生義寺)를 보시오.

성전암(聖殿庵)
【위치】경상남도 진주시 이반성면 장안리 오봉산(五峰山)에 있다. 【소속】대한불교

조계종 제12교구 본사인 해인사의 말사이다. 【연혁】 879년(신라 헌강왕 5) 연기 도선(烟起 道詵)이 창건했다. 도선이 우리 나라의 국토를 풍수지리의 입장에서 살펴본 결과, 백두산의 정기가 태백산맥을 끼고 내려오다가 한 지맥은 한강 이북인 서울 삼각산에 머물렀고, 한 지맥은 남강 물을 먹고 있는 여항산(艅航山)에 와서 맺혔음을 관찰하여 이곳에 암자를 짓고 성인이 살고 있는 곳이라고 하여 성전암이라고 했다고 한다. 그 뒤의 연혁은 알 수 없다. 조선시대에 인조(재위 1623~1649)가 능양군(綾陽君)으로 있을 때 이곳으로 피신하여 국난 타개를 위해 백일기도를 올린 뒤 등극했다. 이 절에는 이를 기리기 위해 인조각(仁祖閣)을 세워 오늘날까지 제향을 올리고 있다. 【유적·유물】 현존하는 건물로는 대웅전을 비롯하여 인조각, 산신각, 요사채 등이 있으며, 특별한 문화재는 없다. 【참고문헌】 문화유적총람(문화재관리국, 1977), 내 고장 전통(진양군, 1982)

성전암(聖殿庵)

【위치】 대구광역시 동구 중대동 팔공산(八公山) 서쪽 중턱에 있다. 【소속】 대한불교조계종 제9교구 동화사의 말사인 파계사(把溪寺)의 부속 암자이다. 【연혁】 언제 누가 창건했는지 알 수 없다. 조선 숙종 때(1674~1720) 현응(玄應)은 영조의 탄생을 위해 이 절에서 백일기도를 했으며, 1695년(숙종 21)에는 현응이 이 절을 중창했다. 그 뒤 영조는 자신의 탄생을 감사하는 뜻에서 1704년(숙종 30) 11세 때 '현응전(玄應殿)'이라는 현판을 써서 이 절에 보냈다. 1915년 보령(保寧)이 중건했으며, 1960년대에는 퇴옹 성철(退翁

性徹)이 외부인의 출입을 금하고 본격적인 수도도량으로 만들었다. 이 절은 대구와 경상북도 3대 참선도량 중 도리사(桃李寺) 다음으로 손꼽히는 곳이다. 【유적·유물】 1704년 영조가 보낸 '현응전'이라는 편액이 지금까지 법당에 걸려 있으며, 영조 때 제작된 특별한 불상도 봉안되어 있다. 또 이 절에는 조선 때의 것으로 보이는 현응의 영정과 벽화도 보존되어 있다. 【참고문헌】 한국사찰전서(권상로, 동국대학교 출판부, 1979), 대구의 향기(대구직할시, 1982)

성주사(聖住寺)

【이명】 한때 오회사(烏會寺), 오합사(烏合寺), 오함사(烏含寺)라고 불렸다. 【위치】 충청남도 보령시 성주면 성주리 성주산(聖住山)에 있었다. 【연혁】 백제 법왕 때(599~600) 창건됐다. 처음에는 오합사(烏合寺: 일명 烏會寺, 烏含寺)라고 했다. 일설에는 616년(무왕 17) 무왕이 신라와의 전쟁에서 이긴 것을 기념하고, 또 전몰자의 명복을 빌기 위해 창건했다고도 한다. 659년(의자왕 19) 백제의 멸망 직전 큰 적마(赤馬)가 나타나 밤낮으로 여섯 번이나 이 절을 돌아다니면서 백제의 멸망을 예시해 주었다고 한다. 845년(신라 문성왕 7) 당나라에서 귀국한 무주 무염(無住 無染)이 김양(金陽)의 청으로 이 절의 주지가 되어 가르침을 펴자 학도가 운집하여 절을 중창했다. 이에 문성왕이 성주사라고 이름을 바꾸고 사액했다. 무염은 이 절에서 경문왕과 헌강왕의 국사가 되어 교화를 크게 떨쳤으며, 그 뒤 이 절은 선문구산(禪門九山)의 하나인 성주산파(聖住山派)의 중심 도량이 되었다. 번창했을 때에는 절에서 쌀뜨물이 성주천

을 따라 10리나 흘러내렸다고 한다. 1592년(조선 선조 25) 임진왜란 때 전소한 뒤 중건되지 못했다. 【유적·유물】지금은 절터(사적 제307호)만이 남아 있는데, 1960년부터 수습된 기와 조각을 통해 이 터가 오합사라는 사실이 확인되었다. 문화재로는 무염의 낭혜화상백월보광탑비(朗慧和尙白月葆光塔碑 ; 국보 제8호)를 비롯하여 4기의 석탑과 석등(충청남도 유형문화재 제33호), 석불입상, 당간지주, 석계단(충청남도 문화재자료 제140호) 등이 있어서 옛날의 규모를 추정할 수 있게 해준다. 무염의 탑비는 890년(진성여왕 4)에 세워진 신라 최대의 것으로 최치원(崔致遠)이 글을 짓고 최인연(崔仁渷)이 썼는데, 고어 연구에도 귀중한 자료가 되고 있다. 4기의 석탑은 모두 신라 말에 건립된 것으로 오층석탑(보물 제19호)과 중앙삼층석탑(보물 제20호), 조각수법이 우수한 서삼층석탑(보물 제47호), 동삼층석탑(충청남도 유형문화재 제26호) 등이다. 또한 석계단 위에는 목에 방울이 달린 석수(石獸)가 앉아 있다. 【참고문헌】삼국사기, 삼국유사, 문화유적총람(문화재관리국, 1977), 한국사찰전서(권상로, 동국대학교 출판부, 1979)

성주사(聖住寺)
【이명】한때 웅신사(熊神寺)라고도 불렸다. 【위치】경상남도 창원시 천선동 불모산(佛母山) 서쪽 기슭에 있다. 【소속】대한불교조계종 제14교구 본사인 범어사의 말사이다. 【연혁】827년(신라 흥덕왕 2) 무주 무염(無住 無染)이 창건했다. 당시 해안지대에서는 왜구의 피해가 극심하여 흥덕왕이 항상 근심했는데, 지리산에 있던 무염이 이 산에 와서 신통력으로 신병

(神兵)을 불러 물리쳤다고 한다. 이에 왕이 기뻐하여 밭 360결(結)과 노비 100호(戶)를 내려서 이 절을 창건하게 했다고 한다. 1592년(조선 선조 25) 임진왜란 때 전소한 뒤 1604년(선조 37) 진경(眞鏡)이 중건했다. 이때 곰이 불사를 도와 건축 자재를 날라 주었다고 하여 웅신사라고도 했다고 전한다. 사적기에는 진경이 이곳에 당도하여 산세와 절터를 보고 중창할 뜻을 품은 뒤 불당을 짓고 석탑과 석등을 찾아냈다고 한다. 1682년(숙종 8) 또 한 차례의 중수를 거친 뒤, 1817년(순조 17)에 동래 범어사에 있던 등암(藤巖)이 이 절로 옮겨 주석하면서 크게 중흥했다. 그 뒤의 자세한 연혁은 전하지 않는다. 【유적·유물】현존하는 건물로는 대웅전(경상남도 유형문화재 제134호)을 비롯하여 보타전(寶陀殿), 명부전, 설선당(說禪堂), 염화실, 불모당(佛母堂), 요사채 등이 있다. 명부전은 대웅전 우측에 있는 건물로서 지장보살과 시왕(十王)이 봉안되어 있다. 또한 삼층석탑(경상남도 유형문화재 제25호)은 고려시대의 작품으로 추정되며, 보타전에 안치된 석조관세음보살입상은 원래 매몰되었던 것을 용화전을 세우면서 찾아낸 것으로 고려시대의 작품이다. 이 밖에도 삼층석탑 좌우에는 2기의 석등이 있으며, 1773년(영조 49) 8월에 세워진 원혜(圓慧)의 부도와 1781년(정조 5)에 세워진 경세(慶世)의 부도 등 부도 4기가 있다. 【참고문헌】문화유적총람(문화재관리국, 1977)

성주사(聖住寺)
【위치】충청북도 음성군 음성읍 감우리 성주골 보현산(普賢山)에 있었다. 【연혁】언제 누가 창건했는지 알 수 없다. 1481

년(조선 성종 12)에 편찬된 《동국여지승람》에 존재한다고 나와 있다. 1592년(선조 25) 임진왜란 이후에 한때 폐사되었다가 영조 때(1724~1776) 중창했다. 그 뒤 1910년부터 빈 절로 남아 있던 중 결국 도괴되어 폐허화했다. 이때 법당의 불상은 음성군 가섭사(迦葉寺)의 승려가 모셔 갔으며, 절의 재목은 음성군수가 운반해 다가 관청 건립에 사용했다고 한다. 【유적·유물】 현존하는 유물로는 부도 2기와 동불상 등이 있다. 동불상은 1968년 4월 밭을 경작하다가 발견한 것으로 조각 수법이 단조로운 것으로 보아 조선시대의 작품으로 추정된다. 이 밖에도 절터에서 토불(土佛) 10여 점이 발굴되었으며, 지금도 막새기와와 평와 등이 산재해 있다. 【참고문헌】 사지(충청북도, 1982)

성주사(聖住寺)
도량사(道場寺)를 보시오.

성주암(聖住庵)
【위치】 강원도 철원군 동송읍 상로리 보개산(寶蓋山)에 있다. 【소속】 대한불교조계종 제3교구 신흥사의 말사인 심원사(深源寺)의 부속 암자이다. 【연혁】 860년 (신라 헌안왕 4) 통효(通曉) 국사 범일(梵日)이 창건했다. 1396년(조선 태조 5) 무학 자초(無學 自超)가 심원사를 중창할 때 나한전을 세웠다. 그 뒤 나한도량으로서 오늘날까지 명맥을 잇고 있다. 【유적·유물】 건물로는 나한전과 요사채 등이 있다. 【참고문헌】 한국사찰전서(권상로, 동국대학교 출판부, 1979)

성창사(聖彰寺)
봉녕사(奉寧寺)를 보시오.

성천원(聖天院)
승락사(勝樂寺)를 보시오.

성혈사(聖穴寺)
【이명】 성혈암(聖穴庵)이라고도 불린다. 【위치】 경상북도 영주시 순흥면 덕현리 소백산에 있다. 【소속】 대한불교조계종 제16교구 본사인 고운사의 말사이다. 【연혁】 신라 때 의상(義湘, 625~702)이 창건했다고 한다. 성승(聖僧)이 바윗굴에서 나왔으므로 성혈암이라고 부르게 되었다고 한다. 연혁은 전하지 않는다. 【유적·유물】 현존하는 건물로는 대웅전과 나한전(보물 제832호), 큰방, 요사채가 있다. 나한전은 1592년(조선 선조 25) 임진왜란 뒤에 중창된 것으로 보이는데, 통나무 판자에 조각된 정면의 꽃살 창호 조각이 정교하기 이를 데 없다. 유물로는 대웅전 앞에 석조비로자나불상이 있다. 매우 오래된 불상이라고 전하나 백색으로 도색되어 있어 확인해 볼 수는 없다. 【참고문헌】 한국사찰전서(권상로, 동국대학교 출판부, 1979), 속 명산 고찰 따라(이고운·박설산, 운주사, 1994)

성혈암(聖穴庵)
성혈사(聖穴寺)를 보시오.

성흥사(聖興寺)
【위치】 경상남도 진해시 대장동 팔판산 (八判山)에 있다. 【소속】 대한불교조계종 제13교구 본사인 쌍계사의 말사이다. 【연혁】 833년(신라 흥덕왕 8) 무주 무염(無住 無染)이 창건했다. 당시에는 승려 500여 명이 머물렀던 큰 규모의 절이었으나, 1109년(고려 예종 4) 무렵 화재로 소실한 뒤 대장동으로 옮겨 중창했다. 그러나 1668년(조선 현종 9) 화재가 발생해 다시 구천동으로 옮겼다가, 1789년(정조 13) 현재의 위치로 옮겨 중창했다. 최근 주지 성법(性法)이 신도회의 도움을 받아 나한

전, 칠성각, 일주문, 요사채 등을 중건하여 오늘에 이르고 있다. 【유적·유물】현존하는 건물로는 중창 당시의 건물인 대웅전(경상남도 유형문화재 제152호)을 비롯하여 나한전, 칠성각, 일주문, 요사채 등이 있다. 문화재로는 불상 6위, 나한상 16위 등을 비롯하여 당간지주, 원통형 부도 7기 등이 있다. 특히 이 절에는 1890년(고종 27)에 그린 무염의 영정이 봉안되어 있는데, 매우 섬세한 필치를 보이고 있다. 【설화】창건에 얽힌 설화가 전한다. 이 지방에는 왜구의 침략이 잦아 왕이 몹시 고민했는데, 826년(흥덕왕 1) 어느 날 흥덕왕의 꿈에 백수노인이 나타나서 지리산에 있는 도승(道僧)을 불러 왜구를 평정하게 하라고 했다. 왕은 사신을 보내어 도승을 모셔서 간절히 당부했다. 도승이 팔판산 위에 올라가 한 손에 지팡이를 잡고 한 손으로 자신의 배를 몇 번 두드리니 뇌성벽력이 천지에 진동하므로 왜구들은 신라 군사들의 함성으로 착각하고 달아났다. 그 도승이 곧 무염이었다. 이에 왕이 무염에게 재물과 전답을 시주하여 구천동에 터를 골라서 절을 창건하게 했다고 한다. 【참고문헌】내 고장 전통(의창군, 1982)

세계사(世界寺)
【이명】한때 미륵사(彌勒寺)라고 불렸으며, 미륵세계사(彌勒世界寺)라고도 불린다. 【위치】충청북도 충주시 상모면 미륵리 월악산(月岳山)과 조령산(鳥嶺山) 중간에 있다. 【소속】대한불교조계종 제5교구 본사인 법주사의 말사이다. 【연혁】고려 태조(재위 918~943)의 조부인 작제건(作帝建)이 창건했다고도 하고, 신라 경순왕의 왕자인 마의태자(麻衣太子)가 935년

(경순왕 9) 신라가 망하자 금강산으로 들어가던 중 이곳에 절을 짓고 머물다가 갔다고도 하나, 확실한 기록은 없다. 그러나 주변에 산재한 덕주사(德周寺), 덕주골 등 마의태자의 일행인 덕주공주(德周公主)와 관련된 명칭이 있는 것으로 보아 이 절의 창건이 마의태자와 관련이 있는 듯하다. 1192년(고려 명종 22) 원명(元明) 등이 금당을 중수했고, 1254년(고종 41) 몽고병란으로 소실한 뒤 고려 말 조선 초에 중건했다. 1592년(선조 25) 임진왜란 때 불에 탄 뒤 18세기 무렵에 중건했으나, 1936년 폭우로 산사태가 나서 매몰되어 폐사되었다. 1950년 6·25전쟁 이후 조그만 요사만을 지어 세계사라고 이름을 바꾸어 불렀다. 최근까지 이 절의 원래 이름이 알려지지 않다가 1977년 옛 절터에서 청주대학교 발굴조사단이 '미륵당초(彌勒堂草)'라고 새겨진 기와를 출토해 미륵사임을 확인했다. 【유적·유물】건물로는 대웅전과 산신각, 요사채가 있다. 현재 옛 절터에 산재해 있는 석불, 석탑, 석등, 귀부(龜趺) 등의 유물로 보아 창건 당시에는 규모가 큰 가람이었던 것으로 추정된다. 문화재로는 석불입상(보물 제96호)과 오층석탑(보물 제95호), 석등(충청북도 유형문화재 제19호), 삼층석탑(충청북도 유형문화재 제33호), 사각연화석등, 귀부, 당간지주, 공깃돌 등이 있다. 이 중 석불입상과 오층석탑은 마의태자가 일행과 함께 행렬을 재정비하면서 건립한 것이라고 한다. 석등은 고려시대에 제작된 것으로 귀부는 길이 6.4m, 넓이 1.5m, 높이 0.8m의 동양 최대의 거대한 돌거북으로 얼굴을 높이 쳐든 모습이 생동감이 넘친다. 또한 바위 위에 올려진 지름 1.

5m의 공깃돌은 온달장군이 국경 경비중 휴식을 취하면서 부하들과 더불어 놀이를 할 때 사용했다는 전설이 있다. 이 밖에도 발굴조사 때 범자(梵字)가 새겨진 기왓장을 비롯한 많은 고려 초기의 수막새, 암막새, 명문와, 치미(鴟尾), 구마도(驅馬圖)와 맹호도(猛虎圖)가 그려진 기와와 사자석상, 용머리돌, 금동귀면, 청동신장, 금동소탑옥개 등이 발굴되었다. 【참고문헌】문화유적총람(문화재관리국, 1977), 사지(충청북도, 1982)

세달사(世達寺)
흥교사(興教寺)를 보시오.

세마사(洗馬寺)
【이명】한때 보적사(寶積寺)라고 불렸다. 【위치】경기도 오산시 지곶동 세마산(洗馬山, 일명 石臺山)의 독산성(禿山城) 안에 있다. 【소속】대한불교조계종 제2교구 본사인 용주사의 말사이다. 【연혁】401년(백제 아신왕 10) 나라에서 전승과 국리민복(國利民福)을 기원하기 위해 창건했다고 하나 신빙성이 없다. 정확한 연대는 알 수 없으나 독산성을 수축하면서 세운 것으로 추정된다. 자세한 연혁은 전하지 않는다. 1920년 무렵 승려 주대식이 법당의 약사전을 헐어 지금의 대웅전을 지었다. 보적사라고 부르던 것을 1978년 주지 도광(道光)이 산성 안의 세마대의 이름을 빌어 세마사로 바꾸었다. 1986년 도광이 대웅전을 개축했다. 【유적·유물】건물로는 대웅전과 선실, 요사채가 있다. 대웅전 안에는 석가여래좌상을 비롯하여 약사여래좌상, 지장보살좌상, 16나한상 등이 봉안되어 있다. 【설화】절 이름에 얽힌 전설이 전한다. 옛날에 한 노부부가 보릿고개에 오직 쌀 두 되만 남긴 채 식량이

없어 굶어 죽을 지경에 이르렀다. 그러나 노부부는 이것을 먹고 며칠을 구차하게 연명하는 것보다는 부처님께 공양하여 좋은 일이나 하자고 마음먹고, 이 절의 부처님께 쌀을 바쳤다. 그런데 집으로 돌아와 보니 곳간에 쌀이 가득 차 있는 기적이 일어나 있었다. 노부부는 이 일을 나한의 신통력으로 믿고 더욱 열심히 공양했다. 이 일이 있은 후 이 절은 보적사라고 불렸다. 또한 세마대에 얽힌 일화도 전한다. 1592년(조선 선조 25) 임진왜란 때 권율(權慄) 장군이 한양으로 가는 왜적의 보급로를 차단하기 위해 이 산성을 수호하자 가토오(加藤清正)가 이끄는 왜군과 전투가 벌어졌다. 왜군은 이 산성이 가파라 함락하지 못하고 피해가 커지자 산성에 식량과 물이 떨어질 때까지 외곽에서 기다리기로 했다. 그때 권율 장군은 식수가 없어 고생하다가 산성 높은 곳으로 말을 끌어내어 말 등에 쌀을 부어 내렸다. 멀리서 이 광경을 지켜 보던 가토오는 아직도 물이 많이 남아 있는 것으로 착각하고 퇴각했다고 한다. 그 후 이 대를 세마대라 부르게 되었다고 한다. 【참고문헌】기내사원지(경기도, 1988)

세심사(洗心寺)
【이명】한때 신심사(神心寺)라고 불렸다. 【위치】충청남도 아산시 염치읍 산양리 영인산(靈仁山)에 있다. 【소속】대한불교조계종 제6교구 본사인 마곡사의 말사이다. 【연혁】백제 때 창건됐다고 한다. 645년(신라 선덕여왕 14) 자장(慈藏)이 중창했다고 전하나 그 뒤의 연혁은 알 수 없다. 1481년(조선 성종 12)에 편찬된 《동국여지승람》과 1799년(정조 23)에 편찬된 《범우고(梵宇攷)》 등에 절이 존재한

다는 기록이 있는 것으로 보아 조선시대 후기까지 꾸준히 명맥을 이어왔음을 알 수 있다. 1968년 일타(日陀)와 도견(道堅)이 절 입구에 있는 '세심당(洗心堂)'이란 부도에서 이름을 따와 세심사로 바꿨다. 【유적·유물】 현존하는 건물로는 대웅전과 영산전, 산신각, 범종각, 요사채가 있다. 유물로는 철조아미타여래좌상과 다층석탑(충청남도 문화재자료 제231호), 신중탱화, 부도 3기, 부모은중경판 13매가 있다. 철조아미타여래좌상은 대웅전 안에 봉안되어 있다. 다층석탑은 고려시대에 유행하던 청석(靑石)으로 만들어진 구층석탑으로서 상륜부(相輪部)가 없으며, 1968년 일타와 도견이 옥신(屋身) 등의 새로운 부재를 가미하여 원래의 모습을 상실했다. 신중탱화는 대웅전 안의 동쪽 벽에 봉안된 것으로 1794년(정조 18)에 조성된 것이다. 부도는 3기가 절 입구에 나란히 위치해 있는데, 2기는 각각 '송매(松梅)'라고 쓰여 있으며, 1기는 '세심(洗心)'이라고 쓰여 있다. 부모은중경판은 1563년(명종 18)에 판각된 것이다. 이밖에도 불교의식집인 청문판(請文板) 4매가 남아 있다. 【참고문헌】 동국여지승람, 범우고, 문화유적총람—사찰편(충청남도, 1990)

소란야(小蘭若)
삼성암(三聖庵)을 보시오.

소래사(蘇來寺)
내소사(來蘇寺)를 보시오.

소리암(蘇利庵)
【위치】 경상남도 합천군 가야면 치인리 가야산에 있었다. 【연혁】 신라 때 창건된 것으로 추정된다. 고려 때 박인량(朴寅亮, ?~1096)이 신라 때의 설화를 모아 지은 《수이전(殊異傳)》에는 '옛날 소리암이라는 큰 절이 있었다.'고 밝히고 있다. 그 뒤 폐사된 채 있던 것을 1450년(조선 문종 즉위)에 권총(權聰)이 중창하고, 서거정(徐居正)이 중창기를 썼으며, 김굉필(金宏弼, 1454~1504)이 독서를 하였다고 한다. 1799년(정조 23)에 편찬된 《범우고(梵宇攷)》에는 이미 폐사되었다고 나와 있다. 【참고문헌】 범우고, 한국사찰전서(권상로, 동국대학교 출판부, 1979)

소림굴(少林窟)
소림사(少林寺)를 보시오.

소림사(小林寺)
【위치】 경상북도 상주시 공성면에 있었다. 【연혁】 신라 때 지방민들이 창건하여 복을 기원하는 절로 삼았다고 한다. 그러나 고려 초기부터 사세가 기울어 승려 몇 사람에 의해 겨우 명맥만 이어져 오던 것을 1174년(명종 4) 6월 김영의(金令義)가 중창을 시작하여 1177년 7월 완공했다. 이때 김영의는 이 절에 관세음보살상을 만들어 봉안했고, 불감(佛龕), 화과(花菓), 당번(幢幡) 등의 법당 장엄구와 범종, 경(磬) 등도 갖추었다. 중창 뒤 그는 '절에 식량 1,500석을 저축하여 주면 자모법(子母法)에 의해 해마다 그 이삭을 받아서 공양에 충당하고, 큰스님 15명을 선택하여 법연(法筵)을 베풀 것을 약속한다.'고 나라에 보고하여 명종의 허락을 받았다. 낙성식 때에는 왕명을 받은 주(州)와 목(牧)의 관원이 함께 참석했다. 그러나 그 뒤의 연혁은 전하지 않으며 1481년(조선 성종 12)에 편찬된 《동국여지승람》에 이 절의 이름이 보이지 않는 것으로 보아 조선 초기에 폐사된 것으로 추정된다. 【참고문헌】 동문선

소림사(少林寺)

【이명】한때 소림굴(少林窟)이라고 불렸다. 【위치】서울특별시 종로구 홍지동 세검정(洗劒亭) 부근에 있다. 【소속】대한불교조계종 직할교구 본사인 조계사의 말사이다. 【연혁】1396년(조선 태조 5) 태조가 혜철(慧徹)에게 명하여 창의문(彰義門) 밖에 절을 짓게 하고 관음상을 봉안하게 한 뒤 중국에 선종(禪宗)을 전한 인도의 달마(達磨)가 9년 동안 벽을 바라보며 좌선한 중국 숭산(嵩山) 소림사(少林寺)의 이름을 따서 소림굴이라고 했다. 법당 뒤의 암벽에는 깊은 굴이 있는데, 태조가 등극하기 전 이 굴속에서 수도하고 뜻을 이루었다고 한다. 그 뒤 기도와 수행처로서 전승되어 오다가 1817년(순조 17) 관해(觀海)가 중건하고 소림사라고 했으며, 1913년 서륜 두삼(西輪 斗三)이 큰방을 지었다. 1933년에는 주지 용호(聳湖)가 칠성각을 새로 지었고, 1935년에는 대웅전을 새로 지어 오늘에 이르고 있다. 조선 초기에는 교종(敎宗)에 속했었다. 현재 비구니들의 수도도량이다. 【유적·유물】현존하는 건물로는 대웅전과 삼성각, 종루, 요사채 등이 있다. 【참고문헌】문화유적총람(문화재관리국, 1977), 한국사찰전서(권상로, 동국대학교 출판부, 1979)

소림사(少林寺)

【위치】강원도 이천군 이천면 회산리 달마산(達摩山)에 있었다. 【연혁】조선 인조 때(1623~1649) 도흠(道欽)과 설수(雪修)가 창건했다. 이들은 중국에 선종(禪宗)을 전한 인도의 달마(達磨)가 9년 동안 벽을 바라보며 좌선했던 숭산(嵩山) 소림사의 이름을 따서 소림사라고 했다. 당시 이들은 법당 3동과 승당 3동을 지었

다. 1692년(숙종 18) 이필형(李必馨)이 쓴 사적비(事蹟碑)를 건립했다. 조선 후기에 폐사되었다. 절터에는 사적비와 석불입상 1위가 있었으나, 북한 지역에 위치해 있어 현재의 상황은 알 수 없다. 【참고문헌】조선금석총람(조선총독부, 1919), 한국사찰전서(권상로, 동국대학교 출판부, 1979)

소림암(少林庵)

【위치】강원도 양양군 설악산 동쪽에 있었다. 【연혁】662년(신라 문무왕 2) 창건됐다. 그 뒤의 자세한 연혁은 전하지 않는다. 다만 1799년(조선 정조 23)에 편찬된 《범우고(梵宇攷)》에는 절의 이름이 나타나나, 1928년에 편찬된 《건봉사급건봉사말사사적(乾鳳寺及乾鳳寺末寺史蹟)》에는 폐사되었다고 기록되어 있는 것으로 보아 조선 후기에 폐사된 것으로 추정된다. 【참고문헌】범우고, 건봉사급건봉사말사사적, 한국사찰전서(권상로, 동국대학교 출판부, 1979)

소백산사(小白山寺)

비로사(毘盧寺)를 보시오.

소보갑사(所寶岬寺)

【위치】경상북도 청도군 운문산(雲門山)에 있었다. 【연혁】567년(신라 진흥왕 28) 한 신승(神僧)이 창건했다고 한다. 이 신승은 557년 운문산에 들어와 지금의 금수동(金水洞) 북대암(北臺庵) 터에 초암을 짓고 3년 동안 수도했다. 그러던 어느 날 산과 골이 진동하여 새와 짐승이 놀라 우는 소리를 듣고 그곳이 오령(五靈)이 숨어 사는 곳임을 알게 되었다고 한다. 이에 절을 짓기 시작하여 중심부에 대작갑사(大鵲岬寺), 동쪽에 가슬갑사(嘉瑟岬寺), 남쪽에 천문갑사(天門岬寺), 서쪽에

소작갑사(小鵲岬寺), 북쪽에 소보갑사를 각각 지었는데, 역사가 다 끝난 시기가 567년이었다. 그러나 신라 말 고려 초에 후삼국의 싸움으로 이 절을 비롯하여 일대의 갑사(岬寺)들이 모두 폐사되어 그 기둥들을 대작갑사에 모아 두었었다. 【참고문헌】 삼국유사, 호거산운문사사적(1718), 속 명산 고찰 따라(이고운·박설산, 운주사, 1994)

소소래사(小蘇來寺)
내소사(來蘇寺)를 보시오.

소악사(小岳寺)
【위치】 충청북도 제천시 송학면 자곡리 송학산에 있었다. 【연혁】 유물로 미루어 보아 고려시대에 창건된 것으로 추정된다. 1481년(조선 성종 12)에 편찬된 《동국여지승람》과 1799년(정조 23)에 편찬된 《범우고》에 존재한다고 나와 있는 것으로 보아 조선시대 후기에 폐사된 것으로 추정된다. 빈대가 많아서 승려가 절을 떠나 폐사되었다는 일반적인 폐사 설화가 전한다. 【유적·유물】 절터에는 고려시대 작품으로 보이는 삼층석탑이 있으며, 고려시대와 조선시대의 기와 조각이 흩어져 있다. 【참고문헌】 사지(충청북도, 1982)

소요사(逍遙寺)
【위치】 전라북도 고창군 부안면 용산리 소요산(逍遙山)에 있다. 【소속】 한국불교태고종에 속한다. 【연혁】 백제 위덕왕 때(554~597) 소요(逍遙)가 창건했다. 소요가 머물며 큰 가르침을 깨달아 유명해진 곳이라는 의미에서 산 이름도 소요산이라고 불렀다. 신라 말 연기 도선(烟起 道詵, 827~898)도 깨우침을 얻고 일시 이곳에 들러 수도했다. 조선시대 중기에 이르기까지 대대로 이름난 승려들이 배출된 절

로 명성이 높았으나, 1597년(선조 30) 정유재란 때 왜군의 약탈과 방화로 건물들이 소실하고 요사만 남았다. 그 뒤 광해군 때(1608~1623) 대웅전을 중창했으나, 1950년 6·25전쟁 때 다시 소실하였다. 1961년 현학(玄鶴)이 다시 대웅전을 짓고, 1965년 거사 임종석(林宗錫)이 중건했다. 1975년 승려 전동진이 주지로 부임한 뒤 대웅전과 요사채를 중수하고 종각을 신축하는 등 중창하여 절의 면모를 갖추었다. 【유적·유물】 건물로는 대웅전을 비롯하여 칠성각, 산신각, 종각, 요사채가 있다. 【참고문헌】 전북불교총람(전북불교총연합회, 1993), 사찰지(전라북도, 1990)

소요사(逍遙寺)
자재암(自在庵)을 보시오.

소작갑사(小鵲岬寺)
대비사(大悲寺)를 보시오.

소재사(消災寺)
【위치】 대구광역시 달성군 유가면 용리 비슬산(琵瑟山) 기슭에 있다. 【소속】 대한불교조계종 제9교구의 본사인 동화사의 말사이다. 【연혁】 신라 때 창건됐다고 한다. 그 뒤 1358년(고려 공민왕 7) 진보(眞寶)가 중창했고, 1457년(조선 세조 3) 활륜(活輪)이 중건했다. 1510년(중종 5) 외암(外巖)이 중건했으며, 1857년(철종 8) 법로(法盧)가 중수하여 오늘에 이르고 있다. 【유적·유물】 현존하는 건물로는 대웅전과 명부전, 요사채 등이 있다. 대웅전은 1978년 보수하여 법당의 면모를 갖추고 있지만, 명부전은 최근에 허물어졌다. 이 절 근처에는 피부병과 고질병에 좋다는 약수가 솟는 금물정(金物井)이 있다. 샘의 물 표면에 금가루 모양의 작은 먼지들이 떠 있기 때문에 붙여진 이름이다. 또

절 뒤편에는 석불입상(경상북도 유형문화재 제102호)이 있다. 【참고문헌】 문화유적총람(문화재관리국, 1977), 달성의 비슬산(달성군, 1983)

속명사(續命寺)

【이명】 한때 흥사(興寺), 흥풍사(興風寺)라고 불렀다. 【위치】 황해도 서흥군 서흥면 모운리 오운산(五雲山) 중턱에 있었다. 【연혁】 528년(신라 법흥왕 15) 4월 아도(阿道)가 창건하여 흥사 또는 흥풍사라 했다고 한다. 그러나 이때는 이미 아도가 입적한 뒤여서 신빙성이 없다. 그 뒤 폐허화했다가 조선 초기에 조반(趙胖, 1341~1401)이 중창하여 속명사라고 했다. 이어 다시 폐허화했으나, 1884년(고종 21) 왕실의 시주로 중건했다. 일제강점기의 31본산시대에는 성불사(成佛寺)의 말사였다. 현재의 상황은 알 수 없으나 북한측 자료에 의하면 현존하지 않는다. 【설화】 조반이 중창할 때의 설화가 전한다. 조반은 1392년(태조 1) 조선의 개국 사실을 알리기 위해 사신으로 명나라에 갔다가 참형을 당하게 되었다. 그러나 그의 목을 세 번이나 칼로 쳤지만 베어지지 않았기 때문에 명나라에서는 이를 천명(天命)으로 받아들여 조선을 인정했다고 한다. 조반은 귀국 도중에 황해도 서흥에서 숙박했는데, 꿈에 3인의 승려가 와서 '우리는 오운산의 석불이다. 이번 명나라 황제가 그대의 머리를 베려 했으나 이루지 못한 것은 우리들이 그대의 목숨을 대신하여 머리가 베어졌기 때문이다. 지금 우리는 오운산 바위 밑에 있으니 떨어진 머리를 붙이고 절을 지어 달라.' 고 말하고는 사라졌다. 꿈에서 깨어나 확인해 보니 오운산에 머리가 베인 석불 3위가 있었

다. 왕에게 알려 절을 짓고 석불의 머리를 붙여서 모신 뒤 목숨을 이었다는 의미에서 절 이름도 속명사라 했다고 한다. 【참고문헌】 황해도지(황해도, 1970)

송계사(松溪寺)

【이명】 한때 송계암(松溪庵)이라고 불렀다. 【위치】 경상남도 거창군 북상면 소정리 덕유산의 남쪽 기슭 수유동 골짜기에 있다. 【소속】 대한불교조계종 제12교구 본사인 해인사의 말사이다. 【연혁】 원효(元曉)와 의상(義湘)이 652년(신라 진덕여왕 6) 영축사(靈鷲寺)를 창건한 뒤 5개의 암자를 세웠을 때 송계암이라고 이름하여 창건했다. 그 뒤 많은 큰스님이 이 절에서 배출되었다. 1592년(조선 선조 25) 임진왜란 때 전소한 뒤 숙종 때(1674~1720) 진명(眞溟)이 중건했다. 1950년 6·25전쟁 때 다시 전소한 것을 1969년 중건했다. 【유적·유물】 현존하는 건물로는 극락보전을 중심으로 명부전, 산신각, 요사채 등이 있다. 문화재로는 아미타여래좌상, 소종(小鐘), 탱화 3점 등이 있다. 【참고문헌】 한국사찰전서(권상로, 동국대학교 출판부, 1979), 한국의 명산 대찰(국제불교도협의회, 1982)

송계암(松溪庵)

송계사(松溪寺)를 보시오.

송광사(松廣寺)

【이명】 한때 길상사(吉祥寺), 수선사(修禪社)라고 불렀다. 【위치】 전라남도 순천시 송광면 신평리 조계산(曹溪山)에 있다. 【소속】 대한불교조계종 제21교구 본사이다. 【연혁】 신라 말에 혜린(慧璘)이 창건하여 길상사라고 불렀다. 당시에는 승려가 30~40명을 넘지 못하는 작은 규모의 절이었다. 고려 인종 때(1123~1146)

석조(釋照)가 중창을 위해 역부(役夫)를 소집하고 임목(林木)을 준비했으나 완공하지 못한 채 입적했다. 그 뒤 한동안 폐사의 지경에 이르렀다. 그러다가 1200년(신종 3) 보조(普照) 국사 지눌(知訥)이 이곳으로 정혜사(定慧社)를 옮겨 와 11년 동안 머물며 가르침을 베풀자 사방에서 모여드는 이가 헤아릴 수 없이 많아 큰 수도도량이 되었다. 지눌은 1182년(명종 12) 개성 보제사(普濟寺)의 담선법회(談禪法會)에 동참했던 승려들에게 도를 닦을 것을 간곡히 권유해 뜻을 같이하는 동지들과 함께 맹문(盟文)을 짓고 정혜결사(定慧結社)를 맺을 것을 기약했다. 그 뒤 1188년 봄 득재(得才)가 팔공산 거조사(居祖寺)에 머물면서 결사 동지들을 모은 뒤 지눌을 청했으며, 1197년(명종 27) 지눌은 결사 동지들과 함께 지리산 상무주암(上無住庵)으로 들어가 3년 동안 정진하다가 이 절로 옮겨 왔다. 그 뒤 즉위하기 전부터 지눌을 존경했던 희종(재위 1204~1211)은 송광산(松廣山) 길상사를 조계산 수선사로 이름을 고쳐 친히 글을 써서 제방(題榜)을 내렸다. 1210년(희종 6) 지눌이 이 절에서 입적하자 그의 제자 진각 혜심(眞覺 慧諶)이 왕명으로 수선사의 제2세주가 되었고, 이때부터 조선 초에 이르기까지 16명의 국사가 이곳을 중심으로 수선사의 정신을 이어받아 우리나라 선종(禪宗)을 이끌어 왔다. 이런 연유로 이 절은 우리 나라 삼보(三寶)사찰 중 승보(僧寶)사찰로 불린다. 조선 건국 직후, 16번째 국사에 해당하는 고봉 법장(高峰 法藏)이 이곳에 왔을 때에는 상당히 황폐해 있었으므로 1400년(정종 2)부터 중창을 시작했다. 정종은 수륙사(水陸社)

를 중창하도록 윤지(綸旨)를 내렸다. 1420년(세종 2) 고봉의 뒤를 이어 중인(中印)이 건물을 증축했고, 절의 지위 향상을 위해 수륙사를 철폐하고 선종으로 복귀시켰다. 그 뒤 1592년(선조 25)의 임진왜란과 1597년의 정유재란으로 수각(水閣), 임경당(臨鏡堂), 보조암(普照庵), 천자암(天子庵) 등이 소실했으며, 왜군의 노략질을 견디다 못한 승려들이 절을 떠나 한때 폐사되다시피했다. 이에 응선(應善)이 불탄 건물을 중건한 뒤 지리산에 있던 부휴 선수(浮休 善修, 1543~1615)를 모셨다. 선수는 제자 400여 명을 거느리고 이곳으로 옮겨 와 조전(祖殿)과 동행랑(東行廊), 천왕문 등을 새로 짓고 그 외의 건물도 보수했다. 이어 600여 명의 승려들이 선수를 모시고 동안거를 성대히 치름으로써 근세에 이르는 송광사의 명맥을 부활시켰다. 그러나 1842년(헌종 8) 3월 2일 낙하당(落霞堂)에서 일어난 대화재로 대웅전을 비롯하여 많은 건물과 유물이 소실했다. 이듬해 기봉(奇峰)과 용운 처익(龍雲 處益)이 대웅전, 명부전, 응향각(凝香閣), 법왕문 등을 차례로 중건하여 14년 만인 1856년(철종 7) 마무리지었다. 이어 율암(栗庵)은 관의 협력을 얻어 1924년에서 1928년 사이에 용화당(龍華堂) 등 9채를 중수했고, 명성각(明星閣) 등 7채를 중건했으며, 사감고(四監庫), 장원문(墻垣門)을 신축하고, 종각을 증축했다. 1948년 1월 여순반란사건과 1950년 6·25전쟁으로 조계산 일대에 무장공비들이 잠입하자, 국군이 작전상 절 주변의 나무를 벌채했고, 공비들은 절에 대한 압력을 가중시키다가 1951년 5월 대웅전 등 절의 중심부를 불태웠다. 1955년

에서 1961년 사이에 취봉(翠峯)과 금당
(錦堂)이 불에 탄 건물을 다시 중창했다.
1970년대에는 조실 구산 수련(九山 秀蓮)
이 설법전, 수선사, 화엄전 등을 보수했고
조계총림(曹溪叢林)을 부활하여 수선사의
전통을 되살리는 데 심혈을 기울였다.
1983년부터 주지 현호(玄虎)가 대웅보전,
지장전, 승보전(僧寶殿) 등 20여 동을 새
로 세우거나 옮겨 지어 오늘에 이르고 있
다. 조계산에는 모두 16개의 암자가 있었
다 하나 현재는 천자암, 부도암, 감로암,
불일암 등만이 남아 있다. 【유적·유물】
절 일원이 전라남도 문화재자료 제43호로
지정되어 있다. 〈사적기〉에 의하면 고려
명종 때 이미 80여 동의 건물을 가진 큰
절을 이루어 유지해 왔으나, 1951년 공비
들에 의해 소실한 뒤 현재까지 재건된 건
물은 약 50여 동이다. 건물은 대웅전을
중심으로 설법전, 수선사, 상사당(上舍
堂), 하사당(下舍堂; 보물 제263호), 응진
전, 국사전(국보 제56호), 진영당(전라남
도 유형문화재 제97호), 약사전(보물 제
302호), 영산전(보물 제303호), 관음전,
명부전, 화엄전, 청량각(淸凉閣), 일주문,
척주각(滌珠閣), 세월각(洗月閣), 우화각
(羽化閣; 전라남도 유형문화재 제59호), 천
왕문, 해탈문, 대장전(大藏殿), 종고루(鐘
鼓樓), 법왕문 등이 있다. 이 중 대웅전은
중심 건물로서 1951년의 화재로 불탄 뒤
1961년과 1983년에 중창됐다. 내부에는
석가모니불과 연등불, 미륵불 등의 삼존
불을 봉안했다. 응진전은 1633년에 세워
졌으나 1951년의 대화재를 모면한 건물로
서 내부에는 석가여래와 16나한을 봉안했
으며, 중앙의 후불탱화는 1724년 화승 의
겸(義謙)이 그린 것이며, 오른쪽 탱화는

1725년에 그린 것이고, 왼쪽 탱화는 같은
시기에 회안(回眼) 등이 그렸다. 국사전
은 이 절의 상징적 건물로서 이 절과 더불
어 조계종의 가풍을 선양하고 불교의 진
면목을 드러내 나라를 빛낸 16국사들의
영정(보물 제1043호)을 봉안하고 그들의
덕을 기리기 위해 건립된 일종의 법당이
다. 그러나 1994년 영정을 모두 도난당했
다. 화엄전은 1641년 건립되었으며, 장경
판본들이 봉안되어 있다. 이 절에 소장된
유물들은 목조삼존불감(木造三尊佛龕; 국
보 제42호)을 비롯하여 고려고종제서(高麗
高宗制書; 국보 제43호), 고려문서(보물 제
572호), 수선사형지기(修禪社形止記), 경
질(經帙; 보물 제134호), 경패(經牌; 보물
제175호), 금동요령(金銅搖鈴; 보물 제176
호), 자정국사사리함(慈靜國師舍利函; 전
라남도 유형문화재 제18호), 능견난사(能見
難思; 전라남도 유형문화재 제19호), 금강
저(金剛杵; 전라남도 유형문화재 제22호),
고봉국사주자원불(高峰國師廚子願佛; 전라
남도 유형문화재 제28호), 보조국사비(전라
남도 유형문화재 제91호), 팔사파문자(八思
巴文字; 전라남도 유형문화재 제30호) 등이
있다. 이 중 능견난사는 바루로서 풀리지
않는 신비성이 있다. 또한 이 절에 소장된
주요 경전들은 1093년 대각(大覺) 국사 의
천(義天)이 간행한 《대승아비달마잡집론
소》(보물 제205호)와 《묘법연화경찬술》
(보물 제206호), 1098년 의천이 간행한《금
강반야경소개현초》(보물 제207호), 1099년
의천이 간행한 《대반열반경소》(보물 제90
호)와 《묘법연화경 관세음보문품 삼현원
찬과문》(보물 제204호) 등이 있다. 이 밖에
도 이 절의 흑토기와·전도요(塼陶窯) 터
가 전라남도 기념물 제31호로 지정되어

있다. 【참고문헌】 동국여지승람, 동문선, 조선금석총람(조선총독부, 1919), 대승선종조계산송광사지(임석진), 조선불교통사(이능화, 신문관, 1918), 한국의 사찰-송광사(한국불교연구원, 일지사, 1975)

송광사(松廣寺)
【위치】 전라북도 완주군 소양면 대흥리 종남산(終南山) 기슭에 있다. 【소속】 대한불교조계종 제17교구 본사인 금산사의 말사이다. 【연혁】 867년(신라 경문왕 7)원적 도의(元寂 道義)가 창건했다. 그 뒤폐허화했던 것을 고려 중기에 보조(普照)국사 지눌(知訥, 1158~1210)이 이곳을 지나다가 영천(靈泉)의 물을 마신 뒤, 이영천으로 인해 이곳이 뒷날 큰 절을 세울수 있는 곳이라고 판단해 샘 주위에 돌을쌓아 두었다가 제자를 시켜 뒷날 그 자리에 절을 중창하도록 당부했으나 오랫동안그 뜻을 실천에 옮기지 못했다. 1622년(조선 광해군 14)에 이르러서야 응호(應浩) 등이 이극룡(李克龍)의 시주를 얻어중창했다. 중창 후 벽암 각성(碧巖 覺性)을 초빙하여 50일 동안 화엄법회를 열었는데, 이때 전국에서 수천 인이 모여들어법회에 참석했다. 이로써 1636년(인조14)에 이르기까지 계속 큰 불사를 벌여대가람을 이룩했다. 그러나 그 뒤의 연혁은 전하지 않는다. 【유적·유물】 현존하는 건물로는 대웅전을 비롯하여 명부전, 나한전, 약사전, 관음전, 칠성각, 십자각, 천왕문, 금강문, 일주문 등이 있다. 이 중대웅전(전라북도 유형문화재 제70호)은1857년(철종 8) 제봉 운고(齊峰 雲皐)가건립했으며, 조선 후기 건축의 전형적인양식을 보이고 있다. 대웅전 안에는 석가여래좌상(전라북도 유형문화재 제41호)이봉안되어 있으며, 삼존불 뒤에는 1857년에 조성된 벽지불탱화 1점과 1861년에 조성된 시왕탱화 1점이 봉안되어 있고, 벽과 천장에는 선이 매우 활달하여 생동감을 느끼게 하는 19세기 작품인 비천(飛天)이 그려져 있다. 또 십자각(전라북도유형문화재 제3호)은 건물의 평면구성이'십(十)'자 모양으로 된 2층 누각인데, 고건축물 중에서 찾아보기 드문 예이다. 이십자각 내에는 1716년(숙종 42) 주조된범종, 법고(法鼓), 목어(木魚) 등이 있다. 일주문(전라북도 유형문화재 제4호)은 원래 만수교 앞에 있던 것을 1814년 조계교(曹溪橋)가 있었던 곳으로 옮겼다가 1944년 극인(克仁)이 현재의 위치로 이전했다. 이 밖에도 절 입구에는 각성, 호일(虎一), 추계 유문(秋溪 有文, 1614~1689), 무경 자수(無竟 子秀, 1664~1737), 자찰(自察), 서봉(西峰), 성심(性心), 한계(寒溪) 등 큰스님 20인의 부도가 있다. 또1636년 신익성(申翊聖)이 지은 송광사개창비(전라북도 유형문화재 제5호)를 비롯하여 목각칠층다보탑판(木刻七層多寶塔版), 조계교비, 석조(石槽) 등이 있다. 【참고문헌】 문화유적총람(문화재관리국, 1977), 한국사찰전서(권상로, 동국대학교 출판부, 1979), 전통의 고장 완주(완주군, 1982), 사찰지(전라북도, 1990)

송덕암(頌德庵)
【위치】 충청남도 서산시 해미면 대곡리 상왕산(象王山)에 있다. 【소속】 한국불교태고종에 속한다. 【연혁】 유물로 미루어보아 조선 중기 이전에 창건된 것으로 보인다. 연혁은 전하지 않는다. 【유적·유물】 건물로는 약사전과 요사채 2동이 있다. 유물로는 석불입상이 있는데, 약사전

안에 봉안되어 있으며, 사람들은 이를 '미륵불'이라고 부른다. 높이 170cm인 이 석불은 조선 중기의 것으로 추정된다. 【참고문헌】 문화유적총람—사찰편(충청남도, 1990)

송림굴(松林窟)
송림사(松林寺)를 보시오.

송림사(松林寺)
【이명】 송림굴(松林窟)이라고도 불렀다. 【위치】 강원도 고성군 서면 백천교리 금강산에 있었다. 【연혁】 514년(신라 법흥왕 1) 진표(眞表)가 창건했다고 하나, 진표는 경덕왕 때(742~765) 사람이므로 신빙성이 없다. 그 뒤 여러 차례의 중수를 거쳤으나 화재로 소실한 뒤, 부속 암자인 원통암(圓通庵)으로 옮겨 '송림사'로 편액을 바꾸었다. 1883년(조선 고종 20) 건물을 새롭게 단장하고 중건했으며, 1923년 주지 경봉(鏡鳳)이 몽룡거사(夢龍居士) 이윤식(李倫植)의 도움을 받아 중건했다. 이 절은 원래 수도처로서 널리 알려진 곳이며 석굴이 있어서 송림굴이라고 불리기도 한다. 석굴 안에는 대체로 참회기도를 하는 수행승이 머물렀다고 한다. 일제강점기의 31본산시대에는 유점사(楡岾寺)의 말사였다. 현재의 상황은 알 수 없으나 북한측 자료에 의하면 현존하지 않는다. 【참고문헌】 동국명산기, 석전문초, 한국사찰전서(권상로, 동국대학교 출판부, 1979)

송림사(松林寺)
【위치】 경상북도 칠곡군 동명면 구덕리 가산(架山) 남쪽 기슭에 있다. 【소속】 대한불교조계종 제9교구 본사인 동화사의 말사이다. 【연혁】 565년(신라 진흥왕 26) 진나라에서 귀국한 명관(明觀)이 중국에

서 가져온 부처님 사리를 봉안하기 위해서 창건했다는 설과 신라 애장왕 때(800~809) 창건했다는 설이 있다. 창건 당시 호국안민(護國安民)을 위한 탑도 함께 세웠다고 한다. 1092년(고려 선종 9) 대각(大覺) 국사 의천(義天)이 중창했고, 1235년(고종 22) 몽고병에 의해 폐허가 되었다. 그 뒤 다시 중창했으나, 1597년(조선 선조 30) 정유재란 때 왜병들의 방화로 소실했다. 1858년(철종 9) 영추(永樞)가 중창하여 오늘에 이르고 있다. 【유적·유물】 현존하는 건물로는 대웅전을 비롯하여 명부전, 요사채 등이 있다. 대웅전 앞에는 오층전탑(보물 제189호)이 있다. 이 탑은 흔치 않은 신라시대의 전형적인 벽돌탑으로서 1959년 탑을 해체·수리할 때 탑 속에서 신라시대의 것으로 보이는 유품들이 발견되었다. 이들 유물은 금동제 사리탑을 비롯하여 부처님 사리 4과, 녹색 유리잔, 녹색 유리제 사리병, 금은제 나무 모양 장식구, 금동제 원륜(圓輪) 2개, 옥류(玉類) 1련, 은환(銀環) 15개, 향목(香木) 7편, 목실(木實), 상감청자 원형합(圓型盒) 등으로 부처님 사리를 제외하고는 일괄하여 보물 제325호로 지정되어 서울 국립중앙박물관에 소장되어 있다. 이 절의 소장 경판으로는 《충장공유사(忠壯公遺事)》와 그 부록이 있다. 【참고문헌】 명산 고찰 따라(이고운·박설산, 신문출판사, 1987)

송림사(松林寺)
【위치】 충청남도 예산군 대흥면 대율리 부도산(浮屠山)에 있다. 【소속】 대한불교법륜종에 속한다. 【연혁】 유물로 미루어 보아 고려 때에 창건된 것으로 추정된다. 조선시대 신경준(申景濬, 1712~1781)이 편

찬한 《가람고(伽藍考)》에 존재한다고 나
와 있다. 연혁은 전하지 않는다. 【유적·
유물】 건물로는 극락전과 요사채 2동이 있
다. 유물로는 팔각원당형(八角圓堂型)의
부도가 있다. 고려 때의 것으로 추정되나,
연기 도선(烟起 道詵, 827~898)의 것이라
고 전하기도 한다. 【참고문헌】 한국사찰전
서(권상로, 동국대학교 출판부, 1979), 문
화유적총람－사찰편(충청남도, 1990)

송불암(松佛庵)
【위치】 충청남도 논산군 연산면 화암리
함박봉(咸朴峰)에 있다. 【소속】 대한불교
조계종 제6교구 본사인 마곡사의 말사이
다. 【연혁】 유물로 미루어 보아 고려 때
창건된 것으로 추정된다. 연혁은 전하지
않는다. 【유적·유물】 건물로는 인법당
(因法堂)과 요사채가 있다. 유물로는 석조
미륵불입상(충청남도 문화재자료 제83호)
과 석탑이 있다. 석조미륵불입상은 높이가
4.5m에 이른다. 석탑은 석조미륵불입상 옆
에 있으며, 2층까지 남아 있다. 주변의 석
탑 부재를 모아 조합된 것으로 보인다.
【참고문헌】 문화유적총람－사찰편(충청남
도, 1990)

송암사(松巖寺)
【위치】 경기도 양주군 장흥면 울대리 오
봉산(五峯山) 북쪽 기슭에 있다. 【소속】
대한불교정토종에 속한다. 【연혁】 1873
년(조선 고종 10) 장흥면 부곡리에 살던
처사 유길성(劉吉成)이 노송 밑에 매몰된
채 있던 약사여래상을 발견하고 토굴을
창건하여 봉안했다. 송암사라고 이름한
것은 양주 보광사(普光寺)의 주지 강덕행
(姜德行)이 '송(松)'자와 '암(巖)'자를
첫글자로 넣은 5언시를 지어 주었기 때문
이라고 한다. 1923년 부처님 오신 날에

최정심(崔貞心)이 약사전과 삼성각을 중
창했으며, 1962년 주지 박선명(朴鮮明)이
부임하여 기도실과 요사채, 대웅전 등을
신축하여 오늘에 이르렀다. 【유적·유
물】 건물로는 대웅전, 요사채 등이 있다.
【참고문헌】 한국의 명산 대찰(국제불교도
협의회, 1982)

수간사(水間寺)
【이명】 용곡산(龍谷山) 관음원(観音院)이
라고도 불린다. 【위치】 일본 오사카부(大
阪府) 가이즈카시(貝塚市) 미즈마(水間)
에 있다. 【소속】 천태종(天台宗)에 속한
다. 【연혁】 744년 쇼무왕(聖武王)의 명
으로 백제계의 후손인 행기(行基)가 창건
했다고 한다. 행기는 백제에서 일본으로
간 왕인(王仁)의 후예로서 성은 고지(高
志)이다. 창건 당시에는 칠당가람(七堂伽
藍)을 갖추고 있었고, 건물도 150여 동이
있었을 정도로 규모가 컸다고 한다. 1227
년 이 절은 과세되지 않는 7정(町)의 논
을 가지고 있었으며, 남북조시대에는 남
조(南朝)의 편을 들어 남조의 조정으로부
터 별당직(別堂職)이라는 직책과 사령(寺
領)을 받기도 했다. 그러나 1387년 11월
24일부터 북조가 비과세 논을 인정하지
않았다. 그 뒤 1395년 7월 2일 이즈미(和
泉) 지역을 관장하는 무사인 대내의홍(大
內義弘)이 절의 수리를 위해 논 5정 7반
(半)을 기부했으며, 1523년 2월 15일 삼
일산도수(三日山道樹)가 역시 논을 기증
했다. 또 1537년 12월 13일 노다산성주
(野田山城主)인 송포비전수(松浦肥前守)
가 전지 등을 기부했다. 이로 미루어 이
지역의 무사들로부터 신앙을 두텁게 받아
번영하였음을 알 수 있다. 그러나 1585년
3월 도요토미(豊臣秀吉) 측의 공격을 받

아 약사당(藥師堂)과 개산당(開山堂)을 제외한 대부분의 건물이 소실했다. 심지어 1456년 이후 줄곧 사용해 왔던 동종(銅鐘)마저 원천사(願泉寺)에 팔았다. 그러나 근세에 이르러 이 절은 도요토미의 백모 사위인 소출수정(小出秀政)이 가시와다성(岸和田城)의 성주가 되자 그의 기원소(祈願所)가 되었으며, 1638년 같은 성의 성주였던 송정강중(松井康重)이 많은 논밭의 전지를 이 절에 기부했다. 그리고 그의 뒤를 이어 성주가 된 강부(岡部)도 토지를 기부했다. 이로 말미암아 연보(延寶) 때(1673~1681)에는 금당과 진수사(鎭守社)을 재건할 수 있었으며, 또 원록(元錄) 때(1688~1704)에는 삼종탑(三重塔), 호마당(護摩堂), 식당을 다시 건립할 수 있었다. 1784년 화재가 일어나 건물 중 본당과 오층탑, 식당을 소실하고 말았으나, 1827년 강부씨에 의해 재흥되어 오늘에 이르고 있다. 【유적·유물】 현재의 경내에는 본당을 비롯해 삼층탑, 경당(經堂), 관음원(觀音院), 애염당(愛染堂), 개산당, 변천당(弁天堂), 약사당, 남원(南院) 등이 있다. 그리고 애염당 앞에는 《오색오인녀(五色五人女)》《50년 기가염불(忌歌念佛)》이라는 근세소설의 등장 인물로 유명한 오나츠와 청십랑(淸十郞)의 묘지석이 남아 있다. 그리고 이 절은 신사국 33소(新四國 三十三所) 중 네번째의 순례지이기도 하다. 법당 안에는 본존으로 성관세음보살상이 봉안되어 있다. 일반적으로 미즈마관음(水間觀音)이라고 한다. 【참고문헌】 日本に殘る古代朝鮮(段熙麟, 創元社, 1976), 古代朝鮮佛敎と日本佛敎(田村圓澄, 吉川弘文館, 1980), 日本の渡來文化(司馬遼太郞, 上田正昭, 金達壽 編, 中央公論社, 1982), 日本史に生きた渡來人たち(段熙麟, 松籟社, 1986)

수국사(守國寺) 【이명】 한때 정인사(正因寺)라고 불렀다. 【위치】 서울특별시 은평구 갈현동 삼각산(三角山)에 있다. 【소속】 대한불교조계종 직할교구 본사인 조계사의 말사이다. 【연혁】 1459년(조선 세조 5) 세조의 명으로 창건하여 정인사라고 했다. 1457년 8월 덕종이 죽자 세조는 이듬해 '백성에게 부담을 주지 말고 최소한의 비용으로 검소하게 절을 지어 덕종의 넋을 위로해 주라.'고 명하여 1년 만에 완공했던 것이다. 1471년(성종 2) 봄 인수왕비(仁粹王妃)가 '이 절을 창건할 때 급히 지어서 재목이 매우 좋지 못하고 쓰임새가 정밀하지 못하다.'고 지적하고 판내시부 이효지(李孝智)에게 명하여 중창을 시작했다. 당시 설계는 화엄종의 큰스님 설준(雪峻)에게 맡겼다. 또한 궁중에서 절약한 물품을 쌀과 베로 계산하여 내수사(內需司)에 주어 경비에 보태도록 했으며, 백성을 부역시키지 말고 노역에 대한 삯도 주도록 했다. 절 인근 지역에 흉년이 들었으므로 사람들이 다투어 공사에 참여했다. 그 해 10월 모두 119칸의 절을 완공했는데, 단청의 아름다움이 봉선사(奉先寺)와 쌍벽을 이뤘다. 1472년 부처님 오신 날 낙성법회를 열었으며, 인수대비는 절 운영을 위해 미곡 100섬과 전답, 노비를 시주했고, 성종도 교지를 내려 이 절의 승려들에게 부역을 면제해 주라고 명했다. 그러나 그 뒤 불에 탔으며 남은 건물도 퇴락하여 폐사 상태에 이르자, 1900년 월초 거연(月初 巨淵)이 고종의 도움을 받아 다시 중창했다. 1995년 주지 한자용(韓慈容)이 법당의 안

팎을 금으로 개금한 황금보전을 신축했다.
【유적·유물】 건물로는 황금보전과 대웅
전, 관음전, 요사채 등이 있다. 특별한 문
화재는 없다. 【참고문헌】 한국사찰전서
(권상로, 동국대학교 출판부, 1979)
수다사(水多寺)
【이명】 한때 연화사(淵華寺), 성암사(聖
巖寺)라고 불렸다. 【위치】 경상북도 구미
시 무을면 상송리 연악산(淵岳山) 기슭에
있다. 【소속】 대한불교조계종 제8교구 본
사인 직지사의 말사이다. 【연혁】 신라 문
성왕 때(839~857) 진감(眞鑑) 국사 혜소
(慧昭)가 연악산 상봉인 미봉(彌峯)에 흰
연꽃 한 송이가 피어 있는 것을 보고 절을
창건하여 연화사라고 했다. 967년(고려
광종 18) 화재로 극락전과 청천료(淸泉寮)
를 제외한 모든 건물이 소실했다. 1185년
(명종 15) 각원(覺圓)이 금강문 등 3문을
세우고, 극락전과 청천료를 옮겨 지었으
며, 비로전, 나한전, 시왕전, 미륵전, 봉황
루와 방사 24개, 수선사(修禪社) 등을 신
축하고, 절 이름을 성암사라고 했다. 이때
42관음대법회를 9천 일 동안 개설하고《법
화경》을 강론했는데, 승려와 속인을 불문
하고 수만 명이 참여했다. 1273년(원종
14) 대수해로 극락전, 시왕전, 청천료만
남고 모두 유실했으며, 1572년(조선 선조
5) 사명 유정(泗溟 惟政)이 극락전을 중
수한 뒤 대웅전이라고 하고, 청천료를 수
리하여 극락당이라고 했다. 또 만세루와
안심료(安心寮), 9개의 큰방을 신축하고
절 이름을 수다사라고 했다. 1592년(선조
25) 임진왜란 때에는 이곳에서 만여 명의
의승들이 모여 의국법회(義國法會)를 개
설했다. 그러나 1704년(숙종 30) 화재로
현존하는 건물만 남고 모두 소실했다.

【유적·유물】 현존하는 건물로는 대웅전
과 명부전, 요사채 등이 있다. 대웅전 안
에는 1185년 각원이 조성한 아미타좌불상
이 봉안되어 있다. 또 명부전(경상북도 유
형문화재 제139호)은 1981년 보수했으며,
이 안에는 각원이 조성한 지장보살좌상을
비롯하여 시왕상이 봉안되어 있다. 특히
이 안의 지옥도는 희귀한 벽화로서 상태가
거의 온전히 보존된 귀중한 작품이다. 【참
고문헌】 한국사찰전서(권상로, 동국대학교
출판부, 1979)
수다사(水多寺)
【위치】 전라북도 고창군 아산면 삼인리
도솔산(兜率山)에 있었다. 【연혁】 신라
때 창건됐다고 한다. 그 뒤 고려시대의 연
혁은 전하지 않는다. 1469년(조선 예종
1) 계활(戒活)이 중창했다. 절 가까운 곳
에 삼성굴(三聖窟)이 있고, 또 천주봉 아
래에는 나한을 봉안한 용문굴(龍門窟)이
있다. 위쪽에 은선암(隱仙庵)이 있고, 아
래쪽에 수다촌(水多村)이 있다. 그러나
언제 폐사됐는지 알 수 없다. 【참고문헌】
한국사찰전서(권상로, 동국대학교 출판부,
1979)
수다사(水多寺)
낙가사(洛伽寺)를 보시오.
수덕사(修德寺)
【위치】 충청남도 예산군 덕산면 사천리
덕숭산(德崇山)에 있다. 【소속】 대한불교
조계종 제7교구 본사이다. 【연혁】 사기
(寺記)에는 백제 말에 법사 숭제(崇濟)가
창건했다고 한다. 이어 무왕 때(600~641)
혜현(惠現)이 이 절에서《법화경》을 강론
했고, 고려 공민왕 때(1351~1374) 나옹
혜근(懶翁 惠勤)이 중수했다고 한다. 그러
나 일설에는 599년(법왕 1) 신라의 지명

(智明)이 창건하고, 원효(元曉)가 중수했다고 하나, 당시 지명은 진나라에 유학중이었으므로 신빙성이 없다. 1308년(고려 충렬왕 34) 대웅전을 중창하고, 1688년(조선 숙종 14) 대웅전을 중수했다. 한말에는 경허 성우(鏡虛 惺牛, 1849~1912)가 이곳에 머물면서 선풍을 크게 일으켰고, 1898년(광무 2) 성우의 제자 만공 월면(滿空 月面)이 중창한 뒤 머물면서 많은 후학들을 배출했다. 1937년부터 1940년까지는 대웅전을 완전 해체하여 보수했다. 현재 우리 나라 4대 총림의 하나인 덕숭총림(德崇叢林)이 있으며, 많은 수도승들이 정진하고 있다. 또한 이 절은 충청남도 일원의 36개 말사를 관장하고 있다. 산내 암자로는 견성암(見性庵)을 비롯하여 금선대(金仙臺), 환희대(歡喜臺), 정혜사(定慧寺) 등이 있다. 【유적·유물】현존하는 건물로는 대웅전(국보 제49호)을 중심으로 명부전, 백련당(白蓮堂), 청련당(靑蓮堂), 조인정사(祖印精舍), 일주문, 범종각 등이 있다. 이 중 대웅전은 1308년에 건립된 건물로서 우리 나라 건축사 연구에 매우 귀중한 자료가 된다. 1937년의 중수 때 발견된 벽화는 건립 당시의 것으로서 주악공양비천도(奏樂供養飛天圖)와 수화도(水花圖), 야화도(野花圖), 금룡도(金龍圖), 오선도(五仙圖) 등이 있었으나, 지금은 서까래에 희미하게 금룡도만이 남아 있다. 일주문에 '덕숭산 수덕사(德崇山 修德寺)'라고 쓴 현판은 손재형(孫在馨, 1902~1981)의 글씨이다. 범종각에는 1973년 조성된 무게 6,500근의 종이 봉안되어 있다. 금선대의 진영각(眞影閣)에는 월면의 영정과 유물이 보관되어 있다. 환희대는 김일엽(金一葉 ; 법명은 荷葉, 1898~1971)이 기

거하다가 입적한 곳이며, 견성암 또한 김일엽이 기거하던 곳이다. 문화재로는 대웅전 앞마당에 있는 삼층석탑(충청남도 유형문화재 제103호)을 비롯하여 거문고(충청남도 문화재자료 제192호), 정혜사로 가는 길에 있는 미륵불입상과 만공탑(滿空塔) 등이 있다. 삼층석탑은 여래탑이라고도 불리는데, 665년(신라 문무왕 5)에 축조되었다고 전하나 확실하지 않다. 미륵불입상은 만공이 세운 석불로서 머리에 이중의 갓을 쓰고 있다. 만공탑은 만공을 추모하기 위해 제자들이 세운 탑으로서 구형(球形)의 둥근 돌이 올려져 있는 특이한 부도이다. 【참고문헌】삼국유사, 한국사찰전서(권상로, 동국대학교 출판부, 1979), 문화유적총람-사찰편(충청남도, 1990)

수도사(修道寺)
【이명】한때 금당사(金堂寺)라고 불렸다. 【위치】경상북도 영천시 신령면 치산리 팔공산(八公山)에 있다. 【소속】대한불교 조계종 제10교구 본사인 은해사의 말사이다. 【연혁】647년(신라 진덕여왕 1) 자장(慈藏)과 원효(元曉)가 창건했다고 한다. 그러나 원효는 648년에야 출가했으므로 신빙성이 없다. 그 뒤 1296년(고려 충렬왕 22) 중창했고, 1805년(조선 순조 5) 징월(澄月)이 다시 중창하여 오늘에 이르고 있다. 원래의 이름은 금당사였지만, 화재로 소실한 뒤 중창할 때 수도사로 바꾸었다고 한다. 【유적·유물】현존하는 건물로는 법당인 원통전과 산신각, 선방으로도 이용되는 큰방, 요사채 등이 있다. 이 중 원통전 안에는 관세음보살좌상을 비롯하여 후불탱화, 지장탱화, 신중탱화 등과 오래 된 괘불(掛佛)이 있다. 【참고문헌】한국사찰전서(권상로, 동국대학교 출판부,

1979)

수도사(修道寺)

【위치】경상남도 의령군 용덕면 이목리 신덕산(新德山) 중턱에 있다. 【소속】대한불교조계종 제12교구 본사인 해인사의 말사이다. 【연혁】662년(신라 문무왕 2) 원효(元曉)가 창건했다. 구전에 따르면 절의 뒷산에 있는 병풍바위에서 원효가 100여 명의 제자와 함께 수도했으므로 수도사라고 부르게 되었다고 한다. 1420년(조선 세종 2) 국률(國律), 정암(鼎巖), 유곡(柳谷) 등이 중창했고, 1592년(선조 25) 임진왜란 때 소실한 것을 사명 유정(泗溟 惟政)이 중건하여 오늘에 이르고 있다. 【유적·유물】현존하는 건물로는 극락전을 중심으로 칠성각, 요사채, 만세루가 있다. 또 절 입구에는 극락교라고 이름붙여진 석교가 있다. 극락전 앞뜰에는 하부 기단이 무너진 채 서 있는 오층석탑이 있고, 동쪽 산기슭에는 8기의 부도가 있다. 【참고문헌】한국사찰전서(권상로, 동국대학교 출판부, 1979)

수도사(修道寺)

【위치】경기도 평택시 포승면 원정리 봉화산(烽火山)에 있다. 【소속】대한불교조계종 제2교구 본사인 용주사의 말사이다. 【연혁】852년(신라 문성왕 14) 염거(廉居)가 창건했다고 한다. 당시 사세가 번성했으나, 해적들의 노략질이 심하고 승려들을 납치하는 일까지 발생하여 빈 절로 있다가 산사태로 폐사되었다고 한다. 그 뒤의 연혁은 전하지 않는다. 1592년(조선 선조 25) 임진왜란 때 불에 타서 재건했으며, 1911년 화재로 다시 폐사된 것을 1960년 최영석(崔永錫)이 중창했다. 1965년부터는 이정암(李靜庵)이 중수하

여 오늘에 이른다. 【유적·유물】현존하는 건물로는 대웅보전을 중심으로 산신각, 삼성각, 요사채 1동이 있다. 대웅전 북쪽에 정토선원(淨土禪院)이 있다. 유물로는 염거의 것으로 전하는 부도 1기가 있으며, 절 주위에 석탑재들이 있다. 【설화】원효(元曉)가 661년(문무왕 1) 의상(義湘)과 함께 당나라로 유학길을 떠나던 중 이곳에서 배를 타기 위해 하룻밤을 묵게 되었다고 한다. 원효는 깜깜한 밤중에 목이 타서 물을 찾던 중 바가지에 물이 들어 있기에 시원스럽게 마셨다. 그런데 이튿날 아침에 깨어나 보니 어제 마신 것이 해골 속에 괸 물이었다. 이를 알고 그는 이내 구토를 하였다. 이때 그는 '밤중에 마신 물은 그렇게 맛있더니 해골 물임을 알고 난 지금은 구토를 하게 되는구나.'라고 생각하면서 크게 깨달았다. 그는 '마음이 일어서면 갖가지 법이 일어나고, 마음이 사라지면 갖가지 법도 사라진다.'라고 말하고 당나라 유학을 포기했다고 한다. 【참고문헌】용주사본말사지(본말사 주지회, 1984), 기내사원지(경기도, 1988)

수도사(修道寺)

【위치】경기도 광주군 도척면 방도리 정수산(靜水山)에 있다. 【소속】대한불교조계종 직할교구 본사인 조계사의 말사이다. 【연혁】1859년(조선 철종 10) 영안부원군(永安府阮君) 김조순(金祖淳)의 아들 김좌근(金左根)이 창건했다. 1943년에는 화주 진허(塵虛)가 법당을 새로 짓고, 큰 방을 중수했다. 【유적·유물】건물로는 대웅전과 요사채가 있다. 유물로는 목조석가삼존불좌상이 있는데, 조선 후기의 양식을 띠고 있다. 【참고문헌】기내사원지(경기도, 1988)

수도사(修道寺)
수도암(修道庵)을 보시오.

수도암(修道庵)
【위치】경상북도 김천시 증산면 수도리 불령산(佛靈山 ; 일명 수도산)에 있다. 【소속】대한불교조계종 제8교구 직지사의 말사인 청암사(靑巖寺)의 부속 암자이다. 【연혁】859년(신라 헌안왕 3) 연기 도선 (烟起 道詵)이 창건했다. 도선은 청암사를 창건한 뒤 수도처로서 이 터를 발견하고 기쁨을 감추지 못하여 7일 동안 춤을 추었다고 한다. 그 뒤 이 절은 수도승들의 참선도량으로 이름을 떨쳤으나, 자세한 연혁은 전하지 않는다. 1950년 6·25전쟁 때 공비소탕작전으로 전소한 뒤 최근 들어 법전(法田)이 크게 중창했다. 【유적·유물】현존하는 건물로는 대적광전, 약광전(藥光殿), 선원, 관음전, 나한전, 노전 등이 있다. 유물로는 약광전의 석불좌상 (보물 제296호), 삼층석탑(보물 제297호) 2기, 석조비로자나불좌상(보물 제307호) 등과 함께 창건 당시의 것으로 보이는 기단과 초석이 남아 있다. 이 중 석불좌상은 도선이 조성한 것으로 전하며, 금오산 약사사(藥師寺), 직지사 삼성암(三聖庵)에 있는 약사여래좌상과 함께 방광했다고 하여 삼 형제 불상으로 불린다. 특히 머리 부분에 보관(寶冠)을 장식했던 흔적이 있어 주목을 받는다. 이는 약왕보살의 머리에 금속관을 설치했던 것으로서 흔하지 않은 예이다. 석조비로자나불상은 경주 석굴암(石窟庵) 불상보다 80cm 작으며, 9세기에 거창군 가북면 북석리에서 제작됐다고 한다. 또 삼층석탑은 도선이 창건 당시 이 절터가 마치 옥녀(玉女)가 베를 짜는 모습을 갖추고 있는 지대에 위치해

있다고 하여 베틀의 기둥을 상징하는 뜻으로 두 탑을 세웠다고 한다. 【설화】석조비로자나불좌상의 조성을 마치고 난 뒤, 이 불상의 운반에 골몰하고 있을 때 한 노승이 나타나서 등에 업고 이 절까지 운반했다고 한다. 그런데 노승이 절에 다와서 칡덩굴에 걸려 넘어지자, 노승은 산신령을 불러 크게 꾸짖고 칡덩굴을 모두 없애게 했다. 그리하여 지금까지도 이 절 근처에는 칡덩굴이 없다고 한다. 【참고문헌】한국사찰전서(권상로, 동국대학교 출판부, 1979), 명산 고찰 따라(이고운·박설산, 신문출판사, 1987)

수도암(修道庵)
【이명】수도사(修道寺)라고도 불린다. 【위치】전라남도 고흥군 두원면 운대리 운람산(雲嵐山) 서쪽에 있다. 【소속】대한불교조계종 제21교구 본사인 송광사의 말사이다. 【연혁】통일신라시대에 비구니의 수도처로서 창건됐다고 한다. 1370년(고려 공민왕 19) 도희(道喜)가 중창했다. 1517년(조선 중종 12) 나한전을 신축했고, 1617년(광해군 9)과 1673년(현종 14), 1675년(숙종 1) 각각 중수·중건했다. 1814년(순조 14) 차달(叉達)이 관음전과 칠성각을 중수했고, 그 뒤 환해(幻海), 월암(月庵), 고산(高山) 등이 꾸준히 중수·중건했다. 이 절에 머물렀던 대표적인 큰스님으로는 영허 선영(映虛 善影, 1792~1880)이 있다. 【유적·유물】현존하는 건물로는 대웅전을 비롯해 선실, 무루전(無漏殿 ; 전라남도 문화재자료 제156호), 칠성각, 종각, 산신각, 승방, 요사채 등이 있다. 절 입구에는 사적비 3기가 있다. 【참고문헌】문화유적총람(문화재관리국, 1977), 명산 고찰 따라(이고운·박설

산, 신문출판사, 1987)

수도암(修道庵)

【위치】 경상남도 양산군 하북면 지산리 영축산(靈鷲山)에 있다. 【소속】 대한불교 조계종 제15교구 본사인 통도사의 산내 암자이다. 【연혁】 1372년(고려 공민왕 21) 이관(爾寬)이 창건했다. 이어 어느 때인지는 알 수 없으나, 정신(定信)이 중건했다. 【유적·유물】 건물로는 인법당 (因法堂)이 있다. 특별한 문화재는 없다. 【참고문헌】 한국사찰전서(권상로, 동국대 학교 출판부, 1979)

수도암(修道庵)

【위치】 경기도 화성군 팔탄면 매곡리에 있다. 【소속】 한국불교태고종에 속한다. 【연혁】 1900년 무렵 절 앞 약수터 관리인 이 신도들의 시주를 받아 창건했다. 1915 년 무렵 만월보전(滿月寶殿)을 건축했다. 【유적·유물】 건물로는 만월보전과 요사 2동이 있다. 【참고문헌】 기내사원지(경기 도, 1988)

수도암(修道庵)

채운암(彩雲庵)을 보시오.

수락사(水落寺)

【위치】 전라북도 임실군 덕치면 가곡리 원통산(元通山)에 있었다. 【연혁】 언제 누가 창건했는지 알 수 없다. 조선시대의 신경준(申景濬, 1712~1781)이 편찬한 《가람고(伽藍考)》와 1799년(정조 23)에 편찬된 《범우고(梵宇攷)》에는 존재한다 고 나와 있다. 연혁은 전하지 않는다. 19 세기 후반에 산주(山主)가 절 위에 묘를 쓴 뒤 마찰이 생겨 절을 뜯어 옮겨서 마을 의 서당으로 삼아 폐사되었다. 【유적·유 물】 절터는 지금 논과 밭이 되었다. 유물 로는 원래 5, 6기의 부도가 있었으나, 일

제강점기에 반출되고 묵연(默然)의 것 1 기만 남아 있다. 절의 물이 깨끗하여 종이 의 질이 좋아서 수락사지(水落寺紙)가 유 명했다고 한다. 【참고문헌】 한국사찰전서 (권상로, 동국대학교 출판부, 1979), 사찰 지(전라북도, 1990)

수락사(水落寺)

흥국사(興國寺)를 보시오.

수량사(修量寺)

수정사(水淨寺)를 보시오.

수량암(修量庵)

수정사(水淨寺)를 보시오.

수리사(修理寺)

【위치】 경기도 군포시 속달동 수리산(修理山) 남서쪽 중턱에 있다. 【소속】 대한 불교조계종 제2교구 본사인 용주사의 말 사이다. 【연혁】 신라 진흥왕 때(540~ 576) 창건됐다. 그 뒤 어느 왕손(王孫)이 이 절에서 기도하던 중 부처님을 친견했 다고 하여 산 이름을 불견산(佛見山)이라 고 했으나, 1940년대에 절 이름을 따서 수리산으로 바꾸었다. 전성기 때에는 12 개의 부속 암자가 있었으며, 조선시대에 는 곽재우(郭再祐, 1552~1617) 장군이 말년에 이 절에서 입산수도했다. 1592년 (선조 25) 임진왜란 때 절이 파괴된 것을 곽재우가 재건했다. 이어 여러 차례의 중 건·중수를 거쳐 수리산 유일의 고찰로 이어져 왔다. 1950년 6·25전쟁 때 소실한 뒤 1955년 청운(靑雲)이 중건했다. 현재 이 절은 비구니의 수도도량이다. 【유적· 유물】 현존하는 건물로는 대웅전을 중심 으로 산신각, 나한전, 수각, 요사채 등이 있다. 대웅전 안에는 석가여래좌상을 비 롯하여 지장보살좌상, 관음보살좌상 등이 봉안되어 있다. 유물로는 오층석탑이 있

었다고 하나, 지금 경내의 곳곳에 그 부재만이 산재해 있다. 【참고문헌】 기내사원지(경기도, 1988)

수미암(須彌庵)

【위치】 강원도 회양군 내금강면 금강산 수미봉(須彌峰) 아래에 있었다. 【연혁】 신라 때 원효(元曉, 617~686)가 창건했다. 금강산 안에서는 영원암(靈源庵)과 함께 인적이 거의 미치지 않는 수도처로 알려져 있다. 이름을 수미암이라고 한 것은 불교의 우주관에서 볼 때 세계의 중심에 있다고 하는 수미산을 상징한 것으로서 불국토신앙의 요람인 금강산의 중심에 이 절이 있음을 상징화한 것이다. 창건 이후 여러 차례의 중수를 거쳤으며, 조선 후기에 불탄 것을 1888년(고종 25) 호응(浩翁)이 중건했다. 일제강점기의 31본산시대에는 유점사(楡岾寺)의 말사인 표훈사(表訓寺)의 산내 암자였다. 현재의 상황은 알 수 없으나 북한측 자료에 따르면 현존하지 않는다. 【유적·유물】 이 절에서 가까운 영랑대(永郎臺)에는 자연 석탑인 수미탑(須彌塔)이 있다. 밑으로는 마치 쌓아 올린 듯 자연적인 기대(基臺)를 두고, 그 위에 거대한 계단식의 석탑이 형성되어 있다. 【참고문헌】 유점사본말사지, 북한의 사찰(한국불교연구원, 일지사, 1978)

수선사(修禪社)

송광사(松廣寺)를 보시오.

수암사(水庵寺)

보안사(寶安寺)를 보시오.

수암사(水巖寺)

보천사(寶泉寺)를 보시오.

수암사(燧巖寺)

운흥사(雲興寺)를 보시오.

수열암(樹烈庵)

【이명】 한때 남녀사(男女寺)라고 불렸다. 【위치】 옛 한산(漢山), 즉 지금의 서울에 있었다. 【연혁】 백제 침류왕 때(384~385) 인도의 승려 마라난타(摩羅難陀)가 창건했다. 384년(침류왕 1) 마라난타가 동진(東晉)을 거쳐 백제에 들어오자 침류왕이 그를 궁내에 살게 하면서 공경하고 예배했다. 이에 그도 왕을 받들며 이 절 남녀사를 지었던 것이다. 그는 남편을 잃었으나 개가하고자 하지 않는 여자들을 모두 모아서 부처님의 가르침을 받들게 하고 승려가 되게 하여 녹을 주었다. 이들이 끝까지 지조를 지켰기에 절 이름을 수열암이라고 불렀다. 그 뒤 사람들의 호응이 커서 왕은 물론 신하, 백성, 여자, 아이 할 것 없이 다투어서 부처님을 예경했다. 마침내 남편을 죽이고 스님이 되거나, 시집을 가지 않고서 바로 출가하는 사례도 왕왕 있었다고 한다. 연혁은 전하지 않는다. 【참고문헌】 해동인물총화

수왕사(水王寺)

【이명】 한때 물왕이절, 무량이절이라고 불렸으며, 수왕암(水王庵)이라고도 불린다. 【위치】 전라북도 완주군 구이면 원기리 모악산(毋岳山)에 있다. 【소속】 대한불교조계종 제17교구 본사인 금산사의 말사이다. 【연혁】 고구려 보장왕 때의 큰스님 보덕(普德)이 백제로 망명한 뒤 680년(신라 문무왕 20)에 수도도량으로 창건했다고 한다. 원래 물왕이절 또는 무량이절이라고 불렸던 것을 한자로 쓰면서 수왕사라고 했다. 1125년(고려 인종 3) 숙종의 넷째 아들인 복세 징엄(福世 澄嚴)이 중창했다. 1597년(조선 선조 30) 정유재란 때 소실한 것을 1604년(선조 37) 진묵 일옥(震默 一玉, 1562~1633)이 다시 중

창했다. 1951년 6·25전쟁 중 공비토벌 때 불에 탄 것을 1953년 석진(錫辰)이 중건하여 오늘에 이르고 있다. 【유적·유물】 현존하는 건물로는 대웅전과 산신각, 진묵영당(震默影堂), 요사채 2동 등이 있다. 유물로는 석가모니불상이 있다. 이는 대웅전에 봉안되어 있는 것으로 창건 당시 또는 일옥이 중창할 때 구리로 조성된 것으로 보인다. 【참고문헌】 한국사찰전서(권상로, 동국대학교 출판부, 1979), 사찰지(전라북도, 1990)

수왕암(水王庵)

수왕사(水王寺)를 보시오.

수원사(水源寺)

【위치】 충청남도 공주시 옥룡동 월성산(月城山)에 있었다. 【연혁】 백제 때 창건됐다. 신라 진지왕 때(576~579) 신라의 진자(眞慈)는 흥륜사(興輪寺)에 살면서 평소 미륵을 신봉하여 미륵이 화랑으로 변하여 세상에 출현하기를 발원하다가 백제 웅천(熊川 ; 공주)의 이 절에 가면 미륵선화(彌勒仙花)를 볼 수 있다고 하여 찾아나섰다. 이때 이 절의 문 밖에서 자신도 서라벌 사람이라고 하는 한 소년의 안내를 받았다. 이 소년은 미력랑(未力郞, 未尸郞)이었는데, 진자는 미력랑을 진지왕에게 데려가 보이고 화랑도의 지도인인 국선(國仙)으로 삼았다. 이때부터 국선을 미륵선화, 그 낭도를 용화향도(龍華香徒)라고 불렀다고 한다. 연혁은 전하지 않는다. 【유적·유물】 절터는 충청남도 기념물 제36호로 지정되어 있다. 1967년 국립공주박물관이 절터를 조사했으며, 절터 일대를 수원골이라고 불러 절 이름이 확인되었다. 절터는 지금 농경지로 사용되고 있다. 유물로는 탑의 지대석과 석재 일

부, 납석제소탑(蠟石製小塔) 3기, 청동제풍탁(青銅制風鐸), 청동탑 조각 등이 있다. 【참고문헌】 삼국유사, 문화유적총람-사찰편(충청남도, 1990)

수월사(水月寺)

【위치】 전라북도 장수군 천천면 삼고리 수월산(水月山)에 있었다. 【연혁】 백제 때인 6세기 또는 7세기에 창건한 것으로 추정된다. 연혁은 전하지 않으며 언제 폐사되었는지도 알 수 없다. 【유적·유물】 절터에는 오층사리탑이 있었으나 1950년 천천(天川)초등학교 교정으로 옮겼다가 1988년 도난당했다. 【참고문헌】 사찰지(전라북도, 1990)

수월암(水月庵)

【이명】 한때 지림사(智林寺)라고 불렸다. 【위치】 경상북도 봉화군 물야면 북지리 호골산(虎骨山)에 있다. 【소속】 대한불교조계종 제16교구 본사인 고운사의 말사이다. 【연혁】 신라 진덕여왕 때(647~654) 창건하여 지림사라 했다고 한다. 전성기에는 500여 명의 승려들이 거주했다고 하나 자세한 연혁은 전하지 않는다. 1799년(조선 정조 23)에 편찬된 《범우고(梵宇攷)》에는 존재한다고 나와 있다. 그 뒤 빈대 등의 해독이 극심하여 승려들이 절을 불태우고 인근 축서사(鷲樓寺)로 옮겨가 폐사되었다고 한다. 1942년 승려 권보훈(權普勳)이 마애여래좌상 옆에 새로 수월암을 중창하고 법맥을 이었다. 【유적·유물】 건물로는 원통전과 요사채, 마애여래좌상 보호각이 있다. 유물로는 마애여래좌상(국보 제201호)과 삼존불좌상, 마애석탑 등이 있는데, 모든 7세기 때의 작품으로 추정된다. 마애여래좌상은 원각(圓刻)의 도드락 새김으로 입체감이 매우

강하다. 1959년 경북대학교에서 지림사의 옛터에 대한 발굴을 하였는데, 신라 때의 석조반가사유상(보물 제997호)과 10위의 석불이 출토되었다. 그 중 석조반가사유상은 경북대학교 박물관에 보존되어 있다. 【참고문헌】한국사찰전서(권상로, 동국대학교 출판부, 1979), 속 명산 고찰 따라(이고운·박설산, 운주사, 1994)

수정사(水淨寺)

【이명】한때 수량사(修量寺), 수량암(修量庵)이라고 불렸다. 【위치】경상북도 의성군 금성면 수정리 비봉산(飛鳳山)에 있다. 【소속】대한불교조계종 제16교구 본사인 고운사의 말사이다. 【연혁】신라 신문왕 때(681~691) 의상(義湘)이 창건했다고 한다. 조선시대 중기까지의 연혁은 전하지 않는다. 1481년(성종 12)에 편찬된《동국여지승람》에는 수량사라고 나와 있으나, 신경준(申景濬, 1712~1781)이 편찬한 《가람고(伽藍考)》에는 '지금은 수정사라고 부른다.'고 나와 있다. 1592년(선조 25) 임진왜란 당시에 사명 유정(泗溟 惟政)이 머물면서 금성산(金城山)에 진을 치고 왜적을 격퇴했다. 절의 규모가 컸으나, 1835년(헌종 1) 큰 불로 대광전만 남고 모두 탔다. 그 뒤 구담 전홍(九潭 展鴻)이 옛터 위쪽 지금의 자리에 중창했다. 1965년 이래 6년 동안 월산(月山)이 중수하여 요사와 월영루, 격외선원, 사명영당, 영지, 축대 등을 세웠다. 1973년에는 정부의 보조금으로 성견(性見)이 대광전을 중수하고, 향각(香閣)을 중건했다. 이어 1993년 주지 총혜(聰惠)가 명부전과 범종각을 새로 짓고, 산신각과 설선당(說禪堂)을 수리했다. 【유적·유물】건물로는 대광전을 비롯하여 명부전, 월

루, 격외선원, 사명영당, 산신각, 설선당, 요사채 등이 있다. 유물로는 유정의 영정을 비롯하여 벽호 응규(碧虎 應奎), 전홍의 영정 등이 있다. 【참고문헌】동국여지승람, 가람고, 한국사찰전서(권상로, 동국대학교 출판부, 1979), 속 명산 고찰 따라(이고운·박설산, 운주사, 1994)

수정사(水淨寺)

정수사(淨水寺)를 보시오.

수정암(水晶庵)

【위치】충청북도 보은군 내속리면 사내리 속리산에 있다. 【소속】대한불교조계종 제5교구 본사인 법주사의 산내 암자이다. 【연혁】553년(신라 진흥왕 14) 조사 의신(義信)이 법주사와 함께 창건했다. 그 뒤의 연혁은 자세히 전하지 않는다. 1914년 비구니 태수(泰守)가 이곳에 머물면서 산신각을 비롯하여 칠성각, 독성각, 대선방(大禪房) 등 수십 칸을 신축했다. 이어 1973년 극락전과 진영각(眞影閣), 요사채 등을 중건했다. 현재 이 암자는 법주사 경내의 유일한 비구니 수도처이다. 【유적·유물】건물로는 극락전, 진영각, 요사채, 산신각, 칠성각, 독성각, 대선방 등이 있다. 극락전 안에는 아미타불좌상과 약사여래좌상, 후불탱화, 신중탱화 등이 봉안되어 있다. 절 입구에는 태수의 유골을 모아 1925년에 세운 부도와 탑비가 있으며, 절 뒤의 추래암(墜來嚴) 위에는 폐탑(廢塔)이 남아 있다. 【설화】명나라의 장군 이여송(李如松)이 왜군을 무찌르기 위해 우리 나라에 오기 전날 꿈을 꾸었다. 한 노인이 나타나 '조선의 속리산에는 거북바위가 있는데, 그 머리가 중국으로 향하고 있어서 중국의 재화(財貨)가 조선으로 들어간다. 그곳에 가서 짚신을 보면 거북

을 그냥 둘 것이지만, 짚신이 없으면 그 목을 치라.'고 당부했다. 마침 법주사의 승려들도 이상한 꿈을 꾸었다. 거북이 나타나 자신의 머리맡에 짚신을 놓아 달라는 꿈이었다. 승려들은 거북바위 앞에 짚신을 놓아 두었으나 며칠이 지나도 아무일 없자 치워 버렸다. 이때 이여송이 속리산에 나타나 이 거북바위의 목을 잘라내 버렸다. 그 뒤부터 중국의 재화가 조선으로 들어오는 일이 없어졌다고 한다. 폐탑 북편에 목이 잘린 거북바위가 지금도 남아 있다. 【참고문헌】 한국의 사찰 5-법주사(한국불교연구원, 일지사, 1975), 사지(충청북도, 1982)

수정암(水晶庵)

【위치】 경기도 용인군 원삼면 맹리에 있다. 【소속】 대한불교조계종 제2교구 본사인 용주사의 말사이다. 【연혁】 언제 누가 창건했는지 알 수 없다. 1592년(조선 선조 25) 임진왜란 때 의병들이 거주했다고 한다. 그 뒤 폐사되었던 것을 1934년 마을 가까이로 옮겨 중창했다. 1945년에는 신수암(申壽巖)이 중수했고, 1972년 조정행(趙淨行)이 극락전을 세우고 이듬해 나한전을 세웠다. 그러나 1976년 나한전이 무허가 건물이어서 철거되었고, 1979년 법해(法海)가 요사채를 확장했다. 【유적·유물】 건물로는 극락전과 요사채 등이 있다. 유물로는 석불상이 있는데, 장승과 유사한 형태로 법당에 봉안했었으나, 지금은 목이 부러져 약수터 옆에 놓여 있다. 【설화】 석불상에 얽힌 설화가 전한다. 옛날에 이 동네에 사는 한 할머니가 몸이 아파 거의 먹지도 못하고 탈진하여 죽어 가고 있었다. 그러던 어느 날 할머니가 갑자기 없어져 찾아보니 산길의 벼랑 아래에

있는 바위 밑에 엎드려 있었다. 할머니는 사람들에게 이 바위 밑을 파보라고 했다. 여기서 이 석불상이 발견되었다고 한다. 이 바위는 1920년대에 장마로 깨어져 반쪽이 땅에 떨어졌다. 【참고문헌】 기내사원지(경기도, 1988)

수정암(水井庵)

쌍계사(雙溪寺)를 보시오.

수정암(水精庵)

염불암(念佛庵)을 보시오.

수종사(水鐘寺)

【위치】 경기도 남양주시 와부읍 송촌리 운길산(雲吉山) 중턱에 있다. 【소속】 대한불교조계종 제25교구 본사인 봉선사의 말사이다. 【연혁】 언제 누가 창건했는지 알 수 없다. 1439년(조선 세종 21)에 세워진 태종의 다섯째 딸인 정혜옹주(貞惠翁主)의 부도가 있는 것으로 보아 그 이전에 창건된 것으로 추정된다. 1458년(세조 4) 세조의 명으로 크게 중창했다. 왕은 금강산을 구경하고 수로로 돌아오던 길에 이수두(현재의 兩水里)에서 1박을 했다. 한밤중에 어디선가 종소리가 들려와 날이 밝자 산으로 올라갔다. 오래 된 절터의 한 바위 굴 속에서 16나한을 발견한 왕은 굴 속에서 물이 떨어지는 소리가 암벽을 울려 마치 종소리처럼 들려온 것임을 알고, 여기에 절을 짓게 하고 수종사라고 했다. 또한 이때 5층의 돌계단을 쌓아 터를 닦고 절을 지어 16나한을 봉안하는 한편, 오층석탑을 세우도록 했다. 그 뒤 퇴락한 것을 1890년(고종 27) 풍계(楓溪)가 고종에게 8천 냥을 하사받아 중창했다. 이듬해 다시 4천 냥과 금백홍사를 시주받아 사존불(四尊佛)을 개금했는데, 이때 방광(放光)이 있었다고 한다. 1939년 태욱(泰

旭)이 중수하고, 1950년 6·25전쟁 때 불에 탄 뒤 1974년 주지 혜광(慧光)이 대웅전 등을 신축하고 사세를 확장했다. 이 절은 일찍이 서거정(徐居正, 1420~1488)이 '동방의 절 중 제일의 전망'이라고 격찬한 명당으로도 이름이 높다. 【유적·유물】현존하는 건물로는 대웅전을 중심으로 응진전(應眞殿), 산신각, 약사전, 선불장(選佛場), 경학원(經學院), 종각 등이 있다. 문화재로는 부도내 유물(浮屠內 遺物 ; 보물 제259호)과 팔각오층석탑(경기도 유형문화재 제22호)이 있다. 부도 내 유물은 청자항아리와 금동구층탑, 은제도금육각감(銀製鍍金六角龕)이 한 조가 된 것으로 현재 국립중앙박물관에 보관되어 있다. 이 부도는 1439년 정혜옹주의 생모이며 태종의 비인 의빈(懿嬪) 권(權)씨가 시주하여 세운 것으로 1939년 수리 도중 이러한 유물들이 발견된 것이다. 팔각오층석탑은 1957년 해체됐는데, 세 곳의 원공(圓孔)에서 금동불 등 19위의 불상과 1493년(성종 24)에 쓴 발원문이 발견되었다. 또한 1970년 이 탑을 경내로 이전하기 위해 다시 해체했을 때에도 불상 12위가 발견되었다. 1957년 발견된 19위의 불상과 1970년 발견된 6위의 불상은 현재 국립중앙박물관에 보관되어 있다. 【참고문헌】한국사찰전서(권상로, 동국대학교 출판부, 1979), 기내사원지(경기도, 1988)

수타사(壽陀寺)

【이명】한때 일월사(日月寺), 수타사(水墮寺)라고 불렸다. 【위치】강원도 홍천군 동면 덕치리 공작산(孔雀山)에 있다. 【소속】대한불교조계종 제4교구 본사인 월정사의 말사이다. 【연혁】708년(신라 성덕왕 7) 원효(元曉)가 창건하여 우적산(牛跡山) 일월사라 했다고 한다. 그러나 원효는 686년(신문왕 6)에 입적했으므로 신빙성이 없다. 영서지방의 명찰로 손꼽혀 오다가 1457년(조선 세조 3) 지금의 위치로 옮기면서 공작산 수타사(水墮寺)라고 했다. 1592년(선조 25) 임진왜란 때 병화로 완전히 불에 탄 뒤 1636년(인조 14) 공잠(工岑)이 중건했고, 1644년 학준(學俊)이 건물을 확장했다. 그 뒤 1647년 계철(戒哲)이 승당을 새로 건립했다. 1650년(효종 1) 도전(道佺)이 정문을 세웠으며, 1658년 승해(勝海)와 정명(正明)이 흥회루(興懷樓)를 세웠다. 1670년(현종 11) 정지(正持), 대상(大尙), 천읍(天揖)이 대종을 주조하여 봉안했고, 1674년(현종 15) 법윤(法倫)이 봉황문(鳳凰門)을 새로 세웠다. 1676년(숙종 2) 여담(汝湛)이 사천왕상을 조성했으며, 이듬해 신도 천해(天海)가 청련당(靑蓮堂)을 새로 세웠다. 1680년 여민(汝敏)이 향적전(香積殿)을 세웠고, 이듬해 지해(智海)와 지행(智行)이 백련당(白蓮堂)을 중창했다. 그 뒤 1682년 성민(性敏)과 찬징(贊澄), 선찰(善察)이 송월당(送月堂)을 새로 세웠고, 이듬해 성념(省念)과 찬원(贊源), 상흘(尙屹)이 영월당(詠月堂)을 새로 세웠다. 이로써 임진왜란 전의 옛모습을 회복했다. 1811년(순조 11)에 지금의 이름으로 고쳤다. 그 뒤에도 1861년(철종 12) 윤치(潤治)가 중수했고, 1878년(고종 15) 동선당(東禪堂)을 중건하고 칠성각을 신축했다. 또한 1976년 심우산방(尋牛山房)을 중수했고, 이듬해 삼성각을 건립했다. 1992년에는 관음전을 신축하여 오늘에 이르고 있다. 【유적·유물】현존하는 건물로는 대적광전을 중심으로 흥회루와 봉황

문(또는 천왕문), 심우산방(尋牛山房), 요사채, 삼성각 등이 있다. 이 중 대적광전(강원도 유형문화재 제17호)은 1636년 공잠이 중건한 것이며, 성황당이 있는 것이 특이하다. 이 밖에도 《월인석보(月印釋譜)》(보물 제745호) 제17권과 제18권이 보존되어 있고, 기단부와 옥개석만이 남아 있는 고려 말기의 삼층석탑(강원도 문화재자료 제11호)이 있다. 이 절을 거쳐간 큰스님 중 청송(青松), 기허(騎虛), 유화(遊華), 중봉(中峯), 홍파(洪波), 홍우 선천(紅藕 善天, 1611~1689), 서곡 찬연(瑞谷 粲淵 ; 1702~1768) 등의 부도가 있다. 이 중 선천의 부도는 강원도 문화재자료 제15호로 지정되어 있으며, 사리탑비는 찬연의 것만 남아 있다. 【참고문헌】건봉사급건봉사말사사적, 한국사찰전서(권상로, 동국대학교 출판부, 1979)

수타사(水墮寺)
수타사(壽陀寺)를 보시오.

수태사(水泰寺)
【위치】강원도 김화군 근북면 건천리 오성산(五聖山)에 있었다. 【연혁】520년(신라 법흥왕 7) 조사 보운(普雲)을 따르던 신도 혜각(惠覺)이 창건했다고 한다. 그 뒤 974년(고려 광종 25) 거사 박빈(朴彬)이 중창하여 수태사라고 했으며, 1674년(조선 현종 15) 선방을 별지(別地)에 옮겼다. 1695년(숙종 21) 윤제민(尹濟民)이 지은 사적비에 의하면, 당시 이 절에는 법전(法殿), 선승당(禪僧堂), 좌우상실(左右上室), 남암(南庵), 길상전(吉祥殿) 등의 오래 된 건물들이 있었으며, 그 뒤 수년 사이에 회언(懷彥)과 도안(道安)이 신축한 종각, 동서별실(東西別室), 시왕신전(十王神殿), 만세루 등도 있었고, 명진(冥眞), 퇴휴(退休) 등 6명의 큰스님들의 유골을 모신 부도도 있었다고 한다. 1834년(순조 34) 선방을 옛터로 다시 이전했고, 1894년 정암(定庵)이 중수했으며, 1928년에는 주지 김정완(金正完)이 중수했다. 일제강점기의 31본산시대에는 유점사(楡岾寺)의 말사였다. 그러나 1950년 6·25전쟁 때의 격전장에 위치해서 완전히 폐허화했다. 【참고문헌】한국사찰전서(권상로, 동국대학교 출판부, 1979)

수태사(水泰寺)
【위치】경상북도 군위군 의흥면 지호리 선암산(船巖山) 중턱에 있다. 【소속】대한불교조계종 제10교구 본사인 은해사의 말사이다. 【연혁】681년(신라 문무왕 1) 의상(義湘)이 창건했다. 원래 큰 절이었으나 조선시대에 소실한 뒤 암자로서만 명맥을 이어왔다. 1799년(정조 23)에 편찬된 《범우고(梵宇攷)》에는 이미 폐사되었다고 나와 있다. 19세기 중엽에 대응전을 신축하여 오늘에 이르고 있다. 【유적·유물】현존하는 건물로는 대웅전을 비롯하여 심검당(尋劍堂), 산신각 등이 있다. 이 중 심검당은 언제 건축됐는지는 알 수 없으나, 상당히 오래 된 건물이다. 대웅전 앞에는 고려시대의 작품으로 추정되는 이층석탑이 있는데, 원래는 오층석탑이었던 것으로 보인다. 절 경내와 주위에는 넓적바위 등의 큰 암석과 2개의 폭포, 호랑이굴과 손장군 피난굴, 가마솥 안과 같은 반석 등 전설이 얽힌 많은 명소들이 있다. 【참고문헌】문화유적총람(문화재관리국, 1977)

숙수사(宿水寺)
【위치】경상북도 영주시 순흥면 내죽리 소백산 밑에 있었다. 【연혁】유물로 미루

어 보아 통일신라 때 창건된 것으로 추정
된다. 연혁은 전하지 않는다. 1542년(조선
중종 37) 풍기군수 주세붕(周世鵬)이 숭유
억불의 풍조에 따라 이 절을 헐고 소수서
원(紹修書院)을 세워 폐사되었다. 【유
적·유물】절터에는 1542년에 세운 소수
서원이 자리잡고 있다. 유물로는 당간지
주(보물 제59호)와 석조불상대좌, 금동불
상 25위가 있다. 당간지주는 통일신라 때
의 것으로 이 절을 창건하면서 세운 것으
로 추정된다. 석조불상대좌도 통일신라
때의 것으로 추정된다. 금동불상 25위는
1963년에 당간지주 북쪽 150m 지점에서
발굴했는데, 현재 서울의 국립중앙박물관
에 소장되어 있다. 【설화】인근 죽계천
(竹溪川) 건너편에 경자암(敬字岩)이라는
바위가 있다. 주세붕이 이 절을 헐고 소수
서원을 세울 때 이 절의 불상들을 죽계천
의 깊은 곳에 버렸다. 그런데 그때부터 밤
마다 물 위에 불상들이 뛰어 올라 유생들
이 그 소리 때문에 불안하여 공부를 할 수
없었다. 이 소문을 들은 주세붕이 부처님
을 공경한다는 의미에서 바위에 ‘경(敬)’
자를 써서 자신의 경솔함을 뉘우쳤다. 그
뒤부터 불상들은 떠오르지 않았으며, 사
람들은 이 바위를 경자암이라고 불렀다.
【참고문헌】한국사찰전서(권상로, 동국대
학교 출판부, 1979), 속 명산 고찰 따라
(이고운·박설산, 운주사, 1994)

숭각사(崇角寺)
【위치】충청남도 부여군 은산면 각대리에
있었다. 【연혁】유물로 미루어 보아 조선
시대에 창건된 것으로 추정된다. 연혁은
전하지 않는다. 1481년(성종 12)에 편찬
된《동국여지승람》과 1799년(정조 23)에
편찬된《범우고(梵字攷)》에는 존재한다

고 나와 있다. 1900년까지도 건물 1동이
남아 있었으나, 부여 고란사(皐蘭寺)를
중건하기 위해 고란사로 옮겨 가 완전히
폐사되었다. 【유적·유물】절터에는 우
물터와 석조(石槽), 기단석, 절구통이 남
아 있으며, 기와나 백자 조각 등도 산재해
있다. 【참고문헌】문화유적총람-사찰편
(충청남도, 1990), 한국사찰전서(권상로,
동국대학교 출판부, 1979)

숭교사(崇敎寺)
【위치】경기도 개성시 환희방(歡喜坊) 남
쪽에 있었다. 【연혁】1000년(고려 목종
3) 10월 목종의 원찰로서 창건했다. 얼마
뒤 목종의 어머니인 천추태후(千秋太后;
獻哀王后)가 헌정왕후(獻貞王后)의 소생
인 대량군(大良君) 순(詢)을 미워하여 강
제로 삭발시켜 이 절로 내쫓은 사건이 벌
어졌다. 그날 밤 이 절의 승려들은 큰 별
이 절 마당에 떨어져 용으로 변했다가 다
시 사람이 되는 꿈을 꾸었다. 이상하게 생
각하던 중 대량군이 삭발하고 이 절을 찾
아왔으므로 승려들은 지성으로 그를 모셨
는데, 뒷날 그는 다시 삼각산 신혈사(神
穴寺; 지금의 津寬寺)로 옮겼다가 왕위에
오르게 되었다. 그가 목종의 다음 임금인
현종이다. 1180년(명종 10) 6월 명종은
이 절에서 법화회(法華會)를 개설했고,
1217년(고종 4) 3월 현화사(玄化寺)에 있
었던 현종의 아버지 안종(安宗)을 비롯해
현종, 강종(康宗)의 신어(神御)를 옮겨
봉안했으며, 이 해 8월 강종의 신어만을
왕륜사(王輪寺)로 다시 옮겼다. 1334년
(충숙왕 복위 3) 6월 충숙왕이 이 절에 와
서 학선(�仙)에게 장생(長生)의 비결을
물었는데, 학선은 ‘사람에게는 일정한 분
수가 있는데 그것을 지나치지 않는 것이

좋다.'고 대답했다. 충숙왕이 총애하던 술사(術師)와 서운관의 관리들은 이곳에 절이 있으면 반드시 역신(逆臣)이 생기게 마련이므로 철거하는 것이 좋다고 권했으나, 충숙왕은 목종의 창건 이래 역신이 없었음을 말하여 이를 묵살했고, 1335년 이곳에서 연회를 베풀었다. 언제 폐사되었는지는 알 수 없으며, 현재 절터의 위치도 확실히 밝혀지지 않고 있다. 다만 《동국여지승람》《고려도경(高麗圖經)》에 의해 용수산(龍岫山) 남쪽 기슭의 양릉리(陽陵里)로 넘어가는 외성(外城) 마루턱에 있었던 것으로 추정하고 있다. 【참고문헌】 고려사, 동국여지승람, 고려도경

숭림사(崇林寺)

【위치】 전라북도 익산시 웅포면 송천리 함라산(咸羅山)에 있다. 【소속】 대한불교 조계종 제17교구 본사인 금산사의 말사이다. 【연혁】 신라 경덕왕 때(742~765) 진표(眞表)가 창건했다는 설과 1345년(고려 충목왕 1) 창건됐다는 설이 있다. 중국의 달마(達磨)가 숭산(崇山) 소림사(少林寺)에서 9년 동안 벽을 바라보며 좌선한 고사를 기리는 뜻에서 이름을 숭림사라 했다고 한다. 그 뒤 1592년(조선 선조 25) 임진왜란 때 보광전만을 남고 불에 타 버렸고, 10년 뒤에 우화루(雨花樓)만을 중건하고 뚜렷한 사적 없이 명맥을 유지해 왔다. 그러던 중 1819년(순조 19)에야 중수했고, 1923년 주지 황성렬(黃成烈)이 다시 보광전을 중수했으며, 나한전과 영원전(靈源殿) 등을 새로 지어 면모를 일신했다. 【유적·유물】 현존하는 건물로는 보광전(보물 제825호)을 비롯하여 우화루, 정혜원(定慧院), 영원전, 나한전, 요사채 등이 있다. 유물로는 비로자나삼존불과 청동은입동문향로(靑銅銀入忍冬紋香爐 : 전라북도 유형문화재 제67호), 목사자 2점, 법고 등이 있다. 비로자나삼존불은 보광전 안에 있으며, 1613년(광해군 5)에 조성된 것으로 사보(寺寶)로 삼고 있다. 이 밖에도 절 입구에는 부도군(浮屠群)이 있다. 【참고문헌】 한국사찰전서(권상로, 동국대학교 출판부, 1979), 사찰지(전라북도, 1990)

숭복사(崇福寺)

【이명】 한때 곡사(鵠寺)라고도 불렸다. 【위치】 경상북도 경주시 외동읍 미방리에 있었다. 【연혁】 《삼국유사》와 최치원(崔致遠)이 지은 비문에 의하면, 신라 선덕왕(재위 780~785) 이전에 파진찬(波珍湌) 김원량(金元良)이 창건하여 곡사라고 했다. 그러나 798년(원성왕 14) 원성왕이 죽자 이곳에 능을 만들고 지금의 위치로 절을 옮겼다. 그 뒤 861년 경문왕이 즉위해 꿈에 원성왕을 보고 이 절을 증축한 뒤 원성왕의 능원을 수호하고 명복을 빌게 했다. 헌강왕 때(875~886) 이름을 숭복사로 했다고 하나, 이후의 연혁은 전하지 않는다. 언제 폐사되었는지도 알 수 없다. 【유적·유물】 현재 절터에는 많은 문화재가 남아 있다. 이곳의 지세와 금당 터, 석단(石壇)은 규모면에서 불국사와 비슷하다. '국사대웅(國寺大雄)'과 '개와대웅(蓋瓦大雄)' 등의 문자가 새겨진 평기와를 비롯해 쌍두귀부(雙頭龜趺)가 발견되었고, 최근에는 금동제 금구(金口)와 비석 조각 3개가 발견되어 국립경주박물관에 보관되어 있다. 현재 절터에는 동서로 탑 2기(경상북도 문화재자료 제94호)가 있다. 서탑은 삼층석탑이며, 동탑은 서탑과 같은 크기와 양식으로 보이나 현재는 일부

파괴된 기단부 등만이 남아 있다. 【참고
문헌】 삼국유사, 문화유적총람(문화재관
리국, 1977)

숭복사(崇福寺)

흥성사(興聖寺)를 보시오.

숭복원(崇福院)

흥성사(興聖寺)를 보시오.

숭선사(崇善寺)

【위치】 충청북도 충주시 신니면 문숭리
절터골에 있었다. 【연혁】 1182년(고려 명
종 12) 창건됐다. 그 뒤의 자세한 연혁은
전하지 않으며, 조선 태조 때(1392~
1398) 폐사되었다고 한다. 【유적·유물】
절터 동남쪽 마을 중앙에 당간지주가 있
다. 한 짝은 1927년 봄에 장호원과 충주
사이의 도로를 개설할 때 일본인이 가져
가 이 마을 앞 하천 다리의 교각으로 사용
했다고 한다. 1967년에는 창건 시기를 알
수 있게 하는 기명와(記銘瓦)가 발견되었
다. 【참고문헌】 사지(충청북도, 1982)

숭암사(崇巖寺)

【위치】 충청남도 금산군 추부면 장대리에
있다. 【연혁】 유물로 미루어 보아 고려
때에 창건된 것으로 추정된다. 연혁은 전
하지 않는다. 【유적·유물】 건물로는 대
웅전 등이 있다. 유물로는 삼층석탑이 있
는데 고려 때의 것으로 보인다. 이 밖에도
옛 절터에는 고려 때의 기와 조각이 산재
해 있다. 【참고문헌】 문화유적총람(충청
남도, 1990)

숭암사(崇巖寺)

백운사(白雲寺)를 보시오.

숭암사(崇巖寺)

천황사(天皇寺)를 보시오.

숭의사(崇義寺)

의곡사(義谷寺)를 보시오.

승가사(僧伽寺)

【위치】 서울특별시 종로구 구기동 북한산
동쪽 중턱에 있다. 【소속】 대한불교조계
종 직할교구본사인 조계사의 말사이다.
【연혁】 756년(신라 경덕왕 15) 수태(秀
台)가 창건했다. 수태는 당나라 고종 때
장안 천복사(薦福寺)에서 대중을 교화하
면서 살아 있는 부처님으로 지칭되던 승가
(僧伽)를 사모하는 뜻에서 이 절을 승가사
라고 이름했다. 그 뒤 1024년(고려 현종
15) 지광(智光)과 성언(成彦)이 중창했
고, 1090년(선종 7) 구산사(龜山寺)의 주
지였던 영현(領賢)이 중수했다. 1099년
(숙종 4) 대각(大覺) 국사 의천(義天)이
숙종과 왕비를 모시고 참배하면서 불상을
개금하고 불당을 중수했다. 1422년(조선
세종 4) 세종이 7종을 통폐합하여 선교양
종(禪敎兩宗)으로 할 때에는 선종에 속했
으며, 그 뒤 여러 차례의 중건·중수를
거쳐 고종 때(1863~1907) 명성황후(明
成皇后)와 상궁 엄(嚴)씨의 시주를 얻어
새롭게 중건했다. 1941년 도공(道호)이
다시 중수했으나, 1950년 6·25전쟁 때 소
실했다. 1957년 비구니 도명(道明)이 중
창하여 대웅전과 영산전, 약사전 등의 건
물을 갖추었다. 그 뒤를 이어 비구니 상륜
(相輪)이 불사를 계속하여 오늘에 이르렀
다. 비록 규모는 작으나 여러 왕들이 행차
하여 기도했다. 또한 조선 초기의 큰스님
함허 득통(涵虛 得通, 1376~1433)이 이
절에서 수도했으며, 조선 후기에는 성월
(城月)이 이 절에서 배출되어 팔도도승통
(八道都僧統)의 직책을 맡아 쇠잔하던 불
교를 크게 진작하기도 했다. 【유적·유
물】 현존하는 건물로는 대웅전과 영산전,
약사전, 산신각, 향로각(香爐閣), 동정각

(動靜閣), 범종각, 큰방, 요사채 등이 있다. 유물로는 석조승가대사상(보물 제1000호)과 마애석가여래좌상(보물 제215호) 등이 있다. 이 마애불과 약사전에 모신 약사여래의 영험, 그리고 약수의 효험 등이 유명하다. 절의 뒤편 비봉에는 진흥왕순수비(眞興王巡狩碑)가 있었는데, 지금은 서울의 국립중앙박물관으로 옮겨졌고, 그 자리에는 유지비(遺址碑)가 세워져 있다. 【참고문헌】문화유적총람(문화재관리국, 1977), 한국사찰전서(권상로, 동국대학교 출판부, 1979)

승가사(僧伽寺)
홍복사(興福寺)를 보시오.

승락사(勝樂寺)
【이명】성천원(聖天院)이라고도 불린다. 【위치】일본 사이타마현(埼玉縣) 이루마군(入間郡) 히타카정(日高町) 고마산(高麗山)에 있다. 【소속】진언종(眞言宗)에 속한다. 【연혁】사전(寺傳)에 의하면, 고구려가 멸망한 뒤 일본으로 망명한 고구려의 왕족인 약광(若光)이 죽자, 명복을 빌기 위해 751년 그의 시념승(侍念僧)이었던 승락(勝樂)이 약광이 고구려에서 가지고 온 성천존(聖天尊)을 봉안하여 창건에 착수했다. 그러므로 일명 성천원이라고도 한다. 그러나 승락이 이 절을 완공하지 못한 채 입적하자 그의 제자이며 약광의 아들인 성운(聖雲)이 유지를 받들어 완공했다. 창건 이후 법상종(法相宗)을 표방해 왔으나, 1345년 승려 수해(秀海)가 중흥한 뒤 진언종으로 바뀌 오늘에 이르고 있다. 【유적·유물】현존하는 건물로는 본당을 중심으로 산문과 아미타당(阿彌陀堂), 흘문(惣門)이 있다. 본당은 1690년대에 재건되었으며, 본존으로는 부동명

왕(不動明王)이 모셔져 있다. 이 밖에도 본당에는 대일여래, 성관음(聖觀音), 지장보살, 애염명왕(愛染明王), 일광보살(日光菩薩), 월광보살(月光菩薩), 약광수호불성천존(若光守護佛聖天尊)이 봉안되어 있다. 아미타당은 아시카가(足利)시대에 건립된 것으로 이 지역에서 가장 오래 된 목조건축물이다. 이곳의 본존으로는 우리 나라 승려인 행기(行基)의 작품이라고 하는 아미타여래삼존과 시왕존이 모셔져 있다. 흘문은 1624년에서 1643년 사이에 건축되었으며, 우리 나라의 건축양식과 흡사하다고 평가되고 있다. 중요문화재로는 동종(銅鐘), 악구(鰐口), 도쿠가와 장군가 사영기진장(德川將軍家 寺領寄進狀), 판비(板碑) 및 약광의 묘 등이 있다. 【참고문헌】歸化人と寺刹(今井啓一, 綜藝社, 1969), 歸化人と東國(今井啓一, 綜藝社, 1977), 日本に殘る古代朝鮮(段熙麟, 創元社, 1978), 日本の中の朝鮮文化(金達壽, 講談社, 1983)

승련사(勝蓮寺)
【이명】한때 금강사(金剛寺)라고 불렸다. 【위치】전라북도 남원시 산동면 식련리 만행산(萬行山)에 있었다. 【연혁】언제 누가 창건했는지 알 수 없으나, 예로부터 금강사라고 했다. 경관이 뛰어나 큰스님들이 머물러 살았다. 고려 제14대 국사인 복암 정혜(復庵 淨慧)도 말년에 이곳에서 살았는데, 집이 낮고 누추하여 넓히고자 했으나 뜻을 이루지 못하고 입적했다. 이에 그의 제자 졸암 연온(拙庵 衍昷)은 스승의 뜻을 이어받아 시주를 얻어 1325년(충숙왕 12) 중창 불사를 시작한 지 36년 만인 1361년(공민왕 10) 완공하여 이름을 승련사로 고쳤다. 이때 불전(佛殿), 승무

(勝廊), 선당(膳堂), 선실, 객실, 곳간, 부엌 등 총 111칸의 건물을 갖추었고, 무량수불을 불전 중앙에 봉안했으며, 신도들의 시주로 대장경을 인출하여 이 불상 좌우에 봉안했다. 그가 입적한 뒤 제자 구곡각운(龜谷 覺雲)이 주지를 맡아 완성하지 못한 외벽을 쌓았다. 졸암과 각운이 주지로 있었던 시절에는 200여 명의 승려들이 머물러 있었다. 그러나 그 뒤의 연혁은 전혀 전하지 않는다. 다만 1481년(조선 성종 12)에 편찬된 《동국여지승람》에는 존재한다고 나와 있으나, 1799년(정조 23)에 편찬된 《범우고(梵宇攷)》에는 '지금은 폐사되었다.'고 나와 있다. 현재 절터가 있는 식련리(植蓮里)는 승련사의 연꽃을 가져다 심고 마을 이름을 식련이라고 부른 데서 연유하며, 이 마을은 승련사의 승려들이 살던 사하촌(寺下村) 성격을 띠고 있었다. 【참고문헌】동국여지승람, 범우고, 고도 남원의 얼(남원군, 1982), 사찰지(전라북도, 1990)

승안사(昇安寺)
【위치】경상남도 함양군 수동면 우명리 승안산(昇安山)에 있었다. 【연혁】유물로 미루어 보아 신라 말 고려 초에 창건된 것으로 추정된다. 연혁은 전하지 않는다. 1481년(조선 성종 12)에 편찬된 《동국여지승람》에는 존재한다고 나와 있으나, 1799년(정조 23)에 편찬된 《범우고(梵宇攷)》에는 이미 폐사된 것으로 나와 있다. 【유적·유물】절터에는 삼층석탑(보물 제294호)과 석조여래좌상(경상남도 유형문화재 제33호)이 있다. 삼층석탑은 고려 초의 것으로 보이는데, 특히 상륜부에 앙화(仰花), 복발(覆鉢), 노반(露盤) 등이 완전한 형태로 남아 있어 10세기 무렵의 조

각 예술을 엿볼 수 있게 한다. 1962년 해체·복원 때에 사리장치와 '홍치7년(弘治七年)'이란 명문 문서가 탑 속에서 발견되어 1494년(성종 25)에 탑을 옮겨 세웠던 사실이 확인됐다. 석조여래좌상은 하체가 매몰된 상태인데, 고려 때의 것으로 보인다. 【참고문헌】한국사찰전서(권상로, 동국대학교 출판부, 1979), 속 명산 고찰 따라(이고운·박설산, 운주사, 1994)

승암사(僧巖寺)
【이명】한때 약수암(藥水庵), 천수암(天水庵)이라고 불렸다. 【위치】전라북도 전주시 완산구 교동 승암산에 있다. 【소속】한국불교태고종에 속한다. 【연혁】876년(신라 헌강왕 2) 연기 도선(烟起 道詵)이 창건했다. 절 뒤편의 바위 모습이 마치 좌선하는 승려상과 흡사하다고 하여 승암사라고 이름했다. 그 뒤 조선시대에는 진묵 일옥(震默 一玉, 1562~1633)과 그의 제자 원응(圓應)이 머물며 수도했다. 당시 원응이 진묵굴에서 수행중 마셨던 물이 약수라고 하여 약수암, 또는 천수암이라고 부르기도 했다. 1592년(선조 25) 임진왜란 때 소실한 후 1740년(영조 16) 용담 조관(龍潭 慥冠)이 중창했다. 1944년에는 만응(萬應)이 주지로 부임하여 새롭게 중창하고, 1955년에는 해안 봉수(海眼 鳳秀)와 만응이 한벽선원을 개설하여 이 지방 불교계에 선풍을 진작했다. 1983년 도광(道光)이 주지로 부임하여 대웅전을 건립해 오늘에 이르고 있다. 【유적·유물】건물로는 대웅전을 비롯하여 선방, 칠성각, 노전, 요사채가 있다. 문화재로는 고려시대 작품으로 추정되는 마모가 심한 미륵불, 범종, 만응대선사 부도 1기 등이 있다. 【참고문헌】전북불교연감(전북불교총연합

회, 1993), 사찰지(전라북도, 1990)

승장사(勝長寺)

【위치】 경상북도 상주시 낙동면에 있었다. 【연혁】 언제 누가 창건했는지 알 수 없다. 고려 충렬왕 때(1274~1308) 원나라의 강요로 상락공(上洛公) 김방경(金方慶)이 여원(麗元) 연합군과 함께 왜구를 정벌하던 도중 충렬왕이 김해부(金海府)에 거동하여 전송하고 돌아오다가 이 절에 유숙하고 천태종(天台宗)에 속하게 했다. 연혁은 전하지 않는다. 1481년(조선 성종 12)에 편찬된 《동국여지승람》에는 존재한다고 나와 있으나, 1799년(정조 23)에 편찬된 《범우고(梵宇攷)》에는 이미 폐사된 것으로 나와 있다. 【참고문헌】 동국여지승람, 범우고

시왕사(十王寺)

【위치】 경기도 개성시 궁성(宮城) 서북쪽에 있었다. 【연혁】 1004년(고려 목종 7) 김치양(金致陽)이 창건했다. 김치양은 목종의 어머니인 천추태후(千秋太后 ; 獻哀王后)의 외척(外戚)으로 많은 추문을 남겼다. 또한 그는 권세를 휘두르면서 이 절을 지어 이상한 그림을 그려 붙이도록 해 자신과 천추태후 사이에서 난 아들을 왕으로 삼을 것을 도모했다. 이 절의 종명(鐘銘)에 '이 생이 동국(東國)에 있을 때에는 함께 선(善)을 닦고, 죽은 뒤 서방에 왕생하는 날에는 함께 깨달음을 증득하자.'라고 한 것은 이를 뒷받침하는 한 증거라고 전한다. 그러나 1009년 그는 강조(康兆)에 의해 주살당했으므로 이 절도 《고려사》에 더 이상의 특별한 언급이 없다. 다만 1146년(인종 24) 인종이 병이 들었을 때, 신하들이 정월 24일 이 절에 찾아가서 왕의 쾌유를 비는 기도를 올렸

다는 기록만이 남아 있다. 언제 폐사되었는지도 알 수 없다. 【참고문헌】 고려사, 고려사절요

신건암(新建庵)

감추사(甘湫寺)를 보시오.

신계사(神溪寺)

【이명】 신계사(新溪寺), 신계사(新戒寺)라고도 했다. 【위치】 강원도 고성군 신북면 창대리 금강산(金剛山)에 있었다. 【연혁】 519년(신라 법흥왕 6) 조사 보운(普雲)이 창건했다. 예로부터 이 절 옆에 있던 신계천에는 물고기가 많이 잡혔는데, 살생으로 성역(聖域)의 참된 뜻을 더럽힌다고 하여 보운이 용왕에게 부탁해서 고기를 다른 곳에서 놀도록 했다고 하여 그 신이로움을 나타내기 위해 이름에 '신(神)' 자를 쓰게 되었다고 한다. 653년(진덕여왕 7) 김유신(金庾信)에 대한 왕실의 기원을 기념하기 위해 중수했고, 682년(신문왕 2) 김유신의 부인이 중건했다. 786년(원성왕 2) 태능(泰能)이 중건했으며, 886년(정강왕 1) 한림(翰林) 왕영(王瀛)이 중수했다. 968년(고려 광종 19) 법인(法印)국사 탄문(坦文)이 중수했고, 1130년(인종 8) 왕사 묘청(妙淸)이 중건했으며, 1332년(충숙왕 복위 1) 우심(尤深)이 중수했다. 그 뒤 조선시대에는 1452년(문종 2) 해파(海波)가 중건했고, 1485년(성종 16) 지료(智了)가 중수했으며, 1533년(중종 28) 유환(宥還)이 중건했다. 1592년(선조 25) 임진왜란의 병화로 소실하자 1597년 강원감사 황융중(黃隆中)이 중건했다. 또한 1669년(현종 10) 석철(石喆)이, 1711년(숙종 37) 청휘(淸暉)가 각각 중건했다. 그 뒤 1782년(정조 6) 재우(載雨)와 관성(寬性)이 향로전(香爐殿)을 중

수했고, 1821년(순조 21) 유신(宥信)이 다시 향로전을 중수했으며, 1835년(헌종 1) 왕실로부터 모연금을 받아 새롭게 중수했다. 1869년(고종 6) 동하 성의(東河性宜)가 영산전과 첨성각(瞻星閣)을 건립했고, 1874년(고종 11) 취암(翠庵)과 의성(義惺)이 적묵당(寂默堂)을 중건했으며, 1880년 의성과 지담(止潭)이 유리전(琉璃殿)을 중수했다. 1887년 대웅전을 중창하고 영산전을 옮겨 지었다. 1893년(고종 30) 칠성각을 중수하고, 1914년 대향각(大香閣)을 중건했으며, 1919년 김우화(金雨化)가 최승전(最勝殿)을 건립했다. 1922년 12월 용화전이 화재로 소실했고, 1929년 만세루를 중건했다. 일제강점기의 31본산시대에는 유점사(楡岾寺)의 말사였다. 다시 화재로 소실하여 1945년에는 반야보전(般若寶殿), 나한전, 칠성각 등의 전각이 남았고, 반야보전 앞에 석탑 1기가 남아 있었다. 부속 암자로는 문수암(文殊庵), 미륵암(彌勒庵), 보운암(普雲庵)이 있었다. 그 뒤 1950년 6·25전쟁 때 절 전체가 파괴되었다. 【유적·유물】 6·25전쟁 전까지 현존했던 건물로는 6개의 전(殿)과 5개의 각(閣), 1개의 누(樓)가 있었다. 그러나 6·25전쟁 뒤 복구 작업이 전혀 이루어지지 않은 듯하다. 절터에는 삼층석탑이 남아 있다. 이 석탑은 절 창건 당시에 조성된 것으로 북한에서는 정양사(正陽寺) 삼층석탑, 장연사(長淵寺) 삼층석탑과 함께 '금강산의 3대 옛 탑' 중의 하나로 꼽힌다. 【참고문헌】 유점사본말사지, 동국여지승람, 한국사찰전서(권상로, 동국대학교 출판부, 1979), 북한사찰연구(한국불교종단협의회, 1993)

신계사(新溪寺, 新戒寺)

신계사(神溪寺)를 보시오.

신고운사(新孤雲寺)

고운사(孤雲寺)를 보시오.

신광사(神光寺)

【위치】 황해도 해주시 신광리 북숭산(北嵩山)에 있다. 【연혁】 신라 문무왕 때(661~681) 원효(元曉)와 자장(慈藏)이 창건했다고 하나 신빙성이 없다. 923년(고려 태조 6) 입조사(入朝使) 윤질(尹質)이 중국에서 오백나한상을 가져오자 태조가 명하여 이 절에 모시도록 했다. 그 뒤 1026년(현종 17) 현종이 이 절에 행차했고, 1053년(문종 7) 9월 문종이 이 절에 이르러 나한재(羅漢齋)를 개설하고 제왕(諸王)과 재추(宰樞), 시신(侍臣)들에게 향연을 베풀었다. 또한 1102년(숙종 7) 10월 숙종이 이 절에 들러 오백나한재를 베풀었다. 1335년(충숙왕 복위 4) 8월 충숙왕이 이 절에 들러 축수를 했다. 그러나 이 절이 큰 절로서의 면모를 갖춘 것은 1342년(충혜왕 복위 3) 원나라의 마지막 황제인 순제(順帝)가 그의 원찰로 중건한 뒤부터이다. 〈신광사사적기〉에 의하면 순제는 일찍이 서해의 대청도(大靑島)에서 귀양살이를 했다. 그때 그는 서해의 산천을 두루 돌아보았는데, 해주의 북숭산 기슭에 이르렀을 때 나무와 풀이 우거진 속에 이상한 기운이 빛나고 있음을 보고 찾아가 보았더니, 수풀 속에 한 불상이 있었다. 이에 그는 만약 부처님의 도움을 얻어 환궁하여 등극할 수만 있다면 마땅히 절을 지어 그 은혜에 보답하겠다고 기도했다. 그 뒤 그가 환궁하여 등극하고 2년이 지난 어느 날 부처님이 꿈에 나타나서 '어찌 서로 잊을 수 있단 말인가.' 라고 했다. 그는 이 꿈을 이상하게 생각하다가 중

국의 재력을 기울여 이 절을 중창했는데, 그 웅장하고 화려하기가 동방에서 으뜸이었다고 한다. 이 역사에는 원나라의 태감 송골아(宋骨兒)가 이끄는 37인의 공장(工匠)이 참여했고, 고려의 시중 김석견(金石堅)과 밀직부사 이수산(李壽山)이 송골아와 함께 감독했다. 이때 건립된 건물은 법당인 보광명전(寶光明殿)을 중심으로 그 앞에 장랑(長廊), 동쪽에는 누(樓)와 재료(齋寮), 북쪽에는 1동의 전우(殿宇)와 그 앞에 석탑, 서쪽에는 나한전 등이 있었다고 한다. 또 이 밖에도 침실과 석경판(石經板)을 봉안한 해장전(海藏殿), 중문(中門), 종루, 양진당(養眞堂), 영마전(影磨殿) 등 많은 건물이 있었다고 한다. 그리고 이 절은 일찍이 화재를 당한 일이 없었는데, 한 과객이 이 절에 머무르고 있을 때 누의 남쪽을 바라보면서 '처음 절을 지을 때 남산에 석옹(石瓮)을 묻어 물을 저장함으로써 화재를 막았다. 이제 그 석옹이 기울어져 물이 새고 있으니, 몇 년 지나지 않아 절에 화재가 있을 것이다.'라고 말했다고 한다. 곧이어 1677년(조선 숙종 3) 4월 5일 화재로 전각과 불상 및 승방 등을 모두 태웠다. 이듬해 보광전, 설법전, 약사전, 시왕전, 만세루, 승료(僧寮) 등을 중건하고, 다시 1705년 나한전을 세웠다. 그러나 그 뒤의 연혁은 전하지 않는다. 다만 부속 암자로는 보제암, 은신암, 삼산암, 백운암, 북암, 남암 등이 있었다. 일제강점기의 31본산시대에는 패엽사(貝葉寺)의 말사였다. 【유적·유물】 현존하는 건물로는 응진전을 비롯하여 관음전, 약사전, 명부전, 천왕문 등이 있다. 문화재로는 오층석탑(북한 보물급 문화재 제22호)과 무자비(無字碑 ; 북한 보물급 문

화재 제23호)가 있다. 오층석탑은 1342년에 세워진 것이며, 무자비는 글자가 없는 비로 고려시대에 조성된 것으로 추정된다. 【참고문헌】 삼국유사, 고려사, 동국여지승람, 조선불교통사(이능화, 신문관, 1918), 북한의 절과 불교(정태혁·신법타, 민족사, 1990), 북한사찰연구(한국불교종단협의회, 1993)

신광사(新光寺)
【위치】 전라북도 장수군 천천면 와룡리 성수산(聖壽山)에 있다. 【소속】 대한불교조계종 제17교구 본사인 금산사의 말사이다. 【연혁】 830년(신라 흥덕왕 5) 무주무염(無住 無染)이 창건했다. 무염은 충청남도 보령 성주사(聖住寺)에서 구산선문(九山禪門) 중의 하나인 성주산문(聖住山門)을 일으켜 운집하는 학도들을 지도하다가 이 지방에는 그럴 만한 절이 없는 것을 안타깝게 여기고 이 절을 지어 항상 새로운 인재가 자라나라는 뜻에서 신광사라고 이름했다고 한다. 그러나 그 뒤의 연혁은 자세히 전하지 않는다. 다만 1649년(조선 인조 27) 천해(天海)가 중창했고, 1840년(헌종 6) 현감 조능하(趙能夏)가 중수했다고 한다. 1985년 보수하여 오늘에 이르고 있다. 【유적·유물】 현존하는 건물로는 대웅전(전라북도 유형문화재 제113호)과 명부전, 칠성각, 선방, 요사채 등이 있다. 대웅전의 지붕은 기와가 아니라 너새라는 돌로 이은 것이 특이하며, 명부전은 둘레 1.5m의 싸리나무 기둥으로 만들어졌다. 【참고문헌】 문화유적총람(문화재관리국, 1977), 사찰지(전라북도, 1990)

신광사(神光寺)
선석사(禪石寺)를 보시오.

신궁사(神宮寺)

신라사(新羅寺)를 보시오.

신둔사(薪芚寺)

【이명】한때 봉림사(鳳林寺)라고 불렸으며, 신둔사(新屯寺)라고도 한다. 【위치】경상북도 청도군 화양읍 동천리 화악산(華岳山)에 있다. 【소속】대한불교조계종 제9교구 본사인 동화사의 말사이다. 【연혁】1173년(고려 명종 3) 보조(普照) 국사 지눌(知訥)이 창건하여 봉림사라고 했다. 1667년(조선 현종 8) 상견(尙堅)이 중창했다. 1878년(고종 15)에는 중건하면서 이름을 신둔사로 고쳤다. 1926년 송호(松湖)가 중수하여 오늘에 이른다. 【유적·유물】건물로는 대웅전을 비롯하여 칠성각, 독성전, 산령각, 요사채가 있다. 특별한 문화재는 없다. 【참고문헌】한국사찰전서(권상로, 동국대학교 출판부, 1979)

신둔사(新屯寺)

신둔사(薪芚寺)를 보시오.

신라사(新羅寺)

【이명】한때 신궁사(神宮寺)라고도 불렸다. 【위치】일본 오사카시(大阪市) 스미요시구(住吉區) 스미요시정(住吉町)에 있었다. 【연혁】758년 신라 이주민들이 창건했다. 당시의 중요한 보물로는 본존불인 약사여래를 비롯하여 12지신상과 사천왕상이 있었다. 그중 약사여래는 신라에서 가져온 것으로 영험 있는 불상이라고 하여 널리 숭상하였는데, 돌로 만든 상자에 넣고 법당의 땅 밑에 묻어 봉안했다고 한다. 이 절은 천태종 동예산파(東叡山派)에 소속되어 있었으며, 절의 영지(領地)는 360석(石)이나 되었다. 또한 신불습합(神佛習合)에 의해 신라와 관련이 깊은 신인 저통남(底筒男), 중통남(中筒男),

표통남(表筒男) 등 세 신과 신공황후(神功皇后)를 모시고 있는 스미요시신사(住吉神社)의 경내에 있었다. 매우 큰 규모의 절이었으나, 명치(明治)시대의 강력한 신불분리정책으로 폐사되었다. 당시의 건물로는 약사여래를 모신 본당을 중심으로 법화삼매당(法華三昧堂), 상행삼매당(常行三昧堂), 대일당(大日堂), 경당(經堂), 오대력보장(五大力寶藏), 동서의 이층탑, 구문지당(求聞持堂), 식당, 동서의 승방, 종루 등이 있었고, 또한 전통연극 등을 공연할 수 있는 무대와 배우들의 휴식 및 출연 준비 장소인 낙옥(樂屋)도 갖추고 있었다. 【참고문헌】日本の中の朝鮮文化(金達壽, 講談社, 1983)

신륵사(神勒寺)

【위치】충청북도 제천시 덕산면 월악리 월악산(月岳山) 기슭에 있다. 【소속】대한불교조계종 제5교구 본사인 법주사의 말사이다. 【연혁】582년(신라 진평왕 4) 아도(阿道)가 창건했다고 하나 이때는 이미 아도가 입적한 뒤이므로 신빙성이 없다. 그 뒤 문무왕 때(661~681) 원효(元曉)가 중창했고, 조선 초기에는 무학 자초(無學 自超, 1327~1405)가 중창했다. 명종 때(1545~1567) 사명 유정(泗溟 惟政)이 다시 중창하여 오늘에 이르고 있다. 【유적·유물】현존하는 건물로는 극락전(충청북도 유형문화재 제132호)과 국사당(國祀堂), 요사채 등이 있다. 극락전 안에는 아미타삼존불을 비롯하여 4점의 탱화가 있는데, 목조아미타불좌상은 조선 초기 작품으로 추정되며, 대세지보살좌상은 인자하면서도 힘 있는 모습을 갖춘 조선시대 작품이다. 국사당은 원래 제천시 한수면 송계리의 월악산 수경대(水鏡臺)

에 있었다. 이곳은 신라 때부터 월악신사
(月岳神祠)를 설치하여 하늘에 제사를 지
내던 곳이며, 1256년(고종 43) 몽고병란
때와 1592년(선조 25) 임진왜란 때 인근
사람들이 이곳에 모여 난을 피했다고 한
다. 이 신사는 애초 국가적 기도처였으나
뒤에 마을의 수호신을 모신 곳으로 성격
이 달라졌는데, 일제강점기에 폐허화했
다. 그 뒤 주위 마을이 흉년이 들고 대홍
수가 났으나 그 이유를 아는 자가 없었다.
하루는 신륵사에 있던 승려가 그 까닭을
월악신사의 폐허에 있다고 생각하고 신륵
사 경내에 국사당을 지어 월악산에 상주
하는 신령을 봉안했다고 한다. 현재 이곳
에는 신령을 중앙에 두고 좌우에 동남동
녀가 시립하고 있는 탱화 1폭이 봉안되어
있다. 이 밖에도 삼층석탑(충청북도 유형
문화재 제4호) 1기와 당간지주가 극락전
앞에 있다. 고려 초기의 작품으로 추정되
는 삼층석탑은 1981년 3월에 해체·복원
하던 중 석탑의 기단부에서 108개의 소형
토탑(小形土搭)과 사리함편(舍利函片) 2
개가 출토되었다. 【참고문헌】 사지(충청
북도, 1982)

신륵사(神勒寺)

【이명】 한때 벽절(甓-), 보은사(報恩寺)
라고 불렸다. 【위치】 경기도 여주군 북내
면 천송리 봉미산(鳳尾山) 기슭에 있다.
【소속】 대한불교조계종 제2교구 본사인
용주사의 말사이다. 【연혁】 신라 진평왕
때(579~632) 원효(元曉)가 창건했다고
한다. 그러나 원효는 648년(진덕여왕 2)
에야 출가했으므로 신빙성이 없다. 이 절
은 경내 동대(東臺) 위에 벽돌로 이루어
진 다층전탑이 있어서 고려 때부터 벽절
이라고도 불렸다. 1376년(우왕 2) 나옹

혜근(懶翁 惠勤)이 이 절에서 입적할 때
오색의 구름이 산마루를 덮고, 구름도 없
는 하늘에서 비가 내렸으며, 수많은 사리
가 나왔고, 용이 호상(護喪)을 하기도 했
다고 한다. 3개월 뒤인 이 해 8월 15일 혜
근의 제자 각주(覺珠)와 각성(覺惺), 각
굉(覺宏)이 절의 북쪽 언덕에 혜근의 정
골사리(頂骨舍利)를 봉안한 부도를 세우
는 한편, 대대적인 중창을 이루었다. 이때
대전(大殿), 조당(祖堂), 승당, 선당, 종
루, 동익당(東翼堂), 서익당(西翼堂), 남
행랑(南行廊), 향적당(香積堂) 등의 많은
건물을 신축하거나 중수했다. 또한 혜근
의 진영을 모시는 선각진당(禪覺眞堂)도
건립했다. 1382년(우왕 8)에는 2층으로
된 대장각을 건립하면서 대장경 1부를 봉
안했다. 대장경 불사를 발원한 것은 이색
(李穡)의 아버지 이곡(李穀)이었으나 뜻
을 이루지 못하고 죽자, 이색이 계승하여
혜근의 제자들과 함께 인출했다. 이때 신
륵사의 승려 무급(無及)과 수봉(琇峯)이
중심이 되고 그 제자들이 전국으로 흩어
져 시주를 모았는데, 200여 명이 이 불사
에 참여했다. 이 중에는 각운(覺雲), 신조
(神照), 무학 자초(無學 自超, 1327~
1405) 등의 큰스님들과 최영(崔瑩), 조민
수(曺敏修), 최무선(崔茂宣) 등이 있다.
이 대장경은 1382년 정월 화엄종 소속인
영통사(靈通寺)에서 교열하고 4월 배에
실어 신륵사에 봉안했다. 또한 대장각 안
에는 대장경과 함께 권희(權僖)가 조성한
비로자나불상과 홍의룡(洪義龍)이 죽은
딸의 명복을 빌기 위해 조성한 보현보살
상, 그리고 장부인이 시주를 얻어 조성한
문수보살상을 함께 봉안했다. 1469년(조
선 예종 1) 광주의 대모산(大母山)에 있던

세종의 능인 영릉(英陵)을 여주로 이장하여 이 절을 영릉의 원찰로 삼을 것을 결정했고, 1472년(성종 3) 2월 대규모 중창불사가 시작되어 8개월 만에 200여 칸의 건물을 보수 또는 신축했다. 이듬해 대왕대비(貞熹王后 尹씨)가 보은사라고 이름을 고쳤다. 그 뒤 이 절은 사대부들이 풍류를 즐기는 장소로 전락했다가 1592년(선조 25) 이후 임진왜란과 병자호란의 병화로 폐허화했다. 그 뒤 1671년(현종 12) 계헌(戒軒)이 중건했고, 1702년(숙종 28) 위학(偉學)과 천심(天心) 등이 중수했다. 또한 1726년(영조 2) 영순(英淳) 등이 동대에 있는 전탑을 중수하고 중수비를 세웠다. 1858년(철종 9) 순조의 비인 순원왕후(純元王后)가 시주하여 불전, 선료(禪寮), 종루, 향주(香廚) 등을 중수했고, 1929년 주지 성인(性仁)이 명부전을 중건했다. 1955년 용주사의 말사가 되어 오늘에 이르렀다. 【유적·유물】 현존하는 건물로는 극락보전을 중심으로 조사당, 명부전, 적묵당(寂默堂), 구룡루(九龍樓), 봉향각(奉香閣), 선각당(禪覺堂 ; 요사), 칠성각, 종각 등이 있다. 이 중 극락보전(경기도 유형문화재 제128호)은 1797년(정조 21)에 시작하여 1800년 완공된 건물이다. 내부에는 아미타삼존불을 봉안했고, 1900년에 그린 후불탱화, 신중탱화, 감로탱화와 1908년에 조성된 지장탱화가 있으며, 1773년(영조 49)에 주조된 범종도 있다. 그리고 극락보전 정문 위에는 혜근의 친필이라고 구전되는 '천추만세(千秋萬歲)'라는 현판이 있다. 이 현판은 입체감을 나타내고 있어 보는 위치에 따라 글씨가 달라 보이는 특이함이 있다. 조사당(보물 제180호)은 경내에서 가장 오래 된 건물로

서 혜근을 중앙으로 지공(指空)과 무학 자초(無學 自超)의 영정이 봉안되어 있다. 명부전의 내부에는 지장삼존을 비롯하여 시왕상과 판관(判官) 등 총 29위의 상이 봉안되어 있다. 유물로는 다층석탑을 비롯하여 다층전탑, 보제존자석종(普濟尊者石鐘), 석등, 보제존자석종비, 대장각기비(大藏閣記碑 ; 보물 제230호) 등이 있다. 다층석탑(보물 제225호)은 조선시대의 것으로 흰 대리석을 사용한 희귀한 것이다. 다층전탑(보물 제226호)은 고려시대의 것으로 국내에서 유일하게 완성된 형태로 남아 있는 벽돌 탑이다. 혜근의 보제존자석종(보물 제228호)은 1379년에 제작된 것으로 고려 말의 대표적인 부도 양식을 띠고 있다. 석등(보물 제231호) 역시 1379년에 제작된 것으로 보제존자석종 앞에 위치한 공양등이며 화려하고 장식적인 면이 강조된 고려 말의 대표적인 작품이다. 혜근의 보제존자석종비(보물 제229호) 역시 1379년에 제작된 것으로 이색이 짓고, 한수(韓脩)가 썼으며, 이인종(李仁衆)이 새겼다. 대장각기비(大藏閣記碑, 보물 제230호)는 이색이 혜근의 제자들과 함께 대장경을 인출하고 대장각을 세워 봉안한 연유를 기록한 것이다. 이 밖에도 동쪽 강변 바위 위에는 삼층석탑이 있고, 경내의 서쪽 언덕에는 부도 2기가 있다. 삼층석탑은 혜근을 화장한 장소를 기념하기 위해 세운 탑이며, 부도 중 8각 탑신을 가진 부도는 고려 말 조선 초의 것으로 추정되는데, 이전할 때 사리함을 발견하여 현재 동국대학교 박물관에 보관하고 있다. 또한 혜근을 화장한 터에 세운 삼층석탑 옆에는 혜근의 당호를 딴 강월헌(江月軒)이라는 6각의 정자가 있다. 【설화】 이

름을 신륵사라고 한 것은 미륵 또는 혜근
이 신기한 굴레로 용마(龍馬)를 막았다는
전설에 의한 것이라는 설이 있다. 또한 고
려 고종 때(1213~1259) 건너편 마을에
나타난 용마가 걷잡을 수 없이 사나워서
사람들이 잡을 수 없었다. 이때 큰스님 인
당(印塘)이 고삐를 잡자 말이 순해졌다고
하는데 신력(神力)으로 제압했다고 하여
신륵사라고 했다는 설도 있다. 【참고문헌】
동국여지승람, 동문선, 목은집, 조선금석총
람(조선총독부, 1919), 문화유적총람(문화
재관리국, 1977), 한국의 사찰 16-신륵사
(한국불교연구원, 일지사, 1978), 한국사찰
전서(권상로, 동국대학교 출판부, 1979)

신방사(新房寺)

망해사(望海寺)를 보시오.

신복사(神福寺)

【이명】 한때 심복사(尋福寺), 신복사(神
伏寺)라고 불렸다. 【위치】 강원도 강릉시
내곡동에 있었다. 【연혁】 850년(신라 문
성왕 12) 무렵 통효(通曉) 국사 범일(梵
日)이 창건했다. 원래 이 절의 이름은 심
복사 또는 신복사(神伏寺)로 표기되었으
나 1936년과 1937년 '신복(神福)'이라고
쓰여진 기왓장이 발견되어 현재의 이름으
로 통일하여 부르게 되었다. 창건 이후의
연혁은 전하지 않으며 언제 폐사됐는지도
알 수 없다. 【유적·유물】 절터에는 석불
좌상(보물 제84호)과 삼층석탑(보물 제87
호)이 있다. 석불좌상은 원통형의 관을
쓴 얼굴에 미소가 가득하며, 풍만한 몸의
굴곡과 자연스럽게 내려진 옷자락의 사실
적인 묘사가 생동감마저 느끼게 한다. 삼
층석탑은 고려 초기의 작품으로 추정되
며, 안정감과 중후감을 주는 특이한 탑이
다. 1930년대에 발견된 일부 기와는 감정

결과 880년 전후의 것으로 분석되었다.
【설화】 《임영지(臨瀛志)》에는 이 절의
창건과 관련된 설화가 수록되어 있다. 신
라 말기에 어느 처녀가 우물에 비친 햇빛
을 보고 그 물을 마시자 임신을 했다. 집
안 사람들이 낳은 아기를 얼음판 위에 내
다 버렸으나, 새가 아기를 품고 서광이 주
위를 맴돌았으므로 괴이하게 여겨 다시
데려와서 이름을 범(梵)이라고 하여 길렀
다. 범은 어려서 출가하여 큰스님이 되었
으며, 고향에 이 절과 굴산사(崛山寺)를
창건했다고 한다. 그러나 범이 이 절을 창
건한 범일인지는 확인할 수 없다. 【참고
문헌】 한국사찰전서(권상로, 동국대학교
출판부, 1979)

신복사(神伏寺)

신복사(神福寺)를 보시오.

신복선사(神福禪寺)

【위치】 경기도 광주군 남한산(南漢山) 기
슭에 있었다. 【연혁】 언제 누가 창건했는
지 알 수 없다. 고려시대의 이곡(李穀,
1298~1351)이 쓴 중수기에 의하면, 이
절은 주변 마을이 생겼을 때부터 있었다
고 하며, 그 뒤 여러 차례 폐허가 되었다
고 한다. 충렬왕 때(1274~1308) 중랑장
(中郎將) 박견(朴堅)이 사재를 희사하여
폐허화한 절을 중건한 뒤 임금의 복과 아
들의 출세를 위해 기도했다. 그 뒤 박견의
아들 동지민장총관부사(同知民匠摠管府事)
박조예(朴造乂)는 다시 사재를 내어 아버
지의 지극한 사랑을 기리기 위해 이 절을
중수했다. 공사는 1314년(충숙왕 1) 시작
하여 10년 동안 계속했으며, 공사 감독은
영구(永丘)가 맡았다. 이때 법당과 요사
채, 산문, 회랑 등을 모두 갖추었다. 절이
완공되자 박조예는 좋은 땅 15결을 시주

했고, 부인 김(金)씨는 금속화폐 500관
(貫)을 시주하여 공양과 향화(香華)를 위
한 재산으로 충당케 했다. 이때부터 이 절
은 선승들의 수도처로 쓰였다. 그 뒤의 자
세한 연혁은 전하지 않으며 조선시대 중
기까지는 존립했다. 【참고문헌】동문선,
동국여지승람

신선사(神仙寺)
【위치】경상북도 경주시 건천읍 송선리
단석산(斷石山) 정상의 상인암(上人巖)에
있다. 【소속】대한불교법화종에 속한다.
【연혁】신라 때인 7세기에 활동하던 자장
(慈藏)의 제자 잠주(岑珠)가 창건했다고
한다. 이어 김유신(金庾信, 595~673)이
이 절에서 삼국통일의 염원을 신명(神明)
에게 기도했다고 한다. 그 뒤의 자세한 연
혁은 전하지 않는다. 1969년 한국일보사
가 주관한 신라오악조사단(新羅五岳調査
團)이 상인암에 새겨진 명문을 통해 상인
암을 중심으로 이루어진 석굴의 본래 이름
이 신선사였음을 밝혀냈다. 건물로는 관음
전과 산령각, 요사채가 있다. 【유적·유
물】석굴은 동남북 삼면이 병풍처럼 둘러
쳐져 자연적으로 조성되었는데, 암벽 삼
면에 10위의 불보살을 조각한 천연의 수
도장으로서 고대 석굴사원의 중요한 일면
을 보여 주고 있다. 암벽에는 미륵삼존
(국보 제199호)을 중심으로 보살상과 인
물상 등이 조각되어 있다. 불상의 양식으
로 보아 그 조성 연대는 삼국시대 말기인
6세기의 작품으로 추정된다. 현재 천정
쪽 바위 위에는 목조의 지붕을 올렸던 흔
적을 발견할 수 있는데, 원래 커다란 불전
(佛殿)이었음을 알게 하는 좋은 자료가
된다. 또한 이 절에는 이 석굴을 제외한 1
동의 법당 겸 요사채가 있고, 뜰에는 파불

(破佛) 1위가 남아 있다. 【설화】옛날 아
랫마을의 한 젊은이가 상인암 위에서 백
발 노인들이 바둑을 두는 것을 구경했다.
그러나 한 판이 끝나는 것을 보고 집으로
돌아와 보니 아내는 이미 백발이 성성한
노파가 되어 있었고, 자신이 지던 지게는
폭싹 썩어 있었다. 그는 바둑 한 판에 50
년이 걸렸음을 깨달았다. 이때부터 사람
들은 이 상인암을 신선이 바둑을 둔 곳이
라고 말했다. 【참고문헌】한국불상의 연
구(황수영, 일지사, 1970), 한국의 사찰
12-신라의 폐사 2(한국불교연구원, 일지
사, 1977)

신수리사(新修理寺)
백련정사(白蓮精寺)를 보시오.

신심사(神心寺)
세심사(洗心寺)를 보시오.

신안사(身安寺)
【위치】충청남도 금산군 제원면 신안리
신음산(神陰山) 국사봉(國師峯) 아래에 있
다. 【소속】대한불교조계종 제6교구 본사
인 마곡사의 말사이다. 【연혁】651년(신
라 진덕여왕 5) 자장(慈藏)이 창건했다.
신라의 마지막 왕인 경순왕(재위 927~
935)이 충청북도 영동군에 있는 영국사
(寧國寺)에서 수학할 때 이 절에도 가끔
들러 유숙했는데, 주위의 경관과 어울려
몸과 마음이 함께 편안하다고 하여 신안
사라고 했다. 그 뒤의 연혁은 전하지 않는
다. 전성기에는 대웅전과 극락전, 진향각
(眞香閣), 요묵당(寥默堂) 등 호화롭고 장
엄한 건물이 즐비했고, 불상 또한 10여
위가 있었으며, 3천 명의 승려가 수학했
다고 한다. 그러나 오랜 세월을 거치면서
건물이 퇴락했으며, 1950년 6·25전쟁 때
소실했다. 또한 이때 불상은 금산군 진산

면의 태고사(太古寺) 등으로 병화를 피해 옮겨 봉안했다. 【유적·유물】 현존하는 건물로는 대광전(충청남도 유형문화재 제3호)과 극락전(충청남도 유형문화재 제117호), 요사채가 있다. 유물로는 불상 5위와 《금강반야바라밀다경》 등의 목판이 있다. 불상 5위는 단정하고 우아한 모습이 조선시대 불상의 걸작품으로 꼽히고 있다. 【참고문헌】 금산군지(금산군, 1969), 문화유적총람-사찰편(충청남도, 1990)

신암사(申庵寺)

【위치】 충청남도 당진군 송악면 가교리 신암산(申庵山)에 있다. 【소속】 대한불교 조계종 제7교구 본사인 수덕사의 말사이다. 【연혁】 1200년대 고려의 중신이었던 구예(具藝)의 부인 아주(鵝洲) 신(申)씨가 남편의 극락왕생을 기원하기 위해 창건했다. 창건 당시 불상은 인도에서 가져왔으며, 신씨가 세운 암자라고 하여 신암사라고 불렀다고 한다. 이 절은 고려 말에 면세와 면역의 혜택을 받으면서 보호되었다. 그러나 이후의 연혁은 전하지 않는다. 19세기 말에 중수하여 오늘에 이르고 있다. 【유적·유물】 현존하는 건물로는 극락전과 산신각, 요사채 등이 있다. 극락전은 19세기 말에 중수한 것이다. 유물로는 금동불좌상(보물 제987호)과 칠층석탑이 있다. 금동불좌상은 극락전 안에 봉안되어 있으며, 너무 무거워 장정 50여 명이라야 들 수 있다고 한다. 칠층석탑은 대웅전 앞에 있는 고려시대의 것으로 창건 당시에 건립됐다고 한다. 【참고문헌】 당진군지(당진군, 1983), 문화유적총람-사찰편(충청남도, 1990)

신암사(神巖寺)

조천사(朝天寺)를 보시오.

신왕사(神王寺)

심향사(尋香寺)를 보시오.

신원사(新元寺)

【위치】 충청남도 공주시 계룡면 양화리 계룡산(鷄龍山)에 있다. 【소속】 대한불교 조계종 제6교구 본사인 마곡사의 말사이다. 【연혁】 651년(백제 의자왕 11) 고구려 큰스님으로서 백제로 망명한 열반종의 개조 보덕(普德)이 창건했다. 신라 말에 연기 도선(烟起 道詵, 827~898)이 이곳을 지나다가 법당만 남아 있던 절을 중창했고, 1298년(고려 충렬왕 24) 부암 운묵(浮菴 雲默)이 중건했다. 조선 후기에 무학(無學)이 중창하면서 영원전(靈源殿)을 지었고, 1866년(고종 3) 관찰사 심상훈(沈相薰)이 중수하면서 신원사라고 이름했다. 이어 1876년 보연(普延)이 중건하여 오늘에 이르고 있다. 계룡산의 동서남북 4대절 중 남사(南寺)에 속한다. 부속 암자로는 고왕암(古王庵), 등운암(騰雲庵), 마명암(馬鳴庵), 남암(南庵) 등이 있다. 【유적·유물】 현존하는 건물로는 대웅전을 비롯하여 향각(香閣), 영원전, 큰방, 요사채 등이 있다. 이 중 대웅전(충청남도 유형문화재 제80호)은 1592년(선조 25) 임진왜란 때 소실한 뒤 중건한 것으로 내부에는 아미타불이 주존불로 봉안되어 있다. 또 향각의 불상은 고종(재위 1863~1907)의 비인 명성황후(明成皇后)가 봉안한 것이라고 전한다. 문화재로는 오층석탑(충청남도 유형문화재 제31호)과 부도가 있다. 오층석탑은 부처님 사리탑으로 신라 말 고려 초의 양식을 띠고 있으며, 상층 일부가 없어지고 4층만 남아 있다. 1975년의 보수공사 때 1층 탑신의 사리공(舍利孔)에서 사리구(舍利具)와 함

께 개원통보(開元通寶), 함원평보(咸元平寶), 황송통보(皇宋通寶)가 발견되었는데, 이들은 모두 고려시대의 것이다. 이 밖에도 우리 나라 산악신앙의 제단으로 중요한 의미를 지니는 계룡산 중악단(中嶽壇 ; 충청남도 유형문화재 제7호)을 이 절에서 관리하고 있다. 본래는 계룡산의 산신제단(山神祭壇) 즉 계룡단이었던 것이 고종 때 묘향산에 상악단(上嶽壇), 지리산에 하악단(下嶽壇)을 두고 있었으므로 중악단으로 고쳐 부르게 된 것이다. 신라 때에는 중사례(中祀禮)로 제사를 지냈고, 조선시대에는 봄과 가을 두 차례에 걸쳐 제사를 지냈으나, 현재는 향전(香奠)을 올릴 뿐이다. 【참고문헌】 문화유적총람 (문화재관리국, 1977), 한국의 명산 고찰 (국제불교도협의회, 1982), 명산 고찰 따라(이고운·박설산, 신문출판사, 1987)

신중원(神衆院)
【위치】 경기도 개성시 성안에 있었다. 【연혁】 924년(고려 태조 7) 외제석원(外帝釋院), 흥국사(興國寺)와 함께 태조가 창건했다. 그 뒤 왕실의 기도도량으로 존립해 왔다. 1086년(선종 3) 11월 팔관회(八關會)를 개설한 뒤 선종이 이 절에 행차했고, 1099년(숙종 4), 1101년, 1102년 1월에는 숙종이 이 절에 행차하여 나한재를 베풀었다. 특히 예종(재위 1105~1122)도 매년 1월 이 절에 들러서 기도를 올렸는데, 1109년(예종 4) 4월 10일에는 재추(宰樞) 및 육상서(六尙書) 이상이 쌀 2석씩을 내어 재를 베풀고 싸움의 승리를 기원했다. 1113년 예종이 병으로 누웠을 때에는 모든 신하들이 이 절에서 쾌유를 비는 기도법회를 올렸다. 인종 또한 매년 1월이면 이 절에 행차하여 기도를 드렸으

며, 1173년(명종 3) 4월에는 재추가 이 절에서 기우제를 올렸다. 1175년 명종이 행차했고, 1176년 정월에도 분향했으며, 1178년에는 친히 재를 베풀기도 했다. 그 뒤에도 1203년 신종이, 1222년 고종이 행차했다. 그러나 1222년 이후의 기록은 보이지 않는 것으로 보아 몽고의 침입 때 폐허화한 뒤 다시 복원하지 못한 것으로 추정된다. 【참고문헌】 고려사

신충봉성사(信忠奉聖寺)
봉성사(奉聖寺)를 보시오.

신혈사(神穴寺)
진관사(津寬寺)를 보시오.

신호사(神護寺)
【위치】 경기도 개성시에 있었다. 【연혁】 언제 누가 창건했는지 알 수 없다. 1102년(고려 숙종 7) 8월 25일 이 절을 수리했다. 또한 이 해 9월 27일 숙종이 행차하여 대장회(大藏會)를 베풀고 낙성식을 거행했다. 이 날 대궐의 뜰에서 절에 이르는 길의 양편에 수만 개의 연등을 달아 불을 밝혔다. 숙종은 이튿날에도 이 절에 행차하여 분향했다. 연혁은 전하지 않는다. 【참고문헌】 고려사

신효사(神孝寺)
【이명】 묵사(墨寺)라고도 불렸다. 【위치】 경기도 개풍군 중서면 토성리 묵사동에 있었다. 【연혁】 언제 누가 창건했는지 알 수 없다. 고려 말에 충렬왕이 중창하고 원당으로 삼았다. 《고려사》에 따르면, 충렬왕은 1282년부터 1308년까지 26년 동안 무려 18차례나 이 절을 방문했다. 1282년 6월 공주가 아팠을 때 행차했고, 1285년 7월 13일 우란분재(盂蘭盆齋)를 열었으며, 1295년 1월 16일 선제(先帝)의 천도를 기원했다. 또 1296년 1월 선제의 대상

(大祥)을 이 절에서 치뤘고, 5월 25일 공주와 함께 행차했을 때에는 연등을 모두 주옥으로 치장했는데, 그 화려하기가 비교할 데가 없었다고 한다. 그 뒤 1297년 7월 이 절에서 공주의 복을 빌었고, 1303년 9월 21일 원나라 세조의 기일(忌日)에 행차했으며, 1308년 7월 13일에는 충렬왕이 이 절에 와서 승하했다. 충선왕도 다섯 차례에 걸쳐서 이 절에 행차했다. 1308년 5월 안평공주(安平公主)의 소상(小祥)을 이 절에서 치뤘고, 이 해 7월 15일 우란분재를 열었으며, 10월 선왕의 백일재를 열었다. 1342년 이 절의 등촉향도(燈燭香徒)들이 왕의 축수재(祝壽齋)를 열었을 때에는 재의 앞자리에 앉아 참여했다. 1349년(충정왕 1) 이 절의 법사 수공(修公)이 불사를 위한 계의 일종인 상주(常住)를 설치했는데, 이때 이곡(李穀)이 〈신효사신치상주기(神孝寺新置常住記)〉를 지었다. 이에 의하면, 이 절의 웅장한 규모와 충렬왕과의 밀접한 관계 등을 알 수 있다. 1350년 1월 15일 충정왕이 부왕의 기일에 행차했으며, 1356년(공민왕 5) 3월 24일 공민왕이 충숙왕의 기신도량(忌辰道場)을 이 절에서 열었다. 그 뒤의 자세한 연혁은 알 수 없으나, 조선 초기까지는 존립하고 있다가 폐허화했다. 【유적·유물】 1945년 전에는 동서 약 70칸, 남북 약 50칸의 터에 주춧돌과 기와 조각 등이 산재해 있었다고 한다. 【참고문헌】 고려사, 동문선, 동국여지승람, 사탑고적고

신흥사(新興寺)

【이명】 신흥사(神興寺)라고도 불린다. 【위치】 경상남도 양산군 원동면 영포리 영축산(靈鷲山)에 있다. 【소속】 대한불교조계종 제15교구 본사인 통도사의 말사이다.

【연혁】 301년(신라 기림왕 4) 선사 신본(信本)이 창건했다고 하나, 이때는 신라에 불교가 들어오기 전이므로 신빙성이 없다. 창건 당시에는 건물이 110동에 이르렀다고 한다. 조선시대 중기까지의 연혁은 전하지 않는다. 1582년(선조 15) 성순(性淳)이 중창했다. 1592년(선조 25) 임진왜란 때 이 절이 승군의 거점이 되어 왜군과 격전을 치루면서 대광전을 제외한 대부분의 건물이 불에 탔다. 1801년(순조 1) 호명(浩溟)이 삼창했다. 그 뒤 쇠락하여 농막 형태로 명맥을 이어 오던 것을 1983년 영규(靈珪)가 주지로 부임하여 화엄전과 지장전, 칠성각, 산신각, 천왕문, 일주문, 국사당(局司堂)을 새로 짓고, 대광전을 중수했다. 【유적·유물】 현존하는 건물로는 대광전(보물 제1120호)을 비롯하여 화엄전, 지장전, 칠성각, 산신각, 천왕문, 일주문, 국사당이 있다. 대광전은 1657년(효종 8) 중창된 것인데 고려시대 후기의 양식을 띠고 있다. 대광전 안의 관음삼존벽화는 관음보살이 물병 대신 물고기를 들고 있는 것이 특이하며 고려시대 후기의 작품으로 추정된다. 【참고문헌】 한국사찰전서(권상로, 동국대학교 출판부, 1979), 속 명산 고찰 따라(이고운·박설산, 운주사, 1994)

신흥사(新興寺)

【이명】 한때 설성사(雪城寺)라고 불렀다. 【위치】 경기도 이천군 장호원읍 선읍리 설성산(雪城山)에 있다. 【소속】 대한불교조계종 제2교구 본사인 용주사의 말사이다. 【연혁】 신라 내물왕 때(356~402) 설성(雪城)을 축조한 한 장군을 위해 창건하여 설성사라 했다고 한다. 지금도 설성이 둥글게 에워싼 중간 지점에 절이 위치

하고 있다. 그러나 신라가 불교를 공인한 것이 527년(법흥왕 14)이므로 신빙성이 없다. 그 뒤 오랫동안 폐사된 채 내려오다가 1700년대 말 중창했으며, 1918년 3창했다. 1944년 수해로 유실한 것을 당시의 주지 해송(海松)이 중건하여 오늘에 이르고 있다. 【유적·유물】 건물로는 대웅전과 산령각, 요사채 2동 등이 있다. 유물로는 마애지장보살상과 석불입상 1위가 있다. 마애지장보살상은 불상 측면에 지장보살이라는 한글 명문이 새겨져 있으며, 조선시대 말기에 조성된 것으로 추정된다. 석불입상은 마을 아래쪽 하천에 묻혀 있던 것을 칠송(七松)이 최근 발굴하여 절 어귀에 세워 놓은 것이다. 이 밖에도 옛 설성사의 터로 추정되는 석축 일부가 절 아래 밭가에 남아 있으며, 석탑 부재와 기와 조각도 출토되고 있다. 【참고문헌】 용주사본말사지(본말사주지회, 1984), 기내사원지(경기도, 1988)

신흥사(新興寺)

【이명】 한때 운흥사(雲興寺)라고도 불렸다. 【위치】 전라북도 임실군 관촌면 상월리 사자산(獅子山)에 있다. 【소속】 대한불교조계종 제24교구 본사인 선운사의 말사이다. 【연혁】 529년(백제 성왕 7) 창건됐다는 설과 신라 말에 진감(眞鑑) 국사 혜소(慧昭, 774~850)가 창건했다는 설이 있으나 자세한 것은 알 수 없다. 창건 뒤여러 차례의 중건 및 중수가 있었다. 전성기에는 대웅전을 비롯하여 나한전, 산신각, 선실, 요사채 등의 건물과 300여 명의 승려들이 머물렀던 큰 절이었다고 하나 현재는 그 규모가 아주 작다. 일제강점기까지도 운흥사라는 이름을 함께 사용했다. 【유적·유물】 건물로는 대웅전(전라

북도 유형문화재 제112호)과 산신각, 요사채 2동이 있다. 이 중 대웅전은 여러 차례의 중수를 거쳤지만, 신라시대의 건축 양식이 일부 보존되어 있어 문화재적인 가치가 크다. 또한 절 주위에는 옛 기와들이 출토되고, 절 입구에는 부도와 300여 명의 식수를 해결했다는 질이 좋은 약수 등이 있다. 【참고문헌】 한국사찰전서(권상로, 동국대학교 출판부, 1979), 사찰지(전라북도, 1990)

신흥사(神興寺)

【이명】 한때 향성사(香城寺), 선정사(禪定寺)라고 불렸다. 【위치】 강원도 속초시 설악동 설악산 기슭에 있다. 【소속】 대한불교조계종 제3교구 본사이다. 【연혁】 652년(신라 진덕여왕 6) 자장(慈藏)이 창건하여 향성사라고 했으며, 당시 계조암(繼祖庵)과 능인암(能仁庵)도 함께 지었다. 이때 자장은 구층탑을 만들어 부처님 사리를 봉안했다. 그러나 698년(효소왕 7) 능인암과 함께 불에 탄 뒤 폐허가 되었다. 701년 의상(義湘)이 능인암 터로 옮겨 중건하고 이름을 선정사라고 고쳤다. 이때 의상은 아미타불·관세음보살·대세지보살의 삼존불을 조성하여 봉안했다. 그 뒤 1천 년 가까이 번창했으나, 1592년(조선 선조 25) 임진왜란 때 구층탑이 파괴되었고, 1642년(인조 20) 화재로 완전히 타버렸다. 1644년 운서(雲瑞) 등이 중창을 발원하던 중, 하루는 운서 등 이 절의 세 승려가 똑같이 소림암(小林庵)에서 나타난 신인(神人)이 이곳에 절을 지으면 수만 년이 가도 3재(災)가 범하지 못할 것이라고 일러주는 꿈을 꾸고, 선정사 옛터 아래쪽 약 10리 지점에 다시 절을 짓고 이름을 신흥사라고 했다. 그 뒤 1647

년 대웅전을 건립했고, 1661년(현종 2) 해장전(海藏殿)을 지어 《법화경》 등의 판본을 두었다. 1715년(숙종 41) 설선당(說禪堂)이 불에 타자 1717년 취진(就眞) 등이 다시 중건했다. 1725년(영조 1) 해장전을 중수했고, 1737년 명부전을 신축하여 지장보살상을 봉안했다. 1801년(순조 1) 벽파(碧波) 등이 용선전(龍船殿)을 짓고 열성조(列聖朝)의 위패를 봉안했다. 1813년 불이문(不二門)과 단속문(斷俗門)을 주운(周雲) 등이 세웠고, 벽파 등은 보제루(普濟樓)를 중수했다. 1821년 극락보전을 중수했고, 1858년(철종 9) 벽하(碧河) 등이 16나한을 구월산 패엽사(貝葉寺)에서 해장전으로 옮기고 응진전(應眞殿)이라고 이름을 고쳤다. 그 뒤 1909년 용선전이 헐렸고, 1910년 응진전이 불탔으며, 1912년 조선총독부의 사찰령에 따라 건봉사(乾鳳寺)의 말사가 되었다. 1924년 설선당 후각(後閣)을 중수했다. 1971년에는 대한불교조계종 제3교구 본사로 사격(寺格)이 격상되면서 주지 성준(聲準)이 취임, 대소의 건물들을 거의 모두 세우거나 중수했고, 범종을 새로 만들었다. 부속 암자로는 선정사의 옛터에 세운 내원암(內院庵)과 계조암, 1785년(정조 9) 창건한 안양암(安養庵) 등이 있다. 【유적·유물】 절 일원이 강원도 문화재자료 제7호로 지정되어 있다. 현존하는 건물로는 극락보전, 명부전, 영산전, 보제루(강원도 유형문화재 제104호), 천왕문, 일주문, 불이문, 적묵당(寂默堂), 설선당 등이 있다. 이 중 극락보전(강원도 유형문화재 제14호)은 1644년에 세워진 건물로서 중앙의 공포(拱包)와 단청이 지극히 아름답다. 현재 봉안된 삼존불은 의상이

중건할 때 조성한 것이라는 설도 있다. 또한 보제루는 청허 휴정(淸虛 休靜, 1520~1604) 등 큰스님 60여 인의 진영(眞影)이 안치되어 있으며, 조선시대 효종이 하사한 향로와 김정희(金正喜)의 진필(眞筆)도 있다. 문화재로는 청동시루, 범종, 경판(강원도 유형문화재 제15호) 277매, 사천왕상, 향성사의 옛터에 있는 삼층석탑(보물 제443호) 등이 있다. 청동시루는 순조의 하사품으로 벽파가 역대 왕조의 제사를 지낼 때 사용한 것이고, 경판은 효종 때 만들어진 것으로 한자·한글·범어(梵語)가 혼합되어 있는 희귀한 것으로 가치가 크다. 경판의 종류로는 《부모은중경》 전질과 《법화경》 일부 등이 소장되어 있다. 범종은 경내 보제루에 보존되어 있는데, 이 종은 1,400여 년 전의 향성사 종이라고 한다. 향성사가 불탈 때에 깨졌던 것을 1748년 원각(圓覺)이 개주했으나 소리가 완전하지 못하여 1758년 홍안(弘眼)이 다시 개주했다. 이 종의 무게는 600kg으로 1950년 6·25전쟁 때 총상을 입은 뒤 1963년 수리하여 보존중이다. 사천왕상은 인도산 마디가원목을 사용하여 1981년 조성한 것이다. 【참고문헌】 신흥사사적, 한국사찰전서(권상로, 동국대학교출판부, 1979), 한국의 사찰 14-낙산사부 신흥사(한국불교연구원, 일지사, 1977)

신흥사(新興寺)

【위치】 경상남도 울산시 울주구 강동면 대안리 함월산(舍月山)에 있다. 【소속】 대한불교조계종 제15교구 본사인 통도사의 말사이다. 【연혁】 673년(신라 문무왕 13) 명랑(明朗)이 창건했다. 이후 왜구의 파괴, 방화, 약탈을 당해 왔으나 꾸준히 그 명맥을 유지했다. 1592년(조선 선조

25) 임진왜란 때에는 승병들을 모아서 왜
적에 항거했으며, 이때 병화로 소실했다.
1626년(인조 4) 보한(普閑)이 중창했다.
또한 당시 경상좌도 병마절도사 이급(李
伋)을 발기인으로 삼아 승려 혜종(慧宗)
이 시주를 받아 중창했다고도 하는데, 이
것이 1626년의 중창인지, 혜종이 보한을
지칭하는지는 알 수 없다. 그 뒤의 자세한
연혁은 전하지 않는다. 【유적·유물】현
존하는 건물로는 대웅전을 중심으로 칠성
각, 산령각, 요사채 등이 있다. 【참고문
헌】울산울주향토사(울산문화원, 1978),
내 고장의 전통(울산시, 1982)

신흥사(新興寺)
【위치】경상북도 김천시 농소면 봉곡리
백마산(白馬山)에 있다. 【소속】대한불교
조계종 제8교구 본사인 직지사의 말사이
다. 【연혁】834년(신라 흥덕왕 9) 구산선
문(九山禪門) 중의 하나인 가지산문(迦智
山門)의 개조 원적 도의(元寂 道儀)가 창
건했다. 950년(고려 광종 1) 보조(普照)
가 중창했으며, 1726년(조선 영조 2) 현각
(玄覺)과 부암(浮岩)이 삼창했다. 1901년
소실한 것을 1959년 주지 도설우(都雪牛)
가 사창했고, 1993년 주지 윤지원(尹智
願)이 대웅전을 새로 지었다. 【유적·유
물】건물로는 대웅전과 극락전, 요사채,
산신각 등이 있다. 특별한 문화재는 없다.
【참고문헌】한국사찰전서(권상로, 동국대
학교 출판부, 1979)

신흥사(新興寺)
【이명】신흥암(新興庵)이라고도 불린다.
【위치】경상북도 군위군 우보면 달산리
도봉산(到鳳山)에 있다. 【소속】대한불교
조계종 제10교구 본사인 은해사의 말사이
다. 【연혁】신라 헌덕왕 때(809~826) 자

장(慈藏)이 창건했다고 한다. 그러나 자
장은 선덕여왕 때(632~647) 활동하던 인
물이므로 신빙성이 없다. 그 뒤 어느 때인
지는 알 수 없으나 육행(六行)이 중창하
고, 옥잠(玉岑)이 삼창했다. 일제강점기
에 불에 타자 1939년 대웅전을 옮겨 지었
다. 【유적·유물】건물로는 대웅전과 산
신각, 누각, 요사채가 있다. 특별한 문화
재는 없다. 【참고문헌】한국사찰전서(권
상로, 동국대학교 출판부, 1979)

신흥사(新興寺)
【이명】한때 지흥사(池興寺, 智興寺), 광
운사(光雲寺), 운흥사(雲興寺)라고 불렸
다. 【위치】강원도 삼척시 근덕면 동막리
태백산에 있다. 【소속】대한불교조계종
제4교구 본사인 월정사의 말사이다. 【연
혁】신라 말에 구산선문(九山禪門) 중의
하나인 사굴산문(闍崛山門)의 개조 통효
(通曉) 국사 범일(梵日)이 838년(민애왕
1) 동해시 지흥동에 창건하여 지흥사라
했다고 한다. 그 뒤 여러 차례의 중건·
중수를 거쳐 1674년(조선 현종 15) 지금
의 위치로 옮겨 중창하고 광운사라고 했
고, 다시 운흥사라고 고쳐 불렀다. 그러나
1770년(영조 46) 화재로 모든 건물이 불
탔으며, 이듬해 영담(影潭)이 중건했다.
1821년(순조 21) 삼척부사 이헌규(李憲
圭)가 시주하여 크게 중창했는데, 이때
신흥사로 이름을 바꿨다. 1863년(철종
14) 중수하면서 이헌규의 은덕을 기려 은
중각(恩重閣)이라는 사당을 짓고 1년에
한 번씩 제사를 지냈다. 지금 남아 있는
건물의 대부분은 당시 중수한 것이다.
1983년 주지 재황(載璜)이 학서루(鶴棲
樓)를 세워 오늘에 이르고 있다. 부속 암
자로는 청련암(靑蓮庵)이 있다. 【유적·

유물】 현존하는 건물로는 대웅전과 설선당(說禪堂), 산신각, 심검당(尋劍堂), 학서루, 요사채, 산문 등이 있다. 이 중 대웅전에는 삼존불을 비롯하여 탱화 6점이 봉안되어 있는데, 5점은 건륭(乾隆) 때 (1736~1795)의 것이고, 1점은 1861년(철종 12) 조성된 것이다. 설선당에는 1796년(정조 20)과 1875년에 각각 조성된 탱화가 있다. 심검당에는 종파(從波), 침파(枕波), 몽은(夢隱), 해운(海雲), 벽파(碧波) 등 10점의 큰스님 진영이 봉안되어 있었으나, 지금은 행방을 알 수 없다. 설선당과 심검당은 강원도 문화재자료 제108호로 지정되어 있다. 이 절의 입구에 있는 부도전에는 4기의 부도와 2기의 비가 있다. 부도는 1771년(영조 47)에 세워진 화운(華雲)의 부도를 비롯하여 송파(松波)·주운(珠雲) 등의 것이 있으며, 비는 1860년에 세워진 영담대사비와 1771년에 세워진 화운당대사비가 있다. 【참고문헌】 문화유적총람(문화재관리국, 1977), 명산 고찰 따라(이고운·박설산, 신문출판사, 1987), 전통사찰총서1-강원도1(사찰문화연구원, 1992)

신흥사(新興寺)

【위치】 경기도 개성시 궁성 밖에 있었다. 【연혁】 919년(고려 태조 2) 조정에서 법왕사(法王寺)를 비롯하여 자운사(慈雲寺), 왕륜사(王輪寺), 내제석원(內帝釋院), 사나사(舍那寺), 천선원(天禪院;普濟寺), 문수사(文殊寺), 원통사(圓通寺), 지장사(地藏寺)와 함께 10대 사찰의 하나로서 창건했다. 940년(태조 23) 중수하고 공신당(功臣堂)을 설치하여 삼한(三韓)의 공신들을 동·서의 벽에다 그려 두고 하루종일 무차대회(無遮大會)를 열었는데, 해마다 이렇게 하는 것을 상례로 삼았다. 그 뒤의 연혁은 전하지 않는다. 【참고문헌】 삼국유사, 고려사

신흥사(新興寺)

【위치】 경기도 포천군 관인면 중리 보가산(保架山)에 있었다. 【연혁】 고려 초에 창건됐다고 한다. 연혁은 전하지 않으며 언제 폐사되었는지도 알 수 없으나, 1950년 6·25전쟁 전까지는 존재했다고 한다. 【유적·유물】 절터에는 초석과 기와 조각이 남아 있다. 유물로는 석불좌상과 탑의 부재인 옥개석이 남아 있다. 석불좌상은 고려 전기에 조성된 것으로 추정된다. 이 밖에도 1972년에 이 절터에서 쇠종이 발굴되었다고 하나 지금은 그 소재를 알 수 없다. 【참고문헌】 조선보물고적조사자료(1942), 기내사원지(경기도, 1988)

신흥사(新興寺)

【위치】 충청북도 충주시 엄정면 신만리에 있다. 【소속】 한국불교태고종에 속한다. 【연혁】 1890년(조선 고종 27) 오영근(吳永根)이 창건했다. 1920년 주지 이영월(李泳月)의 꿈에 백의철불(白衣鐵佛)이 현몽하여 일러주는 대로 부근 절터를 파보니 종과 운판(雲板)이 출토되었으며, 이때 법당을 개축했다. 그 뒤 1952년 중창했고, 1976년 중수하여 오늘에 이르고 있다. 【유적·유물】 현존하는 건물로는 대웅보전과 요사채, 범종각 등이 있다. 대웅보전 내에는 석가여래삼존불을 비롯하여 16나한상, 칠성여래상, 1960년에 그려진 6점의 탱화가 봉안되어 있다. 이 중 16나한상에는 4위의 석조상(石造像)이 포함되어 있는데, 옛날부터 이 절에 있었던 것으로 현재도 상태가 양호한 편이다. 또 대웅보전 북쪽 바위 벽에는 머리 부분이

결손된 2위의 석조여래상이 있다. 1970년에는 고려청자가 출토되기도 했다. 【참고문헌】사지(충청북도, 1982)

신흥사(神興寺)

신흥사(新興寺)를 보시오.

신흥사(神興寺)

흥천사(興天寺)를 보시오.

신흥암(新興庵)

【위치】충청남도 공주시 계룡면 중장리 계룡산(鷄龍山)에 있다. 【소속】대한불교조계종 제6교구 마곡사의 말사인 갑사(甲寺)의 부속 암자이다. 【연혁】언제 누가 창건했는지 알 수 없다. 1905년 송영(松永)이 법당을 새로 세웠다. 【유적·유물】건물로는 법당 등이 있다. 【참고문헌】한국사찰전서(권상로, 동국대학교 출판부, 1979)

신흥암(新興庵)

신흥사(新興寺)를 보시오.

실상사(實相寺)

【위치】전라북도 남원시 산내면 입석리 지리산(智異山)에 있다. 【소속】대한불교조계종 제17교구 본사인 금산사의 말사이다. 【연혁】828년(신라 흥덕왕 3) 증각(證覺) 국사 홍척(洪陟)이 구산선문(九山禪門)의 하나인 실상산문(實相山門)을 개산하면서 창건했다. 홍척은 원적 도의(元寂 道義)와 함께 당나라에 들어가 선법(禪法)을 깨우친 뒤 귀국했는데, 도의는 장흥 가지산으로 가서 보림사(寶林寺)를 세웠고, 홍척은 이 절을 세운 뒤 선종을 전파했다. 이곳에 절을 세우지 않으면 우리 나라의 정기가 일본으로 가 버린다는 풍수지리설에 따라 절을 세웠다고 전한다. 그 뒤 2대조 수철(秀澈)을 거쳐 3대조 편운(片雲)에 이르러서 크게 중창하고 더욱 선풍을 떨쳤다. 그러나 1468년(조선

세조 14) 화재로 전소한 뒤 200년 동안 폐허로 남아 있었으며, 승려들은 백장암(百丈庵)에 기거하면서 그 명맥을 이어왔다. 1679년(숙종 5) 벽암(碧巖)이 삼창했고, 1690년 침허(枕虛)를 중심으로 300여 명의 수도승들이 절의 중창을 조정에 상소하여 1700년(숙종 26) 36동의 건물을 세웠다. 또한 1821년(순조 21) 의암(義巖)이 다시 중건했으나, 1882년(고종 19) 함양 출신 양재묵(楊載默)과 산청 출신 민동혁(閔東赫)의 사심(邪心)으로 건물들이 소실하는 수난을 겪었다. 1884년 월송(月松) 등이 중건하여 오늘에 이르고 있다. 【유적·유물】현존하는 건물로는 보광전을 비롯하여 약사전, 명부전, 칠성각, 선리수도원(禪理修道院), 누각, 극락전과 부속 건물이 있다. 특히 불상에는 보화(寶貨)가 많이 들어 있다고 하여 일찍이 도굴꾼들에 의해 훼손된 적이 있었다. 그 불상의 복장에는 효령대군(孝寧大君)의 원문(願文)과 사경(寫經), 인경(印經)이 수백 권이나 있었고, 고려판 《화엄경소(華嚴經疏)》등 보기 드문 서적도 몇 가지 있었다고 한다. 그중 일부는 도난당했고, 나머지는 건물과 함께 불탔다. 건물 중에서 보광전은 홍척과 수철의 영정이 봉안되어 있고, 범종이 걸려 있다. 이 종은 1664년(현종 5)에 만들어진 것으로 종을 치는 자리에 일본의 지도 비슷한 무늬가 있다. 이것을 치면 일본이 망한다는 소문이 떠돌아서 일제강점기 말기에는 주지가 문초를 당하기도 했다. 또한 극락전(전라북도 유형문화재 제45호)은 1597년(선조 30) 정유재란 때 소실한 것을 1684년에 중건한 건물로서 내부에는 특이한 양식의 아미타불이 봉안되어 있다. 이 절

에 소장된 문화재로는 백장암 삼층석탑
(국보 제10호)을 비롯하여 수철화상 능가
보월탑(秀澈和尙 楞伽寶月塔 ; 보물 제33
호), 수철화상 능가보월탑비(보물 제34
호), 석등(보물 제35호), 부도(보물 제36
호), 삼층석탑(보물 제37호) 2기, 증각대
사 응료탑(證覺大師 凝寥塔 ; 보물 제38호),
증각대사 응료탑비(보물 제39호), 백장암
석등(보물 제40호), 철제여래좌상(보물
제41호), 백장암 청동은입사향로(靑銅銀
入絲香爐 ; 보물 제420호), 약수암 목조탱화
(보물 제421호) 등이 있다. 이 중 삼층석
탑은 상륜부가 원형 그대로 남아 있는 통
일신라시대의 걸작품으로서 불국사(佛國
寺) 석가탑의 상륜부를 복원할 때 이 탑
을 본떠 복원하기도 했다. 1980년 2월 2
일 도굴꾼에 의해 크게 파손된 것을 복원
했다. 또한 약사전에 봉안되어 있는 철제
여래좌상도 수철이 4천 근의 철을 들여
주조한 통일신라시대의 걸작품이다. 이
불상은 현재 지리산 최고봉인 천황봉과
일직선상에 있는데, 우리 나라의 정기를
일본으로 보내지 않겠다는 호국적 이념에
서 이곳에 안치했다고 한다. 이 밖에도 절
에는 위토개량성책(位土改量成冊 ; 전라북
도 유형문화재 제88호)이 있으며, 절 입구
에는 상원주장군(上元周將軍)을 비롯한
석장승(중요민속자료 제15호) 2기가 남아
있어 장승 연구에도 중요한 자료가 된다.
이 절 일원은 현재 사적 제309호로 지정
되어 있다. 【참고문헌】 문화유적총람(문
화재관리국, 1977), 한국사찰전서(권상로,
동국대학교 출판부, 1979), 사찰지(전라북
도, 1990)
실상사(實相寺)
【위치】 전라북도 부안군 변산면 중계리

내변산(內邊山)에 있었다. 【연혁】 689년
(신라 신문왕 9) 초의(草衣)가 창건했다고
한다. 조선시대에 들어와 세조 때(1455~
1468) 양녕대군(讓寧大君)이 이곳에 머물
며 중창하게 했다. 이 절에는 대웅전을 비
롯하여 나한전, 산신각, 요사채가 있었으
며, 고려시대 초기에 조성한 불상과 고려
시대에 조각한 《화엄경소(華嚴經疏)》 등
의 경판이 있었다. 또한 변산의 4대 절 중
의 하나로 손꼽혔고, 일제강점기에는 31
본산 중의 하나인 백양사(白羊寺)의 말사
였다. 그러나 1950년 6·25전쟁 때 소실하
여 폐사했다. 【유적·유물】 절터는 전라
북도 기념물 제77호로 지정되어 있다. 돌
계단과 기와 조각만 남아 있다. 【참고문
헌】 한국사찰전서(권상로, 동국대학교 출
판부, 1979), 사찰지(전라북도, 1990)
실제사(實際寺)
국사방(國師房)을 보시오.
심경암(心鏡庵)
【위치】 전라북도 남원시 신촌동 서방산
(西方山)에 있다. 【소속】 한국불교태고종
에 속한다. 【연혁】 유물로 미루어 보아 고
려시대에 창건된 것으로 추정된다. 연혁은
전하지 않는다. 언제인지 모르는 때에 폐
사되어 석불만 남아 있었는데, 1945년 해
방 뒤 이순봉이 중창했다. 【유적·유물】
건물로는 법당과 요사채가 있다. 문화재
로는 미륵석불좌상(전라북도 유형문화재
제46호)이 있다. 미륵석불좌상은 1968년
땅속에서 발굴된 것으로 고려시대 초기의
작품인 것으로 추정된다. 【참고문헌】 전
북불교총람(전북불교총연합회, 1993), 사
찰지(전라북도, 1990)
심곡사(深谷寺)
【위치】 전라북도 익산시 낭산면 낭산리

미륵산(彌勒山)에 있다. 【소속】대한불교 조계종 제17교구 본사인 금산사의 말사이다. 【연혁】신라 문성왕 때(839~857) 무주 무염(無住 無染)이 창건했다. 무염은 당시 스승을 구하지 못해 고심하던 중 이곳에 정착하여 이 절을 창건했던 것이다. 그 뒤의 연혁은 자세히 전하지 않는다. 조선시대 중기에 허주(虛舟)가 중건하여 오늘에 이르고 있다. 【유적·유물】건물로는 대웅전(전라북도 문화재자료 제87호)과 명부전, 칠성각, 산신각, 요사채 등이 있다. 대웅전에는 석가여래좌상과 관세음보살상이 봉안되어 있는데, 이들은 조선 중기의 중건 때 조성된 것으로서 조각 솜씨가 빼어나다. 이 밖에도 칠층석탑 1기와 석종형(石鐘型) 부도 9기가 있다. 석탑의 기단부는 원형이 보존되어 있고, 그 위의 칠층석탑은 후대에 와서 새로 안치된 것이다. 기단부에는 정교한 연화문(蓮花紋)이 조각되어 있어서 원래의 석탑이 매우 아름다운 것이었음을 추정할 수 있다. 【참고문헌】문화유적총람(문화재관리국, 1977), 사찰지(전라북도, 1990)

심곡사(深谷寺)
【위치】강원도 양구군 양구읍 송청리 공작산(孔雀山)에 있다. 【소속】대한불교조계종 제3교구 본사인 신흥사의 말사이다. 【연혁】879년(신라 헌강왕 5) 연기 도선(烟起 道詵)이 창건했다. 959년(고려 광종 10) 수백 칸의 건물이 소실하자 이듬해 도민(道敏), 지현(智賢) 등이 중창했다. 1717년(조선 숙종 43) 다시 불이 나서 이 절과 함께 부속 암자인 월봉암(月峰庵)과 선경암(仙鏡庵), 봉봉암(蓬峰庵), 옥천암(玉泉庵), 운수암(雲水庵), 문수암(文殊庵)이 폐사되고, 내원암(內院庵)만 남았

다. 1721년(경종 1) 체세(體洗), 각심(覺心), 청원(淸元), 법능(法能) 등이 내원암(內院庵)을 중창하여 심곡사라고 이름하고 맥을 이었다. 이때 땅을 파자 다수의 기와가 출토되었는데, 이곳이 곧 예맥(濊貊) 시대에 창건된 건봉사(乾鳳寺)의 옛터였다고 한다. 아울러 대웅전과 산신각도 중건했다. 그 뒤 1770년(영조 46) 혜철(惠哲)과 만진(萬珍) 등이 중수했고, 1775년(영조 51) 지순(智詢)이 중수했다. 이어 1878년(고종 15) 긍찬(肯讚)이, 1915년 주지 안정전(安定典)이, 1923년 주지 엄침송(嚴枕松)이 각각 중수했다. 【유적·유물】건물로는 대웅전과 산신각, 요사채 등이 있다. 절 입구에 있는 부도군에는 경운당탑(慶雲堂塔), 송암당탑(松巖堂塔), 설경당탑(雪境堂塔), 서파당탑(西坡堂塔), 청암당탑(靑巖堂塔), 허당봉골탑(虛堂封骨塔), 월암당탑(月巖堂塔) 등과 함께 몇몇 신도들의 부도도 있다. 【참고문헌】건봉사급건봉사말사사적

심대사(深大寺)
【이명】창락원(昌樂院)이라고도 불린다. 【위치】일본 도쿄도(東京都) 기타타마군(北多摩郡) 고마에정(拍江町)에 있다. 【연혁】언제 누가 창건했는지 알 수 없다. 고마(拍)라는 지명과 현재까지 전하는 연기설화를 통해 고구려 또는 백제에서 건너간 이주인들이 창건한 것으로 추정된다. '고마'는 고구려를 생략한 '고려'의 발음을 빌려서 표기한 차자(借字)이다. 그러므로 이 지역은 예로부터 고구려 계통의 이주인들이 정착했던 곳으로 일컬어지고 있다. 그러나 연기 설화에는 백제와 신라 계통의 사람들도 등장하고 있다. 즉 절을 창건한 것은 고구려계의 만공상인(滿功上

人)이나 그의 외조부는 백제계이며, 또 그의 부모를 결합할 수 있도록 도와준 수신(水神)은 신라 신의 모습이었다. 이로 미루어 보아 이 지역에 살던 고구려계의 이주인들이 이 절을 창건하려 했을 때 백제와 신라 계통의 이주인들도 협력했을 것으로 추정된다. 이 지역의 구가(舊家)인 이시이(石井) 집안의 문서에는 고구려와 백제에서 이주한 자들이 이 절의 국보를 가지고 온 것으로 되어 있어 백제와 신라 이주인들의 협력설을 뒷받침하고 있다. 【유적·유물】현존하는 건물로는 절 입구의 산문과 본당인 대사당(大師堂)을 비롯하여 고리(庫裡), 서원(書院), 종루 등이 있다. 유물로는 국보로 지정되어 있는 금동석가여래상과 《연기회권(緣起繪卷)》 등이 있다. 《연기회권》은 1650년 제57대 주지 변성상인(弁盛上人)이 제작한 것이며, 석가여래상은 관동 지방에서는 유일하게 남아 있는 7세기의 작품으로 유명하다. 【설화】옛날 나라(奈良)시대의 쇼무왕(聖武王) 때(724~749), 이곳 마을에 백제의 충청남도 온정리에서 이주했다는 온세이(溫井右近)라는 사람이 정착하여 살았는데, 그는 이 지역의 처녀인 호녀(虎女)와 혼인을 했다. 그리고 이 두 사람 사이에서 딸이 태어났다. 이 딸이 13세 가량 되었을 때 고구려 계통의 사람인 복만(福滿)이라는 청년과 열렬한 사랑을 하게 되었다. 이 소문이 마을 전체로 퍼지자 화가 난 딸의 부모는 자신의 딸을 호수 안에 있는 조그마한 섬에 집을 짓고 가두었다. 이 사실을 안 복만은 그녀를 만나기를 학수고대했으나 섬으로 건널 수 있는 배도 뗏목도 없었다. 그는 하는 수 없이 최후의 수단으로 수신인 심사대왕

(深沙大王)에게 빌고 또 빌었다. 그러자 물 속에서 한 마리의 거북이 나타났다. 그리하여 그는 거북의 등을 타고 섬으로 건너가 그녀를 만날 수 있었다. 이윽고 두 사람은 결합하여 남자 아이를 낳았는데, 이 아이는 총명하기가 이를 데 없었다. 아이는 자라서 불문(佛門)에 출가했으며, 그 뒤 중국에 건너가 법상종(法相宗)을 배운 다음 귀국하여 이 절을 창건했다고 한다. 개산조 만공상인이 바로 이 사람이다. 그 뒤 만공상인은 749년 부친과 약속한 대로 수신을 권청하여 모시고자 했으나 수신의 모습을 알 길이 없어 고민하고 있었다. 그러던 중에 신라에서 건너온 수신의 화상이 있었기 때문에 이를 표본으로 삼아 상을 조각하여 안치하니 그것이 본존의 심사대왕이다. 【참고문헌】歸化人と東國(今井啓一, 綜藝社, 1977), 日本に殘る古代朝鮮(段熙麟, 創元社, 1978), 日本の中の朝鮮文化(金達壽, 講談社, 1983)

심복사(心腹寺)
【위치】경기도 장단군 강상면 솔랑리 용봉산(龍鳳山)에 있었다. 【연혁】651년(신라 진덕여왕 5) 자장(慈藏)이 창건했다. 자장은 절터의 동쪽에 태양봉(太陽峰)과 경성대(景星臺)가, 남쪽에 삼성봉(三聖峰)과 영주대(迎主臺)가, 서쪽에 서왕곡(西往谷)이, 북쪽에 용봉치(龍鳳峙)가 둘러싸고 있는 것을 살핀 뒤 그 심장의 위치에 해당되는 이곳에 절을 지어 심복사라고 했다. 그 뒤 폐허화한 것을 1219년(고려 고종 6) 천희(天希)가 중창했다. 중국에서 온 천희에게 고종은 명산에 큰 절을 지을 것을 권했는데, 천희는 이곳에 이르러 자장이 창건했던 절터에 가람을 세우라는 노인의 현몽을 얻고, 다음날 높

은 곳에 올라가서 보니 상서로운 기운이 가득했으므로 옛터에 절을 중창했다. 고종은 노비 약간 명과 전답 250여 결을 하사했다. 그 뒤 1396년(조선 태조 5) 무학 자초(無學 自超)가 화성에서 이 절로 와서 대웅전과 응진전(應眞殿), 명부전, 영자전(影字殿), 좌우 선승당(禪僧堂), 동서 별실(別室), 만세루, 종루 등을 신축했으며, 대웅전 앞에 10층의 다보탑(多寶塔)을 건립했다. 태조는 중창 소식을 듣고 향촉과 전답 200결을 하사했다. 그러나 1592년(선조 25) 임진왜란 때 천여 칸에 달하던 건물들이 모두 소실했다. 1644년(인조 22) 인감(印鑑)과 일원(日元)이 법당과 승당을 중건했고, 1649년 인준(印俊) 등이 좌우 선당과 동서 별실, 누각, 불전, 요사채 등을 중건했다. 1681년(숙종 7) 창건주와 중창주의 뜻을 기리기 위해 사적비를 세웠고, 1684년 자초가 세웠던 다보탑을 중수했다. 그 뒤 1932년 주지 임태화(林泰化)가 동서에 요사채 16칸을 중건했다. 일제강점기의 31본산시대에는 전등사(傳燈寺)의 말사였다. 절의 주위가 경승지일 뿐 아니라 풍수지리상의 명당에 해당하는 곳이어서 고려 이후 명문가의 묘소가 많았다. 현재의 상황은 알 수 없으나, 북한측 자료에 의하면 현존하지 않는다. 【참고문헌】 전등사본말사지, 한국사찰전서(권상로, 동국대학교 출판부, 1979)

심복사(深福寺)
【위치】 경기도 평택시 현덕면 덕목리 광덕산(廣德山)에 있다. 【소속】 대한불교조계종 제2교구 본사인 용주사의 말사이다. 【연혁】 고려 말기에 어부 천을문(千乙文)이 창건했다고 한다. 그 뒤 1575년(조선

선조 8) 중건했고, 1705년(숙종 31)의 중수를 거쳐 1767년(영조 43)과 1825년(순조 25) 중건했다. 이어 1875년(고종 12) 단청을 했고, 1934년 영조(永祚)가 중건했다. 1978년에는 정준(正俊)이 중건하여 오늘에 이르고 있다. 【유적·유물】 현존하는 건물로는 법당인 능인전(能仁殿)을 비롯하여 요사채와 주지실, 큰방, 내원당(內院堂), 어촌재(漁村齋) 등이 있다. 이 중 내원당은 수선실(修禪室)로 사용되고 있고, 어촌재는 14세 무렵부터 내려오는 공(孔)씨의 선묘(先墓)를 받드는 재실이다. 주변의 산이 공씨 집안의 소유지이기 때문에 절 안에 재실이 설치된 것이다. 유물로는 석조비로자나불좌상과 삼층석탑, 석인(石人)이 있다. 석조비로자나불좌상(보물 제565호)은 능인전 안에 봉안된 것으로 고려 말에 천을문 노인이 덕목리 앞바다에서 건져 올린 것이라고 전한다. 석인은 원래 절에 있었던 것이 아닌 듯하며, 무덤 앞에 세우던 석인, 또는 장승과 비슷한 모습을 띠고 있다. 이 밖에도 절 남쪽 인근에 절의 창건 당시 역사를 마치고 죽은 검은 소의 무덤이 있다. 【설화】 파주군 문산포에 살던 천을문 노인이 바다에 그물을 쳤는데, 너무 무거워서 어부 박(朴)씨, 문(文)씨와 함께 끌어올리자 어이없게도 큰 돌이 걸려 올라왔다. 이들은 돌을 바다에 던지고 자리를 옮겨 그물을 치자 또 그 돌이 걸려 올라왔다. 이상히 여겨 자세히 보니 불상이었으므로 육지로 와서 지게 위에 올렸는데, 불상이 매우 가벼웠다. 모실 곳을 찾아 광덕산으로 올라오는데, 지금의 이 절이 있는 위치에 이르자 갑자기 무거워졌으므로 이 불상의 인연처라고 생각하고 봉안하기로 했

다. 그러나 절을 지을 능력이 없어서 고심하다가 잠이 들었는데, 꿈에 '바닷가에 큰 배 한 척이 있고 옆에 검은 소 세 마리가 있을 것이니 배의 목재를 이용해서 절을 지어라.'라는 계시를 받았다. 노인은 꿈의 계시대로 바닷가에 있는 큰 배를 발견하고, 그 배의 재목을 소의 등에 싣고 와서 이 절을 창건했다고 한다. 【참고문헌】 기내사원지(경기도, 1988), 문화유적총람 (문화재관리국, 1977)

심복사(尋福寺)
신복사(神福寺)를 보시오.

심원사(深遠寺)
【위치】 전라북도 진안군 정천면 봉학리에 있다. 【소속】 대한불교조계종 제17교구 본사인 금산사의 말사이다. 【연혁】 573년 (백제 위덕왕 20)에 창건됐다고 한다. 수많은 큰스님들이 이 절에서 배출되었고, 전성기에는 식사 때의 쌀뜨물이 1km나 흘러갔다고 할 정도로 큰 절이었다. 1592년(조선 선조 25) 임진왜란 때에는 이 절의 승려 100여 명이 구국의 일념으로 승병이 되어 왜적을 맞아 싸우다가 순국했고, 절은 거의 폐허화했다. 1950년까지 명맥만을 이어오다가 6·25전쟁 중에 전소했다. 그 뒤 비구니 김정임(金正任)이 중창하고 심원사라고 이름하여 오늘에 이르렀다. 【유적·유물】 현존하는 건물로는 법당을 비롯하여 산신각, 요사채 등이 있으며, 특별한 문화재는 없다. 【참고문헌】 문화유적총람(문화재관리국, 1978), 사찰지(전라북도, 1990)

심원사(深源寺)
【이명】 한때 흥림사(興林寺)라고 불렸다. 【위치】 강원도 철원군 동송읍 상로리 보개산(寶蓋山)에 있다. 【소속】 대한불교조계종 제3교구 본사인 신흥사의 말사이다. 【연혁】 647년(신라 진덕여왕 1) 조사 영원(靈源)이 보개산의 영원사(靈源寺), 법화사(法華寺) 등과 함께 창건한 뒤 흥림사라고 했다. 그 뒤 720년(성덕왕 19) 사냥군 이순석(李順碩)이 지장보살의 감화를 입어 석대암(石臺庵)을 창건했다. 859년(헌안왕 3) 통효(通曉) 국사 범일(梵日)이 중창했다. 1393년(조선 태조 2) 화재로 소실한 것을 1396년 무학 자초(無學自超)가 중창하고 원래의 산 이름인 영주산(靈珠山)을 보개산으로, 절 이름을 심원사로 바꿨다. 1592년(선조 25) 임진왜란으로 다시 소실하자 1595년(선조 28) 인숭(印崇), 정인(正印) 등이 중건했다. 그 뒤 많은 큰스님들을 배출하고 몇 개의 탑과 천불전, 해장전(海藏殿), 천태각(天太閣), 청향각(清香閣), 산영루(山影樓) 등 250여 칸의 건물과 1,702위의 불상을 봉안하여 큰 절의 면모를 갖추었다. 그러나 1907년 10월 이 절을 중심으로 항쟁하던 의병 300명과 일본군과의 공방전으로 인해 완전히 소실했다. 이에 1909년 주지 유연수(劉蓮叟)가 중창했으며, 1931년 주지 이진학(李鎭學)이 중수했다. 1950년 6·25전쟁 때 다시 폐허화하고 민간인 출입이 제한되자, 1955년 주지 김상기(金相基)가 경기도 연천군 신서면 내산리의 옛 터에서 지금의 자리로 옮겨 중창했다. 1970년 대웅전과 요사채 2동을 지어 오늘에 이르고 있다. 부속 암자로는 석대암을 비롯하여 지장암(地藏庵), 성주암(聖主庵) 등이 있다. 【유적·유물】 현존하는 건물로는 대웅전을 비롯하여 명부전, 산신각, 요사채 2동 등이 있다. 대웅전 안에는 석가여래삼존불을 봉안했다. 특별한 문화

재는 없으나 명부전 안의 지장보살상은 과거의 심원사에 봉안됐던 것이다. 또 이 절에는 화산경원(華山經院)이 있었는데, 이는 주지 이춘산(李春山)이 불교 연구를 위한 교육기관으로 건립한 것이었으나 6·25전쟁 때 소실했다. 【참고문헌】 한국사찰전서(권상로, 동국대학교 출판부, 1979)

심원사(深源寺)
【이명】 한때 도장암(道藏庵)이라고 불렸다. 【위치】 경상북도 문경시 농암면 내서리 도장산(道藏山)에 있다. 【소속】 대한불교조계종 제8교구 본사인 직지사의 말사이다. 【연혁】 660년(신라 무열왕 7) 원효(元曉)가 창건하여 도장암이라고 했다. 그 뒤 890년(진성여왕 4) 조사 대운(大雲)이 불일대(佛日臺)를 신축했다. 1592년(조선 선조 25) 임진왜란으로 전소했다. 1605년(선조 38) 조정으로부터 부근의 10리 땅을 하사받았는데, 이는 임진왜란 당시 연일(然一)이 사명 유정(泗溟 惟政)을 수행하여 일본에 가서 공훈을 세웠기 때문이다. 이어 1729년(영조 5) 낙빈(樂貧)이 옛터에 중창하여 심원사라고 이름을 바꾸고 임진왜란 이전의 사세를 유지했다. 1775년 남악(南嶽)이 중건했으며, 1922년 주지 해응(海應)이 산신각을 신축했다. 그 뒤 이름 있는 절로서 명맥을 이어 오다가 1958년 대화재로 전소했다. 1964년 법당과 요사채를 중창하여 오늘에 이르고 있다. 【유적·유물】 건물로는 1964년의 중창 때 건립한 법당과 요사채만이 남아 있다. 【참고문헌】 한국사찰전서(권상로, 동국대학교 출판부, 1979)

심원사(深源寺)
【이명】 한때 심적사(深寂寺)라고 불렸다. 【위치】 강원도 태백시 황지동 태백산에 있다. 【소속】 대한불교조계종 제4교구 본사인 월정사의 말사이다. 【연혁】 신라 때 원효(元曉 ; 617~686)가 창건하여 심적사라고 했다. 그 뒤 여러 차례 중건 및 중수를 거쳐 명맥을 유지하여 오다가 1947년의 공비토벌 때 소실했다. 그 당시까지 이 절은 현재의 용해광업소 자리에 있었으며, 당시의 주지가 절이 소실하기 전에 불상 1위와 불기(佛器) 2점, 요령 2점, 촛대 1쌍을 옮겨 보관하다가 1953년 현재의 위치로 옮겨 심원사라고 이름을 바꾸어 중창했다. 【유적·유물】 현존하는 건물로는 관음전과 요사채가 있다. 관음전 안에는 여래좌상이 봉안되어 있는데, 머리 부분이 몸에 비해 크고 아랫배가 볼록한 특이한 형태를 취하고 있으며, 조선시대의 불상으로 추정된다. 이 밖에 옛 심적사 터에는 부도가 남아 있다. 【참고문헌】 문화유적총람(문화재관리국, 1977)

심원사(深源寺)
【위치】 평안북도 박천군 동남면 상양리 봉린산(鳳麟山)에 있다. 【연혁】 신라 말기에 원감 현욱(圓鑑 玄昱, 787~868)이 창건했다고도 하고, 고려 문종 때(1046~1083) 창건했다는 설도 있다. 1368년(공민왕 17) 중창했고, 1718년(조선 숙종 44) 다시 중창했다. 일제강점기의 31본산시대에는 보현사(普賢寺)의 말사였다. 1950년 6·25전쟁 때 심하게 파괴되었으나, 전쟁 뒤 복구했다. 박천군에서는 가장 큰 절로서 매년 단오가 지난 음력 5월 6일에는 주민들이 함께 이 절에서 불공을 드리고 놀이를 하는 풍습이 있었다. 부속 암자로는 극락암(極樂庵), 성전암(聖殿庵), 서공암(西孔庵) 등이 있었다. 【유적·유물】 이 절은 북한의 국보급 문화재 제21호로

지정되어 있다. 현존하는 건물로는 보광전과 전등루, 향로각이 있다. 보광전은 매우 우수한 건축물로서 특히 문살 조각은 모란, 연꽃, 매화, 국화 등의 꽃무늬를 하고 있어서 뛰어나다. 6·25전쟁 전에는 각기 다른 모습을 취한 오백나한상이 있었으나, 지금은 그 존재 유무를 알 수 없다. 【참고문헌】 박천군지(박천군민회, 1969), 한국사찰전서(권상로, 동국대학교 출판부, 1979), 북한사찰연구(한국불교종단협의회, 1993)

심원사(心源寺)

【위치】 황해도 연탄군 연탄읍 덕우리 자비산(慈悲山)에 있다. 【연혁】 신라 말에 연기 도선(烟起 道詵, 827~898)이 창건했다. 고려 말에는 절이 많이 퇴락했으나 중국에 사신으로 갔다가 돌아오던 이색(李穡)이 황폐한 절과 부근의 지세가 군사적으로 요새지인 점에 착안하여 1374년(공민왕 23) 절을 중건하고 성을 쌓게 했다. 그러나 큰 가뭄이 계속되어 완공하지 못한 채 중단했다. 1573년(조선 선조 6) 계묵(戒默)이 중수했고, 이듬해에 53불을 봉안했다. 숙종 때(1674~1720)에는 이색의 12대손인 이여택(李汝澤)이 황주목사가 되어 절을 살펴보니 이색 이후에 네 차례나 중수했었으나 여전히 퇴락한 상태로 남아 있었으므로, 이색의 뜻을 상기하여 승려들과 함께 희사금을 모아 수년 후 본전과 부속 건물을 중건했다. 일제강점기의 31본산시대에는 성불사(成佛寺)의 수석 말사였다. 【유적·유물】 이 절은 북한 국보급 문화재 제33호로 지정되어 있다. 현존하는 건물로는 보광전과 청풍루, 웅진전, 향로각, 칠성각이 있다. 보광전은 1950년 6·25전쟁 전에는 국보 제129호로

지정되어 있었으며, 내부에는 석가모니불을 봉안하고 있다. 절 부근에는 돌로 쌓은 남점행성(南岾行城)이 있다. 그 밖에도 인근에 강선대(降仙臺)와 묵대사영필(默大師靈筆) 등이 있다. 【참고문헌】 황해도지(황해도, 1970), 북한사찰연구(한국불교종단협의회, 1993)

심원사(深原寺)

【이명】 심원사(深源寺)라고도 한다. 【위치】 평안북도 정주군 고안면 봉명동 심원산 중턱에 있었다. 【연혁】 고려시대에 창건된 것으로 추정된다. 1760년(조선 영조 36) 당시의 정주목사가 신도들과 함께 대웅전을 보수하고 삼존불과 탱화를 조성했다. 그 뒤 1857년(철종 8) 금파(金波)가 대웅전과 영월루(影月樓)를 중수했다. 1880년(고종 17) 주지 덕산(德山)이 절 토지를 매각했으나, 1911년 주지 우경(瑀鏡)이 매각한 토지의 일부를 되찾고 영월루를 중수하는 한편, 불상을 개금했다. 1924년에는 이 절에서 봉명서원(鳳鳴書院)을 다시 세워 영재들의 교육에 이바지했다. 일제강점기의 31본산시대에는 보현사(普賢寺)의 말사였다. 부속 암자로는 상원암(上院庵), 수도암(修道庵) 등이 있었다. 현재의 상황은 알 수 없으나 북한측 자료에 따르면 절과 암자 모두 현존하지 않는다. 【유적·유물】 1945년 8·15광복 이전의 건물로는 대웅전, 영월루, 산신각, 요사채가 있었다. 일제강점기에 대웅전은 국보 제39호로 지정되어 있었다. 【참고문헌】 정주덕언지(덕언면민회, 1973), 한국사찰전서(권상로, 동국대학교 출판부, 1979)

심원사(深源寺)

【위치】 경상북도 성주군 수륜면 백운리 가야산에 있었다. 【연혁】 언제 누가 창건

했는지 알 수 없다. 고려시대에 이숭인 (李崇仁, 1349~1392)이 이 절에 대해 쓴 시가 1481년(조선 성종 12)에 편찬된 《동국여지승람》에 전하며, 이 절이 존재한다고 나와 있으나 1799년(정조 23)에 편찬된 《범우고(梵宇攷)》에는 이미 폐사되었다고 나와 있다. 연혁은 전하지 않는다. 【유적·유물】 절터에는 폐탑(경상북도 문화재자료 제116호) 1기가 남아 있다. 【참고문헌】 한국사찰전서(권상로, 동국대학교 출판부, 1979)

심원사(深源寺, 尋源寺)
백담사(百潭寺)를 보시오.

심원사(深源寺)
심원사(深原寺)를 보시오.

심원암(深源庵)
【위치】 전라북도 김제시 금산면 금산리 모악산(母岳山)에 있다. 【소속】 대한불교조계종 제17교구 본사인 금산사의 산내 암자이다. 【연혁】 766년(신라 혜공왕 2) 금산사를 창건한 진표(眞表)가 수도처로 창건했다. 그 뒤 1592년(조선 선조 25) 임진왜란 때 소실한 것을 1635년(인조 13) 수문(守文)이 중건했으며, 호남에서 손꼽히는 수도도량으로 이름을 떨쳤다고 한다. 1849년(헌종 15) 지금의 자리로 이전, 중창하여 오늘에 이르고 있다. 【유적·유물】 현존하는 건물로는 인법당(因法堂)과 최근에 건립한 요사채가 있다. 문화재로는 북강삼층석탑(北崗三層石塔 ; 보물 제29호)이 옛 절터에 남아 있다. 이 탑에서 탑돌이를 하면서 기도하면 반드시 소원이 성취된다고 하여 전국의 신도들이 많이 찾는다. 【참고문헌】 명산 고찰 따라(이고운·박설산, 신문출판사, 1987)

심적사(深寂寺)

【위치】 경상남도 산청군 산청읍 지리산에 있다. 【소속】 대한불교조계종 제12교구 본사인 해인사의 말사이다. 【연혁】 929년(신라 경순왕 3) 창건했다. 그 뒤의 연혁은 전하지 않는다. 1950년 6·25전쟁 때 소실하자 동봉(東峰)이 이 절의 16나한상을 삼봉산 동룡동(東龍洞)으로 옮겨 놓았다가, 1976년 새로 절을 중창하고 다시 옮겨 와서 봉안했다. 【유적·유물】 현존하는 건물로는 나한전과 요사채 등이 있다. 나한전 안에는 여러 형태의 16나한상 등 26위의 불상이 봉안되어 있으며, 이들은 조선시대 작품으로 추정된다. 【참고문헌】 문화유적총람(문화재관리국, 1977)

심적사(深寂寺)
심원사(深源寺)를 보시오.

심적암(深寂庵)
【이명】 한때 몽성사(夢成寺), 몽성암(夢成庵)이라고 불렸다. 【위치】 경상북도 경주시 마동 토함산(土含山)에 있었던 듯하다. 【연혁】 751년(신라 경덕왕 10) 김대성(金大城)이 창건하여 몽성사 또는 몽성암이라고 했다. 김대성은 토함산에서 사냥 중에 곰을 잡고 산 밑 마을에서 유숙했는데 꿈에 곰이 귀신으로 변해 절을 지어 주면 보복하지 않겠다고 하자 곰을 잡았던 자리에 장수사(長壽寺)를 짓고 꿈을 꾸었던 곳에 이 절을 지었다고 한다. 1593년(조선 선조 26) 임진왜란 중에 인근 불국사(佛國寺) 7암자와 함께 불에 탄 것을 1654년(효종 5)에 이 암자들을 모두 통합하여 중창하고, 이름을 심적암이라고 했다. 그 뒤 1702년(숙종 28)과 1708년, 1715년(숙종 41), 1730년(영조 6) 네 차례에 걸쳐 중수했다. 조선시대 후기에 폐사된 것으로 보인다. 【참고문헌】 한국의

사찰 1 - 불국사(한국불교연구원, 일지사, 1974)

심진암(尋眞庵)

백족사(白足寺)를 보시오.

심향사(尋香寺)

【이명】 한때 미륵원(彌勒院), 신왕사(神 王寺)라고 불렸다. 【위치】 전라남도 나주 시 대호동 금성산(錦城山)에 있다. 【소 속】 대한불교조계종 제18교구 본사인 백 양사의 말사이다. 【연혁】 신라 때 원효 (元曉, 617~686)가 창건하여 미륵원이라 고 했다. 신라 말에는 연기 도선(烟起 道 詵, 827~898)이 중창했다. 도선은 나주 의 지리를 행주형(行舟形)으로 보고 돛대 를 상징하는 당간을 동문 밖에 세우고, 진 압사찰로 이 절을 삼았던 것이다. 이어 고 려 현종(재위 1010~1031)은 목종을 죽인 강조(康兆)가 옹립하여 왕위에 올랐는데, 이를 빌미로 거란이 침공하자 나주까지 몽진하여 10일 동안 금성관(錦城館)과 이 절에 머물렀다. 현종은 침략군이 물러가 기를 부처님께 기원했으며, 환궁 뒤에는 고려대장경의 각본(刻本)을 이 절로 옮기 도록 했다. 또한 이때부터 이름을 신왕사 라고 바꿨다. 1358년(공민왕 7) 중수했으 며, 1789년(조선 정조 13) 몽수(夢守)가 중창했다. 언제 심향사라고 이름을 고쳤 는지는 분명치 않으나, 1789년에 중수한 법당의 상량문에는 신왕사와 심향사의 이 름이 동시에 나타나 있다. 1977년부터 주 지 성오(性悟)가 옛 건물을 헐고 새로 지 었다. 【유적·유물】 절 일원이 전라남도 문화재자료 제88호로 지정되어 있다. 현 존하는 건물로는 극락보전과 대웅전, 미 륵전, 선실, 요사채가 있다. 미륵전은 1976년 8월 장마로 붕괴한 것을 1977년

10월 재복원했다. 내부에는 고려시대 작 품으로 추정되는 석조미륵불좌상과 후불 탱화, 1910년에 그린 지장탱화가 있다. 극락보전 안에 봉안된 아미타여래좌상(전 라남도 유형문화재 제99호)은 베(布)에 칠 을 한 건칠불(乾漆佛)로서 조선시대 작품 으로 알려져 있는데 매우 단아한 자세를 취하고 있다. 또 극락보전 안에는 후불탱 화를 비롯하여 1910년에 그린 독성탱화 등이 있다. 이 밖에 미륵전 앞에는 500년 된 팽나무와 모과나무 두 그루가 있다. 또 나주 북문 밖의 삼층석탑(보물 제50호)과 서문의 석등(보물 제364호)도 원래는 이 절에 있었던 것이다. 서문의 석등은 현재 서울의 국립중앙박물관에 다시 옮겨 보관 하고 있다. 【참고문헌】 문화유적총람(문 화재관리국, 1977), 한국사찰전서(권상로, 동국대학교 출판부, 1979), 금성의 얼(금성 시, 1982)

십신사(十信寺)

【위치】 광주광역시 북구 임동에 있었다. 【연혁】 고려 문종 때(1046~1083) 창건됐 다. 그 뒤 1437년(조선 세종 19) 범자비 (梵字碑)를 건립했다. 중종 때(1506~ 1544)까지 존립하다가 1592년(선조 25) 임진왜란 때 소실한 것으로 추정된다. 【유적·유물】 유물로는 석불입상(광주광 역시 유형문화재 제2호)과 석비(광주광역 시 유형문화재 제3호)가 있다. 석불입상은 높이 4.5m로 머리부터 대좌에 이르기까 지 하나의 돌로 조각된 특이한 양식을 보 이고 있다. 미륵보살상이라고도 하나 손 에 여의주를 들었고 머리가 승상(僧像)인 것으로 보아 지장보살상이라고 보는 것이 합당하다. 또 화강암으로 된 석비는 상부 에 '대불정존승다라니경(大佛頂尊勝陀羅尼

經)'이라고 새겨져 있고, 그 밑의 범자(梵字)는 마멸되었다. 이 비는 황해도 해주와 평안북도 용천에 있는 범자비와 함께 몇 안 되는 다라니비로서 그 가치가 높다. 【참고문헌】무등산(박선홍, 전남매일신문사, 1976)

쌍계사(雙磎寺)

【이명】한때 옥천사(玉泉寺)라고 불렸다. 【위치】경상남도 하동군 화개면 운수리 지리산 남쪽 기슭에 있다. 【소속】대한불교조계종 제13교구 본사이다. 【연혁】723년(신라 성덕왕 22) 의상(義湘)의 제자인 삼법(三法)이 창건했다. 삼법은 당나라에서 귀국하기 전에 '육조 혜능(六祖 慧能)의 정상(頂相)을 모셔다가 삼신산(三神山)의 눈 쌓인 계곡 위 꽃이 피는 곳에 봉안하라.'는 꿈을 꾸고 혜능의 머리를 취한 뒤 귀국했다고 한다. 그리고 한라산, 금강산 등을 두루 다녔으나 눈이 있고 꽃이 피는 땅을 찾지 못하다가, 지리산에 오자 호랑이가 길을 안내하여 지금의 이 절 금당자리에 이르렀다. 그곳이 꿈에 지시한 자리임을 깨닫고 혜능의 머리를 평장한 뒤 절 이름을 옥천사라고 했다고 한다. 그 뒤 830년(흥덕왕 5) 진감(眞鑑) 국사 혜소(慧昭)가 중국에서 차(茶)의 종자를 가져와서 절 주위에 심고 대가람으로 중창했다. 886년(정강왕 1) 쌍계사로 이름을 바꾸었으며, 1592년(조선 선조 25) 임진왜란 때 소실한 것을 벽암(碧巖)이 1632년(인조 10) 중건하여 오늘에 이르고 있다. 43개의 말사를 관장하고 있으며, 국사암(國師庵), 불일암(佛日庵), 칠불암(七佛庵) 등 4개의 부속 암자를 거느리고 있다. 【유적·유물】현존하는 건물로는 대웅전(보물 제500호)을 비롯하여 명부전(경상남도 유형

문화재 제123호), 팔상전(경상남도 유형문화재 제87호), 노전, 적묵당(寂默堂 ; 경상남도 문화재자료 제46호), 설선원(說禪院 ; 경상남도 문화재자료 제153호), 나한전(경상남도 유형문화재 제124호), 육조정상탑전(경상남도 유형문화재 제125호), 청학루(靑鶴樓), 천왕문(경상남도 유형문화재 제126호), 금강문(경상남도 유형문화재 제127호), 일주문(경상남도 유형문화재 제86호), 큰방 등이 있다. 문화재로는 팔상전 영산회상도(보물 제925호)를 비롯하여 진감선사대공탑비(眞鑑禪師大空塔碑 ; 국보 제47호)와 부도(보물 제380호), 석등(경상남도 유형문화재 제28호), 불경책판(경상남도 유형문화재 제185호)이 있다. 대공탑비는 887년(진성여왕 1) 진성여왕이 혜소의 도덕과 법력을 흠모하여 시호와 비명을 내리고 만들도록 한 것이다. 비문은 최치원(崔致遠)이 쓴 것으로 우리 나라 4대 금석문(金石文) 중 첫째로 꼽힌다. 이 밖에도 혜능의 초상화를 안치한 7층의 육조정상탑과 마애여래좌상(경상남도 문화재자료 제48호) 등이 있다. 국사암 뜰에는 혜소가 짚고 다니던 지팡이가 자라났다는 천 년이 넘은 느릅나무 사천왕수(四天王樹)가 있다. 쌍계사의 옛터는 경상남도 기념물 제21호로 지정되어 있다. 【참고문헌】문화유적총람(문화재관리국, 1977), 한국사찰전서(권상로, 동국대학교 출판부, 1979), 한국의 명산 대찰(국제불교도협의회, 1982)

쌍계사(雙溪寺)

【이명】한때 덕룡사(德龍寺)라고 불렸다. 【위치】전라남도 영암군 금정면 남송리 덕룡산(德龍山)에 있었다. 【연혁】854년(신라 문성왕 16) 백운(白雲)이 창건하여 낭

주(朗州)와 나주 사이의 국사봉(國師峰)과 덕룡산 사이에 있는 계곡에 있다고 하여 쌍계사라고 했다. 그 뒤 1065년(고려 문종 19) 호연(浩然)이 중창했으며, 1244년(고종 31) 아국사(阿國師)가 중국 방장산에서 와서 중창하여 덕룡사라고 이름을 고쳤다고 한다. 1463년(조선 세조 9) 세조의 꿈에 한 신인(神人)이 나타나 '묘법연화경(妙法蓮華經)'이라고 다섯 글자를 써주면서 '이 책을 만들어 덕룡사에 비치하면 사직이 튼튼하리라.'라고 말하고 사라졌다. 세조는 곧 19명의 신하에게 명하여 이 경을 간경도감(刊經都監)에서 언해본으로 발간하도록 했다. 그 뒤 이 절은 쌍계사로 이름이 바뀌었다가 폐허화했다. 【유적·유물】 절터에는 대형 석주와 괘불대 2개, 입석, 석장생 2기(전라남도 민속자료 제17호) 등이 있다. 1900년대 초까지는 호연의 비가 있었으나 일본인들이 옮겨 갔으며, 삼층석탑도 1950년 6·25전쟁 직후에 어디론가 옮겨 갔다. 【설화】 아국사가 중창할 당시의 설화가 전한다. 아국사는 삼재(三災)가 침범하지 않는 이곳에 절을 중창하기 위해 절 앞에 있는 못을 메우고자 했다. 그러나 이 못에 살고 있던 용의 조화가 심해서 부적을 써서 못에 던졌는데, 그날 밤 광풍과 우레를 동반한 비가 내렸다. 이튿날 보니 산사태로 못이 저절로 메워져 있었다. 그래서 그는 용의 덕을 기려 덕룡사라고 절 이름을 지었다. 【참고문헌】 영암군향토지(영암군, 1972), 영암군의 문화유적(국립목포대학 박물관, 1986)

쌍계사(雙溪寺)
【위치】 전라남도 진도군 의신면 사천리 첨찰산(尖察山) 서쪽 기슭에 있다. 【소속】 대한불교조계종 제22교구 본사인 대흥사의 말사이다. 【연혁】 857년(신라 문성왕 19) 연기 도선(烟起 道詵)이 창건했다. 그 뒤 조선 전기까지의 자세한 연혁은 전하지 않는다. 1648년(인조 26) 의웅(義雄)이 중건하여 오늘에 이르고 있다. 【유적·유물】 현존하는 건물로는 대웅전(전라남도 유형문화재 제121호)과 명부전, 요사채가 있다. 유물로는 삼층석탑과 2기의 부도가 있다. 삼층석탑은 1920년에 세워진 것이고, 부도는 1700년 무렵에 세워진 정견(正見)의 것과 조선 후기에 세워진 월하(月下)의 것이 있다. 이 밖에도 절 주변에 상록수림(천연기념물 제107호)이 있다. 【참고문헌】 문화유적총람(문화재관리국, 1977), 한국의 명산 대찰(국제불교도협의회, 1982)

쌍계사(雙溪寺)
【위치】 경상북도 김천시 증산면 유성리 불령산(佛靈山 ; 일명 수도산)에 있었다. 【연혁】 신라 말기에 연기 도선(烟起 道詵, 827~898)이 창건했다. 그 뒤의 연혁은 전하지 않는다. 1950년 6·25전쟁 직후 공비들에 의해 소실하여 폐사되었다. 폐사되기 전까지만 해도 대웅전을 비롯하여 명부전, 사천왕문, 요사채 2동 등이 있었다. 【유적·유물】 절터에는 정교한 연꽃을 조각한 배례석과 당간지주, 부도, 비석 등이 남아 있다. 시왕상은 김천시 내의 개운사(開運寺)에 봉안되어 있고, 범종은 청암사(靑巖寺) 정법루(正法樓)에 봉안되어 있다. 《쌍계사지》는 청암사에 보관되어 있다. 【참고문헌】 내 고장 우리 향토(금릉군, 1983)

쌍계사(雙溪寺)
【위치】 강원도 홍천군 내촌면 서곡리 도

봉산(道峰山)에 있다. 【소속】 한국불교태고종에 속한다. 【연혁】 신라 말 고려 초에 창건됐다고 한다. 연혁은 전하지 않는다. 1940년 대웅전을 중창했다. 【유적·유물】 건물로는 대웅전과 요사채 2동이 있다. 유물로는 쌍봉당대선사탑(雙峰堂大禪師塔)을 비롯해 오래 된 부도 7기가 있다. 모두 석종형(石鐘型)으로서 조선시대의 것으로 추정된다. 【참고문헌】 한국사찰전서(권상로, 동국대학교 출판부, 1979)

쌍계사(雙溪寺)

【이명】 한때 백암(白庵)이라고 불렸다. 【위치】 충청남도 논산군 양촌면 중산리 불명산(佛明山)에 있다. 【소속】 대한불교조계종 제6교구 본사인 마곡사의 말사이다. 【연혁】 고려 때에 이행재(李杏才)가 발원하여 창건했다. 1481년(조선 성종 12)에 편찬된 《동국여지승람》에도 존재한다고 나와 있다. 그 뒤 불에 타서 성능(性能)과 극찰(克察)이 모연하여 절을 다시 일으켰으며, 1739년(영조 15) 이를 기념하여 중건비를 세웠다. 자세한 연혁은 전하지 않는다. 【유적·유물】 현존하는 건물로는 대웅전(보물 제408호)을 비롯하여 나한전, 명부전, 칠성각, 봉황루, 영명각(靈明閣), 요사채 등이 있다. 대웅전에는 석가여래좌상을 비롯하여 아미타여래좌상, 약사여래좌상 등 삼존불이 봉안되어 있는데, 모두 조선시대의 불상이다. 유물로는 취봉 혜찬(翠峰 慧燦)의 것 등 부도 9기(충청남도 문화재자료 제80호)와 중건비가 있다. 부도는 모두 조선시대의 것으로 보인다. 또한 현재 공주 갑사(甲寺)에 있는 《월인석보(月印釋譜)》 판본(보물 제582호)은 1569년(선조 2) 이 절에서 제작된 것이다. 【참고문헌】 동국여지승람,

문화유적총람(문화재관리국, 1977), 문화유적총람－사찰편(충청남도, 1990)

쌍계사(雙溪寺)

【위치】 함경북도 영안군 부암리 백록산(白鹿山)에 있다. 【연혁】 1395년(조선 태조 4) 창건됐다. 1480년(성종 11) 중수했다. 일제강점기의 31본산시대에는 귀주사(歸州寺)의 말사였다. 1950년 6·25전쟁 때 대웅전이 파괴되었으나, 1957년 복구했다. 【유적·유물】 현존하는 건물로는 대웅전과 애월루, 심검당, 산신각이 있다. 대웅전은 경복궁을 건축한 일수라는 목수가 지은 것이라고 한다. 【참고문헌】 한국사찰전서(권상로, 동국대학교 출판부, 1979), 북한사찰연구(한국불교종단협의회, 1993)

쌍계사(雙溪寺)

【이명】 한때 수정암(水井庵), 쌍계사(雙鷄寺)라고 불렸다. 【위치】 경기도 안산시 북동 대금산(大金山)에 있다. 【소속】 대한불교조계종 직할교구 본사인 조계사의 말사이다. 【연혁】 1689년(조선 숙종 15)에 창건됐다고 한다. 원래는 수정암이라 했다고 한다. 1576년(선조 9)을 나타내는 명문기와가 발견되어 1576년 또는 그 이전에 창건한 것으로 추정된다. 신경준(申景濬, 1712~1781)이 편찬한 《가람고(伽藍考)》에는 쌍계사(雙鷄寺)라고 나와 있으나, 1799년(정조 23)에 편찬된 《범우고(梵宇攷)》에는 쌍계사(雙溪寺)라고 나와 있다. 1841년(헌종 7)에 파괴되자 1869년(고종 6) 12월 중수하여 이름을 쌍계사라고 했다. 【유적·유물】 건물로는 극락보전을 비롯하여 요사채 2동이 있다. 유물로는 목조아미타불좌상과 아미타후불탱화, 현왕탱화, 신중탱화, 독성탱화, 지장탱화, 부도, 명문기와 등이 있다. 목조

아미타불좌상은 극락보전에 봉안되어 있으며, 조선 후기의 것으로 추정된다. 탱화는 모두 극락보전 안에 봉안되어 있다. 아미타후불탱화는 조선 후기인 18세기의 것으로 추정되며, 현왕탱화는 1803년(순조 3), 신중탱화는 1869년, 독성탱화는 1900년 무렵, 지장탱화는 1918년에 제작된 것이다. 부도는 취얼(翠歇)의 것으로 취얼은 조선 후기의 스님인 듯하다. 명문기와는 '만력4년병자(萬歷四年丙子)' 즉 1576년이 새겨진 것과 '강희28년기사(康熙二十八年己巳)' 즉 1689년이 새겨진 것 등이 있다. 【참고문헌】 한국사찰전서(권상로, 동국대학교 출판부, 1979), 기내사원지(경기도, 1988)

쌍계사(雙鷄寺)

쌍계사(雙溪寺)를 보시오.

쌍계사(雙溪寺)

장안사(長安寺)를 보시오.

쌍계사(雙溪寺)

정수사(淨水寺)를 보시오.

쌍봉사(雙峰寺)

【위치】 전라남도 화순군 이양면 증리 중조산(中條山 ; 일명 獅子山)에 있다. 【소속】 대한불교조계종 제21교구 본사인 송광사의 말사이다. 【연혁】 신라 경문왕 때(861~875) 철감 도윤(澈鑑 道允)이 산수의 수려함을 보고 창건하여 쌍봉사라고 했다. 847년(문성왕 9) 중국에서 귀국한 도윤의 법력과 덕망이 널리 알려지자, 경문왕이 그를 궁중으로 불러 스승으로 삼았다. 이어 도윤이 이 절에 머물며 구산선문(九山禪門)의 하나인 사자산문(獅子山門)의 기초를 마련하자, 여기서 그의 종풍을 이어받은 징효 절중(澄曉 折中)이 영월의 흥녕사(興寧寺 ; 지금의 法興寺)에

서 사자산문을 개산했다. 창건 이후 퇴락한 절을 1081년(고려 문종 35) 국사 혜소(慧昭)가 창건 당시의 모습대로 중건했고, 공민왕 때(1351~1374) 전라도 관찰사 김방(金倣)의 시주로 중창했다. 조선시대에는 절의 땅을 면세해 주었으며, 1592년(선조 25) 임진왜란으로 소실한 뒤 1628년(인조 6) 중건했다. 이어 1667년(현종 8)과 1724년(경종 4)에 중창하여 오늘에 이르고 있다. 【유적·유물】 현존하는 건물로는 대웅전을 중심으로 극락전(전라남도 문화재자료 제66호), 명부전, 요사채 등이 있다. 최근까지 대웅전은 건물이 아닌 탑이었다고 전한다. 총 높이가 12m인 정방형 3층으로서 상륜부를 제외하고는 우리나라에서 삼층목탑의 모습을 전하고 있는 유일한 건물이었으나, 1984년 4월 초에 촛불의 실화로 전소했다. 문화재로는 철감선사탑(국보 제57호)과 철감선사탑비(보물 제170호) 등이 있다. 철감선사탑은 868년(경문왕 8) 무렵의 작품으로 우리나라 석조부도 중에서 가장 기묘하고 아름답다. 철감선사탑비 역시 신라 말 작품으로 비신은 없어지고 귀부(龜趺)와 이수(螭首)만 남아 있으나, 조각의 우아함은 당대의 명작이다. 【참고문헌】 문화유적총람(문화재관리국, 1977), 한국의 명산 대찰(국제불교도협의회, 1982)

쌍암(雙庵)

쌍암사(雙巖寺)를 보시오.

쌍암사(雙巖寺)

【이명】 쌍암(雙庵)이라고도 불린다. 【위치】 경기도 의정부시 장암동 수락산(水落山) 기슭에 있다. 【소속】 대한불교조계종 제25교구 본사인 봉선사의 말사이다. 【연혁】 조선시대에 창건된 것으로 추정된다.

경내의 냇가에 두 개의 바위가 우뚝 솟아 있어서 쌍암사라고 했다고 한다. 1880년 (고종 17) 화주 화운(化雲)이 비구니 유원(有願)과 함께 중건했다. 1950년 6·25 전쟁으로 전소한 것을 1956년 비구니 순복(順福)이 법당과 요사채를 중건하여 오늘에 이르고 있다. 【유적·유물】현존하는 건물로는 대웅전과 요사채 1동뿐이다.

대웅전에는 석가모니불상을 봉안하지 않고, 관세음보살상, 미륵보살상, 지장보살상과 후불탱화, 신중탱화, 산신탱화 등이 봉안되어 있다. 특별한 문화재는 없으며, 조선 후기의 중건기만이 남아 있다. 【참고문헌】봉선사본말사약지(봉선사, 1977)

쌍운암(雙雲庵)
장경사(長庚寺)를 보시오.

아림사(娥臨寺)
【위치】경상남도 거창군 거창읍 상리에
있었다. 【연혁】신라 때 창건됐다. 연혁
은 전하지 않는다. 고려 때에는 9개의 암
자를 두고 있었던 큰 규모의 절이었으나,
1380년(우왕 6) 왜적의 침입으로 불타 없
어졌다고 한다. 【유적·유물】절터에는
오층석탑이 남아 있는데, 심하게 훼손돼
있다. 초층 탑신의 사방에 불상을 배치한
것으로 보아 통일신라 후기의 것으로 보
인다. 석탑 옆에는 석등의 대석들이 놓여
있다. 【참고문헌】속 명산 고찰 따라(이
고운·박설산, 운주사, 1994)

안국사(安國寺)
【이명】한때 봉린사(鳳麟寺)라고 불렸다.
【위치】평안남도 평성시 봉학동 봉린산
동남쪽 기슭에 있다. 【연혁】503년(고구
려 문자왕 12) 현욱(玄旭)이 창건했다고
한다. 1419년(조선 세종 1)에 중창했으
며, 1592년(조선 선조 25) 임진왜란 때 병
화로 소실하여 폐사되었으나, 조정에서
명훈(冀薰)에게 명하여 중수하게 했다.
임진왜란 당시 선조는 이 절의 주필대에
서 피난차 머물렀다. 이어 중국의 승려 각
징(覺澄), 담숙(曇淑) 등이 개축했다. 어
느 때부터인지는 모르나 봉린사에서 안국
사로 이름이 바뀌었으며, 이 이름에는 오
랑캐의 침입을 부처님의 힘으로 막아 보

려는 기원의 뜻이 담겨 있다고 한다.
1654년(효종 5)에 중창했다. 현재의 건물
은 1786년(정조 10)에 지은 것이다. 일제
강점기의 31본산시대에는 법흥사(法興寺)
의 말사였다. 【유적·유물】이 절은 북한
의 보물급 문화재 제8호로 지정되어 있
다. 현존하는 건물로는 대웅보전과 태평
루, 주필대, 요사채가 있다. 대웅전은 2층
전각으로서 북한에서 현존하는 2층 형태
의 절 건물로서는 유일한 것이다. 유물로
는 오층석탑과 부도 10여 기가 있다. 오
층석탑은 고려시대의 것으로 추정된다.
【참고문헌】북한의 절과 불교(정태혁·신
법타, 민족사, 1990), 북한사찰연구(한국
불교종단협의회, 1993)

안국사(安國寺)
【위치】충청남도 당진군 정미면 수당리
안국산 중턱에 있었다. 【연혁】백제 말기
에 창건된 것으로 추정된다. 한때는 수백
인의 승려가 머물던 큰 절이었다고 한다.
연혁은 전하지 않는다. 1481년(조선 성종
12)에 편찬된 《동국여지승람》에는 존재
한다고 나와 있으나, 1799년(정조 23)에
편찬된 《범우고(梵宇攷)》에는 폐사되었
다고 나와 있는 것으로 보아 조선시대 중
기에 폐사된 것으로 추정된다. 1929년 주
지 임용준(任龍準)이 옛터에 다시 중창했
으나, 최근 다시 폐사되었다. 【유적·유

물】절터에는 지금 민가가 들어서 있다.
문화재로는 삼존석불입상(보물 제100호)
과 석탑(보물 제101호), 석탑 옥신석(屋
身石)이 있다. 석불 3위가 한 줄로 서 있
는 삼존석불입상은 본존불이 네모진 돌로
된 보관을 쓰고 있어 '안국미륵' 또는 '갓
쓴 바위'라고도 불리며, 고려시대의 것으
로 추정된다. 석탑과 옥신석 또한 고려시
대 말기의 것으로 추정된다. 이 밖에도 삼
존석불입상 뒤에 있는 큰 바위에는 '여미
북천구(餘美北天口)'라는 글씨가 새겨져
있어서 창건 당시 여미현(餘美縣 ; 지금의
당진군 일부) 근처에서는 이 절이 유명했
음을 짐작하게 한다. 【참고문헌】동국여
지승람, 범우고, 당진군지(당진군지 편찬
위원회, 1983), 문화유적총람－사찰편(충
청남도, 1990)

안국사(安國寺)
【위치】경상남도 함양군 마천읍 가흥리
지리산에 있다. 【소속】대한불교조계종
제12교구 본사인 해인사의 말사이다. 【연
혁】656년(신라 태종 무열왕 3) 조사 행우
(行宇)가 창건했다. 1430년(조선 세종 12)
천태종 판사도대선사(判事都大禪師) 행호
(行乎)가 금대암(金臺庵)과 함께 중창했
다. 그러나 1598년(선조 31) 8월 29일 왜
군 500여 명이 지리산으로 들어와서 금대
암과 함께 불태웠다. 그 뒤 다시 중건했으
나, 1950년 6·25전쟁 때 전소했다. 1963
년 박(朴)씨 부인이 금련대(金蓮臺)를 중
창했다. 부속 암자로는 북암(北庵)과 동
암(東庵), 금대암 등이 있었다. 【유적·
유물】현존하는 건물로는 대웅전과 산신
각, 요사채 2동이 있다. 문화재로는 행호조
사탑과 금송당사리탑(琴松堂舍利塔), 서상
대사부도(西上大師浮屠) 등이 있다. 이 밖

에도 절 오른쪽에는 1592년(선조 25) 임
진왜란 때 의승군들이 출정하면서 전승을
기념하여 세운 출정탑이 있었으나, 산사
태로 붕괴하여 찾기 어려운 상태에 있다.
【참고문헌】문화유적총람(문화재관리국,
1977), 한국사찰전서(권상로, 동국대학교
출판부, 1979)

안국사(安國寺)
【위치】경기도 개성시에 있었다. 【연혁】
언제 누가 창건했는지 알 수 없다. 1290
년(고려 충렬왕 16) 8월 12일 충렬왕과
공주가 이 절에 행차했으며, 1298년(충렬
왕 24) 7월 22일에는 태자(충선왕)가 공
주와 함께 행차하여 물놀이를 관람했다.
또한 1312년(충선왕 4) 9월 27일에는 상
왕인 충렬왕이 이 절에 행차했다. 연혁은
전하지 않는다. 【참고문헌】고려사

안국사(安國寺)
【위치】전라북도 무주군 적상면 북창리
적상산(赤裳山)에 있다. 【소속】대한불교
조계종 제17교구 본사인 금산사의 말사이
다. 【연혁】1277년(고려 충렬왕 3) 월인
(月印)이 창건했다는 설이 있으며, 조선
태조 때(1392~1398) 무학 자초(無學 自
超)가 복지(卜地)인 적상산에 성을 쌓고
창건했다는 설도 있다. 1592년(선조 25)
임진왜란과 1597년 정유재란 때에는 승병
들의 병사(兵舍)로 사용됐다. 그 뒤 1613
년(광해군 5) 3월 증축했고, 1864년(고종
1) 이면광(李冕光)이 중수했다. 1910년
한일합방이 되어 적상산 사고(史庫)에 있
던 조선실록 등의 장서가 서울 규장각(奎
章閣)으로 옮겨지자, 당시 주지 이철허
(李徹虛)가 사고 건물을 경내로 옮겼고,
1968년 유정환(柳正換)이 이 건물에 천불
을 조성하여 천불보전이라고 이름했다.

그러나 인근의 댐 건설로 1993년 지금의 자리로 절 전체를 이전했다. 【유적·유물】 현존하는 건물로는 극락전과 천불보전, 산신각, 요사채가 있다. 극락전(전라북도 유형문화재 제42호)은 1613년 중건했고, 1864년 중수했다. 그 내부에 있던 괘불(掛佛 : 전라북도 유형문화재 제20호)은 언제 제작되었는지 알 수 없지만 천재지변을 몰아내는 이 고장의 신앙물이었다고 한다. 의겸(義謙) 등 비구니 5명의 공동 작품으로 기록되어 있었으나, 1993년 도난당했다. 또한 적상산성에는 호국사비(護國寺碑 : 전라북도 유형문화재 제85호)가 있다. 【참고문헌】 문화유적총람(문화재관리국, 1977), 사찰지(전라북도, 1990)

안수사(安岫寺)
【이명】 안수암이라고도 불린다. 【위치】 전라북도 완주군 고산면 성재리 계봉산(鷄鳳山)에 있다. 【소속】 대한불교조계종 제17교구 본사인 금산사의 말사이다. 【연혁】 삼한시대에 창건됐다고 한다. 계봉산은 봉황이 닭으로 변한 형상이고, 전주부(全州府 : 전주 및 완산)는 지네 형상이어서 터를 눌러 주어야 이 지역이 평안하고 국가가 태평하다고 하여 진압(鎭壓) 사찰로 창건됐다는 것이다. 그러나 이때는 우리나라에 불교가 들어오기 전이므로 신빙성이 없다. 일설에는 신라 말기에 창건됐다고도 한다. 여러 번 불에 타 소실하였던 것을 조선시대에 전라관찰사와 관청의 도움으로 중창했다. 【유적·유물】 건물로는 대웅전과 칠성각, 요사채 2동이 있다. 유물로는 후불탱화, 칠성탱화, 독성탱화 등이 있다. 칠성탱화는 1864년(조선 고종 1)에 조성된 것이며, 독성탱화는 1897년(광무 1)에 조성된 것이다. 【참고문헌】 사찰지(전라북도, 1990)

안수암(安岫庵)
안수사(安岫寺)를 보시오

안심사(安心寺)
【위치】 전라북도 완주군 운주면 완창리 대둔산(大芚山)에 있다. 【소속】 대한불교조계종 제17교구 본사인 금산사의 말사이다. 【연혁】 638년(신라 선덕여왕 7) 자장(慈藏)이 창건하고 이 절에 부처님의 치아사리 1과와 사리 10과를 전했다고 한다. 875년(헌강왕 1) 연기 도선(烟起 道詵)이 중창했으며, 고려 태조 때(918~943) 활동하던 조구(祖求 ; 또는 祖球)가 중창했다. 그 뒤 1601년(조선 선조 34) 수천(守天)이 중창하고, 1710년(숙종 36) 신열(信悅)이 중창했다. 사적비는 1759년(영조 35)에 세워졌는데, 이 비에 따르면 당시 이 절은 대웅전과 약사전 등 30여 동의 건물과 석대암(石臺庵), 문수암(文殊庵) 등 12개의 암자가 부속되어 있었다. 또 부도전은 1759년에 중건되었는데, 이 절에 전해 오던 부처님의 치아사리 1과와 사리 10과를 봉안하기 위해 명응(明鷹)이 5개월에 걸쳐서 세웠다. 이때 영조가 직접 글씨를 써서 보냈으며, 이 글씨를 보관하기 위해 어서각(御書閣)도 함께 세웠다. 그러나 1950년 6·25전쟁 때 모두 소실했으며, 그 뒤 법당을 세워 오늘에 이르고 있다. 【유적·유물】 현존하는 건물로는 대웅전과 요사채 2동이 있다. 문화재로는 대웅전 터의 초석과 부도(전라북도 유형문화재 제109호), 석조(石槽), 사적비(전라북도 유형문화재 제110호) 등이 있다. 사적비는 1759년에 조성된 것으로 우의정 김석주(金錫胄)가 짓고 이조판서 홍계희(洪啓禧)가 썼다. 부도는 석종

형이며, 지대석은 연화문으로 장식했고, 상륜으로 보주(寶珠)를 올려 놓았다. 또 절의 입구에는 3기의 부도가 남아 있는데, 그중 1기는 서환(瑞煥)의 것이다. 【참고문헌】 한국사찰전서(권상로, 동국대학교 출판부, 1979), 전통의 고장 완주(완주군, 1982), 사찰지(전라북도, 1990)

안심사(安心寺)
【위치】 충청북도 청원군 남이면 사동리에 있다. 【소속】 대한불교조계종 제5교구 본사인 법주사의 말사이다. 【연혁】 775년(신라 혜공왕 11) 율사 진표(眞表)가 창건한 뒤 평안한 마음으로 제자들을 양성했다고 하여 안심사라 했다고 한다. 그 뒤 1325년(고려 충숙왕 12) 원명(圓明) 국사 미수(彌授)가 중건했다. 이어 1613년(조선 광해군 5) 비로전을 중건했으며, 1626년(인조 4) 송암(松庵)이 중수했다. 그 뒤 한말에 중창하여 오늘에 이르고 있다. 【유적·유물】 현존하는 건물로는 대웅전과 영산전, 충혼각, 요사채 2동이 있다. 이 중 대웅전(보물 제664호)은 1672년(현종 13) 중수됐는데, 내부에는 삼존불과 1652년(효종 3)에 제작된 괘불(掛佛; 충청북도 유형문화재 제51호), 1885년(고종 22)에 제작된 칠성탱화, 1891년에 제작된 후불탱화가 있다. 또 대웅전 지붕에는 청기와 1개가 있다. 영산전(충청북도 유형문화재 제112호)은 1613년에 건립됐으며, 당시에는 비로전이라고 했다. 충혼각은 1950년 6·25전쟁 때 죽은 무명용사를 위해 인근 군부대에서 세웠으며, 매년 현충일에는 청원군수가 제주가 되어 위령제를 지내고 있다. 이 밖에도 세존사리탑(충청북도 유형문화재 제27호)과 세존사리비, 신라 때의 석조여래좌상, 석탑 부재 등이 있다. 이 세존사리탑은 진표가 창건 당시 직접 조각하여 석가모니 부처님의 사리를 봉안했다고 전하고 있다. 1901년에 세워진 사리비에 따르면, 조선 말에 탑의 행방을 알 수 없던 차에 이 산중에서 발견되어 1881년 구천동으로 옮겨졌으며, 1900년 광우(廣祐), 등원(等元)이 다시 이 절로 옮겨 왔다고 한다. 【참고문헌】 문화유적총람(문화재관리국, 1977), 사지(충청북도, 1982)

안심사(安心寺)
【위치】 평안북도 영변군 북신현면 묘향산에 있었다. 【연혁】 1028년(고려 현종 19) 탐밀(探密)이 창건했다. 당대의 큰스님 탐밀은 화엄교관(華嚴敎觀)을 공부한 뒤 이 절을 짓고 살았는데, 1038년(정종 4) 굉확(宏廓)이 탐밀의 제자가 되어 명성이 높아지자 학승들이 너무 몰려들어 1042년(정종 8) 굉확은 동남쪽 100여 보 되는 곳에 보현사(普賢寺)를 짓고 옮겨 갔다. 고려 말에 활동하던 인도 승려 지공(指空)의 사리가 봉안된 곳으로도 널리 알려져 있다. 지공은 나옹 혜근(懶翁 惠勤, 1320~1376), 무학 자초(無學 自超, 1327~1405)와 함께 고려시대의 3화상으로 추앙받았다. 지공이 입적하자 그의 몸에서는 많은 사리가 나왔으며 그중 9과와 혜근의 두골 한 조각, 사리 5과를 함께 석종(石鐘) 속에 봉안했다고 한다. 또 안심사라는 이름은 중국의 소림사(少林寺)에서 중국 선종의 초조(初祖)인 달마(達磨)가 2조 혜가(慧可)의 마음을 편안하게 하여 주었다는 고사에서 유래했다고 한다. 이로 미루어 이 절은 선종의 절이었던 것으로 추정된다. 일제강점기의 31본산시대에는 보현사의 산내 암자였다. 현재의 상황은 알

수 없으나, 북한측 자료에 따르면 현존하지 않는다. 【참고문헌】동문선, 한국사찰전서(권상로, 동국대학교 출판부, 1979), 북한사찰연구(한국불교종단협의회, 1993)

안양사(安養寺)

【위치】강원도 철원군 철원읍 율이리 보개산(寶蓋山)에 있었다. 【연혁】863년(신라 경문왕 3) 통효(通曉) 국사 범일(梵日)이 창건했다. 1398년(조선 태조 7) 무학 자초(無學 自超)가 중건했으며, 1884년(고종 21) 엄성월(嚴性月)이 중수했다. 일제강점기의 31본산시대에는 유점사의 말사였다. 1950년 6·25전쟁 때 소실하였다. 【참고문헌】한국사찰전서(권상로, 동국대학교 출판부, 1979)

안양사(安養寺)

【위치】경기도 안양시 석수동 삼성산(三聖山)에 있었다. 【연혁】고려 태조(재위 918~943)가 능정(能正)을 시켜 창건했다. 태조가 조공(朝貢)하지 않는 자를 정벌하기 위해 이곳을 지나다가 산 위에 오색 구름이 인 것을 보고 사람을 보내 살피게 했다. 마침 능정이 거기에 있었는데, 태조가 대화해 보니 뜻이 서로 맞아 태조가 칠층벽돌탑을 지어 이 절을 창건했던 것이다. 김부식(金富軾, 1075~1151)이 지은 비가 있었다. 1381년(우왕 7) 시중(侍中) 최영(崔瑩)이 혜겸(慧謙)을 시켜 중수했다. 이때 우왕은 내시 박원계(朴元桂)를 보내 향을 하사했으며, 사리 12과와 불아(佛牙) 1과를 탑 속에 봉안했다. 또한 이때 이숭인(李崇仁)은 〈중신기(重新記)〉를 지었다. 1481년(조선 성종 12)에 편찬된 《동국여지승람》에는 존재한다고 나와 있으나, 1799년(정조 23)에 편찬된 《범우고(梵宇攷)》에는 이미 폐사되었

다고 나와 있다. 【유적·유물】절터에는 귀부(龜趺 ; 경기도 유형문화재 제93호) 1기가 남아 있다. 【참고문헌】한국사찰전서(권상로, 동국대학교 출판부, 1979)

안양사(安養寺)

【위치】경기도 용인군 기흥읍 공세리에 있었다. 【연혁】고려 때 창건된 것으로 추정된다. 연혁은 전하지 않는다. 1481년(조선 성종 12)에 편찬된 《동국여지승람》에는 정수산(定水山)에 있다고 나와 있고, 신경준(申景濬, 1712~1781)이 편찬한 《가람고(伽藍考)》에도 현(縣) 북쪽 2리 떨어진 곳에 있다고 나와 있다. 그러나 1900년대에 편찬된 《사탑고적고(寺塔古蹟攷)》에는 폐사되어 돌담만 남아 있다고 나와 있다. 【유적·유물】절터에는 주택들이 들어서 있다. 유물로는 석조여래좌상과 석불, 오층석탑, 석등의 하대석 등이 있다. 석조여래좌상은 고려 말 조선 초의 것으로 추정되며, 지금은 탑 뒤쪽에 단을 설치하고 봉안해 놓았다. 석불은 목이 잘려 나간 채 있다. 오층석탑 또한 고려 말 조선 초의 것으로 추정된다. 그러나 석축들은 주택의 댓돌이나 담장으로 쓰여져 남아 있지 않다. 【참고문헌】동국여지승람, 가람고, 기내사원지(경기도, 1988)

안양사(安養寺)

【위치】충청남도 부여군 홍산면 홍량리 비홍산(飛鴻山)에 있었다. 【연혁】유물로 미루어 보아 고려 때에 창건된 것으로 추정된다. 연혁은 전하지 않으며, 언제 폐사되었는지도 알 수 없다. 【유적·유물】절터에는 오층석탑(충청남도 유형문화재 제29호)과 기와 조각, 토기 조각들이 있다. 석탑은 고려시대의 것으로 보인다. 【참고문헌】문화유적총람 - 사찰편(충청남도, 1990)

안양사(安養寺)
정혜사(定慧寺)를 보시오.

안양암(安養庵)
【위치】 강원도 회양군 내금강면 장연리 금강산 장안사(長安寺) 동북쪽 3km 지점에 있었다. 【연혁】 고려 성종 때(982~997) 회정(懷正)이 창건했다. 이후 회도(懷道)가 이곳에서 수도했다. 일제강점기의 31본산시대에는 유점사(楡岾寺)의 말사인 장안사의 부속 암자였다. 현재의 상황은 알 수 없으나, 북한측 자료에 의하면 현존하지 않는다. 【유적·유물】 이 절에는 미륵불과 나한상 등이 봉안되어 있었다. 【참고문헌】 유점사본말사지, 북한의 사찰(한국불교연구원, 일지사, 1978)

안양암(安養庵)
【위치】 경상남도 양산군 하북면 지산리 영축산(靈鷲山)에 있다. 【소속】 대한불교조계종 제15교구 본사인 통도사의 산내 암자이다. 【연혁】 1295년(고려 충렬왕 21) 찬인(贊仁)이 창건했다. 1865년(조선 고종 2) 우담 유정(雨潭 有定)이 중창했다. 1968년 우송(友松)이 중수했다. 【유적·유물】 건물로는 북극전(北極殿 ; 경상남도 유형문화재 제247호) 등이 있다. 【참고문헌】 한국사찰전서(권상로, 동국대학교 출판부, 1979), 한국의 사찰 4-통도사(한국불교연구원, 일지사, 1988)

안양암(安養庵)
【위치】 강원도 고성군 토성면 신평리 설악산에 있었다. 【연혁】 1628년(조선 인조 6) 광명(廣明)이 화암사(禾巖寺)의 부속 암자로 화암사 경내에 창건했다. 1721년(경종 1) 해성(海城)이 중수했으며, 1860년(철종 11) 산불이 나서 본사와 더불어 소실하자 춘담(春潭)이 중건했다. 1893년

(고종 20) 폭우로 인한 산사태로 붕괴하였으나, 이듬해 축성(竺星)이 중수했다. 1909년에는 영운(影雲)이 칠성각을 건립했다. 그러나 1950년 6·25전쟁 때 불타 없어졌다. 【참고문헌】 한국사찰전서(권상로, 동국대학교 출판부, 1979)

안양암(安養庵)
【위치】 강원도 속초시 설악동 설악산에 있다. 【소속】 대한불교조계종 제3교구 본사인 신흥사의 산내 암자이다. 【연혁】 1785년(조선 정조 9) 준경(俊鏡)이 창건하여 극락왕생을 기원하는 이들이 함께 염불 수행하는 결사의 도량으로 삼았다. 1866년(고종 3) 만우(萬愚)가 중수했고, 1875년 보림(普琳)이 불상을 개금했다. 한때 폐사되었던 것을 1949년 비구니 대덕(大德)이 중창했으며, 1969년 비구니 법지(法知)가 중수했다. 현재는 신흥사의 염불당으로서의 역할을 하고 있다. 【참고문헌】 전통사찰총서 1-강원도 2(사찰문화연구원, 1992)

안일사(安逸寺)
【이명】 한때 안일암(安逸庵)이라고도 불렸다. 【위치】 대구광역시 남구 대명동 앞산 안지랭이골에 있다. 【소속】 대한불교조계종 제9교구 본사인 동화사의 말사이다. 【연혁】 927년(신라 경순왕 1) 영조(靈照)가 창건했다. 그 뒤 고려 태조 왕건(王建 ; 재위 918~943)이 이곳에서 편안하게 머물렀기 때문에 안일암이라고 했다. 지금도 절 위 500m 지점에 왕건이 머물렀던 굴이라는 왕굴이 있다. 그러나 근대에 이르기까지 자세한 연혁은 전하지 않는다. 다만 일제강점기인 1915년 1월 15일(음) 윤상태(尹相泰), 서상일(徐相日), 이시영(李始榮) 등 13명이 이곳에서 목숨

을 바쳐 국권회복운동을 할 것을 서약하고, 비밀결사인 조선국권회복단(朝鮮國權回復團) 중앙총부를 조직했으며, 그 뒤에도 이 절을 중심으로 활동했다. 1932년 경송(慶松)이 중창했고, 1970년대 후반에 주지 범웅 철인(梵雄 哲印)이 지금의 건물들을 건립했다. 【유적·유물】현존하는 건물로는 대웅전을 비롯하여 삼성각, 범종루, 해탈문, 요사채 등이 있다. 이 중 요사채는 100평에 이르며, 범종각에는 600관의 대종이 있고, 삼성각에는 산신과 용신, 독성이 봉안되어 있다. 이 밖에도 입구에는 범웅교(梵雄橋)가 있다. 【참고문헌】 문화유적총람(문화재관리국, 1977), 달성의 비슬산(달성군, 1983)

안일암(安逸庵)
안일사(安逸寺)를 보시오.

안적암(安寂庵)
【위치】 경상남도 양산군 웅상읍 주남리 천성산(千聖山)에 있다. 【소속】대한불교 조계종 제15교구 통도사의 말사인 내원사(內院寺)의 부속 암자이다. 【연혁】646년 (신라 선덕여왕 15) 원효(元曉)가 창건했다. 내원사 계곡에 있었다고 전하는 89암자 중의 하나이다. 한때 폐사되었다가 1646년(인조 24) 영훈(永薰)이 중창했다. 그 뒤의 자세한 연혁은 전하지 않는다. 【유적·유물】절은 경상남도 유형문화재 제119호로 지정되어 있다. 현존하는 건물로는 대웅전과 일주문 등이 있다. 1646년 중창 당시의 목조건물들이 비교적 변형 없이 잘 보존되어 불교건축사에 중요한 연구자료로 이용되고 있다. 대웅전은 1978년에 해체·단청하여 복원한 것이다. 【참고문헌】 문화유적총람(문화재관리국, 1977), 문화유적 조사보고서

안적암(安寂庵)
【위치】 경상북도 문경시 문경읍 상초리 주흘산(主屹山)에 있다. 【소속】대한불교 조계종 제8교구 직지사의 말사인 혜국사(惠國寺)의 산내 암자이다. 【연혁】1361년(고려 공민왕 10) 무렵 창건됐다. 1361년 공민왕이 홍건적(紅巾賊)의 난을 피해 이 산에 왔다가 이 절을 창건하게 했던 것이다. 1800년(조선 정조 24) 모은(慕恩)이 중건했고, 1881년(고종 18) 성허(惺虛)가 중수했다. 이어 1896년(건양 1) 응산(應山)이 중수했다. 【유적·유물】건물로는 법당 등이 있다. 【참고문헌】한국사찰전서(권상로, 동국대학교 출판부, 1979)

안정사(安靜寺)
【위치】 경상남도 통영시 광도면 안정리 벽발산(碧鉢山) 기슭에 있다. 【소속】대한불교법화종에 속한다. 【연혁】654년 (신라 무열왕 1) 원효(元曉)가 창건했다. 한때는 14방(坊)의 건물을 갖춘 전국 굴지의 절이었다. 1309년(고려 충선왕 1) 선사 회월(會月)이 중건한 뒤, 1626년(조선 인조 4)과 1733년(영조 9), 1841년(헌종 7), 1880년(고종 17)에도 중수와 중건이 있었다. 1950년대 송설호(宋雪虎)가 이곳에 와서 중건을 계속하여 법화종에서 가장 큰 절로 만들었다. 부속 암자로는 은봉암(隱鳳庵), 의상암(義湘庵), 가섭암(迦葉庵)이 있다. 이 밖에도 원효암, 천개암(天開庵), 장의암(藏義庵), 윤필암(潤筆庵), 만리암(萬里庵) 등 많은 암자가 산재해 있었으나, 지금은 터만 남아 있다. 【유적·유물】현존하는 건물로는 대웅전(경상남도 유형문화재 제80호)을 비롯하여 명부전, 나한전, 칠성각, 응향각(凝香閣), 만세루(경상남도 문화재자료 제145호), 탑

진당, 광화문, 범종루, 천왕문, 요사채 등
이 있다. 이 중 대웅전에는 1358년(공민
왕 7) 조성된 삼존불이 봉안되어 있다. 또
한 나한전은 1626년 중건된 건물로서 석
가모니불과 16나한상 등 23위의 불상이 봉
안되어 있다. 이 밖에도 '만력(萬曆) 8년
(1580)'의 명(銘)이 새겨진 아름다운 범
종(경상남도 유형문화재 제283호)과 1650
년(효종 1)에 만들어진 원경(圓鏡), 괘불
(경상남도 유형문화재 제282호), 그리고
《금강경》《삼돌경(三突經)》 등의 목판
31매 등이 있다. 또한 대궐에서 하사받은
가마와 인수, 궤 등의 유물들도 있다. 이
유물들에는 이 절의 송림을 둘러싸고 시
비가 일어나자 왕실에서 도벌자를 절에서
벌할 수 있도록 어패를 내린 경위가 전하
고 있다. 절 주변에는 은봉성석(隱鳳聖
石)을 비롯한 벽발산팔경(碧鉢山八景)이
있다. 【설화】 은봉암에 대한 설화가 있
다. 옛날 이곳에는 자연석 세 개가 서 있
었는데, 그중 한 개가 넘어진 뒤 해월(海
月) 선사라는 도인이 나타났고, 또 한 개
가 넘어진 뒤 종열(宗悅) 선사라는 도인
이 나타나 도를 통했다. 그 뒤 이 돌들을
성석이라고 불렀다. 그중 한 개는 지금까
지 남아 새로 나타날 도인을 기다리고 있
다고 한다. 【참고문헌】 문화유적총람(문
화재관리국, 1977), 한국사찰전서(권상로,
동국대학교 출판부 1979), 한국의 명산 대
찰(국제불교도협의회, 1982)

안정사(安定寺, 安靜寺)
청련사(靑蓮寺)를 보시오.

안행사(雁行寺)
정혜사(定慧寺)를 보시오.

안화사(安和寺)
【이명】 한때 안화선원(安和禪院)이라고

불렀다. 【위치】 경기도 개성시 송악산 자
하동(紫霞洞)에 있다. 【연혁】 930년(고
려 태조 13) 8월 태조 왕건(王建)이 창건
하여 안화선원이라고 했다. 고려 태조의
즉위 초에 고려는 강적인 후백제와 화친
을 맺었다. 이때 후백제의 견훤(甄萱)은
아들 진호(眞虎)를 고려로 보내고, 고려
에서는 태조의 아우 왕신(王信)을 후백제
로 보냈다. 그러나 6개월 뒤 진호가 병으
로 죽어 고려에서는 시신을 돌려보냈는
데, 후백제에서는 진호를 고의로 죽인 것
이라고 트집을 잡아 인질로 있던 왕신을
죽였고, 이 때문에 양국 사이에 대규모의
전투가 벌어졌다. 이 전투 후 태조는 억울
하게 죽은 왕신의 명복을 빌기 위해 그의
원당으로서 이 절을 창건했던 것이다. 그
뒤 1118년(예종 13)에 중수하여 국가적
인 큰 절로 면모를 갖추고, 이름을 안화사
로 바꿨다. 송나라의 휘종은 이때 사신을
파견하여 법전(法殿)에 쓸 재물과 화상
(畫像), 어필(御筆)로 쓴 '정국안화지사
(靖國安和之寺)'라는 편액을 보냈는데, 예
종은 채경(蔡京)에게 명하여 절 문에 걸
게 했다. 단청과 구조의 아름다움이 당시
제일이었다고 한다. 이 절은 예종 이후 많
은 왕가 종친들의 귀의를 받았는데, 특히
예종의 비이며 인종의 어머니인 순덕왕후
(順德王后)의 진당(眞堂)을 만든 뒤 왕가
의 행향(行香)이 더욱 성행했다고 한다.
예종이 중창했을 때 이곳의 주지는 원응
(圓應) 국사 학일(學一)이었으며, 즐겨
행향했던 왕은 예종, 인종, 의종, 명종, 고
종, 충렬왕, 공민왕 등이었다. 그러나 고려
의 멸망 후 동서 약 100칸, 남북 약 40칸
의 초석만을 남긴 채 폐사되었다. 1930년
옛터에 승려 김만영(金萬永)이 시주를 얻

어 다시 중창했다. 일제강점기의 31본산시대에는 전등사(傳燈寺)의 말사였다. 1950년 6·25전쟁 때 파괴되었으나, 1989년 복구하여 오늘에 이르고 있다. 【유적·유물】당시의 가람 배치는 고려시대의 절 구조를 연구하는 데 중요한 자료가 된다. 절 문을 들어서면 서편으로 냉천정(冷泉亭)이 있었고, 그 북쪽으로 자취문(紫翠門)과 신호문(神護門)이 있었다. 문루의 동쪽으로는 제석상(帝釋像)이, 그 서편으로는 향적당(香積堂)이 있었다. 본전은 무량수전(無量壽殿)이고, 본전의 동서로 양화각(陽和閣)과 중화각(重華閣)이 있었다. 그 뒤로 다시 3문이 있었는데, 동문인 신한문(神翰門) 안에 능인전(能仁殿)이, 중문인 선법문(善法門) 안에는 선법당(善法堂)이, 서문인 효은원(孝恩院) 안에는 미륵전이 있었다. 이 당전(堂殿) 사이에 관음상과 약사상을 모신 전당이 있었고, 동쪽으로는 역대 조사들의 화상을, 서쪽으로는 지장탱화를 모셨다. 그러나 송나라의 휘종이 보내 왔다는 16나한은 어디에 봉안되었는지 확실하지 않다. 이 밖에도 승려들의 객실을 비롯하여 왕이 머무르는 재궁(齋宮)이 있었는데, 재궁은 심방문(尋芳門)을 지나 응상문(凝祥門)과 향복문(嚮福門) 사이에 있었다고 한다. 재궁 뒤로는 재운각(齋雲閣)이 있어 항상 맑은 샘물이 솟아나고, 그 뒤에 안화정(安和亭)이라는 정자가 있었다. 화초와 대나무숲, 괴석에 둘러싸인 이 절의 경관은 병풍 속의 절 같은 착각을 들게 할 만큼 화려와 조화의 극을 이루었다고 한다. 【참고문헌】고려사, 동국여지승람, 파한집, 역옹패설, 전등사본말사지, 송도의 고적(고유섭, 열화당, 1977), 한국사찰전서(권

상로, 동국대학교 출판부, 1979), 북한사찰연구(한국불교종단협의회, 1993)

안화선원(安和禪院)
안화사(安和寺)를 보시오.

안흥사(安興寺)
【위치】경상북도 경주시에 있었다. 【연혁】신라 때 창건됐다. 진평왕 때(579～632) 비구니 지혜(智惠)가 이 절에 머물면서 불전(佛殿)을 수리했다. 본래 지혜는 불전을 혼자서 수리하려 했지만 힘이 모자랐다. 그러던 어느 날 꿈을 꾸었는데, 한 선녀가 나타나 '나는 선도산(仙桃山)의 신모(神母)이다. 네가 불전을 수리하는 것이 기뻐 금 10근을 주겠다. 내가 있는 자리 밑에서 금을 꺼내 주존(主尊) 3상(像)을 장식하고, 벽 위에는 53불(佛)과 육류성중(六類聖衆), 모든 천신과 오악(五岳)의 신군(神君)을 그리고, 해마다 봄 가을의 10일에 신도들을 모아 점찰법회(占察法會)를 베푸는 것을 일정한 규정으로 삼도록 하라.'고 말했다. 이에 지혜가 놀라 깨어나 신사(神祠) 자리 밑을 파보니 황금 160냥이 있었다. 이것으로 불전을 수리하는 일을 완성했다고 한다. 연혁은 전하지 않는다. 【참고문헌】삼국유사

안흥사(安興寺)
기기암(奇奇庵)을 보시오.

안흥사(安興寺)
염불암(念佛庵)을 보시오.

암천사(巖川寺)
엄천사(嚴川寺)를 보시오.

압곡사(鴨谷寺)
【이명】한때 압곡암(鴨谷庵)이라고 불렸다. 【위치】경상북도 군위군 고로면 낙전리 선암산(船巖山) 중턱에 있다. 【소속】대한불교조계종 제10교구 본사인 은해사

의 말사이다. 【연혁】676년(신라 문무왕 16) 의상(義湘)이 창건했다고 한다고 한다. 의상이 인각사(麟角寺)를 창건한 뒤 부속 암자를 짓기 위해 자리를 물색했으나 적당한 곳이 없어서 고심하던 중, 나무 오리를 만들어서 하늘을 향해 던졌더니 오리가 날아가서 현재의 터에 내려앉았다고 한다. 의상은 그 자리에 암자를 짓고 오리가 앉은 자리라고 하여 압곡암이라고 이름을 지었다고 한다. 그러나 인각사는 원효(元曉)가 창건한 것으로 알려져 있어 의상의 압곡사 창건설은 신빙성이 없다. 연혁은 전하지 않는다. 【유적·유물】현존하는 건물로는 인법당(因法堂)과 누각이 있다. 인법당 안에는 300년 이상 된 탱화가 봉안되어 있는데, 솜씨가 뛰어난 문화재이다. 또한 법당 안에는 큰스님들의 영정들이 있다. 이 절의 골짜기에는 원래 물이 없었는데, 나무오리가 앉은 뒤부터 맑고 깨끗한 물이 흘러내렸다고 하며, 물맛이 좋기로도 이름이 나 있다. 【참고문헌】범우고

압곡암(鴨谷庵)
압곡사(鴨谷寺)를 보시오.

압정사(壓鄭寺)
등운암(騰雲庵)을 보시오.

애공사(哀公寺)
【위치】경상북도 경주시 효현동 망성산(望星山) 기슭에 있었다. 【연혁】540년(신라 진흥왕 1) 창건됐다. 당시 법흥왕을 이 절의 북쪽에서 장사지냈다는 기록이 전하는 것으로 보아 법흥왕의 명복을 빌기 위해 세운 것으로 추정된다. 또한 이 절의 동쪽에서는 무열왕과 진덕여왕을 장사지냈다는 기록이 있다. 그러나 창건 이후의 연혁은 전하지 않는다. 【유적·유

물】삼층석탑이 현재의 유일한 유물이다. 이 탑은 법흥왕과 진흥왕 때의 양식을 띠고 있는데, 삼국통일 후의 탑보다 훨씬 소박한 모습을 하고 있다. 【참고문헌】삼국유사, 한국의 사찰 3-신라의 폐사 I(한국불교연구원, 일지사, 1974)

애련사(愛蓮寺)
【이명】한때 예련사(刈蓮寺)라고 했다. 【위치】경상북도 안동시 서후면 자품리 학가산(鶴駕山)에 있다. 【연혁】언제 누가 창건했는지 알 수 없다. 1799년(조선 정조 23)에 편찬된 《범우고(梵宇攷)》에는 예련사라고 나와 있으며, 원래는 자품리에 있는 광흥사(廣興寺)의 말사였으나, 지금은 아니다. 연혁은 전하지 않는다. 【유적·유물】건물로는 법당 등이 있다. 【참고문헌】한국사찰전서(권상로, 동국대학교 출판부, 1979)

야중사(野中寺)
【이명】청룡산(青龍山) 덕련원(德蓮院)이라고도 불린다. 【위치】일본 오사카부(大阪府) 하비키노시(羽曳野市) 노노우에(野野上)에 있다. 【소속】고야산(高野山)의 진언종(眞言宗)에 속한다. 【연혁】나라(奈良)시대 초기에 백제 계통의 이주민인 후나(船) 씨족이 세운 일종의 씨족 절이라고 한다. 후나 씨족은 백제 진사왕(辰斯王 ; 재위 385~392)의 아들인 진손(辰孫)의 후손으로 일컬어지고 있다. 본존불은 약사여래불이다. 799년 3월 스가노(菅野眞道)가 이 절의 남쪽 산을 후지이(葛井), 후나(船), 쓰(律)라는 세 씨족의 묘지로 사용할 수 있도록 조정에 요청했다. 이 세 씨족은 모두 공통의 시조를 가지고 있는 백제 계통의 이주민들이다. 그리고 822년경 성립된 《일본영이기(日本靈異記)》에는

단지히(丹治比)라는 경사(經師)가 이 절에서 《법화경》을 서사(書寫)하고 있던 중, 비를 피하여 들어온 여자와 간음하다 불교 수호신의 벌을 받아 두 사람 모두 죽음을 당했다는 설화가 수록되어 있다. 같은 내용의 설화가 11세기 초의 불교설화집인 《금석물어집(今昔物語集)》에도 실려 있다. 그 뒤 1337년 3월 2일부터 10일까지 이 절 부근에서 전쟁이 일어났으며, 이때 건물들이 모두 소실하였다. 1600여년 무렵 정현(政賢)이 서대사(西大寺)의 승려인 자인(慈忍)을 초빙하여 계율도량으로 다시 재건했다. 이때 이 절의 이름을 권학원(勸學院)이라고 했으며, 주로 율종(律宗)을 고취하는 데 주력했다. 특히 이 지역의 유력자인 다카키(高木), 호조(北條), 야나기자와(柳澤)라는 세 집안을 이 절의 신자로 귀의시킴으로써 경제적인 안정을 이루게 되었다. 문화재로 지정되어 있는 경내의 방장(方丈)과 객전(客殿)은 야나기자와 씨족으로부터 기증받은 것이다. 그리고 1746년 에도막부(江戶幕府)의 허가를 받아 여법율종윤번소(如法律宗輪番所)가 되었으며, 이로 말미암아 율종을 공부하는 비구료(比丘寮), 고리(庫裏), 승방, 종루, 방장 등이 있다. 이들 대부분의 건물은 1720년대 전후에 세워진 것이다. 【유적·유물】문화재로는 금동미륵보살반가상과 지장보살입상이 국가 중요문화재로 지정되어 있으며, 승방과 객전, 식당은 오사카부 문화재로 지정되어 있다. 또한 경내에 서 있는 산다화(山茶花)는 오사카부 천연기념물로 지정되어 있다. 한편 옛터에는 남대문(南大門), 중문(中門), 금당의 유적지와 삼층탑의 초석이 지금까지 남아 있으며, 국가 사적지로 보존되고 있다. 【참고문헌】日本後紀, 日本靈異記, 今昔物語集, 歸化人(今井啓一, 綜藝舍, 1974), 日本古代史と朝鮮文化(金達壽, 筑摩書房, 1974), 日本に殘る古代朝鮮(段熙麟, 創元社, 1978), 朝鮮と古代日本文化(司馬遼太郎, 上田正昭, 金達壽 編, 中央公論社, 1982), 日本の中の朝鮮文化(金達壽, 講談社, 1983), 日本史に生きた渡來人たち(段熙麟, 松籍社, 1986)

약사(藥寺)
단호사(丹湖寺)를 보시오.

약사사(藥師寺)
【이명】한때 개화사(開花寺)라고 불렀다. 【위치】서울특별시 강서구 개화동 개화산(開花山)에 있다. 【소속】대한불교조계종 직할교구 본사인 조계사의 말사이다. 【연혁】삼한시대에 창건됐다고 하나 이때는 우리 나라에 불교가 전래되기 이전이므로 신빙성이 없다. 1481년(조선 성종 12)에 편찬된 《동국여지승람》에 이 절이 존재한다고 나와 있다. 1737년(영조 13) 송인명(宋寅明)이 크게 중수했다. 그는 이 절의 도움을 받아 공부하던 중 과거에 급제하여 좌의정까지 올랐는데 그 보답으로 이 절을 중수했던 것이다. 이어 1799년(정조 23)에는 송(宋)씨 가문의 시주로 다시 중수했다. 1827년(순조 27) 거사 창선(昌善)이 한 여신도의 시주를 받아 옛터에서 조금 떨어진 곳에 약사여래를 모시고 약사사라고 이름을 고쳤다. 1928년에는 주지 박원표(朴元杓)가 약사전을 중수했다. 1930년에는 박원표가 큰방을 신축했으며, 1931년에도 박원표가 미륵전을 중수했다. 【유적·유물】건물로는 대웅전과 요사채, 종각이 있다. 대웅전 안에는 삼천불이 모셔져 있다. 문화재로는 석조

약사여래불(서울특별시 유형문화재 제40
호)과 13세기에 조성된 것으로 보이는 삼
층석탑(서울특별시 유형문화재 제39호)이
있다. 【참고문헌】 서울-전통사찰총서
4(사찰문화연구원, 1994), 봉은본말지

약사사(藥師寺)
【위치】 경상북도 구미시 남통동 금오산
(金烏山)에 있다. 【소속】 대한불교조계종
제8교구 본사인 직지사의 말사이다. 【연
혁】 신라 눌지왕 때(417~457) 아도(阿
道)가 창건했다고 한다. 그 뒤 조선 중기
에 사명 유정(泗溟 惟政, 1544~1610)이
금오산성을 축성하면서 중창했다. 최근에
는 법당 좌측에 요사채를 지었으며, 앞 봉
우리에 조교를 가설하여 종각을 세웠다.
이 절은 옛날부터 참선도량으로 유명하
다. 【유적·유물】 건물로는 법당과 종각,
요사채가 있다. 요사채 좌측 300m 지점
의 바위에는 보살입상(보물 제490호)이
선각되어 있다. 법당 안에 봉안된 약사여
래상은 수도산 수도암(修道庵), 황악산
삼성암(三聖庵)의 약사불과 함께 3형제
불상이라고 불리며 세 불상이 함께 방광
(放光)을 했다고 한다. 또한 이 절의 동쪽
암벽에는 약수가 용출하고 있는데, 옛날
에는 이 구멍에서 쌀알이 하나씩 떨어졌
다는 전설이 전한다. 【참고문헌】 한국사
찰전서(권상로, 동국대학교 출판부, 1979)

약사사(藥師寺)
【위치】 경기도 평택시 청북면 용성리 비
파산(琵琶山)에 있다. 【소속】 대한불교조
계종 제2교구 본사인 용주사의 말사이다.
【연혁】 842년(신라 문성왕 4) 염거(廉居)
가 창건했다. 이어 927년(고려 태조 10)
해일(海日)이 중건했으며, 조선시대 중기
에도 크게 중건했다. 그러나 1950년 6·25

전쟁 때 불에 타 없어졌다. 1971년 비구니
태영(泰英)이 대웅전을 신축했고, 1973년
선실과 요사채를 건립했으며, 1980년 청동
삼존불을 봉안했다. 이어 1987년에는 비
구니 혜덕(慧德)이 석조미륵보살상을 조
성하여 오늘에 이르고 있다. 【유적·유
물】 건물로는 대웅전과 선실, 요사채 1동
이 있다. 대웅전 안에는 약사여래상, 관세
음보살상, 대세지보살상이 봉안되어 있는
데, 대웅전이라는 편액이 봉안된 불상과
맞지 않다. 유물로는 부도 2기가 있다. 1
기는 1981년에 조성된 태영의 것이며, 1
기는 석종형(石鐘型)으로서 이름을 알 수
없는 신라 승려의 것이라고 전하나 조선
후기의 양식을 띠고 있다. 【참고문헌】 용
주사본말사지(본말사주지회, 1984), 기내
사원지(경기도, 1988)

약사사(藥師寺)
【이명】 한때 남악사(南岳寺), 남학사(南
鶴寺), 이인사(里人寺), 대우사(大又寺)
라고 불렸다. 【위치】 전라남도 무안군 무
안읍 성동리에 있다. 【소속】 대한불교조
계종 제22교구 본사인 대흥사의 말사이
다. 【연혁】 918년(고려 태조 1) 창건됐
다. 당시에는 남악사(또는 남학사)라고
했다. 이인사는 남악사와 서로 인접한 별
도의 절인데, 뒤에 이인사를 중창하면서
이름을 대우사라 했다고 한다. 두 절 모두
자세한 연혁이 전하지 않고 폐사된 채 있
다가 1972년 10월 여신도 오욱이(吳旭伊)
가 삯바느질로 마련한 가옥을 시주하고,
신도 박성준(朴成俊) 등이 사재를 내어
두 절의 맥을 이어 인접한 두 절터 위에
중창했다. 【유적·유물】 건물로는 법당과
요사채 등이 있다. 유물로는 석조약사여래
입상(전라남도 문화재자료 제83호)과 광배

석십삼대장상(光背石十三大將像)이 있다. 1971년 중창 때에 이인사 터에서 20여 점의 불상 조각과 청자 조각이 출토되었는데, 불상 조각은 작은 나한상으로 추정된다. 【참고문헌】무안군사(무안군, 1994)

약사사(藥師寺)
【이명】한때 주안사(朱鴈寺), 주병사(朱塀寺)라고 불렸다. 【위치】인천광역시 동남구 간석동 만월산(滿月山)에 있다. 【소속】대한불교화엄종의 본산이다. 【연혁】언제 누가 창건했는지 알 수 없다. 1481년(조선 성종 12)에 편찬된 《동국여지승람》에는 존재한다고 나와 있으나, 1799년(정조 23)에 편찬된 《범우고(梵宇攷)》에는 이미 폐사된 것으로 나와 있다. 원래 주안사라고 불렸으며 한때 주병사라고도 불렸다. 1932년 한준하(韓浚河)가 옛터에 중창하여 약사사라고 했다. 1966년 한준하가 이 절을 본산으로 삼아 화엄종을 창종하고 자신이 종정에 취임했다. 【유적·유물】건물로는 대웅전과 미륵전, 칠성각, 산신각, 범종각, 독성각, 염불당, 용궁각이 있다. 특별한 문화재는 없다. 【참고문헌】한국사찰전서(권상로, 동국대학교 출판부, 1979), 속 명산 고찰 따라(이고운·박설산, 운주사, 1994)

약사사(藥師寺)
봉국사(奉國寺)를 보시오.

약사암(藥師庵)
【이명】한때 인왕사(仁王寺)라고 불렸다. 【위치】광주광역시 동구 운림동 무등산(無等山)에 있다. 【소속】대한불교조계종 제21교구 송광사의 말사인 증심사(證心寺)의 부속 암자이다. 【연혁】철감 도윤(澈鑑 道允)이 847년(신라 문성왕 9) 당나라에서 귀국한 뒤 창건하여 인왕사라고

했다. 고려 예종 때(1105~1122) 국사 혜조(慧照)가 중창한 뒤 약사암으로 이름을 바꿨다. 조선 철종 때(1849~1863)에는 성암(性庵)이 관찰사 주석면(朱錫勉)의 도움을 얻어서 중창했으며, 1970년대부터 주지 석담(石潭)이 법당과 요사채 등을 중건·중수하여 오늘에 이르고 있다. 【유적·유물】절 일원이 광주광역시 문화재자료 제2호로 지정되어 있다. 현존하는 건물로는 대웅전을 중심으로 운림당(雲林堂), 선원, 큰방, 요사채 등이 있다. 문화재로는 석조여래좌상(보물 제600호)과 석탑이 있다. 석탑은 파손된 상태로 대웅전 앞에 세워져 있다. 【참고문헌】문화유적총람(문화재관리국, 1977), 명산 고찰 따라(이고운·박설산, 신문출판사, 1987)

약사암(藥師庵)
칠보사(七寶寺)를 보시오.

약수사(藥水寺)
【이명】약수암(藥水庵)이라고도 불린다. 【위치】서울특별시 관악구 신림동 관악산(冠岳山)에 있다. 【소속】대한불교조계종 직할교구 본사인 조계사의 말사이다. 【연혁】조선시대 후기에 김(金)처사라는 사람이 모옥(茅屋)을 지어 창건했다. 김처사는 이곳에서 수도를 계속했으며, 1880년(고종 17)에는 명성황후(明成皇后)가 법당을 건립했다. 1923년 무렵 화재가 발생하여 모옥이 완전히 타고 법당이 반쯤 남게 되자 주지 최영원(崔永源)이 중건했고, 1934년 칠성각을 중건했다. 이어 1970년대 초 주지로 부임한 묘희(妙喜)가 대웅전을 중수했다. 【유적·유물】건물로는 대웅전과 응향각, 요사채가 있다. 특별한 문화재는 없다. 【참고문헌】봉은본말지

약수암(藥水庵)

【위치】 전라북도 남원시 산내면 입석리 지리산(智異山)에 있다. 【소속】 대한불교 조계종 제17교구 금산사의 말사인 실상사(實相寺)의 부속 암자이다. 【연혁】 828년(신라 흥덕왕 3) 증각 홍척(證覺 洪陟)이 실상사를 창건하면서 부속 암자로서 함께 창건했다. 그 뒤 1679년(조선 숙종 5) 소실한 것을 1901년 재건하여 오늘에 이르고 있다. 【유적·유물】 건물로는 보광전과 요사가 있다. 문화재로는 목조탱화(보물 제421호)가 있는데, 이 탱화는 한 장의 목판에 주존불을 중심으로 여덟 보살과 두 존자를 아래 두단으로 튀어 나오게 양각한 보기 드문 것이다. 1782년(정조 6)에 제작된 것으로 문경 대승사(大乘寺), 상주 남장사(南長寺), 서울 경국사(慶國寺)에 있는 목각 탱화와 형태가 같다. 보광전 안에 있다. 【참고문헌】 전북불교총람(전북불교총연합회, 1993), 사찰지(전라북도, 1990)

약수암(藥水庵)

【위치】 경상남도 합천군 가야면 치인리 가야산에 있다. 【소속】 대한불교조계종 제12교구 본사인 해인사의 산내 암자이다. 【연혁】 1904년 성주(性主)가 창건했다. 1927년 도삼(道三)이 중건하여 오늘에 이르고 있다. 비구니들의 수도처이다. 【유적·유물】 건물로는 법당 등이 있다. 유물로는 해봉(海峯)과 도삼의 부도가 있다. 【참고문헌】 한국의 사찰 7-해인사(한국불교연구원, 일지사, 1975)

약수암(藥水庵)

독정사(獨亭寺)를 보시오.

약수암(藥水庵)

무량사(無量寺)를 보시오.

약수암(藥水庵)

승암사(僧巖寺)를 보시오.

약수암(藥水庵)

약수사(藥水寺)를 보시오.

양사(陽寺)

【위치】 충청북도 청원군 남이면 상발리 양사동에 있었다. 【연혁】 유물로 미루어 보아 고려시대에 창건된 것으로 추정된다. 조선 중기에는 의병장 조강(趙綱)의 아버지가 이 절에서 공부했으며, 조강은 1596년(선조 29) 이 절을 증축하여 집안의 묘소를 관리하는 재실로 삼았다. 그 뒤 1686년(숙종 12)에 중수했으며, 중수 당시의 편수승(邊首僧)이 인수(印洙)라는 기록이 있는 망와(望瓦)가 전하고 있다. 【유적·유물】 현재 이 절터에는 조선시대에 지은 재실이 있으며, 절터 주위에는 고려·조선시대의 기와 조각들이 산재해 있다. 유물로는 머리가 없는 고려시대의 불상 5위를 비롯하여 조선시대의 연화문 와당, 망와, 초석 등이 남아 있다. 【설화】 불상 5위 중 파불 1위에는 임진왜란에 얽힌 전설이 전한다. 절터 주위에 있는 솔고개를 왜병들이 지나가게 되었는데, 갑자기 말이 움직이지 않았다. 이상히 여긴 왜장이 말의 목을 칼로 치자 이 절의 석불상에서 시뻘건 피가 나왔다고 한다. 현재 이 불상에 있는 굵고 깊은 의문(衣紋)은 당시 왜장의 칼자국이라고 전한다. 【참고문헌】 사지(충청북도, 1982)

양존사(兩尊寺)

【위치】 경상북도 경주시 구황동 분황사(芬皇寺) 동쪽에 있었다. 【연혁】 신라 때 한 여인이 자신의 집을 희사해서 절로 삼았다고 한다. 진성여왕 때(887~897) 효종랑(孝宗郎)이 남산의 포석정(鮑石亭)에서 놀고자 할 때 늦게 온 두 사람이 있었다.

이 사람들은 포석정에 오던 중 분황사 동쪽 마을에서 20세 안팎의 한 여인이 눈먼 어머니를 껴안고 서로 통곡하는 광경을 지켜 보느라고 늦은 것이었다. 그들은 이 여인의 사연을 효종랑에게 전했다. 이 여인은 가난해서 여러 해 동안 걸식으로 어머니를 봉양했는데, 이 해는 흉년으로 걸식도 어렵게 되어 남의 집 품을 팔아 곡식 30석을 벌어서 주인 집에 맡겨 두었다. 여인은 날이 저물면 쌀을 싸가지고 와서 어머니를 봉양했다. 이렇게 며칠이 지나자 어머니가 '전일에 거친 음식을 먹을 때는 마음이 편하더니 지금은 맛있는 음식을 먹어도 창자를 찌르는 것 같아 마음이 편치 못하다.'고 말했다. 여인이 남의 집 품을 파는 일을 어머니께 아뢰자 어머니는 통곡했다. 이에 여인도 자신이 어머니께 오직 음식 공양만 하고 어머니의 마음을 편안케 해주는 공양은 하지 못함을 탄식하여 서로 껴안고 울고 있었던 것이다. 효종랑은 이 이야기를 듣고 측은해서 곡식 백 곡(斛)을 여인에게 보냈다. 효종랑의 부모도 옷 한 벌을 보냈으며, 효종랑의 친구들도 조(租) 천 석을 거두어 보냈다. 이 일이 알려지자, 진성여왕은 곡식 5백 석과 집 한 채를 내려주고, 군사를 보내 그 집에 도둑이 들지 못하도록 지키게 했다. 또한 그 마을도 효양리(孝養里)라고 이름했다. 뒤에 여인은 이 집을 희사해서 절로 삼고 양존사라고 했다. 연혁은 전하지 않는다. 【참고문헌】 삼국유사

양진암(養眞庵)
【위치】 경상북도 문경시 산북면 김룡리 운달산에 있다. 【소속】 대한불교조계종 제8교구 직지사의 말사인 김룡사(金龍寺)의 산내 암자이다. 【연혁】 1658년(조선

효종 9) 설잠(雪岑)이 창건했다. 1664년(현종 5) 불에 탄 뒤 1749년(영조 25) 환월(喚月)이 중건했다. 그 뒤 1769년(영조 45) 무영(無影)이, 1825년(순조 25) 해운(海雲)과 경봉(瓊峰)이, 1840년(헌종 6) 정봉(靜峰)이, 1928년 주지 최인택(崔仁澤)이 각각 중수하여 오늘에 이르고 있다. 【유적·유물】 건물로는 법당 등이 있다. 【참고문헌】 조선불교통사(이능화, 신문관, 1918), 한국사찰전서(권상로, 동국대학교 출판부, 1979), 문화유적총람(문화재관리국, 1977)

양진암(養眞庵)
【위치】 대구광역시 동구 도학동 팔공산(八公山) 남쪽 기슭에 있다. 【소속】 대한불교조계종 제9교구 본사인 동화사의 부속 암자이다. 【연혁】 1743년(조선 영조 19) 무주(無住)가 창건했다. 1898년(광무 2) 운파(雲坡)가 중수하였으며, 1950년 초 속리산 수정암(水晶庵)의 비구니 성련(性蓮)이 이곳에 와서 선원을 열었다. 1980년 8월 퇴락한 건물들을 중건하였다. 현재는 비구니들의 참선도량이다. 【유적·유물】 현존하는 건물은 인법당(因法堂)을 중심으로 정묵당(靜默堂), 미소실(微笑室)이 있다. 미소실은 요사로 사용하고 있다. 【참고문헌】 대구의 향기(대구직할시, 1982)

양천사(梁泉寺)
【위치】 함경남도 고원군 영천리 반룡산(盤龍山)에 있다. 【연혁】 753년(신라 경덕왕 12) 창건됐다. 당시에는 원통전 안에 소불상(塑佛像)이 있었고, 그 앞에 만세루, 서쪽에 극락전이 있었다. 그 뒤의 자세한 연혁은 전하지 않는다. 1677년(조선 숙종 3) 중창했다. 일제강점기의 31본산

시대에는 석왕사(釋王寺)의 말사였다. 1950
년 6·25전쟁 때 파괴되었으나, 전쟁 뒤에 복
구했다. 【유적·유물】현존하는 건물로는 대
웅전과 만세루 등이 있다. 대웅전과 만세루는
1677년에 중창된 것이다. 특히 만세루는 현재
북한에 남아 있는 다락집 형태의 건물 중에서
가장 큰 것이며, 목조 조각과 단청이 뛰어나
다. 【참고문헌】북한사찰연구(한국불교종단
협의회, 1993)

양화사(陽和寺)
【위치】평안북도 태천군 상단리 양화산(陽和
山)에 있다. 【연혁】872년(신라 경문왕
12) 창건됐다. 1247년(고려 고종 34) 명부
전을 건립했으며, 1547년(조선 명종 2) 천
왕문과 해탈문을 건립했다. 1656년(효종
7) 명부전을 중수했다고 하며, 1879년(고
종 16) 대웅전을 중수하여 오늘에 이른다.
일제강점기의 31본산시대에는 보현사(普
賢寺)의 말사였다. 【유적·유물】현존하
는 건물로는 대웅전을 비롯하여 명부전,
해탈문, 심검당, 봉향각, 천왕문 등 14동
이 있다. 북한 지역에서 가장 많은 부속
건물을 가지고 있는 절이다. 대웅전은
1879년 중수한 건물로 화려한 금단청을
입혔다. 【참고문헌】북한의 절과 불교(정
태혁·신법타, 민족사, 1990), 북한사찰연
구(한국불교종단협의회, 1993), 한국사찰
전서(권상로, 동국대학교 출판부, 1979)

억정사(億政寺)
【위치】충청북도 충주시 엄정면 괴동리에
있었다. 【연혁】고려시대 초기에 창건된
것으로 추정된다. 1341년(충혜왕 복위 2)
대지(大智) 국사 목암 찬영(木庵 粲英)이
이 절을 유람하던 중 출가를 결심하고 서
울 삼각산의 중흥사(重興寺)로 가서 출가
했다. 찬영은 또 1389년(공양왕 1) 이 절

에 머물렀는데, 1390년 공양왕이 불러도
나가지 않아 이단자로 처벌해야 한다는
주장이 있었으나, 공양왕이 처벌을 허락
하지 않았다. 찬영은 이 해 6월 이 절에서
입적했다. 언제 폐사되었는지도 전하지
않는다. 【유적·유물】절터에는 1393년
(조선 태조 2)에 세운 대지국사비(보물 제
16호)가 남아 있다. 【참고문헌】조선금석
총람(조선총독부, 1919), 사지(충청북도,
1982)

엄천사(嚴川寺)
【이명】암천사(巖川寺)라고도 불렸다.
【위치】경상남도 함양군 당북산(堂北山)
에 있었다. 【연혁】883년(신라 헌강왕 9)
헌강왕이 결언(決言)을 시켜 함양 법화사
(法華寺)와 함께 창건했다. 1469년(조선
예종 1)에 편찬된 《경상도속찬지리지(慶
尙道續撰地理誌)》에는 이름은 암천사이며
교종(敎宗)에 속한다고 나와 있다. 1799
년(정조 23)에 편찬된 《범우고(梵宇攷)》
에도 존재한다고 나와 있으나, 언제 폐사
되었는지는 알 수 없다. 【유적·유물】유
물로는 탑인(塔印)과 《엄천사기》가 법화
사에 보관되어 있다. 탑인은 탑을 조각한
것으로 삼각탑인이라고도 하는데, 세로
34.5cm, 가로 10cm의 삼각형 동판에 13
층석탑을 조각하고 그 뒷면에 명(銘)을
음각했다. 이 탑인의 유래에는 두 가지 설
이 있다. 즉 지리산 마적사(馬迹寺)의 큰
스님 마적이 신도들 사이에 어음으로 사
용하게 했다는 설과 이 절의 계단(戒壇)
에서 비구계를 설하고 계첩(戒牒)에 이를
날인하여 수계의 증명으로 사용한 신라
때의 유물이라는 설이 있다. 그러나 탑의
양식이나 명문으로 보아 13세기 무렵의
유물로 추정된다. 【참고문헌】한국사찰전

서(권상로, 동국대학교 출판부, 1979), 천령의 맥(함양군, 1983)

여적암(汝寂庵)

【위치】 충청북도 보은군 내속리면 사내리 속리산에 있다. 【소속】 대한불교조계종 제5교구 본사인 법주사의 산내 암자이다. 【연혁】 1694년(조선 숙종 20) 여적 경수(汝寂 慶秀)가 창건했다. 그러나 이 절은 이전부터 존재해 있었는데, 여적이 여기에 온 뒤부터 여적암이라고 불렀다는 설도 있다. 그 뒤의 자세한 연혁은 전하지 않는다. 주지 응익(應翊)이 1901년과 1907년 각각 중건했고, 1950년 6·25전쟁 때 소실했다. 1958년 한 수도승이 폐허에 초암을 짓고 살던 것을 1964년 화주 행담(行潭)이 중창했다. 【유적·유물】 현존하는 건물로는 인법당(因法堂)과 삼성각, 요사채 등이 있다. 인법당에는 아미타불과 후불탱화가 봉안되어 있다. 그 밖에도 정교하게 다듬어진 청석(靑石)의 소형탑 1기가 있는데, 중앙에는 찰주(刹柱)를 끼웠던 구멍이 있으며, 기단과 상륜부가 없는 다층 소탑이다. 【설화】 여적이 이 절에 들어와 산 이후 절 이름이 바뀐 것과 관련된 설화가 전한다. 이 절은 산중에서 가장 부유한 암자였으나 역대 주지들이 물욕에 집착하여 남에게 베풀 줄을 몰랐다. 어느 때 주지의 제자 여적은 스승의 탐욕을 깨우치기 위해 주먹밥 아홉 개를 만들어서 스승과 함께 수정봉으로 갔다. 그곳에서 여적은 구멍 뚫린 바위 앞에 앉아 이 절의 역대 주지의 이름을 차례대로 부르며 주먹밥을 한 개씩 던지자 큰 뱀들이 차례대로 나와서 받아 먹고 다시 구멍으로 들어갔다. 여덟번째 부른 이름은 주지의 은사였으며, 주지는 뱀으로 태어난 스승을 보고 놀라 여적에게 그 까닭을 물었다. 여적은 '역대 주지들이 욕심이 많아 죽어서 뱀이 되었는데도 이 절의 재물을 잊지 못해 이 절이 잘 보이는 수정봉에 산다.'고 말하고, '남아 있는 한 구멍이 지금의 주지가 죽어서 살 곳'이라고 덧붙였다. 그 뒤 주지는 대법회를 열어 재산을 모두 나누어 주고 수행에 열중했는데, 그때부터 이 절을 여적암이라고 불렀다고 한다. 【참고문헌】 한국의 사찰 5 - 법주사(한국불교연구원, 일지사, 1975), 사지(충청북도, 1982)

연경사(衍慶寺)

【위치】 경기도 개풍군 부소산(扶蘇山)에 있었다. 【연혁】 624년(고구려 영류왕 7) 혜량(惠亮)이 창건했다. 1349년(고려 충정왕 1) 신욱(信旭)이 중창했고, 1392년(조선 태조 1) 각해(覺海)가 삼창했다. 1702년(숙종 28) 추계(秋溪)가 중수했으며, 1789년(정조 13) 상희(常曦)가 중건했다. 1864년(고종 1)에는 연허(蓮虛)가 중수했고, 1926년에는 영운(映雲)을 화주로 법당을 중건했다. 일제강점기의 31본산시대에는 전등사(傳燈寺)의 말사였다. 현재의 상황은 알 수 없으나, 북한측 자료에 의하면 현존하지 않는다. 【참고문헌】 전등본말사지, 북한사찰연구(한국불교종단협의회, 1993)

연곡사(䔍谷寺)

【위치】 전라남도 구례군 토지면 내동리 지리산 피아골 입구에 있다. 【소속】 대한불교조계종 제19교구 본사인 화엄사의 말사이다. 【연혁】 신라 경덕왕 때(742~765) 활동하던 조사 연기(緣起)가 창건했다. 신라 말부터 고려 초까지 수선도량(修禪道場)으로 이름이 높았다. 그 뒤 1592년(조선 선조 25) 임진왜란 때 왜병에 의해

전소한 뒤, 소요 태능(逍遙 太能, 1562～1649)이 여기에 머물며 중건했다. 1907년 의병장 고광순(高光洵)이 당시 광양만에 주둔하고 있던 일본 정규군을 격퇴하기 위해 의병을 일으켜 이 절로 집결시켰다. 그러나 그 정보를 입수한 일본군에 의해 고광순과 의병들이 모두 순국했고, 절은 왜병들에 의해 불에 탔다. 그 뒤 다시 중건을 했으나, 1950년 6·25전쟁 때 피아골 전투로 다시 폐사되었다. 이어 사찰 분규와 교통 사정으로 재흥을 보지 못하다가 1965년 소규모의 대웅전을 요사채를 겸해 세웠고, 1981년 새 대웅전을 준공했다. 【유적·유물】건물로는 대웅전과 요사채가 있다. 문화재로는 동부도(東浮屠 ; 국보 제53호)와 서부도(보물 제154호), 북부도(국보 제54호), 삼층석탑(보물 제151호), 현각선사탑비(玄覺禪師塔碑 ; 보물 제152호), 동부도비(東浮屠碑 ; 보물 제153호) 등이 있다. 고려 초기에 만든 연기 도선(烟起 道詵)의 부도로 추정되는 동부도는 일제강점기 때 일본 도쿄(東京)제국대학으로 옮겨 가기 위해 수개월 동안 연구했지만, 산길로는 운반이 불가능했으므로 뜻을 이루지 못했다. 또 통일신라 말에 세워진 것으로 추정되는 삼층석탑은 현재 대웅전 남쪽의 길옆에 있는데, 이 탑이 위치한 곳까지 옛 건물들이 있었다고 가정한다면, 그때의 절 규모가 매우 컸음을 짐작할 수 있다. 1967년 이 탑을 해체·보수할 때 하층기단부에서 동조여래입상(銅造如來立像) 1위가 발견되었는데, 현재 동국대학교 박물관에 보관되어 있다. 또한 서부의 문비(門扉)에는 소요대사지탑(逍遙大師之塔)이라고 기록되어 있다. 【참고문헌】문화유적총람(문화재관리국, 1977), 명산 고찰 따라(이고운·박설산, 신문출판사, 1987)

연국사(蓮國寺)
【위치】전라북도 익산시 마동에 있다. 【소속】대한불교조계종 제17교구 본사인 금산사의 말사이다. 【연혁】1900년 무렵 창건됐다. 1960년 비구니 이종생(李鍾生)이 모든 건물을 중수하여 오늘에 이르고 있다. 현재 비구니들의 수도도량이다. 【유적·유물】건물로는 대웅전과 산신각, 칠성각, 요사채가 있다. 【참고문헌】사찰지(전라북도, 1990)

연대암(蓮臺庵)
【이명】한때 영혈사(靈穴寺)라고 불렸다. 【위치】경상북도 영양군 영양읍 삼지리에 있다. 【소속】대한불교조계종 제11교구 본사인 불국사의 말사이다. 【연혁】신라 때 창건됐다. 당시에는 영혈사라고 했다. 자세한 연혁은 전하지 않는다. 다만 1592년(조선 선조 25) 임진왜란이 끝난 뒤 자헌대부동지중추부사(資憲大夫同知中樞府事) 조임(趙任, 1573～1643)이 중창하여 성지(性智)를 머물게 하고 절 이름을 연대암으로 고쳤다. 【유적·유물】건물로는 극락전과 삼성각이 있다. 유물로는 삼층모전석탑(경상북도 문화재자료 제83호)과 금니도금불좌상(金泥塗金佛坐像) 5위가 있다. 석탑은 신라 때의 것으로 추정된다. 5위의 불상은 1963년에 석탑을 수리중 상부의 현실(玄室)에서 나온 것으로 신라 말 고려 초에 조성된 것으로 추정된다. 이 밖에도 극락전 뒤에는 자연석굴이 있는데, 이곳에서 나오는 석간수의 청탁으로 사람들이 농사의 길흉을 점친다고 하여 영혈(靈穴 ; 또는 靈泉)이라고 한다. 【참고문헌】속 명산 고찰 따라(이고운·박설산, 운주사, 1994)

연등사(燃燈寺)
【위치】 황해도 안악군 구월산(九月山)에 있었다. 【연혁】 고구려 때 연등(燃燈)이 창건했다. 639년(영류왕 22) 중수했고, 조선 숙종 때(1674~1720) 중건했다. 일제강점기의 31본산시대에는 패엽사(貝葉寺)의 말사였다. 현재의 상황은 알 수 없으나 북한측 자료에 의하면 현존하지 않는다. 【참고문헌】 한국사찰전서(권상로, 동국대학교 출판부, 1979), 북한사찰연구(한국불교종단협의회, 1993)

연미사(燕尾寺)
【위치】 경상북도 안동시 이천동 영남산(領南山) 연미원(燕尾院 ; 제비원)에 있다. 【소속】 대한불교조계종 제16교구 본사인 고운사의 말사이다. 【연혁】 신라 선덕여왕 때(632~647) 창건됐다고 한다. 그 뒤의 연혁은 전하지 않는다. 오랫동안 폐사된 채 방치되어 있던 것을 1950년대 이후 옛절을 승계하여 새로 지었다. 【유적·유물】 건물로는 법당 등이 있다. 문화재로는 마애석불(보물 제115호)이 있는데, 암벽에 몸체 부분을 선각(線刻)하고 그 위에 머리 부분을 따로 조각하여 얹은 거대한 불상으로 경기도 파주군 광탄면 용암사(龍巖寺)의 쌍석불보다 약간 작으나 조각미는 우월하다는 평가를 받고 있다. 이 불상은 신라시대에 이 절을 창건함과 동시에 조성한 것이라고 전하나 학계에서는 고려시대의 것으로 추정하고 있다. 이 밖에도 이 불상 위에는 삼층석탑 1기가 있다. 【설화】 전설에 따르면, 마애석불을 조각할 당시 이름난 석공에게 의뢰했다고 한다. 그러나 그의 제자가 더욱 조각 솜씨가 뛰어났다. 샘이 난 스승은 제자가 절벽에 사닥다리를 딛고 올라가서 열심히 일

하고 있을 때 사닥다리를 치워 버렸다. 그러자 그 제자는 한 마리의 제비가 되어 하늘로 날아갔다. 이 전설에 의해 이곳의 지명이 연미원, 즉 제비원이 되었다고 한다. 이 밖에도 이 마애불에는 1592년(조선 선조 25) 임진왜란 때 명장(明將) 이여송(李如松)이 당시의 재상이었던 유성룡(柳成龍)과 이 앞을 말을 타고 지나가다가 말발굽이 땅에 붙어 떨어지지 않아 예불을 올린 뒤에 지나갔다는 전설 등이 전한다. 【참고문헌】 문화유적총람(문화재관리국, 1977)

연복사(演福寺)
【이명】 광통보제사(廣通普濟寺), 보제사(普濟寺), 대사(大寺), 당사(唐寺)라고도 불렸다. 【위치】 경기도 개성시 한천동의 동구(洞口)에 있었다. 【연혁】 언제 누가 창건했는지 알 수 없다. 1037년(고려 정종 3) 정종이 행차했다. 《고려사》에 따르면, 1313년(충숙왕 즉위) 광통보제사에서 연복사로 이름이 바뀌어 기록되어 있는데, 언제 어떤 연유로 바뀌었는지는 알 수 없다. 《고려도경(高麗圖經)》에는 이 절이 사액을 관도(官道) 남향에 걸었고, 중문에는 '신통지문(神通之門)'이라는 편액을 걸었다고 한다. 정전(正殿)은 나한보전으로서 극히 웅장하여 왕궁보다 더 했고, 그 안에는 석가모니불, 문수보살, 보현보살의 삼존불을 중심에 두고 주위에 500위의 나한상을 봉안했다. 나한전의 서쪽에는 높이 200척이 넘는 오층석탑이 있었고, 뒤에는 법당이 있었으며, 옆으로는 승려들의 거주처가 있었다고 한다. 1314년 1월 15일 충숙왕이 이 절에 행차하여 2천 개의 등에 불을 붙였고, 1367년(공민왕 16)과 1368년에는 공민왕이 이 절에서 문

수회(文殊會)를 열었다. 1369년 신돈(辛旽)이 문수회를 주관할 때에는 공민왕이 행차하여 관람하고 승포(僧布) 5,500필을 하사했다. 또한 1370년 4월 16일 공민왕은 승려 1,400명에게 공양했으며, 1371년 1월 담선회(談禪會)를, 이 해 4월 문수회를, 1374년 다시 담선회를 각각 개설했다. 공민왕은 재위 당시 이 절의 오층탑을 다시 세우려 했다. 이어 1391년 공양왕의 명으로 천규(天珪) 등이 공장(工匠)을 모집하고 공사를 시작했다. 그러나 공사가 거의 끝나갈 무렵 중창의 경비가 엄청나고 민간에 폐해가 됨을 주장한 배불론자 정도전(鄭道傳), 김자수(金子粹), 유정현(柳廷顯) 등의 극렬한 상소에 의해 단청 공사만을 남긴 채 중단됐다. 1393년(조선 태조 2) 봄 태조가 단청을 마친 뒤 탑의 위층에 부처님 사리를 봉안하고, 중간에는 대장경을 봉안했으며, 비로자나불의 탱화도 모셨다. 그러나 1592년(선조 25) 이후 임진왜란과 병자호란의 병란을 거치는 동안 폐허가 되었다. 【유적·유물】이 절이 특히 주목을 받는 이유는 독특한 가람 배치에 있다. 금당과 탑을 직선 위에 건립하는 일반적인 배치법과는 달리 동쪽에 금당을, 서쪽에 탑을 세워 나란히 배치하고 있다. 일본에서는 이와 같은 배치법이 중국과 한국에는 없는 일본의 독특한 산물이라고 주장해 왔으나, 이 절의 가람 배치는 일본측의 주장을 뒤엎는 것이다. 현존하는 유물로는 중창비와 범종(북한 보물급 문화재 제30호)이 있다. 중창비는 개성 근교 용산(龍山)으로 옮겨졌고, 범종은 개성 남대문의 누각 위에 있다. 중창비는 1394년 권근(權近)이 지은 것인데, 비신은 없어지고 귀부(龜趺)만 남아

있다. 네 마리의 용이 쌍으로 어우러져서 뒷발로 보주(寶珠)를 받치고 있는데, 마치 무열왕릉의 조각 형식을 연상하게 하는 빼어난 작품이다. 범종은 재래의 우리나라 종과는 조금 형태를 달리하는 것으로서 용, 봉황, 거북 등이 파도를 넘는 웅건한 모습으로 조각되어 있다. 또한 하반부에는 범자(梵字)와 서장문자(西藏文字)의 명문이 남아 있는데, 범자는 팔부불보살명(八部佛菩薩名)이며, 서장어는 범어에 대한 번역이다. 이 종은 1346년(충목왕 2) 원나라의 공장이 조성하였다. 【참고문헌】고려사, 동국여지승람, 고려도경, 송도의 고적(고유섭, 열화당, 1977), 한국사찰전서(권상로, 동국대학교 출판부, 1979), 북한사찰연구(한국불교종단협의회, 1993)

연수사(演水寺)
【위치】경상남도 거창군 남상면 무촌리 감악산(紺岳山)에 있다. 【소속】대한불교 조계종 제12교구 본사인 해인사의 말사이다. 【연혁】신라 헌안왕(재위 857~861)이 창건하여 연수사라고 했다. 헌안왕은 지병에 시달리던 끝에 이곳의 약수를 마시고 병을 고치게 되자, 이에 대한 감사의 뜻으로 이 절을 지었다고 한다. 자세한 연혁은 전하지 않는다. 거창군 내에서는 가조면의 고견사(古見寺)와 함께 사세와 명성 양면에서 쌍벽을 이루어 왔다. 1991년 주지 혜일(慧一)이 대웅전을 새로 짓는 등 면모를 일신했다. 【유적·유물】건물로는 대웅전과 종각, 세석산방(洗石山房), 큰방이 있다. 특별한 문화재는 없다. 절 앞에는 수령 약 600년 된 은행나무가 있다. 【설화】고려 때의 한 여인이 왕손에게 시집을 갔으나 청상과부가 되어 유복

자를 낳았다. 그녀는 이 절에 들어와 머리를 깎고 아기를 키우며 남편의 명복을 빌었다. 아기가 10세 되던 해 한 노승이 아이를 공부시키겠다고 데려가려 하자, 그녀는 아이의 장래를 위해 아픈 가슴을 달래며 허락했다. 슬기롭던 아이는 이러한 어머니의 마음을 헤아리고 절 뒤뜰에 전나무를 심고는 '이 나무가 사철 푸르게 자랄 것이니 저를 보듯이 길러 주세요.'라고 말했다. 어머니도 '나는 앞뜰에 은행나무를 심고 기다릴 것이니 내가 없더라도 어미를 보듯이 대하라.'고 말했다. 전나무는 강풍으로 오래 전 부러지고, 은행나무만이 홀로 남았다. 【참고문헌】속명산 고찰 따라(이고운·박설산, 운주사, 1994)

연주암(戀主庵)
【이명】 한때 관악사(冠岳寺)라고 불렸다.
【위치】 경기도 과천시 문원동 관악산(冠岳山) 연주봉 남쪽에 있다. 【소속】 대한불교조계종 제2교구 본사인 용주사의 말사이다. 【연혁】 677년(신라 문무왕 17) 의상(義湘)이 창건하여 관악사라고 했다. 1392년(조선 태조 1) 태조 이성계(李成桂)가 의상대와 함께 이 절을 중창했다. 중창 당시 그의 처남인 강득룡(康得龍)이 의상대를 연주대라고 바꾸었다고 하는데, 강득룡, 서견(徐甄), 남을진(南乙珍) 등이 이곳에서 송도(松都; 개성)를 바라보며 고려왕조를 연모하여 통곡했기 때문이라고 한다. 1411년(태종 11) 효령대군(孝寧大君)이 이 절을 지금의 자리로 옮겨서 중건했다. 충녕대군(忠寧大君; 세종)에게 왕위를 물려주려는 태종의 뜻을 안 양녕대군(讓寧大君)과 효령대군은 유랑길에 올랐다가 이곳에 머물게 되었는데, 원래

의 암자에서는 왕궁이 바로 내려다보여 추억과 동경의 정을 끊을 수 없었으므로 지금의 위치로 절을 옮겼다고 한다. 그 뒤 사람들이 두 왕자의 심경을 기리면서 이곳을 연주암이라고 부르게 되었다고 한다. 1481년(성종 12)에 편찬된 《동국여지승람》에 이 절이 관악사로 기록되어 있는 것으로 보아 성종 이후에 연주암으로 바뀐 것으로 보인다. 이어 여러 차례의 중수를 거쳐 1868년(고종 5) 완송(完松)이 초가 10칸을 중건했으며, 1888년(고종 25) 명성황후(明成皇后) 민비(閔妃)의 하사금으로 극락전과 용화전을 중수했다. 1918년 경산(慶山)이, 1928년 재운(在芸)이, 1936년 교훈(敎訓)이 각각 중수했다. 또한 1975년 대웅전을 신축하고, 1979년 연주대와 삼성각을 중수했다. 1981년에는 요사채를 신축하여 오늘에 이르고 있다. 【유적·유물】 현존하는 건물로는 대웅전과 삼성각, 금륜보전(金輪寶殿), 연주대(경기도 기념물 제20호), 요사채 2동이 있다. 이 중 연주대는 의상이 이 절과 함께 세운 암자인 의상대로서 지금은 나한전으로 불리고 있다. 유물로는 삼층석탑(경기도 유형문화재 제104호)과 효령대군의 영정(경기도 유형문화재 제81호)이 있다. 삼층석탑은 고려시대의 전형적인 석탑 양식을 띠고 있는 것으로 대웅전 앞에 있다. 전설에 따르면 효령대군이 이 절에 머물 당시 세운 것으로 알려지고 있다. 이 밖에도 비단에 그려진 16나한의 탱화와 고려시대의 작품으로 추정되는 약사여래석상이 있다. 이 약사여래석상은 영험이 있다고 하여 많은 참배객들이 찾고 있다. 【참고문헌】 한국사찰전서(권상로, 동국대학교 출판부, 1979), 기내사원지

(경기도, 1988)

연죽사(煙竹寺)

화방사(花芳寺)를 보시오.

연화사(蓮華寺)

【이명】한때 효기사(孝基寺)라고 불렸다.
【위치】전라북도 남원시 이백면 효기리
외련산(外蓮山)에 있다. 【소속】한국불교
태고종에 속한다. 【연혁】신라 말에 연기
도선(烟起 道詵, 827~898)이 창건했다고
한다. 폐사된 채 있던 것을 1927년 절터
에서 마을 주민이 석불과 삼층석탑을 발
견한 후 1942년 이화실, 조해운이 움막을
치고 보호하여 왔다. 이어 1967년 비구니
남순임이 동네 이름을 따서 절 이름을 효
기사라고 했다. 1972년 주지 이도륜(李道
輪)이 부임하여 중창하고, 1977년 연화사
라고 이름을 바꿨다. 【유적·유물】건물
로는 법당이 있다. 유물로는 석불입상(전
라북도 문화재자료 제62호)과 석불좌상,
삼층석탑이 있다. 석불입상은 높이 2m로
조선시대의 작품으로 추정되며, 석불좌상
역시 조선시대의 작품으로 추정된다. 삼층
석탑은 고려시대의 작품으로 추정된다.
【참고문헌】전북불교총람(전북불교총연합
회, 1993), 사찰지(전라북도, 1990)

연화사(蓮花寺)

【이명】한때 묘련사(妙蓮寺)라고 불렸다.
【위치】서울특별시 동대문구 회기동 천장
산(天藏山)에 있다. 【소속】대한불교조계
종 직할교구 본사인 조계사의 말사이다.
【연혁】1725년(조선 영조 1) 나라에서 경
종의 능인 의릉(懿陵)의 원찰로서 창건하
여 묘련(妙蓮)을 주석케 했다. 그러나 연
산군의 어머니 윤(尹)씨의 명복을 빌기 위
해 원찰을 창건했다는 구전에 의해 무오사
화(戊午史禍)가 일어난 이듬해인 1499년

(연산군 5)에 창건한 것으로 추정하기도
한다. 의릉보다 윤씨의 능침이 가까이 있
었는데, 이 능침은 1955년 무렵 다른 곳
으로 이장되었다. 1882년(고종 19) 임오
군란 때 소실한 것을 이듬해 정담(淨潭)
이 재건했는데, 이때는 이름을 묘련사라
고 불렀다. 부속 암자로는 일제강점기에
주지 화경(和景)이 세운 지족암(知足庵)
이 있었으나, 현재는 한국불교태고종에
속해 있다. 【유적·유물】건물로는 극락
보전을 비롯하여 용화전(미륵전), 종각,
요사, 큰방 등이 있다. 극락보전 안에는 아
미타여래불상과 관세음보살상, 지장보살상
이 봉안되어 있다. 【참고문헌】한국사찰전
서(권상로, 동국대학교 출판부, 1979), 속
명산 고찰 따라(이고운·박설산, 운주사,
1994)

연화사(淵華寺)

수다사(水多寺)를 보시오.

연화원(蓮華院)

【위치】경기도 개성시에 있었다. 【연혁】
언제 누가 창건했는지 알 수 없다. 고려
때 왕실을 중심으로 법화신앙이 크게 일
어나자 개경(開京 ; 개성)에서는 보암사
(寶嚴社)와 이 절 등에서 법화결사(法華
結社)가 성행했다. 이 절은 연령 제한 없
이 남쪽의 주민들이 매월 3일, 14일, 15
일, 23일, 29일, 30일의 육재일(六齋日)
마다 모여 《법화경》을 서로 돌아가며 읽
고 토론하는 한편, 15일의 재일에는 밤을
세워 가며 극락왕생을 위한 염불을 했다.
보암사도 육재일에 모임을 가지는 것은
같았으나, 60세가 넘은 퇴관 40여 명의
노인들이 주로 모였다. 언제 폐사되었는
지 알 수 없다. 【참고문헌】한국불교사연
구(안계현, 동화출판공사, 1982)

연화정사(蓮花精舍)
【위치】경기도 이천군 설성면 자석리에
있다. 【소속】한국불교태고종에 속한다.
【연혁】유물로 미루어 보아 고려 중기에
창건된 것으로 추정된다. 자세한 연혁은
전하지 않는다. 폐사된 티에 1967년 대웅
전을 짓고 연화정사라고 했다. 【유적·유
물】건물로는 대웅전과 산신각, 요사채가
있다. 유물로는 인근에 고려 중기 이후에
조성된 것으로 추정되는 석불입상(경기도
문화재자료 제41호)이 있다. 【설화】석불
입상에 얽힌 설화가 전한다. 옛날 음죽현
(陰竹縣)에 새로 부임한 현감이 까닭 모
를 병에 걸려 백약이 무효였으며, 고을의
백성 중에도 비슷한 증세를 가진 환자가
속출했다. 그러던 중 현감의 꿈에 이 석불
이 나타나 '그대와 백성들이 병에 걸리지
않고 편히 지내려면 흙 속에 묻힌 나를 꺼
내 바로 세워 주고 절을 지어 공양해야 하
리라.'라고 말하고 사라졌다. 현감은 백
성들과 함께 석불을 찾아 당을 지어 모시
고 정성껏 제사를 올렸다. 그 뒤 곧 현감
과 백성들이 병이 나았다. 【참고문헌】기
내사원지(경기도, 1988)

염불사(念佛寺)
【이명】한때 피리사(避里寺)라고 불렸다.
【위치】경상북도 경주시 남산(南山) 동쪽
기슭에 있었다. 【연혁】신라 때 창건됐
다. 피리촌(避里村)에 위치해 있어서 이
름을 피리사라고 했다. 신라 때 염불(念
佛)이 이 절에서 살았다. 염불은 늘 아미
타불을 염하여 성안의 360방(坊) 17만 호
(戶)에까지 그 소리를 듣지 않는 사람이
없었다. 그러므로 그를 공경하지 않는 이
가 없었으나 그의 이름을 몰라 염불이라
고 불렀다. 그가 죽은 뒤에 사람들이 소상

(塑像)을 만들어 민장사(敏藏寺)에 모셨
으며, 이 절 이름을 염불사라고 고쳤다.
연혁은 전하지 않는다. 【참고문헌】삼국
유사

염불암(念佛庵)
【이명】한때 수정암(水精庵)이라고 불렸으
며 서대암(西臺庵)이라고도 불린다. 【위
치】강원도 평창군 진부면 동산리 오대산
장령봉(長嶺峰) 아래, 즉 서대(西臺)에
있다. 【소속】대한불교조계종 제4교구 본
사인 월정사의 산내 암자이다. 【연혁】신
라 신문왕(재위 681~692)의 왕자인 보천
(寶川)과 효명(孝明)이 수도하기 위해 조
그만 초암을 지어 창건했다. 그 뒤 성덕왕
때(702~737) 보천의 유언에 따라 왕실에
서 크게 중건했다. 보천은 유언을 통해 이
서대에 미타방(彌陀房)을 두어 백색의 원
상무량수불(圓像無量壽佛)을 중심에 두고
만 인의 대세지보살을 그려 봉안하도록
했으며, 낮에는 《법화경》을 읽고 밤에는
미타예참(彌陀禮懺)을 염하게 했다. 그
뒤 1392년(조선 태조 1) 가을 원인 모를
화재로 전소하였다. 이에 조계운(曹溪
韻), 석나암(釋懶庵), 유공 목암(游公 牧
庵) 등이 시주를 받아서 이듬해 봄 우통
수(于筒水) 옆으로 옮겨 중건을 시작하
여, 이 해 가을 법당에 욕실을 낙성하고
미타팔대보살을 그려 봉안했다. 당시 중
건중에 땅을 파자 창건 당시의 주춧돌이
발견되어 사람들은 '하늘이 화재를 내어
옛터를 계시한 것'이라고 했다. 그 뒤의
자세한 연혁은 전하지 않는다. 【유적·유
물】건물로는 인법당(因法堂)이 있다. 법
당 안에는 아미타불상이 봉안되어 있다.
또한 우통수는 《삼국유사》에는 보천이
매일 아침 여기서 물을 길어 차를 달인 뒤

만 인의 문수보살 진신에게 공양한 샘이
라고 전하며, 《동국여지승람》에는 남한
강의 발원지라고 기록되어 있다. 【참고문
헌】 삼국유사, 전통사찰총서 1-강원도
1(사찰문화연구원, 1992)

염불암(念佛庵)
【위치】 대구광역시 동구 도학동 팔공산
(八公山) 남쪽 중턱에 있다. 【소속】 대한
불교조계종 제9교구 본사인 동화사의 부
속 암자이다. 【연혁】 928년(신라 경순왕
2) 선사 영조(靈照)가 창건했다. 그 뒤 고
려 중기에 보조(普照) 국사 지눌(知訥,
1158~1210)이 중창했으며, 1438년(조선
세종 20) 다시 중창했다. 이어 1621년(광
해군 4) 화주 유찬(惟贊)이 중창했고,
1699년(숙종 25) 승하(勝下)가 중창했다.
1803년(순조 3)에는 의암(義庵)이 중창
했다. 근대에 이르러서는 1936년 운경(雲
耕)이, 1962년 혜운(慧雲)이 중건하여 오
늘에 이르고 있다. 【유적·유물】 현존하
는 건물로는 극락전과 동당(東堂), 서당
(西堂), 산령각 등이 있다. 극락전에는 아
미타불상, 관세음보살상, 지장보살상을
봉안했는데, 그 후불탱화는 부드럽고 섬
세한 기법으로 그려진 것으로 1841년의
중수 때 제작된 것으로 짐작된다. 문화재
로는 극락전 옆의 암석에 새겨진 마애불
상(대구광역시 유형문화재 제14호)과 청석
탑(靑石塔)이 있다. 청석탑은 지눌이 쌓
았다고 하며, 아랫부분 3단은 화강암으로
되어 있고, 위쪽 부분 10단은 수마노석으
로 된 13층석탑이다. 현재는 상층부 5층
이 깨어져 나가거나 갈려져 있다. 이 밖에
도 서당 뒤편에는 '오인석(五人石)'이라
고 새겨진 책상 세 개 정도 크기의 네모난
바위가 있는데, 이는 고려 태조 왕건이 견

훤과의 싸움에서 패하여 도망할 때 그의
신하 5명이 쉬었다는 설과, 옛날 다섯 큰
스님이 견성(見性)을 한 바위라는 설이
있다. 【설화】 마애불상에 얽힌 설화가 전
한다. 옛날 이 절에 있던 한 승려가 이 바
위에 불상을 새길 것을 발원했다. 그러던
어느 날 절 주변에 안개가 끼어 걷힐 줄을
몰랐다. 7일 만에 안개가 걷힘과 동시에
법당에서 나온 승려가 바위 곁에 가 보니
발원했던 불상이 바위 양쪽에 새겨져 있
었다고 한다. 이 불상은 문수보살이 조각
했다고 전한다. 염불암이라는 이름은 이
불상이 새겨진 바위에서 염불소리가 들렸
기 때문에 붙여진 이름이라고 한다. 또한
청석탑에는 이 절 일대에 칡덩굴을 찾아
볼 수 없는 이유와 관련된 전설이 전한다.
지눌이 이 탑을 쌓기 위해 나무로 말을 만
들어 타고 서해의 보령과 대천에서 수마
노석을 운반해 돌아오던 도중에 산길을
오르던 목마의 다리가 칡덩굴에 걸려 부
러지고 말았다. 지눌은 이에 크게 노하여
산신을 불러서 절 부근의 칡덩굴을 모두
없애라고 명령했는데, 그 이후로 이 절 아
래의 양진암(養眞庵)에서 상봉에 이르는
산등성이에는 칡이 자라지 않고 있다고
한다. 【참고문헌】 대구의 향기(대구직할
시, 1982)

염불암(念佛庵)
【이명】 한때 안흥사(安興寺)라고 불렸다.
【위치】 경기도 안양시 만안구 석수동 삼
성산(三聖山) 남쪽 기슭에 있다. 【소속】
대한불교조계종 제2교구 본사인 용주사의
말사이다. 【연혁】 936년(고려 태조 19)
태조 왕건(王建)이 창건하여 안흥사라고
했다. 태조는 후백제를 정벌하기 위해 남
쪽으로 내려가던 중에 산 한켠에서 오색

구름이 영롱히 피어 오르는 것을 보고 사람을 보내 살피게 했는데, 도승(道僧)인 능정(能正)이 좌선삼매에 들어 있었다. 그 뒤 태조는 능정의 법력(法力)을 흠모하여 이 절을 창건했다고 한다. 1407년 (조선 태종 7) 한양의 백호(白虎)에 해당하는 관악산의 산천기맥(山川氣脈)을 누르기 위해 태종의 명으로 몇몇 절을 중창할 때 이 절도 함께 중창됐다. 1856년(철종 7) 청호 도인(淸浩 道印)의 화주로 칠성각을 짓고, 1904년 호남 보주(湖南 普土)의 화주로 중수했다. 이어 1927년 주지 김성념(金聖念)이 거사 박정신(朴鼎臣)의 시주로 중수했으며, 이때는 이름을 염불암이라고 불렀다. 1941년 대웅전과 칠성각을 중수했다. 1956년에도 대웅전과 삼성각을 중수하고, 요사를 세웠다. 【유적·유물】현존하는 건물로는 대웅전과 용화전, 산신각, 칠성각, 독성각, 큰방, 요사채 2동이 있다. 대웅전 뒷면에는 1964년부터 5년에 걸쳐 조성한 미륵석불이 있고, 대웅전 옆에는 높이 약 8m의 흰 팔각석탑이 있다. 이 팔각석탑은 최근에 건립된 것으로 각 면마다 불상을 조각한 작품이다. 【참고문헌】한국사찰전서(권상로, 동국대학교 출판부, 1979), 기내사원지(경기도, 1988)

염현사(念賢寺)
【위치】경기도 개성시에 있었다. 【연혁】언제 누가 창건했는지 알 수 없다. 1166년(고려 의종 20) 8월 의종이 이 절로 거처를 옮겼다. 1169년(의종 23) 3월 20일에는 의종이 행차했으며, 이듬해 의종이 다시 이 절로 거처를 옮겼다. 연혁은 전하지 않는다. 【참고문헌】고려사

영각사(靈覺寺)

【위치】경상남도 함양군 서상면 상남리 덕유산(德裕山)에 있다. 【소속】대한불교조계종 제12교구 본사인 해인사의 말사이다. 【연혁】876년(신라 헌강왕 2) 심광(深光)이 창건했다. 그 뒤 조선 중기까지의 연혁은 전하지 않는다. 1770년(영조 46) 설파 상언(雪坡 尙彦)이 《화엄경》판목을 새겨서 이 절에 장경각(藏經閣)을 짓고 봉안했다. 또한 상언은 이 절에 머물면서 절을 옮기지 않으면 수재(水災)로 무너지게 되리라고 예언했는데, 얼마 뒤 홍수가 나서 정말로 절이 무너졌다고 한다. 1907년 화재로 소실한 것을 강용월(姜龍月)이 중창했다. 1950년 6·25전쟁 때 다시 소실하면서 법당 내에 보존되어 오던 화엄경판까지 소실했다. 그 뒤 1959년 법당을 다시 중건하여 오늘에 이르고 있다. 【유적·유물】현존하는 건물로는 극락전과 화엄전, 삼성각, 요사채가 있다. 유물로는 석등 부재와 석종형(石鐘型) 부도 6기가 있다. 이 중 절 입구의 2기는 해운(海運)과 용월의 것이다. 【참고문헌】조선불교통사(이능화, 신문관, 1918), 함양의 맥(함양군, 1983)

영감사(靈鑑寺)
【이명】한때 사고사(史庫寺)라고도 불렸다. 【위치】강원도 평창군 진부면 동산리 오대산(五臺山)에 있다. 【소속】대한불교조계종 제4교구 본사인 월정사의 산내 말사이다. 【연혁】645년(신라 선덕여왕 14) 자장(慈藏)이 월정사와 함께 창건하여 영감사라 했다고 한다. 1369년(고려 공민왕 18) 나옹 혜근(懶翁 惠勤)은 곁에 있기를 원하는 공민왕의 청을 뿌리치고 이 절에 와서 1년 6개월 동안 머물며 후학들을 가르쳤다. 1592년(조선 선조 25) 임진왜란

이후 풍수설을 근거로 삼재(三災)가 들지 않은 오대산, 태백산, 마니산, 묘향산의 4곳에 조선왕조실록을 보관할 목적으로 외사고(外史庫)를 설치했는데, 이때인 1606년(선조 39) 퇴락한 이 절을 중창하여 오대산사고를 지었다. 그 뒤부터는 사고를 돌보는 역할을 맡아 사고사라고도 불렸다. 1717년(숙종 43) 당시 사고의 운영에 관한 응원(應元) 등의 상소문이 《사고절목(史庫節目)》에 남아 있는데, 그는 사고에는 화재의 위험이 따르기 때문에 봄, 가을로 20명씩 수직(守直)을 세워야 한다는 것과 그들에 대한 처우가 개선되어야 한다는 것을 주장하고 있다. 이 상소가 받아들여져 이 절에는 60명의 수호군(守護軍)과 20명의 승군이 머물렀으며, 월정사 주지를 수호총섭(守護摠攝)에 임명하여 사고 수호의 책임을 맡겼다. 또한 필요한 경비를 충당하기 위해 위전(位田)을 주기도 했다. 그러다가 조선 후기에는 참봉(參奉) 2명을 임명하여 교대로 관리하게 했다. 1914년 사고에 보관되어 있던 실록들이 모두 일본으로 반출되었다. 1950년 6·25전쟁 때 사고가 소각되어 지금은 터만 남아 있다. 1961년 비구니 뇌묵(雷默)이 사고 터의 앞쪽에 절을 중건한 뒤 사고사라고 이름했으나, 그 뒤 다시 원래의 이름인 영감사로 바뀌었다. 【유적·유물】건물로는 원통전과 요사채가 있다. 원통전에는 관세음보살좌상이 봉안되어 있다. 원통전 뒤에 있는 오대산사고 터는 현재 사적 제37호로 지정되어 있다. 실록들은 1914년 3월 3일 조선총독부 소속 관원 및 평창군 서무주임 등이 총독의 지시로 주문진으로 운반하여 배편으로 일본 도쿄(東京)제국대학으로 가져 갔으나, 1923년

9월 일본의 관동대지진 때 모두 불타고 대출중이었던 45책만 남아 화를 면했으며, 그 중 27책이 경성제국대학에 이관되어 현재 서울대학교 도서관에 소장되어 있다. 또 옛 영감사 터는 절에서 남쪽으로 300m 떨어진 곳에 있는데, 지금은 밭으로 변해 초석들만 남아 있다. 【참고문헌】조선사찰사료, 한국의 사찰 13-월정사(한국불교연구원, 일지사, 1977)

영구암(靈龜庵)
【위치】경상남도 김해시 삼방동 신어산(神魚山)에 있다. 【소속】대한불교조계종 제14교구 본사인 범어사의 말사이다. 【연혁】42년(가락국 김수로왕 5) 장유(長有)가 창건했다고 한다. 그러나 이때는 우리나라에 불교가 들어오기 이전이므로 신빙성이 없다. 509년(신라 지증왕 10) 중건했다. 그 뒤의 자세한 연혁은 전하지 않는다. 【유적·유물】건물로는 법당과 종각, 산신각, 요사채가 있다. 유물로는 삼층석탑 1기가 있는데, 신라나 고려 때의 석탑과는 형태상의 차이가 많아 가락국 때 것이 아닌가 하고 추측하는 이도 있다. 【참고문헌】속 명산 고찰 따라(이고운·박설산, 운주사, 1994)

영구암(靈龜庵)
구절사(龜截寺)를 보시오.

영구암(靈龜庵)
향일암(向日庵)을 보시오.

영국사(寧國寺)
【이명】한때 국청사(國淸寺)라고 불렸다. 【위치】충청북도 영동군 양산면 누교리 지륵산(智勒山) 동쪽 기슭에 있다. 【소속】대한불교조계종 제5교구 본사인 법주사의 말사이다. 【연혁】신라 때 창건됐다. 신라의 마지막 왕인 경순왕(재위 927~

935)이 이 절에서 수학했다고 한다. 고려 때에 원각(圓覺) 국사 덕소(德素, 1119~1174)가 중창했다. 고종 때(1213~1259) 감역(監役) 안종필(安鍾弼)이 왕명을 받아 탑과 부도 및 금당을 중건하고 절 이름을 국청사, 산 이름을 천주산(天柱山)이라고 했다. 뒤에 공민왕(재위 1351~1374)이 영국사로 이름을 바꿨다. 공민왕 때 홍건적의 난이 일어나 홍건적이 황해도를 거쳐서 개경(개성)까지 육박했다. 왕은 이 절로 피난하여 국태민안의 기도를 계속하는 한편, 이원(伊院) 마니산성에 근위병을 포진시켰으며, 이 절의 맞은편에 있는 팽이를 깎아 놓은 듯한 뾰족한 봉우리 위에 왕비를 기거하도록 하고 옥새를 맡겨 두었다. 그 뒤 마니산성의 근위병들이 홍건적을 함정에 빠뜨려 무찌르고 개경을 수복하여 난을 평정했다. 이에 공민왕은 부처님께 감사드린 뒤 절 이름을 영국사로 바꾸라 하고 현판을 써 준 뒤 떠났다. 일설에는 조선 태조 때(1392~1398) 세사(洗師)라는 이가 산 이름을 지륵산으로, 절 이름을 영국사로 했다고 하나 신빙성이 없다. 그 뒤의 연혁은 전하지 않는다. 【유적·유물】현존하는 건물로는 대웅전(충청북도 유형문화재 제61호)과 요사채 등이 있다. 문화재로는 삼층석탑(보물 제533호)을 비롯하여 원각국사비(圓覺國師碑 : 보물 제534호), 망탑봉(望塔峰) 삼층석탑(보물 제535호), 부도(보물 제532호) 등이 있다. 삼층석탑은 신라 하대의 것으로 추정되고, 망탑봉 삼층석탑은 고려 중기의 것으로 추정되며, 부도는 신라 말 고려 초인 10세기 때의 것으로 보인다. 절을 중심으로 주변에는 석성(石城) 터가 남아 있다. 【참고문헌】고려사, 문화유적총람(문화재관리국, 1977), 한국의 명산 대찰(국제불교도협의회, 1982)

영니사(盈尼寺)
빙산사(氷山寺)를 보시오.

영도사(永導寺)
개운사(開運寺)를 보시오.

영랑사(影浪寺)
【위치】충청남도 당진군 고대면 진관리 영파산(影波山)에 있다. 【소속】대한불교 조계종 제7교구 본사인 수덕사의 말사이다. 【연혁】564년(백제 위덕왕 11) 창건됐다. 신라 말에 연기 도선(烟起 道詵, 827~898)이 중건했으며, 1091년(고려 선종 8) 대각(大覺) 국사 의천(義天)이 다시 중건했다. 그 뒤 조선 전기까지의 자세한 연혁은 전하지 않는다. 1678년(숙종 4) 7월 호암(護巖)이 중수한 뒤, 1824년(순조 24) 다시 중수했다. 1924년에는 성봉(聖峯)이 대웅전을 중수하여 오늘에 이르고 있다. 【유적·유물】현존하는 건물로는 대웅전(충청남도 유형문화재 제15호)과 요사채가 있다. 대웅전 안에는 목조석가모니불과 동자상, 후불탱화 등이 봉안되어 있다. 유물로는 1758년(영조 34)에 주조된 동종(충청남도 문화재자료 제221호)과 육각원당형(六角圓堂型)의 조선시대 부도 1기가 있다. 【참고문헌】당진군지(당진군, 1983), 문화유적총람-사찰편(충청남도, 1990)

영명사(永明寺)
【위치】평안남도 평양시 모란봉구역 금수산(錦繡山) 부벽루(浮碧樓) 서쪽 기린굴(麒麟窟) 위에 있었다. 【연혁】누가 창건했는지 알 수 없으나, 392년(고구려 광개토왕 2) 동명왕의 구제궁(九梯宮) 옛터에 창건하고 아도(阿道)를 머물게 했다고 한

다. 그 뒤 고려시대에는 선종, 숙종, 예
종, 인종, 의종 등이 대동강에 용선을 띄
우고 노닐다가 이 절에서 휴식을 취하며
자주 헌향했다. 특히 예종은 1109년(예종
4) 4월 이 절에 문두루도량(文豆婁道場)
을 개설했고, 5월에는 절의 중창을 명하
기도 했다. 1663년(조선 현종 4) 총섭(摠
攝) 자평(自平)이 건물을 모두 중수했고,
1703년(숙종 29) 구관(句管)이 득월루
(得月樓)를 보수했다. 그러나 1894년(고
종 31) 청일전쟁으로 몇 칸의 건물만을
남긴 채 모두 불탔다. 1911년에는 서도
(西道)의 본산이 되었고, 1920년에는 31
본산 중의 하나가 되어 평안남도의 대동
군, 중화군, 용강군에 있는 16개 말사를
통괄했다. 이 절과 소속 말사는《화엄경》
을 근본경전으로 삼았다. 이때 용선(龍
船)이 주지로 취임하여 수년 동안 절을
일신했으며, 1922년 대웅전을 중건하고
건물과 요사채를 새로 짓기도 했다. 그러
나 1950년 6·25전쟁으로 전소하여 폐사
됐다. 【유적·유물】절터에는 팔각석불
감(八角石佛龕; 북한 보물급 문화재 제6호)
과 팔각오층석탑이 남아 있다. 팔각석불
감은 고려 초기의 작품으로서 석탑과 석
등 형식을 함께 갖추었던 것이나, 현재는
유실하고 불감만 남아 있다. 또한 이 절의
부속 건물이었던 부벽루(북한 사적 제10
호)가 남아 있는데, 1614년(광해군 6)에
건립된 것이다. 【참고문헌】고려사, 동국
여지승람, 조선불교통사(이능화, 신문관,
1918), 한국사찰전서(권상로, 동국대학교
출판부, 1979), 북한사찰연구(한국불교종
단협의회, 1993)

영묘사(靈妙寺)
【이명】영묘사(靈廟寺)라고도 했다. 【위
치】경상북도 경주시 성건동 남천(南川)
의 끝 부분에 있었다. 【연혁】635년(신라
선덕여왕 4) 선덕여왕이 창건했다. 칠처가
람(七處伽藍)의 하나로서 일찍이 아도(阿
道)가 과거칠불(過去七佛) 중 제5 구나함
불(拘那含佛)이 머물렀던 장소라고 지명
했던 곳이라 하며, 원래 큰 연못이었는데
선덕여왕 때 두두리(頭頭里)라는 귀신의
무리가 하룻밤 사이에 못을 메우고 절을
창건했다고도 전한다. 창건 후 선덕여왕
이 이 절에서 개구리가 3, 4일 동안 계속
해서 운다는 소리를 듣고 백제의 복병이
여근곡(女根谷)에 숨어들었음을 감지했다
는 유명한 일화가 전한다. 또한 당시 이
절에는 사천왕사(四天王寺)와 더불어 양
지(良志)의 작품이 가장 많이 있었다. 금
당에 모셔져 있던 장륙삼존불(丈六三尊
佛)을 비롯하여 천왕상(天王像)과 목탑,
기와, 편액의 글씨도 모두 양지의 작품이
었다. 장륙삼존불을 만들 때에는 신라 사
람들이 다투어 불상을 만들 진흙을 운반
하면서 향가인 '풍요(風謠)'를 지어 불렀
다고 하며, 이것이 노동요(勞動謠)의 시
초였다고 한다. 712년(성덕왕 11)에는 김
유신(金庾信)의 아내가 출가하여 법정(法
淨)이라고 이름하고 이 절에 머물렀다.
764년(경덕왕 23) 이 절의 장륙삼존불을
개금했다. 그 뒤 고려시대의 연혁은 전하
지 않는다. 1460년(조선 세조 6) 봉덕사
(奉德寺)의 신종(神鐘)을 이 절로 옮겨
안치했다. 이후의 연혁 또한 전하지 않는
것으로 보아 조선 초기에 폐사된 것으로
추정된다. 【유적·유물】현재 절터에서
는 금당 터를 비롯하여 금당 앞에 동서 대
칭으로 있었던 두 개의 건물 터가 확인되
었다. 이 밖에도 당간지주가 남아 있고,

'영묘사(靈妙寺 ; 또는 靈廟寺)'라고 찍힌 기와가 간혹 발견되고 있다. 근처의 민가에는 이 절터에서 옮겨간 주춧돌들이 많이 있다. 【참고문헌】삼국유사, 고도 경주(경주시, 1982)

영묘사(靈廟寺)
영묘사(靈妙寺)를 보시오.

영봉사(靈鳳寺)
다솔사(多率寺)를 보시오.

영산사(靈山寺)
【위치】전라북도 부안군 변산(邊山) 또는 능가산(楞迦山)에 있었다. 【연혁】신라 때 창건됐다. 740년(효성왕 4) 진표(眞表)가 부사의암(不思議庵)에서 지장보살로부터 정계(淨戒)를 받고 난 뒤 이 절에 와서 다시 수행했다. 드디어 미륵보살이 감응해 그에게 나타나《점찰경(占察經)》2권과 증과(證果)의 간자(簡子) 189개를 주면서 다음과 같이 일렀다고 한다. '이 가운데에 제8 간자는 새로 얻은 묘계(妙戒)를 비유한 것이요, 제9 간자는 구족계(具足戒)를 얻은 것을 비유한 것이다. 이 두 간자는 내 손가락 뼈이며, 나머지는 모두 침향(沈香)과 단향(檀香) 나무로 만든 것으로 모두 번뇌에 비유한 것이다. 너는 이것으로써 세상에 법을 전하여 남을 구제하는 뗏목으로 삼으라.' 그는 다시 금산사(金山寺)로 옮겨가 살면서 해마다 단석(壇席)을 열어 법시(法施)를 널리 베풀었다. 연혁은 전하지 않는다. 【참고문헌】삼국유사

영산전(靈山殿)
【위치】평안북도 향산군 향암리 묘향산(妙香山)에 있다. 【연혁】1042년(고려 정종 8)에 창건했다고도 하며, 1873년(조선 고종 10) 지응(知應)이 창건했다고도 한

다. 또한 1775년(영조 51) 중건했다고 한다. 일제강점기의 31본산시대에는 보현사(普賢寺)의 말사였다. 【유적·유물】현존하는 건물로는 영산전이 있다. 1950년 6·25전쟁 전에는 영산전 안에 석가여래상, 미륵보살상, 갈라보살상, 33조사상 등이 있었으나, 지금은 그 존재 유무를 알 수 없다. 【참고문헌】북한사찰연구(한국불교종단협의회, 1993)

영수암(靈水庵)
【위치】충청북도 진천군 초평면 영구리 두타산(頭陀山) 중턱에 있다. 【소속】대한불교조계종 제5교구 본사인 법주사의 말사이다. 【연혁】918년(고려 태조 1) 증통(證通)이 창건했다. 절 뒤에 약천(藥泉)이 있으므로 영수암이라고 했다. 1624년(조선 인조 2) 벽암 각성(碧巖 覺性)이 중창했다. 1831년(순조 31) 중수했다. 1947년 응택(應澤)이 중건하여 오늘에 이르고 있다. 【유적·유물】현존하는 건물로는 관음보전과 요사채가 있다. 관음전은 조선 후기의 건물로서 목조관음보살좌상과 괘불(掛佛), 신중탱화, 칠성탱화 등이 봉안되어 있다. 이 중 관음보살좌상은 조선 중기 작품이며, 괘불(충청북도 유형문화재 제44호)은 높이 8.35m, 너비 5.79m로서 국내에서 발견된 작품 중에 가장 큰 것이다. 원래 진천읍 백련암(白蓮庵)에 있던 것을 옮겨 왔는데, 1653년(효종 4) 법사 심인(心印)의 원력으로 화원승(畫院僧)이었던 명옥(明玉), 법능(法能) 등이 그린 것으로《법화경》의 내용을 묘사한 영산회상도(靈山會相圖)이다. 이 밖에도 1870년(고종 7)에 조성된 신중탱화와 1904년 용운암(龍雲庵)에서 조성된 칠성탱화도 보존상태가 양호하다. 【참고

문헌】상산지, 진천군지, 사지(충청북도, 1982)

영시암(永矢庵)

【위치】강원도 인제군 북면 용대리 설악산에 있다. 【소속】대한불교조계종 제3교구 신흥사의 말사인 백담사(百潭寺)의 부속 암자이다. 【연혁】1648년(조선 인조 26) 유학자 삼연 김창흡(三淵 金昌翕)이 창건했다. 김창흡은 이 절에 은거하여 죽을 때까지 세상에 나가지 않겠다는 맹세의 뜻으로 이름을 영시암이라고 했다. 그러나 6년이 되던 해에 그의 공역(供役)을 하던 사람이 호랑이에게 물려 가는 변을 당하자 춘천(春川)으로 옮겨 다시는 돌아오지 않았다. 그 뒤 폐허로 남아 있던 터에 1689년(숙종 15) 인제군수 이광구(李廣矩)가 김삼연유허비(金三淵遺墟碑)를 세웠고, 1691년(숙종 17) 설정(雪淨)이 승당과 비각을 중건하고 자비성상(慈悲聖像)을 봉안했다. 1925년에는 백담사 주지 이기호(李基鎬)가 중수했다. 이어 1994년 법당과 삼성각을 지어 중창했다. 【유적·유물】건물로는 법당과 삼성각이 있다. 특별한 문화재는 없다. 【참고문헌】한국의 사찰 4-낙산사(한국불교연구원, 일지사, 1978)

영악사(靈嶽寺)

다솔사(多率寺)를 보시오.

영암사(靈巖寺)

【이명】한때 보암사(寶巖寺)라고 불렸다. 【위치】경상남도 합천군 가회면 둔내리 황매산(黃梅山)에 있다. 【소속】대한불교조계종 제12교구 본사인 해인사의 말사이다. 【연혁】유물로 미루어 보아 신라 때 창건된 것으로 추정된다. 연혁은 전하지 않는다. 고려 때 적연(寂然) 국사 영준(英俊, 932~1014)의 적연국사자광지탑비(寂然國師慈光之塔碑)에는 '고려국가수현영암사(高麗國嘉壽縣靈巖寺)'라고 나와 있으며, 조선시대에 편찬된 《삼가현읍지(三嘉縣邑誌)》에는 '영암사 자리에 보암사가 있다.'고 나와 있다. 가수현과 삼가현은 모두 당시의 이 지역 이름이다. 1799년(정조 23)에 편찬된 《범우고(梵宇攷)》에는 이미 폐사된 것으로 나와 있다. 1968년 가회중학교 교장 허언 등 유지들이 옛터에 인법당(因法堂)을 세우고, 옛 이름을 이었다. 【유적·유물】건물로는 인법당 등이 있다. 옛 절터 일원이 사적 제131호로 지정되어 있다. 유물로는 삼층석탑(보물 제480호)과 석등(보물 제353호), 쌍귀부(雙龜趺; 보물 제489호) 등이 있다. 모두 통일신라 때의 작품으로 추정된다. 특히 이 절은 금당 터 등의 건물 터와 석축, 우수한 조각술을 보여 주는 석조물 등으로 미루어 보아 국가적 지원으로 이룩된 대규모의 절이었던 것으로 보인다. 1984년 발굴 조사 때에는 금동여래입상을 비롯하여 통일신라에서 고려시대에 걸친 각종의 와당(瓦塘)들이 출토되었다. 【참고문헌】한국사찰전서(권상로, 동국대학교 출판부, 1979), 속 명산 고찰 따라(이고운·박설산, 운주사, 1994)

영운사(靈雲寺)

강서사(江西寺)를 보시오.

영원사(靈源寺)

【이명】한때 영원암(靈源庵)이라고 불렸다. 【위치】경기도 이천군 백사면 송말리 원적산(圓寂山) 북쪽 기슭에 있다. 【소속】대한불교조계종 제2교구 본사인 용주사의 말사이다. 【연혁】638년(신라 선덕여왕 7) 해호(海浩)가 창건하여 영원암이라고 했다. 해호는 당시 수마노석(水瑪瑙

石)으로 약사여래좌상을 조성하여 봉안했다고 한다. 그 뒤 1068년(고려 문종 22) 국사 혜거(慧炬)가 소실한 절을 중창했다. 조선시대에는 1577년(선조 10) 사명 유정(泗溟 惟政)이 중창했고, 1693년(숙종 19) 동계 설명(東溪 卨明)이 중건했다. 이어 1774년(영조 50) 영월 낭규(映月 朗圭)가 중건했으나 그 뒤 폐허화했다. 1825년(순조 25) 인암 치감(仁巖 致鑑)이 영안부원군(永安府院君) 김조순(金祖淳)의 회사를 받아 중창하고 이름을 영원사라고 바꿨다. 1854년(철종 5) 천통(天通)이 중건했으며, 1911년 보은(普恩)이, 1931년 언우(彦佑)가 중수했다. 1950년 6·25전쟁을 겪으며 퇴락한 것을 1968년 주지인 비구니 선혜(善慧)가 법당을 중수하고, 요사 2동을 새로 지었다. 【유적·유물】 건물로는 대웅전과 약사전, 종각, 보적원, 요사채 2동이 있다. 유물로는 석조약사여래좌상과 범종이 있다. 약사여래좌상은 대웅전에 봉안되어 있는데, 창건 당시에 수마노석으로 조성했다고 하며, 전면이 크게 파손된 것을 수선했다. 범종은 대웅전 안에 있으며, 1769년(영조 45) 경기도 광주 대진사(大眞寺)에서 조성된 전형적인 조선 중기 범종이다. 지름 38cm, 높이 58cm로 규모가 작으나 조성연대가 분명하여 보존 가치가 있다. 혜거가 중창할 때 심은 은행나무가 아직도 살아 있다. 【참고문헌】 한국사찰전서(권상로, 동국대학교 출판부, 1979), 용주사본말사지(본말사주지회, 1984)

영원사(靈源寺)
【위치】 경상남도 함양군 마천읍 삼정리 지리산(智異山) 중턱에 있다. 【소속】 대한불교조계종 제12교구 본사인 해인사의 말사

이다. 【연혁】 신라 진덕여왕 때(647~654) 활동하던 영원(靈源)이 창건하여 이름을 영원사라 했다고 한다. 그러나 다른 기록에는 영원을 조선 중기의 스님으로 보는 경우도 있다. 이 절에 머물렀던 대표적인 큰스님으로는 부용 영관(芙蓉 靈觀, 1485~1571)을 비롯하여 청허 휴정(淸虛 休靜, 1520~1604), 청매 인오(靑梅 印悟, 1548~1623), 사명 유정(泗溟 惟政, 1544~1610), 설파 상언(雪坡 尙彦, 1707~1791) 등이 있었다고 《조실안록(祖室安錄)》에 기록되어 있다. 이 밖에 자세한 연혁은 알 수 없다. 1948년 여순반란사건 때 완전히 불에 탄 뒤 1971년 중건했다. 【유적·유물】 건물로는 인법당(因法堂)만 남아 있다. 유물로는 영암당탑(靈巖堂塔), 설파당탑(雪坡堂塔), 중봉당탑(中峰堂塔), 청계당탑(淸溪堂塔), 벽허당탑(碧虛堂塔), 청매탑(靑梅塔) 등 부도 6기가 있다. 【설화】 창건과 관련된 설화가 전한다. 영원은 원래 범어사(梵魚寺)에서 수행하다가 욕심 많은 스승의 곁을 떠나 지리산으로 들어가 토굴을 짓고 10년 동안 정진해 크게 깨달았다. 그 뒤 다시 범어사로 돌아와서 흑구렁이로 변한 스승의 업신(業身)을 제도한 뒤 영혼을 인도하여 지리산 토굴로 돌아가던 중 한 부부를 만났다. 그는 부부에게 '열 달이 지난 뒤 아이가 태어날 것이니 일곱 살이 되거든 나에게 데려다 달라.'는 당부를 남기고 토굴로 돌아와서 7년 동안 절을 지어 영원사를 완성했다. 이때 찾아온 동자를 제자로 삼아 방안에 가두고 밖에서 문을 잠근 뒤, 문에 작은 구멍을 뚫어 놓고 이 구멍으로 황소가 들어올 때까지 열심히 정진하라고 일러주었다. 그 뒤 동자는 문구멍

으로 황소가 뛰어들어오는 것을 보고 오도(悟道)하여 전생의 모든 사실을 깨달았다고 한다.【참고문헌】한국사찰전서(권상로, 동국대학교 출판부, 1979), 한국의 사찰 18-범어사(한국불교연구원, 일지사, 1979)

영원사(領願寺)
【이명】한때 영원사(永遠寺, 領原寺)라고 했다.【위치】강원도 원주시 판부면 금대리 치악산(雉岳山)에 있다.【소속】대한불교조계종 제4교구 본사인 월정사의 말사이다.【연혁】676년(신라 문무왕 16) 의상(義湘)이 영원산성의 수호 사찰로 창건하여 영원사(永遠寺)라고 했다. 그 뒤 고려시대의 연혁은 전하지 않는다. 1664년(조선 현종 5) 인환(仁煥)이 중건하면서 이름을 영원사(領原寺)로 바꾸었다. 한때 폐허가 되었던 것을 1939년 이계호(李戒浩)가 중건하여 지금의 이름으로 바꿨으며, 1964년 주지 김병준(金秉俊)이 중수하여 오늘에 이르고 있다.【유적·유물】건물로는 대웅전과 삼성각, 요사채 2동이 있다. 특별한 문화재는 없으나, 법당 안의 후불탱화만은 오래 된 것이어서 주목을 끈다. 절의 동쪽 산 위에는 10리에 걸쳐. 영원산성의 흔적이 남아 있다. 이 성은 문무왕 때 축성됐으며, 892년(진성여왕 6) 후고구려의 궁예는 이 성을 근거로 삼아 부근의 여러 고을을 공략했다. 또한 1291년(고려 충렬왕 17) 원나라의 반적(叛賊) 합단(哈丹)이 침입했을 때에는 원충갑(元冲甲) 장군이 이 성에서 적을 크게 무찌르기도 했고, 1592년(선조 25) 임진왜란 때에는 왜병을 맞아 원주목사 김제갑(金悌甲)이 항전하다 순절하기도 했다.【참고문헌】삼국사기, 전통사찰총서 1 - 강원도 1(사찰문화연구원, 1992)

영원사(瑩源寺)
【이명】서영사(西瑩寺)라고도 불렸다.【위치】경상남도 밀양시 활성동에 있었다.【연혁】언제 누가 창건했는지 알 수 없다. 고려시대 후기에 천태종을 중흥한 순암 의선(順菴 義旋)이 이 절의 주지가 되었으며, 보감(寶鑑) 국사 혼구(混丘)도 충숙왕 때(1313~1330, 1332~1339) 왕사가 되어 광명사(廣明寺)에 있다가 몇 해 뒤 이 절의 주지가 되어 1322년(충숙왕 9)까지 머물렀다. 이 절은 본래 천태종에 속해 있었는데, 혼구가 주지를 하면서 다시 선원으로 복구했다. 1376년(우왕 2)에는 나옹 혜근(懶翁 惠勤)이 조정의 명에 따라 이 절로 가던 도중 병을 얻어 신륵사(神勒寺)에서 입적했다. 자세한 연혁은 알 수 없으나, 매우 유명했던 절로 추정된다. 1799년(조선 정조 23)에 편찬된 《범우고(梵宇攷)》에는 이미 폐사되었다고 나와 있다. 조선시대에 들어와 숭유억불 정책으로 서원을 세우기 위해 강제로 폐사시킨 것으로 보인다. 1900년대에 편찬된 《사탑고적고》에는 서영사라고도 부른다고 나와 있다.【유적·유물】절터에는 많은 유물들이 산재해 있었는데, 1974년 수습했다. 유물로는 석불좌상 4위, 보감국사묘응탑(寶鑑國師妙應塔; 경상북도 유형문화재 제12호) 및 탑비(경상남도 유형문화재 제13호)가 있다. 석불들은 작고 훼손이 심하나, 그중 광배를 갖춘 1위만이 비교적 원형을 잘 간직하고 있다. 보감국사묘응탑은 정교한 팔각원당형(八角圓堂型)으로서 탑신과 중대석이 없고, 탑비 역시 가장 중요한 비신이 없다. 탑비명은 충숙왕 때 이제현(李齊賢)이 쓴 것이라고 한다.

【참고문헌】한국사찰전서(권상로, 동국대학교 출판부, 1979), 속 명산 고찰 따라(이고운·박설산, 운주사, 1994)

영원사(永遠寺, 領原寺)

영원사(領願寺)를 보시오.

영원사(靈源寺)

자재암(自在庵)을 보시오.

영원암(靈源庵)

【위치】강원도 회양군 장양면 장연리 금강산(金剛山) 백천동(百川洞)에 있었다. 【연혁】신라 때 조사 영원(靈源)이 창건했다. 절 이름도 영원의 이름을 따서 지었다. 1343년(고려 충혜왕 복위 4) 굉변(宏卞)이 중건했으며, 1867년(조선 고종 4) 혜봉(慧峰)이 중수했다. 일제강점기의 31본산시대에는 유점사(楡岾寺)의 말사인 장안사(長安寺)의 산내 암자였다. 금강산 일원에서는 수도도량으로 이름이 높았다. 현재의 상황은 알 수 없으나, 북한측 자료에 의하면 현존하지 않는다. 【참고문헌】한국사찰전서(권상로, 동국대학교 출판부, 1979)

영원암(靈源庵)

영원사(靈源寺)를 보시오.

영월암(映月庵)

【이명】한때 북악사(北嶽寺)라고 불렸다. 【위치】경기도 이천군 이천읍 관고리 설봉산(雪峰山)에 있다. 【소속】대한불교조계종 제2교구 본사인 용주사의 말사이다. 【연혁】신라 문무왕 때(661~681) 의상(義湘)이 창건하여 북악사라고 했고, 산 이름도 북악산이라고 했다. 그 뒤 조선 중기까지의 연혁은 전하지 않는다. 1774년(영조 50) 영월 낭규(映月 朗奎)가 중창하여 영월암이라고 했으며, 1911년에는 보은(普恩)이 중건했다. 1920년 주지 신암(信庵)이 극락전을 옮겨 세웠고, 1937년 언우(彦佑)가 산신각을 중건했다. 1941년 명칠(明七)이 대웅전을 중건했다. 1981년 주지 정해(正海)가 삼층석탑을 복원하여 오늘에 이르고 있다. 【유적·유물】현존하는 건물로는 대웅전과 삼성각, 동별당(東別堂), 요사채 3동이 있다. 유물로는 삼층석탑, 마애여래입상(보물 제822호), 석조 등이 있다. 삼층석탑은 신라 때의 것으로 추정되며, 마애여래입상은 대웅전 뒤쪽 바위에 새겨져 있는데 고려 중기에 법사 산악(山岳)이 새긴 것이라고 한다. 또한 언제 간행된 것인지 분명하지 않은 《법화경》 50권도 소장되어 있다. 절 입구에는 나옹 혜근(懶翁 惠勤, 1320~1376)이 꽂아 놓은 지팡이가 자라났다고 하는 수령 500년이 넘은 은행나무가 있다. 【참고문헌】영월암중건기, 용주사본말사지(본말사주지회, 1984)

영은사(靈隱寺)

【이명】한때 금련대(金蓮臺), 궁방사(宮房寺), 운망사(雲望寺)라고 불렸다. 【위치】강원도 삼척시 근덕면 궁촌리 태백산에 있다. 【소속】대한불교조계종 제4교구 본사인 월정사의 말사이다. 【연혁】신라 말 구산선문(九山禪門) 중의 하나인 사굴산문(闍崛山門)의 개조 통효(通曉) 국사 범일(梵日, 810~889)이 891년(진성여왕 5) 궁방산(宮房山) 밑 마전평(麻田坪)에 창건하여 궁방사라고 했다. 조선시대에 들어와 1567년(명종 22) 사명 유정(泗溟惟政)이 머물면서 지금의 위치로 옮겨 중창하고 운망사라고 했다. 1592년(선조 25) 임진왜란 때 병화로 전소하자 1641년(인조 19) 벽봉(碧峰)이 중건하고 이름을 영은사로 바꿨다. 속설에는 고려 공양왕

(재위 1389~1392)이 이 고장에서 은거하다 죽었으므로 그 영혼을 이 절에 모셔 영은사라 했다고 한다. 1804년(순조 4) 봄 다시 대웅보전 등 10여 동의 건물이 불탔으며, 이듬해 10월 서곡(西谷)이 당시 삼척부사 심공저(沈公著)의 지원으로 재건했다. 1810년 학송(鶴松)이 석가여래삼존불을 봉안했고, 1855년(철종 6) 서암(西巖)이 괘불(掛佛)을 조성했다. 그 뒤 1864년(고종 1) 심검당(尋劍堂)을 지어 오늘에 이르고 있다. 【유적·유물】 현존하는 건물로는 대웅보전(강원도 유형문화재 제76호)과 팔상전(강원도 유형문화재 제77호), 심검당, 설선당, 칠성각, 요사채 등이 있다. 대웅전 안에는 석가모니삼존불좌상과 1810년(순조 10)에 조성된 5폭의 탱화, 1941년에 주조된 신라고식(新羅古式)의 동종(銅鐘)이 있다. 팔상전에는 1760년(영조 36)에 부처님 일생을 그린 탱화 8점이 봉안되어 있으며, 칠성각에는 범일과 유정의 진영(眞影)이 봉안되어 있다. 이 밖에도 1770년(영조 46)에 건립된 월파당선사부도(月波堂禪師浮屠) 등 3기의 부도가 있고, 1830년(순조 30)에 건립된 사적비가 있다. 괘불(강원도 유형문화재 제108호)은 1885년 서암이 조성한 것으로 보존 상태가 매우 좋다. 【설화】 동해 삼화사(三和寺)와 함께 약사삼불(藥師三佛)의 창건 설화가 전한다. 약사삼불인 백(伯)·중(仲)·계(季) 삼형제가 서역(인도)에서 돌배를 타고 유력하다가 우리나라 동해안에 이르러 맏형은 지금의 삼화사인 흑련대(黑蓮臺)에 머물렀고, 둘째는 지향사(池香寺)가 있었던 청련대(靑蓮臺), 막내는 금색 연꽃을 가지고 이곳에 머물러 금련대를 창건했다고 하는데, 그 금련대가 바로 이 절이라고 한다. 【참고문헌】 문화유적총람(문화재관리국, 1977)

영은사(靈隱寺)
【이명】 한때 묘은사(妙隱寺)라고 불렸다. 【위치】 충청남도 공주시 금성동 쌍수산(雙樹山) 공산성(公山城) 안에 있다. 【소속】 대한불교조계종 제6교구 본사인 마곡사의 말사이다. 【연혁】 1457년(조선 세조 3) 세조의 명으로 창건하여 묘은사라고 했다. 1592년(선조 25) 임진왜란 때 승병들이 이 절에서 훈련을 받고 승병장 기허 영규(騎虛 靈圭)의 인솔로 금산 전투에 참여했다. 1616년(광해군 8) 이 절에 승병장을 두어 도내의 모든 절을 관리하게 했다고 한다. 1624년(인조 2) 이괄(李适)이 난을 일으켜서 서울을 침공했을 때 인조는 이 절로 피난와서 안전하게 피신한 뒤 영은사라고 했다. 그 뒤 인조는 이 절 일대가 국방의 요충임을 깨닫고 이 절에 승병을 주둔하게 하여 호서지방 방비의 일익을 담당하도록 했다. 이는 북한산성과 남한산성의 승병 활동과 함께 호국사찰로서의 역사적 의의를 지니는 것이다. 현재는 비구니의 수도처이다. 【유적·유물】 건물로는 대웅전(충청남도 문화재자료 제51호)과 관일루(觀日樓) 등이 있다. 유물로는 동종이 있는데, 1715년(숙종 41) 3월 서산의 문수사(文殊寺)에서 주조된 것이다. 【참고문헌】 문화유적총람-사찰편(충청남도, 1990)

영은사(靈隱寺)
【위치】 충청남도 논산군 벌곡면 덕곡리 대둔산(大芚山)에 있다. 【소속】 대한불교조계종 제6교구 본사인 마곡사의 말사이다. 【연혁】 조선시대에 창건된 것으로 추정된다. 신경준(申景濬, 1712~1781)이

편찬한 《가람고(伽藍考)》에 존재한다고 나와 있다. 1985년 중창하여 오늘에 이르고 있다. 【유적·유물】건물로는 대웅전과 요사채 등이 있다. 유물로는 석종형(石鐘型) 부도가 있다. 절터의 크기로 보아 주변에 많은 부속 암자를 지녔던 큰 절이었던 듯하다. 【참고문헌】가람고, 문화유적총람─사찰편(충청남도, 1990), 한국사찰전서(권상로, 동국대학교 출판부, 1979)

영은사(靈隱寺)
강서사(江西寺)를 보시오.

영은사(靈隱寺)
내장사(內藏寺)를 보시오.

영은암(永恩庵)
【위치】충청남도 논산군 부적면 신풍리 고정산(高井山)에 있다. 【연혁】유물로 미루어 보아 고려 때에 창건된 것으로 추정된다. 연혁은 전하지 않는다. 【유적·유물】건물로는 인법당(因法堂)이 있다. 유물로는 마애불(충청남도 유형문화재 제54호)이 있다. 인법당 뒷면 암벽에 있는 이 마애불은 고려 때의 작품으로 추정된다. 【참고문헌】문화유적총람─사찰편(충청남도, 1990)

영은암(榮恩庵)
대각원(大覺院)을 보시오.

영장사(靈藏寺)
화방사(花芳寺)를 보시오.

영전사(令傳寺)
영천사(靈泉寺)를 보시오.

영정사(靈井寺)
표충사(表忠寺)를 보시오.

영주암(靈珠庵)
【위치】강원도 평강군 현내면 하복리 청룡산(青龍山) 기슭에 있었다. 【연혁】언제 누가 창건했는지 알 수 없다. 1773년

(조선 영조 49) 건물이 붕괴하자 계인(戒仁)이 청룡산의 병풍암 아래에 있던 건물들을 지금의 위치로 옮겨 중창했다. 그 뒤 1897년(광무 1) 도둑이 들어 절을 불태웠을 뿐만 아니라 전해져 오던 문적(文蹟)까지도 꺼내어 모두 불살랐다. 이 절의 소작인들이 절에서 소작을 주고 있는 토지문서를 불사르기 위한 소행이었다고 한다. 그 뒤 1899년 주지 이보각(李普覺)이 중건하는 한편, 암자 뒤편 산봉우리에 석탑 1기를 건립했다. 일제강점기의 31본산 시대에는 유점사(楡岾寺)의 말사였다. 현재의 상황은 알 수 없으나 북한측 자료에 의하면 현존하지 않는다. 【유적·유물】1950년 6·25전쟁 전까지만 해도 이 절의 옛터에는 1558년(명종 13)에 건립된 혜웅화상일공사리탑(慧雄和尙一空舍利塔)과 석불 수십 위가 있었다. 【참고문헌】유점사본말사지, 한국사찰전서(권상로, 동국대학교 출판부, 1979)

영지사(靈芝寺)
【이명】한때 웅정암(熊井庵)이라고 불렸다. 【위치】경상북도 영천시 대창면 용호리 구룡산(九龍山)에 있다. 【소속】대한불교조계종 제10교구 본사인 은해사의 말사이다. 【연혁】신라 무열왕 때(654~661) 의상(義湘)이 창건하여 웅정암이라 했다고 한다. 1592년(조선 선조 25) 임진왜란 때 소실한 후 1603년(선조 36) 지조(智照)와 원찬(元贊)이 중창하고, 이름을 영지사로 바꿨다. 1992년 주지인 비구니 중안(重岸)이 대웅전을 중수했다. 【유적·유물】현존하는 건물로는 대웅전(경상북도 문화재자료 제207호)과 명부전, 범종각, 요사채 2동 등이 있다. 특별한 유물은 없다. 【참고문헌】한국사찰전서(권상로,

동국대학교 출판부, 1979)

영지사(影池寺)

영지암(影池庵)을 보시오.

영지암(影池庵)

【이명】한때 영지사(影池寺)라고 불렸다. 【위치】경상북도 경주시 외동읍 패릉리에 있다. 【소속】대한불교조계종 제11교구 본사인 불국사의 말사이다. 【연혁】751년 (경덕왕 10) 김대성(金大城)이 불국사의 다보탑과 석가탑을 건립할 때 석공으로 일했던 아사달(阿斯達)과 그의 아내 아사녀(阿斯女)의 넋을 달래기 위해 창건했다고 한다. 연혁은 전하지 않는다. 【유적·유물】건물로는 인법당(因法堂)만이 있다. 유물로는 석불이 있는데, 팔각원당형 대좌(八角圓堂型臺座)에 결가부좌의 자세로 앉아 있다. 그러나 두 손과 무릎이 파손된 상태이며, 얼굴도 마모가 심하다. 사람들은 이 석불을 아사녀상이라고 부른다. 통일신라 때의 작품으로 추정된다. 【설화】다보탑과 석가탑을 세울 때 당시 신라에까지 이름이 널리 알려졌던 백제의 석공 아사달을 초빙하여 탑을 조성하게 했다. 그는 먼저 다보탑을 완공하고 다시 석가탑을 조성하고 있었는데, 어느 날 기다림에 지친 아내 아사녀가 찾아왔다. 그러나 주지 스님은 불사중 부정을 탈 것을 염려하여 그녀에게 '절 아래 연못이 있으니 그곳에 가서 기다리시오. 탑이 완성되면 못 위에 그림자가 비칠 것이니 그때 만나도록 하시오.'라고 권했다. 그리하여 아사녀는 연못가에 머물면서 매일 탑 그림자가 못에 비치기를 애타게 기다렸다. 드디어 어느 달 밝은 밤 탑 그림자가 떠오르자, 순간 그녀는 '아사달님!' 하고 물속에 뛰어들어 탑을 안으려고 했으나 그만

익사하고 말았다. 아내가 찾아왔다는 소식을 들은 아사달이 탑을 완성한 뒤 이 못으로 뛰어 왔으나 그녀는 죽은 지 오래였다. 아사달은 울부짖으며 못에 몸을 던져 아내의 뒤를 따랐다. 그리하여 이 못을 영지라고 했다. 【참고문헌】속 명산 고찰 따라(이고운·박설산, 운주사, 1994)

영천사(靈泉寺)

【이명】한때 영전사(令傳寺)라고 불렸다. 【위치】강원도 원주시 태장동에 있다. 【소속】대한불교조계종 제4교구 본사인 월정사의 말사이다. 【연혁】고려 때에 창건됐다. 고려 말에는 나옹 혜근(懶翁 惠勤, 1320~1376)이 잠시 이 절에 머물렀으며, 혜근이 입적한 뒤 1388년(우왕 14) 이곳에 혜근의 사리탑을 세웠다. 당시의 절 이름은 영전사였으며, 조선 중기까지는 원주 지방의 큰 절로서 전승되었다. 그러나 1592년(선조 25) 임진왜란 때 전소하여 폐허화했다. 1938년 처사 박(朴)씨가 꿈에 부처님이 나타나 절을 지으라고 하여 중창하고 영천사라고 이름을 고쳤다. 1950년 6·25전쟁 때 다시 전소하여 폐허화하자, 1958년 승려 김중길이 대웅전을 중건했고, 이어 선광(善光) 등이 불사를 계속하여 오늘에 이르고 있다. 【유적·유물】건물로는 대웅전을 비롯하여 약사전, 삼성각, 요사채, 관음전, 유아원이 있다. 대웅전 안에는 석가여래삼존불을 봉안했다. 특별한 문화재는 남아 있지 않으나, 보제존자사리탑(普濟尊者舍利塔;보물 제358호) 2기가 1919년 경복궁으로 옮겨져 현재는 국립중앙박물관 뜰에 있다. 이 탑은 혜근의 사리탑으로서 1338년 혜근의 사리 1과를 봉안했는데, 부도 모양을 취하는 일반적인 승려의 묘탑과는 달리 불탑 형식을

취한 우리 나라 유일한 예이다. 【참고문헌】 전통사찰총서 1-강원도 1(사찰문화연구원, 1992)

영천사(靈泉寺)
등운암(騰雲庵)을 보시오.

영천사(靈泉寺)
영혈사(靈穴寺)를 보시오.

영천암(靈泉庵)
【위치】 충청남도 금산군 남이면 석동리 진락산(進樂山)에 있다. 【소속】 대한불교조계종 제6교구 마곡사의 말사인 보석사(寶石寺)의 부속 암자이다. 【연혁】 언제 누가 창건했는지 알 수 없다. 연혁은 전하지 않는다. 【유적·유물】 건물로는 무량수각과 칠성각 등이 있다. 이들 건물은 조선 말기에 유행했던 익공계(翼工系)의 양식을 보이고 있다. 【참고문헌】 문화유적총람-사찰편(충청남도, 1990)

영축사(靈鷲寺)
【위치】 경상남도 양산군 영축산(靈鷲山)에 있었다. 【연혁】 683년(신라 신문왕 3) 재상 충원(忠元)이 창건했다. 충원은 장산국(萇山國)에서 온천욕을 하고 성으로 돌아오던 중 굴정역(屈井驛)의 동지야(桐旨野)에 이르러 휴식을 취했다. 그때 한 사람이 매로 꿩을 쫓고 있는 것을 보게 되었는데, 꿩은 도망쳐 굴정현의 관청 북쪽 우물 속에서 날개를 벌려 두 마리의 새끼를 품고 있었고, 매는 우물가 나뭇가지에서 이 모양을 측은한 듯 바라보고 있었다. 충원은 이에 감동하여 점을 쳐서 이곳에 절을 세울 만하다는 사실을 알게 됐다. 그는 돌아와 신문왕에게 건의하여 현의 관청을 다른 곳으로 옮기고, 이곳에 절을 세워 영축사라고 했다고 한다. 원성왕 때 (785~798) 큰스님 연회(緣會)가 이 절에

서 낭지(朗智)의 전기를 지었다. 그는 항상 《법화경》을 외우며 보현관행(普賢觀行)을 닦았는데, 이 절의 뜰 아래 못에 있던 연꽃이 사시사철 시들지 않았다고 한다. 이에 원성왕이 그를 국사로 삼았다. 자세한 연혁은 전하지 않는다. 다만 고려시대에 목암 일연(睦庵 一然, 1206~1289)이 편찬한 《삼국유사》에 '지금의 영축사 용장전(龍藏殿)이 바로 연회의 옛 거처이다.'라고 나와 있는 것으로 보아 고려 중기까지도 존재했던 것으로 보인다. 【참고문헌】 삼국유사

영축사(靈鷲寺)
백담사(百潭寺)를 보시오.

영탑사(靈塔寺)
【위치】 평안남도 평양시 서쪽 대보산(大寶山)에 있었다. 【연혁】 고구려 보장왕 때(642~668)의 큰스님 보덕(普德)이 신인(神人)의 교시로 석탑을 얻고 절을 세워 영탑사라고 했다고 한다. 연혁은 전하지 않는다. 【설화】 보덕은 평양성에 살았는데, 한 노승이 와서 강경(講經)을 청했으므로 《열반경》 40여 권을 모두 강의했다. 그 뒤 성의 서쪽 대보산의 바위굴에서 참선을 할 때 한 신인이 나타나 석장(錫杖)으로 땅을 가리키며 '이 속에 팔면칠층(八面七層)의 석탑이 있다'고 하므로 그곳을 파보니 석탑이 나왔으며, 이에 절을 세우고 영탑사라 이름하고 이 절에 살았다고 한다. 【참고문헌】 삼국유사

영탑사(靈塔寺)
【위치】 충청남도 당진군 면천면 성하리 상왕산(象王山) 기슭에 있다. 【소속】 대한불교조계종 제7교구 본사인 수덕사의 말사이다. 【연혁】 고려 때 보조(普照) 국사 지눌(知訥, 1158~1210)이 현재의 큰

방 앞에 오층석탑을 세운 뒤 영탑사라 했
다고 한다. 그 뒤 무학 자초(無學 自超,
1327~1405)가 현재의 법당 자리에 있던
천연암석에 불상을 조각하고 절을 중건했
으며 큰방 앞 정원에 있던 오층석탑을 법
당 뒤의 바위 위로 이전했다. 그 뒤 1911
년 신도들이 중수하고 1988년 대웅전을
중수하여 오늘에 이르고 있다. 【유적·유
물】 건물로는 대웅전을 비롯해 유리광전,
산신각, 요사채 등이 있다. 유물로는 금동
삼존불상(보물 제409호)과 마애약사여래
좌상(충청남도 유형문화재 제111호), 소형
동종, 칠층석탑 등이 있다. 금동삼존불은
대웅전 안에 봉안되어 있는데, 고려시대의
양식을 보이고 있다. 마애약사여래좌상은
높이 1.8m로서 유리광전 안에 봉안되어
있으며 자연암반에 양각되어 있다. 소형
동종 역시 유리광전 안에 있으며 조선시대
의 것으로 추정된다. 또 대웅전 뒤의 자연
암석을 기단으로 하여 세워진 칠층석탑(충
청남도 문화재자료 제216호)은 원래 오층
탑이었으나 1911년의 중수 때 2층을 더 올
려 7층으로 했다고 한다. 【참고문헌】 문화
유적총람(문화재관리국, 1977), 충청남도
지(충청남도, 1979), 문화유적총람-사찰
편(충청남도, 1990)

영통사(靈通寺)
【위치】 경기도 개성시 용흥리 오관산 기
슭의 영통동(靈通洞)에 있었다. 【연혁】
1027년(고려 현종 18) 창건됐다. 1036년
(정종 2) 정종은 자식 넷이 있을 경우에는
한 자식의 출가를 허락한다는 법을 제정
한 뒤 이 절에 계단(戒壇)을 설치하고 경
률(經律)을 익히고, 시험을 치르는 장소
로 만들었다. 대각(大覺) 국사 의천(義
天)이 1065년(문종 19) 이 절에서 출가했

고, 그의 입적 후인 1125년(인조 3) 그의
비를 이 절에 세웠다. 고려 왕실에서는 다
른 어떤 절보다 이 절에서 많은 참배를 가
졌다. 인종을 비롯하여 명종, 신종, 충렬
왕, 충선왕, 공민왕 등이 자주 행차하여
향을 올렸다. 또한 이 절과 인연이 깊은
왕들의 진영(眞影)을 모신 진영각을 두기
도 했다. 그러므로 이 절에서는 왕실에서
주관한 재(齋)나 기신도량(忌辰道場)이
많이 개설되었다. 특히 인종은 이 절을 매
우 좋아하여 그 어느 왕보다 자주 행차하
여 향을 올렸는데, 1146년 정월에는 화엄
회(華嚴會)를 열게 하고 친히 지은 불소
(佛疏)를 신하들 앞에서 설했다. 언제 폐
사되었는지는 전혀 전하지 않는다. 이 절
을 대상으로 읊은 이규보(李奎報), 김구
용(金九容), 변계량(卞季良), 석월창(釋
月窓), 권근(權近), 이원(李原), 성임(成
任), 이승소(李承召) 등의 시가 《동국여
지승람》에 기록되어 있다. 【유적·유물】
문화재로는 대각국사비(大覺國師碑; 북한
보물급 문화재 제36호)를 비롯하여 서삼층
석탑(북한 국보급 문화재 제38호)과 동삼
층석탑, 오층석탑(북한 국보급 문화재 제
37호) 등이 있다. 또 《동국여지승람》에
의하면 이 절에는 고려 문종의 화상과 홍
자번(洪自藩, 1237~1306)의 화상이 있었
다고 하며, 서루(西樓)의 경치는 송도에
서 제일이라는 기록이 있다. 【참고문헌】
고려사, 동국여지승람, 한국사찰전서(권
상로, 동국대학교 출판부, 1979), 북한사찰
연구(한국불교종단협의회, 1993)

영혈사(靈穴寺)
【이명】 한때 영천사(靈泉寺)라고 불렸다.
【위치】 강원도 양양군 양양읍 화일리 설
악산 동남쪽 관모봉(冠母峰) 아래에 있

다. 【소속】 대한불교조계종 제3교구 본사인 신흥사의 말사이다. 【연혁】 신라 때 원효(元曉)가 설악산에 와서 일출암(日出庵)을 짓고 난 2년 뒤 689년(신문왕 9)이 절을 창건했으며, 이어서 청련암(靑蓮庵)을 세웠다고 한다. 그러나 원효는 686년에 입적했으므로 신빙성이 없다. 그 뒤 1688년(조선 숙종 14) 화재로 불타자, 1690년 취원(聚遠)이 중건하고 영천사라고 했다가, 1887년(고종 24) 지화(知和)와 도윤(道允)이 중수한 뒤 다시 영혈사라고 했다. 1904년 신자 김우경(金禹卿)이 중수했으며, 1912년 사찰령에 따라 건봉사(乾鳳寺)의 말사가 되었다. 1950년 6·25전쟁 때에는 치열한 설악산전투를 겪으면서도 전화를 면했다. 1992년 극락전을 새로 짓는 등 중건했다. 부속 암자로는 학소암(鶴巢庵)과 백학암(白鶴庵)이 있었다. 【유적·유물】 현존하는 건물로는 극락전과 지장전, 산신각, 요사채, 이전의 중심 법당이던 원통보전을 절 입구로 옮겨 세운 건물 등이 있다. 극락전 안에는 관세음보살좌상이 봉안되어 있다. 이 밖에도 조선시대의 것으로 추정되는 석종형(石鐘型) 및 팔각원당형(八角圓堂型)의 화강암제 부도 3기가 있다. 【설화】 원효가 이 절에서 낙산사(洛山寺) 홍련암(紅蓮庵)까지 선장(禪杖)으로 샘물 줄기를 끌어 갔다는 설화가 전한다. 【참고문헌】 문화유적총람(문화재관리국, 1977), 한국사찰전서(권상로, 동국대학교 출판부, 1979), 명산 고찰 따라(이고운·박설산, 신문출판사, 1987)

영혈사(靈穴寺)
연대암(蓮臺庵)을 보시오.

영화사(永華寺)

【이명】 한때 화양사(華陽寺)라고 불렸다. 【위치】 서울특별시 광진구 구의동 아차산(峨嵯山) 남서쪽 기슭에 있다. 【소속】 대한불교조계종 직할교구 본사인 조계사의 말사이다. 【연혁】 672년(신라 문무왕 12) 의상(義湘)이 용마봉(龍馬峰) 아래에 창건하고 화양사라고 했다. 1395년(조선 태조 4) 태조가 이 절의 등불이 궁성에까지 비친다고 하여 산 아래의 군자동으로 옮겨 짓게 했다. 그 뒤 다시 중곡동으로 옮겨 지었다가 1907년 지금의 위치로 이전하면서 영화사라고 했다. 1909년 화주 도암(道庵)이 산신각과 독성각을 건립하여 오늘에 이르고 있다. 【유적·유물】 현존하는 건물로는 극락보전을 중심으로 삼성각, 미륵전, 선불장(選佛場), 요사채 등이 있다. 미륵전 안에는 높이 약 3.5m의 미륵석불입상이 있는데, 세조가 이 불상 앞에서 기도했다고 한다. 그러나 흰색으로 칠을 하여 연대 측정이 불가능하며 조각 수법도 빼어나지 못하다. 본래 중곡동의 옛터에서 여러 대의 우마차를 동원하여 며칠에 걸쳐서 옮겨 왔다고 한다. 미륵전의 편액은 권상로(權相老, 1879~1965)의 글씨이다. 이 절은 터가 상당히 넓고 경내에 느티나무 등의 고목과 우물, 약수 등이 있다. 【참고문헌】 한국사찰전서(권상로, 동국대학교 출판부, 1979), 명산 고찰 따라(이고운·박설산, 신문출판사, 1987)

영화암(暎華庵)
구화사(九華寺)를 보시오.

영흥사(永興寺)
【위치】 경상북도 경주시 황남동에 있었다. 【연혁】 535년(신라 법흥왕 22) 법흥왕의 비 보도부인(保刀夫人)이 창건했다. 보도부인은 법흥왕이 540년(진흥왕 1) 왕

위를 버리고 출가하자, 자신도 모례(毛禮)의 누이동생인 사(史)씨의 유풍(遺風)을 사모해 법명을 묘법(妙法)이라 하고 이 절에 출가했다. 이어 진흥왕의 비 사도부인(思道夫人)도 572년(진흥왕 33) 진흥왕이 출가하자, 법명을 묘주(妙住)라 하고 이 절에 출가했다. 이로 미루어 보아 왕실의 원당임이 분명하다. 이 절을 관리하는 성전(成典)은 684년(신문왕 4) 처음 설치했는데, 759년(경덕왕 18) 관제개혁 때 감영홍사관(監永興寺館)으로 이름을 바꿨다. 관원으로는 대나마 1인과 사(史) 3인을 두었는데, 대나마는 경덕왕 때 감(監)이라고 바꿔 불렀다. 그 뒤의 연혁은 전하지 않는다. 【참고문헌】 삼국유사, 황룡사구층탑지의 연구(변선웅, 국회도서관보10~10, 1973), 신라통일기의 성전사원의 구조와 기능(채상식, 부산사학 8, 1984)

예련사(제蓮寺)

애련사(愛蓮寺)를 보시오.

오금사(五金寺)

【위치】 전라북도 익산시 금마면 용순리 오금산(五金山) 북쪽 기슭에 있었다. 【연혁】 백제 무왕(재위 600~641)이 창건했다. 무왕은 어릴 때 이름이 서동(薯童)이었는데, 효성이 지극하여 마를 캐어 팔아 홀어머니를 봉양했다. 그러던 어느 날 마를 캐던 자리에서 5금(金)을 얻었다. 이는 서동이 효성이 지극한 탓이라고 하여 사람들의 인심을 얻게 되었고, 마침내 왕위에 올라 무왕이 되었다고 한다. 그 뒤 무왕은 금을 발견했던 자리에 어머니를 위해 절을 창건하고, 5금을 얻은 곳이라고 하여 오금사라 했다고 한다. 그러나 더 이상의 연혁은 전하지 않는다. 1481년(조선 성종 12)에 편찬된 《동국여지승람》에

는 존재한다고 나와 있으나, 1799년(정조 23)에 편찬된 《범우고(梵宇攷)》에는 폐사되었다고 나와 있는 것으로 보아 조선 중기에 폐사된 것으로 보인다. 그 뒤 절터에 은선암(隱仙庵)과 백련사(白蓮寺)가 차례로 창건되었으나 또 다시 폐사되었으며, 지금은 터조차 확실히 찾지 못하고 있다. 다만 지금의 산제당(山祭堂) 터가 옛 터라고 전하고 있을 뿐이다. 【참고문헌】 삼국유사, 동국여지승람, 범우고

오덕사(五德寺)

【위치】 충청남도 부여군 충화면 오덕리 금계산(金鷄山)에 있다. 【소속】 대한불교조계종 제6교구 본사인 마곡사의 말사이다. 【연혁】 759년(신라 경덕왕 18) 원효(元曉, 617~686)가 창건했다고 하나, 창건한 때가 원효의 활동 시기와 크게 차이가 나므로 신빙성이 없다. 창건 당시 뒷산인 금계산에 다섯 가지 덕이 있다고 하여 이름을 오덕사라고 했으며, 법당을 비롯하여 나한전, 명부전, 관음암(觀音庵), 청계암(淸溪庵), 성수암(聖壽庵), 정문, 금강문, 법왕문, 승방, 선방 등이 있었다고 한다. 그 뒤 고려 공민왕 때(1351~1374) 나옹 혜근(懶翁 惠勤)이 8방(房)과 9암(庵)을 중건하고 보덕루(普德樓)를 신축했으며, 길이 30척, 너비 10척의 석가모니불탱화 1폭을 그려 봉안했다. 조선 선조 때(1567~1608)에는 선조가 어필(御筆)과 용포(龍袍)를 하사했는데, 이를 봉안하기 위해 어필각(御筆閣)을 신축했다. 그 뒤 퇴락한 채 명맥만을 유지하다가 1918년 주지 나일택(羅日澤)이 칠성각을 신축하고 어필각을 옮겨 지어 오늘에 이르고 있다. 【유적·유물】 현존하는 건물로는 대웅전을 비롯하여 보덕루, 칠성각,

요사채, 어필각 등이 있다. 유물로는 선조의 곤룡포와 어필이 있다.【참고문헌】범우고, 가야고, 임천읍지

오룡사(五龍寺)
【위치】경기도 개성시 용흥리 용암산에 있었다.【연혁】유물로 미루어 보아 고려시대 초기 이전에 창건된 것으로 추정된다. 연혁은 전하지 않는다. 1900년대에 편찬된《사탑고적고(寺塔古蹟攷)》에 '옛터에 초석이 산재해 있다.'고 나와 있는 것으로 보아 1900년대 이전에 폐사된 것으로 추정된다.【유적·유물】절터에는 법경왕사보조혜광탑비(法鏡王師普照慧光塔碑)가 있다. 이 탑비는 법경 경유(法鏡 慶猷, 871~921)의 것으로서 944년(혜종 1)에 세워졌다.【참고문헌】사탑고적고, 한국사찰전서(권상로, 동국대학교 출판부, 1979), 북한사찰연구(한국불교종단협의회, 1993)

오미원(吳彌院)
선효사(宣孝寺)를 보시오.

오봉사(五峰寺)
【위치】경기도 연천군 연천읍 고문리 오봉산(五峰山)에 있었다.【연혁】신라 때 창건됐다. 고려 말에는 13종 중의 하나인 시흥종(始興宗)에 속한 절로서 크게 위세를 떨쳤다고 한다. 1407년(조선 태종 7) 시흥종의 자복사찰(資福寺刹)이 되었으며, 1677년(숙종 3) 화주 경열(敬悅)이 중수했다. 또한 1917년 주지 도현(道玄)이 폐허 직전에 놓인 이 절에 부임하여 빼앗겼던 절 소유의 땅을 찾고 법당 등의 건물을 중수했다. 그러나 큰 절이었던 이 절은 1950년 6·25전쟁 때 전소한 뒤 복구되지 못했다.【유적·유물】현재 절터에는 주춧돌과 부도(경기도 유형문화재 제131호), 탑비만이 남아 있다. 이 중에 부도는

석종형(石鍾型)으로서 연화문(蓮花紋)이 새겨져 있으며, 부도로서는 쉽게 찾아볼 수 없는 대형 부도이다. 이 부도 앞에는 부도의 주인공과 관련된 탑비가 있으나 마멸이 심해 글씨를 알아볼 수가 없다. 부도와 탑비 모두 고려 말 조선 초의 작품으로 추정된다.【참고문헌】태종실록, 한국사찰전서(권상로, 동국대학교 출판부, 1979), 기내사원지(경기도, 1988)

오봉사(五峰寺)
【위치】충청남도 연기군 서면 고복리 오봉산(五峰山)에 있다.【연혁】유물로 미루어 보아 조선 중기 이전에 창건된 것으로 추정된다. 연혁은 전하지 않는다.【유적·유물】건물로는 인법당(因法堂)과 요사채가 있다. 유물로는 명문 부도와 석탑 부재가 있다. 부도에는 1692년(숙종 18)에 제작됐음을 나타내는 명문이 있다. 석탑 부재도 조선시대의 것으로 보인다.【참고문헌】문화유적총람-사찰편(충청남도, 1990)

오봉사(五峰寺)
오봉암(五峰庵)을 보시오.

오봉암(五峰庵)
【이명】한때 오봉사(五峰寺)라고 불렸다.【위치】충청남도 아산시 장존동 설화산(雪華山)에 있다.【소속】대한불교조계종 제6교구 본사인 마곡사의 말사이다.【연혁】유물로 미루어 보아 고려시대 이전에 창건된 것으로 추정된다. 연혁은 전하지 않는다.【유적·유물】건물로는 대웅전과 요사채가 있다. 유물로는 삼층석탑이 있는데, 고려시대의 것으로 보인다.【참고문헌】한국사찰전서(권상로, 동국대학교 출판부, 1979), 문화유적총람-사찰편(충청남도, 1990)

오산사(鼇山寺)

사성암(四聖庵)을 보시오.

오색석사(五色石寺)

【위치】강원도 양양군 서면 오색리 설악산에 있다. 【소속】대한불교조계종 제3교구 본사인 신흥사의 말사이다. 【연혁】신라 말 선문구산(禪門九山)의 하나인 가지산파(迦智山派)의 개조 원적 도의(元寂道義)가 창건했다. 성주산파(聖住山派)의 개조 무주 무염(無住 無染, 801~888)도 이 절에서 출가했다고 한다. 그러나 그 뒤의 연혁은 전하지 않는다. 전설에 의하면 이 절의 후원에 한 그루의 이상한 나무가 있어 다섯 가지 색의 꽃이 피었으므로 절이름을 오색석사라 하고 지명을 오색리라 했으며, 절 아래에 있는 약수도 오색약수라 했다고 한다. 그러나 불교에서는 청·황·적·백·흑색의 오색을 정색(正色)으로 삼고 있으므로 이들 다섯 색에서 절이름이 유래되었다고 추정하기도 한다. 폐사된 채 있던 것을 최근 인법당(因法堂)을 세워 맥을 이었다. 【유적·유물】건물로는 인법당 1동이 있다. 유물로는 삼층석탑(보물 제497호)을 비롯하여 석사자(石獅子)와 대석(臺石), 기단석, 탑재(塔材) 등이 산재해 있다. 【참고문헌】명산 고찰 따라(이고운·박설산, 신문출판사, 1987)

오세암(五歲庵)

【이명】한때 관음암(觀音庵)이라고 불렀다. 【위치】강원도 인제군 북면 용대리 설악산 만경대(萬景臺) 아래에 있다. 【소속】대한불교조계종 제3교구 신흥사의 말사인 백담사(百潭寺)의 부속 암자이다. 【연혁】643년(신라 선덕여왕 12) 자장(慈藏)이 창건하여 관음암이라고 했다. 1548년(조

선 명종 3) 허응 보우(虛應 普雨)가 중건했다. 이어 1643년(인조 21) 설정(雪淨)이 중건한 뒤 이름을 오세암이라고 불렀다. 그 뒤 1888년(고종 25) 백하(白下)가 중건했다. 당시 법당을 2층으로 짓고 박달나무로 기둥을 세웠는데, 매끄럽기가 부드러운 명주옷으로 문질러도 결이 일어나지 않을 정도였다고 한다. 1898년 인공(印空)이 만일염불회(萬日念佛會)를 열었으며, 이 모임은 무려 18년 동안이나 계속되었다. 1950년 6·25전쟁으로 소실한 뒤 중건하여 오늘에 이르고 있다. 이 절은 참선도량이자 기도도량으로서 이름을 떨쳐 많은 큰스님들이 주석했다. 김시습(金時習, 1435~1493)이 출가한 뒤 머물렀고, 조선 중기에 불교의 부흥을 꾀하다가 순교한 보우도 수도했으며, 근대의 큰스님이자 시인이며 독립운동가였던 용운 봉완(龍雲 奉玩, 1879~1944)도 머물렀다. 특히 김시습과 봉완이 이곳에 머물면서 《십현담(十玄談)》의 주석서를 쓴 사실은 매우 유명하다. 【유적·유물】현존하는 건물로는 법당과 승방, 객사, 새로 지은 산신각이 있다. 옛 절터가 근처에 있어 석물(石物) 등이 남아 있다. 【설화】오세암이라는 절 이름과 관련된 유명한 관음 영험설화가 전한다. 설정은 고아가 된 형의 어린 아들을 이 절에 데려다 키우고 있었는데, 하루는 월동 준비 관계로 양양의 물치 장터로 떠나게 되었다. 그는 이틀 동안 혼자 있을 네 살의 조카를 위해서 며칠 먹을 밥을 지어 놓고는 법당 안의 관세음보살상을 가리키며 '이 밥을 먹고 저 어머니를 관세음보살 관세음보살 하고 부르면 잘 보살펴 주실 것이다.' 하는 말을 남기고 길을 떠났다. 장을 본 뒤 신흥사까지

왔는데 밤새 폭설이 내려 키가 넘도록 눈이 쌓였으므로 설정은 혼자 속을 태우다가 이듬해 3월에야 겨우 돌아올 수 있었다. 그런데 법당 안에서 목탁 소리가 은은히 들려 달려가 보니 죽은 줄만 알았던 아이가 목탁을 치면서 가늘게 관세음보살을 부르고 있었고, 방안은 훈훈한 기운과 함께 향기가 감돌고 있었다. 아이는 관세음보살이 밥을 주고 같이 자고 놀아 주었다고 말했다. 다섯 살의 동자가 관세음보살의 신력으로 살아난 것을 후세에 길이 전하기 위해 관음암을 오세암으로 고쳐 불렀다고 한다. 【참고문헌】 한국의 사찰-낙산사(한국불교연구원, 일지사, 1978), 전통사찰총서 1-강원도 1(사찰문화연구원, 1992)

오어사(吾魚寺)

【이명】 한때 항사사(恒沙寺)라고 불렸다. 【위치】 경상북도 포항시 남구 오천읍 항사리 운제산(雲梯山)에 있다. 【소속】 대한불교조계종 제11교구 본사인 불국사의 말사이다. 【연혁】 신라 진평왕 때(579~632) 창건됐다. 처음에는 항사사라고 했다. 혜공(惠空)이 만년에 이 절에 머물렀는데, 원효(元曉, 617~686)가 혜공을 찾아 자신의 저술에 대한 자문을 구했다. 한때 원효와 혜공이 함께 이곳의 계곡에서 고기를 잡아먹고 방변(放便)하자 고기 두 마리가 나와서 한 마리는 물을 거슬러 올라가고 한 마리는 아래로 내려갔는데, 올라가는 고기를 보고 서로 자기 고기라고 했다는 설화에 의해 오어사라 했다고 한다. 1736년(조선 영조 12) 불이 나서 전소하자 1742년(영조 18) 화주 치철(致哲)이 중수했다. 절의 북쪽에 자장암(慈藏庵)과 혜공암(惠空庵), 남쪽에 원효암(元

曉庵), 서쪽에 의상암(義湘庵) 등의 수행처가 있었던 것으로 보아 신라의 자장, 혜공, 원효, 의상의 네 조사가 이 절과 큰 인연이 있었음을 알 수 있다. 부속 암자로는 자장암과 원효암이 남아 있다. 【유적·유물】 현존하는 건물로는 대웅전(경상북도 문화재자료 제88호)을 중심으로 나한전, 설선당(說禪堂), 칠성각, 산령각 등이 있다. 이 중 대웅전을 제외한 건물들은 모두 최근에 건립한 것이다. 대표적인 유물로는 동종과 원효의 삿갓이 있다. 동종은 1216년(고려 고종 3)에 제작된 국보급 유물로 1996년 연못 준설 작업 도중 발견했다. 삿갓은 대웅전 안에 있는데, 매우 정교하게 만들어졌으며 높이는 1척이고 지름은 약 1.5척이며, 뒷부분은 거의 삭아버렸지만 겹겹으로 붙인 한지에는 글씨가 새겨져 있다. 이 삿갓은 마치 실오라기 같은 풀뿌리를 소재로 하여 짠 보기 드문 것이다. 이 밖에도 불계비문(佛稧碑文), 염불계비문(念佛稧碑文), 운제산단월발원비문(雲梯山壇越發願碑文) 등과 부도가 있다. 【참고문헌】 삼국유사, 한국사찰전서(권상로, 동국대학교 출판부, 1979)

오함사(烏含寺)

【위치】 일본 오사카부(大阪府) 도미다바야시시(富田林市)에 있었다. 【연혁】 일본에 망명해 있던 백제의 왕족들이 본국의 오함사(烏含寺 ; 일명 烏合寺·聖住寺, 충남 보령시 성주면 성주리에 터가 있음)를 본떠 창건한 것으로 추정된다. 백제의 오함사는 616년 무왕이 신라와의 전쟁에서 이긴 것을 기념하고, 또 전몰자의 명복을 빌기 위해 창건했다고 하므로, 이 절은 그 이후에 창건되었음이 분명하다. 이곳은 백제촌(百濟村)이라고 불릴 만큼 일찍이 백제

계통의 이주민들이 많이 거주했던 지역이다. 583년 백제의 사신 일라(日羅)가 부하에게 살해당했을 때 그 유족과 수행원들을 이곳에 머물게 했으며, 백제 왕자 교기(翹岐)가 643년 무렵 일본으로 건너갔을 때에도 이곳에 거주했다. 언제 폐사되었는지 알 수 없다. 【유적·유물】1959년 기타노(北野耕平) 등에 의해 발굴 작업이 이루어졌는데, 그 결과 유구(遺構)의 존재가 확인되었고, 또 수많은 기와를 비롯하여 소상(塑像)과 삼채도기(三彩陶器)의 조각, 금동금구(金銅金具)의 조각 등이 출토되었다. 특히 출토된 기와들 가운데 가장 오래 된 것으로는 아스카(飛鳥)시대(593~710)의 것이 있으며, 또 백제 계통의 소변연화문(素弁蓮花紋)이 새겨진 것도 있다. 【참고문헌】河內新堂, 烏舍寺蹟の調査(大阪府敎育委員會, 1961), 古代朝鮮佛敎と日本佛敎(田村圓澄, 吉川弘文館, 1980)

오함사(烏含寺)
성주사(聖住寺)를 보시오.

오합사(烏合寺)
성주사(聖住寺)를 보시오.

오회사(烏會寺)
성주사(聖住寺)를 보시오.

옥계사(玉溪寺)
금강암(金剛庵)을 보시오.

옥련사(玉蓮寺)
【위치】경상북도 의성군 안평면 삼춘리 봉두산(鳳頭山)에 있다. 【소속】대한불교조계종 제16교구 본사인 고운사의 말사이다. 【연혁】신라 흥덕왕 때(826~836) 덕운(德雲)이 창건했다. 고려 공민왕 때(1351~1374) 변조(遍照)가 중창하고, 1605년(조선 선조 38) 옥건(玉慶)이 삼창했다.

그 뒤의 연혁은 전하지 않는다. 【유적·유물】건물로는 극락전과 요사채 3동이 있다. 특별한 문화재는 없다. 【참고문헌】한국사찰전서(권상로, 동국대학교 출판부, 1979)

옥련암(玉蓮庵)
【위치】경상남도 양산군 하북면 지산리 영축산(靈鷲山)에 있다. 【소속】대한불교조계종 제15교구 본사인 통도사의 부속 암자이다. 【연혁】1374년(고려 공민왕 23) 쌍옥(雙玉)이 창건했다. 1857년(조선 철종 8) 호곡 청신(虎谷 淸愼)이 중창했다. 【유적·유물】건물은 법당과 요사채 등 모두 5동에 이른다. 특별한 문화재는 없다. 【설화】옛날 이 절에는 장군수(將軍水)라는 우물이 있었다. 늘 이 우물의 물을 마시는 이 절의 승려들은 힘이 굉장히 세어서 본사의 승려들이 언제나 당하지 못했다. 하루는 본사의 승려들이 은밀히 의논하여 몰래 우물을 메우고, 그 물길도 다른 곳으로 돌렸다. 그 뒤부터 이 절에는 힘센 승려들이 나오지 않았다고 한다. 【참고문헌】한국의 사찰 4-통도사(한국불교연구원, 일지사, 1994)

옥룡사(玉龍寺)
법왕사(法王寺)를 보시오.

옥수암(玉水庵)
【이명】한때 옥지암(玉芝庵)이라고 불렸다. 【위치】경기도 이천군 마장면 이평리 와룡산(臥龍山) 서북쪽 기슭에 있다. 【소속】대한불교조계종 제2교구 본사인 용주사의 말사이다. 【연혁】1273년(고려 원종 14) 서원(誓願)이 창건했다. 그 뒤 돌보는 사람이 없어 폐사되었다가, 1722년(조선 경종 2) 동래 정(鄭)씨와 남양 홍(洪)씨, 전주 이(李)씨, 재령 이(李)씨 등의

문중이 모여 선조들의 명복을 빌기 위해 중창하고 옥지암이라고 했다. 1780년(정조 4) 궤성(軌聖), 보청(普淸), 최설(最雪)이 불전을 중창하고 절 뒤에 있는 바위에서 흘러나오는 샘물이 옥과 같이 맑다고 하여 절 이름을 옥수암이라고 고쳤다. 그 뒤 1821년(순조 21) 덕인(德仁), 계화(啓和)가 중수했으며, 1944년에는 주지 석진(碩眞)이 대웅전을 신축했다. 1973년에는 주지 동월(東月)이 퇴락한 건물을 모두 보수하고, 요사채를 신축하여 오늘에 이르고 있다. 【유적·유물】건물로는 대웅전과 산신각, 법회실, 요사채 1동이 있다. 【설화】절을 지을 때 처음에 터를 잡은 곳에서 진드기가 수없이 쏟아져 나와 다른 장소를 물색하던 중, 하루는 큰 대들보 하나가 사라져서 찾아보니 지금의 절터에 와 있었다. 그러므로 이 터에 절을 짓는 것이 부처님의 뜻이라고 하여 절을 지었다는 전설이 있다. 【참고문헌】용주사본말사지(본말사주지회, 1984), 기내사원지(경기도, 1988)

옥수암(玉水庵)
향림사(香林寺)를 보시오.

옥지암(玉芝庵)
옥수암(玉水庵)을 보시오.

옥천사(玉泉寺)
【위치】경상남도 고성군 개천면 북평리 연화산(蓮花山) 기슭에 있다. 【소속】대한불교조계종 제13교구 본사인 쌍계사의 말사이다. 【연혁】670년(신라 문무왕 10) 의상(義湘)이 창건했다. 1208년(고려 희종 4) 진각(眞覺) 국사 혜심(慧諶)이 보조(普照) 국사 지눌(知訥)이 수선사(修禪社)의 법석을 그에게 물려주려 하자, 이를 뿌리치고 이곳으로 들어와 은거하면서

이 절을 중창했다. 고려 말에는 신돈(辛旽, ?~1371)의 어머니가 이 절에서 종으로 있었으며 신돈도 이 절에서 출가했다고 하나 이는 창녕의 옥천사와 혼동한 데서 비롯된 착오이다. 1592년(조선 선조 25) 임진왜란 때 전소한 뒤 1640년(인조 18) 학명(學明)과 의오(義悟)가 중창했으며 1883년(고종 20)에는 용성 진종(龍城 震鍾)이 중건했다. 1919년 영호 정호(暎湖 鼎鎬)가 이 절의 강사로 있으면서 세진교(洗塵橋)를 가설한 것을 비롯하여 두 차례 중수했다. 1927년에는 청담 순호(靑潭 淳浩)가 이 절에서 규영(圭榮)에게 출가하기도 했다. 부속 암자로는 백련암(白蓮庵), 청련암(靑蓮庵), 연대암(蓮臺庵) 등이 있다. 【유적·유물】현존하는 건물로는 대웅전을 중심으로 자방루(滋芳樓), 심검당(尋劍堂), 적묵당(寂默堂), 명부전(경상남도 문화재자료 제146호), 금당, 팔상전, 나한전, 산신각, 독성각, 칠성각, 객실 등이 있다. 건물들이 모두 큰 규모를 보이고 있고, 가람의 지붕이 마치 연꽃 무늬처럼 배열되어 있어 규모면에서는 본사인 쌍계사를 능가하고 있다. 문화재로는 임자명반자(壬子銘飯子:보물 제495호)를 비롯하여 자방루(경상남도 유형문화재 제53호), 향로(경상남도 유형문화재 제59호), 반종(飯鍾:경상남도 유형문화재 제60호), 대웅전(경상남도 유형문화재 제132호) 등이 있다. 임자명반자는 고려시대에 동으로 만든 것이고, 자방루는 지은 지 300년이 넘는 우아한 건물로서 이 절의 품위를 한층 더 높이고 있다. 이 밖에도 큰 법고(法鼓)와 자방루 앞뜰에 화강암으로 만든 순호의 사리탑이 있다. 【참고문헌】한국사찰전서(권상로, 동국대학교 출판부,

1979), 연화산 옥천사(옥천사, 1992)

옥천사(玉泉寺)

【위치】경기도 개풍군 청교면 진봉산(進鳳山)에 있었다. 【연혁】865년(신라 경문왕 5) 연기 도선(烟起 道詵)이 창건했다. 그 뒤 조선 후기까지의 연혁은 전하지 않는다. 1908년 향파(香坡)가 중수했고, 1937년 주지 함종섭(咸宗燮)이 중건했다. 일제강점기의 31본산시대에는 전등사(傳燈寺)의 말사였다. 현재의 상황은 알 수 없으나 북한측 자료에 의하면 현존하지 않는다. 【참고문헌】한국사찰전서(권상로, 동국대학교 출판부, 1979)

옥천사(玉泉寺)

【이명】옥천암(玉泉庵)이라고도 불린다. 【위치】전라북도 진안군 용담면 옥거리 천태산(天台山) 아래에 있다. 【소속】대한불교조계종 제17교구 본사인 금산사의 말사이다. 【연혁】892년(신라 진성여왕 6) 정현(定玄)이 창건했다. 그 뒤 몇 차례의 중건과 중수를 거쳐 명맥을 이어오다가, 1919년 군수 김우식(金宇植)이 중건하여 오늘에 이르고 있다. 본래는 규모가 큰 절이었다. 절 입구에는 옥류천(玉流泉)이 있는데, 절 이름은 이 계곡 이름에서 유래된 것이다. 【유적·유물】건물로는 법당과 삼성각이 있을 뿐이며, 특별한 문화재는 없다. 【참고문헌】전북불교총람(전북불교총연합회, 1993), 사찰지(전라북도, 1990)

옥천사(玉川寺)

【위치】전라북도 순창군 순창읍 순화리에 있었다. 【연혁】언제 누가 창건했는지 알 수 없다. 고려시대에 존재했던 절이라고 하나 연혁은 전하지 않으며, 언제 폐사되었는지도 알 수 없다. 【유적·유물】절터에는 현재 순창(淳昌)여자중학교가 자리잡고 있다. 유물로는 삼층석탑(전라북도 유형문화재 제26호)이 있는데, 고려시대의 것으로 보인다. 【참고문헌】사찰지(전라북도, 1990)

옥천사(玉泉寺)

【이명】한때 옥천사(玉川寺)라고 했다. 【위치】경상남도 창녕군 계성면 화왕산 남쪽에 있었다. 【연혁】언제 누가 창건했는지 알 수 없다. 고려 말에 신돈(辛旽, ?~1371)의 어머니가 이 절에서 종으로 있었으며, 신돈 또한 이 절에서 출가했다. 신돈이 죽자 이 절은 폐쇄되었으며, 뒤에 다시 고쳐 지으려다가 완성하기도 전에 다시 신돈의 일로 반대가 생겼기 때문에 헐렸다. 그 뒤 관리들과 백성들이 이 절이 철거된 것을 애석히 여기므로 이후기(李侯基)가 창녕을 다스린 지 1년 만에 새 건물을 객사의 동쪽에 건립했다. 그 뒤의 자세한 연혁은 전하지 않으며, 언제 폐사되었는지도 알 수 없다. 고려 말에는 옥천사(玉川寺)라고 불렸으나, 1481년(조선 성종 12)에 편찬된 《동국여지승람》에는 옥천사(玉泉寺)라고 기록되어 있다. 또한 1469년(예종 1)에 편찬된 《경상도속찬지리지(慶尙道續撰地理誌)》에는 교종(教宗)에 속한다고 나와 있다. 현재는 절터조차 확실하지 않다. 【참고문헌】고려사, 동국여지승람, 한국사찰전서(권상로, 동국대학교 출판부, 1979)

옥천사(玉泉寺)

쌍계사(雙磎寺)를 보시오.

옥천사(玉川寺)

옥천사(玉泉寺)를 보시오.

옥천사(玉泉寺)

옥천암(玉泉庵)을 보시오.

옥천사(玉泉寺)
용천사(湧泉寺)를 보시오.

옥천암(玉泉庵)
【이명】 옥천사(玉泉寺)라고도 불린다. 【위치】 경상남도 울산시 중구 연암동 함월산(含月山) 기슭에 있다. 【소속】 대한불교조계종 제15교구 본사인 통도사의 말사이다. 【연혁】 931년(신라 경순왕 5) 창건됐다. 1375년(고려 우왕 1) 원음(圓音)이 중창했으며, 1696년(조선 숙종 22)에는 신환(愼還)이 중창했다. 1718년 행림(幸林)이 중건했고, 1737년(영조 13) 원회(元晦), 찬민(贊敏), 수맹(守孟) 등이 안세도(安世道)의 시주를 받아 중수했다. 또한 1792년(정조 16) 문성덕(文聖德)의 시주를 얻어 초연(楚演)과 지성(志性)이 다시 법당과 요사채를 중건했다. 이러한 연혁은 최근 대웅전을 중수하면서 1792년에 쓴 상량문이 발견되어 밝혀졌다. 【유적·유물】 현존하는 건물로는 대웅전, 산신각, 요사채 등이 있다. 【참고문헌】 내 고장의 전통(울산시, 1982)

옥천암(玉泉庵)
【위치】 서울특별시 서대문구 홍은동 홍지문(弘智門) 부근에 있다. 【소속】 대한불교조계종 직할교구 본사인 조계사의 말사이다. 【연혁】 언제 누가 창건했는지 알 수 없다. 조선시대에 태조(재위 1392~1398)가 이 절에 있는 마애관음보살상에 기도했다고 전하고 있는 것으로 보아 그 이전에 창건된 것으로 추정된다. 1868년(고종 5) 명성황후(明成皇后)의 명으로 정관(淨觀)이 관음전을 건립하여 천일기도를 올렸다. 1927년 주지 이성우(李成祐)가 칠성각과 관음전을 건립했으며, 1932년 큰방과 요사채를 중수했다. 1942

년 주지 동봉(東峰)이 관음전을 중수하고 보타전(寶陀殿)을 중건했다. 현재 비구니의 수도도량이다. 【유적·유물】 현존하는 건물로는 관음전과 삼성각, 요사채가 있다. 문화재로는 마애관음보살상(서울특별시 유형문화재 제17호)이 있다. 이 마애불은 오래 전부터 흰 칠을 했고, 근년 지붕을 씌워 보도각백불(普渡閣白佛)이라고 이름했는데, 머리에 관모를 쓰고 있는 것이 큰 특색이다. 예로부터 많은 신자들이 와서 기도를 하고 영험을 얻었다고 한다. 조선시대에는 태조가 기도한 일이 있고, 또 흥선대원군의 부인이 아들인 고종을 위해서 자주 찾아와 기도했다고 전한다. 【설화】 이 마애불에는 1편의 영적기(靈蹟記)가 전하고 있다. 1807년(순조 7) 고양군(지금의 고양시) 신도면에 살았던 윤덕삼(尹德三)이라는 노총각은 나무장사를 하여 노부모를 봉양했다. 그는 홍제동에서 자하문을 넘어 나무를 팔고 돌아올 때마다 이 석불 앞에서 수십 번씩 절을 했다. 그는 아내를 얻어 아이를 낳고 부자가 되어 나무장사를 면하게 해달라고 기원했다. 100일이 넘은 어느 날 꿈에 한 노부인이 나타나서 '내일 새벽 자하문에 나가 문이 열리거든 첫번째로 성밖으로 나오는 여인을 집으로 데리고 가면 소원을 이루리라.'고 말했다. 다음날 새벽에 자하문이 열릴 때 윤도령을 찾아간다는 처녀를 만났는데, 그녀 역시 전날 밤에 '윤도령과 백년해로하라.'는 꿈을 꾸었다는 것이다. 두 사람은 석불에 예를 올린 뒤 집으로 돌아와서 낭자가 가지고 온 패물을 팔아 전답과 산을 사고 일대에서 제일 가는 부자가 되어 자손을 낳고 단란하게 살았다고 한다. 【참고문헌】 한국사찰전서(권상로,

동국대학교 출판부, 1979), 명산 고찰 따라
(이고운·박설산, 신문출판사, 1987)

옥천암(玉泉庵)
옥천사(玉泉寺)를 보시오.

옥천암(玉泉庵)
천축사(天竺寺)를 보시오.

완월사(翫月寺)
【위치】 경기도 개풍군 중서면 천마산(天
摩山)에 있었다. 【연혁】 언제 누가 창건
했는지 알 수 없다. 1905년 화주 경선(敬
善)이 다른 곳에서 옛 절터로 옮겨 지었
다. 1914년 주지 근식(根植)이 요사채를
중수하고, 1919년 근식이 법당을 중수했으
며, 1929년 근식이 모든 건물의 중수를 마
쳤다. 일제강점기의 31본산시대에는 전등
사(傳燈寺)의 말사였다. 현재의 상황은 알
수 없으나 북한측 자료에 의하면 현존하지
않는다. 【참고문헌】 한국불교사학대사전
(조명기, 대한불교문화진흥회, 1991)

왕륜사(王輪寺)
【위치】 경기도 개성시 송악산(松岳山) 동
남쪽 기슭의 고려동(高麗洞) 죽선대(竹仙
臺) 입구에 있었다. 【연혁】 919년(고려
태조 2) 태조 왕건(王建)이 창건했다. 태
조가 창건한 십찰(十刹) 중의 하나이다.
개성의 다른 절에 비하여 왕실의 행향(行
香)이 적었으나, 문종(재위 1046~1083)
은 어머니 원혜태후(元惠太后) 김(金)씨
의 휘신도량(諱辰道場)을 개설했고, 선종
(재위 1083~1094)과 의종(재위 1146~
1170)은 나한재(羅漢齋)를 베풀었다. 예
종(재위 1105~1122)은 소재도량(消災道
場)을 개설했으며, 그 외의 여러 왕실에
서도 반승(飯僧)을 베풀었다. 또한 당시
이 절은 교종(敎宗)의 총관단(總官壇)으
로서 5교종 승려들의 등용문인 선시장(選

試場)이기도 했다. 지광(智光) 국사 해린
(海麟, 984~1067)과 혜덕(慧德) 왕사 소
현(韶顯, 1038~1096) 등이 이곳에서 응
시하여 승직에 올랐다. 1236년(고종 23)
몽고의 병란으로 불에 탄 뒤, 1275년(충
렬왕 1) 제상궁(提上宮)을 폐하고 오대사
(五大寺)를 중수할 때 이 절도 중건했다.
1277년 장륙존상(丈六尊像)을 조성하고
충렬왕과 공주가 법회를 열었으며, 1283
년 석탑을 조성했다. 1365년(공민왕 14)
공민왕의 비인 노국공주(魯國公主)가 죽
자 공민왕은 이듬해 노국공주의 영전을
이 절에 지을 것을 명했다. 그러나 완공한
지 2년 만에 영전이 좁다는 이유로 마암
(馬巖)으로 옮겨서 다시 짓게 하여 1370
년 완공을 보았으나, 3층의 상량(上樑)이
떨어져 인부 26명이 압사하는 사고가 생
겼다. 이에 태후와 신돈(辛旽), 이춘부
(李春富) 등의 요청에 의해 다시 이 절의
옛터에 영전을 중수하기 시작했다. 이 영
전을 인희전(仁熙殿)이라고 이름했는데,
영전의 용마루 위에 놓인 취두(鷲頭)에
황금 650냥, 은 800냥이 사용되었다. 이
와 같은 사치는 그 유래를 찾기 힘든 것이
다. 이곳에서 열린 반승, 시상(施賞), 연
신(宴臣) 등의 사례 또한 헤아릴 수 없이
많았다. 공민왕이 죽자 1376년(우왕 2)
이 절의 서편에 공민왕의 영전인 혜명전
(惠明殿)을 지었으나, 그 규모와 역사의
진행에 관해서는 기록이 없다. 언제 폐사
되었는지도 알 수 없으며, 1682년(조선
숙종 8) 이 부근에서 오관서원(五冠書院)
을 경영했다는 단편적인 기록만이 전하고
있다. 【유적·유물】 일제강점기에 절터
를 가로지르는 도로를 내어 원형이 많이
손상되었지만, 당대 유물로서 석불 4위가

남아 있다. 【참고문헌】고려사, 송도의 고적(고유섭, 열화당, 1976), 한국사찰전서(권상로, 동국대학교 출판부, 1979)

왕망사(王望寺)

【위치】경상북도에 있었다. 【연혁】신라 때 창건됐다. 665년(문무왕 5) 혜통(惠通)이 당나라에서 견당사(遣唐使) 정공(鄭恭)과 함께 귀국한 뒤 인명을 해치던 독룡(毒龍)을 쫓아냈는데, 독룡은 정공의 집 문 밖에까지 와서 버드나무로 변해 692년(효소왕 1) 신문왕의 장례길을 가로막고 방해했다. 이에 독룡의 변신을 모르는 정공이 병사가 버드나무를 베어내려는 것을 말리다가 효소왕의 노여움을 사 죽음을 당했다. 또한 조정에서는 정공과 친한 혜통도 없애야 한다고 결론을 내렸다. 병사들이 혜통을 잡기 위해 이 절로 몰려오자, 그는 지붕에 올라가서 사기병의 목에다 붉은 먹물을 붓으로 그으며 소리쳤다. ‘너희들의 목을 보라.’ 병사들이 자신의 목을 보니 붉은 줄이 그어져 있었다. ‘내가 만일 병의 목을 자르면 너희들의 목도 잘린다.’ 병사들은 도망쳐 효소왕에게 보고했다. 이에 효소왕은 ‘화상의 신통력을 어찌 사람의 힘으로 도모하겠느냐.’ 라고 말하고 그대로 내버려 두었다고 한다. 연혁은 전하지 않는다. 【참고문헌】삼국유사

왕방사(王訪寺)

보덕사(普德寺)를 보시오.

왕산사(王山寺)

보덕사(普德寺)를 보시오.

왕후사(王后寺)

【위치】경상남도 김해시 장유면 대청리 불모산(佛母山)에 있었다. 【연혁】452년(가락국 질지왕 2) 질지왕이 김수로왕과 왕후 허황옥(許黃玉)의 공덕을 기리고 명복을 기원하기 위한 원찰로서 창건하고 밭 10결(結)을 부속시켰다. 김수로왕과 왕후가 합혼(合婚)한 전설이 깃든 곳에 세웠다고 한다. 그 뒤의 자세한 연혁은 전하지 않는다. 이 절을 창건한 지 500년 뒤에 장유사(長遊寺)를 창건하면서 장유사 측에서 이 절이 자신의 전지(田地) 동남쪽 지역 안에 있다 하여 이 절을 폐사하고 장사(莊舍)로 삼아 곳간과 마굿간으로 이용했다. 【유적·유물】장유사 입구에 절터가 남아 있다. 두 줄기의 계곡물이 합쳐지는 풍수지리상의 길지(吉地)라고 하여 현재 묘소로 이용되고 있다. 【참고문헌】삼국유사, 한국사찰전서(권상로, 동국대학교 출판부, 1979)

왕흥사(王興寺)

【위치】충청남도 부여군 규암면 신리에 있었다. 【연혁】600년(백제 법왕 2) 정월 법왕이 창건했다. 창건 당시 법왕은 30명을 출가시켜 승려로 만들었다. 물가에 있었던 이 절은 채색과 장식이 장엄하고 화려했으며, 법왕은 자주 배를 타고 여기에 들러 향불을 올렸다. 또 절 앞 언덕에는 10여 명이 앉을 만한 바위가 있는데, 백제왕이 절에 가서 예불을 드리려고 할 때에는 먼저 이 바위에서 부처님을 바라보고 절을 했으며, 그때마다 돌이 저절로 따뜻해졌으므로 자온대(自溫臺)라 했다고 한다. 백제 왕실의 비호 아래 큰 절로서의 면모를 유지했다. 그러나 백제의 멸망 전 660년(의자왕 20) 5월 이 절의 승려들은 큰 배 같은 것이 물을 따라서 절의 문 안으로 들어오는 것을 보았으며, 660년 멸망 후 이 절을 기점으로 하여 항거하던 백제 잔병들이 신라 무열왕에 의해 7일 만

에 700명이 사살되면서 절도 폐허화했다고 한다. 【유적·유물】절터는 충청남도 기념물 제33호로 지정되어 있다. 1934년 '왕흥(王興)'이라는 명문이 새겨진 기와 조각이 절터에서 수습됨으로써 이곳이 왕흥사의 터임이 밝혀졌다. 절터에는 백제시대의 초석과 판석이 남아 있으며, 깨진 기와 조각들이 곳곳에 흩어져 있다. 건물 터에는 석축 10여 개와 방형초석, 건물 기단석 일부가 노출되어 있다. 금당과 목탑 자리에는 민가가 건립되어 있어서 주위에 흩어진 초석 이외에는 별다른 유구가 나타나 있지 않지만, 다수의 백제 연화문 기와가 출토된 바 있다. 또한 절터 앞에는 쇠대박이라고 불리는 논이 있다. 이는 철당간(鐵幢竿)이 세워져 있었던 장소라는 뜻으로 여기까지 이 절의 부지로 추정된다. 【참고문헌】삼국유사, 삼국사기, 한국사찰전서(권상로, 동국대학교 출판부, 1979), 문화유적총람―사찰편(충청남도, 1990)

외제석원(外帝釋院)

【위치】경기도 개성시 송악산(松嶽山)에 있었다. 【연혁】924년(고려 태조 7) 태조가 신중원(神衆院), 흥국사(興國寺)와 함께 창건했다. 그 뒤의 연혁은 전하지 않는다. 【참고문헌】삼국유사, 고려사

용공사(龍貢寺)

【이명】한때 발삽사(勃颯寺)라고 불렸다. 【위치】강원도 통천군 백양면 백운암리 추지령(楸池嶺)에 있다. 【연혁】835년(신라 흥덕왕 10) 조사 와룡(臥龍)이 창건하여 발삽사라고 했다. 와룡은 중국 달마(達磨)의 후신(後身)이라는 전설이 있는데, 921년(고려 태조 4) 태조 왕건(王建)이 와룡을 흠모하여 새롭게 중건하고, 교

시를 내려서 군(郡)의 세공(稅貢)을 절에 바치게 했으며, 사액을 내려 용공사라고 이름을 바꿨다. 조선시대에는 태종(재위 1400~1418), 문종(재위 1450~1452), 세조(재위 1455~1468), 성종(재위 1469~1494), 인종(재위 1544~1545), 명종(재위 1545~1567), 선조(재위 1567~1608), 인조(재위 1623~1649), 효종(재위 1649~1659) 등의 아홉 왕이 어필을 하사했다. 1718년(숙종 44) 산불로 소실하자 청계(淸溪)가 신일리에 있던 이 절을 지금의 자리로 옮겨 중창했다. 그리고 영월(永月), 만월(滿月), 청파(靑坡) 등은 옛 절터에 암자를 짓고 용흥암(龍興庵)이라고 했다. 그 뒤 1860년(철종 11) 다시 산불로 5동의 법당과 8동의 요사가 완전히 소실했는데, 도백(道伯) 김시연(金始淵)이 내탕금(內帑金) 만 5천 냥을 얻어 중건했다. 그러나 1884년(고종 21) 의병들에 의해 요사채와 승방 등이 불탔고, 이에 경우궁(景祐宮) 당상(堂上) 김규석(金奎錫)이 조정에 상주하여 공명첩(空名帖) 500장을 받아 중건했다. 1899년(광무 3) 다시 화재로 법당과 어실각(御室閣)을 남기고 모두 소실했으나, 이듬해에 다시 중건했다. 일제강점기의 31본산시대에는 유점사(楡岾寺)의 말사였다. 【유적·유물】현존하는 건물로는 극락보전과 영산전, 해장전(海藏殿), 연루전(蓮樓殿), 어실각, 산신각, 하별당(下別堂), 양로당(養老堂) 등이 있다. 극락전에는 목조아미타삼존불이 봉안되어 있으며, 영산전에는 석가모니불을 중심으로 한 삼세불(三世佛)이 있다. 그러므로 이 절의 불상은 모두 9위가 봉안되어 있다. 또 탱화로는 후불탱화 3점, 감로탱화 3점 등 총 19점이

봉안되어 있다. 사보(寺寶)로는 오동향로(烏銅香爐)와 범종이 있고, 유암선사비(柳巖禪師碑)와 설송당대선사비(雪松堂大禪師碑), 철웅대사비(徹雄大師碑) 등이 있다. 【참고문헌】유점사본말사지, 한국사찰전서(권상로, 동국대학교 출판부, 1979), 북한사찰연구(한국불교종단협의회, 1993)

용구사(龍龜寺)

용흥사(龍興寺)를 보시오.

용굴암(龍窟庵)

【위치】전라북도 정읍시 내장동 내장산(內藏山)에 있었다. 【연혁】언제 누가 창건했는지 알 수 없다. 내장사(內藏寺)의 부속 암자로서 명맥을 이어왔으나 자세한 연혁은 전하지 않는다. 1592년(조선 선조 25) 임진왜란 때 왜적의 침입을 피해 전주 경기전(慶基殿)에 있던 태조의 어용(御容)을 다음해까지 이곳에 옮겨 봉안했다. 언제 폐사되었는지도 알 수 없다. 절터에는 용굴이 남아 있다. 【참고문헌】사찰지(전라북도, 1990)

용굴암(龍窟庵)

【위치】서울특별시 노원구 상계동 수락산(水落山)에 있다. 【소속】대한불교조계종 직할교구 본사인 조계사의 말사이다. 【연혁】언제 누가 창건했는지 알 수 없다. 1882년(조선 고종 19) 임오군란 때 경복궁에 난입한 성난 군인들을 피해 명성황후(明成皇后)가 여주 지방으로 피신하던 도중 이 절에 들러 하룻밤을 묵으면서 자신의 무사를 기원했다. 임오군란이 진압되고 명성황후가 환궁하여 다시 세력을 잡자 이 절 주지에게 하사금을 내려 대웅전을 짓게 했다. 이때 비로소 절로서의 면모를 갖추게 되었다. 1982년에는 나한전을 중수했다. 【유적·유물】건물로는 대

웅전과 나한전이 있다. 대웅전 안에는 아미타불을 봉안하고 있으며, 후불탱화와 신중탱화, 칠성탱화, 산신탱화가 있다. 나한전은 자연동굴 안에 불상을 모신 형태이다. 【참고문헌】노원구지(노원구, 1994)

용궁사(龍宮寺)

【이명】한때 백운사(白雲寺), 구담사(瞿曇寺)라고 불렸다. 【위치】인천광역시 중구 운남동 백운산(白雲山)에 있다. 【소속】한국불교태고종에 속한다. 【연혁】670년(신라 문무왕 10) 원효(元曉)가 창건하여 산 이름을 백운산, 절 이름을 백운사라 했다고 한다. 조선시대에는 흥선대원군 이하응(李昰應, 1820~1898)이 이 절에 머물면서 10년 동안 기도했다. 또한 흥선대원군은 절 뒷산에 아버지 남연군 이구(李球)의 묘를 쓰려다 아들의 등극을 위해 기도하던 곳에 시신이 들어와서는 안 된다고 하여 옮기지 못했다. 1860년 무렵 여단포에 사는 어부 윤(尹)씨가 작약도 근해에서 옥으로 조성된 불상을 건져 올려 이 절에 봉안했다고 한다. 이에 따라 1864년(고종 1) 흥선대원군이 옛터에 옮겨 짓고, 이름을 구담사에서 용궁사로 고쳤다. 《전등본말사지(傳燈本末寺誌)》에는 이때 흥선대원군이 구담사라고 이름을 바꿨다고 했으나, 이는 사실과 다르다. 언제 백운사를 구담사로 이름을 바꿨는지는 알 수 없다. 1884년(고종 21) 관음전을 세웠으며, 1916년 주지 김대원(金大圓)이 이응선(李應善)의 시주로 법당의 감실(龕室)을 만들었다. 1936년 주지 김흥근(金興根)이 중수했으며, 1966년 용황각을 세웠다. 【유적·유물】건물로는 관음전을 비롯하여 칠성각, 용황각, 요사 등이 있다. 요사는 1854년에 옮겨 지은 것인데, 원주

형의 싸리나무 기둥을 비롯하여 뒷면의 덧
문, 그리고 건물의 여러 곳에 부착되어 있
는 태극무늬의 목판이 원형을 유지하고 있
어서 조선 후기의 목조건물 양식을 연구하
는 데 귀중한 자료로 평가된다. 유물로는
용궁사 편액과 목조보살좌상, 관음탱화,
지장탱화, 신중탱화 등이 있다. 용궁사 편
액은 1854년 흥선대원군이 쓴 것이다. 목
조보살좌상은 중국에서 모셔 왔다고 구전
되는 것으로 제작연대는 알 수 없으나,
1936년에 김홍근이 개금한 적이 있다. 관
음탱화는 1880년, 지장탱화는 1910년에
각각 조성되었다. 신중탱화는 지장탱화와
같은 시기에 조성된 것으로 추정된다. 【참
고문헌】 한국사찰전서(권상로, 동국대학교
출판부, 1979), 기내사원지(경기도, 1988)

용담사(龍潭寺)
【위치】 전라북도 남원시 주천면 용담리
장벌산(長伐山)에 있다. 【소속】 한국불교
태고종에 속한다. 【연혁】 백제 성왕 때
(523~554) 창건됐다는 설과 신라 말에
연기 도선(烟起 道詵, 827~898)이 창건
했다는 설이 있다. 그러나 전설이나 유물
로 보아 신라 말에 창건된 것으로 추정된
다. 고려시대에 중창했으나, 1597년(조선
선조 30) 정유재란 때 소실하여 폐허화했
다. 1914년 옛터에 중창했으며, 1930년
양(梁)씨가 법당을 중창했다. 1989년 대
웅전이 붕괴하자 이일형(李一炯)이 새로
지었다. 【유적·유물】 건물로는 대웅전
과 칠성각, 요사채 2동이 있다. 유물로는
석불입상(보물 제42호)과 칠층석탑(전라
북도 유형문화재 제11호), 석등 등이 있다.
석불입상은 고려시대의 중창 때 본존불로
봉안된 것으로 추정된다. 칠층석탑 역시
고려시대의 것으로 추정된다. 【설화】 전

설에 의하면, 부근의 용담천에 용이 되지
못한 이무기가 살면서 농작물을 해치고
사람을 살상할 뿐 아니라, 처녀들을 놀라
게 하는 등 온갖 행패를 부렸다고 한다.
이에 도선이 절을 짓고 용담사라고 한 뒤
부터 이무기의 행패가 없어졌다고 한다.
【참고문헌】 한국사찰전서(권상로, 동국대
학교 출판부, 1979), 고도 남원의 얼(남원
군, 1982), 사찰지(전라북도, 1990)

용담사(龍潭寺)
【위치】 경상북도 안동시 길안면 금곡리
황학산(黃鶴山)에 있다. 【소속】 대한불교
조계종 제16교구 본사인 고운사의 말사이
다. 【연혁】 664년(신라 문무왕 4) 화엄
(華嚴)이 창건했다. 그 뒤 몇 차례의 중수
를 거쳐 1574년(조선 선조 7) 혜증(惠證)
이 중건했다. 부속 암자로는 극락암(極樂
庵)과 금자암(金子庵)이 있다. 【유적·
유물】 현존하는 건물로는 무량수전(無量
壽殿; 경상북도 문화재자료 제40호)과 요사
채가 있다. 무량수전 내부에는 아미타불
과 후불탱화가 봉안되어 있다. 【참고문
헌】 한국사찰전서(권상로, 동국대학교 출
판부, 1979), 내 고장 전통 가꾸기(안동
군, 1985)

용담사(龍潭寺)
【위치】 충청남도 아산시 송악면 평촌리에
있다. 【소속】 한국불교태고종에 속한다.
【연혁】 신라 애장왕 때(800~809) 원효
(元曉, 617~686)가 창건했다고 하나, 원
효의 활동 시기와 차이가 많아 신빙성이
없다. 고려 광종 때(949~975) 조사 혜명
(慧明)이 중창했다고 한다. 자세한 연혁
은 전하지 않는다. 폐사된 채 있던 것을
1929년 권영하(權寧夏)의 어머니가 석불
옆에 암자를 짓고 불사를 벌여 1940년 법

당과 요사채를 신축했다. 이어 권영하가 출가하여 용담사라고 이름을 지었다. 【유적·유물】건물로는 법당과 요사채가 있다. 유물로는 석조약사여래입상(보물 제536호)이 있는데, 높이는 5.5m로서 조각 수법으로 보아 고려 초기의 것으로 추정된다. 【참고문헌】문화유적총람-사찰편(충청남도, 1990)

용당사(龍堂寺)
【위치】인천광역시 강화군 선원면 연리에 있었다. 【연혁】언제 누가 창건했는지 알 수 없다. 조선 태종(재위 1400~1418)이 왕위에 오르기 전 이 절에서 산제(山祭)를 지내기도 했다. 1690년대에 이형상(李衡祥)이 편찬한《강도지(江都志)》에는 이곳은 바다와 접하여 예로부터 용당제월(龍堂霽月)이라고 지칭하였으며 강화도 팔경 중의 하나였으나, 지금은 폐사되었다고 나와 있다. 1656년(효종 7) 이곳에 용진진(龍津鎭)이 설치될 때 폐사된 것으로 추정된다. 그러나 《전등본말사지》에는 1883년(고종 20) 이후에 폐사되었으며 이 절에 봉안했던 금동소불(金銅小佛)을 전등사(傳燈寺)로 옮겼다고 나와 있다. 【유적·유물】절터로 추정되는 곳에는 축대 등이 남아 있다. 【참고문헌】한국사찰전서(권상로, 동국대학교 출판부, 1979), 기내사원지(경기도, 1988)

용덕사(龍德寺)
【이명】굴암절(窟巖-)이라고도 불린다. 【위치】경기도 용인군 이동면 묵리 성륜산(聖輪山)에 있다. 【소속】대한불교조계종 제2교구 본사인 용주사의 말사이다. 【연혁】신라 문성왕 때(839~857) 염거(廉居)가 창건했다. 경문왕 때(861~875)에 연기 도선(烟起 道詵)이 삼층석탑 1기

와 보살상, 오백나한상, 철인상(鐵人像) 3위를 조성하면서 중창했다. 그러나 그 뒤 조선 중기까지의 자세한 연혁은 전하지 않는다. 건륭(乾隆) 때(1735~1795) 석담(石潭)이 중수했다. 1825년(순조 25)과 1884년(고종 21) 각가 중건했으며, 일제강점기에는 이동면 일대의 땅 중 거의 절반이 이 절의 소유였다고 한다. 【유적·유물】건물로는 극락전과 지장전, 산신각, 요사채가 있다. 또한 대웅전 위에는 석굴이 있어서 일명 굴암절이라고도 불린다. 이 석굴에 도선이 오백나한상과 보살상, 철인상을 조성하여 안치했었다고 한다. 유물로는 석조여래입상과 보살상, 지장상, 삼존불, 나한상, 철인상, 삼층석탑이 있다. 석조여래입상은 장승식으로 인근 저수지 입구에 있던 것을 최근 석탑 앞에 옮겨 놓은 것이다. 보살상은 도선이 조성한 것이라 하나 반가사유상의 자세를 취하고 있는 정교한 작품으로 고려 말의 것으로 추정된다. 삼존불은 대웅전 안에 봉안되어 있다. 나한상은 대웅전의 삼존불 우측에 57위가 있는데, 모두가 화강암 석재로서 고려 중기 이전의 작품으로 추정된다. 철인상은 도선이 조성한 것으로 3위 가운데 2위가 남아 있으며, 병란을 겪으면서 도굴되고 파괴되었던 것을 뒤에 조합해 놓은 것이다. 이곳의 산세와 지리에서 솟아나는 기운이 너무 드세므로 도선이 이를 누르기 위해 조성한 것이라고 하는데, 예로부터 지기(地氣)를 누를 수 있는 것은 쇠라고 생각했기 때문에 철인을 석굴에 안치함으로써 음기를 막도록 한 것으로 보인다. 이 삼층석탑도 도선이 조성했다고 하나 고려 중기 이후의 것으로 추정되며 파손된 채로 극락전 아래에

있다. 【설화】한 처녀가 아버지의 병을
고치고자 암굴에서 치성을 드렸는데, 천
년이 다 되어 여의주를 얻은 용이 이 처녀
에게 여의주를 주어 아버지의 병을 고치
게 했다는 설화가 전하고 있다. 그러므로
이와 같은 용의 덕을 본 절이라고 해서 용
덕사라 이름했다고 한다. 또한 여의주를
내주어 승천하지 못한 용은 이 고장 여러
곳에 덕을 베풀었으므로 이 고장의 이름
을 용인(龍仁)이라 했다고 한다. 【참고문
헌】문화유적총람(문화재관리국, 1976),
기내사원지(경기도, 1988)

용두사(龍頭寺)
【위치】충청북도 충주시 동량면 대전리
말흘산(末訖山) 기슭에 있었다. 【연혁】
언제 누가 창건했는지 알 수 없다. 1481
년(조선 성종 12)에 편찬된 《동국여지승
람》에 의하면, 북쪽 오랑캐의 잦은 침략
을 막기 위해 삼국시대에 절을 창건하고
탑을 세워서 전란을 면할 것을 기원했다
고 한다. 그러므로 이 절은 황룡사(皇龍
寺), 사천왕사(四天王寺) 등과 함께 신라
의 호국사찰이었던 것으로 추정된다. 또
한 고려 때 최언위(崔彦撝, 868~944)가
지은 법경 경유(法鏡 慶猷, 871~921)의
법경대사비가 이곳에 있다고 했으나, 이
비는 인근 정토사(淨土寺)에 있으므로 오
기(誤記)인 듯하다. 조선 초기까지는 존
재했으며, 조선 중기에 폐사된 것으로 추
정된다. 【유적·유물】1980년 7월 관동
대학교 학술조사단이 절터를 발굴·조사
하여 축대와 받침돌 2개, 비천상이 조각
된 기와 5매를 찾아냈다. 【참고문헌】동
국여지승람, 사지(충청북도, 1982)

용두사(龍頭寺)
【위치】충청북도 청주시 상당구 남문로에

있었다. 【연혁】언제 누가 창건했는지 알
수 없다. 1011년(고려 현종 2) 현종이 이
곳에서 연등회(燃燈會)를 베풀었다. 1090
년(선종 7)에는 범종을 봉안했는데, 그
모양이 기이하고 소리가 몇 리 밖에까지
들렸다고 한다. 그 뒤 거란과 몽고의 침입
등 잦은 병란으로 폐사된 것으로 추정된
다. 【유적·유물】고려 말 무렵에는 이
절터에 청주감영이 세워졌으며, 현재는
청주의 가장 번화가로 바뀌었다. 현존하
는 유물로는 962년(광종 13)에 건립된 철
당간(鐵幢竿 ; 국보 제41호)만이 남아 있
다. 계룡산 갑사(甲寺)와 안성 칠장사(七
長寺)의 것과 함께 현재 우리 나라에 남
아 있는 3개의 철당간 중 하나로서 원래
30층이었던 원형철통이 현재는 20층밖에
남아 있지 않다. 아래에서 세번째 철통 외
면에는 당간기(幢竿記)가 새겨져 있는데,
이에 따르면 전염병에 걸렸던 김예종(金
芮宗)의 일가가 당간 조성의 원력을 세워
병이 나은 뒤 김예종, 김희일(金希一) 형
제가 힘을 합쳐서 이 철당간을 조성했다
고 한다. 이 밖에도 절터에서는 고려 초기
의 귀부(龜趺) 및 각종 기와 조각이 출토
되었으나, 현재 그 행방을 알 수 없다.
【설화】청주지방에 철당간과 관련된 일화
가 전한다. 예로부터 청주에는 수재(水
災)가 잦아 백성들의 피해가 많았다. 이
에 어느 술자(術者)가 큰 돛대를 세워 놓
으면 배의 형상이 되어서 이를 면할 수 있
을 것이라고 했다. 이러한 연유로 이곳에
돛대 구실을 하는 당간이 세워졌으며, 이
로부터 청주를 주성(舟城)이라고 이름했
다고 한다. 【참고문헌】동국여지승람, 사
지(충청북도, 1982)

용문사(龍門寺)

【위치】 경상남도 남해군 이동면 용소리 호구산(虎丘山)에 있다. 【소속】 대한불교 조계종 제13교구 본사인 쌍계사의 말사이다. 【연혁】 802년(신라 애장왕 3) 창건됐다. 1592년(조선 선조 25) 임진왜란 때에는 이 절의 모든 승려들이 의승군이 되어 왜병과 싸웠다. 당시 병화로 소실하여 중창했다. 이어 1661년(현종 2) 학진(學進)이 인근 보광사(普光寺)의 건물을 옮겨왔고, 신운(信雲)이 채진당(採眞堂)을 세웠으며, 상운(尙雲)이 적묵당(寂默堂)을 세웠다. 원래의 이름은 알 수 없으나, 이때 이 절이 용연(龍淵) 위에 있다고 하여 용문사로 이름을 바꿨다. 숙종 때(1674~1720)에는 이 절을 수국사(守國寺)로 지정하고 왕실의 축원당(祝願堂)으로 삼았다. 이어 1703년(숙종 29)과 1735년(영조 11), 1819년(순조 19), 1857년(철종 8), 1970년에 각각 중수했다. 산내 암자로는 백련암(白蓮庵)과 염불암(念佛庵)이 있다. 【유적·유물】 현존하는 건물로는 대웅전(경상남도 유형문화재 제85호)을 중심으로 명부전(경상남도 문화재자료 제151호), 봉서루(鳳棲樓), 천왕문(경상남도 문화재자료 제150호), 승당, 칠성각, 산신각, 누각, 요사채 등이 있다. 이 중 대웅전은 처마 밑에 절의 이름에 어울리게 용두(龍頭)를 조각했고, 불단 위에는 화려한 닫집이 있다. 유물로는 석불(경상남도 유형문화재 제138호) 등이 있는데, 석불은 임진왜란 때 이 절이 소실한 뒤 중창하려고 경내를 파다가 발견한 것으로 고려시대 중기 이전의 작품으로 추정된다. 이 밖에도 임진왜란 때 이 절의 승병들이 사용했던 삼혈포(三穴砲)와 숙종 때 하사받은 연옥등(蓮玉燈) 2개, 촉대, 번(幡), 수국

사금패(守國寺禁牌) 등이 있었다. 그러나 연옥등과 촉대는 일제강점기에 일본인들이 강탈해 갔다. 번은 축원당에 걸었던 궁수(宮繡)와 궁중매듭이며, 수국사금패는 원통형의 나무로 만들어진 것으로 경릉관(敬陵官)과 익릉관(翼陵官)이 발급한 것이다. 【참고문헌】 사향록(이청기, 향토문화연구회, 1973), 문화유적총람(문화재관리국, 1977)

용문사(龍門寺)

【이명】 한때 창기사(昌基寺)라고 불렸다. 【위치】 경상북도 예천군 용문면 내지리 용문산에 있다. 【소속】 대한불교조계종 제16교구 본사인 고운사의 말사이다. 【연혁】 870년(신라 경문왕 10) 두운(杜雲)이 창건했다고 한다. 두운이 이 산의 동구에 이르렀을 때 바위 위에서 용이 영접했다고 하여 이름을 용문사라고 지었다고 한다. 또한 절을 짓기 시작했을 때에는 나무둥치 사이에서 무게 16냥의 은병(銀甁) 하나를 캐내 그것으로 공사비에 충당했다고 한다. 고려 태조 왕건(王建)은 후삼국을 정벌 중에 이 절에 군사를 거느리고 머문 적이 있었는데, 두운의 옛일을 생각하고 뒷날 천하를 평정하면 이곳에 큰 절을 일으키겠다는 맹세를 했다. 그 뒤 936년(태조 19) 태조는 칙명으로 이 절을 중건했고, 매년 150석의 쌀을 하사하도록 했다. 이후 이 절에는 두운의 법맥이 끊이지 않았는데, 특히 영련(英縺)은 이곳에서 30년 동안 수도하다가 조응(祖膺)에게 법을 전했다. 조응은 이 절이 퇴락하는 것을 안타깝게 여기다가 제자 자엄(資嚴)과 함께 여러 법당과 승방 등을 건립했다. 1165년(의종 19)에는 의종의 칙명으로 중수를 시작했다. 1171년(명종 1) 태자의 태(胎)

를 보관한 뒤 이름을 창기사로 바꾸고, 축성수법회(祝聖壽法會)를 열어 낮에는 《금광명경》을 읽고 밤에는 관세음보살을 염하는 의식을 항규(恒規)로 삼았다. 이 법회를 마친 뒤 다시 선문구산(禪門九山)의 승려 5백 명을 모아 50일 담선회(談禪會)를 열었다. 그때 단속사(斷俗寺)의 효돈(孝惇)은 《전등록》《능엄경》《인악집(仁岳集)》《설두집(雪竇集)》《염송》 등을 강했다. 1173년 나라에 내란이 일어나자 3만 승재(僧齋)를 열고 1180년부터 1182년까지 대법회를 개설했는데, 개태사(開泰寺)의 승통(僧統) 영치(穎緇)가 강을 맡았다. 1478년(조선 성종 9) 소헌왕비(昭憲王妃)의 태실(胎室)을 봉안하고 다시 이름을 성불산 용문사로 고쳤다. 또 1783년 문효세자(文孝世子)의 태실을 봉안하고 소백산 용문사로 이름을 고쳤다. 1835년(헌종 1) 불이 나서 모두 회진한 것을 역파(櫟坡), 상민(尙敏), 부열(富悅) 등이 1840년대에 공사를 마쳤다. 1984년 화재로 강원과 보광명전, 응향각(凝香閣), 단하각, 해운루가 모두 탔으나 김도각(金道覺)이 복원했다. 【유적·유물】 현존하는 건물로는 대장전(大藏殿 ; 보물 제145호)을 비롯하여 보광명전, 응향각, 진영각(眞影閣), 명부전, 응진전(應眞殿), 회전문(廻轉門), 범종루, 강원, 천불전, 관음전, 자운루(경상북도 문화재자료 제169호), 해운루, 일주문, 요사채가 있다. 문화재로는 윤장대(輪藏臺 ; 보물 제684호)와 교지(보물 제729호), 목불좌상 및 목각탱(木刻幀 ; 보물 제989호) 등이 있다. 【설화】 이 절에는 세 가지 이적이 있었는데, 첫째는 두운이 창건할 때 용이 영접한 것이고, 둘째는 은병을 캐어 절의 공

사비에 충당한 일이며, 셋째는 절의 남쪽에 9층 청석탑(靑石塔)을 세우고 사리를 봉안하는데 4층탑 위로 오색 구름이 탑 둘레를 돈 일이다. 【참고문헌】 동국여지승람, 김룡사본말사지, 조선금석총람(조선총독부, 1919), 한국사찰전서(권상로, 동국대학교 출판부, 1979)

용문사(龍門寺)
【위치】 경기도 양평군 용문면 신점리 용문산 중턱에 있다. 【소속】 대한불교조계종 제25교구 본사인 봉선사의 말사이다. 【연혁】 913년(신라 신덕왕 2) 대경 여엄(大鏡 麗嚴)이 창건했다. 그러나 일설에는 649년(진덕여왕 3) 원효(元曉)가 창건하고 892년(진성여왕 6) 연기 도선(烟起 道詵)이 중창했다고 하며, 또한 경순왕(재위 927~935)이 직접 이곳에 와서 창건했다는 설도 있다. 1378년(고려 우왕 4) 축원 지천(竺源 智泉)이 왜적의 침탈을 피해 개성 경천사(敬天寺)에 봉안하고 있던 대장경판을 이 절에 대장전(大藏殿)을 지어 옮겼으며, 1395년(조선 태조 4) 조안(祖眼)이 중창했다. 1447년(세종 29) 수양대군(首陽大君)이 어머니인 소헌왕후(昭憲王后) 심(沈)씨를 위해 보전(寶殿)을 짓고, 불상 2위와 보살상 8위를 봉안한 뒤 이듬해 경찬회(慶讚會)를 열었다. 수양대군은 이 법회에 참석하여 기도하던 중 부처님 사리의 방광을 목격하고 이 절을 원찰로 삼았다. 1458년(세조 4) 세조가 퇴락한 법당과 승방을 중수하고, 큰 동종을 주조하여 보시했다. 세조가 승하한 뒤 1480년(성종 11) 세조의 비 정희왕후(貞熹王后)의 도움을 받아 회암사(檜巖寺) 주지 처안(處安)이 중수했으며, 1893년(고종 30)에는 봉성(鳳城)이 대왕대비

조(趙)씨의 도움을 받아 중창했다. 1907 년 의병 봉기 때 일본군에 의해 모든 건물이 불타자 1909년 취운(翠雲)이 큰방을 중건하고, 1910년 칠성각을 옮겨 대웅전을 지었다. 1938년 주지 일초 태욱(日初泰旭)이 대웅전, 어실각(御室閣), 칠성각, 기념각, 요사채 등을 복구했다. 그러나 1950년 6·25전쟁 때 용문산전투로 다시 소실했다. 1958년 재건하여 오늘에 이르고 있다. 【유적·유물】 현존하는 건물로는 대웅전, 삼성각, 종각, 요사채 2동, 일주문 등이 있다. 유물로는 정지국사부도(正智國師浮屠 ; 보물 제531호), 정지국사비, 관음보살상 등이 있다. 정지국사부도와 비는 지천의 것으로 태조의 명으로 세워졌다. 관음보살상은 큰방의 불단 중앙에 봉안되어 있는데, 조선 초기에 조성된 것으로 보인다. 옛 절터에는 주춧돌이 산재해 있다. 이 밖에 절 앞에는 은행나무가 있는데, 전설에 의하면 신라 경순왕의 왕자인 마의태자가 망국의 한을 품고 금강산으로 들어가다가 이곳에 들러 심었다고 한다. 【참고문헌】 동국여지승람, 동문선, 한국사찰전서(권상로, 동국대학교 출판부, 1979)

용봉사(龍鳳寺)
【위치】 충청남도 홍성군 홍북면 신경리 용봉산에 있다. 【소속】 대한불교조계종 제7교구 본사인 수덕사의 말사이다. 【연혁】 유물로 미루어 보아 백제 말에 창건된 것으로 추정된다. 그 뒤의 연혁은 전하지 않는다. 조선시대 후기까지는 수덕사 못지않은 큰 절이었다고 한다. 그러나 이 절터가 명당이라고 판단한 평양 조(趙)씨가 절을 폐허화하고 1906년 절터에 공조참판(工曹參判) 조희순(趙羲純)의 묘를

썼으며, 이때 인근에 새로 절을 중창했다. 【유적·유물】 건물로는 대웅전과 요사채가 있다. 유물로는 마애석불 2위(1위는 보물 제355호, 1위는 충청남도 유형문화재 제118호)를 비롯하여 약사여래좌상, 부도(충청남도 문화재자료 제168호), 절구(충청남도 문화재자료 제162호), 괘불, 석조(石槽) 및 맷돌(충청남도 문화재자료 제162호) 등이 있다. 보물 제355호로 지정된 마애석불 1위는 신라 말 고려 초의 것으로 추정되며, 높이 4m의 여래입상이다. 충청남도 유형문화재 제118호로 지정된 마애석불 1위는 799년(신라 소성왕 1)에 조성된 것으로 높이 2.3m의 여래입상이다. 괘불은 1690년(조선 숙종 16)에 처음 그려진 것으로 뒤에 중수됐다. 이 밖에도 홍성읍 내에 있는 건양각(乾陽閣)에는 고려시대 작품으로 추정되는 좌불이 있는데, 이 절에 있던 것을 일본인들이 옮겨 간 것으로 상체에 걸친 법의의 주름이 특이하다. 처음 옮겨 갈 때 용문(龍紋)을 조각한 대석(臺石)이 있었으나 다리 공사를 할 때 사용했다고 한다. 또 홍성여자고등학교 정원에는 역시 이 절에서 옮겨 온 삼층석탑 1기가 있는데 옥개석의 일부가 파손되었으며 고려시대의 작품으로 추정된다. 【참고문헌】 충청남도지(충청남도, 1979), 문화유적총람-사찰편(충청남도, 1990)

용봉사(龍鳳寺)
대산사(臺山寺)를 보시오.

용상사(龍床寺)
【위치】 경기도 파주군 월롱면 덕은리 월롱산(月籠山) 용상곡(龍床谷)에 있다. 【소속】 대한불교일승종에 속한다. 【연혁】 고려 현종(재위 1010~1031)이 창건했다.

1018년(현종 9) 40만의 거란군이 개성까지 처들어오자 현종은 민복(民服) 차림으로 이곳 월롱산에 피신했으나, 다행히 강감찬(姜邯贊) 장군이 귀주(龜州)에서 승리하여 국내가 평정되자 환궁했다. 현종은 이곳을 기념하기 위해 절을 짓고 왕이 머물렀다는 뜻으로 용상사라고 이름을 지었다고 한다. 그 뒤 1445년(조선 세종 27) 덕은(德隱)이 중건했으며, 1592년(선조 25) 임진왜란 때에는 이 절에 승병들이 머물면서 왜군을 섬멸하여 그 시체가 이 골짜기에 가득 찼으므로 지금까지 무덤골이라고 불린다. 그 뒤의 자세한 연혁은 전하지 않는다. 1945년 8·15해방 전에 중건하여 원래의 절터인 인근 벽장굴에 있던 석불을 옮겨 와 봉안했다. 1967년 대웅전을 개축하고, 삼성각을 신축하여 오늘에 이르고 있다. 【유적·유물】건물로는 대웅전과 삼성각, 요사채가 있다. 유물로는 8·15해방 전에 벽장굴에서 옮겨 와 대웅전에 봉안한 석불좌상이 있는데, 바닥에 '정통10년 을축 5월(正統十年 乙丑 五月)' 즉 1445년 5월이라는 명문이 새겨져 있다. 조선 초기의 불상 양식을 연구하는 데 귀중한 자료이다. 【참고문헌】문화유적총람(문화재관리국, 1977), 기내사원지(경기도, 1988)

용암(龍庵)
선암(船庵)을 보시오.

용암사(龍巖寺)
【위치】충청북도 옥천군 옥천읍 삼청리 장령산(長靈山) 북쪽 기슭에 있다. 【소속】대한불교조계종 제5교구 본사인 법주사의 말사이다. 【연혁】천축국(天竺國 : 인도)에 갔다가 귀국한 조사 의신(義信)이 552년(진흥왕 13) 창건했으며, 법주사

의 창건보다 1년이 앞선다. 경내에 용처럼 생긴 바위가 있어서 용암사라 했다고 한다. 신라 말에 경순왕의 왕자 마의태자가 금강산으로 가던 길에 잠시 머물러 용바위 위에 서서 신라의 서울이 있는 남쪽 하늘을 보며 통곡했다고 한다. 일제강점기에 일본인이 용바위를 파괴하여 현재는 그 흔적만 남아 있다. 자세한 연혁은 전하지 않는다. 1986년 이후 주지 무상(無相)이 대웅전과 산신각, 요사채를 중창했다. 【유적·유물】건물로는 대웅전과 산신각, 요사채가 있다. 대웅전 안에는 석가모니불과 5종의 탱화가 봉안되어 있는데, 이 중 화법이 정교한 후불탱화와 1877년(고종 14)에 조성된 신중탱화는 문화재적인 가치가 있는 작품이다. 문화재로는 쌍석탑(雙石塔 : 충청북도 유형문화재 제3호)과 마애불(충청북도 유형문화재 제17호)이 있다. 쌍석탑은 2층 기단 위에 3층의 탑신을 올린 것으로 고려시대의 작품이며, 마애불은 고려시대 중기의 작품으로 추정되고 있으나, 절에서는 마의태자상이라고 한다. 마의태자를 추모했던 신라의 공장(工匠) 후손이 염불하는 태자의 모습이 그리워 미륵불을 조각했다고 한다. 【참고문헌】사지(충청북도, 1982)

용암사(聳巖寺)
【이명】한때 낙응사(洛鷹寺)라고 불렸다. 【위치】충청남도 논산군 강경읍 채산리 채운산(彩雲山)에 있다. 【소속】대한불교조계종 제6교구 본사인 마곡사의 말사이다. 【연혁】백제 말에 창건된 것으로 추정된다. 660년(의자왕 20) 무렵 낙응사가 있었는데 이 절이 바로 용암사의 전신이었다. 고려 말에 옥녀봉(玉女峰)으로 옮겨지었고 이때 용암사라고 이름을 바꾸었다.

그러나 옮겨 지은 뒤 5년 만에 부처님의 계시로 다시 본래의 위치로 옮겨 지었다고 한다. 그 뒤의 자세한 연혁은 전하지 않는다. 【유적·유물】건물로는 대웅전과 칠성각, 요사채가 있다. 【참고문헌】문화유적총람-사찰편(충청남도, 1990)

용암사(龍巖寺)

【위치】경상남도 진주시 이반성면 용암리에 있었다. 【연혁】신라 말에 연기 도선(烟起 道詵, 827~898)이 성모천왕(聖母天王)으로부터 비밀리에 부촉을 받고 선암(仙巖), 운암(雲巖), 용암의 세 절을 창건했다고 하는데, 이 절이 그중의 하나였다고 한다. 당시에는 국가의 비보사찰(神補寺刹)로서 크게 사세를 떨쳤다. 고려시대에는 1314년(충숙왕 1) 무외(無畏) 국통 정오(丁午)가 이 절에 온 뒤 크게 중창했다. 즉 1315년 충숙왕은 제찰사(提察使) 한중희(韓仲熙) 등에게 전지를 내려 절을 경영하게 했고, 1316년 가을에는 제찰사 박효수(朴孝修)에게 절을 중창하게 함에 따라 1318년 80여 칸을 새로 짓고 20여 칸을 중수했다. 당시 전당 안에는 닥나무 종이를 바르고 왕골을 깔았다고 하며, 금당에는 석가여래상을 봉안했다고 한다. 또한 정오가 저축한 돈과 모금한 것으로 관음보살과 정취보살상을 도금했으며, 대장경도 봉안했다. 당시 염장별감 이백겸(李伯謙)과 방우정(方佑正)은 왕명에 따라 설전지(雪牋紙) 3만여 장과 옻칠한 함상자 140여 개를 만들었으며, 정오의 제자 승숙(承淑), 일생(日生) 등은 강화도 판당(板堂)에 가서 부족한 장경을 찍어와 신본(新本)과 구본(舊本)을 합해 모두 600여 함을 만들어 비단으로 치장한 뒤 새 전당에 봉안했다. 이 해 11월 18일 방우정이 다시 왕명을 받아 7일 동안 낙성법회를 성대하게 베풀었다. 언제 폐사됐는지는 전하지 않는다. 【유적·유물】현재 절터에는 부도(보물 제372호)를 비롯하여 석불(경상남도 유형문화재 제4호), 석등, 석비 등이 산재해 있으며 해주 정(鄭)씨들이 세운 화덕재라는 정자도 있다. 【참고문헌】고려사, 동문선, 상산지, 한국사찰전서(권상로, 동국대학교 출판부, 1979)

용암사(龍巖寺)

【위치】충청북도 청주시 상당구 우암동에 있다. 【소속】한국불교태고종에 속한다. 【연혁】유물로 미루어 보아 통일신라시대에 창건된 것으로 추정된다. 연혁은 전하지 않는다. 고려시대에 융성했다가 조선 초기에 폐사된 것으로 보이는데, 이는 절터에서 조선시대의 기와 조각을 거의 찾아볼 수 없기 때문이다. 최근에 옛 절터에 대웅전과 요사채를 지어서 오늘에 이르고 있다. 【유적·유물】건물로는 대웅전과 요사채가 있다. 유물로는 비로자나불좌상(충청북도 유형문화재 제23호)과 여래좌상, 예배용 불탁 등이 있다. 이 중 9세기에 조성된 비로자나불좌상은 대좌의 중대석 8면에 향로, 여래상 등이 조각되어 있다. 또 대웅전 내에 봉안된 여래좌상은 1952년 속리산 법주사에서 옮겨 왔는데, 하나의 화강암으로 조각된 조선시대 작품이다. 예배용 불탁은 탑신 모양의 기단 위에 6각형의 대석(臺石)을 얹어 앙련을 화려하게 새긴 돌탁자이다. 이 밖에도 절 주변에는 신라시대 말 및 고려시대의 기와 조각이 많이 흩어져 있다. 【참고문헌】사지(충청북도, 1982)

용암사(龍巖寺)

【위치】 경기도 파주군 광탄면 용미리 장지산(長芝山 ; 丈址山, 일명 박달산)에 있다. 【소속】 대한불교조계종 제25교구 본사인 봉선사의 말사이다. 【연혁】 고려 선종(재위 1083~1094)의 후궁인 원신궁주(元信宮主)가 창건했다고 한다. 그 뒤의 자세한 연혁은 전하지 않는다. 1976년 전혜성(全慧城)이 여신도 백정만월(白淨滿月)의 시주로 중창했으며, 1980년 범종을 조성하여 오늘에 이르고 있다. 【유적·유물】 현존하는 건물로는 대웅전과 미륵전, 범종각, 요사채 등이 있다. 절 뒤에는 마애불입상(보물 제93호)이 있다. 이 마애불은 고려시대의 작품으로 높이 17.4m로서 천연암벽을 몸체로 삼아 그 위에 목, 머리, 갓 등을 따로 만들어 얹어 놓은 2위의 불상이다. 한때 좌측 어깨 위에 이승만(李承晩) 대통령이 세웠다는 조잡한 불상과 탑이 있었으나, 1987년 철거하여 대웅전의 우측 샘 옆에 두었다. 【설화】 선종은 왕후와 후궁으로부터 아들을 얻지 못하여 고민했다. 그런데 하루는 후궁인 원신궁주의 꿈에 두 도승(道僧)이 나타나서 '파주군 장지산에 산다. 식량이 떨어져 곤란하니 그곳에 있는 두 바위에 불상을 조각하라. 그러면 소원을 이루어 주리라.' 하고 말했다. 기이하게 생각하여 사람을 파견하여 알아 보니 꿈속에서 말한 대로 바위 두 개가 서 있었으므로, 서둘러 불상을 조성했다. 그때 두 도승이 다시 공사장에 나타나서 좌측은 미륵불로, 우측은 미륵보살로 조성할 것을 지시하고, '모든 중생이 와서 공양하고 기도하면 아이를 원하는 자는 득남하고 병이 있는 자는 쾌차할 것이리라.' 하고 사라졌다. 그 뒤 불상이 완성되고 그 밑에 이 절을 창건하자,

원신궁주에게 태기가 있어 한산후(漢山侯)를 낳았다고 한다. 특히 이 불상은 예로부터 아기를 낳지 못하는 부인들이 공양을 바치고 열심히 기도하면 영험이 있다고 믿어 왔기 때문에 부녀자들의 기도 대상으로 널리 알려져 있다. 【참고문헌】 기내사원지(경기도, 1988), 한국의 명산대찰(국제불교도협의회, 1982)

용암사(龍巖寺)
【위치】 경기도 개성시에 있었다. 【연혁】 언제 누가 창건했는지 알 수 없다. 1308년(고려 충선왕 즉위) 10월 4일 충선왕이 중문(中門)에 방을 붙이기를 '왕륜사(王輪寺) 주지 인조(仁照)와 용암사 주지 용선(用宣), 선암사(仙巖寺) 주지 약굉(若宏) 등을 제외한 사람들은 특별히 부르지 않으면 들어오지 말라.'고 했다. 연혁은 전하지 않는다. 【참고문헌】 고려사

용연사(龍淵寺)
【위치】 강원도 강릉시 사천면 사기막리 만월산(滿月山)에 있다. 【소속】 대한불교조계종 제4교구 본사인 월정사의 말사이다. 【연혁】 신라 선덕여왕 때(632~647) 자장(慈藏)이 창건했다고 한다. 절 아래에 용추(龍湫)가 있어서 절 이름을 용연사라 했다고 한다. 순치(順治) 때(1644~1661) 옥잠(玉岑)이 머물며 경을 공부했다. 자세한 연혁은 전하지 않으나, 한때 많은 승려들이 이 절에서 수도했다고 한다. 1950년 6·25전쟁 때 전소했으며, 1953년 전쟁이 끝난 뒤 한 비구니가 대웅전과 요사채 1동을 지어 중건했다. 1958년에는 요사채 1동을 더 짓고, 1983년 원통보전과 삼성각을 신축하여 오늘에 이르고 있다. 【유적·유물】 현존하는 건물로는 대웅전과 원통보전, 삼성각, 요사채 2동이

있다. 대웅전 안에는 석가모니불과 문수
보살, 보현보살 등의 조상이 봉안되어 있
고, 목각후불탱화도 있다. 절 아래쪽 언덕
에는 8기의 석종형(石鐘型) 부도가 있는
데, 모두 조선 후기의 양식을 띠고 있다.
【참고문헌】한국사찰전서(권상로, 동국대
학교 출판부, 1979), 전통사찰총서 1－강
원도 1(사찰문화연구원, 1992)

용연사(龍淵寺)
【위치】대구광역시 달성군 옥포면 반송리
비슬산에 있다. 【소속】대한불교조계종
제9교구 본사인 동화사의 말사이다. 【연
혁】914년(신라 신덕왕 3) 보양(寶壤)이
창건했다. 그 뒤 고려시대까지의 연혁은
전하지 않는다. 1419년(조선 세종 1)에는
천일(天日)이 중건했다. 1592년(선조 25)
임진왜란 때 소실하자 1603년(선조 36)
사명 유정(四溟 惟政)이 청하 인영(青霞
印英), 탄옥(坦玉), 경천(敬天) 등에게 명
하여 중창하도록 했다. 1621년(광해군
13) 범종각을 건립했고, 1650년(효종 1)
다시 법당과 요사 등이 모두 소실했다. 그
이듬해 일언(一彦)과 학신(學信)이 동상
실(東上室)과 서상실을 건립했다. 1653년
에는 홍묵(弘默)이 대웅전을, 승안(勝安)
이 명부전을 건립했다. 이듬해에는 일주
(一珠)가 만월루(滿月樓)를 건립했다.
1655년 회감(熙鑑)과 홍묵이 함허당(含
虛堂)과 관정료(灌頂寮)를 건립했고, 이
듬해에는 청진(清振)이 관음전을 건립했
다. 1657년 계홍(戒弘)이 반상료(返常寮)
를, 1658년 도행(道行)이 명월당(明月堂)
을, 1659년(효종 10) 학신이 향로전(香爐
殿)을 건립했다. 이어 1660년(현종 1) 일
순(一淳)이 약사전을, 1661년 계홍이 두
월료(斗月寮)를 건립했다. 1668년 대종

(大鐘)과 금구(金口)를 주조했으며, 1670
년 천왕문 앞의 석교를 완성하고, 1672년
법고(法鼓)를 완성했다. 1673년에는 세
존부도(世尊浮屠)와 비석을 자진(自珍)
이 건립했다. 1674년 부도암을, 1675년
(숙종 1) 사리각을 건립했으며, 또 용문교
와 법당의 중종(中鐘)을 차례로 완성했
다. 1682년 천왕문을, 1688년 응진전(應
眞殿)과 16나한을 조성했다. 1693년 영류
당(咏流堂)을, 1695년 일주문을 건립했으
며, 1711년 시왕탱을 봉안하고 명부전을
단청했다. 1722년(경종 2)에는 대웅전과
종각을 중수했다. 당시 이들 전각은 2백
수십 칸에 달했으며, 거주하는 승려는
500여 명이나 되었다. 【유적·유물】현존
하는 건물로는 극락전을 비롯하여 적멸보
궁, 삼성각, 나한전, 명부전, 사명당(四溟
堂), 보광루(普光樓), 사천왕문, 일주문,
요사채 3동이 있다. 문화재로는 석조계단
(石造戒壇；보물 제539호)과 삼층석탑(경
상북도 문화재자료 제26호)이 있다. 석조
계단에는 부처님 사리가 봉안되어 있는
데, 이 사리는 원래 통도사에 있었던 것으
로 유정이 제자 청진을 시켜 이 절에 봉안
한 것이다. 이 계단은 1673년에 완성되었
으며, 통도사 불사리계단(佛舍利戒壇)의
형태를 본떠 만들었다. 삼층석탑은 고려
말 조선 초의 작품이다. 이 밖에도 10여
기의 부도가 있다. 【참고문헌】고려사,
범우고, 사탑고적고, 가람사, 조선금석총
람(조선총독부, 1919), 비슬산용연사사적,
한국사찰전서(권상로, 동국대학교 출판부,
1979)

용장사(茸長寺)
【위치】경상북도 경주시 내남면 용장리
남산(南山)의 서쪽 산중턱에 있었다. 【연

혁】신라 때 창건됐다. 경덕왕 때(742~765) 유가종(瑜伽宗)의 큰스님 대현(大賢 ; 일명 太賢)이 살고 있었는데, 그가 이 절에 있는 장륙상(丈六像)의 주위를 돌며 예배하면 불상도 그를 따라 얼굴을 돌렸다고 한다. 또 조선 초기에는 김시습(金時習, 1435~1493)이 출가하여 이 절에 기거하면서 《금오신화(金鰲新話)》를 썼다. 그러나 그 뒤의 연혁은 전하지 않으며, 언제 폐사되었는지도 알 수 없다. 【유적·유물】일제강점기에 이 계곡을 발굴 조사할 때 용장사라고 쓰여진 기와 조각이 발견되어 절터가 확인되었다. 현재 이 절터에는 석불좌상(보물 제187호), 삼층석탑(보물 제186호), 마애여래좌상(보물 제913호) 등 중요한 문화재들이 산재해 있다. 이 중 석불좌상은 자연석의 기단부 위에 연화(蓮華)를 양각한 3층의 원형좌대를 탑의 옥개석과 같이 놓고 그 위에 불상을 안치한 것이다. 8세기 중엽의 것으로 보인다. 또 삼층석탑도 자연석을 지대석으로 이용하고 그 위에 석탑을 올린 것으로 절 주위의 계곡 어디에서나 이 탑을 볼 수 있다. 불상보다 더 높은 위치에 탑이 세워졌으며, 자연석을 기단으로 한 것은 자연 지형을 이용하여 자연과의 조화를 이루기 위해서이다. 이 삼층석탑은 도괴한 채 있던 것을 1922년 다시 세운 것이며 당시 2층 탑신 속에서 사리공(舍利孔)이 발견됐다. 원형불상대좌 옆에 있는 마애여래좌상은 거의 완벽에 가까울 정도로 수려한 작품이다. 상호(相好)는 단아하고 머리에는 나발이 선명하며 의문(衣紋)은 가는 평행선으로 음각되어 있다. 특히 얼굴, 채구, 옷 무늬 등에서 굽타기(Gupta期)의 마투라불과 친연성이 강한

독특한 불상이어서 굽타불의 수용 문제를 추론할 수 있는 귀중한 자료이다. 이 밖에도 삼층석탑의 위쪽에는 폐탑(廢塔)이 있으며, 절의 경계가 끝나는 산꼭대기 바위에는 자연암석 위에 연꽃을 새긴 거대한 불좌(佛座)가 있다. 【참고문헌】신라의 폐사 2(한국불교연구원, 일지사, 1977), 고도 경주(경주시, 1982)

용장사(龍藏寺)
【위치】인천광역시 강화군 강화읍 용정리에 있었다. 【연혁】언제 누가 창건했는지 알 수 없다. 1352년(고려 공민왕 1) 1월 충정왕이 폐위되어 강화로 추방되었을 때 이 절에서 머물다가 독살당했다. 1362년(공민왕 11) 8월 공민왕은 정당문학(政堂文學) 한방신(韓方信)에게 명하여 절을 중수하게 했다. 1481년(조선 성종 12)에 편찬된 《동국여지승람》에 옛터가 남아 있다고 나와 있는 것으로 보아 조선 전기에 이미 폐사된 것으로 추정된다. 【유적·유물】절터는 논과 밭으로 변해 있으며, 절터에서 여러 가지 문양이 새겨진 기와 조각과 상감청자 조각들이 발견된다. 【참고문헌】고려사, 동국여지승람, 한국사찰전서(권상로, 동국대학교 출판부, 1979), 기내사원지(경기도, 1988)

용주사(龍珠寺)
【위치】경기도 화성군 태안읍 송산리에 있다. 【소속】대한불교조계종 제2교구 본사이다. 【연혁】1790년(조선 정조 14) 사도세자(思悼世子)의 능인 현륭원(顯隆園)의 능사(陵寺)로 활용하기 위해 보경 사일(寶鏡 獅馹)이 팔도도화주(八道都化主)가 되어 철학(哲學) 등과 함께 팔도 관민의 시전(施錢) 8만 7천여 냥을 거두어 갈양사(葛陽寺) 옛터에 145칸의 건물을 세

위 창건했다. 갈양사는 854년(신라 문성왕 16) 창건되어 952년(고려 광종 3) 소실한 절이다. 1789년 정조는 비봉산에 초라하게 있던 사도세자의 능을 수원으로 옮기고, 이듬해 장흥 보림사(寶林寺)의 사일을 도총섭(都摠攝)으로 임명하여 이 절을 창건하게 했던 것이다. 창건과 동시에 이 절은 전국 5규정소(糾正所)의 하나가 되어 승풍(僧風)을 규정했다. 1851년(철종 2) 서별당(西別堂)을 지었으며, 1894년(고종 31) 지장전을 지었다. 그 뒤 1900년 용해(龍海)가 중수했고, 1911년 31본산의 하나가 되어 수원, 안성, 남양, 죽산, 진위, 음죽, 용인, 고양, 시흥 등에 있는 48개 절을 관장했다. 1931년 대련 일형(大蓮 日馨)이 중수했고, 1955년 관응(觀應)이 불교전문강원을 개설했다. 1966년 주지 희섭(喜燮)이 동국역경원(東國譯經院)의 역장(譯場)을 두었고, 1969년 전강 영신(田岡 永信)이 중앙선원을 설립하여 오늘에 이르고 있다. 【유적·유물】 현존하는 건물로는 대웅보전(경기도 문화재자료 제35호)을 비롯하여 지장전, 시방칠등각(十方七燈閣), 범종각, 법고각(法鼓閣), 봉향각(奉香閣), 천보루(天保樓 : 경기도 문화재자료 제36호), 나유타료(那由他寮), 만수리실(曼殊利室), 삼문각(三門閣), 일주문, 수각(水閣), 동별당(東別堂) 등이 있다. 대웅전은 1790년(정조 14)에 건립된 건물로서 내부에는 석가모니불, 약사여래불, 아미타불 등이 봉안되어 있다. 문화재로는 범종(국보 제120호)과 금동향로(경기도 유형문화재 제11호), 청동향로(경기도 유형문화재 제12호), 상량문(경기도 유형문화재 제13호), 어제봉불기복게수사본(御製奉佛祈福偈手寫本 : 경기도 유형문화재

제14호), 병풍(경기도 유형문화재 제15호), 대웅전 후불탱화(경기도 유형문화재 제16호), 불설부모은중경판(佛說父母恩重經板 : 경기도 유형문화재 제17호) 등이 있다. 【참고문헌】 한국사찰전서(권상로, 동국대학교 출판부, 1979), 용주사본말사지(본말사주지회, 1984)

용주암(龍珠庵)
【이명】 한때 개량사(開良寺)라고 불렸다. 【위치】 전라북도 남원시 수지면 효평리 견두산(犬頭山)에 있다. 【소속】 한국불교태고종에 속한다. 【연혁】 언제 누가 창건했는지 알 수 없다. 1481년(조선 성종 12)에 편찬된 《동국여지승람》에는 폐사되었다고 나와 있다. 1890년(고종 27) 무렵 중창하고, 1840년 무렵 개축하여 용주암이라고 이름했다. 【유적·유물】 건물로는 인법당(因法堂)이 있다. 【참고문헌】 사찰지(전라북도, 1990), 한국사찰전서(권상로, 동국대학교 출판부, 1979)

용천사(龍泉寺)
【위치】 전라남도 함평군 해보면 광암리 모악산(母岳山) 중턱에 있다. 【소속】 대한불교조계종 제18교구 본사인 백양사의 말사이다. 【연혁】 600년(백제 무왕 1) 존자 행은(幸恩)이 창건했다. 그 뒤 645년(의자왕 5) 각진(覺眞)이 중수했고, 1275년(고려 충렬왕 1) 국사 각적(覺積)이 중수했다. 조선시대에는 세조 때(1455~1468)와 명종 때(1545~1567)의 중수를 거쳐 큰 절로서의 면모를 갖추었으나, 1597년(선조 30) 정유재란 때 전소했다. 이어 1600년(선조 33) 중창하여 이전의 규모를 갖추었다. 1938년 다시 중수했으나, 1950년 6·25전쟁 때 공비들의 방화로 전소했다. 그 뒤 1964년 금당(錦幢)이 옛

보광전(普光殿) 자리에 대웅전을 건립하고, 요사채도 세워 오늘에 이르고 있다. 【유적·유물】 현존하는 건물로는 대웅전과 요사채가 있으며, 문화재로는 석등(전라남도 유형문화재 제84호)과 해시계가 있다. 석등은 1685년(숙종 11) 6월에 쑥돌로 만든 것인데, 그 크기나 짜임새가 투박하면서도 정감이 있어 조선시대 석등으로서는 수작으로 꼽힌다. 옥개석 네 귀에 조각된 거북은 간략한 수법이나 모양에 세련미가 있다. 또 해시계는 석등과 같은 시대에 만들어진 것으로 그 반쪽만 남아 있다. 6·25전쟁 때 유실했다가 1980년 경내의 흙더미 속에서 발견되어 보관중이며, 낮시간에 해당되는 묘시(卯時)부터 유시(酉時)까지 표시되어 사용하는 데에는 지장이 없다. 【설화】용천사라는 이름은 현재 대웅전 층계 밑에 있는 샘에서 유래되었다. 전설에 의하면, 서해로 통하는 이 샘에 용이 살다가 승천했다고 하여 이 샘을 용천이라고 불렀으며, 용천 옆에 지은 절이라고 하여 용천사라 했다고 한다. 【참고문헌】내 고장 전통 가꾸기(함평군, 1981)

용천사(湧泉寺)
【이명】한때 옥천사(玉泉寺)라고 불렀다. 【위치】경상북도 청도군 각북면 오산리 비슬산에 있다. 【소속】대한불교조계종 제9교구 본사인 동화사의 말사이다. 【연혁】670년(신라 문무왕 10) 의상(義湘)이 화엄십찰(華嚴十刹)의 하나로 창건하고 옥천사라고 했다. 1261년(고려 원종 2) 목암 일연(睦庵 一然)이 중창하고 절 이름을 용천사로 고쳤다. 1631년(조선 인조 9) 조영(祖英)이 중창했고, 1805년(순조 5) 의열(義烈)이 화주가 되어 중수했다.

【유적·유물】현존하는 건물로는 대웅전을 비롯하여 명부전, 산신각, 요사채 등이 있다. 이 중 대웅전은 못 하나 사용하지 않은 매우 웅장한 건물로서 기둥 목재는 아름드리 칡덩굴을 사용했다. 또 법당 안에는 상호가 좋은 거대한 삼존불이 봉안되어 있다. 절의 우물은 장마가 지거나 가물거나 증감이 없으며, 이 우물 속에는 천년 된 물고기와 500년 된 물고기가 살고 있다는 전설이 전하고 있다. 【참고문헌】동국여지승람, 범우고, 조선금석총람(조선총독부, 1919), 한국사찰전서(권상로, 동국대학교 출판부, 1979)

용천사(龍泉寺)
【위치】경기도 개풍군 성거산(聖居山)에 있었다. 【연혁】언제 누가 창건했는지 알 수 없다. 1313년(고려 충숙왕 즉위) 9월 26일 상왕(충선왕)이 이 절에 행차했다. 1319년(충숙왕 6) 8월 13일 충숙왕이 이 절의 들에서 사냥했다. 연혁은 전하지 않는다. 【참고문헌】고려사, 한국사찰전서(권상로, 동국대학교 출판부, 1919)

용천사(龍泉寺)
선국사(善國寺)를 보시오.

용천사(龍泉寺)
용추사(龍秋寺)를 보시오.

용추사(龍秋寺)
【이명】용추암(龍秋庵)이라고도 불린다. 【위치】경상남도 함양군 안의면 상원리 덕유산(德裕山)에 있다. 【소속】대한불교조계종 제13교구 본사인 쌍계사의 말사이다. 【연혁】487년(신라 소지왕 9) 각연(覺然)이 장수사(長水寺)의 부속 암자로 창건했다고 한다. 고려 말에는 무학 자초(無學 自超, 1327~1405)가 중수한 뒤 이 절에 은거하며 수행했다. 그 뒤 1681년

(조선 숙종 7) 운흡(雲洽)과 전 주지 수오 (秀悟) 등이 합심하여 절을 아래쪽으로 이 전했고, 1684년 문찬(文賛)이 법당을 지 었다. 이듬해에는 문감(文鑑)이 소상(塑 像)을 조성하고, 이영생(李英生)이 시왕 상(十王像)을 조각했다. 또 1686년 김상 운(金尙雲)이 누각을 지었고, 이듬해 지 찰(智察)이 팔상전과 팔상탱화를 조성했 으며, 천왕문과 요사채를 건립했다. 1734 년(영조 10) 실화로 대웅전과 서상실(西 上室), 향각(香閣) 등이 불탔는데, 호경 (護敬)을 중심으로 두인(斗仁), 영우(靈 祐), 삼준(三俊), 광연(廣衍) 등이 합심하 여 이 해에 불탄 전각을 모두 중건했다. 또《법화경》등 100여 권을 찍어 두 개의 목함 속에 보관했다. 1970년대 후반부터 주지 현조(玄照)가 주석하면서 대웅전을 새로 지었다. 산내 암자로는 도솔암, 백련 암이 있고, 서흥암, 원적암, 견성암, 영악 암, 보제암, 천진암, 무주암 등의 절터가 남아 있다. 【유적·유물】건물로는 대웅 전과 종루, 구법당, 일주문(경상남도 유형 문화재 제54호), 요사채가 있다. 특별한 문화재는 없다. 【참고문헌】가람고, 조선 사찰사료, 한국사찰전서(권상로, 동국대학 교 출판부, 1979)

용추사(龍湫寺)
【이명】한때 용천사(龍泉寺)라고 불렸다. 【위치】전라남도 담양군 용면 용연리 추 월산(秋月山)에 있다. 【소속】대한불교조 계종 제18교구 본사인 백양사의 말사이다. 【연혁】526년(백제 성왕 4) 혜총(惠聰)과 혜증(惠證)이 창건했다. 624년(무왕 25) 에는 신라 원광(圓光)이 원당으로 삼아 중 창했다고 한다. 1592년(조선 선조 25) 임 진왜란 때 주지 소요 태능(逍遙 太能)이

의승병을 모아 금성산성(金城山城)에서 활 약하던 김덕령(金德齡)과 함께 왜적과 싸 웠으며, 이때 병화로 불에 탄 뒤, 1630년 (인조 8) 태능이 중창했다. 1481년(성종 12)에 편찬된 《동국여지승람》과 1799년 (정조 23)에 편찬된 《범우고》에는 용천 사라고 나와 있으나, 1905년 무렵에 용주 사라고 이름이 바뀌었다. 1905년 을사보 호조약 체결 뒤 최익현(崔益鉉)과 기우만 (奇宇萬), 고광순(高光洵), 김상기(金相 璣) 등이 이 절에서 의거를 밀약했다. 1949년 공비들이 이 절을 점거하자 국군 이 전략상 소각했다. 그 뒤 1961년 중건 하여 오늘에 이르고 있다. 【유적·유물】 현존하는 건물로는 인법당(因法堂)만이 있다. 문화재로는 춘담(春潭), 월파(月 波), 태능 등의 사리탑 6기(전라남도 유형 문화재 제138호)가 있다. 【참고문헌】한 국사찰전서(권상로, 동국대학교 출판부, 1979), 대한독립운동사, 내 고장 담양(담 양군, 1982)

용추암(龍湫庵)
용추사(龍湫寺)를 보시오.

용호사(龍虎寺)
【위치】전라북도 김제시 성덕면 대목리에 있었다. 【연혁】백제 때 창건된 것으로 추정된다. 연혁은 전하지 않으며, 언제 폐 사되었는지도 알 수 없다. 다만 주민들의 구전에 의해 용호사라는 절이 있었다고 전할 뿐이다. 【유적·유물】1980년 절터 에서 국보급 문화재인 동판부조불상(銅板 浮彫佛像) 4점이 출토되었다. 【참고문헌】 사찰지(전라북도, 1990)

용화사(龍華寺)
【위치】충청남도 공주시 유구읍 탑곡리 계룡산에 있다. 【소속】대한불교총화종에

속한다. 【연혁】신라 선덕여왕 때(632~
647) 창건됐다고 한다. 1393년(조선 태조
2) 무학 자초(無學 自超)가 중창했다. 그
뒤 폐사되었던 것을 조선 말기에 해주의
응은(應恩)이 사재 300석을 들여 중창했
다. 최근 대웅전을 새로 지어 오늘에 이르
고 있다. 【유적·유물】현존하는 건물로
는 대웅전과 2동의 요사채가 있다. 문화
재로는 절 입구에 있는 미륵불상과 뜰 안
에 있는 오층석탑이 있다. 【설화】이 절
의 대웅전 앞에 있는 바위에는 구멍이 있
는데, 옛날에는 이 구멍에서 승려들이 먹
을 만큼 쌀알이 쏟아져 나왔다고 한다. 때
때로 공양주가 밥을 태워서 밥이 모자라
게 되면 부지깽이로 이 구멍을 쑤셔 쌀을
얻고자 했으나, 그때마다 불에 탄 듯한 쌀
이 나와서 빈대로 변하여 승려들의 침소
로 달려들었다. 이 이변을 감당하지 못한
승려들은 뿔뿔이 흩어졌고, 주지가 절을
불살라 한때 폐사되었다는 설화가 전하고
있다. 【참고문헌】명산 고찰 따라(이고운
·박설산, 신문출판사, 1987)

용화사(龍華寺)
【이명】미륵당이절(彌勒堂－－)이라고도
불린다. 【위치】경상북도 칠곡군 약목면
남계리에 있다. 【소속】한국불교태고종에
속한다. 【연혁】806년(신라 애장왕 7) 연
지(蓮池)가 창건하여 미륵불과 약사여래
를 함께 봉안했다. 일명 미륵당이절이라
고도 한다. 창건 이후 몇 차례의 중건과
중수를 거쳤으나 그 연대는 알 수 없다.
1743년(조선 영조 19) 미륵당이 완전히
폐허화했으며, 1872년(고종 9) 지방민인
무판(武判)이 돌무덤 속에 방치되어 있던
미륵석상을 찾아 불각을 짓고 봉안했다.
1927년 용화지(龍華池)를 파자 미륵당 터

는 못 속에 들어가고, 미륵불상은 못가에
방치되었다. 이를 안타깝게 여긴 성공(性
空)이 지금의 위치에 절을 중건하고 불상
을 안치했다. 【유적·유물】현존하는 건
물로는 법당과 요사채가 있으며, 법당 내
에는 미륵불, 약사여래가 봉안되어 있다.
미륵불은 연화문의 대석(臺石)과 붙은 한
개의 돌에 정교하게 조각되어 있고, 약사
여래의 광배에는 7위의 화불(化佛)이 정
교하게 조각되어 있다. 법당 앞에는 연꽃
과 불상이 조각된 돌조각이 남아 있다.
【참고문헌】호국의 고장(칠곡군, 1983)

용화사(龍華寺)
【위치】충청북도 진천군 진천읍 신정리에
있다. 【소속】대한불교조계종 제5교구 본
사인 법주사의 말사이다. 【연혁】신라 말
에 창건됐다. 자세한 연혁은 전하지 않는
다. 조선시대에 폐사된 뒤, 1959년 비구
니 자심(慈心)이 중창하여 오늘에 이르고
있다. 【유적·유물】현존하는 건물로는
법당과 요사채 1동이 있으나 문화재적인
가치는 없다. 그러나 경내에 있는 석불입
상(충청북도 유형문화재 제138호)은 보기
드문 대작이다. 5m가 넘는 미륵불로서
김유신(金庾信, 595~673)의 덕을 숭모하
기 위해서 만들었다고 하며, 9세기 작품
으로 추정된다. 또한《상산지(常山誌)》에
는 옛날 거란병들이 가까운 덕산(德山)까
지 쳐들어왔다가 멀리서 이 미륵불상을 보
고 큰 장군이 있는 줄 알고 도주했다는 전
설이 전한다. 이 밖에도 절의 옛터에서는
고려시대의 것으로 추정되는 보살상과 석
탑 부재(部材), 기와 조각 등이 출토되었
다. 이 중 보살상은 1980년 9월에 발견된
것으로 미륵불상과 같은 연대에 조성된 것
으로 추정된다. 현재 이 불상은 진천문화

원에 보관되어 있다. 【참고문헌】 사지(충청북도, 1982), 진천군지(진천군, 1979)

용화사(龍華寺)

【위치】 충청남도 천안시 목천면 동리에 있다. 【소속】 대한불교조계종 제6교구 본사인 마곡사의 말사이다. 【연혁】 유물로 미루어 보아 고려시대 전기 이전에 창건된 것으로 추정된다. 연혁은 전하지 않는다. 【유적·유물】 건물로는 대웅전과 요사채가 있다. 유물로는 삼층석탑과 석조여래입상(충청남도 유형문화재 제58호) 등이 있다. 석조여래입상은 조각수법으로 보아 통일신라시대나 고려시대 전기의 것으로 추정된다. 이 밖에도 석조여래입상 1위가 더 있는데, 불신(佛身)은 인근 논에서 수습한 것이라고 한다. 대웅전 앞에는 고려시대의 것으로 보이는 기와 조각과 토기 조각, 청자 조각 등이 있으며, 분청사기의 파편도 흩어져 있다. 【참고문헌】 문화유적총람-사찰편(충청남도, 1990)

용화사(龍華寺)

【위치】 충청남도 논산군 상월면 상도리 계룡산(鷄龍山)에 있었다. 【연혁】 고려 때에 창건된 것으로 추정된다. 연혁은 전하지 않는다. 절터에서 조선 후기의 기와 조각이 많이 발견되는 것으로 보아 조선 후기 이후에 폐사된 것으로 보인다. 【유적·유물】 절터에는 고려시대의 토기 조각과 조선시대의 기와 조각이 산재해 있다. 유물로는 불두(佛頭) 1위가 방치되어 있는데, 근처 암벽에 비교적 가까운 시기에 선각으로 조성한 것으로 보이는 마애불의 상체부에 올려져 있던 것으로 추정된다. 【참고문헌】 문화유적총람-사찰편(충청남도, 1990)

용화사(龍華寺)

【위치】 충청남도 아산시 송악면 외암리 설화산(雪華山)에 있다. 【소속】 대한불교조계종 제6교구 본사인 마곡사의 말사이다. 【연혁】 유물로 미루어 보아 고려 때에 창건된 것으로 추정된다. 연혁은 전하지 않는다. 【유적·유물】 건물로는 대웅전과 삼성각, 요사채가 있다. 유물로는 석조여래입상이 있는데, 높이 254cm로서 고려 때의 작품으로 추정된다. 【참고문헌】 문화유적총람-사찰편(충청남도, 1990)

용화사(龍華寺)

【위치】 경기도 여주군 대신면 상구리에 있다. 【소속】 한국불교태고종에 속한다. 【연혁】 유물로 미루어 보아 고려 말기 이전에 창건된 것으로 추정된다. 연혁은 전하지 않는다. 폐사된 채로 있던 것을 1960년대에 불상을 발굴하여 법당을 지어 봉안하고, 이름을 용화사라고 했다. 【유적·유물】 건물로는 인법당(因法堂)과 산신각이 있다. 유물로는 석조입불상이 있는데, 고려 말기의 것으로 추정되며, 1960년대에 발굴되어 산신각에 봉안되어 있다. 1910년대까지도 주초석과 기와 조각이 절터에 산재해 있었으나 지금은 없다. 【참고문헌】 기내사원지(경기도, 1988)

용화사(龍華寺)

【위치】 경기도 용인군 구성면 마북리 법화산(法華山)에 있었다. 【연혁】 유물로 미루어 보아 고려 때에 창건된 것으로 추정된다. 《문화유적총람》에는 '용화사가 마북리에 위치해 있으며, 용화전 내에 석불이 있고, 용화전 앞에 오층석탑이 있다.'고 하여 마북리 대로변의 용화전을 절터로 보고 있으나, 현지 주민들은 법화산 안에 용화사가 있었다고 주장하고 있다. 연혁은 전하지 않는다. 【유적·유물】 절터

에는 석축과 초석, 기와 조각, 도자기 조각이 있다. 절터 아래 마을 대로변에 있는 용화전에는 석상과 석탑이 있다. 석상은 용화전 안에 있으며, 불상이 아닌 장승형으로 조선 후기의 것으로 추정된다. 석불은 용화전 앞에 있으며, 석탑 부재를 모아서 쌓아 놓은 것으로 모두 고려 때의 것으로 추정된다. 【참고문헌】기내사원지(경기도, 1988)

용화사(龍華寺)
【위치】경기도 김포군 김포읍 운양리 운양산(雲陽山)에 있다. 【소속】대한불교조계종 직할교구 본사인 조계사의 말사이다. 【연혁】1405년(조선 태종 5) 정도명(鄭道明)이 창건했다. 정도명은 강화도에서 국세로 받은 곡물을 싣고 오던 중 간조가 되어 운양산(雲陽山) 앞에 배를 정박시켰는데, 그날 밤 꿈에 부처님이 나타나 이 배 밑에 석불이 있으니, 절을 짓고 석불을 모시라고 하여 배 밑을 보니 미륵불이 있었다. 이에 선박업을 단념하고 절을 창건했다고 한다. 또 일설에는 바다에서 미륵불이 출현하여 크게 빛을 발했으므로 환희심을 내어 절을 창건했다고도 한다. 1782년(정조 6) 중창했다. 그 뒤의 연혁은 자세히 전하지 않는다. 1968년 주지 용암(龍巖)이 용화전을 확장·중건하고, 1976년 영각을 신축했다. 【유적·유물】현존하는 건물로는 용화전과 영각, 범종각, 요사채 등이 있다. 유물로는 미륵석불입상이 있다. 이 불상은 1405년 창건 당시 봉안된 것이라고 하는데, 조선시대 전기의 것으로 추정된다. 【참고문헌】문화유적총람(문화재관리국, 1979), 기내사원지(경기도, 1988)

용화사(龍華寺)
【위치】경상남도 양산군 물금면 물금리 오봉산(五峰山)에 있다. 【소속】대한불교조계종 제15교구 본사인 통도사의 말사이다. 【연혁】1471년(조선 성종 2) 통도사의 승려 이성옥(李性玉)이 창건했다. 자세한 연혁은 전하지 않는다. 1990년대 초에 산신각을 새로 지었다. 【유적·유물】건물로는 법당과 산신각, 요사채 2동이 있다. 유물로는 석조여래좌상(보물 제491호)이 있다. 이 석불은 14세기 무렵 김해의 고암마을에 사는 한 농부가 강물 속에서 건져 올려 김해시 상동면 감로리의 옛 절터에 안치했는데, 이 소문을 듣고 이 절을 창건한 성옥이 이 절로 옮겨 온 것이다. 【참고문헌】속 명산 고찰 따라(이고운·박설산, 운주사, 1994)

용화사(龍華寺)
【이명】한때 정수사(淨水寺), 천택사(天澤寺)라고 했다. 【위치】경상남도 통영시 봉평동 미륵산(彌勒山)에 있다. 【소속】대한불교조계종 제13교구 본사인 쌍계사의 말사이다. 【연혁】1617년(조선 광해군 9) 성화(性和)가 통제사 윤천(尹天)의 주선으로 군막사(軍幕寺)의 성격을 띤 절로 창건하여 정수사라고 했다. 그러나 5년 뒤 폭풍으로 도괴하자 1622년 삼장골에 중창하여 천택사라고 했는데, 1628년(인조 6) 다시 화재로 불타 버렸다. 이와 같이 바람·물·불의 삼재를 당하자 성화는 미륵산 제1봉에서 7주야를 기도했다. 그때 신인(神人)이 나타나 지금의 자리에 절을 지어 미륵불을 모시도록 계시했다. 이어서 벽담 행선(碧潭 幸善)이 천택사의 남은 건물을 옮겨서 용화사라고 했으며, 지금의 보광전(普光殿) 기둥은 그때 옮겨 온 것이라고 한다. 절 서쪽에는 부속 암자

인 관음전(觀音殿)이 있는데, 이 암자는 1618년 청안(淸眼)이 창건했다. 【유적·유물】절 일원이 경상남도 문화재자료 제10호로 지정되어 있다. 현존하는 건물로는 아미타삼존불을 모신 보광전(경상남도 유형문화재 제249호)과 미륵불을 모신 용화전, 명부전, 석진당(釋眞堂), 적묵당(寂默堂), 해월루(海月樓) 등이 있다. 문화재로는 명부전의 지장보살상과 시왕상이 있다. 이 지장보살상과 시왕상은 1910년 무렵 함양 영은사(靈隱寺)에서 옮겨 온 것으로 고려 중기의 작품이라고 한다. 용화사와 관음전 사이의 길가에는 형태는 온전하지 않으나 오래 된 자엄(慈嚴)의 부도가 있다. 【참고문헌】명산 고찰 따라 (이고운·박설산, 신문출판사, 1987)

용화사(龍華寺)

【위치】충청북도 청주시 흥덕구 사직동 용두산(龍頭山)에 있다. 【소속】대한불교 조계종 제5교구 본사인 법주사의 말사이다. 【연혁】1902년 고종의 비인 순빈(淳嬪) 엄(嚴)씨가 창건했다. 순빈은 1901년 꿈에 미륵불이 현신하여 절을 짓고 자신을 모시라고 하자 청주군지주(淸州郡知州) 이희복(李熙復)에게 명하여 상당성(上黨城) 안에 있던 보국사(輔國寺)를 이건하여 이듬해에 이 절을 창건하고, 늪의 수초로 덮여 있었던 미륵불 7위를 봉안했던 것이다. 이어 순빈의 소생인 영친왕(英親王;李垠)의 건강과 축복을 기원했다. 그 뒤 1950년 6·25전쟁 때 법당이 불타고 석불이 노천에 있었는데, 1972년 10월 신도들이 모금하여 미륵보전을 중건했다. 1993년 미륵보전을 헐고 새로 지었다. 【유적·유물】건물로는 미륵보전과 충북불교회관, 요사채가 있다. 현재 이 미

륵보전에는 칠존미륵불석상(보물 제985호)이 있는데, 이 중 주존불의 높이는 6m이고, 오른쪽 끝의 1위는 신장상으로 추정되며, 나머지 5위는 보살상으로 제작수법이 우아하고 균형이 잘 잡혀 있다. 이들은 청주의 서북수구(西北水口)를 맡아 지키게 하기 위해 세워진 고려시대의 작품으로 추정된다. 【참고문헌】사지(충청북도, 1982), 명산 고찰 따라(이고운·박설산, 신문출판사, 1987)

용화사(龍華寺)

【위치】경기도 안성군 미양면 법전리에 있다. 【소속】대한불교조계종 제2교구 본사인 용주사의 말사이다. 【연혁】1902년 승려 지소현(池素玄)이 창건했다. 소현은 불교학을 공부하고 난 뒤 포교를 위해 고향에 돌아온 첫날밤 지(池)씨의 종산에서 용이 하늘로 오르며 자꾸 자신이 솟아난 땅을 내려다보는 꿈을 꾸고 나서 그 자리를 찾아 이 절을 지었다고 한다. 【유적·유물】건물로는 용화전과 요사채 2동이 있다. 【참고문헌】기내사원지(경기도, 1988)

용화사(龍華寺)

개천사(開天寺)를 보시오.

용화사(龍華寺)

중화사(重華寺)를 보시오.

용흥사(龍興寺)

【이명】한때 용구사(龍龜寺)라고 했다. 【위치】전라남도 담양군 월산면 용흥리 몽성산(夢聖山)에 있다. 【소속】대한불교조계종 제18교구 본사인 백양사의 말사이다. 【연혁】백제 때 창건됐다. 원래는 용구사라 불렸는데 조선시대 숙종 때(1674 ~1720) 궁녀 최복순(崔福順)이 이 절에서 기도하여 영조를 낳은 뒤 절 이름을 용흥사라고 하고 산 이름을 몽성산으로 고

쳤다. 당시 이 절에는 일곱 개의 암자가 있었으며, 큰스님들이 머무르면서 50여 년 동안 불교를 크게 전파했다. 그 뒤 구한말에 의병과 왜병의 전투로 소실하자 박항래(朴恒來)가 작은 규모로 중건했다. 그러나 이 또한 불탔으며, 1930년대에 백양사 승려 정신(定信)이 대웅전과 요사채를 중건했다. 1950년 6·25전쟁 때 작전상의 이유로 아군에 의해 소각되었다. 1957년에 중건하여 오늘에 이르고 있다. 【유적·유물】 현존하는 건물로는 대웅전과 요사채가 있다. 문화재로는 조선시대의 것으로 추정되는 범종(전라남도 유형문화재 제90호)과 부도 7기(전라남도 유형문화재 제139호)가 있다. 범종은 1644년(인조 22)에 제작된 것이다. 부도는 모두 팔각원당형(八角圓堂型) 계열의 것이다. 【참고문헌】 내 고장 담양(담양군, 1982)

용흥사(龍興寺)
【위치】 경상북도 상주시 지천동 연악산(淵岳山)에 있다. 【소속】 대한불교조계종 제8교구 본사인 직지사의 말사이다. 【연혁】 839년(신라 문성왕 1) 진감(眞鑑) 국사 혜소(慧昭)가 창건했다. 그 뒤 고려시대에 폐허화한 것을 공민왕 때(1351~1374) 나옹 혜근(懶翁 惠勤)이 중창했다. 1647년(조선 인조 25) 인화(印和)가 중건했고, 1680년(숙종 6) 홍치(弘治)가 중수했으며, 1707년 도인(道仁)이 중건했다. 1806년(순조 6) 정화(淨和)가 중수했으며, 1967년 비구니 종덕이 당시 대통령 박정희(朴正熙)의 누나 박재희의 화주로 중건하여 오늘에 이르고 있다. 지금은 비구니의 수행도량이다. 【유적·유물】 현존하는 건물로는 극락보전을 비롯하여 나한전, 삼성각, 백운선원, 요사채 등이 있

다. 극락보전 안에는 목조아미타삼존불과 탱화가 봉안되어 있다. 특히 후불탱화는 1701년, 신중탱화는 1806년에 조성된 귀중한 것이다. 이 밖에도 이 절의 뒤쪽에 2기의 부도가 있다. 【참고문헌】 문화유적총람(문화재관리국, 1977)

용흥사(龍興寺)
【위치】 경기도 개풍군 영남면 용흥리에 있었다. 【연혁】 언제 누가 창건했는지 알 수 없다. 1031년(고려 덕종 즉위) 윤10월 18일 덕종이 이 절에 행차했으며, 1167년(의종 21) 10월 5일 의종도 이 절에 행차했다. 1209년(희종 5) 1월 15일에는 희종이 기신도량(忌辰道場)을 열었다. 연혁은 전하지 않는다. 1481년(조선 성종 12)에 편찬된 《동국여지승람》에는 이미 폐사되었다고 나와 있다. 【참고문헌】 고려사, 한국사찰전서(권상로, 동국대학교 출판부, 1979)

용흥사(龍興寺)
【이명】 한때 성불사(成佛寺)라고 불렀다. 【위치】 함경남도 오로군 봉흥리 백운산(白雲山)에 있다. 【연혁】 조선시대 중기 이전에 춘신(春神)이 창건했다. 1570년(선조 3) 불탄 뒤 1620년대에 고쳐 세웠다. 1852년(철종 3) 지금의 자리에 옮겨 짓고 용흥사라고 이름을 고쳤다. 일제강점기의 31본산시대에는 귀주사(歸州寺)의 말사였다. 부속 암자로는 불지암(佛地庵)이 있었다. 【유적·유물】 현존하는 건물로는 대웅전을 중심으로 운하루, 무량수각, 향로전, 산신당 등이 있다. 【참고문헌】 북한의 절과 불교(정태혁·신법타, 민족사, 1990), 한국사찰전서(권상로, 동국대학교 출판부, 1979), 북한사찰연구(한국불교종단협의회, 1993)

용흥암(龍興庵)

은적사(隱跡寺)를 보시오.

우곡사(牛谷寺)

【위치】경상남도 창원시 동읍 단계리 정병산(精兵山)에 있다. 【소속】대한불교조계종 제13교구 본사인 쌍계사의 말사이다. 【연혁】832년(신라 흥덕왕 7) 무주무염(無住 無染)이 창건했다. 무염은 이곳에서 후학들을 양성했다. 그러나 창건 이후의 연혁은 전하지 않는다. 1799년(조선 정조 23)에 편찬된 《범우고(梵宇攷)》에는 존재한다고 나와 있으나, 그 뒤 폐사되었다. 백 수십 년 전인 조선 말에 부호 구만호(具萬戶)가 중창했다. 【유적·유물】옛 절터가 현재의 절 주변에 남아 있으며, 절터에는 파손된 탑 조각과 기와 조각이 산재해 있다. 현존하는 건물로는 대웅전을 비롯하여 북극전, 산령각, 요사채, 종루 등이 있다. 절 앞에는 창건 당시에 심은 것으로 보이는 거대한 은행나무가 있고, 절 내에는 가뭄에도 마르지 않는 약수가 있다. 창건 당시 무염이 발견했다는 이 약수는 피부병에 특효가 있다고 하여 많은 사람이 찾아온다. 또 이 절을 중창한 구만호의 공덕을 기리기 위해 당시의 유명한 화공이 그린 초상화가 있었다고 하나 최근에 도난당했다. 【참고문헌】내 고장 전통(의창군, 1982), 명산 고찰 따라(이고운·박설산, 신문출판사, 1987)

우암사(牛巖寺)

【위치】충청북도 청주시 상당구 수동 우암산(牛巖山) 정상 부근에 있다. 【연혁】유물 등으로 미루어 보아 고려시대에 창건된 것으로 추정된다. 그 뒤의 연혁은 전하지 않으며, 조선 중기에 폐사된 것으로 보인다. 그 터에 최근 정순옥(鄭順玉)이

암자를 지어 오늘에 이르고 있다. 【유적·유물】현재 천여 평에 가까운 절터가 남아 있다. 1970년 6월 요사채를 건립하던 중 지하에서 동종(銅鐘)이 발견되었다. 이 동종은 음관이 특이하여 나선형의 즐문(櫛文)으로 감았으며, 종신에는 구름 위에서 합장한 보살입상 2위와 연화문을 새긴 2좌의 탱좌(幀座)가 배치되어 있다. 고려시대 작품으로 추정되며, 운천동의 동종과 함께 충주 지방 불적 연구에 중요한 자료가 된다. 이 밖에도 청자 바루 1점과 철확(鐵鑊) 1개가 발견되었으나 현존하지는 않는다. 【참고문헌】사지(충청북도, 1982)

운계사(雲溪寺)

범륜사(梵輪寺)를 보시오.

운곡사(雲谷寺)

【이명】한때 곡성사(穀成寺)라고 불렸다. 【위치】경상남도 울산시 삼남면 방기리에 있었다. 【연혁】신라 선덕여왕 때(632~647) 활동하던 자장(慈藏)이 창건했다. 자장의 제자 곡성(穀成)이 이 절에 주석했다고 하여 이름을 곡성사라고 했다. 그 뒤에 곡성이 좌선할 때 오색 구름이 절 위에 어리었다고 하여 운곡사로 이름을 바꿨다. 창건 이후의 연혁은 전하지 않는다. 【참고문헌】한국사찰전서(권상로, 동국대학교 출판부, 1979)

운곡사(雲谷寺)

【위치】충청남도 청양군 운곡면 신대리 사자산(獅子山)에 있었다. 【연혁】언제 누가 창건했는지 알 수 없다. 1481년(조선 성종 12)에 편찬된 《동국여지승람》과 1799년(정조 23)에 편찬된 《범우고(梵宇攷)》에는 존재한다고 나와 있다. 그러나 언제 폐사되었는지는 전하지 않는다. 이

절은 마곡사(麻谷寺), 안곡사(安谷寺), 장곡사(長谷寺)와 함께 4곡사(谷寺)로 일컬었다. 【유적·유물】절터는 현재 농경지로 이용되고 있으며, 석축만 일부 남아 있다. 【참고문헌】한국사찰전서(권상로, 동국대학교 출판부, 1979), 문화유적총람-사찰편(충청남도, 1990)

운대사(雲臺寺)

【이명】서악사(西岳寺)라고도 불린다. 【위치】경상북도 안동시 태화동 태화산(泰華山) 기슭에 있다. 【소속】대한불교조계종 제16교구 본사인 고운사의 말사이다. 【연혁】신라 말에 연기 도선(烟起 道詵, 827~898)이 창건하여 운대사라고 했다. 그 뒤 절 뒤쪽의 관왕묘(關王廟)를 수호하는 역할을 담당하면서 명맥을 이어왔다. 조선시대에 신경준(申景濬, 1712~1781)이 편찬한 《가람고(伽藍考)》에는 서악사로 기록되어 있다. 1973년 중수하여 오늘에 이르고 있다. 【유적·유물】현존하는 건물로는 법당인 극락전을 중심으로 응향각(凝香閣), 설선당(說禪堂), 심검당(尋劍堂), 종루, 산신각, 사문(寺門), 요사채 등이 있다. 극락전 앞에는 작은 삼층석탑 1기가 있다. 절 뒤에 있는 관왕묘는 신라 때부터 있었다고 하며, 봄·가을에 이 절의 승려가 중심이 되어 관왕묘에 제사를 지냈다. 또한 관왕묘 옆에 승료(僧寮)를 두어서 여러 승려들로 하여금 존숭하게 했다고 한다. 【참고문헌】명산 고찰 따라(이고운·박설산, 신문출판사, 1987)

운망사(雲望寺)

영은사(靈隱寺)를 보시오.

운문사(雲門寺)

【이명】한때 대작갑사(大鵲岬寺), 작갑사(鵲岬寺)라고 불렸다. 【위치】경상북도 청도군 운문면 신원리 운문산(雲門山)에 있다. 【소속】대한불교조계종 제9교구 본사인 동화사의 말사이다. 【연혁】560년(신라 진흥왕 21) 한 신승(神僧)이 창건하여 대작갑사라 했다고 한다. 후삼국의 싸움으로 이 절을 비롯하여 일대의 다섯 갑사(岬寺)가 모두 파괴되자 다섯 절의 기둥을 이 절에 모아 두었다. 937년(고려 태조 20) 당나라에서 유학하고 돌아와 후삼국의 통일을 위해 태조 왕건(王建)을 도왔던 보양(寶壤)이 중창하고 작갑사라고 했으며, 943년 태조가 보양의 공에 대한 보답으로 쌀 50석을 하사하고 '운문선사(雲門禪寺)'라고 사액한 뒤부터 운문사라고 불렸다. 1105년(숙종 10) 국사 원진(圓眞)이 송나라에서 천태교관(天台敎觀)을 배운 뒤 귀국하여 이곳에 머무르면서 중창했다. 그 뒤 조선시대에 들어와 1592년(선조 25) 임진왜란 때 건물 일부가 소실했으나, 1690년(숙종 16) 설송(雪松)이 중건한 뒤 오늘에 이르고 있다. 이 절은 1958년 불교정화운동 이후 비구니 전문강원으로 선정되어 승려 교육과 경전 연구기관으로도 역할하고 있다. 부속 암자로는 청신암(清神庵)과 내원암(內院庵)이 있다. 【유적·유물】현재 대웅보전(보물 제835호)을 비롯하여 작압전(鵲鴨殿), 미륵전, 오백나한전, 금법당(金法堂), 만세루, 관음전, 명부전, 강원, 요사채 등의 옛 건물이 그대로 보존되고 있으며, 전체 17동의 전각이 있다. 문화재로는 원응 학일(圓應 學一, 1052~1144)의 원응국사비(보물 제316호), 석등(보물 제193호), 석조여래좌상(보물 제317호), 사천왕석주(四天王石柱 : 보물 제318호), 삼층석탑(보물 제678호), 동호(銅壺 : 보물 제208호) 등

이 있으며, 오백나한전 안의 나한상은 보기 드문 작품이다. 이 중 대웅전 앞에 있는 2기의 삼층석탑은 대웅전이 위치한 자리의 지세가 행주형(行舟形 ; 전복되기 쉬운 배 모양)의 흉맥이라고 하여 그 지세를 누르기 위해 양쪽에 세운 것이라고 한다. 만세루는 조선 초기의 건물로서 우리 나라 절 건물 중 가장 큰 것이라고 한다. 【설화】 중창에 얽힌 설화가 전한다. 보양이 934년(태조 17) 중국에서 돌아오던 중 서해에서 용의 안내로 용궁에 갔다고 한다. 용은 그의 아들 이목(璃目)으로 하여금 보양을 모시고 돌아가게 하면서, '지금은 후삼국이 요란하여 불법에 귀의하는 왕이 없지만 만약 내 아들과 함께 본국으로 돌아가서 작갑(鵲岬)에 절을 짓고 있으면 적(賊)을 피할 수 있을 것이며, 또한 몇 년 안에 반드시 불법을 보호하는 어진 왕이 나타나서 삼국을 평정할 것이다.' 라고 말했다. 보양이 돌아와 이 골짜기에 이르자 한 노승이 나타나 원광(圓光)이라고 자처하면서 안고 있던 인궤(印櫃)를 주고 사라졌다. 보양이 북쪽 고개로 올라가서 보니 까치떼가 땅을 쪼고 있었다. 이에 서해의 용이 작갑이라고 하던 말이 생각나서 그곳을 파 보니 옛 벽돌이 무수히 나왔다. 이것을 쌓아서 탑을 만들고 절을 중창한 뒤 작갑사라 했다고 한다. 【참고문헌】 삼국유사, 호거산운문사사적(1718), 한국사찰전서(권상로, 동국대학교 출판부, 1979)

운문사(雲門寺)

【위치】 전라북도 완주군 고산면 소향리에 있었다. 【연혁】 신라 때 창건됐다고 한다. 고려시대에 크게 번성했다고 하나, 연혁은 전하지 않는다. 1950년 6·25전쟁 때 공비들에 의해 완전히 소실했다. 【유적·

유물】 절터에는 초석과 축대가 남아 있다. 【참고문헌】 한국사찰전서(권상로, 동국대학교 출판부, 1979), 사찰지(전라북도, 1990)

운문암(雲門庵)

【이명】 한때 미타사(彌陀寺)라고 불렸다. 【위치】 전라남도 장성군 북하면 약수리 백암산(白巖山)에 있다. 【소속】 대한불교조계종 제18교구 본사인 백양사의 산내 암자이다. 【연혁】 백제 때 여환(如幻)이 창건하여 미타사라고 했다. 여환은 632년(무왕 33) 백양사를 창건한 뒤 이곳에서 아미타여래불을 참례하고 그 자리에 절을 지었던 것이다. 고려시대에는 진각(眞覺)국사 혜심(慧諶, 1178~1234)이 머물면서 수도했다. 그 뒤 벽송 지엄(碧松 智嚴, 1464~1534), 서산 휴정(西山 休靜, 1520~1604), 진묵 일옥(震默 一玉, 1562~1633), 소요 태능(逍遙 太能, 1562~1649), 연담 유일(蓮潭 有一, 1720~1799), 백파 긍선(白坡 亘琁, 1767~1852), 환응 탄영(幻應 坦泳, 1847~1929), 용성 진종(龍城 震鍾, 1864~1940), 만암 종헌(曼庵 宗憲, 1876~1957) 등도 머물며 수도했다. 조선시대 왕실에서는 이 절에 청하여 국태민안(國泰民安)과 왕실의 번창을 기원했다. 1950년 6·25전쟁 때 불에 타서 토굴에 가까운 상태로 유지돼 왔으나, 1989년부터 4년 동안 공사를 벌여 선방을 다시 세웠다. 【유적·유물】 건물로는 '운문선원(雲門禪院)'이라고 편액한 선방이 있다. 특별한 문화재는 없다. 【설화】 1592년(선조 25) 임진왜란 직전 일옥은 이 암자에서 차를 달이는 소임을 맡고 있었다. 어느 날 백양사의 전체 대중이 다같이 '차를 달이는 운문암의 승려를 조사(祖師)로

모시라.'는 현몽을 한 뒤 일옥을 조실(祖
室)로 추대했다. 그 뒤 일옥은 '내가 올
때까지는 이 불상을 도금하지 말라.'는
말을 남기고 자취를 감추었다. 그러므로
지금도 그 불상은 어두운 색을 땐 채 일옥
이 나타나기를 기다리고 있다고 한다.
【참고문헌】속 명산 고찰 따라(이고운·
박설산, 운주사, 1994)

운봉사(雲峰寺)
김룡사(金龍寺)를 보시오.

운부암(雲浮庵)
【위치】경상북도 영천시 청통면 치일리
팔공산(八公山)에 있다.【소속】대한불교
조계종 제10교구 본사인 은해사의 산내
암자이다.【연혁】711년(신라 성덕왕 10)
의상(義湘, 625~702)이 창건했다고 한
다. 그러나 이때는 의상이 이미 입적한 뒤
이므로 신빙성이 없다. 창건 당시 이곳에
상서로운 구름이 떠 있었으므로 운부암이
라 했다고 한다. 그 뒤 관음기도도량으로
전승되어 오다가 1860년(조선 철종 11)
화재로 소실하자 응허(應虛)와 침운(枕
雲)이 중건했고, 1900년 보화루(寶華樓)
를 신축하여 오늘에 이르고 있다.【유적
·유물】현존하는 건물로는 법당인 원통
전을 중심으로 운부란야(雲浮蘭若), 우의
당(禹儀堂), 보화루가 있다. 이 중 원통전
안에는 청동보살좌상(보물 제514호)이 있
다. 이 불상은 신라 말에 적인 혜철(寂忍
惠哲, 785~861)이 인도에서 해금강으로
들어오는 배 안에서 모셔 왔다는 전설이
있다.【참고문헌】명산 고찰 따라(이고운
·박설산, 신문출판사, 1987)

운상원(雲上院)
칠불암(七佛庵)을 보시오.

운선암(雲禪庵)

【위치】전라북도 고창군 성송면 계당리에
있다.【소속】한국불교태고종에 속한다.
【연혁】백제 때에 창건된 것으로 추정된
다. 고려시대에 폐사된 것을 19세기 말에
정주원(鄭桂元)이 중창하여 절터에 남아
있던 미륵불상을 모셨다. 그러나 1950년
6·25전쟁 때 불에 타 없어졌다. 그 뒤
1953년 법당과 요사채를 신축해 오늘에
이르고 있다.【유적·유물】건물로는 법
당과 요사채가 있다. 유물로는 석불입상
2위와 마애석불입상, 마애석불좌상, 석조
(石槽), 석탑 부재 등이 있다. 법당에 주
불로 봉안되어 있는 석불입상은 불상이라
기보다는 장승에 가까운 형태이며, 조선
시대 후기에 조성된 것으로 추정된다. 마
애석불입상은 조선시대 전기에 조성된 것
으로 추정된다.【참고문헌】사찰지(전라
북도, 1990)

운수사(雲水寺)
【이명】한때 운수암(雲水庵)이라고 불렸
다.【위치】전라북도 임실군 강진면 이도
리 고덕산(高德山)에 있다.【소속】한국
불교태고종에 속한다.【연혁】조선시대의
18세기 후반에 창건됐다고 한다. 당시 이
자리에 있던 백제 때의 석불을 봉안하기
위해서 창건하고, 임실을 운수골이라고
한 데에 연유하여 이름을 운수암이라고
했던 것이다. 최근 주지 법진(法眞)이 운
수사라고 이름을 바꾸었다.【유적·유
물】건물로는 법당과 미륵당, 요사채가
있다. 유물로는 미륵당에 봉안된 미륵석
불이 있는데, 높이 2m로서 백제 때의 것
으로 추정된다.【설화】어느 때인가 화적
떼들이 임실읍내 부자들의 재산을 약탈하
고 도망쳤는데, 그들은 밤 새워 도망을 해
도 계속 읍내만을 맴돌고 있었다. 이는 미

륵석불의 영험 때문이었다고 한다.【참고
문헌】사찰지(전라북도, 1990)

운수암(雲水庵)

【위치】경기도 안성군 양성면 방신리 고
령산(古靈山) 무한성(無限城) 안에 있다.
【소속】대한불교조계종 제2교구 본사인
용주사의 말사이다.【연혁】1750년(조선
영조 26) 여신도 장반야명(張般若明)이
창건했다고 한다. 구전에 의하면, 과부가
된 반야명은 평생 부처님을 모시고 살아
갈 것을 결심하고 무한성 밑에 절터를 닦
던 중 꿈에 성안에 절을 지으라는 부처님
의 계시를 받았다고 한다. 이에 그녀는 새
터를 찾다가 옛 절터를 발견하고 그 자리
에 이 절을 창건했다고 한다. 그 뒤 홍선
대원군(1820~1898)이 중건 시주를 하면
서 '운수암'이라는 친필 현판을 써 주었
다. 1986년 주지 혜종(慧宗)이 도괴 직전
에 있던 대웅전을 중수하여 오늘에 이르
고 있다.【유적·유물】건물로는 대웅전
과 비로전, 요사 2동이 있다. 유물로는 석
조비로자나불좌상과 대원군의 친필 현판,
칠성탱화, 산신탱화 등이 있다. 석조비로
자나불좌상은 1920년대에 다른 곳에서 옮
겨 왔는데, 고려시대의 것으로 추정된다.
대원군 친필 현판은 요사채에 걸려 있다.
칠성탱화와 산신탱화는 모두 비로전 안에
걸려 있으며, 1870년(고종 7)에 제작된
것이다. 절 일원이 경기도 문화재자료 제
25호로 지정되어 있다.【참고문헌】한국사
찰전서(권상로, 동국대학교 출판부, 1979),
기내사원지(경기도, 1988)

운수암(雲水庵)
운수사(雲水寺)를 보시오.

운악사(雲岳寺)
봉선사(奉先寺)를 보시오.

운암사(雲巖寺)

【위치】경상북도 문경시 불정동 약수산
(藥水山) 중턱에 있다.【소속】대한불교
조계종 제8교구 본사인 직지사의 말사이
다.【연혁】678년(신라 문무왕 18) 의상
(義湘)이 창건했다. 그 뒤 조선 초기까지
의 연혁은 전하지 않는다. 1592년(선조
25) 임진왜란 때 불에 탄 뒤 폐허로 남아
있던 것을 1658년(효종 9) 영준(靈俊)이
요사채를 중건하고, 1666년(현종 6) 화주
해특(海特) 등이 법당을 중창했다. 1785
년(정조 9)에는 화주 인월(印月)이 중창
했다. 1972년부터 1975년까지 다시 크게
중창하여 오늘에 이르고 있다.【유적·유
물】현존하는 건물로는 극락전, 산신각, 요
사채, 삼성각, 안양문(安養門) 등이 있다.
극락전 안에는 아미타삼존불상이 봉안되어
있다. 특별한 문화재는 없다.【참고문헌】
한국사찰전서(권상로, 동국대학교 출판부,
1979), 문경대관(문경문화원, 1986)

운암사(雲巖寺)
광통보제선사(廣通普濟禪寺)를 보시오.

운장암(雲藏庵)

【위치】충청남도 청양군 남양면 온암리
백화산(白華山)에 있다.【소속】대한불교
조계종 제6교구 본사인 마곡사의 말사이
다.【연혁】언제 누가 창건했는지 알 수
없다. 신라의 연기 도선(烟起 道詵, 827~
898)이 이곳에서 공부했다는 구전이 전한
다. 연혁은 전하지 않는다. 1592년(조선
선조 25) 임진왜란 때, 또는 1894년(고종
31) 동학농민운동 때 불에 탔다고 한다.
폐사된 채로 있던 것을 1900년 무렵 중창
하여 운장암이라고 했다.【유적·유물】
건물로는 인법당(因法堂)이 있다. 유물로
는 철조보살좌상(보물 제986호)과 복장유

물이 있다. 이 보살상은 절 앞 골짜기의 계곡에 있던 것을 1900년 무렵 중창하면서 법당에 봉안한 것으로 고려 후기나 조선 전기에 조성한 것이다. 복장유물은 이 보살상에서 나온 것으로 1305년(고려 충렬왕 31) 청주 원흥사(元興寺)에서 개판(開版)된 《불설금강반야바라밀다심경》과 1462년(세조 8) 간경도감(刊經都監)에서 조조(雕造)된 《수능엄경의해(首楞嚴經義解)》, 1493년(성종 24) 간행된 《묘법연화경》, 1528년(중종 23) 간행된 《묘법연화경》 《다라니경》 등이 있다. 【참고문헌】 문화유적총람－사찰편(충청남도, 1990)

운주사(雲住寺)

【이명】 운주사(運舟寺)라고도 한다. 【위치】 전라남도 화순군 도암면 대초리 천불산(千佛山) 기슭에 있다. 【소속】 대한불교조계종 제21교구 본사인 송광사의 말사이다. 【연혁】 신라 말에 연기 도선(烟起道詵, 827~898)이 창건했다는 설과 운주(雲住)가 창건했다는 설, 마고(麻姑) 할머니가 창건했다는 설이 있다. 이 중 도선이 창건했다는 설이 가장 널리 알려져 있다. 이름을 운주사(運舟寺)라고 한 것은 풍수설에 따라 우리 나라의 지형이 움직이는 배 모양의 땅이라는 데서 연유하였다. 1592년(조선 선조 25) 임진왜란 때 법당을 비롯한 석불과 석탑이 크게 훼손되어 폐사로 남아 있었다. 1918년 박윤동(朴潤東), 김여수(金汝水) 등 16명이 시주하여 중건했다. 【유적·유물】 건물로는 대웅전과 종각, 요사채가 있다. 1942년까지는 석불 213위와 석탑 30기가 있었다고 하나, 현재에는 석탑 12기, 석불 70위만이 남아 있다. 문화재로는 연화탑(蓮華塔)과 굴미륵석불(窟彌勒石佛), 구층석

탑(보물 제796호), 석조불감(石造佛龕 ; 보물 제797호), 원형다층석탑(圓型多層石塔 ; 보물 제798호), 부부와불(夫婦臥佛) 등이 있다. 이 중 부부와불은 길이 12m, 너비 10m의 바위에 조각했는데, 남녀가 나란히 누워 있는 모습이다. 천불천탑을 하룻밤 사이에 다 세우려 했으나, 미처 세우지 못해서 누워 있다는 전설이 있다. 현존하는 이 절의 석탑과 석불은 모두 동일한 조각 수법을 보이고 있는 것으로 보아 이름 없는 석공이 평생을 두고 만들었을 가능성이 크다. 옛터 일원이 사적 제312호로 지정되어 있다. 【설화】 영암 출신의 도선이 우리 나라의 지형을 배로 보고, 선복(船腹)에 해당하는 호남 땅이 영남보다 산이 적어 배가 한쪽으로 기울 것을 염려한 나머지 이곳에 천 위의 불상과 천 개의 탑을 하루낮 하룻밤 사이에 도력(道力)으로 조성해 놓았다고 한다. 이 전설을 뒷받침하듯 절에서 멀지 않은 충양면에는 돛대봉이 있다. 그러므로 돛대봉에 돛을 달고 절에서 노를 젓는 형세라고 한다. 또 절을 지을 때 신들이 회의를 열었다는 중장(衆場) 터(일설에는 승려들이 장터를 이룰 만큼 많았다고 하여 붙여진 이름이라고도 함)가 멀지 않고, 신들이 해를 묶어 놓고 작업했다는 일봉암(日封巖)도 가까이에 솟아 있다. 【참고문헌】 동국여지승람, 한국의 명산 대찰(국제불교도협의회, 1982)

운주사(雲住寺)

【위치】 함경북도 명천군 칠보산(七寶山)에 있었다. 【연혁】 언제 누가 창건했는지 알 수 없다. 조선시대에 고한 희언(孤閑熙彦, 1561~1647)이 12세 때 출가하여 18년 동안 이곳에 머물렀는데, 누각에 그림을 그리다가 홀연히 깨달음을 얻었다고

한다. 그 뒤부터 승려나 속인이나 이 불화 앞에서 합장하면 성불한다는 전설이 전하고 있다. 광해군 때(1608~1623)에는 이 절에서 수륙재(水陸齋)를 열었다. 연혁은 전하지 않는다. 【참고문헌】한국사찰전서 (권상로, 동국대학교 출판부, 1979)

운주사(運舟寺)
운주사(雲住寺)를 보시오.

운해사(雲海寺)
【위치】경기도 개성시에 있었던 듯하다. 【연혁】언제 누가 창건했는지 알 수 없다. 1268년(고려 원종 9) 원종이 선(禪)과 교(敎)에 밝은 큰스님 백 명을 모아 놓고 이 절에서 대장낙성회(大藏落成會)를 열었다. 연혁은 전하지 않는다. 【참고문헌】 한국사찰전서(권상로, 동국대학교 출판부, 1979)

운흥사(雲興寺)
【위치】경상남도 고성군 하이면 와룡리 와룡산(臥龍山) 중턱에 있다. 【소속】대한불교조계종 제13교구 본사인 쌍계사의 말사이다. 【연혁】676년(신라 문무왕 16) 의상(義湘)이 창건했다고 한다. 그러나 1350년(고려 충정왕 2)에 창건됐다는 설도 있다. 그 뒤 조선 초기까지의 연혁은 전하지 않는다. 1592년(조선 선조 25) 임진왜란 때 사명 유정(四溟 惟政)이 승병 6천여 명을 이끌고 이곳에서 왜적과 싸웠다고 한다. 이때의 병화로 소실한 것을 1651년(효종 2) 김법성(金法性)이 중창하여 오늘에 이르고 있다. 부속 암자로는 낙서암(樂西庵), 천진암(天眞庵)이 있다. 【유적·유물】현존하는 건물로는 대웅전을 비롯하여 영산전(경상남도 문화재자료 제147호), 범종루, 산신각, 요사채 등이 있다. 이 중 대웅전(경상남도 유형문화재

제82호)은 1731년(영조 7) 중건된 것으로 독특한 조선시대의 건축 양식을 보여 주고 있다. 또한 대웅전 안에는 괘불(掛佛；경상남도 유형문화재 제61호)과 조선 후기에 제작된 경판(經板；경상남도 유형문화재 제184호) 등이 보관되어 있다. 이 중 괘불은 1730년 이연(理然) 등 승려 20여 명이 참여하여 제작한 것으로 세로 12.72m, 가로 8.18m 크기이다. 석가여래상을 중심으로 6위의 불보살상을 그렸으며, 뒷면에는 진언(眞言)과 영조의 어인(御印)이 새겨져 있다. 이 괘불은 일제강점기에 일본인들이 세 번이나 일본으로 가져 가려고 했으나, 심한 풍랑으로 인해 뜻을 이루지 못하고 다시 제자리에 가져다 놓았다고 한다. 【참고문헌】한국사찰전서(권상로, 동국대학교 출판부, 1979), 소가야의 뿌리(고성군, 1983)

운흥사(雲興寺)
【이명】한때 동림사(桐林寺), 수암사(燧巖寺)라고 불렸다. 【위치】대구광역시 달성군 가창면 오리 최정산(最頂山)에 있다. 【소속】대한불교조계종 제9교구 본사인 동화사의 말사이다. 【연혁】신라 흥덕왕 때(826~836) 창건됐다. 원래는 동림사라고 불렸다. 창건 당시에는 절이 산꼭대기에 있었고, 그곳이 3개 군을 잇는 길목이었으므로 사람의 왕래가 잦았다고 한다. 그러므로 주지가 조용한 곳으로 절을 옮기고자 하던 중 어느 날 꿈에 한 노인이 나타나서 절 앞의 못을 메우라고 했다. 그 뒤 신도들이 한 사람도 오지 않게 되자, 절을 관리할 수 없어서 곡산(谷山)으로 옮겨 수암사라고 했으나 역시 신도들이 없었다. 이에 다시 지금의 위치로 절을 옮겨 운흥사라고 하자 그 뒤부터 절이 번창

했다고 한다. 1592년(조선 선조 25) 임진
왜란 때 사명 유정(四溟 惟政)이 이 절에
머물며 승병 300여 명을 지휘하여 왜적과
싸웠다. 그 뒤 1620년(광해군 12) 무념
(無念)이 중창했고, 1751년(영조 27) 치
화(致和)가 중건했다. 1965년 보수하여
오늘에 이르고 있다. 【유적·유물】현존
하는 건물로는 대웅전을 비롯하여 산신
각, 요사채 5동이 있다. 특별한 문화재는
없다. 【참고문헌】한국사찰전서(권상로,
동국대학교 출판부, 1979), 달성의 비슬산
(달성군, 1983)

운흥사(雲興寺)
【위치】경상남도 울산시 울주구 웅촌면
고련리 원적산(圓寂山)에 있었다. 【연혁】
언제 누가 창건했는지 알 수 없다. 1481
년(조선 성종 12)에 편찬된 《동국여지승
람》에는 존재한다고 나와 있으나, 1799년
(정조 23)에 편찬된 《범우고(梵宇攷)》에
는 이미 폐사되었다고 나와 있다. 연혁은
전하지 않는다. 【유적·유물】절터에 부
도 2기(경상남도 유형문화재 제21호)가 있
다. 【참고문헌】한국사찰전서(권상로, 동
국대학교 출판부, 1979)

운흥사(雲興寺)
【위치】경기도 개풍군 영북면 고덕리 성
거산(聖居山)에 있었다. 【연혁】1677년
(조선 숙종 3) 창건됐다. 성거산운흥사비
명(聖居山雲興寺碑銘)에 따르면 1672년
처음 이곳에 터를 닦았다고 하며, 이 일대
에 성을 쌓으면서 부근에 있던 절들을 옮
겼는데, 그때 옮겨 세운 절이 운거사(雲
居寺)이며, 승려들의 발원에 따라 새로
운흥사를 지었다고 한다. 1913년에는 일
원(日源)이 중수했다. 일제강점기의 31본
산시대에는 전등사(傳燈寺)의 말사였다.

현재의 상황은 알 수 없으나 북한측 자료
에 의하면 현존하지 않는다. 【참고문헌】
한국사찰전서(권상로, 동국대학교 출판부,
1979)

운흥사(雲興寺)
백담사(百潭寺)를 보시오.

운흥사(雲興寺)
신흥사(新興寺)를 보시오.

운흥사(雲興寺)
정광사(定光寺)를 보시오.

운흥암(雲興庵)
정광사(定光寺)를 보시오.

웅수사(熊壽寺)
【위치】경상북도 경주시 양북면 토함산
(吐含山) 정상에 있었다. 【연혁】신라 김
대성(金大城)이 불국사를 세웠던 751년
(경덕왕 10) 이전에 창건했다. 원래 사냥
을 좋아했던 김대성은 어느 날 토함산에
올라가서 곰을 잡은 뒤 산 밑 마을에서 유
숙했다. 그날 밤 꿈에 곰의 귀신이 나타나
환생하여 원한을 갚겠다고 했다. 김대성
이 두려워하여 용서를 빌자, 곰의 귀신은
자신을 위해 절을 세워 달라고 했다. 그
뒤 김대성은 곰을 발견했던 곳에 이 절을
세우고, 곰을 잡았던 곳에 장수사(長壽
寺)를 세웠다고 한다. 창건 이후의 연혁
은 전하지 않는다. 1592년(조선 선조 25)
임진왜란 때 불국사와 함께 전화로 소실
한 것으로 추정된다. 【유적·유물】절터
에 있던 석불(경상북도 문화재자료 제14
호)은 현재 국립경주박물관에 보관되어
있다. 【참고문헌】삼국유사, 한국의 사찰
1-불국사(한국불교연구원, 일지사, 1974)

웅신사(熊神寺)
성주사(聖住寺)를 보시오.

웅정암(熊井庵)

영지사(靈芝寺)를 보시오.

원각사(圓覺寺)

【이명】 한때 흥복사(興福寺)라고 불렸다. 【위치】 서울특별시 종로구 종로2가 탑골공원 자리에 있었다. 【연혁】 고려 때 창건됐다. 원래는 흥복사라고 했다. 조선 태조 때(1392~1398) 조계종(曹溪宗)의 본사가 되었으며, 세종이 불교 종파를 선교양종(禪敎兩宗)으로 통합한 뒤 이 절을 폐지하고 관습도감(慣習都監)을 두었다. 1464년(세조 10) 4월 효령대군(孝寧大君)이 회암사(檜巖寺) 동쪽 언덕에 석가모니 부처님의 사리를 안치하고 《원각경》을 강의했는데, 이 날 저녁에 여래가 공중에서 모습을 나타내고 사리가 분신하여 800여 개가 되었다. 이 해 5월 2일 효령대군은 사리를 세조에게 보이고 함원전(含元殿)에서 함께 예불했는데, 사리가 또다시 400여 개로 분신했다. 이에 세조는 대사면령을 내리고 5월 3일 흥복사 터에 거동하여 종친 및 신하들과 이 절터에 원각사를 창건할 것을 논의한 뒤 조성도감(造成都監)을 설치했다. 6월 16일 대종(大鐘)의 주조를 위해서 동(銅) 5만 근을 전국에서 모으도록 했고, 6월 19일에는 이 절 위에 서기가 나타났다. 8월 11일 공사 도중에 흙이 무너져서 2명이 죽고 5명이 부상당했으며, 9월 25일에는 다시 서기가 있어서 불충과 불효의 죄를 범한 자를 제외하고 사면했다. 10월 30일 효령대군이 새로 만든 불상의 분신 사리를 왕에게 바쳤는데, 11월 1일 이 사리와 원각사의 사리에서 서기가 있어 죄인들을 용서했다. 1465년 3월 1일에는 이 절에서 나한의 분신 사리를 왕에게 바쳤고, 3월 16일에는 형조에 명하여 이 절의 수소노(修掃奴)를

30구(口)로 정하고 연고가 있는 자는 즉시 보충하도록 했으며, 4월 6일에는 전지 300결을 내렸다. 4월 8일 부처님 오신 날에는 이 절의 낙성 경찬회(慶讚會)를 베풀었는데, 승려 128명이 참석하여 어정구결(御定口訣)로 번역한 《원각경》을 전독(轉讀)했고, 왕은 또 승려 2만 명에게 공양을 베풀었다. 5월 6일 이 절의 사리가 또 서기를 나타내 죄인을 사면하고 세금을 감면했으며, 1466년 7월 15일에는 이 절에 봉안할 백옥불상이 완성되었으므로 함원전에서 점안법회(點眼法會)를 베풀었다. 1467년 4월 8일 부처님 오신 날에 10층석탑이 완공되자 연등회(燃燈會)를 베풀고 낙성했다. 이때 이 절은 법당인 대광명전(大光明殿)을 중심으로 하여 왼쪽에는 선당(禪堂), 오른쪽에는 운집당(雲集堂), 뒤쪽에는 해장전(海藏殿)이 있었다. 또한 입구에서 차례로 해탈문, 반야문, 적광문(寂光門) 등 3문이 있었고, 종각과 법뢰각(法雷閣), 음식을 장만하는 향적료(香寂寮) 등도 있었다. 10층석탑에는 분신 사리와 언해본 《원각경》을 봉안했고, 해장전에는 대장경을 두었으며, 법당은 청기와와 금칠로 꾸몄다고 한다. 또 법당 동쪽에 못을 파서 연꽃을 심고, 서쪽에는 동산을 만들어서 화초를 심었다. 그 뒤에도 이 절의 사리가 서기를 나타내거나 분신하는 경우가 자주 있었으며, 이때마다 신하들은 왕에게 하례를 올렸다. 예종은 즉위년인 1468년 10월 13일 행차했고, 12월 16일 세조의 백재(百齋)를 이곳에서 베풀었으며, 12월 22일에는 분향한 뒤 쌀 50석을 하사하고 죄인을 사면하는 한편, 이 절 밖에서 승려 천 명에게 반승(飯僧)했다. 1469년 윤2월 29일에 사리 245개

가 다시 분신하자 강도 등의 중죄를 지은 자를 제외한 도형(徒刑) 이하의 죄를 범한 자는 모두 사면할 것을 명했으며, 7월 20일 이 절에 행차했다. 성종은 1470년 3월 6일 예종의 백재를 이 절에서 열도록 했고, 1488년(성종 19) 불에 타자 재목과 기와를 내려 중수하게 했다. 이때 홍문관 부제학 안호(安瑚) 등이 억불정책을 이유로 들어서 명을 거둘 것을 청했으나, 성종은 이 절이 선왕의 뜻에 의해 창건된 절이고, 외국의 사신과 승려들이 즐겨 찾는 곳이며, 선후(先后)의 하교를 받았기 때문에 수리하지 않을 수 없다고 했다. 그러나 1504년(연산군 10) 연산군이 이 절을 연방원(聯芳院)이라는 이름의 기방(妓房)으로 만듦으로써 승려들이 머물 수 없게 되었고, 1512년(중종 7)에는 절을 헐어서 그 재목을 나누어 줌으로써 절은 없어지게 되었다. 그리고 대종은 1536년 숭례문(崇禮門)으로 옮겨 파루(罷漏)의 종으로 사용하다가 1594년(선조 27) 다시 종각으로 옮겼다고 한다. 1919년 3·1독립운동 때에는 이 절터에 설치된 탑골공원에서 민족대표 33인이 모여 독립선언문을 낭독하기도 했다. 【유적·유물】절터인 탑골공원에는 현재 10층석탑(국보 제2호)과 원각사비(보물 제3호)가 남아 있다. 【참고문헌】세조실록, 예종실록, 성종실록, 동문선, 문화유적총람(문화재관리국, 1977), 한국사찰전서(권상로, 동국대학교 출판부, 1979)

원각사(圓覺寺)
【위치】경기도 화성군 동탄면 신리에 있다. 【소속】대한불교법화종에 속한다. 【연혁】언제 누가 창건했는지 알 수 없다. 원래 이 자리에는 만의사(萬儀寺)가 있었는

데, 1669년(조선 현종 10) 송시열(宋時烈)의 초장지(初葬地)로 이곳이 정해지자 절터가 거북 모양이어서 화를 입는다고 하여 만의사를 인근으로 옮겼다. 그 뒤 송시열의 묘가 청주로 이장된 뒤 다시 이 자리에 절을 창건했던 것이다. 1888년(고종 25) 대웅전을 중창했으며, 1941년 대웅전이 불타자 이듬해 다시 건축했다. 【유적·유물】건물로는 대웅전을 비롯하여 산신각, 용왕각, 요사채가 있다. 유물로는 만의사 시절부터 있었던 선화(禪華)의 탑과 부도를 비롯하여 석종형(石鐘型) 부도 3기가 있다. 선화는 사명 유정(四溟 惟政)의 제자로서 만의사에 머물면서 대중교화를 펴다가 1644년(인조 22)에 입적했는데, 그의 탑과 부도는 1646년에 세워졌다. 부도 3기는 모두 조선시대 중기의 것으로 추정된다. 【설화】이 절에는 장수정(將帥井)이 있었다. 옛날 어떤 선비가 이 우물에서 물을 마시려고 그릇을 청하자, 스님이 쇠바가지를 내주었다. 선비는 깜짝 놀라 관가에 고하여 우물을 메우게 했다. 이 물을 오랫동안 마시면 장수가 되고, 필시 나라의 기틀을 어지럽게 하지 않을까 우려했기 때문이라고 한다. 【참고문헌】속 명산 고찰 따라(이고운·박설산, 운주사, 1994)

원각사(圓覺寺)
건봉사(乾鳳寺)를 보시오.

원갑사(圓甲寺)
【이명】한때 강산사(糠山寺), 당산사(糖山寺)라고 불렸다. 【위치】전라남도 무안군 해제면 산길리 강산(糠山)에 있다. 【소속】대한불교조계종 제22교구 본사인 대흥사의 말사이다. 【연혁】통일신라 때 의상(義湘, 625~702)이 창건하여 강산사라고 했다. 그러나 뒤에 당산사로 이름을

바꿨다가 다시 원갑사로 바꿨다. 영광의 불갑사(佛甲寺), 영암의 도갑사(道岬寺)와 함께 3갑사로 유명했다. 그 뒤 소실한 것을 1701년(조선 숙종 27) 명선(明善)이 중수했고, 1804년(순조 4) 여관(如寬)이 중수했다. 구한말에 이 절이 붕괴됐을 때에는 인근의 목우암(牧牛庵) 신도들이 협력하여 1908년 중건했으며, 1953년에는 일현(日鉉)이, 1988년에는 혜광(惠光)이 중수했다. 【유적·유물】절 일원이 전라남도 문화재자료 제85호로 지정되어 있다. 현존하는 건물로는 무량전(無量殿)과 요사채 1동이 있다. 문화재로는 1879년(고종 16)에 조성한 탱화 1점이 있다. 【참고문헌】무안군의 문화 유적(국립목포대학박물관, 1986), 무안군사(무안군, 1994)

원경사(圓鏡寺)
【위치】경기도 이천군 설성면 수산리 노성산(老星山)에 있다. 【소속】대한불교조계종 제25교구 본사인 봉선사의 말사이다. 【연혁】언제 누가 창건했는지 알 수 없다. 폐사된 채 있던 것을 1920년 신도 박주성(朴周成)이 절터에서 석불좌상을 발견하고 절을 지어 봉안하고 원경사라고 했다. 1987년 총화종에서 조계종으로 소속이 바뀌었다. 【유적·유물】건물로는 대웅전과 승방, 요사 등이 있다. 유물로는 불·보살상으로 보기에는 어려운 석상 1위가 있는데, 전체적인 형태를 간략화·도식화하여 토우 같은 인상을 주는 것으로 조선 후기의 퇴화된 양식을 띠고 있다. 【참고문헌】기내사원지(경기도, 1988)

원녕사(元寧寺)
【위치】경상북도에 있었다. 【연혁】신라 때 자장(慈藏)이 창건했다. 자장은 일찍이 부모를 여읜 뒤 세속의 시끄러움을 싫어해 처자와 작별하고 자신의 전원(田園)을 내어 절로 삼았던 것이다. 643년(선덕여왕 12) 자장은 당나라에서 귀국하여 강원도 오대산(五臺山)에 갔다. 이곳에서 그는 문수보살의 진신(眞身)을 보려 했으나 3일 동안이나 날이 어두워 보지 못했는데, 이 절에 돌아와 살면서 비로소 문수보살을 뵈었다고 한다. 또한 그는 이 절을 중수하고 낙성회(落成會)를 열어 《화엄경》1만 게(偈)를 강의했다. 이때 52종류의 중생이 감동하여 현신(現身)해서 강의를 들었다고 하며, 그는 문인(門人)들에게 그들의 수대로 나무를 심어 이 이상스러운 일들을 표시하게 하고 그 나무를 지식수(智識樹)라고 이름지었다고 한다. 그 뒤의 연혁은 전하지 않는다. 【참고문헌】삼국유사

원당사(元堂寺)
【위치】경기도 안산시 수암동 수리산(修理山)에 있었다. 【연혁】유물로 미루어보아 고려시대에 창건된 것으로 추정된다. 1900년에 편찬된 《안산군읍지》에 '이 절의 뒤편 들에 작은 탑이 있는데, 천희원년(天禧元年)이라는 글자가 새겨져 있다.'고 나와 있다. 천희(天禧)는 중국의 송(宋)과 서요(西遼)에서 사용된 연호로서 각각 1017년에서 1021까지, 1168년에서 1201년까지를 나타낸다. 조선시대 말에 폐사된 것으로 보인다. 【유적·유물】절터에 축대와 초석이 산재해 있다. 유물로는 석불좌상 2위가 있으나, 심하게 파손되었다. 【참고문헌】내 고장 안산(내 고장 안산 편찬위원회, 1990)

원당암(願堂庵)
【이명】한때 봉서사(鳳棲寺)라고 불렸다. 【위치】경상남도 합천군 가야면 치인리

가야산에 있다. 【소속】 대한불교조계종
제12교구 본사인 해인사의 부속 암자이
다. 【연혁】 802년(신라 애장왕 3) 해인사
를 세우기 위한 기초 작업장으로 창건됐
다. 원래의 이름은 봉서사였다. 당시 애장
왕이 이곳에 머물면서 공사와 정사를 함께
돌보았다고 한다. 조선 세조 때(1455~
1468)에는 등곡 학조(燈谷 學祖)가 오래
머물렀으며, 1501년(연산군 7)에는 《고
봉화상선요(高峰和尙禪要)》가 이 절에서
간행되었다. 이때까지는 독립된 절이었으
나, 그 뒤 신라 왕실의 원찰이었다고 하여
원당암으로 이름을 바꾸고, 해인사의 암
자로 부속시켰다. 1852년(철종 3) 우룡
(雨龍)이 중수했고, 1874년(고종 11)에
는 비구니 성주(性主)가 크게 중수했다.
이어 조선시대 말기에는 주지 해운(海雲)
이 중창했다. 【유적·유물】 현존하는 건
물로는 보광전(普光殿)과 요사채 3동이
있다. 문화재로는 점판암(粘板岩)의 다층
석탑(보물 제518호)을 비롯하여 석등, 금
당의 축대석 등이 있다. 이 중 다층석탑은
신라 말기에 조성된 소탑의 하나로 11층
의 매우 희귀한 것이다. 이 탑과 석등, 배
례석(拜禮石) 등은 신라 진성여왕 때
(887~897)의 작품으로 추정된다. 【참고
문헌】 해인사사적, 한국의 사찰 7—해인
사(한국불교연구원, 일지사, 1975)

원등사(遠燈寺)
【이명】 한때 목부암(木鳧庵)이라고도 불
렸다. 【위치】 전라북도 완주군 소양면 해
월리 청량산(靑凉山)에 있다. 【소속】 대
한불교조계종 제17교구 본사인 금산사의
말사이다. 【연혁】 신라 때에 보조 체징
(普照 體澄, 804~880)이 창건했다. 당시
체징이 나무로 만든 물오리를 날려 보내

오리가 앉은 곳에 터를 잡았다 하여 목부
암이라고도 불렸다. 그 뒤 신라 말에 연기
도선(烟起 道詵, 827~898)이 중창했다.
조선 선조 때(1567~1608) 진묵 일옥(震
默 一玉)이 3창하고 오백나한을 봉안했으
나, 1592년(선조 25) 임진왜란 때 소실했
다. 1945년 이후에 비로소 중창했지만,
1950년 6·25전쟁 때 또 다시 소실하여 참
선당(參禪堂)만 남게 되었다. 그 뒤 1956
년 대웅전 등을 신축하여 오늘에 이르고
있다. 전성기에는 이 절에 승려 400여 명
이 기거했다고 한다. 【유적·유물】 현존
하는 건물로는 대웅전과 산신각, 참선당
등이 있다. 이 중 대웅전에는 석가모니불
과 아미타불이 봉안되어 있으며, 목각탱
화 1점이 있다. 현재 남아 있는 주춧돌 등
으로 보아 규모가 큰 절이었음을 알 수 있
다. 【설화】 원암리 앞에는 일옥의 설화가
깃든 방죽이 있다. 일옥은 어느 날 이곳을
지나가다가 물고기를 잡아먹었는데, 사람
들이 이를 비난하자 일옥이 방금 먹은 물
고기를 토해 내 물 속에 넣자 물고기가 살
아서 헤엄쳐 사라졌다고 한다. 또한 일옥
은 이 절의 나한상과 장난하며 놀았는데,
나한이 일옥의 말을 듣지 않아 일옥이 나
한의 이마를 치자 나한상의 이마에 혹이
생겼다고 한다. 【참고문헌】 한국사찰전서
(권상로, 동국대학교 출판부, 1979), 전통
의 고장 완주(완주군, 1982), 사찰지(전라
북도, 1990)

원명사(圓明寺)
【이명】 한때 원명사(元明寺)라고 했다.
【위치】 황해도 금천군 원명리 대둔산(大
屯山)에 있다. 【연혁】 언제 누가 창건했
는지 알 수 없다. 1481년(조선 성종 12)
에 편찬된 《동국여지승람》에는 원명사

(元明寺)라고 나와 있고, 1799년(정조 23)에 편찬된 《범우고(梵宇攷)》에는 원명사(圓明寺)라고 나와 있다. 〈원명사사적기〉에는 1674년(현종 15) 창건됐다고 하나, 《동국여지승람》에 이미 존재한다고 나와 있는 것으로 보아 이때 중창한 듯하다. 그 뒤 1706년(숙종 32) 본전 등을 중건했다. 일제강점기의 31본산시대에는 성불사(成佛寺)의 말사였다. 1950년 6·25전쟁 때 파괴되어 대웅전만 남아 있다. 부속 암자로는 18세기 말에 창건한 문수암(文殊庵)이 있었다. 【유적·유물】현존하는 건물로는 대웅전이 있다. 대웅전 안에는 약사여래상이 봉안되어 있다. 【설화】문수암에 얽힌 창건 설화가 전한다. 문수리에 유씨 성을 가진 사람이 살고 있었는데, 하루는 이상한 꿈을 꾸었다. 한 미모의 여인이 찾아와서 말하기를, 이곳 산록을 찾아가면 머리가 부러진 내 몸뚱이가 있으니 파내어 머리를 붙여 달라고 했다. 그 여인이 가르쳐 준 곳을 찾아 땅을 파보니 머리가 부러진 석불이 있으므로, 떨어진 머리를 붙이고 그곳에 불당을 지어 봉안한 다음 문수암이라 했다고 한다. 그 뒤 유씨 가문과 지방민들이 이 암자를 수호하였고, 연중 치성 기도가 끊이지 않았다고 한다. 【참고문헌】동국여지승람, 황해도지(황해도, 1970), 북한사찰연구(한국불교종단협의회, 1993)

원명사(元明寺)
원명사(圓明寺)를 보시오.

원명암(圓明庵)
【위치】강원도 인제군 북면 용대리 설악산에 있었다. 【연혁】1676년(조선 숙종 2) 설정(雪淨)이 창건했다는 설도 있고, 누구인지는 알 수 없으나 1903년 옛 절터에 창건했다는 설도 있다. 1970년대까지도 백담사(百潭寺)의 부속 암자로 존재했으나 그 뒤 폐사되었다. 【참고문헌】한국의 사찰 14-낙산사(한국불교연구원, 일지사, 1978)

원원사(遠願寺)
【위치】경상북도 경주시 외동읍 모화리 봉서산(鳳棲山)에 있다. 【소속】대한불교천태종에 속한다. 【연혁】신라 신인종(神印宗)의 개조인 명랑(明朗)의 후계자 안혜(安惠), 낭융(朗融) 등과 김유신(金庾信, 595~673), 김의원(金義元), 김술종(金述宗) 등 국사를 논의하던 중요한 인물들이 함께 뜻을 모아 호국사찰로서 창건했다. 명랑이 세운 금광사(金光寺)와 더불어 통일신라시대에 문두루(文豆婁) 비법의 중심도량으로서 역할했다. 4대덕인 안혜, 낭융, 광학(廣學), 대연(大緣)의 유골이 모두 이 절의 동쪽 봉우리에 묻혔기 때문에 이 봉우리를 사령산 조사암(四靈山 祖師巖)이라고 한다. 1592년(조선 선조 25) 임진왜란이 일어나자 이 절의 용양 위찬(龍驤 偉贊)이 승장, 찬희(贊熙)가 홍의병장(弘義兵將), 인열(仁悅)이 조병장(調兵將), 영오(靈悟)가 대호군(大護軍)이 각각 되어 싸움에 나가 여러 차례 전공을 세우고 선무원종공신(宣武原從功臣)으로 서훈되었다. 그러나 임진왜란 중에 소실하여 1630년(인조 8) 중건했다. 1655년(효종 7) 다시 불에 타 재건했다. 그 뒤의 자세한 연혁을 전하지 않는다. 옛 절터 밑에 근래 새로 지은 소규모의 절이 있다. 【유적·유물】건물로는 대웅전과 종각, 칠성각, 요사채가 있다. 옛 절터는 사적 제46호로 지정되어 있다. 현재는 부도 4기와 동·서삼층석탑이 남아 있다.

이 탑들은 일반적인 신라의 탑에 비해 탑
신이 가늘어 가냘픈 느낌이 들지만, 이러
한 약점을 탑에 조각된 사천왕상과 12지
신상이 보강해 주고 있다. 이 탑은 도괴한
채 있던 것을 1933년 일본인이 복원한 것
이다. 또한 부도 3기는 모두 고려 이후의
작품으로 추정된다. 이 중 서북쪽의 부도
는 원좌(圓座) 내에 범자(梵字) 3자를 새
겨 놓았고, 연화문 등의 조각이 다른 부도
와는 구별되는 독특한 조형미가 있다. 【참
고문헌】 삼국유사, 한국의 사찰 3－신라의
폐사 1(한국불교연구원, 일지사, 1974)

원적사(圓寂寺)

【위치】 경상북도 문경시 농암면 내서리
청화산(靑華山)에 있다. 【소속】 대한불교
조계종 제8교구 직지사의 말사이다. 【연
혁】 660년(신라 무열왕 7) 원효(元曉)가
창건했다고 한다. 그 뒤의 자세한 연혁은
전하지 않는다. 1903년(광무 7) 석교(石
橋)가 중창했으며, 1987년 서암(西庵)이
큰방과 요사, 조실방 등을 건립했다. 【유
적・유물】 건물로는 법당과 요사채 3동이
있다. 전국에서 유일하게 이 절에만 소장
되어 학술적 가치가 높은 해동초조 원효
조사진영(海東初祖元曉祖師眞影)이 있고,
풍화가 심하여 판독이 불가능한 부도 1기
가 있다. 【참고문헌】 문경지(접촌시・문
경군, 1994)

원적암(圓寂庵)

【위치】 전라북도 정읍시 내장동 내장산
(內藏山)에 있다. 【소속】 대한불교조계종
제24교구 선운사의 말사인 내장사(內藏
寺)의 부속 암자이다. 【연혁】 1087년(고
려 선종 4) 적암(寂庵)이 창건했다. 그 뒤
의 자세한 연혁은 전하지 않는다. 인도에
서 들여온 상아(혹은 옥돌)에 조각된 부

처님의 열반상(涅槃像)을 소장하고 있어
절 이름을 원적암이라 했다고 한다. 그러
나 1910년 무렵 이 열반상을 일본인이 훔
쳐 갔다. 1951년 1월 6・25전쟁으로 불에
탄 후 1961년 법명(法明)이 작은 암자로
복구했다. 【유적・유물】 건물로는 인법
당(因法堂)이 있다. 【참고문헌】 사찰지
(전라북도, 1990), 한국사찰전서(권상로,
동국대학교 출판부, 1979)

원정사(圓井寺)

【이명】 한때 원정사(元正寺)라고 했다.
【위치】 황해도 은율군 우산리 구월산(九
月山) 북쪽 기슭에 있다. 【연혁】 고려 충
숙왕 때(1313~1330, 1332~1339) 원나
라 순제(順帝)의 원찰로서 창건됐다. 우
리 나라에 귀양 와 있던 순제가 구월산 꼭
대기에서 긴 깃발을 날려 절터를 잡았는
데, 이곳에는 용정(龍井)이라고 불리는
깊은 우물이 있었다고 한다. 귀국 후 그는
중국에서 모든 자재와 우수한 공장(工匠)
들을 보내 우물을 메우고 기교를 다하여
절을 짓도록 한 뒤 이름을 원정사라 했다
고 한다. 창건 후의 어느 날 업청강(業淸
江)에 불상 3위와 향목(香木)으로 만든
탁자가 배에 실려 들어왔는데, 소식을 들
은 정광사(淨光寺)의 승려가 맞이하려 했
지만 불상을 옮길 수 없어서 그대로 돌아
가고 말았다. 그런데 어느 날 원정사 승려
의 꿈에 그 불상이 나타나서 봉안할 것을
지시하였는데 가볍게 불상을 들 수 있
어서 옮겨 와 모셨다고 한다. 그 뒤의 자
세한 연혁은 전하지 않는다. 1481년(조선
성종 12)에 편찬된 《동국여지승람》에는
원정사(元正寺)라고 나와 있으나, 1799년
(정조 23)에 편찬된 《범우고(梵宇攷)》에
는 원정사(圓井寺)라고 나와 있다. 일제

강점기의 31본산시대에는 패엽사(貝葉寺)의 말사였다. 【유적·유물】 현존하는 건물로는 보광명전(普光明殿)과 승방이 있다. 현재 보광명전 안에 있는 본존불과 향목 탁자는 창건 직후 현몽에 의해서 맞아온 것이라고 한다. 절 주위에는 삼유담(三遊潭)이라는 큰 못과 형제폭포, 마당소 등의 명소가 있다. 【참고문헌】 황해도지(황해도지 편찬위원회, 1970), 은율군지(은율군지 편찬위원회, 1975), 북한사찰연구(한국불교종단협의회, 1993)

원정사(元正寺)

원정사(圓井寺)를 보시오.

원통사(圓通寺)

【위치】 전라북도 무주군 안성면 죽전리 덕유산 남쪽 중턱에 있다. 【소속】 대한불교조계종 제17교구 본사인 금산사의 말사이다. 【연혁】 신라 때 창건됐다고 한다. 그 뒤 조선시대 이후의 연혁은 전하지 않는다. 1698년(조선 숙종 24)에는 탄언 도영(坦彦 道英), 혜왕 일학(惠王 一學)이 법당과 종각을 중창하고, 동종을 주조했다. 1905년 을사보호조약 이후 의병장 김동신(金東臣), 문태서(文泰瑞), 신명선(申明善) 등의 부대가 이 절을 의병 활동의 근거지로 삼았다. 1949년 여순사건의 병화로 소실했고, 1950년 6·25전쟁으로 복구할 겨를이 없어 주지 황범인(黃梵仁)이 명천(明川) 마을에 임시로 불당을 마련하고 법을 전했다. 1957년 재건에 착수했으나 뜻을 이루지 못하고, 1976년 주지로 부임한 배정공(裵正空)이 1982년 범인의 둘째 아들인 거사 황경석(黃慶石)의 시주로 복원에 착수하여 1985년 초연교(超然橋), 대웅전, 선초당(善超堂) 등을 중창, 옛 절의 면모를 되찾았다. 【유적·유물】 절터는 전라북도 기념물 제67호로 지정되어 있다. 건물로는 대웅전, 선초당 등이 있다. 유물로는 중창비가 있는데, 1698년 중창하고 세운 것이다. 【참고문헌】 전북불교총람(전북불교총연합회, 1993), 사찰지(전라북도, 1990)

원통사(圓通寺)

【위치】 경기도 개풍군 영북면 월고리 성거산(聖居山)에 있었다. 【연혁】 919년(고려 태조 2) 태조가 송도(개성)를 중심으로 법왕사(法王寺)를 비롯하여 자운사(慈雲寺), 왕륜사(王輪寺) 등 10대 사찰을 지을 때 그중의 하나로서 창건했다. 1731년(조선 영조 7) 영흠(靈欽), 영기(靈起) 등이 중창했고, 1762년 설조(設照)가, 1798년(정조 22) 계철(戒徹)이 중창했다. 1870년(고종 7)에는 화월(華月)을 비롯하여 벽월(碧月), 영봉(泳峰) 등이 중수했고, 1907년에는 용안(龍眼)이 중창했으며, 1936년에는 주지 장학규(張鶴奎)가 중창했다. 일제강점기의 31본산시대에는 전등사(傳燈寺)의 말사였다. 현재의 상황은 알 수 없으나 북한측 자료에 의하면 현존하지 않는다. 【유적·유물】 1945년 8·15해방 전까지 남아 있던 건물로는 약사당(藥師堂)과 승당이 있었다. 약사당 안에 약사여래석상이 있었으나 오래 된 것은 아니다. 유물로는 약사당 옆에 있는 부도와 법화경서탑(法華經書塔)이 있었다. 부도는 누구의 것인지 알 수 없으나, 그 조각 수법이나 모양 등이 보기 드문 것이다. 또 법화경서탑은 다보탑형(多寶塔型)으로 《법화경》을 써서 두른 것으로 띠를 두르듯 감아올리면서 '법화탑찬시(法華塔讚詩)'를 썼는데, 이와 같은 인탑(印塔)의 형식은 고려 때 크게 유행했

다고 한다. 법화경서탑은 승방의 단주(短柱)에 걸려 있었다. 이 밖에도 연화반석고초(蓮花盤石古礎) 등의 석물들이 일부 남아 있었다. 【설화】창건에 얽힌 설화가 전한다. 옛날 어느 사냥꾼이 수리를 쏘아 맞혔다. 그 수리가 성거산으로 달아났으므로 핏자국을 따라 찾아가 보니 다섯 마리의 새끼를 안고 죽어 있었다. 측은한 마음에 깨달은 바가 있어 사냥꾼은 활을 꺾어 버리고 수리를 묻어 준 뒤 절을 지어 원통사라고 했으며, 수리 무덤에 석탑을 세워 그 원통함을 풀었다고 한다. 그러나 이는 원통(圓通)과 원통(怨痛)의 음이 같은 데서 나온 설화일 뿐 사실은 아니다. 【참고문헌】전등사본말사지, 송도의 고적(고유섭, 열화당, 1977), 한국사찰전서(권상로, 동국대학교 출판부, 1979)

원통사(圓通寺)

보문사(普門寺)를 보시오.

원통암(圓通庵)

【위치】충청북도 단양군 대강면 황정리 도락산 회령(檜嶺)에 있다. 【소속】대한불교조계종 제5교구 본사인 법주사의 말사이다. 【연혁】1353년(고려 공민왕 2) 나옹 혜근(懶翁 惠勤)이 창건했다. 이름은 관세음보살의 육근원통(六根圓通)을 상징하여 붙인 것이다. 1592년(조선 선조 25) 임진왜란 때 소실했던 것을 1693년(숙종 19) 의명(義明)이 중창했다. 1787년(정조 11) 이후에는 불교의 탄압으로 거의 폐허화했다. 이에 1824년(순조 24) 대연(大淵)이 중창의 뜻을 세워 춘담(春潭)의 재력과 달선(達善)의 도움을 받아 퇴락한 건물들을 복원했다. 그 뒤 다시 퇴락한 것을 1949년 중창했고, 1965년 중건하여 오늘에 이르고 있다. 원래는 폐사된

단양 대흥사(大興寺)의 부속 암자였다. 【유적·유물】현존하는 건물로는 법당과 산신각, 요사채 등이 있다. 법당 내에는 석가여래좌상과 탱화 등이 봉안되어 있다. 절의 입구를 금포정(錦浦汀) 부도골(浮屠谷)이라고 하는데, 이 골짜기 어딘가에 암벽을 파고 사리를 모셔 둔 사리굴이 있다고 한다. 이 밖에도 신보(新甫) 도사라는 백발노인이 도를 닦아 불법의 이치를 깨쳤다는 글이 있는데, 암벽에는 '신보독서차동중(新甫讀書此洞中)'이라고 새겨져 있다. 이 암벽과 마주 보이는 곳에 배석대(拜石臺)가 있는데, 승려들이 여기에 모여서 서로 도를 닦는 이야기를 주고받으며 암벽을 향해 합장하면서 절을 했다고 한다. 【설화】옛날 이 암자 뒤의 절벽 석문(石門)에서는 술이 흘러나왔는데, 욕심 많은 고을 태수가 하늘에서 내리는 술을 더 많이 나오게 하려고 구멍을 뚫자 술이 물로 변해 버렸으므로 주민들이 원통한 일이라고 하여 이 일대를 원통골이라 하고 암자를 원통암이라고 부르게 되었다는 전설이 있다. 【참고문헌】사지(충청북도, 1982), 내 고장 전통 가꾸기(단양군, 1982)

원통암(圓通庵)

【위치】인천광역시 강화군 강화읍 국화리 고려산(高麗山)에 있다. 【소속】대한불교조계종 직할교구 조계사의 말사인 청련사(靑蓮寺)의 부속 암자이다. 【연혁】1807년(조선 순조 7) 비구니 채화(采華)가 창건했다. 1857년(철종 8) 비구니 축흡(竺洽)이 중창했고, 1897년(광무 1) 비구니 고인복(高仁福)이 다시 중창했다. 1920년 11월 비구니인 주지 박보월(朴寶月)이 고인복과 함께 중종을 구입했으며, 1932년

고인복이 중수했고, 1935년 고인복이 칠성각을 건립했다. 1950년대 불교계 정화(淨化) 이후 청련사의 암자로 부속되었다.【유적·유물】건물로는 법당과 산신각, 요사채가 있다. 유물로는 철조보살상과 아미타후불탱화, 감로왕탱화, 지장탱화, 신중탱화, 현왕탱화, 산신탱화, 독성탱화 등이 있다. 보살상은 조선 후기에 조성된 미륵보살상으로 추정된다. 아미타후불탱화, 감로왕탱화, 산신탱화, 독성탱화는 1907년에 조성된 것이고, 지장탱화와 신중탱화는 1874년(고종 11)에 조성된 것이다. 그러나 현왕탱화는 화기(畫記)가 누락되어 조성연대를 알 수 없으나, 조선 후기의 것으로 보인다.【참고문헌】기내사원지(경기도, 1988)

원통암(圓通庵)

대원암(大願庵)을 보시오.

원통암(圓通庵)

대흥사(大興寺)를 보시오.

원통암(圓通庵)

향일암(向日庵)을 보시오.

원효당(元曉堂)

원효사(元曉寺)를 보시오.

원효방(元曉房)

【위치】전라북도 부안군 변산(邊山)에 있었다.【연혁】신라 때 창건됐다. 원효(元曉, 617~686)가 머물며 수도했다고 하여 원효방이라고 이름했다. 자세한 연혁은 전하지 않는다. 1200년(고려 신종 3) 8월 이규보(李奎報)가 이 절에 들렀을 때에는 방 한 칸을 둘로 나누어 내실에 불상과 원효의 진용(眞容)을 모시고 늙은 승려 한 사람이 살고 있었다고 한다. 1481년(조선 성종 12)에 편찬된 《동국여지승람》과 1799년(정조 23)에 편찬된 《범우고(梵宇攷)》에는 존재한다고 나와 있다. 언제 폐사되었는지 모른다.【참고문헌】동국여지승람, 범우고, 한국사찰전서(권상로, 동국대학교 출판부, 1979)

원효사(元曉寺)

【이명】한때 원효당(元曉堂), 원효암(元曉庵)이라고도 불렸다.【위치】광주광역시 북구 금곡동 무등산에 있다.【소속】대한불교조계종 제21교구 본사인 송광사의 말사이다.【연혁】신라의 지증왕 때(500~514)나 법흥왕 때(514~540) 창건된 것으로 추정된다. 그 뒤 삼국통일을 전후한 문무왕 때(661~681) 원효(元曉)가 이곳에 머무르면서 절을 개축한 뒤부터 원효사, 원효당, 원효암 등의 이름으로 불렸다고 한다. 일설에는 고려 충숙왕 때(1313~1330, 1332~1339) 당시의 이름 있는 화엄종승(華嚴宗僧)이 창건한 뒤 원효를 사모하는 마음에서 원효암이라 했다고도 한다. 그 뒤 조선 전기까지의 연혁은 전하지 않는다. 조선시대에 들어와 문정왕후(文定王后)가 섭정할 당시에 승병장이었던 기허 영규(騎虛 靈圭, ?~1592)가 이 절에서 수도했다. 1597년(선조 30) 정유재란 때 전소한 뒤 증심사(證心寺)를 중창했던 석경(釋經)이 직접 기와를 구워 중창했다. 그 뒤에도 1636년(인조 14) 신원(信元)이, 1685년(숙종 11) 신옥(信玉)과 정식(淨式)이, 1789년(정조 13) 회운(會雲)이, 1831년(순조 31)과 1847년(헌종 13) 내원(乃圓)이 각각 중수했다. 1950년 6·25전쟁 때 다시 소실한 것을 1954년부터 중창에 착수하여 대웅전과 선원, 요사 등을 중건했다.【유적·유물】1954년의 공사 때 옛 절터에서 통일신라시대의 금동불상 6위를 비롯하여 백제시대의

토기와 와당, 고려시대의 철불두상(鐵佛頭像), 고려자기, 고려 및 조선시대에 만들어진 토기불두(土器佛頭) 등이 출토되었다. 이들 출토 유물 32점은 일괄하여 광주광역시 유형문화재 제8호로 지정되어 있다. 또한 절 주변에는 이름을 알 수 없는 고려시대 묘탑을 비롯하여 조선시대 중기의 회운당부도(會雲堂浮屠) 등이 산재해 있다. 이 절에서 무등산의 정상 쪽으로 골짜기를 넘은 곳에 의상대(義湘臺)라는 매우 수려한 바위 봉우리가 있으며, 그 아래에는 의상토굴이 있다. 【참고문헌】 문화유적총람(문화재관리국, 1977), 명산 고찰 따라(이고운·박설산, 신문출판사, 1987)

원효사(元曉寺)

원효암(元曉庵)을 보시오.

원효암(元曉庵)

【위치】 경상남도 양산군 상북면 대석리 천성산(千聖山)에 있다. 【소속】 대한불교조계종 제15교구 본사인 통도사의 말사이다. 【연혁】 646년(신라 선덕여왕 15) 원효(元曉)가 창건했다. 당시 원효는 중국에서 화엄교학(華嚴敎學)을 배우러 온 천 명의 수행자들을 가르쳐 도를 깨치게 했다고 한다. 그 뒤의 연혁은 전하지 않는다. 1905년 효은(曉隱)이 중창했다. 1976년에 범종을 안치했는데, 종명(鐘銘)은 경봉 정석(鏡峯 靖錫)이 썼다. 1980년 지완(知完)이 인법당(因法堂)을 중수했다. 【유적·유물】 현존하는 건물로는 인법당을 비롯하여 칠성각, 의상대(義湘臺), 요사채가 있다. 특별한 문화재는 없다. 【참고문헌】 한국사찰전서(권상로, 동국대학교출판부, 1979)

원효암(元曉庵)

【위치】 경상남도 함안군 군북면 사촌리 여항산(餘航山)에 있다. 【소속】 대한불교조계종 제12교구 본사인 해인사의 말사이다. 【연혁】 667년(신라 문무왕 7) 원효(元曉)와 의상(義湘)이 창건했다고 한다. 그러나 이때 의상은 당나라에 유학중이었으므로 신빙성이 없다. 1307년(고려 공민왕 19) 중창했다. 그 뒤의 자세한 연혁은 전하지 않는다. 1950년 6·25전쟁 때 병화로 불타 없어진 뒤 다시 법당과 요사를 새로 지어 오늘에 이르고 있다. 【유적·유물】 건물로는 대웅전과 의상대, 칠성각(경상남도 문화재자료 제15호), 종각, 요사채가 있다. 의상대는 절벽 바위 위에 있다. 【참고문헌】 속 명산 고찰 따라(이고운·박설산, 운주사, 1994)

원효암(元曉庵)

【이명】 냉천사(冷泉寺)라고 불린다. 【위치】 경상북도 경산시 와촌면 대한리 팔공산(八公山) 동쪽 기슭에 있다. 【소속】 대한불교조계종 제10교구 본사인 은해사의 말사이다. 【연혁】 668년(신라 문무왕 8) 원효(元曉)가 창건했다. 그 뒤의 자세한 연혁은 알 수 없다. 1882년(조선 고종 19) 긍월(亘月)이 중창하여 오늘에 이르고 있다. 【유적·유물】 현존하는 건물로는 법당을 비롯하여 산신각, 누각, 요사채 등이 있다. 문화재로는 절 뒤편의 암벽에 동북향으로 조각된 마애불좌상이 있다. 이 불상은 육계(肉髻)가 크고 귀가 길어 균형 잡힌 윤곽을 이루고 있으며, 신라 말기의 작품으로 추정된다. 이 절 위에는 삼복 더위에도 얼음같이 찬 약수가 있는데, 이 약수 때문에 이 절을 냉천사라고도 부른다. 【참고문헌】 내 고장 전통(경산군, 1982)

원효암(元曉庵)

【위치】 경상북도 포항시 남구 오천읍 항

사리 운제산(雲梯山)에 있다. 【소속】대한불교조계종 제11교구 불국사의 말사인 오어사(吾魚寺)의 부속 암자이다. 【연혁】신라 때 원효(元曉, 617~686)가 창건했다. 그 뒤의 연혁은 전하지 않는다. 1937년 산불로 전소했으며, 1938년 중건하여 오늘에 이르고 있다. 【유적·유물】건물로는 법당과 요사채 2동이 있다. 【설화】전설에 의하면 오어사에서 포교하던 원효가 이 암자에 거처하면서 운제산의 구름을 타고 자장암(慈藏庵)을 건너 다니며 혜공(惠空)과 교유했다고 한다. 【참고문헌】문화유적총람(문화재관리국, 1977)

원효암(元曉庵)
【위치】부산광역시 금정구 청룡동 금정산(金井山)에 있다. 【소속】대한불교조계종 제14교구 본사인 범어사의 산내 암자이다. 【연혁】신라 때 원효(元曉, 617~686)가 창건했다고 한다. 당시 원효가 이 절에 머물면서 왜병을 물리쳤다는 설화가 전한다. 그 뒤의 자세한 연혁은 전하지 않는다. 【유적·유물】현존하는 건물로는 법당과 심검당(尋劍堂), 요사채 등이 있으며, 암자로서는 규모가 큰 편이다. 법당에 모셔진 관세음보살상은 원래 도둑을 맞아 일본까지 건너갔는데 보살상의 현몽에 의해 다시 이곳으로 돌아온 일화가 있다. 또한 1950년대에 이 절의 우물에서 원효의 것이라고 전하는 옥돌의 도장이 발견되어 현재 범어사에 보관되어 있다. 이 밖에도 이 절에는 삼층석탑 2기와 큰스님들의 사리부도, 방광탑(放光塔) 등이 있다. 이 중 서삼층석탑(부산광역시 유형문화재 제12호)은 신라 말의 작품으로 추정되며, 동삼층석탑(부산광역시 유형문화재 제11호)

은 고려 때의 작품으로 추정된다. 절 바로 뒤의 바위가 원효대(元曉臺)로서 이곳에 올라서면 양산 천성산의 원효암이 보인다. 절 좌측에는 의상대가 있다. 【참고문헌】문화유적총람(문화재관리국, 1977)

원효암(元曉庵)
【위치】경기도 고양시 북한동 북한산 원효봉 아래에 있다. 【소속】한국불교태고종에 속한다. 【연혁】신라 때 원효(元曉, 617~686)가 좌선하면서 창건했다는 설이 있으나, 1713년(조선 숙종 39) 무렵 도총섭(都摠攝) 계파 성능(桂坡 聖能)이 북한산성을 축성한 뒤 산성의 수비를 위해 지은 12개 절 중의 하나로서 1734년(영조 10) 창건하고 원효를 기려 원효암이라고 했다는 설을 정설로 보고 있다. 북한산성을 지키는 승병이 머무르는 절로 전승되었다. 1937년 2월 실화로 불에 타자 이듬해 주지 영운(泳雲)과 그의 제자 정암(晶庵)이 법당을 중건했다. 1950년 6·25전쟁 때 또 불에 타자 비구니 월해(月海)가 중건하여 오늘에 이르고 있다. 【유적·유물】건물로는 대웅전과 산신각, 요사채 등이 있다. 유물로는 대웅전 안에 소불상이 있는데, 조선 말기의 것으로 보인다. 산신각 근처의 바위에서는 석간수(石澗水)가 나오는데, 뒷바위가 코끼리상을 하고 있고, 이 물은 그 앞가슴의 젖줄에 해당된다고 한다. 절 위쪽에 원효가 좌선했다는 원효대가 있다. 【참고문헌】한국사찰전서(권상로, 동국대학교 출판부, 1979), 기내사원지(경기도, 1988)

원효암(元曉庵)
【이명】한때 원효사(元曉寺)라고 불렸다. 【위치】충청남도 금산군 남이면 하금리 진락산(進樂山)에 있다. 【소속】한국불교

태고종에 속한다. 【연혁】 언제 누가 창건했는지 알 수 없다. 1481년(조선 성종 12)에 편찬된 《동국여지승람》과 1799년(정조 23)에 편찬된 《범우고(梵宇攷)》에는 원효사가 존재한다고 나와 있다. 언제 이 름이 원효암으로 바뀌었는지도 알 수 없 다. 【유적·유물】 건물로는 대웅전과 산신각, 요사채가 있다. 대웅전과 산신각은 조선 말기의 건물로 보인다. 【참고문헌】 한국사찰전서(권상로, 동국대학교 출판부, 1979), 문화유적총람―사찰편(충청남도, 1990)

원효암(元曉庵)
원효사(元曉寺)를 보시오.

원흥사(元興寺)
【위치】 전라북도 장수군 산서면 마하리 팔공산(八公山)에 있다. 【소속】 한국불교 태고종에 속한다. 【연혁】 백제 무왕 때 (600~641) 창건된 팔성사(八聖寺)의 일 곱 암자 중의 하나였다고 하는 설이 있으 며, 고려 중기에 창건되어 조선 초기에 폐 허화했다는 설도 있다. 1904년 원흥마을 에 살았던 이(李) 처사 부부가 현몽한 뒤 폐허에 법당을 지어 노천에 있던 미륵석 불입상을 봉안했다. 그 뒤 부인은 출가하 여 운선(雲仙)이라는 법명을 얻어 원흥사 의 중건에 착수했고, 딸 청신(淸信)과 그 녀의 손자 김귀수(金貴洙)가 그 뜻을 이 어받아 현재의 원흥사를 이룩했다. 【유적 ·유물】 건물로는 대웅전과 칠성각, 산신 각, 종각, 요사채가 있다. 유물로는 미륵석 불입상이 있으며, 대웅전에 봉안되어 있 다. 높이 4m로 삼국시대에 조성되었다고 전하는데, 손 모양이 특이하다. 【참고문 헌】 문화유적총람(문화재관리국, 1977), 사찰지(전라북도, 1990)

원흥사(元興寺)
【위치】 서울특별시 동대문구 창신동에 있 었다. 【연혁】 1902년 조정에서 창건했다. 당시 이 절은 대법산국내수사찰(大法山國 內首寺刹)로 지정되어 1904년 대법산이 폐지될 때까지 전국의 절과 승려들의 관 리를 맡았다. 1906년 2월 월초 거연(月初 巨淵)과 보담(寶潭) 등이 신학문을 연구 하고 교육할 것을 목적으로 이 절에 불교 연구회와 명진학교(明進學校, 동국대학교 전신)를 설립했다. 1908년 3월에는 각도 의 사찰 대표 52인이 이 절에 모여 원종 (圓宗) 종무원을 설립하고 회광 사선(晦 光 師璿)을 대종정(大宗正)으로 추대했 다. 그러나 1911년 6월 조선총독부가 사 찰령을 발표하여 원종 종무원은 자동적으 로 해체되었다. 언제 폐사되었는지도 알 수 없다. 【참고문헌】 한국사찰전서(권상 로, 동국대학교 출판부, 1979)

월광사(月光寺)
【위치】 경상남도 합천군 야로면 월광리에 있었다. 【연혁】 가락국의 태자 월광(月 光)이 창건했다고 한다. 1481년(조선 성 종 12)에 편찬된 《동국여지승람》과 1799 년(정조 23)에 편찬된 《범우고(梵宇攷)》 에는 존재한다고 나와 있다. 연혁은 전하 지 않는다. 【유적·유물】 절터에는 통일 신라시대의 것으로 추정되는 삼층석탑 2 기(보물 제129호)가 남아 있다. 【참고문 헌】 한국불교사학대사전(조명기, 대한불교 문화진흥회, 1991)

월광사(月光寺)
【위치】 충청북도 제천시 한수면 송계리에 있었다. 【연혁】 신라 때 창건됐다. 원랑 대통(圓朗 大通)의 원랑선사탑비(圓朗禪 師塔碑)에 의하면, 경문왕이 866년(경문

왕 6) 당나라에서 귀국한 대통의 선덕(禪德)을 듣고 이 절의 주지로 임명했다. 그 뒤의 연혁은 전하지 않으며, 언제 폐사되었는지도 알 수 없다. 【유적·유물】 절터에는 890년(진성여왕 4)에 세워진 원랑선사탑비(보물 제360호)가 있었다. 그러나 1922년 경복궁으로 옮겨져 지금은 서울 국립중앙박물관 앞뜰에 있다. 【참고문헌】 사지(충청북도, 1982)

월남사(月南寺)
【위치】 전라남도 강진군 성전면 월남리 월출산(月出山)에 있었다. 【연혁】 고려 때에 진각(眞覺) 국사 혜심(慧諶, 1178~1234)이 창건했다. 이규보(李奎報, 1168~1241)가 지은 비가 있다는 기록이 1481년(조선 성종 12)에 편찬된 《동국여지승람》에 나온다. 그 뒤의 연혁은 전하지 않는다. 다만 1799년(정조 23)에 편찬된 《범우고(梵宇攷)》 등에 이 절이 존립하는 것으로 기록된 점으로 미루어 볼 때 조선 후기에 폐사된 것으로 추정된다. 【유적·유물】 절터 일원은 전라남도 기념물 제125호로 지정되어 있다. 절터에는 모전석탑(模塼石塔; 보물 제298호)과 석비(石碑; 보물 제313호)가 있다. 이 중 모전석탑은 《사탑고적고(寺塔古蹟攷)》에서 육층탑으로 기록되어 있지만, 단층 기단 위에 세워진 삼층석탑이다. 또 석비의 비문은 마멸이 심해서 판독이 불가능하나 말미에는 최항(崔沆, ?~1257) 등 권신의 이름이 희미하게 보이며, 귀부의 거북은 여의주를 물고 매우 힘있는 자세를 취하고 있다. 【참고문헌】 동국여지승람, 가람고, 범우고, 사탑고적고, 문화유적총람(문화재관리국, 1977)

월리사(月裡寺)
【위치】 충청북도 청원군 문의면 문덕리에 있다. 【소속】 대한불교조계종 제5교구 본사인 법주사의 말사이다. 【연혁】 신라 때 의상(義湘, 625~702)이 창건했다고 한다. 법당 주변에 흩어져 있는 기와들로 보아 조선시대에 중창한 것으로 추정된다. 자세한 연혁은 전하지 않는다. 【유적·유물】 현존하는 건물로는 대웅전과 요사채가 있다. 대웅전(충청북도 유형문화재 제58호)은 조선 중기 이후에 건립된 것으로 추정된다. 대웅전 안에는 석가여래좌상과 1838년(헌종 4)에 조성된 신중탱화, 1897년에 조성된 후불탱화 등이 봉안되어 있다. 이 밖의 문화재로는 목조위패함(木造位牌函), 부도 1기, 사적비, 동종 등이 있다. 목조위패함은 높이 1.4m에 4층으로 되어 있으며, 각 면에는 각기 다른 조각이 정교하게 새겨져 있다. 불교의 위패를 연구하는 데 좋은 자료가 되는 조선 중기 이후의 작품이다. 또 부도는 석종형(石鐘型)이며, 동종은 상부에 범자(梵字)를 새기고 중앙에 합장한 보살입상을 조각한 전형적인 조선시대의 작품이다. 【참고문헌】 사지(충청북도, 1982)

월림사(月林寺)
【위치】 전라남도 보성군 노동면 옥마리 벽옥산(碧玉山) 중턱에 있다. 【소속】 한국불교태고종에 속한다. 【연혁】 고려 초기에 창건됐다고 한다. 약 400여 년 동안 존속했다가 1592년(조선 선조 25) 임진왜란 때 폐사되었다고 한다. 전언에 의하면, 벽옥산 골짜기에 산적들이 많아 한 도승이 그들을 교화하기 위해서 절을 창건했다고 한다. 현재의 절은 1961년 10월 장흥군 장평면에 살고 있던 손영래(孫永來)가 옛터 밑에 초옥으로 암자를 세운 것을

확장한 것이다. 【유적·유물】현존하는 건물로는 법당과 요사채, 산신각 등이 있다. 문화재로는 법당 옆에 있는 칠층석탑이 있다. 일명 백옥탑(白玉塔)이라고도 하는 이 탑은 996년(고려 성종 15)에 건립됐고, 이 탑으로 인해 근처의 마을을 탑동(塔洞)이라고 부른다. 【참고문헌】속명산 고찰 따라(이고운·박설산, 운주사, 1994)

월명사(月明寺)

의곡사(義谷寺)를 보시오.

월명암(月明庵)

【위치】전라북도 부안군 변산면 중계리 변산(邊山)에 있다. 【소속】대한불교조계종 제24교구 본사인 선운사의 말사이다. 【연혁】691년(신라 신문왕 11) 부설(浮雪)이 창건했다. 여러 차례의 중수를 거쳐 이어 오다가 1592년(조선 선조 25) 임진왜란 때 불에 탔으나, 진묵 일옥(震默 一玉, 1562~1633)이 중창하고 그 뒤 17년 동안 머물면서 많은 제자들을 양성했다. 1848년(헌종 14) 성암(性庵)이 대규모로 중건했다. 그러나 구한말에 의병들이 이곳에서 일본군과 접전을 벌여 1908년 다시 불에 탔다. 1914년 학명 계종(鶴鳴 啓宗)이 중건했고, 1950년 6·25전쟁 직전 여순반란군이 이곳에 잠입해 들어와 반란군에 의해 불에 탔다. 1956년 원종(圓鐘)이 소규모로 중건하여 오늘에 이르고 있다. 전국에서 몇 안 되는 산상무쟁처(山上無諍處)의 한 곳으로 손꼽힌다. 또한 봉래선원(鳳萊禪院)이 있어서 근대의 큰스님인 행암(行庵), 용성 진종(龍城 震鍾, 1864~1940), 고암 상언(古庵 祥彥, 1899~1988), 해안 봉수(海眼 鳳秀, 1901~1974), 소공(簫空) 등이 수도한 참선도량

으로 유명하다. 부속 암자로는 묘적암(妙寂庵)이 있다. 【유적·유물】현존하는 건물로는 인법당(因法堂)을 비롯하여 산신각, 운해당(雲海堂), 수각(水閣), 요사채 등이 있다. 이 중 운해당과 묘적암, 요사채는 최근에 주지 종흥(宗興)이 신축 또는 중수한 것이다. 특별한 문화재는 없으나, 묘적암 위쪽에 2기의 부도가 있다. 절 측에서는 이 부도 중 왼쪽에 있는 석종형(石鐘型) 부도가 부설의 사리탑이라고 주장하고 있다. 지금 서울대학교 박물관에 보관중인 《부설전(浮雪傳)》에는 그가 죽은 뒤에 다비하여 사리를 묘적봉 남쪽 기슭에 묻었다는 기록이 있다. 【설화】창건과 관련된 설화가 전한다. 부설이 변산의 한 암자에서 수행하다가 강원도 오대산(五臺山)에 가서 더욱 정진하고자 길을 떠났는데, 밤이 되어 구무원(仇無冤)의 집에서 여장을 풀었다. 그때 구무원의 딸 묘화(妙華)가 부설에게 애정을 고백했다. 하는 수 없이 부설은 그녀와 결혼하여 두 남매를 낳고 아내와 함께 수행에 열중했다. 그 뒤 내외는 변산으로 가서 부설암(浮雪庵)과 묘적암(妙寂庵)을 지었으며, 딸을 위해 월명암, 아들을 위해 등운암(登雲庵)을 짓고 각각 일생을 수도생활로 일관했다. 또한 일옥이 이 절의 주지로 있을 때의 일화도 전한다. 일옥은 술을 좋아했다. 이에 사람들이 '스님이 술을 드십니까?' 하고 물으니, '이것은 곡차(穀茶)입니다.' 라고 대답했다. 이런 연유로 절에서 술을 가리켜 곡차라고 하는 말이 생겨났다고 한다. 【참고문헌】한국사찰전서(권상로, 동국대학교 출판부, 1979), 사찰지(전라북도, 1990)

월명암(月明庵)

미륵암(彌勒庵)을 보시오.

월봉사(月峯寺)

【위치】 경상남도 울산시 동구 화정동 함월산(含月山)에 있다. 【소속】 대한불교조계종 제15교구 본사인 통도사의 말사이다. 【연혁】 930년(신라 경순왕 4) 거사 성도(聖道)가 창건했다. 1700년(조선 숙종 26) 중창했으며, 1773년(영조 49) 삼창했다. 그 뒤의 연혁은 전하지 않는다. 【유적·유물】 건물로는 법당과 요사채 등이 있다. 【참고문헌】 한국사찰전서(권상로, 동국대학교 출판부, 1979)

월산사(月山寺)

【위치】 충청남도 청양군 남양면 백금리 백월산(白月山)에 있었다. 【연혁】 유물로 미루어 보아 고려시대 이전에 창건된 것으로 추정된다. 연혁은 전하지 않는다. 1481년(조선 성종 12)에 편찬된 《동국여지승람》에는 존재한다고 나와 있으나, 영조 때(1724~1776) 편찬된 《여지도서》에는 이름이 보이지 않는다. 또한 조선 후기의 유물도 발견되지 않는 점으로 미루어 보아 조선 중기에 폐사된 것으로 추정된다. 【유적·유물】 절터에는 석축과 석탑 부재, 연화대석, 초석 등이 남아 있다. 석탑 부재로는 옥개석과 기단석이 각각 1매씩 남아 있다. 【참고문헌】 동국여지승람, 문화유적총람-사찰편(충청남도, 1990)

월산암(月山庵)

산혜암(山惠庵)을 보시오.

월정사(月精寺)

【위치】 강원도 평창군 진부면 동산리 오대산 동쪽 계곡에 있다. 【소속】 대한불교조계종 제4교구 본사이다. 【연혁】 643년(신라 선덕여왕 12) 자장(慈藏)이 창건했다. 그 뒤 유동보살(儒童菩薩)의 화신이

라고 전하는 거사 신효(信孝)가 이곳에 머물렀고, 통효(通曉) 국사 범일(梵日, 810~889)의 제자였던 두타승(頭陀僧) 신의(信義)가 자장이 휴식하던 이곳을 찾아와서 암자를 짓고 살았다. 신의가 죽은 뒤 이 암자는 오랫동안 황폐해 있었는데, 수다사(水多寺 : 지금의 강원도 강릉시 洛伽寺)의 장로 유연(有緣)이 암자를 다시 짓고 살면서 절로서의 품격을 갖추었다. 그 뒤 1307년(고려 충렬왕 33) 화재로 전소한 것을 이일(而一)이 중창했고, 1833년(조선 순조 33) 다시 화재로 전소한 것을 1844년(헌종 10) 영담(瀛潭), 정암(淨庵) 등이 중건했다. 1911년에는 31본산의 하나가 되어 강원도 남부의 절을 총괄했다. 1951년 1·4후퇴 당시 작전상의 이유로 국군에 의해 칠불보전(七佛寶殿)을 비롯한 10여 동의 건물이 전소했다. 1964년 탄허 택성(呑虛 宅成)이 법당인 적광전(寂光殿)을 중창한 뒤 만화(萬和)가 꾸준히 중건하여 오늘에 이르고 있다. 【유적·유물】 현존하는 건물로는 적광전, 삼성각, 대강당, 심검당(尋劍堂), 승가학원, 범종각, 용금루(湧金樓), 일주문, 요사채, 창고 등이 있다. 원래 적광전에는 대개 비로자나불을 모시는 것이 통례이지만, 이 절의 적광전 안에는 석굴암 본존불과 같은 형식의 대불이 봉안되어 있으며, 협시불도 모시지 않았다. 문화재로는 석조보살좌상(보물 제139호), 〈상원사중창권선문(上院寺重創勸善文 ; 보물 제140호)〉, 팔각구층석탑(국보 제48호), 육수관음상(六手觀音像 : 강원도 유형문화재 제53호), 부도 22기(강원도 문화재자료 제42호) 등이 있다. 팔각구층석탑은 이 절의 제일 성보로서 10세기 또는 11세기에 조성된 것으로

알려져 있으나, 고구려풍을 띠고 있어 이채롭다. 이 밖에도 유물들을 모아 놓은 전시실 보장각(寶藏閣)에는 팔각구층석탑과 같은 모양의 축소판 목조탑이 있고, 대장경을 넣었던 경궤, 《금강경》 3권, 《범음집(梵音集)》 2권, 《진언집(眞言集)》 1권, 《보권문(普勸文)》 1권, 《지장경》 2권, 인도불상, 인도패엽경, 난초족자 2폭, 독성탱화, 관음보살변상도(觀音菩薩變相圖), 신중탱화, 바라 1쌍, 조선시대 의상, 기와, 고려시대 궤짝 13개, 구리거울인 무문경, 파문경, 쌍룡경, 사룡경 및 향낭, 향합, 수정사리병, 진신사리병, 은합, 청동합, 청동갑옷을 쌌던 보자기, 목향 등이 소장되어 있다. 【설화】 636년 당나라로 들어간 자장은 중국 오대산의 문수보살석상 앞에서 7일 동안 기도했다. 그 기도 끝에 한 노승이 나타나 부처님의 가사와 바루, 사리를 전해 주면서 '신라 땅 오대산은 만 인의 문수보살이 항상 머물고 있는 곳이니, 반드시 찾아가 보라.'고 당부했다. 6년 뒤 자장이 귀국하려 하자 오대산 태화지(太和池)에 살고 있는 용이 나타나 6년 전에 만났던 노승이 문수보살임을 일러 주었다. 이에 자장은 귀국 즉시 오대산에 와서 이곳에 임시로 초암을 엮어 머무르면서 문수보살을 친견하고자 했으나, 그가 머무르던 7일 동안 음산한 날씨가 계속되어 뜻을 이루지 못하고 하산했다고 한다. 고려 말에는 오대산의 북대암(北臺庵; 지금의 彌勒庵)에서 수도하던 나옹 혜근(懶翁 惠勤, 1320~1376)은 매일 월정사로 내려가 부처님께 콩비지국을 공양했다. 어느 겨울 날 혜근이 비지국을 받쳐들고 눈길을 조심스레 가고 있는데, 갑자기 소나무 가지 위에 쌓여 있던 눈이 떨어져

혜근을 덮쳐 비지국을 쏟고 말았다. 혜근은 '이놈, 소나무야, 너는 부처님 진신(眞身)께서 계신 이 산에 살면서 언제나 큰 은혜를 입고 있거늘, 어찌 감히 네 마음대로 움직여 공양물을 버리게 하느냐.'라고 꾸중했다. 마침 산신령이 이 소리를 듣고 '소나무야, 너희는 큰스님도 몰라보고 부처님께도 죄를 지었으니 이 산에 살 자격이 없다. 멀리 떠나거라. 이제부터는 전나무 아홉 그루가 이 산의 주인이 되어 오대산을 번창케 하리라.' 하고 말했다. 그 뒤부터 오대산에는 지금까지 소나무가 없고 전나무가 번성한다고 하며, 지금도 당시의 아홉 그루 전나무 중 두 그루가 일주문 가까이에 유독 큰 키로 서 있다. 【참고문헌】 삼국유사, 한국사찰전서(권상로, 동국대학교 출판부, 1979), 한국의 사찰 13-월정사(한국불교연구원, 일지사, 1977), 전통사찰총서 1-강원도 1(사찰문화연구원, 1992)

월정사 (月精寺)

【위치】 황해도 안악군 월정리 구월산(九月山)의 아사봉(阿斯峰) 아래에 있다. 【연혁】 846년(신라 문성왕 8) 창건됐다. 조선시대 초기에 중건했으며, 1650년(효종 1)에서 1871년(고종 8)에 이르기까지 5차례에 걸쳐 보수했다. 자세한 연혁은 전하지 않는다. 일제강점기의 31본산시대에는 패엽사(貝葉寺)의 산내 말사였다. 1945년 8·15해방 전에는 절 주위에 남암(南庵), 오진암(悟眞庵), 달마암(達磨庵), 묘각암(妙覺庵) 등의 암자가 있었다. 【유적·유물】 이 절은 북한 보물급 문화재 제28호로 지정되어 있다. 현존하는 건물로는 극락보전과 명부전, 수월당, 만세루, 재실 등이 있다. 이 중 지장십대왕(地藏十大王)

을 모신 명부전이 특히 유명하다. 명부전의 내부에는 다른 절과는 달리 2위의 금동불을 봉안하고 있는데, 원래 이 불상은 산너머에 있던 흥률사(興律寺)에 봉안되어 있었다고 한다. 어느 날 흥률사의 승려와 아랫마을의 장사 집안인 광주 김(金)씨 사이에 싸움이 벌어져 절이 파괴될 때, 한 도승이 장사들과 싸우면서 불상을 양옆에 끼고 넘어와 이곳에 안치했다고 한다. 절 뒤의 아사봉은 아사달산(阿斯達山)이라고도 하는데, 그 꼭대기 암벽 위에는 10여 명이 앉을 수 있는 자리가 있다. 전언에 따르면 단군이 이 아사봉 위에서 승천했다고 하는데, 단군이 당장경(唐藏京)으로 도읍을 옮겼다가 아사달로 들어가서 산신이 되었다는 곳이라고 한다. 【참고문헌】 황해도지(황해도지 편찬위원회, 1970), 북한사찰연구(한국불교종단협의회, 1993)

위봉사(威鳳寺)
【이명】 한때 위봉사(圍鳳寺)라고 했다.
【위치】 전라북도 완주군 소양면 대흥리 주촬산(珠峚山) 남쪽 기슭에 있다. 【소속】 대한불교조계종 제17교구 본사인 금산사의 말사이다. 【연혁】 604년(백제 무왕 5) 서암(瑞巖)이 창건했다고 한다. 그러나 1868년(고종 5) 포련(布蓮)이 쓴 〈극락전중건기(極樂殿重建記)〉에 의하면 신라 말기에 최용각(崔龍角)이라는 사람이 전국의 산천을 유람하다가 이곳에 와서 보니 세 마리의 봉황새가 절터를 에워싸고 싸움을 하므로 절을 짓고 위봉사(圍鳳寺)라 했다고 한다. 1359년(고려 공민왕 8) 나옹 혜근(懶翁 惠勤)이 이 절의 주위가 보기 드문 경승지임을 알고 크게 중창했는데, 당시의 규모는 28동이었고 암자도

10동이나 되는 대가람이었다. 1466년(조선 세조 12) 최용각의 후손인 최흥남(崔興男)이 진도(珍島)의 수령으로 부임하던 중 이 절의 승려 선석(善釋)과 석잠(釋岑)에게 부탁하여 중수했다. 1868년(고종 5) 포련이 다시 중수했고, 일제강점기 31본산시대에는 본산의 하나로 전라북도 일원의 52개 절을 관할했다. 그러나 여러 번의 화재로 지금은 그 규모가 크게 축소되었다. 【유적·유물】 현존하는 건물로는 보광명전(보물 제608호)과 극락전, 요사채(전라북도 유형문화재 제69호) 등이 있다. 보광명전은 17세기 말 무렵에 건축된 것으로 추정되며, 요사채는 조선시대 말에 건축된 것이다. 유물로는 삼층석탑과 목각경판 350여 매, 만불화(萬佛畫) 등이 있다. 삼층석탑은 혜근이 중건할 때 축조한 것이고, 목각경판은 《묘법연화경》과 《동국여지승람》을 판각한 것이 대부분으로 지금은 동국대학교 박물관에 349매, 전주시립박물관에 6매가 있다. 만불화는 태조암(太祖庵)에 봉안되어 있던 것으로 매우 뛰어난 작품이다. 이 밖에도 절에서 위봉폭포 쪽으로 벽허당(碧虛堂) 등의 부도 4기가 있다. 【참고문헌】 문화유적총람(문화재관리국, 1977), 한국사찰전서(권상로, 동국대학교 출판부, 1979), 사찰지(전라북도, 1990)

위봉사(圍鳳寺)
위봉사(威鳳寺)를 보시오.

유가사(瑜伽寺)
【위치】 대구광역시 달성군 유가면 양리 비슬산(琵瑟山) 기슭에 있다. 【소속】 대한불교조계종 제9교구 본사인 동화사의 말사이다. 【연혁】 827년(신라 흥덕왕 2) 도성(道成)이 창건했다. 889년(진성여왕

3) 원잠(垣岑)이 중창했고, 1047년(고려 문종 1) 학변(學卞)이 중수했으며, 1452년(조선 문종 2) 일행(逸行)이 중수했다. 1469년(예종 1)에 편찬된《경상도속찬지리지(慶尙道續撰地理誌)》에는 이 절이 교종(敎宗)에 속해 있다고 나와 있다. 전성기에는 3천여 명의 승려들이 머물렀으나, 1592년(선조 25) 임진왜란의 전화로 소실했다. 그 뒤 1699년(숙종 25)에 청심 도경(淸心 道瓊)이 중창했으며, 1729년(영조 5)에는 취화(就和)와 파봉(巴峰)이 중창했다. 1760년에도 보월(寶月)이 중창했고, 1776년(영조 52)에는 밀암(密庵)이 다시 중창하여 오늘에 이르고 있다. 부속 암자로는 비구니들의 수도처인 수도암(修道庵)과 도성암(道成庵)이 있다.【유적·유물】현존하는 건물로는 대웅전을 비롯하여 용화전, 산령각, 범종루, 천왕문, 백화당(白華堂), 동산실(東山室)이 있다. 문화재로는 괘불(掛佛), 삼층석탑, 15기의 부도 등이 있다. 이 중 괘불은 주변의 마을 주민들이 가뭄이나 질병, 적군의 침입 등으로 어려움을 당할 때마다 봉안하고 소원을 빌던 것이다. 특히 가뭄이 심할 때에는 괘불에 소원을 빌고 대견사(大見寺) 터에서 기우제를 지내면 반드시 비가 내렸다고 한다. 삼층석탑은 아래쪽에 있었던 원각사 터에서 1920년 옮겨 온 고려시대 양식을 띤 작품이다. 또 15기의 석종형(石鐘型) 부도는 도굴의 화를 입지 않아 온전히 보존되어 있는데, 낙암, 월호(月湖), 휴영(休影), 설청(雪淸), 해백(海白), 경수(景修), 진흘(眞汔), 명학(明學), 처명(處明), 사옥(思玉), 영규(靈圭), 도경, 풍렬(豊烈), 하초(夏初), 세민(世敏) 등의 것이다.【참고문헌】한국사

찰전서(권상로, 동국대학교 출판부, 1979), 문화유적총람(문화재관리국, 1979), 달성의 비슬산(달성군, 1983)

유가사(瑜伽寺)
동화사(桐華寺)를 보시오.

유금사(有金寺)
【위치】경상북도 영덕군 병곡면 금곡리 칠보산(七寶山)에 있다.【소속】대한불교 조계종 제11교구 본사인 불국사의 말사이다.【연혁】637년(신라 선덕여왕 6) 선덕여왕의 명으로 자장(慈藏)이 창건했다. 조선 중기 이전까지는 대웅전, 종각, 장화부인신령각(莊華夫人神靈閣) 등을 갖추고 있었고, 승려도 수십 명에 이르렀다. 어느 날 주지가 불국사 법회를 마치고 돌아오는 도중에 절 앞 용소(龍沼)에서 두 마리의 용이 교미하는 것을 보고 고약함을 느꼈는데, 절에 도착하기도 전에 갑자기 폭우가 쏟아져서 산사태로 절이 폐허가 되었다고 한다. 그 뒤 다시 중건했으나 화재로 소실했으며, 1627년(조선 인조 5) 중창했다. 1858년(철종 9)에는 우인(愚寅)이 중수했다. 1908년 법당만 남기고 모두 다시 불에 타자, 주지 김화한(金華翰)이 중건하여 오늘에 이르고 있다.【유적·유물】현존하는 건물로는 대웅전을 비롯하여 향로각(香爐閣), 종각, 산신각, 요사채 등이 있다. 석가여래삼존불이 봉안되어 있는 대웅전은 1973년 보수했는데, 이때 천장 속에서 금서(金書)가 발견되어 이 건물이 1627년에 건립되었음을 확인했다. 문화재로는 통일신라 때의 삼층석탑(보물 제674호) 1기가 있다. 원래 대웅전 앞에 있던 것을 대웅전 뒤뜰로 옮겼으며, 이전할 때 탑 속에서 금불상이 발견되어 현재 서울 국립중앙박물관에서 보관하고 있다.

【설화】 신라 말에 장화부인(莊華夫人)은 마의태자(麻衣太子)를 열렬히 사모했다. 그녀는 태자가 날마다 깊은 시름에 잠겨 있음을 보다 못하여 이 절에 축단(祝壇)을 쌓고 태자가 무사히 왕통을 이어 나라에 새 기운이 일어나게 해달라고 기원했다. 그러나 어느 날 태자가 끝내 삼베옷을 걸치고 유랑길에 올랐다는 소문을 들었다. 그녀는 축단으로 달려가 10여 일 동안 식음을 전폐하고 밤낮 없이 태자의 무사함을 기원하다가, 그 자리에 쓰러져 죽고 말았다. 이에 시종했던 사람들이 장화부인의 묘패와 함께 신령각을 세웠다. 【참고문헌】 문화유적총람(문화재관리국, 1977)

유덕사(有德寺)
【위치】 경상북도에 있었던 듯하다. 【연혁】 신라 때 태대각간(太大角干) 최유덕(崔有德)이 자신의 집을 희사하여 절로 삼고 유덕사라 했다. 그의 후손 삼한공신(三韓功臣) 최언위(崔彦撝, 868~944)가 최유덕의 진영을 이 절에 걸어 놓고, 비를 세웠다. 그 뒤의 연혁은 전하지 않는다. 【참고문헌】 삼국유사

유리광사(瑠璃光寺)
【위치】 경상남도 창원시에 있었다. 【연혁】 언제 누가 창건했는지 알 수 없다. 신라 성덕왕 때(702~737) 활동하던 노힐부득(努肹夫得)과 달달박박(怛怛朴朴)이 출가하여 치산촌(稚山村) 법종곡(法宗谷) 승도촌(僧道村)의 옛절로 가서 노힐부득은 대불전(大佛田) 마을에 있는 회진암(懷眞庵)에서 달달박박은 소불전(小佛田) 마을에 있는 이 절에서 각각 살았다고 한다. 고려시대의 목암 일연(睦庵 一然, 1206~1289)이《삼국유사》를 지을 때에는 이미

폐사하여 당시의 이산(梨山) 위에 절터만 남아 있었다고 한다. 【참고문헌】 삼국유사

유마사(維摩寺)
【위치】 전라남도 화순군 남면 유마리 모후산(母后山) 기슭에 있다. 【소속】 대한불교조계종 제21교구 본사인 송광사의 말사이다. 【연혁】 627년(신라 진평왕 49) 중국에서 건너온 유마운(維摩雲)과 그의 딸 보안(普安)이 창건했다. 고려시대에는 부속 암자로 귀정암(歸靜庵), 금릉암(金陵庵), 운성암(雲城庵), 사자암(獅子庵), 오미암(五味庵), 은적암(隱寂庵), 남굴암(南窟庵), 동암(東庵) 등이 있었다. 1670년(조선 현종 11) 전라도관찰사 김규홍(金奎弘)이 중수했으며, 그 뒤에도 승려 오호연, 김해은 등이 중수했다. 그러나 1950년 6·25전쟁 때 이 절과 부속 암자들은 모두 소실했고, 최근에 주지 박상규가 재건하여 오늘에 이르고 있다. 【유적·유물】 현존하는 건물로는 대웅전과 산신각, 백운당(白雲堂), 종각, 요사채 2동이 있다. 원래 이 절에 있던 범종은 구례 화엄사(華嚴寺)로 옮겨졌으며, 현재 종각에는 종이 없다. 절의 서쪽 계곡에는 널따란 바위로 된 다리가 놓여 있는데, 그 바위 한쪽 편에는 '유마동천 보안교(維摩洞川 普安橋)'라고 새겨져 있다. 이 보안교는 보안이 옮겨 온 것이라고 한다. 보안교를 놓기 위해 모후산 중턱에서 많은 인부들이 이 바위를 운반하려고 온 힘을 기울였으나, 험한 산길이라 작업 진도가 부진했다. 이때 보안이 치마폭에 이 바위를 싸더니 유유히 들고 와서 놓았다고 한다. 보안교 건너 서쪽으로 해련탑(海蓮塔 : 보물 제1116호)과 또 하나의 부도가 있는데, 모두

도괴한 채 있던 것을 1981년 화순군에서 복원했다. 이 중 해련탑은 유마운의 부도라고 전한다. 이 밖에도 절 입구에는 경헌대로사리탑(敬軒大老舍利塔)이 있는데, 대석의 조각과 이름을 알 수 없는 동물들이 새겨져 있다. 또한 옛 절터에는 많은 기와 조각들이 산재해 있어 매우 큰 절이었음을 알게 한다. 【참고문헌】내 고장 전통 가꾸기(화순군, 1981)

유마사(維摩寺)

법인사(法印寺)를 보시오.

유마암(維摩庵)

미륵암(彌勒庵)을 보시오.

유석사(留石寺)

【이명】유석암(留石庵)이라고도 불린다. 【위치】경상북도 영주시 풍기읍 창락리 소백산에 있다. 【소속】대한불교조계종 제16교구 본사인 고운사의 말사이다. 【연혁】694년(신라 효소왕 3) 해동진언종(海東眞言宗)의 초조(初祖)인 혜통(惠通)이 창건했다. 1368년(고려 공민왕 17) 나옹 혜근(懶翁 惠勤)이 중창했으며, 1387년(우왕 13) 구곡(龜谷)이 중수했다. 그 뒤 조선시대 후기까지의 연혁은 전하지 않는다. 1876년(고종 13) 불이 나서 낙암(樂庵)과 계홍(戒洪)이 중건했으며, 1928년에는 주지 이제봉(李霽峰)이 중건했다. 【유적·유물】건물로는 대웅전과 요사채가 있다. 유물로는 고려시대의 철불이 있었으나, 1970년대에 도난당했다고 한다. 【참고문헌】한국사찰전서(권상로, 동국대학교 출판부, 1979), 속 명산 고찰 따라(이고운·박설산, 운주사, 1994)

유석암(留石庵)

유석사(留石寺)를 보시오.

유선사(遊仙寺)

【이명】한때 두승사(斗升寺)라고 불렸다. 【위치】전라북도 정읍시 고부면 남복리 영주산(瀛洲山)에 있다. 【소속】대한불교조계종 제24교구 본사인 선운사의 말사이다. 【연혁】신라 때 의상(義湘, 625~702)이 창건했다고 한다. 자세한 연혁은 전하지 않는다. 한때 폐사되었다가 몇 차례의 중건을 거쳐 조선시대 말기에는 두승사라고 이름하기도 했다. 사세가 피폐하여 다시 폐사의 위기에 있던 것을 1982년 비구니 성수(性洙)가 대웅전과 요사채를 신축하여 오늘에 이르고 있다. 【유적·유물】건물로는 대웅전과 요사채가 있다. 【참고문헌】사찰지(전라북도, 1990)

유암사(留巖寺)

불은사(佛恩寺)를 보시오.

유점사(楡岾寺)

【위치】강원도 고성군 서면 백천교리 금강산(金剛山)에 있었다. 【연혁】사지(寺誌)에 서기 4년(신라 남해왕 1) 창건됐다고 전하나 이때는 우리 나라에 불교가 들어오기 전이므로 신빙성이 없다. 1168년(고려 의종 22) 자순(資順)과 혜쌍(慧雙)이 왕실의 시주로 건물 500여 칸을 중건했고, 1213년(강종 2) 강종이 백은(白銀) 천 냥을 대선사 익장(益藏)에게 보내 중수하도록 했다. 1284년(충렬왕 10) 행전(行田)이 시주를 얻어서 공사를 착수하여 1295년 중건을 완료했다. 1408년(조선 태종 8) 효령대군이 태종에게 아뢰어 백금 2만 냥을 얻어서 건물 3천 칸을 중건했고, 1453년(단종 1)에는 신의(信義), 성료(性了) 등이 중건했다. 이어 1595년(선조 28)에는 사명 유정(四溟 惟政)이 인목왕후가 하사한 내탕금(內帑金)으로 중건했다. 1636년(인조 14) 소실한 뒤 곧 중건했

고, 1703년(숙종 29) 백금 2천 냥으로 중창했으며, 1759년(영조 35) 불타자 북한치영(北漢緇營)의 승병대장 보감(寶鑑)이 와서 10년의 공사 끝에 중건했다. 1882년(고종 19) 대화재로 전소하자 우은(愚隱), 금담(錦潭) 등이 순상(巡相) 남진익(南進益)의 주선으로 공명첩 500장을 하사 받아 1884년 중건하여 면모를 일신했다. 일제강점기의 31본산시대에는 본산 중의 하나였으며 산내, 산외 말사 60개를 관장했던 금강산 제일의 가람이었다. 그러나 1951년 6·25전쟁의 와중에서 절 전체가 소실했다. 【유적·유물】 6·25전쟁 전에 있던 건물로는 53불을 안치한 능인전(能仁殿)을 비롯하여 수월당(水月堂), 연화사(蓮華社), 제일선원(第一禪院), 반룡당(盤龍堂), 의화당(義化堂), 서래각(西來閣) 등 6전 3당 3루가 있었다. 이들은 1882년 우은이 중창했고, 근대의 대선사 대운(大雲)이 중수한 것이다. 이 중 절에서 가장 큰 규모의 건물은 연화사인데, 이곳은 만일회(萬日會)를 열던 장소였다고 한다. 이 밖에 문화재로는 《보살계첩(菩薩戒牒)》과 《보문품》이 있었다. 나옹 혜근(懶翁 惠勤, 1320~1376)이 스승인 지공(指空)으로부터 받은 《보살계첩》은 가로 약 7cm, 세로 약 10cm 크기의 감색 장지에 금니(金泥)로 쓴 것을 책으로 묶은 귀중한 문화재이다. 이 계문의 말미에 있는 '지공'이라는 수결과 산스크리트 게송(偈頌) 등은 모두 지공의 친필이다. 인목왕후가 친필로 쓴 은자(銀字) 《보문품》은 왕후가 서궁(西宮)에 유폐당하고 영창대군이 참변을 당했을 때 슬하에 남은 외동딸을 위해서 불보살의 보호를 받으려는 간곡한 정성으로 《관세음보살보문품》을

필사한 것이다. 【설화】 불상 53위의 연기와 관련된 창건 설화가 전한다. 고려 민지(閔漬, 1248~1326)의 기문(記文)에 의하면, 석가모니 부처님이 열반에 든 뒤 인도 사위성(舍衛城)의 사람들은 생전에 부처님을 보지 못한 것을 애통해 하다가 부처님의 모습을 재현하기 위해서 금을 모아 53위의 불상을 조성한 뒤 이를 배에 태우고 바다에 띄우면서 인연이 있는 나라에 갈 것을 발원했다고 한다. 이 배는 신룡(神龍)에 의해 바다를 항해하다가 월지국(月氏國)에 닿았는데, 왕이 이 불상들을 공경하여 전당을 짓고 봉안했으나 원인 모를 불이 나서 전각이 탔다. 왕이 다시 전당을 짓고자 했으나 꿈에 부처님이 나타나서 '이곳을 떠날 것이니 수고하지 말라.' 하고 만류하므로, 이 53위의 불상을 다시 배에 태워 바다에 띄웠다. 이 배는 900년 동안 여러 나라를 떠다니다가 신라의 안창현(安昌縣) 포구에 닿았다. 현관(縣官) 노춘(盧偆)이 나가 보니 불상들은 없고 바닷가의 나뭇잎새가 모두 금강산을 향해 뻗어 있기에 발길을 그쪽으로 돌렸다. 더욱이 흰 개가 나타나서 앞장을 서기에 따라가자 큰 느티나무가 서 있는 못가에 53위의 불상이 있었다. 왕이 이 사실을 듣고 찾아가서 그 땅에 절을 짓고 유점사라 했다고 한다. 1945년 8·15광복 이전까지 53위 중 3위가 없어지고 50위가 남아 있었다. 【참고문헌】 삼국유사, 조선불교통사(이능화), 한국사찰전서(권상로, 동국대학교 출판부, 1979), 북한사찰연구(한국불교종단협의회, 1993)

유학사(留鶴寺)

【위치】 경상남도 의령군 부림면 묵방리 미타산(彌陀山) 기슭에 있다. 【소속】 대

한불교조계종 12교구 본사인 해인사의 말
사이다. 【연혁】통일신라 초기에 창건됐
다고 한다. 창건 당시에는 미타산의 8부
능선에 위치하고 있었으나, 조선 초기에
왕사였던 무학 자초(無學 自超, 1327~
1405)가 이곳에 들러 절의 위치가 풍수지
리상으로 맞지 않는다고 하여 1399년(정
종 1) 현재의 위치로 옮겨 중창했다. 구전
에 의하면, 이 부근의 형세가 날아가는 학
의 형상인데 이전의 절터는 학의 머리에
해당하는 자리였으므로 합당하지 않다고
하여 학이 절을 품고 있는 것과 같은 형상
을 한 현재의 위치로 옮겼다는 것이다. 그
뒤 1780년(정조 4) 4월 승통(僧統) 치유
(緇裕)가 시주하여 전각을 중수했으며,
1900년 10월 경룡(敬龍), 초해(楚海), 정
선(正善) 등이 대웅전을 중수하고 단청했
다. 1927년 금호(金湖)가 칠성각을 신축
했고, 혼명(混溟)이 요사채를 중수하여
오늘에 이르고 있다. 【유적·유물】현존
하는 건물로는 대웅전을 중심으로 만세
루, 칠성각, 요사채 2동, 객실 1동이 있
다. 대웅전에는 석가여래좌상이 봉안되어
있는데, 조선시대 초기에 만들어진 불상
으로 추정된다. 이 밖에도 경내에는 최근
에 조성된 오층석탑 1기와 석등 1기가 있
다. 【참고문헌】한국사찰전서(권상로, 동
국대학교 출판부, 1979)

윤필암(潤筆庵)
【위치】경기도 양평군 용문면 연수리 용
문산(龍門山)에 있다. 【소속】대한불교조
계종 제25교구 봉선사의 말사인 용문사
(龍門寺)의 산내 암자이다. 【연혁】고려
중엽에 비구니 묘덕(妙德)이 정안군 부인
(定安君 夫人)에게 시주를 얻어 창건했다.
1378년(우왕 4) 나옹 혜근(懶翁 惠勤)의

제자인 지선(志先)과 지수(志守) 등이 중
창했다. 이어 1859년(조선 철종 10) 정안
(正眼)이 중창했으며, 1905년 장훈(莊訓)
이 중수했다. 1925년에는 주지 차상원(車
祥元)이 중수했다. 1941년에도 중수했다.
【유적·유물】건물로는 법당 등이 있다.
【참고문헌】봉은본말지, 한국사찰전서(권
상로, 동국대학교 출판부, 1979)

윤필암(潤筆庵)
【위치】경상북도 문경시 산북면 전두리
사불산(四佛山；일명 功德山)에 있다. 【소
속】대한불교조계종 제8교구 직지사의 말
사인 대승사(大乘寺)의 산내 암자이다.
【연혁】1380년(고려 우왕 6) 각관(覺寬)
이 창건했다. 창건 이후 참선도량으로 명
맥을 유지해 왔다. 1645년(조선 인조 23)
서조(瑞祖)와 탁잠(卓岑)이, 1765년(영
조 41) 야운(野雲)이, 1806년(순조 6) 취
운 종백(醉雲 宗伯)이 각각 중건했다. 이
어 1885년(고종 22) 고종의 명으로 창명
(滄溟)이 중건했으며, 1980년대 초에 모든
건물을 새롭게 지었다. 지금은 비구니의
수도도량이다. 【유적·유물】건물로는 법
당인 사불전(四佛殿)과 선불장(選佛場),
승당이 있다. 특별한 문화재는 없다. 【참
고문헌】한국사찰전서(권상로, 동국대학교
출판부, 1979), 속 명산 고찰 따라(이고운
·박설산, 운주사, 1994)

율곡사(栗谷寺)
【위치】경상남도 산청군 신등면 율현리
지리산 동쪽 지맥에 있다. 【소속】대한불
교조계종 제12교구 본사인 해인사의 말사
이다. 【연혁】651년(신라 진덕여왕 5) 원
효(元曉)가 창건했다. 930년(경순왕 4)
감악(感岳)이 중창했다. 그 뒤의 자세한
연혁은 전하지 않는다. 【유적·유물】현

존하는 건물로는 대웅전을 비롯하여 규모
가 작은 칠성각과 관심당(觀心堂), 요사
채가 있다. 이 중 대웅전(보물 제374호)
은 조선 중기의 건축물이다. 대웅전 밑의
땅에서는 겨울에는 따뜻하고, 여름에는
찬 영천(靈泉)이 샘솟고 있다. 이 절 오
른쪽의 암봉 셋 중에 가운데 봉우리를 새
신바위(鳥神巖)라고 하는데, 이 바위에
원효가 올라가서 지금의 절터를 잡았다고
한다. 【설화】 전설에 따르면 지금의 대웅
전을 중창할 때 어떤 목공이 찾아와 건축
일을 자청했다고 한다. 그런데 석달 동안
다른 일은 전혀 하지 않고 목침만을 만들
었으므로 답답하게 여긴 이 절의 승려는
목공을 시험하기 위해 목침 하나를 몰래
숨겼다. 그런데 목침 만들기를 다한 목공
이 수를 세어 보더니 갑자기 안색이 변하
면서 '내 정성이 부족하여 목침이 하나
모자라니 이와 같은 귀중한 법당을 건립
할 수 없다.' 하면서 연장을 챙겨 떠나려
했다. 그때 승려가 숨겨 놓은 목침을 내놓
으면서 사죄하므로, 목공은 마음을 돌렸
다. 이번에는 목침을 조립해 나가는데, 힘
들이지 않고 건물의 틀을 짜서 올렸다고
한다. 이 법당은 못을 전혀 쓰지 않고 조
립한 것이므로 일명 목침절이라고도 불린
다. 또 대웅전을 지은 목공이 법당을 단청
할 때에는 7일 동안은 절대로 안을 들여
다 보지 말라 했다고 한다. 그가 안으로
들어간 뒤에 아무런 기척이 없으므로 궁
금증을 못이긴 승려가 7일째 되는 날, 문
틈으로 안을 엿보았더니 새 한 마리가 붓
을 물고 날아다니면서 벽화를 그리다가 일
을 끝내지 못한 채 날아가 버렸다. 이후 그
새가 자취를 감춘 바위를 새신바위라고 부
르게 되었다고 한다. 【참고문헌】 한국사찰

전서(권상로, 동국대학교 출판부, 1979),
문화유적총람(문화재관리국, 1977)

은봉암(隱鳳庵)
【위치】 경상남도 통영시 광도면 안정리
벽발산(碧鉢山) 기슭에 있다. 【소속】 대
한불교법화종의 말사인 안정사(安靜寺)의
부속 암자이다. 【연혁】 658년(신라 무열
왕 5) 원효(元曉)가 창건했다. 그 뒤 조선
후기까지의 자세한 연혁은 전하지 않는
다. 1855년(철종 6) 수일(秀一)이 중창했
다. 【유적·유물】 건물로는 법당과 요사
채가 있다. 절 주변에 은봉성석(隱鳳聖
石)이 있다. 【설화】 은봉성석에 대한 설
화가 있다. 옛날 이곳에는 자연석 세 개가
서 있었는데, 그중의 한 개가 넘어진 뒤
해월(海月) 선사라는 도인이 나타났고, 또
한 개가 넘어진 뒤 종열(宗悅) 선사라는
도인이 나타나 도를 통했다. 그 뒤 이 돌들
을 성석이라고 불렀다. 현재 세 개의 돌 중
에서 한 개가 남아 새로 나타날 도인을 기
다리고 있다고 한다. 【참고문헌】 한국사찰
전서(권상로, 동국대학교 출판부, 1979), 한
국의 명산 대찰(국제불교도협의회, 1982)

은석사(銀石寺)
【이명】 한때 은석사(恩石寺, 隱石寺)라고
했다. 【위치】 충청남도 천안시 북면 은지
리 은석산(銀石山)에 있다. 【소속】 대한
불교조계종 제6교구 본사인 마곡사의 말사
이다. 【연혁】 신라 문무왕 때(661~681)
원효(元曉)가 창건했다고 한다. 자세한
연혁은 전하지 않는다. 1481년(조선 성종
12)에 편찬된 《동국여지승람》과 1799년
(정조 23)에 편찬된 《범우고(梵宇攷)》에
는 은석사(恩石寺)라고 나와 있으나, 신
경준(申景濬, 1712~1781)이 지은 《가람
고(伽藍考)》에는 은석사(銀石寺)라고 나

와 있다. 또한 일제강점기에는 은석사(隱石寺)라고도 했다. 영조 때(1724~1776)의 암행어사 박문수(朴文秀)의 묘가 곁에 있으며, 박문수의 묘를 지키는 일도 이 절에서 담당해 왔다. 【유적·유물】 건물로는 인법당(因法堂)인 보광전과 산신각이 있다. 유물로는 탱화 2점이 있는데, 함풍(咸豊) 때(1851~1861)와 1927년에 각각 제작된 것이다. 【참고문헌】 한국사찰전서(권상로, 동국대학교 출판부, 1979), 문화유적총람-사찰편(충청남도, 1990)

은석사(恩石寺, 隱石寺)

은석사(銀石寺)를 보시오.

은선사(隱仙寺)

【이명】 한때 은선암(隱仙庵)이라고 불렸다. 【위치】 경기도 이천군 부발읍 산촌리 효양산(孝養山) 남쪽 기슭에 있다. 【소속】 대한불교조계종 제2교구 본사인 용주사의 말사이다. 【연혁】 신라 문무왕 때(661~681) 의상(義湘)이 부석사(浮石寺)를 창건한 뒤 이천 지방에 16개의 절을 지을 때 설봉산 영월암(映月庵)과 함께 창건했다고 한다. 일설에는 효양산에 있는 서(徐)씨의 시조 서신일(徐神逸)의 묘와 관련해 신라가 망하자 이 산 속에 은거한 서씨가 지은 절이라고도 한다. 1592년(조선 선조 25) 임진왜란 때 소실한 뒤 문인식(文仁植)이 중건했다. 그 뒤 다시 폐허화한 것을 1764년(영조 40) 읍민 김(金)씨가 선영을 위해 중창했다. 1938년 주지 김상필(金商珌)이 광명전(光明殿)을 신축했으나, 1950년 6·25전쟁 때 소실하여 완전히 폐사가 되었다. 1979년 봄에 주지 김영규(金榮奎)가 대웅전과 요사채를 신축하고 이름도 은선암에서 은선사로 바꾸었다. 【유적·유물】 창건 당시에 봉

안했다는 석불 1위가 있었다고 하는데, 6·25전쟁 때 절 부근에 살고 있던 신도들이 포격으로부터 불상을 보호하기 위해 땅속에 묻었다고 하나 지금까지 발견되지 않고 있다. 【참고문헌】 한국사찰전서(권상로, 동국대학교 출판부, 1979), 용주사본말사지(본말사주지회, 1984)

은선암(隱仙庵)

은선사(隱仙寺)를 보시오.

은을암(隱乙庵)

【위치】 경상남도 울산시 울주구 범서면 척과리에 있다. 【소속】 대한불교조계종 제15교구 본사인 통도사의 말사이다. 【연혁】 신라 때 창건됐다. 417년(눌지왕 1) 충신 박제상(朴堤上)이 인질로 잡혀간 미해왕자(美海王子)를 구출하기 위해 일본으로 떠난 뒤, 부인 김(金)씨는 동해가 내려다 보이는 치술령(鵄述嶺)에 올라가 남편을 기다렸다. 그러던 중 남편이 처형되었다는 소식을 전해 듣고 그녀는 두 딸과 함께 독약을 마시고 남편의 뒤를 따라 죽었다. 그때 시신은 망부석(望夫石)으로 변했고, 혼은 혼조(魂鳥)가 되어 절이 있는 바위틈에 숨었다고 하여 그 바위를 은을암(隱乙巖)이라고 했다. 그 뒤 이들의 충절과 정절을 기리기 위해 이 절을 창건했다고 한다. 그러나 자세한 연혁은 전하지 않는다. 【유적·유물】 현존하는 건물로는 대웅전을 비롯하여 칠성각, 산령각, 요사채 등이 있다. 【참고문헌】 울산·울주향토사(울산문화원, 1978), 내 고장의 전통(울산시, 1982)

은적사(隱跡寺)

【이명】 한때 은적암(隱跡庵)이라고 불렸다. 【위치】 전라남도 해남군 마산면 장촌리 금강산 중턱에 있다. 【소속】 대한불교

조계종 제22교구 본사인 대흥사의 말사이다. 【연혁】560년(신라 진흥왕 21) 신라의 승려 덕륭(德隆)이 창건했다고 하나, 당시 이 지역은 백제의 영토였으므로 신빙성이 없다. 이어 연기 도선(烟起 道詵, 827~898)이 중창했다고 한다. 그 뒤 조선 전기까지의 자세한 연혁은 전하지 않는다. 원래는 다보사(多寶寺)의 부속 암자로 은적암이라고 불렸으나, 다보사가 폐허가 된 뒤 은적사로 이름을 바꿨다. 1592년(조선 선조 25) 임진왜란 때 병화로 응진전(應眞殿)만 남고 폐허가 되었다. 그 뒤 1648년(인조 26) 큰 석탑과 건물을 세워 면모를 일신했으며, 1708년(숙종 34) 희간(熙侃)이 약사전의 종을 주조했다. 1791년(정조 15)에서 1793년까지 봉총(奉總)이 화주로 나서서 중창을 했으며, 1795년(정조 19)에서 이듬해까지 봉총이 약사전을 중수했다. 1839년(헌종 5) 노전을 중창했고, 1856년(철종 7) 선실(善實)이 약사전을 중건했으며, 1858년 다시 중창했다. 1992년 주지 천담(天潭)이 약사전을 중수하여 오늘에 이르고 있다. 【유적·유물】현존하는 건물로는 약사전과 산령각(칠성각), 요사 2동 등이 있다. 유물로는 철조비로자나불좌상(전라남도 유형문화재 제86호) 1위, 석탑 1기, 불화 9점 등이 있다. 철조비로자나불좌상은 고려 초기(10세기 무렵)의 작품으로 무릎 이하가 파괴되어 완전하지 못했으나, 1993년 4월 천담이 조각가 박찬수(朴贊守)를 시켜 나무로 복원했다. 석탑은 고려 중기 이후의 작품으로 원래는 장촌리의 다른 곳에 있던 것을 근래에 옮겨 온 것이다. 아직 원형대로 복원하지 못했다. 불화는 지장탱화만 1865년(고종 2)에 조

성한 것이고, 나머지는 1970년대 이후에 조성한 것이다. 이 밖에도 이 절에 대한 기록물로는 범해 각안(梵海 覺岸, 1820~1896)이 편집한 《은적사사적》과 1856년 김세신(金世臣)이 짓고 쓴 〈은적암 약사전 중건기〉, 1872년 김익로(金益魯)가 지은 〈은적사 산신각 창건문〉 등이 있다. 이 중 《은적사사적》은 미국 하버드 대학의 연경(燕京)도서관에 있는 것을 1967년 이기백(李基白)이 사진 촬영하여 우리나라에 공개한 것이다. 【참고문헌】은적사사적, 전남의 사찰 I(전라남도, 1990).

은적사(隱寂寺)

【이명】한때 천방사(千房寺), 선림사(禪林寺)라고 불렸다. 【위치】전라북도 군산시 소룡동 설림산(雪林山)에 있다. 【소속】대한불교조계종 제17교구 본사인 금산사의 말사이다. 【연혁】618년(신라 진평왕 40) 원광(圓光)이 창건했다는 설이 있으며, 《동국여지승람》에는 소정방(蘇定方)이 창건하여 천방사라고 했다는 설도 전한다. 당나라의 소정방이 13만 대군을 이끌고 금강 하류에 상륙하여 백제를 공략하려 할 때 짙은 안개가 끼어 시계가 막혔으므로, 이 산에 올라 산신에게 기도하면서 안개가 사라지게 해주면 이 산에 천 개의 절을 짓겠다고 서약하자 안개가 걷혔다고 한다. 그리하여 절을 지을 자리를 둘러보았으나 워낙 지세가 협소했으므로 부득이 주춧돌 천 개를 여러 곳에 놓고 1개 절만 지은 뒤 이름을 천방사라 했다고 한다. 그러나 이 두 가지 창건설은 모두 신빙성이 없다. 또한 당시 이 지역은 백제 영토였으므로 신라의 원광이 창건했다고 믿기 어려우며, 소정방 역시 전란 중 타국에 절을 창건해야 할 근거가 희박하

기 때문이다. 특히 소정방의 창건설은 충청남도 서천군에 있던 천방사(千房寺)의 창건설과 그 내용이 비슷한 것으로 보아 이 창건설을 차용한 것으로 추정된다. 그 뒤 천방사를 선림사로 고쳐 불렀다고 한다. 951년(고려 광종 2) 정진(靜眞) 국사 긍양(兢讓)이 중창했고, 1373년(공민왕 22)에는 나옹 혜근(懶翁 惠勤)이 중창했다. 1796년(조선 정조 20) 보경(寶鏡)이 중건했고, 1937년에는 허옹(虛翁)이 중창했다. 이어 1947년 다시 중창하여 오늘에 이르고 있다. 【유적·유물】현존하는 건물로는 대웅전과 극락전, 삼성각, 명부전, 종각, 요사채 등이 있다. 유물로는 오층석탑과 삼층석탑이 있는데, 오층석탑은 충청도 지방에서 옮겨 왔으며, 삼층석탑은 소룡동 선종암(善宗庵) 터에서 옮겨 왔다. 모두 고려시대의 것으로 추정된다. 【참고문헌】동국여지승람, 한국사찰전서(권상로, 동국대학교 출판부, 1979), 문화유적총람(문화재관리국, 1977), 사찰지(전라북도, 1990)

은적사(隱寂寺)
【이명】은적사(隱蹟寺)라고도 한다. 【위치】대구광역시 남구 봉덕동 앞산공원 안에 있다. 【소속】대한불교조계종 제9교구 본사인 동화사의 말사이다. 【연혁】926년(신라 경애왕 3) 영조(靈照)가 창건했다. 그 뒤 고려 태조(재위 918~943)가 몸을 숨겼던 곳이라고 하여 은적사(隱寂寺) 또는 은적사(隱蹟寺)라고 했다. 그 뒤 1644년(조선 인조 22) 취감(就甘)이 중창했으며, 1947년 종원(宗源)이 중건하여 오늘에 이르고 있다. 【유적·유물】현존하는 건물로는 대웅전을 비롯해 산신각, 요사채 2동 등이 있다. 【참고문헌】달성의 비

슬산(달성군, 1983)

은적사(隱跡寺)
【이명】한때 용흥암(龍興庵), 은적암(隱跡庵)이라고도 불렸다. 【위치】강원도 통천군 벽양면 신일리에 있었다. 【연혁】1718년(조선 숙종 44) 용공사(龍貢寺)가 인근 백운암으로 이전하자 영월(永月)과 만월(滿月), 청파(靑坡)가 용공사 터에 창건하여 용흥암이라고 했다.《유점사본말사지》등에 이 절이 용공사를 계승한 것처럼 기술되어 있으나 용공사가 별개의 절로 존재하므로 잘못이다. 1872년(고종 9) 비적에 의해 불에 타자 수봉(秀峰)과 제하(霽霞) 등이 중건하여 은적사라고 이름을 고쳤다. 일제강점기의 31본산시대에는 유점사(楡岾寺)의 말사였다. 현재의 상황은 알 수 없으나 북한측 자료에 따르면 현존하지 않는다. 【참고문헌】한국사찰전서(권상로, 동국대학교 출판부, 1979)

은적사(隱蹟寺)
은적사(隱寂寺)를 보시오.

은적암(隱寂庵)
【위치】전라남도 순천시 송광면 신평리 조계산(曹溪山)에 있었다. 【연혁】고려 때 각진(覺眞) 국사 복구(復丘, 1270~1355)가 송광사(松廣寺)의 산내 암자로서 창건했다. 1771년(조선 영조 47) 일관(一寬)과 선우(善祐)가 공루(空樓)를 중수했으며, 1793년(정조 17) 벽담(碧潭)과 유오(有悟)가 다시 공루를 중수했다. 이어 1896년(건양 1)에도 취암(翠巖)이 공루를 중수했다. 1950년 6·25전쟁 때 병화로 폐사됐다. 【참고문헌】한국의 사찰 6-송광사(한국불교연구원, 일지사, 1975)

은적암(隱寂庵)
【위치】경기도 안성군 서운면 청룡리 서

운산(瑞雲山)에 있다. 【소속】대한불교조계종 제2교구 용주사의 말사인 청룡사(靑龍寺)의 부속 암자이다. 【연혁】1364년(고려 공민왕 13) 나옹 혜근(懶翁 惠勤)이 청룡사를 중수하면서 4개의 부속 암자 중 하나로서 창건했다. 그 뒤의 자세한 연혁은 전하지 않는다. 1893년(조선 고종 30) 산신각을 새로 지었다. 【유적·유물】건물로는 법당과 산신각, 요사채가 있다. 유물로는 칠성도와 수월관음도, 부도가 있다. 칠성도와 수월관음도는 법당에 봉안되어 있는데, 각각 1898년(광무 2)과 1919년에 조성된 것이다. 부도는 누구의 것인지 알 수 없으며, 석종형(石鐘型)으로 조선 후기의 것으로 보인다. 【참고문헌】기내사원지(경기도, 1988)

은적암(隱跡庵)
은적사(隱跡寺)를 보시오.

은적암(隱寂庵)
지장암(地藏庵)을 보시오.

은하사(銀河寺)
서림사(西林寺)를 보시오.

은해사(銀海寺)
【이명】한때 해안사(海眼寺)라고 불렸다. 【위치】경상북도 영천시 청통면 치일리 팔공산(八公山) 동쪽 기슭에 있다. 【소속】대한불교조계종 제10교구 본사이다. 【연혁】811년(신라 헌덕왕 3) 적인 혜철(寂忍 惠哲)이 해안평(海眼坪)에 창건하여 해안사라고 했다. 그 뒤 고려시대에 보조 지눌(普照 知訥, 1158~1210)이 이 절의 거조암(居祖庵)에서 신행결사(信行結社)를 도모한 이래 크게 주목을 받았다. 1270년(원종 11) 홍진(弘眞) 국사 혜영(惠永)이 중창했다. 당시 이 절은 혜영의 지도 아래 선교양종(禪敎兩宗)의 충본산

이 되었다. 1275년(충렬왕 1) 원참(元旵)이 중건했다. 1543년(조선 중종 38)에는 보주(寶珠) 등이 중수했으며, 1546년(명종 1) 천교(天敎)가 지금의 장소로 법당을 옮겨 새로 절을 지었다. 그때 법당과 비석을 건립하여 인종의 태실(胎室)을 봉하고 은해사라고 했다. 1563년 화재로 소실하자 이듬해 여진(如眞)이 중건했고, 1588년(선조 21) 법영(法英)이 법당의 사방에 새로 건물을 세우고 단청했다. 1712년(숙종 38) 이 절을 종친부(宗親府)에 귀속하고, 1797년 경옥(璟玉), 석린(碩麟), 해운(海雲), 유화(有和), 승수(勝修) 등이 법당과 누각을 중수하고 단청했다. 이 무렵 당대 화엄교학(華嚴敎學)의 대가인 영파 성규(影波 聖奎, 1728~1812)가 이 절에 머물면서 화엄학을 크게 펼쳤다. 1861년(철종 12) 은해사 창건 이래 가장 큰 불이 나서 천여 칸의 모든 건물이 소실했다. 이 해 팔봉(八峰), 해월(海月) 등이 주관하여 법당과 향실(香室), 심검당(尋劍堂), 설현당(說玄堂), 청풍당(淸風堂) 등을 새로 지었고, 이듬해 보화루를, 그 이듬해 옹호문(甕護門), 안양전(安養殿), 동별실(東別室), 만월당(滿月堂), 향적각(香積閣) 등을 세웠다. 1920년 삼당(三堂), 일루(一樓), 고방(庫房), 주지실(住持室), 요사 4동과 대문 등을 중수했다. 산내 암자로는 운부암(雲浮庵), 거조암(居祖庵), 기기암(寄寄庵), 백흥암(百興庵), 묘봉암(妙峰庵), 중암암(中巖庵), 백련암(百蓮庵), 서운암(瑞雲庵) 등이 있다. 동화사(桐華寺)와 더불어 팔공산의 대표적인 절이다. 【유적·유물】현존하는 건물로는 대웅전을 비롯하여 설선당, 심검당, 종루, 보화루, 독성각, 승당, 요사채, 객실 등이

있다. 대웅전과 보화루의 현판은 추사 김정희(秋史 金正喜)의 글씨라고 전하며, 대웅전 안에 봉안되어 있었던 극락구품회탱(極樂九品會幀)은 1750년 성청(性淸)과 옥련(玉蓮)이 그린 뛰어난 작품이다. 문화재로는 중국식 건축 양식을 본뜬 거조암 영산전(국보 제14호), 백흥암 극락전 수미단(須彌壇 : 보물 제486호), 운부암 청동보살좌상(보물 제514호) 등이 있다. 【참고문헌】 경북5본산고금기요(경북불교협회, 1937), 한국사찰전서(권상로, 동국대학교 출판부, 1979)

응석사(凝石寺)

【위치】 경상남도 진주시 집현면 정평리 집현산(集賢山) 기슭에 있다. 【소속】 대한불교조계종 제12교구 본사인 해인사의 말사이다. 【연혁】 554년(신라 진흥왕 15) 연기(緣起)가 창건했다고 한다. 662년(문무왕 2)에는 의상(義湘)이 강원을 설치했다고 하나, 이때 의상은 당나라에 유학중이었으므로 신빙성이 없다. 고려 말에는 지공(指空)과 나옹 혜근(懶翁 惠勤, 1320~1376), 무학 자초(無學 自超, 1327~1405) 등이 머물렀다고 한다. 또한 조선시대에는 진묵 일옥(震默 一玉, 1562~1633)과 사명 유정(泗溟 惟政, 1544~1610)이 머물러 수도하면서 화엄도량으로 명성을 떨쳤다. 1592년(선조 25) 임진왜란 때 왜병들의 방화로 소실했다. 당시 이 절에는 대웅전을 비롯하여 관음전, 문수전, 극락전, 비로전, 영산전, 나한전, 팔상전 등과 163개의 방이 있었는데, 왜병들이 몰려와 관음전에 참배하던 중 관음상 밑에 숨겨 두었던 승병들의 무기가 발각되자 모든 건물을 불태웠던 것이다. 그 뒤 1736년(조선 영조 12)과 1899년(광무

3) 중수하여 오늘에 이르고 있다. 【유적·유물】 현존하는 건물로는 대웅전을 비롯해 관음전, 나한전, 독성각, 요사채 2동이 있다. 이 중 대웅전(경상남도 유형문화재 제141호)은 옮겨 지을 때 규모가 축소된 것으로 추정되며, 그 시기는 1636년(인조 14) 병자호란 이전으로 추정된다. 또한 대웅전 안에 봉안된 삼존불상은 일옥이 직접 조각한 것이라고 전한다. 【참고문헌】 내 고장 전통(진양군, 1983), 속 명산고찰 따라(이고운·박설산, 운주사 1993)

의곡사(義谷寺)

【이명】 한때 월명사(月明寺), 숭의사(崇義寺), 관항사(觀項寺)라고 불렸다. 【위치】 경상남도 진주시 상봉동 비봉산(飛鳳山)에 있다. 【소속】 대한불교조계종 제12교구 본사인 해인사의 말사이다. 【연혁】 665년(신라 문무왕 5) 혜통(惠通)이 창건하여 월명사 또는 숭의사라고 했다. 808년(애장왕 9) 원측(圓測)이 중건했고, 1194년(고려 명종 24)에는 월명(月明)이 중건했다. 1592년(조선 선조 25) 임진왜란 때에는 이 절에서 승병들을 양성하여 왜적과 싸웠으며, 진주성(晉州城)이 함락된 뒤에도 계속 승병들이 모여들어 이 절을 중심으로 항전했다. 당시 절 이름을 관항사라고 불렸는데, 승병들의 항전을 기려 나라에서 의곡사라는 이름을 내렸다. 그러나 의곡사라는 이름이 이미 조선시대 초기에 나타나므로 고려시대 말에 바뀐 것으로 보는 견해도 있다. 임진왜란 때 이 절이 불에 타자 1618년(광해군 10) 목사(牧使) 남이흥(南以興)이 주지 성간(性侃)을 도와 재건했다. 그 뒤 1879년(고종 16) 덕운(德雲)이 중수했고, 1898년(광무 2) 석종(石宗)이 중수하여 오늘에 이르고

있다. 【유적·유물】 현존하는 건물로는
대웅전을 비롯하여 천불전, 적묵당, 감로
당, 회광당, 종루, 천왕문, 일주문이 있
다. 특별한 문화재는 없다. 【참고문헌】
속 명산 고찰 따라(이고운·박설산, 운주
사, 1994)

의림사(義林寺)
【이명】 한때 봉덕사(奉德寺)라고 불렸다.
【위치】 경상남도 마산시 합포구 진북면
인곡리 여항산(餘航山)에 있다. 【소속】
대한불교조계종 제13교구 본사인 쌍계사
의 말사이다. 【연혁】 688년(신라 신문왕
8) 위웅(爲雄)이 창건하여 봉덕사라고 했
다. 조선 초기까지는 큰 규모의 절이었으
며, 선종(禪宗)에 속했다. 1592년(선조
25) 임진왜란 때 전소한 뒤 중창하여 의
림사로 고쳐 부르게 되었는데, 이는 임진
왜란 때 소실한 절터에 의병들이 숲(林)
처럼 모여들었다고 하여 붙여진 이름이
다. 그 뒤 수차의 중수를 거쳐 내려오다가
1950년 6·25전쟁 때 다시 전소하여 다시
중창했다. 【유적·유물】 현존하는 건물
들은 모두 6·25전쟁 이후 중창 때에 건립
된 것으로 대웅전, 산신각, 승당, 요사채
등이 있다. 문화재로는 삼층석탑과 부도
3기가 있다. 삼층석탑(경상남도 유형문화
재 제72호)은 2중 기단 위에 세워진 것으
로 상륜부(相輪部)에는 본래의 것이 아닌
자연석을 올려 놓았으며, 통일신라시대의
작품이다. 또 부도는 조선시대의 작품으
로 석종형(石鐘型)과 원통형 옥개(屋蓋)
를 갖추고 있다. 【참고문헌】 내 고장의
전통(의창군, 1982)

의상암(義湘庵)
【위치】 경상남도 통영시 광도면 안정리
벽발산(碧鉢山) 기슭에 있다. 【소속】 대

한불교법화종의 말사인 안정사(安靜寺)의
부속 암자이다. 【연혁】 658년(신라 무열
왕 5) 의상(義湘)이 창건하고, 위쪽의 의
상선대(義湘禪臺)에서 천공(天供)을 받
으며 좌선했다고 한다. 1901년 원명(圓
明)이 중건했다. 【유적·유물】 건물로는
법당 등이 있다. 【참고문헌】 문화유적총
람(문화재관리국, 1977), 한국의 명산 대
찰(국제불교도협의회, 1982)

이보리사(二菩提寺)
【위치】 경상북도 영주시 소백산에 있었
다. 《삼국유사》에는 지금의 경상남도 진
주에 해당하는 강주(康州)에 있었다고 하
나, 《한국사찰전서》에서는 보선(寶璿)의
설 등에 근거하여 지금의 영주시에 해당
한다고 주장한다. 【연혁】 755년(신라 경
덕왕 14) 신라 사람들이 아간(阿干) 귀진
(貴珍)의 여자 노비인 욱면(郁面)이 극락
왕생할 때 육신을 버렸다는 곳에 창건했
다. 연혁은 전하지 않는다. 【설화】 욱면
은 만일염불계에 참여하는 귀진을 모시고
미타사(彌陀寺)에 다니다가 염불을 익혔
다. 하루는 주인 몰래 절 마당에 서서 스
님을 따라 염불을 했는데, 귀진이 이를 못
마땅하게 여겨 절에 따라오지 못하도록
곡식 두 섬을 하루 저녁에 다 찧게 했다.
그녀는 이를 초저녁에 다 찧고 절에 가서
부지런히 염불을 했다. 또한 그녀는 마당
좌우에 긴 말뚝을 세운 뒤 자신의 두 손바
닥을 뚫어 새끼줄로 꿰어 묶어 놓았다. 그
리고는 합장하면서 좌우로 몸을 흔들어
자신을 격려했다. 이때 하늘에서 '욱면랑
은 법당에 들어가 염불하라.'는 소리가
들려왔다. 절의 대중들이 그 소리를 듣고
그녀를 풀어 주어 법당에 들어오도록 했
다. 그녀는 다시 예전처럼 9년 동안이나

정진을 계속하다가, 755년 1월 21일 예불
도중에 몸이 솟구쳐 절 지붕을 뚫고 올라
가 소백산에 이르러 신 한 짝을 떨어뜨리
고 그 산 기슭에 육신을 버렸다고 한다.
그 뒤 신이 떨어졌다는 자리에 보리사(菩
提寺)를, 육신을 버렸다는 자리에 이 절
을 지었다고 한다. 【참고문헌】삼국유사,
한국사찰전서(권상로, 동국대학교 출판부,
1979)

이불란사(伊弗蘭寺)

【위치】중국 만주 집안현(輯安縣) 통구
(通溝), 즉 옛 고구려의 수도인 국내성
(國內城)에 있었다. 【연혁】375년(고구려
소수림왕 5) 소수림왕이 창건했다. 374년
아도(阿道)가 동진(東晉)에서 오자, 이듬
해 소수림왕은 성문사(省門寺)와 이 절을
지어 성문사에는 순도(順道)를, 이 절에는
아도를 머무르게 했다고 한다. 그러므로
이 두 절은 고구려 최초의 절이자 우리 나
라 최초의 절이다. 그 뒤의 연혁은 전하지
않는다. 【참고문헌】삼국유사

이인사(里人寺)

약사사(藥師寺)를 보시오.

인각사(麟角寺)

【위치】경상북도 군위군 고로면 화북리
화산(華山)에 있다. 【소속】대한불교조
계종 제9교구 본사인 동화사의 말사이다.
【연혁】643년(신라 선덕여왕 12) 원효(元
曉)가 창건했다. 절의 입구에 깎아지른
듯한 바위가 있는데, 전하는 말에 따르면
기린이 뿔을 이 바위에 얹었다고 하여 절
이름을 인각사라 했다고 한다. 그 뒤
1307년(고려 충렬왕 33) 보각(普覺) 국사
목암 일연(睦庵 一然)이 중창하고 이곳에
서 《삼국유사》를 저술했다. 당시 이 절은
크고 높은 본당을 중심으로 하여 그 앞에

탑, 좌측에는 회랑, 우측에는 이선당(以善
堂) 등이 있었고, 본당 뒤에 무무당(無無
堂)이 있었다고 한다. 일연은 이 절에서
총림법회(叢林法會) 등 대규모의 불교 행
사를 개최했다. 이어 조정의 명으로 충렬
왕 때 활동하던 김용검(金龍劍)이 절을
크게 중건하고 밭 100여 경(頃)을 헌납했
다. 조선 중기까지 총림법회를 자주 열고,
승려나 속인의 발길이 빈번했다고 한다.
그 뒤의 연혁은 전하지 않는다. 【유적·
유물】현존하는 건물로는 법당과 2동의
요사채뿐이다. 문화재로는 보각국사탑 및
비(보물 제428호)가 있다. 이 탑비는
1153년(의종 7)에서 1155년 사이에 이
절의 승려 죽허(竹虛)가 왕희지(王羲之)
의 글씨를 모아서 세웠다고 한다. 그러나
1592년(선조 25) 임진왜란 때의 병화로
글자의 훼손이 심해 알아 보기 힘들다. 이
밖에도 법당 앞에는 삼층석탑이 있고 보
각국사탑 앞에는 석불이 있으며, 절 앞 길
가에는 만월(滿月)과 청진(淸眞)의 석종
형(石鐘型) 부도가 있다. 옛 절터 일원이
사적 제374호로 지정되어 있다. 【참고문
헌】동국여지승람, 동문선, 조선금석총람
(조선총독부, 1919)

인왕사(仁旺寺)

【위치】서울특별시 종로구 무악동 인왕산
에 있다. 【소속】대한불교총화종에 속한
다. 【연혁】조선의 태조(재위 1392~
1398) 이성계(李成桂)가 한양에 도읍을
정한 뒤 호국도량으로 창건하여 당시 내
원당(內願堂)에 있던 조사 조생(祖生)을
주지로 삼았다. 그러나 1503년(연산군 9)
승려의 도성 내 출입을 금할 때 폐사되었
다. 그 뒤 1910년 거사 박선묵(朴銑默)이
수 칸짜리 집을 짓고 수도하다가 1912년

선암정사(禪巖精舍)를 지었다. 1914년에
는 승려 탄옹(炭翁)이 인근에 대원암(大
願庵)을 지었고, 1922년 서옹(西翁)이 극
락전을 지었다. 또한 1924년에는 비구니
자인(慈仁)이 안일암(安逸庵)을 지었으
며, 1927년에는 춘담(春潭)이 별도로 극
락전을 다시 지었고, 1930년 비구니 묘법
(妙法)이 치성당(致誠堂)을 지었다. 이
각각의 건물은 모두 별개의 절로 존재해
왔는데, 1942년 12월 통합하여 인왕사로
이름을 짓고, 봉은사(奉恩寺)의 말사가 되
었다. 부속 암자로는 기원정사와 염불암,
용천암, 보덕암, 서래암, 대원암, 성불암이
있다. 【유적·유물】건물로는 대웅전과
보광전, 본원정사, 관음전, 극락정사가 있
다. 【참고문헌】동국여지승람, 한국사찰전
서(권상로, 동국대학교 출판부, 1979)

인왕사(仁王寺)
약사암(藥師庵)을 보시오.

인용사(仁容寺)
【위치】경상북도 경주시 인왕동에 있었
다. 【연혁】신라 문무왕 때(661~681) 신
라 사람들이 김인문(金仁問)을 위해 창건
했다. 문무왕의 친동생인 김인문은 23세
때 당나라로 건너가 보국대장군의 지위에
올랐다. 674년(문무왕 14) 당나라에서 유
인궤(劉仁軌)를 보내 신라를 정벌하려고
50만 대군을 일으켰을 때, 당나라 고종
(高宗)은 싸움 전에 김인문을 옥에 가두
었다. 그러므로 신라 사람들은 옥에 있는
그의 평안을 기원하기 위해 이 절을 창건
하고 관음도량을 설치했다. 그 뒤 김인문
이 귀국길에 바다에서 죽자 이 절을 미타
도량으로 바꾸어 그의 명복을 빌었다고
한다. 이처럼 관음도량에서 미타도량으로
전환한 것은 당시 사회의 신앙 형태를 알

게 하는 중요한 자료가 된다. 고려시대에
목암 일연(睦庵 一然, 1206~1289)이 《삼
국유사》를 저술할 때까지도 이 절이 남아
있었다고 한다. 그러나 이후의 연혁은 전
하지 않으며, 언제 폐사됐는지도 알 수 없
다. 【유적·유물】반월성(半月城) 옆 인
왕동의 월정교(月精橋) 건너편 논에 현재
초석 3기와 폐탑(廢塔) 2기가 남아 있다.
삼층이었던 것으로 보이는 폐탑 중 동편
의 것은 탑신과 옥개(屋蓋) 등이 비교적
파손되지 않은 형태로 남아 있고, 서편의
탑은 기단만 남아 있다. 【참고문헌】삼국
사기, 삼국유사

인취사(仁萃寺)
【이명】한때 인취사(咽嘴寺)라고도 했다.
【위치】충청남도 아산시 신창면 읍내리
학성산(鶴城山)에 있다. 【소속】대한불교
조계종 제6교구 본사인 마곡사의 말사이
다. 【연혁】518년(백제 무령왕 18) 창건
됐다고 한다. 그 뒤의 연혁은 전하지 않는
다. 조선시대의 영조 때(1724~1776) 편
찬된 《여지도서》에는 인취사(咽嘴寺)라
고 나와 있고, 1929년에 편찬된 《조선환
여승람(朝鮮寰輿勝覽)》에는 인취사(仁萃
寺)라고 나와 있다. 【유적·유물】건물로
는 극락전과 요사채 2동, 범종각이 있다.
유물로는 석조삼존불좌상과 삼층석탑(충
청남도 문화재자료 제235호), 동종(銅鐘)
등이 있다. 석조삼존불좌상은 극락전 안
에 있다. 이 좌상은 고려 때의 작품으로
전하며, 청석(靑石)으로 조각되어 있다.
동종은 1572년(선조 5)에 조성된 작은 종
으로 1970년대 말에 경상북도 상주시 함
창(咸昌)포교당에서 옮겨 온 것이다. 【참
고문헌】문화유적총람-사찰편(충청남도,
1990)

인취사(咽嘴寺)

인취사(仁萃寺)를 보시오.

인홍사(仁弘社)

인홍사(仁興寺)를 보시오.

인홍사(仁興寺)

【이명】한때 인홍사(仁弘社)라고 불렸다. 【위치】대구광역시 달성군 화원읍 본리리에 있었다. 【연혁】언제 누가 창건했는지 알 수 없다. 1264년(고려 원종 5) 오어사(䎱魚寺)에 있던 목암 일연(睦庵 一然)이 옮겨 와서 주지가 되었고, 1275년(충렬왕 1) 중창한 뒤 인홍사로 이름을 바꿨다. 이에 충렬왕은 친필의 액(額)을 내리기도 했다. 또한 공민왕이 쓴 현판도 있었다고 하며, 고려 말에는 이숭인(李崇仁, 1349~1392)이 이곳에서 공부했다. 1592년(조선 선조 25) 임진왜란 때 소실했다. 【유적·유물】현재 절터에는 탑재(塔材)와 조산(造山), 주춧돌, 돌유구 등이 있다. 원래 이곳에는 삼층석탑 2기가 있었으나, 1기는 경북대학교로 옮겼고 1기는 허물어진 채 흩어져 있다. 이 절에서 간행한 경전으로는 1278년(충렬왕 4)에 간행한 《불설장수멸죄다라니경(佛說長壽滅罪陀羅尼經)》과 1293년에 간행한 《대비심다라니계청(大悲心陀羅尼啓請)》이 전하고 있다. 【참고문헌】달성의 비슬산(달성군, 1983)

일광암(日光庵)

【위치】전라북도 전주시 완산구 교동에 있다. 【소속】한국불교화엄종에 속한다. 【연혁】고려 초기에 창건됐다고 한다. 자세한 연혁은 전하지 않는다. 1933년 중창하여 오늘에 이르고 있다. 【유적·유물】건물로는 법당과 요사채 2동이 있다. 【참고문헌】사찰지(전라북도, 1990)

일락사(日樂寺)

【이명】한때 일악사(日嶽寺), 일락사(日落寺)라고 불렸다. 【위치】충청남도 서산시 해미면 황락리 상왕산(象王山) 남쪽 기슭에 있다. 【소속】대한불교조계종 제7교구 본사인 수덕사의 말사이다. 【연혁】663년(신라 문무왕 3) 의현(儀賢)이 창건하여 조선 초기까지는 일악사라고 했다. 한때 폐사됐다가 조선 초기에 다시 중창된 것으로 추정된다. 1479년(성종 10)과 1540년(중종 35), 1574년(선조 7), 1625년(인조 3), 1649년 등 다섯 차례에 걸쳐 중수했으며, 1920년대에도 다시 한번 중수하여 오늘에 이르고 있다. 【유적·유물】현존하는 건물로는 대웅전(충청남도 문화재자료 제193호)을 비롯하여 산신각, 요사채 등이 있다. 대웅전 안에는 철불(鐵佛;충청남도 문화재자료 제208호), 목불(木佛), 석불(石佛), 토불(土佛)이 각각 1위씩 있는데, 주존불인 석가모니불은 철불로서 매우 빼어난 작품이다. 또 대웅전 안에는 1759년(영조 35) 5월에 조성된 범종(충청남도 문화재자료 제209호)이 있는데, 높이 77cm, 지름 54cm이다. 이 밖에 신라시대의 것으로 추정되는 불좌대(佛座臺)와 초석 등이 발견되었고, 대웅전 앞에는 고려시대의 유물인 삼층석탑(충청남도 문화재자료 제200호)이 있으나 옥개석(屋蓋石)이 없다. 【참고문헌】서산대관(서산군, 1970), 문화유적총람-사찰편(충청남도, 1990)

일락사(日落寺)

일락사(日樂寺)를 보시오.

일선사(一禪寺)

【이명】한때 보현사(普賢寺), 관음사(觀音寺), 일선사(一詵寺)라고 불렸다. 【위치】서울특별시 종로구 평창동 삼각산에

있다. 【소속】 재단법인 선학원(禪學院)에 속한다. 【연혁】 신라 말 연기 도선(烟起 道詵, 827~898)이 창건했다고 한다. 이 어 고려시대에 대감(大鑑) 국사 묵암 탄연(默庵 坦然, 1070~1159)이 중창했다고 한다. 조선시대에 들어와서는 무학 자초(無學 自超, 1327~1405)가 중창하여 수도 정진했고, 한양의 요충지로 판단하여 나라에 이곳을 군사 요충지로 삼을 것을 건의하기도 했다. 1592년(선조 25) 임진 왜란 때 소실했으나, 1600년(선조 33) 무렵 한양을 지키기 위한 필요성이 인정되어 왕명에 의해 복원되었다. 1940년 김만신행이 현재의 자리로 옮겨 중창하면서 절 이름도 관음사로 바꾸었다. 1957년 불교정화운동 때에는 일초(一超 ; 高銀)가 이곳에 있으면서 일선사(一詵寺)로 다시 이름을 고쳤으나 1962년 재단법인 선학원에 등록하면서 현재의 일선사(一禪寺)로 바꾸었다. 【유적·유물】 건물로는 대웅전을 중심으로 약사전, 산신각, 요사 등이 있다. 【참고문헌】 서울-전통사찰총서 4(사찰문화연구원, 1994)

일선사(一詵寺)
일선사(一禪寺)를 보시오.

일악사(日嶽寺)
일락사(日樂寺)를 보시오.

일월사(日月寺)
【위치】 경기도 개성시 송악산(松岳山) 만폭동 서북 상류에 있었다. 【연혁】 922년(고려 태조 5) 창건됐다. 문종이 1077년(문종 31) 궁성의 서북쪽 축성 보수 공사를 시찰하다가 이 절의 서편 언덕에서 잔치를 벌였다. 숙종은 1101년(숙종 6) 4월 행차하여 금자묘법연화경(金字妙法蓮華經) 경성법회(慶成法會)에 참여한 뒤 왕후와

태자를 거느리고 절 뒤 언덕에서 잔치를 베풀려고 했으나, 가뭄으로 국민이 곤란을 겪고 있는 때 술을 마시며 즐겨서는 안된다는 어사의 간곡한 진언에 따라 중지했다. 또한 1121년(예종 16) 5월에는 세이레 동안 이 절에서 소재도량(消災道場)을 열어 국가의 안위를 기원하도록 했다. 절의 폐사에 관한 기록은 전하지 않는다. 【참고문헌】 고려사, 동국여지승람

일월사(日月寺)
수타사(壽陀寺)를 보시오.

일출암(日出庵)
【위치】 전라북도 전주시 덕진구 우아동 용화산에 있다. 【소속】 한국불교태고종에 속한다. 【연혁】 언제 누가 창건했는지 알 수 없다. 법당 정면에서 해가 떠올라 전주에서 제일 먼저 해를 볼 수 있다 하여 일출암이라 했다고 한다. 조선시대에 진묵 일옥(震默 一玉, 1562~1633)이 주석하면서 중건했다. 일옥은 노모를 봉양하기 위해 왜막실 마을에 노모를 모셔 놓고 자신은 왜막실 위의 이 절에 머물렀다. 1592년(선조 25) 임진왜란 때 크게 파괴된 것을 근래에 중건했다. 1984년에는 주지인 비구니 만연이 인법당(因法堂)을 비롯하여 나한전, 칠성각을 중수했다. 현재 비구니의 수도도량이다. 【유적·유물】 현존하는 건물로는 인법당을 비롯하여 나한전, 칠성각 등이 있다. 특별한 문화재는 없다. 【참고문헌】 전북불교총람(전북불교총연합회, 1993), 사찰지(전라북도, 1990)

임공사(臨空寺)
【위치】 전라북도 고창군 고창읍 석정리 방장산(方丈山)에 있다. 【소속】 한국불교태고종에 속한다. 【연혁】 신라 때 창건됐다고 한다. 1682년(조선 숙종 8) 숙종이

이 절에 행차하여 기도했다. 그 뒤 폐사되었던 것을 1917년 도안(道安)이 중창했다. 1934년 소실한 후 1958년 청강 만오(晴崗 曼悟)가 재건했다. 【유적·유물】 건물로는 대웅전과 요사채가 있다. 【참고문헌】 사찰지(전라북도, 1990)

임정사(林井寺)

기림사(祇林寺)를 보시오.

임진보통원(臨津普通院)

보통원(普通院)을 보시오.

임휴사(臨休寺)

【위치】 대구광역시 달서구 상인동 대덕산(大德山)에 있다. 【소속】 대한불교조계종 제9교구 본사인 동화사의 말사이다. 【연혁】 921년(신라 경명왕 5) 영조(靈照)가 창건했다. 고려 태조(재위 918~943)가 팔공산(八公山) 전투에서 견훤(甄萱)에게 크게 패하고 은적사(隱寂寺)에 숨어 있다가 안일사(安逸寺)를 경유하여 이 절에서 임시로 군막을 치고 쉬어 갔다고 하여 이름을 임휴사라 했다고 한다. 1811년(조선 순조 11) 무주(無住)가 중창했으며, 1930년 포산(苞山)이 중창하여 오늘에 이르고 있다. 【유적·유물】 현존하는 건물로는 대웅전을 비롯하여 산신각, 요사채 등이 있으며, 특별한 문화재는 없다. 【참고문헌】 한국사찰전서(권상로, 동국대학교 출판부, 1979)

입석사(立石寺)

【위치】 강원도 원주시 소초면 흥양리 치악산(雉岳山)에 있다. 【소속】 대한불교조계종 제4교구 본사인 월정사의 말사이다.

【연혁】 신라 때 의상(義湘, 625~702)이 토굴을 지어 창건하고 수도했다. 그 뒤의 연혁은 전하지 않는다. 1957년에는 요사채 2동을, 1992년에는 대웅전을 건립했다. 【유적·유물】 건물로는 대웅전과 요사채 2동이 있다. 문화재로는 삼층석탑과 마애여래좌상이 있다. 삼층석탑(강원도 문화재자료 제19호)은 조선 태종(재위 1400~1418)이 옛 스승인 원천석(元天錫)의 학문과 덕을 흠모하여 등극 후에 여러 차례 벼슬을 권했으나 치악산에 은거하여 응하지 않으므로 그를 기리기 위해 세웠다고 한다. 이 밖에도 영천(靈泉)이 있는데, 창건 당시 발견된 이래 극심한 가뭄에도 마르는 법이 없었으며, 치악산의 산신이 즐겨 마셨다는 전설이 있다. 【참고문헌】 전통사찰총서 1-강원도 1(사찰문화연구원, 1992)

입석사(立石寺)

【위치】 경기도 이천군 호법면 동산리 대덕산(大德山)에 있었다. 【연혁】 유물로 미루어 보아 고려 때 창건된 것으로 추정된다. 연혁은 전하지 않는다. 1481년(조선 성종 12)에 편찬된 《동국여지승람》에는 존재한다고 나와 있으나, 1799년(정조 23년)에 편찬된 《범우고》에는 이미 폐사되었다고 나와 있다. 【유적·유물】 절터에 마애여래상이 있다. 이 마애불은 선돌로 세운 듯한 자연석에 선각한 것으로 전체적인 양식으로 보아 고려 때의 작품으로 추정된다. 【참고문헌】 동국여지승람, 범우고, 기내사원지(경기도, 1988)

ㅈ

자명사(自鳴寺)
【이명】 한때 자웅사(自雄寺), 자명암(自明庵)이라고도 불렸다. 【위치】 전라북도 익산시 용안면 법성리 우수산(牛水山)에 있다. 【소속】 대한불교조계종 제17교구 본사인 금산사의 말사이다. 【연혁】 678년(신라 문무왕 18) 선설(禪設)이 창건했다. 1481년(조선 성종 12)에 편찬된 《동국여지승람》에는 자명암이 곧 자명사의 전신이라고 소개되어 있으며, 자명사사적비에는 처음에는 자웅사라고 했으나, 조선 중기에 권세가인 민인재(閔隣宰)가 꿈을 꾸었는데 자웅사에서 소 우는 소리가 읍내까지 덮는 것을 보고 기이하게 생각하여 자명사라 고쳤다고 나와 있다. 그 뒤 기혜(琪慧), 신봉(信峰), 성암(城庵) 등이 중수했고, 1943년 다시 진명(振明)이 중건하여 절의 면모를 일신했다. 1991년에는 주지 법화(法華)가 중수하여 오늘에 이르고 있다. 【유적·유물】 건물로는 대웅전과 요사가 있으며, 특별한 문화재는 없다. 【참고문헌】 전북불교총람(전북불교총연합회, 1993), 사찰지(전라북도, 1990)

자명암(自鳴庵)
자명사(自鳴寺)를 보시오.

자복사(慈福寺)
【위치】 평안남도 성천군 성천읍 동명관(東明館) 북쪽에 있었다. 【연혁】 유물로 미루어 보아 고려시대에 창건된 것으로 추정된다. 연혁은 전하지 않으며 언제 폐사되었는지도 알 수 없다. 【유적·유물】 절터에는 고려시대의 것으로 보이는 오층석탑(북한 보물급 문화재 제9호)이 남아 있다. 【참고문헌】 북한사찰연구(한국불교종단협의회, 1993)

자비사(慈悲寺)
【이명】 한때 망한사(望漢寺)라고 불렸다. 【위치】 경기도 평택시 팽성읍 객사리 부용산(芙蓉山)에 있다. 【소속】 대한불교조계종 제2교구 본사인 용주사의 말사이다. 【연혁】 언제 누가 창건했는지 알 수 없다. 전설에 의하면, 365년 한(漢)나라가 망하자 큰스님과 장군들이 배를 타고 표류하던 중 백제의 아산만에 이르렀으나, 귀국길이 막연하여 이곳에 절을 짓고 고향인 한나라를 기리는 뜻에서 망한사라 했다고 한다. 그러나 이때에는 우리 나라에 불교가 들어오기 전이므로 신빙성은 없다. 1627년(조선 인조 5)에 편찬된 《팽성지(彭城誌)》에 의하면, 이곳에는 원래 큰 절이 있었는데, 그 절이 무너진 뒤 의식(衣食)이 풍요로웠던 이 지방 사람들이 갑자기 가난해지고 어려운 생활을 하게 되었다고 한다. 그때 한 지사(地師)가 이 절은 관(官)을 머물게 하는 수구(水口)인데 절이 무너졌으니 다시 절을 세우면

관속(官屬)이 옛날과 같이 풍요로워질 것이라고 했다. 이에 관속이 작은 암자를 세워 승려를 거주하게 하자 다시 마을이 풍요로워졌다는 기록이 있다. 또 세자궁원당(世子宮願堂)이라는 현판이 있는 것으로 보아 조선시대에는 왕실과 인연이 깊었던 것으로 추정된다. 1973년 비구니 법성(法星)이 중수했고, 정무(正無)가 자비사로 이름을 바꿔 오늘에 이르고 있다. 【유적·유물】 현존하는 건물로는 대웅전을 중심으로 미륵전, 명부전, 요사채 등이 있다. 대웅전에는 석가여래삼존불과 후불탱화, 신중탱화, 칠성탱화 등이 봉안되어 있고, 미륵전에는 미륵불상과 산신탱화가 봉안되어 있으며, 명부전에는 지장탱화 등이 봉안되어 있다. 이들의 대부분은 근래에 조성된 것이나, 미륵전 안의 석조미륵불상만은 연대가 오래 된 것이다. 【참고문헌】 팽성지, 용주사본말사지(본말사주지회, 1984)

자비사(慈悲寺)
【이명】 나한당(羅漢堂)이라고도 불렸다. 【위치】 황해도 서홍군 소사면 송전리에 있었다. 【연혁】 언제 누가 창건했는지 알 수 없다. 고려시대 이색(李穡, 1328~1396)이 지은〈자비령나한당기(慈悲嶺羅漢堂記)〉에 따르면, 황해도와 평안도의 경계에 높고 큰 산이 있어서 여행자들이 이 고개를 넘을 때 쉬어 가도록 하는 기능을 이 절이 맡아 했다고 한다. 나한당 안에는 무사한 여행을 기원하는 깃발들이 많이 달려 있었고, 주방과 마굿간의 시설도 여행자를 위한 것이었다. 계명사(啓明寺) 주지 정해(定海)가 중수하고, 이때 이색이〈자비령나한당기〉를 썼다. 연혁은 전하지 않는다. 1481년(조선 성종 12)에 편찬된 《동국여지승람》에는 존재한다고 나와 있으나, 1799년(정조 23)에 편찬된 《범우고(梵宇攷)》에는 이미 폐사된 것으로 나와 있다. 【유적·유물】 1900년대 편찬된 《사탑고적고(寺塔古蹟攷)》에는 옛터에 돌담이 남아 있고 기와 조각이 산재해 있다고 나와 있다. 【참고문헌】 동국여지승람, 범우고, 사탑고적고, 한국사찰전서(권상로, 동국대학교 출판부, 1979)

자운사(慈雲寺)
【위치】 경기도 개성시 노운교(勞運橋) 옆 영평문(永平門) 밖에 있었다. 【연혁】 919년(고려 태조 2) 조정에서 법왕사(法王寺)를 비롯하여 왕륜사(王輪寺), 내제석원(內帝釋院), 사나사(舍那寺), 천선원(天禪院; 普膺寺), 신흥사(新興寺), 문수사(文殊寺), 원통사(圓通寺), 지장사(地藏寺)와 함께 10대 사찰의 하나로 창건했다. 1259년(고종 46) 이 절의 연못이 붉게 물들었는데 마치 핏빛과 같았다고 한다. 1300년(충렬왕 26) 10월 28일 충렬왕이 행차하여 장경(藏經)을 열람했다. 1322년(충숙왕 9) 8월 21일 찬성사(贊成寺)를 지냈던 권한공(權漢功) 등이 심왕(瀋王)을 왕으로 세울 것을 원나라에 요청하기 위하여 이 절에 백관을 모아 의논하고 원나라 중서성(中書省)에 상서(上書)하기로 했다. 이어 이 해 8월 24일 권한공 등이 다시 이 절에 모여 중서성에 보낼 문서에 서명을 받았는데 절반이 되기도 전에 별안간 하늘에서 우박이 쏟아졌다고 한다. 그 뒤의 연혁은 전하지 않는다. 【참고문헌】 삼국유사, 고려사, 한국사찰전서(권상로, 동국대학교 출판부, 1979)

자운사(紫雲寺)
자운암(紫雲庵)을 보시오.

자운암(紫雲庵)
【이명】자운사(紫雲寺)라고도 불렸다.【위
치】경기도 과천시 관악산(冠岳山)에 있
었다.【연혁】1396년(조선 태조 5) 무학
자초(無學 自超)가 창건했다. 1737년(영
조 13) 1월 중수했다. 1777년(정조 1)에
는 화주 대수(大秀)가 법당 등의 당우를
중건하고, 보광문을 새로 세웠다. 1914년
주지 세선(世禪)이 법당을 중수하고 요사
채를 새로 세웠으나 그 뒤 폐사됐다. 옛터
가 관악산 성주암(聖住庵) 터 북쪽에 있
다.【참고문헌】한국사찰전서(권상로, 동
국대학교 출판부, 1979)

자웅사(自雄寺)
자명사(自鳴寺)를 보시오.

자은사(慈恩寺)
【위치】경기도 개성시 고려동에 있었다.
【연혁】언제 누가 창건했는지 알 수 없다.
1371년(고려 공민왕 20) 4월 28일 공민왕
이 영전(影殿)의 상량(上樑)을 보고, 이
어 이 절에 행차했다. 연혁은 전하지 않는
다.【참고문헌】고려사

자장암(慈藏庵)
【위치】경상남도 양산군 하북면 지산리
영축산(靈鷲山)에 있다.【소속】대한불교
조계종 제15교구 본사인 통도사의 부속
암자이다.【연혁】신라 진평왕 때(579~
632) 자장(慈藏)이 창건했다. 자장은 통
도사를 짓기 이전에 이곳의 석벽 아래에
서 수도하며 지내다가 이 절을 창건했던
것이다. 그 뒤 언제인지 모르나 회봉(檜
峰)이 중건했고, 1870년(조선 고종 7) 중
수했다. 1963년에는 용복(龍福)이 중건
하여 오늘에 이르고 있다.【유적·유물】
건물로는 인법당(因法堂)과 자장전, 독성
각, 요사채, 선실이 있다. 자장전은 자장

의 영정을 봉안하고 있다. 법당과 자장전
사이에는 1896년(건양 1)에 조성된 높이
약 4m의 거대한 마애불이 있다.【설화】
이 절 법당 뒤쪽에는 암벽에서 맑은 석간
수(石間水)가 흘러 나오고, 그 위의 석벽
에는 엄지손가락이 들어갈 만한 작은 구
멍이 있다. 자장이 수도하고 있을 때 두
마리의 개구리가 물을 혼탁하게 하므로
신통력으로 석벽에 구멍을 뚫고 개구리를
들어가게 했다고 한다. 지금도 한 쌍의 개
구리가 있는데, 몸은 청색이고 입이 금색
이며, 벌과 나비로도 변신한다고 한다. 또
한 이 개구리는 절대로 산문(山門) 밖을
나가지 않는다고 한다. 그런데 한때 어떤
관리가 그 말을 믿지 않고 개구리를 잡아
함 속에 넣고 봉한 다음 손에 들고 돌아가
다가 도중에 열어 보니 없어졌다고 한다.
지금도 많은 참배객들이 이 금개구리를
'보살'이라고 부르면서 직접 보고자 하는
데, 신심에 따라 보는 사람도 있고 보지
못하는 사람도 있다고 한다.【참고문헌】
조선불교통사(이능화, 신문관, 1918), 한
국의 사찰 4-통도사(한국불교연구원, 일
지사, 1974)

자재암(自在庵)
【이명】한때 소요사(逍遙寺), 영원사(靈
源寺)라고 불렸다.【위치】경기도 동두천
시 상봉암동 소요산(逍遙山)에 있다.【소
속】대한불교조계종 제25교구 본사인 봉
선사의 말사이다.【연혁】654년(신라 무
열왕 1) 원효(元曉)가 창건하여 자재암이
라고 했다. 974년(고려 광종 25) 원효가
머물렀던 것을 기리기 위해 각규(覺圭)가
태상왕의 명으로 중건하여 이름을 소요사
로 바꾸었다. 1153년(의종 7) 소실한 것
을 이듬해 각령(覺玲)이 대웅전과 요사채

만을 복구하여 명맥만 이어왔다. 1872년
(조선 고종 9) 원공(元空)과 제암(濟庵)
이 퇴락한 이 절 44칸을 모두 중창하여
영원사라고 했다. 당시의 건물로는 영산
전, 만월보전(滿月寶殿), 독성각, 산신각,
별원(別院) 등이 있었다. 1907년 일본에
의해 강제 해산당한 군인들이 각처의 의
병과 합류하여 항일운동을 벌일 때 일본
군의 공격으로 만월보전을 제외한 모든
건물이 소실하자 1909년 성파(性坡)와
제암이 중창하고 다시 자재암이라고 했
다. 이때에는 전각뿐 아니라 약사여래상
과 지장보살상, 관음보살상 등의 불상과
함께 이 절의 유래와 깊은 관련이 있는 원
효, 의상(義湘), 윤필(尹弼) 등의 화상
(畫像)을 그려서 봉안했다. 1950년 6·25
전쟁 때 다시 소실한 후 1961년 진정(眞
精)이 대웅전을, 1968년 성각(性覺)이 요
사채를, 1977년 법조(法照)가 삼성각을
각각 지어 오늘에 이르렀다. 【유적·유
물】건물로는 대웅전과 삼성각, 나한전,
요사채가 있다. 특별한 문화재는 없다. 절
근처에는 조선 태조가 즐겨 찾았던 백운
대(白雲臺)와 폐정(廢井)이 있다. 백운대
밑에 있는 폭포는 원효가 노닐던 곳이라
고 하여 원효대(元曉臺)라고 하는데, 이
곳이 옛날 소요사의 터라고 한다. 【설화】
여러 가지의 설화가 전한다. 《조선지지
(朝鮮地誌)》에는 이곳에 요석궁(瑤石宮)
의 옛터가 있다고 했다. 요석궁은 원효가
요석공주(瑤石公主)와 관계를 가졌던 곳
이며, 나중에 원효가 이곳에서 설총(薛
聰)을 길렀다고 한다. 특히 자재암이라는
이름을 가지게 된 것은 원효가 요석공주
와 관계를 가진 뒤 관음보살이 변신한 아
름다운 여인의 유혹을 설법을 통해서 물

리치고, 다음날 관음보살을 친견하고 무
애자재인(無碍自在人)을 상징하면서 자재
암이라 했다고 한다. 또한 제암과 원공이
서로 다른 꿈을 꾸고 우연히 만나서 절을
중창했다는 영험담도 전한다. 【참고문헌】
동국여지승람, 한국사찰전서(권상로, 동국
대학교 출판부, 1979), 기내사원지(경기도,
1988)

자정암(慈靜庵)
【위치】전라남도 순천시 송광면 신평리
조계산(曹溪山)에 있다. 【소속】대한불교
조계종 제21교구 본사인 송광사의 산내
암자이다. 【연혁】고려 때 자정(慈靜) 국
사가 창건했다. 1708년(조선 숙종 34) 성
습(性習)과 이징(以澄)이 중창했다. 1765
년(영조 41) 탁륵(卓勒)이 공루(空樓)를
신축했고, 1866년(고종 3) 승허(乘虛)가
칠성각을 신축했다. 이어 1891년(고종
28) 정문을 중수했으며, 1917년 설월(雪
月)과 경해(鏡海)가 중창했다. 1920년에
는 서월(瑞月)이 서익실(西翼室)을 중건
했다. 【유적·유물】건물로는 인법당(因
法堂)이 있다. 【참고문헌】한국의 사찰
6-송광사(한국불교연구원, 일지사, 1975)

자천사(資薦寺)
【이명】한때 불정사(佛頂寺)라고 불렸다.
【위치】경기도 장단군에 있었다. 【연혁】
언제 누가 창건했는지 알 수 없다. 1107년
(고려 예종 2) 중수했다. 이때 조정에서 자
천사라고 이름을 고치고, 숙종의 명복을
빌게 했다. 연혁은 전하지 않는다. 【참고
문헌】고려사

자추사(刺楸寺)
【위치】경상북도 경주시 동천동 금강산
(金剛山)에 있었다. 【연혁】527년(신라
법흥왕 14) 신라인들이 이차돈(異次頓)의

순교를 기념하기 위해 창건했다. 이차돈이 부처님의 가르침을 널리 펴기 위해 순교했을 때, 옥리가 그의 목을 베자 흰 젖이 솟았고, 그의 목은 금강산으로 날아가 떨어졌으므로 그곳에 장사지냈다. 이를 슬퍼하던 사람들이 그곳의 승지(勝地)를 택하여 절을 짓고 자추사라고 했다. 이와 같은 《삼국유사》의 기록만으로는 이 절이 있던 곳을 정확히 알기 어렵다. 그래서 금강산 중턱에 있는 백률사(栢栗寺)가 곧 이 절이었다는 설과, 금강산 정상에서 20m쯤 떨어진 마애삼체석불(磨崖三體石佛)이 있는 곳이 이 절이었다고 하는 설이 있다. 다만 절을 지었다는 승지가 이차돈의 목이 날아가 떨어진 곳과 관련이 있었을 것으로 미루어 순교 장면이 조각된 석당(石幢 ; 경주박물관 소장)이 세워졌던 백률사가 자추사였을 가능성이 크다. 그 뒤의 자세한 연혁은 전하지 않는다. 【참고문헌】 삼국유사, 신라의 폐사 1(한국불교연구원, 일지사, 1974)

자혜사(慈惠寺)
【위치】 황해도 신천군 서원리 청양산(靑陽山)에 있다. 【연혁】 유물로 미루어 보아 고려시대 초기에 창건된 것으로 추정된다. 조선시대 초기에는 효령대군(孝寧大君, 1396~1486)이 원찰로 삼았다. 1572년(선조 5) 중창했으며, 뒤이어 군수 이의봉(李義鳳)이 승방을 보수했다. 일제강점기의 31본산시대에는 패엽사(貝葉寺)의 말사였다. 1950년 6·25전쟁 때 파괴된 것을 1961년 보수했다. 【유적·유물】 현존하는 건물로는 대웅전과 승방이 있다. 대웅전은 건축미가 뛰어나며, 우리 나라에서 가장 오래된 사찰 배치 형식을 취하고 있다고 한다. 대웅전 내부에는 고려시대 초기에 동(銅)으로 조성한 아미타여래좌상이 봉안되어 있었다. 문화재로는 오층석탑(북한 보물급 문화재 제25호)과 석등(북한 보물급 문화재 제26호), 석조(石槽) 등이 있다. 오층석탑은 화강암을 방형(方形)으로 미려하게 다듬어서 만든 것인데 2층기단 상하에는 정교한 연꽃의 조각이 새겨져 있으며, 탑신도 각 층의 균형이 잘 이루어진 고려 초기의 작품이다. 석등 역시 같은 시기의 우수한 작품으로 석탑 앞에 세워져 있는데, 화강암 바탕에 기묘한 엽형(葉形)의 화창(火窓)을 가진 것이 다른 석등에서는 볼 수 없는 특색이다. 또한 석조는 절의 식수를 저장하던 것인데, 전하는 말로는 이곳 절터가 풍수설로 볼 때 누워 있는 소의 형국이기 때문에 소에게 여물을 먹이는 구유를 만들어 둔 것이라고 한다. 【참고문헌】 황해도지(황해도, 1970), 한국사찰전서(권상로, 동국대학교 출판부, 1979), 한국불교통사(이능화, 신문관, 1918), 북한의 절과 불교(정태혁·신법타, 민족사, 1990), 북한사찰연구(한국불교종단협의회, 1993)

작갑사(鵲岬寺)
운문사(雲門寺)를 보시오.

장경사(長慶寺)
【위치】 경기도 개성시에 있었다. 【연혁】 언제 누가 창건했는지 알 수 없다. 1057년(고려 문종 11) 10월 14일 문종이 팔관회(八關會)를 개최하고 이 절에 행차했다. 1102년(숙종 9) 9월 4일 숙종이 인예태후(仁睿太后)의 기신도량(忌辰道場)인 이 절에 행차하여 분향했다. 이 해 9월 24일 숙종이 이 절에 다시 행차하여 말 타고 활 쏘는 일을 검열했다. 1109년(예종 4) 4월 11일 예종이 이 절을 비롯하여 흥복사(興福寺), 영명사(永明寺), 금강사(金

剛寺) 등에 문두루도량(文豆婁道場)을 설치하고, 전쟁의 승리를 빌도록 했다. 이듬해 4월 4일에도 예종이 이 절에 행차했으며, 1132년(인종 10) 4월 8일 예종의 제삿날과 관련하여 인종이 이 절에 행차하여 분향했다. 연혁은 전하지 않는다. 【참고문헌】 고려사

장경사(長庚寺)

【이명】 한때 쌍운암(雙雲庵)이라고 불렸다. 【위치】 경기도 용인군 원삼면 학일리 쌍룡산(雙龍山)에 있다. 【소속】 대한불교조계종 제2교구 본사인 용주사의 말사이다. 【연혁】 고려 말기의 대선사 백운 경한(白雲 景閑, 1299~1374)이 창건하여 쌍운암이라고 했다. 그 뒤 1592년(조선 선조 25) 임진왜란 때 전소하여 폐사되었다가 철종 때(1849~1863) 학일리에 살고 있던 오(吳)씨가 중창하여 장경사라고 했다. 1972년 기봉(基鳳)이 아미타삼존불을 봉안했고, 1976년 주지 영무(英茂)가 법당을 중건했다. 이어 1977년 요사채를 중수하여 오늘에 이르고 있다. 【유적·유물】 현존하는 건물로는 극락보전과 요사채 1동이 있다. 극락보전에는 아미타삼존불을 비롯하여 후불탱화, 신중탱화, 칠성탱화, 산신탱화 등이 봉안되어 있다. 이 절에는 약 50cm 크기의 석조지장보살좌상이 보물로 내려오고 있는데, 창건자 경한이 만든 것이라고 전한다. 【참고문헌】 용주사본말사지(본말사주지회, 1984)

장경사(長慶寺)

【위치】 경기도 광주군 중부면 산성리 남한산성 안에 있다. 【소속】 대한불교조계종 직할교구 본사인 조계사의 말사이다. 【연혁】 1638년(조선 인조 16) 벽암 각성(碧巖 覺性)이 창건했다. 1624년(인종 2)

남한산성을 축성할 때 나라에서는 각성을 도총섭(都摠攝)으로 삼고 전국의 승려를 번갈아 징집하여 사역을 돕게 했다. 이때 승려들의 숙식을 위해 각성이 창건한 7개의 절 가운데 하나이며, 당시 남한산성에 있던 9개의 절 중에 지금까지 건물이 남아 있는 유일한 절이다. 효종(재위 1649~1659)이 북벌(北伐)을 계획했을 때에는 이 절에 총섭을 두어 승군을 훈련하는 한편, 성내의 8개 절뿐 아니라 전국의 승군을 지휘하는 국방의 임무를 담당하게 했다. 그 뒤 고종 때(1863~1907)까지 250년 동안 북한산성과 함께 이 남한산성에도 전국에서 뽑은 370명의 승려로 교체하면서 항상 번승(番僧)을 서도록 했다. 1907년 일본 기병이 화약고를 폭파하여 진남루(鎭南樓)가 불탔으나 1909년 주민들이 인근 폐사지인 개원사(開元寺)의 누각을 옮겨다가 진남루를 중건했다. 이어 1943년 가을 주지 고명진(高明眞)이 법당을 중수했다. 【유적·유물】 절 일원이 경기도 문화재자료 제15호로 지정되어 있다. 건물로는 대웅전을 비롯하여 진남루, 칠성각, 종각, 요사채 2동 등이 있다. 【참고문헌】 문화유적총람(문화재관리국, 1977), 한국사찰전서(권상로, 동국대학교출판부, 1979)

장곡사(長谷寺)

【위치】 충청남도 청양군 대치면 장곡리 칠갑산(七甲山)에 있다. 【소속】 대한불교조계종 제6교구 본사인 마곡사의 말사이다. 【연혁】 850년(신라 문성왕 12) 보조 체징(普照 體澄)이 창건했다. 그 뒤 오랜 세월을 거치는 동안 많은 중건과 중수를 거쳤으나, 자세한 연혁은 전하지 않는다. 1777년(조선 정조 1) 중수했고, 1866년(고

종 3)과 1906년, 1960년에도 대규모의 중수가 있었다. 현재는 비구니들의 수도처이다. 【유적·유물】 경사지를 닦아 위와 아래에 절터를 만들었는데, 아래에는 운학루(雲鶴樓), 대웅전(보물 제181호), 요사채, 주지실 등이 있고, 위쪽에는 대웅전(보물 제162호)과 응진전(應眞殿)이 있다. 대웅전이 둘 있는 것이 다른 절에서는 볼 수 없는 특징이다. 또한 이들 대웅전은 건축사의 측면에서도 매우 주목되는 건물이며, 위와 아래의 대웅전 방향이 서로 엇갈려 위 대웅전은 동남향, 아래 대웅전은 서남향이다. 위 대웅전 안에는 통일신라 때 조성된 철조약사여래좌상 및 석조대좌(국보 제58호), 철조비로자나불좌상 및 석고대좌(보물 제174호)가 있으며, 바닥에 유문전석(有紋塼石)이 깔려 있어 주목된다. 아래 대웅전 안에는 금동약사여래좌상(보물 제337호)이 봉안되어 있는데, 최근 복장(腹藏)의 유물을 통해서 고려 말기에 조성된 것임이 밝혀졌다. 【참고문헌】 문화유적총람(문화재관리국, 1977), 한국의 명산 대찰(국제불교도협의회, 1982), 문화유적총람-사찰편(충청남도, 1990)

장광사(長光寺)
장명사(長命寺)를 보시오.

장륙사(莊陸寺)
【이명】 장륙사(藏陸寺)라고도 한다. 【위치】 경상북도 영덕군 창수면 갈천리 운서산(雲棲山) 기슭에 있다. 【소속】 대한불교조계종 제11교구 본사인 불국사의 말사이다. 【연혁】 1355년(고려 공민왕 4) 창수면 출신의 나옹 혜근(懶翁 惠勤)이 창건했다. 당시 많은 사람들이 찾아와서 큰 절의 면모를 갖추었으며, 그 뒤에도 이곳에서 수도를 하면 도승이 된다고 하여 많은

승려들이 운집했다고 한다. 조선 세종 때(1418~1450) 산불로 대웅전을 비롯한 모든 건물이 전소했으나 곧 중창했다. 1592년(선조 25) 임진왜란 때 폐허가 된 채 명맥만 이어오던 것을 1900년 이현규(李鉉圭)가 가산을 모두 바쳐 중수했다. 최근에는 주지 권성기가 폐사된 평해 광암사의 유물을 옮겨 와서 산신각과 금당을 지어 오늘에 이르고 있다. 【유적·유물】 현존하는 건물로는 조선 초기의 전설이 담긴 대웅전(경상북도 유형문화재 제138호)과 흥희루(興禧樓), 화운루(花雲樓), 산신각, 선실, 홍련암(紅蓮庵), 요사채 등이 있다. 대웅전 안에는 건칠보살좌상(乾漆菩薩坐像 ; 보물 제993호)이 봉안되어 있으며, 벽에는 매우 빼어난 벽화가 있다. 【설화】 임진왜란 전 중창할 때 병환 중인 어머니를 봉양하던 목수가 대웅전을 중건한다는 소문을 듣고 어머니 병의 쾌유를 기원하며 공사를 자원했다. 공사가 거의 끝나 마지막 기둥 네 개만을 남겨 놓았을 때 어머니의 죽음을 전해 들은 그는 자신의 정성이 부족하여 어머니가 소생하지 못했다고 하며 종적을 감추었다. 그 뒤 다른 목수를 기용하여 남은 공사를 완공했으나 기술 부족으로 뱃머리집으로 만들고 말았다고 한다. 【참고문헌】 문화유적총람(문화재관리국, 1977), 내 고장 전통 가꾸기(영덕군, 1982)

장륙사(藏陸寺)
장륙사(莊陸寺)를 보시오.

장명사(長命寺)
【이명】 한때 장광사(長光寺)라고 불린 듯하다. 【위치】 경기도 안성군 죽산면 죽산리 비봉산(飛鳳山)에 있었다. 【연혁】 유물로 미루어 보아 고려 때 창건된 것으로

추정된다. 997년(성종 16) 국태민안을 위하여 석탑을 세웠다. 1481년(조선 성종 12)에 편찬된 《동국여지승람》에는 죽산현(竹山縣) 비봉산에 장광사가 있다고 나와 있는데 당시 이 절이 장광사라 불린 듯하다. 1799년(정조 23)에 편찬된 《범우고(梵宇攷)》에는 이미 폐사되었다고 나와 있다. 이름이 언제 장명사로 바뀌었는지도 알 수 없다. 【유적·유물】 유물로는 연화문대좌와 불상, 석탑 부재, 탑지(塔誌), 사리합(舍利盒), 주춧돌 등이 있다. 탑지와 사리합은 고려 때의 것으로 1974년 오층석탑에서 수습되어 지금 국립중앙박물관에 소장되어 있는데, 탑지에는 997년 국태민안을 위해 이 절에 탑을 세웠다는 사실이 새겨져 있다. 절터는 거주지로 변했으며, 오층석탑도 자취를 감추었다. 【참고문헌】 동국여지승람, 기내사원지(경기도, 1988)

장백사(長柏寺)

남장사(南長寺)를 보시오.

장수사(長水寺)

【위치】 경상남도 함양군 안의면 상원리 덕유산(德裕山)에 있었다. 【연혁】 487년(신라 소지왕 9) 각연(覺然)이 창건했다고 한다. 그 뒤 원효(元曉, 617~686)와 의상(義湘, 625~702), 무학 자초(無學 自超, 1327~1405), 서산 휴정(西山 休靜, 1520~1604), 사명 유정(泗溟 惟政, 1544~1610)이 이 절에 머물며 수도했다고 한다. 1520년(조선 중종 15) 이 절에서 《선종영가집(禪宗永嘉集)》을 간행했다. 이어 1895년(고종 32) 명성황후(明成皇后)가 시해되자 이 절의 의승 서재기(徐再起)가 의병장 노응규(盧應奎)의 휘하에서 진주성(晉州城)을 칠 때 선봉장으로 용맹을

떨쳤다. 1950년 6·25전쟁 때 아군에 의해 작전상의 이유로 소각되어 폐사됐다. 【유적·유물】 절터에는 일주문(경상남도 유형문화재 제54호)만이 남아 있다. 6·25전쟁 중 절을 소각할 때 동리 사람들이 불상과 탱화 일부를 구해냈는데, 지금은 안의면에 있는 변조암(徧照庵)에 보관하고 있다. 【참고문헌】 한국사찰전서(권상로, 동국대학교 출판부, 1979), 속 명산 고찰 따라(이고운·박설산, 운주사, 1994)

장수사(長壽寺)

【위치】 경상북도 경주시 마동 토함산(土含山) 장수곡(長壽谷)에 있었다. 【연혁】 신라 김대성(金大城)이 불국사를 세웠던 751년(경덕왕 10) 이전에 창건했다. 신라시대에는 매우 우수한 불상이 봉안되어 있었고, 표훈(表訓), 신림(神琳)의 부도연지(浮屠蓮池) 및 금하(金河), 옥천(玉泉), 석조(石槽), 찰간(刹竿) 등이 있었다고 한다. 그러나 1592년(조선 선조 25) 임진왜란 때 불탔다. 그 뒤 20년이 지나서 담화(曇華)가 중창했고, 1630년(인조 8)과 1652년(효종 3), 1667년(현종 8), 1683년(숙종 9), 1729년(영조 5) 등 5차례에 걸쳐 중건했으나, 조선 말에 폐허화했다. 【유적·유물】 옛 절터에는 1970년 초에 건립된 조그마한 암자가 있다. 유물로는 불국사 석가탑과 거의 같은 형태이나 다소 축소된 느낌을 주는 삼층석탑과 금당터의 초석 몇 개만이 남아 있다. 이 삼층석탑은 7세기 후반이나 8세기 초기의 전형적인 신라 석탑 형식을 띠고 있다. 【설화】 창건 연기가 전한다. 김대성은 원래 사냥을 좋아했다. 어느 날 토함산에 올라가 곰을 잡은 뒤 산 밑의 마을에서 유숙했는데, 꿈에 곰의 귀신이 나타나서 환생하

여 원한을 갚겠다고 하므로 두려워서 용서를 빌었다. 이에 곰의 귀신은 자신을 위해 절을 세워 달라고 했다. 그 뒤 김대성은 곰을 발견했던 곳에 웅수사(熊壽寺)를, 곰을 잡았던 곳에 이 절을 창건했다고 한다. 【참고문헌】삼국유사, 한국의 사찰 I-불국사(한국불교연구원, 일지사, 1974)

장안사(長安寺)

【위치】강원도 회양군 장양면 장연리 금강산(金剛山) 장경봉(長慶峯) 아래에 있었다. 【연혁】신라 법흥왕 때(514~540) 창건됐다는 설과 551년(진흥왕 12) 고구려의 승려 혜량(惠亮)이 신라에 귀화하면서 창건했다는 설이 있다. 773년(혜공왕 9) 율사 진표(眞表)가 중수했고, 970년(고려 광종 21) 화재로 불탄 뒤에 폐허로 남아 있었다. 982년(성종 1) 선사 회정(懷正)이 함열현(咸悅縣) 등에서 토지 1,050결을 보시받아 중건했다. 1343년(충혜왕 복위 4) 원나라 순제(順帝)의 왕후 기(奇)씨는 고려인으로서 황제와 태자를 위해 금 1천 정(錠)과 공인들을 보내서 굉변(宏卞)의 감독 아래 퇴락한 건물을 중건하고 새로운 누각을 건립하게 했다. 당시의 이러한 건축물은 지극한 정성과 뛰어난 솜씨를 담고 있어서 금강산뿐 아니라 전국에서도 그 유례를 찾기 힘든 작품이었다고 한다. 1458년(조선 세조 4) 세조가 행차하여 대웅전을 중수하게 하고 토지를 하사했다. 1477년(성종 8) 화재로 전소함에 따라 1483년 나라에서 금 3천 관과 백미 500석을 받아 일청(一淸)이 중건했다. 1537년(중종 32) 다시 불타자 1545년(인종 1) 일청이 다시 중건했다. 그 뒤 1728년(영조 4) 묘현(妙玄)이 중창했고, 1791년(정조 15) 순상(巡相) 윤사

국(尹師國)이 전(錢) 5천 관을 내어 중수했다. 1842년(헌종 8) 부원군 조만영(趙萬永)이 금 250관을 보시하여 새로 300여 칸을 증축하고, 밭 40여 석을 시주했다. 1863년(철종 14) 호조판서 김병기(金炳冀)가 주상하여 공명첩(空名帖) 500장을 내리게 하고, 자신의 재산 중 1,200냥을 보시하여 중수하게 했다. 일제강점기의 31본산시대에는 유점사(楡岾寺)의 말사였다. 부속 암자로 장경암(長慶庵)과 안양암(安養庵), 지장암(地藏庵), 영원암(靈源庵) 등이 있었다. 금강산 4대 절중의 하나였다. 그러나 1950년 6·25전쟁 때 절 전체가 파괴되었다. 【유적·유물】6·25전쟁 전까지만 해도 이 절은 입구에서부터 일주문, 운주문(雲住門), 징검다리인 만천교(萬川橋)가 있었다. 이 다리를 건너면 만수정(萬水亭)이 있었고, 그 안에는 '금강산 장안사'라는 현판이 걸려 있었다. 그 안의 오른쪽으로는 대향각(大香閣), 왼쪽으로는 극락전, 정면으로 마주보이는 곳에는 본전인 대웅전이 있었다. 문화재로는 기황후가 중창할 때 비로자나불을 비롯하여 53불, 만 5천 불 등을 봉안했다고 하나 지금은 전하지 않는다. 【참고문헌】유점사본말사지, 북한의 사찰(한국불교연구원, 일지사, 1978), 한국사찰전서(권상로, 동국대학교 출판부, 1979), 북한사찰연구(한국불교종단협의회, 1993)

장안사(長安寺)

【이명】한때 쌍계사(雙溪寺)라고 불렸다. 【위치】부산광역시 기장군 장안읍 장안리 불광산(佛光山) 기슭에 있다. 【소속】대한불교조계종 제15교구 본사인 통도사의 말사이다. 【연혁】673년(신라 문무왕 13) 원효(元曉)가 창건하여 쌍계사라고 했다.

그 뒤 애장왕(재위 800~809)이 다녀간 뒤 장안사로 이름을 바꿨다. 고려시대의 연혁은 분명하지 않다. 1592년(조선 선조 25) 임진왜란 때 전소한 것을 1638년(인조 16) 태의(泰義)가 중건했다. 1654년(효종 5) 학능(學能)과 충묵(沖默)이, 1948년 각현(覺玄)이 중수하여 오늘에 이르고 있다. 【유적·유물】 현존하는 건물로는 대웅전을 비롯하여 산신각, 응진전(應眞殿), 명부전, 선실, 요사채, 부목방 등이 있다. 이 중 대웅전(부산광역시 유형문화재 제25호)은 1654년에 건립된 것으로 안에는 석가여래삼존불과 후불탱화, 신중탱화 등이 봉안되어 있다. 절 입구에는 5기의 부도가 있다. 【참고문헌】 명산고찰 따라(이고운·박설산, 신문출판사, 1987)

장안사(長安寺)
【이명】 남산사(南山寺)라고도 불린다. 【위치】 경상북도 예천군 용궁면 향석리 비룡산(飛龍山) 정상 부근에 있다. 【소속】 대한불교조계종 제8교구 본사인 직지사의 말사이다. 【연혁】 전설에 의하면 신라 때 의상(義湘, 625~702)의 제자인 운명(雲明)이 창건했다고 하며, 《예천군지》에는 고려 때 창건됐다고 기록되어 있다. 조선 초기 이전의 연혁은 전하지 않는다. 1627년(인조 5) 덕잠(德潛)이 중창했고, 1709년(숙종 35) 청민(淸敏)이 범종각을 중수했다. 1755년(영조 31) 법림(法琳)과 지묵(智默) 등이 중수했다. 1800년(정조 24) 효일(孝日)이 중수했고, 1867년(고종 4) 설산(雪山)이 향로전(香爐殿)을 중수했으며, 1872년 설곡(雪谷)이 법당과 요사채를 중수했다. 백암(白巖)이 1876년 종각을, 1881년 산령각(山靈閣)을 중수했

다. 그 뒤 응봉(應峰)이 1896년 산령각을, 이듬해 법당을 중수했다. 1925년 법당의 기와를 갈고 큰방을 중수하여 오늘에 이르고 있다. 향석리 구읍(舊邑)의 남쪽에 위치하고 있으므로 남산사라고도 부른다. 【유적·유물】 현존하는 건물로는 극락전을 중심으로 하여 좌측에 주지실로 사용하는 응향전(凝香殿)이 있고, 우측에 승방이 있다. 또한 건너편에 '비룡산 장안사(飛龍山 長安寺)'라는 현판이 걸린 마룻집이 있고, 뒤편 언덕에는 산령각이 있다. 극락전은 조선 말기의 건물이며, 내부에는 목조아미타삼존불과 3점의 탱화가 봉안되어 있으나 모두 최근작이다. 그러나 산령각에 봉안된 산신탱화는 1812년(순조 12)에 조성된 것이다. 또한 마룻집에는 1727년에 쓴 중창기를 비롯하여 각종 중수기 현판이 보존되어 있을 뿐 아니라, 〈등촉계기(燈燭契記)〉〈불량계중설서(佛粮契重設序)〉〈불사기문(佛事記文)〉 등과 1953년에 만들어진 작은 범종이 있다. 【참고문헌】 한국사찰전서(권상로, 동국대학교 출판부, 1979), 내 고장 예천(예천군, 1981)

장연사(長淵寺)
【이명】 한때 흥룡암(興龍庵)이라고 불렸다. 【위치】 강원도 금강군 내강리 용학산(龍鶴山)에 있었다. 【연혁】 1362년(고려 공민왕 11) 나옹 혜근(懶翁 惠勤)이 담실(曇實)에게 창건하게 했다. 1735년(조선 영조 11) 봉암 진각(鳳巖 眞覺)이 제자 금파 삼우(錦波 三瑀) 등과 함께 중수했다. 1843년(헌종 9) 화재로 절이 모두 소실하자 주지 성련(聖連)이 서형순(徐迵淳) 등의 시주를 얻어 불전을 중건하고 불상과 지장보살상을 조성, 봉안했다. 1874년(고

종 11) 성련이 다시 3년 동안 노력하여 불전 10여 칸을 중건하고 절 이름을 흥룡암으로 바꿨다. 그러나 그 뒤 크게 퇴락했으며, 1910년 주지 이법순(李法淳)이 다시 장연사로 이름을 바꾸었다. 1921년 주지로 부임한 박제환(朴齊煥)이 사숙(私塾)을 두어 학도들을 가르치는 한편 시주를 얻어 절을 중수하기 시작하여 1923년 불전 10칸과 승방 7칸을 건립, 도량의 면모를 새롭게 했다. 일제강점기의 31본산시대에는 유점사(楡岾寺)의 말사였다. 그러나 언제 폐사되었는지는 알 수 없다. 【유적·유물】절터에는 삼층석탑(북한 국보급 문화재 제44호)만이 남아 있다. 이 석탑은 신계사(神溪寺) 삼층석탑, 정양사(正陽寺) 삼층석탑과 함께 '금강산의 3대 옛탑'으로 불릴 만큼 우수한 건축술과 조각술을 보여 주는 귀중한 작품이다. 【참고문헌】유점사본말사지, 한국사찰전서(권상로, 동국대학교 출판부, 1979), 북한사찰연구(한국불교종단협의회, 1993)

장원암(壯元庵)
백천사(栢川寺)를 보시오.

장유사(長遊寺)
【이명】장유암(長遊庵)이라고도 불린다. 【위치】경상남도 김해시 장유면 대청리 불모산(佛母山)에 있다. 【소속】대한불교조계종 제14교구 본사인 범어사의 말사이다. 【연혁】절측의 기록에 따르면, 서기 48년 인도 아유타국의 태자이자 승려인 장유(長遊)가 가락국 김수로왕의 왕후가 된 누이 허황옥(許黃玉)을 따라 이곳으로 와서 최초로 창건한 절이라고 한다. 그러므로 우리 나라 불교의 남방전래설을 입증하는 절 중의 하나이다. 그러나 《삼국유사》에는 452년 왕후사(王后寺)를 창건

한 지 500년 뒤에 이 절을 창건했다고 나와 있다. 당시 이 절에는 3백 결(結)의 전지(田地)가 있었으며, 전지의 동남쪽 지역 안에 있던 왕후사를 폐해 이 절의 장사(莊舍)를 삼아 곳간과 마굿간으로 이용했다. 그 뒤 선찰(禪刹)로 일관해 오면서 많은 수도승들의 발길이 끊이지 않았지만, 자세한 연혁은 전하지 않는다. 다만 가락국 질지왕(재위 451~492)이 세운 장유화상사리탑은 현재에도 이 절에 남아 있는데, 1592년(조선 선조 25) 임진왜란 때 왜구들이 탑을 헐어서 부장품을 훔쳐 갔으며, 그 뒤 파손된 탑을 복원했다. 조선시대 후기부터 일제강점기에 이르기까지 운파(雲坡), 영담(映潭), 우담(雨潭), 만허(萬虛) 등이 이 절에 머물면서 중건·중수했으나, 1950년 6·25전쟁 이후에 차차 퇴락했다. 1980년부터 주지 화엄(華嚴)을 중심으로 중창 불사를 시작하여 지금은 규모 있는 절의 면모를 갖추고 있다. 【유적·유물】현존하는 건물로는 인법당(因法堂)과 관음전, 칠성각, 장유선원이라는 편액이 붙어 있는 응향각(凝香閣), 요사채, 객실 등이 있다. 문화재로는 장유화상사리탑(경상남도 문화재자료 제31호)과 가락국장유화상기적비가 있다. 사리탑은 팔각원당형(八角圓堂型)이며, 방형의 지대석 위에 연화대석을 놓고 그 위에 탑신을 얹었다. 장유화상기적비는 가락국의 불교사를 연구하는 데 귀중한 자료가 되고 있다. 절에서 오른쪽에는 장유가 최초로 수도했다는 토굴이 있다. 골짜기 끝에 축대를 쌓고 그 위에 대지를 마련했는데, 이 축대는 허황옥과 함께 온 아유타국 사람들이 쌓았다고 전한다. 또 절의 입구에는 왕후사 터가 있다. 【참고문헌】삼국유

사, 한국사찰전서(권상로, 동국대학교 출판부, 1979), 명산 고찰 따라(이고운·박설산, 신문출판사, 1987)

장유암(長遊庵)

장유사(長遊寺)를 보시오.

장의사(藏義寺)

【이명】 장의암(藏義庵)이라고도 불린다. 【위치】 경상남도 고성군 거류면 신용리 거류산(巨流山) 중턱에 있다. 【소속】 대한불교조계종 제13교구 본사인 쌍계사의 말사이다. 【연혁】 632년(신라 선덕여왕 1) 원효(元曉)가 창건했다고 하나, 원효는 648년(진덕여왕 2)에 비로소 출가했으므로 신빙성이 없다. 1592년(선조 25) 임진왜란 때 화재로 전소했던 것을 1891년(고종 28) 성담(聖潭)이 중창했고, 1917년 호봉(虎峯)이 중건했다. 1960년대 초기에 신도들의 도움으로 보광전(普光殿)을 중건하여 오늘에 이르고 있다. 【유적·유물】 현존하는 건물로는 보광전을 비롯하여 산신각, 요사채 등이 있다. 【참고문헌】 한국사찰전서(권상로, 동국대학교 출판부, 1979)

장의사(藏義寺)

【이명】 장의사(莊義寺)라고도 했다. 【위치】 서울특별시 종로구 신영동에 있었다. 【연혁】 659년(신라 무열왕 6) 무열왕이 황산(黃山)벌 싸움에서 전사한 신라의 장춘랑(長春郎)과 파랑(罷郎)의 명복을 빌기 위해 창건했다. 1027년(고려 현종 18) 6월 이 절을 비롯하여 삼천사(三川寺)와 청연사(靑淵寺)의 승려들이 나라의 금령을 어기고 쌀 360여 석을 들여 술을 빚어 단죄된 일이 있다. 그 뒤 예종(재위 1105~1122), 인종(재위 1123~1146), 의종(재위 1146~1170) 등이 이 절에 행차했

다. 조선시대에는 태조(재위 1392~1398)가 도읍을 세울 때에 이 절을 헐고 불상과 금자화엄경, 금솥을 경기도 광주 망월사(望月寺)로 옮겨 보관했다. 그러나 태조가 정비(正妃)인 한(韓)씨의 기신재(忌辰齋)를 이 절에서 지낸 뒤부터는 왕실의 비호를 받아 사세를 떨치게 되었다. 1506년(연산군 12) 연산군이 절 일대를 유연(遊宴)의 장소로 삼아 절을 헐고 화계(花階)를 만들어 꽃을 심게 해 폐사되었다. 그 뒤 1622년(광해군 14) 이괄(李适)의 난 이후에는 절터에 총융청(總戎廳)이 들어서게 되었다. 【유적·유물】 절터에는 현재 세검정초등학교가 들어서 있으며, 유물로는 당간지주(보물 제235호)만이 남아 있다. 어느 시기에 세워진 것인지는 확실히 알 수가 없으나 창건 당시의 것은 아니다. 경주 망덕사(望德寺) 터의 당간지주와 비교해 보면 통일신라시대의 것으로 추정된다. 【참고문헌】 삼국유사, 고려사, 조선왕조실록, 문화유적총람(문화재관리국, 1977)

장의사(莊義寺)

장의사(藏義寺)를 보시오.

장의암(藏義庵)

장의사(藏義寺)를 보시오.

장춘사(長春寺)

【이명】 장춘암(長春庵)이라고도 불린다. 【위치】 경상남도 함안군 칠북면 영동리 무릉산(武陵山)에 있다. 【소속】 대한불교조계종 제12교구 본사인 해인사의 말사이다. 【연혁】 815년(신라 헌덕왕 7) 무주무염(無住 無染)이 창건했다. 자세한 연혁은 전하지 않는다. 【유적·유물】 건물로는 대웅전(경상남도 문화재자료 제16호), 약사전, 산신각, 조사전, 요사채가

있다. 유물로는 오층석탑(경상남도 유형문화재 제68호)과 석조여래좌상(경상남도 유형문화재 제7호), 석조약사여래좌상이 있다. 오층석탑은 고려시대의 것이며, 석조여래좌상과 석조약사여래좌상은 각각 대웅전과 약사전에 봉안된 것으로 신라 말고려 초의 것이다. 【참고문헌】한국사찰전서(권상로, 동국대학교 출판부, 1979), 속 명산 고찰 따라(이고운·박설산, 운주사, 1994)

장춘암(長春庵)

장춘사(長春寺)를 보시오.

장화사(長華寺)

【위치】경기도 여주군 금사면 도곡리에 있었다. 【연혁】고려시대 말에 창건됐다. 연혁은 전하지 않는다. 19세기 말에 폐사되었다. 【유적·유물】옛터에는 4위의 석불상이 있다. 이 중 2위의 불상은 미륵불로서 인근 계곡에 자리하고 있다. 【참고문헌】사탑고적고

장흥사(長興寺)

【위치】경상남도 진주시 명석면 남성리에 있었다. 【연혁】언제 누가 창건했는지 알 수 없다. 1955년 수로공사 도중 '대정(大定) 20년(1180년;고려 명종 10) 장흥사'라고 표기된 청동합(靑銅盒)이 발견되어 이 절의 존재가 확인되었다. 고려 때 팔만대장경의 초판을 이 절에서 판각했다고 한다. 【유적·유물】절터는 현재 논으로 사용되고 있다. 1955년 수로공사 도중 청동합과 요령, 금강저(金剛杵) 등 10점의 고려 중엽의 유물이 발견되었다. 【참고문헌】현대불교(1995. 6. 28)

적련사(赤蓮寺)

적석사(積石寺)를 보시오.

적명암(寂明庵)

【위치】강원도 고성군 거진읍 냉천리 금강산 유선곡(遊仙谷)에 있었다. 【연혁】1161년(고려 의종 15) 건봉사(乾鳳寺)의 부속 암자로서 창건됐다. 1606년(조선 선조 39) 혜명(惠明)이 중건했다. 그 뒤 약 170년이 지나 폐사되었다. 【참고문헌】건봉사급건봉사말사사적

적석사(積石寺)

【이명】한때 적련사(赤蓮寺)라고 불렸다. 【위치】인천광역시 강화군 내가면 고천리 고려산(高麗山)에 있다. 【소속】대한불교조계종 직할교구 본사인 조계사의 말사이다. 【연혁】416년(고구려 장수왕 4) 한 인도 승려가 창건했다고 한다. 인도 승려는 진나라를 거쳐 우리 나라에 들어와서 절터를 물색하다가 강화도 고려산에 이르러 다섯 빛깔의 연꽃이 만발한 연못을 발견했다. 그는 다섯 가지 연꽃을 공중으로 날려 그 연꽃이 떨어지는 곳마다 절을 지었는데, 이 절터에는 붉은 연꽃이 떨어졌으므로 적련사라 했다고 한다. 그 뒤 이름을 적석사로 바꾸었으며, 1252년(고려 고종 39)에 완성된 팔만대장경을 이 절에 두었다가 백련사(白蓮寺)와 전등사(傳燈寺)를 거쳐 해인사(海印寺)로 옮겼다. 1544년(조선 중종 39)과 1574년(선조 7) 중수했다. 그러나 1592년(선조 25) 임진왜란 때 소실했다. 1593년 묘정(妙淨)이 선당을 중건했고, 1634년(인조 12) 계현(戒賢)과 삼창(三昌)이 불전을 중수했다. 1637년 병자호란 중에는 정명공주(貞明公主)가 이 절에 피신했으며, 1639년 영윤(靈允)이 승당을 중건했다. 1644년(인조 22) 묘정이 누각을 중건했고, 1705년(숙종 31) 학균(學均)이 향로전(香爐殿)을 중건했으며, 1707년 보익(普益)과 승감

(勝鑑)이 누각을 중수했다. 1714년(숙종 40) 일연(一衍)이 사적비를 세웠다. 이후의 연혁은 전하지 않는다. 최근 주지 도암(道庵)이 대웅전을 비롯하여 종각, 객실, 용왕각을 건립했다. 【유적·유물】 현존하는 건물로는 대웅전, 용왕각, 종각, 객실, 큰방 등이 있다. 【참고문헌】 한국의 사찰 15-전등사(한국불교연구원, 일지사, 1978), 한국사찰전서(권상로, 동국대학교 출판부, 1979), 기내사원지(경기도, 1988)

적조암(寂照庵)
【위치】 경상북도 의성군 다인면 봉정리 비봉산(飛鳳山)에 있다. 【소속】 대한불교 조계종 제16교구 고운사의 말사인 대곡사(大谷寺)의 산내 암자이다. 【연혁】 1368년(고려 공민왕 17) 인도의 승려 지공(指空)이 창건했다. 1605년(조선 선조 38) 탄우(坦祐)가 중창했고, 1687년(숙종 13) 태전(太顚)이 삼창했다. 1993년에는 대곡사 주지 법의(法義)가 극락전과 산신각, 요사채를 지어 사창했다. 【유적·유물】 건물로는 극락전과 산신각, 요사채가 있다. 특별한 문화재는 없다. 【참고문헌】 한국사찰전서(권상로, 동국대학교 출판부, 1979)

적조암(寂照庵)
【위치】 서울특별시 성북구 돈암동 삼각산(三角山)에 있다. 【소속】 대한불교조계종 직할교구 본사인 조계사의 말사이다. 【연혁】 1849년(조선 헌종 15) 흥천사(興天寺) 주지 혜암 성혜(慧庵 性慧)가 창건했다. 그는 이 절을 염불관선(念佛觀禪) 도량으로 삼았다. 그 뒤 불에 타자 1977년 경산 희진(京山 喜璡)이 모든 건물을 새로 지어 중창했다. 지금은 관음기도 도량으로 유명하다. 【유적·유물】 건물로는

대웅전과 인등전, 학월당, 요사채가 있다. 유물로는 희진의 사리탑과 영정이 있다. 【참고문헌】 한국사찰전서(권상로, 동국대학교 출판부, 1979)

적천사(磧川寺)
【위치】 경상북도 청도군 청도읍 원정리 화악산(華岳山)에 있다. 【소속】 대한불교 조계종 제9교구 본사인 동화사의 말사이다. 【연혁】 664년(신라 문무왕 4) 원효(元曉)가 수도하기 위해 토굴을 지어 창건했다. 828년(흥덕왕 3) 왕사 심지(心地)가 중창했으며, 한때 적인 혜철(寂忍 惠哲, 785~861)이 이 절에서 수행했다. 고려시대에는 1190년(명종 20) 보조 지눌(普照 知訥)이 크게 중창했으며, 당시 이 절에서 참선하는 수행승이 늘 500명이 넘었다고 한다. 당시 산내 암자로는 도솔암(兜率庵), 은적암(隱蹟庵), 백련암(白蓮庵), 옥련암(玉蓮庵)이 있었다. 1469년(조선 예종 1)에 편찬된《경상도속찬지리지(慶尙道續撰地理誌)》에는 이 절이 선종(禪宗)에 속한다고 나와 있다. 1592년(선조 25) 임진왜란 때 건물의 일부가 소실했다. 1664년(현종 5) 현종의 하사금으로 중수했는데, 이때 사천왕상을 조성했다. 1694년(숙종 20) 태허(太虛)가 크게 중건하여 큰 절로서의 면모를 갖추었으나, 구한말에 의병들이 이 절을 중심으로 활동하게 되자 일본군이 이 절의 누각과 요사채 등을 소각했다. 그 뒤의 연혁은 전하지 않는다. 【유적·유물】 현존하는 건물로는 대웅전을 중심으로 적묵당(寂默堂), 명부전, 조사전, 영산전, 천왕문, 조계문(曹溪門), 요사채, 부목방 등이 있다. 문화재로는 관음탱화를 그린 괘불(掛佛: 경상북도 유형문화재 제152호)과 목조사천왕

의자상(경상북도 유형문화재 제153호) 등
이 있다. 괘불에서 1981년 3월 사리 7과
가 발견되었다. 당시 주지가 백일기도를
하던 중 괘불의 상단에 주머니가 매달려
있는 것을 발견하고 꺼낸 것이라고 한다.
그 뒤 새로 탑을 세워 이 사리를 봉안했
다. 이 밖에도 이 절에는 18기의 큰스님
부도가 있고 절 앞에는 지눌이 심었다는
큰 은행나무가 있다. 【설화】 지눌이 중창
하기 직전 이 절에는 많은 도적 떼가 살고
있었는데, 지눌이 가랑잎에 '호(虎)'자를
써서 신통력으로 호랑이를 만들어 도적 떼
를 쫓아냈다고 한다. 【참고문헌】 한국사찰
전서(권상로, 동국대학교 출판부, 1979),
명산 고찰 따라(이고운·박설산, 신문출판
사, 1987)

전등사(傳燈寺)
【이명】 한때 진종사(眞宗寺)라고 불렸다.
【위치】 인천광역시 강화군 길상면 온수리
정족산성(鼎足山城) 내에 있다. 【소속】 대
한불교조계종 직할교구 본사인 조계사의
말사이다. 【연혁】 381년(고구려 소수림왕
11) 아도(阿道)가 창건하여 진종사라 했
다고 한다. 고려 중기까지의 자세한 연혁
은 전하지 않는다. 그 뒤 1266년(원종 7)
중창했고, 1282년(충렬왕 8) 충렬왕의 비
인 정화궁주(貞和宮主) 왕(王)씨가 승려
인기(印奇)에게 부탁해서 송나라의 대장
경을 인출하여 이 절에 보관하도록 했고,
또 옥등(玉燈)을 시주했으므로 이름을 전
등사로 고쳤다고 한다. 그러나 현재 그 옥
등은 전하지 않는다. 그 뒤 1337년(충숙
왕 복위 6)과 1341년(충혜왕 복위 2) 중수
했다. 1605년(조선 선조 38) 불이 나서 전
체 건물의 반 가량이 탔고, 1614년(광해
군 6) 12월 또다시 불이 나서 나머지 건

물도 모두 탔다. 이듬해 4월 지경(志敬)
등이 중심이 되어 재건을 시작하여 1621
년(광해군 13) 2월 옛 모습을 되찾았다.
1678년(숙종 4) 조정에서 실록을 이곳에
보관하기 시작하면서 사고(史庫)를 지키
는 절로서 조선 왕실의 비호를 받게 되었
고, 1707년 유수(留守) 황흠(黃欽)이 사
각(史閣)을 고쳐 짓고, 다시 별관을 지어
취향당(翠香堂)이라고 이름하고 보사권봉
소(譜史權奉所)로 정했다. 1719년 이 절
의 최고 승려에게 도총섭(都摠攝)이라는
직위를 부여했는데, 이는 1910년까지 계
속되었다. 1726년(영조 2) 영조가 이곳에
와서 취향당의 제액(題額)을 써주었으며,
1734년 곡식 수십 석을 하사했다. 또한
1749년 2월 총섭(摠攝) 초충(楚充)을 중
심으로 중수가 시작되었는데, 공사에 쓰
인 재목의 대부분은 영조가 시주했다.
1761년 대연(大演)이 법당의 삼존불을 개
금했다. 1855년(철종 6) 규영(奎營) 등이
대웅전을 중수했으나, 이때 경제적으로는
큰 어려움에 빠져 있었다. 1872년(고종
9) 승군 50명과 총섭 1명을 두고 진상약
애고(進上藥艾庫)와 산성별장소(山城別將
所)를 절 남쪽에 건설했으며, 1876년 효
월(孝月)이 대웅전과 약사전을 중수했다.
1884년 3월 영담(映潭)이 관음암(觀音
庵)을 중수했고, 1905년 주지 서룡(瑞龍)
이 비로전의 불상과 약사여래 및 칠성탱
화를 개금했다. 1909년 오랫동안 이 절에
보관되었던 사고장본(史庫藏本)을 서울로
옮겼고, 1910년 당시의 군수 한영복(韓永
福)이 이 절의 유물인 동향로를 궁내부
(宮內府)에 바쳤다. 1912년에는 강화·개
성 등 6개 군에 소재하는 34개 절을 관리
하는 조선불교 31본산 중의 하나로 승격되

었다. 초대 주지는 김지순(金之淳)이었고, 2대 주지는 국창환(鞠昌煥)이었다. 1915년 국창환이 대웅전을 중수했고, 1916년 시왕전 등의 건물을 중수했다. 1928년 3대 주지 이지영(李智永)이 지장보살상을 개금하고 명부전을 다시 세웠으며, 1932년 6대 주지 이보인(李普仁)이 대웅전과 극락암(極樂庵)을 중수하고, 적묵당(寂默堂), 강설당(講說堂), 명부전 등을 중건했다. 8대 주지 김정섭(金正燮)은 1934년 전문강원(專門講院)을 설립하고 안진호(安震湖)에게 부탁하여 사료를 모아 《전등본말사지(傳燈本末寺誌)》를 편찬, 발행했다. 【유적·유물】 현존하는 건물로는 대웅전을 중심으로 대조루(對潮樓), 약사전, 명부전, 삼성각, 향로각, 적묵당, 강설당, 범종각 등이 있다. 대웅전(보물 제178호) 안에는 석가여래삼존과 1880년에 봉안한 후불탱화, 1544년 정수사(淨水寺)에서 개판한 《법화경》목판 104매가 보관되어 있다. 약사전(보물 제179호) 안에는 약사여래가 봉안되어 있으며, 명부전 안에는 지장보살을 비롯한 10위의 시왕(十王), 2위의 귀왕(鬼王), 2위의 판관(判官), 2위의 녹사(錄事), 2위의 장군, 10위의 동자(童子) 등 모두 29위의 존상이 있고, 1884년에 조성된 후불탱화가 있다. 이 밖에 향로전은 대웅전의 분수승(焚修僧)이 거처하는 곳이었으나 지금은 주지실로 사용하고 있다. 적묵당과 강설당은 선원과 강원을 대표하는 건물이다. 유물로는 범종(보물 제393호)과 법화경판이 있다. 범종은 우리 나라 종과는 그 형태가 판이한 중국종으로서 일제강점기 말기의 군수물자 수집·공출 때 빼앗겼으나, 1945년 광복과 함께 부평에서 발견되

어 다시 이 절로 돌아오게 되었다. 또한 법화경판은 귀중한 장경판으로서 본래 105매였으나, 1매는 1950년 6·25전쟁 때 파주에 주둔하던 군부대에서 가져 갔다고 한다. 이 밖에도 이 절에는 거대한 청동수조(靑銅水槽)와 옥등이 있다. 청동수조는 고려시대의 유물로 보이며, 옥등은 대웅전 안에서 불을 켜던 것이다. 또한 대조루(인천광역시 문화재자료 제7호)에는 선원보각(璿源譜閣), 장사각(藏史閣), 취향당 등의 편액이 남아 있다. 【설화】 대웅전 네 귀퉁이 기둥 위에는 나녀상(裸女像)이 추녀의 하중을 받치고 있는데, 이에 관한 설화가 전한다. 광해군 때 대웅전의 공사를 맡았던 도편수가 절 아랫 마을에 사는 주모에게 돈과 집물을 맡겨 두었는데, 공사가 끝날 무렵 주모는 그 돈과 집물을 가지고 행방을 감추었다. 이에 도편수는 울분을 참을 길이 없어 그 여자를 본뜬 형상을 나체로 만들어 추녀를 들고 있게 했다. 그 까닭은 불경 소리를 듣고 개과천선하도록 하고, 모든 사람으로 하여금 그녀를 경고하는 본보기로 삼게 하기 위함이었다고 한다. 【참고문헌】 전등본말사지, 고려사, 동국여지승람, 문화재대관(문화재관리국, 1977), 한국사찰전서(권상로, 동국대학교 출판부, 1979)

정각사(正覺寺)
【위치】 충청남도 부여군 석성면 정각리 태조산(太祖山)에 있다. 【소속】 대한불교 조계종 제6교구 본사인 마곡사의 말사이다. 【연혁】 백제 때 창건된 것으로 추정된다. 연혁은 전하지 않는다. 1481년(조선 성종 12)에 편찬된 《동국여지승람》과 1799년(정조 23)에 편찬된 《범우고(梵宇攷)》에 존재한다고 나와 있다. 【유적·유

물】건물로는 대웅전과 나한전, 요사채가 있다. 유물로는 부도 5기와 마애삼존불이 있다. 부도는 절 입구에 있는데, 선월(禪月)과 백봉(白峰) 등의 것이다. 마애삼존불은 나한전 뒤쪽 암벽에 조각되어 있는데, 협시불(脇侍佛) 1위가 반가사유상(半跏思惟像)으로 보이나 마멸이 심해 알아보기 힘들다. 【참고문헌】문화유적총람 −사찰편(충청남도, 1990), 한국사찰전서 (권상로, 동국대학교 출판부, 1979)

정각사(正覺寺)
【위치】전라북도 완주군 구이면 덕천리 정각산(正覺山)에 있다. 【소속】한국불교 태고종에 속한다. 【연혁】언제 누가 창건했는지 알 수 없다. 절측에 따르면, 후백제의 견훤(甄萱 ; 재위 900~935)이 전주에 도읍을 정하고 이 절을 국민의 선고조상(先古祖上) 천도와 국가 번영의 전당으로 삼아 기도했다고 한다. 자세한 연혁은 전하지 않는다. 1830년대 무렵 학암이 중건했고, 1917년 중창했다. 그러나 《한국사찰전서》에는 조선시대의 진묵 일옥(震默 一玉, 1562~1633)이 창건했으며, 1934년 하흥복(河興福)이 중창했다고 한다. 【유적·유물】대웅전과 요사채 2동이 있다. 유물로는 칠층석탑 등이 있다. 【참고문헌】한국사찰전서(권상로, 동국대학교 출판부, 1979), 사찰지(전라북도, 1990)

정곡사(停穀寺)
【이명】정곡사(亭谷寺, 停穀寺)라고도 했다. 【위치】황해도 은율군 은율읍 정곡동 구월산(九月山) 서쪽 기슭에 있었다. 【연혁】언제 누가 창건했는지 알 수 없다. 이름은 고려 말에 공민왕(재위 1351~1376)의 비인 노국공주(魯國公主)를 모시고 왔던 원나라의 주태사(周太史)가 이곳에서 수레를 멈춘 데서 기인했다는 설과, 고려의 어느 왕이 이곳의 산수 풍경을 좋아하여 오랫동안 수레를 멈추고 구경한 데서 비롯되었다는 설이 있다. 조선 세종 때(1418~1450)에는 교종(敎宗)에 속했으며, 상주했던 승려는 70여 명이고 소속 전결(田結)은 150결로서 당시의 절로서는 매우 큰 규모에 속했다. 그 뒤의 연혁은 전하지 않는다. 1481년(성종 12)에 편찬된 《동국여지승람》에는 정곡사(亭谷寺)라고 나와 있고, 신경준(申景濬, 1712~1781)이 편찬한 《가람고(伽藍考)》에는 정곡사(停穀寺)라고 나와 있으며, 1799년(정조 23)에 편찬된 《범우고(梵宇攷)》에는 정곡사(停穀寺)라고 나와 있다. 일제강점기의 31본산시대에는 패엽사(貝葉寺)의 말사였다. 부속 암자로는 선림암(禪林庵), 길상암(吉祥庵) 등이 있었다고 하나 지금은 모두 존재하지 않는다. 현재의 상황은 알 수 없으나 북한측 자료에 의하면 현존하지 않는다. 【유적·유물】1945년 8·15해방 전까지 존재하던 건물로는 대웅전을 비롯하여 청풍루(淸風樓), 영당(影堂), 요사채 등이 있었다. 대웅전은 조선 초기의 건물로서 규모가 웅장하며, 내부에는 석가여래좌상이 봉안되어 있었다. 또 대웅전 앞의 불두화(佛頭花)도 유명했다. 대웅전 옆에 있던 영당은 주태사의 화상(畫像)을 봉안해 둔 곳으로 노국공주와 함께 원나라로 갔다가 돌아오면서 이 절에 화상을 두었다고 한다. 그 뒤에 절 밑 주촌(周村)에 살고 있던 그의 후손들이 1747년(영조 23) 영정을 새로 그려 모셨는데, 원래의 화상은 그 후면에 붙여 두었다. 절 주위에는 고려 말의 태사(太史) 네 사람이 신선처럼 놀았다는 사선

대(四仙臺)를 비롯하여, 용이 살고 있다는
용연(龍淵)과 용연폭포가 있는데, 가뭄이
있을 때마다 용연에서 기우제를 올렸다.
【참고문헌】황해도지(황해도, 1979), 은율
군지(은율군, 1975)

정곡사(亭谷寺, 停穀寺)
정곡사(停穀寺)를 보시오.

정광사(定光寺)
【이명】한때 운홍암(雲興庵), 운홍사(雲
興寺)라고 불렸다. 【위치】함경남도 이원
군 원사리 대덕산(大德山)에 있다. 【연
혁】838년(신라 민애왕 1) 일신(日信)이
창건하여 운홍암이라고 했다. 998년(고려
목종 1) 중창하여 운홍사라고 했으며,
1582년(조선 선조 15) 지헌(智軒), 도견
(道堅) 등이 대웅전을 중건했다. 1636년
(인조 14) 9월 화재로 소실한 뒤, 1643년
까지 10년에 걸쳐서 원학(元學)이 대웅
전, 승당, 선당, 만세루를 중건했다. 1660
년(현종 1) 성정(性靜)이 천축국(인도)
의 비보(秘寶)로 전해 오던 정광여래의
치아 사리 2과와 보궤(寶櫃), 감로병, 당
요령(唐瑤鈴), 오색면포단 등을 가져와
13층탑을 세우고 이곳에 모신 뒤 정광사
라고 이름을 바꿨다. 1671년 보은 인균
(普隱 印均)이 명부전을 중건하고 시왕전
루(十王殿樓)를 3년에 걸쳐서 준공했으
며, 1681년(숙종 7) 향적전(香積殿)을 중
수하고 200근에 달하는 대철증(大鐵甑)
을 만들었다. 1712년 명부전을 중수했고,
1726년(영조 2) 대웅전을 중건했다. 1737
년 사천왕을 조성한 뒤 천왕문과 팔상전,
영천루 등을 건립했다. 1772년 만세루를,
1782년(정조 6) 용흥교와 체계문을 세웠
고, 1795년 향로전을 중건했다. 이어
1796년 풍암 체윤(豊巖 體胤)이 금불상을

비롯하여 지장보살상, 시왕상 등 30여 존
상을 개금했다. 1814년(순조 14) 화재로
소실한 뒤 1817년 환정(幻靜)이 대웅전을
중건했다. 그 뒤 1875년(고종 12) 덕송
(德松)이 산신각을 세웠다. 1888년(고종
25) 남병사(南兵使) 이용익(李容翊)이 한
때 이 절을 강제로 점령하여 남병영(南兵
營)으로 삼았다. 일제강점기의 31본산시대
에는 귀주사(歸州寺)의 말사였다. 【유적
·유물】현존하는 건물로는 대웅전과 명부
전, 무량수각이 있다. 이 절의 편액과 주련
(主聯)은 대부분 추사 김정희(秋史 金正
喜, 1786~1856)의 작품이다. 그가 함경
도 북청에 유배되었을 때 이 절에 와서 있
으면서 직접 글을 쓰고 현판을 조각하여
단 것이라고 한다. 【참고문헌】한국사찰
전서(권상로, 동국대학교 출판부, 1979), 이
원군지(이원군지 편찬위원회, 1984), 북한
사찰연구(한국불교종단협의회, 1993).

정도사(淨兜寺)
【위치】경상북도 칠곡군 약목면 복성리에
있었다. 【연혁】언제 누가 창건했는지 알
수 없다. 1031년(고려 현종 22) 오층석탑
을 세웠다. 연혁은 전하지 않는다. 【유적
·유물】절터에는 오층석탑(보물 제357
호)이 있었으나, 1924년 경복궁으로 옮겨
보관하고 있다. 옮길 당시에 탑 속에서
〈오층석탑 조성형지기(造成形止記)〉와 녹
유사리병, 동합(銅盒) 2개 등이 발견되었
다. 1031년 조성한 것으로 중요한 고려
석탑이다. 【참고문헌】한국불교사학대사
전(조명기, 대한불교문화진흥회, 1991)

정릉사(定陵寺)
【위치】평안남도 평양시 역포구역 무진리
에 있다. 【연혁】427년(고구려 장수왕
15) 고구려가 남진정책으로 수도를 평양

으로 천도할 때 동명왕(재위 BC 37~19)의 능을 이곳으로 이전하면서 동명왕의 명복을 빌기 위한 원찰로 창건됐다. 그 뒤의 연혁은 전하지 않는다. 1974년 폐사지를 대대적으로 발굴 조사하였는데, 토기 파편에서 '정릉(定陵)'과 '능사(陵寺)' 등의 명문이 판독됨으로써 이곳이 정릉사 터였음이 밝혀졌다. 1980년대 후반부터 복구에 나서 본전과 회랑을 중창했다. 【유적·유물】 건물로는 본전과 회랑이 있다. 【참고문헌】 북한사찰연구(한국불교종단협의회, 1993)

정림사(定林寺)
【위치】 충청남도 부여군 부여읍 동남리에 있었다. 【연혁】 백제 때 창건됐다. 1028년(고려 현종 19) 중수했다. 그 뒤의 자세한 연혁은 전하지 않으며, 언제 폐사되었는지도 알 수 없다. 다만 이곳에서 발견된 기와에 '태평팔년무진 정림사 대장당초(太平八年戊辰 定林寺 大藏堂草)'라고 쓰여 있어 1028년에 중수했으며, 이름이 정림사임을 알게 되었다. 【유적·유물】 절터가 사적 제310호로 지정되어 있다. 가람 배치는 강당과 금당과 중문(中門)이 일직선상으로 놓여 있고, 강당과 중문을 연결하는 회랑이 있으며, 금당과 중문 사이에 1기의 탑을 배치한 일탑식가람(一塔式伽藍)으로 추정되고 있다. 현재 절터에는 오층석탑(국보 제9호)과 석불좌상(보물 제108호)이 있다. 이 불상은 고려시대의 중수 때 조성한 것으로 보인다. 오층석탑은 일명 백제탑이라고도 하는데, 지금까지는 평제탑(平濟塔)이라고 불리어 왔다. 그 까닭은 초층 탑신에 새겨진 당나라 소정방(蘇定方)의 평제기공문(平濟紀功文) 때문에 소정방이 백제를 멸한 기념으로

세운 것으로 보았기 때문이다. 그러나 평제기공문은 본래부터 있었던 이 탑에 새겨 넣은 글에 불과하다고 학계에서는 주장하고 있다. 따라서 이 탑은 백제가 멸망한 660년(의자왕 20)보다 훨씬 이전에 건립된 것으로 보고 있다. 이 절터는 백제의 가람 형태와 석탑의 연구에 매우 중요한 곳으로 평가받고 있다. 【참고문헌】 문화유적총람(문화재관리국, 1977)

정방사(淨芳寺)
【이명】 정방암(淨方庵)이라고도 불린다. 【위치】 충청북도 제천시 수산면 능강리 금수산(錦繡山)에 있다. 【소속】 대한불교조계종 제5교구 본사인 법주사의 말사이다. 【연혁】 신라 문무왕 때(661~681) 의상(義湘)이 수도하기 위해 창건했다. 창건 이후의 연혁은 전하지 않으며, 1825년(조선 순조 25) 중건하여 오늘에 이르고 있다. 【유적·유물】 현존하는 건물로는 1825년 건립된 목조 법당과 일주문, 요사채 등이 있다. 법당 안에는 관세음보살좌상을 비롯하여 후불탱화, 신중탱화, 칠성탱화, 산신탱화, 독성탱화 등이 봉안되어 있다. 【설화】 전설에 의하면, 의상이 강원도 원주에서 공부하다가 신통력을 얻은 뒤 조용히 공부할 절을 창건하고자 석장을 공중에 던졌는데, 그 석장이 날아서 지금의 절터에 떨어졌으므로 이곳에 절을 지었다고 한다. 【참고문헌】 사지(충청북도, 1982), 한국사찰전서(권상로, 동국대학교 출판부, 1979)

정방암(淨方庵)
정방사(淨芳寺)를 보시오.

정상사(井上寺)
【위치】 일본 오사카부(大阪府) 가와치시(河內市)에 있었다. 【연혁】 고구려의 승

려 혜관(慧灌)이 창건했다. 1322년에 편찬된 것으로 보이는 《원형석서(元亨釋書)》에 창건 유래가 전한다. 즉 혜관이 625년(영류왕 8) 일본으로 건너가 칙명에 의해 나라(奈良)의 겐코사(元興寺)에서 기우제를 지냈는데 크게 영험이 있었다. 이로 인해 그는 승정(僧正)이 되었으며, 그 뒤 다시 가와치로 옮겨 이 절을 창건하고, 이곳에서 삼론종(三論宗)을 펼쳤다고 한다. 《석일본기(釋日本紀)》에 의하면, 이곳에는 고구려에서 건너간 이주민들이 많이 살았는데, 그들은 술을 만들어 팔았다고 한다. 그 술은 인근 사람들에게 굉장히 인기가 있었기 때문에 가격이 매우 비쌌으며, 서로 다투어 사서 먹었을 정도라고 한다. 이처럼 이 절의 창건은 이 지역의 고구려인들과 매우 밀접한 관계가 있었다. 자세한 연혁은 전하지 않는다. 【유적·유물】지금은 탑의 초석만 남아 있을 뿐 유적이 남아 있지 않기 때문에 그 규모는 알 수 없다. 【참고문헌】釋日本紀, 元亨釋書, 日本に殘る古代朝鮮(段熙麟, 創元社, 1976), 日本古代史と朝鮮文化(金達壽, 筑摩書房, 1976), 日本史に生きた渡來人たち(段熙麟, 松範社, 1986)

정수사(淨水寺)
【이명】 한때 정수사(精修寺)라고 했다. 【위치】 인천광역시 강화군 화도면 사기리 마니산(摩尼山)에 있다. 【소속】 대한불교조계종 직할교구 본사인 조계사의 말사이다. 【연혁】 639년(신라 선덕여왕 8) 회정(懷正)이 창건했다. 회정은 낙가산(洛迦山)에서 수행하던 중 마니산의 참성단(塹星壇)을 참배한 뒤 그 동쪽의 지형을 보고 불제자가 가히 삼매(三昧)를 닦을 수 있는 곳이라고 판단하고 절을 창건하여

정수사(精修寺)라고 했던 것이다. 그 뒤 1426년(조선 세종 8) 함허 기화(涵虛 己和)가 중창했는데, 기화는 법당 서쪽에서 맑은 물을 발견하고 절 이름을 정수사(淨水寺)로 바꾸었다고 한다. 1848년(헌종 14) 비구니 법진(法眞)과 만흥(萬興)이 법당을 중수했고, 1878년(고종 15) 비구니 계흔(戒欣)이 그의 제자 성수(性修) 등과 불상을 개금한 뒤 칠성탱화, 독성탱화, 산신탱화 등을 봉안했다. 1883년 비구니 근훈(根訓)이 중수했고, 1888년(고종 25) 정일(淨一)이 연오(演悟)의 시주를 얻어 관음상과 후불탱화를 조성했다. 1903년 정일이 산령각(山靈閣)을 중건했고, 1905년 법당을 중수했으며, 1916년 불상을 개금하고 각단의 탱화를 봉안했다. 1937년에는 비구니 김선영(金善英)이 주지직에 있었으며, 당시의 건물로는 대웅전, 산령각, 큰방, 노전, 요사채 등이 있었다. 【유적·유물】 현존하는 건물로는 대웅보전(보물 제161호)과 삼성각, 요사채가 있다. 유물로는 지장보살좌상과 아미타후불탱화, 지장탱화, 칠성탱화, 함허대사부도 등이 있다. 지장보살좌상은 개성에서 옮겨 온 것이라 하며 조선시대의 것이다. 아미타후불탱화와 지장탱화, 칠성탱화는 모두 대웅보전에 봉안되어 있으며, 1878년에 조성되었다. 【참고문헌】 전등본말사지, 한국의 사찰 15-전등사(한국불교연구원, 일지사, 1978), 기내사원지(경기도, 1988)

정수사(淨水寺)
【이명】 한때 쌍계사(雙溪寺), 수정사(水淨寺)라고 불렸다. 【위치】 전라남도 강진군 대구면 용운리 천개산(天蓋山)에 있다. 【소속】 대한불교조계종 제22교구 본

사인 대흥사의 말사이다. 【연혁】구군지
(舊郡誌)에 의하면, 805년(신라 애장왕 6)
연기 도선(烟起 道詵)이 창건했다고 한
다. 그러나 도선은 827년(흥덕왕 2) 영암
(靈巖)에서 출생했고, 842년 승려가 되었
으므로 창건한 때에 대해 다소의 착오가
있는 듯하다. 창건 당시에는 이곳의 계곡
을 중심으로 양쪽 언덕에 묘적사(妙寂寺)
와 쌍계사의 두 절을 건립하여 묘적사에
는 천불상(千佛像)을 봉안했으나 중세에
이르러 화재로 소실했고, 쌍계사는 수정
사로 이름을 바꿨다. 한동안 폐허가 되었
던 것을 1524년(조선 중종 19) 중창하면서
다시 정수사로 이름을 바꿨다. 1579년(선
조 12) 성운(性雲)이 중건했으나, 1597년
(선조 30) 정유재란으로 크게 파괴되었다.
1708년(숙종 34) 처사 김득종(金得宗)이
당시의 현감이었던 김중품(金重品)의 협
력을 얻어 중수했으며, 1795년(정조 19) 정
조의 명으로 고금도(古今島)에 있는 관황
묘(關皇廟)를 이 절에서 관리했다. 조선
말까지만 해도 강진 일대의 절들을 관장
하는 절이었으나, 차츰 퇴락하다가 1950
년 6·25전쟁 이후 공비들에 의해 소실했
다. 그 뒤 승려들이 지방민의 협조를 얻어
중건하여 오늘에 이르고 있다. 【유적·유
물】 현존하는 건물로는 대웅전(전라남도
유형문화재 제101호)과 종각, 요사채 2동
이 있다. 산문 밖은 임진왜란의 격전지로
유명하다. 【참고문헌】 강진군지, 강진 향
토기(강진군, 1978), 한국사찰전서(권상
로, 동국대학교 출판부, 1979)

정수사(淨水寺)
【이명】 정수암(淨水庵)이라고도 불린다.
【위치】 경상북도 의성군 구천읍 장국리
백마산(白馬山)에 있다. 【소속】 대한불교

조계종 제16교구 본사인 고운사의 말사이
다. 【연혁】신라 흥덕왕 때(826~836) 왕
사 심지(心地)가 창건했다. 그 뒤 조선시
대 후기까지의 연혁은 전하지 않는다.
1852년(철종 3) 혼허(混虛)가 중창했고,
1873년(고종 10) 상봉(相峰)이 삼창했다.
1973년에 보혜(普慧)가 중건했으며, 1994
년 주지 법운(法雲)이 중수했다. 【유적·
유물】 건물로는 극락전과 삼성각, 요사채
인 육화당, 사천왕문이 있다. 특별한 문화
재는 없다. 【참고문헌】 한국사찰전서(권
상로, 동국대학교 출판부, 1979)

정수사(淨水寺)
【이명】 한때 중암(中庵)이라고 불렸다.
【위치】 전라북도 완주군 상관면 마치리
수원지 위에 있다. 【소속】 대한불교조계
종 제17교구 본사인 금산사의 말사이다.
【연혁】889년(신라 진성여왕 3) 연기 도
선(烟起 道詵)이 창건했다고 한다. 고려
시대에 중건했으며, 1581년(조선 선조
14) 진묵 일옥(震默 一玉)이 다시 증축했
다. 그러나 1592년 임진왜란과 1597년
(선조 30) 정유재란을 거치면서 소실했
다. 1799년(정조 23)에 편찬된 《범우고
(梵宇攷)》에는 '옛적에는 중암이라고 불
렸으나, 산수가 청정하다고 하여 정수사
로 이름을 바꿨다.'고 나와 있다. 1923년
초운이 요사 2동을 지었으며, 1971년 부
임한 주지 이동수(李東洙)가 대웅전 등을
중수하여 오늘에 이르고 있다. 【유적·유
물】 건물로는 극락전과 요사 2동, 종각 등
이 있다. 문화재로는 부도 2기가 있다. 【참
고문헌】 범우고, 전북불교총람(전북불교총
연합회, 1993), 사찰지(전라북도, 1990)

정수사(淨水寺)
광청사(光淸寺)를 보시오.

정수사(淨水寺)

귀주사(歸州寺)를 보시오.

정수사(淨水寺)

복홍사(福興寺)를 보시오.

정수사(淨水寺)

용화사(龍華寺)를 보시오.

정수사(精修寺)

정수사(淨水寺)를 보시오.

정수암(淨水庵)

복홍사(福興寺)를 보시오.

정수암(淨水庵)

정수사(淨水寺)를 보시오.

정신암(精神庵)

【이명】 한때 청신암(淸神庵)이라고 불렸다. 【위치】 전라남도 해남군 삼산면 구림리 두륜산(頭輪山)에 있다. 【소속】 대한불교조계종 제22교구 본사인 대흥사의 산내 암자이다. 【연혁】 언제 누가 창건했는지 알 수 없다. 원래는 청신암이었으나 지금은 정신암이라고 부르며, 비구니들의 수도처이다. 【유적·유물】 현존하는 건물로는 인법당(因法堂)과 요사채가 있다. 문화재로는 1709년(숙종 35)에 주조된 범종이 있는데, 인근 진불암(眞佛庵)에서 가져온 것이다. 전체 높이 70cm, 아래 지름 50cm인 이 종은 조선 후기의 주종 수법을 연구하는 데 좋은 자료가 된다. 【참고문헌】 한국의 사찰 10-대흥사(한국불교연구원, 일지사, 1977)

정암사(淨巖寺)

【이명】 갈래사(葛來寺)라고도 불렸다. 【위치】 강원도 정선군 고한읍 고한리 태백산 기슭에 있다. 【소속】 대한불교조계종 제4교구 본사인 월정사의 말사이다. 【연혁】 신라 때인 7세기 중반에 활동하던 자장(慈藏)이 창건했다. 사적기(事蹟記)에 의

하면, 자장은 말년에 강릉 수다사(水多寺)에서 머물렀는데, 하루는 꿈에 이승(異僧)이 나타나 '내일 대송정(大松汀)에서 보리라.'라고 했다. 아침에 대송정에 가니 문수보살이 나타나서 '태백산 갈반지(葛蟠地)에서 만나자.' 하고 사라졌다. 자장은 태백산으로 들어가 갈반지를 찾다가 어느 날 큰 구렁이가 또아리를 틀고 있는 것을 보고 제자에게 '이곳이 갈반지'라고 이르고 석남원(石南院)을 지었는데, 이 절이 정암사이다. 또 다른 창건설도 전한다. 자장이 처음 사북리 불소(佛沼) 위의 산정에다 부처님 사리탑을 세우려 했으나, 세울 때마다 저절로 무너지므로 간절히 기도했더니 하룻밤 사이에 칡 세 줄기가 눈 위로 뻗어 지금의 수마노탑(水瑪瑙塔), 적멸보궁, 절터에 각각 멈췄다. 그리하여 그 자리에 탑과 법당을 세우고, 이 절을 갈래사라 하고 지명을 갈래라 했다고 한다. 창건 후부터 조선 중기까지의 연혁은 거의 전하지 않는다. 1713년(숙종 39) 자인(慈忍), 일종(一宗), 천밀(天密)이 수마노탑을 중수했으나, 이 해 8월 낙뢰로 탑의 일부가 파손되자 1719년 천밀이 다시 중수했다. 1788년(정조 12) 취암(翠嚴), 성우(性愚)가 적멸보궁(寂滅寶宮)을 중수하고 탑을 보수했다. 1858년(철종 9)에는 해월(海月), 대규(大圭)가 적멸보궁과 탑을 중수했다. 1919년 보룡(普龍)이 절을 새롭게 중창했으며, 1972년 낙후된 수마노탑을 다시 중수했다. 그 뒤 등각(等覺), 삼지(三智), 법보(法寶) 등이 차례로 주지를 맡으면서 많은 건물을 세워 큰절의 면모를 갖췄다. 부처님의 사리를 봉안한 우리 나라 5대 적멸보궁의 하나이다. 【유적·유물】 현존하는 건물

로는 적멸보궁(강원도 문화재자료 제32호)을 중심으로 선불장(選佛場), 무량수전(無量壽殿), 자장각(慈藏閣), 삼성각, 종루, 일주문 등이 있다. 이 중 적멸보궁은 신라 선덕여왕 때(632~647) 자장이 석가모니불의 사리를 수마노탑(보물 제410호)에 봉안하고 이를 지키기 위해 건립한 것으로 수마노탑에 부처님의 사리가 봉안되어 있기 때문에 법당에는 불상을 모시지 않고 있다. 이 보궁 안에는 선덕여왕이 자장에게 하사했다는 금란가사(錦襴袈裟)가 보관되어 있었는데, 1975년 11월 도난 당했다. 적멸보궁 뒤쪽의 수마노탑은 자장이 643년(선덕여왕 12) 당나라에서 돌아올 때 서해용왕이 자장의 신심에 감화되어 마노석(瑪瑙石)을 배에 싣고 동해 울진포를 지나 신력으로 갈래산에 비장하여 두었다가, 자장이 이 절을 창건할 때 이 돌로써 탑을 조성하게 했다고 하여 마노탑이라 하고, 물길을 따라 이 돌이 반입되었다고 하여 '수(水)'자를 앞에 붙여 수마노탑이라 했다고 한다. 자장은 전란이 없고 날씨가 고르며 나라가 복되고 백성이 편안하게 살기를 염원하면서 이 탑을 세웠다고 한다. 이 밖에도 적멸보궁 입구의 석단에는 선장(禪杖)이라는 고목이 있다. 이 나무는 자장이 짚고 다니던 지팡이를 심은 뒤 수백 년 동안 자라 고목이 된 것인데 옛날 그대로 손상됨이 없으며 다시 이 나무에 잎이 피면 자장이 왕생한다고 전해 오고 있다. 【설화】 이 절에는 자장과 문수보살 사이에 있었던 유명한 설화가 전하고 있다. 자장이 이곳에서 문수보살이 오기를 기다리던 어느 날, 떨어진 방포(方袍)를 걸친 늙은 거사가 칡삼태기에 죽은 강아지를 담아 와서 자장을 만나러 왔다고 했다. 시자(侍者)가 스승의 이름을 함부로 부르는 것을 나무라자 거사는 스승에게 아뢰기만 하라고 말했다. 시자가 자장에게 이 사실을 알렸으나, 미처 깨닫지 못하고 미친 사람으로 생각하여 만나지 않겠다고 했다. 거사는 '아상(我相)을 가진 자가 어찌 나를 알아 보겠는가.' 하고 삼태기를 쏟자 죽은 강아지가 사자보좌(獅子寶座)로 바뀌었으며, 그 보좌에 올라 앉아 빛을 발하면서 사라졌다. 이 말을 들은 자장이 황급히 쫓아가 고개에 올랐으나 벌써 멀리 사라져 도저히 따를 수 없었다. 자장은 그 자리에 쓰러진 채 죽었는데, 뼈를 석혈(石穴)에 안치했다고 한다. 또한 이 절에는 금탑과 은탑의 전설이 있다. 정암사의 북쪽으로 금대봉이 있고 남쪽으로 은대봉이 있는데, 그 가운데 금탑, 은탑, 마노탑의 3보탑이 있다고 한다. 마노탑은 사람이 세웠으므로 세인들이 볼 수 있으나, 금탑과 은탑은 자장이 후세 중생들의 탐심(貪心)을 우려하여 불심이 없는 중생들이 육안으로 볼 수 없도록 비장했다고 한다. 자장은 그의 어머니에게 금탑과 은탑을 구경시키기 위해 동구에 연못을 파서 보게 했는데, 지금의 못골이 그 유지이며 지상에는 삼지암(三池庵)이 있었다고 한다. 【참고문헌】 삼국유사, 조선불교통사(이능화, 신문관, 1918), 문화유적총람(문화재관리국, 1977)

정암사(淨巖寺)

【위치】 충청남도 홍성군 광천읍 담산리 오서산(烏棲山)에 있다. 【소속】 대한불교조계종 제7교구 본사인 수덕사의 말사이다. 【연혁】 언제 누가 창건했는지 알 수 없다. 조선시대 영조 때(1724~1776) 편찬된 《여지도서》에 존재한다고 나와 있

다. 연혁은 전하지 않는다. 1976년 대웅전을 중창했다. 【유적·유물】건물로는 대웅전과 요사채 3동이 있다. 유물로는 부도와 초석이 있는데, 부도는 다른 곳에서 옮겨 온 것으로 추정된다. 【참고문헌】문화유적총람-사찰편(충청남도, 1990), 한국사찰전서(권상로, 동국대학교 출판부, 1979)

정양사(正陽寺)

【위치】강원도 회양군 내금강면 장연리 금강산 표훈사(表訓寺) 북쪽에 있다. 【연혁】600년(백제 무왕 1) 큰스님 관륵(觀勒)과 융운(隆雲)이 창건했다. 661년(신라 문무왕 1) 원효(元曉)가 중창했다. 그 뒤 고려 태조(재위 918~943)가 이 절에 올라왔을 때 법기보살(法起菩薩)이 현신(現身)하여 돌 위에서 빛을 발했고, 태조는 이 일을 잊지 못해 빛이 나타났던 바위에 정례하고 절을 중창했다고 한다. 이로써 이 절의 사세가 크게 확장되었다. 현재에도 법기보살이 현신한 곳을 방광대(放光臺)라 하고, 태조가 정례한 곳을 배점(拜岾)이라고 한다. 그 뒤 1791년(조선 정조 15) 중수했다. 일제강점기의 31본산시대에는 유점사(楡岾寺)의 말사였다. 1950년 6·25전쟁 때 일부 파괴된 것을 전쟁 후에 복구하여 오늘에 이르고 있다. 【유적·유물】현존하는 건물로는 반야전(般若殿)과 약사전이 있다. 반야전은 이 절의 본전이며, 표훈사와 마찬가지로 법기보살을 주존불로 모시고 있다. 주존불 아래에는 대장경을 봉안하고 있는데, 어느 때의 것인지는 알 수 없다. 약사전은 대들보가 없는 6각형의 전당으로 벽화는 오도자(吳道子)의 필화(筆畫)를 모사한 것이다. 중앙에 봉안된 석조약사여래상은 신라시대의 작

품으로 추정되고 있는데, 이괄(李适)의 난이나 병자호란 등의 변란이 있을 때에는 땀을 흘렸다고 한다. 유물로는 신라 말기 또는 고려 초기의 것으로 추정되는 삼층석탑과 석등(북한 보물급 문화재 제34호)이 있다. 삼층석탑은 2중기단에 3층으로 조성된 전형적인 신라 탑의 양식이며, 장연사(長淵寺) 삼층석탑, 신계사(神溪寺) 삼층석탑과 함께 금강산의 3대 옛 탑이라고 불린다. 석등은 탑보다 조금 연대가 떨어지는 양식을 보이고 있다. 이 밖에도 6·25전쟁 전에는 헐성루(歇惺樓)가 있었는데, 여기서는 금강산 1만 2천 봉을 한꺼번에 구경할 수 있었다고 하며, 금강산에서 가장 유명한 누각이었다. 【참고문헌】유점사본말사지, 북한의 사찰(한국불교연구원, 일지사, 1977), 한국사찰전서(권상로, 동국대학교 출판부, 1979), 북한사찰연구(한국불교종단협의회, 1993)

정업원(淨業院)

【위치】경기도 개성시에 있었다. 【연혁】언제 누가 창건했는지 알 수 없다. 고려시대에 도성(都城) 안에 있었던 비구니의 승방이다. 1164년(의종 18) 의종이 이 절에 행차했다. 고종 때(1213~1259)의 강화도 천도 시절에는 일시 이 절을 폐사하고, 개경(개성) 환도 때까지 같은 이름을 가진 절을 강화도에 설치하여 맥을 이었다. 환도 후 다시 이 절을 열고, 1387년(우왕 13)에는 판전교시사(判典校寺事)를 지낸 이집(李集)의 아내 반(潘)씨를 이 절에 있게 했다. 고려 말에는 비구니 묘장(妙藏)이 주지로 있었다. 조선이 건국된 뒤 한양으로 천도하자 다시 이 절의 맥을 한양으로 옮기고 폐사시켰다. 【참고문헌】고려사

정업원(淨業院)

【위치】인천광역시 강화군에 있었다. 【연혁】1251년(고려 고종 38) 창건됐다. 몽고의 침입으로 강화도로 천도하자 박훤(朴暄)의 집을 절로 삼아 개경(개성)에 있던 같은 이름의 절의 맥을 이어 성 안에 있던 비구니들을 살게 했다. 환도한 뒤 다시 개경(개성)으로 이 절의 맥을 옮겼다. 【참고문헌】고려사

정업원(淨業院)

【위치】서울특별시 종로구 계동에 있었다. 【연혁】조선 초에 한양(서울)으로 도읍을 옮기고, 개경(개성)에 있던 같은 이름을 가진 절의 맥을 이어 응봉(鷹峰) 아래 창경궁의 서쪽(지금의 중앙중학교 자리)에 창건했다. 고려 공민왕의 후비인 혜비(慧妃)가 출가하여 주지로 있었다. 1398년(태조 7) 왕자의 난으로 부마 흥안군(興安君) 이제(李濟)가 죽자, 그의 부인 경순공주(慶順公主)가 삭발하고 이 절의 비구니가 되었다. 1408년(태종 8) 혜비가 죽자 소도군(昭悼君)의 처 심(沈)씨를 주지로 삼았다. 1457년(세조 7) 단종이 노산군(魯山君)으로 폐위되어 결국 숨지자 그의 비인 정순왕후(定順王后) 송(宋)씨가 이 절에 출가했으며, 정순왕후의 시녀인 희안(希安)과 지심(智心) 계지(戒智) 등 3명도 함께 출가했다. 이 절의 비구니들은 대부분 사족들이었고, 주지는 왕족이었다. 이 때문에 조선 초기에는 노비와 별사전(別賜田), 분수료(焚修料)가 지급되는 등 국가로부터 보호를 받았다. 그러나 태종 때부터 유생들에 의해 이 절의 혁파가 논의되다가 결국은 1448년(세종 30) 척불정책으로 혁파되었다. 1457년(세조 3) 다시 이 절의 재설립이 결정되고, 1459년 원사(院舍)가 중창되었다. 이 해에 사원의 비용으로 공포가(貢布價)를 특사했고, 이듬해에는 세조가 두 차례 행차하는 한편, 200구의 노비를 지급했다. 국가적인 비호는 예종 때(1468~1469)까지 계속되었으나, 성종 때(1469~1494)에는 다시 이 절 혁파에 대한 논의가 여러 차례 대두되었다. 그 뒤 1505년(연산군 11) 연산군의 타락 정치로 이 절은 다시 혁파되고 비구니들은 성밖으로 축출되었다. 그 뒤 독서당(讀書堂)으로 사용되다가, 독서당을 두모포(頭毛浦)로 옮긴 1517년(중종 12) 이후는 빈 절로 남게 되었다. 중종은 이 절을 다시 세우고자 했지만 유생들의 반대에 부딪혀 뜻을 이루지 못하다가 1550년(명종 5) 3월에야 다시 세웠다. 이 때에도 유생들의 심한 반발이 있었기 때문에 이 절을 후궁들의 별처로 한다는 구실을 붙여 인수궁(仁壽宮)이라고 했다가 뒤에 다시 정업원이라고 했다. 유생들의 정업원 혁파운동은 꾸준히 계속되었으며, 특히 선조가 즉위한 이후에는 격심해졌다. 그리하여 1607년(선조 40) 이 절은 혁파되고 비구니들은 성밖으로 쫓겨났으며, 그 뒤 다시 복구되지 못했다. 【유적·유물】1771년(영조 47) 영조가 세운 정업원구기(淨業院舊基)라는 비가 동대문 밖 창신동의 동망봉(東望峰) 아래에 남아 있다. 그러나 이는 정업원에 살던 정순왕후가 이곳에 있는 청룡사(靑龍寺)에 잠시 머물렀기 때문에 이곳을 정업원으로 혼동하여 잘못 세운 것이다. 또한 이 비를 세운 뒤부터 한때 청룡사를 정업원으로 불렀는데, 이 역시 같은 혼동에서 기인한 것이다. 【참고문헌】조선왕조실록, 정업원의 치폐와 위치에 대하여(현창호, 향토 서

울 11, 1961)

정업원(淨業院)

청룡사(靑龍寺)를 보시오.

정운사(正雲寺)

【위치】 충청남도 논산군 은진면 관촉리에 있었다. 【연혁】 유물로 미루어 보아 고려 때 창건된 것으로 추정된다. 연혁은 전하지 않는다. '대정운사(大正雲寺)'라는 명문이 있는 기와 조각이 발견되어 절 이름이 밝혀졌다. 【유적·유물】 절터에는 민가가 들어서 있고, 밭이 조성되어 있다. 유물로는 석조비로자나불입상(충청남도 유형문화재 제88호)이 있는데, 높이는 3.4m로서 고려 때의 작품으로 추정된다. 인근에서 옮겨 온 것이라고 한다. 【참고문헌】 문화유적총람─사찰편(충청남도, 1990)

정인사(正因寺)

수국사(守國寺)를 보시오.

정진사(淨進寺)

【위치】 평안남도 성천군 향풍리 향풍산(香楓山)에 있다. 【연혁】 언제 누가 창건했는지 알 수 없다. 1481년(조선 성종 12)에 편찬된 《동국여지승람》에는 존재한다고 나와 있다. 1781년(정조 5) 중수했고 일제강점기에 소실했다가 곧 중창했다. 31본산시대에는 보현사(普賢寺)의 말사였다. 1945년 8·15해방 뒤에 중건했으나, 1950년 6·25전쟁 때 파괴됐다. 1954년 복구됐다. 【유적·유물】 절 전체가 북한의 사적 제28호로 지정되어 있다. 현존하는 건물로는 보광전과 향풍루, 축성전이 있다. 유물로는 오층석탑이 있는데, 고려시대의 것으로 추정된다. 【참고문헌】 한국사찰전서(권상로, 동국대학교 출판부, 1979), 북한의 절과 불교(정태혁·신법타, 민족사, 1990), 북한불교연구(한국불교종단협의회,

1993)

정토사(淨土寺)

【위치】 경상북도 경주시에 있었다. 【연혁】 신라 때 조신(調信)이 창건했다. 조신은 세달사(世達寺)의 장원(莊園)을 관리하는 지장(知莊)을 맡고 있다가 이를 사임하고 자신의 재산을 내어 이 절을 세워 부지런히 착한 일을 했다고 한다. 연혁은 전하지 않는다. 【설화】 조신은 명주(溟州; 지금의 강릉)에 지장으로 갔다가, 군수 김흔(金昕)의 딸을 보고 반해 낙산사 관음대비상(觀音大悲像) 앞에 가서 그녀를 만나게 해달라고 수년 동안 기도했다. 그러나 그녀가 결혼하자 그는 불당 앞에서 울며 원망하다가 날이 저물고 지쳐서 잠깐 졸았다. 그때 뜻밖에 그녀가 와서 '스님을 뵙고 항상 그리워했으나 부모의 명으로 할 수 없이 시집을 갔습니다. 그러나 이제 스님과 함께 살고자 왔습니다.'라고 했다. 그는 그녀와 함께 고향으로 가서 40여 년을 살면서 다섯 남매를 낳았다. 그러나 살림이 점차 구차해져 10년 동안 떠돌며 걸식하다가 큰 아들이 굶어 죽자 길가에서 오막살이를 했다. 이제 부부가 늙고 병들었으며, 열 살된 딸이 구걸을 다녔다. 어느 날 딸이 개에게 물려 돌아오자 부부가 함께 통곡했다. 이에 아내가 '내가 당신을 처음 만났을 때에는 젊고 아름다웠으나, 50년이 지난 지금 늙고 병들어 빌어먹기도 어렵고 자식들도 헐벗고 굶주려 어찌할 수 없으니, 부부가 헤어져 살아 나갈 길을 찾는 것이 좋겠습니다.'라고 했다. 그리하여 부부가 아이를 둘씩 데리고 남북으로 길을 떠나려 하다가, 문득 깨어 보니 꿈이었다. 하룻밤 사이에 머리가 희어지고 세상이 다 덧없이 보여 대비상 앞에서 무수히 참회했다. 큰

아들을 묻었던 곳을 파보니 미륵석상이 나왔다. 이를 근처의 절에 모시고 돌아가서 지장의 책임을 사퇴한 뒤, 정토사를 지었다고 한다. 【참고문헌】 삼국유사

정토사(淨土寺)

【위치】 충청북도 충주시 동량면 하천리 개천산(開天山)에 있었다. 【연혁】 신라 말기에서 고려 초기 사이에 창건된 것으로 추정된다. 고려 태조로부터 국사의 예우를 받았던 법경 현휘(法鏡 玄暉)가 이 절의 주지로 임명되어 많은 제자들을 양성하다가 941년(태조 24) 여기에서 입적했으며, 그의 뒤를 이어 홍법(弘法)이 후학들을 지도했다. 언제 폐사되었는지는 전하지 않는다. 1481년(조선 성종 12)에 편찬된 《동국여지승람》에는 조선 초에 이숭인(李崇仁)이 이 절의 풍경을 읊은 시가 수록되어 있다. 《한국사찰전서》에 이 절이 용두사(龍頭寺)라고 나와 있으나, 이는 인근에 있는 용두사와 혼동한 오기이다. 【유적·유물】 절터에서 출토된 문화재로는 법경대사자등탑비(法鏡大師慈燈塔碑 ; 보물 제17호)와 법경대사자등탑, 홍법국사실상탑(弘法國師實相塔 ; 국보 제102호)과 홍법국사실상탑비(보물 제359호)가 있다. 이 중 실상탑과 탑비는 1915년 경복궁으로 옮겨져 보관됐고, 자등탑은 일본으로 반출되었다. 이 밖에도 약 70년 전에 절터 앞 언덕에서 운판(雲板)과 불상이 출토되었다. 이 중 운판은 대장장이가 깨뜨려 쇠를 녹이는 도가니에 넣었다가 도가니가 폭발하여 즉사했다고 하며, 불상은 한 승려가 가져 갔다고 한다. 【참고문헌】 동국여지승람, 한국사찰전서(권상로, 동국대학교 출판부, 1979), 사지(충청북도, 1982)

정토사(淨土寺)

【위치】 전라북도 정읍시 정우면 산북리 정토산(淨土山)에 있다. 【소속】 대한불교조계종 제24교구 본사인 선운사의 말사이다. 【연혁】 1299년(고려 충렬왕 25) 담운(曇雲)이 창건했다. 1603년(조선 선조 36) 진묵 일옥(震默 一玉)이 중건하여 약사전을 세웠다고 한다. 그러나 그 뒤의 자세한 연혁은 전하지 않는다. 1918년 주지 이진성(李振聲)이 원통전을 세웠으며, 1922년 전광명화(全光明華)가 칠성각을 세웠다. 1959년 명봉이 중수했고, 1966년 주지 우산 종균(愚山 鍾均)이 관음선원을 세웠다. 1987년 주지로 부임한 정명(淨明)이 원통전과 칠성각 등을 중창하고, 창사 700주년을 기념하여 미륵존불을 봉안했다. 【유적·유물】 건물로는 약사전과 칠성각, 요사채 2동 등이 있다. 옛 원통전은 현재 요사채로 쓰고 있다. 【참고문헌】 전북불교총람(전북불교총연합회, 1993), 사찰지(전라북도, 1990)

정토사(淨土寺)

【위치】 충청남도 논산군 가야곡면 삼전리 정토산에 있었다. 【연혁】 유물로 미루어 보아 고려 말기에 창건된 것으로 추정된다. 연혁은 전하지 않는다. 1481년(조선 성종 12)에 편찬된 《동국여지승람》과 1799년(정조 23)에 편찬된 《범우고(梵宇攷)》에는 존재한다고 나와 있으나, 그 뒤 폐사되었다. 【유적·유물】 절터에는 기와 조각과 백자 조각이 산재해 있다. 【참고문헌】 한국사찰전서(권상로, 동국대학교 출판부, 1979), 문화유적총람-사찰편(충청남도, 1990)

정토사(淨土寺)

백련사(白蓮寺)를 보시오.

정토사(淨土寺)
백양사(白羊寺)를 보시오.

정취사(淨趣寺)
정취암(淨趣庵)을 보시오.

정취암(淨趣庵)
【이명】한때 정취사(淨趣寺)라고도 불렸
다.【위치】경상남도 산청군 신등면 양전
리 지리산에 있다.【소속】대한불교조계
종 제12교구 본사인 해인사의 말사이다.
【연혁】언제 누가 창건했는지 알 수 없다.
1481년(조선 성종 12)에 편찬된《동국여
지승람》과 1799년(정조 23)에 편찬된
《범우고(梵宇攷)》에는 정취사가 존재한
다고 나와 있다. 그러나 일제강점기에 제
정된〈태고사법(太古寺法)〉에는 정취암이
라고 나와 있다. 연혁은 전하지 않는다.
【유적·유물】건물로는 법당 등이 있다.
【참고문헌】동국여지승람, 범우고, 한국사
찰전서(권상로, 동국대학교 출판부, 1979)

정혜사(定慧寺)
【위치】충청남도 예산군 덕산면 사천리
덕숭산(德崇山)에 있다.【소속】대한불교
조계종 제7교구 본사인 수덕사의 산내 암
자이다.【연혁】599년(백제 법왕 1) 본사
인 수덕사와 함께 신라의 지명(智明)이
창건했다고 한다. 그러나 당시 지명은 진
나라에 유학중이었으므로 신빙성이 없다.
창건 이후 많은 큰스님들이 수도한 곳이
나, 자세한 연혁은 전하지 않는다. 1930
년 만공 월면(滿空 月面)이 중수한 이후
사세가 크게 확장되었다. 그가 이 절 선원
의 조실이 된 이래 문하에는 100여 명의
비구와 비구니가 따랐다. 이 절에서 많은
현대의 큰스님들이 배출되었다.【유적·
유물】현존하는 건물로는 관음전을 비롯
하여 본전인 능인선원(能仁禪院), 산신각,

불유각(佛乳閣), 주지실, 요사 등이 있다.
또한 정원의 바위에는 작은 석탑 2기가
나란히 서 있어 쌍탑 또는 남매탑이라고
하는데 유래나 조성 연대 등은 알 수가 없
다.【참고문헌】명산 고찰 따라(이고운·
박설산, 신문출판사, 1987)

정혜사(定慧寺)
【이명】한때 정혜사(淨慧寺)라고 했다.
【위치】충청남도 청양군 장평면 화산리
칠갑산(七甲山)에 있다.【소속】대한불교
조계종 제6교구 본사인 마곡사의 말사이
다.【연혁】841년(신라 문성왕 3) 진감 혜
소(眞鑑 慧昭)가 창건했다고 한다. 자세한
연혁은 전하지 않는다. 1481년(조선 성종
12)에 편찬된《동국여지승람》과 1799년
(정조 23)에 편찬된《범우고(梵宇攷)》에
는 정혜사(淨慧寺)라고 나와 있다. 1592
년(선조 25) 임진왜란 때 서산 휴정(西山
休靜)이 의승병들의 도량으로 이용했다.
1908년 의병과 일본군 간의 전투중에 전
소했으나 불상만은 화를 면했고, 같은 해
에 월파(月波)가 중창했다. 1930년 불상
을 개금한 기록이 있는데 이때에는 절 이
름이 정혜사(定慧寺)라고 나와 있다. 부
속 암자로는 혜림암(惠林庵 ; 일명 中庵)과
석굴암(石窟庵), 서암(西庵)이 있다.【유
적·유물】절 일원이 충청남도 문화재자
료 제151호로 지정되어 있다. 현존하는
건물로는 대웅전과 칠성각, 요사채가 있
다. 유물로는 칠성탱화와 아미타래영도
(阿彌陀來迎圖), 혜림암 탱화, 부도 2기,
부도비 1기가 있다. 칠성탱화는 대웅전의
아미타불후불탱화인데, 1885년(고종 22)
에 제작된 것이다. 아미타래영도는 칠성
각에 있으며, 1911년에 제작된 것이다.
혜림암 탱화는 1868년(고종 5)에 제작된

것이다. 또한 부도비는 혜월(慧月)의 것으로 1815년(순조 15)에 부도와 함께 세워졌다. 【참고문헌】한국사찰전서(권상로, 동국대학교 출판부, 1979), 문화유적총람-사찰편(충청남도, 1990)

정혜사(淨惠寺)
【이명】정혜사(定慧寺, 定惠寺), 부혜사(浮惠寺)라고도 불렸다. 【위치】경상북도 경주시 안강읍 옥산리에 있었다. 【연혁】유물로 미루어 보아 신라 때 창건된 것으로 추정된다. 연혁은 전하지 않는다. 조선시대에 회재 이언적(悔齋 李彦迪, 1491~1553)을 받드는 옥산서원(玉山書院)을 인근에 창건한 뒤 이 절을 옥산서원의 수호 사찰로 삼았다. 1845년(헌종 11)에 간행된《동경잡기(東京雜記)》에 '이 절에《회재문집》등이 소장되어 있다.'고 나와 있어, 구한말 이후에 폐사된 것으로 보인다. 부혜사라고도 불렸는데 정혜사의 오기에서 기인한 것으로 추정된다. 【유적·유물】절터에는 십삼층석탑(국보 제40호)이 남아 있는데, 통일신라 때의 것이다. 탑신부 위층의 3층이 떨어져 있던 것을 1922년 무렵 일본인들이 제 자리에 올려 놓았으며 기단을 시멘트로 굳혀 놓았다. 【참고문헌】한국사찰전서(권상로, 동국대학교 출판부, 1979), 문화재대관-국보 1(한국문화재보호협회, 대학당, 1986)

정혜사(定惠寺)
【위치】알 수 없다. 【연혁】언제 누가 창건했는지 알 수 없다. 고려 예종 때(1101~1122) 혜조(慧照) 국사가 왕의 칙명을 받고 중국에 유학을 가서 요본(遼本) 대장경 3부를 사 가지고 왔는데, 그중 한 본이 이 절에 있었다. 목암 일연(睦庵 一然, 1206~1289)이 편찬한 《삼국유사》에는

'대장경이 지금도 이 절에 있다.'고 나와 있다. 연혁은 전하지 않는다. 【참고문헌】삼국유사

정혜사(定慧寺)
【이명】한때 안행사(雁行寺), 안양사(安養寺)라고 불렸다. 【위치】전라북도 전주시 완산구 효자동에 있다. 【소속】대한불교보문종에 속한다. 【연혁】1898년(대한광무 2) 거사 최향관이 창건하여 마을 이름을 따서 안행사라고 했다. 최향관은 득남을 발원하며 칠성각을 세워 작은 암자로서 이 절을 창건했던 것이다. 그러나 절 이름이 와전되어 사람들은 안양사라고 불렀다고 한다. 그 뒤 1922년 최향관의 외손녀인 비구니 정명주(鄭明珠)가 법당인 보광전(普光殿)을 신축하고 이름을 정혜사라고 고쳤다. 정명주는 다시 1986년 중창하여 전주에서 가장 규모가 큰 절로 발전시켰다. 부속 기관으로는 보문유치원이 있다. 【유적·유물】건물로는 보광천을 비롯하여 명부전, 칠성각, 삼성각, 용화전, 나한전, 선원, 미륵전, 종각, 사천왕문, 요사, 유치원 등이 있다. 문화재로는 고려 말의 것으로 추정되는 석탑과 불상 등이 있다. 이 밖에도 석가모니 부처님의 사리탑이 있는데, 사리는 1983년 스리랑카에서 1과를 모셔온 것이다. 【참고문헌】전북불교총람(전북불교총연합회, 1993), 사찰지(전라북도, 1990)

정혜사(淨慧寺)
정혜사(定慧寺)를 보시오.

정혜사(定慧寺, 定惠寺)
정혜사(淨惠寺)를 보시오.

제석사(帝釋寺)
【위치】전라북도 익산시 왕궁면 왕궁리 제석들에 있었다. 【연혁】백제의 무왕(재

위 600~641)이 창건했다. 무왕은 수도를 왕궁평으로 옮겨 잡은 뒤, 궁궐 근처에 제석천(帝釋天)을 주존으로 모시는 내불당으로 이 절을 창건하고 왕실의 번영과 국가의 안녕을 기원했던 것이다. 639년(무왕 40) 11월 큰 뇌우로 인해 창건 당시의 불전과 칠층목탑, 낭방(廊房) 등이 완전히 붕괴되다. 칠층목탑의 심초석(心礎石)에 봉안되어 있던 불사리병(佛舍利瓶)과 동판에 새긴 《금강반야경》만은 온전히 보존되어 있었으나, 칠보(七寶)는 훼손되었다. 그러나 불사리병의 뚜껑이 열리지 않았고 안의 사리가 보이지 않았으므로 무왕은 발직(發卽)을 청하여 참회법회를 하게 한 뒤 열어 보았는데, 병 안에는 부처님 사리 6과가 있었다고 한다. 그 뒤 연혁은 전하지 않는다. 【유적·유물】절터에서 불상과 석등의 옥개석, 종편(鐘片) 등이 발견되었고, 칠층목탑 터로 추정되는 작은 토루에서 제석사의 이름이 적힌 기와 조각이 발견되어 절 이름이 확인되었다. 현재에도 이 토루의 중심부에는 장방공(長方孔)이 뚫려 있는 심초석이 있다. 특히 주목되는 것은 1965년 백제 무왕의 궁터라 전하는 왕궁평의 성 안에 있는 오층석탑 속에서 발견된 유물과 이 절의 칠층목탑 속에 있었던 유물이 비슷하다는 점이다. 오층석탑 속에서도 금판의 《금강경》과 청색의 맑은 유리병에 담겨 있는 16과의 사리가 발견되었기 때문이다. 이를 통해서 이 절이 폐허화한 뒤 무왕은 이 절의 중창 대신에 오층석탑을 건립하여 그 유물을 봉안한 것으로 추정하는 견해도 있다. 【참고문헌】관세음응험기, 미륵산의 정기(익산군, 1982), 사찰지(전라북도, 1990)

제석사(帝釋寺)
【이명】제석암(帝釋庵)이라고도 불린다. 【위치】경상북도 경산시 자인면 북사리 도천산(到天山) 기슭에 있다. 【소속】대한불교조계종 제10교구 본사인 은해사의 말사이다. 【연혁】1635년(조선 인조 13) 화주 유찬(惟贊)이 창건했다. 1802년(순조 2) 거사 손대권(孫大權)이 중창했으며, 1910년 월파(月波)가 중창했다. 그 뒤 1933년 만호(萬湖)가 중수하여 오늘에 이르고 있다. 【유적·유물】현존하는 건물로는 대웅전과 산신각, 요사채가 있다. 특별한 문화재는 없다. 【참고문헌】한국사찰전서(권상로, 동국대학교 출판부, 1979)

제석암(帝釋庵)
제석사(帝釋寺)를 보시오,

제석원(帝釋院)
【위치】경기도 개성시에 있었다. 【연혁】언제 누가 창건했는지 알 수 없다. 928년(고려 태조 11) 8월 홍경(洪慶)이 후당(後唐)의 민부(閩府)로부터 대장경 1부를 배에 싣고 예성강에 이르자, 태조가 친히 마중을 나가 이 절에 봉안했다. 949년(정종 4) 3월 13일 정종의 병이 위독하여 정종이 내선원(內禪院)에서 이 절로 옮겨 온 뒤 승하했다. 연혁은 전하지 않는다. 【참고문헌】고려사

제석원(帝釋院)
천주사(天柱寺)를 보시오.

조계사(曹溪寺)
【이명】한때 각황사(覺皇寺), 태고사(太古寺)라고 불렸다. 【위치】서울특별시 종로구 견지동에 있다. 【소속】대한불교조계종의 직할교구 본사이다. 【연혁】1938년에 인근의 중동중고등학교(中東中高等

學校) 옛터에 있던 각황사를 지금의 위치로 옮겨 짓고 삼각산에 있던 태고사를 이전하는 형식을 취하여 태고사라고 했다. 1910년 전국 승려들의 의연금으로 동녕위궁(東寧尉宮)의 자재를 사들여 조선불교중앙포교당으로 창건된 각황사는 원흥사(元興寺)에 있던 조선불교중앙회무소(朝鮮佛教中央會務所)를 옮겨 와 근대 한국불교의 새 불교운동을 이어가게 했던 중심적인 절이다. 1915년 초에 포교와 교육사업의 일원화를 위해 각황사에 30본산 연합사무소를 설치했고, 1922년 1월 조선불교선교양종 중앙총무원을 설치했으나, 이해 5월 조선불교선교양종 중앙교무원이 설치됨에 따라 각황사 안에는 상반된 두 개의 종무기관이 존립하게 되었다. 1925년 총무원과 교무원은 타협을 보고 재단법인 조선불교중앙교무원으로 통합하여 통일적인 중앙통할의 종무기구를 세웠다. 1929년 1월 3일 104명의 승려가 각황사에 모여 조선불교선교양종 승려대회를 열어 종헌을 비롯한 교무원 규정, 교정회법(教正會法), 종회법(宗會法) 등을 제정했다. 1927년 3월 각황사를 현재의 자리로 옮기는 공사를 착공하여 1938년 10월 준공한 뒤 태고사를 이전하는 형식을 취하여 절 이름을 태고사라고 했다. 그 뒤 불교계의 중심 사찰로 명맥을 이어오다가 1955년 불교계 정화운동이 일단락된 뒤 조계사로 고쳐 부르게 되었다. 현재 대한불교조계종의 총무원과 교육원, 포교원, 중앙종회가 자리잡고 있다. 【유적·유물】경내에는 대웅전을 비롯하여 불교회관, 덕왕전, 문화회관 등이 있다. 대웅전은 1910년 건립된 법당으로 크기는 조선시대의 왕궁의 건축과 비길 만하다. 문

(門)의 조각과 사면조각(四面彫刻)이 특이하며, 내부에는 석가모니불을 봉안하고 있다. 불교정화기념관은 1955년 불교계의 정화운동을 기념하기 위해 1957년 건립한 건물로서 사무실과 숙소로 사용되다가 1995년 철거되었다. 이 밖에도 이 절에는 종각, 범종, 사리탑비와 칠층석탑 1기가 있다. 1층 목조건물이었던 종각은 1973년 8월 육바라밀(六波羅蜜)을 상징하여 2층 6각으로 개축했다. 이 종각에는 신라 계통과 중국 계통의 범종 양식을 절충한 높이 154cm, 지름 89cm인 연대 미상의 범종이 있는데, 용문산 상원사(上院寺)에서 옮겨 온 것으로 그 소리가 은은하기로 유명하다. 사리탑비는 1930년 스리랑카의 달마파라(達摩婆羅)가 부처님의 진신사리 1과를 가져 와 승려대표 김금담(金錦潭)에게 전해 준 것을 기록한 비명이고, 칠층석탑은 달마파라가 가져 온 부처님의 진신사리를 봉안한 탑이다. 【참고문헌】조선불교약사(권상로, 신문관, 1917), 조선불교통사(이능화, 신문관, 1918), 불교근세백년(강석주·박경훈, 중앙신서 71, 1980)

조연사(槽淵寺)

단속사(斷俗寺)를 보시오.

조왕사(朝王寺)

【위치】충청남도 부여군 부여읍 동남리 금성산(錦城山)에 있다. 【소속】대한불교조계종 제6교구 본사인 마곡사의 말사이다. 【연혁】고려 때에 창건된 것으로 추정된다. 자세한 연혁은 전하지 않는다. 1913년 민영천(閔泳天)이 절 뒤편에서 매몰된 비로자나불좌상을 발굴하고, 1919년에는 김병준(金炳畯)이 법당을 짓고 이 불상을 봉안하여 중창했다. 그 뒤 정두영(鄭斗榮)이 중창하여 조왕사라고 했으며,

근래에 이건호(李健鎬)가 조계종에 소속
시켰다. 1981년 이건호가 요사채를 건립
하고, 1984년 일본인 불자들의 성금으로
종각을 세웠다. 【유적·유물】건물로는
법당과 요사채, 종각이 있다. 유물로는 석
조비로자나불좌상이 있는데, 고려시대 불
상의 특징을 지닌 작품이다. 【참고문헌】
문화유적총람-사찰편(충청남도, 1990)

조제암(鳥啼庵)
【이명】한때 관음암(觀音庵)이라고 불렸
다. 【위치】강원도 고성군 현내면 명파리
금강산에 있다. 【소속】대한불교조계종
제3교구 본사인 신흥사의 말사이다. 【연
혁】772년(신라 혜공왕 8) 진표(眞表)가
창건하여 관음암이라고 했다. 그 뒤 1358
년(고려 공민왕 7) 나옹 혜근(懶翁 惠勤)
이 중건했다. 1464년(조선 세조 10) 세조
가 나라의 동쪽 지방을 순시하다가 명파
리에 다다랐을 때 마침 관음청조(觀音靑
鳥)의 울음을 듣고 그 새소리를 좇아 이
절에 이르게 되었으므로 절 이름을 조제
암이라고 고쳐 부르도록 했으며, 명을 내
려 절을 중건하게 했다. 그 뒤 운곡(雲谷)
이 중수했고, 1896년(건양 1) 기월(機月)
이 서쪽으로 5리 되는 곳으로 옮겨 중건
했다가 1903년 다시 옛터로 옮겨 지었다.
1910년에는 선화(禪和)가 중수했다. 일제
강점기의 31본산시대에는 건봉사(乾鳳寺)
의 말사였다. 이 절은 창건 이후 관음기도
처로서 참배객들의 발길이 끊이지 않았
다. 【유적·유물】건물로는 법당 등이 있
다. 【참고문헌】건봉사급건봉사말사사적,
한국사찰전서(권상로, 동국대학교 출판부,
1979)

조천사(朝天寺)
【이명】한때 신암사(神巖寺)라고도 불렸

다. 【위치】경기도 용인군 외사면 장평리
조비산(鳥飛山)에 있다. 【소속】대한불교
조계종 제2교구 본사인 용주사의 말사이
다. 【연혁】1732년(조선 영조 8) 처사 심
(沈)씨가 창건했다. 원래 심씨는 병을 치
료하기 위해 매일 같이 이 절 부근의 석간
수를 마시러 다녔는데, 어느 날 꿈에 관세
음보살이 나타나서 부처님을 봉안하고 휴
양하면 병이 나으리라고 했다. 이에 따라
작은 불당을 짓고 불상을 봉안한 뒤 기도
하여 병이 나았다고 한다. 그 뒤 1770년
(영조 46) 처사 박(朴)씨가 불당을 헐고
관음전(觀音殿)을 신축한 뒤 신암사라고
했으며, 1796년(정조 20) 해가 일찍 뜨는
곳이라 하여 다시 조천사로 고쳐 불렀다.
1974년 주지 용상(龍象)이 요사채를 신축
했다. 1979년 비구니 박승문(朴承文)이
퇴락한 관음전을 헐고 대웅전을 신축했으
며, 1981년 산신각을 신축하여 오늘에 이
르고 있다. 【유적·유물】건물로는 대웅
전과 요사채, 산신각 등이 있다. 【참고문
헌】용주사본말사지(본말사주지회, 1984),
기내사원지(경기도, 1988)

조혜사(照慧寺)
한산사(寒山寺)를 보시오.

존자암(尊者庵)
【위치】제주도 남제주군 대정읍 한라산
불래오름 중턱에 있었다. 【연혁】유물로
미루어 보아 고려 때 창건된 것으로 추정
된다. 연혁은 전하지 않는다. 1481년(조
선 성종 12)에 편찬된 《동국여지승람》에
는 존재한다고 나와 있으나, 1799년(정조
23)에 편찬된 《범우고(梵宇攷)》에는 폐
사되었다고 나와 있다. 【유적·유물】유
물로는 누구의 것인지 알 수 없는 고려 때
의 부도 1기가 절터에 있다. 【참고문헌】

한국사찰전서(권상로, 동국대학교 출판부, 1979), 법보신문(1993. 9. 20)

종인암(宗仁庵)

보운암(普雲庵)을 보시오.

주리사(主吏寺)

【위치】경상남도 함안군 여항면 주서리 여항산(餘航山)에 있었다. 【연혁】언제 누가 창건했는지 알 수 없다. 1481년(조선 성종 12)에 편찬된 《동국여지승람》과 1799년(정조 23)에 편찬된 《범우고(梵宇攷)》에는 존재한다고 나와 있으나, 1900년대에 편찬된 《사탑고적고(寺塔古蹟攷)》에는 '절터에 석탑이 있었는데, 지금은 함안군청 구내로 옮겨져 있다.'고 나와 있다. 연혁은 전하지 않는다. 【유적·유물】유물로는 사자석탑 1기가 있다. 지금은 북촌리 함안중학교 교정에 있다. 【참고문헌】동국여지승람, 범우고, 사탑고적고, 한국사찰전서(권상로, 동국대학교 출판부, 1979)

주미사(舟尾寺)

【위치】충청남도 공주시 주미동 주미산(舟尾山)에 있었다. 【연혁】백제 때 창건된 것으로 추정된다. 《삼국유사》에 의하면 신라 진지왕 때(576~579)의 흥륜사(興輪寺) 승려 진자(眞慈)가 평소 미륵을 신봉하여 미륵이 화랑으로 변하여 세상에 출현하기를 발원하다가 백제의 웅천(熊川; 공주) 수원사(水源寺)로 미륵선화(彌勒仙花)를 찾아나섰다고 한다. 이때 수원사에서 한 소년을 만나 대화하는 가운데 소년이 천산(千山; 주미산)에 있는 옛 성현을 찾아가라고 말했다고 한다. 주미산에 있는 옛 절은 이 절밖에 없었으므로 당시부터 존재했던 것으로 보인다. 1481년(조선 성종 12)에 편찬된 《동국여지승람》에

는 이 절이 존재한다고 나와 있고, 1799년(정조 23)에 편찬된 《범우고(梵宇攷)》에는 이미 폐사된 것으로 나와 있다. 【유적·유물】절터가 충청남도 기념물 제38호로 지정되어 있다. 절터의 일부가 경작지로 변하여 교란이 심하다. 유적으로는 석굴이 남아 있고, 유물로는 석탑 부재와 석등 대석, 부도 대석이 있다. 유물 대부분이 통일신라 때의 것으로 추정된다. 【참고문헌】한국사찰전서(권상로, 동국대학교 출판부, 1979), 문화유적총람─사찰편(충청남도, 1990)

주병사(朱坪寺)

약사사(藥師寺)를 보시오.

주사사(朱砂寺)

주사암(朱砂庵)을 보시오.

주사암(朱砂庵)

【이명】한때 주암사(朱巖寺)라고 불렸으며, 주사사(朱砂寺)라고도 불린다. 【위치】경상북도 경주시 서면 천촌리 오봉산(五峰山)에 있다. 【소속】대한불교조계종 제11교구 본사인 불국사의 말사이다. 【연혁】신라 문무왕 때(661~681) 창건됐다. 창건 당시에는 주암사라고 했으며 신인종(神印宗)에 속했던 것으로 추정된다. 창건 이후의 연혁은 전하지 않는다. 【유적·유물】건물로는 영산전과 큰방, 산령각이 있다. 영산전에는 석가모니불과 16나한을 봉안했다. 유물로는 탱화 1폭이 있는데, 이 탱화의 주인공은 신라 의상(義湘, 625~702)이라고 한다. 【설화】《동국여지승람》에는 이 절의 내력과 관련된 설화가 전한다. 신라 때 한 도인이 이곳에서 신중삼매(神衆三昧)를 얻고 스스로 말하기를, '적어도 궁녀가 아니면 내 마음을 움직이지 못할 것이다.' 라고 했다. 귀신의 무리

들이 이 말을 듣고 궁녀를 한밤중에 훔쳐 새벽에 돌려보내곤 했는데, 궁녀가 두려워하여 왕에게 아뢰니, 왕이 궁녀에게 '가서 자는 곳에 붉은 모래로 표시하라.'고 하고, 이어 병사들에게 붉은 모래의 흔적을 찾게 했다. 오랜 수색 끝에 이곳에 이르러서 보니, 붉은 모래 흔적이 바위 문에 찍혀 있고, 늙은 승려가 바위에 한가로이 앉아 있었다. 왕이 그의 요괴하고 미혹한 행위를 미워하여 용맹한 장졸 수천 명을 보내 죽이고자 했으나, 그 승려가 마음을 고요히 하고 눈을 감은 채 한번 주문을 외우자 수만의 신중이 산과 골에 늘어섰으므로 군사들이 두려워 물러갔다. 왕은 그가 이인(異人)임을 알고 궁궐 안에 맞아들여 국사(國師)로 삼았다고 한다. 이러한 연유로 절 이름이 주사암이 되었다고 한다. 【참고문헌】 동국여지승람

주석원(呪釋院)
달성사(達成寺)를 보시오.

주안사(朱鴈寺)
약사사(藥師寺)를 보시오.

주암사(酒巖寺)
【위치】 평안남도 대동군 임원면 청암리 주암산(酒巖山) 북쪽 기슭에 있었다. 【연혁】 언제 누가 창건했는지 알 수 없다. 바위틈에서 술이 흘러나왔다는 주암(酒巖)이 옆에 있어 이름을 주암사라 했다고 한다. 연혁은 전하지 않는다. 고려 명종 때(1170~1197) 활동하던 시인 김극기(金克己)가 이 절을 소재로 지은 시가 《동국여지승람》에 전한다. 1481년(조선 성종 12)에 편찬된 《동국여지승람》에는 존재한다고 나와 있으나, 1799년(정조 23)에 편찬된 《범우고(梵宇攷)》에 이미 폐사된 것으로 나와 있다. 【유적 · 유물】 1900년대에

편찬된 《사탑고적고(寺塔古蹟攷)》에는 절터가 논으로 변했으며, 기와 조각이 산재해 있다고 나와 있다. 【참고문헌】 동국여지승람, 한국사찰전서(권상로, 동국대학교출판부, 1979), 한국의 사찰 17─북한의 사찰(한국불교연구원, 일지사, 1978)

주암사(朱巖寺)
주사암(朱砂庵)을 보시오.

주어사(走魚寺)
【위치】 경기도 여주군 금사면 하품리 앵자봉(鶯子峰) 서쪽 기슭에 있었다. 【연혁】 언제 누가 창건했는지 알 수 없다. 1779년(조선 정조 3) 이 절과 경기도 광주의 천진암(天眞庵)에서 권철신(權哲身)의 주도로 한역서학서(漢譯西學書)의 강학이 이루어졌다. 참석자는 정약전(丁若銓), 김원성(金源星), 권상학(權相學), 이총억(李寵億) 등이었고, 뒤에 소식을 듣고 이벽(李檗)이 가담했다. 이들은 주로 유교경전을 통해 우주와 인간의 근본문제를 탐구했으며, 한역서학서를 통해 천주교 교리를 집중적으로 검토하여 천주교 신앙에까지 이르게 되었다. 이승훈(李承薰)의 《만천유고(蔓川遺稿)》에는 이 해 12월 이 절에서 이벽과 정약전 등이 〈천주공경가(天主恭敬歌)〉와 〈십계명가(十誡命歌)〉를 지었다는 기록이 전한다. 그러나 이 절의 불교적 활동상은 전하지 않으며, 언제 폐사되었는지도 알 수 없다. 지금은 절터마저도 남아 있지 않다. 우리 나라 천주교회의 요람지로서 더욱 명성이 높다. 【참고문헌】 한국 초기 교회사와 주어사(조광, 사목 91, 한국천주교중앙협의회, 1984), 천진암 · 주어사 강학회논변(이원순, 한국천주교회사 연구, 한국교회연구사 연구소, 1986)

주왕암(周王庵)

【위치】경상북도 청송군 부동면 상평리 주왕산(周王山)에 있다. 【소속】대한불교 조계종 제10교구 은해사의 말사인 대전사 (大典寺)의 부속 암자이다. 【연혁】919년 (고려 태조 2) 눌옹(訥翁)이 대전사와 함께 창건하여 이곳에 은거했던 동진(東晉) 의 주왕(周王)을 기리기 위해 주왕암이라 했다고 한다. 그러나 창건 이후의 연혁은 전하지 않는다. 【유적·유물】현존하는 건물로는 나한전을 비롯하여 칠성각, 산신각, 가학루(駕鶴樓), 요사채가 있다. 가학루는 중층 누각이며, 나한전에는 석가 여래삼존불과 16나한이 봉안되어 있는데, 나한이 영험이 있다고 하여 참배객이 끊이지 않는다. 또 절 인근에 주왕굴(周王窟)이 있는데, 이 굴은 옛날 주왕이 숨어 있던 곳이라고 하며, 그가 굴 입구에 세수 하러 나왔다가 마장군(馬將軍)의 화살에 맞아 죽었다고 한다. 현재 굴속에는 탱화 1점이 봉안되어 있다. 이 밖에도 절 주위에는 병풍암을 비롯하여 나한봉, 관음봉, 지장봉, 칠성봉, 비로봉, 촛대봉 등 불교적 이름을 가진 봉우리들이 에워싸고 있다. 【참고문헌】한국사찰전서(권상로, 동국대학교 출판부, 1979), 명산 고찰 따라(이고 운·박설산, 신문출판사, 1987)

주월사(住月寺)

【이명】주월암(住月庵)이라고도 불린다. 【위치】경상북도 의성군 사곡면 양지리에 있다. 【소속】대한불교조계종 제16교구 본사인 고운사의 말사이다. 【연혁】신라 때 창건됐다고 한다. 1799년(조선 정조 23)에 편찬된 《범우고(梵宇攷)》에 존재한다고 나와 있다. 연혁은 전하지 않는다. 【유적· 유물】건물로는 대웅전과 미륵전, 삼성암,

요사채가 있다. 【참고문헌】한국사찰전서 (권상로, 동국대학교 출판부, 1979)

주월암(住月庵)

주월사(住月寺)를 보시오.

주지사(住持寺)

주지암(住智庵)을 보시오.

주지암(住智庵)

【이명】한때 주지사(住持寺), 주지암(住持庵)이라고 불렀다. 【위치】전라북도 남원시 이백면 양가리 지리산(智異山) 주지봉(住智峰)에 있다. 【소속】대한불교조계종 제17교구 본사인 금산사의 말사이다. 【연혁】1695년(조선 숙종 21) 남원부사 김세평(金世平)이 창건하여 주지암이라고 했다. 원래 이곳은 남원군민들이 기우제를 지내는 기우단이었는데, 김세평이 1694년 남원부사로 부임하자 주민들이 영험이 많은 이 기우단을 그대로 둘 수 없다고 하여 김세평이 주민들과 힘을 합해 이 절을 창건했던 것이다. 1912년 혜능(惠能)이 중건하고, 충청남도 부여군의 무량사(無量寺)에서 불상을 모셔 왔다. 당시에는 주지사(住持寺) 또는 주지암(住持庵)이라고 도 불렸다. 그러나 그 뒤 실화로 폐사된 채로 있다가 1978년 양선(良璇)이 중창했다. 【유적·유물】절 동쪽에는 석굴이 있는데, 100여 명이 들어갈 수 있는 크기로 예로부터 기도소로 유명했다. 【참고문헌】한국사찰전서(권상로, 동국대학교 출판부, 1979), 사찰지(전라북도, 1990)

주지암(住持庵)

주지암(住智庵)을 보시오.

죽림사(竹林寺)

【이명】한때 화남사(華南寺)라고 불렸다. 【위치】경상북도 청도군 화양읍 신봉리 화악산(華岳山)에 있다. 【소속】대한불교

조계종 제19교구 본사인 동화사의 말사이다. 【연혁】611년(신라 진평왕 33) 법정(法定)이 창건하여 화남사라고 했다. 그 뒤 법정은 선덕여왕(재위 632~647)의 명으로 일본에 건너가 친선과 포교에 크게 이바지하고 돌아왔는데, 선덕여왕이 이를 고맙게 여겨 이 절에 토지 900결을 하사하고, 절 일원에 대나무를 심게 했다. 이때부터 이름을 죽림사라고 했으며, 전성기를 누렸다. 고려 명종 때(1170~1197)에는 보조(普照) 국사 지눌(知訥)이 허물어진 절을 중건했다. 조선 태조 때(1392~1398)에는 무학 자초(無學 自超)가 중수했다. 1592년(선조 25) 임진왜란 때 왜군의 방화로 대웅전과 명부전이 불타 없어지고 보광전만 남았다. 당시 인법당(因法堂)을 새로 지어 불상을 모셨으나, 사세는 점차 기울어져 갔다. 1862년(철종 13) 재월(載月)이 중창했고, 1934년 벽운(碧雲)이 법당을 중건하고 요사채를 지었다. 【유적·유물】건물로는 대웅전을 비롯하여 삼성각, 산령각, 요사채 2동이 있다. 특별한 문화재는 없다. 【참고문헌】한국사찰전서(권상로, 동국대학교 출판부, 1979), 속 명산 고찰 따라(이고운·박설산, 운주사, 1994)

죽림사(竹林寺)
【위치】경상북도 영천시 금호읍 봉죽리 유봉산(遊鳳山)에 있다. 【소속】대한불교조계종 제10교구 본사인 은해사의 말사이다. 【연혁】809년(신라 헌덕왕 1) 창건됐다. 그 뒤의 연혁은 전하지 않는다. 1990년 주지 성수가 대웅전을 중창하고, 1995년 성수가 삼성각을 중창했다. 【유적·유물】건물로는 대웅전과 삼성각, 나한전, 요사채 등이 있다. 【참고문헌】한국사찰

전서(권상로, 동국대학교 출판부, 1979)

죽림사(竹林寺)
【위치】전라남도 나주시 남평읍 풍림리 중봉산(中峰山)에 있다. 【소속】대한불교조계종 제18교구 본사인 백양사의 말사이다. 【연혁】신라 때 창건됐다고 한다. 1481년(조선 성종 12)에 편찬된《동국여지승람》과 1799년(정조 23)에 편찬된 《범우고(梵宇攷)》에는 존재한다고 나와 있다. 자세한 연혁은 전하지 않는다. 1994년 주지 지향이 요사채를 신축했다. 【유적·유물】건물로는 대웅전(전라남도 문화재자료 제92호)과 영산전, 삼성각, 요사채 2동이 있다. 【참고문헌】한국사찰전서(권상로, 동국대학교 출판부, 1979)

죽림사(竹林寺)
표충사(表忠寺)를 보시오.

죽림암(竹林庵)
【위치】전라북도 임실군 임실읍 성가리 운수산(雲水山)에 있다. 【소속】대한불교조계종 제24교구 본사인 선운사의 말사이다. 【연혁】신라 때 진감(眞鑑) 국사 혜소(慧昭, 774~850)가 창건했다. 혜소는 수행을 위한 도량으로 임실군 관촌면의 신흥사(新興寺)를 창건한 뒤 수행과 포교를 위한 도량으로 이 절을 초가삼간 규모로 창건했다. 1504년(조선 연산군 10) 벽송 지엄(碧松 智儼)이 중창했으나, 1592년(선조 25) 임진왜란 때 소실됐으며, 1604년(선조 37) 진묵 일옥(震默 一玉)이 중창했다. 그 뒤의 자세한 연혁은 전하지 않는다. 1984년 주지로 부임한 재정(在淨)이 요사, 칠성각, 산신각 등을 완전 해체해서 중창했다. 【유적·유물】절 일원이 전라북도 문화재자료 제25호로 지정되어 있다. 건물로는 인법당(因法堂)을 비

롯하여 칠성각, 산신당, 미륵당, 종각, 요사채가 있다. 【참고문헌】 전북불교총람 (전북불교총연합회, 1993), 사찰지(전라북도, 1990)

죽사(竹寺)
【위치】 충청남도 서산시 인지면 성리 비룡산(飛龍山)에 있다. 【소속】 대한불교조계종 제7교구 본사인 수덕사의 말사이다. 【연혁】 언제 누가 창건했는지 알 수 없다. 일설에는 수백 년 전 인근 풍전리(豊田里) 주민들이 마을의 안녕과 풍요를 기원하기 위해 창건했다고 한다. 자세한 연혁은 전하지 않는다. 일제강점기에는 본산인 마곡사의 말사였으며, 1980년대에 원통전이 전소하여 새로 지었다. 【유적·유물】 건물로는 원통전과 종각, 요사채가 있다. 원통전 안에는 아미타불과 관세음보살이 봉안되어 있다. 【참고문헌】 문화유적총람-사찰편(충청남도, 1990)

죽원사(竹原寺)
대원사(大原寺)를 보시오.

죽장사(竹長寺)
법륜사(法輪寺)를 보시오.

죽장사(竹藏寺)
삼장사(三藏寺)를 보시오.

죽정사(竹亭寺)
【이명】 죽정사(竹精寺)라고도 했다. 【위치】 충청북도 충주시 직동 금봉산(金鳳山)에 있었다. 【연혁】 언제 누가 창건했는지 알 수 없다. 전설에 의하면 예로부터 이 부근에 대나무가 많아 봉황(鳳凰)이 서식했으므로 산 이름을 금봉산이라 하고, 절 이름을 죽정사라 했다고 한다. 절터에서 삼층석탑과 '순치(順治) 9년(1652년 ; 조선 효종 3)'이라고 적힌 기명와(記銘瓦)가 출토되어 그 이전까지는 이 절이

존재했음을 알 수 있다. 그러나 19세기 초에 이르러 빈 절이 되었으며, 그때 충주목사 조병로(趙秉老)가 절의 목재를 철거하여 진영청사(鎭營廳舍)를 지을 때 사용함으로써 완전히 폐허화했다. 【유적·유물】 현재 옛 중원군청 내에 있는 청녕헌(淸寧軒)과 제금당(製金堂)의 건물은 죽정사의 자재로 지은 것으로 이를 통해 옛절의 규모를 짐작할 수 있다. 절터에는 3층의 탑신(塔身)이 없어진 삼층석탑이 남아 있다. 이 탑은 통일신라시대의 석탑 양식을 갖추고 있고, 기단부에는 연화문(蓮花紋)과 안상문(眼象紋)이 조각되어 있다. 【참고문헌】 사지(충청북도, 1982)

죽정사(竹精寺)
죽정사(竹亭寺)를 보시오.

중광사(重光寺)
【위치】 경기도 개성시에 있었다. 【연혁】 1012년(고려 현종 3) 창건됐다. 1032년(덕종 1) 3월 29일 가뭄이 극심하여 봉은사(奉恩寺)와 이 절의 역부(役夫)들을 돌려보냈다. 1043년(정종 9) 9월 23일 이절의 성조도감사(成造都監使) 정장(鄭莊) 등이 감독해야 할 물건을 도둑질하였다가 처벌되었다. 이후의 연혁은 전하지 않는다. 【참고문헌】 고려사

중광사(重光寺)
【위치】 충청남도 연기군 금남면 발산리에 있다. 【연혁】 고려 때에 창건됐다고 한다. 연혁은 전하지 않는다. 조선시대에 척불정책으로 폐사된 것을 1938년 염래길(廉來吉)이 중창했다. 【유적·유물】 건물로는 인법당(因法堂)이 있다. 특별한 유물은 없다. 【참고문헌】 문화유적총람-사찰편(충청남도, 1990)

중기사(中基寺)

【위치】 전라북도 임실군 신평면 용암리에 있다. 【소속】 한국불교태고종에 속한다. 【연혁】 구전에 의하면 신라시대 중기에 창건됐다고 한다. 1592년(조선 선조 25) 임진왜란 때 소실한 뒤 폐허화했다. 1924년 주지 박봉주(朴奉柱)가 중창하여 오늘에 이르고 있다. 【유적·유물】 건물로는 인법당(因法堂)과 산신각(칠성각)뿐이다. 문화재로는 석등(보물 제267호)과 석불연화좌대(蓮華座臺 ; 전라북도 유형문화재 제82호) 2기가 있다. 석등은 우리 나라에서 두번째로 큰 것으로 통일신라시대의 작품이다. 연화좌대는 원래 절 서쪽 30m 지점에 있던 것을 1924년 현재의 위치로 옮겨 놓았으며, 비로자나불과 석가모니불을 그 위에 각각 봉안하고 있다. 마을 전체와 인근 논과 밭에서 기와 조각 등이 많이 출토되고 있는 것으로 미루어 마을 전체가 대규모의 절터였던 것으로 추정된다. 【설화】 석등에 얽힌 설화가 전한다. 석등에 불을 켜면 서울(경주)까지 불빛이 비쳤다고 하며, 일제강점기에는 일본인들이 도굴하기 위해서인지, 또는 일본으로 반출하기 위해서인지 하대석 부근을 깨뜨리자 청명한 날임에도 불구하고 석등을 중심으로 검은 구름이 몰려와 소나기가 내리고 천둥과 번개가 쳐서 일본인들이 도망가고 말았다고 한다. 【참고문헌】 문화유적총람(문화재관리국, 1977), 사찰지(전라북도, 1990)

중내원암(中內院庵)
【위치】 강원도 고성군 서면 금강산(金剛山) 미륵봉(彌勒峰) 아래에 있었다. 【연혁】 1213년(고려 강종 2) 창건됐다. 1545년(조선 인종 1) 중수했으며, 1879년(고종 16) 우은(禹隱)이 만수각(萬壽閣)을 중건

했다. 일제강점기의 31본산시대에는 유점사(楡岾寺)의 말사였다. 현재의 상황은 알 수 없으나, 북한측 자료에 의하면 현존하지 않는다. 【참고문헌】 유점본말사지

중대사(中臺寺)
【위치】 전라북도 진안군 성수산(聖水山)에 있었다. 【연혁】 650년(백제 의자왕 10) 고구려에서 백제로 망명한 큰스님 보덕(普德)의 제자 사대(四大)가 계육(契育) 등과 함께 창건했다. 그 뒤의 연혁은 전하지 않는다. 1481년(조선 성종 12)에 편찬된 《동국여지승람》에는 존재한다고 나와 있으나, 1799년(정조 23)에 편찬된 《범우고(梵宇攷)》에는 이미 폐사된 것으로 나와 있다. 【참고문헌】 삼국유사, 한국사찰전서(권상로, 동국대학교 출판부, 1979)

중대사(中臺寺)
【이명】 중대암(中臺庵)이라고도 불린다. 【위치】 경상북도 봉화군 봉화읍 삼계리 문수산(文殊山)에 있다. 【소속】 대한불교조계종 제16교구 본사인 고운사의 말사이다. 【연혁】 685년(신라 신문왕 5) 의상(義湘)이 창건했다. 조선시대 후기까지의 연혁은 전하지 않는다. 1851년(철종 2) 승희가 중창했다. 1938년 3월 전소하여 중건했으나, 1947년 공비들이 방화하여 다시 전소하였다. 이 해 11월 영호가 민가를 매수하여 원래의 위치인 봉성면 우곡리 문수산(文殊山) 중대골에서 지금의 위치로 옮겨 이 절의 법맥을 이었다. 【유적·유물】 건물로는 대웅전과 산신각, 요사채, 종각이 있다. 특별한 문화재는 없다. 일제강점기에 이 절에 보관해 오던 팔만대장경 각판 80매는 본사인 고운사로 이관되었다. 【참고문헌】 한국사찰전서(권상로, 동국대학교 출판부, 1979), 속 명산 고찰

따라(이고운·박설산, 운주사, 1994)

중대암(中臺庵)

【이명】 사자암(獅子庵)이라고도 불린다.
【위치】 강원도 평창군 진부면 동산리 오대
산에 있다. 【소속】 대한불교조계종 제4교
구 본사인 월정사의 산내 암자이다. 【연
혁】 신라 신문왕(재위 681~692)의 왕자
효명(孝明)과 보천(寶川)이 오대산에서 5
대를 참배하던 중 비로자나불을 비롯한 만
인의 문수보살을 친견한 중대에 창건했다.
이때 문수보살은 사자를 타고 다닌다고
하여 사자암이라고 했다. 조선의 태종은
불교를 심하게 탄압했지만, 이 절만은 태
종의 극진한 보호를 받았다. 1401년(태종
1) 봄에 태종은 권근(權近)에게 중건을
명하여 불상을 봉안하고 요사채와 목욕소
를 만들게 했다. 또한 이 해 11월 태종은
이 절에 와서 성대한 법요식과 낙성식을
베풀었다. 이때 태종은 다시 권근에게 명
하여 '먼저 떠난 이의 명복을 빌고, 후세
에까지 그 이로움을 미치게 하여 남과 내
가 고르게 부처님의 은혜를 입고자 하니,
경은 이 일을 글로 적어 후세에까지 알게
하라.'고 당부했다. 그 뒤의 연혁은 자세
히 전하지 않는다. 1926년 한암 중원(漢
岩 重遠)이 이 절에 들어와 '차라리 천고
에 자취를 감춘 학이 될지언정 춘삼월에
말 잘하는 앵무새의 재주는 배우지 않겠
다.'고 다짐하고 입적할 때까지 26년간 산
문을 나서지 않고 수행했다. 상원사의 적
멸보궁(寂滅寶宮)에 속한 향각(香閣)으로
서 분수승(焚修僧)이 거처하고 있다. 【유
적·유물】 건물로는 법당 등이 있다. 중원
이 가지고 다니던 지팡이를 꽂았는데, 싹
이 나 자랐다는 단풍나무가 지금도 자라고
있다. 【참고문헌】 전통사찰총서 1-강원

도 1(사찰문화연구원, 1992)

중대암(中臺庵)

중대사(中臺寺)를 보시오.

중사(中寺)

독정사(獨亭寺)를 보시오.

중사자암(中獅子庵)

【위치】 충청북도 보은군 내속리면 사내리
속리산(俗離山) 문장대(文藏臺) 아래에 있
다. 【소속】 대한불교조계종 제5교구 본사
인 법주사의 산내 암자이다. 【연혁】 720
년(신라 성덕왕 19) 창건됐다. 창건 당시
절터의 바위 모양이 사자와 같다고 하여
이름을 사자암이라고 했다. 원래는 상사
자암과 하사자암도 옆에 창건했는데, 이
두 절은 1900년 무렵 폐사되었다. 조선시
대에 세조(재위 1455~1468)는 이 절에서
복국(福國)과 이물(利物)을 기원했으며,
1641년(인조 19) 지선(智禪)이 인조의 명
에 따라 원종(元宗)의 원당을 세웠을 때
에는 능원대군(綾原大君)이 용화(龍華)
에 있는 전답을 이 원당의 소속으로 희사
했다. 1757년(영조 33) 영조의 명에 따라
이수창(李壽昌)과 주지 현익(玄益)이 감
독하여 중수했고, 1837년(헌종 3) 왕실에
서 총섭(摠攝) 하운(夏雲)과 신영원(申英
遠)을 파견하여 중수했다. 1887년(고종
24)에는 왕실로부터 천동(千銅)을 하사
받아 새롭게 중창했다. 1950년 6·25전쟁
때 소실하여 폐허화한 것을 1957년 10월
중건했다. 조선시대에 수백 년 동안 도총
섭(都摠攝)이 머물렀던 이 암자는 문수보
살이 항상 머무르고 있다는 문수도량으로
도 유명하다. 【유적·유물】 현존하는 건
물로는 인법당(因法堂)과 산신각이 있다.
인법당 안에는 비로자나불상과 1896년에
제작한 후불탱화가 봉안되어 있다. 절의

서편에는 인공으로 깎은 듯한 감투바위가 있는데, 창건 당시의 산신당 터였다고 한다. 그 아래편 일대는 조선시대 선조의 원당 터로서 6·25전쟁 때 소실하여 현재는 초석만 산재한다. 선조는 그의 원당을 짓고 어필(御筆) 병풍을 하사했는데, 현재 법주사 박물관에 보관되어 있다. 이 밖에도 글씨를 알아볼 수 없는 사적비와 부도 1기가 있다. 【참고문헌】한국의 사찰 5-법주사(한국불교연구원, 일지사, 1975), 사지(충청북도, 1982)

중생사(衆生寺)
【위치】경상북도 경주시 배반동 낭산(狼山)에 있다. 【소속】대한불교조계종 제11교구 본사인 불국사의 말사이다. 【연혁】신라 때 창건됐다. 《삼국유사》에 따르면, 오(吳)나라의 한 화공(畫工)이 신라로 건너와서 관음보살상을 만들었는데, 사람들이 모두 우러러보고 기도하여 복을 얻음이 이루 다 헤아릴 수 없었다고 한다. 특히 신라 말의 최은함(崔殷諴)은 관음보살상 앞에서 기도하여 아들을 얻었는데, 석 달이 채 되지 않아서 후백제의 견훤(甄萱, ?~936)이 서라벌을 침범하여 부득이 아이를 관음보살상 앞에 놓아 두고 난을 피했다가 보름 만에 다시 찾아오니, 아이는 더욱 생기가 있고 입에서는 젖냄새가 남아 있었다고 한다. 이 아이가 곧 최승로(崔承老, 927~989)이다. 또 992년(고려 성종 11) 3월 이 절의 주지 성태(性泰)가 시주가 없어 절을 유지할 수 없음을 걱정할 때 관음보살상이 금주(金州 : 김해) 사람들의 시주를 얻어 주었고, 절에 불이 났을 때 관음보살상이 스스로 절 마당으로 옮겨 와 화재로부터의 재난을 피했다고 한다. 또한 1173년(명종 3)에는

문자를 모르던 점숭(占崇)이 주지로 있었다. 한 승려가 점숭을 몰아내고 자신이 주지직을 맡으려고 나라에서 보낸 사신에게 점숭을 모함했으나, 점숭이 축원문을 거꾸로 들고도 잘 읽어내자 사신은 '이 스님은 관음대성이 보호하는 분'이라고 하여 점숭을 그대로 이 절에 머물게 했다고 한다. 당시에는 이 절이 나라의 은혜를 빌고 복을 구하는 역할을 했다. 그러나 그 뒤의 자세한 연혁은 전하지 않으며, 언제 폐사되었는지도 알 수 없다. 1940년대 옛 터에 중창하여 오늘에 이른다. 【유적·유물】건물로는 법당과 삼성각, 요사채 2동이 있다. 유물로는 마애삼존불상(보물 제665호)과 팔각원당형불좌대(八角圓堂型佛坐臺), 석탑 옥개석, 석조관음보살상, 석탑 부재 등이 있다. 석조관음보살상은 불두가 없으며, 그 불두는 국립경주박물관에 보관되어 있다. 【설화】오나라의 황제는 자신이 총애하는 황후가 너무 아름다워 당시의 가장 이름 있는 화공에게 그림을 그리도록 했다. 그런데 화공이 그림을 마친 뒤 실수로 붓을 떨어뜨려 그림의 배꼽 밑에 붉은 점이 찍히게 됐다. 아무리 고치려 해도 안되어 화공은 할 수 없이 황제에게 그 그림을 바쳤다. 황제는 '어떻게 황후의 감추어진 배꼽 밑 점까지 그렸느냐'며 의심하여 그를 옥에 가뒀다. 승상이 '화공은 착한 사람이니 용서해 달라'고 하자 황제는 '내가 어젯밤 꿈에 본 사람의 형상을 그려 바치면 사면하겠다'고 했고, 화공은 사력을 다해 십일면관세음보살상을 그려 바쳤다. 황제는 '용하게 맞췄다'며 그를 용서했다. 그 뒤 화공은 박사(博士) 분절(芬節)에게 '신라가 불법을 잘 믿는다고 하니 같이 신라에 가서 불

사를 벌이자'고 약속하고, 이 절에 머물면서 관세음보살상을 조성했다고 한다. 【참고문헌】 삼국유사

중암(中庵)

정수사(淨水寺)를 보시오.

중암(中庵)

화장암(華藏庵)을 보시오.

중암사(中庵寺)

【이명】 한때 묘각사(妙覺寺)라고 불렸다. 【위치】 대전광역시 중구 정생동 천비산(天庇山) 중턱에 있다. 【소속】 대한불교 조계종 제6교구 본사인 마곡사의 말사이다. 【연혁】 삼한시대에 창건됐다는 설과, 약 800년 전 고려 때 창건됐다는 설이 있다. 원래 이 절은 묘각사라고 했으나, 언제인지 알 수 없을 때에 중암(中庵)이 거처한 이후 중암사로 이름을 바꿨다고 한다. 1592년(조선 선조 25) 임진왜란 때 승장 기허 영규(騎虛 靈圭)가 금산전투에서 왜군의 총탄에 복부 관통상을 입자, 이 절에 이르러 갑옷과 창검을 벗어 놓고 공주 청련암(靑蓮庵)으로 가서 입적했다고 한다. 또한 이 절에 청허 휴정(淸虛 休靜, 1520~1604), 사명 유정(四溟 惟政, 1544~1610), 영규의 영정을 모신 삼충사(三忠寺)가 있었으나 한말에 계룡산 갑사(甲寺)로 이전했으며, 건물들도 1932년 주지의 실화로 소실하였다. 화재 전에는 불교 강원(佛敎講院)이 있었는데, 50여 명의 학인들이 모여 공부했다고 한다. 그 뒤 대웅전과 산신각, 요사채를 지어 오늘에 이르고 있다. 【유적·유물】 건물로는 대웅전과 산신각, 요사채 등이 있다. 유물로는 넓은 반석 위에 있는 6기의 부도(대전광역시 문화재자료 제11호)와 선교양종대찰지비(禪敎兩宗大刹之碑), 돌절구, 떡돌판,

시식대(施食臺) 등이 있다. 부도는 조선 후기의 큰스님들인 추월(秋月)을 비롯하여 한월(漢月), 천봉(天峯), 홍파(泓派), 수월(水月), 월영(月影) 등의 것이다. 이 중 월영의 부도는 1784년(정조 8)에 건립된 것으로 월영은 선교양종대선사(禪敎兩宗大禪師)를 지냈다. 일제강점기에도 영규의 유물과 투구, 고둥, 《화엄경》1질, 《법화경》1질, 《공신록》4권이 보존되어 있었으나, 1945년 8·15광복 이후 모두 분실했다고 한다. 【참고문헌】 한국사찰전서 (권상로, 동국대학교 출판부, 1979), 문화유적총람─사찰편(충청남도, 1990)

중암암(中巖庵)

【위치】 경상북도 영천시 청통면 치일리 팔공산(八公山)에 있다. 【소속】 대한불교 조계종 제10교구 본사인 은해사의 산내 암자이다. 【연혁】 834년(신라 흥덕왕 9) 왕사 심지(心地)가 창건했다. 그 뒤 수도승들의 수행처로 이용되어 오다가, 1834년(조선 순조 34) 우일(宇─)과 유엽(有曄)이 중수하여 오늘에 이르고 있다. 【유적·유물】 현존하는 건물로는 법당과 요사채, 객사가 있으며, 문화재로는 삼층석탑과 석등이 있다. 이 중 삼층석탑은 창건 당시에 건립된 것이라고 하며, 석등은 장방형으로 장식이나 기교를 가하지 않은 특이한 것이다. 이 밖에도 도괴된 부도 1기가 있다. 절 주변에는 삼인암(三印巖), 건들바위, 장군수(將軍水) 등이 있다. 장군수는 김유신(金庾信, 595~673)이 17세 때 이곳에서 수련하면서 마셨다고 하여 붙여진 이름이다. 【설화】 건들바위에는 전설이 깃들여 있다. 옛날 한 승려가 참선을 하고 있는데, 갑자기 큰소리가 나서 밖으로 나갔다. 큰 바위가 암자로 굴러 떨어

지려고 하므로 급히 법당에 들어가서 기도를 드리자 바위가 떠올라 훨씬 뒤의 안전한 자리로 옮겨 앉았다고 한다. 【참고문헌】한국사찰전서(권상로, 동국대학교 출판부, 1979), 명산 고찰 따라(이고운·박설산, 신문출판사, 1987)

중애사(重愛寺)

선운사(禪雲寺)를 보시오.

중초사(中初寺)

【위치】경기도 안양시 만안구 석수동 일대에 있었다. 【연혁】유물로 미루어 보아 통일신라 때 창건된 것으로 추정된다. 연혁은 전하지 않으며, 고려 중기 이후에 폐사된 것으로 보인다. 【유적·유물】절터에는 지금 공장이 들어서 있다. 유물로는 당간지주(보물 제4호)와 삼층석탑(보물 제5호), 마애종이 있다. 당간지주는 827년(신라 흥덕왕 2)에 세운 것으로 조성연대가 확실한 것으로는 유일한 것이다. 서쪽 지주에 음각한 주기(柱記)가 남아 있어 절이름과 조성연대가 밝혀졌다. 삼층석탑은 고려 중기에 조성된 것으로 추정된다. 마애종은 그 양식으로 보아 신라 말 또는 고려 초의 것으로 추정되며, 매달아 놓은 종을 스님이 치고 있는 장면을 바위에 양각한 우리 나라 유일의 것이다. 【참고문헌】기내사원지(경기도, 1988)

중화사(重華寺)

【이명】한때 용화사(龍華寺)라고 불렸다. 【위치】충청북도 영동군 영동읍 화신리 천마산(天摩山) 중턱에 있다. 【소속】대한불교조계종 제5교구 본사인 법주사의 말사이다. 【연혁】676년(신라 문무왕 16)에서 701년(효소왕 10) 사이에 의상(義湘)이 창건하여 용화사라고 했으며, 당시에는 남각산(南角山) 기슭에 있었다. 그

뒤 화엄종(華嚴宗)의 큰 절로 명맥을 이어오다가 1260년(고려 원종 1) 보각(普覺) 국사 목암 일연(睦庵 一然)이 중창했다. 1530년(조선 중종 25) 폐사되자 명종 때(1545~1567) 현재의 위치로 옮겨 중건하고 이름을 중화사라고 했다. 구전에 의하면 당시 청허 휴정(淸虛 休靜)이 옮겨 지었다고 한다. 1597년(선조 30) 정유재란 때 전소했고, 승려들은 모두 기허 영규(騎虛 靈圭)의 의승군에 참여하여 전사했다. 그 뒤 80여 년 동안 폐허로 남아 있다가 1677년(숙종 3) 중건했고, 1797년(정조 21) 정치(淨寘)가 전당을 모두 중수했다. 1857년(철종 8) 백여(伯汝)가 대웅전을 중수했고, 1908년 중창했다. 1934년에 보진(步震)이 중수하여 오늘에 이르고 있다. 【유적·유물】건물로는 대웅전과 요사채 5동, 청법루(淸法樓) 등이 있었으나, 청법루는 1951년 화재로 소실하여 지금까지 중건되지 못하고 있다. 대웅전 안에는 아미타삼존불이 봉안되어 있는데, 중앙의 아미타불과 좌측의 관세음보살상은 목불(木佛)로 조선 중기에 제작된 것이다. 또한 대웅전 안에는 후불탱화, 지장탱화, 신중탱화, 독성탱화, 칠성탱화, 산신탱화 등이 봉안되어 있다. 이 밖에도 범종, 청기와, 사자등(獅子燈) 등이 있다. 【참고문헌】사지(충청북도, 1982)

중흥사(中興寺)

【위치】전라남도 광양시 옥룡면 운평리 중흥산성(中興山城)에 있다. 【소속】대한불교조계종 제19교구 본사인 화엄사의 말사이다. 【연혁】신라 경문왕 때(861~875) 연기 도선(烟起 道詵)이 창건했다. 1592년(조선 선조 25) 임진왜란 때에는 승병과 의병이 주둔하여 중흥산성을 지켰

으며, 왜병과의 격전 끝에 승병들은 순절하고 절은 소실하였다. 그 뒤 비구니들이 작은 암자를 건립하여 명맥을 이어오다가 1943년 다시 폐허가 되었다. 그 뒤 1963년 주지 공돌(公突)이 하태호(河泰鎬)의 시주를 얻어 중창했다. 【유적·유물】 현존하는 건물로는 대웅전을 비롯하여 산신각, 요사채 등이 있다. 문화재로는 신라시대에 조성된 삼층석탑(보물 제112호)과 석조지장보살반가상(전라남도 유형문화재 제142호)이 있다. 이 절에는 원래 통일신라시대에 조성된 쌍사자석등(국보 제103호)이 있었으나, 일본인의 반출 기도에 의해 1918년 경복궁으로 옮겨졌다가 현재 서울의 국립중앙박물관에 보관되어 있다. 【참고문헌】 문화유적총람(문화재관리국, 1977)

중흥사(重興寺)

【위치】 경기도 고양시 북한동 북한산 노적봉(露積峰) 아래에 있었다. 【연혁】 938년(고려 태조 21) 태조 왕건(王建)이 국태민안을 빌기 위해 절터를 물색하여 창건했다. 이어 고려 말기의 큰스님 태고 보우(太古 普愚, 1301∼1382)가 중수했다. 1713년(조선 숙종 39) 북한산성을 축성할 당시에는 30여 칸에 불과했으나, 완성된 뒤 증축하여 136칸의 큰 절로 면모가 일신되었다. 성내에는 성문과 수문(水門), 장대(將臺)와 창고 등을 지키기 위한 승군이 주둔했는데, 이 절은 승군이 주둔했던 북한산성 안의 용암사(龍庵寺)를 비롯하여 보국사(輔國寺), 보광사(普光寺), 부왕사(扶旺寺), 원각사(圓覺寺), 국녕사(國寧寺), 상운사(祥雲寺), 서암사(西巖寺), 태고사(太古寺), 진국사(鎭國寺) 등을 관장했다. 왕실에서는 8도의 절에 영을 내

려 1년 6차례에 걸쳐 번갈아 승군을 뽑아 올리게 하여 11개 절에 주둔시켰다. 승군의 정원은 360명으로 11개 절에는 각각 수승(首僧) 1인과 승장(僧將) 1인을 두었으며, 이들을 총지휘하는 본부로 승영(僧營)을 설치하고 승대장(僧大將) 1인을 임명하여 팔도도총섭(八道都摠攝)을 겸임하게 했다. 이때 이 절은 승대장이 머물렀던 북한산성의 승영이었다. 그리고 이들 승병들의 주둔에 필요한 물품과 군기물(軍器物)을 저장하기 위한 승창(僧倉)을 이 절을 비롯한 여러 절에 두었다. 승영 당시에는 대웅전을 중심으로 앞쪽에는 누각인 만세루와 나한전을 두었고, 동쪽에는 산신당이 있었으며, 대웅전 안에는 삼존불상이 봉안되어 있었다. 그러나 1894년(고종 31) 화재가 났고, 1915년 홍수로 무너진 뒤 중건되지 못했다. 【유적·유물】 현재 절터에는 주춧돌과 축대만 남아 있다. 유물로는 약사불회도, 아미타불회도가 국립중앙박물관에 보관되어 있다. 19세기의 작품으로 추정되는 이 불화는 이 절의 대웅전에 봉안되었던 주불인 석가모니불의 후불탱화로서 사용되었던 것이다. 【참고문헌】 북한지, 한국사찰전서(권상로, 동국대학교 출판부, 1979), 고양군지(고양군, 1987)

중흥사(重興寺)

【위치】 평안남도 평양시에 있었다. 【연혁】 신라가 황룡사(皇龍寺) 구층탑을 건립하고 삼국통일을 이룩했던 예에 따라 고려 태조(재위 918∼943)가 서경에 구층탑을 세우고 이 절을 창건했다. 그러나 1010년(현종 1) 12월 거란병에 의해 전소했으며, 1051년(문종 5) 중수했으나 3월에 공사를 중단했다가 1154년(의종 8)에

마쳤다. 이 절에는 태조의 뜻을 받들어 역대의 왕들이 자주 찾았는데, 1053년 10월과 1087년(선종 4) 10월, 1102년(숙종 7) 8월에 각각 왕이 행차했다. 1110년 5월과 1130년(인종 8) 9월에는 구층탑에 벼락이 떨어졌으며, 1134년 김부식(金富軾)이 묘청(妙淸)의 난을 진압할 때 이 절의 동·서편에 군사를 주둔시켰다고 한다. 1201년(신종 4) 5월에는 절의 기둥에 벼락이 떨어졌다. 고종(재위 1214~1257)은 재위 중에 화재로 소실한 이 절을 중창하기로 하고, 용왕(龍王)이 환희할 것을 기원하거나 전쟁에 희생된 자들의 명복을 빌기 위해 네 차례 금광명경도량(金光明經道場)을 개최했으며, 우왕 때(1375~1388)에는 이 절에서 진병법석(鎭兵法席)을 열었다. 이 절은 호국사찰로서 고려 태조 이래 왕실의 지극한 비호를 받았다. 언제 폐사됐는지는 알 수 없다. 【유적·유물】 1900년대에 편찬된 《사탑고적고(寺塔古蹟攷)》에는 절터에 당간지주가 남아 있으며, 기와 조각이 산재해 있다고 나와 있다. 【참고문헌】 고려사, 한국사찰전서(권상로, 동국대학교 출판부, 1979)

중흥사(重興寺)
【위치】 양강도 삼수군 관평리 성거산(聖居山)에 있다. 【연혁】 1570년(조선 선조 3)에 창건된 것으로 추정된다. 그 뒤의 자세한 연혁은 전하지 않는다. 일제강점기에는 31본산의 하나인 귀주사(歸州寺)의 말사였다. 현재 이 절에는 북한의 불교교육기관인 불학원(佛學院)이 있다. 【유적·유물】 이 절은 현재 북한의 보물급 문화재 제53호로 지정되어 있다. 현존하는 건물로는 극락전을 중심으로 하여 칠성각, 산신각 등이 있다. 유물로는 후불탱화

가 있는데, 1713년(숙종 39)에 제작된 것이다. 【참고문헌】 북한의 절과 불교(정태혁·신법타, 민족사, 1990), 북한사찰연구(한국불교종단협의회, 1993)

중흥사(重興寺)
표충사(表忠寺)를 보시오.

증심사(證心寺)
【위치】 광주광역시 동구 운림동 무등산(無等山) 서쪽 기슭에 있다. 【소속】 대한불교조계종 제21교구 본사인 송광사의 말사이다. 【연혁】 신라 경문왕 때(861~875)의 큰스님 철감 도윤(澈鑑 道允)이 창건했다. 이어 1094년(고려 선종 11) 국사 혜조(慧照)가 중수했으며, 1443년(조선 세종 25) 전라도관찰사 김오(金傲)가 자신의 녹봉으로 중창했다. 1592년(선조 25) 임진왜란 때 소실하자 1609년(광해군 1) 석경(釋經), 수장(修裝), 도선(道先) 등이 중창했다. 그 뒤에도 중수를 거듭하다가 1951년 50여 명의 무장공비들에 의해 대부분의 건물이 불에 탔다. 1970년 크게 증축하여 오늘에 이르고 있다. 【유적·유물】 이 절은 광주광역시 문화재자료 제1호로 지정되어 있다. 현존하는 건물로는 대웅전, 오백전(五百殿: 광주광역시 유형문화재 제13호), 명부전, 회심당(繪心堂), 사성전, 학산장서각(鶴山藏書閣), 요사채 등이 있다. 이 중 오백전을 제외한 건물들은 최근에 지은 것이다. 대웅전 뒤에 있는 오백전은 조선 초기의 건물이며 그 안의 오백나한상은 1443년의 중창 때 김오가 조성한 것이라고 전해 오는데, 전국적으로 보기 드문 불상이다. 이 오백전 옆에는 고려시대 작품으로 추정되는 석조보살입상(광주광역시 유형문화재 제14호)이 있다. 또 사성전 안에 안치된 철조비로

자나불좌상(보물 제131호)은 통일신라시대 작품으로 본래 광산군 서방면 동계리에 있던 것을 1934년에 옮겨 온 것이다. 이 밖에도 문화재로는 이 절의 창건 때 만들었다는 삼층석탑(광주광역시 유형문화재 제1호)과 고려 초기의 석탑인 오층석탑, 조선 중기의 것으로 보이는 칠층석탑 등이 있다. 특히 오층석탑은 1933년의 보수공사 때 탑 속에서 금동석가여래입상과 금동보살입상 등이 발견되어 국보로 지정되었으나 지금은 분실하여 소재를 알 수 없다. 【참고문헌】 문화유적총람(문화재관리국, 1977), 한국사찰전서(권상로, 동국대학교 출판부, 1979)

지곡사(智谷寺)

【이명】 지곡사(知谷寺)라고도 했다. 【위치】 경상남도 산청군 산청읍 내리 지리산 기슭에 있었다. 【연혁】 통일신라시대에 창건됐다. 고려시대에는 혜월(慧月)과 진관 석초(眞觀 釋超, 944~997)가 이 절에 머무르면서 부처님의 가르침을 크게 펼쳐 큰 절의 면모를 유지했다. 이때가 이 절의 전성기로 승려가 약 300명에 이르렀고 물방앗간이 12개 있었다고 한다. 그 뒤 조선 후기까지 명맥을 이어오다가 1845년(헌종 11) 이후에 폐허화한 것으로 보인다. 【유적·유물】 1481년(성종 12)에 편찬된 《동국여지승람》에 의하면, 이 절에는 1016년(현종 7) 고려 예부상서에 임명된 손몽주(孫夢周)가 지은 혜월과 석초의 비가 있었다고 한다. 현재 절터에는 귀부(龜趺) 2기가 있는데, 1기는 6각의 귀갑문(龜甲紋)이 있고, 1기는 귀갑문의 꼬리 부분 좌우를 파상형으로 처리한 빼어난 조각 수법을 보이고 있다. 이들 귀부는 혜월과 석초의 비를 세울 때 만든 것으로 추

정된다. 이 밖에도 이 절에는 폐탑과 주초석 15개, 석축, 석조 우물, 돌계단의 흔적, 연화대(蓮華臺), 조선시대의 석종형(石鐘型) 부도 2기와 석비 2기가 있다. 1기의 석비는 한암대사지비(寒嚴大師之碑)로서 1845년(헌종 11)에 건립한 것이며, 또 다른 1기의 석비는 추파당대사탑비(秋波堂大師塔碑)로서 1836년(헌종 2)에 건립한 것이다. 【참고문헌】 동국여지승람, 문화유적총람(문화재관리국, 1977)

지곡사(知谷寺)

지곡사(智谷寺)를 보시오.

지덕암(旨德庵)

금몽암(禁夢庵)을 보시오.

지림사(智林寺)

수월암(水月庵)을 보시오.

지보사(持寶寺)

【위치】 경상북도 군위군 군위읍 상곡리 선방산(船放山)에 있다. 【소속】 대한불교조계종 제10교구 본사인 은해사의 말사이다. 【연혁】 673년(신라 문무왕 13) 의상(義湘)이 창건했다. 창건 당시부터 맷돌, 가마솥, 청동향로 등 세 가지 보물을 지니고 있었다고 하여 지보사라고 불렀다. 그 뒤의 연혁은 전하지 않는다. 1942년 천오(天梧)와 동허(東虛)가 중수하여 오늘에 이르고 있다. 【유적·유물】 현존하는 건물로는 대웅전과 2층 누각, 요사채가 있다. 현판으로는 1826년(순조 26)에 제작된 지보사등촉계창설기(持寶寺燈燭稧創設記)와 1655년(효종 6)에 제작된 헌답기(獻畓記) 등이 있다. 문화재로는 통일신라시대의 작품으로 추정되는 삼층석탑(보물 제682호)이 있다. 이 탑의 하대면석에는 각 면마다 두 마리의 사자가 조각되어 있고, 상대면석에는 빼어난 팔부신중(八部神

衆)이 조각되어 있다. 【참고문헌】 문화유
적총람(문화재관리국, 1977)

지상사(池上寺)
지향사(池香寺)를 보시오.

지장사(地藏寺)
【위치】 경상북도 의성군 안사면 월소리 용
요산(龍腰山)에 있다. 【소속】 대한불교조
계종 제16교구 본사인 고운사의 말사이다.
【연혁】 신라 때 의상(義湘, 625~702)이
창건했다고 한다. 조선 전기까지의 연혁은
전하지 않는다. 1652년(효종 3) 영인(靈
印)이 선당(禪堂)을 세운 뒤 1658년(효종
9)까지 여러 차례에 걸쳐 건물을 세웠다.
1666년(현종 7) 영산전을 세웠고, 1677년
(숙종 3) 세원(世元)이 청풍루를 세웠다.
1680년(숙종 6) 법상(法祥)이 영산전을
중수하고, 1722년(경종 2) 주지 유성(惟
聖)이 법당을 중건했다. 1746년(영조 22)
옥종(玉宗)과 신행(信行) 등이 청풍루를
중수했으며, 1752년 희묵(熙默)이 영산
전을 관음전 터로 옮겨 지었다. 1765년
(영조 41) 신열(神悅)이 청풍루를 중수했
고, 1838년(헌종 4) 성우(性宇)와 영일
(永一) 등이 법당과 누각을 중수했다. 또
한 1847년(헌종 13) 영송(影松)이 극락
전을 중건했으며, 1861년(철종 12) 운악
(雲岳)이 영각을 세웠다. 1872년(고종 9)
에는 혜운(惠雲)이 응향각(凝香閣)을 세
웠다. 【유적·유물】 현존하는 건물로는
극락전과 명부전, 응진전, 삼성각, 요사채
등이 있다. 특별한 문화재는 없다. 【참고
문헌】 한국사찰전서(권상로, 동국대학교
출판부, 1979)

지장사(地藏寺)
【위치】 경기도 개성시 남쪽에 있었다. 【연
혁】 919년(고려 태조 2) 조정에서 법왕사

(法王寺)를 비롯하여 자운사(慈雲寺), 왕
륜사(王輪寺), 내제석원(內帝釋院), 사나
사(舍那寺), 천선원(天禪院 ; 普膺寺), 신흥
사(新興寺), 문수사(文殊寺), 원통사(圓通
寺)와 함께 10대 사찰의 하나로 창건했다.
1352년(공민왕 1) 5월 6일 공민왕이 생일
을 맞아 내전에 도량을 설치하고 사흘을
지냈는데, 재상이 잔칫상을 차리려 하자
공민왕이 잔치에는 반드시 살생이 따르는
법이라고 하여 그 돈으로 이 절의 스님 천
여 명에게 공양을 올리도록 했다. 그 뒤의
연혁은 전하지 않는다. 【참고문헌】 삼국
유사, 고려사

지장사(地藏寺)
【위치】 충청북도 진천군 진천읍 기암리
잠덕산(潛德山)에 있었다. 【연혁】 고려시
대에 창건됐다. 지장보살을 모셨던 절로
서 지금도 이 일대를 지장골이라고 한다.
옛날에는 이곳을 중심으로 6개의 암자가
있었으며, 전성기에는 승려가 많아 쌀을
씻은 물이 절에서 3km 떨어진 문백까지
흘렀다고 한다. 《상산지(常山誌)》에 채지
홍(蔡之洪, 1683~1741)이 이곳에 왔다가
지은 시 한 수가 전하는 것으로 보아 조선
영조 때(1724~1776)까지는 절이 존속했
던 것으로 추정된다. 언제 폐사되었는지
알 수 없다. 【유적·유물】 현존하는 유물
로는 1576년(선조 9)에 만든 큰 맷돌이
남아 있는데, 귀중한 민속자료로서 평가
받고 있다. 맷돌과 가까운 거리에는 백운
당(白雲堂)의 석종형(石鐘型) 부도가 도
괴한 채 방치되어 있다. 이 부도를 주민들
은 '독부도'라고 부르는데, 30년 전에 다
시 세우려 했으나 뜻을 이루지 못했다고
한다. 【설화】 절의 폐사에는 영일(迎日)
정(鄭)씨와 관련된 일화가 전한다. 영일

정씨가 이 절의 뒷산에 묘를 쓰려 하자 비구니들이 이를 저지하여 싸움이 붙었으나, 결국 정씨들에게 지고 말았다. 정씨들이 묘를 쓴 다음날 승려들이 일어나 보니 불상은 땀을 흘리고 있고, 방에는 빈대 기둥이 두 개나 생겨나 있었다. 그러므로 승려들은 살 수 없어 그곳을 떠나 절이 폐허가 되었다고 한다. 【참고문헌】 사지(충청북도, 1982)

지장사(地藏寺)

【위치】 경기도 평택시 서정동 불학산(佛學山 ; 佛鶴山)에 있다. 【소속】 한국불교태고종에 속한다. 【연혁】 고려 말에 창건됐다고 한다. 구전에 따르면 1592년(조선 선조 25) 임진왜란 때 완전히 소실된 것을 뒤에 중창했으나, 1950년 6·25전쟁 때 다시 불탔다고 한다. 6·25 당시까지만 해도 이 마을 일대가 '지장골'로 불렸다고 전하는 것으로 보아 고려 때 지장신앙이 유행하던 시기에 창건됐으며, 사세가 매우 컸음을 짐작할 수 있다. 1950년 9·28수복 이후 김여련화(金如蓮華)가 신축하여 오늘에 이르고 있다. 【유적·유물】 건물로는 대웅전과 요사채가 있다. 유물로는 석조지장보살입상이 있으나, 최근에 조성된 것이다. 또한 절 앞에서 금동삼존불과 지장보살상이 출토되었으나, 1950년대에 일본으로 유출되었다고 한다. 절 부근에서 많은 기와 조각이 출토된다. 【참고문헌】 기내사원지(경기도, 1988)

지장사(地藏寺)

북지장사(北地藏寺)를 보시오.

지장암(地藏庵)

【위치】 강원도 평창군 진부면 동산리 오대산 남대(南臺)에 있다. 【소속】 대한불교조계종 제4교구 본사인 월정사의 산내

암자이다. 【연혁】 신라 성덕왕 때(702~737) 신문왕의 태자 보천(寶川)의 유언에 따라 왕실에서 창건했다. 보천은 평생을 오대산에서 수도했는데, 입적하면서 나라를 위해 오대산에 5개의 암자를 지어 기도와 수행에 열중할 것을 유언했다. 그는 '남대의 남쪽에 지장방(地藏房)을 두고 원상지장(圓像地藏)과 함께 붉은 바탕에 8대 보살을 수반으로 만 인의 지장보살 모습을 그려 봉안하며, 복전(福田) 5인을 두어 낮에는 《지장경》과 《금강반야경》을 독송하게 하고, 밤에는 점찰예참(占察禮懺)을 염하게 하라. 그리고 그 결사의 이름을 금강사(金剛社)라 하라.'고 말했다. 왕실에서는 곧 이 유언을 이행하여 남대의 기린산(麒麟山) 남쪽에 지장보살상을 모신 이 절을 창건했다. 그러나 그 뒤의 연혁은 전하지 않는다. 여러 차례의 중창·중수와 2차례의 이전을 거쳤다. 1950년 6·25전쟁 때 건물이 불탄 뒤 다시 지어 오늘에 이르고 있다. 지금은 비구니들의 수행도량이다. 【유적·유물】 현존하는 건물로는 인법당(因法堂)을 비롯하여 삼성각, 육화료(六和寮), 요사채 등이 있다. 【참고문헌】 삼국유사, 전통사찰총서 1-강원도 1(사찰문화연구원, 1992)

지장암(地藏庵)

【이명】 한때 은적암(隱寂庵)이라고 불렸다. 【위치】 전라북도 부안군 진서면 석포리 변산(邊山)에 있다. 【소속】 대한불교조계종 제24교구 선운사의 말사인 내소사(來蘇寺)의 부속 암자이다. 【연혁】 신라 때에 창건됐다. 740년(효성왕 4) 율사 진표(眞表)가 이곳에서 27일 간 기도한 끝에 지장보살의 현신수기(現身授記)와 간자(簡子) 12매를 얻고 금산사(金山寺)로

가서 미륵불상을 조성했다고 한다. 수차
례 중건과 중수가 있었으나 전란을 겪으
며 쇠퇴했는데, 1941년에 해안 봉수(海眼
鳳秀)가 대대적으로 복원하여 서래선림
(西來禪林)을 개설했다. 당시에는 봉수의
설법을 듣기 위해 신자들이 인산인해를
이루곤 했다. 1992년 주지 일지(逸志)가
인법당(因法堂)을 건립했고, 나한전을 중
수했다. 【유적·유물】건물로는 인법당과
나한전, 요사채가 있다. 【참고문헌】전북
불교총람(전북불교총연합회, 1993), 사찰지
(전라북도, 1990)

지장암(地藏庵)
【위치】강원도 철원군 동송읍 상로리 보개
산(寶蓋山)에 있다. 【소속】대한불교조계
종 제3교구 신흥사의 말사인 심원사(深源
寺)의 부속 암자이다. 【연혁】860년(신라
헌안왕 4) 통효(通曉) 국사 범일(梵日)이
창건했다. 자세한 연혁은 전하지 않는다.
【유적·유물】건물로는 법당 등이 있다.
【참고문헌】한국사찰전서(권상로, 동국대
학교 출판부, 1979)

지장암(地藏庵)
미타암(彌陀庵)을 보시오.

지조암(指祖庵)
관음암(觀音庵)을 보시오.

지족암(知足庵)
【위치】경기도 개풍군 천마산(天磨山) 청
량봉(淸凉峰) 아래에 있었다. 【연혁】신
라 때 창건됐다. 고려시대에 이 절을 소재
로 한 성사달(成士達, ?~1380)과 이색
(李穡, 1328~1396)의 시가 《동국여지승
람》에 전한다. 그 뒤 폐사하여 백여 년간
방치되어 있다가 1786년(조선 정조 10)
법성(法城)과 도연(道演) 등이 중건했다.
언제 폐사됐는지 알 수 없다. 【참고문헌】

동국여지승람, 전등본말사지, 한국사찰전
서(권상로, 동국대학교 출판부, 1979)

지족암(知足庵)
【이명】한때 도솔암(兜率庵)이라고 불렸
다. 【위치】경상남도 합천군 가야면 치인
리 가야산 서남쪽 중턱에 있다. 【소속】
대한불교조계종 제12교구 본사인 해인사
의 산내 암자이다. 【연혁】언제 누가 창
건했는지 알 수 없으나 원래는 도솔암이
라고 불렸다. 이 터는 신라 말 헌강왕 때
(875~886) 활동하던 희랑(希朗)이 기도
하던 자리라고 한다. 1893년(고종 30) 환
운(幻雲)이 중건하면서 '도솔천'을 '지족'
으로 의역(意譯)하여 이름을 바꿨다. 인
법당(因法堂)과 산신각뿐이던 이 절을 최
근 일타(日陀)가 주석하면서 크게 증축했
다. 【유적·유물】건물로는 2층의 법당을
비롯해 선원, 요사채 등이 있다. 희랑이
수도했던 토굴이라 전하는 희랑대가 법당
건너편에 있다. 【참고문헌】한국의 사찰
7-해인사(한국불교연구원, 일지사, 1975)

지향사(池香寺)
【이명】한때 청련대(淸蓮臺), 지상사(池
上寺)라고 불렸다. 【위치】강원도 동해시
이로동에 있다. 【소속】한국불교태고종에
속한다. 【연혁】758년(신라 경덕왕 17)
약사삼불(藥師三佛)이 청련(淸蓮)을 가
지고 이곳으로 와서 절을 창건했다고 한
다. 자세한 연혁은 전하지 않는다. 폐사된
채 있던 것을 1908년 최상원(崔相元)의
아내 최(崔)씨가 집 한 칸을 지어 절터에
있던 철조약사여래불을 모셔 중창했다.
한때 지상사로 부르다가 지향사로 이름을
바꿔 오늘에 이르고 있다. 【설화】창건에
얽힌 설화가 전한다. 약사삼불인 백(伯),
중(仲), 계(季) 3형제가 서역에서 동해로

돌배(石丹)를 타고 유력했다. 그러다가 우리 나라에 와서 첫째는 흑련(黑蓮)을 가지고 흑련대에, 둘째는 청련을 가지고 청련대에, 막내는 금련(金蓮)을 가지고 금련대에 각각 머물렀다고 하며, 이곳이 지금의 삼화사(三和寺), 지향사, 영은사(靈隱寺)라고 한다.【참고문헌】한국지명총람(한글학회, 1970)

지흥사(池興寺, 智興寺)

신흥사(新興寺)를 보시오.

직지사(直指寺)

【위치】경상북도 김천시 대항면 운수리 황악산(黃嶽山)에 있다.【소속】대한불교 조계종 제8교구 본사이다.【연혁】418년(신라 눌지왕 2) 아도(阿道)가 창건했다고 한다. 직지사라고 이름한 것에는 세 가지 설이 있다. 아도가 선산 도리사(桃李寺)를 창건하고 황악산을 손가락으로 가리키며 ‘저쪽에 큰 절이 설 자리’라고 했기 때문이라는 설과, 고려 초기에 능여(能如)가 절을 중창할 때 절터를 측량하기 위해 자를 사용하지 않고 직접 손으로 측량하여 지었기 때문이라는 설, 선종의 가르침을 단적으로 표현하는 ‘불립문자, 직지인심, 견성성불(不立文字, 直指人心, 見性成佛)’에서 유래되었다는 설이 있다. 창건 이후 645년(선덕여왕 14) 자장(慈藏)이 중창하고, 930년(경순왕 4) 천묵(天默)이 중수했다. 936년(고려 태조 19)에는 능여가 태조의 도움을 받아 크게 중창했다. 당시의 주요 건물로는 대웅대광명전(大雄大光明殿), 대비로금당(大毘盧金堂), 극락전, 원통전, 지장시왕전(地藏十王殿), 응진전(應眞殿), 설법전, 선등각(禪燈閣), 대장전(大藏殿) 등이 있었다. 현재 남아 있는 대장전비에 의하면, 이 절의 대장전에 금자

사경(金字寫經) 593함이 있었음을 알 수 있다. 조선시대에는 1399년(정종 1) 중건하고, 1488년(성종 19) 등곡 학조(燈谷學祖)가 중수했다. 1596년(선조 29) 임진왜란 중에 왜병들의 방화로 43동의 건물 중 천불전, 천왕문, 자하문(紫霞門)을 제외한 모든 건물이 불탔다. 이때 법당 앞에 있던 대형의 오층목탑도 함께 소실했다. 그 뒤 1602년부터 70여 년에 걸쳐 절을 중건했는데, 1681년(숙종 7) 조종저(趙宗著)가 쓴 사적기에 의하면 당시의 규모가 8전, 3각, 12당, 3장, 4문에 정실(正室)만 352칸에 달했으며, 부속 암자는 26개가 있었다고 한다. 그러나 1805년(순조 5) 이후부터 사세가 차츰 기울기 시작하여 퇴락을 거듭하게 되었다. 1966년부터 1995년까지 30년 동안 주지 오녹원(吳綠園)이 대대적으로 중건하여 면모를 일신했다. 부속 암자로는 삼성암(三聖庵)과 운수암(雲水庵), 백련암(白蓮庵)이 있다.【유적·유물】현존하는 건물로는 대웅전(경상북도 유형문화재 제215호)과 규모가 큰 천불전을 비롯하여 극락전, 응진전, 명부전, 사명각(泗溟閣), 범종각, 일주문, 금강문, 사천왕문, 그리고 300여 평이 넘는 천불선원(天佛禪院)과 요사채 등이 있다. 이 중 천불전은 비로전이라고도 하는데, 조선시대에 경잠(景岑)이 경주의 옥석(玉石)으로 만든 천불상과 1852년(철종 3)에 조성된 석가모니불, 비로자나불, 약사여래와 1886년(고종 23)에 조성된 신중탱화가 모셔져 있다. 또 대웅전은 1735년(영조 11) 태감(泰鑑)이 중창한 조선 후기의 대표적인 건물이다. 사명각은 임진왜란 때의 승병장 사명 유정(四溟 惟政)의 영정을 모신 곳으로 15세에 이 절로 출가

하여 나라를 위해 큰 일을 한 그를 기리기 위해 건립한 것이다. 또 범종각에는 1981년에 만들어진 1,600관의 범종과 법고, 운판(雲板), 목어(木魚) 등이 있다. 문화재로는 석조약사여래좌상(보물 제319호)과 대웅전 삼존불탱화(보물 제670호), 대웅전 앞 삼층석탑 2기(보물 제606호), 비로전 앞 삼층석탑(보물 제607호)이 있다. 【참고문헌】 한국사찰전서(권상로, 동국대학교 출판부, 1979), 직지사지(아세아문화사, 1980)

진관사(津寬寺)

【이명】 한때 신혈사(神穴寺)라고 불렸으며, 진관사(津關寺, 眞觀寺)라고도 한다. 【위치】 서울특별시 은평구 진관외동 삼각산 북쪽 기슭에 있다. 【소속】 대한불교조계종 직할교구 본사인 조계사의 말사이다. 【연혁】《북한지(北漢誌)》에 의하면, 신라 진덕여왕 때(647~654) 원효(元曉)가 창건하여 신혈사라 했다고 한다. 981년(고려 경종 6) 경종이 죽자, 왕비는 천추태후(千秋太后 ; 獻哀王后)가 되어 김치양(金致陽)과 정을 나누다가 사생아를 낳았다. 이때 목종에게는 아들이 없어 태조의 아들인 욱(郁 ; 安宗)의 직손 대량군(大良君) 순(詢)이 왕위 계승자로 정해져 있었다. 그런데 태후는 자신의 사생아를 옹립하기 위해 목종에게 참소하여 대량군을 숭교사(崇敎寺)에 가두고 죽일 틈을 엿보았다. 그러나 뜻을 이루지 못하자 다시 이 절로 옮기도록 했다. 당시 이 절은 조사 진관(津寬)이 혼자서 수도하는 곳이었으므로 죽이기가 용이할 것으로 판단했기 때문이었다. 이 사실을 눈치 챈 진관은 본존불을 안치한 수미단 밑에 지하굴을 파서 12세인 대량군을 숨겨 태후가 보낸

자객이 찾지 못하도록 했다. 대량군은 이곳에서 3년을 보낸 뒤 1009년(목종 12) 목종이 죽자 송도(개경)로 돌아가 현종이 되었다. 1011년(현종 2) 현종은 진관의 은혜에 보답하고자 대가람을 세워 이 절을 중창하고 진관사라고 했다. 1090년(선종 7) 10월 선종이 이 절에 행차하여 오백나한재(五百羅漢齋)를 베풀었고, 1099년(숙종 4) 윤9월과 1110년(예종 5) 10월에도 왕이 이 절에 행차했다. 1397년(조선 태조 6) 태조는 이 절에 수륙사(水陸社)를 설치하고 여러 번 행차하여 육지와 수중의 고혼과 아귀를 위해 법식(法食)을 공양하는 수륙재를 지냈다. 이를 본받아 불교를 배척하던 태종도 1413년(태종 13) 이 절에서 성녕대군(誠寧大君)을 위한 수륙재를 열고 향과 제교서(祭敎書)를 내렸으며, 수륙재위전(水陸齋位田) 100결을 하사하여 재를 계속하게 했다. 이후부터 이 절에서는 매년 1월 또는 2월 15일에 수륙재를 열었다. 그 뒤 1463년(세조 9) 소실한 것을 1470년(성종 1) 벽운(碧雲)이 중건했으며, 화월(華月) 등이 1854년(철종 5)과 1858년 중수했다. 1879년(고종 16) 경운(慶雲)과 탄경(吞鏡), 풍곡(楓谷) 등이 큰방을 중건했고, 1907년 경운이 독성각을 건립했다. 이어 1908년에는 송암(松庵)이 오층탑을 세웠다. 1950년 6·25전쟁 때 나한전 등 3동만 남고 모두 소실했으나, 1964년부터 비구니 최진관(崔眞觀)이 건물을 차례로 재건하여 오늘에 이르고 있다. 현재는 비구니의 수도도량이다. 【유적·유물】 현존하는 건물로는 대웅전을 비롯 명부전, 나한전, 독성각, 칠성각, 홍제루(弘濟樓), 종각, 일주문, 선원, 큰방 등이 있다. 특별한 문화재는 없으나 대

웅전에 봉안된 본존불은 고려 때 현종을 구해 준 불상이라고 한다. 【참고문헌】 고려사, 동국여지승람, 문화유적총람(문화재관리국, 1977), 한국사찰전서(권상로, 동국대학교 출판부, 1979), 한국의 명산 대찰(국제불교도협의회, 1982)

진관사(眞觀寺)

【위치】 경기도 개성시 용수산(龍首山)에 있었다. 【연혁】 999년(고려 목종 2) 7월에 목종 태후의 원찰로 창건됐다. 1007년(목종 10) 2월에 구층탑을 건립했다. 1170년(의종 24) 4월에 의종이 친히 노인성(老人星)을 관찰하고자 이 절의 남쪽 기슭에 당(堂)을 짓게 했다. 그 뒤의 연혁은 전하지 않는다. 【참고문헌】 고려사

진관사(津關寺, 眞觀寺)

진관사(津寬寺)를 보시오.

진구사(珍丘寺)

【위치】 전라북도 임실군에 있었다. 【연혁】 650년(백제 의자왕 10) 고구려에서 백제로 망명한 큰스님 보덕(普德)의 제자 적멸(寂滅)과 의융(義融)이 창건했다. 그 뒤의 연혁은 전하지 않는다. 【참고문헌】 삼국유사

진덕사(鎭德寺)

【위치】 경기도 안산시 수암동에 있다. 【연혁】 유물로 미루어 보아 고려 때 창건된 것으로 추정된다. 연혁은 전하지 않는다. 폐사되었던 것을 1940년 무렵 절터에서 석조약사여래불좌상이 출토되어 이를 봉안하여 중창했다. 【유적·유물】 건물로는 약사전을 비롯하여 삼성각, 요사채가 있다. 유물로는 약사전에 봉안된 약사여래불좌상이 있는데, 양식으로 보아 조선 말기의 불상으로 추정된다. 절터에 고려자기 파편이 산재해 있었다고 하나 지금은 찾아볼 수 없다. 【참고문헌】 기내사원지(경기도, 1988)

진북사(鎭北寺)

【이명】 한때 북고사(北固寺)라고 불렸다. 【위치】 전라북도 전주시 덕진구 진북동 호암산(虎巖山)에 있다. 【소속】 대한불교조계종 제17교구 본사인 금산사의 말사이다. 【연혁】 신라 말에 연기 도선(烟起 道詵, 827~898)이 창건하여 북고사라고 했다. 그 뒤 조선 후기까지의 자세한 연혁은 전하지 않는다. 1856년(철종 7) 관찰사 이서구(李書九)가 풍수설에 따라 약한 전주부 성의 북쪽을 보강하기 위해 이 절에 나무를 심고 진북사라고 이름을 바꿨다. 1922년 김성근(金性根)이 중건했다. 【유적·유물】 건물로는 극락보전, 미륵전, 요사채, 산신각 등이 있다. 유물로는 석조미륵불상이 있는데 창건 당시의 것이라고 한다. 【설화】 석조미륵불상에 얽힌 설화가 전한다. 1930년대에 절 인근에 사는 한 노파의 꿈에 미륵불이 나타나 말하기를 '전주천변에 가면 내가 있는데, 무척 괴로우니 나를 좀 편안하게 해다오. 그러면 너의 소원을 들어 주겠다.'고 했다. 다음날 노파는 나룻배를 타고 이 절 아래 전주천변의 더러운 습지에 누워 있는 미륵불을 발견하고 부근 암석에 세워 놓았다. 수년이 지난 뒤 신도들이 미륵전을 짓고 미륵불을 남향으로 모셨다. 그날 밤 미륵불이 다시 일꾼의 꿈에 나타나 '내가 답답하니 동향으로 옮겨 달라.'고 말했다. 일꾼이 '지금 상태로 옮기기에도 힘이 너무 들었는데 어떻게 다시 동향으로 옮깁니까?' 하고 물으니, 미륵불은 '손만 대면 자연히 옮겨질 것'이라고 했다. 다음날 일꾼과 주지가 미륵불을 모신 단에 손을

대자 스스로 동향으로 옮겨 앉았다고 한
다. 【참고문헌】 전북불교총람(전북불교총
연합회, 1993)

진불대왕절(眞佛大王-)
동고사(東固寺)를 보시오.

진불사(眞佛寺)
【이명】 진불암(眞佛庵)이라고도 불린다.
【위치】 경상북도 영천시 신령면 팔공산
(八公山)에 있다. 【소속】 대한불교조계종
제10교구 본사인 은해사의 말사이다. 【연
혁】 고려 문종 때(1046~1083) 국사 혼수
(混修)가 창건했다고 한다. 그러나 이 혼
수가 보각(普覺) 국사 환암 혼수(幻庵 混
修, 1320~1392)를 지칭하는 것이라면 연
대가 맞지 않아 신빙성이 없다. 1637년
(조선 인조 15) 이응선(李應善)이 중창했
고 1920년 석담(石潭)이 삼창했다. 【유
적·유물】 건물로는 법당 등이 있다. 【참
고문헌】 한국사찰전서(권상로, 동국대학교
출판부, 1979)

진불암(眞佛庵)
【이명】 한때 동상암(東上庵)이라고 불렸
다. 【위치】 경상남도 밀양시 단장면 구천
리 재약산(載藥山)에 있다. 【소속】 대한
불교조계종 제15교구 통도사의 말사인 표
충사(表忠寺)의 산내 암자이다. 【연혁】
888년(신라 진성여왕 2) 보우(普佑)가 창
건했다. 그 뒤 조선시대 후기까지의 연혁
은 전하지 않는다. 1836년(헌종 6) 화재
로 전소하자 1843년(헌종 9) 월파 천유
(月波 天有)가 중창하고 이름을 동상암에
서 진불암으로 고쳤다. 1950년 6·25전쟁
뒤에 비구니 해인(海印)이 석조로 법당과
산신각, 요사채를 새로 지어 오늘에 이르
고 있다. 【유적·유물】 건물로는 인법당
(因法堂)과 산신각, 요사채가 있다. 모두

6·25전쟁 뒤에 해인이 세운 것이다. 특별
한 문화재는 없다. 【참고문헌】 한국사찰
전서(권상로, 동국대학교 출판부, 1979)

진불암(眞佛庵)
【위치】 전라남도 해남군 삼산면 구림리
두륜산(頭輪山) 기슭에 있다. 【소속】 대
한불교조계종 제22교구 본사인 대흥사의
산내 암자이다. 【연혁】 언제 누가 창건했
는지 알 수 없다. 1630년(조선 인조 8) 수
월 극현(水月 克玄)이 덕호(德浩)와 함께
중건했고, 1693년(숙종 19)에는 이홍록
(李弘錄)이 덕탄(德坦)과 함께 중건했다.
그 뒤 1750년(영조 26) 온곡 영탁(溫谷
永鐸)이 수일(守一)과 함께 중수했으며,
1791년(정조 15) 정능(定能)이 중건하여
오늘에 이르고 있다. 현재의 규모는 작으
나 조선시대에 영곡 영우(靈谷 永愚)를
비롯하여 영파 성규(影波 聖奎, 1720~
1812), 만화 원오(萬化 圓悟, 1694~1758),
운담 정일(雲潭 鼎馹, 1741~1804), 아암
혜장(兒庵 惠藏, 1772~1811) 등의 큰스님
들이 머물렀던 유서 깊은 절이다. 【유적·
유물】 현존하는 건물로는 법당과 요사채
가 있다. 법당 안에는 조선 초기의 목조
16나한상이 봉안되어 있는데, 그 조각 수
법이 특이하다. 전설에 의하면 강진에 살
던 어부 서(徐)씨가 바다에서 고기를 잡
다가 서쪽 나라의 배를 만났다고 한다. 그
런데 그 배 안에 16나한상이 실려 있었으
므로 두륜산방(頭輪山房)에 봉안했다고
한다. 또한 1709년(숙종 35)에 조성된 범
종이 있었으나 절이 황폐화할 때 대흥사
옆에 있는 청신암(淸神庵)으로 옮겨져 봉
안됐다. 【참고문헌】 대둔사지

진불암(眞佛庵)
진불사(眞佛寺)를 보시오.

진여원(眞如院)

상원사(上院寺)를 보시오.

진월사(陳月寺)

【위치】 경상북도 영주시 평은면 용혈리 학가산(鶴駕山) 북쪽 기슭에 있다. 【소속】 대한불교조계종 제16교구 본사인 고운사의 말사이다. 【연혁】 신라 문무왕 때 (661~681) 의상(義湘)이 창건했다고 한다. 창건 이후 조선 중기까지의 연혁은 전하지 않는다. 1720년(숙종 46) 설신(雪信)과 계원(戒元)이 법당을 중건하고 무량수전(無量壽殿)이라고 이름한 뒤, 이 절의 주불을 지장보살에서 아미타삼존불로 바꾸어 봉안했으며, 노전을 신축했다. 1758년(영조 34) 체붕(體鵬) 등이 법당을 중수하고 심원각(心遠閣)을 신축했으며, 칠성탱화를 봉안했다. 1797년(정조 21)에는 계문(戒文)이 심원각을 중수했다. 이어 1807년(순조 7) 시임(時任)과 정신(定信)이 무량수전을 중수했으며, 1810년 응향각(凝香閣)을 중수했다. 1865년(고종 2) 원담(圓潭)이 심원각을, 1891년 희민(曦玟)이 산신각을 중수했다. 1919년에는 보정(普貞)이 법당을, 1922년 요사채를 중수하여 오늘에 이르고 있다. 【유적·유물】 현존하는 건물로는 무량수전을 비롯하여 산신각, 요사채 등이 있다. 【참고문헌】 진월사사적, 한국사찰전서(권상로, 동국대학교 출판부, 1979)

진전사(陳田寺)

【위치】 강원도 양양군 강현면 둔전리 설악산에 있었다. 【연혁】 신라 선문구산(禪門九山)의 효시가 되었던 가지산파(迦智山派)의 개조 원적 도의(元寂 道義)가 창건했다. 도의는 784년(선덕왕 5) 당나라로 가서 지장(地藏)의 선법(禪法)을 이어 받고 821년(헌덕왕 13) 귀국하여 설법했으나, 사람들이 교종(敎宗)만을 숭상하던 때였으므로 선법을 익히려고 하지 않았다. 그러므로 그는 이곳에 들어와서 40년 동안 수도하다가 입적했다. 그러나 그의 선법은 제자 염기(廉居, ?~844)와 손상좌 보조 체징(普照 體澄, 804~880)에 의해 널리 세상에 전파되었다. 그 뒤의 연혁은 전하지 않는다. 1219년(고려 고종 6) 목암 일연(睦庵 一然)이 이 절의 장로 대웅(大雄)에게 출가했다. 1481년(조선 성종 12)에 편찬된 《동국여지승람》에 이 절의 이름이 보이지 않는 것으로 보아 조선 초기 이전에 폐사된 것으로 추정된다. 구전에 의하면, 고려 말에 조정 백관의 부정과 방탕으로 민생이 도탄에 빠지자 자연 변방에는 도둑 떼들이 많이 생겨났다고 한다. 이곳에서도 설악산 권금성을 거점으로 한 도둑 떼들이 이 절과 신흥사를 여러 차례 약탈하여 많은 피해를 입혔으며, 마침내는 이들의 노략질과 횡포에 견디다 못한 승려들이 절을 떠남으로써 폐사되고 말았다고 한다. 【유적·유물】 절터는 강원도 기념물 제52호로 지정되어 있다. 유물로는 삼층석탑(국보 제122호)과 부도(보물 제439호)가 있다. 삼층석탑은 9세기 초의 신라 석탑을 대표할 만한 우수한 작품이다. 부도는 9세기 중반에 세워진 도의의 것으로 추정되며, 학계에서는 우리 나라 부도의 시원을 여기에 두고 있다. 또한 이 부도는 연화대석을 별개의 돌로 조성하고 그 안에 사리장치를 한 우리 나라의 유일한 부도이다. 1968년 4월 정영호(鄭永鎬)가 주도하여 석탑과 부도를 해체·복원하기 전까지만 해도 석탑은 도괴 직전의 상태에 있었고, 부도는 도

괴한 채 부재들이 주변에 흩어져 있었다. 1910년대 말 가을에 일본인 2명이 석탑의 옥개석을 들고 사리공(舍利孔) 내에서 다량의 보물을 훔쳤으며, 부도 또한 보물을 찾기 위해 완전히 도괴시켰다고 한다.【참고문헌】전통사찰총서 1 - 강원도 2(사찰문화연구원, 1992), 문화유적총람(문화재관리국, 1976), 한국사찰전서(권상로, 동국대학교 출판부, 1979)

진정사(鎭靜寺)
【위치】함경남도에 있었다.【연혁】언제 누가 창건했는지 알 수 없다. 1108년(고려 예종 3) 7월 28일 예종이 사신을 보내 이 절에 문두루(文豆婁)도량을 설치하여 변방에 들끓는 왜구를 물리칠 것을 기원했다. 연혁은 전하지 않는다.【참고문헌】고려사

진종사(眞宗寺)
전등사(傳燈寺)를 보시오.

진지대왕사(眞智大王寺)
봉은사(奉恩寺)를 보시오.

진해사(鎭海寺)
해운사(海雲寺)를 보시오.

참당사(懺堂寺)
참당암(懺堂庵)을 보시오.

참당암(懺堂庵)
【이명】 한때 대참사(大懺寺), 참당사(懺堂寺)라고 불렸다. 【위치】 전라북도 고창군 아산면 삼인리 도솔산(兜率山)에 있다. 【소속】 대한불교조계종 제24교구 본사인 선운사의 산내 암자이다. 【연혁】 627년(신라 진평왕 49)에서 649년(선덕여왕 3) 사이에 조사 의운(義雲)이 진흥왕의 시주로 창건하여 대참사라고 했다. 그러나 당시 이곳은 백제의 영토였으므로 신빙성이 없다. 1329년(고려 충숙왕 16) 상량(上良)이 대웅전을 중수했으며, 1530년(조선 중종 25)에는 일헌(一軒)이 중수했다. 이어 1623년(인조 1) 익순(益順)이 정문을 중수했고, 1636년 병자호란으로 불타자 1642년 숭인(崇印)이 중건했다. 1713년(숙종 39) 회징(會澄)이 부속 암자인 몽성암(夢醒庵)을 중창했고, 1730년(영조 6) 배극(倍極)이 안양암(安養庵)을 중창했다. 1754년 청원(淸元)과 삼익(三益)이 대웅전을 중수했으며, 삼익과 찬명(贊明)이 정문을 중수하여 오늘에 이르고 있다. 이전에는 대참사, 참당사 등으로 불렸으며, 규모가 상당히 큰 절이었다고 전한다. 【유적·유물】 현존하는 건물로는 대웅전(보물 제803호)과 약사전, 산신각

등이 있다. 대웅전 안에는 특이한 형상의 불상이 봉안되어 있고, 약사전 안에는 옥석(玉石)으로 만든 약사여래상(전라북도 유형문화재 제33호)이 있는데, 의왕불좌상(醫王佛坐像)이라고도 한다. 오른손에 약병을 들고 있는 대단히 희귀한 불상으로 이 절 창건 당시 인도에서 모셔 왔다는 전설이 있다. 【설화】 창건 당시 도솔암 앞 법화굴에서 수도하던 의운은 꿈에 우전국왕의 계시를 받고 금당포(지금의 심원면 巳燈)에 가보니, 돌배(石舟)가 한 척 당도해 있었다. 의운은 돌배에서 불상과 불경을 인수하여 신라 진흥왕의 시주를 받아 이 절을 창건했다고 한다. 【참고문헌】 한국사찰전서(권상로, 동국대학교 출판부, 1979), 사찰지(전라북도, 1990), 전북불교총람(전북불교총연합회, 1993)

창기사(昌基寺)
용문사(龍門寺)를 보시오.

창락원(昌樂院)
심대사(深大寺)를 보시오.

창룡사(蒼龍寺)
【위치】 충청북도 충주시 직동 금봉산(金鳳山)에 있다. 【소속】 대한불교조계종 제5교구 본사인 법주사의 말사이다. 【연혁】 신라 문무왕 때(661~681) 원효(元曉)가 창건했다. 고려 공민왕 때(1351~1374) 나옹 혜근(懶翁 惠勤)이 중건했으며, 조

선 선조 때(1567~1608) 청허 휴정(淸虛
休靜)이 중수하여 큰 절로서의 면모를 갖
추었다. 그러나 1870년(고종 7) 당시 목
사 조병로(趙秉老)가 수비청(守備廳)을
세우기 위해 불전을 철거하여 규모가 크
게 축소되었다. 1904년 여신도 박(朴)씨
가 법당을 신축했고, 1913년 후불탱화를
봉안하고 불상을 개금하여 중흥을 도모했
다. 1929년 주지 김추월(金秋月)이 수비
청을 뜯어다가 지금의 지현동 대원사(大
圓寺)를 짓는 데 사용했다. 1951년 주지
동인(東寅)이 중건하고, 1975년 주지 도
관(道觀)이 중창하여 오늘에 이르고 있
다. 【유적·유물】현존하는 건물로는 대
웅전과 칠성각, 산신각, 요사채 등이 있
다. 대웅전 안에는 관음보살좌상을 주존
불로 하고, 우측에 석가여래상이 봉안되
어 있어 불상 배열이 다소 파격을 이루고
있다. 이 두 불상은 모두 속리산 법주사에
서 옮겨 온 것인데, 관음보살좌상은 1730
년(영조 6)에 조성된 불상이다. 원래 대
웅전에는 아미타여래상 등 많은 불상이
있었으나 미타상은 대원사로 옮겨졌고,
나머지는 행방불명되었다. 이 밖에도 이
절에는 월악산 신륵사(神勒寺)에서 조성
했다는 후불탱화를 비롯한 5종의 탱화와
범종 등이 있다. 【참고문헌】사지(충청북
도, 1982)

창림사(昌林寺)
【위치】경상북도 경주시 배동 남산(南山)
기슭에 있었다. 【연혁】신라 때 궁전의
옛터에 창건했다. 원나라의 학사(學士)
조자앙(趙子昻)이 〈창림사비발(昌林寺碑
跋)〉에서 신라 김생(金生, 711~791)이
창림사비를 쓴 것을 찬양하고 있는데, 이
로 미루어 791년(원성왕 7) 김생이 죽기

이전에 창건된 것으로 추정된다. 연혁은
전하지 않는다. 1021년(고려 현종 12) 5
월 14일 현종이 상서우승(尙書右丞) 이가
도(李可道)에게 명하여 경주 고선사(高仙
寺)에 있는 금라가사(金羅袈裟), 불정골
(佛頂骨)과 이 절에 있는 불아(佛牙)를
내전(內殿)에 두게 했다. 1481년(조선 성
종 12)에 편찬된 《동국여지승람》에는 이
미 폐사되었다고 나와 있다. 【유적·유
물】현재의 절터는 상·중·하 3단으로
나누어져 있으며, 흩어진 초석들로 보아
큰 절이었음을 알 수 있다. 이곳에는 삼층
석탑과 쌍두귀부(雙頭龜趺), 석등연대(石
燈蓮臺) 등이 남아 있다. 이 중 삼층석탑
은 남산 일대에서는 가장 큰 것으로 1828
년(조선 순조 28) 《무구정광대다라니경
(無垢淨光大陀羅尼經)》의 머리 부분과 〈무
구정탑원기(無垢淨塔願記)〉가 발견되었는
데, 현재는 일본인이 소장하고 있다고 한
다. 폐탑으로 남아 있던 이 탑은 1976년
복원되었다. 이 중 기단의 상층에는 팔부
신중(八部神衆)이 조각되어 있는데, 사실
적 기법을 띠고 있는 우수한 작품이다. 쌍
두귀부는 신라시대 작품으로 유연하고 다
정한 모습을 띠어 신라 평화기의 이미지
가 잘 나타나 있으며, 귀부의 연구에 중요
한 자료가 된다. 귀부 위의 비신(碑身)은
파손되어 잃어버렸지만 당대의 명필 김생
의 글이었다고 전하며, 이곳의 귀부는 무
열왕릉(武烈王陵), 사천왕사(四天王寺) 등
의 귀부와 함께 신라의 3대 귀부로 손꼽히
고 있다. 【참고문헌】동국여지승람, 신라
의 폐사 II(한국불교연구원, 일지사, 1977)

창복사(昌福寺)
【위치】경기도 개풍군에 있었다. 【연혁】
1249년(고려 고종 36) 진양공(晉陽公)이

창건했다. 그 뒤의 연혁은 전하지 않으며 언제 폐사됐는지도 알 수 없다. 【참고문헌】 한국사찰전서(권상로, 동국대학교 출판부 1979)

창성사(彰聖寺)

【위치】 경기도 수원시 장안구 상광교동 광교산(光教山)에 있었다. 【연혁】 언제 누가 창건했는지 알 수 없다. 1382년(고려 우왕 8) 진각 천희(眞覺 千熙)가 이 절에서 입적했다. 연혁은 전하지 않는다. 1951년까지도 민가 형식의 절이 남아 있었다고 하나 지금은 폐사되었다. 【유적·유물】 절터에는 건물의 기단석과 초석, 옥개석, 기와 조각, 석축 등이 남아 있다. 문화재로는 이색(李穡)이 지은 천희의 진각국사대각원조탑비(眞覺國師大覺圓照塔碑; 보물 제14호)가 있으나, 지금은 수원시 장안구 파장동 산 47번지로 옮겨 보관하고 있다. 또한 이 절에 있던 부도 1기는 1625년(조선 인조 3)에 조성된 것으로 광교산 입구의 법성사(法性寺)에 보관되고 있다. 【참고문헌】 기내사원지(경기도, 1988)

창신사(彰信寺)

효신사(孝信寺)를 보시오.

창화사(昌化寺)

광통보제선사(廣通普濟禪寺)를 보시오.

채운사(彩雲寺)

【이명】 한때 환장사(煥章寺)라고 불렸다. 【위치】 충청북도 괴산군 청천면 초량리 환희산(歡喜山)에 있다. 【소속】 대한불교법화종에 속한다. 【연혁】 조선 중기에 송시열(宋時烈, 1607~1689)이 효종의 북벌계획에 호응하여 700명의 무사들을 양성하던 곳에 1655년(효종 6) 선사 혜일(慧日)이 창건하여 환장사라고 했다. 환장(煥章)은 중국의 유림(儒林)을 결정한 장

소로서 이름을 환장사라고 한 것은 송시열의 뜻에 따른 것이다. 조선시대 말기까지는 7, 8동의 건물을 갖추고 있었으나, 절이 의병들의 활동 근거지가 되자 왜병들이 불태워 대웅전만 남았다. 또한 이 절 앞의 도명산(道明山) 골짜기에는 1277년(고려 충렬왕 3) 도일(道一)이 창건한 채운암(彩雲庵)이 있었는데, 1948년의 큰 홍수로 도괴한 뒤 두 절을 합치기로 하고, 그 재목을 옮겨 환장사의 요사채를 세우고 이름을 채운사라고 했다. 【유적·유물】 현존하는 건물로는 대웅전과 칠성각, 산신각, 요사채 등이 있다. 대웅전은 1950년 6·25전쟁 때 북한 인민군이 세 번이나 불 태우려 했지만 타지 않자 겁을 먹고 물러갔다는 일화가 전한다. 대웅전 앞에는 근래에 세운 칠층석탑 2기가 좌우에 있다. 【참고문헌】 사지(충청북도, 1982), 명산 고찰 따라(이고운·박설산, 신문출판사, 1987)

채운암(彩雲庵)

【이명】 한때 수도암(修道庵)이라고 불렸다. 【위치】 충청북도 괴산군 청천면 화양리 도명산(道明山)에 있다. 【소속】 대한불교조계종 제5교구 본사인 법주사의 말사이다. 【연혁】 1277년(고려 충렬왕 3) 도일(道一)이 창건하여 수도암이라고 했다. 그 뒤 혜식(惠植)이 중창하여 채운암으로 고쳐 불렀으나, 1948년 큰 홍수로 도괴하여 인근 청천면 초량리 환희산(歡喜山)의 환장사(煥章寺)에 이 절의 재목을 옮겨 환장사의 요사채를 세우고 채운사라고 했다. 그러나 그 직후 도명산에 있던 원래의 자리 앞 골짜기에 다시 절을 중건하여 이름을 되찾아 오늘에 이르고 있다. 【유적·유물】 건물로는 대웅전과 산

신각, 요사채 2동이 있다. 【참고문헌】사
지(충청북도, 1982), 명산 고찰 따라(이고
운·박설산, 신문출판사, 1987)

척판암(擲板庵)

【이명】한때 담운사(談雲寺)라고 불렸다.
【위치】부산광역시 기장군 장안읍 장안리
불광산(佛光山)에 있다. 【소속】대한불교
조계종 제15교구 본사인 통도사의 말사이
다. 【연혁】673년(신라 문무왕 13) 원효
(元曉)가 창건하여 담운사라고 했다. 또
한 원효는 당시 당나라 태화사(泰和寺)에
서 공부하던 천 명의 승려가 장마로 인한
산사태로 태화사와 함께 매몰될 운명에
놓인 것을 알고, '효척판이구중(曉擲板而
救衆)'이라고 쓴 큰 판자를 하늘로 날려
보내 태화사의 상공에 뜨게 했는데, 이것
을 보고 놀란 대중이 일제히 법당에서 나
와 쳐다보는 순간 뒷산이 무너져 절이 매
몰되었다. 이에 천 명의 승려들이 우리 나
라로 원효를 찾아와 가르침을 받고 모두
도를 깨쳤다고 한다. 이때의 이적을 기리
기 위해 이름을 척판암으로 고쳐 부르게
되었다. 그 뒤 이 절은 원효의 이적지로
중요시되어 참선을 하는 많은 수행 승려
들이 머물렀다. 그러나 자세한 연혁은 전
하지 않는다. 1938년 경허(擎虛)가 중수
하여 오늘에 이르고 있다. 근래까지 장안
사(長安寺)의 부속 암자였으나, 지금은
독립된 절이다. 【유적·유물】현존하는
건물로는 인법당(因法堂)과 칠성각, 심우
장(尋牛莊)이 있다. 법당 앞에는 1972년
의운(意耘)이 세운 삼층석탑이 있다. 탑
안에는 석가모니불의 사리 5과가 봉안되
어 있다. 일본에서 고물상을 경영하는 한
신도가 고철불(古鐵佛)의 복장(腹藏)에
서 53과의 사리를 발견하여 이를 제주도

의 관음사(觀音寺)에 봉납했는데, 이것을
관음사 주지 향운(香雲)에게서 얻어 탑을
건립하고 봉안한 것이라고 한다. 탑의 비
분은 운허 용하(耘虛 龍夏)가 짓고 무불
(無佛)이 썼다. 【참고문헌】송고승전, 명
산 고찰 따라(이고운·박설산, 신문출판사,
1987)

천고사(天固寺)

【위치】전라북도 전주시 덕진구 만성동에
있다. 【소속】대한불교조계종 제17교구
본사인 금산사의 말사이다. 【연혁】신라
때 원광(圓光, 555~638)이 창건했다고
하나, 당시의 지리적인 여건으로 보아 신
빙성은 없다. 진감(眞鑑) 국사 혜소(慧昭,
774~850)가 당나라에 유학하기 전에 주
석했다. 그 뒤 폐사된 채 있던 것을 1919
년 송윤금(宋允金)이 중창했다. 이어
1955년 보운(寶雲)이 중창하여 오늘에 이
르고 있다. 【유적·유물】건물로는 대웅
전, 미륵전, 칠성각, 요사채 2동이 있다.
문화재로는 고려시대의 것으로 추정되는
미륵석불좌상이 있다. 【참고문헌】사찰지
(전라북도, 1990), 전북불교연감(전북불교
총연합회, 1993)

천곡사(泉谷寺)

【위치】경상북도 포항시 북구 흥해읍 학
천리 도음산(禱陰山)에 있다. 【소속】대
한불교조계종 제11교구 본사인 불국사의
말사이다. 【연혁】신라 선덕여왕 때(632
~647) 자장(慈藏)이 창건했다. 그러나
창건 이후의 연혁은 전하지 않는다. 1950
년 6·25전쟁 이전까지는 13동의 건물이
있었던 큰 절이었다. 【유적·유물】현재
는 법당과 요사채만이 남아 있다. 유물로
는 선덕여왕이 목욕한 우물이라고 전하는
석정(石井)이 있다. 또 이 절에는 조선시

대 세조의 어필(御筆)이 있었다고 하나 현존하지는 않는다. 【설화】창건에 얽힌 전설이 있다. 선덕여왕이 피부병으로 고생하며 온갖 약을 써 보았으나 효력이 없었는데, 신하의 권유에 따라 동해안 천곡령(泉谷嶺) 아래에서 약수로 며칠 간 목욕한 뒤 완쾌하였다고 한다. 여왕은 약수의 효력에 감복하여 서라벌로 돌아와서 자장에게 절을 짓도록 하고 이름을 천곡사라고 했다. 【참고문헌】동국여지승람, 동경잡기, 신라의 폐사 I(한국불교연구원, 일지사, 1974), 한국사찰전서(권상로, 동국대학교 출판부, 1979)

천곡사(泉谷寺)
【위치】전라북도 정읍시 농소동에 있었다. 【연혁】유물로 미루어 보아 고려시대에 창건된 것으로 추정된다. 연혁은 전하지 않는다. 【유적·유물】절터에는 고려시대의 것으로 추정되는 칠층석탑(보물 제309호)이 있다. 【참고문헌】사찰지(전라북도, 1990)

천곡사(泉谷寺)
백련정사(白蓮精寺)를 보시오.

천관사(天冠寺)
【위치】전라남도 장흥군 관산읍 농안리에 있다. 【소속】대한불교조계종 제21교구 본사인 송광사의 말사이다. 【연혁】신라 진흥왕 때(540~576) 통령(通靈)이 보현사(普賢寺)와 탑산사(塔山寺), 옥룡사(玉龍寺) 등의 89암자와 함께 창건했으며, 천관보살(天冠菩薩)을 모셨다고 하여 이름을 천관사라고 했다고 한다. 그러나 당시 이 지역은 백제의 영토에 속했으므로 신빙성이 없다. 바닷가에 위치했기 때문에 신라 말 이후부터 조선시대에 이르기까지 왜구의 침입이 잦아 차차 그 규모가

축소되었다. 【유적·유물】현재는 천관보살을 봉안했던 법당인 극락보전만 남아 있다. 건축 양식이 간결하여 고려시대의 소박한 간결미가 그대로 나타나 있다. 현존하는 유물로는 삼층석탑(보물 제795호)과 석등(전라남도 유형문화재 제134호), 오층석탑(전라남도 유형문화재 제135호)이 있다. 이 중 석등은 화강석으로 만들어진 고려 말기의 작품이다. 고려 전기에 세워진 것으로 추정되는 삼층석탑은 지대석과 하대석이 땅 속에 묻혔고, 중대석은 일부 손괴되었다. 【참고문헌】한국사찰전서(권상로, 동국대학교 출판부, 1979), 고줄고을 장흥(장흥군, 1982)

천관사(天官寺)
【위치】경상북도 경주시 교동 남산(南山)에 있었다. 【연혁】신라 때 김유신(金庾信, 595~673)이 사랑하던 기생 천관(天官)의 집을 절로 바꾸어 창건했다. 김유신은 어린 시절에 어머니 만명부인(萬明夫人)의 엄한 훈계를 명심하여 함부로 남과 사귀지 않았는데, 하루는 우연히 기생 천관의 집에서 유숙했다. 이에 어머니가 '네가 성장하여 공명을 세워 임금과 어버이를 평화롭게 하기를 밤낮으로 바랐는데, 이제 천한 아이들과 술집에서 놀아난단 말이냐.' 하고 흐느껴 울면서 훈계했다. 김유신은 다시는 그 집 문앞을 지나가지 않겠다고 맹세했다. 그러나 술에 취하여 집으로 돌아오던 어느 날 말이 이전에 다니던 길을 따라 또 다시 그녀의 집에 이르렀다. 김유신은 잘못을 깨닫고 타고 갔던 말의 목을 베고 안장을 버린 채 돌아왔다. 이에 천관은 〈원사(怨詞)〉라는 노래를 지어 불렀는데, 이 노래가 세상에 널리 불렸다고 한다. 김유신이 삼국을 통일한

뒤 사랑했던 천관을 위해 그녀의 집에 절을 세우고, 그녀의 이름을 따서 천관사라고 했다. 창건 이후의 연혁은 전하지 않으며 언제 폐사되었는지도 알 수 없다. 고려 중기의 이공승(李公升, 1099~1183)이 절 옆을 지나면서 지은 시가 《동국여지승람》에 남아 있어 당시까지는 이 절이 존립하였음을 알 수 있다. 【유적·유물】절터는 사적 제340호로 지정되어 있다. 현재 논으로 변해 있고, 논 사이에 무너진 탑의 기단석과 옥개석 등이 흩어져 있다. 【참고문헌】동국여지승람, 동경잡기, 신라의 폐사 I(한국불교연구원, 일지사, 1974), 한국사찰전서(권상로, 동국대학교 출판부, 1979)

천광사(天光寺)
광덕사(光德寺)를 보시오.

천등사(天登寺)
【위치】인천광역시 강화군 강화읍 남산리 남산(南山)에 있었다. 【연혁】언제 누가 창건했는지 알 수 없다. 조선시대의 1690년대에 이형상(李衡祥)이 편찬한 《강도지(江都志)》에는 이 절이 존재한다고 나와 있다. 1637년(인조 15) 여양군(驪陽君) 민인백(閔仁伯)의 아들 민성(閔垶)이 그의 가족 13명을 이끌고 이 절의 암벽 밑 굴에 피신해 있다가 모두 순절했다. 연혁은 전하지 않으며 언제 폐사되었는지도 알 수 없다. 【유적·유물】절터에는 석축 일부만이 남아 있다. 【참고문헌】한국사찰전서(권상로, 동국대학교 출판부, 1979), 기내사원지(경기도, 1988)

천등사(天燈寺)
개목사(開目寺)를 보시오.

천룡사(天龍寺)
【이명】한때 고사(高寺)라고도 불렀다. 【위치】경상북도 경주시 내남면 용장리

고위산(高位山) 천룡곡(天龍谷)에 있다. 【소속】대한불교조계종 제11교구 본사인 불국사의 말사이다. 【연혁】신라 때 천녀(天女)와 용녀(龍女)라는 두 딸을 가졌던 부모가 딸을 위해 창건하고 딸 이름을 한 자씩 따서 천룡사라 했다고 한다. 그 위치가 묘하여 《토론삼한집(討論三韓集)》에는 '계림 땅에는 딴 곳에서 흘러온 두 물줄기와 거슬러 흐르는 물줄기가 있는데, 이 물들을 진압하지 못하면 천룡사가 뒤집혀서 가라앉는 재앙이 생긴다.'고 했고, 674년(문무왕 15) 명랑(明朗)이 사천왕사(四天王寺)를 임시로 지었을 때 이를 조사하기 위해 온 중국의 사신 악붕구(樂鵬龜)는 '이 절이 파괴되면 곧 나라가 망할 것'이라고 했다. 결국 신라 말에 쇠잔해지다가 파괴되었다. 그 뒤 1040년(고려 정종 6) 최승로(崔承老)의 손자 최제안(崔齊顔)이 중창하고 석가만일도량(釋迦萬日道場)을 설치했으며, 조정의 명을 받아 다시 태조의 신서(信書)인 〈훈요십조(訓要十條)〉의 원문(願文)까지 절에 남겨두었다. 이 원문에는 그가 왕의 건강과 국가의 태평을 원하여 이 절에 전당(殿堂)과 낭각(廊閣), 방사(房舍), 주고(廚庫) 등을 신축하고, 석불(石佛) 몇 위를 봉안하여 석가만일도량을 설치했으며, 납입전(納入田)으로 사원을 운영하고, 자체 승려 중에서 재주와 덕이 빼어난 큰스님을 뽑아 주지로 임명하는 전통을 삼을 것이 명기되어 있다. 그가 세상을 떠난 뒤에도 절을 지키는 신이 되어 신령스러운 일을 많이 보였다고 한다. 그 뒤 면면히 명맥을 이어오다가 18세기 말에 폐사되었다가 최근에 옛터 북쪽에 법당과 요사채를 중건했다. 【유적·유물】현존하는 건물로는

법당과 요사채가 있다. 유물로는 폐탑과 귀부(龜趺), 석조(石槽), 맷돌 등이 옛 절터에 산재해 있다. 폐탑은 삼층석탑이었던 것으로 추정되며, 탑신과 옥개 등이 비교적 완벽하게 남아 있어 복원도 가능하다. 귀부는 현재 민가의 마당 가운데에 있는데, 비신(碑身)은 잘렸고 거북 모양의 기단부만 남아 있다. 석조는 산 기슭에 있는데, 흥륜사(興輪寺) 터에서 발굴된 석조와 버금가는 큰 것으로 가로 3.8m, 세로 1.5m에 이른다. 【참고문헌】삼국유사, 한국의 사찰 12-신라의 폐사(한국불교연구원, 일지사, 1977)

천문갑사(天門岬寺)
【위치】경상북도 청도군 운문산(雲門山)에 있었다. 【연혁】567년(신라 진흥왕 28) 한 신승(神僧)이 창건했다고 한다. 이 신승은 557년 운문산에 들어와 지금의 금수동(金水洞) 북대암(北臺庵) 터에 초암을 짓고 3년 동안 수도했다. 그러던 어느 날 산과 골이 진동하여 새와 짐승이 놀라 우는 소리를 듣고 그곳이 오령(五靈)이 숨어 사는 곳임을 알게 되었다고 한다. 이에 절을 짓기 시작하여 중심부에 대작갑사(大鵲岬寺), 동쪽에 가슬갑사(嘉瑟岬寺), 남쪽에 이 절, 서쪽에 소작갑사(小鵲岬寺), 북쪽에 소보갑사(所寶岬寺)를 각각 지었는데, 역사가 다 끝난 시기가 567년이었다. 그러나 신라 말 고려 초에 후삼국의 싸움으로 이 절을 비롯하여 일대의 다섯 갑사(岬寺)들이 모두 폐사되어 그 기둥들을 모두 대작갑사에 모아 두었었다. 【참고문헌】삼국유사, 호거산운문사사적(1718), 속 명산 고찰 따라(이고운·박설산, 운주사, 1994)

천방사(千房寺)

【이명】한때 선림사(禪林寺)라고 불렸다. 【위치】충청남도 서천군 문산면 신농리 천방산(千房山)에 있었다. 【연혁】신라 때 김유신(金庾信, 595~673)이 창건했다고 한다. 김유신은 백제를 치려고 당나라에 병력을 청했는데, 당나라에서는 소정방(蘇定方)으로 하여금 배로 군사 12만 명을 거느리고 천방산 아래에 정박하게 했다. 그런데 연기와 안개가 자욱하게 덮여 천지가 캄캄했다. 김유신은 산신령에게 '만일 안개를 활짝 개게 해주면 절 천 채를 지어 부처님을 받들겠다.'고 기도했다. 그러자 곧 안개가 걷혔는데, 이 약속을 지키기 위해 김유신이 산에 올라가 두루 살펴보니 지세가 너무 좁아 천 채를 도저히 세울 수 없었다. 그러므로 돌 천 개를 배치하여 절의 형태만 만들고 법당 한 동을 세워 천방사라고 불렀다고 한다. 그 뒤 선림사라고 고쳐 불렸으며, 고려 숙종(재위 1095~1105)의 명으로 중수하고 불상을 안치한 뒤 다시 천방사라고 했다. 조선 중기까지 존립하다가 폐사되었는데, 빈대가 많아 승려가 떠났기 때문이라고 전한다. 【참고문헌】동국여지승람, 내 고장 서천(서천군, 1982)

천방사(千房寺)
은적사(隱寂寺)를 보시오.

천선원(天禪院)
【이명】한때 보응사(普膺寺)라고도 불렸다. 【위치】경기도 개성시 궁성 밖에 있었다. 【연혁】919년(고려 태조 2) 조정에서 법왕사(法王寺)와 자운사(慈雲寺), 왕륜사(王輪寺), 사나사(舍那寺), 내제석원(內帝釋院), 신흥사(新興寺), 문수사(文殊寺), 원통사(圓通寺), 지장사(地藏寺) 등과 함께 10대 사찰 중의 하나로 창건했

다. 그 뒤의 연혁은 전하지 않는다. 【참고
문헌】삼국유사, 고려사
천수사(天壽寺)
【위치】경기도 장단군 진서면 전체리에
있었다. 【연혁】고려 숙종(재위 1095~
1105)이 창건했다. 당시의 규모는 크지
않았으나, 예종 때(1105~1122) 크게 경
영된 흔적이 보인다. 1106년(예종 1) 9월
10일 예종은 평장사 윤관(尹瓘)에게 중창
할 것을 명했다. 원래 이 절 부근에는 약
사원(藥師院)이라는 절이 있었는데, 대신
들이 '천수사의 절터가 불리하니 약사원
을 헐고 그 자리에 천수사를 짓자'고 주
장했다. 이에 예종은 1111년 약사원 자리
에 이 절을 옮겨 짓도록 했고, 1116년(예
종 11) 준공하여 숙종과 명의왕후의 영정
을 봉안했는데, 이 절이 숙종의 원찰이었
기 때문이다. 또한 예종 때 화공 이령(李
寧)은 〈천수사 남문도(南門圖)〉를 그려
예종의 칭찬을 받았다. 이 절에는 예종,
숙종, 의종 등이 자주 행차했으며, 1260
년(원종 1)에는 고종의 위패를 이 절에
봉안했다. 1276년(충렬왕 2) 충렬왕이 공
주와 함께 이 절에 행차했다. 특히 이 절
주위의 풍치가 아름다워 이곳에서 풍악을
울리면서 사신들을 맞이하고 전송했다고
한다. 고려의 패망과 함께 폐허가 되어 조
선시대에는 주춧돌만 남았다. 그러나 이
곳이 교통의 요충지라는 중요성 때문에
일대를 천수원(天壽院)이라고 하고 역원
(驛院)을 만들었다. 1476년(성종 7)에는
이예(李芮)가 이 절을 중창하고자 상소문
을 올리기까지 했으나 뜻을 이루지는 못
했다. 【유적·유물】1945년 8·15해방 전
까지 천수원 부근에는 몇 군데 봉수가 남
아 있었다. 그 서쪽으로는 취적교(吹笛

橋)라는 다리가 있었는데, 김진사라는 사
람이 피리를 잘 불어 달 밝은 밤에 뱀 모
양의 두건을 쓰고 피리를 불다가 뱀으로
변해 물 속으로 들어갔다는 전설이 전한
다. 또 동쪽에 있는 나복교(羅伏橋)는 신
라 경순왕(재위 927~935)이 왕건에게 투
항한 곳인데, 그때 신라 대신들 중 다리
밑으로 떨어져 죽은 사람이 너무 많아서
이와 같은 이름이 붙여졌다고 한다. 【참
고문헌】고려사, 동국여지승람, 송도의
고적(고유섭, 열화당, 1977)
천수암(天水庵)
승암사(僧嚴寺)를 보시오
천왕사(天王寺)
사천왕사(四天王寺)를 보시오.
천은사(天恩寺)
【이명】한때 백련대(白蓮臺), 흑악사(黑
岳寺)라고 불렸다. 【위치】강원도 삼척시
미로면 내미리로리 두타산(頭陀山)에 있다.
【소속】대한불교조계종 제4교구 본사인
월정사의 말사이다. 【연혁】758년(신라
경덕왕 17) 두타삼선(頭陀三仙)이 백련
(白蓮)을 가지고 이곳으로 와 절을 창건
한 뒤 백련대라고 했다고 한다. 839년(문
성왕 1) 통효(通曉) 국사 범일(梵日)이
극락보전 등을 건립하고 규모 있는 절로
만들었다. 고려 충렬왕 때(1274~1308)
이승휴(李承休)는 이 절이 있는 용계(龍
溪)에서 《제왕운기(帝王韻紀)》를 저술했
다. 1598년(조선 선조 31)에는 청허 휴정
(淸虛 休靜)이 중건하고, 절의 서남쪽에
있는 봉우리가 검푸른 것을 보고 흑악사
라고 이름을 바꿨다. 1706년(숙종 32) 화
재로 소실하자 이듬해 중건했고, 1831년
(순조 31)과 1897년에도 중수했다. 1899
년(광무 3) 태조 이성계(李成桂)의 4대조

인 목조(穆祖)의 능을 수축하고 이 절을 목조의 원당으로 삼았는데, 이때부터 천은사로 고쳐 불렀다. 1950년 6·25전쟁 때 불에 탄 뒤 명맥만을 유지해 오다가 1976년 주지 문일봉(文一峰)이 부임해 와 법당과 육화전(六和殿), 영월루(暎月樓), 삼성각 등을 신축했고, 요사채를 중수하여 오늘에 이르고 있다. 【유적·유물】 이 절 일원이 전라남도 문화재자료 제35호로 지정되어 있다. 건물로는 법당과 육화전, 영월루, 삼성각, 요사채 등이 있다. 문화재로는 1779년(정조 3) 개금된 불상을 1976년 다시 개금할 때 복장에서 나온 《법화경》이 있다. 또한 금동약사여래입상이 있는데, 고려 후기의 작품으로 추정된다. 절 입구의 천은사기실비(天恩寺記實碑)는 1921년 3월에 한영 정호(漢永 鼎鎬)가 글을 짓고 심지황(沈之潢)이 글을 써서 세운 사적비이다. 【설화】 창건과 관련된 설화가 전한다. 옛날 서역에서 두타 삼선(頭陀三仙)이 용 또는 돌배(石舟)를 타고 불래진(佛來津)에 와서 하나는 금련(金蓮)을 갖고 가서 영은사(靈隱寺)를 또 하나는 흑련(黑蓮)을 갖고 가서 삼화사(三和寺)를 나머지 하나는 백련을 갖고 가서 이 절을 창건했다고 한다. 【참고문헌】 한국사찰전서(권상로, 동국대학교 출판부, 1979), 명산 고찰 따라(이고운·박설산, 신문출판사, 1987)

천은사(泉隱寺)
【이명】 한때 감로사(甘露寺)라고 불렸다. 【위치】 전라남도 구례군 광의면 방광리 지리산 남쪽 기슭에 있다. 【소속】 대한불교조계종 제19교구 본사인 화엄사의 말사이다. 【연혁】 828년(신라 흥덕왕 3) 인도의 승려 덕운(德雲)이 창건하고 앞뜰에 있는 샘물을 마시면 정신이 맑아진다고 하여 감로사라고 했다고 한다. 그 뒤 875년(헌강왕 1) 연기 도선(烟起 道詵)이 중건했고, 고려 충렬왕 때(1274~1308)에는 남방제일선찰(南方第一禪刹)로 승격되었다. 1592년(조선 선조 25) 임진왜란 때 전화로 완전히 소실하였으나, 1678년(숙종 4) 중건하여 천은사라고 했다. 이어 1774년(영조 50) 중건하여 오늘에 이르고 있다. 지리산 3대 사찰 중의 하나이다. 【유적·유물】 현존하는 건물들은 대부분 1774년에 중건된 것으로 극락보전(전라남도 유형문화재 제50호)을 비롯하여 팔상전, 응진전(應眞殿), 진영당(眞影堂), 칠성각, 첨성각(瞻星閣), 승회당(僧會堂), 보제루(普濟樓), 방장선원(方丈禪院), 종무소, 일주문, 수홍문(垂虹門) 등이 있다. 문화재로는 나옹 혜근(懶翁 惠勤, 1320~1376)의 원불(願佛 ; 전라남도 유형문화재 제29호)과 극락보전 아미타후불탱화(보물 제924호), 불완전한 석탑 1기만이 남아 있다. 【설화】 1678년 중건 당시 이 절의 샘가에는 큰 구렁이가 자주 나타났다. 한 승려가 이를 잡아 죽였더니 그 뒤로부터는 샘이 솟아나지 않았다. 그러므로 샘이 숨었다는 의미로 천은사라고 이름을 바꿨다고 한다. 그 뒤 이상하게도 이 절에는 원인 모를 화재가 자주 일어나는 등 재화가 끊이지 않자 주민들은 절의 수기(水氣)를 지켜 주는 뱀을 죽였기 때문이라며 두려워했다. 그때 조선 4대 명필의 한 사람인 이광사(李匡師, 1705~1777)가 물이 흐르는 듯한 수체(水體)로 '지리산 천은사'라고 쓴 현판을 일주문에 건 뒤로는 다시 화재가 일어나지 않았다고 한다. 지금도 새벽녘의 고요한 시간에 일주문에 귀를 기울

이면 현판 글씨에서 신운(神韻)의 물소리
가 연연히 들린다고 전해 내려온다. 【참고
문헌】문화유적총람(문화재관리국, 1977),
한국의 명산 대찰(국제불교도협의회, 1982)
천자암(天子庵)
【위치】전라남도 순천시 송광면 이읍리
조계산(曹溪山) 서쪽 기슭에 있다. 【소
속】대한불교조계종 제21교구 본사인 송
광사의 산내 암자이다. 【연혁】송광사의
제9대 국사 월계 담당(越溪 湛堂)이 창건
했다. 담당은 금나라 왕자로서 1343년(고
려 충혜왕 복위 4) 고려에 왔는데, 그가 중
국의 왕자이기 때문에 절 이름을 천자암
이라 했다고 한다. 그 뒤 1604년(조선 선
조 37) 응선(應禪)과 청운(靑雲)이 중창
했고, 1633년(조선 인조 11) 영묵(靈默)
과 태운(太雲)이 중창했다. 1730년(영조
6) 자원(自願)이 중창했고, 1740년 지수
(指修), 자징(慈澄) 등이 만세루를 중건
했으며, 1797년(정조 21)에는 제운(霽
雲)과 두월(斗月)이 중창했다. 1893년
(고종 30) 구연(九淵)이 성산각(星山閣)
을 신축했으며, 1924년 이설월(李雪月)이
중수했다. 이어 1939년 금당(金堂)이 칠
성각을 건립하여 오늘에 이르고 있다.
【유적·유물】현존하는 건물로는 인법당
(因法堂)과 나한전, 동당(東堂), 서당(西
堂), 법왕루가 있다. 절의 뒤쪽에는 천연
기념물 제88호로 지정된 쌍향수(雙香樹)
라는 두 그루의 향나무가 있다. 【설화】
쌍향수라고 불리는 두 그루의 향나무에는
창건자인 담당과 연관된 전설이 전한다.
보조(普照) 국사 지눌(知訥, 1158~1210)
이 금나라 장종(章宗) 왕비의 불치병을
치료해 줬다. 이것이 인연이 되어 지눌은
그 왕자(담당)를 제자로 삼아 데리고 귀

국한 뒤, 짚고 온 지팡이를 이 절의 뒤뜰
에 꽂아 두었다. 이것이 자라 지금의 향나
무가 되었다고 한다. 그러나 지눌과 담당
의 활동 시기에 100년 이상의 차이가 나
므로 이 전설을 믿기는 어렵다. 【참고문
헌】송광사지(임석진), 송광사(한국불교
연구원, 일지사, 1975)
천장사(天藏寺)
천장암(天藏庵)을 보시오.
천장암(天藏庵)
【이명】천장사(天藏寺)라고도 불린다. 【위
치】충청남도 서산시 고북면 장요리 연암
산(燕巖山)에 있다. 【소속】대한불교조계
종 제7교구 본사인 수덕사의 말사이다.
【연혁】633년(백제 무왕 34) 담화(曇和)
가 제자와 함께 수도하기 위해 창건했다
고 한다. 그 뒤의 연혁은 전하지 않는다.
다만 조선시대 말기에 선종을 중흥한 경
허 성우(鏡虛 惺牛, 1849~1912)가 이 절
에서 수도하고 후학들을 지도하면서 수많
은 일화를 남겼다. 또한 만공 월면(滿空
月面, 1871~1946)은 이 절에 출가하여
성우의 제자가 되었다. 근대의 큰스님인
성우와 월면의 수도처라는 점에서 많은
수도승들의 발길이 끊이지 않는다. 【유적
·유물】현존하는 건물로는 대웅전과 산
신각, 요사채가 있다. 유물로는 칠층석탑
(충청남도 문화재자료 제202호)이 있다. 탑
의 조성연대는 창건 때인 633년으로 보고
있으나, 건립 당시의 원형이 아닌 조잡한
모습을 띠고 있다. 이것은 탑이 해체된 뒤
균형이 맞지 않는 기단석과 상층부에 놓
인 잡석, 마멸이 심한 옥개석 등을 무리하
게 맞추어 놓았기 때문이다. 탑의 양식으
로 보아서는 고려 후기의 것으로 추정된
다. 【참고문헌】신간 서산군지(서산군,

1982), 문화유적총람-사찰편(충청남도, 1990)

천주사(天柱寺)

【이명】 한때 내원(內院), 내불당(內佛堂), 내제석궁(內帝釋宮), 제석원(帝釋院) 등으로도 불렀다. 【위치】 경상북도 경주시 인왕동 반월성(半月城) 서북쪽과 안압지의 남쪽 사이에 있었다. 【연혁】《삼국유사》의 사금갑조(射琴匣條)에는 소지왕 때(479~500) 이미 궁궐 내에 이 절이 있었다고 하지만, 천사옥대조(天賜玉帶條)에는 진평왕(재위 579~632)이 창건했다고 한다. 신라 왕실의 내불당이었다. 488년(소지왕 10) 이 절의 분수승(焚修僧)이 거문고갑 속에서 비빈(妃嬪)과 간통하다가 소지왕이 쏜 화살에 맞아 죽었으며 이 때문에 나라 안의 모든 승려들이 복주(伏誅) 당하는 변이 있었다고 한다. 이 기록은 불교 공인 이전에 불교가 신라 사회에 유포되어 있었던 사실을 알게 해 주는 것이기도 하다. 또한 키가 11척이나 되는 진평왕이 이 절에 행차하여 돌계단을 밟자 돌 세 개가 한꺼번에 부서졌는데, 왕이 이 돌을 옮기지 말고 뒷사람에게 보이라고 했다고 한다. 이 돌은 신라시대 성중(城中)의 오부동석(五不動石) 중의 하나였다. 그 밖에도 경덕왕(재위 742~765)이 승려 월명(月明)에게 차와 수정염주를 하사할 때 갑자기 한 동자가 나타나서 이것을 받아 내원(內院 ; 즉 천주사)의 탑 속으로 숨어 버렸고, 차와 염주는 남쪽 벽에 그려진 미륵상 앞에 놓여 있었다는 설화도 《삼국유사》에 전한다. 이 설화에 의하면, 이 절에 목탑(木塔)과 미륵상을 그린 벽화가 있었던 것을 알 수 있다. 그러나 자세한 연혁은 알 수 없다. 다만 17세기에 편찬된 《동경잡기(東京雜記)》에 '천주사는 지금의 제석원(帝釋院)인데, 사람들이 해마다 뜰에 꽃을 심고 복을 빈다.'고 한 기록이 있음으로 이때까지는 존재했음을 알 수 있다. 현재는 절터의 흔적조차 남아 있지 않다. 【참고문헌】 삼국유사, 동국여지승람, 동경잡기, 운주산안거사사적, 신라의 폐사 Ⅰ(한국불교연구원, 일지사, 1974), 신라의 전설집(윤경열, 경주시, 1980)

천주사(天柱寺)

【위치】 평안북도 영변군 영변읍 약산(藥山) 동대(東臺)의 동남쪽에 있다. 【연혁】 언제 누가 창건했는지 알 수 없다. 1592년(조선 선조 25) 임진왜란 때 선조가 영변으로 피난을 왔는데 숙소가 마땅하지 않아 불편을 느낀 일이 있어, 영변부사가 왕이 만일 다시 영변으로 오게 되면 숙소로 쓸 수 있도록 이 절의 천주루(天柱樓) 등을 관청건물과 같은 형태로 지었다. 1682년(숙종 8) 부사 이광한이 중건했다고 한다. 1684년(숙종 10) 방백 신익상(申翼相)과 운산군수 이휘, 태천군감 한신철(韓信哲) 등이 철옹성(鐵瓮城)을 고치는 공사를 하면서 80여 칸 규모로 중건했다. 그 뒤 1722년(경종 2) 중창했다. 이 절은 청천강 이북의 승군 지휘소로서 기능했으며, 현재도 당시의 무기가 남아 있다고 한다. 또한 진달래가 온 산을 덮는 봄철에는 약산 동대와 이 절이 꽃구름 속에 떠 있는 듯하다고 하여 예로부터 관서팔경의 하나로 불리어 왔다. 일제강점기의 31본산시대에는 보현사(普賢寺)의 말사였다. 【유적·유물】 이 절은 현재 북한의 보물급 문화재 제17호로 지정되어 있다. 현존하는 건물로는 보광전을 비롯하

여 천주루 등이 있다. 보광전에 입힌 금단청은 이 시기의 우리 나라 금단청을 대표하는 훌륭한 것이며, 북한 지역에서 가장 뛰어나다. 【참고문헌】한국사찰전서(권상로, 동국대학교 출판부, 1979), 북한사찰연구(한국불교종단협의회, 1993)

천주사(天柱寺)
【위치】경상북도 칠곡군 동명면 남원리 팔공산(八公山)에 있다. 【소속】대한불교조계종 제9교구 본사인 동화사의 말사이다. 【연혁】1701년(조선 숙종 27) 선원(善元)이 창건했다. 1870년(고종 7) 무겸(武謙)이 중창했다. 【유적·유물】건물로는 법당 등이 있다. 【참고문헌】한국사찰전서(권상로, 동국대학교 출판부, 1979)

천진암(天眞庵)
【위치】경상남도 고성군 하이면 왕룡리 와룡산(臥龍山)에 있다. 【소속】대한불교조계종 제13교구 쌍계사의 말사인 운흥사(雲興寺)의 산내 암자이다. 【연혁】1682년(조선 숙종 8) 박응화(朴凝化)가 창건했다. 자세한 연혁은 전하지 않는다. 1992년 대웅전을 새로 세웠다. 【유적·유물】건물로는 대웅전과 요사채 2동이 있다. 특별한 문화재는 없다. 【참고문헌】한국사찰전서(권상로, 동국대학교 출판부, 1979)

천진암(天眞庵)
【위치】경기도 광주군 퇴촌면 우산리 앵자봉(鶯子峰) 동쪽 기슭에 있었다. 【연혁】언제 누가 창건했는지 알 수 없다. 18세기 중엽 권철신(權哲身, 1736~1801)을 중심으로 한 남인계 소장학자들이 이익(李瀷)의 서학열(西學熱)을 이어받아 이 절을 비롯하여 경기도 광주와 여주 등지의 절에서 강학(講學)을 가졌다. 이들은 주로 유교경전에 대한 연구를 위주로 했으나, 당시 전래된 한역서학서(漢譯西學書)도 집중적으로 검토하여 결국 천주신앙으로 나아가게 되었다. 천주교에 관계했던 인물들 중 이곳을 자주 방문했던 인물로는 이벽(李檗, 1754~1786)과 정약용(丁若鏞, 1762~1836)이 대표적이다. 정약용의 《여유당전서(與猶堂全書)》에는 이 절과 관련된 시문이 여러 편 보이며, 그때 벌써 퇴락한 모습을 나타내고 있었다는 기록이 있다. 이 절이 당시 약 5년 동안 천주교 신앙운동의 본산 역할을 한 것으로 주장하는 이도 있다. 그 뒤 곧 폐허가 되었다. 이 절의 불교적 활동은 전하지 않으며, 오히려 우리 나라 천주교회의 발상과 관련되는 절 중의 하나로서 명성이 높다. 【유적·유물】1962년 남상철(南相喆)에 의해 절터가 확인되었으며, 1979년에서 1981년 사이에 이벽, 정약종(丁若鍾), 권철신, 권일신(權日身), 이승훈(李承薰) 등 천주교회 초기 인물들의 묘소가 이곳으로 이장되었다. 또한 까르멜수도원이 여기에 세워져 있다. 【참고문헌】한국사찰전서(권상로, 동국대학교 출판부, 1979), 한국의 성지(이충우, 분도출판사, 1981), 천진암, 주어사강학회론변(이원순, 한국천주교회사 연구, 한국교회사연구소, 1986)

천축사(天竺寺)
【이명】한때 옥천암(玉泉庵)이라고 불렸다. 【위치】서울특별시 도봉구 도봉동 도봉산 만장봉(萬丈峰) 동쪽 기슭에 있다. 【소속】대한불교조계종 직할교구 조계사의 말사이다. 【연혁】673년(신라 문무왕 13) 의상(義湘)이 만장봉 동북쪽 기슭에 있는 의상대(義湘臺)에서 수도할 때 이곳

에 절을 창건하고 옥천암이라고 했다. 그 뒤 고려 명종 때(1170~1197)에는 영국사(寧國寺)가 창건되어 이 절을 부속 암자로 삼았다. 1398년(조선 태조 7) 함흥으로 갔다가 돌아오던 태조가 옛날 이곳에서 백일기도하던 것을 상기하여 중창하고 천축사라는 사액을 내렸다. 이름을 천축사라고 한 것은 고려 말기에 인도의 승려 지공(指空)이 나옹 혜근(懶翁 惠勤, 1320~1376)에게 이곳의 경관이 천축국(인도)의 영축산과 비슷하다고 한 것에서 유래되었다고 한다. 1474년(성종 5) 왕명으로 중창했고, 명종 때(1545~1567)에는 문정왕후(文定王后)가 화류수목조용상(樺榴樹木彫龍床)을 헌납하여 불좌(佛座)를 만들었으며, 1812년(순조 12) 경학(敬學)이 중창했다. 그 뒤에도 이 절은 영험 있는 기도도량으로 이름이 나서 여러 차례 중수했다. 1959년 중수하여 오늘에 이르고 있다. 부속 암자로는 석굴암이 있다. 【유적·유물】 건물로는 대웅전을 비롯하여 원통전, 복운각(福雲閣), 산신각, 요사채, 무문관(無門關)이 있다. 모두 1959년에 중수한 것이다. 무문관은 근래에 세운 참선 정진처로서 부처님의 설산(雪山) 6년 고행을 본받아 한번 들어가면 4년 또는 6년 동안 일체 문 밖에 나올 수 없고 벽을 바라보며 참선만하게 된다. 음식물도 창구를 통해 들여 보내는 등 수행의 규범이 매우 엄하다. 현대의 큰스님 중에는 이 무문관에서 6년 또는 4년의 정진을 한 이들이 많다. 유물로는 문정왕후가 헌납한 화류수목조용상이 있으며, 대웅전 안에 보존되어 있다. 【참고문헌】 한국사찰전서(권상로, 동국대학교 출판부, 1979), 한국의 명산 대찰(국제불교도협회, 1982)

천택사(天澤寺)
용화사(龍華寺)를 보시오.

천화사(天和寺)
【위치】 경기도 장단군 진서면 대원리에 있었다. 【연혁】 언제 누가 창건했는지 알 수 없다. 1120년(고려 예종 15) 7월 17일 예종이 이 절에 행차했고, 이듬해 7월 17일에도 이 절에 행차했다. 1161년(의종 15) 8월 27일 의종이 이 절에 가서 머물렀고 이 해 9월 18일에도 이 절에서 머물렀다. 1165년(의종 19) 2월 18일과 2월 27일에도 이 절에 머물렀다. 연혁은 전하지 않는다. 【유적·유물】 1900년대에 편찬된 《사탑고적고(寺塔古蹟攷)》에는 절터에 돌담과 기와 조각이 산재해 있다고 나와 있다. 【참고문헌】 고려사, 사탑고적고, 한국사찰전서(권상로, 동국대학교 출판부, 1979)

천황사(天皇寺)
【이명】 한때 숭암사(崇巖寺)라고 불렸다. 【위치】 전라북도 진안군 정천면 갈룡리 구봉산(九峰山)에 있다. 【소속】 대한불교조계종 제17교구 본사인 금산사의 말사이다. 【연혁】 875년(신라 헌강왕 1) 무주 무염(無住 無染)이 창건하여 숭암사라고 했다. 1065년(고려 문종 19) 대각(大覺)국사 의천(義天)이 중창했으며, 조선시대에는 학조(學祖), 애운(愛雲) 등이 중수했다. 1592년(선조 25) 임진왜란 때에는 승병장 벽암 각성(碧巖 覺性)이 항전하다가 마지막 남은 7백여 명의 승병을 이끌고 이 절에 와서 해산하기도 했다. 본래는 주천면 운봉리에 있었는데, 숙종 때(1674~1720) 중건하면서 지금의 자리로 옮겼다. 이어 1874년(고종 11) 혜명(慧明)이 중창했으며, 1972년 요사채를, 1976년 명

부전을 중수했다. 1985년에는 다시 명부
전과 설법전, 요사채를 중수했다. 언제인
지 모르나 천황사로 이름을 고쳤다가 일
제강점기에는 천황사라는 이름을 쓸 수
없어 다시 숭암사라고 했다. 1945년 8·15
해방 후 천황사라는 이름을 되찾았다.
【유적·유물】현존하는 건물로는 대웅전
(전라북도 유형문화재 제17호)을 비롯하여
명부전, 설법전, 요사채 등이 있다. 이 밖
에도 옛 건물 터가 남아 있다. 문화재로는
애운의 부도(전라북도 문화재자료 제123
호)가 있다. 【참고문헌】문화유적총람(문
화재관리국, 1977), 전북불교총람(전북불
교총연합회, 1993)

천황사(天皇寺)
【위치】전라남도 영암군 영암읍 개신리
월출산 사자봉 아래에 있다. 【소속】대한
불교법화종에 속한다. 【연혁】유물로 미
루어 보아 신라 말 고려 초에 창건된 것으
로 추정된다. 그 뒤 명맥을 이어 오다가
1597년(조선 선조 30) 정유재란 때 병화
를 입고, 1646년(인조 24) 중창한 것으로
보인다. 이는 '순치병술년(順治丙戌年 ;
1646)'이란 명문(銘文) 기와가 발견됨으
로써 그 추정이 가능하다. 그 뒤 소규모의
암자 형태로 유지되어 왔으나, 절터 주변
에서 수습되는 기와 조각이나 건물 터의
규모로 보아 옛날에는 상당히 큰 규모의
절이었던 것으로 추정된다. 1906년 다시
중창했으며, 1953년 주지 최정업(崔正業)
이 현재의 인법당(因法堂)을 건립하여 오
늘에 이르고 있다. 【유적·유물】건물로
는 일반 주택과 같은 형태의 인법당과 칠
성각이 한 건물로 붙어 있다. 법당 안에는
모두 근년에 조성한 아미타삼존불을 비롯
하여 아미타극락회상도, 관음보살입상도,

지장탱화, 신중탱화 등이 있다. 칠성각 안
에는 산신탱화, 독성탱화, 칠성탱화 등이
있다. 이들 불화는 모두 20세기 중반의 작
품이다. 이 밖에도 탑재편(塔材片)과 부도
대좌, 석조(石槽) 등의 유물이 있다. 부도
대좌는 신라 말 고려 초의 것으로 보이며,
석조는 조선시대의 것으로 보인다. 【참고
문헌】영암군향토지(전남문화사, 1972),
월출산 천황사(성춘경·천득염, 삼화문화
사, 1987), 전남의 사찰 I(전라남도, 1990)

천흥사(天興寺)
【위치】충청남도 천안시 성거읍 천흥리
성거산(聖居山)에 있었다. 【연혁】유물로
미루어 보아 고려시대 이전에 창건된 것
으로 추정된다. 연혁은 전하지 않는다. 다
만 1481년(조선 성종 12)에 편찬된《동국
여지승람》에 지금은 폐사되었다고 나와
있는 것으로 보아 조선 전기 이전에 폐사
된 것으로 보인다. 【유적·유물】절터는
마을로 변했으며, 1959년에 축조된 천흥
저수지와 이 저수지의 유수를 처리하기
위한 하천으로 상당 부분이 파괴되었다.
유물로는 오층석탑(보물 제354호)과 당간
지주(보물 제99호), 범종, 관음보살상(충
청남도 문화재자료 제257호) 등이 있다. 오
층석탑은 전형적인 고려 때의 양식을 취
하고 있는데, 1966년 해체·복원 때에 부
근에서 옥개석(屋蓋石)이 발견되어 함께
복원되었다. 당간지주는 기단부의 양식상
으로 보아 통일신라 때의 것으로 보이나
전체적으로 보면 고려 초기의 것으로 추
정된다. 범종은 1010년(고려 현종 1)에
조성된 것으로 현재 국립중앙박물관에 소
장되어 있다. 관음보살상은 1002년(목종
5)에 조성된 것으로 인근 만일사(晩日寺)
의 관음전에 봉안되어 있다. 【참고문헌】

한국사찰전서(권상로, 동국대학교 출판부, 1979), 문화유적총람-사찰편(충청남도, 1990)

청계사(淸溪寺)
【위치】경기도 의왕시 청계동 청계산(淸溪山)에 있다. 【소속】대한불교조계종 제2교구 본사인 용주사의 말사이다. 【연혁】신라 때 창건됐다. 1284년(고려 충렬왕 10) 시중 조인규(趙仁規)가 막대한 사재를 들여 중창하고 그의 원찰로 삼은 뒤 큰 절의 면모를 갖췄다. 이때부터 이 절에는 100명이 넘는 수도승이 상주했다. 또한 조인규의 자손들이 여기에 그의 사당을 짓고, 전장과 노비를 두어 대대로 제사를 지냈다. 1407년(조선 태종 7) 조정에서는 이 절을 천태종의 자복사찰(資福寺刹)로 지정했다. 1431년(세종 13) 조인규의 영당을 중건했다. 1448년(세종 30) 조인규의 6세손 조현(趙玹)이 중건하고, 대장경을 인출하여 봉안했다. 연산군(재위 1494~1506)이 도성 내의 절에 대한 폐쇄령을 내렸을 때 이 절은 봉은사(奉恩寺)를 대신하여 선종본찰(禪宗本刹)의 기능을 수행했다. 광해군 때(1608~1623)에는 전답과 노비를 모두 관에 빼앗겼고, 권세가들에 의해 수탈당했다. 1689년(숙종 15) 3월 산불로 모든 건물이 불타자 성희(性熙)가 중건했다. 1761년(영조 37) 정조가 동궁으로 있을 때 이 절에 원당을 설치한 뒤 밤나무 3천 주를 심고 원감(園監)을 두었으며, 왕위에 오른 뒤에는 현륭원(顯隆園)을 설치하고 봄·가을에 제향(祭享)했다. 1798년(정조 22)에는 조무의(趙武毅)의 시주로 중창했고, 1876년(고종 13) 3월 26일 실화로 수십 칸의 건물이 소실하자 1879년 음곡(陰谷)이 중건했다. 1900년 극락보전을 세웠고, 일제강점기에는 종교 탄압 정책으로 겨우 명맥만을 유지해 왔다. 1911년 31본산시대에는 봉은사(奉恩寺)의 말사가 되었다. 1955년 비구니 아연(娥演)이 주지로 취임한 뒤 중창을 시작했고, 월덕(月德), 단성(丹星), 월탄(月誕) 등이 그 뜻을 이어 건물을 회복했다. 1965년에 용주사의 말사가 되어 오늘에 이르렀다. 【유적·유물】현존하는 건물로는 극락보전을 비롯하여 삼성각, 산신각, 종각, 수각(水閣), 요사채 3동이 있다. 유물로는 아미타삼존불좌상과 후불탱화, 신중탱화, 동종(경기도 유형문화재 제96호), 목판 14종 462판(경기도 유형문화재 제135호), 사적비 2기 등이 있다. 아미타삼존불좌상은 극락보전에 봉안되어 있는데, 조선시대 후기의 것이다. 동종은 1701년(숙종 27) 조성된 것으로 일제 말에 공출되었던 것을 봉은사에서 보관하게 되어 1975년 다시 찾아왔다. 후불탱화는 함풍년간(咸豊年間, 1851~1861)에 그려진 것이고, 신중탱화는 1844년(헌종 10)에 그려진 것이다. 2기의 사적비 중 1기는 광해군 때 수탈당한 재산목록을 지우기 위해 마모시킨 것이며, 나머지 1기는 1689년에 세워진 것이다. 【참고문헌】동국여지승람, 한국사찰전서(권상로, 동국대학교 출판부, 1979), 기내사원지(경기도, 1988)

청계사(淸溪寺)
【위치】함경북도 나진군 고원리 청계산(淸溪山)에 있다. 【연혁】1433년(조선 세종 15) 창건했다. 1875년(고종 12) 중수했다. 일제강점기의 31본산시대에는 귀주사(歸州寺)의 말사였다. 자세한 연혁은 전하지 않는다. 【유적·유물】현존하는

건물로는 보광전과 심검당이 있다. 【참고
문헌】 한국사찰전서(권상로, 동국대학교
출판부, 1979), 북한사찰연구(한국불교종
단협의회, 1993)

청계사(淸溪寺)

【위치】 경상북도 상주시 화서면 하송리
성산(城山)의 견훤산성(甄萱山城) 아래에
있다. 【연혁】 언제 누가 창건했는지 알
수 없다. 조선시대에 신경준(申景濬, 1712
~1781)이 편찬한 《가람고(伽藍考)》에
존재한다고 나와 있다. 1895년(고종 32)
병화로 불탔으며, 1907년 의병장 노병대
(盧炳大)가 의병을 이끌고 이 절 등지에
서 일본군과 싸웠다. 1924년 한 비구니가
중창하고 인근 남장사(南長寺)에서 불상
을 모셔와 봉안했다. 【유적·유물】 건물
로는 법당과 요사채가 있다. 【참고문헌】
가람고, 한국사찰전서(권상로, 동국대학교
출판부, 1979), 대한독립운동사

청곡사(青谷寺)

【위치】 경상남도 진주시 금산면 갈전리
월아산(月牙山) 기슭에 있다. 【소속】 대
한불교조계종 제12교구 본사인 해인사의
말사이다. 【연혁】 879년(신라 헌강왕 5)
연기 도선(烟起 道詵)이 창건했다. 도선
이 진주 남강변에서 청학이 날아와 이곳
에 앉는 것을 보고 서기가 충만한 곳이라
고 여겨 절터로 정했다고 한다. 1380년
(고려 우왕 6) 실상(實相)이 대웅전을 중
수했으며, 조선시대에는 선종(禪宗)에 속
했다. 1397년(태조 6) 이 고장 출신인 신
덕왕후(神德王后)가 태조의 왕비가 된 것
을 기리기 위해 승려 상총(尙聰)이 이 절
에 머물면서 대장경을 인성(印成)했는데,
이에 김사행(金師幸) 등이 동조하여 향로
도 만들었다. 1592년(선조 25) 임진왜란

때 완전히 소실했던 것을 1612년(광해군
4) 중건하여 오늘에 이르고 있다. 【유적·
유물】 현존하는 건물로는 대웅전(경상남
도 유형문화재 제51호), 업경전(業鏡殿 ; 경
상남도 문화재자료 제139호), 산신각, 요사
채 등이 있다. 대웅전 앞에는 삼층석탑
(경상남도 유형문화재 제5호) 1기가 있는
데, 창건 당시에 건립된 것이라고 전하며,
신라 말의 양식이 뚜렷한 작품이다. 이 밖
에도 석가모니불을 중심으로 묘사한 괘불
(掛佛 ; 경상북도 유형문화재 제261호)이 있
다. 1722년(경종 2) 조성되었으며, 매우
섬세하고 채색이 좋다. 원래 이 절의 보광
명전에 있었던 향로는 지금은 서울 국립
중앙박물관에 있는데, 범자(梵子)를 넣
고, 하부에 연판(蓮瓣)을 새겼으며, 전면
에 모란당초(牡丹唐草)를 은으로 입사했
다. 이것은 1397년에 제조된 것이다. 【참
고문헌】 경상남도지(경상남도, 1963), 내
고장 전통(진양군, 1982)

청량사(淸凉寺)

【위치】 경상북도 봉화군 명호면 북곡리
청량산(淸凉山)에 있다. 【소속】 대한불교
조계종 제16교구 본사인 고운사의 말사이
다. 【연혁】 청량산의 연화봉(蓮花峰) 기
슭에는 내청량사(內淸凉寺)가, 금탑봉(金
塔峰) 아래에는 외청량사(外淸凉寺)가 있
는데, 두 절 모두 663년(신라 문무왕 3)
원효(元曉)가 창건했다는 설과 의상(義
湘)이 창건했다는 설이 있다. 그러나 이
때 의상은 중국에서 유학중이었으므로 원
효가 창건한 것으로 보는 것이 타당하다.
창건 당시에는 승당(僧堂) 등 27개의 부
속 건물을 갖추었던 큰 절이었다. 그 뒤
오랫동안 폐사로 남아 있었기 때문에 연
혁은 전하지 않는다. 현재 두 절 모두 비

구니의 수도도량인데, 극히 사세가 미약하다. 두 절은 비록 거리가 다소 떨어져 있지만 상호 연관 관계에 있어서 내청량사를 유리보전(琉璃寶殿), 외청량사를 응진전(應眞殿)으로 따로 부르기도 한다. 【유적·유물】현존하는 건물로는 유리보전(경상북도 유형문화재 제47호)과 응진전이 있다. 【참고문헌】문화유적총람(문화재관리국, 1977)

청량사(清凉寺)

【위치】충청남도 공주시 반포면 학봉리 계룡산(鷄龍山) 비로봉(毘盧峰) 아래에 있었다. 【연혁】724년(신라 성덕왕 23) 회의(懷義)가 창건했다. 회의는 그의 스승 상원(上願)이 암자를 짓고 수도하다가 입적하자, 그곳에 동학사(東鶴寺)를 창건하면서 쌍탑과 함께 이 절을 창건했던 것이다. 자세한 연혁은 전하지 않으며 언제 폐사되었는지도 알 수 없다. 【유적·유물】유물로는 남매탑이라고 불리는 쌍탑(충청남도 유형문화재 제1호)이 있는데, 이들 석탑은 칠층석탑 1기와 오층석탑 1기로서 백제 때의 양식을 따른 통일신라 때의 작품으로 추정된다. 【설화】상원은 백제의 왕족이었는데, 백제가 멸망한 뒤 이곳에 와서 초암을 짓고 수도에 정진했다. 어느 날 밤 목에 뼈가 걸려서 신음하는 호랑이가 찾아와 상원은 그 호랑이를 구해 주었다. 이에 호랑이가 보은의 뜻으로 상주에 사는 아릿다운 처녀를 업어다 놓았다. 마침 겨울이라 눈이 많이 쌓여 상원은 처녀를 돌려 보내지 못하고 부득이 봄까지 함께 살았다. 봄이 되어 상원은 처녀를 상주로 데려다 주었다. 처녀의 아버지는 딸을 구해 준 은혜에 감사해 하며, 이것은 필시 하늘이 맺어 준 인연이니 부부가 되기를 원했다. 처녀 역시 상원을 흠모했다. 그러나 상원은 수개월을 동거했어도 범하지 않았다며 거절했다. 결국 상원과 처녀는 의남매를 맺고 함께 수행하여 도를 이뤘다. 그들이 죽은 뒤 사리가 나오자, 회의가 두 탑을 세워 그들을 기렸다. 【참고문헌】문화유적총람－사찰편(충청남도, 1990), 한국사찰전서(권상로, 동국대학교 출판부, 1979)

청량사(清凉寺)

【위치】경상남도 합천군 가야면 황산리 매화산(梅花山) 기슭에 있다. 【소속】대한불교조계종 제12교구 본사인 해인사의 말사이다. 【연혁】언제 누가 창건했는지 알 수 없다. 《삼국사기》에 신라 때 최치원(崔致遠, 857~?)이 이곳에서 즐겨 놀았다고 했으므로 신라 말 이전에 창건된 것으로 추정된다. 또한 구전에 의하면, 이 절이 802년(애장왕 3)에 창건된 해인사보다 먼저 창건됐다고 한다. 오랫동안 폐사가 되었다가 1811년(조선 순조 11) 회은(晦隱)이 법당과 요사채를 짓고 중건했다. 최근 주지 경암(景庵)이 다시 요사채를 중건하고 법당을 중수했다. 【유적·유물】건물로는 법당과 요사채가 있다. 절터 근처에는 다양한 신라시대 석물(石物)들이 산재해 있는데, 그중에는 불상, 석탑, 석등이 잘 갖추어져 있다. 이들은 월류봉(月留峰) 아래 남북 일직선상에 놓여 있으며, 모두가 건립 당시의 조각예술을 대변하는 빼어난 작품이다. 이 중 석조석가여래좌상(보물 제265호)은 경주 석굴암 불상의 유형을 충실히 따르고 있다. 삼층석탑(보물 제266호)은 전형적인 통일신라 시대의 석탑 형식을 보이고 있는데, 1958년 수리할 때 3층 옥신에 사리공(舍利孔)이 있음이 확인되었다. 석등(보물 제253

호) 또한 9세기 석등을 대표할 만한 뛰어난 작품이다. 【참고문헌】 한국의 사찰 7-해인사(한국불교연구원, 일지사, 1975)

청량사(淸涼寺)

【위치】 서울특별시 동대문구 청량리동에 있다. 【소속】 대한불교조계종 직할교구 본사인 조계사의 말사이다. 【연혁】 1117년(고려 예종 12) 9월에 당시 거사불교(居士佛敎)의 대표적 인물인 이자현(李資玄)이 춘천 청평산(淸平山)에 머물고 있을 때 예종이 남경(南京 ; 서울)에 순행하면서 이자현을 불러 이 절에 머물게 했다. 원래 지금의 홍릉(洪陵) 영휘원(永徽園) 자리에 있었으나, 1879년(광무 1) 명성왕후가 홍릉을 조성할 때 지금의 자리로 옮겼다. 일제항쟁기에는 용운 봉완(龍雲 奉玩)이 머물렀다. 1980년 대웅전을 새로 지었다. 【유적·유물】 건물로는 대웅전과 극락보전, 칠성각, 무량수전, 요사채 등이 있다. 대웅전에는 1938년에 조성된 후불탱화와 신중탱화, 칠성탱화 등이 있고, 극락보전에는 아미타삼존상과 1871년(고종 10)에 제작한 신중탱화가 있다. 【참고문헌】 서울-전통사찰총서 4(사찰문화연구원, 1994), 고려사절요

청량사(淸涼寺)

【위치】 충청남도 부여군 초촌면 세탑리에 있었다. 【연혁】 고려 때에 창건된 것으로 추정된다. 연혁은 전하지 않으며 언제 폐사되었는지도 알 수 없다. 【유적·유물】 절터에는 기와 조각과 토기 조각, 장대석, 초석 등이 산재해 있다. 유물로는 고려 때의 것으로 보이는 오층석탑(충청남도 유형문화재 제21호)이 있다. 【참고문헌】 문화유적총람-사찰편(충청남도, 1990)

청련대(靑蓮臺)

지향사(池香寺)를 보시오.

청련사(靑蓮寺)

【위치】 인천광역시 강화군 강화읍 국화리 고려산(高麗山)에 있다. 【소속】 대한불교조계종 직할교구 본사인 조계사의 말사이다. 【연혁】 416년(고구려 장수왕 4) 한 인도 승려가 창건했다고 한다. 그 인도 승려는 진나라를 거쳐 우리 나라로 들어와서 절터를 물색했다. 고려산에 이르러 다섯 빛깔의 연꽃이 만발한 연못을 발견하고, 다섯 송이의 연꽃을 꺾어서 공중으로 날려 연꽃이 떨어지는 곳마다 절을 창건했다고 한다. 마침 이곳에는 청련이 떨어졌기 때문에 청련사라 했다는 것이다. 그러나 일설에는 조선시대 초기에 창건된 것으로 추정하기도 한다. 그 뒤 조선 중기까지의 연혁은 전하지 않는다. 1821년(순조 21) 비구니 포겸(包謙)이 폐허화한 이 절을 중창했고, 1906년에는 비구니 계근(戒根)이 법전(法殿)을 중수했으며, 1909년에는 선혜(善慧)가 산신각을 신축했다. 비구니 정현(淨賢)은 1916년 불상을 개금하고, 1919년 범종을 조성했으며, 1936년 전면적인 중수를 단행했다. 1967년에는 큰법당을 새로 건립했다. 현재 이 절은 1821년의 중창 이후 비구니들의 수도도량이다. 부속 암자로는 원통암(圓通庵)이 있다. 【유적·유물】 건물로는 큰법당을 비롯하여 삼성각, 구법당, 요사채 등이 있다. 유물로는 부도 2기와 삼장탱화, 현왕탱화, 독성탱화 등이 있다. 부도는 은화(隱華)와 당화(唐華)의 것이나, 이 스님들이 어느 때 활동하던 사람인지는 알 수 없다. 탱화는 모두 1881년(고종 18)에 조성된 것이며, 삼장탱화와 현왕탱화는 큰법당에 봉안되어 있고, 독성탱화는 삼성

각에 봉안되어 있다. 【참고문헌】 전등본
말사지, 한국의 사찰 15-전등사(한국불
교연구원, 일지사, 1978), 기내사원지(경기
도, 1988)

청련사(靑蓮寺)

【이명】 한때 안정사(安定寺, 安靜寺)라고
불렸다. 【위치】 서울특별시 성동구 하왕
십리동에 있다. 【소속】 대한불교조계종
직할교구 본사인 조계사의 말사이다. 【연
혁】 1395년(조선 태조 4) 무학 자초(無學
自超)가 창건하여 안정사라고 했다. 827
년(신라 흥덕왕 2) 창건했다는 설도 있으
나 신빙성이 없다. 그 뒤 청련사라고 이름
을 바꿨으며, 1726년(영조 2) 경림(敬林)
이 중창했다. 1801년(순조 1) 가선(嘉善)
이 중수하고 후정(厚淨)이 중창했다.
1849년(현종 15) 종원(宗元)과 석총(釋
摠) 등이 큰방과 요사를 중창했다. 1854
년(철종 5) 종원과 두총(斗摠)이 법당을
중건했으며, 1887년(고종 24) 칠성각을
중수했다. 1924년 주지 윤영상(尹永相)이
큰방과 시왕전을 중창했다. 1942년 8월
주지 성월 학봉(性月 學鳳)이 법당의 중
창을 시작하여 이듬해 9월 준공했다. 【유
적·유물】 건물로는 대웅전과 관음전, 삼
성각, 명부전, 범종각, 요사채가 있다.
【참고문헌】 봉은본말지, 한국사찰전서(권
상로, 동국대학교 출판부, 1979)

청련암(靑蓮庵)

【위치】 전라북도 부안군 진서면 석포리 변
산(邊山)에 있다. 【소속】 대한불교조계종
제24교구 말사인 내소사(來蘇寺)의 부속
암자이다. 【연혁】 553년(백제 성왕 31)
초의(草衣)가 창건했다고 한다. 자세한 연
혁은 알 수 없다. 1937년 능파(楞坡)가 중
수하여 오늘에 이르고 있다. 【유적·유

물】 건물로는 인법당(因法堂)과 삼성각이
있다. 【참고문헌】 사찰지(전라북도, 1990)

청련암(靑蓮庵)

【위치】 서울특별시 동작구 대방동 삼성산
(三聖山) 북쪽 기슭에 있다. 【연혁】 신라
때 원효(元曉, 617~686)가 창건했다고
한다. 또한 조선 세조 때(1456~1468)의
문신 노사신(盧思愼)이 부친의 묘소 곁
움막에 있던 한 스님에게 부친의 명복을
빌어 줄 것을 부탁하고 시주하여 창건했
다는 설도 있다. 선조 때(1567~1608) 재
상 노진(盧禛)이 부모의 극락왕생을 위해
초당을 지었으나, 1857년(철종 8) 화재로
소실하였다. 1860년(철종 11) 관계 지준
(觀界 持準)이 노봉주(盧鳳周) 등의 시주
로 법당을 새로 지었다. 【유적·유물】 건
물로는 법당과 산신각이 있다. 특별한 문
화재는 없다. 【참고문헌】 동작구지(동작
구, 1994)

청련암(靑蓮庵)

【위치】 대구광역시 달성군 가창면 우록리
최정산(最頂山)에 있다. 【소속】 대한불교
조계종 제9교구 동화사의 말사인 남지장
사(南地藏寺)의 부속 암자이다. 【연혁】
684년(신라 신문왕 4) 양한(良漢)이 남지
장사를 창건하면서 그 암자로서 함께 창
건했다고 한다. 1592년(조선 선조 25) 임
진왜란이 일어나자 사명 유정(泗溟 惟政)
휘하의 승병들이 이 절을 훈련장으로 이
용했으며, 이 때문에 본사와 함께 병화를
입자 1653년(효종 4) 인혜(印惠)가 중건
했다. 이어 1679년(숙종 5) 승민(勝敏)이
중창했고, 1714년(숙종 40) 지월(池月)
이 다시 중창했다. 1806년(순조 6) 화재
가 나서 2년 뒤 재건했으며, 1920년 보명
(普明)이 중창했다. 지금은 비구니의 수

도도량이다. 【유적·유물】이 절은 대구
광역시 유형문화재 제33호로 지정되어 있
다. 건물로는 인법당(因法堂)과 요사채가
있다. 【참고문헌】한국사찰전서(권상로,
동국대학교 출판부, 1979), 속 명산 고찰
따라(이고운·박설산, 운주사, 1994)

청련암(靑蓮庵)

【위치】강원도 고성군 거진읍 냉천리 금
강산에 있었다. 【연혁】945년(고려 혜종
2) 건봉사(乾鳳寺)의 부속 암자로서 창건
했다. 1606년(조선 선조 39) 신묵(信默)
이 중수했다. 1878년(고종 15) 불에 타서
이듬해 서암(西庵)이 중건했으나, 1888
년(고종 25) 다시 불에 타 폐사되었다.
【참고문헌】건봉사지

청련암(靑蓮庵)

【위치】충청북도 단양군 대강면 사인암리
도락산(道樂山)에 있다. 【소속】대한불교
조계종 제5교구 본사인 법주사의 말사이
다. 【연혁】고려 말기에 창건됐다. 1592
년(조선 선조 25) 임진왜란 때 소실하여
빈 절로 내려오던 것을 1710년(숙종 36)
인근 대흥사(大興寺)의 승려들이 중창하
여 선실을 세우고 청련암이라고 했다.
1741년(영조 17) 장마로 건물이 떠내려 가
자 마을 사람들이 시주하여 1746년 중건했
다. 그 뒤 다시 폐허가 되었던 것을 1953
년 재건하여 오늘에 이르고 있다. 【유적·
유물】현존하는 건물로는 인법당(因法堂)
과 칠성각이 있다. 유물로는 대흥사에서
옮겨 왔다는 탱화가 있다. 【참고문헌】조
선사찰사료(조선총독부, 1911), 사지(충
청북도, 1982)

청련암(靑蓮庵)

【위치】충청남도 공주시 사곡면 운암리
태화산(泰華山)에 있다. 【소속】대한불교
조계종 제6교구 본사인 마곡사의 부속 암
자이다. 【연혁】언제 누가 창건했는지 알
수 없다. 1592년(조선 선조 25) 임진왜란
전에 기허 영규(騎虛 靈圭)가 이 절에서
머물며 무예를 익혔으며, 임진왜란에 승
장으로 참여하여 금산전투에서 왜군의 총
탄에 복구 관통상을 입자 이 절에 와서 입
적했다고 한다. 연혁은 전하지 않는다.
【유적·유물】건물로는 법당 등이 있다.
【참고문헌】한국사찰전서(권상로, 동국대
학교 출판부, 1979)

청련암(靑蓮庵)

【이명】한때 청사굴(靑社窟)이라고 불렸
다. 【위치】전라북도 김제시 금산면 금산
리 모악산(母岳山)에 있다. 【소속】대한
불교조계종 제17교구 본사인 금산사의 산
내 암자이다. 【연혁】언제 누가 창건했는
지 알 수 없다. 1598년(조선 선조 31) 정
유재란 중에 병화로 소실했다. 당시에는
이름을 청사굴이라고 불렸으나, 그 뒤 청
련암이라고 고쳤다. 1974년 법당과 칠성
각을 중수하여 오늘에 이르고 있다. 【유
적·유물】건물로는 법당과 칠성각이 있
다. 특별한 문화재는 없다. 【참고문헌】
한국의 사찰 11-금산사(한국불교연구원,
일지사, 1977)

청련암(靑蓮庵)

【위치】경상남도 창녕군 계성면 사리 영
축산(靈鷲山)에 있다. 【소속】대한불교조
계종 제15교구 본사인 통도사의 말사이
다. 【연혁】1628년(조선 인조 6) 창건됐
다. 1676년(숙종 2) 지금의 자리로 옮겨
짓고, 1842년(헌종 8) 덕암(德庵)이 중창
했다. 【유적·유물】건물로는 법당 등이
있다. 【참고문헌】한국불교사학대사전(조
명기, 대한불교문화진흥회, 1991)

청련암(靑蓮庵)

【위치】 경기도 수원시 장안구 조원동 광교산(光敎山) 남쪽 기슭에 있다. 【소속】 대한불교조계종 제2교구 본사인 용주사의 말사이다. 【연혁】 1778년(조선 정조 2) 비구니 청련(靑蓮)이 심낙서(沈樂瑞) 등의 시주를 얻어 창건했다. 1893년(고종 30) 법당을 중건했다. 1902년에는 영친왕의 생모인 순빈(淳嬪) 엄(嚴)씨가 중창했고, 1955년 10월에는 비구니 영선(永善)이 요사채 2동을 신축했다. 그 뒤 1980년 주지 상용(常湧)이 대웅전을 중창했으며, 1982년 주지 도문(道文)이 도량을 확장하고 큰방을 신축하여 오늘에 이르고 있다. 【유적·유물】 현존하는 건물로는 대웅전을 중심으로 극락보전, 칠성각, 독성각, 요사채 2동이 있다. 이 중 극락보전은 1893년에 건립된 건물로서 내부에는 아미타삼존불과 16나한상 및 후불탱화, 나한탱화, 신중탱화, 현왕탱화 등이 봉안되어 있다. 신중탱화는 1893년에 제작된 것이다. 칠성각 내에는 칠성상과 칠성탱화, 산신탱화가 봉안되어 있다. 또한 독성각에는 독성상과 독성탱화가 봉안되어 있다. 독성탱화 역시 1893년에 제작된 것이다. 【참고문헌】 기내사원지(경기도, 1988)

청련암(靑蓮庵)

【위치】 경상남도 고성군 개천면 북평리 연화산(蓮華山)에 있다. 【소속】 대한불교조계종 제13교구 쌍계사의 말사인 옥천사(玉泉寺)의 부속 암자이다. 【연혁】 언제 누가 창건했는지 알 수 없다. 1895년(조선 고종 32) 호월(皓月)이 중창했다. 【유적·유물】 건물로는 법당 등이 있다. 【참고문헌】 한국불교사학대사전(조명기, 대한불교문화진흥회, 1991)

청룡사(靑龍寺)

【위치】 경상북도 예천군 용문면 선리에 있다. 【소속】 대한불교조계종 제8교구 본사인 직지사의 말사이다. 【연혁】 676년(신라 문무왕 16) 의상(義湘)이 창건했다. 전설에 의하면, 의상이 영주 부석사(浮石寺)를 세울 때 기둥이 자꾸 넘어졌다고 한다. 그래서 절이 융성하고 오랫동안 보전하도록 하는 데는 지리적 영향이 매우 크다고 여겨 부석사 서천(西川)의 허한 곳을 보충하기 위해서 예천 주마산 남쪽에 한천사(寒天寺)를 세움과 동시에, 이곳에 청룡사를 세웠다는 것이다. 창건 당시 의상은 이곳에 석불 2위를 봉안했다고 하나 현존하지는 않는다. 이후의 연혁은 전하지 않는다. 다만 어느 때 큰 홍수가 나서 절이 매몰되었다고 한다. 그 뒤 1935년 신자 김준팔(金俊八)이 법당과 요사채를 짓고 밭두렁에 방치되어 있던 석조여래좌상과 석조비로자나불좌상을 봉안했으며, 1970년과 1978년 법당을 증축하여 오늘에 이르고 있다. 【유적·유물】 건물로는 법당과 요사채가 있다. 문화재로는 9세기의 작품으로 추정되는 석조여래좌상(보물 제424호)과 고려 초기의 작품으로 추정되는 석조비로자나불좌상(보물 제425호)이 있다. 옛 절의 주춧돌이 법당 앞에 흩어져 있는데, 주춧돌의 규모로 미루어 볼 때 옛날에는 큰 절이었음을 알 수 있다. 또한 흩어져 있던 석조물을 모아 법당 앞에 삼층석탑을 세워 놓았으나 원형은 알 수 없다. 【설화】 창건과 관련된 전설이 있다. 현재의 절터는 원래 큰 호수였는데, 어느 해 정월 초하룻날 이 호수에서 청룡이 하늘로 오르는 것을 본 어느 신도가 못을 메우고 절을 창건했다고 한다. 낙

성식을 하는 날 이심이라는 영물이 크게 울면서 도망하기에 사람들이 잡아 배를 가르니, 유난히 반짝이는 작은 구슬이 나와서 이를 불상의 복장에 넣었으며, 절 이름을 청룡사라 했다고 전한다. 【참고문헌】 부석사 사지, 내 고장 예천(예천군, 1981).

청룡사(靑龍寺)

【위치】 충청남도 부여군 규암면 신리 부산(浮山)에 있다. 【소속】 한국불교법륜종에 속한다. 【연혁】 유물로 미루어 보아 통일신라 때에 창건된 것으로 추정된다. 연혁은 전하지 않는다. 폐사된 채 있던 것을 1987년 문행석이 지금의 자리에 중창했다. 【유적·유물】 건물로는 법당과 요사채 2동이 있다. 유물로는 1958년에 출토된 금동여래입상이 있는데, 국립부여박물관에 보관되어 있다. 이 불상은 양식으로 보아 통일신라 때의 작품으로 보인다. 【참고문헌】 문화유적총람-사찰편(충청남도, 1990).

청룡사(靑龍寺)

【이명】 한때 정업원(淨業院)이라고 불렀다. 【위치】 서울특별시 종로구 숭인동 낙산(駱山)에 있다. 【소속】 대한불교조계종 직할교구 본사인 조계사의 말사이다. 【연혁】 922년(고려 태조 5) 태조 왕건(王建)의 명으로 창건하여 청룡사라 하고, 비구니 혜원(慧圓)을 주석하게 했다. 일찍이 신라 말에 연기 도선(烟起 道詵; 827~898)이 입적하기 전 금성태수(錦城太守)로 있던 왕건의 아버지 왕륭(王隆)에게 20년 뒤 새 왕조가 일어날 것을 예언하고, 그때 수도에 10개의 절과 전국 각처에 3,800개의 비보사찰을 짓도록 권했는데 그중 하나로 창건했다는 설이 있다.

또한 한양에서 이(李)씨 왕조가 일어날 것이니 고려 왕조 5백 년을 다 채우기 위해서는 왕성한 목(木 ; 즉 李)씨의 기운을 억제해야 하며 그러기 위해서는 외청룡산(外靑龍山 ; 지금의 낙산) 등에 절을 지어 아침·저녁으로 종을 치게 함으로써 그 지기(地氣)를 누르고, 비구니를 주석케 하면 양(陽)의 극치를 막을 수 있다는 설에 따라 태조가 건국 후에 창건했다는 설도 있다. 1036년(정종 2) 만선(萬善)이, 1158년(의종 12) 회정(懷正)이, 1299년(충렬왕 25) 지환(知幻)이 각각 중건·중수했다. 1456년(조선 세조 2) 단종의 비 정순왕후(定順王后) 송(宋)씨가 단종이 죽자 이 절에 와서 일시 머물렀는데, 날마다 산에 올라 단종이 죽은 영월 쪽을 바라보며 애통해 했다고 한다. 연산군 때(1494~1506) 폐사되었던 것을 1512년(중종 7) 비구니 법공(法空)이 중창했다. 1624년(인조 2)에는 인목대비(仁穆大妃)가 명하여 중창했는데, 이는 비구니 예순(禮順)이 광해군의 감시를 무릅쓰고 대비를 받들고 영창대군(永昌大君)의 명복을 빌어 준 것에 대해 후의를 표시한 것이다. 1771년(영조 47) 영조는 정순왕후가 머물던 이 절 경내에 '정업원구기(淨業院舊基)'라는 친필 비석을 세우고, 정순왕후가 날마다 산에 올라 단종을 그리던 자리에 '동망봉(東望峰)'이라는 친필 표석을 세워 단종을 애도했다. 이때부터 이 절을 정업원이라 부르게 되었는데, 이는 별도로 존재했다가 1607년(선조 40)에 폐지된 내원당인 정업원에서 살던 정순왕후가 이 절에서 일시 머물렀기 때문에 정업원으로 혼동하여 붙여진 것이다. 그 뒤 1813년(순조 13) 불에 타자, 이듬해 묘담(妙湛)이

겨우 법당만 중수했다. 1823년(순조 23) 순원왕후(純元王后)의 병세가 깊어 부원군(府院君) 김조순(金祖淳)이 이 절에서 기도하여 쾌차하자, 김조순이 순조에게 주청하여 이름을 청룡사로 바로잡았다. 1853년(철종 4) 김조순의 아들 상국(相國) 김좌근(金左根)이 중창했다. 1902년에는 정기(正基)와 창수(昌洙) 두 비구니가 중수하고, 1915년 거사 이종석(李宗奭)이 큰방과 광응전(光膺殿)을 중수하고, 노전(爐殿)과 침계루(枕溪樓)를 건립했다. 1918년에는 비구니 상근(祥根)이 요사채를 새로 지었으며, 1938년 비구니 윤형(允亨)이 법당을 중수하고 요사채를 다시 지었다. 1954년 비구니 윤호(輪浩)가 다시 모든 건물을 새로 지어 오늘에 이르고 있다. 창건 이래 비구니들의 수도도량으로 명맥을 이어 오고 있다. 【유적·유물】건물로는 대웅전과 심검당(尋劍堂), 우화루(雨花樓), 명부전, 산신각, 요사채 2동이 있다. 대웅전 내에는 삼존불이 봉안되어 있는데, 철원의 심원사(深源寺) 천불전에서 옮겨 왔다. 또한 정업원구기비(서울특별시 유형문화재 제5호)가 경내에 있다. 【참고문헌】대한불교사학대사전(조명기, 대한불교문화진흥회, 1991), 속 명산고찰 따라(이고운·박설산, 운주사, 1994)

청룡사(青龍寺)
【이명】한때 대장암(大藏庵)이라고 불렸다. 【위치】경기도 안성군 서운면 청룡리 서운산(瑞雲山)에 있다. 【소속】대한불교조계종 제2교구 본사인 용주사의 말사이다. 【연혁】1265년(고려 원종 6) 명본(明本)이 창건하여 대장암이라고 했다. 1364년(공민왕 13) 나옹 혜근(懶翁 惠勤)이 지장각을 비롯하여 만세루, 응향각, 극락

전 등을 지어 크게 중창했다. 이때 혜근은 청룡(青龍)이 서기가 가득한 구름을 타고 내려오는 것을 보았다고 하여 절 이름을 청룡사, 산 이름을 서운산이라고 했다. 조선시대에 광해군(재위 1608~1623)은 논 50결을 하사했으며, 한양성 안에 있던 용흥사(龍興寺)와 진관사(津寬寺)의 기물을 보내 주기도 했다. 이어 인조의 셋째 아들인 인평대군(麟平大君, 1622~1658)은 이 절을 원당으로 삼았다. 1720년(숙종 46)에는 사간(思侃)이 중수했으며, 1863년(철종 14)과 1881년(고종 18)에도 중수했다. 원래 부속 암자로는 은신암(隱神庵)과 청련암(青蓮庵), 은적암(隱寂庵), 내원암(內院庵)이 있었으나, 지금은 은적암과 서운암(瑞雲庵)이 남아 있다. 【유적·유물】건물로는 대웅전(보물 제824호)을 비롯하여 관음전, 명부전, 봉향각(奉香閣), 요사채 등이 있다. 유물로는 사적비(경기도 유형문화재 제124호)와 부도 10기, 맷돌, 동종, 삼층석탑(경기도 문화재자료 제59호), 감로왕탱 등이 있다. 사적비는 1720년 사간이 중수할 때 세운 것이다. 범종은 대웅전 안에 있는데, 1674년(현종 15)에 밀언(密彦)이 주조한 것으로 조성연대가 분명하여 범종 연구에 귀중한 자료가 된다. 삼층석탑은 대웅전 앞에 있으며, 고려 때의 것으로 추정된다. 감로왕탱은 1687년(숙종 13)에 조성된 것으로 대웅전 안의 함에 보관되어 있다. 【참고문헌】한국사찰전서(권상로, 동국대학교 출판부, 1979), 기내사원지(경기도, 1988)

청룡사(青龍寺)
【위치】충청북도 충주시 소태면 오량리 청계산(清溪山) 중턱에 있다. 【소속】대

한불교천태종에 속한다. 【연혁】고려시대
에 한 도승(道僧)이 창건했다고 한다.
1392년(조선 태조 1) 보각(普覺) 국사 환
암 혼수(幻庵 混修)가 이곳에 은거하다가
입적하자, 그의 죽음을 애도한 태조가 절
을 크게 중건했다. 그 뒤 조선시대에는 굴
지의 절로서 내려오다가 1665년(현종 6)
중수했다. 그러나 조선 말기에 판서 민대
룡(閔大龍)이 소실의 묘를 쓰려고 승려에
게 많은 돈을 주고 불사르게 했는데, 그
승려는 절을 불사르고 도망치다가 벼락을
맞아 죽었다고 한다. 1921년 혜종(惠宗)
이 옛 건물을 뜯어 옛터의 북쪽에 있는 암
자 자리에 중건했다. 1959년 다시 중수하
여 오늘에 이르고 있다. 【유적·유물】현
존하는 건물로는 대웅전과 요사채가 있다.
옛 절터에는 보각국사정혜원융탑(普覺國師
定慧圓融塔 ; 국보 제197호)을 비롯하여 사
자석등(獅子石燈 ; 보물 제656호), 보각국사
정혜원융탑비(보물 제658호), 적운당사리
탑(跡雲堂舍利塔), 1692년(숙종 18)에 세
워진 청룡사위전비(靑龍寺位田碑)가 있다.
원래 보각국사정혜원융탑 속에는 혼수의
유골을 비롯하여 옥촛대, 금망아지, 금잔
등이 있었으나, 일제강점기에 도굴당했
다. 혼수의 탑과 탑비, 석등 등은 태조가
국사의 덕을 기리기 위해 세운 것이다.
【설화】창건 설화가 전한다. 어느 화창한
봄날 한 도승이 이 근처를 지날 때 갑자기
소나기가 쏟아져 급히 나무 밑으로 비를
피했다. 그때 공중에서 두 마리의 용이 여
의주를 희롱하다가 땅에 떨어뜨렸다. 그러
자 한 마리의 용이 날쌔게 여의주를 향해
내려오다가 청계산 위로 올라갔으며, 여의
주는 큰 빛을 내다가 사라졌다. 이어 용도
사라졌으며, 비도 멈추었다. 이를 이상히

여겨 산세를 두루 살핀 도승은 그곳이 비
룡상천형(飛龍上天形)의 길지(吉地)임을
깨달았다. 용의 힘이 꼬리에 있다는 것을
상기한 그는 용의 꼬리에 해당하는 곳에
암자를 짓고 청룡사라 했다고 한다. 【참고
문헌】조선금석총람(조선총독부, 1919),
사지(충청북도, 1982)

청룡사(靑龍寺)
보탑정사(寶塔精寺)를 보시오.

청림사(靑林寺)
【위치】충청남도 공주시 탄천면 가척리에
있었다. 【연혁】고려 때에 창건된 것으로
추정된다. 연혁은 전하지 않는다. 1799년
(조선 정조 23)에 편찬된 《범우고(梵宇
攷)》에는 존재한다고 나와 있으나, 권상
로(權相老, 1879~1965)가 펴낸 《한국사
찰전서》에는 '100년 전에 폐사되었으며,
수년 전 이만희(李萬熙)가 이 터에 3칸
건물을 지었다.'고 나와 있다. 【유적·유
물】절터에는 민가가 세워져 있다. 유물
로는 석탑과 부도 3기가 있다. 석탑은 기
단부와 3층의 탑신만이 남아 있다. 부도
중 2기는 기단만이 남아 있고, 1기는 탑
신만이 남아 있다. 【참고문헌】한국사찰
전서(권상로, 동국대학교 출판부, 1979),
문화유적총람-사찰편(충청남도, 1990)

청사굴(靑社窟)
청련암(靑蓮庵)을 보시오.

청송사(靑松寺)
【위치】강원도 강릉시 연곡면 방내리 소
금강산(小金剛山)에 있다. 【소속】대한불
교조계종 제4교구 본사인 월정사의 말사
이다. 【연혁】신라 효소왕 때(692~702)
처묵(處默)이 창건했다. 그 뒤의 자세한
연혁은 전하지 않는다. 1917년 춘담(春
潭)이 중창하여 오늘에 이르고 있다. 【유

적 · 유물】 현존하는 건물로는 대웅전과 산령각(山靈閣), 요사채가 있다. 대웅전 안에는 고려시대의 철불인 아미타여래좌상이 안치되어 있다. 그러나 절 측에서는 신라 때의 것이라고 주장하고 있다. 또한 대웅전 앞에는 주지 법성(法性)이 최근에 세운 삼층석탑이 있다. 【설화】 철불에 얽힌 설화가 전한다. 이 불상은 원래 인근의 방현사(放賢寺) 터에 있었는데, 촌민들이 오대산의 절로 옮기던 중 이 절 앞에 이르자 갑자기 무거워져 더 이상 옮길 수가 없었다고 한다. 또한 마침 그때 비구름이 몰려오면서 소나기가 내렸으므로 불상의 인연처가 이 절임을 깨닫고 봉안했다. 그때부터 이 불상에 기도하면 반드시 영험이 있다고 하여 참배객이 끊이지 않았다. 일제강점기에는 일본인이 이 불상을 반출하기 위해 주문진까지 옮겨 갔으나, 배에 실으려다가 갑자기 풍랑이 크게 일어나 포기했다. 그때 중창주 춘담이 동해안을 여행하던 중 이 불상의 소문을 듣고 찾아와 예불을 드리고 돌아갔는데, 그 뒤 3년 동안을 시름시름 앓게 되었다. 어느 날 이 불상이 나타나서 '왜 나를 봉안하지 않느냐.'라고 꾸짖기에 이곳에 와서 절을 중창하고 이 불상을 봉안하자 병이 나았다고 한다. 【참고문헌】 명산 고찰 따라(이고운 · 박설산, 신문출판사, 1987)

청송사(靑松寺)
【위치】 경상남도 울산시 울주구 청량면 율리 문수산에 있었다. 【연혁】 유물로 미루어 보아 신라 때 창건된 것으로 추정된다. 연혁은 전하지 않으며 언제 폐사되었는지도 알 수 없다. 다만 1481년(조선 성종 12)에 편찬된 《동국여지승람》에 이 절의 이름이 기록되어 있는 것으로 보아

이 이후에 폐사된 것만은 분명하다. 지금의 청송마을 전체가 절터라고 전하는 것으로 미루어 보아 원래는 매우 큰 규모의 절이었던 듯하다. 【유적 · 유물】 절터에는 삼층석탑(보물 제382호)과 3기의 부도가 있다. 삼층석탑은 통일신라시대의 것으로 1962년 보수 공사 도중에 상층기단에서 청동제사리합과 그 안에 봉안된 청동여래입상 1위, 유리구슬 16점, 수정곡옥(水晶曲玉) 1점, 관옥(管玉) 1점 등 30여 점이 발견되었다. 부도는 조선시대의 것(경상남도 유형문화재 제20호) 1기와 '서응당진치대사(瑞應堂眞治大師)'라고 쓰여진 1기, 넘어져 있던 것을 1982년에 복원한 1기 등이 있다. 【참고문헌】 동국여지승람, 문화유적총람(문화재관리국, 1977)

청수암(淸水庵)
복흥사(福興寺)를 보시오.

청신암(淸神庵)
정신암(精神庵)을 보시오.

청암사(靑巖寺)
【위치】 경상북도 김천시 증산면 평촌리 불령산(佛靈山 ; 일명 수도산)에 있다. 【소속】 대한불교조계종 제8교구 본사인 직지사의 말사이다. 【연혁】 858년(신라 헌안왕 2) 연기 도선(烟起 道詵)이 창건했다. 그 뒤 구산선문(九山禪門) 중의 하나인 동리산파(桐裡山派)의 개조 적인 혜철(寂忍 惠哲, 785~861)이 머무르기도 했다. 조선 중기에 율사 의룡(義龍)이 중창했고, 1647년(인조 25) 화재로 소실하자 벽암 각성(碧巖 覺性, 1575~1660)이 허정(虛靜)을 보내 중건했다. 1782년(정조 6) 4월 다시 불타자 20여 년이 지난 뒤 환우(喚愚)와 대운(大運)이 중건했다. 1897년(광무 1) 무렵 폐사되어 대중이 흩어졌

으나, 1900년대 초 극락전을 건립해 다시 명맥을 이었다. 이어 응운(應雲)이 보광전을 건립하던 중 입적하자 대운(大雲)이 완성하고 42개의 손을 가진 관세음보살상을 봉안했다. 1911년 9월 전각이 불타자 1912년 봄 대운이 다시 건물을 건립하여 오늘에 이르고 있다. 이 절의 부속 암자로는 유명한 수도도량인 수도암(修道庵)과 1905년 비구니 유안(有安)이 창건한 백련암(白蓮庵)이 있다. 【유적·유물】 현존하는 건물로는 대웅전(경상북도 문화재자료 제120호)을 비롯하여 육화전(六和殿), 진영각(眞影閣), 정법루(正法樓), 일주문, 사천왕문, 비각, 객사 등이 있다. 이 중 육화전은 과거에 강원으로 이용하던 건물이고, 정법루는 현재 종각으로 사용하고 있다. 또 대웅전 앞에는 석탑(경상북도 문화재자료 제121호)이 있는데, 1층에 여래상이 양각되어 있으나 전체 탑신이 4층이어서 균형이 맞지 않는다. 이 절 입구의 부도군에는 각성의 사리탑을 비롯하여 태감(泰鑑), 지성(智性) 등의 공덕비가 있다. 또 일주문 안에는 사적비와 회당(晦堂) 비각, 대운당(大雲堂) 비각이 있다. 【참고문헌】 한국사찰전서(권상로, 동국대학교 출판부, 1979)

청암사(青巖寺)
경국사(慶國寺)를 보시오.

청연사(清淵寺)
【위치】 경기도 양주군에 있었다. 【연혁】 언제 누가 창건했는지 알 수 없다. 1027년(고려 현종 18) 6월 14일 양주에서 현종에게 '장의사(莊義寺)와 삼천사(三川寺), 청연사의 승려들이 나라의 금령을 어기고 쌀 360여 석을 들여 술을 빚었으니 법률에 의거하여 단죄해 달라'고 하자 현종이 이에 따랐다. 연혁은 전하지 않는다. 【참고문헌】 고려사

청운사(清雲寺)
【위치】 경기도 개성시 보국사(補國寺) 옆에 있었다. 【연혁】 921년(고려 태조 4) 창건했다. 1321년(충숙왕 8) 5월 8일 백관들이 이 절에 가서 충선왕의 비인 의비(懿妃)의 초상을 가져다가 묘련사(妙蓮寺)에 안치했다. 연혁은 전하지 않는다. 1481년(조선 성종 12)에 편찬된《동국여지승람》에는 이미 폐사된 것으로 나와 있다. 【참고문헌】 고려사, 동국여지승람

청원사(清源寺)
【이명】 한때 청원사(清願寺)라고 불렸다. 【위치】 경기도 안성군 원곡면 성은리 천덕산(天德山)에 있다. 【소속】 대한불교조계종 제2교구 본사인 용주사의 말사이다. 【연혁】 백제 때에 창건하여 산골짜기 언덕 안으로 푸른 안개가 끼어 있었으므로 절 이름을 청원사라 했다고 한다. 고려 충렬왕 때(1274~1308)에는 청원사(清願寺)라고 했는데, 이는 1974년 도공(道空)이 대웅전의 삼존불을 개금하던 중 복장에서 충렬왕이 국태민안을 위해 발원한 사경(寫經)과 '청원사(清願寺)'라는 절 이름이 함께 나와 알려지게 되었다. 그러나 1481년(조선 성종 12)에 편찬된《동국여지승람》 등에는 '청원사(清源寺)가 존재한다'고 나와 있어 다시 이름이 바뀌었음을 알 수 있다. 또한 1636년(인조 14) 병자호란 때 의병 천 명이 여기서 구사일생으로 살아남아 산 이름을 천덕산이라고 고쳐 불렀다고 한다. 그 뒤의 연혁은 전하지 않는다. 【유적·유물】 건물로는 대웅전과 산령각(山靈閣), 요사채 등이 있다. 이 중 대웅전은 조선시대 후기의 건물이다. 유

물로는 대웅전 후불탱화와 칠층석탑(경기도 유형문화재 제116호), 부도, 고려사경, 본존상 등이 있다. 후불탱화는 1891년(고종 28)에 제작된 것이다. 부도는 고려 충렬왕 때의 승려 안제(安諦)의 것이라 하나, 신빙성이 없다. 고려사경은 1974년 도공이 개금 불사 중 본존불의 복장에서 발견한 것으로 우리 나라 최초로 전래 경위와 발견 장소가 확실히 밝혀진 사경이며, 지금은 동국대학교 박물관에 소장되어 있다. 본존상은 복장에서 고려사경이 발견된 불상으로 고려사경과 같은 시기에 조성되었으며, 대웅전 안에 봉안되어 있다. 【설화】 옛날 이 절에서 수행하던 한 스님이 명절이 되어 팥죽을 쑤려고 했다. 그러나 불을 때서 음식을 한 지 너무 오래되어 스님은 아랫 마을에 가서 불씨를 구해 와야만 했다. 그런데 불씨를 구해 돌아와 보니 대웅전에 계신 부처님 입술에 벌써 팥죽이 묻어 있었다. 이만큼 이 절 부처님의 영험이 크다고 한다. 【참고문헌】 동국여지승람, 기내사원지(경기도, 1988)

청원사(淸願寺)
청원사(淸源寺)를 보시오.

청진암(淸眞庵)
【위치】 전라남도 순천시 송광면 신평리 조계산(曹溪山)에 있었다. 【연혁】 고려 때 청진(淸眞) 국사 몽여(夢如, ?~1252)가 송광사(松廣寺)의 산내 암자로서 창건했다. 1589년(조선 선조 22) 중창했다. 1793년(정조 17) 치홍(致弘)과 창설(昶說)이 공루(空樓)를 중수했고, 1799년(정조 23) 봉연(奉衍)이 다시 공루를 중수했다. 1857년(철종 8) 성산각(星山閣)을 중건했으며, 1919년 춘성(春盛)과 설월(雪月)이 중창했다. 그러나 1950년 6·25전쟁 때 병화로 폐사됐다. 【참고문헌】 한국의 사찰 6-송광사(한국불교연구원, 일지사, 1975)

청평사(淸平寺)
【이명】 한때 백암선원(白岩禪院), 보현원(普賢院), 문수원(文殊院)이라고 불렸다. 【위치】 강원도 춘천시 북산면 청평리 오봉산(五峰山)에 있다. 【소속】 대한불교조계종 제3교구 본사인 신흥사의 말사이다. 【연혁】 973년(고려 광종 24) 선사 승현(承賢)이 창건하여 백암선원이라고 했다. 그 뒤 폐사되었다가, 1068년(문종 22) 이의(李顗)가 중건하여 보현원이라고 했다. 1089년(선종 6) 이자현(李資玄)이 벼슬을 버리고 이곳에 은거하자 도적이 없어지고 호랑이와 이리가 자취를 감추었다고 한다. 이에 산 이름을 청평산(淸平山)이라고 하고 절 이름을 문수원이라고 한 뒤 크게 중창했다. 1327년(충숙왕 14) 원나라 태정황제(泰定皇帝)의 비가 불경을 보내 이 절에 소장하게 했다. 1550년(조선 명종 5) 허응 보우(虛應 普雨)가 이곳에 와서 청평사로 다시 이름을 바꿨다. 그 뒤 1950년 6·25전쟁 때 구광전(九光殿)과 사성전(四聖殿) 등이 소실하였다. 1988년 석진(石眞)이 대웅전을 중수하여 오늘에 이르고 있다. 【유적·유물】 절터는 강원도 기념물 제55호로 지정되어 있으며, 불전, 회랑, 문 등의 초석이 남아 있어 전성기의 규모를 파악할 수 있다. 현존하는 건물로는 대웅전을 중심으로 극락보전, 삼성각, 회전문(廻轉門: 보물 제164호), 서향원, 청평루, 적멸보궁, 해탈문, 큰방, 요사채 등이 있다. 문화재로는 삼층석탑(강원도 문화재자료 제8호)과 이자현의 진락공부도(眞樂公浮屠), 환적 의천(幻寂 義

天, 1603~1690)의 환적당부도(幻寂堂浮屠) 등이 있다. 이 중 삼층석탑은 공주탑이라고도 하는데, 현재 2층 옥개석까지만 남아 있다. 또한 이 절에 있는 고려정원(高麗庭苑)은 지금까지 밝혀진 정원 중에서 가장 오래 된 것으로 일본 교토(京都)의 사이호사(西芳寺) 고산수식(枯山水式) 정원보다 200여 년 앞선 것으로 밝혀졌다. 1981년 조사단이 원형 그대로 보존되어 있는 전형적인 고려시대의 연못인 영지(影池)와 이 절 계곡 하류에서 정원조성용 암석 및 석축을 발견했다. 또한 이 계곡 상류에서는 이 정원을 만든 이자현이 새긴 '청평식암(清平息菴)'이라는 각자(刻字)가 발견되어 기록상으로 확인된 대규모 고려정원임이 확인되었다. 또 구성폭포에서 식암에 이르는 2km의 지역에서는 계곡을 따라 주변의 자연경관을 살려 수로를 만들었다. 이것을 통해 계곡의 물을 정원 안으로 끌어들여 영지에 연결하였고, 주위에 정자와 암자 등을 세우는 등 자연의 섭리에 순응하여 선(禪)을 익히는 도량으로 가꾸었음이 밝혀졌다. 영지는 청평사 뒤의 오봉산이 비치도록 되어 있으며, 연못 가운데 세 개의 큰 돌이 있고, 그 사이에 갈대를 심어 단순하면서도 아름답게 꾸몄다. 【설화】 삼층석탑에 얽힌 설화가 전한다. 원나라 순제(順帝: 산동성의 성주라는 설도 있음)의 공주는 상삿뱀에 몸이 얽혀 갖은 고생을 다했다. 그러던 중 이 절에 와서 가사불사(袈裟佛事)를 행한 뒤 상삿뱀을 떨쳐 버리게 되었다. 이 소식을 들은 순제가 은혜에 보답하기 위해 이 탑을 세웠다고 한다. 【참고문헌】 조선금석총람(조선총독부, 1919), 한국사찰전서(권상로, 동국대학교 출판부, 1979), 문화유적총람(문화재관리국, 1977), 전통사찰총서 1-강원도 2(사찰문화연구원, 1992)

청학사(青鶴寺)

【위치】 강원도 강릉시 연곡면 삼산리의 청학산(青鶴山) 소금강(小金剛)에 있다. 【소속】 대한불교법화종에 속한다. 【연혁】 언제 누가 창건했는지 알 수 없다. 이 절은 예로부터 관세음보살의 현신(現身)과 관련된 설화가 많은 곳으로 조선시대에 세조가 중창했다. 1457년(세조 3) 세조가 상원사(上院寺)에 들렀을 때 꿈을 꾸었는데, 흰 옷을 입은 노인이 세조 앞에 나타나 '동대(東臺) 동쪽 기슭의 50리쯤 되는 곳에 청학사가 있고, 매일 새벽 그곳에서 관세음보살이 32응신(應身)을 나타내어 중생을 교화하고 있습니다. 그러나 지금 그 절이 퇴락했으니 왕이 그곳을 중창하여 부처님의 가르침을 널리 펴는 데 도움이 되게 해주십시오.'라고 말했다고 한다. 이에 세조는 즉시 사람을 보내 그 절을 조사하게 한 뒤 중창하도록 했다. 1757년에는 해정(海淨), 승철(勝哲) 등이 누각과 요사를 지었다. 이어 1763년 옛 건물의 지붕과 구들을 다시 놓았고, 부처님과 용상(龍像)을 새로 그려 모셨다. 1765년에는 덕잠(德岑) 등이 법당을 단청했다. 그러나 1783년(정조 7) 겨울 원인 모를 화재로 모두 소실한 채 터만 남았는데, 최근 옛터 근처에 작은 규모의 절을 창건했다. 【유적·유물】 건물로는 법당 등이 있다. 【참고문헌】 조선사찰사료, 한국의 사찰13-월정사(한국불교연구원, 일지사, 1977)

청화사(清華寺)

【위치】 충청북도 청주시 흥덕구 모충동에

있다. 【소속】 한국불교태고종에 속한다.
【연혁】 언제 누가 창건했는지 알 수 없다.
연혁은 전하지 않는다. 일제강점기에 중
건하여 오늘에 이르고 있다. 【유적·유
물】 현존하는 건물로는 법당과 산신각(삼
성각), 종각, 요사채 등이 있다. 법당 안
에는 아주 오래 된 비로자나불좌상이 모
셔져 있다. 이 밖에 연꽃이 양각된 평면직
사각형의 판석형 석재가 있다. 【참고문
헌】 사지(충청북도, 1982)

초개사(初開寺)

【이명】 사라사(裟羅寺)라고도 불렸다. 【위
치】 경상북도 경산시 자인면 불지촌(佛地
村)에 있었다. 【연혁】 648년(신라 진덕여
왕 2) 원효(元曉)가 출가한 뒤 자신의 집
을 절로 삼았다. 그가 태어난 마을을 불지
촌이라 하고, 절 이름을 초개사라고 했으
며, 스스로 법명을 원효라 한 것은 모두
불교를 처음으로 빛나게 했다는 뜻을 담
고 있다고 한다. 절 옆에 사라수(裟羅樹)
가 있었으므로 사라사라고도 불렸다. 그
뒤의 연혁은 전하지 않는다. 【참고문헌】
삼국유사

초문사(肖門寺)

성문사(省門寺)를 보시오.

초암(草庵)

초암사(草庵寺)를 보시오.

초암사(草庵寺)

【이명】 한때 초암(草庵)이라고 불렸다.
【위치】 경상북도 영주시 순흥면 배점리
소백산에 있다. 【소속】 대한불교조계종
제16교구 본사인 고운사의 말사이다. 【연
혁】 676년(신라 문무왕 16) 부석사(浮石
寺)를 창건하기 이전에 의상(義湘)이 창
건했다. 의상은 화엄종을 펴기 위해 절을
지으려고 소백산을 두루 다닌 끝에 지금

의 부석사 터를 찾고 만반의 불사를 준비
했으나 서까래가 없어졌다. 도력(道力)으
로 살펴보니 이 절터에 떨어져 있었으므
로 이곳이 부처님이 점지해 준 터라 믿은
그는 여기에 초암을 짓고 한동안 수행한
뒤 부석사의 불사를 마무리했다고 한다.
그 뒤의 자세한 연혁은 전하지 않는다.
1950년 6·25전쟁 때 병화를 입었다가 재
건했다. 그러나 승려가 없어 폐사 직전에
있던 것을 1980년 초 비구니 보원(寶元)
이 대웅전과 종각, 산신각을 새로 지었다.
【유적·유물】 건물로는 대웅전과 종각,
산신각, 큰방 등이 있다. 유물로는 삼층석
탑과 팔각원당형(八角圓堂型) 부도 2기가
있다. 삼층석탑(경상북도 유형문화재 제
126호)은 통일신라 후기의 석탑 양식을
보여 주고 있다. 부도 2기는 동부도(경상
북도 유형문화재 제128호)와 서부도(경상
북도 유형문화재 제129호)로 나뉘는데, 모
두 고려시대의 것이다. 【참고문헌】 한국
불교사학대사전(조명기, 대한불교문화진흥
회, 1991), 속 명산 고찰 따라(이고운·박
설산, 운주사, 1994)

총지사(摠持寺)

【위치】 전라남도 무안군 몽탄면 대치리
승달산(僧達山) 기슭 총지 마을에 있었
다. 【연혁】 신라 성덕왕 때(702~736) 서
역 금지국(金地國)의 승려 정명(淨明)이
승달산의 지맥인 백운산(白雲山)에 창건
했다고 한다. 신라 말에는 혜통(惠通)이
이곳에서 수도했다. 1016년(고려 현종 7)
화재로 소실하자 백운산 밑에서 지금의
위치로 옮겨 중창했는데, 절의 정교함이
호남지방에서 으뜸이었다. 당시 총지 마
을 일대가 모두 이 절의 사역(寺域)으로
서 승려수가 800명, 암자는 9개소, 승방

은 200동이었다. 1810년(조선 순조 10)을 전후하여 폐사되었다. 당시 충청도 석성 현감을 지낸 임면수(林勉洙)가 이 절 뒤에 아버지의 묘를 썼는데, 승려들이 이에 반대하여 묘에 참나무 말뚝을 박아 버렸다. 임면수는 즉시 절의 철거를 명했으나 승려들이 이에 불응하자 불을 질러 폐사시켰다. 이때 승려들의 일부는 분신(焚身)하고 일부는 법천사(法泉寺)로 피신했다. 당시까지 이 절은 장성 이남에서 출가하는 사람들의 도승지(度僧地)였으며, 또한 많은 큰스님들을 배출했다. 【유적·유물】현재 법당터에는 주초석(柱礎石) 18개가 남아 있으며, 주위 150여 정보의 산능선에는 승려들이 다녔던 통로가 있다. 또한 총지 마을 입구에는 석장승 2기가 세워져 있다. 이 밖에도 절터에는 금부채, 금바둑판, 금동자비, 금마(金馬), 청기와 등이 매장되어 있다고 하나 확인할 길이 없다. 현재 불당골, 중샘, 촌전야지, 중들, 청기와터, 낡은절, 절안, 원통암(圓通庵) 등의 지명만이 전한다. 【참고문헌】무안군의 문화유적(국립목포대학 박물관, 1986)

총지사(摠持寺)

【이명】한때 총지암(摠持嵒)이라고도 불렸다. 【위치】경기도 개풍군 영남면 성거산(聖居山)에 있었다. 【연혁】언제 누가 창건했는지 알 수 없다. 고려 때 목암 일연(睦庵 一然, 1206~1289)이 편찬한 《삼국유사》에는 '신라 후기의 스님 명랑(明朗)이 숙명(宿命)의 밝은 지혜로 절을 세우고 밀교(密敎)를 크게 떨쳤는데, 천마산(天磨山)의 총지암(摠持嵒)과 모악(母岳)의 주석원(呪錫院)이 모두 그 지류(支流)이다.'라고 나와 있다. 1101년(숙종

6) 9월 숙종이 이 절에 머물던 대각(大覺) 국사 의천(義天)을 문병했다. 또한 1116년(의종 11) 8월 의종이 주지 회정(懷正)과 밤에 산책을 나섰다. 그 뒤의 연혁은 전하지 않는다. 1926년 주지 영운(英雲)이 중수했다. 일제강점기의 31본산시대에는 전등사(傳燈寺)의 말사였다. 현재의 상황은 알 수 없으나 북한측 자료에 의하면 현존하지 않는다. 【참고문헌】삼국유사, 한국사찰전서(권상로, 동국대학교 출판부, 1979)

총지암(摠持嵒)

총지사(摠持寺)를 보시오.

축서암(鷲棲庵)

【위치】경상남도 양산군 하북면 지산리 영축산(靈鷲山)에 있다. 【소속】대한불교조계종 제15교구 본사인 통도사의 부속 암자이다. 【연혁】1711년(조선 숙종 37) 동명(東溟)이 창건했다. 1863년(철종 14) 중수하여 오늘에 이른다. 【유적·유물】건물로는 인법당(因法堂)만이 있다. 특별한 문화재는 없다. 【참고문헌】한국의 사찰 4-통도사(한국불교연구원, 일지사, 1974)

축선사(鷲仙寺)

【위치】경상북도 경주시에 있었다. 【연혁】668년(신라 문무왕 8) 김유신(金庾信)이 고구려의 평양을 토벌한 뒤 자신의 복을 빌기 위해 창건했다. 혜공왕(재위 765~780)이 김유신의 공덕에 보답하기 위해 이 절에 밭 30결(結)을 내려 그의 명복을 빌게 했다. 그 뒤의 연혁은 전하지 않는다. 【설화】779년(혜공왕 15) 4월에 갑자기 회오리 바람이 김유신의 무덤에서 일어났다. 그 가운데 한 장군이 말을 타고 무기를 든 40여 명 가량의 군사와 함께 나타나 죽현릉(竹現陵)으로 들어갔다. 이

옥고 능 속에서 무엇인지 진동하고 울며 하소연하는 듯한 소리가 들려왔다. '신이 평생 어려운 시국을 타개하고 삼국을 통일했습니다. 이제 혼백이 되어서도 나라를 보호하여 환란을 구제하려는 마음이 잠시도 변함이 없습니다. 그런데 경술년(770) 신의 자손 김융(金融)이 아무런 죄도 없이 반역죄로 몰려 죽임을 당했으니, 이는 임금이나 신하들이 나의 공을 생각하지 않은 처사입니다. 신은 차라리 먼 곳으로 옮겨 가 다시는 나라를 위해 애쓰지 않을까 합니다.' 혜공왕은 이 소식을 듣고 대신 김경신(金敬臣)을 보내 김유신의 능에 가서 잘못을 사과하고 이 절에 밭을 내렸다고 한다. 【참고문헌】삼국유사

축성암(祝聖庵)
백화암(白華庵)을 보시오.

축성전(祝聖殿)
【위치】평안북도 향산군 향암리 묘향산(妙香山)에 있다. 【연혁】1865년(조선 고종 2) 창건됐다고 한다. 1895년(고종 32) 고종이 800원을 희사하여 중창하고 왕실의 원찰로 삼았다. 일제강점기의 31본산시대에는 보현사(普賢寺)의 말사였다. 【유적·유물】현존하는 건물로는 축성전이 있다. 【참고문헌】한국사찰전서(권상로, 동국대학교 출판부, 1979), 북한사찰연구(한국불교종단협의회, 1993)

취서사(鷲棲寺)
【이명】취서암(鷲棲庵)이라고도 불린다. 【위치】경상북도 봉화군 물야면 개단리 문수산(文殊山)에 있다. 【소속】대한불교조계종 제16교구 본사인 고운사의 말사이다. 【연혁】673년(신라 문무왕 13) 의상(義湘)이 창건했다. 867년(경문왕 7)에 부처님 사리 10과를 얻어 부처님 사리탑을

조성했다. 참선 수행 도량으로서 명맥을 이어오다가, 1705년(조선 숙종 31) 중건했다. 당시에는 법당 등 전각 6동과 광명루(廣明樓), 승방 10여 동이 있었으며, 도솔암(兜率庵)과 천수암(天水庵) 등의 암자가 있었다. 그 뒤의 자세한 연혁은 전하지 않는다. 【유적·유물】건물로는 대웅전과 선실, 요사채가 있다. 유물로는 석조비로자나불좌상(보물 제995호)과 석등(경상북도 문화재자료 제158호), 삼층석탑(경상북도 문화재자료 제157호) 등이 있다. 석조비로자나불좌상은 창건 당시의 것으로 대웅전 안에 봉안되어 있다. 석등은 신라 말 고려 초의 것으로 추정된다. 삼층석탑은 867년에 석가모니 부처님의 사리를 봉안했다는 석탑조성명기(石塔造成銘記)가 있는 매우 귀중한 것이다. 그러나 기단부 하대, 3층 옥신과 개석, 상륜부가 일실된 상태이다. 【설화】인근 지림사(智林寺;지금의 水月庵)의 주지가 어느 날 밤 산쪽에서 서광이 일어나는 것을 보았다. 그는 의상에게 이를 고하고 함께 산에 올라가 보니 비로자나불이 광채를 발산하고 있었다. 그러므로 의상은 이곳에 취서사를 짓고 이 불상을 모셨는데, 이 불상이 바로 지금 대웅전 안에 봉안된 비로자나불좌상이라고 한다. 【참고문헌】한국사찰전서(권상로, 동국대학교 출판부, 1979), 속 명산 고찰 따라(이고운·박설산, 운주사, 1994)

취서사(鷲棲寺)
【위치】전라남도 장성군 취령산(鷲嶺山)에 있었다. 【연혁】언제 누가 창건했는지 알 수 없다. 고려 때 부암 운묵(浮庵 雲默)이 송나라에서 유학하고 돌아와 이 절에 머물렀다. 그가 입적하자 제자들이 탑과 종(鍾)을 세워 유해를 안치했다. 1481

년(조선 성종 12)에 편찬된 《동국여지승
람》에는 '옛터에 석탑과 석종이 남아 있
다.'고 나와 있다. 연혁은 전하지 않는다.
【참고문헌】동국여지승람, 한국사찰전서
(권상로, 동국대학교 출판부, 1979)

취서암(鷲棲庵)
취서사(鷲棲寺)를 보시오.

취운암(翠雲庵)
【위치】경상남도 양산군 하북면 지산리
영축산(靈鷲山)에 있다. 【소속】대한불교
조계종 제15교구 본사인 통도사의 부속
암자이다. 【연혁】1650년(조선 효종 1)
우운 진희(友雲 眞熙)가 통도사를 중건하
고 남은 돈으로 창건했다. 1795년(정조
19) 제운 지일(濟雲 知日)이 중건했으며,
1969년 태일(泰日)이 중수했다. 【유적·
유물】건물은 법당과 요사채 등 모두 6동
에 이른다. 법당 뒤편에는 역대 큰스님들
의 사리부도가 다수 있다. 【참고문헌】한
국의 사찰 4-통도사(한국불교연구원, 일
지사, 1974), 한국사찰전서(권상로, 동국
대학교 출판부, 1979)

칠보사(七寶寺)
【이명】한때 약사암(藥師庵)이라고 했다.
【위치】경기도 안산시 사사동에 있다.
【소속】대한불교법화종에 속한다. 【연
혁】언제 누가 창건했는지 알 수 없다. 한
때 번창했던 절이었으나, 거의 폐허가 되
다시피 한 것을 1906년 이교설(李敎卨)이
절터에서 석불 2위를 발견한 뒤 중창하여
약사암이라고 이름하고, 용신전(龍神殿)
에 석불을 봉안했다. 그 뒤 칠보사라고 고
쳤다. 1960년 무렵 관음전을 신축했으며,
1970년 용신전을 헐고 석불을 절 옆 공터
에 모셨다. 【유적·유물】현존하는 건물
로는 관음전, 산신각, 요사채가 있다. 관음

전에는 관음보살상을 주불로 봉안했다. 유
물로는 이교설이 1906년 발견한 석조비로
자나불좌상과 석조석가여래좌상이 있다.
이 두 석불은 언제 조성되었는지는 알 수
없으나, 같은 시기에 조성된 것으로 보인
다. 【참고문헌】기내사원지(경기도, 1988)

칠불사(七佛寺)
【위치】평안남도 안주군 안주면 안주성
북쪽 칠불산(七佛山)에 있었다. 【연혁】
고구려 영양왕 때 창건됐다. 612년(영양
왕 23) 을지문덕(乙支文德)이 청천강 남
안(南岸)에서 수나라의 대군과 맞서 싸워
살수대첩을 거둘 때, 7인의 승려가 옷을
입은 채 유유히 걸어 청천강을 건넜다. 이
에 속은 수나라 대군이 일시에 강을 건넜
으나, 수심이 깊어 물에 빠져 죽은 자가
부지기수였다. 이 싸움에서 크게 패한 수
나라 군사가 물러간 뒤, 일곱 승려의 희생
과 업적이 세상에 전해지자 이를 기리기
위해 성 밖에 절을 짓고 칠불사라고 했다.
그러나 창건 이후의 연혁은 전하지 않는
다. 일제강점기의 31본산시대에는 31본산
중의 하나인 법흥사(法興寺)의 말사였다.
북한측 자료에 따르면 현존하지 않는다.
【유적·유물】이 절에는 살수대첩 당시의
일곱 승려를 상징하는 칠불석상(七佛石
像)이 있었다. 【참고문헌】동국여지승람,
범우고, 한국사찰전서(권상로, 동국대학교
출판부, 1979)

칠불사(七佛寺)
칠불암(七佛庵)을 보시오.

칠불선원(七佛禪院)
칠불암(七佛庵)을 보시오.

칠불암(七佛庵)
【위치】경상북도 경주시 남산동 남산의
동쪽 중턱에 있다. 【연혁】유물들로 미루

어 보아 신라 때 창건된 것으로 추정된다. 마당에 있는 바위에 아미타삼존불을 비롯하여 사방불(四方佛) 즉 7불이 조각되어 있기 때문에 이름을 칠불암이라고 했다. 원래는 석경(石經)을 벽면에 세운 일종의 석굴사원이었을 가능성이 높다. 원효(元曉, 617~686)가 이 절에 머물면서 대안 (大安)의 가르침을 받았다고 한다. 그 뒤의 연혁은 전하지 않는다. 【유적·유물】현존하는 건물로는 인법당(因法堂)을 비롯하여 산신각, 요사채 등이 있다. 산신각에는 특이한 모자를 쓴 산신탱화가 있었으나 분실하였다. 이 절은 현재 남산 내에서는 가장 규모가 큰 불상을 갖춘 곳이다. 7불은 조각 수법이 뛰어날 뿐 아니라, 우리 나라 사방불의 연구에 귀중한 유물이다. 이들 마애불상군은 모두 8세기 작품으로 보이며, 보물 제200호로 지정되어 있다. 규모나 조각기법의 우수성으로 보아 경주 남산의 불상 중에서 단연 으뜸이다. 이 절의 위쪽 신선바위에는 반가상 (半跏像)을 한 보살상이 있는데, 역시 매우 뛰어난 작품이다. 또한 폐탑의 탑재를 모아 올린 삼층석탑 1기와 옥개석으로 보이는 6개의 석재, 여덟 겹의 연꽃이 새겨진 배례석(拜禮石)이 있다. 이 밖에도 많은 석재 유물과 기와 조각들이 있는데, 이들은 거의 통일신라시대의 유물로 추정된다. 【참고문헌】 한국의 사찰 12-신라의 폐사 2(한국불교연구원, 일지사, 1977)

칠불암(七佛庵)

【이명】 한때 운상원(雲上院)이라 불렸으며 칠불선원(七佛禪院), 칠불사(七佛寺)라고도 불린다. 【위치】 경상남도 하동군 화개면 범왕리 지리산 반야봉 남쪽에 있다. 【소속】 대한불교조계종 제13교구 본사

인 쌍계사의 부속 암자이다. 【연혁】 연담 유일(蓮潭 有一, 1720~1799)의 〈칠불암 상량문〉에 의하면, 신라 신문왕 때(681~692) 지리산 옥부선인(玉浮仙人)이 부는 옥적(玉笛)의 소리를 들은 일곱 명의 왕자가 입산하여 6년 만에 도를 깨닫고 이 절을 창건했다고 한다. 그러나 세전(世傳)에는 선사 옥보(玉寶)를 따라 출가한 가락국 수로왕의 7왕자가 지리산에 운상원을 짓고 수행하여 6년 만인 103년(파사왕 24) 8월 보름에 성불했기 때문에 칠불암으로 고쳤다고 한다. 또 진응 혜찬(震應 慧燦, 1873~1941)의 《지리산지》에는 지리산을 칠불조사(七佛祖師)인 문수보살이 머무르는 곳이기 때문에 칠불산이라고도 했다고 한다. 이 중 가락국 7왕자의 성불 및 창건설을 가장 많이 채택하고 있다. 신라의 옥보고(玉寶高)는 이 절의 운상원에서 50년 동안 거문고를 공부하고 30곡을 지어 세상에 전하는 등 이 절이 신라 음악의 요람지 역할을 했다고 한다. 또한 창건 이후 수도승들의 참선도량으로 이름이 높았다. 1568년(조선 선조 1) 부휴 선수(浮休 善修)가 중창했고, 1830년(순조 30) 금담(金潭)과 그 제자 대은 낭오(大隱 朗旿)가 각각 중창했다. 1907년 의병들의 항일봉기로 이곳에서 전투가 심해지자 승려들이 흩어졌다가 1910년 다시 선사(禪社)를 크게 열었는데, 이때 서기룡(徐起龍)이 이 절의 건물을 수리했다. 그러나 1948년 여수반란사건으로 완전히 소실하였다. 그 뒤 수년 동안 재건하지 못하다가 최근에 이르러 주지 통광(通光)이 크게 중창하여 절의 면모를 일신했다. 【유적·유물】 건물로는 문수전, 보광전, 운상선원 등이 있다. 이 중 선원은 '아(亞)' 자형의

온돌방으로서 아자방(亞字房 ; 경상남도 유
형문화재 제144호)이라고 불린다. 이 아자
방은 신라 효공왕 때(897~912) 구들도사
로 불리던 담공(曇空)이 아자형으로 축조
하여 만든 것이다. 오랜 세월 동안 한번도
고치지 않았지만 한번 불을 때면 49일 동
안 따뜻했다고 한다. 불은 일곱 짐이나 되
는 나무를 세 개의 아궁이에 넣어 한꺼번
에 땠다고 하며, 불길이 막히지 않고, 높고
낮은 곳이 고루 따뜻했다고 한다. 1948년
공비들의 방화로 소실한 뒤 그 터만 보호
해 오다가 1982년 주지 우춘성(禹春成)이
복원했다. 이 절 아래에는 영지(影池)가
있는데, 수로왕의 비 허황옥(許黃玉)이 7
왕자의 성불한 모습을 보았다는 자리이
다. 【설화】조선 중기에 새로 부임한 하
동군수가 순시차 쌍계사에 왔다가 이 암
자의 아자방에서 참선하는 승려들을 보고
졸고 있는 것으로 착각하여 혼내 주리라
벼르고 '이 절에 도인들이 많다는데 목마
(木馬)를 만들어 가지고 동헌(東軒)에 와
서 한번 놀아 보라'고 청했다. 쌍계사에
서는 대책을 숙의했으나 묘안이 없던 터
였는데, 한 사미가 자청해 나섰다. 목마를
타기 전에 군수가 사미에게 물었다. '하
늘만 쳐다 보고 졸고 있는 것은 무슨 공부
냐?' 사미가 임기응변으로, 그러나 당당
하게 대답했다. '앙천성수관(仰天星宿觀)
이다. 천문과 지리에 통달해야 천하만사
를 알 수 있기 때문이다.' '그럼 몸을 좌
우로 흔드는 것은 무슨 공부냐?' '춘풍양
류관(春風楊柳觀)이다. 있음과 없음, 어
느것에도 집착해서는 안 되기 때문이다.'
'방귀를 풍풍 뀌고 앉아 있는 것은 무슨
공부냐?' '타파칠통관(打破漆筒觀)이다.
남의 말을 듣지 않고 고집대로만 하는 사

또 같은 칠통배를 깨닫게 하기 때문이다.'
군수는 '사미 너의 식견이 이러할진대 그
곳의 도인들이야 말할 게 있겠는가.'라고
감탄했다. 이에 사미는 목마를 타고 동헌
마당을 돌다가 공중으로 사라졌다. 군수
와 육방관속들은 모두 발심하여 불교를
깊이 믿었다. 【참고문헌】조선불교통사
(이능화, 신문관, 1918), 한국사찰전서(권
상로, 동국대학교 출판부, 1979), 한국의
명산 대찰(국제불교도협의회, 1982)

칠성사(七星寺)
【위치】전라북도 전주시 완산구 동완산동
에 있다. 【소속】대한불교조계종 제17교
구 본사인 금산사의 말사이다. 【연혁】
1900년 거사 진석환(晉錫煥)이 창건했다.
진석환은 이 절을 건립하여 산신당으로 사
용해 왔는데, 1945년 칠성사로 이름을 바
꿨다. 【유적·유물】건물로는 극락전과
산신각, 요사채가 있다. 【참고문헌】사찰
지(전라북도, 1990)

칠성암(七星庵)
【위치】경기도 개풍군 영남면 현화리 성
거산(聖居山)에 있었다. 【연혁】1393년
(조선 태조 2) 화주 상응(尙應)이 창건했
다. 1926년 주지 봉엽(奉燁)이 보수하고,
1935년 주지 효진(孝鎭)이 중수했다. 일
제강점기의 31본산시대에는 전등사(傳燈
寺)의 말사였다. 현재의 상황은 알 수 없
으나 북한측 자료에 의하면 현존하지 않
는다. 【설화】태조가 이곳에서 200일 동
안 칠성기도를 올렸는데, 회향하기 전날
저녁 홀연히 한 사람이 나타나 돌에 '이
(二)'자를 새겼다. 태조는 이상히 여겼으
나, 돌아가 왕에 등극한 뒤 이 이적이 부처
님과 하늘의 깊은 은혜라 여겨 이 절을 창
건하게 하고 칠성암이라 부르게 했다. 【참

고문헌】한국사찰전서(권상로, 동국대학교 출판부, 1979)

칠성암(七星庵)

【위치】서울특별시 성북구 안암동 안암산(安岩山)에 있다. 【소속】대한불교조계종 직할교구 조계사의 말사인 개운사(開運寺)의 부속 암자이다. 【연혁】언제 누가 창건했는지 알 수 없다. 1878년(조선 고종 15) 개운사의 한 승려가 절 뒤 석벽에 관음상을 조각했으며, 1936년 벽봉(碧峰)이 큰방을 세웠다. 이듬해 벽봉은 다시 관음전을 세웠다. 1941년 요사와 법당을 세우고, 이듬해 선방을 세웠다. 【유적·유물】건물로는 법당과 관음전, 요사채가 있다. 【참고문헌】봉은본말지, 한국사찰전서(권상로, 동국대학교 출판부, 1979)

칠성암(七星庵)

법왕사(法王寺)를 보시오.

칠성암(七星庵)

태영사(台迎寺)를 보시오.

칠장사(七長寺)

【이명】한때 칠장사(漆長寺)라고 했다. 【위치】경기도 안성군 죽산면 칠장리 칠현산(七賢山)에 있다. 【소속】대한불교조계종 제2교구 본사인 용주사의 말사이다. 【연혁】636년(신라 선덕여왕 5) 자장(慈藏)이 창건했다. 984년(고려 성종 3) 혜소(慧炤) 국사 정현(鼎賢)이 이 절에 머물며 융철(融哲)에게서 유가를 배웠다. 999년(목종 2) 정현은 대사가 된 뒤 이 절로 다시 찾아와 지금의 비각 자리인 백련암(白蓮庵)에서 수도하면서 자신을 찾아왔던 7명의 악인을 교화했는데, 모두가 크게 깨달아 현인이 되었으므로 사람들이 산 이름을 칠현산이라고 했으며, 절 이름을 칠장사(漆長寺)에서 칠장사(七長寺)

로 고쳐 쓰게 되었다고 한다. 또한 정현은 현종의 명으로 1014년(현종 5) 이 절을 크게 중창했다. 1308년(충렬왕 34) 다시 중창했으며, 1383년(우왕 9) 중수했다. 당시 왜구가 침범하여 그 피해가 극심하자 충주 개천사(開天寺)에 있던 고려 역대실록을 이 절로 옮겨서 보관하여 소실을 면했다. 1506년(조선 중종 1) 흥정(興淨)이 중창했고, 1623년(인조 1) 선조의 계비인 인목대비(仁穆大妃)가 자신의 아버지 김제남(金悌男)과 태자 영창대군(永昌大君)을 위하여 원당으로 삼아 중수했다. 1671년(현종 12) 다시 중수했으나, 1674년(현종 15) 산을 장지로 쓰고자 하는 세도가가 절을 불태우고 승려를 쫓아내려 하자, 세염 초견(洗染 楚堅)이 터를 옮겨 지었다. 그러나 다시 1694년(숙종 20) 장지로 쓰고자 하는 세도가가 절을 불태우고 조실인 제월(霽月)도 불태워 죽였다. 절이 피폐한 뒤 1703년(숙종 29) 탄명(坦明)이 작은 법당을 지어 노천에 있던 8나한상을 봉안했다. 이듬해 주지 석규(碩奎) 등이 힘을 합해 옛 절터를 되찾고, 사간(思侃)이 법당과 진여문(眞如門)을, 일준(一俊)이 청련당(靑蓮堂)을, 정진(精進)이 서별당(西別堂)을 지었다. 1725년(영조 1) 선진(善眞)과 두한(斗漢) 등이 원통전을 짓고, 이듬해 사간이 명부전, 천왕문, 해탈문, 미타전, 벽응대사진영당(碧應大師眞影堂)을 지었다. 1736년(영조 12) 주지 설영(雪暎)이 도정(道政)과 함께 법당과 천왕문을 중수했고, 1790년(정조 14) 종신(宗信)과 담청(曇淸), 김흥경(金興敬)이 법당을 중수했다. 1828년(순조 28) 완진(完眞)이 대웅전을 옮겨 짓고, 1878년(고종 15) 서해(瑞海)와 해성

(海城)이 태청루(太淸樓)를 중건하고 요사를 짓는 등 많은 불사를 폈으나, 1887년(고종 24) 불에 탔다. 1956년 다시 화엄전이 불탔고, 1982년 대웅전을 해체하여 보수했다. 부속 암자로는 백련암(白蓮庵), 명적암(明寂庵), 상운암(上雲庵), 극락암(極樂庵), 청련암(靑蓮庵) 등이 있었으나 지금은 명적암만이 남아 있다. 【유적·유물】이 절 일원이 경기도 문화재자료 제24호로 지정되어 있다. 현존하는 건물로는 대웅전(경기도 유형문화재 제114호)을 비롯하여 원통전, 명부전, 나한전, 천왕문, 요사채 등이 있다. 유물로는 동종과 석불입상(보물 제983호), 인목대비 친필 족자, 《금광명최승왕경》 9책, 옥등, 석탑, 부도 16기, 당간 및 지주, 사적비, 벽응대사비, 혜소국사비(보물 제488호), 사천왕상(경기도 유형문화재 제115호) 등이 있다. 동종은 대웅전 안에 있으며, 1782년(정조 6) 이언충(李彦忠)이 시주한 것이다. 석불입상은 신라 말 고려 초에 조성한 것으로 추정되는데, 원래 인근 봉업사(奉業寺)에 있던 것을 옮겨 왔다. 《금광명최승왕경》 9책은 현재 동국대학교 박물관에 소장되어 있는데, 인목대비가 족자와 함께 하사한 것이다. 옥등 역시 동국대학교 박물관에 소장되어 있는데, 1341년(충혜왕 복위 2)에 조성되어 강화도 선원사(禪源寺)에서 사용했던 것이다. 석탑은 이 절 창건 당시에 세워진 것이라고 하나 여러 석탑 부재를 맞추어 놓은 것이다. 당간 및 지주는 고려 때의 것으로서 청주 용두사(龍頭寺) 터와 공주 갑사(甲寺)에서만 볼 수 있는 극히 드문 것이다. 전하는 말에 의하면 이 절의 풍수적 형국이 행주형(行舟形)이므로 이 당간으로 배의 돛대를 상징한 것이라고 한다. 사적비는 1671년(현종 12)에 절을 중수하고 세운 것이다. 혜소국사비는 정현의 것으로 1060년(문종 14)에 건립되었다. 사천왕상은 천왕문 안에 있는데, 1726년(영조 2) 천왕문과 함께 만들어진 것으로 추정되며, 나무와 짚으로 뼈대를 잡고 나서 진흙을 발라 상을 이룬 뒤 종이를 입히고 색칠한 독특한 것이다. 【설화】1592년(조선 선조 25) 임진왜란 때 적장인 가토(加藤淸正)가 이 절에 왔을 때 어떤 노승이 홀연히 나타나 그의 잘못을 크게 꾸짖었다. 화가 치민 가토가 칼을 빼어 베니 홀연히 노승은 사라지고 혜소국사비가 갈라지면서 피를 흘렸으므로 가토는 겁이 나서 도망쳤다고 한다. 현재 정현의 비신(碑身) 가운데가 갈라져 있어 이를 뒷받침한다. 또한 조광조(趙光祖, 1482~1519)와 교류가 있던 갖바치가 세상을 떠돌다 말년에 이 절에 정착하자, 임꺽정(林巨正)이 그를 스승처럼 모셨는데, 이때 이 절의 승려가 임꺽정에게 말 타기를 가르쳐 주고, 자신의 말을 그에게 주어 임꺽정은 그 말을 칠장마(七長馬)라고 불렀다고 한다. 【참고문헌】한국사찰전서(권상로, 동국대학교 출판부, 1979), 기내사원지(경기도, 1988)

칠장사(漆長寺)
칠장사(七長寺)를 보시오.

탈골암(脫骨庵)
【위치】충청북도 보은군 내속리면 사내리 속리산(俗離山)에 있다. 【소속】대한불교 조계종 제5교구 본사인 법주사의 산내 암자이다. 【연혁】720년(신라 성덕왕 19) 창건됐다. 776년(혜공왕 12)에는 율사 진표(眞表)가 중건했다. 절 이름에 관련된 두 가지 설이 있는데, 신라 탈해왕 때 (57~80) 경주 김(金)씨의 시조인 김알지(金閼之)가 자기의 용모가 닭과 비슷함을 한탄하던 중 이곳에 좋은 약수가 있다는 말을 듣고 와서 약수를 마시고 아름다운 인간의 용모로 바뀌었다고 하여 탈골암이라고 했다는 설이 있고, 진표가 이곳에서 영심(永深)과 융종(融宗), 불타(佛陀) 등의 제자들을 깨우쳐 생사윤회(生死輪廻)를 벗어나 해탈하게 했다고 하여 탈골암이라고 했다는 유력설이 있다. 그 뒤 1624년(조선 인조 2) 벽암 각성(碧巖 覺性, 1575~1660)이 중창했다. 1950년 6·25전쟁 때 전소하여 기와 조각과 주춧돌만 남아 있던 것을 1954년 중건했다. 이어 1975년 중수하여 오늘에 이르고 있다. 【유적·유물】현존하는 건물로는 인법당(因法堂)과 삼성각, 요사채가 있다. 인법당에는 석조약사여래좌상과 후불탱화, 신중탱화가 있는데, 석조약사여래좌상은 양식으로 보아 고려 후기의 불상으로 추정된다. 이 밖에도 다층석탑과 범종이 있으며, 옛 법당 터에 연화대석(蓮華臺石) 1기가 있다. 【참고문헌】사지(충청북도, 1982), 한국의 사찰 5-법주사(한국불교연구원, 일지사, 1975)

탈의사(脫衣寺)
탈해사(脫解寺)를 보시오.

탈해사(脫解寺)
【이명】한때 탈의사(脫衣寺)라고도 불렸다. 【위치】충청남도 예산군 예산읍 수철리 용굴산(龍屈山)에 있다. 【소속】대한불교조계종 제7교구 수덕사의 말사인 향천사(香泉寺)의 부속 암자이다. 【연혁】고려 초에 후백제의 한 장군이 창건했다고 한다. 그는 예산 지방에서 고려의 군대와 싸움을 벌이다가 패하자 이곳으로 피신하여 갑옷을 벗고 수도했다. 그 후 절 이름을 탈의사 또는 탈해사라고 했다고 한다. 자세한 연혁은 전하지 않는다. 1975년부터 10년 동안 주지 이종학(李宗學)이 중창하여 면모를 일신했다. 【유적·유물】건물로는 극락전과 요사채 2동, 산신각 등이 있다. 유물로는 팔각원당형(八角圓堂型) 부도의 개석(蓋石)이 있는데, 고려 때의 것이다. 【참고문헌】문화유적총람-사찰편(충청남도, 1990)

탑골승방
보문사(普門寺)를 보시오.

탑산사(塔山寺)

【이명】 탑산암(塔山庵)이라고도 부른다.
【위치】 전라남도 장흥군 대덕읍 연지리
천관산(天冠山) 서쪽 기슭에 있다. 【소
속】 한국불교태고종에 속한다. 【연혁】
800년(신라 애장왕 1) 통령(通靈)이 창건
했다. 그 뒤 조선 전기까지의 연혁은 전하
지 않는다. 1592년(조선 선조 25) 임진왜
란 전에는 대웅전을 중심으로 시왕전, 공
수청(公需廳), 향적각(香積閣), 정방(正
房) 등을 갖춘 큰 절이었다. 또한 800근
에 이르는 대종 등 수많은 유물들도 보관
하고 있었다. 그러나 임진왜란 때 왜병들
이 침입하여 대종을 녹여 총포를 만들었
는데, 그 기록이 작은 종의 용두(龍頭)에
새겨져 있다. 그 뒤 1745년(영조 21),
1747년, 1748년의 세 차례에 걸친 화재로
거의 소실하여 작은 암자로서 명맥을 이
어왔다. 1923년에는 이 암자마저 불탔으
며, 보관하고 있던 종은 해남 대흥사(大興
寺)로 옮겨 갔다. 1925년 다시 소규모의
절을 중창하여 오늘에 이르고 있다. 【유적
·유물】 현존하는 건물로는 법당과 요사채
가 있다. 원래 이 절에 있다가 대흥사로 옮
겨진 종(보물 제88호)은 높이 79cm, 입지
름 43cm인 고려 말의 작품이다. 사전(寺
傳)에 의하면 이 절의 서북쪽에는 아육왕
탑(阿育王塔)이 있었다고 한다. 인도에서
크게 불법을 일으킨 아쇼카왕(아육왕)이
이곳에도 보탑(寶塔)을 세워 부처님의 사
리를 봉안했다고 하는데, 이는 우리 나라
불교의 남방전래설을 알게 하는 일례가
된다. 아육왕탑 밑에는 과거불인 가섭불
(迦葉佛)이 좌선했다는 자리가 있는데,
이를 가섭불연좌석(迦葉佛宴坐石)이라고
한다. 이는 경주 황룡사(皇龍寺)의 가섭

불연좌석과 맥을 같이하는 것으로 불국토
설(佛國土說) 연구에 좋은 자료가 된다.
【참고문헌】 한국사찰전서(권상로, 동국대
학교 출판부, 1979), 고줄고을 장흥(장흥
군, 1982)

탑산암(塔山庵)

탑산사(塔山寺)를 보시오.

태고사(太古寺)

【위치】 충청남도 금산군 진산면 행정리
대둔산(大屯山)에 있다. 【소속】 대한불교
조계종 제6교구 본사인 마곡사의 말사이
다. 【연혁】 신라 때 원효(元曉, 617~686)
가 창건했다. 고려 말에 태고 보우(太古 普
愚, 1301~1382)가 중창했으며, 조선 중기
에 진묵 일옥(震默 一玉, 1562~1633)이
중창했다. 한때 송시열(宋時烈, 1607~
1689)이 이 절에서 공부하기도 했다. 1950
년 6·25전쟁 때 전소한 것을 주지 김도천
(金道川)이 30년 동안 대웅전, 무량수전
(無量壽殿), 요사채 등을 중건했다. 1977
년에는 대웅전과 관음전을 중건했으며,
1978년에는 무량수전을 중건하고, 1980년
산신각을 중건했다. 【유적·유물】 현존하
는 건물로는 대웅전(충청남도 문화재자료
제27호)과 무량수전, 관음전, 산신각, 요
사채 2동 등이 있다. 유물로는 조선시대
의 부도 3기가 있으나, 모두 누구의 것인
지 알 수 없다. 절터는 전국 12승지(勝
地)의 하나이다. 원효는 이곳을 발견하고
너무 기뻐서 3일 동안 춤을 추었다고 하
며, 용운 봉완(龍雲 奉玩, 1879~1944)은
'대둔산 태고사를 보지 않고 천하의 승지
를 논하지 말라.'고 했을 만큼 빼어난 곳
이다. 【설화】 전단향나무로 조성한 삼존
불상을 개금할 때 갑자기 뇌성벽력과 함
께 폭우가 쏟아져서 금칠을 말끔히 씻어

내렸다는 전설이 있다. 【참고문헌】 문화
유적총람(문화재관리국, 1977), 명산 고찰
따라(이고운·박설산, 신문출판사, 1987)
태고사(太古寺)
【이명】 한때 동암(東庵), 태고암(太古庵)
이라고 불렸다. 【위치】 경기도 고양시 북
한동 북한산성에 있다. 【소속】 한국불교
태고종에 속한다. 【연혁】 태고 보우(太古
普愚)가 1341년(고려 충혜왕 복위 2) 삼각
산 중흥사(重興寺)의 주지로 부임하면서
자신의 수도처로서 창건한 후 동암이라고
했다. 보우는 이곳에서 〈태고암가(太古庵
歌)〉 등 매우 훌륭한 작품들을 남겼으며,
그가 입적한 뒤 태고암으로 이름을 바꿨
다. 그 뒤 조선 초기에 거의 폐허화한 것
을 1713년(숙종 39) 북한산성을 축성한
뒤 북한산성의 수비를 위해 도총섭(都摠
攝) 계파 성능(桂坡 性能)이 131칸이나 되
는 큰 규모의 절을 짓고 태고사라고 했다.
이어 수차례의 중건과 중수를 거쳐 명맥을
이어왔으나, 1950년 6·25전쟁 때 완전히
부서져 절터만 남았다. 1964년 대웅전과
요사채를 신축하여 복구했다. 【유적·유
물】 건물로는 대웅보전과 삼성각, 요사채
가 있다. 유물로는 보우의 원증국사탑비
(圓證國師塔碑 ; 보물 제611호)와 원증국사
사리탑(보물 제749호)이 있다. 이 탑비와
사리탑은 1385년(우왕 11)에 건립된 것
으로 비문은 이색(李穡)이 교지를 받들어
짓고, 글은 권주(權鑄)가 쓴 것이다. 이
밖에도 대웅보전 우측 언덕에는 조선 말
기의 것으로 추정되는 부도 3기가 있다.
【참고문헌】 한국사찰전서(권상로, 동국대
학교 출판부, 1979), 기내사원지(경기도,
1988)
태고사(太古寺)

【이명】 한때 미륵암(彌勒庵), 미륵당(彌
勒堂)이라고 불렸다. 【위치】 서울특별시
성북구 성북동 북악산(北岳山)에 있다.
【소속】 한국불교태고종의 총본산이다. 【연
혁】 언제 누가 창건했는지 알 수 없다.
1700년(조선 숙종 19) 왕실에서 자손의
번창과 무병장수를 기원하기 위해 동서남
북 각각 1개씩 기복사찰을 짓고 봄·가을
로 내탕금(內帑金)을 내어 불공을 올렸는
데, 이때 북방을 대표하는 절로서는 이 절
을 선정했다. 1987년 주지 운산 동욱(雲
山 東旭)이 서울 봉원사(奉元寺)에 있던
한국불교태고종의 총무원을 유치하면서
태고사로 이름을 바꿨다. 이어 현대식 5
층의 본관과 5층의 회관을 건립했다. 현
재 한국불교태고종 총무원과 종립기관인
동방(東邦)불교대학이 경내에 있다. 【유
적·유물】 건물로는 현대식 5층의 본관과
5층의 회관, 미륵전이 있다. 본관에는 총
무원이 있으며, 회관에는 동방불교대학과
설법전, 대법당, 삼천불전이 들어서 있다.
미륵전에는 1700년에 왕실에서 봉안한 석
조미륵불좌상이 봉안되어 있는데, 옥돌로
조성한 것이다. 【참고문헌】 속 명산 고찰
따라(이고운·박설산, 운주사, 1994)
태고사(太古寺)
조계사(曹溪寺)를 보시오.
태고암(太古庵)
태고사(太古寺)를 보시오.
태국사(泰國寺)
【이명】 태국사(太國寺)라고도 한다. 【위
치】 충청남도 태안군 근흥면 정죽리 안흥
산성(安興山城) 내에 있다. 【소속】 대한
불교조계종 제7교구 본사인 수덕사의 말
사이다. 【연혁】 언제 창건했는지 알 수
없으나, 어느 노인의 현몽으로 계시를 받

은 선사 혜명(慧明)이 창건했다고 한다. 그러나 이 절의 창건은 1655년(조선 효종 6)에 축조된 안흥산성과 밀접한 관련이 있는 것으로 추정된다. 이 산성이 조선시대 이래 서해안의 경비와 해운의 관장에 중요한 군사적 요충이었으므로 군병(軍兵)의 주둔을 위한 절이었을 가능성이 크다. 언제인지는 알 수 없으나 태일전(太一殿)을 지어 의성에서 국조 단군의 영정을 옮겨 와 봉안했고, 조선시대에는 이 절에서 안흥항을 드나드는 내외사절의 항해가 무사하기를 부처님께 기원했다. 또한 왜구가 침략하거나 외적이 침입할 때 이 절의 주지는 수막대장(守幕大將)의 지시를 받아 수군이 있는 18개 읍의 승군을 지휘할 수 있는 권한을 가지고 있었는데, 이때의 군사적 직권은 첨절제사(僉節制使)와 같았다고 한다. 전성기에는 절의 규모가 매우 컸었다고 하나, 안흥산성이 폐성된 뒤에 소실하였다. 그 뒤 옛 절터에 민가형의 조그마한 집 한 채를 짓고 옛 이름을 따서 다시 태국사라고 이름했으며, 최근에 원통전을 신축했다. 【유적·유물】건물로는 원통전과 요사채가 있다. 【참고문헌】서산군지(서산군, 1982), 문화유적총람-사찰편(충청남도, 1990)

태국사(太國寺)
태국사(泰國寺)를 보시오.

태봉사(胎峰寺)
【위치】전라북도 익산시 삼기면 연동리 태봉산(胎峰山)에 있다. 【소속】한국불교 태고종에 속한다. 【연혁】백제 때 창건됐다고 한다. 전설에 의하면, 마한의 기준(箕準)이 이곳에서 기도하여 세 왕자를 얻고, 그 태를 묻었다고 하여 산 이름을 태봉산이라 했다고 한다. 이후 이 절은 비

구니들의 수도도량이 되었다. 1934년 신자 심묘련화(沈妙蓮華)가 삼대 독자인 아들 박상래(朴祥來)의 수명 장수를 기원하는 산신기도를 드리다가 산신의 현몽으로 아미타삼존석불을 발견하고 그 자리에 지금의 절을 중창했으며, 산 이름을 따서 태봉사라고 했다. 1987년에 혜안(慧眼)이 중창하여 오늘에 이르고 있다. 【유적·유물】현존하는 건물로는 극락전, 산신각, 염불전, 종각, 요사채 2동 등이 있다. 극락전에 봉안된 아미타삼존불(전라북도 유형문화재 제12호)은 백제 때의 불상이라고 전하는데, 특히 아들을 점지하는 영험이 있다고 하여 지금도 득남을 바라는 많은 사람들이 찾고 있다. 또한 1934년 중창 당시 출토된 14세기 무렵에 만들어진 것으로 보이는 철경(鐵鏡)은 국립공주박물관에 보관되어 있다. 【참고문헌】미륵산의 정기(익산군, 1982), 전북불교총람(전북불교총연합회, 1993), 사찰지(전라북도, 1990)

태안사(泰安寺)
【이명】한때 대안사(大安寺), 동리사(桐裡寺)라고 불렸다. 【위치】전라남도 곡성군 죽곡면 원달리 동리산(桐裡山) 서쪽 능선에 있다. 【소속】대한불교조계종 제19교구 본사인 화엄사의 말사이다. 【연혁】742년(신라 경덕왕 1) 3인의 노사(老師)가 창건했다. 선문구산(禪門九山) 중의 하나인 동리산파(桐裡山派)의 개조 적인 혜철(寂忍 惠哲, 785~861)이 머물렀다. 그 뒤 고려 태조 때(918~943) 광자 윤다(廣慈 允多)가 132칸의 건물을 짓고 대규모의 절을 이룩하여 동리산파의 중심 도량으로 삼았다. 고려 초에는 송광사, 화엄사 등 전라남도 지역에 있던 대부분의 절이

이 절의 말사였으나, 고려 중기에 송광사가 수선(修禪)의 본사로 독립함에 따라 사세가 축소되었다. 조선시대에는 1454년(단종 2) 효령대군(孝寧大君)이 전료(殿寮)를 중수하게 하고, 자신의 원당(願堂)으로 삼았다. 그러나 그 뒤 배불정책에 밀려 쇠퇴했으며, 1683년(숙종 9) 정심(定心)이 중창했다. 1925년에는 최남선(崔南善)이 찾아와 '신라 이래의 이름 있는 절이요, 또 해동에 있어 선종의 절로 처음 생긴 곳이다. 아마도 고초(古初)의 신역(神域) 같다.'고 극찬하기도 했다. 1950년 6·25전쟁 때 대웅전을 비롯한 15채의 건물이 불에 탔다. 1985년 강청화(姜淸華)가 주석하면서 중창하여 오늘에 이르고 있다. 【유적·유물】절 일원이 전라남도 문화재자료 제23호로 지정되어 있다. 현존하는 건물로는 대웅전을 비롯하여 보제루(普濟樓), 해회당(海會堂), 선원, 능파각(凌波閣 ; 전라남도 유형문화재 제82호), 일주문(전라남도 유형문화재 제83호) 등이 있다. 이 중 해회당은 네모꼴로 이어진 큰 건물이고, 선원 역시 전국에서 손꼽히는 규모이다. 대웅전은 6·25전쟁 때 불탄 것을 1969년 재건했다. 문화재로는 혜철의 부도인 적인선사조륜청정탑(寂忍禪師照輪淸淨塔 ; 보물 제273호), 윤다의 부도인 광자대사탑(보물 제274호), 광자대사비(보물 제275호), 삼층석탑(전라남도 문화재자료 제170호), 바라(보물 제956호), 천순명동종(天順銘銅鍾 ; 전라남도 유형문화재 제24호) 등이 있다. 이 중 바라는 승무를 출 때 사용한 것으로 조선 태종 때(1400~1418) 만들었으며, 둘레 3m로서 우리 나라 최대의 것이다. 천순명동종은 1465년(세조 11)에서 1475년(성종 6) 사이에 만들어진 것으로 공예 수법이 뛰어나다. 【참고문헌】한국사찰전서(권상로, 동국대학교 출판부, 1979), 명산 고찰 따라(이고운·박설산, 신문출판사, 1987)

태영사(台迎寺)
【이명】한때 칠성암(七星庵)이라고 불렸다. 【위치】전라남도 해남군 북평면 남창리 천태산에 있다. 【소속】대한불교조계종 제22교구 본사인 대흥사의 부속 암자이다. 【연혁】1552년(조선 명종 7) 창건됐다고 한다. 1592년(선조 25) 임진왜란 때 폐허가 된 것을 중수했다. 그 뒤 어느 때인지는 모르나, 남창항의 선주와 어부들이 조업중 해난사고의 방지를 기원하는 기도를 하기 위해 칠성각을 세우고 나서 절 이름을 칠성암으로 불렀다. 역시 어느 때인지는 모르나, 경술년에 승려 박붕명이 중창했고, 1971년 승려 박춘담(朴春潭)이 법당과 관월당을 새로 지었다. 1976년 8월 절 이름을 태영사로 고쳤으며, 1985년 7월 폭풍우로 건물이 붕괴했다. 그 뒤 1989년 4월 옛 모습대로 복원하여 남창항 일대 주민들의 귀의처가 되고 있다. 【유적·유물】건물로는 대웅전과 요사가 있다. 법당에는 여래삼존불이 봉안되어 있으나, 모두 최근에 조성하였으며, 재질은 특수 플라스틱이다. 불화로는 영산회상도와 칠성탱화, 산신탱화, 신중탱화 등 4점이 대웅전 안에 있다. 【참고문헌】전남의 사찰Ⅰ(전라남도, 1990)

태을암(太乙庵)
【위치】충청남도 태안군 태안읍 동문리 백화산(白華山)에 있다. 【소속】대한불교조계종 제7교구 본사인 수덕사의 말사이다. 【연혁】언제 누가 창건했는지 알 수 없다. 조선 중기에 경상도 의성현에서 태

일전(太一殿)을 옮겨 지었으며, 이로 인해 절 이름을 태을암이라고 했다고 한다. 자세한 연혁은 전하지 않는다. 일제강점기에는 본산인 마곡사의 말사였다. 【유적·유물】건물로는 대웅전과 요사채 2동이 있다. 대웅전에는 아미타불이 봉안되어 있다. 유물로는 마애삼존불(보물 제432호)이 있는데, 여래입상 2위와 보살입상이 큰 바위에 새겨져 있다. 7세기 전후에 조성된 것으로 보이는 백제 때의 대표적인 마애불이다. 특히 여래상과 보살상을 함께 배치한 특이한 삼존불로 우리 나라 불교조각사상 매우 희귀한 형태이며, 당시 중국 산동반도(山東半島)에서 유행하던 석굴사원의 영향을 직접 받은 우리 나라 석굴사원의 시원으로서도 주목된다. 【참고문헌】한국사찰전서(권상로, 동국대학교 출판부, 1979), 문화유적총람-사찰편(충청남도, 1990)

태자사(太子寺)
【위치】경상북도 안동시 도산면 태자리 태자산(太子山)에 있었다. 【연혁】신라 때 창건됐다. 병부시랑(兵部侍郎) 최언위(崔彦撝, 868~944)가 이 절의 낭공탑명(朗空塔銘)을 지었으며, 고려시대에는 좌간의대부(佐諫議大夫) 김심언(金審言, ?~1018)이 이 절의 통진탑명(通眞塔銘)을 지었다. 1481년(조선 성종 12)에 편찬된 《동국여지승람》에는 존재한다고 나와 있으나, 1799년(정조 23)에 편찬된 《범우고(梵宇攷)》에는 이미 폐사되었다고 나와 있다. 연혁은 전하지 않는다. 【유적·유물】절터에는 귀부(龜趺) 및 이수(螭首 : 경상북도 문화재자료 제68호)가 남아 있다. 【참고문헌】한국사찰전서(권상로, 동국대학교 출판부, 1979)

태조사(太祖寺)
성왕사(聖旺寺)를 보시오.

태조암(太祖庵)
【위치】전라북도 완주군 소양면 대흥리 치졸산(嵰崒山)에 있다. 【소속】대한불교조계종 제17교구 금산사의 말사인 위봉사(威鳳寺)의 부속 암자이다. 【연혁】1359년(고려 공민왕 8) 나옹 혜근(懶翁 惠勤)이 원나라에서 귀국한 후 포교하고 다닐 때 위봉폭포의 절경을 보고 이곳에 머물러 전각과 10여 개의 암자를 지어 창건했다는 기록이 있다. 또한 구전에 의하면, 조선 태조 이성계(李成桂)가 개국하기 전 이 인근에서 기도를 했으며, 1392년(태조 1) 왕위에 오른 후에 이를 기념하여 창건했다고도 전한다. 그러나 1675년(숙종 1) 위봉산성의 축조 후에 유사시 전주 경기전(慶基殿)에 봉안된 태조의 영정을 안전하게 대피하기 위해 창건했다고도 하는데, 1985년 중수 중에 '숭정(崇禎) 3년(1630)'과 '강희(康熙) 36년(1677)' 등의 명문(銘文)기와 4점이 나옴으로써 이 창건설도 신빙성이 약하다. 1866년(고종 3) 남화(南華)가 중창했으며, 1873년(고종 10) 도봉(道峰)이 중창했다. 이어 1985년에 중수했다. 【유적·유물】현존하는 건물로는 인법당(因法堂)이 있다. 유물로는 아미타후불탱화가 있는데, 1879년(고종 16)에 조성된 것으로 현재 위봉사에 보관 중인 이 절의 만불탱화의 주불탱화로 추정된다. 【참고문헌】전북불교총람(전북불교총연합회, 1993), 사찰지(전라북도, 1990)

태학사(泰鶴寺)
【이명】한때 해선암(海仙庵)이라고 불렀다. 【위치】충청남도 천안시 풍세면 삼태리 태화산(泰華山) 북동쪽 기슭에 있다.

【소속】한국불교태고종에 속한다. 【연혁】 신라 흥덕왕 때(826~836) 조사 진산(珍山)이 절 뒤편의 바위에 마애불을 조성한 뒤 절을 창건하여 해선암이라고 했다. 그 뒤의 연혁은 전하지 않으며, 1930년대에 이병희(李炳熙)가 중건하여 오늘에 이르고 있다. 【유적·유물】현존하는 건물로는 법당과 요사채가 있다. 절 뒤편에는 진산이 조각했다고 전하는 마애석불(보물 제407호)이 남아 있다. 【참고문헌】명산 고찰 따라(이고운·박설산, 신문출판사, 1987)

태화사(太和寺)

【위치】경상남도 울산시 중구 태화동 반탕골 산기슭에 있었다. 【연혁】643년(신라 선덕여왕 12) 자장(慈藏)이 창건했다. 자장이 당나라에서 수도하던 중 중국의 태화지(太和池) 옆을 지날 때 한 신인이 나타나서 호국을 위해 황룡사(皇龍寺)에 구층탑을 세우고, 자신의 복을 빌기 위해 경주 남쪽에 절을 지어 주면 덕을 갚겠다고 했다. 643년에 당나라에서 귀국한 자장은 그 신인을 위해 이 절을 창건하고, 중국에서 모셔온 부처님 사리를 세 몫으로 나누어 이 절에 태화탑을 세우고 그 한 몫을 봉안했다고 한다. 그러나 그 뒤의 연혁은 거의 전하지 않는다. 고려 충숙왕 때(1313~1330, 1332~1339) 울주에 살던 정포(鄭誧)의 시 〈태화루〉에 이 절 이름이 나오나, 1799년(조선 정조 23)에 편찬된 《범우고(梵宇攷)》에는 이미 폐사되었다고 나와 있다. 고려 말에 왜구의 출몰이 극심했던 시기에 폐사된 것으로 추정된다. 【유적·유물】절터는 반탕골을 중심으로 한 황모산(黃茅山) 일대로 추정된다. 유물로는 십이지상 석종형부도(十二

支像 石鐘形浮屠 ; 보물 제441호)만이 전하고 있다. 이 부도는 1961년 반탕골에서 발굴되어 울산시 학성동 학성공원에 옮겨졌는데, 조각 수법으로 보아 9세기의 작품으로 추정된다. 또한 이 부도는 우리 나라 석종형부도의 시원을 이루고 있을 뿐만 아니라, 윗부분의 깊이 판 감실 아래에 나체상의 십이지신상을 조각하여 십이지신상 연구에도 소중한 유물이 되고 있다. 【참고문헌】삼국유사, 내 고장의 전통(울산시, 1982)

탱천굴(撑天窟)

성류사(聖留寺)를 보시오.

토굴암(土窟庵)

내원암(內院庵)을 보시오.

통교사(通敎寺)

【위치】전라남도 해남군 송지면 달마산(達磨山)에 있었다. 【연혁】749년(신라 경덕왕 8) 의조(義照)가 창건했다. 그 뒤의 연혁은 전하지 않는다. 1481년(조선 성종 12)에 편찬된 《동국여지승람》에는 존재한다고 나와 있으나, 1799년(정조 23)에 편찬된 《범우고(梵宇攷)》에는 이미 폐사되었다고 나와 있다. 1597년(선조 30) 정유재란 때 인근의 미황사(美黃寺)와 함께 소실한 것으로 추정된다. 【설화】미황사의 사적비에 창건에 얽힌 설화가 전한다. 749년 8월 한 척의 석선(石船)이 사자포 앞바다에 나타났는데, 의조가 제자 백여 명과 함께 목욕재계하고 해변으로 나갔더니 배가 육지에 닿았다. 배에 오르자 금인(金人)이 노를 잡고 있고, 놓여 있는 금함(金函) 속에는 《화엄경》과 《법화경》, 비로자나불, 문수보살, 보현보살, 40성중(聖衆), 53선지식(善知識), 16나한, 탱화 등이 있었다. 곧 하선하여 임시로 봉

안했는데, 그날 밤 꿈에 금인이 나타나서 자신은 인도의 국왕인데 '금강산이 1만 부처님을 모실 만하다 하여 배에 싣고 갔더니 이미 많은 절들이 들어서서 봉안할 곳을 찾지 못하여 되돌아가던 길에 여기가 인연 있는 땅인 줄 알고 멈추었다. 경전과 불상을 소에 싣고 가다가 소가 멈추는 곳에 절을 짓고 안치하면 국운과 불교가 함께 흥왕하리라.' 하고는 사라졌다. 다음날 소에 경전과 불상을 싣고 가다가 소가 크게 울고 누웠다가 일어난 곳에 이 절을 창건하고, 마지막 멈춘 곳에 미황사를 지었다. 미황사라고 한 것은 소의 울음소리가 지극히 아름다웠다고 하여 '미(美)'자를 취하고, 금인의 빛깔을 상징한 '황(黃)'자를 택한 것이라고 한다. 이 창건 설화는 금강산 53불 설화와 일맥상통하는 점이 있다. 【참고문헌】 조선불교통사(이능화, 신문관, 1918), 한국의 명산 대찰(국제불교도협의회, 1982)

통도사(通度寺)

【위치】 경상남도 양산군 하북면 지산리 영축산(靈鷲山)에 있다. 【소속】 대한불교 조계종 제15교구 본사이다. 【연혁】 646년(신라 선덕여왕 15) 자장(慈藏)이 창건하여 산 이름을 영축산, 절 이름을 통도사라고 했다. 영축산의 원래 이름은 축서산(鷲棲山)이었는데, 산의 모양이 인도의 영축산과 매우 비슷하여 이름을 바꾼 것이다. 또한 절 이름을 통도사라고 한 것은 첫째 전국의 승려는 모두 이곳의 금강계단(金剛戒壇)에서 득도한다는 뜻이며, 둘째 만법을 통달하여 일체 중생을 제도한다는 뜻이고, 셋째 산 모양이 인도의 영축산과 통한다는 뜻이다. 634년 자장이 당나라에서 귀국할 때 가지고 온 부처님 사리와 가사, 대장경 400여 함을 봉안하고 창건함으로써 당시부터 우리 나라 역사상 최초로 대장경을 봉안한 매우 중요한 절로서 부각됐다. 자장은 계단(戒壇)을 쌓고 사방에서 오는 사람들을 받아 득도시켜 이 절이 신라 불교의 계율 근본도량이 되었다. 그 뒤 고려 초에는 사세가 확장되어 절을 중심으로 사지석표(四至石標), 즉 국장생석표(國長生石標)를 둘 만큼 큰 규모로 발전했다. 1235년(고종 22)에는 상장군(上將軍) 김이생(金利生)과 시랑(侍郞) 유석(庾碩)이 계단의 석종을 열었다. 이들이 고종의 명을 받아 강동(江東)을 지휘할 때 부절(符節 ; 왕이 하사한 신표)을 가지고 절에 와서 돌뚜껑을 들어 예를 표하고자 승려들의 만류를 뿌리치고 군사를 시켜 돌뚜껑을 들게 했던 것이다. 그리고 이들은 부처님 사리를 서로 돌려보며 예경했다. 이와 같은 기록이 문헌상으로는 계단에 손을 댄 최초의 기록이다. 그 뒤 1379년(우왕 5) 8월 24일에는 주지 월송(月松)이 왜구들의 침입을 피하여 부처님의 사리, 가사 등을 가지고 개경으로 가 문하평리(門下評理) 이득분(李得分)을 만나 의논을 했다. 1592년(조선 선조 25) 임진왜란이 일어나 영남지방이 왜구의 수중에 들어가자 의승장 사명 유정(四溟 惟政)이 통도사의 사리를 대소 2함에 나누어 금강산에 있던 청허 휴정(淸虛 休靜)에게 보냈다. 이에 휴정은 '계를 지키지 않는 자라면 그에게는 오직 금과 보배만이 관심의 대상일 것이고 신보(信寶)가 목적이 아닐 것이니, 옛날 계단을 수리하여 안치하라.'고 말했다. 그리하여 1함은 돌려보내고 나머지 1함은 태백산 갈반지(葛磻地)에 안치했다. 그 뒤 누차의 중건

과 중수를 거쳐 오늘에 이르고 있다. 산내 암자로는 극락암, 비로암, 자장암, 백운 암, 축서암, 취운암, 수도암, 사명암, 옥 련암, 보타암, 백련암, 안양암, 서운암 등 이 있다. 【유적·유물】현존하는 건물들 은 모두 임진왜란 이후에 건립되었다. 금 강계단을 중심으로 대웅전(보물 제144 호), 보광선원(普光禪院), 극락전(경상남 도 유형문화재 제194호), 약사전(경상남도 유형문화재 제197호), 영산전(경상남도 유 형문화재 제203호), 응진전(應眞殿 ; 경상남 도 유형문화재 제196호), 명부전(경상남도 유형문화재 제195호), 삼성각, 산신각, 일 로향각(一爐香閣), 관음전(경상남도 유형 문화재 제251호), 용화전(경상남도 유형문 화재 제204호), 대광명전(경상남도 유형문 화재 제94호), 세존비각(世尊碑閣), 장경 각(藏經閣), 해장보각(海藏寶閣), 황화각 (皇華閣), 감로당(甘露堂), 원통방(圓通 房), 화엄전, 전향각(篆香閣), 일주문, 천 왕문(경상남도 유형문화재 제250호), 만세 루(경상남도 유형문화재 제193호), 불이문 (不二門 ; 경상남도 유형문화재 제252호) 등이 있다. 이 중 대웅전은 임진왜란 때 불탄 것을 1645년(인조 23) 우운(友雲)이 중 건하여 오늘에 이르고 있다. 대웅전 내부 에는 불상이 봉안되어 있지 않고, 불상 대 신 거대하고 화려한 불단이 조각되어 있 다. 이는 이 절의 중심이 되는 금강계단에 부처님의 사리를 봉안하고 있기 때문이 다. 자장은 당나라에서 부처님 사리를 모 셔 와 황룡사(皇龍寺)탑, 태화사(太和寺) 탑, 그리고 통도사 계단 등 세 곳에 나누 어 봉안했다. 그러므로 이 절을 우리 나라 삼보사찰(三寶寺刹) 가운데 하나인 불보 (佛寶) 사찰이라고 부른다. 그리고 금강

계단 목조건물의 천장에 새겨진 국화와 모란꽃의 문양과 불단에 새겨진 조각은 주목되는 작품이다. 세존비각은 1706년에 건립된 사바교주석가여래영골부도비의 비 각으로서 비문은 채팽윤(蔡彭胤)이 지었 으며, 자장이 가져 온 부처님 사리, 가사 등에 관한 내용과 임진왜란 당시 사리 수 호에 따른 수난의 사실들이 이 비문에 기 재되어 있다. 장경각에 있는 목조 경판 (경상남도 유형문화재 제100호)은 《능엄 경》《기신론(起信論)》《금강경》《법수 (法數)》《사집(四集)》《부모은중경》등 15종 746매가 있다. 현존하는 석조물은 대부분 고려 초기 선종 때(1083~1094) 에 조성되었는데, 금강계단 상부의 석종 형 부도를 비롯하여 극락전 앞의 삼층석 탑(경상남도 유형문화재 제18호), 배례석 (拜禮石), 봉발탑(奉鉢塔 ; 보물 제471호), 국장생석표(보물 제74호) 등이 그것이다. 금강계단은 643년(선덕여왕 12) 축조된 이래 수차례의 중수를 거쳤다. 특히 사람 들이 계단의 석종을 들어 보려는 일이 잦 았으므로 이를 막기 위해 석함 속에는 긴 구렁이 또는 큰 두꺼비가 있다고 했다는 등의 기록이 전한다. 배례석은 '국왕배례 지석(國王拜禮之石)'이라는 상징적 조형물 로서 신라의 절에서도 자주 볼 수 있다. 1085 년(선종 2) 조성되었는데, 길이 175cm, 너 비 87cm의 판석으로 3절되었으며, 상면 은 아름다운 연화문과 운문으로 조각되었 다. 이와 함께 배례석 바로 옆에 있는 삼 층석탑 역시 신라 말의 양식을 지니고 있 으나, 고려 선종 때 조성된 것으로 보아야 한다는 견해도 있다. 2중기단 위에 3층의 석탑으로서 전체적인 수법은 간략하게 조 성되었으나, 기단에 나타난 안상(眼象)

등 장식화된 수법은 고려의 석탑으로 볼 수 있는 유력한 근거가 된다. 통도사에서 약 2km 거리의 양산군 하북면 백록리의 국장생석표 역시 고려 선종 때의 질 경계로 알려져 있다. 이 밖에 이 절에 현존하는 중요 유물로는 은입사동제향로(銀入絲銅製香爐 ; 보물 제334호)를 비롯하여 석등(경상남도 유형문화재 제70호), 전석가여래가사(傳釋迦如來袈裟), 전자장율사가사(傳慈藏律師袈裟), 자장율사진영(경상남도 유형문화재 제276호), 삼화상진영 3폭(三和尙眞影 ; 경상남도 유형문화재 제277호), 팔금강도 8폭(八金剛圖 ; 경상남도 유형문화재 제278호), 영산전 팔상도(보물 제1041호), 영산전 영산회상도(경상남도 유형문화재 제280호), 대광명전 삼신불도(三身佛圖 ; 보물 제1042호), 대광명전 신중탱화(경상남도 유형문화재 제279호), 오계수호신장도(경상남도 유형문화재 제281호), 《고려감지금니화엄경(高麗紺紙金泥華嚴經 ; 보물 제757호)》《문수사리보살최상승무생계경(보물 제738호)》《묘법연화경(보물 제1194호, 제1196호)》《수능엄경(보물 제1195호)》고려은입사동제향로(高麗銀入絲銅製香爐), 청동은입사향완 2개(靑銅銀入絲香垸 ; 경상남도 유형문화재 제101호), 청동은입사정병(靑銅銀入絲淨甁 ; 경상남도 유형문화재 제102호), 청동여래좌상·청동사리탑(경상남도 유형문화재 제104호), 인적(印籍)·동인(銅印) 2개(경상남도 유형문화재 제105호), 청동여래입상(경상남도 유형문화재 제106호), 동종(경상남도 유형문화재 제109호), 청동시루(경상남도 유형문화재 제110호), 동판천문도(銅板天文圖 ; 경상남도 유형문화재 제111호), 청개와(靑蓋瓦), 육환철장(六環鐵杖), 동자상, 동탑(銅塔), 화엄만다라(華嚴曼陀羅), 육각요령(六角搖鈴), 《금자법화경(경상남도 유형문화재 제97호)》《금자금강경(경상남도 유형문화재 제99호)》금자병풍, 구룡병풍(九龍屛風), 《삼장서행노정기(三藏西行路程記)》등이 있다. 【설화】본래 이 절터에는 큰 못이 있었다. 이 못에는 아홉 마리 용이 살고 있었으나, 창건주 자장이 이들을 제도하고 한 마리 용을 이곳에 남겨 절을 수호하게 했다고 한다. 현재도 금강계단 옆에는 구룡신지(九龍神池)라는 자그마한 상징적 못이 있다. 【참고문헌】삼국유사, 통도사지, 조선금석총람(조선총독부, 1919), 한국의 사찰 4-통도사(한국불교연구원, 일지사, 1974), 한국사찰전서(권상로, 동국대학교 출판부, 1979)

파계사(把溪寺)

【위치】 대구광역시 동구 중대동 팔공산 (八公山) 서쪽 기슭에 있다. 【소속】 대한 불교조계종 제9교구 본사인 동화사의 말사 이다. 【연혁】 804년(신라 애장왕 5) 심지 (心地)가 창건했다. 그 뒤 조선 전기까지 의 연혁은 전하지 않는다. 1605년(선조 38)에 계관(戒寬)이 중창했으며, 1695년 (숙종 21) 현응(玄應)이 삼창했다. 현응 은 숙종의 부탁에 따라 세자의 잉태를 기 원하며 농산(聾山)과 함께 백일기도를 했 다고 한다. 기도가 끝나는 날 농산은 숙빈 (淑嬪) 최(崔)씨에게 현몽하고 뒤에 영조 가 된 세자로 다시 태어났다고 한다. 이때 숙종은 현응의 공을 높이 사서 이 절을 중 심으로 둘레 40리에 걸쳐 나라에 내는 세 금을 이 절에서 거둬들이라는 명을 내렸 다. 그러나 현응은 이를 거절하고 선대 임 금의 위패를 모시게 해달라고 청원하여 경내에 기영각을 짓고 선조, 숙종, 덕종, 영조 네 분의 위령을 모심으로써 지방 유 생들의 행패를 막을 수 있었다. 그때 세워 진 대소인개하마비(大小人皆下馬碑)가 현 재의 사적비 부근에 있으며, 전생에 농산 이었던 영조가 11세에 썼다는 '현응전(玄 應殿)'이라는 현판이 지금까지 성전암(聖 殿庵) 법당에 걸려 있다. 또한 1979년 6 월 파계사 법당의 관음보살상을 개금할

때 불상 안에서 영조의 어의(御衣)가 나 와 학계의 관심을 끌었고, 설화의 신빙성 을 더해 주었다. 그러나 《진휘속고(震彙 續考)》에는 정조 때(1770~1800) 이 절의 인악 용파(仁岳 龍坡)가 서울 금선사(金 仙寺)의 농산과 함께 기도하여 순조가 태 어났다고 나와 있다. 부속 암자로는 현니 암(弦尼菴)과 금당암(金堂庵), 성전암(聖 殿庵), 칠성암(七星庵)이 있다. 【유적· 유물】 현존하는 건물로는 원통전(대구광 역시 유형문화재 제7호)과 진동루(鎭洞樓 ; 대구광역시 문화재자료 제10호), 적묵당(寂 默堂; 대구광역시 문화재자료 제9호), 기영각 (祈永閣; 대구광역시 문화재자료 제11호), 설 선당(說禪堂; 대구광역시 문화재자료 제7호) 이 있다. 원통전 안에는 목조관음보살좌 상(보물 제992호)이 봉안되어 있다. 기영 각은 숙종, 영조, 정조 3대의 어필을 보관 하고 있었기 때문에 어필각(御筆閣)이라 고 불렸으나, 지금은 어필이 없다. 이 밖 에도 이 절에는 법당 앞에 석등이 있고, 숙종의 하사품인 병풍 2개와 구슬 2개가 있으며, 절 서쪽 200m 지점에는 1648년 (인조 26)에 세워진 원의(圓義)의 부도와 비를 비롯하여 1658년(효종 9)에 세워진 전명(傳明)의 부도와 비, 1701년(숙종 27) 세워진 현응의 부도와 비가 있다. 【참 고문헌】 진휘속고, 문화유적총람(문화재

관리국, 1976), 한국사찰전서(권상로, 동국대학교 출판부, 1979)

팔성사(八聖寺)

【이명】 팔성암(八聖庵)이라고도 불린다. 【위치】 전라북도 장수군 장수읍 용계리 팔공산(八公山) 남쪽 중턱에 있다. 【소속】 대한불교조계종 제17교구 본사인 금산사의 말사이다. 【연혁】 백제 무왕 때 (600~641) 해감(解橄)이 창건했다. 해감은 당나라에서 유학하고 돌아온 뒤 자신의 수도처로 삼기 위해 이 절을 창건했다. 이어 해감과 그의 설법을 듣고 귀의한 7명의 제자를 기리기 위해 산 이름을 팔공산이라고 하고, 절 이름을 팔성사라고 했다. 이때 이 절을 중심으로 7명의 제자들이 각각 1개씩 암자를 세워 7개의 부속 암자가 있었다. 조선시대에 이르러 원래의 절은 폐허가 되고, 부속 암자 중 하나가 지금의 절이 되었다. 조선시대에는 벽계 정심(碧溪 正心), 부용 영관(芙蓉 靈觀, 1485~1571), 부휴 선수(浮休 善修, 1543~1615) 등의 큰스님들이 머물렀다. 1985년 주지인 비구니 법륜(法輪)이 대웅전을 중창했다. 원래 있던 7개 암자 중에서는 성불암(成佛庵)만이 남아 있다. 【유적·유물】 건물로는 대웅전과 삼성각, 극락전, 성적선원, 요사 2동 등이 있다. 옛 터에는 전성기의 웅장한 건물 초석이 남아 있고, 각 건물의 계단도 현존하여 10여 개의 큰 건물이 있었음이 확인되었다. 절 뒤쪽의 암대(巖臺) 상부에는 백제 양식으로 축조된 사리탑이 서 있었으나, 1973년 도굴꾼들이 탑을 넘어뜨리고 사리함에 들어 있던 사리와 보물 등을 가져 갔다. 현재 이 탑은 상부 4층이 모두 암대 밑에 떨어져 있고, 탑신의 일부도 파괴된

채 있다. 【참고문헌】 한국사찰전서(권상로, 동국대학교 출판부, 1979), 전북불교총람(전북불교총연합회, 1993), 사찰지(전라북도, 1990)

팔성암(八聖庵)

팔성사(八聖寺)를 보시오.

팔전사(八田寺)

화림사(華林寺)를 보시오.

패엽사(貝葉寺)

【이명】 한때 구업사(具業寺), 한산사(寒山寺)라고도 불렸다고 한다. 【위치】 황해도 안악군 패엽리 구월산(九月山)에 있다. 【연혁】 신라 중기에 법심(法深)이 창건했다는 설과 신라 애장왕 때(800~809)의 큰스님 구업(具業)이 창건하여 구업사라고 했다는 설이 있다. 그 뒤 신라 말에 이름이 알려지지 않은 한 승려가 서역(인도)으로 수도하러 갔다가 돌아오는 길에 패엽경(貝葉經)을 갖고 귀국하여 이 절에 보관했기 때문에 절 이름을 패엽사로 고쳤다고 한다. 1300년대 초기에 큰 화재를 입어 절이 황폐해지자, 신균(信均), 천오(天梧) 등의 승려들이 합심하여 복구했다. 1875년(조선 고종 12) 하은 예가(荷隱 例珂, 1828~1898)가 대중창을 이룩했는데, 그가 중창의 서원을 세우고 건물을 복원할 때 아무도 도와주는 이가 없어 혼자 힘으로 역사를 감당했다. 예가는 이때 절 이름을 일시 한산사라고 바꿨다. 1937년 주지 춘파 명교(春坡 明敎)가 중건하여 명사들이 강사로 머물며 농촌문제와 불교 교리를 강의했다. 1950년 6·25전쟁 때 대부분의 건물들이 불탔다. 구월산은 우리나라 4대 명산의 하나로서 단군이 말년에 입산하여 산신이 되었다는 전설을 간직하고 있는데, 이 절의 경내에는 단군 유적과

삼성전이 있었다. 산내 말사로는 월정사(月精寺), 도솔암(兜率庵), 월출암(月出庵), 지장암(地藏庵), 달마암(達磨庵), 봉림암(鳳林庵), 칠성암(七星庵), 백련암(白蓮庵)이 있었다. 일제강점기의 31본산 시대에는 본산 중의 하나로서 7개 군 34개 절을 관장했다. 【유적·유물】현재까지 복구되지는 않았지만, 절 일원이 북한의 보물급 문화재 제27호로 지정되어 있다. 현존하는 건물로는 칠성각과 청풍루가 있다. 유물로는 고려시대의 오층석탑이 있다. 【참고문헌】동국여지승람, 조선불교통사(이능화, 신문관, 1918), 한국의 사찰 17-북한의 사찰(한국불교연구원, 일지사, 1978), 한국사찰전서(권상로, 동국대학교 출판부, 1979), 북한의 절과 불교(정태혁·신법타, 민족사, 1990), 북한사찰연구(한국불교종단협의회, 1993)

평등사(平等寺)
【위치】충청북도 제천시 청풍면 읍리에 있었다. 【연혁】유물로 미루어 보아 신라 말기에 창건된 것으로 보인다. 연혁은 전하지 않는다. 고려 말기에 이미 폐사되었던 것으로 추정된다. 【유적·유물】약 2천여 평의 절터는 지금 밭으로 사용하고 있다. 문화재로는 석조여래입상(보물 제546호)과 평등사비가 남아 있다. 석조여래입상은 신라 말 고려 초의 작품으로 추정되며, 평등사비는 청풍면 읍리 대광사(大光寺) 입구에 있다. 【참고문헌】사지(충청북도, 1982)

평원사(平原寺)
대원사(大源寺)를 보시오.

표충사(表忠寺)
【이명】한때 죽림사(竹林寺), 영정사(靈井寺), 중흥사(重興寺)라고 불렸다. 【위치】경상남도 밀양시 단장면 구천리 재약산(載藥山) 남서쪽 기슭에 있다. 【소속】대한불교조계종 제15교구 본사인 통도사의 말사이다. 【연혁】신라 때 원효(元曉, 617~686)가 창건하여 죽림사라고 했다. 흥덕왕 때(826~836)에는 황면(黃面)이 재건하여 영정사로 이름을 바꿨다. 그 뒤 폐사되었는데, 1839년(조선 헌종 5) 사명 유정(四溟 惟政)의 8세손인 천유(天有)가 1839년 표충사(表忠祠)를 이곳으로 옮겼다. 원래 표충사는 1592년(선조 25) 임진왜란 때 의승병을 일으켜 나라에 큰 공을 세운 유정의 충훈을 기리기 위해 나라에서 밀양 영축산의 백하암(白霞庵) 자리에 세워 봄·가을로 제사를 지냈던 사당이다. 그러나 1636년(인조 14) 병자호란이 일어나 승려들이 흩어져 이 사당이 폐허가 되자, 1714년(숙종 40) 밀양군수 김창석(金昌錫)이 조정에 계(啓)를 올려 제수(祭需)를 내릴 것을 청했다. 그리하여 사당을 다시 세워 유정과 그의 스승인 청허 휴정(淸虛 休靜), 임진왜란 때 금산(錦山) 싸움에서 전사한 기허 영규(騎虛 靈圭)의 영정을 함께 모셨다. 그리고 따로 전각과 요사를 지어 유정이 일본에 갈 때 가지고 간 원불(願佛)을 대구 용연사(龍淵寺)에서 가져와 봉안하고, 수호하는 승려가 살 수 있도록 했다. 그 뒤 남붕(南鵬)이 크게 중창하고자 1738년(영조 14) 유정의 행적을 갖추어 영조에게 올리자, 영조가 교지를 내려 이 사당의 잡역(雜役)을 면제하고, 전답(田畓) 5결을 내리고 경상도 관찰사에게 중수하도록 명했다. 이때 남붕이 총책임을 맡고, 연초(演初), 취안(翠眼), 최심(最心), 상현(尙玄) 등이 도왔다. 사당을 3칸으로 하고 단청을 했으

며, 원불전, 노전, 예제문(禮祭門), 의중당(義重堂), 자하문(紫霞門), 명인루(明湮樓), 선원, 교당(敎堂)을 세웠다. 1742년(영조 18)에는 동쪽 10리 되는 곳에 유정의 비석(密陽表忠祠 松雲大師 影堂碑)을 세우고 비각을 건립했다. 이렇게 모든 건물을 정비하여 다시 세웠기 때문에 중흥사라고 했다. 그러나 향례(享禮)를 지낼 때마다 산세가 옹색하고 길이 험하여 불편함이 많아 남봉이 옮기려고 뜻을 세웠으나 실현하지 못했다. 이어 1838년(헌종 4) 천유가 예조에 보고하여 부사 심의복(沈宜復)의 도움으로 1839년 영정사 자리로 옮기게 되었다. 여기에 사원의 배치를 옛날 체제대로 하여 영정사 관음전 자리에 사당을 신축하고 유정의 원불을 대웅전 대들보 위에 봉안했다. 또한 예제문, 명연루, 의중당, 정문, 영당(影堂), 심검당(尋劒堂), 설법당, 나한전을 지었다. 표충사(表忠寺)라는 이름은 당시 서원(書院)의 격에 맞춰 '표충서원(表忠書院)'이라고 편액한 것을 일반적으로 표충사(表忠祠)로 불렀는데, 이 사당을 승려들이 보살펴 왔으므로 '사(祠)'가 '사(寺)'로 바꾸어 붙인 것이다. 1984년부터 1993년까지 주지 이지은(李知恩)이 51동에 이르는 이 절의 모든 건물을 중수했다. 【유적·유물】 절 일원이 경상남도 기념물 제17호로 지정되어 있다. 건물로는 대웅전을 비롯하여 대광전(경상남도 유형문화재 제131호), 팔상전(경상남도 유형문화재 제141호), 명부전(경상남도 유형문화재 제143호), 원통전, 삼성각, 사천왕문, 우화루, 만일루(경상남도 문화재자료 제142호), 수충루, 서래각, 종루, 수충비각, 의중당, 웅진전, 선원, 단월당, 노전, 표충

서원(경상남도 유형문화재 제52호), 장판각, 규정소, 예제실, 일주문, 유물관 등이 있다. 문화재로는 청동함은향완(靑銅含銀香垸 ; 국보 제75호)을 비롯하여 삼층석탑(보물 제467호), 유정의 금란가사(錦襴袈裟)와 장삼(長杉 ; 중요민속자료 제29호), 석등(경상남도 유형문화재 제14호), 표충비(경상남도 유형문화재 제15호) 등이 있다. 이 중 청동함은향완은 1177년(고려 명종 7)에 제작된 것으로 현존하는 가장 오래 된 고려 때의 향로이다. 【참고문헌】 조선사찰사료(조선총독부, 1911), 표충사 사적비, 밀양영축산 중흥사표충사지, 호국대성 사명대사 연구(김동화 외, 불교학보 8, 1971)

표훈사(表訓寺)

【위치】 강원도 회양군 내금강면 장연리 금강산 만폭동(萬瀑洞)에 있다. 【연혁】 598년(신라 진평왕 20) 관륵(觀勒)이 융운(隆雲)과 함께 창건했다. 675년(문무왕 15) 표훈(表訓), 능인(能仁), 신림(神琳) 등이 중창했다. 그 뒤 고려시대에 원나라 영종(英宗, 1320~1323)이 태후·태자와 함께 시주하여 크게 중창하고, 은문동로(銀文銅爐)와 향합(香盒) 등을 하사했으며, 이 절을 중심으로 각종 법회와 반승(飯僧) 등을 베풀었다. 또한 1408년(조선 태종 8)에는 명나라 사신 황엄(黃儼)이 와서 반승을 베풀었다. 1424년(세종 6) 여름에는 나라에서 210결의 토지에 90결을 추가하여 지급했다. 당시 이 절에는 150여 명의 승려가 기거했다. 1427년(세종 9)과 1432년에는 명나라의 사신 창성(昌盛), 백언(白彥) 등이 금강산을 유람하면서 이곳에 와 반승회를 개최했다. 그러나 그 뒤의 연혁은 전하지 않는다. 일제

강점기의 31본산시대에는 유점사(楡岾寺)
의 말사였다. 1950년 6·25전쟁 때 전소하
였으나 전후에 복구되었다. 【유적·유
물】현존하는 건물로는 반야보전(般若寶
殿)과 영산전, 어실각(御室閣), 산신각,
판도방 등이 있다. 이 절의 본당은 다른
절과는 달리 반야보전이라고 했으며, 그
안에 《화엄경》의 법기보살 장륙상(丈六
像)을 안치했다. 그리고 불상을 법당 정
면으로 모신 것이 아니라, 동쪽에 있는 법
기진신봉(法起眞身峰)으로 향하도록 안치
하는 특수한 관례를 적용했다. 또한 절 뒤
의 법기봉에 대한 고유한 제사 의식도 행
했던 흔적을 찾을 수 있으나, 그 절차와
시기 등에 대해 밝힐 자료는 전하지 않는
다. 문화재로는 원나라 황실의 하사물 외
에도 몽산(蒙山)의 가사와 나옹 혜근(懶
翁 惠勤, 1320~1376)의 사리, 반야보전
앞에 53불을 모신 철탑이 있었으나, 일제
강점기에 일본군에 의해 강탈당했다. 또
수충영각(酬忠影閣)에는 청허 휴정(淸虛
休靜, 1520~1604)과 사명 유정(四溟 惟
政, 1544~1610)을 비롯하여 고려 말의
큰스님 지공(指空)과 혜근의 진영을 봉안
했었다. 【참고문헌】태종실록, 세종실록,
동국여지승람, 한국의 사찰 17-북한의 사
찰(한국불교연구원, 일지사, 1978), 한국사
찰전서(권상로, 동국대학교 출판부, 1979),
북한사찰연구(한국불교종단협의회, 1993)

품관사(品官寺)
【이명】한때는 금성사(錦城寺)라고 불렸
다. 【위치】충청북도 영동군 영동읍 부용
리 금성산(錦城山)에 있다. 【소속】대한
불교조계종 제5교구 본사인 법주사의 말
사이다. 【연혁】670년(신라 문무왕 10)
품일(品日) 장군이 백제군과 싸우다 장렬
하게 전사한 아들 관창(官昌)의 명복을
빌고, 위국충정을 기리기 위해 창건했다.
그러나 그 뒤 조선 말기까지의 연혁은 전
하지 않는다. 다만 1980년 단국대학교 발
굴조사단에 의해 신라 때의 기와 조각과
송나라 태종 때의 연호인 '태평흥국(太平
興國)'이라는 글씨가 새겨진 기와가 발견
되어 신라와 고려 때에 존재했던 절이었
음이 확인되었다. 조선 고종 때(1863~
1907) 초기에는 영동현감(永同縣監)으로
부임한 김재순(金在舜)이 법당을 세워 사
세를 확장했으나, 1937년 불상을 도둑맞
기도 했다. 그 뒤 1957년 금성사로 이름
을 바꾸고 중흥불사를 일으켰다. 이어
1964년 주지 침허(枕虛)가 대웅전과 요사
채를 새로 짓고 불상과 오층석탑을 세워
절의 면모를 일신했으며, 이름을 다시 품
관사로 바꿨다. 【유적·유물】건물로는
대웅전, 요사채 등이 있다. 대웅전 내에는
석가여래좌상과 탱화 6종, 범종, 징, 극락
보탑도(極樂寶塔圖), 법고 등이 있으나,
모두 최근에 만들어진 것이다. 【참고문
헌】사지(충청북도, 1982)

피리사(避里寺)
염불사(念佛寺)를 보시오.

하내사(河內寺)

【위치】일본 동오사카시(東大阪市) 가와치정(河內町)에 있었다. 【연혁】백제 계통의 이주민인 가와치무라치(河內連)라는 씨족이 이곳에 정착하여 살면서 창건했다. 《신찬성씨록(新撰姓氏錄)》에 의하면 가와치무라치는 백제 도모왕(都慕王)의 아들인 음태귀수왕(陰太貴首王)의 후예인데, 이로 보아 이 절은 가와치무라치를 대표로 하는 백제인들이 세웠음에 틀림없다. 1967년과 1973년 두 차례에 걸쳐 실시된 발굴조사로 강당과 회랑의 기단과 초석이 출토되었다. 이로 보아 이 절이 사천왕사식(四天王寺式)으로 건물을 배치했으며, 출토된 기와들이 고구려 양식과 동일한 나라(奈良)시대 전기의 것임을 알 수 있다. 따라서 이 절은 적어도 나라시대에 건립되었음을 추정할 수 있다. 연혁은 전하지 않는다. 현재 그 유적은 남아 있지 않다. 【참고문헌】新撰姓氏錄, 河內寺跡調査槪報(大板府敎育委員會, 1968), 日本に殘る古代朝鮮(殷熙麟, 創元社, 1976), 日本史に生きた渡來人たち(殷熙麟, 松籍社, 1986)

하도솔암(下兜率庵)

도솔암(兜率庵)을 보시오.

하백운암(下白雲庵) 【위치】전라남도 광양시 옥룡면 동곡리 백운산(白雲山)에 있다. 【소속】대한불교조계종 제19교구 본사인 화엄사의 말사이다. 【연혁】상백운암과 하백운암, 백운암의 세 암자가 위 아래로 함께 위치하고 있는데, 이 세 암자 모두 1181년(고려 명종 11) 보조(普照)국사 지눌(知訥)이 창건했고, 1592년(조선 선조 25) 임진왜란 때 전소하였다. 그 뒤 1914년 눌암(訥巖)이 중건했다. 1948년 세 암자가 모두 여순반란사건으로 소각되자, 1960년 6월 구산 수련(九山 秀蓮)이 중건을 시작하여 1963년 마쳤다. 【유적·유물】현존하는 건물로는 인법당(因法堂) 1동만이 있다. 특별한 문화재는 남아 있지 않다. 【참고문헌】문화유적총람(문화재관리국, 1977)

학도암(鶴到庵)

【위치】서울특별시 노원구 중계동 불암산(佛岩山)에 있다. 【소속】대한불교조계종 직할교구 본사인 조계사의 말사이다. 【연혁】1624년(조선 인조 2) 무공(無空)이 창건했다. 이곳의 경치가 수려하고 바람이 좋아 학이 와서 놀았다고 하여 이름을 학도암이라 했다고 한다. 1878년(고종 15) 벽운(碧雲)이 중창했다. 1950년 6·25전쟁 때 파괴된 채 있던 것을 1965년 김명호(金明昊)가 중창했다. 【유적·유물】건물로는 대웅전과 삼성각, 약사전 등이 있다. 대웅전 안에는 후불탱화와 신중탱

화가 봉안되어 있으며, 삼성각 안에는 독성탱화와 칠성탱화, 산신탱화가 봉안되어 있다. 이 밖에도 유물로는 높이 12m의 마애관음상이 있는데, 1624년 무공이 이 절을 창건할 때 조성한 것이라고 한다. 【참고문헌】노원구지(노원구, 1994)

학림사(鶴林寺)
【위치】황해도 장연군 장연읍 학현리 괴림산(塊林山) 삼장봉(三藏峯) 아래에 있었다. 【연혁】신라 눌지왕 때(417~456) 아도(阿道)가 창건했다고 한다. 전성기에는 큰 절로서의 면모를 갖추고 있었다. 장엄한 보광전을 중심으로 동쪽에 보응당(普應堂), 남쪽에 무집당(霧集堂), 서쪽에 청심당(淸心堂), 북쪽에 심검당(尋劒堂)이 있었다. 보광전 뒤쪽에 있었던 청풍루(淸風樓)와 향적전(香積殿)은 화려하기로 널리 알려졌고, 명부전과 용화전은 장중한 건물이었다. 천왕문 및 좌우의 낭무(廊廡)는 42칸인데, 성행당(省行堂), 탁룡구(濯龍廐) 등이 여기에 속했으며, 해탈문, 영송문(迎送門), 금강문, 조계문, 불이문(不二門), 단속문(斷俗門) 등이 차례로 늘어서 있었다고 한다. 그러나 조선시대 초기부터 숭유배불 정책으로 쇠퇴하기 시작하여 1950년 6·25전쟁 중 전소하여 폐사가 되었다. 【유적·유물】6·25전쟁 전에는 보광전을 비롯하여 청풍루, 금강문, 무집당, 향적전 등이 있었다. 그러나 지금은 오층석탑(북한 국보급 문화재 제30호)과 사적비만 남아 있다. 오층석탑은 고려 초기의 것으로 상륜부가 다른 곳에서 볼 수 없는 특이한 구조로 되어 있다. 【설화】이 절에 운무(雲霧)가 끼는 날의 아침이면 승려가 한 사람씩 행방불명 되었다. 승려의 수가 자꾸 줄어 마침내 5명밖에 남

지 않았을 때, 어느 날 백발 노인이 저녁에 나타나 흰 닭 두 마리를 주고 어디론가 사라졌다. 이 닭을 정성 들여 기른 뒤부터는 괴이한 일이 생기지 않았으며, 2년 뒤에 흰 닭은 수백 마리로 늘어났다. 흰 닭의 수효가 많아지자 울타리 밖으로 나가는 일이 잦았다. 그런데 저녁에 돌아올 때는 닭의 부리에 피가 묻어 있었다. 이상하게 여긴 승려들이 닭을 따라가 보니 숲속에 있는 움막 같은 토굴 속으로 들어갔다. 그 토굴 속에는 큰 지네가 수없이 모여 있었는데, 흰 닭의 무리와 큰 싸움을 벌이고 있었다. 원래 상극상식(相克相食)의 동물인 지네와 닭은 이 싸움 끝에 모두 죽었는데, 그 뒤부터 절에 아무 일도 없었다고 한다. 【참고문헌】황해도지(황해도, 1970), 북한사찰연구(한국불교종단협의회, 1993)

학림사(鶴林寺)
【위치】서울특별시 노원구 상계동 수락산(水落山)에 있다. 【소속】대한불교조계종 직할교구 본사인 조계사의 말사이다. 【연혁】671년(신라 문무왕 11) 원효(元曉)가 창건했다. 고려 공민왕 때(1351~1374) 나옹 혜근(懶翁 惠勤)이 이 절에 머물며 수도했다. 그러나 1597년(조선 선조 30) 정유재란 때 병화로 소실한 채 있던 것을 1624년(인조 2) 무공(無空)이 중수했다. 그 뒤에도 몇 차례에 걸쳐 보수하여 오늘에 이르고 있다. 나한도량으로 유명하다. 【유적·유물】건물로는 대웅전과 오백나한전, 삼성각, 약사전 등이 있다. 대웅전 안의 석가모니불상은 신라 때 조성된 것이며, 약사전의 약사여래불상은 조선시대에 조성된 것이다. 또한 대웅전 안에는 후불탱화를 중심으로 천불탱화, 신장탱화, 지장탱화가 봉안되어 있다. 삼성각 안에

는 칠성탱화와 산신탱화, 독성탱화가 봉
안되어 있다. 유물로는 석종형(石鐘型)
부도 2기가 있다. 【참고문헌】노원구지
(노원구, 1994)

학림사(鶴林寺)
학림암(鶴林庵)을 보시오.

학림암(鶴林庵)
【이명】학림사(鶴林寺)라고도 불린다.
【위치】전라북도 완주군 봉동읍 은하리
봉실산(鳳實山) 남쪽 중턱에 있다. 【소
속】대한불교조계종 제17교구 본사인 금
산사의 말사이다. 【연혁】신라 말에 혜명
(惠明)이 창건했다. 고려시대 말에 나옹
혜근(懶翁 惠勤, 1320~1376)이 중창하여
꾸준히 명맥을 이어왔다. 그러나 그 뒤의
연혁은 자세히 전하지 않는다. 1881년(조
선 고종 18)에는 칠성각을 중창했다. 【유
적·유물】현존하는 건물로는 인법당(因
法堂)과 칠성각, 산신각, 요사채 등이 있
다. 특별한 문화재는 없으나 인법당 마루
에는 〈학림팔경(鶴林八景)〉 등의 시가와
시주질(施主秩) 등의 현판이 많이 걸려 있
다. 【참고문헌】전북불교총람(전북불교총
연합회, 1993), 사찰지(전라북도, 1990)

학선암(鶴仙庵)
【위치】전라북도 김제시 금산면 청도리
구성산(九成山)에 있다. 【소속】대한불교
조계종 제17교구 본사인 금산사의 말사이
다. 【연혁】신라 말에 함월(숨月)이 창건
했다고 한다. 조선시대 중기에는 진묵 일
옥(震默 一玉, 1562~1633)이 머물며 수
도했으며, 1913년에는 윤문주(尹文周)가
중창했다. 1993년 주지 도웅(道雄)이 법
당과 요사채를 중창하고, 칠성각을 중수
했다. 【유적·유물】건물로는 인법당(因
法堂)과 칠성각, 요사채가 있다. 특별한

문화재는 없다. 【참고문헌】한국사찰전서
(권상로, 동국대학교 출판부, 1979)

학소암(鶴巢庵)
【위치】전라북도 전주시 완산구 평화동
고덕산(高德山)에 있다. 【소속】대한불교
조계종 제17교구 본사인 금산사의 말사이
다. 【연혁】1550년(조선 명종 5) 광혜(廣
惠)가 창건했다. 일찍이 태조 이성계(李
成桂, 1335~1408)가 이곳을 지나다 산세
가 아름답고 물이 맑아 산왕각을 짓고 머
물며 공부한 적이 있었다고 한다. 자세한
연혁은 전하지 않는다. 1934년 춘곡(春
谷)이 중창했으며, 1970년대부터는 주지
춘파(春坡)가 머물며 중수했다. 【유적·
유물】절 일원이 전라북도 문화재자료 제
3호로 지정되어 있다. 건물로는 인법당
(因法堂)과 산왕각, 자음전(慈陰殿)이 있
다. 유물로는 오층석탑과 후불탱화, 아미
타불탱화, 현왕탱화, 신장탱화, 칠성탱화
등이 있다. 후불탱화는 1926년에 조성된
것이고, 아미타불탱화는 자음전에 봉안되
어 있는 것으로 1876년(조선 고종 13)에
조성된 것이다. 이 밖에도 칠성탱화는
1916년, 현왕탱화는 1876년, 신장탱화는
1899년(광무 3)에 각각 조성된 것이다.
【참고문헌】전북불교총람(전북불교총연합
회, 1993), 사찰지(전라북도, 1990)

한계사(寒溪寺)
백담사(百潭寺)를 보시오.

한국사(韓國寺)
【위치】일본 나라시(奈良市)의 도다이사
(東大寺) 자리에 있었다. 【연혁】언제 누
가 창건했는지 알 수 없다. 다만 고대 한
국계 이주인 또는 그와 관계가 깊었던 일
본인들이 창건했을 것으로 추정된다. 도
다이사의 창건 연기 설화에 의하면, 도다

이사가 창건되기 이전에 이곳에는 한국사와 곤쇼사(金龍寺)라는 절이 있었다고 한다. 이 두 절의 위치는 현재 대불을 모시고 있는 대불전(大佛殿)을 중심으로 서쪽에 한국사, 동쪽에 곤쇼사가 각각 자리하고 있었고, 오늘날의 도다이사는 한국사와 곤쇼사가 합쳐져 생겨난 절이다. 그러나 이 두 절의 통합 과정에서 한국사의 승려들은 조정의 공평하지 못한 처사에 대해 불만을 품고 크게 반발했다. 결국 그 통합은 곤쇼사를 중심으로 한국사를 흡수해 이루어졌다. 당시 쇼무왕(聖武王)은 곤쇼사에 귀의했고, 또 도다이사의 창건에 주도적 역할을 했던 로벤(良弁) 또한 곤쇼사의 사람이었다. 이에 힘을 입은 곤쇼사의 승려들은 한국사의 토지를 몰수하여 도다이사를 창건하려고 하자 이러한 불공평한 처사에 강하게 반발했지만 결국 강력한 국가 권력 앞에 무릎을 꿇고 말았다. 오늘날 일본 화엄종의 대본산인 도다이사의 전신으로서 도다이사가 건립되기 전까지 그 절터에 존재했었다. 지금 절터에는 아무런 유적도 남아 있지 않다. 【참고문헌】 今昔物語集, 東大寺の創建とその伽藍に關する歷史學的硏究(山本榮吉, 1959)

한대사(寒大寺)

한천사(寒天寺)를 보시오.

한산사(寒山寺)

【위치】 전라남도 여수시 봉산동 구봉산(九鳳山) 북쪽 능선에 있다. 【소속】 대한불교조계종 제19교구 본사인 화엄사의 말사이다. 【연혁】 1194년(고려 명종 24) 보조 지눌(普照 知訥)이 창건하여 물이 맑고 산이 좋다고 하여 한산사라고 했다. 그 뒤 1403년(조선 태종 3)에 시학(始學)이 중수했고, 1931년에는 주지 환해(煥海)

가 개축했다. 【유적·유물】 현존하는 건물로는 보광전과 칠성각, 종각, 요사채 1동이 있다. 【참고문헌】 문화유적총람(문화재관리국, 1977)

한산사(寒山寺)

【이명】 힌때 조혜사(照慧寺)라고도 불렸다. 【위치】 충청북도 제천시 남천동에 있다. 【소속】 대한불교조계종 제5교구 본사인 법주사의 말사이다. 【연혁】 언제 누가 창건했는지 알 수 없다. 제천시에 비치된 사찰대장에 1194년(고려 명종 24)에 소실한 조혜사를 1943년 3월 13일 재건하여 한산사로 이름했다는 기록이 남아 있다. 1481(조선 성종 12)에 편찬된《동국여지승람》에도 기록이 되어 있지 않은 것으로 보아 1943년 재건 이전의 연혁은 거의 미미했던 것으로 추정된다. 【유적·유물】 현존하는 건물로는 대웅전과 요사채뿐이다. 대웅전에는 1950년대에 조성한 석가여래좌상이 있다. 대웅전 앞에는 특이한 석조미륵불의 입상이 있는데, 화강암석에 마애불 형식으로 조상한 것으로 근처의 냇가에서 옮겨 온 것이라고 한다. 조선시대의 작품으로 추정된다. 【참고문헌】 사지(충청북도, 1982)

한산사(寒山寺)

【위치】 전라남도 화순군 동복면 신율리에 있었다. 【연혁】 고려시대에 창건됐다고 한다. 연혁은 전하지 않으며, 언제 폐사되었는지도 알 수 없다. 【유적·유물】 절터에는 삼층석탑(전라남도 문화재자료 제63호)과 부도탑이 있다. 부도탑은 1200년 무렵에 세워진 것으로 추정하고 있다. 【설화】 부도탑 우측의 바위에는 절의 폐허와 관련된 설화가 얽혀 있다. 이 바위에서는 매일 1인분의 쌀이 나와 이곳에 머

무르던 도사가 그 쌀을 먹고 살았다. 그러던 어느 날 나그네가 이를 신기하게 여겨 쌀이 더 많이 나오도록 구멍을 뚫었다. 그러나 쌀은 나오지 않고, 도사도 간 곳이 없었다고 한다. 그 뒤 절에는 원인 모를 빈대만 들끓어 절을 불 태운 뒤 오늘날까지 폐허가 되었다고 한다. 【참고문헌】 문화유적총람(문화재관리국, 1977)

한산사(寒山寺)
【위치】 충청남도 부여군 장암면 장하리에 있었다. 【연혁】 유물로 미루어 보아 고려 때에 창건된 것으로 추정된다. 연혁은 전하지 않으며, 언제 폐사가 되었는지도 알 수 없다. 【유적·유물】 절터에는 삼층석탑이 남아 있다. 이 석탑은 부여 정림사(定林寺) 터의 오층석탑을 조형(祖型)으로 삼고 있는 백제계의 것이다. 1931년 초층 탑신에서 범문다라니경(梵文陀羅尼經) 단편을 비롯하여 은합(銀盒), 목합(木盒), 상아제여래불입상, 목제소탑(木製小塔), 수정옥, 은환(銀環) 등이 발견되었다. 또한 1962년 해체하여 수리 공사를 할 때에는 2층 옥신(屋身) 중앙에서 원형사리병, 사리 41과가 발견되었다. 이들 유물 중 범문다라니경 단편과 은합·목합은 국립중앙박물관에 보관되어 있고, 나머지는 국립부여박물관에 보관되어 있다. 【참고문헌】 문화유적총람-사찰편(충청남도, 1990)

한산사(寒山寺)
동해사(東海寺)를 보시오.

한산사(寒山寺)
패엽사(貝葉寺)를 보시오.

한송사(寒松寺)
【이명】 한때 문수사(文殊寺)라고 불렀다. 【위치】 강원도 강릉시 남항진동에 있다.

【소속】 대한불교조계종 제4교구 본사인 월정사의 말사이다. 【연혁】 신라 때 창건됐다. 연혁은 전하지 않는다. 전성기에는 200여 칸의 큰 규모의 절이었다고 하며, 고려 말 이전에 폐사된 것으로 추정된다. 이곡(李穀, 1298~1351)이 지은 《동유기(東遊記)》에는 '이 절터에 문수보살과 보현보살의 석상이 땅에 용출되어 있고, 동쪽에 4기의 비석, 귀부(龜趺) 등이 있다.'고 했다. 이때까지는 절 이름을 문수사라고 불렀으나, 1799년(조선 정조 23)에 편찬된 《범우고(梵宇攷)》에는 '한송사라고 부른다'고 나와 있다. 현재 옛터에 최근 다시 지은 작은 규모의 절이 남아 있다. 【유적·유물】 절터 주위에서는 지금도 기와와 그릇 파편들의 잔해가 많이 발견된다. 이 절터에서 발견된 유물로는 1993년부터 강릉시 향토사료관에 전시되어 있는 석불좌상(보물 제81호)과 서울 국립중앙박물관에 전시되어 있는 석조보살좌상(국보 제124호)이 있다. 석조보살좌상은 1912년 일본인들이 일본으로 반출했던 것을 1964년 한일협정에 따라 반환받은 것이다. 【설화】 옛날 천축국(인도)에서 문수보살과 보현보살이 이곳 해변에 도착하여 송림 속에 이 절을 세웠다. 그러나 보현보살이 한 절에 두 보살이 같이 있을 수 없다 하여 '내가 활을 쏘아 화살이 떨어지는 곳에 새 절을 지어 떠나겠다.'고 말했다. 그리하여 이 절은 문수보살이, 새로 지은 보현사(普賢寺)는 보현보살이 주재하게 되었다고 한다. 【참고문헌】 동국여지승람

한천사(寒天寺)
【이명】 한때 한대사(寒大寺)라고 불렀다. 【위치】 경상북도 예천군 감천면 증거리

주마산(走馬山) 기슭에 있다. 【소속】 대한불교조계종 제8교구 본사인 직지사의 말사이다. 【연혁】 678년(신라 문무왕 18) 의상(義湘)이 창건하여 한대사라고 했다. 의상은 676년 영주 부석사(浮石寺)를 창건할 때 기둥이 넘어지자 그 이유가 지리적 여건 때문이라고 보고 소백산 남쪽 기슭에 있는 주마산의 말머리를 진압하기 위해 이 절을 창건했다고 한다. 그 뒤 조선 중기까지의 연혁은 전하지 않는다. 1803년(순조 3) 근천(謹天)이 법당을 중건했고, 1808년 근천이 불량계(佛糧契)의 도움을 받아 선당(禪堂)을 중건했다. 언제부터 한천사로 이름을 바꿨는지 정확히 알 수 없으나, 1875년(고종 12)에 쓰여진 〈녹화기(綠化記)〉에는 한대사라고 나오며, 1932년에 쓰여진 〈위선계서(爲先契序)〉에는 한천사라고 나온다. 1932년에는 주지 취운(翠雲)이 요사채를 중건했고, 1934년에는 주지 덕기(德奇)가 법당을 중수하여 오늘에 이르고 있다. 이 절은 불량계, 등촉계(燈燭契), 위선계(爲先契) 등을 통해 절의 발전과 수행을 도모했던 대표적인 곳이며, 지금도 그와 관련된 서문(序文) 등이 남아 있다. 【유물·유적】 현존하는 건물로는 법당인 유리광전(琉璃光殿; 약사전)과 산신각, 요사채가 있다. 옛날의 석축은 다 헐리고 터만 남아 있다. 대표적인 문화재로는 철조여래좌상(보물 제667호)과 삼층석탑(경상북도 유형문화재 제5호)이 있다. 이 중 철불은 8세기 후반에 조성된 약사여래로 추정되며, 865년(경문왕 5)에 건립된 철원 도피안사(到彼岸寺)의 철조비로자나불좌상보다 그 연대가 더 오래 되고 우아한 것으로 주목받고 있다. 양손은 없어진 상태로 있었으나, 1979년 새로 만들어 끼워 넣었다. 이 불상과 같은 때에 조성된 것으로 추정되는 삼층석탑은 전형적인 신라 후기의 작품으로 평가 받고 있다. 또한 1988년 유리광전의 앞뜰에서 정지작업을 하던 중 금자물쇠와 용머리, 청동징, 사리함 등이 나와서 직지사에 보관하고 있다. 이 유물은 일괄하여 보물 제1141호로 지정되었다. 【참고문헌】 한국사찰전서(권상로, 동국대학교 출판부, 1979), 내 고장 예천(예천군, 1981)

함사사(恒沙寺)
오어사(吾魚寺)를 보시오.

해룡왕사(海龍王寺)
【위치】 알 수 없다. 【연혁】 신라 말에 보요(普耀)가 그의 제자 홍경(弘慶)과 함께 창건했다. 보요는 남월(南越)에서 대장경을 구해 돌아오는 도중 바다의 풍파가 심해 주문을 외워 용의 노여움을 풀고 그 용까지 데리고 무사히 귀국했다고 한다. 그는 대장경을 봉안할 곳을 찾다가 상서로운 구름이 산 위에서 일어나는 것을 보고 홍경과 함께 이 절을 세웠던 것이다. 그 뒤의 연혁은 전하지 않는다. 다만 고려시대에 목암 일연(睦庵 一然, 1206~1289)이 편찬한 《삼국유사》에는 '이 절에는 용왕당(龍王堂)이 있는데 자못 신령스럽고 이상한 일이 많았다. 당시 용왕은 대장경을 따라와 여기에 머물렀는데 이 용왕당이 지금까지도 남아 있다.'고 나와 있다. 【참고문헌】 삼국유사

해선암(海仙庵)
태학사(泰鶴寺)를 보시오.

해안사(海安寺)
【위치】 경기도 개성시 곡령리 해안동 봉명산(鳳鳴山)에 있었다. 【연혁】 언제 누가 창건했는지 알 수 없다. 고려 역대 왕

들의 영정을 봉안했었다. 1157년(의종 11) 4월에는 중국에서 온 영의진(榮矣秦)이 이 절을 고쳐 짓지 않으면 재앙이 있을 것이라고 하자 의종이 신하들을 거느리고 행차하여 지세를 살폈으며, 1173년 5월 의종이 죽자 그의 진영을 이 절에 안치하고 의종의 원당으로 삼았다. 그러나 이 절이 성의 서쪽에 있는 점을 들어 1181년(명종 11) 무신들이 '의종은 무인을 원수처럼 여겼으니 무(武)의 방위에 해당하는 이 절에 그의 진영을 봉안하는 것은 옳지 못하다'고 조정에 진영을 옮겨 줄 것을 청했다. 결국 성 동쪽에 있는 오미원(吳彌院)을 선효사(宣孝寺)라고 이름을 바꾸어 진영을 옮겼으며, 이 절은 중방(重房)의 원당으로 삼았다. 그 뒤의 연혁은 전하지 않으며, 언제 폐사되었는지도 알 수 없다. 【유물·유적】1900년대에 편찬된《사탑고적고(寺塔古蹟攷)》에는 절터에 '동서 약 200칸, 남북 약 100칸의 초석이 남아 있다.'는 기록이 있다. 【참고문헌】고려사, 동국여지승람, 사탑고적고

해안사(海眼寺)
은해사(銀海寺)를 보시오.

해운사(海雲寺)
【이명】한때 대혈사(大穴寺), 해운암(海雲庵)이라고도 불렸다. 【위치】경상북도 구미시 원남동 금오산(金烏山) 중턱에 있다. 【소속】대한불교조계종 제8교구 본사인 직지사의 말사이다. 【연혁】신라 말에 연기 도선(烟起 道詵, 827~898)이 창건하여 대혈사라고 했다. 고려 말에는 야은 길재(冶隱 吉再, 1353~1419)가 이 절과 뒤쪽 산의 도선굴(道詵窟, 大穴)에 은거하여 도학(道學)에 전념했다. 1592년(조선 선조 25) 임진왜란 때 병화를 입은 뒤 폐

사된 채 있었다. 1925년 철화가 중창하여 해운암이라고 했으며, 1956년 3월 대웅전을 신축했다. 【유적·유물】현존하는 건물로는 대웅전과 요사채 2동이 있다. 대웅전에는 석고로 조성한 관세음보살좌상을 비롯하여 후불탱화, 칠성탱화 등이 봉안되어 있다. 이 밖에도 일제강점기에 일본인이 만든 석조나한상이 있는데, 이를 석조수행대사입상(石造修行大師立像)이라고도 부른다. 또 합장하고 있는 석불좌상도 있는데, 조선 후기에 조성된 것으로 추정된다. 【참고문헌】문화유적총람(문화재관리국, 1977), 내 고장 전통 가꾸기(구미시, 1982)

해운사(海雲寺)
【이명】한때 진해사(鎭海寺)라고 불렸다. 【위치】인천광역시 강화군 강화읍 갑곶리에 있다. 【연혁】언제 누가 창건했는지 알 수 없다. 1682년(조선 숙종 8) 한성부를 지키기 위해 설치한 금위영(禁衛營) 소속의 절로서 승려 일초(一哨)가 총섭(摠攝)을 맡았으며, 당시의 이름은 진해사였다. 1690년대에 이형상(李衡祥)이 편찬한《강도지(江都志)》에는 지금은 폐사되었다고 나와 있다. 자세한 연혁은 전하지 않는다. 1963년 절터에 절을 새로 지어 해운사라고 했다. 【유적·유물】건물로는 대웅전과 요사채 등이 있다. 유물로는 석불좌상과 돌기둥이 있다. 석불좌상은 머리 부분이 심하게 파손되어 있는데, 고려 때에 조성된 것으로 추정된다. 【참고문헌】한국사찰전서(권상로, 동국대학교 출판부, 1979), 기내사원지(경기도, 1988)

해운암(海雲庵)
【위치】경기도 개풍군 영남면 반정리 성거산(聖居山)에 있었다. 【연혁】고려 때

청량(淸凉)이 중국에서 건너와 창건했다고 한다. 폐허가 된 채 있던 것을 1802년(조선 순조 2) 성운(性云)이 중건했고, 1937년 주지 민수(敏洙)가 중건했다. 일제강점기의 31본산시대에는 전등사(傳燈寺)의 말사였다. 현재의 상황은 알 수 없으나 북한측 자료에 의하면 현존하지 않는다. 【참고문헌】 한국사찰전서(권상로, 동국대학교 출판부, 1979)

해운암(海雲庵)

해운사(海雲寺)를 보시오.

해월암(海月庵)

【위치】 전라북도 임실군 오수면 대명리에 있다. 【소속】 대한불교조계종 제24교구 본사인 선운사의 말사이다. 【연혁】 1352년(고려 공민왕 1) 해경(海境)과 월산(月山)이 창건하여 두 사람의 이름을 한 자씩을 따서 해월암이라고 했다는 유력설이 있으며, 1396년(조선 태조 5) 무학 자초(無學 自超)가 창건했다는 설도 있다. 1556년(명종 11) 7월 남원부사가 중건했고, 1747년(영조 23) 5월 거사 양정봉(梁正峰)이 중수했다. 또한 1858년(철종 9) 중수했으며, 1915년 봉인(奉仁)이 중창했다. 1990년에는 주지 정현(正賢)이 대웅전을 신축하여 오늘에 이르고 있다. 【유적·유물】 절 일원이 전라북도 문화재자료 제24호로 지정되어 있다. 건물로는 대웅전을 비롯하여 산신각, 요사채가 있다. 특별한 문화재는 없다. 【참고문헌】 전북불교연감(전북불교총연합회, 1993), 사찰지(전라북도, 1990)

해월암(海月庵)

삼길사(三吉寺)를 보시오.

해인사(海印寺)

【위치】 경상남도 합천군 가야면 치인리 가야산(伽倻山) 서남쪽 기슭에 있다. 【소속】 대한불교조계종 제12교구 본사이다. 【연혁】 신라 애장왕 때(800~809) 순응(順應)과 이정(利貞)이 창건했다. 신림(神琳)의 제자 순응은 766년(혜공왕 2) 중국으로 구도의 길을 떠났다가 수년 뒤 귀국하여 가야산에서 정진했으며, 802년(애장왕 3) 이 절의 창건에 착수했다. 이 소식을 전해 들은 성목태후(聖穆太后)가 불사를 도와 전지(田地) 2,500결을 하사했다. 그 뒤 갑자기 순응이 죽자 이정이 그의 뒤를 이어 절을 완성했다. 해인사라는 이름은 《화엄경》 중에 나오는 '해인삼매(海印三昧)'에서 유래한 것으로 화엄사상을 천명하고자 하는 도량이라는 의미를 지니고 있다. 특히 창건주 순응이 의상(義湘, 625~702)의 법손(法孫)이므로 이 절은 의상의 화엄10찰(華嚴十刹) 중 하나로 꼽히기도 한다. 이어 고려 태조(재위 918~943)의 복전(福田)이었던 희랑(希朗)이 이곳에서 화엄사상을 펼쳤다. 태조는 희랑이 후백제의 견훤을 뿌리치고 도와준 데 대한 보답으로 이 절을 고려의 국찰로 삼고, 전지 500결을 헌납하여 사우(寺宇)를 중건하게 하여 당시 우리 나라 제일의 도량으로 만들었다. 한편 1398년(조선 태조 7)에는 강화도 선원사(禪源寺)에 있던 팔만대장경판을 지천사(支天寺)로 옮겼다가 이듬해 이곳으로 옮겨 왔다. 그 뒤 세조는 장경각(藏經閣)을 확장하고 개수했으며, 1483년(성종 14) 세조의 비 정희왕후(貞熹王后)가 해인사 중건의 뜻을 이루지 못하자, 1488년 인수왕후(仁粹王后 ; 昭惠王后)와 공혜왕후(恭惠王后)가 등곡 학조(燈谷 學祖)에게 공사를 감독할 것을 명하고 대장경판당(大藏經板

堂)을 중건했다. 또한 3년 동안의 공사 끝에 대적광전을 비롯하여 법당과 요사 160칸을 신축했다. 그러나 1695년(숙종 21) 실화로 여러 요사와 만월당(滿月堂), 원음루(圓音樓)가 불탔고, 그 이듬해 봄 또 다시 서쪽 요사와 무설전(無說殿)이 불타자, 뇌음(雷音)이 중건했다. 1743년 (영조 19) 다시 실화로 수백 칸이 불탔으며, 당시 경상도 관찰사 김상성(金尙星)이 도와 능운(凌雲)이 중건했다. 1763년에도 실화로 불탔으나 관찰사 김상철(金尙喆)이 도와 설파 상언(雪坡 尙彦)이 중건했으며, 1780년(정조 4)에도 불이 나자 5년 만에 성파(惺坡)가 중건했다. 1817년 (순조 17) 또 다시 큰 불이 나서 수천 칸이 모두 불탔는데, 관찰사 김노경(金露敬)의 도움으로 영월(影月), 연월(淵月) 등이 소규모로 중건했다. 그러나 1871년 (고종 8)에는 법성료(法性寮)가 다시 실화로 소실하였다. 이처럼 이 절은 창건 이래 수많은 화재를 겪었으나 장경각만은 온전히 보전되어 왔다. 조선시대의 불교 탄압시에는 36개의 절만을 남겨 둔 적이 있었는데, 당시 이 절은 교종(敎宗) 18개 절 중의 하나로 남아 전답 200결과 승려 100명을 지정받았다. 또 1902년 원흥사 (元興寺)를 전국의 수사찰로 정하고 전국에 16개 중법산(中法山)을 두었을 때 이 절은 영남 중법산으로 수사찰이 되었으며, 1911년 일제강점기에 전국을 31본산으로 나누었을 때에는 16개 말사를 관장하는 본산이 되었다. 현재는 말사 75개와 부속 암자 14개를 거느리고 있다. 부속 암자 중 유서가 깊거나 규모가 큰 것은 신라 왕실의 원찰로 전하는 원당암(願堂庵)을 비롯하여 백련암(白蓮庵), 지족암(知

足庵), 희랑대(希朗臺), 국일암(國一庵), 약수암(藥水庵), 용탑선원(龍塔禪院), 삼선암(三仙庵), 금선암(金仙庵) 등이 있다. 팔만대장경판을 봉안한 법보사찰(法寶寺刹)로서 선원(禪院), 강원(講院), 율원(律院) 등을 갖춘 총림(叢林)이다. 부설 기관으로는 1993년에 설치한 장경연구소가 있다. 【유적·유물】현존하는 건물로는 대적광전(경상남도 유형문화재 제256호)을 비롯하여 명부전, 삼성각, 응진전, 조사전, 퇴설당(堆雪堂), 응향각, 관음전, 궁현당(窮玄堂), 구광루(九光樓), 경학원 (經學院), 명월당(明月堂), 사운당(四雲堂), 해탈문, 국사단(局司壇), 봉황문(경상남도 문화재자료 제154호), 일주문 등이 있다. 문화재로는 고려대장경판(국보 제32호)과 장경각(국보 제52호), 석조여래좌상(보물 제264호), 원당암 다층석탑과 석등(보물 제518호), 반야사원경왕사비 (般若寺元景王師碑 ; 보물 제128호), 고려각판(高麗刻板 ; 국보 제206호, 보물 제734호), 목조희랑대사상(보물 제999호) 등의 보물 다수가 있다. 이 중 대적광전은 중심 법당으로서 지금의 건물은 1817년(순조 17) 제월(霽月)과 성안(聖岸)이 건립한 것이다. 내부에 봉안된 비로자나불 삼존상(경상남도 유형문화재 제38호)은 본래 성주군 법수사(法水寺)에 봉안되어 있었으나, 이 절이 폐사될 때 용기사(龍起寺)로 옮겨졌다가 1897년 범운(梵雲)이 이곳에 봉안하였다. 장경각은 법보사찰인 이 절의 기본정신을 대변해 준다. 고려대장경판을 봉안해 둔 2개의 판전으로서 경판의 보관을 위한 가장 과학적이고 완전무결한 걸작으로 인정받고 있는 건물이다. 이 장경각과 고려대장경판을 1995년 국제연합 교

육과학문화기구(UNESCO)에 의해 세계 문화유산으로 지정되었다. 반야사 원경왕사비는 원경(元景) 왕사 낙진(樂眞, 1045~1114)의 것으로 인근 반야사에 있던 것을 옮겨 온 것이다. 그 밖에도 이 절의 성보(聖寶)로는 정중탑(庭中塔), 묘길상탑(妙吉祥塔 ; 경상남도 유형문화재 제253호), 삼층석탑(경상남도 유형문화재 제254호), 석등(경상남도 유형문화재 제255호), 가야산 석불, 사명대사비(四溟大師碑)와 부도(경상남도 유형문화재 제145호), 홍치4년명동종(弘治四年銘銅鐘), 오백나한도, 금은자사경(金銀字寫經), 세조영정, 상탑향로(象塔香爐), 무공수정(無孔水晶), 옥등잔, 진주등(眞珠燈), 순은화병, 관욕소관(灌浴哨罐), 오동향로(烏銅香爐), 순은다기(純銀茶器), 순은향로(純銀香爐), 향로개(香爐蓋), 요령, 감로병, 일영의(日影儀), 봉촉대(鳳燭臺), 귀형촉대(龜形燭臺), 관복(官服), 오조어필첩(五朝御筆帖), 법라(法螺), 옥제조화(玉製造花), 금강저(金剛杵), 각사인(各寺印), 헌종 어필, 삼보인(三寶印), 계첩석판(戒牒石版), 팔상병(八相屛), 33조사영병(祖師影屛), 복수수병(福壽繡屛), 숙종 어필, 화초수병(花草繡屛), 화조오채병(花鳥五彩屛), 흑판복수병(黑板福壽屛), 복수채병(福壽彩屛), 대화로(大火爐), 금산첩(禁山牒), 방울, 대종, 소종(小鐘), 경허 성우(鏡虛 惺牛, 1849~1912)의 친필, 명문와(銘文瓦), 향합(香盒) 등이 있다. 【참고문헌】삼국사기, 동문선, 동국여지승람, 조선금석총람(조선총독부, 1919), 조선사찰사료(조선총독부, 1911), 조선불교통사(이능화, 신문관, 1918), 합천해인사지(한찬석, 1949), 해인사지(김설제, 1963), 한국의 사찰 7-

해인사(한국불교연구원, 일지사, 1975)

해정사(海鼎寺)
【위치】전라북도 정읍시 고부면 용흥리에 있다. 【소속】일붕선교종에 속한다. 【연혁】유물로 미루어 보아 고려 때 창건된 것으로 추정된다. 절터에서 출토된 기와에 '해정사'란 명문이 있어 절 이름이 밝혀졌다. 또한 언제 폐사되었는지도 알 수 없으나, 절터에 남아 있는 주춧돌과 기와 조각 등으로 볼 때 그 규모가 매우 컸던 것으로 보인다. 1950년 6·25전쟁 뒤 비구니 왕맹기(王孟基)가 폐허에 중창했으며, 1990년에는 주지 이태화가 대웅전과 요사를 지어 오늘에 이르고 있다. 【유적·유물】건물로는 대웅전과 요사가 있다. 문화재로는 석탑(전라북도 유형문화재 제96호)과 석불입상(전라북도 유형문화재 제97호)이 있는데, 모두 고려 때의 작품으로 추정된다. 【참고문헌】전북불교총람(전북불교총연합회, 1993), 사찰지(전라북도, 1990)

해초암(海草庵)
관해암(觀海庵)을 보시오.

향림사(香林寺)
【위치】전라남도 순천시 석현동 비봉산(飛鳳山)에 있다. 【소속】한국불교태고종에 속한다. 【연혁】861년(신라 경문왕 1) 연기 도선(烟起 道詵)이 창건했으며, 이 절 부근에서 향기로운 차가 많이 생산되었으므로 향림사라고 했다. 그러나 자세한 연혁은 전하지 않는다. 【유적·유물】절 일원이 전라남도 문화재자료 제3호로 지정되어 있다. 현존 건물로는 대웅전과 삼성각, 요사채가 있다. 대웅전은 1966년 11월에 옮겨 보수했다. 문화재로는 삼층석탑(전라남도 유형문화재 제

116호) 2기가 있다. 하층 기단이 매몰되어 있고 상륜부(上輪部)의 노반까지만 남아 있는 고려시대의 탑이다. 절 주변에서는 작설차를 많이 재배하고 있다. 【참고문헌】문화유적총람(문화재관리국, 1977), 명산 고찰 따라(이고운·박설산, 신문출판사, 1987)

향림사(香林寺)

【위치】서울특별시 삼각산(三角山)에 있었다. 【연혁】언제 누가 창건했는지 알 수 없다. 1010년(고려 현종 1) 거란의 침입으로 태조의 관을 이 절에 모셨는데, 1016년(현종 7) 1월 27일 이 절에서 모셔다가 현릉(顯陵)에 장사했다. 그러나 1018년(현종 9) 12월 23일 태조의 관을 다시 이 절로 옮겨 모셨다. 연혁은 전하지 않는다. 1481년(조선 성종 12)에 편찬된 《동국여지승람》에는 존재한다고 나와 있으나, 그 뒤 언제 폐사되었는지는 알 수 없다. 【참고문헌】고려사, 동국여지승람.

향림사(香林寺)

【위치】충청남도 부여군 충화면 만지리 천등산(天燈山)에 있었다. 【연혁】언제 누가 창건했는지 알 수 없다. 1481년(조선 성종 12)에 편찬된 《동국여지승람》과 1799년(정조 23)에 편찬된 《범우고(梵宇攷)》에는 존재한다고 나와 있다. 그러나 언제 폐사되었는지는 전하지 않는다. 【유적·유물】절터는 경작지로 이용되고 있다. 유물로는 마멸이 심해 판독이 불가능한 사적비가 절터에 남아 있었으나, 1977년 국립부여박물관으로 옮겨 세워졌다. 【참고문헌】 문화유적총람-사찰편(충청남도, 1990), 한국사찰전서(권상로, 동국대학교 출판부, 1979)

향림사(香林寺)

【이명】한때 옥수암(玉水庵)이라고 불렸다. 【위치】함경남도 이원군 동면 대화리 향림산(香林山)에 있었다. 【연혁】1792년(조선 정조 16) 쾌명(快明)이 창건했다. 어느 날 산 아랫마을에 살던 김진성(金振聲)이 산 위에서 일을 하다가 목이 말라 물을 찾았으나 얻을 수 없자 바위를 밀치고 보았더니 그곳에서 샘이 솟아났으므로 그 샘을 옥수(玉水)라고 했다. 그 뒤 김진성은 쾌명을 초빙하여 절을 지을 뜻을 밝히자, 쾌명이 윤덕구(尹德久)의 아들 윤칠성(尹七星)과 김정응(金正膺), 박현철(朴賢喆), 함필홍(咸必興) 등의 시주를 얻어 창건하고, 이름을 옥수암이라고 했다. 그러나 그 뒤의 연혁은 전하지 않는다. 일제강점기의 31본산시대에는 귀주사(歸州寺)의 말사였다. 북한측 자료에 의하면 현존하지 않는다. 【설화】이원 지방에 한발이 심할 때에는 절 앞에 있는 큰 바위에 개를 잡아 피를 바르고 기우제를 지내면 비가 왔다는 전설이 전한다. 【참고문헌】이원군지(이원군지 편찬위원회, 1984)

향성사(香城寺)

신흥사(神興寺)를 보시오.

향일암(向日庵)

【이명】한때 원통암(圓通庵), 금오암(金鰲庵), 영구암(靈龜庵)이라고 불렸다. 【위치】전라남도 여천군 돌산읍 율림리 금오산(金鰲山)에 있다. 【소속】대한불교조계종 제19교구 본사인 화엄사의 말사이다. 【연혁】644년(신라 선덕여왕 13) 원효(元曉)가 창건하여 원통암이라고 했다. 그 뒤 958년(고려 광종 9) 윤필(尤弼)이 중창한 뒤 금오암이라고 이름을 바꾸었다. 1592년(조선 선조 25) 임진왜란 때에는 승군의 본거지로 사용하였으며, 1715년(숙

종 41) 인묵(仁默)이 금불상을 조성했다. 이듬해에는 신도들이 불량계(佛糧契)를 만들어 논 52두락을 시주했다. 1718년(숙종 44) 서준장(徐俊長) 등의 시주로 지금의 자리로 옮기고 절 뒷산에 있는 바위가 거북의 등처럼 생겼다고 하여 영구암이라고 했다. 이어 주지 최칠룡(崔七龍)이 산신각, 칠성각, 취성루(就成樓), 익랑(翼廊)을 건립했으며, 그 뒤 주지 박영주(朴永柱)가 중수했다. 최근에 이곳의 해 뜨는 모습이 아름답다고 하여 절 이름을 향일암이라고 바꾸었다. 【유물·유적】 절 일원이 전라남도 문화재자료 제40호로 지정되어 있다. 현존하는 건물로는 법당과 요사채뿐이다. 【참고문헌】 한국의 명산대찰(국제불교도협의회, 1982)

향천사(香泉寺)
【위치】 충청남도 예산군 예산읍 향천리 금오산(金烏山)에 있다. 【소속】 대한불교 조계종 제7교구 본사인 수덕사의 말사이다. 【연혁】 655년(백제 의자왕 15) 무렵 의각(義覺)이 창건했다. 652년 의각은 일본으로 건너가 백제사(百濟寺)에 잠시 머무른 다음, 이 해 다시 당나라로 들어가서 오자산(五子山)에서 3년 동안 석불 3,053위 및 아미타불, 관세음보살, 대세지보살, 16나한상 등을 조성했다. 655년 의각은 사신을 따라 귀국하면서 이들 석불을 돌배에 싣고 백제 오산현 북포 해안에 이르러 알맞은 절터를 잡지 못해 몇 달을 머물렀다. 이때 배 안에서 치는 종소리가 강촌을 진동했다고 하여 인근 마을 이름을 종성리(鐘聲里)라고 하게 되었다. 그러던 중 어느 날 금오(金烏) 한 쌍이 날아와 지금의 절터를 일러주었으므로 산 이름을 금오산이라고 이름짓고 절을 창건했던 것

이다. 그러나 그 뒤의 연혁은 전하지 않는다. 부속 암자로는 탈해사(脫解寺)와 비구니들이 수행하고 있는 부도암(浮屠庵)이 있다. 【유적·유물】 현존하는 건물로는 극락전을 비롯하여 나한전, 동선당(東禪堂), 승방, 천불전, 삼성각, 선방 등이 있다. 이 중 극락전에는 아미타삼존불이 봉안되어 있는데, 1359년(고려 공민왕 8) 4월에 조성되었다는 명문(銘文)이 발견되었으며, 양식 또한 특이하다. 천불전(충청남도 문화재자료 제173호) 안에는 현재 불상 1,516위가 봉안되어 있다. 높이 15cm 이상의 크고 작은 좌불상으로 소불은 거의 석고상이고 대불은 석재로 만든 것도 있다. 나한전 앞에는 구층석탑(충청남도 문화재자료 제174호)이 있다. 1592년(조선 선조 25) 임진왜란 때 도괴하여 완전하지는 않지만, 절의 연혁을 말해 주는 좋은 자료가 된다. 또 부도 2기가 있는데, 이 중 1기(충청남도 문화재자료 제179호)는 이 절을 창건한 의각의 부도라고 하나 신빙성이 없다. 다른 1기는 임진왜란 때 이 절의 승려 50인을 이끌고 계룡산 갑사(甲寺)에 있던 기허 영규(騎虛 靈圭)의 승병과 합세하여 왜적을 무찌른 혜희(惠希)의 것이다. 이 밖에도 당간지주가 있다. 【참고문헌】 문화유적총람(문화재관리국, 1977), 문화유적총람―사찰편(충청남도, 1990)

향풍사(香楓寺)
【위치】 평안남도 성천군 영목리 향풍산(香楓山)에 있다. 【연혁】 언제 누가 창건했는지 알 수 없다. 조선시대에 신경준(申景濬, 1712~1781)이 편찬한 《가람고(伽藍考)》에 존재한다고 나와 있다. 자세한 연혁은 전하지 않는다. 일제강점기의 31본산시대에는 법흥사(法興寺)의 말사였

다. 【유적·유물】 건물로는 법당 등이 있다. 법당의 문살 조각이 뛰어나다고 한다. 【참고문헌】 한국사찰전서(권상로, 동국대학교 출판부, 1979), 북한사찰연구(한국불교종단협의회, 1993)

혁목사(赫木寺)

【이명】 한때 혁목암(赫木庵)이라고 불렸다. 【위치】 경상남도 울산시 울주구 영축산(靈鷲山)에 있었다. 【연혁】 신라 때 창건됐다. 7세기에 활동하던 낭지(郎智)가 이 절에서 살았는데, 사람들이 이름을 혁목암이라고 했다. 낭지는 '이 암자 자리가 가섭불(迦葉佛) 때의 절터로서 땅을 파서 등항(燈缸) 2개를 얻었다.'고 했다. 연혁은 전하지 않는다. 다만 고려시대에 목암 일연(睦庵 一然, 1206~1289)이 편찬한 《삼국유사》에는 '지금 혁목사의 북쪽 산등성이에 이 암자의 옛 절터가 있다.'고 나와 있다. 【설화】 낭지는 일찍이 구름을 타고 중국 청량산(淸凉山)에 가서 신도들과 함께 강의를 듣고 오곤 했다. 하루는 청량산의 한 스님이 '다른 절에서 온 스님은 각기 사는 곳의 이름난 꽃과 기이한 식물을 가져와 이 도량에 바쳐라.'라고 했다. 낭지도 영축산의 기이한 나무 한 가지를 꺾어 바쳤다. 청량산의 스님이 이를 보고는 '이 나무는 산스크리트 이름으로 달제가(怛提伽)라 하고 여기서는 혁(赫)이라 한다. 오직 인도와 신라의 영축산에만 있는데, 이 두 산은 모두 제10 법운지(法雲地)로서 보살이 사는 곳이니 이 사람은 반드시 성자일 것이다.'라고 말했다. 이로 인해 낭지의 이름이 널리 퍼졌으며, 낭지가 살던 암자를 혁목암이라고 부르게 되었다. 【참고문헌】 삼국유사

혁목암(赫木庵)

혁목사(赫木寺)를 보시오.

현등사(懸燈寺)

【위치】 경기도 가평군 하면 하판리 운악산(雲嶽山)에 있다. 【소속】 대한불교조계종 제25교구 본사인 봉선사의 말사이다. 【연혁】 신라 법흥왕 때(514~540) 인도 승려 마라하미(摩羅訶彌)가 포교차 신라에 왔으므로 법흥왕이 그를 위해 창건하고 산 이름을 운악산이라고 했다. 그러나 창건 당시의 절 이름은 전하지 않는다. 그 뒤 수백 년 동안 폐사된 채 있었다. 그러던 중 신라 말에 연기 도선(烟起 道詵, 827~898)이 고려가 개경(개성)에 도읍을 정할 것을 미리 알고 송악산(松嶽山) 아래에 약사도량으로 세 절을 창건했으나, 완공 뒤 지세를 살펴보니 동쪽이 약했다. 그러므로 이를 보전할 땅을 찾아 동쪽으로 여행하다가 운악산의 옛 절터에 이 절을 중창했다. 고려 희종 때(1204~1211) 보조(普照) 국사 지눌(知訥)이 주춧돌만 남은 절터의 석등에서 불이 꺼지지 않고 있음을 보고 중창하여 현등사라 했다고 한다. 일설에는 지눌이 도봉산 원통암(圓通庵)에 있을 때 동방에서 3주야 동안이나 빛을 발하고 있었으므로 이곳까지 찾아왔더니, 잡초 우거진 곳에 관음당이 있었고, 그 곁의 석등에서 빛이 발하고 있었다고 한다. 그 뒤 1411년(조선 태종 11) 함허 기화(涵虛 己和)가 삼각산에서 오신산(五神山)으로 가다가 이 부근에서 길을 잃었는데, 홀연히 흰 사슴 한 마리가 나타나 길을 인도하므로 따라갔다. 그러나 사슴은 온데간데 없고 그곳에 옛 전각(殿閣)의 터가 있었으므로 크게 중건했다. 그때 태종의 아들들인 3대군(大君)의 원당을 삼고 위패를 봉안했다. 1703년(숙종 29)

화재로 승당과 관음전 등 많은 건물이 소실하고, 불상과 위실(位室 ; 세종의 아들 平原君과 예종의 아들 齊安君의 위패를 모신 곳), 청심당(淸心堂), 양로방(養老房), 지장암(地藏庵)만이 남았다. 1704년부터 1706년까지 구암 문신(龜巖 文信)과 그의 제자 취윤(就允), 원빈(圓彬)이 요사채와 동서 누각, 극락보전, 삼보방(三寶房) 등 80여 칸의 대규모 건물을 지었다. 그 뒤 1891년(고종 28) 상궁 하(河)씨가 도와 중수했으며, 1916년 금명(錦明)이 중수했다. 그러나 1950년 6·25전쟁으로 불에 타 소규모로 축소되었다. 1975년 주지 성암(省庵)이 일부 건물을 보수했고, 1987년 성암이 보광전을 새로 지었다. 【유적·유물】현존하는 건물로는 극락전과 보광전, 대덕전, 봉향각, 요사채 등이 있다. 유물로는 삼층석탑(경기도 유형문화재 제63호)과 함허대사부도, 화담대사부도(華潭大師浮圖), 지진탑(地鎭塔 ; 경기도 문화재자료 제17호), 아미타불좌상, 종 등이 있다. 삼층석탑은 신라 말에 도선이 창건주 마라하미를 위해 조성한 탑이라고 전해져 오는데, 양식상으로는 고려시대의 작품으로 추정된다. 지진탑은 지눌이 이곳 대지의 지기(地氣)를 진압하기 위해 세웠다는 설화에 근거하여 붙여진 이름이다. 함허대사부도는 기화의 것으로 1433년(세종 15)에 세워진 것으로 보인다. 화담대사부도는 화담 경화(華潭 敬和, 1786~1848)의 것으로 1848년(헌종 14)에 세워졌다. 아미타불좌상은 극락전 안에 있으며, 1759년(영조 35)에 조성된 것이다. 종은 극락전 안에 있는 작은 동종인데, 1619년(광해군 11)에 조성된 것으로 원래 봉선사(奉先寺)에 있던 것을 6·25전쟁 뒤 옮겨

왔다. 이 종은 해인사 대적광전의 범종과 함께 1592년(선조 25) 임진왜란 이후에 주조된 종 중의 대표작으로 조선시대 범종 연구에 귀중한 자료가 된다. 이 밖에도 조선 중기의 뛰어난 도학자인 서경덕(徐敬德, 1489~1546)의 부도가 있고, 임진왜란 전에 도요토미(豊臣秀吉)가 국교 교섭의 선물로 보낸 금병풍(金屛風) 1점이 보관되어 있었다고 하나, 6·25전쟁 때 분실하였다. 【참고문헌】문화유적총람(문화재관리국, 1977), 한국사찰전서(권상로, 동국대학교 출판부, 1979), 기내사원지(경기도, 1988)

현성사(賢聖寺)

【이명】한때 현성사(現聖寺)라고 했다. 【위치】경기도 개성시 탄현문(炭峴門) 안에 있었다. 【연혁】936년(고려 태조 19) 태조 왕건(王建)이 광흥사(廣興寺)·미륵사(彌勒寺) 등과 함께 창건하여 현성사(現聖寺)라고 하고, 밀교종파인 신인종(神印宗)의 본산으로 삼았다. 신인종의 큰스님인 광학(廣學)과 대연(大緣)은 고려 태조가 나라를 세울 때 해적의 침범이 빈번하자 기도로써 물리쳐서 고려의 건국을 도왔으며, 931년에는 태조를 수행하여 개성에 들어왔다. 이에 태조가 이들을 위하여 이 절을 지었다. 의종 때(1146~1170) 절 이름을 바꿨으며, 1130년(인종 8) 4월 문하시중 이공수(李公壽)가 양부(兩府)의 대신과 회의해 이 절에 재(齋)를 베풀고 국가를 위한 기도를 드리게 했다. 특히 명종과 고종은 자주 이 절에 들러 재를 올렸다. 1176년(명종 6) 5월 명종이 친히 제석재(帝釋齋)를 열었고, 고종은 1217년(고종 4) 4월과 12월 문두루(文豆樓) 도량을 열었으며, 1229년 5월 기우제를 지

냈다. 고종은 강화도로 천도했던 기간을 제외하고는 매년 한두 차례씩 이 절에 행차하는 것을 잊지 않았다. 원종도 자주 이 절에 들러 국가의 안위를 기원했는데, 1273년(원종 14) 이 절에 들러 오교양종(五敎兩宗)의 승려들을 모아 남산궁(南山宮)에 도량을 설치하고 외적의 침입을 막게 해 달라고 기원하기도 했다. 1275년(충렬왕 1)에는 충렬왕이 공주와 더불어 이 절에 행차하여 원나라 황제의 축수를 기원했고, 1278년 4월 이 절의 신궁(新宮)을 복원하도록 했으며, 1295년에는 이 절에 행차하여 죄인들을 놓아 주라는 명을 내렸다. 1297년에는 공주와 함께 이 절에 들러 궁중에 있는 쌀 100석을 가난한 사람들에게 하사하도록 명하고 공주의 복을 기원했다. 그 뒤에도 이 절에는 충숙왕(재위 1313~1330, 1332~1339)과 공민왕(재위 1351~1374)의 행차가 있었다. 그러나 언제 폐사됐는지 알 수 없다. 다만 1481(조선 성종12)에 편찬된 《동국여지승람》에 존재한다고 나와 있는 것으로 보아 조선 중기까지는 존립했던 것으로 추정된다. 【참고문헌】고려사, 한국사찰전서(권상로, 동국대학교 출판부, 1979)

현성사(現聖寺)
현성사(賢聖寺)를 보시오.

현암(懸庵)
【이명】달암절이라고도 불린다. 【위치】황해도 재령군 서림리 장수산(長壽山)에 있다. 【연혁】언제 누가 창건했는지 알 수 없으나, 신라 말 고려 초에 진철 이엄(眞澈 利嚴, 866~932)이 머물렀다는 기록으로 보아 고려 초 이전에 창건한 것으로 추정된다. 이 절은 절벽을 뚫어 허공에 매달아 지은 까닭에 사다리를 통하여 왕

래했다. 조선시대 중기까지 수차례에 걸쳐 중창했다. 1894년(고종 31) 동학혁명 때 일본군이 이 암자를 일부 파괴한 적이 있었으며, 이 해 갑오경장 때에는 화재가 일어나기도 했다. 옛날부터 시인묵객들의 입에 자주 오르내려 '황해의 금강'이라 일컬어지기도 했다. 일제강점기의 31본산시대에는 패엽사(貝葉寺)의 말사였다. 【유적·유물】현존하는 건물로는 인법당(因法堂) 한 채뿐이다. 이엄의 종신당(終身堂)과 사리장(舍利藏)이 있었다고 하나 지금은 알 수 없다. 【참고문헌】북한사찰연구(한국불교종단협의회, 1993)

현암사(懸巖寺)
【이명】한때 견불사(見佛寺), 견불암(見佛庵)이라고 불렸다. 【위치】충청북도 청원군 현도면 하석리 구룡산(九龍山)에 있다. 【소속】대한불교조계종 제5교구 본사인 법주사의 말사이다. 【연혁】백제 때 선경(仙鏡)이 창건했다는 설과 신라 성덕왕 때(702~736) 선경이 창건했다는 설, 고구려 승려가 창건했다는 설 등이 있으나 모두 신빙성이 없다. 현존하는 석조물들로 보아 고려 후기에 창건된 것으로 추정된다. 조선시대의 중·후기까지는 견불사 또는 견불암이라고 불렸다. 조선시대에는 큰 번영을 누리지 못한 채 폐사되었다가, 1945년 8·15광복 후 괴산의 김사익(金思益)이 중건했고, 1986년 이후 주지 도공(道空)이 요사채 등을 건립했다. 【유적·유물】현존하는 건물로는 대웅전과 용화전, 요사채가 있다. 대웅전 안에는 석조여래좌상이 봉안되어 있는데, 속전에는 백제 때 선경이 자연돌출석에 조각했다고 하나 그 이후의 작품으로 추정된다. 얼굴은 둥글고 넓은 편이고 상호는 원만하여

자비가 넘친다. 이 밖에도 이 절에는 팔각원당형(八角圓堂型) 부도 1기가 있는데, 상륜부가 연꽃 봉오리 형식으로 장식되어 조선 중기 이전의 특징을 잘 나타내 주고 있다. 【참고문헌】 한국사찰전서(권상로, 동국대학교 출판부, 1979), 사지(충청북도, 1982)

현운사(懸雲寺)

보월암(寶月庵)을 보시오.

현화사(玄化寺)

【위치】 경기도 개풍군 영남면 월고리에 있었다. 【연혁】 1011(고려 현종 2) 현종이 죽은 아버지와 어머니의 명복을 빌기 위해 창건했다. 1020년(현종 11) 8월 현종이 안서도(安西道)에 명하여 둔전(屯田) 1,240결을 이 절에 주게 했으며, 이해 9월 현종은 이 절에 들러 새로 주조한 동종을 타종했다. 또한 이 해 10월에는 이 절의 초대 주지 법경(法鏡)을 왕사로 삼았고, 1021년 현종이 이 절에 다시 와 비문의 전제(篆題)를 썼다. 1032년(덕종 1) 5월에는 덕종이 현종의 휘신도량(諱辰道場)을 개설했고, 1047년(문종 1) 문종이 다시 현종의 휘신도량을 개설했으며, 1052년 3월에는 반승(飯僧)을 베풀었다. 1067년(문종 21) 9월 이 절에 주석하고 있던 지광(智光) 국사 해린(海麟)이 노환을 이유로 산으로 돌아가려 하자, 문종이 절에 들러 그에게 다약(茶藥)과 금은기(金銀器) 등의 보물을 전달했다. 1070년(문종 24) 다섯째 왕자 정(靖 ; 법명은 導生)을 이 절에 보내 혜덕 소현(慧德 韶顯)에게 출가시켰다. 1095년(헌종 1) 태후가 선종의 소상재(小祥齋)를 베풀었고, 1102년(숙종 7) 숙종은 은자유가현양론(銀字瑜伽顯揚論)의 경찬법회에 참석하기 위해

서 이 절에 왔다. 특히 의종(재위 1146~1170)은 이곳에 자주 행차하여 반승과 무차대회(無遮大會), 나한재 등을 베풀었으며, 이 절의 장흥원(長興院)에서 과시(科試)를 보았고, 유희를 위해 이곳 중령(重嶺)에 청녕재(淸寧齋)라는 별관을 건립했다. 1216년(고종 3) 고종은 이 절에 있던 안종(安宗), 현종, 강종의 신어(神御)를 숭교사(崇敎寺)로 옮겼고, 1225년 8월에는 강종의 기일에 행차하여 헌향했다. 1276년(충렬왕 2) 충렬왕은 공주와 함께 이 절에 와서 승지에게 명하여 불전을 보수하게 했고, 1283년에는 이 절을 중수할 것을 명했다. 그러나 언제 폐사되었는지는 전하지 않는다. 【유적 · 유물】 현재 옛 절터에는 칠층석탑(북한 국보급 문화재 제41호)과 현화사비(북한 국보급 문화재 제40호), 당간지주(북한 보물급 문화재 제38호), 석불잔석(石佛殘石), 석교(石橋) 등이 남아 있다. 이 밖에도 석등이 있는데, 석등은 일제강점기에 덕수궁으로 옮겼다가, 지금은 서울 국립중앙박물관의 유물창고에 보관되어 있다. 【설화】 의종이 유희를 위해 청녕재를 지을 때 한 역졸(役卒)은 너무 가난하여 늘 밥을 굶었다고 한다. 그래서 다른 사람들의 밥을 한 숟가락씩 얻어 먹으며 일을 했는데, 그의 부인은 자신의 머리채를 잘라 판 뒤 그 돈으로 밥을 지어 신세진 이들에게 밥을 대접했으나, 그 사실을 알고 모두들 목이 메어 밥을 먹지 못했다고 한다. 그러나 의종은 이러한 역졸들의 고초에도 아랑곳없이 날마다 술잔치로 세월을 보내다가 이의민(李義旼)에 의해 최후를 맞게 되었다. 【참고문헌】 고려사, 한국사찰전서(권상로, 동국대학교 출판부, 1979), 송도의 고

적(고유섭, 열화당, 1979), 북한사찰연구
(한국불교종단협의회, 1993)

혈구사(穴口寺)

【위치】인천광역시 강화군 선원면 신행리
혈구산(穴口山)에 있었다. 【연혁】1259
년(고려 고종 46) 나라에서 창건했다. 당
시 고종은 중랑장(中郞將) 백승현(白勝
賢)의 풍수설에 따라 삼랑성(三郞城)에
가궐(假闕)을 짓게 했는데, 그때 이 절도
함께 창건했다. 1264년(원종 5) 이 절에
대일왕도량(大日王道場)을 설치하고 원종
이 직접 행차하여 향 공양을 올렸다. 그러
나 1690년대에 이형상(李衡祥)이 편찬한
《강도지(江都志)》에는 이미 폐사되었다
고 나와 있다. 【유적·유물】절터에는 축
대 일부가 남아 있다. 【참고문헌】고려
사, 한국사찰전서(권상로, 동국대학교 출
판부, 1979), 기내사원지(경기도, 1988)

혈사(穴寺)

【위치】경상북도 경주시에 있었다. 【연
혁】신라 때 창건됐다. 원효(元曉, 617~
686)가 이 절에 살다가 686년(신문왕 6)
3월 30일 입적했으며, 원효의 아들인 설
총(薛聰)이 살던 집이 이 절 옆에 있었
다. 연혁은 전하지 않는다. 【참고문헌】
삼국유사, 고선사서당화상탑비

혈암사(穴巖寺)

금당사(金塘寺)를 보시오.

혜국사(惠國寺)

【이명】한때 법흥사(法興寺)라고 불렸다.
【위치】경상북도 문경시 문경읍 상초리
주흘산(主屹山)에 있다. 【소속】대한불교
조계종 제8교구 본사인 직지사의 말사이
다. 【연혁】신라 말에 보조 체징(普照 體
澄, 804~880)이 창건하여 법흥사라고 했
다. 그 뒤의 자세한 연혁은 알 수 없다.

다만 고려 말에 공민왕(재위 1351~1374)
이 홍건적의 난을 피해서 이곳에 머물렀
으며, 1592년(조선 선조 25) 임진왜란 때
에는 이 절에서 의승군이 많이 나와 나라
를 구하는 데 크게 공헌했으므로 나라에
서 절 이름을 혜국사라고 했다. 부속 암자
로는 안적암(安寂庵), 은선암(隱仙庵), 용
화암(龍華庵)이 있다. 【유적·유물】현
존하는 건물로는 석가모니불을 모신 대웅
전을 비롯하여 만경전(萬鏡殿), 사천왕
문, 큰방, 요사채 등이 있다. 【참고문헌】
한국사찰전서(권상로, 동국대학교 출판부,
1979)

혜봉원(慧峰院)

【이명】한때 삼곤사(三坤寺)라고 불렸다.
【위치】전라북도 익산시 모현동에 있다.
【소속】대한불교화엄종에 속한다. 【연혁】
1894년 신자 강묘시화(姜妙時華) 등 3명
의 여신도가 창건했다. 강묘시화 등은 지
극한 불심으로 기도를 올리던 중 절을 창
건할 것에 합의하여 이 절을 짓고 삼곤사
라고 이름했다. 그 뒤 한때 폐사될 지경에
이르렀으나, 1955년 김제 금산사(金山寺)
의 승려 혜봉 하규호(慧峰 河圭鎬)가 인
수하여 중창하고, 자신의 법호를 따서 혜
봉원이라고 이름을 바꿨다. 【유적·유
물】건물로는 법당과 요사채 등이 있다.
유물로는 부도(전라북도 문화재자료 제13
호)와 오층석탑이 있다. 부도는 연화(蓮
花)의 것인데, 군산시 서수면 보천사(寶
泉寺)에서 옮겨 왔으며, 고려시대의 것으
로 추정된다. 오층석탑은 조선시대의 것
으로 추정된다. 【참고문헌】사찰지(전라
북도, 1990)

혜숙사(惠宿寺)

【위치】경상북도 경주시 안강읍에 있었다.

【연혁】언제 누가 창건했는지 알 수 없다. 신라 때 7세기 무렵 적선촌(赤善村)에서 20여 년 간 머물며 교화 활동을 펴던 혜숙(惠宿)이 살던 곳에 세워졌다. 그 뒤의 연혁은 전하지 않는다. 다만 고려시대에 목암 일연(睦庵 一然, 1206~1289)이 편찬한 《삼국유사》에는 '이 절이 지금 안강현(安康縣) 북쪽에 있으며, 혜숙의 부도가 있다.'고 나와 있다. 【참고문헌】삼국유사

혜음사(惠蔭寺)

【이명】혜음사(惠蔭寺)라고도 했다. 【위치】경기도 파주군 옛 혜음령(惠陰嶺)의 석사동(石寺洞)에 있었다. 【연혁】1120년(고려 예종 15) 2월 예종의 명으로 공사에 착수하여 1122년(인종 즉위) 2월에 완공한 뒤 인종이 혜음사라 이름했다. 김부식(金富軾, 1075~1151)이 지은 〈기문(記文)〉에 의하면, 이곳은 교통의 요충지로 서울로 내왕하는 사람들이 많으나, 산이 깊어 호랑이와 도적떼들이 많아 1년에 수백 명이 살해당하는 실정이었다고 한다. 원래는 이곳에 절이 있어서 여행자들을 보호해 주었으나, 폐허화한 지 오래 되었던 것이다. 1119년 8월 마침 예종의 측근 신하인 이소천(李少千)이 예종의 명으로 남쪽 지방에 다녀오던 길에 이러한 민간의 고통을 듣고 예종에게 소상히 알리자, 예종은 절을 지어 민간의 폐해를 없애라고 명했다. 이에 이소천이 묘향산의 절에 가서 공사를 담당할 자원자를 물색하여 증여(證如) 등 16명을 선발했다. 예종은 응제(應濟)에게 총감독, 응제의 제자 민청(敏淸)에게 부감독을 맡게 하여 이 공사를 진행하였다. 이때 별원(別院)도 함께 지었는데, 이는 지방 순시 때에 왕도 머물 수 있도록 하기 위해서였다. 그 뒤 이 절에서는 여행자들에게 숙식을 제공하는 일을 맡아 했다. 인조와 왕비 임(任)씨를 비롯하여 여러 신자들이 이 일을 후원했다. 그 뒤의 연혁은 전하지 않으며, 언제 폐사되었는지도 알 수 없다. 【참고문헌】동문선, 전등사본말사지.

혜음사(惠蔭寺)

혜음사(惠蔭寺)를 보시오.

혜일중광사(慧日重光寺)

【위치】경기도 개성시에 있었다. 【연혁】고려 현종 때(1009~1031) 나라에서 창건했다. 1027년(현종 18) 9월 1일 현종이 이 절을 창건하는 데 인부와 공장(工匠) 등을 징발하도록 명령했다. 이에 재상과 간관(諫官)들이 '백성들이 피폐한 이때에 공사를 시작해서는 안 된다.'고 했는데 좌승선(左承宣) 이회(李懷)가 '부처님을 위해 절을 지으면 공덕이 한량없을 것이니 백성을 수고롭게 한들 무엇이 해롭겠습니까.'라고 아뢰었다. 연혁은 전하지 않는다. 【참고문헌】고려사

호갑사(虎岬寺)

호압사(虎壓寺)를 보시오.

호계사(虎溪寺)

【위치】경상남도 김해시에 있었다. 【연혁】452년(가락국 질지왕 2) 질지왕이 창건했다. 서기 48년 김수로왕의 비 허황옥(許黃玉)이 서역(西城)의 아유타국(阿踰陀國)에서 배에 싣고 온 파사석탑(婆娑石塔)을 이 절에 봉안했다고 한다. 아유타국의 공주 허황옥이 부모의 명을 받들어 뱃길로 동쪽으로 향했는데, 수신(水神)의 노여움으로 되돌아오게 되자, 부왕이 탑을 배에 싣고 가게 해 편안한 여행길이 되게 했다는 것이다. 탑은 4각 5층으로 되어 있고, 그 조각이 매우 기묘했다고 한다.

고려시대에 목암 일연(睦庵 一然, 1206~1289)이 《삼국유사》를 지을 때까지도 존재했다고 한다. 그 뒤의 연혁은 전하지 않는다. 【참고문헌】삼국유사

호국사(護國寺)
【이명】한때 산성사(山城寺)라고 불렸다. 【위치】경상남도 진주시 남성동 진주성(晋州城) 안에 있다. 【소속】대한불교조계종 제12교구 본사인 해인사의 말사이다. 【연혁】고려시대에 창건됐다. 처음에는 산성사라고 했다. 왜적의 침범이 심했던 고려 말에는 이곳에서 승병을 양성하여 성 안의 장병들과 합세하여 왜적을 격퇴했다. 또한 1592년(조선 선조 25) 임진왜란 때에는 승군이 이곳을 본거지로 삼고 왜병과 대항하여 싸우다가 장렬히 전사했다. 그때 왜병에 의해 소실한 뒤 중건했으며, 나라로부터 호국사라는 이름을 사액받아 지금에 이르고 있다. 【유적·유물】현존하는 건물로는 삼존불을 봉안한 대웅전을 비롯하여 명부전, 칠성각, 누각, 요사채 등이 있다. 대웅전 앞뜰에는 칠층사리탑 2기가 있다. 또한 최근의 진주성곽 보수 당시 일주문 터를 발견하여 현재의 문으로 신축했다. 【참고문헌】문화유적총람(문화재관리국, 1977), 한국의 명산대찰(국제불교도협의회, 1982)

호국사(護國寺)
【위치】전라북도 무주군 적상면 포내리 적상산(赤裳山)에 있다. 【연혁】1645년(조선 인조 23) 인조의 명으로 창건했다. 1643년 이조판서 이식(李植)이 왕명으로 적상산성을 순찰한 뒤 병자호란으로 수군(守軍)과 승병이 모두 흩어져서 산성과 사고(史庫)의 수호가 허술함을 인조에게 보고했다. 이에 왕이 적상산사고의 수호

사찰로서 이 절을 창건하게 했다. 당시의 전라감사 윤명은(尹鳴殷)이 봉급과 사재를 희사했고, 승려 통각(統覺)이 사역을 담당했으며, 현감 심헌(沈憲)이 감독했다. 1949년의 공비토벌 때 전소됐다. 1987년 원광대학교의 마한·백제문화연구소의 발굴조사와 복원계획에 의해 복원됐다. 【유적·유물】건물로는 인법당(因法堂)만이 있다. 유물로는 적상산성 연구에 중요한 자료가 되는 호국사비(전라북도 유형문화재 제85호)가 있으며, 절 밑 쪽에는 1717년(숙종 43)에 건립된 청운당사리탑(淸雲堂舍利塔)과 봉공탑(奉供塔), 1750년(영조 26)에 건립된 월인당영골탑(月印堂靈骨塔), 1753년에 건립된 보운당사정탑(寶雲堂思政塔) 등의 부도가 있다. 【참고문헌】사찰지(전라북도, 1990), 한국사찰전서(권상로, 동국대학교 출판부, 1979)

호국지장사(護國地藏寺)
화장사(華藏寺)를 보시오.

호암사(虎巖寺)
【위치】충청남도 부여군 규암면 호암리 천정대(天政臺) 아래에 있다. 【소속】한국불교태고종에 속한다. 【연혁】백제 때 창건됐다. 절 옆의 바위에 호랑이의 발자국이 있었기 때문에 호암사라 했다고 한다. 《삼국유사》에 의하면, 이 절 옆의 바위를 또한 정사암(政事巖)이라고 했는데, 나라에서 재상을 선임할 때에는 후보로 3, 4인의 이름을 써서 함에 넣고 봉하여 바위 위에 두었다가 얼마 뒤에 개봉하여 그 이름 위에 도장이 찍혀 있는 사람으로 재상을 삼은데 연유하여 붙여진 이름이라고 한다. 언제 폐사됐는지는 자세히 알 수 없으나, 조선 초기 이후로 추정된다. 최근에 중창했다. 【유적·유물】건물로는 법

당을 비롯하여 요사채, 산신각 등이 있다. 옛 절터는 충청남도 기념물 제32호로 지정되어 있다. 【설화】 호랑이 발자국이 있는 바위와 관련된 전설이 있다. 호암리 임(林)씨의 중시조(中始祖)가 이곳에 은거하고 있을 때 호랑이가 기져다 준 식량으로·연명했다. 그 뒤부터 임씨 가문이 크게 번성하게 되자 이 바위에 제사를 지냈다. 【참고문헌】 삼국유사, 전통문화의 고장 부여(부여군, 1982)

호암사(虎巖寺)
호압사(虎壓寺)를 보시오.

호압사(虎壓寺)
【이명】 한때 호갑사(虎岬寺), 호암사(虎巖寺)라고도 했다. 【위치】 서울특별시 금천구 시흥동 삼성산(三聖山) 호암(虎巖)의 동쪽에 있다. 【소속】 대한불교조계종 직할교구 본사인 조계사의 말사이다. 【연혁】 1407년(조선 태종 7) 태종의 명으로 창건했다. 태종은 삼성산이 호랑이 형국을 하고 있어 과천과 한양에 호환(虎患)이 많다는 술사(術師)의 말을 듣고, 호랑이의 살기를 누르기 위해 이 절을 창건하고 호압사라 했다. 그 뒤 1841년(헌종 7) 4월 의민(義旻)이 상궁 남(南)씨와 유(兪)씨의 시주를 얻어 법당을 중창했고, 1935년 주지 만월(滿月)이 약사전을 중건했다. 1981년 적설(寂雪)이 약사전을 중창하여 오늘에 이르고 있다. 【유적·유물】 현존하는 건물로는 약사전과 요사채가 있으며, 약사전 안에는 약사여래좌상과 신중탱화가 있다. 【참고문헌】 봉은본말지, 한국사찰전서(권상로, 동국대학교 출판부, 1979)

호원사(虎願寺)
【위치】 경상북도 경주시 황성동에 있었다. 【연혁】 신라 원성왕 때(785~798) 김현(金現)이 창건했다. 연혁은 전하지 않는다. 【유적·유물】 절터로 추정되는 곳에는 현재 쌍탑지가 남아 있고 초석이 산재해 있다. 【설화】 원성왕 때 젊은 귀공자 김현이 밤 늦게 흥륜사(興輪寺)의 전탑(殿塔)을 돌다가 한 처녀를 만나 관계를 가졌다. 이 여인은 집안이 하늘의 저주를 받아 세 오빠와 함께 호랑이가 된 자였다. 여인은 세 오빠와 집안의 재앙을 자신만의 희생으로 막아내고자 김현의 칼에 죽기를 원했다. 이튿날 호랑이는 성중에 들어가 심히 날뛰었고 아무도 이를 상대하지 못하자, 왕은 호랑이를 잡는 자에게 2급의 벼슬을 주겠다고 했다. 김현이 벼슬을 얻기 위해 숲속으로 들어갔더니 호랑이는 낭자로 변해 김현을 반가이 맞이하면서 자기를 위해 절을 세우고 불경을 강해 주기를 간절히 원했다. 그리고 자기의 발톱에 상처를 입은 자는 흥륜사의 간장을 상처에 바르고 그 절의 나발 소리를 들으면 모두 나으리라는 비방까지 알려 주었다. 이어서 그 낭자는 김현의 칼을 뽑아 스스로 목숨을 끊고, 다시 호랑이로 변신했다. 그 뒤 김현은 벼슬하자 서천(西川)가에 절을 짓고 호원사라고 했다. 또한 항상 《범망경》을 강해 호랑이의 명복을 빌어서 그를 성공시킨 은혜에 보답했다. 【참고문헌】 삼국유사, 한국사찰전서(권상로, 동국대학교 출판부, 1979)

홍경사(弘慶寺)
【이명】 봉선홍경사(奉先弘慶寺), 홍경원(弘慶院)이라고도 불렸다. 【위치】 충청남도 천안시 성환읍 대홍리에 있었다. 【연혁】 1021년(고려 현종 12) 형긍(逈兢)이 현종의 명을 받아 여행자의 보호와 편의

를 위해 창건했다. 그러므로 승려의 수행을 위한 장소로서보다는 원(院)의 성격이 강했다. 성환역 부근은 교통의 요충지였지만, 인가가 멀고 갈대가 우거진 늪이 있어 강도가 자주 출몰하여 행인들이 불편을 겪었으므로, 현종이 형긍에게 명하여 여기에 절을 세우게 한 것이다. 특히 현종은 부왕이 《법화경》의 설법에 감동하여 원찰을 지으려다가 죽자, 부왕의 유지를 받들어 이 절을 짓게 된 것이다. 창건 당시 득총(得聰), 장림(藏琳) 등이 형긍을 도왔으며, 현종은 강민첨(姜民瞻), 김맹(金猛) 등을 별감사로 삼아 함께 일을 감독하게 했다. 1016년부터 1021년까지 200여 칸의 건물을 세우고 봉선홍경사라고 사액했으며, 절 서쪽에 객관(客館) 80칸을 세워 광연통화원(廣綠通化院)이라고 하여 숙소와 양식, 말먹이 등을 마련하여 행인들에게 제공했다. 1130년(인종 8) 8월 묘청(妙淸)의 권유에 따라 이 절에서 아타파구신도량(阿吒婆拘神道場)을 27일 동안 개최했다. 이 도량은 아타파구대장군 즉 광신귀신대장(曠神鬼神大將)이 말한 다라니를 외워 재난을 물리치기를 기원하는 법회였다. 강종 때(1211~1213)에도 이 절에서 이 도량이 개최되었는데, 이때 이규보(李奎報)가 지은 도량문(道場文)이 전한다. 1177년(명종 7) 3월에는 망이(亡伊) 등이 이 절을 불태우고, 승려 10인을 죽였으며, 주지를 핍박하여 서장(書狀)을 가지고 서울로 가게 했다. 1383년(우왕 9)에는 당대의 명필 한수(韓脩)가 이 절에서 축원했다. 그러나 조선 초기에 절은 폐허화하고 원만이 남았으므로, 절 이름을 따라 홍경원이라고 불렀다고 한다. 【유적·유물】 절터에는 1026년 최충(崔

沖)이 지었던 사기(寺記)를 새긴 봉선홍경사비갈(奉先弘慶寺碑碣; 국보 제7호)만이 남아 있다. 【참고문헌】 고려사, 동국이상국집, 유암집, 목은집, 동문선, 문화유적총람-사찰편(충청남도, 1990)

홍경원(弘慶院)
홍경사(弘慶寺)를 보시오.

홍교원(弘敎院)
【위치】 알 수 없다. 【연혁】 언제 누가 창건했는지 알 수 없다. 1128년(고려 인종 6) 3월 8일 인종이 직접 이 절에서 화엄도량을 베풀어 5일 동안 계속했다. 연혁은 전하지 않는다. 【참고문헌】 고려사

홍련암(紅蓮庵)
【위치】 강원도 양양군 강현면 전진리 낙산에 있다. 낙산사 의상대(義湘臺) 북쪽 300m 지점에 있다. 【소속】 대한불교조계종 제3교구 신흥사 말사인 낙산사(落山寺)의 부속 암자이다. 【연혁】 672년(신라 문무왕 12) 의상(義湘)이 관음보살을 친견하고 대나무가 솟은 곳에 창건했다고 한다. 또 일설에는 의상이 이곳에서 푸른 새를 만난 후 창건했다고 한다. 의상은 이곳을 참배하던 중 푸른 새를 만났는데, 새가 석굴 속으로 자취를 감추었다. 이상히 여겨 굴 앞에서 밤낮으로 7일 동안 기도를 하자, 7일 후 바다 위에 홍련(紅蓮)이 솟아 그 가운데 관음보살이 현신했다. 그러므로 법당 마루 밑을 통해 출렁이는 바닷물을 볼 수 있도록 이 절을 지었다고 한다. 또한 의상에게 여의주를 바친 용이 부처님의 가르침을 들을 수 있도록 배려하여 이와 같이 지었다고도 한다. 고려시대의 자세한 연혁은 전하지 않는다. 1752년(조선 영조 28) 진린(眞麟)이 중수했고, 1797년(정조 21) 혜민(惠旻)이 중수했다.

1866년(고종 3) 바닷물이 넘쳐 도괴하자, 1869년 의연(義演)이 중건했다. 1908년에는 관음굴이 무너졌으며, 1911년 청호(晴湖), 홍운(興雲)이 중수했다. 이어 1975년 원철(圓哲)이 중창하여 옛 모습을 복원했다. 【유적·유물】 현재 이 절은 강원도 문화재자료 제36호로 지정되어 있다. 건물로는 관음전(관음굴)과 요사채가 있다. 문화재로는 공중사리탑(강원도 유형문화재 제75호)이 있는데, 1683년에 건립된 것으로 관음굴의 이적을 상징화한 것이다. 【설화】 근처의 해안에는 보기 드문 석간수가 있는데, 이 샘은 원효(元曉)가 양양의 영혈사(靈穴寺) 샘물을 석장(錫杖)에 담아 끌어 왔다는 설화가 전한다. 【참고문헌】 삼국유사, 한국사찰전서(권상로, 동국대학교 출판부, 1979)

홍룡사(虹龍寺)

【이명】 한때 낙수사(落水寺)라고 불렸다. 【위치】 경상남도 양산군 상북면 대석리 천성산(千聖山)에 있다. 【소속】 재단법인 선학원(禪學院)에 속한다. 【연혁】 신라 문무왕 때(661~681) 원효(元曉)가 중국의 승려 천 명에게 천성산에서 《화엄경》을 설법할 때 창건하여 낙수사라 했다고 한다. 이곳은 당시 승려들이 절 옆에 있는 폭포를 맞으면서 몸을 씻고 원효의 설법을 듣던 목욕터였다고 한다. 그 뒤의 연혁은 자세히 전하지 않는다. 1592년(조선 선조 25) 임진왜란 때 소실한 뒤 터만 남아 있다가 1910년대에 통도사의 승려 법화(法華)가 중창했다. 1970년대 말에 부임한 주지 우광(愚光)이 꾸준히 중건·중수하여 오늘에 이르고 있다. 【유적·유물】 현존하는 건물로는 대웅전을 중심으로 종각, 요사채, 선방이 있으며, 폭포 옆

에는 옥당(玉堂)이 있다. 【설화】 절 옆에 있는 홍룡폭포는 제1폭과 제2폭으로 이루어져 있는데, 옛날 하늘의 사자인 천룡이 살다가 무지개를 타고 하늘로 올라갔다는 전설이 전한다. 【참고문헌】 명산 고찰 따라(이고운·박설산, 신문출판사, 1987)

홍법사(弘法寺)

【위치】 경기도 개성시에 있었다. 【연혁】 언제 누가 창건했는지 알 수 없다. 1342년(고려 충혜왕 복위 3) 6월 22일 충혜왕이 이 절에 와서 승려 학선(學仙)을 만나 장생하는 비결을 물었다. 이에 학선이 '사람의 명이란 정해진 바가 있어 그 한도를 넘을 도리가 없으나, 다만 악한 일을 하여 명을 단축하지 말아야 한다.'고 진언했다. 또한 당시 충혜왕이 숭교사(崇教寺) 터에 절을 두면 역적이 난다는 술사(術士)의 말에 따라 숭교사를 철거하려 하자 학선이 '목종 때부터 숭교사가 있었는데 그 동안 역적이 몇 명이나 있었느냐.'고 반문하여 그 철거를 막았다. 연혁은 전하지 않는다. 【참고문헌】 고려사

홍법사(弘法寺)

【위치】 경기도 화성군 봉담면 수기리에 있다. 【소속】 대한불교조계종 제2교구 본사인 용주사의 말사이다. 【연혁】 1376년(고려 우왕 2) 광봉(光峰)이 화성군 정남면 탑상골에 창건했다. 그 뒤 조선 중기까지의 연혁은 전하지 않는다. 1841년(헌종 7) 봉담면 분천리로 이전, 중건했다. 그러나 도둑의 잦은 출몰로 1934년에 덕수(德修)가 지금의 자리로 다시 옮겼다. 이어 1936년 법당을 건립했으며, 1953년에 초가였던 법당을 현재의 건물로 개축하고 요사채 2동을 신축했다. 1980년에는 주지 혜명(惠明)이 법당과 요사채를 중수했고

1983년에도 혜명이 조그마한 별당을 신축하여 오늘에 이르고 있다. 【유적·유물】 현존하는 건물로는 약사보전(藥師寶殿)과 요사채 2동, 고방(庫房) 등이 있다. 법당인 약사보전 안에는 약사여래좌상과 약왕보살상이 있다. 【참고문헌】 용주사본말사지(본말사주지회, 1984), 기내사원지(경기도, 1988)

홍법사(弘法寺)
【위치】 경기도 화성군 서신면 홍법리에 있다. 【소속】 대한불교조계종 제2교구 본사인 용주사의 말사이다. 【연혁】 1611년(조선 광해군 3) 홍(洪)씨 문중에서 창건하여 홍법사라고 했다. 1610년 명나라 황제의 후궁으로 끌려갔던 홍랑(洪娘)이 죽자 명나라 황제가 그녀의 상과 무쇠사공 12위를 돌배에 태워 돌려보냈는데, 이 중 그녀의 상과 무쇠사공 2위를 봉안하여 절을 창건했다는 것이다. 그러나 뒤에 빈대가 많아 절을 태우고 지금의 자리로 옮겼다. 1920년대에 중창하여 오늘에 이르고 있다. 【유적·유물】 건물로는 약사전을 비롯하여 요사채 2동이 있다. 약사전의 외벽에는 무쇠사공과 돌배의 전설이 벽화로 그려져 있고, 내부에는 명나라에서 보내왔다는 비로자나불상과 관음보살상, 대세지보살상이 봉안되어 있다. 또한 약사전 입구의 좌우 구석에는 창건 당시 돌배에 실려 왔다는 무쇠사공이 있는데, 무쇠사공은 철조로 된 사공의 상이다. 유물로는 칠층석탑이 있다. 이 탑은 석등과 석탑의 부재들을 모아서 쌓은 것이다. 【설화】 1610년 이 동리 홍만석의 딸 홍랑이 명나라 황제의 후궁으로 끌려갔다. 그러나 홍랑은 조선에서 가져온 대추와 물만 먹고, 명나라의 음식을 먹지 않고 버티던 중 식

량이 떨어져 죽고 말았다. 그 뒤 황제가 갑자기 병석에 눕게 되었는데, 이때 황제의 꿈속에 홍랑이 나타나 '방탕한 성품을 참회하고 나를 고향으로 보내 달라.'고 호소했다. 황제는 백일기도를 올리고, 홍랑의 상과 무쇠사공 12위를 조성하여 돌배에 태워 보냈다. 돌배가 서신 앞바다에 도착하자 홍씨 문중에서 이들 상을 모셔와 절을 지어 봉안했다. 다만 10위의 무쇠사공은 돌배에서 내리기 직전 돌배와 함께 바닷속에 가라앉았다. 【참고문헌】 기내사원지(경기도, 1988)

홍복사(弘福寺)
【위치】 평안남도 평양시 평천구역 평천나루터 옆에 있었다. 【연혁】 언제 누가 창건했는지 알 수 없다. 1087년(고려 선종 4) 선종이 이 절에 행차했으며, 1102년(숙종 7) 숙종도 이 절에 행차하여 헌향했다. 1105년(숙종 10) 숙종이 다시 행차하여 재를 베풀었고, 이듬해에도 행차했다. 1116년(예종 11)에는 예종이 이 절에 행차했다. 1481년(조선 성종 12)에 편찬된 《동국여지승람》에는 존재한다고 나와 있으나, 1799년(정조 23)에 편찬된 《범우고(梵宇攷)》에는 폐사되었다고 나와 있다. 【유적·유물】 절터에는 육각칠층석탑(북한 보물급 문화재 제5호)이 남아 있었으나, 1933년 평양시 중구역 금수산의 을밀대 부근으로 옮겼다. 고려시대 중기 이후의 양식을 보여 준다. 【참고문헌】 고려사, 한국사찰전서(권상로, 동국대학교 출판부, 1979), 북한사찰연구(한국불교종단협의회, 1993)

홍복사(洪福寺)
【위치】 평안남도 평양시 성 안에 있었다. 【연혁】 언제 누가 창건했는지 알 수 없

다. 1168년(고려 의종 22) 4월 의종이 이 절에 행차했으며, 이듬해에도 의종이 영명사(永明寺)에서 배를 타고 이 절에 왔다가 곧장 인왕사(仁王寺)로 갔다. 연혁은 전하지 않는다. 【참고문헌】 고려사

홍원사(弘圓寺)

【위치】 경기도 개성시에 있었다. 【연혁】 1048년(고려 문종 2) 창건됐다. 1090년(선종 7) 3월 23일 밤에 큰 우레와 번개로 신흥창(新興倉)에 불이 나자, 선종이 이 절과 국정사(國淸寺)의 공사를 중지시켰다. 1101년(숙종 6) 2월 25일 대장당(大藏堂)과 구조당(九祖堂)을 낙성했으며, 이 날 행사에 숙종이 참석했다. 1121년(예종 16) 10월 21일 예종이 이 절에 행차했고, 1128년(인종 6) 3월 14일 인종이 이 절에서 반승(飯僧)을 베풀었다. 1163년(의종 17) 2월 14일 의종이 천수사(天壽寺)와 이 절에 행차했다가 술에 취하여 절에서 묵었는데, 시종하던 관원과 호위군사들은 식사를 하지 못했다. 이 해 3월 12일 의종이 옮겨 와서 묵었다가 4월 2일 환궁했다. 1165년 2월 16일, 2월 25일, 3월 10일, 3월 19일에도 의종이 이 절에 행차했다. 1183년(명종 13) 4월 8일 명종이 이 절에서 화엄법회를 성대히 열고, 무신의 난 때문에 1170년(의종 24)과 1173년(명종 3) 사이에 죽는 사람들의 명복을 빌었다. 자세한 연혁은 전하지 않는다. 【참고문】 고려사

홍제암(弘濟庵)

【위치】 경상남도 합천군 가야면 치인리 가야산(伽倻山) 서남쪽 중턱에 있다. 【소속】 대한불교조계종 제12교구 본사인 해인사의 산내 암자이다. 【연혁】 언제 누가 창건했는지 알 수 없다. 1610년(조선 광해군 2) 사명 유정(四溟 惟政)이 이 절에서 입적했다. 광해군은 그의 죽음을 애도하여 자통홍제존자(慈通弘濟尊者)라는 시호를 내리고 비를 세우게 했다. 이 절을 홍제암이라고 부르게 된 것도 바로 이 때문이다. 자세한 연혁은 전하지 않는다. 1970년대에 대통령 박정희(朴正熙)가 시주하여 중창했다. 【유적·유물】 이 절은 경상남도 유형문화재 제156호로 지정되어 있다. 현존하는 건물로는 100여 평에 달하는 인법당(因法堂)을 비롯하여 영자각(影子閣), 요사채 등이 있다. 인법당 내에는 지장보살과 후불탱화를 봉안하고 있으며, 영자각에는 16명의 큰스님 영정을 봉안하고 있다. 원래 영자각은 영조 때(1724~1776) 유정의 영정을 모시고 표충사(表忠祠)라고 했으나, 밀양의 표충사(表忠寺)에도 유정을 모신 곳이 있다고 하여 이곳을 폐했다. 또한 이 절에는 1612년(광해군 4) 허균(許筠)이 비문을 쓴 유정의 비와 부도(경상남도 유형문화재 제145호)가 있다. 이 비는 1943년 비문의 내용이 한국인의 민족혼을 불러일으킬 우려가 있다는 이유로 일본인이 파괴하여 네 조각을 내 길가에 방치했다. 1945년 8·15광복 후 이 비를 명월당(明月堂)에 보관했다가, 1958년 보수하여 지금의 위치에 다시 세웠다. 비문은 유정의 전기에 관한 기록 중 가장 오래 되고 정확한 것이다. 유정의 부도라고 전하는 석종형(石鐘型) 부도는 뒷산에 있다. 【참고문헌】 한국의 사찰 7-해인사(한국불교연구원, 일지사, 1975)

홍호사(弘護寺)

【위치】 경기도 개성시 궁성의 동쪽에 있었다. 【연혁】 언제 누가 창건했는지 알 수 없다. 1097년(고려 숙종 2) 8월 17일

숙종이 이 절에 행차했고, 1100년 8월 6일에도 행차했다. 1101년(숙종 6) 3월 9일에도 숙종이 이 절에 행차하여 친히 시를 짓고 내시와 유신(儒臣)들에게 명하여 화답하는 시를 짓도록 했다. 이 해 5월 24일 숙종이 명하여 가을에 동원할 부역군 6,500명으로 이 절을 수리하도록 했다. 연혁은 전하지 않는다. 【참고문헌】 고려사

홍화사(弘化寺)

【위치】 경기도 장단군 소남면 홍화리에 있었다. 【연혁】 968년(고려 광종 19) 창건했다. 1073년(문종 27) 3월 24일 문종이 이 절에 행차했다. 연혁은 전하지 않는다. 【유적·유물】 1900년대에 편찬된 《사탑고적고(寺塔古蹟攷)》에는 절터에 기와 조각이 남아 있다고 나와 있다. 【참고문헌】 고려사, 사탑고적고

홍효사(弘孝寺)

【위치】 경상북도 경주시 건천읍 모량리 취산(醉山) 골짜기에 있었다. 【연혁】 신라 흥덕왕 때(826~836) 효성이 지극한 까닭에 신비한 종을 얻은 손순(孫順)이 자신의 옛집을 희사하여 창건했으며, 그의 효성을 상징하여 홍효사라고 했다고 한다. 손순은 아버지가 죽자 아내와 함께 남의 집 품을 팔아 늙은 어머니를 근근이 봉양했다. 그에게는 아이가 하나 있었는데, 언제나 늙은 어머니의 음식을 빼앗아 먹었다. 그는 아내와 상의해 자식을 매장하고 어머니를 잘 봉양하기로 했다. 그래서 모량의 북서쪽에 있는 취산으로 아이를 데려가 땅을 파는데, 문득 땅속에서 석종(石鐘)이 나왔다. 괴이하게 여겨 잠깐 나무 위에 걸어 놓고 두드렸더니 그 소리가 은은하고 부드러웠다. 그러므로 종을 얻은 것이 아이의 복이라고 여겨서 아이를 묻지 않은 채 석종을 가지고 집으로 돌아왔다. 부부는 그 종을 들보에 달아 놓고 다시 두드렸더니 은은한 소리가 대궐에까지 들렸다. 이때 흥덕왕이 듣고 종소리 나는 곳을 알아보도록 했다. 사자가 사실을 전하자 흥덕왕은 손순의 효행에 감복하여 집 한 채를 주고, 해마다 벼 50석을 내리도록 하여 표창했다. 이에 손순은 집을 희사하여 절로 삼고 홍효사라고 했으며, 석종을 달아 놓았다. 그러나 이 종은 진성여왕 때(887~897) 후백제의 도둑이 마을로 들어와서 노략질을 했을 때, 이미 절에 있지 않았다고 한다. 언제 폐사됐는지는 알 수 없다. 【유적·유물】 현재 절터에는 초석과 축대만 남아 있다. 【참고문헌】 삼국유사

화개사(華蓋寺)

【이명】 한때 화개암(華蓋庵), 화정사(火鼎寺)라고 불렸다. 【위치】 인천광역시 강화군 교동면 읍내리 화개산(華蓋山)에 있다. 【소속】 대한불교조계종 직할교구 본사인 조계사의 말사이다. 【연혁】 고려 때 창건됐다. 한때 목은 이색(牧隱 李穡, 1328~1396)이 이 절에 머물며 독서했다고 한다. 자세한 연혁은 전하지 않는다. 1690년대에 이형상(李衡祥)이 편찬한 《강도지(江都志)》에는 이 절이 존재한다고 나와 있고, 신경준(申景濬, 1712~1781)이 편찬한 《가람고(伽藍考)》에는 이름이 화정사라고 나와 있다. 일제강점기의 31본산 시대에는 전등사(傳燈寺)의 말사로 지정되었으며, 1928년 3월 감원(監院) 정운(晶雲)이 개분(改紛) 등의 불사를 했다. 1937년까지도 법당이 존재해 오다가 이후 폐사되었던 것을 다시 중창했다. 1967년

다시 불에 탔다가 이듬해 중수했다. 【유적·유물】건물로는 법당 등이 있다. 유물로는 옛 절터에 팔각원당형(八角圓堂型)의 부도 1기가 있다. 【참고문헌】한국사찰전서(권상로, 동국대학교 출판부, 1979), 기내사원지(경기도, 1988)

화개암(華蓋庵)
화개사(華蓋寺)를 보시오.

화계사(華溪寺)
【이명】한때 보덕암(普德庵)이라고 불렸다. 【위치】서울특별시 강북구 수유동 삼각산에 있다. 【소속】대한불교조계종 직할교구 본사인 조계사의 말사이다. 【연혁】고려 광종 때(949~975) 법인 탄문(法印 坦文)이 삼각산 부허동(浮虛洞)에 창건하여 보덕암이라고 했다. 1522년(조선 중종 17) 선사 신월(信月)이 서평군(西平君) 이공(李公)과 협의해 화계동(華溪洞)으로 옮기고 법당 3동과 요사 50칸을 지어 화계사라고 고쳐 불렀다. 1618년(광해군 10) 9월 화재로 전소하자, 이듬해 도월(道月)이 흥덕대군(興德大君)의 시주를 받아 중창하여 다음해 3월 낙성했다. 그 뒤 1866년(고종 3)에는 용선(龍船)과 범운(梵雲)이 대원군의 시주를 받아 퇴락한 건물들을 보수했다. 초암(草庵)은 1876년 관음전을 중창했고, 1878년에는 시왕전을 중수했다. 1885년 2월에는 금산(錦山)이 산신각을, 1921년에는 현하(玄荷)와 동화(東化)가 관음전과 시왕전을, 1943년에는 회경(會鏡)이 다시 시왕전을 중수했다. 【유적·유물】현존하는 건물로는 대웅전(서울특별시 유형문화재 제65호), 명부전, 삼성각, 천불오백성전(千佛五百聖殿), 범종각, 보화루(寶華樓), 학서루(鶴棲樓) 등이 있다. 대웅전은 주불을 중심으로 좌우에 관세음보살과 대세지보살을 모시고 있다. 현재의 대웅전은 1870년 용선과 초암이 화주가 되어 중건한 것이다. 명부전에 봉안되어 있는 불상과 시왕상은 고려 말에 나옹 혜근(懶翁 惠勤, 1320~1376)이 조각한 것이라고 하며, 원래는 황해도 배천 강서사(江西寺)에 모셨던 것을 1877년에 옮겨 온 것이다. 명부전의 현판과 주련은 대원군의 친필이다. 대웅전 오른편에 위치한 천불오백성전은 1964년에 준공된 것인데, 내부에는 오백의 성상(聖像)을 봉안하고 있다. 이 오백의 성상은 최기남(崔基南)이 1915년 관직을 그만두고 금강산에 입산 수도하여 오직 18나한상과 천불상·사천왕상만을 조각하여 여주 신륵사(神勒寺)에 모셔 오던 것을 옮겨 와 대웅전에 보관해 오다가, 최기남의 가족이 천불오백성전을 짓고 봉안하게 된 것이다. 또한 이 절에는 1898년 풍기 희방사(喜方寺)에서 옮겨 온 대종과 북이 있다. 이 종은 1683년에 주조됐으며, 그 무게는 300근이다. 범종각에는 심하게 풍화된 목어(木魚)가 걸려 있는데, 원래 고려 때의 보덕암에 있던 것으로 매우 오래 된 것이다. 이 밖에 경내에는 1978년 8월에 세운 고봉(古峰)의 추모탑과 오탁천(烏啄泉)이라는 약수터가 있다. 오탁천은 까마귀가 주둥이로 바위를 쪼아 약수가 나왔다고 하여 붙여진 이름인데, 대원군이 이 약수로 피부병을 고치기 위해 이 절에 머무르기도 했다고 한다. 【참고문헌】한국사찰전서(권상로, 동국대학교 출판부, 1979)

화남사(華南寺)
죽림사(竹林寺)를 보시오.

화림사(華林寺)

【이명】 팔전사(八田寺), 봉전사(蜂田寺)라고도 불린다. 【위치】 일본 오사카부(大阪府) 사카이시(界市) 하치다데라정(八田寺町)에 있다. 【소속】 고야산(高野山)의 진언종(眞言宗)에 소속되어 있다. 【연혁】 백제계 후손인 행기(行基)가 어머니 봉전약사녀(蜂田藥師女)를 위해 7세기 말 또는 8세기 초에 창건했다고 한다. 가마쿠라(鎌倉)시대의 것으로 추정되는 《행기보살행장회전(行基菩薩行狀繪傳)》에도 이 절은 행기가 13세 때 건립한 것으로 되어 있을 뿐 아니라, 1479년 서사(書寫)했다는 《행기보살연기도회사(行基菩薩緣起圖繪詞)》에도 같은 내용의 기록이 있다. 행기는 당시 민중불교의 선구자이며 초대 대승정(大僧正)으로서 특히 서민들의 신망이 두터웠다고 한다. 그러나 남북조시대에 접어들어 전란으로 점차 쇠퇴해 갔으며, 1614년 또 한 차례의 전란을 입어 건물은 물론 절에 관한 문서들조차도 완전히 소실하고 말았다. 그 뒤 1679년 주지 광혜(廣惠)가 재흥하여 오늘에 이르고 있다. 본존은 약사여래불이다. 【유적·유물】 현존하는 건물로는 본당을 비롯하여 고리(庫裏), 토장(土藏), 납가(納家) 등이 있다. 보물로서는 행기가 13세 때 그렸다는 자화상 한 폭이 전한다. 【참고문헌】 日本に殘る古代朝鮮(殷熙麟, 創元社, 1976), 日本の渡來文化(司馬遼太郎 等 編, 中央公論社, 1982), 日本の中の朝鮮文化(金達壽, 講談社, 1983)

화림사(花林寺)
【위치】 충청북도 청원군 가덕면 병암리에 있다. 【소속】 한국불교태고종에 속한다. 【연혁】 유물로 미루어 보아 고려시대 초기에 창건된 것으로 추정된다. 조선시대 초기까지 매우 번영했으나, 그 뒤 폐허화했던 것을 일제강점기에 대웅전과 요사채를 건립했다. 【유적·유물】 건물로는 대웅전과 요사채가 있다. 대웅전에는 보주(寶珠)를 받들고 있는 약사여래가 봉안되어 있는데, 1940년 계곡에서 발견되었으며, 고려시대 작품으로 추정된다. 이 절의 서쪽 숲 속에는 2층의 옥개석(屋蓋石)까지만 남아 있는 석탑 1기가 있는데, 전체적인 조각 수법이 고려시대에 유행했던 양식을 띠고 있어 절의 연혁을 추정하는 데 중요한 자료가 된다. 이 밖에도 절터 주변에서 다수의 기와 조각이 출토되었는데, 1978년 요사채 부근 기와더미에서 '청주(淸州)'라는 명문이 새겨진 수키와가 나왔다. 940년(고려 태조 23)에 이 지역을 청주로 일컬었던 것과 연관되는 귀중한 자료이다. 【참고문헌】 사지(충청북도, 1982)

화방사(花芳寺)
【이명】 한때 연죽사(煙竹寺), 영장사(靈藏寺)라고 불렸다. 【위치】 경상남도 남해군 고현면 대곡리 망운산(望雲山) 기슭에 있다. 【소속】 대한불교조계종 제13교구 본사인 쌍계사의 말사이다. 【연혁】 신라 신문왕 때(681~692) 원효(元曉)가 창건하여 연죽사라고 했다. 고려 중기에는 진각(眞覺) 국사 혜심(慧諶, 1178~1234)이 지금의 위치 가까이로 옮겨 중창하여 영장사라고 했다. 1592년(조선 선조 25) 임진왜란 때 이 절이 승병들의 근거지가 되자 왜병에 의해 불탔고, 1636년(인조 14) 계원(戒元)과 영철(靈哲)이 지금의 위치로 다시 옮겨 중창하여 화방사라고 했다. 그 뒤 영조와 정조 때의 큰스님 가직(嘉直)이 머무르면서 갖가지 이적(異蹟)을

남겼고, 절을 중수하여 오늘에 이르고 있다. 이 절은 용문사(龍門寺), 보리암(菩提庵)과 함께 남해군의 3대 절 중 하나이다. 【유적·유물】 현존하는 건물로는 대웅전을 비롯하여 응진전, 명부전, 칠성각, 일주문, 채진루(採眞樓 : 경상남도 문화재자료 제152호), 요사채가 있다. 유물로는 옥종자(玉宗子)와 금고(金鼓), 그리고 2천 자로 된 이충무공 비문목판(李忠武公 碑文木版) 등이 있다. 이 중 옥종자는 절이 건립되어 불상을 봉안할 때 불을 밝히는 옥돌로 만든 등잔이다. 한번 불을 붙이면 꺼뜨려서는 안 되고, 어떠한 이유에서든지 불이 꺼지면 다시 불을 붙여서는 안 된다고 전한다. 1234년(고려 고종 21) 이전에 만들어져 불이 점화된 뒤 임진왜란 때 꺼진 것으로 알려져 있는데, 현재는 사용하지 않고 있다. 금고는 조선 중기의 작품으로 표면 사방에 범자(梵字)를 양각했다. 【참고문헌】 사항록(향토문화연구회, 1973), 문화유적총람(문화재관리국, 1977)

화방사(華芳寺)
【이명】 한때 나한사(羅漢寺), 화방암(華芳庵)이라고 불렸다. 【위치】 전라남도 강진군 군동면 화신리 화암산 중턱에 있다. 【소속】 대한불교조계종 제22교구 본사인 대흥사의 말사이다. 【연혁】 1876년(조선 고종 13) 경신(敬信)이 창건했다. 1888년(고종 25)에 중수하여 오늘에 이르고 있다. 【유적·유물】 건물로는 대웅전과 노전이 있다. 유물로는 1917년 원응 계정(圓應 戒定)이 지은 천불산화엄사사적비가 있는데, 이 비의 전반부에는 만덕산 백련사(白蓮社)의 연혁이 나오고, 그 소속 암자로 고성암(高聲庵)과 화방암이 당시까지 남아 있었다고 기록되어 있다. 노전

에는 칠성탱화를 비롯하여 산신탱화, 신중탱화, 지장탱화가 봉안되어 있으며, 모두 1944년 무렵의 작품으로 보인다. 이 밖에도 응진당 벽에 16나한도가 그려져 있었으나, 1984년 이 건물을 철거할 때 유실했다. 【참고문헌】 전남의 사찰 I(전라남도, 1990)

화방암(華芳庵)
화방사(華芳寺)를 보시오.

화봉사(華峰寺)
【위치】 경기도 포천군 가산면 방축리에 있다. 【소속】 대한불교법화종에 속한다. 【연혁】 1700년대 후반에 창건됐다고 한다. 그러나 화산서원(花山書院)에 인접해 있어 조선시대의 숭유억불 풍조를 고려하면 조선 왕조가 몰락한 직후에 세워진 것으로 추정된다. 1903년에 중창했다. 1962년 법화종에 등록했다. 【유적·유물】 건물로는 대웅전과 산신각, 승방, 요사가 있다. 유물로는 신중탱화 1점이 있다. 이 탱화는 1867년(고종 4) 오봉산(五峰山) 석굴암(石窟庵)에서 조성한 것을 옮겨 온 것이다. 【참고문헌】 기내사원지(경기도, 1988)

화암사(花巖寺)
【위치】 전라북도 완주군 운주면 가천리 불명산(佛明山) 시루봉 남쪽에 있다. 【소속】 대한불교조계종 제17교구 본사인 금산사의 말사이다. 【연혁】 언제 누가 창건했는지 알 수 없다. 중창비에 원효(元曉, 617~686)와 의상(義湘, 625~702)이 이 절에 머무르면서 수도했다는 기록이 있는 것으로 보아 신라 문무왕 때(661~681) 이전에 창건된 것으로 추정된다. 부분적인 중건·중수를 거쳐서 이어오다가, 1425년(조선 세종 7) 관찰사 성달생(成達生)의

뜻을 따라 주지 해총(海聰)이 중창했다. 이때 대가람의 면모를 갖추었으나, 1597년 (선조 30) 정유재란 때 극락전 등 몇 개의 건물을 제외한 대부분의 건물이 소실했다. 이어 1611년(광해군 3)과 1629년(인조 7), 1666년(현종 10), 1711년(숙종 37)에 각각 중창했다. 다시 1950년 6·25전쟁 때 공비들에 의해 의상암(義湘庵)과 윤필암 (尹弼庵) 등이 불에 탔다. 【유적·유물】 현존하는 건물로는 극락전(보물 제663호)을 비롯하여 명부전, 산신각, 우화루(雨花樓;보물 제662호), 적묵당(寂默堂) 등이 있다. 이 중 극락전은 1425년 성달생의 시주로 건립됐으며, 중국 남조시대(南朝時代)에 유행하던 하앙식(下昻式) 건물로는 우리 나라에서 유일한 것이다. 유물로는 동종(전라북도 유형문화재 제40호)과 중창비(전라북도 유형문화재 제94호), 경판 200여 매, 부도 4기, 지장탱화, 산신탱화, 후불탱화, 신중탱화, 현왕탱화 등이 있다. 동종은 광해군 때(1608~1623) 호영(虎英)이 주조한 것으로 절이나 나라에 불행한 일이 있을 때에는 스스로 소리를 내어 그 위급함을 알려 주었다고 하여 자명종이라고도 부른다. 중창비는 1572년에 세워졌다. 경판은 극락전에 200여 매가 보관되어 있었는데, 이 중에는 1469년(예종 1)에 판각된 〈보현행원품〉을 비롯하여 1618년(광해군 10)에 판각된 《금강경오가해(金剛經五家解)》 등이 있었다. 현재는 전북대학교 박물관으로 옮겨 보관하고 있다. 부도는 덕운당(德雲堂)의 부도와 누구의 것인지 알 수 없는 3기가 있으며, 모두 조선 후기의 작품으로 추정된다. 지장탱화는 1830년(순조 30)에 그려진 것으로 명부전에 있으며, 산신탱화는 1837년(헌종 3)에 그려진 것으로 산신각에 있다. 이는 산신탱화 중에서 그 연대가 많이 올라가는 귀중한 것이다. 후불탱화와 신중탱화는 1858년(철종 9)에 그려진 것으로 극락전에 있다. 현왕탱화는 1871년(고종 8)에 그려진 것으로 역시 극락전에 있다. 【참고문헌】 문화유적총람(문화재관리국, 1976), 전통의 고장 완주(완주군, 1982), 사찰지(전라북도, 1990)

화암사(禾嚴寺)
【이명】 한때 화엄사(華嚴寺)라고 불렸다. 【위치】 강원도 고성군 토성면 신평리 설악산에 있다. 【소속】 대한불교조계종 제3교구 본사인 신흥사의 말사이다. 【연혁】 769년(신라 혜공왕 5) 진표(眞表)가 창건하여 이름을 금강산 화엄사라고 했다. 사적기에 의하면, 당시 금강산으로 들어온 진표는 금강산의 동쪽에 발연사(鉢淵寺)를, 서쪽에 장안사(長安寺)를, 남쪽에 이 절을 각각 창건했는데, 화엄사라고 한 까닭은 이곳에서 《화엄경》을 강하여 많은 중생을 제도했기 때문이라고 한다. 당시 《화엄경》을 배운 제자 백 명 가운데 31명은 어느 날 하늘로 올라갔으며, 나머지 69인은 무상대도(無上大道)를 깨달았다고 한다. 또 진표는 이곳에서 지장보살을 친견하고 그 자리에 지장암(地藏庵)을 창건하여 이 절의 부속 암자로 삼았다고 한다. 그 뒤 941년(고려 태조 24) 월영암(月影庵)을 창건했으며, 1401년(조선 태종 1) 지장암을 동쪽으로 옮기고 미타암(彌陀庵)으로 이름을 바꿨다. 1623년(인조 1) 불에 타자 1625년 중건했다. 1628년에는 광명(廣明)이 지장보살상을 조성했으며, 안양암(安養庵)을 창건했다. 그러나 1635년 산불이 일어나 다시 불탔다. 이에 동쪽

20리 지점으로 임시 이전했다가 1644년 (인조 22)에야 옛터에 중건했다. 1662년 (현종 3)에도 화재가 있어 중건했고, 1716년(숙종 42)에는 산적들이 불태워 버렸다. 이듬해 승려들은 동쪽으로 10리 가량 떨어진 무릉도(武陵島)에 초옥을 짓고 거주하다가, 1721년(경종 1) 옛 절터로 돌아와 중건했으며, 해성(海城)은 안양암을 중수했다. 1760년(영조 36) 대웅전과 향각(香閣), 승당이 불타자 승려들이 협력하여 이듬해 승당을 세웠고, 1762년에 대웅전과 향각을 중건했다. 1794년(정조 18)에는 화성 도한(華城 道閑)이 약사전에서 나라를 위한 기도를 주야 21일 동안 올렸는데, 기도가 끝나자 방광(放光)이 뻗쳐 그 빛이 궁궐의 뜰에까지 이르렀다고 한다. 이에 정조는 제조상궁(提調尙宮) 최(崔)씨를 이 절에 파견하여 도한을 궁궐로 데려오도록 하여 경위를 듣고 크게 감격하여 이 절을 가순궁(嘉順宮)의 원당으로 삼았으며, 요사채 2동을 지어 주었다. 그리고 1796년에는 미타암의 화응전(華應殿)을 정조의 원당으로 정하여 관음보살상과 정조의 친필병풍 6폭, 연(輦)을 하사하고, 절의 사방금표(四方禁標)를 정해 주었다. 이로써 이 절은 창건 이래 가장 큰 사역(寺域)을 형성할 수 있었다. 그러나 1860년(철종 11) 산불로 암자까지 모조리 소실하였으며, 춘담(春潭)이 중심이 되어 중건에 착수했다. 전국 여러 곳을 다니며 시주를 모으고 왕실의 도움을 받아 화엄사와 안양암을 중건했으며, 수봉(穗峰)은 탱화를 조성했다. 1864년(고종 1) 다시 산불로 소실하자 불타지 않은 승당에 임시 법당을 마련하고 지내다가 1864년 지장탱화와 신중탱화, 현왕

탱화를 조성 봉안했다. 그리고 화재를 면하고자 풍수지리에 입각해서 남쪽의 화기를 지닌 수암(秀巖)과 북쪽의 코끼리바위의 맥이 상충하는 자리를 피하여 100m 아래에 절을 짓기로 했다. 1872년 수봉이 세 터에 법당, 영각(影閣), 누각, 요사채를 중건했으며, 1882년(고종 19) 자허(髭虛)와 선월(船月)이 철원 장구사(長久寺)에서 아미타여래좌상과 약사여래좌상을 모셔 와 봉안했다. 1893년 폭우로 인한 산사태로 안양암이 붕괴했고, 1894년 축성(쓰星)이 중수했으며, 1909년 영운(影雲)이 안양암에 칠성각을 건립했다. 1912년에는 사찰령에 따라 전국 31본산 중 건봉사(乾鳳寺)의 말사가 된 뒤부터 화암사라는 이름을 공식 명칭으로 사용했다. 1915년 9월 다시 불타서 1917년 중건했다. 그러나 1950년 6·25전쟁 때 크게 파손되어 건물 1동만 남게 되었다. 1953년 휴전 뒤에 건봉사 극락암(極樂庵)에 있던 한 비구니가 정착하여 머물렀다. 1986년에는 주지로 부임한 양설(良說)이 중창하여 다시 큰 절의 면모를 갖추게 되었다. 【유적·유물】 건물로는 대웅전, 명부전, 삼성각, 인법당(因法堂), 금강루(金剛樓), 일주문, 미타암(彌陀庵), 요사채 등이 있다. 【설화】 수암에는 구멍이 하나 있었는데, 끼니 때마다 그 구멍에 지팡이를 넣고 세 번 흔들면 2인분의 쌀이 나왔다. 그러기를 몇 년이 지난 어느 날 욕심 많은 한 객승이 이를 보고 '세 번 흔들어 2인분의 쌀이 나오면, 3백 번 흔들면 2백 인분의 쌀이 나올 것'이라고 생각하고 지팡이를 마구 흔들었다. 그러나 구멍에서는 피가 나왔고, 이후 쌀이 전혀 나오지 않았다고 한다. 【참고문헌】 전통사찰총서 1 - 강원

도 2(사찰문화연구원, 1992)

화암사(華嚴寺)

【위치】 충청남도 부여군 외산면 화성리 감봉산에 있다. 【소속】 한국불교법륜종에 속한다. 【연혁】 유물로 미루어 보아 고려 때 창건된 것으로 추정된다. 연혁은 전하지 않는다. 폐사된 채 있던 것을 최근 김상우가 중건했다. 【유적·유물】 건물로는 법당 등이 있다. 유물로는 오층석탑 (충청남도 문화재자료 제89호)이 있다. 이 석탑은 김상우가 절을 중건하면서 부근에 흩어져 있던 탑재를 모아 법당 앞에 건립한 것으로 고려 초기의 것으로 추정된다. 【참고문헌】 문화유적총람-사찰편(충청남도, 1990)

화양사(華陽寺)

영화사(永華寺)를 보시오.

화엄사(華嚴寺)

【위치】 전라남도 구례군 마산면 황전리 지리산 남쪽 기슭에 있다. 【소속】 대한불교조계종 제19교구 본사이다. 【연혁】 신라 경덕왕 때(742~765) 연기(緣起)가 창건했다. 《동국여지승람》에 의하면, 언제인지는 모르나 연기(烟氣)가 창건했다고 하며, 1936년에 지은 《대화엄사사적》 등 모든 사적기들은 544년(신라 진흥왕 5) 인도의 승려 연기(緣起)가 창건했다고 한다. 또한 《구례속지(求禮續誌)》에는 백제 법왕(재위 599~600)이 3천 명의 승려를 입주하게 했으며, 신라 선덕여왕 때(632~647) 자장(慈藏)이 증축하고, 문무왕 때(661~681) 의상(義湘)이 장륙전(丈六殿)을 건립했다는 등의 기록이 있다. 그러나 1979년 경덕왕 때의 화엄경사경(寫經)이 발견됨으로써 경덕왕 때 연기가 창건했음이 밝혀졌으며, 자장과 의상이 중

수했다는 것은 사실이 아님이 입증되었다. 이 사경의 발문에 의하면, 연기는 황룡사(皇龍寺)의 승려로서 754년(경덕왕 13) 8월부터 화엄경사경을 만들기 시작하여 이듬해 2월 완성하였다고 한다. 그 뒤 신라 말 연기 도선(烟起 道詵, 827~898)이 크게 확장했다. 특히 신라 말에 화엄학이 남악(南岳)과 북악으로 나뉘어 대립할 때, 후백제 견훤(甄萱, ?~936)의 복전(福田)인 관혜(觀惠)는 이 절을 중심으로 고려 왕건(王建)의 복전인 해인사(海印寺)의 희랑(希朗)과 대립된 학파를 형성했다. 고려 광종 때(949~975) 선사 홍경(洪慶)이 퇴락한 건물을 중수했다. 이어 문종(재위 1046~1083)이 전라도와 경상도에서 이 절에 매년 곡물을 헌납하는 것을 허락함으로써 이를 저장하기 위한 2채의 큰 창고를 일주문 밖에 짓기도 했다. 숙종 때(1095~1105)에는 왕사 조형(祖衡)이 대대적인 보수를 했으며, 인종(재위 1123~1146)은 왕사 정인(定仁)으로 하여금 중수하게 하고 도선 국사의 비를 세우도록 했다. 조선시대에 들어서는 1424년(세종 6) 선종대본산(禪宗大本山)으로 승격되었지만, 1592년(선조 25) 임진왜란의 병화로 완전히 불탔다. 이에 벽암 각성(碧嚴 覺性)이 1630년(인조 8) 중건을 시작하여 1636년 대웅전을 비롯한 약간의 건물을 건립했고, 이듬해 선종대가람(禪宗大伽藍)으로 승격했다. 1702년(숙종 28) 각성의 뜻을 이어받은 계파 성능(桂坡 性能)이 장륙전을 중건했는데, 숙종은 이를 각황전(覺皇殿)이라 사액하고 선교양종대가람으로 격을 더욱 높였다. 이후에도 부분적인 보수가 계속 이루어졌지만 대규모의 중수는 없었다. 화엄종의 중심적인 역할

을 맡아온 이 절에는 창건 이후 오늘에 이르기까지 많은 큰스님들이 머무르면서 화엄사상의 구현에 애써 왔다. 이 절의 부속 암자는 상당히 많았으나 지금은 거의 없어지고, 구층암(九層庵)을 비롯하여 금정암(金井庵)과 지장암(地藏庵) 등이 남아 있다. 【유적·유물】 절 일원이 전라남도 문화재자료 제34호로 지정되어 있다. 현존하는 건물로는 대웅전(보물 제299호)을 비롯하여 각황전(국보 제67호), 영산전, 나한전, 원통전, 명부전, 보제루(普濟樓 ; 전라남도 유형문화재 제49호), 일주문, 금강문, 천왕문, 종루, 삼전(三殿), 적조당(寂照堂) 등이 있다. 이들 건물은 각성이 중건한 17세기 이후의 것이다. 대웅전 안에는 삼존불과 1757년에 제작된 후불탱화가 있다. 각황전 안에는 여래불상 3위와 보살상 4위가 봉안되어 있다. 유물로는 각황전 앞의 석등(국보 제12호)과 사사자석탑(四獅子石塔 ; 국보 제35호), 원통전 앞의 사자탑, 노주(露柱), 동·서오층석탑, 화엄석경(華嚴石經 ; 보물 제1040호), 구층암 석등(전라남도 유형문화재 제132호) 등이 있다. 석등은 높이가 6.36m나 되어 현존하는 국내 석등 중에서 가장 큰 것이며, 통일신라시대의 웅건한 조각미를 간직한 대표적 작품이다. 사사자석탑의 사방에는 머리로 석탑을 받치고 있는 네 마리의 사자와 그 중앙에 합장을 한 채 머리로 탑을 받고 서 있는 승상(僧像)이 있다. 이는 창건주 연기의 어머니인 비구니의 모습이라고 전하며, 석탑 바로 앞 석등의 아래쪽에도 꿇어앉은 한 승상이 조각되어 있다. 이 탑은 연기의 효성을 나타낸 것이기에 효대(孝臺)라고 불리기도 했다. 원통전 앞의 사자탑(보물 제300호)은 네 마리의

사자가 이마로써 방형(方形)의 석단(石壇)을 받들고 있다. 대웅전 앞의 계단 아래에는 양식을 달리하는 동서 두 탑이 있다. 동탑(보물 제132호)은 서탑(보물 제133호)에 비하여 아무런 조각과 장식이 없고, 단층 기단으로 되어 있다. 장륙전의 사방 벽은 화엄석경으로 장식되어 있었다. 이 석경은 의상이 조성한 것이라고 전하지만, 경덕왕 이후에 조성된 것으로 보인다. 불행히도 임진왜란의 병화로 장륙전이 불에 탈 때 파괴되어 수천 점에 달하는 이들 파편만이 남아 있다. 석경의 크기는 흔히 볼 수 있는 방전(方塼) 정도이고, 사방 벽에 고정할 수 있는 홈이 아래 위에 있다. 글자체는 하동 쌍계사(雙溪寺)의 진감선사비(眞鑑禪師碑)를 닮았다. 【참고문헌】 동국여지승람, 택리지, 구례화엄사사적, 봉성지, 구례속지, 조선금석총람(조선총독부, 1919), 조선사찰사료(조선총독부, 1911), 조선불교통사(이능화, 신문관, 1918), 화엄사(한국불교연구원, 일지사, 1976), 신라 경덕왕대의 백지묵서 화엄경(황수영, 역사학보 83, 1979), 신라 경덕왕대 화엄경 사경 관여자에 대한 고찰(이기백, 역사학보 83, 1979)

화엄사(華嚴寺)

화암사(禾嚴寺)를 보시오.

화운사(華雲寺)

【위치】 경기도 화성군 우정면 멱우리에 있다. 【소속】 한국불교태고종에 속한다. 【연혁】 1873년(조선 고종 10) 김경하(金鏡河)가 창건하여 화운사라고 했다고 한다. 그러나 《수원군쌍봉산화운사기(水原郡雙峰山華雲寺記)》에는 '을미년 봄 김경하가 창건했다.'라고 하여 1835년(헌종 1)에 창건한 것으로 밝히고 있다. 1879년

(고종 16) 보광전을 건립하고, 1951년 김선관(金先官)이 보광전을 중창했다. 【유적·유물】 현존하는 건물로는 보광전과 범종각, 요사채가 있다. 보광전은 1879년에 건립되어 1951년에 중수된 것으로 내부에는 관음보살을 본존으로 하는 삼존불이 봉안되어 있다. 유물로는 관음전에 봉안된 후불탱화와 칠성탱화, 신중탱화 등과 《화엄경》 《법화경》 《지장보살경》이 있다. 칠성탱화는 1879년에 조성된 것이며, 《화엄경》은 모두 5권으로 어느 때인지 알 수 없으나 진주 지리산 대원암(大源庵)에서 판각된 것이다. 《법화경》은 권1, 2, 4, 5, 6, 7 등 모두 6권이며, 권1은 1685년(숙종 11) 본(本)이고, 권7은 1539년(중종 34) 본으로 4면의 변상도가 포함되어 있다. 【참고문헌】 기내사원지(경기도, 1988)

화장사(華藏寺)
【위치】 강원도 통천군 답전면 갈평리 황룡산(黃龍山)에 있었다. 【연혁】 1012년(고려 현종 3) 원공 지종(圓空 智宗)이 창건하여 아미타불과 관음보살, 대세지보살의 삼존상을 봉안했다. 이어 1018년(현종 9)에는 지종이 오층석탑을 조성했다. 1508년(조선 중종 3) 불에 탔으나, 1512년에 종수(宗修)가 중건했다. 1686년(숙종 12) 석심(碩心)이 지장보살과 시왕상 등을, 1716년(숙종 42) 자관(自寬)이 극락전 후불탱화를 조성하여 봉안했다. 1748년(영조 24) 완전히 소실하자 1752년 도신(道信) 등이 극락전과 요사를 중건했다. 1804년(순조 4)에는 관에서 이 절의 승군 80인에게 영월군으로 가서 한 달 동안 나무를 운반하라는 명을 내렸는데, 이때 요사를 허문 재목과 기와, 토기,

기물 등을 팔아 방 한 칸만이 남게 되었다. 1863년(철종 14) 주불삼존과 불상을 석왕사에 옮겨 봉안했고, 1893년(고종 30) 나한상과 시왕상도 석왕사로 옮겼다. 1901년 통천군수 이주하(李胄夏)가 복구를 위해 노력한 결과 극락보전 등 35칸의 건물을 신축했다. 일제강점기의 31본산시대에는 유점사(楡岾寺)의 말사였다. 현재의 상황은 알 수 없으나 북한측 자료에 의하면 현존하지 않는다. 【참고문헌】 동국여지승람, 유점사본말사지, 한국사찰전서(권상로, 동국대학교 출판부, 1979)

화장사(華藏寺)
【위치】 경기도 개성시 용흥리 보봉산(寶鳳山)에 있다. 【연혁】 언제 누가 창건했는지 알 수 없다. 1115년(고려 예종 10)에는 묘응 교웅(妙應 敎雄)이, 1219년(고종 6)에는 정각(靜覺) 국사 지겸(至謙)이 이 절에 와서 머물렀다. 《전등사본말사지》에는 1353년(공민왕 2) 조정에서 중창했다고 나와 있으며, 《범우고(梵宇攷)》에는 공민왕이 중수했으며 공민왕의 영정이 있다고 나와 있다. 그러나 《동국여지승람》에는 '지공(指空)이 계조암(繼祖庵) 터에 크게 절을 지었다.'고 나와 있어 1353년에 지공이 공민왕의 도움을 받아 중창한 것으로 추정된다. 1393년(조선 태조 2) 지공의 부도를 세웠다. 1539년(중종 34) 평원대군(平原大君)과 제안대군(齊安大君)의 위패를 안치하고 재(齋)를 베풀었다. 1645년(인조 23) 숭해(崇海)가 중창했으나, 새로 건축한 건물이 이 해에 불타자 숭해는 다시 8년 동안 중건하여 1652년(효종 3) 불전과 요사채를 건립했다. 1679년(숙종 5) 종념(宗念)이 북과 종을 조성했고, 1706년 사적비를 건립했

다. 1779년(정조 3) 염파(艶葩)가 대응전 후불탱화를 조성했고, 1803년(순조 3) 월은(月訥) 등이 포응당비(抱應堂碑)를 세웠으며, 1806년 의민(義旻)이 응진전(應眞殿)을 중수했다. 1854년(철종 5)과 1865년(고종 2) 적묵당(寂默堂)이 화재로 소실하자 무경(無鏡)과 용파(龍波)가 각각 중건했다. 1878년 우담(藕潭)이 대응전을 중건하고 명부전을 새로 지었으며, 향각(香閣)을 옮겨 짓고 대루(大樓)를 중수하는 등 많은 불사를 이룩했다. 1899년 미산(眉山), 용파 등이 응진전을 중수하고, 이듬해 운하당(雲霞堂)을 재건했다. 또한 주지 이지영(李智永)은 1908년 적묵당을 중창하고, 1912년 만세루를 중건했다. 1923년 황초암(黃楚嚴)이 법전(法殿) 불상을 개금했고, 1927년 2월 실화로 적묵당을 제외한 모든 건물이 소실하자 황초암, 이종화(李鍾鍾) 등의 노력으로 7년 만에 옛 모습을 되찾았다. 1934년 공장(工匠) 김치운(金致雲)을 초청하여 900근의 종을 주조했고, 1936년 주지 이종화가 대응전의 존상과 명부전의 지장상을 개금했다. 이듬해에는 비구니 김자형(金自馨)이 토지 677평을 희사했다. 일제강점기의 31본산시대에는 전등사(傳燈寺)의 말사였다. 1950년 6·25전쟁 때 전부 파괴되었으나, 1980년 초 대응전과 명부전, 나한전을 복원했다. 【유적·유물】건물로는 대응전과 명부전, 나한전이 있다. 문화재로는 칠층탑을 비롯하여 지공의 사리탑인 지공화상탑(북한 국보급 문화재 제34호), 각종 불보살상과 탱화, 금자법화경(金字法華經), 지공이 가지고 온 우두전단(牛頭栴檀)과 패엽(貝葉)이 있었다. 【참고문헌】동국여지승람, 범우고, 전등사본말사

지, 한국사찰전서(권상로, 동국대학교 출판부, 1979), 북한사찰연구(한국불교종단협의회, 1993)

화장사(華藏寺)

【이명】한때 갈궁사(葛宮寺, 葛弓寺)라고 불렸으며, 호국지장사(護國地藏寺)라고도 불린다. 【위치】서울특별시 동작구 동작동 국립묘지 안에 있다. 【소속】대한불교조계종 직할교구 본사인 조계사의 말사이다. 【연혁】고려 공민왕 때(1351~1374) 보인(寶印)이 창건했다. 1577년(조선 선조 10) 선조가 중종의 후비인 창빈(昌嬪) 안(安)씨의 묘를 이 절 부근에 쓰면서 원찰로 삼아 갈궁사라고 했다. 선조는 이 절을 중창하고 조포(造泡)사찰로 지정하여 해마다 포백(布帛)을 내렸다. 그 뒤 1661년(현종 2)의 중수를 거쳐 1862년(철종 13) 운담(雲潭)과 경해(鏡海)가 중건했는데, 이때 경해가 상축문을 봉안했다. 또한 1870년(고종 7) 운담과 경해가 경파루(鏡波樓)를 세웠고, 주지 서월(瑞月)과 도감 경해가 큰방을 중수했으며, 1896년에는 계향(戒香)이 칠성각을 신축했다. 또한 1920년 원옹(圓翁)과 명진(明眞)이 큰방을 중수했고, 1936년 주지 유영송(劉永松)이 능인전(能仁殿)을 중수했다. 1980년대에 이르러 호국지장사라고도 부르고 있다. 【유적·유물】현존하는 건물로는 대응전을 비롯하여 삼성각, 종각, 선실, 큰방, 요사채 등이 있다. 【설화】설화로는 선조 때(1567~1608)의 중신 이항복(李恒福)과 이덕형(李德馨)이 이 절에서 과거 공부를 하고 있을 때, 변소의 측신(厠神)이 두 소년의 아랫도리를 움켜잡고 '대감'이라고 불러서 장차 대감이 될 것을 알려 주었다는 이야기가 전한다. 【참고문헌】한

국사찰전서(권상로, 동국대학교 출판부, 1979), 명산 고찰 따라(이고운·박설산, 신문출판사, 1987)

화장사(華藏寺)
【이명】한때 화정사(和鼎寺), 화정사(火鼎寺)라고 불렀다.【위치】충청남도 청양군 남양면 신왕리 오봉산(五峰山)에 있다.【소속】대한불교조계종 제6교구 본사인 마곡사의 말사이다.【연혁】언제 누가 창건했는지 알 수 없다. 1481년(조선 성종 12)에 편찬된《동국여지승람》에는 화정사(和鼎寺)로 나와 있고, 영조 때(1724~1776) 편찬된《여지도서》에는 화정사(火鼎寺)로 나와 있다. 그러나 지금은 화장사라고 불린다. 연혁은 전하지 않는다. 1960년 법당을 중창했다.【유적·유물】건물로는 법당 등이 있다. 유물로는 관음보살좌상과 석탑 부재, 석축 등이 있다. 관음보살좌상은 충청남도 홍성군 장곡사(長谷寺)의 대웅전에 봉안되어 있던 것으로 1960년 무렵 대웅전이 불에 타자 이 절로 옮겨 온 것이다.【참고문헌】동국여지승람, 여지도서, 문화유적총람-사찰편(충청남도, 1990)

화장사(華藏寺)
보천암(寶川庵)을 보시오.

화장암(華藏庵)
【위치】평안북도 향산군 향암리 묘향산(妙香山) 보현사(普賢寺)의 경내에 있다.【연혁】1699년(조선 숙종 25) 창건됐다고 한다. 자세한 연혁은 전하지 않는다. 일제강점기의 31본산시대에는 보현사(普賢寺)의 산내 암자였다.【유적·유물】현존하는 건물로는 법당이 있다. 절 북쪽에는 단군대(檀君臺)가 있다.【참고문헌】한국사찰전서(권상로, 동국대학교 출판부, 1979),

북한사찰연구(한국불교종단협의회, 1993)

화장암(華藏庵)
【이명】한때 중암(中庵)이라고 불렸다.【위치】경상북도 문경시 산북면 김룡리 운달산(雲達山)에 있다.【소속】대한불교조계종 제8교구 직지사의 말사인 김룡사(金龍寺)의 산내 암자이다.【연혁】언제 누가 창건했는지 알 수 없다. 1758년(조선 영조 34) 백련(白蓮)이 중건하여 이름을 중암에서 화장암으로 바꿨다. 1768년(영조 44) 영파 성규(影波 聖奎)가 영각(影閣)을 건립했다. 1799년(정조 23)에는 양학(良學)이, 1867년(고종 4)에는 수은(守恩)이, 1900년(광무 4)에는 풍곡 영안(豊谷 永安)이 각각 영각을 중수했다.【유적·유물】현존하는 건물로는 인법당(因法堂)과 요사채가 있다. 특별한 문화재는 없다.【참고문헌】한국사찰전서(권상로, 동국대학교 출판부, 1979)

화장암(華藏庵)
【위치】충청북도 단양군 영춘면 상리 태화산(太華山)에 있다.【소속】대한불교천태종에 속한다.【연혁】언제 누가 창건했는지 알 수 없다. 원래는 큰 절이었으나 조선 말에 폐허화됐던 것을 1897년(광무 1) 김영준(金永俊)이 지방유지들의 협조를 얻어 중창을 시작했다. 그러나 돈이 모이지 않아 영춘현감(永春縣監)에게 국고금 천 냥을 빌려 공사를 마쳤으며, 이 돈을 갚지 못하자 체포되어 서울로 이송되었다. 이때 대원군이 이 절 산신령의 현몽을 얻어 그를 직접 문초한 뒤, 죄를 사면하고 친필로 화장암 현판 1장과 청기와 3매, 법복 1벌, 고종의 초상화 등을 내려 절에 봉안하도록 했다. 그 뒤의 자세한 연혁은 전하지 않는다.【유적·유물】현존

하는 건물로는 법당과 산령각(山靈閣), 요사채 등이 있다. 법당 안에는 관세음보살상, 십일면관음보살상, 나한상 등이 봉안되어 있다. 특히 산신을 봉안한 산신각을 산령각이라고 한 것은 이 절의 산신령이 부처님의 사자로서 대원군에게 영험을 나타냈으므로 특별히 '영(靈)'자를 쓴 것이라고 한다. 현재에도 대원군의 친필인 화장암 현판이 남아 있다. 【참고문헌】사지(충청북도, 1982), 단양군지(단양군, 1977)

화정사(火鼎寺)

화개사(華蓋寺)를 보시오.

화정사(和鼎寺)

화장사(華藏寺)를 보시오.

화정사(火鼎寺)

화장사(華藏寺)를 보시오.

환성사(環城寺)

【위치】경상북도 경산시 하양읍 사기리 팔공산(八公山) 기슭에 있다. 【소속】대한불교조계종 제10교구 본사인 은해사의 말사이다. 【연혁】835년(신라 흥덕왕 10) 심지(心地)가 창건했다. 고려 말에 불탄 것을 그 뒤 다시 중창했으며, 1635년(조선 인조 13) 신감(神鑑)이 중창했다. 1897년(광무 1) 긍월(亘月)이 중창하여 오늘에 이르고 있다. 《화성지(花城誌)》에 의하면, 이 절이 조선시대에는 임고서원에 속하여 공물을 드렸는데, 숙종 때(1674~1720) 박서봉(朴瑞鳳)과 황윤중(黃允中)이 여러 번 상소하여 하양향교(河陽鄕校)에 속하게 되었다고 한다. 그 뒤의 자세한 연혁은 전하지 않는다. 【유적·유물】현존하는 건물로는 대웅전을 비롯하여 명부전, 심검당(尋劍堂), 성전암(聖殿庵), 수월루(水月樓), 산신각, 천태각(天台閣), 요사채 등이 있다. 이 중 대웅전(보물 제

562호)은 고려 말 조선 초의 건축물로 추정된다. 심검당(경상북도 유형문화재 제84호)은 대웅전 옆에 있는 강당 건물로 고려시대의 건축 양식을 띠고 있으며, 은해사의 영산전보다 먼저 건립되었다고 한다. 현판은 1824년(순조 24) 추파(秋波)가 쓴 것이다. 이 밖에도 삼층석탑과 돌화로, 4개의 일주문 돌기둥, 다수의 부도 등이 있다. 【참고문헌】문화유적총람(문화재관리국, 1977), 한국사찰전서(권상로, 동국대학교 출판부, 1979), 내 고장 전통(경산군, 1982)

환장사(煥章寺)

채운사(彩雲寺)를 보시오.

황령사(黃嶺寺)

【위치】경상북도 상주시 은척면 황령리 칠봉산(七峰山)에 있다. 【소속】대한불교조계종 제8교구 본사인 직지사의 말사이다. 【연혁】언제 누가 창건했는지 알 수 없다. 1254년(고려 고종 41) 10월 19일 몽고 장군 차라대(車羅大)가 상주산성을 침공하자 이 절의 승려 홍지(洪之)가 적의 넷째 관원을 쏘아 죽였고, 적병의 사상자가 반수 이상이나 되자 적이 포위를 풀고 물러갔다. 1901년 석교(石橋)가 중수하고, 1928년 도허(道虛)가 중수했다. 【유적·유물】건물로는 대웅전과 관음전, 삼성각, 요사채가 있다. 유물로는 오래 된 후불탱화가 있었으나 직지사의 박물관으로 옮겨 갔다. 【참고문헌】고려사, 한국사찰전서(권상로, 동국대학교 출판부, 1979)

황룡사(皇龍寺)

【위치】경상북도 경주시 구황동에 있었다. 【연혁】553년(신라 진흥왕 14) 월성(月城) 동쪽에 새로운 대궐을 짓다가 거기에서 황룡(黃龍 ; 皇龍)이 나타났다 하

여 이를 절로 고쳐 황룡사라고 하고 17년 만인 569년 완성했다고 한다. 이때 솔거(率居)가 이 절의 벽에 노송을 그렸다. 신라인들은 과거불인 가섭불(迦葉佛)의 연좌석(宴坐石)이 있는 이 절을 가섭불시대부터 있었던 칠처가람(七處伽藍) 터의 하나로 보았으며, 명실공히 신라 제일의 국찰로서의 면모를 갖추게 했다. 574년(진흥왕 35) 3월 서천축(西天쯔)의 아쇼카왕(阿育王)이 보냈다고 하는 금과 철로 장륙상(丈六像)과 두 보살상을 주조했는데, 무게는 3만 5천 7근으로 황금이 만 198분이 들었고, 두 보살은 철 만 2천 근과 황금 만 136분이 들었다고 한다. 아쇼카왕은 철 5만 7천 근과 황금 3만 분을 모아 석가삼존불을 주조하려 했으나 뜻을 이루지 못하고, 배에 실어 바다에 띄워 인연있는 국토에 가서 장륙존상으로 이루어질 것을 발원했으며, 1불과 2보살의 모형까지도 같이 실어 보냈다고 한다. 584년(진평왕 6) 금당(金堂)을 지었다. 그 뒤 당나라로 유학 갔던 자장(慈藏)이 태화지(太和池) 옆을 지날 때 신인(神人)이 나와서, '황룡사 호국룡은 나의 장자로 범왕(梵王)의 명을 받아 그 절을 보호하고 있으니, 본국에 돌아가서 그 절에 구층탑을 이룩하면 이웃 나라가 항복하여 구한(九韓)이 와서 조공하고, 왕업이 길이 태평할 것이다. 또 탑을 세운 뒤 팔관회(八關會)를 베풀고 죄인을 구하면 외적이 해치지 못할 것이다.'라고 했다고 한다. 자장은 643년(선덕여왕 12) 귀국하여 탑을 세울 것을 왕에게 청했다. 이에 백제의 명공 아비지(阿非知)가 목재와 석재로써 건축하고, 용춘(龍春)이 소장(小匠) 200명을 거느리고 일을 주관했으며, 자장은 부처

님의 사리 100과를 탑 속에 봉안해 645년 탑을 완성했다. 또한 역대의 왕들이 국가에 큰 일이 있을 때마다 이 절의 강당에 행차하여 100명의 큰스님이 모여 강설하는 백고좌강회(百高座講會)를 열어 불보살의 가호를 빌었다. 698년(효소왕 7) 구층탑이 벼락을 맞고 불에 탔으나, 720년(성덕왕 19) 다시 세웠다. 754년(경덕왕 13)에는 경덕왕이 황룡사 대종을 주조했다. 868년(경문왕 8) 구층탑이 다시 벼락을 맞자 중수했으며, 953년(고려 광종 4)과 1035년(정종 1), 1095년(헌종 1) 각각 구층탑이 또 벼락을 맞았으나, 1021년(현종 13)과 1064년(문종 18), 1096년(숙종 1)에 각각 중수했다. 그러나 1238년(고종 25) 몽고군의 병화로 가람 전체가 불타는 참화를 겪었으며, 이때 장륙상과 구층탑도 소실하였다. 그 뒤의 연혁은 전하지 않는다. 【유적·유물】절터는 사적 제6호로 지정되어 있다. 약 2만여 평에 이르며, 비교적 잘 보존되어 있어 중문(中門)과 탑, 금당 등 주요 건물의 초석이 대부분 제 위치를 지키고 있다. 이 밖에도 금당 뒤에 강당 자리와 회랑이 있었던 터가 있다. 신라 삼보(三寶) 중에서 이보(二寶)인 장륙존불과 구층목탑이 이 절에 있었고, 화성(畫聖) 솔거의 금당벽화도 이곳에 있었다. 구층목탑은 총 높이가 225척이었는데, 각 층은 아래에서부터 일본, 중화(中華), 오월(吳越), 탁라(托羅), 응유(鷹遊), 말갈, 단국(丹國), 여적(女狄), 예맥(濊貊)의 아홉 나라를 상징했다. 이는 이들 나라로부터의 침략을 막을 수 있다는 뜻을 담고 있었다고 한다. 현재 목탑의 심초석(心礎石)이 남아 있는데, 1964년 12월 도굴꾼들에 의해 심초석 안에 있던 사리함이 도

난당했으나 현재는 서울 국립중앙박물관에 보관되어 있다. 또한 법당인 금당 안에는 장륙의 석가여래삼존상을 중심으로 좌우에 10대 제자상과 2위의 신장상(神將像)이 있었으나, 현재는 금당 터에 자연석 대좌만이 남아 있다. 이 밖에도 이 절에는 국립경주박물관의 성덕대왕신종보다도 4배나 더 크고 17년 앞서서 주조된 종이 있었다는 기록이 전하지만, 이 종도 몽고군의 병화 때 없어진 것으로 추정된다. 【설화】 신라 애장왕 때(800~809) 이 절의 정수(正秀) 스님은 눈이 많이 쌓인 겨울날 저녁 삼랑사(三郞寺)에 다녀오는 도중 천엄사(天嚴寺) 문밖을 지나게 되었다. 한 여자 거지가 아이를 낳고는 길에 누워 있었는데, 얼어 죽기 직전이었다. 정수는 이 여자를 불쌍히 여겨 안아서 몸을 녹여 준 뒤 자신의 옷까지 모두 벗어서 그녀를 덮어 주고 이 절로 돌아왔다. 그런데 한밤중에 하늘에서 궁정으로 외치는 소리가 들렸다. '황룡사의 정수를 마땅히 임금의 스승에 봉할지니라.' 왕이 급히 사람을 시켜 조사해 보고, 정수를 대궐로 맞아들여 국사로 삼았다고 한다. 【참고문헌】 삼국유사, 문화유적총람(문화재관리국, 1977)

황복사(皇福寺)

【위치】 경상북도 경주시 구황동 낭산(狼山) 동쪽 기슭에 있었다. 【연혁】 신라 때 창건됐다. 절 이름으로 보아 창건이 왕실과 관계있는 것으로 추정된다. 652년(진덕여왕 6) 의상(義湘)이 이 절로 출가했으며, 875년(헌강왕 1) 경문왕이 죽자 그를 이 절에서 화장했다. 그러나 언제 폐사됐는지는 전하지 않는다. 【유적・유물】 현재 절터에는 삼층석탑(국보 제37호) 등 석재 유물 몇 점만이 남아 있다. 삼층석탑은 신라 석탑의 전형적인 형태를 갖추고 있으며, 692년(효소왕 1)에 건립되었다. 1943년 이 탑을 해체・수리할 때, 제2층 옥개석에서 금제여래입상(金製如來立像; 국보 제80호)과 금제여래좌상(국보 제79호), 은과 동으로 만든 고배(高坏), 무수한 유리구슬, 팔찌, 금실 등이 커다란 도금청동함(鍍金靑銅函) 속에서 발견되었다. 금제여래입상과 금제여래좌상은 서울의 국립중앙박물관에 보관되어 있다. 또한 절터에는 십이지상이 탑의 동편에 있다. 모두 9상이 남아 있는데, 평복의 부조가 신라의 십이지상 중 가장 두드러지고 가장 세련되었으며 가장 오래 된 것이다. 탑의 동서쪽에는 머리가 잘린 귀부(龜趺) 3기가 있는데, 이는 탑비(塔碑) 또는 가람비(伽藍碑)의 귀부로 추정되며, 이 근처에서 비편(碑片)들도 발견되었다. 이 밖에도 당간지주 일부와 석정(石井) 등이 있다. 【참고문헌】 신라의 폐사 I(한국불교연구원, 일지사, 1974), 문화유적총람(문화재관리국, 1977)

황산사(黃山寺)

【이명】 봉황사(鳳凰寺)라고도 불린다. 【위치】 경상북도 안동시 임동면 수곡리에 있다. 【소속】 대한불교조계종 제16교구 본사인 고운사의 말사이다. 【연혁】 644년(신라 선덕여왕 13) 창건됐다. 그 뒤 조선 전기까지의 연혁은 전하지 않는다. 1592년(조선 선조 25) 임진왜란 때 병화로 소실한 뒤 대웅전만 중건하여 오늘에 이르고 있다. 【유적・유물】 현존하는 건물로는 대웅전과 요사채 등이 있다. 대웅전(경상북도 유형문화재 제141호)은 1974년 기와를 바꾸었고, 1975년 단청했다. 그러나 대웅전의 첫 단청은 봉황이 했다는 전설이 있

으며, 이 때문에 이 절을 봉황사라고 부르기도 한다. 【설화】전설에 의하면, 어느 화공이 단청을 하면서 공사 완료시까지는 안을 들여다보지 말 것을 당부했다고 한다. 그런데 전면을 완료한 다음 후면을 막 시작했을 때 사람들이 들여다보아 일을 다 마치지 못한 채 화공이 봉황으로 변해 날아갔다고 한다. 【참고문헌】문화유적총람(문화재관리국, 1976)

황산사(黃山寺)
【위치】강원도 원주시 귀래면 주포리 미륵산(彌勒山)에 있다. 【소속】한국불교태고종에 속한다. 【연혁】신라 경순왕 때(927~935) 창건됐다고 한다. 연혁은 전하지 않는다. 폐사된 채 있던 것을 근래 화주 장용기(張龍基)가 중창했다. 【유적·유물】건물로는 법당과 요사채가 있다. 유물로는 옛터의 석탑 부재를 모아 조립한 삼층석탑과 부도가 있다. 또한 미륵산의 정상에는 마애미륵불상이 있다. 【참고문헌】횡성군지(횡성군, 1986)

회룡사(回龍寺)
【이명】한때 법성사(法性寺)라고 불렸다. 【위치】경기도 의정부시 호원동 도봉산 연봉(蓮峰)의 북쪽에 있다. 【소속】대한불교조계종 제25교구 본사인 봉선사의 말사이다. 【연혁】681년(신라 신문왕 1) 의상(義湘)이 창건하여 법성사라고 했다. 930년(경순왕 4) 동진 경보(洞眞 慶甫)가 중창했으며, 1070년(고려 문종 24) 국사 혜거(慧炬)가 중창했다. 이어 1384년(우왕 10) 무학 자초(無學 自超)가 중창했다. 1384년 이성계(李成桂)는 자초와 함께 이 절에 와서 3년 동안 국가 창업 성취를 위해 기도했는데, 이때 이성계는 지금의 석굴암에서, 자초는 산등성이 가까이에 있

는 무학굴에서 각각 기도를 드렸다고 한다. 그 뒤 이성계가 동북면병마사가 되어 요동으로 출전하자, 무학이 홀로 남아 작은 절을 짓고 손수 만든 관세음보살상을 모시고 그의 영달을 축원했다. 뒤에 왕위에 올라 조선 태조가 된 이성계가 이곳으로 자초를 찾아와 절 이름을 회룡사라 했다고 한다. 또 일설에는 1403년(조선 태종 3) 태조가 끈질긴 함흥차사(咸興差使)들의 노력에 의해 노여움을 풀고 귀경한 뒤 이 절로 자초를 찾아왔으므로 자초가 회란용가(回鸞龍駕)를 기뻐하여 회룡사라 했다고도 한다. 1630년(인조 8) 비구니 예순(禮順)이 중건했고, 1881년(고종 18)에는 혜봉 최성(慧峰 最性)이 큰방을 중수했다. 1938년 비구니 순악(順岳)이 큰방을 다시 중수하고, 칠성각을 신축했다. 1940년 순악이 석굴법당과 요사채를 건립했다. 1950년 6·25전쟁 때 불에 탄 것을 1954년부터 비구니 도준(道準)이 중건했다. 【유적·유물】현존하는 건물로는 대웅전을 비롯하여 약사전, 삼성각, 선실, 요사채 등이 있다. 문화재로는 신중탱화와 오층석탑, 석조(石槽), 노주(露柱) 등이 있다. 신중탱화는 1883년에 수락산 흥국사(興國寺)에서 조성된 것으로 현재 대웅전 안에 봉안되어 있다. 오층석탑은 창건주 의상의 사리 1과가 봉안되어 있다고 전하나 그 양식으로 보아 조선 전기의 것으로 추정되고 있다. 석조나 노주도 조선 전기의 것으로 추정된다. 【참고문헌】문화유적총람(문화재관리국, 1977), 한국사찰전서(권상로, 동국대학교 출판부, 1979)

회사(懷寺)
회진암(懷眞庵)을 보시오.

회암사(檜巖寺)

【위치】경기도 양주군 회천읍 회암리 천보산(天寶山)에 있다. 【소속】대한불교조계종 제25교구 본사인 봉선사의 말사이다. 【연혁】언제 누가 창건했는지 알 수 없다. 1174년(고려 명종 4) 금나라의 사신이 이 절을 다녀갔으며, 1313년(충선왕 5) 태고 보우(太古 普愚)가 이 절에서 광지(廣智)에게 출가했다. 1328년(충숙왕 15)에는 인도의 지공(指空)이 원나라로 가기 전에 이 절을 찾아 산수가 인도의 아란타사(阿爛陀寺)와 닮았다고 말했으며, 1344년(충혜왕 복위 5) 나옹 혜근(懶翁 惠勤)이 이 절에서 수도하던 중 깨달음을 얻었다. 1358년(공민왕 7) 원나라에서 지공에게 수학하던 혜근이 귀국하려 하자 지공은 혜근에게 이 절에 머물도록 당부했다. 1363년 지공이 원나라에서 입적하자 지공의 두골 사리를 1370년 봄 이 절로 옮겼다. 1372년(공민왕 21) 혜근이 공민왕의 명으로 이 절에 와서 지공의 사리탑을 건립하고, 1374년부터 2년 동안 266칸의 대규모 중흥 불사를 벌여 1376년(우왕 2) 혜근의 제자 각전(覺田)이 완공했다. 당시 이 절은 중국에서도 보기 드물 정도로 크고 화려했다고 전한다. 1391년(공양왕 3)에는 공양왕이 왕비와 세자를 데리고 와서 철야예불을 올렸다. 조선 태조 이성계(李成桂)는 1393년(태조 2) 무학 자초(無學 自超)를 이 절에 머물게 하고, 많은 불사와 법회에 참석하기 위해 7번이나 이 절에 다녀갔다. 또한 왕위를 물러나서도 1402년(태종 2) 자초에게 계를 받고 이 절에서 수도 생활을 했을 뿐 아니라, 이 절에 논과 밭 600결을 내리고, 1405년(태종 5) 자초가 입적하자 자초의 탑비를 세웠다. 1424년(세종 6) 선교양종(禪敎兩宗)으로 통폐합할 때에는 선종에 속했으며, 다른 절보다 훨씬 많은 논 500결을 받고 250명의 승려가 머물러 조선 최대의 절이 되었다. 1435년(세종 17) 효령대군(孝寧大君)은 이 절의 중건을 지원했으며, 1457년(세조 3)에도 중수했다. 1472년(성종 3) 정희왕후(貞熹王后)가 피폐한 이 절을 정현조(鄭顯祖)와 금강산 정양사(正陽寺) 주지 처안(處安)에게 명하여 대대적으로 중창했다. 명종 때(1545~1567)에는 문정왕후(文定王后)가 불교 재흥정책을 펴자 전국 제일의 수선도량(修禪道場)이 되었다. 그러나 문정왕후가 죽고 유신들에 의해 다시 억불정책으로 선회하자, 1565년(명종 20) 부처님 오신 날 허응 보우(虛應 普雨)가 잡혀 가고 절이 불태워짐으로써 폐허화했다. 1828년(순조 28) 경기 지방의 승려들이 모여 지공, 혜근, 자초 등 세 화상의 부도와 비를 중수하면서 옛터 옆에 작은 절을 짓고 회암사를 계승했다. 1976년 대웅전과 삼성각, 영성각(影聖閣) 등을 중건하여 오늘에 이르고 있다. 【유적·유물】건물로는 대웅전과 삼성각, 영성각, 요사채가 있다. 옛 절터는 사적 제128호로 지정되어 있다. 일주문 안의 대웅전이 있었던 곳에는 532개의 주춧돌이 있다. 이 터 옆에는 화장실 자리가 있고, 화강암으로 만든 맷돌과 기름틀 등의 석물이 있다. 문화재로는 혜근의 비(보물 제387호), 혜근의 부도 및 석등(경기도 유형문화재 제50호), 지공의 부도 및 석등(경기도 유형문화재 제49호), 자초의 부도(보물 제388호), 자초의 쌍사자석등(보물 제389호), 자초의 비(경기도 유형문화재 제51호), 대형 팔각부도(경기도 유형문화재 제52호), 팔각부도, 당간지

주석, 대형 석조, 대형 숫맷돌(경기도 민속자료 제1호), 청동다기 등이 있다. 【참고문헌】 고려사, 동국여지승람, 동문선, 문화유적총람(문화재관리국, 1977), 한국사찰전서(권상로, 동국대학교 출판부, 1979), 기내사원지(경기도, 1988)

회진암(懷眞庵)

【이명】 회사(懷寺)라고도 불렸다. 【위치】 경상남도 창원시에 있었다. 【연혁】 언제 누가 창건했는지 알 수 없다. 신라 성덕왕 때(702~737) 활동하던 노힐부득(努肹夫得)과 달달박박(怛怛朴朴)이 출가하여 치산촌(雉山村) 법종곡(法宗谷) 승도촌(僧導村)의 옛절로 가서 노힐부득은 대불전(大佛田) 마을에 있는 이 절에서 달달박박은 소불전(小佛田) 마을에 있는 유리광사(瑠璃光寺)에서 각각 살았다. 고려시대의 목암 일연(睦庵 一然, 1206~1289)이 《삼국유사》를 지을 때에는 이미 폐사하여 당시의 회진동(懷眞洞)에 절터만 남아 있었다. 【참고문헌】 삼국유사

효가원(孝家院)

【위치】 충청남도 공주시에 있었다. 【연혁】 7세기 무렵 활동하던 신라의 거사 신효(信孝)가 창건했다. 그는 유동보살(儒童菩薩)의 화신이라고도 했으며, 효성을 다해 어머니를 봉양했다. 어머니가 고기가 아니면 먹지 않으므로 고기를 구하기 위해 산과 들을 돌아다니다가 길에서 학 다섯 마리를 보고 활을 쏘자, 학 한 마리가 깃 한 조각을 떨어뜨리고 갔다. 그가 그 깃을 집어 그것으로 눈을 가리고 사람을 보았더니 사람이 모두 짐승으로 보이므로 고기를 얻지 못하고 자기의 넓적다리를 베어서 어머니에게 바쳤다. 그 뒤 그는 승려가 되어 자신의 집을 절로 만들었

던 것이다. 고려시대에 목암 일연(睦庵 一然, 1206~1289)이 지은 《삼국유사》에 이 절이 '지금의 효가원'이라고 나와 있다. 【참고문헌】 삼국유사

효기사(孝基寺)

연화사(蓮華寺)를 보시오.

효신사(孝信寺)

【이명】 한때 창신사(彰信寺)라고 불렸다. 【위치】 경기도 개성시에 있었다. 【연혁】 언제 누가 창건했는지 알 수 없다. 1121년(고려 예종 16) 3월 3일 예종이 이 절에 행차했으며, 1142년(인종 20) 10월 15일 인종도 이 절에 행차했다. 1206년(희종 2) 9월 16일 희종이 신종의 능인 양릉(陽陵)을 참배하고, 능 옆에 있는 이 절을 중수하고 이름을 효신사로 고쳐서 신종의 명복을 빌게 했다. 이때 내시 최정분(崔正汾)이 역사를 감독하면서 왕에게 잘 보이기 위하여 막대한 경비를 들여 굉장히 사치스럽고 화려하게 꾸몄다. 1283년(충렬왕 9) 6월 충렬왕이 공주와 함께 이 절에 행차하여 불화를 구경했다. 1289년(충렬왕 15) 2월 충렬왕이 병이 들어 공주와 세자와 함께 이 절로 처소를 옮겼다. 자세한 연혁은 전하지 않는다. 【참고문헌】 고려사

흑련대(黑蓮臺)

삼화사(三和寺)를 보시오.

흑룡사(黑龍寺)

흥룡사(興龍寺)를 보시오.

흑석사(黑石寺)

【위치】 경상북도 영주시 이산면 석포리에 있다. 【소속】 대한불교조계종 제16교구 본사인 고운사의 말사이다. 【연혁】 신라 때 의상(義湘, 625~702)이 창건했다. 조선 전기까지의 자세한 연혁은 알 수 없다.

1592년(선조 25) 임진왜란 때 재난을 당한 뒤 사세가 급격히 기울어 겨우 명맥만 이어왔다. 1799년(정조 23)에 편찬된 《범우고(梵宇攷)》에는 지금은 폐사되었다고 나와 있다. 1945년 8·15해방 후 초암 상호(草庵 祥鎬)가 중건했고, 1950년 6·25전쟁을 피하여 정암산 법천사(法泉寺)의 아미타여래좌상을 이 절로 옮겨와 봉안했다. 【유적·유물】 유물로는 목조아미타불좌상과 복장 유물, 석조여래좌상(보물 제681호)이 있다. 목조아미타불좌상은 효령대군이 권선하여 세조 등 왕실에서 법천사에 봉안했던 것으로 1458년(세조 4)에 조성되었으며, 조선 전기의 대표적 목조 불상이다. 이 불상의 복장에서 나온 유물로는 금동사리합과 사리 등이 있다. 또한 석조여래좌상은 9세기 통일신라 때의 것이다. 그러나 불상과 광배, 대좌가 분리된 채 서로 떨어져 놓여 있다. 【참고문헌】 한국사찰전서(권상로, 동국대학교 출판부, 1979), 조선일보(1993. 11. 8)

흑악사(黑岳寺)

천은사(天恩寺)를 보시오.

흥교사(興敎寺)

【이명】 한때 세달사(世達寺)라고 불렸다. 【위치】 경기도 개풍군 흥교면 흥교리 백화산(白華山)에 있었다. 【연혁】 언제 누가 창건했는지 알 수 없다. 신라 때 이 절의 장원(莊園)이 명주(溟州)의 날리군(捺李郡)에 있었는데, 승려 조신(調信)을 파견하여 이를 맡아 관리하게 했다. 901년 후고구려를 건국한 궁예(弓裔)가 10여 세 때 신라의 왕가에서 도망하여 이 절에서 승려가 되었으며, 당시는 세달사라고 불렸다. 고려 때 김부식(金富軾, 1075~1151)이 편찬한 《삼국사기》에는 '세달사는 지금의 흥교사'라고 기술되어 있는 것으로 보아 이전에 이름을 흥교사라고 고친 것으로 추정된다. 조선시대에는 정종(재위 1399~1400)의 능인 후릉(厚陵)의 조포(造泡)사찰이었다. 1683년(숙종 9)에 건립된 사적비에 의하면 정종의 비인 정안왕후(定安王后)의 원당이라고 기록되어 있고, 이숭인(李崇仁, 1349~1392)의 문집에는 이색(李穡, 1328~1396), 백문보(白文寶, ?~1374) 등이 이 절을 대상으로 지은 시가 전한다. 또한 1410년(태종 10) 태종이 공조판서 박자청(朴子靑)으로 하여금 이 절에 있던 탑을 연경사(衍慶寺)로 옮기게 했는데, 서울의 원각사탑과 양식과 크기가 거의 동일했다고 하나, 1919년을 전후하여 연경사 강원의 학인들이 실수하여 파괴되었다고 한다. 1799년(정조 23) 민상(敏尙)이 법당, 승당, 노전, 대루(大樓), 선당 등을 중수했고, 1857년(철종 8) 도월(道月)이 다시 중수했다. 1880년(고종 17) 인암(仁庵)이 지방민들의 시주를 얻어 퇴락한 건물들을 중수했다. 또한 1937년에는 주지 완실(完實)이 중건했다. 일제강점기의 31본산시대에는 전등사(傳燈寺)의 말사였다. 현재의 상황은 알 수 없으나 북한측 자료에 의하면 현존하지 않는다. 【유적·유물】 1900년대에 편찬된 《사탑고적고(寺塔古蹟攷)》에 의하면 최전성기의 건물 터였던 동서 약 40칸, 남북 약 60칸의 석단이 남아 있었다고 했다. 【참고문헌】 삼국사기, 삼국유사, 전등사본말사지, 송도의 고적(고유섭, 열화당, 1977)

흥교사(興敎寺)

부석사(浮石寺)를 보시오.

흥국사(興國寺)

【위치】부산광역시 강서구 지시동 명월산(明月山) 북쪽 기슭에 있다. 【소속】대한불교법화종에 속한다. 【연혁】서기 48년 가락국 김수로왕(재위 42~199)이 창건했다고 한다. 그러나 이때는 우리 나라에 불교가 들어오기 이전이므로 신빙성이 없다. 1706년(조선 숙종 32) 증원(證元)이 지은 '명월산흥국사 사적비문'에 의하면, 김수로왕이 48년 명월산 고교(高橋) 밑에서 서역(인도)에서 온 왕후 허황옥(許黃玉)을 친히 맞아들여 환궁했는데, 김수로왕은 왕후의 아름다움을 달에 비유하여 이 산의 이름을 명월산이라고 하고, 따로 명월사(明月寺)를 지어 새 왕조의 태평성대를 기원하는 한편, 부인과 세자를 위해 진국사(鎭國寺)와 이 절을 창건했다고 한다. 그 뒤 조선 초기까지의 연혁은 전하지 않는다. 1592년(선조 25) 임진왜란 때 불탄 뒤 1617년(광해군 9) 대웅전과 승당, 요사채 등을 중건했다. 1706년(숙종 32) 일원(一元), 일혜(一蕙), 상진(尙眞), 응준(應俊) 등이 중수했는데, 그때 담 밑에서 '건강원년(建康元年 ; 144) 3월 장유(長遊)가 서역에서 들어와 불교를 전하니 왕이 깊이 부처님을 숭배했다.'는 명기가 발견되었다고 한다. 그 뒤 한동안 폐사되었던 것을 김원두(金元斗)가 옛터를 되찾아 방치되어 있던 유적을 수습했고, 1942년 우담(雨潭)이 중건하여 오늘에 이르고 있다. 【유적·유물】현존하는 건물로는 대웅전과 칠성각, 종각, 요사채 등이 있다. 문화재로는 부근에서 발굴했다는 석물 조각이 있다. 좌불을 양각한 좌우에 코브라뱀이 불상을 옹호하듯 고개를 들고 있는 모습이 새겨져 있다. 우리 나라의 불교 조각물에서는 찾아볼 수 없는 것으로 인도 불교의 남방전래설을 뒷받침하는 유물 중의 하나이다. 이 밖에도 절 오른쪽에는 가락국태왕영후 유허비(駕洛國太王迎后遺墟碑)와 증원이 세운 사적비가 있으며, 정원 복판에는 1986년에 세운 오층관음보탑과 석등, 사적비 등이 있다. 이 절은 불교의 남방전래설 연구에 도움이 될 뿐 아니라, 가락 불교의 연구에도 중요한 자료가 된다. 【참고문헌】한국사찰전서(권상로, 동국대학교 출판부, 1979), 명산 고찰 따라(이고운·박설산, 신문출판사, 1987)

흥국사(興國寺)

【이명】한때 수락사(水落寺), 흥덕사(興德寺)라고 불렸으며, 덕절(德-)이라고도 불린다. 【위치】경기도 남양주시 별내면 덕송리 수락산(水落山) 남동쪽 기슭에 있다. 【소속】대한불교조계종 제25교구 본사인 봉선사의 말사이다. 【연혁】599년(신라 진평왕 21) 원광(圓光)이 창건하여 수락사라고 했다. 그 뒤 조선 중기까지의 연혁은 전하지 않는다. 1568년(선조 1) 선조가 이 절에 자신의 아버지인 덕흥대군(德興大君)의 명복을 빌기 위해 원당을 짓고 편액을 내려 흥덕사라고 이름을 바꿨는데, 사람들은 이 원당 때문에 덕절이라고 부르기도 한다. 1626년(인조 4) 조정에서 흥국사로 이름을 바꿨고, 1793년(정조 17)에는 기허(騎虛)가 정조의 하사금으로 대웅전 등 모든 건물을 중수했다. 1818년(순조 18) 만월전(滿月殿)과 양로실(養老室)을 제외한 모든 요사가 불에 탄 뒤 4년 만에 기허가 순조의 하사금으로 대웅전, 시왕전, 큰방, 요사를 중건했다. 이처럼 이 절은 덕흥대군의 원당을 설치한 이래 왕가에서 편액을 내리고 중수·중건을 몇 차례 실시하는 등 각별한 관

심을 보였다. 특히 1790년에는 봉은사(奉恩寺), 봉선사(奉先寺), 용주사(龍珠寺), 백련사(白蓮寺) 등과 함께 나라에서 임명하는 관리들이 머무르면서 왕실의 안녕을 비는 5규정소(五糾正所) 중의 하나이기도 했다. 1856년(철종 7) 은봉(隱峰)이 여신도 양(梁)씨의 도움으로 만월전을 중수했으며, 1870년(고종 7) 제암(濟庵)과 벽암(蘗庵)이 화주가 되어 시왕전을 중수했다. 1878년 다시 불에 탄 것을 용암(庸庵)이 중건했으며, 1888년 제암이 법당과 요사를 중수했다. 이어 1917년 주지 범화(梵華)가 모든 전각을 중수한 뒤 오늘에 이르고 있다. 【유적·유물】현존하는 건물로는 본전인 대웅전(경기도 문화재자료 제56호)을 비롯하여 영산전, 시왕전, 독성각, 만월보전, 단하각(丹霞閣), 종각, 응향각(凝香閣), 반산암(半山庵), 큰방, 화장실, 창고가 있다. 유물로는 조선 중기의 작품으로 보이는 경판이 있다. 이들 경판은 원래 이 절에 있던 안해장전(安海藏殿)에 보관되어 오던 것으로 미타경 족자판 1부, 연종보감판(蓮宗寶鑑板) 1부, 미타경판 1부, 십육관경판(十六觀經板) 1부 등이 남아 있다. 이들은 모두 남호 영기(南湖 永奇, 1820~1872)가 직접 써서 판각한 것이다. 이 밖에 어필병풍(御筆屛風) 1권 및 십장생화병풍(十長生畫屛風) 1좌가 있고, 이름이 전하지 않는 큰스님의 부도 2기가 있다. 【참고문헌】한국사찰전서(권상로, 동국대학교 출판부, 1979), 기내사원지(경기도, 1988)

흥국사(興國寺)
【이명】한때 홍서암(興瑞庵)이라고 불렸다. 【위치】경기도 고양시 지축동 한미산(漢美山) 동남쪽 기슭에 있다. 【소속】대한불교조계종 직할교구 본사인 조계사의 말사이다. 【연혁】661년(신라 문무왕 1) 원효(元曉)가 창건하여 홍서암이라고 했다. 원효가 한산(漢山)의 원효대에서 수행을 하던 어느 날 서쪽 산기슭에서 3일 동안 서기(瑞氣)가 일어 찾아가 보니, 지금의 약사전 자리에서 약사여래좌상이 솟아나 방광하고 있었으므로 이 절을 창건했다고 한다. 그 뒤 조선 초기까지의 연혁은 전하지 않는다. 1686년(숙종 12) 중창했다. 1770년(영조 46) 영조가 이곳에 행차한 뒤 이 절의 약사불이 나라를 흥하게 한다고 하여 이름을 흥국사로 고치고 망모(亡母)의 원찰로 삼았다. 또한 약사전을 증축하고 미타전을 신축했으며, 상궁(尙宮)들이 번갈아 이 절에 머무르면서 선학(禪學)을 익히도록 허락했다. 1785년(정조 9) 당시 남한산성과 북한산성의 승도대장(僧都大將)이었던 관선(觀禪)과 법헌(法軒)이 중창했고, 1867년(고종 4) 확명(廓明)이 약사전을 중건했다. 이어 뇌응(雷應)이 1876년 칠성각을, 1902년에는 나한전과 산신각을 중창했다. 1904년 10월에는 완해(玩海)를 회주(會主)로 하여 만일회를 열었다. 1913년 이 모임을 주도했던 해송(海松), 뇌응, 풍곡(豊谷), 호봉(虎峰) 등 여러 승려들이 새로운 건물을 짓고 큰 절로서 면모를 일신하여 오늘에 이르고 있다. 【유적·유물】현존하는 건물로는 약사전(경기도 문화재자료 제57호)과 칠성각, 산신각, 강당, 종각, 요사채 2동 등이 있다. 유물로는 아미타삼존괘불과 약사후불탱화가 있다. 괘불은 1902년에 조성된 것이고, 후불탱화는 1792년(정조 16)에 조성된 것이다. 약사전의 현판은 영조의 친필이다. 【참고문헌】한국사찰전

서(권상로, 동국대학교 출판부, 1979), 기
내사원지(경기도, 1988)

홍국사(興國寺)

【위치】 경기도 개성시 만월동 병부교(兵
部橋) 남쪽에 있었다. 【연혁】 924년(고려
태조 7) 태조가 창건하여 홍국사라고 했
다. 1021년(현종 12) 도원수 강감찬(姜邯
贊)이 거란족을 무찌르고 개선하자, 현종
이 그의 전공을 기려 이 절에 공양탑(供
養塔)을 세웠다. 1046년(문종 즉위) 문무
백관이 이 절에 모여 국가의 안녕을 비는
대법회를 가진 이래, 이 절에서 각종 도량
을 여는 것을 항규(恒規)로 삼았다. 1053
년(문종 7) 팔관회(八關會)를 열었고,
1082년 구요당(九曜堂)에서 20일 동안 기
우제를 지냈으며, 1083년(문종 37) 화엄
경도량을 열고 풍우(風雨)의 순조로움을
빌었다. 이어 1087년(선종 4) 29일 동안
연등도량을, 1092년 14일 동안 팔관회를
각각 열었고, 1102년(숙종 7) 기우제를
지냈다. 1197년(명종 27) 무신정권이 들
어섰을 때 남쪽의 가로수가 뽑히고 뇌성
벽력이 있었는데, 최충헌(崔忠獻)이 곧
이 절에 들러 나무를 새로 심고 복을 빌었
다고 한다. 1243년(고종 30)에는 이 절을
중창했고, 1369년(공민왕 18) 공민왕이
친히 행차했다. 그러나 언제 폐사되었는
지는 전하지 않는다. 【유적·유물】 이 절
에는 1021년에 건립된 강감찬의 공양탑인
오층석탑(원래는 7층이었다는 설이 있음 :
북한 보물급 문화재 제31호)이 있었는데
1935년 개성시 자남동 자남산 개성역사박
물관으로 옮겨 보관하고 있다. 이 탑 속에
서는 강감찬이 나라의 태평과 집안의 평
안을 빌기 위해 탑을 조성했다는 석탑기
가 나왔다. 【참고문헌】 고려사, 한국사찰

전서(권상로, 동국대학교 출판부, 1979),
북한사찰연구(한국불교종단협의회, 1993)

홍국사(興國寺)

【위치】 전라남도 여천시 중흥동 영축산
(靈鷲山) 남서쪽 기슭에 있다. 【소속】 대
한불교조계종 제19교구 본사인 화엄사의
말사이다. 【연혁】 1195년(고려 명종 25)
보조 지눌(普照 知訥)이 창건했으며, 나
라가 흥하면 이 절도 흥할 것이라는 흥국
의 염원을 담고 있어 흥국사라 했다고 한
다. 즉 변방의 국찰로서 나라의 안정과 융
성을 기원하던 기도처로서의 역할을 수행
했다. 그 대표적인 예로서 고려시대의 젊
은 학승이 백일기도를 마친 뒤 기도의 회
향축원문에 흥국기원(興國祈願)을 빠뜨리
고 성불축원(成佛祝願)만을 넣었다고 하
여 이 지방의 향리로부터 벌을 받고 다른
절로 쫓겨났다는 일화가 전한다. 그 뒤 조
선 초기부터 불교탄압과 왜구의 침입으로
폐허화한 것을 1559년(명종 14) 법수(法
守)가 중창했다. 1592년(선조 25) 임진왜
란 때에는 기암 법견(奇巖 法堅)이 이 절
의 승려 300여 명을 이끌고 이순신(李舜
臣)을 도와 왜적을 무찌르는 데 공을 세
웠으나, 절은 전화로 전소하였다. 그 뒤
1624년(인조 2) 계특(戒特)이 중건했다.
1760년(영조 36) 무렵에는 17방(房) 14
암(庵)으로 총건평 624평에 승려 643명
이 상주하던 큰 절이었으며, 지금도 그 면
모를 갖추고 있다. 부속 암자로는 미륵암
과 정수암이 있다. 【유적·유물】 절 일원
이 전라남도 문화자료 제38호로 지정되어
있다. 현존하는 건물로는 대웅전(보물 제
396호)을 비롯하여 1645년에 건립된 팔상
전, 불조전(佛祖殿), 순조 때 건립된 원통
전(전라남도 유형문화재 제45호), 무사전

(無私殿), 첨성각(瞻星閣), 적묵당(寂默堂), 심검당(尋劒堂), 백련사(白蓮舍), 법왕문, 봉황루, 천왕문, 영성문(迎聖門) 등 15동의 건물이 있다. 대웅전에는 석가여래삼존불을 봉안하고 있으며, 삼존불의 후불탱화(보물 제578호)는 1693년(숙종 19) 천신(天信)과 의천(義天)이 제작한 것이다. 이 밖에도 문화재로는 홍교(虹橋 ; 보물 제563호)를 비롯하여 괘불(掛佛 ; 전라남도 유형문화재 제26호), 사적비, 경전 93권, 경판 236매, 법수대사탑, 경면당탑(敬面堂塔), 호봉당탑(虎峰堂塔) 등이 있다. 이 중 홍교는 1639년 계특이 축조한 것으로서 현재까지 알려진 홍예석교로서는 가장 규모가 크다. 【참고문헌】 한국사찰전서(권상로, 동국대학교 출판부, 1979), 한국의 명산 대찰(국제불교도협의회, 1982), 명산 고찰 따라(이고운·박설산, 신문출판사, 1987), 호국의 성지 흥국사(진옥, 흥국사, 1989)

흥국사(興國寺)

개목사(開目寺)를 보시오.

흥녕사(興寧寺)

법흥사(法興寺)를 보시오.

흥덕사(興德寺)

【위치】 충청북도 청주시 흥덕구 운천동에 있었다. 【연혁】 언제 누가 창건했는지 알 수 없다. 절터에서 849년(신라 문성왕 11)을 지칭하는 '대중삼년(大中三年)'이라는 명문기와 조각이 출토되어 이때에도 존재했었음을 추정할 수 있을 뿐이다. 1377년(고려 우왕 3) 백운(白雲)이 초록한 《불조직지심체요절(佛祖直指心體要節)》이 이 절에서 주자(鑄字)되고 발간되었다. 연혁은 전혀 전하지 않는다. 유물로 미루어 보아 고려 말에 폐사된 것으로 보인다. 【유

적·유물】 절터는 사적 제315호로 지정되어 있다. 1984년 한국토지개발공사에서 이 지역에 택지를 조성하던 중 절터가 발견되었으며, 1985년 청주대학교 발굴팀이 '흥덕사(興德寺)'라고 새겨진 금구(金口) 조각과 청동불발(靑銅佛鉢) 뚜껑을 발굴하여 이 절터가 흥덕사 터임이 확인되었다. 금당(金堂)과 강당, 서회랑(西廻廊)의 터가 있다. 이 밖에도 당시 이 절터에서는 청동소종(靑銅小鐘), 금강저(金剛杵), 청동용두(靑銅龍頭) 등의 청동제품이 많이 출토되어 미술사 연구의 귀중한 자료로 평가된다. 또한 《불조직지심체요절》은 1972년 프랑스 파리에서 열린 '세계도서의 해' 기념 도서전시회에 출품되어 현존하는 세계 최고(最古)의 금속활자본으로 공인되었다. 따라서 이 절터는 인쇄문화사적 의의가 크며, 현재 절터에 한국고인쇄박물관이 세워져 있다. 【참고문헌】 청주흥덕사지발굴조사보고서(청주대학교 박물관, 1986), 청주흥덕사지학술회의 보고서(청주대학교 박물관, 1986), 청주흥덕사지 발굴과 그 의의(김영진, 청주문화, 1986)

흥덕사(興德寺)

【위치】 서울특별시 서대문구 연희동 일대의 옛 연희방(延禧坊)에 있었다. 【연혁】 1401년(조선 태종 1) 여름 태상왕(太上王) 태조가 예전에 살던 집 동쪽에 터를 정하여 이 절을 창건하게 했다. 태조는 이 절을 지어 대대로 나라를 복되게 하며, 위로는 선조를 복되게 하고 아래로는 백성들을 이롭게 하여 종묘사직이 영구히 견고하고 왕실의 계통이 끊이지 않도록 하고자 했다. 이 절의 정전(正殿)에는 석가모니 부처님의 출산(出山) 장면 그림을

걸고, 북쪽 도리(楣) 위에는 시렁을 만들어 그 가운데는 밀교(密敎) 대장경 1부를 봉안하고 동쪽에는 새로 새긴 대자능엄경(大字楞嚴經)의 판본을 간직했다. 또 정전 좌우에 집을 지어 참선과 강론에 편리하게 했고, 네모진 연못을 만들었다고 한다. 1424년(세종 6) 나라에서 이전의 7종을 선종(禪宗)과 교종(敎宗)으로 통폐합했을 때 이 절은 교종의 도회소(都會所 ; 총본사)가 되었으나, 연산군 때(1494~1506) 폐사되었다. 【참고문헌】 동국여지승람

홍덕사(興德寺)

홍국사(興國寺)를 보시오.

홍룡사(興龍寺)

【이명】 한때 내원사(內院寺), 백운사(白雲寺), 흑룡사(黑龍寺)라고 불렸다. 【위치】 경기도 포천군 이동면 도평리 백운산(白雲山)에 있다. 【소속】 대한불교조계종 제25교구 본사인 봉선사의 말사이다. 【연혁】 신라 말에 연기 도선(烟起 道詵, 827~898)이 창건하여 내원사라고 했다. 도선이 이 절터를 정할 때 나무로 세 마리의 새를 만들어서 공중에 날려 보냈더니, 그 중 한 마리가 백운산에 앉았기 때문에 그 곳에 절을 창건했다고 한다. 조선 태조 때(1392~1398) 무학 자초(無學 自超)가 중창한 뒤, 1638년(인조 16) 무영(無影)이 중건했다. 이듬해 무영의 제자인 지혜(智惠)가 옛터에 백 수십 칸 규모의 선원을 짓고 이를 상선암(上禪庵)이라고 불렀다. 또한 1648년(인조 26) 청암(淸巖)이 50여 칸 규모의 보문암(普門庵)을 창건했다. 1786년(정조 10) 태천(泰天)이 중건하면서 백운사라고 했다. 1918년 동호(東湖)가 큰방을 중건했으며, 1922년 설하(渫河)가 대웅전을 중수하고 흑룡사로 이

름을 바꿨다가 곧 다시 홍룡사라고 바꾸었다. 1950년 6·25전쟁 전에는 대웅전을 비롯한 법당 4동과 요사채 등 모두 7백여 칸의 대규모 절이었으나, 전란으로 소진하였다. 1957년에는 관음전을 세우고, 1982년 백운당, 1987년에는 대웅전을 차례로 세웠다. 【유적·유물】 건물로는 대웅전과 관음전, 백운당 등이 있다. 관음전은 일부를 요사로 쓰고 있으며, 백운당은 주지실로 쓰고 있다. 유물로는 무영의 부도와 청암의 부도가 있다. 이 중에 무영의 부도는 1681년(숙종 7)에 세워졌다. 또한 옛터에는 지금도 주춧돌과 돌담이 남아 있다. 【참고문헌】 문화유적총람(문화재관리국, 1977), 한국사찰전서(권상로, 동국대학교 출판부, 1979)

홍룡암(興龍庵)

장연사(長淵寺)를 보시오.

홍륜사(興輪寺)

【이명】 대왕홍륜사(大王興輪寺)라고도 불렸다. 【위치】 경상북도 경주시 사정동에 있었다. 【연혁】 264년(신라 미추왕 3) 무렵 아도(阿道)가 창건한 신라 최초의 절이라고 전한다. 264년에 성국공주(成國公主)가 병이 났으나 아무도 이를 고치지 못하자 아도가 나서서 이를 고쳤다. 왕이 기뻐하여 소원을 물으니 아도는 '천경림(天鏡林)에 절을 짓고 불교를 일으켜 국가의 복을 비는 것을 바랄 뿐'이라고 했다. 왕이 이를 허락하여 이 절이 창건되었다고 한다. 당시의 규모는 매우 검소하여 아도는 초가집을 짓고 살면서 불법을 강연했으나, 왕이 죽자 자연히 폐허가 되었다. 그 뒤 527년(법흥왕 14) 이차돈(異次頓)이 순교하면서 잘린 목에서 흰 피가 나오는 이적(異蹟)을 보이자, 사람들은

이에 놀라고 또 슬퍼하여 그를 위해 천경림의 이 절 옛터에 다시 절을 짓기 시작하여 544년(진흥왕 5) 2월 완공했다. 진흥왕은 대왕흥륜사라고 이름하고, 이 해 3월 백성들이 출가하여 승니(僧尼)가 되는 것을 허락하는 한편, 궁중에 있는 여러 사람들을 절에 머무르게 했다. 또한 진흥왕은 만년에 스스로 삭발하여 법운(法雲)이라는 법명을 받고 이 절의 주지가 되었다. 그 뒤 이 절은 대법회를 주관하는 도량이 되었고, 왕실과 국가의 재앙을 물리치고 복을 비는 영험의 도량으로 존중되기도 했다. 불국사(佛國寺)와 석굴암(石窟庵)을 창건한 김대성(金大城)이 전생에 밭을 보시한 절도 이 절이었고, 김현(金現)이 호랑이와 인연을 맺게 된 것도 이 절이었다고 한다. 또한 민간에서는 매년 4월 부처님 오신 날로부터 보름까지 이 절의 탑을 돌면서 염불을 하는 복회(福會)를 열기도 했다. 이 절의 오당(吳堂)에는 미륵삼존불상이 있었는데, 이는 선덕여왕 때(632~647)의 승상 김양도(金良圖)가 조성하여 봉안한 것이다. 금당에는 신라 십성(十聖)을 그린 벽화가 있었다. 동쪽 벽에는 아도, 이차돈, 의상(義湘), 혜숙(惠宿), 안함(安含)이, 서쪽 벽에는 표훈(表訓), 원효(元曉), 자장(慈藏), 혜공(惠空), 사복(蛇福) 등의 상이 그려져 있었다고 한다. 금당의 좌우로는 행랑과 좌경루(左經樓), 남지(南池), 탑이 있었다. 남문은 길달문(吉達門)이라고 불렸는데, 귀교(鬼橋)를 만들었던 비형(鼻荊)의 무리 가운데 길달(吉達)이라는 귀신이 지었다고 해서 그와 같이 불렸다고 한다. 황룡사(皇龍寺), 사천왕사(四天王寺)와 함께 손꼽히는 대규모의 절이었

으나, 신라 말에 반군의 방화로 남문과 낭무(廊廡)가 불탔다. 921년(경명왕 5) 정화(靖和), 홍계(弘繼) 등 승려가 기부금을 모아 중수하려 했을 때 제석천(帝釋天)이 절의 경루에 내려와 열흘을 머물렀으며, 절에 향기가 가득하고 오색구름이 뒤덮자 사람들이 옥과 비단 등을 시주하고, 공장(工匠)들이 스스로 와서 며칠 만에 수리를 끝마쳤다고 한다. 중수 후 제석천이 다시 하늘로 가려 할 때 그 모습을 그려 모시고자 했으나, 제석천은 자신의 원력이 보현보살보다 못하다고 하면서 보현보살을 그리도록 했다. 이에 두 승려는 보현보살의 상을 벽 사이에 그렸다고 한다. 조선시대에 소실한 뒤 폐사되었다. 【유적·유물】 절터는 사적 제15호로 지정되어 있다. 유물로는 석조(石槽)와 배례석(拜禮石)이 남아 있었으나, 이것 또한 경주부윤 이필영(李必榮)에 의해 동헌(東軒)으로 옮겨졌다가 현재는 국립경주박물관에 보관되어 있다. 이 중 석조는 신라의 유물 중 가장 큰 것인데, 길이 2.3m, 너비 1.1m이다. 또한 이곳에서 출토된 국내에서 유일한 인면문(人面文) 와당(瓦當)은 미소 짓는 얼굴을 기와에 조각한 것으로 일본인에 의해 일제 때 반출되었다가 1972년 국립경주박물관으로 옮겨 보관되고 있다. 이 절에 대한 발굴 작업은 1972년과 1977년 6월 실시되어 금당 터 부근 일부가 발굴되었다. 【설화】 원성왕 때(785~798) 젊은 귀공자 김현(金現)이 밤 늦게 이 절의 전탑(殿塔)을 돌다가 한 처녀를 만나 관계를 가졌다. 이 여인은 집안이 하늘의 저주를 받아 세 오빠와 함께 호랑이가 된 자였다. 여인은 세 오빠와 집안의 재앙을 자신만의 희생으로

막고자 김현의 칼에 죽기를 원했다. 이튿
날 호랑이는 성중에 들어가 심히 날뛰었
고 아무도 이를 상대하지 못하자, 왕은 호
랑이를 잡은 자에게 2급의 벼슬을 주겠다
고 했다. 김현이 벼슬을 얻기 위해 숲속으
로 들어갔더니 호랑이는 낭자로 변해 김
현을 반가이 맞이하면서 자기를 위해 절
을 세우고 불경을 강해 주기를 간절히 원
했다. 그리고 자기의 발톱에 상처를 입은
자는 흥륜사의 간장을 상처에 바르고 이
절의 나발 소리를 들으면 모두 나으리라
는 비방까지 알려 주었다. 이어서 그 낭자
는 김현의 칼을 뽑아 스스로 목숨을 끊고,
다시 호랑이로 변신했다. 그 뒤 김현은 벼
슬에 오르자 서천(西川)가에 절을 짓고
호원사(虎願寺)라고 했다. 또한 항상 《범
망경》을 강해 호랑이의 명복을 빌어서 그
를 성공시킨 은혜에 보답했다. 【참고문
헌】 삼국유사, 신라의 폐사 I(한국불교연
구원, 일지사, 1974), 문화유적총람(문화
재관리국, 1977)

홍륜사(興輪寺)
【위치】 충청남도 공주시에 있었다. 【연
혁】 백제 때 창건됐다. 526년(성왕 4) 겸
익(謙益)이 인도의 상가나(常伽那) 대율
사(大律寺)에서 산스크리트를 배우고 율
(律)을 연구한 뒤 배달다(倍達多) 삼장과
함께 산스크리트본 《아비담장(阿毘曇藏)》
과 《오부율문(五部律文)》을 가지고 귀국
했다. 이때 성왕이 교외로 나가 환영하고
이 절에 머물게 했으며, 이 책자들을 이
절에 봉안했다. 이어 성왕은 나라 안의 이
름 있는 주석가 28명을 불러 겸익과 함께
율부 72권을 번역하게 했다. 연혁은 전하
지 않는다. 【참고문헌】 조선불교통사(이
능화, 신문관, 1918)

흥림사(興林寺)
심원사(深源寺)를 보시오.

흥법사(興法寺)
【위치】 강원도 원주시 지정면 안창리 전
등산(傳燈山)에 있었다. 【연혁】 유물로
미루어 보아 신라 말에 창건된 것으로 추
정된다. 940년(고려 태조 23) 진공(眞空)
대사 충담(忠湛)이 이 절에서 머물다가
입적하자 태조가 친히 비문을 짓고 탑을
세웠다. 연혁은 전하지 않는다. 1481년
(조선 성종 12)에 편찬된 《동국여지승람》
에는 존재한다고 나와 있으나, 1799년(정
조 23)에 편찬된 《범우고(梵宇攷)》에는
이미 폐사되었다고 나와 있다. 【유적·유
물】 절터가 강원도 문화재자료 제45호로
지정되어 있다. 절터에는 고려시대 것으
로 보이는 삼층석탑(보물 제464호)을 비
롯하여 940년에 건립된 진공대사탑비의
귀부 및 이수(보물 제463호), 석축, 초석
등이 산재해 있다. 또한 진공대사탑 및 석
관(보물 제365호)과 탑비의 신석(身石)은
1931년 경복궁으로 옮겨졌다가, 현재는
서울 국립중앙박물관 뜰에 있다. 이 밖에
도 국립중앙박물관 뜰에는 이 절터에서
옮겨 왔다고 하나 그 사실이 입증되지 않
고 있는 신라 때 스님 염거(廉居, ?~844)
의 염거화상탑(국보 제104호)이 있다.
【참고문헌】 전통사찰총서 1-강원도 1
(사찰문화연구원, 1992)

흥복사(興福寺)
【이명】 한때 승가사(僧伽寺)라고 불렸다.
【위치】 전라북도 김제시 흥사동 승가산
(僧伽山)에 있다. 【소속】 대한불교조계종
제17교구 본사인 금산사의 말사이다. 【연
혁】 650년(백제 의자왕 10) 고구려의 보
덕(普德)이 창건하여 승가사라고 했다.

보덕은 고구려가 도교를 숭상하고 불교를 압박하여 큰스님들이 국외로 망명하는 사태가 나자 보장왕에게 여러 번 불교의 부흥을 주장했으나 듣지 아니하므로 자신도 부득이 백제로 망명했다. 그 뒤 각지를 순회하다 승가산에 이르러 이 절을 창건한 것이다. 그는 주로 《열반경》을 연구하고 강설하면서 이 절에 극락전을 세우고 삼존불을 봉안했다. 1597년(조선 선조 30) 정유재란 때에는 왜군의 병화에 의해 완전히 소실하였다. 그 뒤 1625년(인조 3) 김제에 사는 거사 흥복(興福)이 극락전을 중건하여 흥복사로 이름을 바꿨다. 1974년에는 주지로 부임한 김도영이 중창하여 오늘에 이르고 있다. 【유적·유물】 건물로는 대웅전을 비롯하여 관음전, 미륵전, 삼성각, 보리집, 사천왕문, 요사채가 있다. 관음전을 제외하고는 모두 1976년 이후에 신축된 건물들이다. 극락전 현판은 조선 후기 영조·정조 때의 명필인 창암 이삼만(蒼巖 李三晩)이 쓴 것이다. 【참고문헌】 전북불교총람(전북불교총연합회, 1993)

흥복사(興福寺)

【위치】 평안남도 평양시에 있었다. 【연혁】 언제 누가 창건했는지 알 수 없다. 1053년(고려 문종 7) 10월 7일 문종이 이 절에 행차했다. 1087년(선종 4년) 4월 24일 선종이 이 절에 행차했고 이 해 10월 17일 다시 선종이 이 절과 금강사(金剛寺)에 행차했다. 1102년(숙종 7) 8월 12일 숙종이 이 절에 행차하여 분향했으며 이 해 9월 15일 시왕당(十王堂)이 준공되자 숙종이 태자에게 명하여 분향하도록 했다. 이튿날에는 숙종이 왕후와 태자, 종친들을 데리고 이 절에 가서 시왕전의 낙성식을 치루었다. 이 해 10월 6일 숙종이

다시 행차했다. 1109년(예종 4) 4월 11일 예종이 이 절을 비롯하여 영명사(永明寺), 장경사(長慶寺), 금강사 등에 문두루도량(文豆婁道場)을 설치하게 하고 전쟁의 승리를 빌게 했다. 1116년(예종 11) 4월 7일 예종이 이 절과 금강사에 행차했으며 1120년(예종 15) 8월 29일 예종이 이 절과 영명사에 행차하여 강의 들락거림을 구경했다. 1127년(인종 5) 3월 18일 인종이 왕비와 두 공주를 데리고 이 절에 행차했다. 1168년(의종 22) 4월 2일 의종이 이 절에 행차하여 남포(南浦)에 배를 띄우고 재상과 근신들을 위해 연회를 베풀었다. 1481년(조선 성종 12)에 편찬된 《동국여지승람》에는 존재한다고 나와 있으나 언제 폐사되었는지는 알 수 없다. 【참고문헌】 고려사, 동국여지승람

흥복사(興福寺)

원각사(圓覺寺)를 보시오.

흥사(興寺)

속명사(續命寺)를 보시오.

흥서암(興瑞庵)

흥국사(興國寺)를 보시오.

흥성사(興聖寺)

【이명】 한때 숭복사(崇福寺), 숭복원(崇福院)이라고 불렸다. 【위치】 경기도 장단군 오관산(五冠山)에 있었다. 【연혁】 918년(고려 태조 1) 태조가 왕위에 오르자 정화공주(貞和公主)의 아버지 보육(寶育)이 자신의 집을 내놓아 절로 만들고 이름을 숭복사라고 했다. 1125년(인종 3) 3월 27일 인종이 이 절에 행차하여 이름을 숭복원에서 흥성사라 바꾸고, 낙성을 축하하며 신하들과 함께 향연을 열었다. 1152년(의종 6) 2월 의종이 영통사(靈通寺)와 이 절에 행차했다. 이듬해 3월 22일에도 의종이

이 절에 행차했다. 그 뒤 전란으로 불타 없어지자, 공민왕의 비인 노국공주(魯國公主)가 중창하고 대장경을 봉안했다. 1365년(공민왕 14) 노국공주가 죽은 뒤 주지 내명(乃明)이 이색(李穡)에게 청하여 이 절의 기문(記文)을 짓게 했다. 그 뒤의 연혁은 전하지 않으며 언제 폐사됐는지도 알 수 없다. 【참고문헌】 고려사, 동문선, 한국사찰전서(권상로, 동국대학교 출판부, 1979)

흥왕사(興王寺)

【위치】 경기도 개풍군 덕적산(德積山) 남쪽 기슭에 있었다. 【연혁】 1056년(고려 문종 10) 문종이 자신의 원찰로 창건했다. 문종은 이 절이 사치스럽고 장엄하다고 하여 신하들의 반대가 컸음에도 불구하고 10년이 넘는 역사를 진행하여 1067년(문종 21) 1월 낙성했다. 총 2,800칸의 규모로 지어진 이 절에는 수많은 승려들이 모여들었지만, 계행(戒行)이 청정한 자만을 가려 천 명을 뽑아 머무르게 했다. 특히 초대 주지직은 문종의 아들인 대각(大覺) 국사 의천(義天, 1055~1101)이 맡았다. 낙성한 뒤 9일 동안 연등대회를 특별히 개설하고, 백관(百官)과 안서도호(安西都護), 개성부(開城府), 광주(廣州), 수주(水州), 양주(楊州), 동주(東州), 강화(江華), 장단(長湍) 등 여러 주현(州縣)에 칙령을 내려 절 문에서부터 연로(輦路) 좌우에 채붕(綵棚)을 연결하고, 등산(燈山)과 화수(火樹)를 만들어 낮과 같이 불을 밝혔다고 한다. 왕은 친히 백관을 거느리고 행차하여 헌향했는데, 그 성대함이 일찍이 볼 수 없었던 대축제였다. 또한 1070년 2월 삼층대전(三層大殿)인 자씨전(慈氏殿 ; 미륵전)을 새로 짓고, 6월에는 절

주위에 성벽을 쌓게 했으며, 1077년 봄에는 금자화엄경(金字華嚴經)을 전성(轉成)했다. 1078년 금 144근과 은 427근으로 금탑을 조성했으며, 이 금탑을 보호하기 위해 뒤에 석탑을 조성하여 숙종 때(1095~1105) 송나라 조정에서 보내온 대장경을 이 탑 속에 봉안했다. 문종이 죽은 뒤에는 문종의 진영(眞影)을 모셨으며, 그 뒤 고려의 여러 왕들이 자주 행차했다. 1087년(선종 4)에는 의천의 속장경 간행 사업을 위해 대장전(大藏殿)을 건립했다. 그 뒤 무신정권의 실력자인 최충헌(崔忠獻)의 아들 최이(崔怡, ?~1249)가 황금 200근으로 13층탑과 화병(花瓶)을 조성하여 헌납했다. 그러나 충렬왕 때(1274~1308) 왕비가 충렬왕과 함께 이 절에 와서 황금탑을 보고는 욕심을 내어 금탑을 빼앗아 대궐로 가져 갔는데, 장식품들은 제국공주(濟國公主)의 노비들이 훔치고 탑은 공주가 차지했다. 이때 이 절의 승려들은 간절히 되돌려 주기를 청했으나 응하지 않았는데, 별안간 충렬왕이 괴질에 걸려 백약이 효험이 없게 되자 공주는 금탑을 이 절로 돌려주었고, 충렬왕의 병도 완쾌되었다고 한다. 1236년(고종 23)에는 몽고의 병란으로 완전히 소실됐다. 그 뒤 여러 차례 중창했으나 예전에 미치지 못했다가, 1330년(충숙왕 17) 정조(晶照), 달환(達幻) 등의 화엄종 큰스님들이 9년 동안 공사하여 이전의 면모를 되찾을 수 있었다. 또한 1363년(공민왕 12)에는 이 절에서 공민왕을 시해하려는 음모가 벌어지기도 했다. 즉, 홍건적이 대거 침입하자 공민왕은 잠시 복주(福州)와 청주(淸州)로 피신했다가 난이 진압되자 환도하여 잠시 이 절에 머물렀다. 그때 공민왕

의 신임이 두터웠던 김용(金鏞)이 역심을 품고 무리들과 함께 이 절에 침범하여 시위를 죽이고 공민왕까지 시해하려 했다. 공민왕은 다급히 태후의 밀실로 피신했고, 노국공주(魯國公主)가 역도들의 칼을 막아 사직을 보전할 수 있었다. 이때 환관 안도치(安都赤)가 공민왕과 용모가 비슷했으므로 반도들이 그를 공민왕으로 오해하여 죽였다고 한다. 고려 왕실의 깊은 배려 속에서 크게 사세를 떨쳤으나, 조선시대에 들어오면서 폐허화했다. 【유적·유물】 옛터에는 초석과 와당, 남문 터 밖의 입석(立石)만이 남아 있었다. 절터에서 멀지 않은 곳에 삼중묘탑(三重妙塔)이 있었는데, 이는 송천사(松川寺)에 소속되었던 것으로 추정하고 있다. 【참고문헌】 고려사, 고려사절요, 한국사찰전서(권상로, 동국대학교 출판부, 1979), 송도의 고적(고유섭, 열화당, 1979)

흥왕사(興旺寺)

【이명】 한때 상왕사(霜旺寺)라고 불렸다. 【위치】 경기도 여주군 북내면 중암리 소달산(蘇達山)에 있다. 【소속】 대한불교조계종 제2교구 본사인 용주사의 말사이다. 【연혁】 언제 창건했는지 알 수 없으나, 지금부터 약 천 여 년 전에 선사 소달(蘇達)이 창건했다는 설과 고려 공민왕 때(1351~1374) 나옹 혜근(懶翁 惠勤)이 창건했다는 설이 있다. 그 뒤 조선 후기까지의 연혁은 전하지 않는다. 1893년(조선 고종 30)까지는 상왕사라고 했으나, 그 뒤 흥왕사로 이름을 바꾸었다. 이어 10여 년 동안 법당이 퇴락한 채 방치된 것을 주지 돈묵(頓默)이 탁발하여 1905년 중건했다. 1922년 주지 성묵(性默)이 다시 법당을 중수했고, 1931년 혜근이 봉안한 것

으로 알려진 아미타여래상을 개금했으며, 1932년 주지 윤익(潤益)이 큰방을 중수했다. 이어 주지 윤익이 1933년 동요사(東寮舍)를 세웠고, 1938년 서요사(西寮舍)를 세웠으며, 1943년 법당을 중건했다. 【유적·유물】 현존하는 건물로는 극락전과 칠성각, 서래암(西來庵, 큰방), 요사채 2동이 있다. 유물로는 아미타후불탱화와 아미타탱화, 현왕탱화, 신중탱화 2점, 칠성탱화, 독성탱화, 산신탱화 등이 있다. 이 중 아미타후불탱화와 아미타탱화, 신중탱화 2점, 독성탱화는 1892년에 제작된 것이고, 나머지는 1905년에 제작된 것이다. 【설화】 옛날 고달(高達)과 소달 두 형제가 있었다. 고달은 고달사를 짓고서 큰 인물을 배출하여 나라를 흥성케 할 원을 세웠다. 소달은 수도장을 열어 중생을 제도할 원을 세웠다. 그러므로 고달사는 이미 흥왕하여 그 소임을 다해 폐사됐으나, 소달이 세운 이 절은 길이 흥왕하여 부처님 가르침을 전하게 될 것이라고 한다. 【참고문헌】 용주사본말사지(본말사주지회, 1984)

홍주사(興住寺)

【위치】 충청남도 태안군 태안읍 상옥리 백화산(白華山)에 있다. 【소속】 대한불교조계종 제7교구 본사인 수덕사의 말사이다. 【연혁】 222년(백제 구수왕 9) 중국의 조사 홍인(興仁)이 바다를 통해 백제에 들어와 창건했다고 한다. 그러나 이때는 백제에 불교가 들어오기 160여 년 전의 일이므로 신빙성이 없다. 현존하는 건물의 배치나 건축 구조, 유물, 유적 등을 통해 볼 때에는 고려시대에 창건된 것으로 추정된다. 그 뒤의 자세한 연혁은 전하지 않는다. 1722년(조선 영조 48) 원통전을

중수했다. 【유적·유물】현존하는 건물로는 대웅전과 만세루, 요사채 2동이 있다. 조선시대 후기에 건립된 대웅전에는 아미타불을 중심으로 좌우에 관세음보살과 미륵보살을 안치했다. 또 원통전 앞에는 삼층석탑 1기(충청남도 유형문화재 제28호)가 있으나 파손된 것을 복원한 것으로 격이 맞지 않는 상태이다. 【참고문헌】서산군지(서산군, 1982), 문화유적총람-사찰편(충청남도, 1990)

홍천사(興天寺)
【위치】알 수 없다. 【연혁】언제 누가 창건했는지 알 수 없다. 1165년(고려 의종 19) 2월 7일 의종이 행차하여 머물렀다. 1311년(충선왕 3) 9월 14일 원나라에서 내시인 원사(院使) 이신(李信)을 보내어 이 절을 보호하게 했다. 이는 진왕(晉王)이 이 절을 자신의 원찰로 정했기 때문에 원나라 황제에게 사람을 파견해 줄 것을 요청한 데 따른 것이었다. 1314년(충숙왕 1) 3월 10일 공주가 친정 아버지인 진왕의 기일이므로 이 절에 왔다. 1318년(충숙왕 5) 3월 7일 충숙왕이 이 절의 앞 들에서 사냥을 했다. 연혁은 전하지 않는다. 【참고문헌】고려사

홍천사(興天寺)
【이명】한때 신흥사(神興寺)라고 했다. 【위치】서울특별시 성북구 돈암동에 있다. 【소속】대한불교조계종 직할교구 본사인 조계사의 말사이다. 【연혁】1395년(조선 태조 4) 신덕왕후(神德王后) 강(康)씨가 죽자 능지(陵地)를 정릉(貞陵)에 정하여 조영(造營)하고, 1397년 그 원당으로 능 동쪽에 170여 칸의 절을 세워 흥천사라고 했으며, 조계종의 본산으로 삼았다. 초창기 이 절은 좌선하는 것으로 항규

(恒規)를 삼았다. 1398년 6월 태조의 명으로 삼층사리각과 사리탑을 절의 북쪽에 세웠고, 7월에는 우란분재를, 8월에는 신덕왕후의 천도회(薦度會)를 베풀었다. 그러나 1403년(조선 태종 3) 태종이 이 절의 노비와 전지(田地)의 양을 감하게 했고, 1408년 의정부의 건의에 따라 화엄종에 귀속시키는 한편, 태평관(太平館)을 철거한 뒤 그 노비와 전지를 이 절에 이양했다. 1410년 태조의 유지(遺旨)를 좇아 중수했고, 이듬해에는 사리각을 중수했다. 1424년(세종 6)에는 교종(教宗)에 속하게 되었다. 1435년 사리각을 중수했고, 1437년 세종의 명으로 중수했으며, 1440년 9월 대장경을 봉안했다. 1441년 3월 중수 공사가 끝나자 5일 동안 경찬회(慶讚會)를 개최했으며, 1443년 4월 세종이 회암사(檜巖寺) 주지로 있던 천봉 만우(千峰 卍雨)를 이 절에 머무르게 했다. 또한 1447년(세종 29) 세종이 안평대군을 시켜 사리각에 불골(佛骨)을 봉안하게 했다. 1469년(예종 1) 명나라 왕과 왕후가 불번(佛幡)을 만들어 보냈으므로 봉안했고, 1480년 절을 다시 중수했으며, 1504년(연산군 10) 내원당(內願堂)을 이 절로 이주시켰다. 그러나 이 해 12월 불타고, 1510년(중종 5)에는 사리각까지 불타 완전히 폐허가 되자 그 땅을 탐내는 자도 많이 생겼다. 그때의 대종(大鐘)은 덕수궁으로 옮겨져 지금까지 남아 있다. 1569년(선조 2) 선조의 명으로 함취정(含翠亭)의 옛터로 절을 옮겨 지었다. 1794년(정조 18) 승려 성민(聖敏), 경신(敬信) 등의 발원으로 지금의 위치로 옮겨 짓고, 이름을 신흥사라고 했다. 그 뒤 1846년(헌종 12)에는 구봉 계장(九峰 啓壯)이 칠성

각을 지었고, 1849년 성혜(性慧)가 적조암(寂照庵)을 창건했다. 1853년(철종 4) 계장이 대웅전을, 1855년 순기(舜淇)가, 명부전을, 1865년(고종 2) 큰방과 요사채를 짓고 이름을 다시 흥천사라고 했다. 1885년 큰방을 중수하여 오늘에 이르고 있다. 【유적·유물】 현존하는 건물로는 극락보전(서울특별시 유형문화재 제66호)을 비롯하여 명부전(서울특별시 유형문화재 제67호), 용화루, 칠성각, 독성각, 만세루, 승방, 큰방, 일주문, 종각 등이 있다. 【참고문헌】 문화유적총람(문화재관리국, 1977), 한국사찰전서(권상로, 동국대학교 출판부, 1979)

흥천사(興天寺)
【위치】 인천광역시 강화군 양도면 삼흥리 계암산(啓巖山)에 있었다. 【연혁】 언제 누가 창건했는지 알 수 없다. 조선시대에 억불정책으로 핍박이 심해지자 승려들이 몰래 숨어서 절을 지었다고 하며, 또한 이 절에서 은둔 생활을 하면서 불교가 흥하기만을 기다렸다고 한다. 1690년대에 이형상(李衡祥)이 편찬한 《강도지(江都志)》에는 이미 폐사되어 절터만 존재한다고 나와 있다. 【유적·유물】 절터에는 축대의 일부와 기와 조각들이 남아 있다. 【참고문헌】 한국사찰전서(권상로, 동국대학교 출판부, 1979), 기내사원지(경기도, 1988)

흥풍사(興風寺)
속명사(續命寺)를 보시오.

희랑대(希朗臺)
【위치】 경상남도 합천군 가야면 치인리 가야산 서남쪽 중턱에 있다. 【소속】 대한불교조계종 제12교구 본사인 해인사의 산내 암자이다. 【연혁】 신라 말 헌강왕 때(875~886) 활동하던 희랑(希朗)이 창건

했다고 한다. 연혁은 전하지 않는다. 【유적·유물】 건물로는 삼성전만이 있다. 삼성전에는 독성나반존자가 봉안되어 있는데, 그 영험이 불가사의하다고 하여 많은 신도들이 존숭한다. 삼성전 옆에는 희랑이 심었다는 노송 한 그루가 서 있다. 【설화】 이 부근의 산세가 마치 게의 모습과 같은데, 게는 둘이 만나면 서로 싸움을 일삼는다고 한다. 그래서 희랑대에서는 두 승려가 같이 살지 못한다고 한다. 【참고문헌】 한국의 사찰 7 - 해인사(한국불교연구원, 일지사, 1975)

희방사(喜方寺)
【위치】 경상북도 영주시 풍기읍 수철리 소백산 연화봉(蓮花峰) 아래에 있다. 【소속】 대한불교조계종 제16교구 본사인 고운사의 말사이다. 【연혁】 643년(신라 선덕여왕 12) 두운(杜雲)이 창건했다. 그 뒤 조선 중기까지의 자세한 연혁은 전하지 않는다. 1850년(철종 1) 화재로 소실하여 강월(江月)이 중창했으나, 1950년 6·25 전쟁 때 4동 20여 칸의 건물과 절에 보관되어 오던 《월인석보》권1과 권2의 판본도 함께 소실하였다. 그러나 주존불만은 무사하여 두운이 기거하던 천연동굴 속에 봉안했다가, 1954년 주지 안대근(安大根)이 중건한 뒤 대웅전에 봉안했다. 【유적·유물】 건물로는 대웅전 2동과 산신각, 요사채 4동 등이 있다. 문화재로는 동종(경상북도 유형문화재 제226호)과 누구의 것인지 알 수 없는 부도 2기가 있다. 【설화】 호랑이에 얽힌 창건 설화가 있다. 두운은 태백산 심원암(深源庵)에서 이곳의 천연동굴로 옮겨 수도하던 중, 겨울 밤에 호랑이가 찾아 들어 앞발을 들고 고개를 저으며 무엇인지를 호소했다. 살펴보니

목에 여인의 비녀가 꽂혀 있었으므로 뽑아 주었다. 그 뒤 어느 날 소리가 나서 문을 열어 보니 어여쁜 처녀가 호랑이 옆에 정신을 잃고 있었다. 처녀를 정성껏 간호하고 원기를 회복시킨 다음 사연을 묻자, 그녀는 계림(鷄林)의 호장(戶長) 유석(留石)의 무남독녀로서 그 날 혼인을 치르고 신방에 들려고 하는데 별안간 불이 번쩍 하더니 몸이 공중에 떴고 그 뒤 정신을 잃었다고 했다. 두운은 굴속에다 싸리나무 울타리를 만들어 따로 거처하며 겨울을 넘긴 뒤 처녀를 집으로 데리고 갔다. 유석은 은혜에 보답하고자 동굴 앞에 절을 짓고 농토를 마련해 주었으며, 무쇠로 수철교(水鐵橋)를 놓아 도를 닦는 데 어려움이 없게 했다. 【참고문헌】 문화유적총람(문화재관리국, 1976), 한국사찰전서(권상로, 동국대학교 출판부, 1979)

한국불교문화재목록

부록 : 한국불교 문화재 목록

● 일러두기 ●

1. 본 문화재 목록은 1995년 12월 31일 현재의 국가 지정 문화재와 시도 지정 문화재 중에서 불교
   관련 문화재를 종류별로 분류하여 구분(지정번호 포함) · 명칭 · 수량 · 지정일 · 소유자 · 소재
   지 순으로 정리한 것이다.
2. 구분은 다음과 같은 약어로 표시했다.
   국보 : 국보
   보물 : 보물
   사적 : 사적
   민속 : 중요민속자료
   지유 : 해당 시도의 지방유형문화재
   지기 : 해당 시도의 지방기념물
   지민 : 해당 시도의 지방민속자료
   지문 : 해당 시도의 지방문화재자료

1. 불상

1-1. 금 · 금동 · 청동불상

구 분	명 칭	수량	지정일	소유자	소 재 지
국보 26	佛國寺金銅毘盧舍那佛坐像	1위	62.12.20	불국사	경북 경주시 진현동
국보 27	佛國寺金銅阿彌陀如來坐像	1위	62.12.20	불국사	경북 경주시 진현동
국보 28	栢栗寺金銅藥師如來立像	1위	62.12.20	백률사	경북 경주시 국립경주박물관
국보 72	金銅癸未銘三尊佛	1위	62.12.20	전성우	서울 성북구 간송미술관
국보 73	金銅三尊佛龕	1기	62.12.20	전성우	서울 성북구 간송미술관
국보 79	慶州九黃里金製如來坐像	1위	62.12.20	국유	서울 종로구 국립중앙박물관
국보 80	慶州九黃里金製如來立像	1위	62.12.20	국유	서울 종로구 국립중앙박물관
국보 85	金銅辛卯銘三尊佛	1기	62.12.20	김동현	서울 종로구 옥인동
국보 119	延嘉七年銘金銅如來立像	1위	64. 3.30	국유	서울 종로구 국립중앙박물관

구 분	명 칭	수량	지정일	소유자	소 재 지
국보 182	金銅如來立像	1위	76. 4.23	국유	서울 종로구 국립중앙박물관
국보 186	陽平金銅如來立像	1위	76.12.14	국유	서울 종로구 국립중앙박물관
보물 196	金銅釋迦如來立像	1위	63. 1.21	국유	서울 종로구 국립중앙박물관
보물 284	金銅如來立像	1위	63. 1.21	전성우	서울 성북구 간송미술관
보물 328	金銅藥師如來立像	1위	63. 1.21	국유	서울 종로구 국립중앙박물관
보물 337	長谷寺金銅藥師如來坐像	1위	63. 1.21	장곡사	충남 청양군 대치면
보물 401	金銅如來立像	1위	64. 9. 3	김동현	서울 종로구 옥인동
보물 409	靈塔寺金銅三尊佛	1기	64. 9. 5	영탑사	충남 당진군 면천면
보물 731	宜寧菩提寺址金銅如來立像	1위	82. 3. 4	동아대	부산 서구 동아대 박물관
보물 779	金銅如來立像	1위	84. 8. 6	이건희	경기 용인군 호암미술관
보물 808	金銅誕生佛	1위	84.12. 7	사유	서울 강남구 호림박물관
보물 987	唐津申庵寺金銅佛坐像	1위	89. 4.10	신암사	충남 당진군 송악면
지유 28	高峰國師廚子願佛	1위	72. 1.29	송광사	전남 순천시 송광면
지유 29	泉隱寺懶翁和尙願佛	1위	72. 1.29	천은사	전남 구례군 광의면
지유 34	文殊寺金銅如來坐像	1위	74. 9. 1	문수사	충남 서산시 운산면
지유 104	靑銅如來坐像	1위	79. 5. 2	통도사	경남 양산군 하북면
지유 106	靑銅如來立像	1위	79. 5. 2	통도사	경남 양산군 하북면
지문 258	晩日寺金銅佛	1위	84. 5.17	만일사	충남 천안시 성거읍

1-2. 철불상

구 분	명 칭	수량	지정일	소유자	소 재 지
국보 58	長谷寺鐵造藥師如來坐像附石造臺座	1위	62.12.20	장곡사	충남 청양군 대치면
국보 63	到彼岸寺鐵造毘盧舍那佛坐像	1위	62.12.20	도피안사	강원 철원군 동송읍
국보 117	寶林寺鐵造毘盧舍那佛坐像	1위	63. 2.21	보림사	전남 장흥군 유치면
보물 41	實相寺鐵製如來坐像	1위	63. 1.21	실상사	전북 남원시 산내면
보물 98	忠州鐵佛坐像	1위	63. 1.21	국유	충북 충주시 대원사
보물 131	證心寺鐵造毘盧舍那佛坐像	1위	63. 1.21	증심사	광주 동구 운림동
보물 174	長谷寺鐵造毘盧舍那佛坐像附石造臺座	1위	63. 1.21	장곡사	충남 청양군 대치면
보물 332	春官里鐵造釋迦如來坐像	1위	63. 1.21	국유	서울 종로구 국립중앙박물관
보물 422	禪院寺鐵造如來坐像	1위	65. 7.16	선원사	전북 남원시 도통동
보물 512	丹湖寺鐵佛坐像	1위	69. 7.18	단호사	충북 충주시 단월동
보물 513	永川仙源洞鐵佛坐像	1위	69. 7.30	국유	경북 영천시 임고면
보물 567	萬奇寺鐵造如來坐像	1위	72. 7.22	만기사	경기 평택시 진위면

구 분	명 칭	수량	지정일	소유자	소 재 지
보물 667	寒天寺鐵造如來坐像	1위	80. 8.23	한천사	경북 예천군 감천면
보물 990	尙州南長寺鐵佛坐像	1위	89. 4.10	남장사	경북 상주시 남장동
보물 994	江華白蓮寺鐵阿彌陀佛坐像	1위	89. 4.10	백련사	인천 강화군 하점면
지유 21	中原白雲庵鐵佛坐像	1위	76.12.20	백운암	충북 충주시 엄정면
지유 23	大福寺鐵佛坐像	1위	73. 6.23	대복사	전북 남원시 왕정동
지유 86	隱寂寺鐵毘盧舍那佛坐像	1위	81.10.20	은적사	전남 해남군 마산면
지문 208	日樂寺鐵佛	1위	84. 5.17	일락사	충남 서산시 해미면

1-3. 목불상

국보 42	木彫三尊佛龕	1기	62.12.20	송광사	전남 순천시 송광면
보물 980	華城鳳林寺木阿彌陀佛坐像	1위	89. 4.10	봉림사	경기 화성군 남양면
보물 989	醴泉龍門寺大藏殿木佛坐像 및 木刻幀	1위	89. 4.10	용문사	경북 예천군 용문면
지유 18	金塘寺木佛坐像	1위	73. 6.23	금당사	전북 진안군 마령면
지유 28	禪雲寺靈山殿木造三尊佛像	1기	73. 6.23	선운사	전북 고창군 아산면
지유 77	佳山寺木佛	1위	80.11.13	가산사	충북 옥천군 안내면

1-4. 석불상

국보 82	甘山寺石造阿彌陀佛立像	1위	62.12.20	국유	서울 종로구 국립중앙박물관
국보 106	癸酉銘全氏阿彌陀佛三尊石像	1기	62.12.20	국유	서울 종로구 국립중앙박물관
국보 108	癸酉銘三尊千佛碑像	1기	62.12.20	국유	충남 공주시 국립공주박물관
보물 42	龍潭寺址石佛立像	1위	63. 1.21	국유	전북 남원시 주천면
보물 43	萬福寺址石佛立像	1위	63. 1.21	국유	전북 남원시 왕정동
보물 45	益山蓮洞里石佛坐像	1위	63. 1.21	국유	전북 익산시 삼기면
보물 46	益山古都里石佛立像	2위	63. 1.21	국유	전북 익산시 금마면
보물 58	安東安奇洞石佛坐像	1위	63. 1.21	국유	경북 안동시 안기동
보물 60	榮州可興里石佛立像	1위	63. 1.21	국유	경북 영주시 가흥동
보물 63	慶州拜里石佛立像	3위	63. 1.21	국유	경북 경주시 배동
보물 71	咸安大山里石佛	3위	63. 1.21	국유	경남 함안군 함안면
보물 75	昌寧松峴洞石佛坐像	1위	63. 1.21	국유	경남 창녕군 창녕읍
보물 81	寒松寺址石佛像	1위	63. 1.21	국유	강원 강릉시 강릉시청
보물 84	神福寺址石佛坐像	1위	63. 1.21	국유	강원 강릉시 내곡동
보물 89	道岬寺石造如來坐像	1위	63. 1.21	도갑사	전남 영광군 군서면

구 분	명 칭	수량	지정일	소유자	소 재 지
보물 96	槐山彌勒里石佛立像	1위	63. 1.21	국유	충북 충주시 상모면
보물 100	安國寺址石佛立像	3위	63. 1.21	국유	충남 당진군 정미면
보물 108	扶餘定林寺址石佛坐像	1위	63. 1.21	국유	충남 부여군 부여읍
보물 116	榮州石橋里石佛像	1위	63. 1.21	국유	경북 영주시 순흥면
보물 118	尙州曾村里石佛立像	1위	63. 1.21	국유	경북 상주시 함창읍
보물 119	尙州伏龍里石佛坐像	1위	63. 1.21	국유	경북 상주시 서성동
보물 120	尙州曾村里石佛坐像	1위	63. 1.21	국유	경북 상주시 함창읍
보물 121	掘佛寺址石佛像	1위	63. 1.21	국유	경북 경주시 동천동
보물 136	慶州南山彌勒谷石佛坐像	1위	63. 1.21	국유	경북 경주시 배반동
보물 187	慶州南山茸長寺谷石佛坐像	1위	63. 1.21	국유	경북 경주시 내남면
보물 197	靑陽石造三尊佛立像	3위	63. 1.21	국유	충남 청양군 청양읍
보물 198	慶州南山佛谷石佛坐像	1위	63. 1.21	국유	경북 경주시 인왕동
보물 203	淸道珀谷洞石造釋迦如來坐像	1위	63. 1.21	국유	경북 청도군 금천면
보물 219	開泰寺址石佛立像	3위	63. 1.21	국유	충남 논산군 연산면
보물 220	榮州北枝里石造如來坐像	2위	63. 1.21	국유	경북 영주시 부석면
보물 244	桐華寺毘盧庵石造毘盧舍那佛坐像	1위	63. 1.21	동화사	대구 동구 도학동
보물 245	梧鳳寺石造釋迦如來坐像	1위	63. 1.21	국유	경북 김천시 남면
보물 246	孤雲寺石造釋迦如來坐像	1위	63. 1.21	고운사	경북 의성군 단촌면
보물 264	海印寺石造如來立像	1위	63. 1.21	해인사	경남 합천군 가야면
보물 265	淸凉寺石造釋迦如來坐像	1위	63. 1.21	청량사	경남 합천군 가야면
보물 295	觀龍寺龍船臺石造釋迦如來坐像	1위	63. 1.21	관룡사	경남 창녕군 창녕읍
보물 296	靑巖寺修道庵藥光殿石佛坐像	1위	63. 1.21	수도암	경북 김천시 증산면
보물 307	靑巖寺修道庵石造毘盧舍那佛坐像	1위	63. 1.21	수도암	경북 김천시 증산면
보물 317	雲門寺石造如來坐像	1위	63. 1.21	운문사	경북 청도군 운문면
보물 319	直指寺石造藥師如來坐像	1위	63. 1.21	직지사	경북 김천시 대항면
보물 329	軍守里石造如來坐像	1위	63. 1.21	국유	서울 종로구 국립중앙박물관
보물 335	石造如來坐像	1위	63. 1.21	국유	대구 북구 경북대
보물 367	己丑銘阿彌陀如來諸佛菩薩石像	1기	63. 1.21	국유	서울 종로구 국립중앙박물관
보물 370	澗月寺址石造如來坐像	1위	63. 1.21	국유	경남 울산시 울주구 상북면
보물 371	丹城石造如來坐像	1위	63. 1.21	국유	경남 진주시 망경남동
보물 376	咸陽石造如來坐像	1위	63. 1.21	국유	경남 함양군 함양읍

구 분	명 칭	수량	지정일	소유자	소 재 지
보물 377	居昌陽平洞石造如來立像	1위	63. 1.21	국유	경남 거창군 거창읍
보물 424	靑龍寺石造如來坐像	1위	65. 7.16	청룡사	경북 예천군 용문면
보물 425	靑龍寺石造毘盧舍那佛坐像	1위	65. 7.16	청룡사	경북 예천군 용문면
보물 427	醴泉東本洞石造如來立像	1위	65. 7.16	국유	경북 예천시 예천읍
보물 431	冠峰石造如來坐像	1위	65. 9. 1	국유	경북 경산시 와촌면
보물 433	覺淵寺石造毘盧舍那佛坐像	1위	66. 2.28	각연사	충북 괴산군 장연면
보물 436	佛谷寺石造毘盧舍那佛坐像	1위	66. 2.28	불곡사	경남 창원시 대방동
보물 461	羅州鐵川里七佛石像	7위	68. 6.10	국유	전남 나주시 봉황면
보물 462	羅州鐵川里佛立像	1위	68. 6.10	국유	전남 나주시 봉황면
보물 491	龍華寺石造如來坐像	1위	68.12.19	용화사	경남 양산시 물금면
보물 492	善山海平洞石造如來坐像	1위	68.12.19	국유	경북 구미시 해평면
보물 493	舞鳳寺石造如來坐像	1위	69. 6.24	무봉사	경북 밀양시 내일동
보물 519	觀龍寺石造如來坐像	1위	70. 6.24	관룡사	경남 창녕군 창녕읍
보물 536	牙山坪村里石造藥師如來立像	1위	71. 7. 7	국유	충남 아산시 송악면
보물 541	洪川物傑里石造如來坐像	1위	71. 7. 7	국유	강원 홍천군 내촌면
보물 542	洪川物傑里石造毘盧舍那佛坐像	1위	71. 7. 7	국유	강원 홍천군 내촌면
보물 546	靑風石造如來立像	1위	71. 7.7	국유	충북 제천시 청풍면
보물 565	深福寺石造毘盧舍那佛坐像	1위	72. 3. 2	심복사	경기 평택시 현덕면
보물 600	光州藥師庵石造如來坐像	1위	75. 8. 4	약사암	광주 동구 운림동
보물 615	江華河帖面石造如來立像	1위	78. 3. 8	국유	인천 강화군 하점면
보물 650	七尊石佛像	1기	78.12. 7	연화사	충남 연기군 서면
보물 666	慶州三陵溪石佛坐像	1위	80. 6.11	국유	경북 경주시 배동
보물 676	永川華南洞石佛坐像	1위	80. 9.16	국유	경북 영천시 신령면
보물 681	黑石寺石造如來坐像	1위	80. 9.16	흑석사	경북 영주시 이산면
보물 742	蠟石三尊佛碑像	1기	82.12. 7	동국대	서울 중구 동국대 박물관
보물 794	禮山花田里四面石佛	1기	84.11.30	국유	충남 예산군 봉산면
보물 797	雲住寺石造佛龕	1기	84.11.30	운주사	전남 화순군 한천면
보물 914	井邑普化里石佛立像	2위	83. 3. 9	국유	전북 정읍시 소성면
보물 946	金芚寺址石佛立像	1위	88. 4. 1	국유	전남 순천시 낙안면
보물 979	公州西穴寺石佛坐像	1위	89. 4.10	국유	충남 공주시 국립공주박물관
보물 983	安城奉業寺石佛立像	1위	89. 4.10	칠장사	경기 안성군 죽산면
보물 984	永同新項里三尊佛立像	1기	89. 4.10	국유	충북 영동군 용산면
보물 985	淸州龍華寺石佛像群	7위	89. 4.10	용화사	충북 청주시 흥덕구 사직동
보물 988	軍威大栗洞石佛立像	1위	89. 4.10	대율사	경북 군위군 부계면

구 분	명 칭	수량	지정일	소유자	소 재 지
보물 995	鷲棲寺石佛坐像附光背	1위	89. 4.10	취서사	경북 봉화군 물야면
보물 996	榮豊毘盧寺阿彌陀 및 石毘盧舍那佛坐像	2위	89. 4.10	비로사	경북 영주시 풍기읍
보물 998	梁山彌陀庵阿彌陀佛立像	1위	89. 4.10	미타암	경남 양산군 웅상읍
보물1021	石南巖藪石造毘盧舍那佛坐像	1위	90. 3. 2	내원사	경남 산청군 삼장면
보물1121	星州金鳳里石造毘盧舍那佛坐像	1위	92. 1.15	국유	경북 성주군 가천면
지유 2	十信寺址石佛	1위	72. 1.29	국유	광주 북구 임동
지유 4	一山洞石佛坐像	2위	71.12.16	국유	강원 원주시 일산동
지유 4	龍岩寺址石佛	1위	72. 2.12	사유	경남 진주시 이반성면
지유 6	中橋里石造如來坐像	2위	72. 2.12	정곡초등교	경남 의령군 정곡초등교
지유 7	長春寺石造如來坐像	1위	72. 2.12	장춘사	경남 함안군 칠북면
지유 9	靈山九溪里石造如來坐像	1위	72. 2.12	국유	경남 창녕군 영산면
지유 12	胎峰寺三尊佛像	1기	71.12. 2	태봉사	전북 익산시 삼기면
지유 13	長城院德里彌勒石佛	1위	72. 1.29	미륵암	전남 장성군 북이면
지유 17	磨崖洞石造毘盧舍那佛坐像	1위	72.12.29	국유	경북 안동시 풍산읍
지유 17	龍藏寺彌勒石佛	1위	72. 1.29	용장사	전남 진도군 군내면
지유 18	中原院坪里彌勒石佛	1위	76.12.20	국유	충북 충주시 신니면
지유 20	上洞里石佛坐像	1위	71.12.16	국유	강원 횡성군 공근면
지유 20	八公山東峯石造藥師如來立像	1위	88. 5.30	공산학원	대구 동구 용수동 공산학원
지유 22	邑下里石佛坐像	1위	71.12.16	국유	강원 횡성군 횡성읍
지유 22	松亭洞石佛立像	1위	88. 5.30	강인구	대구 동구 송정동
지유 23	錦城山石佛	1위	73.12.24	이건호	충남 부여군 부여읍
지유 23	淸州龍巖寺毘盧舍那佛坐像	1위	76.12.20	용암사	충북 청주시 상당구 우암동
지유 24	扶餘石木里石造毘盧遮那佛坐像	1위	73.12.24	부여군	충남 부여군 부여읍
지유 24	石造如來坐像	1위	74. 1.15	국유	서울 종로구 세종로
지유 24	淸州菩薩寺石造二尊立立如來立像	1기	76.12.20	보살사	충북 청주시 상당구 용암동
지유 29	丹溪里石造如來坐像	1위	72. 2.12	권재기	경남 산청군 신등면
지유 30	石造彌勒佛立像	1위	74. 5.12	전성우	서울 성북구 간송미술관
지유 30	槐山鳳鶴寺址石造如來坐像	1위	76.12.20	보광사	충북 괴산군 사리면
지유 31	石造毘盧舍那佛坐像	1위	74. 5.12	전성우	서울 성북구 간송미술관
지유 32	咸陽吏隱里石佛	1위	72. 2.12	국유	경남 함양군 함양읍
지유 33	昇安寺址石造如來坐像	1위	72. 2.12	국유	경남 함양군 수동면

구 분	명 칭	수량	지정일	소유자	소 재 지
지유 33	禪雲寺藥師如來佛像	1위	73. 6.23	선운사	전북 고창군 아산면
지유 35	포초골彌勒坐像	1위	73. 7.10	국유	경기 여주군 금사면
지유 36	農山里石造如來坐像	1위	72. 2.12	국유	경남 거창군 북상면
지유 36	基率里彌勒佛	2위	73. 7.10	국유	경기 안성군 삼죽면
지유 37	松山里石佛立像	1위	73. 7.10	국유	경기 안성군 죽산면
지유 38	海印寺大寂光殿毘盧舍那佛三尊像	3위	72. 2.12	해인사	경남 합천군 가야면
지유 40	藥師寺石佛	1위	80. 6.11	약사사	서울 강서구 개화동
지유 41	海印寺法寶殿毘盧舍那佛坐像	1위	72. 2.12	해인사	경남 합천군 가야면
지유 41	松廣寺釋迦如來坐像	1위	74. 9.27	송광사	전북 완주군 소양면
지유 42	大同寺址石造如來坐像	1위	72. 2.12	국유	경남 합천군 대양면
지유 42	龍雲寺址石造毘盧舍那佛坐像	1위	73. 7.31	국유	강원 원주시 호저면
지유 43	龍華殿石造如來坐像	1위	72. 2.12	국유	경남 창원시 소답동
지유 44	極樂寺址石造如來坐像	1위	72. 2.12	국유	경남 함양군 서상면
지유 44	安定寺石佛坐像	1위	73. 8.31	봉정사	경남 안동시 서후면
지유 44	池塘里石佛立像	1위	74. 9.27	국유	전북 남원시 주생면
지유 45	亭西里石造如來坐像	1위	72. 2.12	국유	경남 하동군 악양면
지유 46	龍華寺藥師如來坐像	1위	74. 9.24	용화사	전남 장흥군 장동면
지유 46	心鏡庵石佛坐像	1위	74. 9.27	심경암	전북 남원시 신촌동
지유 47	樂洞里石造如來立像	1위	74. 9.27	국유	전북 남원시 주생면
지유 48	烏良石造如來坐像	1위	72. 2.12	국유	경남 거제시 사등면
지유 50	甲寺石造藥師如來立像	1위	76. 1. 8	갑사	충남 공주시 계룡면
지유 52	大興寺千佛像	1000위	74. 9.24	대흥사	전남 해남군 삼산면
지유 55	論山德坪里石造如來立像	1위	76. 1. 8	박원서	충남 논산군 부적면
지유 56	比安面自樂洞石佛坐像	1위	74.12.10	국유	경북 의성군 비안면
지유 58	龍華寺石造如來立像	1위	76. 1. 8	용화사	충남 천안시 목천면
지유 59	藥師如來像	1위	74. 9.26	국유	경기 하남시 교산동
지유 64	羅州萬峰里石造如來立像	1위	76. 9.30	국유	전남 나주시 봉황동
지유 66	靈岩鶴溪里石佛立像	1위	77.10.20	국유	전남 영암군 학산면
지유 67	平居石造如來坐像	1위	74. 2.16	국유	경남 진주시 평거동
지유 68	原州鳳山洞石佛立像	1위	82.11. 3	국유	강원 원주시 봉산동
지유 69	禮山上項里石佛	1위	76.10.14	국유	충남 예산군 대술면
지유 75	槐山光德寺石佛	1위	80.11.13	광덕사	충북 괴산군 도안면
지유 76	內院寺石造如來坐像	1위	74. 2.16	내원사	경남 산청군 삼장면
지유 86	樊樹里石佛	1위	79.12.27	사유	전북 임실군 오수면

구 분	명 칭	수량	지정일	소유자	소 재 지
지유 87	洪城上下里彌勒佛	1위	79. 7. 3	국유	충남 홍성군 홍성읍
지유 87	鶴亭里石佛	1위	79.12.27	김향식	전북 임실군 삼계면
지유 88	廣州柳井里坐佛像	1위	79. 9. 3	부락민	경기 광주군 도척면
지유 88	恩津灌燭里毘盧舍那石佛立像	1위	79.12.19	국유	충남 논산군 은진면
지유 91	連山天護里毘盧舍那石佛	1위	80.10.23	김계섭	충남 논산군 연산면
지유 94	慶州南山笠谷石佛頭	1위	79. 1.25	국유	경북 경주시 배동
지유 97	安城竹山里石佛立像	1위	80. 6. 2	국유	경기 안성군 죽산면
지유 97	龍興里石佛立像	1위	81. 4. 1	국유	전북 정읍시 고부면
지유 98	後池里塔洞石佛	1위	81. 4. 1	국유	전북 정읍시 영원면
지유 99	南福里彌勒庵石佛	1위	81. 4. 1	미륵암	전북 정읍시 고부면
지유 102	達城龍鳳洞石佛立像	1위	79. 1.25	국유	대구 달성군 유가면
지유 103	軍威下谷洞石佛立像	1위	79. 1.25	국유	경북 군위군 군위읍
지유 107	利川於石里石佛立像	1위	81. 7.16	국유	경기 이천군 장호원읍
지유 111	英陽蓮塘洞石佛坐像	1위	79. 1.25	국유	경북 영양군 입암면 입암초등교
지유 112	慶州寢息谷石佛坐像	1위	79. 1.25	국유	경북 경주시 내남면
지유 113	慶州列岩谷石佛坐像	1위	79. 1.25	국유	경북 경주시 내남면
지유 114	淸原飛中里一光三尊佛像	1기	82.12.17	변영발	충북 청원군 북일면
지유 118	望帝洞石佛立像	1위	85. 8.16	국유	전북 정읍시 망제동
지유 120	善山宮基洞石佛像	1위	79. 1.25	국유	경북 구미시 도개중고교
지유 120	細田里石佛立像	1위	86. 9. 8	국유	전북 남원시 송동면
지유 121	楊化里石造如來坐像	1위	74.12.28	은행사	경남 고성군 대가면
지유 122	校社里三尊石佛	1기	74.12.28	석불암	경남 고성군 고성읍
지유 122	寶城盤石里石佛坐像	1위	85. 2.25	안규무	전남 보성군 복내면
지유 122	夢山里釋迦如來坐像	1위	86.11.19	국유	충남 태안군 남면
지유 123	永同新項里三尊佛像	1기	82.12.17	영동군	충북 영동군 용산면
지유 123	靑林里石佛坐像	1위	86. 9. 8	국유	전북 부안군 상서면
지유 124	醴泉欣孝里石佛立像	1위	79. 1.25	국유	경북 예천군 풍양면
지유 125	榮州邑內里石佛立像	1위	79. 1.25	국유	경북 영주시 순흥면
지유 128	科笠里石佛立像	1위	87. 4.28	국유	전북 남원군 이백면
지유 131	奉化宜陽里石佛立像	1위	79. 1.25	국유	경북 봉화군 봉성면
지유 132	鳳化鳳城里石佛立像	1위	79. 1.25	국유	경북 봉화군 봉성면
지유 132	瑞山余美里石佛立像	1위	89.12.29	여미리	충남 서산시 운산면
지유 133	千聖寺石佛立像	1위	79. 1.25	천성사	경북 봉화군 봉성면
지유 133	求禮沙圖里石佛坐像	1위	86. 2. 7	이종기	전남 구례군 마산면
지유 136	義城觀德里石佛坐像	1위	79. 1.25	국유	경북 의성군 단촌면

구 분	명 칭	수량	지정일	소유자	소 재 지
지유 138	龍門寺石佛	1위	74.12.28	용문사	경남 남해군 이동면
지유 138	鎭川龍華寺石佛立像	1위	85.11.11	법주사	충북 진천군 진천읍
지유 143	靈隱寺石造如來坐像	1위	86. 9.29	영은사	전남 담양군 고서면
지유 144	烏岬寺址石佛坐像	1위	85. 1.11	국유	충북 충주시 앙성면
지유 144	潭陽芬香里石佛立像	1위	86. 9.29	채정술	전남 담양군 고서면
지유 150	淸州順治銘石佛立像	1위	85.12.28	국유	충북 청주시 상당구 용정동
지유 154	奉化梧田里阿彌陀佛坐像	1위	82. 2.24	국유	경북 봉화군 물야면
지유 161	高山寺石佛立像	1위	88. 3.16	고산사	전남 장흥군 장평면
지유 175	義城井安洞石佛立像	1위	84. 5.21	국유	경북 의성군 단북면
지유 176	義城月沼洞石造毘盧舍那佛坐像	1위	84. 5.21	국유	경북 의성군 신평면
지유 177	義城安寺洞石佛坐像	1위	84. 5.21	국유	경북 의성군 신평면
지유 204	影池石佛坐像	1위	85.10.15	국유	경북 경주시 외동읍
지유 222	軍威渭城洞石造藥師如來立像	1위	86.12.11	국유	경북 군위군 소보면
지유 236	高山庵石造毘盧舍那佛坐像	1위	83. 8.12	고산암	경남 진주시 수곡면
지유 263	古見寺石佛	1위	88.12.23	고견사	경남 거창군 가조면
지문 3	江陵石佛立像	1위	84. 6. 2	강릉시	강원 강릉시 옥천동
지문 5	慶州碧桃山石佛立像	1위	85. 8. 5	국유	경북 경주시 율동
지문 9	西樓鶴洞石佛立像	1위	84. 4. 1	김수회	전북 전주시 완산구 서서학동
지문 10	隣後洞石佛立像	1위	84. 4. 1	김격선	전북 전주시 덕진구 인후동
지문 11	慶州路西洞石佛立像	1위	85. 8. 5	국유	경북 경주시 노서동
지문 12	慶州西部洞如來坐像	1위	85. 8. 5	경북	경북 경주시 서부동
지문 14	洪川津里石佛	1위	84. 6. 2	홍천군	강원 홍천군 홍천읍
지문 14	憩壽寺址石佛立像	1위	85. 8. 5	석굴암	경북 경주시 국립경주박물관
지문 20	石佛寺石佛立像	1위	83. 7.20	석불사	경남 창녕군 창녕읍
지문 21	觀音寺彌勒尊佛像	1위	83. 7.20	관음사	경남 창녕군 도천면
지문 22	周浦里彌勒佛 및 三層石塔	1위	84. 6. 2	원주시	강원 원주시 귀래면
지문 28	石谷里石佛立像	1위	84. 2.29	국유	전남 곡성군 석곡면
지문 34	上東里三層石塔 및 石佛坐像	1위	84. 6. 2	백련정사	강원 인제군 인제읍
지문 38	崛山寺址石佛立像	1위	84. 6. 2	강릉시	강원 강릉시 구정면
지문 41	利川自石里石佛立像	1위	83. 9.19	국유	경기 이천군 설성면
지문 41	元興石佛立像	1위	84. 4. 1	김귀수	전북 장수군 산서면
지문 44	龍仁彌坪里藥師如來立像	1위	83. 9.19	이장	경기 용인군 원삼면
지문 46	安城大農里石佛像	1위	83. 9.19	이장	경기 안성군 대덕면
지문 51	倉村里石佛立像	1위	84. 2.29	국유	전남 순천시 주암면

구 분	명 칭	수량	지정일	소유자	소 재 지
지문 62	蓮華寺石佛立像	2위	84. 4. 1	김화종	전북 남원시 이백면
지문 62	龍仁木新里石造如來立像	1위	85. 6.28	용인군	경기 용인군 원삼면
지문 64	德蔭庵如來坐像	1위	84. 4. 1	덕음암	전남 남원시 노암동
지문 65	彌勒庵石佛	2위	84. 4. 1	미륵암	전북 남원시 노암동
지문 70	泥坪里彌勒佛像	1위	85. 9.20	국유	경기 이천시 마장면
지문 83	藥師寺石佛立像	1위	84. 2.29	약사사	전남 무안군 무안읍
지문 83	松佛庵彌勒佛	1위	84. 5.17	송불암	충남 논산군 연산면
지문 85	奉安寺玉石佛	1위	84. 5.17	봉안사	충남 논산군 두마면
지문 92	慶州安溪里石造釋迦如來坐像	1위	85. 8. 5	국유	경북 경주시 강동읍
지문 96	慶州活城里石佛立像	1위	85. 8. 5	연지암	경북 경주시 외동읍
지문 98	慶州根溪里立佛像	1위	85. 8. 5	국유	경북 경주시 안강읍
지문 106	博物館石造如來立像	1위	84. 5.17	국유	충남 부여군 국립부여박물관
지문 135	靈隱寺如來坐像	1위	86. 9.29	영은사	전남 담양군 고서면
지문 136	聞慶觀音里石佛立像	1위	85. 8. 5	국유	경북 문경시 문경읍
지문 145	醴泉臥龍洞石造如來立像	1위	85. 8. 5	국유	경북 예천군 풍양면
지문 146	東岳寺石造毘盧舍那佛坐像	1위	85. 8. 5	동악사	경북 예천군 예천읍
지문 147	醴泉鄕石里石造如來坐像	1위	85. 8. 5	국유	경북 예천군 용궁면
지문 148	榮州邑內里石造如來坐像	1위	85. 8. 5	국유	경북 영주시 순흥면
지문 160	大橋里石佛立像	1위	84. 5.17	홍성군	충남 홍성군 홍성읍
지문 161	廣景寺址石佛坐像	1위	84. 5.17	홍성군	충남 홍성군 홍성읍
지문 171	彌勒寺石佛	1위	88.12.21	미륵사	전남 장흥군 안량면
지문 172	牧牛庵三尊佛	3위	88.12.21	목우암	전남 무안군 몽탄면
지문 182	上加里彌勒佛	1위	84. 5.17	예산군	충남 예산군 덕산면
지문 185	石谷里彌勒佛	1위	84. 5.17	예산군	충남 예산군 고덕면
지문 191	金陵新安洞石佛立像	1위	87.12.29	국유	경북 김천시 조마면
지문 203	石南里石佛立像	1위	84. 5.17	서산시	충남 서산시 석남동
지문 227	溫泉里石佛	1위	84. 5.17	사유	충남 온양시 온천동
지문 233	觀音寺石造如來佛像	1위	84. 5.17	관음사	충남 아산시 영인면
지문 234	靈仁新峴里彌勒佛	1위	84. 5.17	아산시	충남 아산시 영인면
지문 240	靈仁石佛	1위	84. 5.17	아산시	충남 아산시 영인면
지문 256	晩日寺如來坐像	1위	84. 5.17	만일사	충남 천안시 성거읍

1-5. 마애불상

국보 84	瑞山磨崖三尊佛像	1기	62.12.20	국유	충남 서산시 운산면

구 분	명 칭	수량	지정일	소유자	소 재 지
국보 144	月出山磨崖如來坐像	1위	72. 3. 2	국유	전남 영암군 영암읍
국보 199	斷石山神仙寺磨崖佛像群	1군	79. 5.22	국유	경북 경주시 건천읍
국보 201	奉化北枝里磨崖如來坐像	1위	80. 9.16	국유	경북 봉화군 물야면
보물 48	大興寺北彌勒庵磨崖如來坐像	1위	63. 1.21	대흥사	전남 해남군 삼산면
보물 62	慶州西岳里磨崖石佛像	1위	63. 1.21	국유	경북 경주시 서악동
보물 93	坡州龍尾里石佛立像	2위	63. 1. 21	국유	경기 파주군 광탄면
보물 97	槐山院豊里磨崖佛坐像	1위	63. 1.21	국유	충북 괴산군 연풍면
보물 115	安東泥川洞石佛像	1위	63. 1.21	국유	경북 안동시 이천동
보물 122	慶州斗垈里磨崖石佛立像	1위	63. 1.21	국유	경북 경주시 율동
보물 159	防禦山磨崖佛	1위	63. 1.21	국유	경남 함안군 군북면
보물 200	慶州南山七佛庵磨崖佛	7위	63. 1.21	국유	경북 경주시 남산동
보물 201	慶州南山塔谷磨崖彫像群	1군	63. 1.21	국유	경북 경주시 배반동
보물 215	北漢山舊基里磨崖釋迦如來坐像	1위	63. 1.21	국유	서울 종로구 구기동
보물 216	法住寺磨崖如來倚像	1위	63. 1.21	법주사	충북 보은군 내속리면
보물 221	榮州可興里磨崖三尊佛像	1기	63. 1.21	국유	경북 영주시 가흥동
보물 222	陝川緇仁里磨崖佛立像	1위	63. 1.21	국유	경남 합천군 가야면
보물 243	桐華寺入口磨崖佛坐像	1위	63. 1.21	동화사	대구 동구 도학동
보물 355	洪城新耕里磨崖石佛	1위	63. 1.21	국유	충남 홍성군 홍북면
보물 375	咸陽馬川面磨崖如來立像	1위	63. 1.21	국유	경남 함양군 마천읍
보물 406	德周寺磨崖佛	1위	64. 9. 3	덕주사	충북 제천시 한수면
보물 407	天安三台里磨崖佛	1위	64. 9. 3	국유	충남 천안시 풍세면
보물 423	南原新溪里磨崖如來坐像	1위	65. 7.16	양해정	전북 남원시 대산면
보물 432	泰安磨崖三尊佛	1기	66. 2.28	국유	충남 태안군 태안읍
보물 530	迦葉庵址磨崖三尊佛像	1기	71. 7. 7	국유	경남 거창군 위천면
보물 581	月城骨窟磨崖如來坐像	1위	74.12.30	국유	경북 경주시 양북면
보물 655	星州老石洞磨崖佛像群	3위	79. 5. 2	국유	경북 칠곡군 약목면
보물 657	三川寺址磨崖如來立像	1위	79. 5.22	국유	서울 은평구 진관외동
보물 665	狼山磨崖三尊佛	1기	80. 6.11	국유	경북 경주시 배반동
보물 680	榮州新岩里磨崖三尊石佛	1기	80. 9.16	국유	경북 영주시 이산면
보물 822	映月庵磨崖如來立像	1위	85. 1. 8	국유	경기 이천군 이천읍
보물 913	茸長寺址磨崖如來坐像	1위	87. 3. 9	국유	경북 경주시 내남면
보물 944	寶城柳新里磨崖如來坐像	1위	88. 4. 1	국유	전남 보성군 율어면
보물 981	太平二年銘磨崖藥師佛坐像	1위	89. 4.10	선법사	경기 하남시 교산동
보물 1200	禪雲寺兜率庵磨崖佛	1위	94. 5. 2	선운사	전북 고창군 아산면

구 분	명 칭	수량	지정일	소유자	소 재 지
지유 3	八公山磨崖藥師如來坐像	1위	72.12.19	동화사	대구 동구 도학동
지유 4	雲泉寺磨崖如來坐像	1위	74. 9.24	운천사	광주 서구 쌍촌동
지유 14	桐華寺念佛庵磨崖如來 및 佛菩薩坐像	2위	88. 5. 30	동화사	대구 동구 도학동
지유 17	龍巖寺磨崖佛	1위	76.12.20	용암사	충북 옥천군 옥천읍
지유 18	新武洞磨崖佛坐像	1위	88. 5.30	오칠복	대구 동구 신무동
지유 21	三陵溪谷線刻六尊佛	1기	72.12.29	국유	경북 경주시 배동
지유 21	新武洞三省庵址磨崖藥師如來立像	1위	88. 5.30	공산학원	대구 동구 신무동
지유 29	普門寺磨崖石佛坐像	1위	95. 3. 1	보문사	인천 강화군 삼산면
지유 34	道詵寺石佛	1위	77. 9. 5	도선사	서울 강북구 우이동
지유 40	進永烽火山磨崖佛	1위	79. 5. 2	국유	경남 김해시 진영읍
지유 46	甘里磨崖如來像	1위	72. 2.12	국유	경남 창녕군 고암면
지유 47	於勿里磨崖如來坐像	1위	72. 2.12	국유	경남 울산시 울주구
지유 49	架山里磨崖如來立像	1위	72. 2.12	국유	경남 양산시 동면
지유 49	奉天洞磨崖彌勒佛	1위	82.11.13	국유	서울 관악구 봉천동
지유 54	論山新豊里磨崖佛	1위	76. 1. 8	국유	충남 논산군 부적면
지유 74	寧越武陵里磨崖如來坐像	1위	82.11. 3	국유	강원 영월군 수주면
지유 76	中原倉洞磨崖佛	1위	80.11.13	충주시	충북 충주시 가금면
지유 78	招仙臺磨崖石佛	1위	74. 2.16	국유	경남 김해시 어방동
지유 84	水滿里磨崖石佛	1위	79.12.27	국유	전북 완주군 동상면
지유 91	黃桑洞磨崖阿彌陀佛立像	1위	77. 7.15	국유	경북 구미시 황상동
지유 91	鎭川大和四年銘磨崖佛立像	1위	81. 5. 1	국유	충북 진천군 초평면
지유 94	三幕寺磨崖三尊佛	1기	80. 6. 2	삼막사	경기 안양시 석수동
지유 96	梁山虎溪里磨崖佛	1위	79. 5. 2	국유	경남 양산시 양산읍
지유 98	三亭子洞磨崖佛	1위	79. 5. 2	국유	경남 창원시 삼정자동
지유 98	驪州桂信里磨崖佛立像	1위	80. 6. 2	국유	경기 여주군 흥천면
지유 102	望京庵磨崖如來坐像	1위	80. 6. 2	망경암	경기 성남시 수정구
지유 109	石南寺磨崖如來立像	1위	81. 7.16	석남사	경기 안성군 금광면
지유 111	靈塔寺藥師如來坐像	1위	84.12.29	영탑사	충남 당진군 면천면
지유 113	淸州井下里磨崖毘盧舍那佛坐像	1위	82.12.17	국유	충북 청주시 상당구
지유 114	慶州藥水溪谷磨崖佛立像	1위	79. 1.25	국유	경북 경주시 내남면
지유 117	寶城柳新里磨崖佛坐像	1위	85. 2.25	임공석	전남 보성군 율어면
지유 118	龍鳳寺磨崖佛	1위	85. 7.19	용봉사	충남 홍성군 홍북면

구 분	명 칭	수량	지정일	소유자	소 재 지
지유 119	所古里磨崖如來坐像	1위	84. 9.12	명지대	경기 이천군 모가면
지유 124	鎭川沙谷里磨崖佛立像	1위	82.12.17	국유	충북 진천군 이월면
지유 128	槐山三訪里磨崖佛坐像	1위	82.12.17	국유	충북 괴산군 불정면
지유 130	陰城彌陀寺磨崖佛立像	1위	82.12.17	미타사	충북 음성군 소이면
지유 131	中原鳳凰里磨崖佛像群	8위	82.12.12	국유	충북 충주시 가금면
지유 136	理明山磨崖石造如來坐像	1위	74.12.28	국유	경남 하동군 북천면
지유 140	槐山道明山磨崖佛	3위	85. 1.11	국유	충북 괴산군 청천면
지유 149	靈岩月谷里磨崖如來坐像	1위	87. 6. 1	영암군	전남 영암군 군서면
지유 158	三陵溪谷磨崖釋迦如來坐像	1위	82. 2.24	국유	경북 경주시 배동
지유 159	三陵溪谷線刻佛坐像	1위	82. 2.24	국유	경북 경주시 배동
지유 181	玉山寺磨崖藥師佛坐像	1위	84.12.29	옥산사	경북 안동군 북후면
지유 186	龜山洞磨崖佛	1위	79.12.29	국유	경남 김해시 구산동
지유 194	慶州東川洞磨崖三尊佛坐像	3위	85.10.15	백률사	경북 경주시 동천동
지유 195	慶州拜里潤乙谷磨崖佛坐像	1위	85.10.15	국유	경북 경주시 배동
지유 206	白雲臺磨崖佛立像	1위	85.10.15	국유	경북 경주시 내남면
지유 209	道田里磨崖佛群像	29위	82. 7.20	국유	경남 산청군 생비량면
지유 239	大乘寺磨崖如來坐像	1위	87. 9.23	대승사	경북 문경시 산북면
지문 11	聳珍山磨崖如來坐像	1위	87. 6. 1	청룡사	광주 광산구 사호동
지문 33	東松里磨崖佛像	1위	84. 6. 2	정암사	강원 철원군 동송읍
지문 43	松龍里磨崖佛	1위	84. 5.17	연기군	충남 연기군 동면
지문 48	雙磎寺磨崖佛	1위	83. 7.20	쌍계사	경남 하동군 화개면
지문 110	金骨山磨崖如來坐像	1위	84. 2.29	사유	전남 진도군 군내면
지문 157	仙巖寺磨崖如來立像	1위	87. 9.18	선암사	전남 순천시 승주읍
지문 255	晩日寺磨崖佛	1위	84. 5.17	만일사	충남 천안시 성거읍
지문 276	論山水落里磨崖佛	1위	84. 5.17	논산군	충남 논산군 벌곡면

1-6. 소조불상 및 기타 불상류

구 분	명 칭	수량	지정일	소유자	소 재 지
국보 45	浮石寺塑造如來坐像	1위	62.12.20	부석사	경북 영주시 부석면
보물 958	祇林寺塑造毘盧舍那三尊佛像	3위	88.11. 4	기림사	경북 경주시 양북면
지유 8	元曉寺出土遺物	32점	81.10.20	원효사	광주 북구 금곡동
지유 29	泉隱寺懶翁和尙願佛	1위	72. 1.29	천은사	전남 구례군 광의면
지유 99	尋香寺阿彌陀如來坐像	1위	82.10.15	심향사	전남 나주시 대호동
지문 41	利川長湖院邑彌勒佛像	1위	83. 9.19	국유	경기 이천군 설정면

1-7. 석불좌·광배

구 분	명 칭	수량	지정일	소유자	소 재 지
보물 8	高達寺址石佛座	1기	63. 1.21	국유	경기 여주군 북내면
보물 31	萬福寺址石座	1기	63. 1.21	국유	전북 남원시 왕정동
보물 543	洪川物傑里佛臺座	1기	71. 7. 7	국유	강원 홍천군 내촌면
보물 544	洪川物傑里佛臺座 및 光背	2기	71. 7. 7	국유	강원 홍천군 내촌면
보물 649	戊寅銘石佛像附臺座	1기	78.12. 7	연화사	충남 연기군 서면
지유 25	上院寺址石塔 및 光背	2기	71.12.16	상원사	강원 원주시 신림면
지유 82	中基寺址石佛蓮華座臺	1기	77.12.31	이봉의	전북 임실군 신평면
지유 116	舍里石造光背	1기	74.12.28	이용목	경남 창녕군 계성면

2. 보살상

2-1. 청동·금동보살

국보 78	金銅彌勒菩薩半跏像	1위	62.12.20	국유	서울 종로구 국립중앙박물관
국보 83	金銅彌勒菩薩半跏像	1위	62.12.20	국유	서울 종로구 국립중앙박물관
국보 118	金銅彌勒半跏像	1위	64. 3.30	김동현	서울 종로구 옥인동
국보 127	三陽洞金銅觀音菩薩立像	1위	68.12.19	국유	서울 종로구 국립중앙박물관
국보 128	金銅觀音菩薩立像	1위	68.12.19	이건희	경기 용인군 호암미술관
국보 129	金銅菩薩立像	1위	68.12.19	이건희	경기 용인군 호암미술관
국보 134	金銅菩薩三尊像	1기	70.12.30	이건희	경기 용인군 호암미술관
국보 183	金銅菩薩立像	1위	76. 4.23	국유	서울 종로구 국립중앙박물관
국보 184	金銅菩薩立像	1위	76. 4.23	국유	서울 종로구 국립중앙박물관
국보 200	金銅菩薩立像	1위	79. 4.30	부산시	부산 남구 부산시립박물관
국보 247	公州儀堂金銅菩薩立像	1위	89. 4.10	국유	충남 공주시 국립공주박물관
보물 195	金銅觀世音菩薩立像	1위	63. 1.21	국유	서울 종로구 국립중앙박물관
보물 279	禪雲寺金銅菩薩坐像	1위	63. 1.21	선운사	전북 고창군 아산면
보물 280	禪雲寺地藏菩薩坐像	1위	63. 1.21	선운사	전북 고창군 아산면
보물 285	金銅菩薩立像	1위	63. 1.21	전성우	서울 성북구 간송미술관
보물 330	軍守里金銅彌勒菩薩立像	1위	63. 1.21	국유	서울 종로구 국립중앙박물관
보물 331	方形臺座金銅彌勒菩薩半跏像	1위	63. 1.21	국유	서울 종로구 국립중앙박물관
보물 333	金銅菩薩立像	1위	63. 1.21	국유	서울 종로구 국립중앙박물관

구 분	명 칭	수량	지정일	소유자	소 재 지
보물 514	銀海寺雲浮庵靑銅菩薩坐像	1위	69. 7.30	은해사	경북 영천시 청통면
보물 643	金銅彌勒菩薩半跏思惟像	1위	78.12. 7	이건희	경기 용인군 호암미술관
보물 780	金銅菩薩立像	1위	84. 8. 6	이건희	경기 용인군 호암미술관
보물 927	金銅觀音菩薩立像	1위	87. 7.16	이건희	경기 용인군 호암미술관
보물 991	聞慶大乘寺金銅菩薩坐像	1위	89. 4.10	대승사	경북 문경시 산북면
보물1047	金銅大勢至菩薩坐像	1위	90. 9.20	사유	서울 강남구 호림박물관
지유 5	觀音坐佛像	1위	82. 3. 2	국유	인천시 연수구 인천시립박물관
지유 53	月精寺六手觀音像	1위	76. 6.17	월정사	강원 평창군 진부면
지문 257	天興寺銅製觀音像	1위	84. 5.17	만일사	충남 천안시 성거읍

2-2. 석보살상

국보 81	甘山寺石造彌勒菩薩立像	1위	62.12.20	국유	서울 종로구 국립중앙박물관
국보 124	寒松寺石造菩薩坐像	1위	67. 6.21	국유	서울 종로구 국립중앙박물관
국보 139	月精寺石造菩薩坐像	1위	63. 1.21	월정사	강원 평창군 진부면
보물 217	大鳥寺石造彌勒菩薩立像	1위	63. 1.21	대조사	충남 부여군 임천면
보물 218	灌燭寺石造彌勒菩薩立像	1위	63. 1.21	관촉사	충남 논산군 은진면
보물 368	彌勒菩薩半跏石像	1위	63. 1.21	국유	서울 종로구 국립중앙박물관
보물 378	居昌上洞石造觀音立像	1위	63. 1.21	국유	경남 거창군 거창읍
보물 508	禮山揷橋石造菩薩立像	1위	69. 6.21	국유	충남 예산군 삽교읍
보물 679	金陵光德洞石造菩薩立像	1위	80. 9.16	국유	경북 김천시 감문면
보물 997	奉化北枝里半跏思惟像	1위	89. 4.10	국유	대구 북구 경북대 박물관
지유 5	鎭岑城北里石造菩薩立像	1위	89. 3.18	봉소사	대전 유성구 성북동
지유 14	證心寺石造菩薩立像	1위	89. 3.20	증심사	광주 동구 운림동
지유 15	北地藏寺石地藏菩薩坐像	1위	86.12. 5	북지장사	대구 동구 도학동
지유 38	法住寺喜見菩薩像	1위	76.12.20	법주사	충북 보은군 내속리면
지유 51	甲寺石造菩薩立像	1위	76. 1. 8	갑사	충남 공주시 계룡면
지유 67	原州鳳山洞石造菩薩立像	1위	82.11. 3	국유	강원 원주시 봉산동
지유 118	高靈開浦洞石觀音菩薩坐像	1위	79. 1.25	국유	경북 고령군 개진면
지유 142	中興寺石造地藏菩薩半跏像	1위	86. 9.29	중흥사	전남 광양시 옥룡면
지유 158	高興鶴谷里石造菩薩坐像	1위	87. 6. 1	고흥군	전남 고흥군 두원면
지문 77	文原里寺址石造菩薩立像	1위	89. 6.21	국유	경기 과천시 갈현동

2-3. 마애보살상

구 분	명 칭	수량	지정일	소유자	소 재 지
보물 199	慶州南山神仙庵磨崖菩薩半跏像	1위	63. 1.21	국유	경북 경주시 남산동
보물 490	金烏山磨崖菩薩立像	1위	68.12.19	국유	경북 구미시 남통동
보물 982	太平興國銘磨崖菩薩坐像	1위	89. 4.10	국유	경기 이천군 마장면
지유 14	桐華寺念佛庵磨崖如來坐像 및 菩薩坐像	2위	88. 5.30	동화사	대구 동구 도학동
지유 17	普渡閣白佛	1위	73. 6. 7	옥천암	서울 서대문 홍은동
지유 19	三陵溪谷磨崖觀音菩薩像	1위	72.12.29	국유	경북 경주시 배동
지유 120	文殊山磨崖菩薩像	2위	84. 9.12	국유	경기 용인군 원삼면
지유 121	鳳巖寺磨崖菩薩坐像	1위	79. 1.25	봉암사	경북 문경시 가은읍

2-4. 철·목보살상

국보 221	上院寺木彫文殊童子坐像	1위	84.10.15	상원사	강원 평창군 진부면
보물 415	祇林寺乾漆菩薩坐像	1위	65. 4. 1	기림사	경북 경주시 양북면
보물 986	靑陽雲藏庵鐵菩薩坐像	1위	89. 4.10	운장암	충남 청양군 남양면
보물 992	大邱把溪寺木觀音菩薩坐像	1위	89. 4.10	파계사	대구 동구 중대동
보물 993	盈德莊陸寺乾漆菩薩坐像	1위	89. 4.10	장륙사	경북 영덕군 창수면
지유 52	上院寺木造菩薩坐像	2위	76. 6.17	월정사	강원 평창군 진부면

2-5. 기타 보살상

국보 173	靑磁鐵彩堆花點文羅漢坐像	1위	74. 7. 9	최영길	서울 강남구 압구정동
보물 661	尙州石刻天人像	2위	80. 6.11	국유	경북 상주시 신봉동
보물 999	海印寺木造希朗大師像	1위	89. 4.10	해인사	경남 합천군 가야면
보물1000	僧伽寺石造僧伽大師像	1위	89. 4.10	승가사	서울 종로구 구기동
보물1134	道岬寺所藏童子像	2위	92. 7.28	도갑사	전남 영암군 군서면
지유 115	七長寺塑造四天王像	2위	83. 9.19	칠장사	경기 안성군 죽산면
지유 153	磧川寺木四天王椅坐像	4위	82. 2.24	적천사	경북 청도군 청도읍
지유 159	佛甲寺四天王像	4위	87. 6. 1	불갑사	전남 영광군 불갑면
지문 134	寶城鳳陵里石造仁王像	1위	86. 9.29	사유	전남 보성군 조성면

3. 불탑

3-1. 석탑

구 분	명 칭	수량	지정일	소유자	소 재 지
국보 2	圓覺寺址十層石塔	1기	62.12.20	국유	서울 종로구 탑골공원
국보 6	中原塔坪里七層石塔	1기	62.12.20	국유	충북 충주시 가금면
국보 9	扶餘定林寺址五層石塔	1기	62.12.20	국유	충남 부여군 부여읍
국보 10	實相寺百丈庵三層石塔	1기	62.12.20	백장암	전북 남원시 산내면
국보 11	彌勒寺址石塔	1기	62.12.20	국유	전북 익산시 금마면
국보 20	佛國寺多寶塔	1기	62.12.20	불국사	경북 경주시 진현동
국보 21	佛國寺三層石塔	1기	62.12.20	불국사	경북 경주시 진현동
국보 34	昌寧述亭里東三層石塔	1기	62.12.20	국유	경남 창녕군 창녕읍
국보 35	華嚴寺四獅子三層石塔	1기	62.12.20	화엄사	전남 구례군 마산면
국보 37	慶州九黃里三層石塔	1기	62.12.20	국유	경북 경주시 구황동
국보 38	高仙寺址三層石塔	1기	62.12.20	국유	경북 경주시 국립경주박물관
국보 39	月城羅原里五層石塔	1기	62.12.20	국유	경북 경주시 현곡면
국보 40	淨惠寺址十三層石塔	1기	62.12.20	국유	경북 경주시 안강읍
국보 44	寶林寺三層石塔 및 石燈	3기	62.12.20	보림사	전남 장흥군 유치면
국보 48	月精寺八角九層石塔	1기	62.12.20	월정사	강원 평창군 진부면
국보 77	義城塔里五層石塔	1기	62.12.20	국유	경북 의성군 금성면
국보 86	敬天寺十層石塔	1기	62.12.20	국유	서울 종로구 경복궁
국보 99	葛項寺三層石塔	2기	62.12.20	국유	서울 종로구 경복궁
국보 100	南溪院七層石塔	1기	62.12.20	국유	서울 종로구 경복궁
국보 105	山淸鶴里三層石塔	1기	62.12.20	국유	서울 종로구 경복궁
국보 112	感恩寺址三層石塔	2기	62.12.20	국유	경북 경주시 양북면
국보 122	陳田寺址三層石塔	1기	66. 2.28	국유	강원 양양군 강현면
국보 130	善山竹杖洞五層石塔	1기	68.12.19	국유	경북 구미시 선산읍
국보 209	寶篋印石塔	1기	82.12. 7	동국대	서울 중구 동국대 박물관
국보 236	月城獐項里寺址西五層石塔	1기	87. 3. 9	국유	경북 경주시 양북면
보물 5	中初寺址三層石塔	1기	63. 1.21	국유	경기 안양시 석수동
보물 10	江華河帖面五層石塔	1기	63. 1.21	국유	인천 강화군 하점면
보물 12	廣州春宮里五層石塔	1기	63. 1.21	국유	경기 하남시 춘궁동
보물 13	廣州春宮里三層石塔	1기	63. 1.21	국유	경기 하남시 춘궁동
보물 18	定山西亭里九層石塔	1기	63. 1.21	국유	충남 청양군 정산면

구 분	명 칭	수량	지정일	소유자	소 재 지
보물 19	聖住寺址五層石塔	1기	63. 1.21	국유	충남 보령시 성주면
보물 20	聖住寺址中央三層石塔	1기	63. 1.21	국유	충남 보령시 성주면
보물 25	金山寺五層石塔	1기	63. 1.21	금산사	전북 김제시 금산면
보물 27	金山寺六角多層石塔	1기	63. 1.21	금산사	전북 김제시 금산면
보물 29	金山寺深源庵北崗三層石塔	1기	63. 1.21	금산사	전북 김제시 금산면
보물 30	萬福寺址五層石塔	1기	63. 1.21	국유	전북 남원시 왕정동
보물 37	實相寺三層石塔	2기	63. 1.21	실상사	전북 남원시 산내면
보물 44	益山王宮里五層石塔	1기	63. 1.21	국유	전북 익산시 왕궁면
보물 47	聖住寺址西三層石塔	1기	63. 1.21	국유	충남 보령시 성주면
보물 50	羅州北門外三層石塔	1기	63. 1.21	국유	전남 나주시 과원동
보물 51	聞慶內化里三層石塔	1기	63. 1.21	국유	경북 문경시 산북면
보물 52	奉化西洞里三層石塔	2기	63. 1.21	국유	경북 봉화군 춘양면
보물 53	開心寺址五層石塔	1기	63. 1.21	국유	경북 예천군 예천읍
보물 61	佛國寺舍利塔	1기	63. 1.21	불국사	경북 경주시 진현동
보물 65	慶州西岳里三層石塔	1기	63. 1.21	국유	경북 경주시 서악동
보물 67	慶州孝峴里三層石塔	1기	63. 1.21	국유	경북 경주시 효현동
보물 72	斷俗寺址東三層石塔	1기	63. 1.21	국유	경남 산청군 단성면
보물 73	斷俗寺址西三層石塔	1기	63. 1.21	국유	경남 산청군 단성면
보물 77	春川七層石塔	1기	63. 1.21	국유	강원 춘천시 소양로
보물 79	洪川希望里三層石塔	1기	63. 1.21	국유	강원 홍천군 홍천군청
보물 87	神福寺址三層石塔	1기	63. 1.21	국유	강원 강릉시 내곡동
보물 91	驪州倉里三層石塔	1기	63. 1.21	국유	경기 여주군 여주읍
보물 92	驪州下里三層石塔	1기	63. 1.21	국유	경기 여주군 여주읍
보물 94	獅子頻迅寺址石塔	1기	63. 1.21	국유	충북 제천시 한수면
보물 95	中原彌勒里五層石塔	1기	63. 1.21	국유	충북 충주시 상모면
보물 100	南溪院七層石塔	1기	62.12.20	국유	서울 종로구 경복궁
보물 101	安國寺址石塔	1기	63. 1.21	국유	충남 당진군 정미면
보물 104	普願寺址五層石塔	1기	63. 1.21	국유	충남 서산시 운산면
보물 105	山淸泛鶴里三層石塔	1기	62.12.20	국유	서울 종로구 경복궁
보물 109	光州西五層石塔	1기	63. 1.21	국유	광주 서구 구동
보물 110	光州東五層石塔	1기	63. 1.21	국유	광주 동구 지산동
보물 112	中興山城三層石塔	1기	63. 1.21	국유	전남 광양시 옥룡면
보물 113	淸道鳳岐洞三層石塔	1기	63. 1.21	국유	경북 청도군 풍각면
보물 114	安東玉洞三層石塔	1기	63. 1.21	국유	경북 안동시 옥동
보물 117	尙州化達里三層石塔	1기	63. 1.21	국유	경북 상주시 사벌면

구 분	명 칭	수량	지정일	소유자	소 재 지
보물 124	慶州南山里三層石塔	1기	63. 1.21	국유	경북 경주시 남산동
보물 126	鋊藏寺址三層石塔	1기	63. 1.21	국유	경북 경주시 암곡동
보물 129	月光寺址三層石塔	2기	63. 1.21	국유	경남 합천군 야로면
보물 132	華嚴寺東五層石塔	1기	63. 1.21	화엄사	전남 구례군 마산면
보물 133	華嚴寺西五層石塔	1기	63. 1.21	화엄사	전남 구례군 마산면
보물 151	鷲谷寺三層石塔	1기	63. 1.21	연곡사	전남 구례군 토지면
보물 166	서울弘濟洞五層石塔	1기	63. 1.21	국유	서울 종로구 경복궁
보물 167	井邑隱仙里三層石塔	1기	63. 1.21	국유	전북 정읍시 영원면
보물 168	慶州千軍里三層石塔	2기	63. 1.21	국유	경북 경주시 천군동
보물 169	鳳巖寺三層石塔	1기	63. 1.21	봉암사	경북 문경시 가은읍
보물 184	扶餘長蝦里三層石塔	1기	63. 1.21	국유	충남 부여군 장암면
보물 185	無量寺五層石塔	1기	63. 1.21	무량사	충남 부여군 외산면
보물 186	慶州南山茸長寺谷三層石塔	1기	63. 1.21	국유	경북 경주시 내남면
보물 188	義城觀德洞三層石塔	1기	63. 1.21	국유	경북 의성군 단촌면
보물 223	到彼岸寺三層石塔	1기	63. 1.21	도피안사	강원 철원군 동송읍
보물 224	庇仁五層石塔	1기	63. 1.21	국유	충남 서천군 비인면
보물 225	神勒寺多層石塔	1기	63. 1.21	신륵사	경기 여주군 북내면
보물 247	桐華寺毘盧庵三層石塔	1기	63. 1.21	동화사	대구 동구 도학동
보물 248	桐華寺金堂庵三層石塔	2기	63. 1.21	동화사	대구 동구 도학동
보물 249	浮石寺三層石塔	1기	63. 1.21	부석사	경북 영주시 부석면
보물 250	梵魚寺三層石塔	1기	63. 1.21	범어사	부산 금정구 청룡동
보물 266	清凉寺三層石塔	1기	63. 1.21	청량사	경남 합천군 가야면
보물 276	鉢山里五層石塔	1기	63. 1.21	국유	전북 군산시 개정면
보물 294	昇安寺址三層石塔	1기	63. 1.21	국유	경남 함양군 수동면
보물 297	青巖寺修道庵三層石塔	2기	63. 1.21	수도암	경북 김천시 증산면
보물 300	華嚴寺圓通殿前獅子塔	1기	63. 1.21	화엄사	전남 구례군 마산면
보물 301	大興寺北彌勒庵三層石塔	1기	63. 1.21	대흥사	전남 해남군 삼산면
보물 309	泉谷寺址七層石塔	1기	63. 1.21	국유	전북 정읍시 농소동
보물 312	小台里五層石塔	1기	63. 1.21	국유	경남 밀양시 청도면
보물 320	大興寺應眞殿前三層石塔	1기	63. 1.21	대흥사	전남 해남군 삼산면
보물 354	天興寺址五層石塔	1기	63. 1.21	국유	충남 천안시 성거읍
보물 357	淨兜寺址五層石塔	1기	63. 1.21	국유	서울 종로구 경복궁
보물 373	寶泉寺址三層石塔	1기	63. 1.21	국유	경남 의령군 의령읍
보물 379	晋陽孝子里三層石塔	1기	63. 1.21	국유	경남 진주시 수곡면
보물 382	青松寺址三層石塔	1기	63. 1.21	국유	경남 울산시 울주구

구 분	명 칭	수량	지정일	소유자	소 재 지
보물 395	仙巖寺三層石塔	1기	63. 1.21	선암사	전남 순천시 승주읍
보물 405	丹陽香山里三層石塔	1기	64. 9. 3	국유	충북 단양군 가곡면
보물 410	淨巖寺水瑪瑙塔	1기	64. 9. 4	정암사	강원 정선군 고한읍
보물 426	醴泉東本洞三層石塔	1기	65. 7.16	국유	경북 예천군 예천읍
보물 429	佛窟寺三層石塔	1기	65. 9. 1	불굴사	경북 경산시 와촌면
보물 435	安城竹山里五層石塔	1기	66. 6.28	국유	경기 안성군 죽산면
보물 443	香城寺址三層石塔	1기	66. 8.25	국유	강원 속초시 설악동
보물 444	禪林院址三層石塔	1기	66. 9.21	국유	강원 양양군 서면
보물 464	興法寺址三層石塔	1기	68. 7. 5	국유	강원 원주시 지정면
보물 465	永川新月洞三層石塔	1기	68.12.19	신흥사	경북 영천시 금호읍
보물 466	萬魚寺三層石塔	1기	68.12.19	만어사	경남 밀양시 삼랑진읍
보물 467	表忠寺三層石塔	1기	68.12.19	표충사	경남 밀양시 단장면
보물 468	密陽崇眞里三層石塔	1기	68.12.19	국유	경남 밀양시 삼랑진읍
보물 469	善山洛山洞三層石塔	1기	68.12.19	국유	경북 구미시 해평면
보물 470	桃李寺石塔	1기	68.12.19	도리사	경북 구미시 해평면
보물 473	法界寺三層石塔	1기	68.12.19	법계사	경남 산청군 시천면
보물 474	碧松寺三層石塔	1기	68.12.19	벽송사	경남 함양군 마천읍
보물 480	靈巖寺址三層石塔	1기	68.12.19	국유	경남 합천군 가회면
보물 497	襄陽五色里三層石塔	1기	68.12.19	국유	강원 양양군 서면
보물 498	蔚珍九山里三層石塔	1기	68.12.19	국유	경북 울진군 근남면
보물 499	洛山寺七層石塔	1기	68.12.19	낙산사	강원 양양군 강현면
보물 504	靈光新川里三層石塔	1기	69. 6.16	원불교	전남 영광군 묘량면
보물 506	潭陽邑內里五層石塔	1기	69. 6.16	국유	전남 담양군 담양읍
보물 509	求禮論谷里三層石塔	1기	69. 6.21	국유	전남 구례군 구례읍
보물 510	漆谷箕城洞三層石塔	1기	69. 6.21	국유	경북 칠곡군 동명면
보물 511	淸原桂山里五層石塔	1기	69. 7.18	국유	충북 청원군 가덕면
보물 518	海印寺願堂庵多層石塔 및 石燈	2기	70. 6.24	해인사	경남 합천군 가야면
보물 520	述亭里西三層石塔	1기	70. 6.24	하영대	경남 창녕군 창녕읍
보물 529	全骨山五層石塔	1기	71. 1. 8	서용현	전남 진도군 군내면
보물 533	寧國寺三層石塔	1기	71. 7. 7	영국사	충북 영동군 양산면
보물 535	寧國寺望塔峰三層石塔	1기	71. 7. 7	영국사	충북 영동군 양산면
보물 540	洪川掛石里四獅子三層石塔	1기	71. 7. 7	국유	강원 홍천군 홍천군청
보물 545	洪川物傑里三層石塔	1기	71. 7. 7	국유	강원 홍천군 내촌면
보물 580	傳聞慶五層石塔	1기	74.10. 2	전성우	서울 성북구 간송미술관

구 분	명 칭	수량	지정일	소유자	소 재 지
보물 606	直指寺大雄殿앞 三層石塔	2기	76.11.30	국유	경북 김천시 대항면
보물 607	直指寺毘盧殿앞 三層石塔	1기	76.11.30	국유	경북 김천시 대항면
보물 609	化川洞三層石塔	1기	77. 8.22	국유	경북 영양군 영양읍
보물 610	縣一洞三層石塔	1기	77. 8.22	국유	경북 영양군 영양읍
보물 674	有金寺三層石塔	1기	80. 9.16	유금사	경북 영덕군 병곡면
보물 675	永川華南洞三層石塔	1기	80. 9.16	국유	경북 영천시 신령면
보물 677	長淵寺址三層石塔	2기	80. 9.16	국유	경북 청도군 매전면
보물 678	雲門寺三層石塔	1기	80. 9.16	운문사	경북 청도군 운문면
보물 682	持寶寺三層石塔	1기	80. 9.16	지보사	경북 군위군 군위읍
보물 683	尙州上吾里七層石塔	1기	80. 9.16	국유	경북 상주시 화북면
보물 750	居頓寺址三層石塔	1기	83.12.27	국유	강원 원주시 부론면
보물 795	天冠寺三層石塔	1기	84.11.30	천관사	전남 장흥군 관산읍
보물 796	雲住寺九層石塔	1기	84.11.30	운주사	전남 화순군 도암면
보물 798	雲住寺圓形多層石塔	1기	84.11.30	운주사	전남 화순군 도암면
보물 799	麻谷寺五層石塔	1기	84.11.30	마곡사	충남 공주시 사곡면
보물 829	金谷寺三層石塔	1기	85. 1. 8	금곡사	전남 강진군 군동면
보물 831	桐華寺三層石塔	1기	85. 1. 8	동화사	전남 순천시 별량면
보물 907	月城南沙里寺址三層石塔	1기	87. 3. 9	국유	경북 경주시 현곡면
보물 908	月城龍明里寺址三層石塔	1기	87. 3. 9	국유	경북 경주시 건천읍
보물 911	石窟庵三層石塔	1기	87. 3. 9	석굴암	경북 경주시 진현동
보물 912	慶州馬洞寺址三層石塔	1기	87. 3. 9	국유	경북 경주시 마동
보물 943	寶城牛川里三層石塔	1기	88. 4. 1	국유	전남 보성군 조성면
보물 945	金芚寺址三層石塔	1기	88. 4. 1	국유	전남 순천시 낙안면
보물1112	大源寺多層石塔	1기	92. 1.15	대원사	경남 산청군 삼장면
보물1113	內院寺三層石塔	1기	92. 1.15	내원사	경남 산청군 삼장면
보물1114	山淸大浦里三層石塔	1기	92. 1.15	국유	경남 산청군 삼장면
보물1115	寶城鳳川里五層石塔	1기	92. 1.15	국유	전남 보성군 복내면
보물1118	聖風寺址五層石塔	1기	92. 1.15	국유	전남 영암군 영암읍
보물1119	昌慶宮內八角七層石塔	1기	92. 1.15	국유	서울 종로구 창경궁
지유 1	佛塔寺五層石塔	1기	71. 8.26	불탑사	제주 제주시 삼양동
지유 1	鷄龍山淸凉寺址雙塔	2기	71. 9.14	동학사	충남 공주시 반포면
지유 1	證心寺三層石塔	1기	72. 1.29	증심사	광주 동구 운림동
지유 3	沃川龍巖寺雙石塔	2기	74. 4.10	용암사	충북 옥천군 옥천읍
지유 4	堤川神勒寺三層石塔	1기	74. 4.10	신륵사	충북 제천시 덕산면
지유 5	一山洞五層石塔	1기	71.12.16	국유	강원 원주시 일산동

구 분	명 칭	수량	지정일	소유자	소 재 지
지유 5	光陽城隍里三層石塔	1기	72. 1.29	국유	전남 광양시 성황동
지유 5	靑谷寺三層石塔	1기	72. 2.12	청곡사	경남 진주시 금산면
지유 5	寒天寺三層石塔	1기	72.12.29	한천사	경북 예천군 감천면
지유 6	寶城牛川里三層石塔	1기	72. 1.29	국유	전남 보성군 조성면
지유 6	北地藏寺三層石塔	2기	79. 1.25	북지장사	대구 동구 도학동
지유 8	咸安主吏寺址獅子石塔	1기	72. 2.12	국유	경남 함안군 함안중학교
지유 8	龍化洞三層石塔	1기	72.12.29	국유	경북 영양군 일월면
지유 8	中原創洞五層石塔	1기	75. 8.20	김영기	충북 충주시 가금면
지유 9	五層石塔	1기	72. 6.26	부산대	부산 금정구 장전동
지유 10	雲山里三層石塔	1기	71.12. 2	국유	전북 진안군 산전면
지유 10	珍島上萬里五層石塔	1기	72. 1.29	국유	전남 진도군 임회면
지유 10	兎川三層石塔	1기	72. 2.12	국유	경남 창녕군 창녕읍
지유 10	三層石塔	1기	72. 6.26	동아대	부산 서구 동대신동
지유 11	龍潭寺七層石塔	1기	71.12. 2	용담사	전북 남원시 주천면
지유 11	谷城柯谷里五層石塔	1기	72. 1.29	국유	전남 곡성군 오산면
지유 11	觀龍寺藥師殿三層石塔	1기	72. 2.12	관룡사	경남 창녕군 창녕읍
지유 11	元曉庵東三層石塔	1기	72. 6.26	범어사	부산 금정구 청룡동
지유 12	求禮沙圖里三層石塔	1기	72. 1.29	이종선	전남 구례군 마산면
지유 12	元曉庵西三層石塔	1기	72. 6.26	범어사	부산 금정구 청룡동
지유 12	新龍里五層石塔	1기	82.10.15	기하석	광주 광산구 신룡동
지유 13	長文里五層石塔	1기	71.12. 2	국유	전북 정읍시 고부면
지유 13	高麗五層石塔	1기	72. 6.26	권철현	부산 동래구 온천동
지유 14	東門里五層石塔 및 幢竿支柱	2기	73.12.24	국유	충남 서산시 동문동
지유 16	西上里三層石塔	1기	71.12.16	국유	강원 춘천군 서면
지유 16	法住寺世尊舍利塔	1기	76.12.20	법주사	충북 보은군 내속리면
지유 17	夫人寺西塔	1기	88. 5.30	부인사	대구 동구 신무동
지유 18	通度寺三層石塔	1기	72. 2.12	통도사	경남 양산군 하북면
지유 19	中金里三層石塔	2기	71.12.16	국유	강원 횡성군 갑천면
지유 19	桐華寺念佛庵靑石塔	1기	88. 5.30	동화사	대구 동구 도학동
지유 21	上洞里三層石塔	1기	71.12.16	국유	강원 횡성군 공근면
지유 21	長水陽岳塔	1기	73. 6.23	국유	전북 장수군 계북면
지유 21	扶餘細塔里五層石塔	1기	73.12.24	국유	충남 부여군 초촌면
지유 22	石南寺三層石塔	1기	72. 2.12	석남사	경남 울산시 울주구
지유 22	水鐘寺多寶塔	1기	72. 5. 4	수종사	경기 남양주시 와부읍
지유 23	邑下里三層石塔	1기	71.12.16	국유	강원 횡성군 횡성읍

구 분	명　칭	수량	지정일	소유자	소 재 지
지유 23	凡方洞三層石塔	1기	89. 3.10	조인수	부산 강서구 범방동
지유 24	安谷里三層石塔	1기	72. 2.12	석남사	경남 김해시 한림면
지유 25	上院寺址石塔 및 光背	2기	71.12.16	상원사	강원 원주시 신림면
지유 25	聖住寺三層石塔	1기	72. 2.12	성주사	경남 창원시 천선동
지유 25	淸州塔洞五層石塔	1기	76.12.20	곽갑순	충북 청주시 탑동
지유 26	知歸洞鳳林寺址三層石塔	1기	72. 2.12	국유	경남 창원시 지귀동 지귀초등교
지유 26	淳化里三層石塔	1기	73. 6.23	국유	전북 순창군 순창읍 순창여중
지유 26	聖住寺東三層石塔	1기	73.12.24	국유	충남 보령시 성주면
지유 27	道林寺址三層石塔	1기	73.12.24	국유	충남 청양군 장평면
지유 27	淸原安心寺世尊舍利塔	1기	76.12.20	안심사	충북 청원군 남이면
지유 28	興住寺三層石塔	1기	73.12.24	홍주사	충남 태안군 태안읍
지유 28	三層石塔	1기	74. 5.12	전성우	서울 성북구 간송미술관
지유 29	塔洞三層石塔	1기	71.12.16	국유	강원 평창군 진부면
지유 29	禪雲寺多層石塔	1기	73. 6.23	선운사	전북 고창군 아산면
지유 29	扶餘鴻良里五層石塔	1기	74. 9. 1	국유	충남 부여군 홍산면
지유 29	槐山鳳鶴寺址五層石塔	1기	76.12.20	보광사	충북 괴산군 사리면
지유 30	位羅里七層石塔	1기	71.12.16	국유	강원 화천군 하남면
지유 31	鳳頂庵釋迦舍利塔	1기	71.12.16	백담사	강원 인제군 북면
지유 31	新元寺五層石塔	1기	74. 9. 1	신원사	충남 공주시 계룡면
지유 33	中原彌勒里三層石塔	1기	76.12.20	국유	충북 충주시 상모면
지유 34	金臺寺三層石塔	1기	72. 2.12	금대사	경남 함양군 마천읍
지유 36	坊內里三層石塔	1기	71.12.16	국유	강원 강릉시 연곡면
지유 37	燈明寺五層石塔	1기	71.12.16	국유	강원 강릉시 강동면
지유 39	藥師寺三層石塔	1기	80. 6.11	약사사	서울 강서구 개화동
지유 43	龍雲寺址三層石塔	1기	73. 7.31	국유	강원 원주시 호저면
지유 45	羅所洞三層石塔	1기	73. 8.31	김지홍	경북 안동시 와룡면
지유 49	公州東院里石塔	1기	76. 1. 8	국유	충남 공주시 신풍면
지유 56	定山南泉里石塔	1기	76. 1. 8	국유	충남 청양군 정산면
지유 60	東方寺址七層石塔	1기	74.12.10	국유	경북 성주군 성주읍 성주초등교
지유 60	論山塔亭里石塔	1기	76. 1. 8	국유	충남 논산군 부적면
지유 60	橫城新垈里三層石塔	1기	79. 5.30	봉복사	강원 횡성군 청일면
지유 62	歸信寺三層石塔	1기	74. 9.27	국유	전북 김제시 금산면
지유 63	懸燈寺三層石塔	1기	74. 9.26	현등사	경기 가평군 하면
지유 65	淸州菩薩寺五層石塔	1기	80.11.13	보살사	충북 청주시 상당구
지유 66	塔洞三層石塔	1기	74. 9.27	국유	전북 군산시 대야면

구 분	명 칭	수량	지정일	소유자	소 재 지
지유 68	長春寺五層石塔	1기	74. 2.16	장춘사	경남 함안군 칠북면
지유 69	靈山法華庵多層石塔	1기	74. 2.16	국유	경남 창녕군 영산면
지유 69	忠州丹湖寺三層石塔	1기	80.11.13	단호사	충북 충주시 단월동
지유 71	新安邑里三層石塔	1기	78. 9.22	국유	전남 신안군 팔금면
지유 72	義林寺三層石塔	1기	74. 2.16	의림사	경남 마산시 진북면
지유 72	檜寺洞石塔	1기	76. 4. 2	국유	전북 진안군 산전면
지유 73	茶丁里三層石塔	1기	74. 2.16	국유	경남 남해군 이동면
지유 73	江亭里五層石塔	1기	76. 4. 2	전기섭	전북 진안군 마령면
지유 74	菩提庵前三層石塔	1기	74. 2.16	보리암	경남 남해군 이동면
지유 75	襄陽洛山寺舍利塔	1기	82.11. 3	낙산사	강원 양양군 강현면
지유 77	葛溪里三層石塔	1기	74. 2.16	국유	경남 거창군 북상면
지유 78	安城竹山里三層石塔	1기	78.11.10	국유	경기 안성군 죽산면
지유 78	羅州松堤里五層石塔	1기	80. 6. 2	국유	전남 나주시 세지면
지유 86	法水寺址三層石塔	1기	75.12.30	국유	경북 성주군 수륜면 백운초등교
지유 92	剛泉寺石塔	1기	80. 3. 8	강천사	전북 순창군 팔덕면
지유 95	東川洞四方佛塔身石	1기	79. 1.25	국유	경북 경주시 동천동
지유 95	南福里五層石塔	1기	81. 4. 1	국유	전북 정읍시 고부면
지유 96	龍興里海鼎寺址石塔	1기	81. 4. 1	국유	전북 정읍시 고부면
지유 98	公州加尺里石塔	1기	82.12.31	국유	충남 공주시 탄천면
지유 99	安東泥川東三層石塔	1기	79. 1.25	국유	경북 안동시 이천동
지유 103	修德寺三層石塔	1기	83. 9.29	수덕사	충남 예산군 덕산면
지유 103	原州普門寺靑石塔	1기	85. 9.13	보문사	강원 원주시 행구동
지유 104	戀主庵三層石塔	1기	80. 6. 2	연주암	경기 과천시 문원동
지유 105	安東臨河洞三層石塔	1기	79. 1.25	국유	경북 안동시 임하동부초등교
지유 106	安東臨河洞十二支三層石塔	1기	79. 1.25	국유	경북 안동시 임하동부초등교
지유 106	利川中里三層石塔	1기	81. 7.16	국유	경기 이천군 이천읍
지유 108	安東下里三層石塔	1기	79. 1.25	국유	경북 안동시 풍산읍
지유 109	安東竹田洞三層石塔	1기	79. 1.25	국유	경북 안동시 풍산읍
지유 110	安東幕谷洞三層石塔	1기	79. 1.25	국유	경북 안동시 풍산읍
지유 112	三幕寺三層石塔	1기	83. 9.19	삼막사	경기 안양시 석수동
지유 114	城隍里三層石塔	1기	74.12.28	국유	경남 의령군 정곡면
지유 115	禪本庵三層石塔	1기	79. 1.25	선본암	경북 경산시 와촌면
지유 116	淸道德陽洞三層石塔	1기	79. 1.25	국유	경북 청도군 풍각면
지유 116	淸源寺七層石塔	1기	83. 9.19	청원사	경기 안성군 원곡면
지유 116	香林寺三層石塔	2기	85. 2.25	향림사	전남 순천시 석현동

구 분	명 칭	수량	지정일	소유자	소 재 지
지유 117	盤龍寺多層石塔	1기	79. 1.25	반룡사	경북 고령군 쌍림면
지유 118	報恩猿汀里三層石塔	1기	82.12.17	국유	충북 보은군 마로면
지유 119	星州甫月洞三層石塔	1기	79. 1.25	국유	경북 성주군 월남초등교
지유 119	碑岩寺三層石塔	1기	85. 7.19	비암사	충남 연기군 전동면
지유 120	沃川斗巖里三層石塔	1기	82.12.17	국유	충북 옥천군 이원면
지유 120	廣德寺三層石塔	1기	85. 7.19	광덕사	충남 천안시 광덕면
지유 124	來蘇寺三層石塔	1기	86. 9. 8	내소사	전북 부안군 진서면
지유 126	草庵寺三層石塔	1기	79. 1.25	초암사	경북 영주시 순흥면
지유 129	陰城邑內里三層石塔	1기	82.12.17	국유	충북 음성군 음성읍
지유 130	塔里三層石塔	1기	74.12.28	국유	경남 하동군 화개면
지유 130	浮石寺三層石塔	2기	79. 1.25	부석사	경북 영주시 부석면
지유 130	新倉里三層石塔	1기	86. 5. 7	국유	경기 안성군 고삼면
지유 131	長城內溪里五層石塔	1기	86. 2. 7	사유	전남 장성군 삼계면
지유 134	千聖寺三層石塔	1기	79. 1.25	천성사	경북 봉화군 봉성면
지유 135	佛影寺三層石塔	1기	79. 1.25	불영사	경북 울진군 서면
지유 135	天冠寺五層石塔	1기	86. 2. 7	천관사	전남 장흥군 관산읍
지유 140	寶城鳳川里五層石塔	1기	86. 9.29	이광휘	전남 보성군 복내면
지유 141	槐山南下里三層石塔	1기	85. 1.11	국유	충북 괴산군 증평읍
지유 141	寶城玉馬里五層石塔	1기	86. 9.29	월림사	전남 보성군 노동면
지유 151	道岬寺五層石塔	1기	87. 6. 1	도갑사	전남 영광군 군서면
지유 180	安東臨河洞五層石塔	1기	84.12.29	국유	경북 안동시 임하면
지유 182	鳳停寺三層石塔	1기	84.12.29	봉정사	경북 안동시 서후면
지유 185	聞慶葛坪里五層石塔	1기	84.12.29	국유	경북 문경시 문경읍
지유 186	普門寺三層石塔	1기	84.12.29	보문사	경북 예천군 보문면
지유 188	醴泉澗芳洞三層石塔	1기	84.12.29	국유	경북 예천군 보문면
지유 200	杜芳庵多層石塔	1기	82. 7.20	두방암	경남 진주시 문산읍
지유 203	寶鏡寺五層石塔	1기	85.10.15	보경사	경북 포항시 북구
지유 205	祇林寺三層石塔	1기	85.10.15	기림사	경북 경주시 양북면
지유 253	海印寺吉祥塔	1기	85.11.14	해인사	경남 합천군 가야면
지유 254	海印寺三層石塔	1기	85.11.14	해인사	경남 합천군 가야면
지기 35	馬耳山塔	일원	76. 4. 2	이왕선	전북 진안군 마령면
지문 4	觀音寺石塔	1기	84. 6. 2	관음사	강원 강릉시 금학동
지문 5	法藏寺三層石塔	1기	75. 2. 5	법장사	대구 남구 봉덕동
지문 7	慶州東部洞三層石塔	1기	85. 8. 5	국유	경북 경주시 동부동
지문 8	淸平寺三層石塔	1기	84. 6. 2	청평사	강원 춘천시 북산면

구 분	명 칭	수량	지정일	소유자	소 재 지
지문 8	慶州皇吾洞三層石塔	1기	85. 8. 5	철도청	경북 경주시 성동동
지문 9	月松里三層石塔	1기	84. 6. 2	춘천시	강원 춘천시 서면
지문 10	洪川陽德院三層石塔	1기	84. 6. 2	홍천군	강원 홍천군 남면
지문 11	三龍里三層石塔	1기	84. 5.17	천안시	충남 천안시 삼룡동
지문 11	壽陀寺三層石塔	1기	84. 6. 2	수타사	강원 홍천군 동면
지문 12	掛石里三層石塔	1기	84. 6. 2	홍천군	강원 홍천군 두촌면
지문 13	長南里三層石塔	1기	84. 6. 2	홍천군	강원 홍천군 두촌면
지문 17	加平下板里地鎭塔	1기	83. 9.19	손재룡	경기 가평군 하면 현등사
지문 18	都泉三層石塔	1기	83. 7.20	관음사	경남 창녕군 도천면
지문 18	安東安寄洞三層石塔	1기	85. 8. 5	국유	경북 안동시 안기동
지문 19	立石寺石塔	1기	84. 6. 2	입석사	강원 원주시 소초면
지문 20	彦谷寺址三層石塔	1기	84. 2.29	국유	전남 담양군 무정면 무정초등교
지문 21	楊平龍川里三層石塔	1기	83. 9. 9	사나사	경기 양평군 옥천면
지문 26	龍淵寺三層石塔	1기	85. 8. 5	용연사	대구 달성군 옥포면
지문 27	法住寺五層石塔	1기	85. 8. 5	법주사	경북 군위군 소보면
지문 28	酒泉三層石塔	1기	84. 6. 2	영월군	강원 영월군 주천면
지문 28	孤雲寺三層石塔	1기	85. 8. 5	고운사	경북 의성군 단촌면
지문 29	義城雙湖洞三層石塔	1기	85. 8. 5	국유	경북 의성군 신평면
지문 30	柳洞里五層石塔	1기	84. 6. 2	평창군	강원 평창군 평창읍
지문 30	義城致仙洞石塔	1기	85. 8. 5	국유	경북 의성군 의성읍
지문 33	鵝陽里三層石塔	1기	83. 7.20	장승포시	경남 장승포시 아양동
지문 34	上東里三層石塔 및 石佛坐像	2기	84. 6. 2	백련정사	강원 인제군 인제읍
지문 39	始興文原里三層石塔	1기	83. 9.19	과천시	경기 과천시 문원동
지문 42	龍仁貢稅里五層石塔	1기	83. 9.19	황영수	경기 용인군 기흥면
지문 42	鄭池石塔	1기	83. 7.20	남해군	경남 남해군 고현면
지문 42	大谷里三層石塔	1기	84. 5.17	연기군	충남 연기군 전의면
지문 43	唐項新興寺三層石塔	1기	83. 7.20	남해군	경남 남해군 남면
지문 43	龍仁魚肥里三層石塔	1기	83. 9.19	동도사	경기 용인군 이동면
지문 43	溟州山溪寺石塔	1기	84. 6. 2	강릉시	강원 강릉시 옥계면
지문 55	甲寺中獅子庵址三層石塔	1기	84. 5.17	갑사	충남 공주군 계룡면
지문 58	東鶴寺三層石塔	1기	84. 5.17	동학사	충남 공주군 반포면
지문 59	青龍寺三層石塔	1기	85. 6.28	청룡사	경기 안성군 서운면
지문 60	昌德庵三層石塔	1기	84. 4. 1	창덕암	전북 남원시 산동면
지문 63	寒山寺址三層石塔	1기	84. 2.29	국유	전남 화순군 동복면
지문 66	安東臨河洞中央三層石塔	1기	85. 8. 5	국유	경북 안동시 임하면

구 분	명 칭	수량	지정일	소유자	소 재 지
지문 69	鳳林寺址三層石塔	1기	85. 8. 5	장석기	경북 안동시 서후면
지문 71	南陽寺址三層石塔	1기	85. 8. 5	사유	경북 안동시 남양사지석탑보존회
지문 74	靑松理村里五層石塔	1기	85. 8. 5	국유	경북 청송군 진보면
지문 76	無爲寺三層石塔	1기	84. 2.29	무위사	전남 강진군 성전면
지문 76	安城道基洞三層石塔	1기	89. 6.21	국유	경기 안성군 안성읍
지문 84	英陽新邱里三層石塔	1기	85. 8. 5	조위징	경북 영양군 입암면
지문 88	金岩里五層石塔	1기	84. 5.17	부여군	충남 부여군 규암면
지문 89	花城里五層石塔	1기	84. 5.17	화암사	충남 부여군 외산면
지문 90	大鳥寺石塔	1기	84. 5.17	대조사	충남 부여군 임천면
지문 93	慶州吾也里三層石塔	1기	85. 8. 5	국유	경북 경주시 천북면
지문 94	崇福寺址三層石塔	2기	85. 8. 5	국유	경북 경주시 외동읍
지문 95	甘山寺址三層石塔	1기	85. 8. 5	국유	경북 경주시 외동읍
지문 101	珍原里五層石塔	1기	84. 2.29	국유	전남 장성군 진원면
지문 103	壽山里五層石塔	1기	84. 2.29	국유	전남 장성군 장성읍
지문 103	永川公德洞三層石塔	1기	85. 8. 5	국유	경북 영천시 화북면
지문 104	東南里石塔	1기	84. 5.17	국유	충남 부여군 국립부여박물관
지문 104	銀海寺居祖庵三層石塔	1기	85. 8.15	은해사	경북 영천시 청통면
지문 105	博物館石塔	1기	84. 5.17	국유	충남 부여군 국립부여박물관
지문 116	深源寺址廢塔	1기	85. 8. 5	국유	경북 성주군 수륜면
지문 121	東寺里石塔	1기	84. 5.17	부여군	충남 부여군 부여읍
지문 121	靑巖寺多層石塔	1기	85. 8. 5	청암사	경북 김천시 증산면
지문 122	金陵西部里廢塔	2기	76.11.30	국유	경북 김천시 개령면
지문 122	金塘寺石塔	1기	89. 9. 8	금당사	전북 진안군 마령면
지문 125	甲長寺三層石塔	1기	85. 8. 5	갑장사	경북 상주시 지천동
지문 126	尙州新鳳里石塔	1기	85. 8. 5	국유	경북 상주시 화서면
지문 127	尙州洛山里廢塔	1기	85. 8. 5	국유	경북 상주시 낙산동
지문 128	芝峴里三層石塔	1기	84. 5.17	서천군	충남 서천군 한산면
지문 128	尙州茂谷里廢塔	1기	85. 8. 5	국유	경북 상주시 공성면
지문 129	水岩里三層石塔	1기	84. 5.17	서천군	충남 서천군 문산면
지문 130	峰南里三層石塔	1기	84. 5.17	서천군	충남 서천군 마서면
지문 131	支石里三層石塔	1기	84. 5.17	서천군	충남 서천군 종천면
지문 133	寶城桂山里三層石塔	1기	86. 9.29	사유	전남 보성군 복내면
지문 139	保寧里五層石塔	1기	84. 5.17	보령중	충남 보령시 보령중학교
지문 147	鷄鳳寺五層石塔	1기	84. 5.17	계봉사	충남 청양군 목면
지문 148	靑陽三層石塔	1기	84. 5.17	청양군	충남 청양군 청양읍

구 분	명 칭	수량	지정일	소유자	소 재 지
지문 157	鷲棲寺三層石塔	1기	85. 8. 5	취서사	경북 봉화군 물야면
지문 159	廣景寺址三層石塔	1기	84. 5.17	홍성군	충남 홍성군 홍성읍
지문 170	泰安寺三層石塔	1기	88.12.21	태안사	전남 곡성군 죽곡면
지문 174	香泉寺九層石塔	1기	84. 5.17	향천사	충남 예산군 예산읍
지문 175	禮山邑三層石塔	1기	84. 5.17	예산군	충남 예산군 예산읍
지문 176	長福里三層石塔	1기	84. 5.17	예산군	충남 예산군 대술면
지문 178	大蓮寺三層石塔	1기	84. 5.17	대련사	충남 예산군 광시면
지문 181	修德寺七層石塔	1기	84. 5.17	수덕사	충남 예산군 덕산면
지문 184	石谷里石塔	1기	84. 5.17	예산군	충남 예산군 고덕면
지문 186	軍威花本洞五層石塔	1기	87. 5.13	국유	경북 군위군 산성면
지문 200	日樂寺三層石塔	1기	84. 5.17	일락사	충남 서산시 해미면
지문 201	南門里五層石塔	1기	84. 5.17	태안군	충남 태안군 태안읍
지문 202	天藏寺七層石塔	1기	84. 5.17	천장사	충남 서산시 고북면
지문 216	靈塔寺七層石塔	1기	84. 5.17	영탑사	충남 당진군 면천면
지문 231	神心寺多層塔	1기	84. 5.17	신심사	충남 아산시 염치읍
지문 232	觀音寺石塔	1기	84. 5.17	관음사	충남 아산시 영인면
지문 235	仁萃寺石塔	1기	84. 5.17	인취사	충남 아산시 신창면
지문 239	靈仁五層石塔	1기	84. 5.17	아산시	충남 아산시 영인면
지문 254	晚日寺五層石塔	1기	84. 5.17	만일사	충남 천안시 성거읍
지문 274	開泰寺五層石塔	1기	84. 5.17	개태사	충남 논산군 연산면

3-2. 모전석탑

국보 30	芬皇寺石塔	1기	62.12.20	분황사	경북 경주시 구황동
국보 187	鳳甘模塼五層石塔	1기	77. 8.22	국유	경북 영양군 입암면
보물 298	月南寺址模塼石塔	1기	63. 1.21	국유	전남 강진군 성전면
보물 327	義城冰山寺址五層石塔	1기	63. 1.21	국유	경북 의성군 춘산면
보물 459	提川長樂里七層模塼石塔	1기	64. 9. 4	국유	충북 제천시 장락동
지유 9	陰城五層模塼石塔	1기	75. 8.20	국유	충북 음성군 음성읍 계봉초등교
지유 12	縣二洞模塼五層石塔	1기	72.12.29	국유	경북 영양군 영양읍
지유 107	安東下里洞模塼三層石塔	1기	79. 1.25	국유	경북 안동시 풍산읍
지문 70	安東大寺洞模塼石塔	1기	85. 8. 5	권기백	경북 안동시 길안면
지문 83	英陽三池里模塼石塔	1기	85. 8. 5	국유	경북 영양군 영양읍

3-3. 전탑

구 분	명 칭	수량	지정일	소유자	소 재 지
국보 16	安東新世洞七層塼塔	1기	62.12.20	국유	경북 안동시 신세동
보물 56	安東東部洞五層塼塔	1기	63. 1.21	국유	경북 안동시 동부동
보물 57	安東造塔洞五層塼塔	1기	63. 1.21	국유	경북 안동시 일직면
보물 189	松林寺五層塼塔	1기	63. 1.21	국유	경북 칠곡군 동명면
보물 226	神勒寺多層塼塔	1기	63. 1.21	신륵사	경기 여주군 북내면

3-4. 승탑·부도

국보 4	高達寺址浮屠	1기	62.12.20	국유	경기 여주군 북내면
국보 53	鷰谷寺東浮屠	1기	62.12.20	연곡사	전남 구례군 토지면
국보 54	鷰谷寺北浮屠	1기	62.12.20	연곡사	전남 구례군 토지면
국보 57	雙峰寺澈鑑禪師塔	1기	62.12.20	쌍봉사	전남 화순군 이양면
국보 101	法泉寺智光國師玄妙塔	1기	62.12.20	국유	서울 종로구 경복궁
국보 102	淨土寺弘法國師實相塔	1기	62.12.20	국유	서울 종로구 경복궁
국보 104	傳興法寺廉居和尙塔	1기	62.12.20	국유	서울 종로구 국립중앙박물관
국보 197	青龍寺普覺國師定慧圓融塔	1기	79. 5.22	국유	충북 충주시 소태면
보물 7	高達寺元宗大師慧眞塔	1기	63. 1.21	국유	경기 여주군 북내면
보물 26	金山寺石鐘	1기	63. 1.21	금산사	전북 김제시 금산면
보물 33	實相寺秀澈和尙楞伽寶月塔	1기	63. 1.21	실상사	전북 남원시 산내면
보물 36	實相寺浮屠	1기	63. 1.21	실상사	전북 남원시 산내면
보물 38	實相寺證覺大師凝蓼塔	1기	63. 1.21	실상사	전북 남원시 산내면
보물 85	崛山寺址浮屠	1기	63. 1.21	국유	강원 강릉시 구정면
보물 105	普願寺法印國師寶乘塔	1기	63. 1.21	국유	충남 서산시 운산면
보물 135	石造浮屠	1기	63. 1.21	국유	대구 북구 경북대
보물 137	鳳巖寺智證大師寂照塔	1기	63. 1.21	봉암사	경북 문경시 가은읍
보물 154	鷰谷寺西浮屠	1기	63. 1.21	연곡사	전남 구례군 토지면
보물 155	寶林寺東浮屠	1기	63. 1.21	보림사	전남 장흥군 유치면
보물 156	寶林寺西浮屠	2기	63. 1.21	보림사	전남 장흥군 유치면
보물 157	寶林寺普照禪師彰聖塔	1기	63. 1.21	보림사	전남 장흥군 유치면
보물 171	鳳巖寺靜眞大師圓悟塔	1기	63. 1.21	봉암사	경북 문경시 가은읍
보물 173	望海寺址石造浮屠	2기	63. 1.21	국유	경남 울산시 울주구
보물 190	居頓寺圓空國師勝妙塔	1기	63. 1.21	국유	서울 종로구 경복궁
보물 191	普賢寺朗圓大師悟眞塔	1기	63. 1.21	보현사	강원 강릉시 성산면

구 분	명 칭	수량	지정일	소유자	소 재 지
보물 228	神勒寺普濟尊者石鐘	1기	63. 1.21	신륵사	경기 여주군 북내면
보물 257	甲寺浮屠	1기	63. 1.21	갑사	충남 공주시 계룡면
보물 258	石造浮屠	1기	63. 1.21	국유	대구 북구 경북대 박물관
보물 273	泰安寺寂忍禪師照輪淸淨塔	1기	63. 1.21	태안사	전남 곡성군 죽곡면
보물 274	泰安寺廣慈大師塔	1기	63. 1.21	태안사	전남 곡성군 죽곡면
보물 351	石造浮屠	1기	63. 1.21	이화대	서울 서대문구 이화여대 박물관
보물 358	令傳寺址普濟尊者舍利塔	2기	63. 1.21	국유	서울 종로구 경복궁
보물 362	鳳林寺眞鏡大師寶月凌空塔	1기	63. 1.21	국유	서울 종로구 경복궁
보물 365	興法寺眞空大師塔附石棺	1기	63. 1.21	국유	서울 종로구 경복궁
보물 369	石南寺浮屠	1기	63. 1.21	석남사	경남 울산시 울주구
보물 372	龍巖寺址浮屠	1기	63. 1.21	국유	경남 진주시 이반성면
보물 380	雙磎寺浮屠	1기	63. 1.21	쌍계사	경남 하동군 화개면
보물 388	檜巖寺址浮屠	1기	63. 9. 2	회암사	경기 양주군 회천읍
보물 428	麟角寺普覺國師塔 및 碑	2기	65. 9. 1	인각사	경북 군위군 고로면
보물 430	寶鏡寺浮屠	1기	65. 9. 1	보경사	경북 포항시 송라면
보물 439	陳田寺祉浮屠	1기	66. 2.28	국유	강원 양양군 강현면
보물 441	太和寺址12支像浮屠	1기	66. 3.31	국유	경남 울산시 중구
보물 447	禪林院址浮屠	1기	66. 9.21	국유	강원 양양군 서면
보물 472	寶泉寺址浮屠	1기	68.12.19	국유	경남 의령군 의령읍
보물 531	龍門寺正智國師浮屠 및 碑	2기	71. 7. 7	용문사	경기 양평군 용문면
보물 532	寧國寺浮屠	1기	71. 7. 7	영국사	충북 영동군 양산면
보물 579	槐山外沙里石造浮屠	1기	74.10. 2	전성우	서울 성북구 간송미술관
보물 601	達城道鶴洞石造浮屠	1기	75. 8. 4	국유	대구 동구 동화사
보물 749	太古寺圓證國師塔	1기	83.12.27	태고사	경기 고양시 북한동
보물 928	奉印寺浮圖庵舍利塔 및 舍利莊嚴具	일괄	87. 7.29	국유	서울 종로구 국립중앙박물관
보물 1116	維摩寺海蓮浮屠	1기	92. 1.15	유마사	전남 화순군 남면
보물 1117	仙巖寺大覺庵浮屠	1기	92. 1.15	선암사	전남 순천시 승주읍
지유 7	元曉寺東浮屠	1기	81.10.20	원효사	광주 북구 금곡동
지유 12	瑩原寺址寶鑑國師浮屠	1기	72. 2.12	국유	경남 밀양시 활성동
지유 12	福泉庵秀庵和尙塔	1기	75. 8.20	법주사	충북 보은군 내속리면
지유 12	桐華寺浮屠群	10기	86.12. 5	동화사	대구 동구 도학동
지유 13	福泉庵學祖燈谷和尙塔	1기	75. 8.20	법주사	충북 보은군 내속리면
지유 20	靑松寺址浮屠	3기	72. 2.12	청송사	경남 울산시 울주구
지유 21	雲興寺址浮屠	2기	72. 2.12	운흥사	경남 울산시 울주구

구 분	명 칭	수량	지정일	소유자	소 재 지
지유 22	縣內里浮屠	1기	73.12.24	국유	충남 부여군 석성면
지유 25	無量寺金時習浮屠	1기	73.12.24	무량사	충남 부여군 외산면
지유 29	石造八角浮屠	1기	74. 5.12	전성우	서울 성북구 간송미술관
지유 35	安國庵浮屠	1기	72. 2.12	국유	경남 함양군 마천읍
지유 35	大原寺慈眞國師浮屠	1기	73. 4.21	대원사	전남 보성군 문덕면
지유 43	梅月堂浮屠	1기	74. 9.27	국유	전북 무주군 설천면
지유 49	指空禪師浮屠 및 石燈	1기	74. 9.26	회암사	경기 양주군 회천읍
지유 50	懶翁禪師浮屠 및 石燈	1기	74. 9.26	회암사	경기 양주군 회천읍
지유 52	檜巖寺址浮屠塔	1기	74. 9.26	김정관	경기 양주군 회천읍
지유 56	白羊寺逍遙大師浮屠	1기	74.12.26	백양사	전남 장성군 북하면
지유 57	大興寺西山大師浮屠	1기	74.12.26	대흥사	전남 해남군 삼산면
지유 63	歸信寺浮屠	1기	74. 9.27	국유	전북 김제시 금산면
지유 71	大院寺龍刻浮屠	1기	76. 4. 2	대원사	전북 완주군 구이면
지유 72	舍那寺圓證國師石鐘	1기	78.10.10	사나사	경기 양평군 옥천면
지유 72	寧越澄曉國師浮屠	1기	82.11. 3	법흥사	강원 영월군 수주면
지유 73	寧越法興寺浮屠	1기	82.11. 3	법흥사	강원 영월군 수주면
지유 75	襄陽洛山寺舍利塔	1기	82.11. 3	낙산사	강원 양양군 강현면
지유 85	廣德寺浮屠	4기	78.12.30	광덕사	충남 천안시 광덕면
지유 91	文殊寺楓潭大師浮屠 및 碑	2기	79. 9. 3	문수사	경기 김포군 월곶면
지유 102	白蓮寺靜觀堂浮屠	1기	82. 8.30	백련사	전북 무주군 설천면
지유 108	震默大師浮屠	1기	84. 9.20	봉서사	전북 완주군 용진면
지유 109	安心寺浮屠 및 浮屠殿	2전	84. 9.20	안심사	전북 완주군 운주면
지유 118	仙巖寺禪助庵址浮屠	1기	85. 2.25	선암사	전남 순천시 승주읍
지유 122	永同深源里浮屠	1기	82.12.17	영동군	충북 영동군 영동읍
지유 122	望月寺慧炬國師浮屠	1기	85. 6.28	망월사	경기 의정부시 호원동
지유 127	槐山覺淵寺浮屠	1기	82.12.27	각연사	충북 괴산군 칠성면
지유 128	草庵寺東浮屠	1기	79. 1.25	초암사	경북 영주시 순흥면
지유 129	草庵寺西浮屠	1기	79. 1.25	초암사	경북 영주시 순흥면
지유 131	五峰寺址浮屠	1기	86. 5. 7	국유	경기 연천군 연천읍
지유 138	龍秋寺浮屠群	6기	86. 2. 7	용추사	전남 담양군 용면
지유 139	龍興寺浮屠群	7기	86. 2. 7	용흥사	전남 담양군 월산면
지유 145	四溟大師碑 및 浮屠	2기	76.12.20	해인사	경남 합천군 가야면
지문 11	中庵寺浮屠	6기	89. 3.18	중암사	대전 중구 정생동
지문 13	募縣洞浮屠	1기	84. 4. 1	하규호	전북 이리시 모현동
지문 15	壽陀寺紅藕堂浮屠	1기	84. 6. 2	수타사	강원 홍천군 동면

구 분	명 칭	수량	지정일	소유자	소 재 지
지문 19	觀龍寺浮屠	1기	83. 7.20	관룡사	경남 창녕군 창녕읍
지문 31	長遊和尙舍利塔	1기	83. 7.20	장유암	경남 김해시 장유면
지문 42	月精寺浮屠	22기	84. 6. 2	월정사	강원 평창군 진부면
지문 53	楸谷里白蓮庵浮屠	1기	84. 9.12	백련암	경기 광주군 도척면
지문 66	望月寺天峰堂泰屹塔	1기	85. 9.20	망월사	경기 의정부시 호원동
지문 68	天眞寶塔	1기	84. 5.17	갑사	충남 공주시 계룡면
지문 79	中村里碑石浮屠	6기	83. 7.20	합천군	경남 합천군 가회면
지문 80	雙溪寺浮屠	9기	84. 5.17	쌍계사	충남 논산군 양촌면
지문 97	金谷寺址圓光法師塔	1기	85. 8. 5	국유	경북 경주시 안강읍
지문 123	天皇寺浮屠	2기	86. 9. 8	천황사	전북 진안군 정천면
지문 124	上耳庵浮屠	2기	86. 9. 8	상이암	전북 임실군 성수면
지문 133	幻寂堂智鏡塔	1기	85. 8. 5	봉암사	경북 문경시 가은읍
지문 134	涵虛堂得通塔	1기	85. 8. 5	봉암사	경북 문경시 가은읍
지문 135	鳳巖寺石鐘形浮屠	1기	85. 8. 5	봉암사	경북 문경시 가은읍
지문 162	佛影寺浮屠	1기	85. 8. 5	불영사	경북 울진군 서면
지문 168	龍鳳寺浮屠	1기	84. 5.17	용봉사	충남 홍성군 홍북면
지문 179	香泉寺浮屠	2기	84. 5.17	향천사	충남 예산군 예산읍
지문 253	廣德寺浮屠	1기	84. 5.17	광덕사	충남 천안시 광덕면

3-5. 기타 탑

국보 213	金銅大塔	1점	84. 8. 6	이건희	경기 용인군 호암미술관

4. 석비(石碑)

4-1. 사비류

국보 7	奉先弘慶寺碑碣	1기	62.12.20	국유	충남 천안시 성환읍
보물 3	圓覺寺碑	1기	63. 1.21	국유	서울 종로구 탑골공원
보물 107	普光寺重刱碑	1기	63. 1.21	국유	충남 부여군 국립부여박물관
보물 227	昌寧塔金堂治成文記碑	1기	63. 1.21	국유	경남 창녕군 창녕읍
보물 230	神勒寺大藏閣記碑	1기	63. 1.21	신륵사	경기 여주군 북내면
보물 313	月南寺址石碑	1기	63. 1.21	국유	전남 강진군 성전면

구분	명 칭	수량	지정일	소유자	소 채 지
지유 3	十信寺址石碑	1기	72. 1.29	국유	광주 북구 임동
지유 5	松廣寺事蹟碑	1기	71.12. 2	송광사	전북 완주군 소양면
지유 5	淨業院舊基	1기	72. 5.25	서울시	서울 종로구 숭인동
지유 15	表忠碑	1기	72. 2.12	표충사	경남 밀양시 무안면
지유 52	甲寺事蹟碑	1기	76. 1. 8	갑사	충남 공주시 계룡면
지유 70	楞伽寺事蹟碑	1기	78. 9.22	능가사	전남 고흥군 점암면
지유 85	赤裳山城護國寺碑	1기	79.12.27	안국사	전북 무주군 적상면
지유 92	仙巖寺重修碑	1기	82.10.15	선암사	전남 순천시 승주읍
지유 94	花巖寺重創碑	1기	81. 4. 1	화암사	전북 완주군 운주면
지유 110	安心寺事蹟碑	1기	84. 9.20	안심사	전북 완주군 운주면
지유 124	靑龍寺事蹟碑	1기	85. 6.28	청룡사	경기 안성군 서운면
지유 125	三幕寺事蹟碑	1기	85. 6.28	삼막사	경기 안양시 석수동
지유 137	白蓮寺事蹟碑	1기	86. 2. 7	백련사	전남 강진군 도암면

4-2. 탑비류

국보 8	聖住寺郎慧和尙白月葆光塔碑	1기	62.12.20	국유	충남 보령시 성주면
국보 47	雙磎寺眞鑑禪師大空塔碑	1기	62.12.20	쌍계사	경남 하동군 화개면
국보 59	法泉寺智光國師玄妙塔碑	1기	62.12.20	국유	강원 원주시 부론면
보물 9	瑞峰寺玄悟國師塔碑	1기	63. 1.21	국유	경기 용인군 수지면
보물 14	彰聖寺眞覺國師大覺圓照塔碑	1기	63. 1.21	국유	경기 수원시 장안구
보물 16	億政寺大智國師碑	1기	63. 1.21	국유	충북 충주시 엄정면
보물 17	淨土寺法鏡大師慈燈塔碑	1기	63. 1.21	국유	충북 충주시 동량면
보물 24	金山寺慧德王師眞應塔碑	1기	63. 1.21	금산사	전북 김제시 금산면
보물 34	實相寺秀澈和尙楞伽寶月塔碑	1기	63. 1.21	실상사	전북 남원시 산내면
보물 39	實相寺證覺大師凝寥塔碑	1기	63. 1.21	실상사	전북 남원시 산내면
보물 78	居頓寺圓空國師勝妙塔碑	1기	63. 1.21	국유	강원 원주시 부론면
보물 106	普願寺法印國師寶乘塔碑	1기	63. 1.21	국유	충남 서산시 운산면
보물 128	般若寺元景王師碑	1기	63. 1.21	국유	경남 합천군 가야면
보물 138	鳳巖寺智證大師寂照塔碑	1기	63. 1.21	봉암사	경북 문경시 가은읍
보물 152	鷰谷寺玄覺禪師塔碑	1기	63. 1.21	연곡사	전남 구례군 토지면
보물 153	鷰谷寺東浮屠碑	1기	63. 1.21	연곡사	전남 구례군 토지면
보물 158	寶林寺普照禪師彰聖塔碑	1기	63. 1.21	보림사	전남 장흥군 유치면
보물 170	雙鳳寺澈鑑禪師塔碑	1기	63. 1.21	쌍봉사	전남 화순군 이양면
보물 172	鳳巖寺靜眞大師圓悟塔碑	1기	63. 1.21	봉암사	경북 문경시 가은읍

구 분	명 칭	수량	지정일	소유자	소 재 지
보물 192	普賢寺朗圓大師悟眞塔碑	1기	63. 1.21	보현사	강원 강릉시 성산면
보물 229	神勒寺普濟尊者石鐘碑	1기	63. 1.21	신륵사	경기 여주군 북내면
보물 251	僊鳳寺大覺國師碑	1기	63. 1.21	국유	경북 칠곡군 북삼면
보물 252	寶鏡寺圓眞國師碑	1기	63. 1.21	보경사	경북 영일군 송라면
보물 275	泰安寺廣慈大師碑	1기	63. 1.21	태안사	전남 곡성군 죽곡면
보물 316	雲門寺圓應國師碑	1기	63. 1.21	운문사	경북 청도군 운문면
보물 359	淨土寺弘法國師實相塔碑	2기	63. 1.21	국유	서울 종로구 경복궁
보물 360	月光寺圓朗禪師塔碑	1기	63. 1.21	국유	서울 종로구 경복궁
보물 361	菩提寺大鏡大師塔碑	1기	63. 1.21	국유	서울 종로구 경복궁
보물 363	鳳林寺眞鏡大師寶月凌空塔碑	1기	63. 1.21	국유	서울 종로구 경복궁
보물 387	檜巖寺址禪覺王師碑	1기	63. 9. 2	회암사	경기 양주군 회천읍
보물 428	麟角寺普覺國師塔 및 碑	2기	65. 9. 1	인각사	경북 군위군 고로면
보물 488	七長寺慧炤國師碑	1기	68.12.29	칠장사	경기 안성군 죽산면
보물 507	無爲寺先覺大師遍光塔碑	1기	68.12.29	무위사	전남 강진군 성전면
보물 531	龍門寺正智國師浮屠 및 碑	2기	71. 7. 7	용문사	경기 양평군 용문면
보물 534	寧國寺圓覺國師碑	1기	71. 7. 7	영국사	충북 영동군 양산면
보물 611	太古寺圓證國師塔碑	1기	77. 8.22	국유	경기 고양시 북한동
보물 612	寧越興寧寺澄曉大師塔碑	1기	77. 8.22	국유	강원 영월군 수주면
보물 658	青龍寺普覺國師定慧圓融塔碑	1기	79. 5.22	국유	충북 충주시 소태면
지유 2	槐山覺淵寺通一大師塔碑	1기	74. 4.10	각연사	충북 괴산군 칠성면
지유 3	鳴鳳寺境清禪院慈寂禪師凌雲塔碑	1기	72.12.29	명봉사	경북 예천군 상리면
지유 4	毘盧寺眞空大師普法塔碑	1기	72.12.29	비로사	경북 영주시 풍기읍
지유 13	瑩原寺址寶鑑國師妙應塔碑	1기	72. 2.12	국유	경남 밀양시 활성동
지유 38	道岬寺道詵守眉碑	1기	74. 5.22	도갑사	전남 영암군 군서면
지유 51	無學大師碑	1기	74. 9.26	회암사	경기 양주군 회천읍
지유 71	法住寺碧巖大師碑	1기	80.11.13	법주사	충북 보은군 내속리면
지유 73	舍那寺圓證國師石鐘碑	1기	78.10.10	사나사	경기 양평군 옥천면
지유 79	法住寺慈淨國尊碑	1기	80.12.29	법주사	충북 보은군 내속리면
지유 91	文殊寺楓潭大師浮屠 및 碑	2기	79. 9. 3	문수사	경기 김포군 월곶면
지유 91	松廣寺普照國師碑	1기	82.10.15	송광사	전남 순천시 송광면
지유 122	禪雲寺白坡律師碑	1기	86. 9. 8	선운사	전북 고창군 아산면
지유 127	浮石寺圓融國師碑	1기	79. 1.25	부석사	경북 영주시 부석면
지유 145	四溟大師碑 및 浮屠	2기	76.12.20	해인사	경남 합천군 가야면
지유 152	道岬寺守眉王師碑	1기	87. 6. 1	도갑사	전남 영광군 군서면

구 분	명 칭	수량	지정일	소유자	소 재 지
지문 56	靈圭大師碑	1기	84. 5.17	갑사	충남 공주시 계룡면
지문 67	望月寺天峰禪師塔碑	1기	85. 9.20	망월사	경기 의정부시 호원동

4-3. 비좌

보물 6	高達寺元宗大師慧眞塔碑龜跌 및 螭首	1기	63. 1.21	국유	경기 여주군 북내면
보물 70	慶州西岳里龜跌	1기	63. 1.21	국유	경북 경주시 서악동
보물 125	鍪藏寺阿彌陀佛造像事蹟碑螭首 및 龜跌	2기	63. 1.21	국유	경북 경주시 암곡동
보물 446	禪林院址弘覺禪師塔碑龜跌 및 螭首	1기	66. 9.21	국유	강원도 양양군 서면
보물 463	眞空大師塔碑龜跌 및 螭首	1기	68. 7. 5	국유	강원 원주시 지정면
보물 489	靈巖寺址龜跌	2기	68.12.19	국유	경남 합천군 가회면
지유 32	保寧水芙里龜跌 및 螭首	1기	74. 9. 1	단원사	충남 보령시 웅천면
지유 61	公州五龍里龜跌	1기	76. 1. 8	이우종	충남 공주시 이인면
지유 70	原州碑頭里龜跌 및 螭首	1기	82.11. 3	국유	강원 원주시 문막면
지유 93	安養寺龜跌	1기	80. 6. 2	안양사	경기 안양시 석수동
지유 97	芬皇寺和諍國師碑龜跌	1기	79. 1.25	분황사	경북 경주시 구황동
지유 189	覺華寺龜跌	1기	84.12.29	각화사	경북 봉화군 춘양면
지문 2	江陵龜跌	1기	84. 6. 2	강릉시	강원 강릉시 교동
지문 68	太子寺址龜跌螭首	1기	85. 8. 5	최양해	경북 안동시 도산면
지문 129	尙州武陽里石造龜跌	1기	85. 8.15	상주시	경북 상주시 거동동
지문 204	邑內里龜跌石	2기	84. 5.17	서산시	충남 서산시 읍내동

5. 석물

5-1. 석등

국보 5	法住寺雙獅子石燈	1기	62.12.20	법주사	충북 보은군 내속리면
국보 12	華嚴寺覺皇殿 앞 石燈	1기	62.12.20	화엄사	전남 구례군 마산면
국보 17	浮石寺無量壽殿 앞 石燈	1기	62.12.20	부석사	경북 영주시 부석면
국보 44	寶林寺三層石塔 및 石燈	3기	62.12.20	보림사	전남 장흥군 유치면

구 분	명 칭	수량	지정일	소유자	소 재 지
국보 103	中興山城雙獅子石燈	1기	62.12.20	국유	서울 종로구 국립중앙박물관
보물 15	法住寺四天王石燈	1기	63. 1.21	법주사	충북 보은군 내속리면
보물 35	實相寺石燈	1기	63. 1.21	실상사	전북 남원시 산내면
보물 40	實相寺百丈庵石燈	1기	63. 1.21	백장암	전북 남원시 산내면
보물 111	開仙寺址石燈	1기	63. 1.21	국유	전남 담양군 남면
보물 193	雲門寺金堂 앞 石燈	1기	63. 1.21	운문사	경북 청도군 운문면
보물 231	神勒寺普濟尊者石鐘 앞 石燈	1기	63. 1.21	신륵사	경기 여주군 북내면
보물 232	灌燭寺石燈	1기	63. 1.21	관촉사	충남 논산군 은진면
보물 233	無量寺石燈	1기	63. 1.21	무량사	충남 부여군 외산면
보물 234	沃溝鉢山里石燈	1기	63. 1.21	국유	전북 옥구군 개정면
보물 253	淸凉寺石燈	1기	63. 1.21	청량사	경남 합천군 가야면
보물 267	任實龍岩里石燈	1기	63. 1.21	국유	전북 임실군 신평면
보물 282	高達寺址雙獅子石燈	1기	63. 1.21	국유	서울 종로구 경복궁
보물 353	靈巖寺址雙獅子石燈	1기	63. 1.21	국유	경남 합천군 가회면
보물 364	羅州西門石燈	1기	63. 1.21	국유	서울 종로구 경복궁
보물 381	陜川伯岩里石燈	1기	63. 1.21	국유	경남 합천군 대양면
보물 389	檜巖寺址雙獅子石燈	1기	63. 9. 2	회암사	경기 양주군 회천읍
보물 445	禪林院址石燈	1기	66. 9.21	국유	강원 양양군 서면
보물 496	華川啓星里石燈	1기	68.12.19	국유	강원 화천군 하남면
보물 518	海印寺願堂庵多層石塔 및 石燈	2기	70. 6.24	해인사	경남 합천군 가야면
보물 656	靑龍寺普覺國師定慧圓融塔 前獅子石燈	1기	79. 5.22	국유	충북 충주시 소태면
보물 828	金山寺石燈	1기	85. 1. 8	금산사	전북 김제시 금산면
지유 5	在銘石燈	1기	74.12.26	국유	광주 동구 광산동
지유 14	表忠寺石燈	1기	72. 2.12	표충사	경남 밀양시 단장면
지유 16	梵魚寺石燈	1기	72. 6.26	범어사	부산 금정구 청룡동
지유 16	夫人寺石燈	1기	88. 5.30	부인사	대구 동구 신무동
지유 19	中原彌勒里石燈	1기	76.12.20	국유	충북 충주시 상모면
지유 28	雙磎寺石燈	1기	72. 2.12	쌍계사	경남 하동군 화개면
지유 33	聖住寺址石燈	1기	74. 9. 1	국유	충남 보령시 성주면
지유 49	指空禪師浮屠 및 石燈	1기	74. 9.26	회암사	경기 양주군 회천읍
지유 50	懶翁禪師浮屠 및 石燈	1기	74. 9.26	회암사	경기 양주군 회천읍
지유 70	通度寺石燈	1기	74. 2.16	통도사	경남 양산군 하북면
지유 78	濟宮里石燈	1기	76. 4. 2	사유	전북 김제시 월촌동

구 분	명 칭	수량	지정일	소유자	소 재 지
지유 84	咸平龍泉寺石燈	1기	81.10.20	용천사	전남 함평군 해보면
지유 132	華嚴寺九層庵石燈	1기	86. 2. 7	화엄사	전남 구례군 마산면
지유 134	天冠寺石燈	1기	86. 2. 7	천관사	전남 장흥군 관산읍
지유 255	海印寺石燈	1기	85.11.14	해인사	경남 합천군 가야면
지문 10	慶州校洞石燈	1기	85. 8. 5	최영식	경북 경주시 교동
지문 22	觀音寺石燈	1기	83. 7.20	관음사	경남 창녕군 도천면
지문 158	鷲棲寺石燈	1기	85. 8. 5	취서사	경북 봉화군 물야면
지문 183	報德寺石燈	1기	84. 5.17	보덕사	충남 예산군 덕산면

5-2. 당간·지주

국보 41	龍頭寺址鐵幢竿	1기	62.12.20	국유	충북 청주시 남문로2가
국보 136	龍頭寶幢	1기	71.12.21	이건희	경기 용인군 호암미술관
보물 4	中初寺址幢竿支柱	1기	63. 1.21	국유	경기 안양시 석수동
보물 28	金山寺幢竿支柱	1기	63. 1.21	금산사	전북 김제시 금산면
보물 32	萬福寺址幢竿支柱	1기	63. 1.21	국유	전북 남원시 왕정동
보물 49	羅州東門外石幢竿	1기	63. 1.21	국유	전남 나주시 성북동
보물 54	高靈池山洞幢竿支柱	1기	63. 1.21	국유	경북 고령군 고령읍
보물 59	宿水寺址幢竿支柱	1기	63. 1.21	국유	경북 영주시 순흥면
보물 69	望德寺址幢竿支柱	1기	63. 1.21	국유	경북 경주시 배반동
보물 76	春川槿花洞幢竿支柱	1기	63. 1.21	국유	강원 춘천시 근화동
보물 80	洪川希望里幢竿支柱	1기	63. 1.21	국유	강원 홍천군 홍천군청
보물 82	江陵大昌里幢竿支柱	1기	63. 1.21	국유	강원 강릉시 옥천동
보물 83	江陵水門里幢竿支柱	1기	63. 1.21	국유	강원 강릉시 옥천동
보물 86	崛山寺址幢竿支柱	1기	63. 1.21	국유	강원 강릉시 구정면
보물 99	天興寺址幢竿支柱	1기	63. 1.21	국유	충남 천안시 성거면
보물 103	普願寺址幢竿支柱	1기	63. 1.21	국유	충남 서산시 운산면
보물 123	慶州普門里幢竿支柱	1기	63. 1.21	국유	경북 경주시 보문동
보물 127	慶州三郞寺址幢竿支柱	1기	63. 1.21	국유	경북 경주시 성건동
보물 150	公州班竹洞幢竿支柱	1기	63. 1.21	국유	충남 공주시 반죽동
보물 235	莊義寺址幢竿支柱	1기	63. 1.21	국유	서울 종로구 신영동
보물 236	彌勒寺址幢竿支柱	2기	63. 1.21	국유	전북 익산시 금마면
보물 254	桐華寺幢竿支柱	1기	63. 1.21	동화사	대구 동구 도학동
보물 255	浮石寺幢竿支柱	1기	63. 1.21	부석사	경북 영주시 부석면
보물 256	甲寺鐵幢竿 및 支柱	1기	63. 1.21	갑사	충남 공주시 계룡면

구 분	명 칭	수량	지정일	소유자	소 재 지
보물 505	潭陽邑內里石幢竿	1기	69. 6.16	국유	전남 담양군 담양읍
보물 537	牙山邑內里幢竿支柱	1기	71. 7. 7	국유	충남 온양시 읍내동
보물 538	洪城東門洞幢竿支柱	1기	71. 7. 7	국유	충남 홍성군 홍성읍
보물 909	南澗寺址幢竿支柱	1기	87. 3. 9	국유	경북 경주시 탑동
보물 910	慶州普門洞蓮華文幢竿支柱	1기	87. 3. 9	국유	경북 경주시 보문동
지유 6	尙州伏龍里幢竿支柱	1기	72.12.29	상주시	경북 상주시 복룡동
지유 7	榮州三街洞幢竿支柱	1기	72.12.29	비로사	경북 영주시 풍기읍
지유 14	萬德寺址幢竿支柱	1기	72. 6.26	만덕사	부산 북구 만덕동
지유 14	東門里五層石塔 및 幢竿支柱	2기	73.12.24	국유	충남 서산시 동문동
지유 15	梵魚寺幢竿支柱	2기	72. 6.26	범어사	부산 금정구 청룡동
지유 36	興德幢竿支柱	1기	73. 6.23	흥덕향교	전북 고창군 흥덕면
지유 39	幢竿	1기	73. 7.10	국유	경기 안성군 죽산면
지유 49	鳳山洞幢竿支柱	1기	76. 6.17	국유	강원 원주시 봉산동
지유 57	無量寺幢竿支柱	1기	76. 1. 8	무량사	충남 부여군 외산면
지유 59	西外里幢竿支柱	1기	74. 9.27	국유	전북 부안군 부안읍
지유 87	法水寺址幢竿支柱	1기	75.12.30	국유	경북 성주군 수륜면 백운초등교
지유 89	安城竹山里幢竿支柱	1기	79. 9. 3	국유	경기 안성군 죽산면
지유 94	公州上莘里幢竿支柱	1기	81. 6.16	국유	충남 공주시 반포면
지유 100	安東雲興洞幢竿支柱	1기	79. 1.25	국유	경북 안동시 운흥동
지유 139	槐山外沙里幢竿支柱	1기	85. 1.11	국유	충북 괴산군 토성면
지유 153	靈光丹朱里幢竿支柱	1기	87. 6. 1	영광군	전남 영광군 영광읍
지유 192	慶州九黃洞幢竿支柱	1기	85.10.15	국유	경북 경주시 구황동
지문 17	直橋里幢竿支柱	2기	85. 8.15	창녕군	경남 창녕군 창녕읍
지문 20	法泉寺幢竿支柱	1기	84. 6. 2	원주시	강원 원주시 부론면
지문 85	英陽縣洞幢竿支柱	1기	85. 8.15	영양군	경북 영양군 영양읍
지문 180	間良里幢竿支柱	1기	84. 5.17	예산군	충남 예산군 예산읍

5-3. 석조

보물 64	慶州普門里石槽	1기	63. 1.21	국유	경북 경주시 보문동
보물 102	普願寺址石槽	1기	63. 1.21	국유	충남 서산시 운산면
보물 148	公州中洞石槽	1기	63. 1.21	국유	충남 공주시 국립공주박물관
보물 149	公州班竹洞石槽	1기	63. 1.21	국유	충남 공주시 국립공주박물관
보물 194	扶餘石槽	1기	63. 1.21	국유	충남 부여군 국립부여박물관
지유 70	法住寺石槽	1기	80.11.13	법주사	충북 보은군 내속리면

구 분	명 칭	수량	지정일	소유자	소 재 지
지유 98	佛國寺石槽	1기	79. 1.25	불국사	경북 경주시 진현동
지유 150	道岬寺石槽	1기	87. 6. 1	도갑사	전남 영광군 군서면
지문 10	普門寺址石槽	1기	89. 3.18	대전시	대전 중구 무수동
지문 157	石南寺水槽	1기	85.11.14	석남사	경남 울산시 울주구
지문 275	開泰寺址石槽	2기	84. 5.17	개태사	충남 논산군 연산면

5-4. 기타 석물

국보 22	佛國寺蓮華橋七寶橋	1기	62.12.20	불국사	경북 경주시 진현동
국보 23	佛國寺靑雲橋白雲橋	1기	62.12.20	불국사	경북 경주시 진현동
국보 64	法住寺石蓮池	1기	62.12.20	법주사	충북 보은군 내속리면
보물 22	金山寺露柱	1기	63. 1.21	금산사	전북 김제시 금산면
보물 23	金山寺石蓮臺	1기	63. 1.21	금산사	전북 김제시 금산면
보물 74	通度寺國長柱石標	1기	63. 1.21	국유	경남 양산군 하북면
보물 202	義城觀德洞石獅子	2기	63. 1.21	국유	경북 경주시 국립경주박물관
보물 318	雲門寺四天王石柱	4기	63. 1.21	운문사	경북 청도군 운문면
보물 400	仙巖寺昇仙橋	1기	63. 9. 2	선암사	전남 순천시 승주읍
보물 471	通度寺奉鉢塔	1기	68.12.19	통도사	경남 양산군 하북면
보물 539	龍淵寺石造戒壇	1기	71. 7. 7	용연사	대구 달성군 옥포면
보물 563	興國寺虹橋	1기	73. 3. 2	흥국사	전남 여천시 중흥동
보물 684	龍門寺輪藏臺	2좌	80. 9.16	용문사	경북 예천군 용문면
민속 11	羅州佛會寺石長柱	2기	68.12.12	불회사	전남 나주시 다도면
민속 15	南原實相寺石長柱	2기	69.12.15	실상사	전북 남원시 산내면
지유 53	灌燭寺拜禮石	1기	76. 1. 8	관촉사	충남 논산군 은진면
지유 64	歸信寺石獸	1기	74. 9.27	귀신사	전북 김제시 금산면
지유 92	安養石水洞磨崖鐘	1기	80. 6. 2	국유	경기 안양시 석수동
지유 109	寧越法興寺石墳	1기	88. 8.25	법흥사	강원 영월군 수주면
지기 42	白蓮寺戒壇	1기	79.12.27	백련사	전북 무주군 설천면
지문 9	芬皇寺石井	1기	85. 8. 5	분황사	경북 경주시 구황동
지문 13	南澗寺址石井	1기	85. 8. 5	건설부	경북 경주시 탑동
지문 19	安東石獅子	2기	85. 8. 5	안동대	경북 안동시 송천동
지문 140	聖住寺址石階段	1기	84. 5.17	보령시	충남 보령군 성주면
지문 162	龍鳳寺址石物	3기	84. 5.17	용봉사	충남 홍성군 홍북면
지문 252	廣德寺石獅子	1쌍	84. 5.17	광덕사	충남 천안군 광덕면
지민 1	檜巖寺址맷돌	1개	78.10.10	회암사	경기 양주군 회천읍

구 분	명 칭	수량	지정일	소유자	소 재 지
지민 3	三幕寺男女根石	2기	83. 9.19	삼막사	경기 안양시 석수동
지민 6	觀龍寺石長丞	2기	83. 8.12	관룡사	경남 창녕군 창녕읍
지민 17	雙溪寺址長性	2기	86. 9.29	공유	전남 영암군 금정면
지민 23	摠持寺址石長性	2기	87. 6. 1	공유	전남 무안군 몽탄면
지민 24	法泉寺石長性	2기	87. 6. 1	법천사	전남 무안군 몽탄면
지민 33	南長寺石長性	1기	82. 2.24	남장사	경북 상주시 남장동

6. 공예

6-1. 범종

국보 29	聖德大王神鐘	1기	62.12.20	국유	경북 경주시 국립경주박물관
국보 36	上院寺銅鐘	1기	62.12.20	상원사	강원 평창군 진부면
국보 120	龍珠寺梵鐘	1기	64. 3.30	용주사	경기 화성군 태안읍
보물 2	서울普信閣鐘	1기	63. 1.21	국유	서울 종로구 국립중앙박물관
보물 11	江華銅鐘	1기	63. 1.21	국유	인천 강화군 강화읍
보물 88	塔山寺銅鐘	1기	63. 1.21	대흥사	전남 해남군 삼산면
보물 277	來蘇寺高麗銅鐘	1기	63. 1.21	내소사	전북 부안군 진서면
보물 393	傳燈寺梵鐘	1기	63. 9. 2	전등사	인천 강화군 길상면
보물 397	奉先寺銅鐘	1기	63. 9. 2	봉선사	경기 남양주시 진접읍
보물 478	甲寺銅鐘	1기	68.12.19	갑사	충남 공주시 계룡면
보물 479	洛山寺銅鐘	1기	68.12.19	낙산사	강원 양양군 강현면
보물 1167	淸州雲泉洞出土銅鐘	1기	93. 9.10	국유	충북 청주시 국립청주박물관
지유 3	元代鐵製梵鐘	1기	82. 3. 2	국유	인천 연수구 인천시립박물관
지유 4	宋代鐵製梵鐘	1기	82. 3. 2	국유	인천 연수구 인천시립박물관
지유 15	元曉寺所藏萬壽寺梵鐘	1기	89. 3.20	원효사	광주 북구 금곡동
지유 24	泰安寺天順銘銅鐘	1기	72. 1.29	태안사	전남 곡성군 죽곡면
지유 24	大福寺銅鐘	1기	73. 6.23	대복사	전북 남원시 왕정동
지유 25	禪院寺銅鐘	1기	73. 6.23	선원사	전북 남원시 도통동
지유 31	禪雲寺梵鐘	1기	73. 6.23	선운사	전북 고창군 아산면
지유 40	花巖寺銅鐘	1기	74. 9.27	화암사	전북 완주군 운주면
지유 49	內藏寺李朝銅鐘	1기	74. 9.27	내장사	전북 정읍시 내장동
지유 55	三仙庵高麗銅鐘	1기	72. 2.12	국유	경남 진주시 상봉서동

구 분	명 칭	수량	지정일	소유자	소 재 지
지유 57	白雲寺梵鐘	1기	72. 2.12	백운사	경남 밀양시 교동
지유 60	玉泉寺飯鐘	1기	72. 2.12	옥천사	경남 고성군 개천면
지유 62	麻谷寺銅鐘	1기	76. 1. 8	마곡사	충남 공주시 사곡면
지유 64	襄陽明珠寺銅鐘	1기	80. 2.26	명주사	강원 양양군 현북면
지유 69	楞伽寺梵鐘	1기	78. 9.22	능가사	전남 고흥군 점안면
지유 90	龍興寺梵鐘	1기	82.10.15	용흥사	전남 담양군 월산면
지유 95	三幕寺銅鐘	1기	80. 6. 2	삼막사	경기 안양시 석수동
지유 96	清溪寺銅鐘	1기	80. 6. 2	청계사	경기 의왕시 청계동
지유 109	銅鐘	1기	74. 2.16	통도사	경남 양산군 하북면
지유 126	開巖寺銅鐘	1기	86. 9. 8	개암사	전북 부안군 상서면
지유 226	喜方寺銅鐘	1기	86.12.11	희방사	경북 영주시 풍기읍
지유 283	安靜寺梵鐘	1기	90.12.20	안정사	경남 통영시 광도면
지문 169	安寂庵銅鐘	1기	88.12.23	안적암	경남 양산군 하북면
지문 170	古見寺銅鐘	1기	88.12.23	고견사	경남 거창군 가조면
지문 209	日樂寺梵鐘	1기	84. 5.17	일락사	충남 서산시 해미면
지문 221	影浪寺梵鐘	1기	84. 5.17	영랑사	충남 당진군 고대면

6-2. 사리장엄품

구분	명칭	수량	지정일	소유자	소재지
국보 123	益山王宮里五層石塔內發見遺物	일괄	66. 7.26	국유	서울 종로구 국립중앙박물관
국보 126	佛國寺三層石塔內發見遺物	일괄	67. 9.16	불국사	서울 종로구 국립중앙박물관
국보 208	金銅六角舍利函	1점	82.12. 7	동국대	서울 중구 동국대 박물관
국보 233	永泰二年銘蠟石製壺	1점	86.10.15	부산시	부산 남구 부산시립박물관
보물 259	水鐘寺浮屠內遺物	일괄	63. 1.21	국유	서울 종로구 국립중앙박물관
보물 325	松林寺五層塼塔內遺物	일괄	63. 1.21	국유	서울 종로구 국립중앙박물관
보물 366	感恩寺址西三層石塔內遺物	일괄	63. 1.21	국유	서울 종로구 국립중앙박물관
보물 741	敏哀大王石塔舍利壺	1점	82.12. 7	동국대	서울 중구 동국대 박물관
보물 793	上院寺木彫文殊童子坐像腹藏遺物	일괄	84.10.15	상원사	강원 평창군 진부면
보물 928	奉印寺浮圖庵舍利塔 및 舍利莊嚴具	일괄	87. 7.29	국유	서울 종로구 국립중앙박물관
보물 955	仙巖寺三層石塔內發見遺物	일괄	88. 6.16	선암사	전남 순천시 승주읍
지유 18	慈靜國師舍利函	1점	72. 1.29	송광사	전남 순천시 송광면
지유 100	無量寺三層石塔出土遺物	9점	83. 9.29	무량사	충남 부여군 외산면

6-3. 향로

구 분	명 칭	수량	지정일	소유자	소 재 지
국보 60	青磁獅子鈕蓋香爐	1점	62.12.20	국유	서울 종로구 국립중앙박물관
국보 65	青磁麒麟鈕蓋香爐	1점	62.12.20	전성우	서울 성북구 간송미술관
국보 75	表忠寺青銅含銀香垸	1점	62.12.20	표충사	경남 밀양시 단장면
국보 95	青磁七寶透刻香爐	1점	62.12.20	국유	서울 종로구 국립중앙박물관
국보 145	鬼面青銅爐	1점	72. 6.24	남궁련	서울 종로구 수송동
국보 214	興王寺銘青銅銀入絲雲龍文香垸	1점	84. 8. 6	이건희	경기 용인군 호암미술관
보물 288	銅製銀入絲香垸	1점	63. 1.21	곽영대	서울 강남구 역삼동
보물 321	至正四年銘高麗青銅縷銀香爐	1점	63. 1.21	봉은사	서울 중구 동국대 박물관
보물 334	通度寺銀入絲銅製香爐	1점	63. 1.21	통도사	경남 양산군 하북면
보물 420	百丈庵青銅銀入絲香爐	2점	65. 7.16	실상사	전북 남원시 산내면
보물 778	青銅銀入絲蒲柳水禽文香垸	1점	84. 8. 6	이건희	경기 용인군 호암미술관
보물1026	青磁陽刻饕餮文方形香爐	1점	90. 3. 2	이건희	경기 용인군 호암미술관
보물1027	青磁龜龍形三足香爐	1점	90. 3. 2	이건희	경기 용인군 호암미술관
지유 11	金銅香爐	2점	72. 5. 4	용주사	경기 화성군 태안읍
지유 12	青銅香爐	1점	72. 5. 4	용주사	경기 화성군 태안읍
지유 19	麻谷寺銅製銀入絲香爐	1점	73.12.24	마곡사	충남 공주시 사곡면
지유 20	仙巖寺金銅香爐	1점	72. 1.29	선암사	전남 순천시 승주읍
지유 59	玉泉寺香爐	1점	72. 2.12	옥천사	경남 고성군 개천면
지유 67	青銅銀入忍冬文香爐	1점	74. 9.27	국유	전북 익산시 웅포면
지유 101	青銅銀入絲香垸	2점	79. 5. 2	통도사	경남 양산군 하북면

6-4. 기타 공예품

국보 42	日月繡陀羅尼주머니	1점	79. 1.23	허동화	서울 중구 자수박물관
국보 174	金銅水晶嵌藏燭臺	1쌍	74. 7. 9	이건희	경기 용인군 호암미술관
보물 175	松廣寺經牌	43점	63. 1.21	송광사	전남 순천시 송광면
보물 176	松廣寺金銅搖鈴	1점	63. 1.21	송광사	전남 순천시 송광면
보물 208	雲門寺銅壺	1점	63. 1.21	운문사	경북 청도군 운문면
보물 343	文樣塼	8점	63. 1.21	국유	서울 종로구 국립중앙박물관
보물 486	銀海寺百興庵極樂殿須彌壇	1기	68.12.19	은해사	경북 영천시 청통면
보물 495	玉泉寺壬子銘飯子	1점	68.12.19	옥천사	경남 고성군 개천면
보물 576	竹州奉業寺貞祐五年銘飯子	1점	73.12.31	연세대	서울 서대문구 연세대 박물관

구 분	명 칭	수량	지정일	소유자	소 재 지
보물 654	刺繡袈裟	1착	79. 2. 8	허동화	서울 중구 자수박물관
보물 956	泰安寺大鈑鑼	1쌍	88. 6.16	태안사	전남 곡성군 죽곡면
보물1039	靑磁象嵌牡丹折枝文바릿대	4점	90. 3. 2	안성철	서울 종로구 신교동
보물1141	寒天寺出土金銅자물쇠 외	일괄	92. 7.28	직지사	경북 김천시 대항면
민속 29	泗溟大師의 錦襴袈裟와 長衫	2착	73. 7.16	표충사	경남 밀양시 단장면
지유 15	龍珠寺屛風	2폭	72. 5. 4	용주사	경기 화성군 태안읍
지유 19	能見難思	1착	72. 1.29	송광사	전남 순천시 송광면
지유 21	道詵國師職印筒	1점	72. 1.29	선암사	전남 순천시 승주읍
지유 22	松廣寺金剛杵	1점	72. 1.29	송광사	전남 순천시 송광면
지유 58	內院寺金鼓	1점	72. 2.12	내원사	경남 양산군 하북면
지유 102	靑銅銀入絲淨甁	1점	79. 5. 2	통도사	경남 양산군 하북면
지유 105	印籍 및 銅印	2점	79. 5. 2	통도사	경남 양산군 하북면
지유 110	靑銅시루	1점	74. 2.16	통도사	경남 양산군 하북면
지유 143	法住寺鐵鑊	1기	85. 1.15	법주사	충북 보은군 내속리면
지유 261	靑谷寺掛佛 및 掛佛函	2점	88.12.23	청곡사	경남 진주시 금산면
지문 192	修德寺遺物(거문고)	1점	84. 5.17	수덕사	충남 예산군 덕산면
지민 1	開泰寺鐵鑊	1기	73.12.24	국유	충남 논산군 연산면
지민 2	碧松寺木長丞	2기	74.12.24	벽송사	경남 함양군 마천읍
지민 5	善國寺큰북	1기	74. 9.27	선국사	전북 남원시 산곡동
지민 27	蚊龍山城僧將銅印	1점	86. 9. 8	선국사	전북 남원시 산곡동

7. 건물

7-1. 대웅전

국보 49	修德寺大雄殿	1동	62.12.20	수덕사	충남 예산군 덕산면
국보 67	華嚴寺覺皇殿	1동	62.12.20	화엄사	전남 구례군 마산면
보물 55	鳳停寺大雄殿	1동	63. 1.21	봉정사	경북 안동시 서후면
보물 143	開心寺大雄殿	1동	63. 1.21	개심사	충남 서산시 운산면
보물 144	通度寺大雄殿	1동	63. 1.21	통도사	경남 양산군 하북면
보물 161	淨水寺大雄寶殿	1동	63. 1.21	정수사	인천 강화군 화도면
보물 162	長谷寺上大雄殿	1동	63. 1.21	장곡사	충남 청양군 대치면
보물 178	傳燈寺大雄殿	1동	63. 1.21	전등사	인천 강화군 길상면

구 분	명 칭	수량	지정일	소유자	소 재 지
보물 181	長谷寺下大雄殿	1동	63. 1.21	장곡사	충남 청양군 대치면
보물 212	觀龍寺大雄殿	1동	63. 1.21	관룡사	경남 창녕군 창녕읍
보물 290	禪雲寺大雄殿	1동	63. 1.21	선운사	전북 고창군 아산면
보물 291	來蘇寺大雄寶殿	1동	63. 1.21	내소사	전북 부안군 진서면
보물 292	開巖寺大雄殿	1동	63. 1.21	개암사	전북 부안군 상서면
보물 299	華嚴寺大雄殿	1동	63. 1.21	화엄사	전남 구례군 마산면
보물 374	栗谷寺大雄殿	1동	63. 1.21	율곡사	경남 산청군 신등면
보물 396	興國寺大雄殿	1동	63. 9. 2	흥국사	전남 여천시 중흥동
보물 399	洪城高山寺大雄殿	1동	63. 9. 2	고산사	충남 홍성군 결성면
보물 408	雙溪寺大雄殿	1동	64. 9. 3	쌍계사	충남 논산군 양촌면
보물 434	梵魚寺大雄殿	1동	66. 2.28	범어사	부산 금정구 청룡동
보물 500	雙磎寺大雄殿	1동	68.12.19	쌍계사	경남 하동군 화개면
보물 562	環城寺大雄殿	1동	71.12.23	환성사	경북 경산시 하양읍
보물 664	安心寺大雄殿	1동	80. 6.11	안심사	충북 청원군 남이면
보물 801	麻谷寺大雄寶殿	1동	84.11.30	마곡사	충남 공주시 사곡면
보물 803	禪雲寺懺堂庵大雄殿	1동	84.11.30	선운사	전북 고창군 아산면
보물 804	定慧寺大雄殿	1동	84.11.30	정혜사	전남 순천시 서면
보물 805	北地藏寺大雄殿	1동	84.11.30	북지장사	대구 동구 도학동
보물 824	靑龍寺大雄殿	1동	85. 1. 8	청룡사	경기 안성군 서운면
보물 830	佛甲寺大雄殿	1동	85. 1. 8	불갑사	전남 영광군 불갑면
보물 834	大悲寺大雄殿	1동	85. 1. 8	대비사	경북 청도군 금천면
보물 835	雲門寺大雄寶殿	1동	85. 1. 8	운문사	경북 청도군 운문면
보물 915	法住寺大雄殿	1동	87. 3. 9	법주사	충북 보은군 내속리면
보물 947	美黃寺大雄殿	1동	88. 4. 1	미황사	전남 해남군 송지면
지유 3	佛會寺大雄殿	1동	72. 1.29	불회사	전남 나주시 다도면
지유 10	高山寺大雄殿	1동	89. 3.18	고산사	대전 동구 대성동
지유 10	桐華寺大雄殿	1동	86.12. 5	동화사	대구 동구 도학동
지유 15	影浪寺大雄殿	1동	73.12.24	영랑사	충남 당진군 고대면
지유 17	天皇寺大雄殿	1동	73. 6.23	천황사	전북 진안군 정천면
지유 24	龜龍寺大雄殿	1동	71.12.16	구룡사	강원 원주시 소초면
지유 25	長安寺大雄殿	1동	74.12.28	장안사	부산 기장군 장안읍
지유 37	沃溝上柱寺大雄殿	1동	73. 6.23	상주사	전북 군산시 서수면
지유 41	仙巖寺大雄殿	1동	74. 9.24	선암사	전남 순천시 승주읍
지유 43	白羊寺大雄殿	1동	74. 9.24	백양사	전남 장성군 북하면
지유 51	靑谷寺大雄殿	1동	72. 2.12	청곡사	경남 진주시 금산면

구 분	명 칭	수량	지정일	소유자	소 재 지
지유 51	文殊寺大雄殿	1동	74. 9.27	문수사	전북 고창군 고수면
지유 58	清原月裡寺大雄殿	1동	80. 1.14	월리사	충북 청원군 문의면
지유 61	桐華寺大雄殿	1동	76. 9.30	동화사	전남 순천시 별량면
지유 61	永同寧國寺大雄殿	1동	80. 1.14	영국사	충북 영동군 양산면
지유 65	華溪寺大雄殿	1동	85.12. 5	화계사	서울 강북구 수유동
지유 68	奉元寺大雄殿	1동	85.12. 5	봉원사	서울 서대문구 봉원동
지유 70	松廣寺大雄殿	1동	76. 4. 2	송광사	전북 완주군 소양면
지유 76	三陟靈隱寺大雄寶殿	1동	82.11. 3	영은사	강원 삼척시 근덕면
지유 80	安靜寺大雄殿	1동	74. 2.16	안정사	경남 통영시 광도면
지유 80	新元寺大雄殿	1동	78.12.30	신원사	충남 공주시 계룡면
지유 82	雲興寺大雄殿	1동	74. 2.16	운흥사	경남 고성군 하이면
지유 83	普光寺大雄殿	1동	79. 9. 3	보광사	경기 파주군 광탄면
지유 85	龍門寺大雄殿	1동	74. 2.16	용문사	경남 남해시 이동면
지유 95	楞伽寺大雄殿	1동	82.10.15	능가사	전남 고흥군 점안면
지유 101	淨水寺大雄殿	1동	85. 2.25	정수사	전남 강진군 대구면
지유 105	甲寺大雄殿	1동	84. 1.11	갑사	충남 공주시 계룡면
지유 108	石南寺大雄殿	1동	81. 7.16	석남사	경기 안성군 금광면
지유 112	新興寺大雄殿	1동	85. 8.16	신흥사	전북 임실군 관촌면
지유 113	新光寺大雄殿	1동	85. 8.16	신광사	전북 장수군 천천면
지유 114	七長寺大雄殿	1동	83. 9.19	칠장사	경기 안성군 죽산면
지유 114	善國寺大雄殿	1동	85. 8.16	선국사	전북 남원시 산곡동
지유 117	佛智寺大雄殿	1동	85. 8.16	불지사	전북 군산시 나포면
지유 121	雙磎寺大雄殿	1동	85. 2.25	쌍계사	전남 진도군 의신면
지유 126	槐山覺淵寺大雄殿	1동	82.12.17	각연사	충북 괴산군 칠성면
지유 132	玉泉寺大雄殿	1동	74.12.28	옥천사	경남 고성군 개천면
지유 134	聖住寺大雄殿	1동	74.12.28	성주사	경남 창원시 천성동
지유 136	白蓮寺大雄殿	1동	86. 2. 7	백련사	전남 강진군 도암면
지유 137	巨洞寺大雄殿	1동	79.12.18	거동사	경북 영천시 자양면
지유 138	莊陸寺大雄殿	1동	79.12.18	장륙사	경북 영덕군 창수면
지유 141	凝石寺大雄殿	1동	74.12.28	응석사	경남 진주시 집현면
지유 141	鳳凰寺大雄殿	1동	80. 6.17	황산사	경북 안동시 임동면
지유 152	聖興寺大雄殿	1동	76.12.20	성흥사	경남 진해시 대장동
지유 160	大谷寺大雄殿	1동	82. 8. 4	대곡사	경북 의성군 다인면
지유 162	大芚寺大雄殿	1동	82. 8. 4	대둔사	경북 구미시 옥성면
지유 215	直指寺大雄殿	1동	85.12.30	직지사	경북 김천시 대항면

구 분	명 칭	수량	지정일	소유자	소 재 지
지유 238	金海銀河寺大雄殿	1동	83.12.30	은하사	경남 김해시 삼방동
지문 4	栢栗寺大雄殿	1동	85. 8. 5	백률사	경북 경주시 동천동
지문 16	長春寺大雄殿	1동	83. 7.20	장춘사	경남 함안군 칠북면
지문 18	上院寺大雄殿	1동	84. 6. 2	상원사	강원 원주시 신림면
지문 27	太古寺大雄殿	1동	84. 5.17	태고사	충남 금산군 진산면
지문 35	龍珠寺大雄寶殿	1동	83. 9.19	용주사	경기 화성군 태안읍
지문 37	普賢寺大雄殿	1동	84. 6. 2	보현사	강원 강릉시 성산면
지문 38	三幕寺大雄殿	1동	83. 9.19	삼막사	경기 안양시 석수동
지문 45	禪院寺大雄殿	일원	84. 4. 1	선원사	전북 남원시 도통동
지문 51	靈隱寺大雄殿	1동	84. 5.17	영은사	충남 공주시 금성동
지문 56	興國寺大雄寶殿	1동	85. 6.28	흥국사	경기 남양주시 별내면
지문 73	水晶寺大雄殿	1동	85. 8. 5	수정사	경북 청송군 파천면
지문 87	多寶寺大雄殿	1동	84. 2.29	다보사	전남 나주시 경현동
지문 87	深谷寺大雄殿	일원	84. 4. 1	심곡사	전북 익산시 낭산면
지문 88	吾魚寺大雄殿	1동	85. 8. 5	오어사	경북 포항시 남구
지문 89	文殊寺大雄殿	일원	84. 4. 1	문수사	전북 익산시 여산면
지문 92	竹林寺大雄殿	1동	84. 2.29	죽림사	전남 나주시 남평면
지문 113	禪石寺大雄殿	1동	85. 8. 5	선석사	경북 성주군 월항면
지문 120	靑巖寺大雄殿	1동	85. 8. 5	청암사	경북 김천시 증산면
지문 126	上院寺大雄殿	1동	86. 9. 8	상원사	전북 고창군 고창읍
지문 193	日樂寺大雄殿	1동	84. 5.17	일락사	충남 서산시 해미면
지문 207	靈芝寺大雄殿 및 梵鐘閣	2동	88. 9.23	영지사	경북 영천시 대창면
지문 246	廣德寺大雄殿	1동	84. 5.17	광덕사	충남 천안시 광덕면

7-2. 극락전

국보 13	無爲寺極樂殿	1동	62.12.20	무위사	전남 강진군 성전면
국보 15	鳳停寺極樂殿	1동	62.12.20	봉정사	경북 안동시 서후면
국보 18	浮石寺無量壽殿	1동	62.12.20	부석사	경북 영주시 부석면
보물 356	無量寺極樂殿	1동	63. 1.21	무량사	충남 부여군 외산면
보물 663	花巖寺極樂殿	1동	80. 6.11	화암사	전북 완주군 운주면
보물 790	銀海寺百興庵極樂殿	1동	84. 7. 5	은해사	경북 영천시 청통면
보물 836	大寂寺極樂殿	1동	85. 1. 8	대적사	경북 청도군 화양읍
지유 11	桐華寺極樂殿	1동	86.12. 5	동화사	대구 동구 도학동
지유 13	文殊寺極樂寶殿	1동	73.12.24	문수사	충남 서산시 운산면

구 분	명 칭	수량	지정일	소유자	소 재 지
지유 14	神興寺極樂寶殿	1동	71.12.16	신흥사	강원 속초시 설악동
지유 32	白羊寺極樂殿	1동	72. 8. 7	백양사	전남 장성군 북하면
지유 42	安國寺極樂殿	1동	74. 9.27	안국사	전북 무주군 적상면
지유 45	實相寺極樂殿	1동	74. 9.27	실상사	전북 남원시 산내면
지유 50	泉隱寺極樂寶殿	1동	74. 9.24	천은사	전남 구례군 광의면
지유 56	淸州菩薩寺極樂寶殿	1동	80. 1. 9	보살사	충북 청주시 용암동
지유 66	興天寺極樂寶殿	1동	85.12. 5	흥천사	서울 성북구 돈암동
지유 79	碑巖寺極樂殿	1동	78.12.30	비암사	충남 연기군 전동면
지유 87	大原寺極樂殿	1동	81.10.20	대원사	전남 보성군 문덕면
지유 102	金塔寺極樂殿	1동	85. 2.25	금탑사	전남 고흥군 포두면
지유 117	身安寺極樂殿	1동	85. 7.19	신안사	충남 금산군 제원면
지유 128	神勒寺極樂寶殿	1동	85. 6.28	신륵사	경기 여주군 북내면
지유 132	堤原神勒寺極樂殿	1동	82.12.17	신륵사	충북 제천시 덕산면
지유 184	普光寺極樂殿	1동	84.12.29	보광사	경북 청송군 청송읍
지유 194	極樂殿	1동	81.12.15	통도사	경남 양산군 하북면
지문 23	報德寺極樂寶殿	1동	84. 6. 2	보덕사	강원 영월군 영월읍
지문 40	龍潭寺無量壽殿	1동	85. 8. 5	용담사	경북 안동시 길안면
지문 48	大福寺極樂殿	1동	84. 4. 1	대복사	전북 남원시 왕정동
지문 66	雙峰寺極樂殿	1동	84. 2.29	쌍봉사	전남 화순군 이양면
지문 148	多率寺極樂殿	1동	85.11.14	다솔사	경남 사천시 곤명면
지문 203	普門寺極樂殿	1동	88. 9.23	보문사	경북 예천군 보문면

7-3. 광명전

구 분	명 칭	수량	지정일	소유자	소 재 지
보물 608	威鳳寺普光明殿	1동	77. 8.22	위봉사	전북 완주군 소양면
보물 802	麻谷寺大光寶殿	1동	84.11.30	마곡사	충남 공주시 사곡면
보물 825	崇林寺普光殿	1동	85. 1. 8	숭림사	전북 익산시 웅포면
보물 826	歸信寺大寂光殿	1동	85. 1. 8	귀신사	전북 김제시 금산면
보물 833	祇林寺大寂光殿	1동	85. 1. 8	기림사	경북 경주시 양북면
보물1120	梁山新興寺大光殿	1동	92. 1.15	신흥사	경남 양산군 원동면
지유 3	身安寺大光殿	1동	73.12.24	신안사	충남 금산군 제원면
지유 17	壽陀寺大寂光殿	1동	71.12.16	수타사	강원 홍천군 동면
지유 94	通度寺大光明殿	1동	74. 2.16	통도사	경남 양산군 하북면
지유 94	大興寺大光明殿	1동	82.10.15	대흥사	전남 해남군 삼산면
지유 101	奉國寺大光明殿	1동	80. 6. 2	봉국사	경기 성남시 수정구

구 분	명 칭	수량	지정일	소유자	소 재 지
지유 106	甲寺大寂光殿	1동	84. 1.11	갑사	충남 공주시 계룡면
지유 112	清原安心寺毘盧殿	1동	82.12.17	법주사	충북 청원군 남이면
지유 125	槐山覺淵寺毘盧殿	1동	82.12.17	각연사	충북 괴산군 칠성면
지유 131	表忠寺大光殿	1동	74.12.28	표충사	경남 밀양시 단장면
지유 202	大典寺普光殿	1동	85.10.15	대전사	경북 청송군 부동면
지유 249	龍華寺普光殿	1동	85.11.14	용화사	경남 통영시 봉평동
지유 256	海印寺大寂光殿	1동	85.11.14	해인사	경남 합천군 가야면
지문 90	白雲寺普光殿	1동	84. 4. 1	백운사	전북 익산시 여산면

7-4. 기타 불전

국보 14	銀海寺居祖庵靈山殿	1동	62.12.20	은해사	경북 영천시 청통면
국보 55	法住寺捌相殿	1동	62.12.20	법주사	충북 보은군 내속리면
국보 62	金山寺彌勒殿	1동	62.12.20	금산사	전북 김제시 금산면
보물 146	觀龍寺藥師殿	1동	63. 1.21	관룡사	경남 창녕군 창녕읍
보물 179	傳燈寺藥師殿	1동	63. 1.21	전등사	인천 강화군 길상면
보물 302	松廣寺藥師殿	1동	63. 1.21	송광사	전남 순천시 송광면
보물 303	松廣寺靈山殿	1동	63. 1.21	송광사	전남 순천시 송광면
보물 800	麻谷寺靈山殿	1동	84.11.30	마곡사	충남 공주시 사곡면
보물 823	石南寺靈山殿	1동	85. 1. 8	석남사	경기 안성군 금광면
지유 28	月精寺寂滅寶宮	1동	71.12.16	월정사	강원 평창군 진부면
지유 47	清凉寺琉璃寶殿	1동	74.12.10	청량사	경북 봉화군 명호면
지유 48	大興寺千佛殿	1동	74. 9.24	대흥사	전남 해남군 삼산면
지유 60	仙巖寺八相殿	1동	76. 9.30	선암사	전남 순천시 승주읍
지유 77	三陟靈隱寺八相殿	1동	82.11. 3	영은사	강원 삼척시 근덕면
지유 87	雙磎寺捌相殿	1동	74. 2.16	쌍계사	경남 하동군 화개면
지유 119	禪院寺藥師殿	1동	86. 9. 8	선원사	전북 남원시 도통동
지유 197	藥師殿	1동	81.12. 5	통도사	경남 양산군 하북면
지유 203	靈山殿	1동	82. 7.20	통도사	경남 양산군 하북면
지유 204	龍華殿	1동	82. 7.20	통도사	경남 양산군 하북면
지문 16	桐華寺須摩提殿	1동	86.12. 5	동화사	대구 동구 도학동
지문 29	法興寺寂滅寶宮	1동	84. 6. 2	법흥사	강원 영월군 수주면
지문 32	淨巖寺寂滅寶宮	1동	84. 6. 2	정암사	강원 정선군 고한읍
지문 54	甲寺八相殿	1동	84. 5.17	갑사	충남 공주시 계룡면
지문 57	漢美山興國寺藥師殿	1동	85. 6.28	흥국사	경기 고양시 지축동

구 분	명 칭	수량	지정일	소유자	소 재 지
지문 88	南原寺彌勒殿	1동	84. 4. 1	남원사	전북 익산시 여산면
지문 141	表忠寺八相殿	1동	85.11.14	표충사	경남 밀양시 단장면
지문 147	雲興寺靈山殿	1동	85.11.14	운흥사	전남 고성군 하이면
지문 173	香泉寺千佛殿	1동	84. 5.17	향천사	충남 예산군 예산읍
지문 247	廣德寺千佛殿	1동	84. 5.17	광덕사	충남 천안시 광덕면
지문 250	晩日寺法堂	1동	84. 5. 7	만일사	충남 천안시 성거읍

7-5. 보살전

보물 242	開目寺圓通殿	1동	63. 1.21	개목사	경북 안동시 서후면
보물 916	法住寺圓通寶殿	1동	87. 3. 9	법주사	충북 보은군 내속리면
지유 7	把溪寺圓通殿	1동	84. 7.25	파계사	대구 동구 중대동
지유 45	興國寺圓通殿	1동	74. 9.24	흥국사	전남 여천시 중흥동
지유 52	文殊寺文殊殿	1동	74. 9.27	문수사	전북 고창군 고수면
지유 251	通度寺觀音殿	1동	85.11.14	통도사	경남 양산군 하북면
지문 125	禪雲寺兜率庵內院宮	1동	86. 9. 8	선운사	전북 고창군 아산면
지문 140	觀龍寺圓音閣	1동	85.11.14	관룡사	경남 창녕군 창녕읍
지문 177	大蓮寺圓通寶殿	1동	84. 5.17	대련사	충남 예산군 광시면

7-6. 명부전 · 나한전

보물 730	佛影寺應眞殿	1동	81. 7.15	불영사	경북 울진군 서면
보물 832	聖穴寺羅漢殿	1동	85. 1. 8	성혈사	경북 영주시 순흥면
지유 13	證心寺五百殿	1동	89. 3.20	증심사	광주 동구 운림동
지유 67	興天寺冥府殿	1동	85.12. 5	흥천사	서울 성북구 돈암동
지유 123	雙磎寺冥府殿	1동	74.12.28	쌍계사	경남 하동군 화개면
지유 124	雙磎寺羅漢殿	1동	74.12.28	쌍계사	경남 하동군 화개면
지유 139	水多寺冥府殿	1동	79.12.28	수다사	경북 구미시 무을면
지유 145	美黃寺應眞殿	1동	87. 6. 1	미황사	전남 해남군 송지면
지유 195	冥府殿	1동	81.12.15	통도사	경남 양산군 하북면
지유 196	應眞殿	1동	81.12.15	통도사	경남 양산군 하북면
지유 214	祇林寺應眞殿	1동	85.10.15	기림사	경북 경주시 양북면
지문 60	三幕寺冥府殿	1동	85. 6.28	삼막사	경기 안양시 석수동
지문 64	麻谷寺冥府殿	1동	84. 5.17	마곡사	충남 공주시 사곡면

구 분	명 칭	수량	지정일	소유자	소 재 지
지문 65	麻谷寺應眞殿	1동	84. 5.17	마곡사	충남 공주시 사곡면
지문 110	羅漢殿	1동	84. 4. 1	선운사	전북 고창군 아산면
지문 143	表忠寺冥府殿	1동	85.11.14	표충사	경남 밀양시 단장면
지문 146	玉泉寺冥府殿	1동	85.11.14	옥천사	경남 고성군 개천면
지문 149	多率寺應眞殿	1동	85.11.14	다솔사	경남 사천시 곤명면
지문 151	龍門寺冥府殿	1동	85.11.14	용문사	경남 남해군 이동면
지문 165	廣興寺應眞殿	1동	85.12.30	광흥사	경북 안동시 서후면
지문 194	開心寺冥府殿	1동	84. 5.17	개심사	충남 서산시 운산면

7-7. 사루

보물 662	花嚴寺雨花樓	1동	80. 6.11	화암사	전북 완주군 운주면
지유 49	華嚴寺普濟樓	1동	74. 9.24	화엄사	전남 구례군 마산면
지유 53	玉泉寺慈芳樓	1동	72. 2.12	옥천사	경남 고성군 개천면
지유 53	禪雲寺萬歲樓	1동	74. 9.27	선운사	전북 고창군 아산면
지유 83	多率寺大陽樓	1동	74. 2.16	다솔사	경남 사천시 곤명면
지유 104	神興寺普濟樓	1동	85. 9.13	신흥사	강원 속초시 설악동
지유 151	孤雲寺駕雲樓	1동	82. 2.24	고운사	경북 의성군 단촌면
지유 193	萬歲樓	1동	81.12.15	통도사	경남 양산군 하북면
지문 7	傳燈寺對潮樓	1동	95. 3. 1	전등사	인천 강화군 길상면
지문 10	把溪寺鎭洞樓	1동	84. 7.25	파계사	대구 동구 중대동
지문 36	龍珠寺天保樓	1동	83. 9.19	용주사	경기 화성군 태안읍
지문 142	表忠寺萬日樓	1동	85.11.14	표충사	경남 밀양시 단장면
지문 145	安靜寺萬歲樓	1동	85.11.14	안정사	경남 통영시 광도면
지문 152	花芳寺採眞樓	1동	85.11.14	화방사	경남 남해군 고현면
지문 166	佛甲寺萬歲樓	1동	88.12.21	불갑사	전남 영광군 불갑면
지문 169	龍門寺慈雲樓	1동	85.12.30	용문사	경북 예천군 용문면

7-8. 요당

국보 19	浮石寺祖師堂	1동	62.12.20	부석사	경북 영주시 부석면
보물 180	神勒寺祖師堂	1동	63. 1.21	신륵사	경기 여주군 북내면
보물 263	松廣寺下舍堂	1동	63. 1.21	송광사	전남 순천시 송광면
보물 448	鳳停寺華嚴講堂	1동	67. 6.23	봉정사	경북 안동시 서후면
보물 449	鳳停寺古今堂	1동	67. 6.23	봉정사	경북 안동시 서후면

구 분	명 칭	수량	지정일	소유자	소 재 지
지유 64	奉恩寺選佛堂	1동	85.12. 5	봉은사	서울 강남구 삼성동
지유 69	威鳳寺寮舍	1동	76. 4. 2	위봉사	전북 완주군 소양면
지유 84	環城寺尋劍堂	1동	75.12.30	환성사	경북 경산시 하양읍
지유 93	大興寺龍華堂	1동	82.10.15	대흥사	전남 해남군 삼산면
지유 95	甲寺講堂	1동	81.12.21	갑사	충남 공주시 계룡면
지유 97	松廣寺眞影堂	1동	82.10.15	송광사	전남 순천시 송광면
지유 125	來蘇寺說禪堂과 寮舍	2동	86. 9. 8	내소사	전북 부안군 진서면
지문 7	把溪寺說禪堂	1동	84. 7.25	파계사	대구 동구 중대동
지문 9	把溪寺寂默堂	1동	84. 7.25	파계사	대구 동구 중대동
지문 11	把溪寺祈永閣	1동	84. 7.25	파계사	대구 동구 중대동
지문 46	雙磎寺寂默堂	1동	83. 7.20	쌍계사	경남 하동군 화개면
지문 63	麻谷寺國師堂	1동	84. 5.17	마곡사	충남 공주시 사곡면
지문 108	三陟新興寺說禪堂 및 尋劍堂	2동	88. 5.18	신흥사	강원 삼척시 근덕면
지문 153	雙磎寺說禪院	1동	85.11.14	쌍계사	경남 하동군 화개면
지문 273	長谷寺說禪堂	1동	84. 5.17	장곡사	충남 청양군 대치면

7-9. 사문

국보 50	道岬寺解脫門	1동	62.12.20	도갑사	전남 영광군 군서면
보물 164	淸平寺廻轉門	1동	63. 1.21	청평사	강원 춘천시 북산면
지유 2	梵魚寺一柱門	1동	72. 6.26	범어사	부산 금정구 청룡동
지유 4	松廣寺一柱門	1동	71.12. 2	송광사	전북 완주군 소양면
지유 33	洛山寺虹霓門	1동	71.12.16	낙산사	강원 양양군 강현면
지유 44	白羊寺四天王門	1동	74. 9.24	백양사	전남 장성군 북하면
지유 46	法住寺四天王門	1동	76.12.20	법주사	충북 보은군 내속리면
지유 54	龍湫寺一柱門	1동	72. 2.12	용추사	경남 함양군 안의면
지유 83	泰安寺一柱門	1동	81.10.20	태안사	전남 곡성군 죽곡면
지유 85	寶林寺四天王門	1동	81.10.20	보림사	전남 장흥군 유치면
지유 86	雙磎寺一柱門	1동	74. 2.16	쌍계사	경남 하동군 화개면
지유 96	仙巖寺一柱門	1동	82.10.15	선암사	전남 순천시 승주읍
지유 126	雙磎寺天王門	1동	74.12.28	쌍계사	경남 하동군 화개면
지유 127	雙磎寺金剛門	1동	74.12.28	쌍계사	경남 하동군 화개면
지유 133	佛谷寺一柱門	1동	74.12.28	불곡사	경남 창원시 대방동
지유 250	通度寺天王門	1동	85.11.14	통도사	경남 양산군 하북면
지유 252	通度寺不二門	1동	85.11.14	통도사	경남 양산군 하북면

구 분	명 칭	수량	지정일	소유자	소 재 지
지문 35	乾鳳寺不二門	1동	84. 6. 2	건봉사	강원 고성군 거진읍
지문 62	麻谷寺天王門	1동	84. 5.17	마곡사	충남 공주시 사곡면
지문 66	麻谷寺解脫門	1동	84. 5.17	마곡사	충남 공주시 사곡면
지문 79	灌燭寺石門	1동	84. 5.17	관촉사	충남 논산군 은진면
지문 150	龍門寺天王門	1동	85.11.14	용문사	경남 남해군 이동면
지문 154	海印寺鳳凰門	1동	85.11.14	해인사	경남 합천군 가야면

7-10. 기타 전각

구 분	명 칭	수량	지정일	소유자	소 재 지
국보 52	海印寺藏經板庫	1동	62.12.20	해인사	경남 합천군 가야면
국보 56	松廣寺國師殿	1동	62.12.20	송광사	전남 순천시 송광면
보물 145	龍門寺大藏殿	1동	63. 1.21	용문사	경북 예천군 용문면
보물 827	金山寺大藏殿	1동	85. 1. 8	금산사	전북 김제시 금산면
지유 3	松廣寺十字閣	1동	71.12. 2	송광사	전북 완주군 소양면
지유 7	萬海韓龍雲尋牛莊	일원	84. 7. 5	한영숙	서울 성북구 성북동
지유 7	王溜閣	1동	89. 3.18	사유	대전 대덕구 비래동
지유 52	表忠書院	1동	72. 2.12	표충사	경남 밀양시 단장면
지유 59	松廣寺三淸橋 및 羽化閣	1기1동	76. 9.30	송광사	전남 순천시 송광면
지유 82	泰安寺凌波閣	1동	81.10.20	태안사	전남 곡성군 죽곡면
지유 125	六祖頂相塔殿	1동	74.12.28	쌍계사	경남 하동군 화개면
지유 161	大谷寺梵鐘閣	1동	82. 8. 4	대곡사	경북 의성군 다인면
지문 15	元曉庵七星閣	1동	83. 7.20	원효암	경남 함안군 군북면
지문 36	南岳祠	1동	84. 2.29	화엄사	전남 구례군 마산면
지문 52	甲寺表忠院	1동	84. 5.17	갑사	충남 공주시 계룡면
지문 53	甲寺三聖閣	1동	84. 5.17	갑사	충남 공주시 계룡면
지문 57	東鶴寺三聖閣	1동	84. 5.17	동학사	충남 공주시 반포면
지문 128	望海寺樂西殿	1동	86. 9. 8	망해사	전북 김제시 진봉면
지문 139	靑谷寺業鏡殿	1동	85.11.14	표충사	경남 밀양시 단장면
지문 144	通度寺藏經閣	1동	85.11.14	통도사	경남 양산군 하북면
지문 156	修道庵無漏殿	1동	87. 9.18	수도암	전남 고흥군 두원면
지문 207	靈芝寺大雄殿 및 梵鐘閣	2동	88. 9.23	영지사	경북 영천시 대창면

8. 경서류

8-1. 경판

구 분	명 칭	수량	지정일	소유자	소 재 지
국보 32	海印寺大藏經板	81258매	62.12.20	해인사	경남 합천군 가야면
국보 206	海印寺高麗刻板	2725매	82. 5.22	해인사	경남 합천군 가야면
보물 734	海印寺高麗刻板	110매	82. 5.22	해인사	경남 합천군 가야면
보물 735	浮石寺高麗刻板	3종	82. 5.22	부석사	경북 영주시 부석면
지유 15	神興寺經板	280매	71.12.16	신흥사	강원 속초시 설악동
지유 17	佛說父母恩重經板	85매	72. 5. 4	용주사	경기 화성군 태안읍
지유 53	佛岩寺經板	591매	74. 9.26	불암사	경기 남양주군 별내면
지유 100	通度寺經板	746매	79. 5. 2	통도사	경남 양산군 하북면
지유 135	淸溪寺所藏木板	462매	88.12. 2	청계사	경기 의왕시 청계동
지유 184	雲興寺所藏經板	173매	79.12.29	운흥사	경남 고성군 하이면
지유 185	雙磎寺所藏佛經冊板	1743매	79.12.29	쌍계사	경남 하동군 화개면

8-2. 화엄경

국보 196	新羅白紙墨書大方廣佛華嚴經	2축	79. 2. 8	이건희	경기 용인군 호암미술관
국보 202	大方廣佛華嚴經晉本(卷37)	1권	81. 3.18	이원기	서울 종로구 관철동
국보 203	大方廣佛華嚴經周本(卷6)	1권	81. 3.18	조병순	서울 중구 태평로1가
국보 204	大方廣佛華嚴經周本(卷36)	1권	81. 3.18	조병순	서울 중구 태평로1가
국보 215	紺紙銀泥大方廣佛華嚴經(卷31)	1권	84. 8. 6	이건희	경기 용인군 호암미술관
국보 235	紺紙金泥大方廣佛華嚴經普賢行願品	1권	86.11.29	이건희	경기 용인군 호암미술관
국보 256	初雕本大方廣佛華嚴經周本(卷1)	1권	90. 9.20	하경태	서울 강남구 대치동
국보 257	初雕本大方廣佛華嚴經周本(卷29)	1권	90. 9.20	최영란	서울 용산구 서빙고동
국보 265	初雕本大方廣佛華嚴經周本(卷13)	1권	91. 7.12	김종규	서울 영등포구 삼성출판박물관

구 분	명 칭	수량	지정일	소유자	소 재 지
국보 266	初雕本大方廣佛華嚴經周本(卷2,75)	2권	91. 7.12	사유	서울 강남구 호림박물관
보물 685	大方廣佛華嚴經晉本(卷4)	1권	81. 3.18	조병순	서울 중구 태평로1가
보물 686	大方廣佛華嚴經晉本(卷28)	1권	81. 3.18	조병순	서울 중구 태평로1가
보물 687	大方廣佛華嚴經周本(卷66)	1권	81. 3.18	조병순	서울 중구 태평로1가
보물 688	大方廣佛華嚴經周本(卷17,53)	2권	81. 3.18	조병순	서울 중구 태평로1가
보물 689	大方廣佛華嚴經貞元本(卷7)	1권	81. 3.18	조병순	서울 중구 태평로1가
보물 690	大方廣佛華嚴經周本(卷6)	1권	81. 3.18	조병순	서울 중구 태평로1가
보물 751	紺紙銀泥大方廣佛華嚴經貞元本(卷34)	1권	84. 5.30	사유	서울 강남구 호림박물관
보물 752	紺紙金泥大方廣佛華嚴經入不思議解脫境界普賢行願品貞元本(卷34)	1권	84. 5.30	사유	서울 강남구 호림박물관
보물 754	紺紙銀泥大方廣佛華嚴經周本(卷37)	1권	84. 5.30	사유	서울 강남구 호림박물관
보물 755	紺紙銀泥大方廣佛華嚴經周本(卷5,6)	2권	84. 5.30	사유	서울 강남구 호림박물관
보물 757	紺紙金泥大方廣佛華嚴經周本(卷46)	1권	84. 5.30	통도사	경남 양산군 하북면
보물 978	白紙金泥大方廣佛華嚴經(卷29)	1권	88.12.28	이학	서울 중구 장충동1가
보물 1017	大方廣佛華嚴經	4권	89. 8. 1	김민영	서울 서초구 서초동
보물 1040	求禮華嚴寺華嚴石經	일괄	90. 3. 2	화엄사	전남 구례군 마산면
보물 1083	大方廣佛華嚴經貞元本(卷12)	1권	91. 7.12	송성문	서울 강남구 역삼동
보물 1103	紺紙銀泥大方廣佛華嚴經晉本(卷13)	1권	91.12.16	사유	서울 강남구 호림박물관
보물 1137	橡紙銀泥大方廣佛華嚴經貞元本(卷7)	1권	92. 7.28	송성문	서울 강남구 역삼동
보물 1146	大方廣佛華嚴經貞元本(卷24)	1권	92.12.11	이양재	서울 양천구 목동

8-3. 법화경

국보 185	妙法蓮華經	7권	76. 4.23	국유	서울 종로구 국립중앙박물관
국보 211	白紙墨書妙法蓮華經(卷1-7)	7권	84. 5.30	사유	서울 강남구 호림박물관
국보 234	紺紙銀泥妙法蓮華經(卷1-7)	7권	86.11.29	이건희	경기 용인군 호암미술관

구 분	명　칭	수량	지정일	소유자	소　재　지
보물 206	松廣寺妙法蓮華經讚述	1책	63. 1.21	송광사	전남 순천시 송광면
보물 269	紺紙銀泥妙法蓮華經(卷1)	1책	63. 1.21	마곡사	서울 종로구 국립중앙박물관
보물 270	紺紙金泥妙法蓮華經(卷6)	1책	63. 1.21	마곡사	서울 종로구 국립중앙박물관
보물 278	法華經折本寫經	7책	63. 1.21	내소사	전북 부안군 진서면
보물 314	翠紙金泥妙法蓮華經	2책	63. 1.21	광흥사	경북 경주시 국립경주박물관
보물 315	白紙墨書妙法蓮華經	2책	63. 1.21	광흥사	경북 경주시 국립경주박물관
보물 352	紺紙銀泥妙法蓮華經(卷7)	1책	63. 1.21	이화여대	서울 서대문구 이화여대 박물관
보물 390	廣德寺高麗寫經	6책	63. 1.21	광덕사	서울 중구 동국대 박물관
보물 692	妙法蓮華經(卷7)	1권	81. 3.18	조명기	서울 강남구 대치동
보물 693	小字本妙法蓮華經(卷1-7)	7권	81. 3.18	이건희	경기 용인군 호암미술관
보물 766	妙法蓮華經(卷4-7)	4권	84. 5.30	강태영	서울 종로구 가회동
보물 918	妙法蓮華經(卷7)	1권	87. 7.16	강태영	서울 종로구 가회동
보물 936	妙法蓮華經(卷6,7)	2책	87.12.26	이건희	경기 용인군 호암미술관
				박순분	서울 송파구 잠실본동
보물 950	妙法蓮華經(卷5-7)	3권	88. 6.16	이양희	서울 강남구 역삼동
보물 960	妙法蓮華經(卷1-3, 4-7)	2책	88.12.28	이경희	서울 서초구 방배동
보물 961	妙法蓮華經(卷4-7)	4권	88.12.28	이경희	서울 서초구 방배동
보물 962	妙法蓮華經(卷6-7)	2권	88.12.28	이경희	서울 서초구 방배동
보물 968	妙法蓮華經(卷3)	1권	88.12.28	이정자	서울 중구 황학동
보물 971	妙法蓮華經(卷5-7)	3권	88.12.28	이양재	서울 양천구 목동
보물 976	橡紙銀泥妙法蓮華經(卷5-6)	2권	88.12.28	이원기	서울 서대문구 북가좌동
보물 977	妙法蓮華經(卷7)	1권	88.12.28	이원기	서울 서대문구 북가좌동
보물1010	妙法蓮華經(卷1, 3, 4)	3권	89. 8. 1	강태영	서울 종로구 가회동
보물1081	妙法蓮華經(卷1-3, 4-7)	2책	91. 7.12	송성문	서울 강남구 역삼동
보물1107	妙法蓮華經(卷5-7)	3권	91.12.16	사유	서울 강남구 호림박물관
보물1138	紺紙金泥妙法蓮華經(卷7)	1권	92. 7.28	송성문	서울 강남구 역삼동
보물1139	白紙墨書妙法蓮華經(卷7)	1권	92. 7.28	송성문	서울 강남구 역삼동
보물1140	妙法蓮華經(卷3)	2책	92. 7.28	송성문	서울 강남구 역삼동
보물1145	妙法蓮華經(卷1)	1권	92.12.11	이양재	서울 양천구 목1동
지유 97	金泥法華經	14권	79. 5. 2	통도사	경남 양산군 하북면

8-4. 능엄경

국보 212	大佛頂如來密因修證了義諸 菩薩萬行首楞嚴經(卷1-10)	10권	84. 5.30	동국대	서울 중구 동국대 도서관

구 분	명 칭	수량	지정일	소유자	소 재 지
보물 271	麻紙銀泥首楞嚴經(卷10)	1책	63. 1.21	국유	대구 북구 경북대 박물관
보물 698	大佛頂如來密因修證了義諸菩薩萬行首楞嚴經(卷6-10)	5권	81. 3.18	이건희	경기 용인군 호암미술관
보물 699	大佛頂如來密因修證了義諸菩薩萬行首楞嚴經(卷6-10)	5권	81. 3.18	조병순	서울 중구 태평로1가
보물 756	紺紙金泥大佛頂如來密因修證了義諸菩薩萬行首楞嚴經	1권	84. 5.30	사유	서울 강남구 호림박물관
보물 759	大佛頂如來密因修證了義諸菩薩萬行首楞嚴經(卷1-10)	10권	84. 5.30	송성문	서울 강남구 역삼동
보물 760	大佛頂如來密因修證了義諸菩薩萬行首楞嚴經(卷1)	1권	84. 5.30	조병순	서울 중구 태평로1가
보물 761	大佛頂如來密因修證了義諸菩薩萬行首楞嚴經(卷2,5)	2권	84. 5.30	국유	서울 관악구 서울대 도서관
보물 762	大佛頂如來密因修證了義諸菩薩萬行首楞嚴經(卷7, 8)	2권	84. 5.30	동국대	서울 중구 동국대 도서관
보물 763	大佛頂如來密因修證了義諸菩薩萬行首楞嚴經(卷7-10)	4권	84. 5.30	사유	서울 동대문구 세종대왕기념 사업회
보물 764	大佛頂如來密因修證了義諸菩薩萬行首楞嚴經(卷2-4, 6-10)	2책	84. 5.30	강태영	서울 종로구 가회동
보물 765	大佛頂如來密因修證了義諸菩薩萬行首楞嚴經	11권	84. 5.30	서울대	서울 관악구 서울대 도서관
보물 939	大佛頂如來密因修證了義諸菩薩萬行首楞嚴經(卷4-7, 8-10)	2책	87.12.26	이건희	경기 용인군 호암미술관
보물 948	大佛頂如來密因修證了義諸菩薩萬行首楞嚴經(卷3)	1권	88. 6.16	동국대	서울 중구 동국대 도서관
보물 973	大佛頂如來密因修證了義諸菩薩萬行首楞嚴經(卷4, 7, 8)	3권	88.12.28	이양재	서울 양천구 목동
보물1049	大佛頂如來密因修證了義諸菩薩萬行首楞嚴經(卷6)	1권	90. 9.20	최영란	서울 용산구 서빙고동

8-5. 금강경

구 분	명 칭	수량	지정일	소유자	소 재 지
보물 207	松廣寺金剛般若經疏開玄鈔	1책	63. 1.21	송광사	전남 순천시 송광면
보물 696	金剛般若波羅蜜經	1첩	81. 3.18	조병순	서울 중구 태평로1가

구 분	명 칭	수량	지정일	소유자	소 재 지
보물 721	金剛般若波羅蜜經	1책	81. 7.15	동국대	서울 중구 동국대 도서관
보물 772	金剛般若波羅蜜經(卷1, 5)	2권	84. 5.30	사유	서울 동대문구 세종대왕기념 사업회
보물 773	金剛般若波羅蜜經(卷2-5)	4책	81. 5.30	서울대	서울 관악구 서울대 도서관
보물 775	細小字金剛般若波羅蜜經	1첩	81. 5.30	이병기	서울 중구 신당동
보물 877	金剛般若波羅蜜經	1축	86.10.15	김종규	서울 종로구 평창동
보물 919	梵網經・金剛般若波羅蜜經合本	1책	87. 7.16	강태영	서울 종로구 가회동
보물 974	金剛般若波羅蜜經	1책	88.12.28	이양재	서울 양천구 목동
보물1082	金剛般若波羅蜜經	1책	91. 7.12	송성문	서울 강남구 역삼동
보물1127	三老金剛經	1책	92. 4.20	송성문	서울 강남구 역삼동
지유 99	金泥金剛經	14권	79. 5. 2	통도사	경남 양산군 하북면

8-6. 기타 제경

구 분	명 칭	수량	지정일	소유자	소 재 지
국보 210	紺紙銀泥佛空羂索神變眞言經(卷13)	1권	84. 5.30	이건희	경기 용인군 호암미술관
국보 241	初雕本大般若波羅蜜多經(卷249)	1권	88. 6.16	박순분	서울 송파구 잠실본동
보물 134	經帙	2매	63. 1.21	송광사	전남 순천시 송광면
보물 691	小字本佛頂心觀世音菩薩大陀羅尼經合刻	1첩	81. 3.18	이원기	서울 종로구 관철동
보물 694	佛說四十二章經合綴	1권	81. 3.18	이건희	경기 용인군 호암미술관
보물 695	佛說四十二章經合綴	1권	81. 3.18	이건희	경기 용인군 호암미술관
보물 701	佛說長壽滅罪護諸童子經	1첩	81. 3.18	이건희	경기 용인군 호암미술관
보물 705	佛說大報父母恩重經合綴	1첩	81. 3.18	이건희	경기 용인군 호암미술관
보물 738	文殊師利菩薩最上乘無生戒經	3권	82.11. 9	통도사	경남 양산군 하북면
보물 740	紺紙金泥菩薩戒經(卷8)	1권	82.12. 7	동국대	서울 중구 동국대 도서관
보물 753	橡紙金泥大方廣圓覺修多羅了義經(卷上・下)	1권	84. 5.30	사유	서울 강남구 호림박물관
보물 793	上院寺木彫文殊童子坐像腹藏遺物	일괄	84.10.15	상원사	강원 평창군 진부면
보물 887	紺紙金泥大般若波羅蜜多經(卷175)	1권	86.11.29	강태영	서울 종로구 가회동
보물 890	注仁王護國般若經(卷 1-4)	4권	86.11.29	강태영	서울 종로구 가회동

구 분	명 칭	수량	지정일	소유자	소 재 지
보물 893	大方廣圓覺略疏注經(卷上)	1권	86.11.29	강태영	서울 종로구 가회동
보물 894	注梵網經	1책	86.11.29	강태영	서울 종로구 가회동
보물 919	梵網經·金剛般若波羅蜜經合本	1책	87. 7.16	강태영	서울 종로구 가회동
보물 920	佛說大報父母恩重經	1권	87. 7.16	강태영	서울 종로구 가회동
보물 933	地藏菩薩本願經(卷上·中·下)	3권	87.12.26	김경숙	서울 은평구 갈현동
보물 938	大方廣圓覺略疏注經(卷上의 2)	1권	87.12.26	김경숙	서울 은평구 갈현동
보물 940	白紙墨書地藏菩薩本願經(卷上·中·下)	3권	87.12.26	김걸	서울 은평구 신사동
보물 949	禮念彌陀道場懺法(卷1-5, 6-10)	2책	88. 6.16	이양희	서울 강남구 역삼동
보물 959	祇林寺毘盧舍那佛腹藏典籍	일괄	88.11. 4	기림사	경북 경주시 양북면
보물 963	大方廣圓覺略疏注經(卷下)	1권	88.12.28	이화균	서울 성북구 성북동
보물 964	大方廣圓覺略疏注經(卷41)	1권	88.12.28	이화균	서울 성북구 성북동
보물 966	地藏菩薩本願經(卷上·中·下)	1책	88.12.28	이화균	서울 성북구 성북동
보물 970	大方廣圓覺修多羅了義經	9권	88.12.28	이정자	서울 중구 황학동
보물 1011	地藏菩薩本願經	3권	89. 8. 1	강태영	서울 종로구 가회동
보물 1016	大方廣圓覺略疏注經(卷上의 2)	1권	89. 8. 1	김민영	서울 서초구 서초동
보물 1050	佛說阿彌陀經	1책	90. 9.20	최영란	서울 용산구 서빙고동
보물 1072	初雕本佛說優婆塞五戒相經	2권	91. 7.12	사유	서울 강남구 호림박물관
보물 1080	大方廣圓覺略疏注經(卷上)	1책	91. 7.12	송성문	서울 강남구 역삼동
보물 1092	佛說長壽滅罪護諸童子陀羅尼經	1책	91. 9.30	김종규	서울 영등포구 삼성출판박물관
보물 1098	紺紙銀泥彌勒三部經	1첩	91.12.16	사유	서울 강남구 호림박물관
보물 1099	紺紙金泥彌勒下生經	1첩	91.12.16	사유	서울 강남구 호림박물관
보물 1100	橡紙銀泥佛說寶雨經(卷2)	1첩	91.12.16	사유	서울 강남구 호림박물관
보물 1101	橡紙銀泥大般若波羅蜜多經	1첩	91.12.16	사유	서울 강남구 호림박물관
보물 1104	地藏菩薩本願經(卷上·中·下)	1책	91.12.16	사유	서울 강남구 호림박물관
보물 1108	佛頂心陀羅尼經(卷上·中·下)	1책	91.12.16	사유	서울 강남구 호림박물관
보물 1125	佛說大報父母恩重經	1권	92. 4.20	송성문	서울 강남구 역삼동
보물 1129	大佛頂陀羅尼	1권	92. 4.20	국유	경기 성남시 한국정신문화연구원
보물 1130	藥師琉璃光如來本願功德經	1권	92. 4.20	국유	경기 성남시 한국정신문화연구원

8−7. 논소류

구 분	명 칭	수량	지정일	소유자	소 재 지
국보 243	顯揚聖敎論(卷11)	1권	88.12.28	이정자	서울 중구 황학동
국보 244	瑜伽師地論(卷17)	1권	88.12.28	이정자	서울 중구 황학동
국보 251	大乘阿毗達磨雜集論(卷14)	1첩	89. 8. 1	강태영	서울 종로구 가회동
국보 267	初雕本阿毗達磨識身足論 (卷12)	1권	91. 7.12	사유	서울 강남구 호림박물관
국보 268	初雕本阿毘曇毘婆沙論(卷 11, 12)	2권	91. 7.12	사유	서울 강남구 호림박물관
국보 271	初雕本顯揚聖敎論(卷12)	1권	92. 4.20	송성문	서울 강남구 역삼동
국보 272	初雕本瑜伽師地論(卷32)	1권	92. 4.20	송성문	서울 강남구 역삼동
국보 273	初雕本瑜伽師地論(卷15)	1권	92. 7.23	송성문	서울 강남구 역삼동
보물 90	松廣寺大般涅槃經疏	1책	63. 1.21	송광사	전남 순천시 송광면
보물 205	松廣寺大乘阿達磨雜集論疏	1책	63. 1.21	송광사	전남 순천시 송광면
보물 702	護法論	1책	81. 3.18	조병순	서울 중구 태평로1가
보물 719	圓覺類解(卷3)	1권	81. 7.15	동국대	서울 중구 동국대 도서관
보물 720	金剛般若經疏纂要助顯錄 (卷上·下)	2권	81. 7.15	동국대	서울 중구 동국대 도서관
보물 736	淨名經集解關中疏	2권	82.11. 9	백낙준	서울 용산구 이태원동
보물 771	般若波羅蜜多心經略疏	1책	84. 5.30	서울대	서울 관악구 서울대 도서관
보물 891	大方廣佛華嚴經疏(卷42)	1권	86.11.29	강태영	서울 종로구 가회동
보물 892	大方廣佛華嚴經疏(卷28- 30, 100-102)	6권	86.11.29	강태영	서울 종로구 가회동
보물 964	大方廣佛華嚴經疎(卷41)	1권	88.12.28	이화균	서울 성북구 성북동
보물 969	瑜伽師地論(卷64)	1권	88.12.28	이정자	서울 중구 황학동
보물 972	瑜伽師地論(卷55)	1권	88.12.28	이양재	서울 양천구 목동
보물 975	三十分功德經疏	1첩	88.12.28	이양재	서울 양천구 목동
보물 1013	大方廣佛華嚴經疏(卷68)	1권	89. 8. 1	김민영	서울 서초구 서초동
보물 1073	初雕本阿毘曇八犍道論(卷24)	1권	91. 7.12	사유	서울 강남구 호림박물관
보물 1074	初雕本阿毘達磨識身足論 (卷13)	1권	91. 7.12	사유	서울 강남구 호림박물관
보물 1075	初雕本阿毘曇毘婆沙論(卷16)	1권	91. 7.12	사유	서울 강남구 호림박물관
보물 1102	橡紙銀泥大智道論(卷28)	1권	91.12.16	사유	서울 강남구 호림박물관
보물 1106	大方廣佛華嚴經疏(卷84, 100, 117)	3권	91.12.16	사유	서울 강남구 호림박물관
보물 1124	大方廣佛華嚴經疏(卷30)	1권	92. 4.20	송성문	서울 강남구 역삼동

구 분	명 칭	수량	지정일	소유자	소 재 지
보물 1126	大方廣佛華嚴經普賢行願品別行疏	1권	92. 4.20	송성문	서울 강남구 역삼동
보물 1128	大方廣佛華嚴經疏(卷22, 24)	2권	92. 4.20	국유	경기 성남시 한국정신문화연구원

8-8. 기타 전적류

국보 43	高麗高宗制書	1폭	62.12.20	송광사	전남 순천시 송광면
국보 245	新纘一切經源品大綠(卷20)	1축	88.12.28	이정자	서울 중구 황학동
국보 269	初雕本佛說最上根本大樂金剛佛空三昧大敎	1권	91. 7.12	사유	서울 강남구 호림박물관
보물 130	龍龕手鏡(卷3-4)	1책	63. 1.21	고려대	서울 성북구 고려대
보물 140	五臺山上院寺重創勸善文	2책	63. 1.21	월정사	강원 평창군 진부면
보물 204	松廣寺妙法蓮華經觀世音菩薩普門品三玄圓贊科文	1책	63. 1.21	송광사	전남 순천시 송광면
보물 398	月印千江之曲	1책	63. 9. 2	사유	서울 서초구 대한교과서주식회사
보물 419	三國遺事(卷3, 4, 5)	1책	65. 4. 1	곽영대	서울 강남구 역삼동
보물 523	釋譜詳節(卷6, 7, 13, 19)	7책	70.12.30	국유	서울 서초구 국립중앙도서관
	(卷23, 24)			심재완	대구 남구 봉덕동
				동국대	서울 중구 동국대 도서관
보물 572	松廣寺高麗文書	2축	73. 7.10	송광사	전남 순천시 송광면
보물 575	大乘寺木刻幀附關係文書	일괄	73.12.31	대승사	경북 문경시 산북면
보물 582	宣祖二年刊月印釋譜板木	31매	74.12.31	갑사	충남 공주시 계룡면
보물 591	釋氏源流應化事蹟冊板	212매	75. 5.16	불암사	경기 남양주시 별내면
보물 641	禪宗永嘉集	1책	78.12. 7	강태영	서울 종로구 가회동
보물 697	懶翁和尙語錄	1권	81. 3.18	이건희	경기 용인군 호암미술관
보물 700	禪林寶訓(卷上·下)	2권	81. 3.18	이건희	경기 용인군 호암미술관
보물 703	藏乘法數	1책	81. 3.18	이건희	경기 용인군 호암미술관
보물 704	藏乘法數	1책	81. 3.18	조병순	서울 중구 태평로1가
보물 728	薛氏夫人勸善文帖	1첩	81. 7.15	신승재	전북 순창군 순창읍
보물 729	醴泉龍門寺敎旨	1첩	81. 7.15	용문사	경북 예천군 용문면
보물 737	佛祖歷代通載	22권	82.11. 9	용화사	전남 담양군 담양읍
보물 745	月印釋譜(卷1, 2)	12권	83. 5. 7	서강대	서울 마포구 서강대 도서관
	(卷7, 8)			동국대	서울 중구 동국대 도서관
	(卷9, 10)			김민영	서울 서초구 서초동
	(卷13, 14)			연세대	서울 서대문구 연세대 도서관

구 분	명 칭	수량	지정일	소유자	소 재 지
	(卷17, 18)			수타사	강원 홍천군 동면
	(卷21)			심재완	대구 남구 봉덕동
	(卷22, 23)			김종규	서울 종로구 평창동
보물 758	南明泉和尙頌證道歌	1책	84. 5.30	김종규	서울 종로구 평창동
보물 767	蒙山和尙法語略錄	1책	84. 5.30	동국대	서울 중구 동국대 도서관
보물 768	蒙山和尙法語略錄	1책	84. 5.30	이겸로	서울 종로구 누상동
보물 769	蒙山和尙法語略錄	1책	84. 5.30	사유	서울 동대문구 세종대왕기념사업회
보물 770	牧牛子修心訣	1책	84. 5.30	서울대	서울 관악구 서울대 도서관
보물 774	禪宗永嘉集(卷上·下)	2권	81. 5.30	동국대	서울 중구 동국대 도서관
보물 875	詳校正本慈悲道場懺法	4권	86.10.15	차연우	서울 도봉구 쌍문동
보물 889	永嘉眞覺大師證道歌	1권	86.11.29	강태영	서울 종로구 가회동
보물 934	牧牛子修心訣附四法語	1권	87.12.26	김경숙	서울 은평구 갈현동
보물 935	月印釋譜(卷11, 12)	2권	87.12.26	김경숙	서울 은평구 갈현동
보물 937	詳校正本慈悲道場懺法(卷10)	1권	87.12.26	김경숙	서울 은평구 갈현동
보물 949	禮念彌陀道場懺法(卷1-10)	10권	88. 6.16	이양희	서울 강남구 역삼동
보물 965	六經合部	1책	88.12.28	이화균	서울 성북구 성북동
보물 1012	蒙山和尙法語略錄	1권	89. 8. 1	김민영	서울 서초구 서초동
보물 1052	天台四敎儀	1책	90. 9.20	하경태	서울 강남구 대치동
보물 1053	眞言勸供	1책	90. 9.20	하경태	서울 강남구 대치동
보물 1095	鳳林寺木阿彌陀佛坐像腹藏典籍	일괄	91. 9.30	봉림사	경기 화성군 남양면
보물 1105	水陸無遮平等齋儀撮要	1책	91.12.16	사유	서울 강남구 호림박물관
보물 1132	白雲和尙抄錄佛祖直指心體要節本板本	2권	92. 4.20	국유	경기 성남시 한국정신문화연구원
보물 1142	禪門三家拈頌集(卷1)	1권	92.12.11	강태영	서울 종로구 가회동
보물 1143	慈悲道場懺法(卷4-6)	3권	92.12.11	강태영	서울 종로구 가회동
보물 1144	禮念彌陀道場懺法(卷6-10)	5권	92.12.11	이양재	서울 양천구 목동
지유 13	龍珠寺上樑文	1축	72. 5. 4	용주사	경기 화성군 태안읍
지유 14	禪雲寺釋氏源流	1책	71.12. 2	선운사	전북 고창군 아산면
지유 14	典籍手寫本	2책	72. 5. 4	용주사	경기 화성군 태안읍
지유 30	八思巴文字	1매	72. 1.29	송광사	전남 순천시 송광면
지유 54	八萬大藏經	1질	76. 6.17	월정사	강원 평창군 진부면
지유 88	實相寺位土改量成冊	1책	79.12.27	실상사	전북 남원시 산내면
지유 113	鳳林寺木造如來坐像腹藏典籍	8책	89. 9.19	봉림사	경기 화성군 남양면
지유 183	觀龍寺事蹟記	12매	79.12.29	관룡사	경남 창녕군 창녕읍

구 분	명 칭	수량	지정일	소유자	소 재 지
지문 260	廣德寺所藏遺物	일괄	84. 5.17	광덕사	충남 천안시 광덕면

9. 불화

9-1. 불·보살화

국보 46	浮石寺祖師堂壁畫	6면	62.12.20	부석사	경북 영주시 부석면
국보 218	阿彌陀三尊圖	1폭	84. 8. 6	이건희	경기 용인군 호암미술관
보물 421	實相寺藥水庵木彫幀	1점	65. 7.16	실상사	전북 남원시 산내면
보물 578	興國寺大雄殿後佛幀	1폭	74. 7. 9	흥국사	전남 여천시 중흥동
보물 593	李上佐佛畫帖	1책	75. 5.16	이건희	경기 용인군 호암미술관
보물 670	直指寺大雄殿三尊佛幀畫	3폭	80. 8.23	직지사	경북 김천시 대항면
보물 748	慶國寺木刻幀	1위	83. 5. 7	경국사	서울 성북구 정릉동
보물 784	地藏圖	1폭	84. 8. 6	이건희	경기 용인군 호암미술관
보물 922	南長寺普光殿木刻幀	1점	87. 7.16	남장사	경북 상주시 남장동
보물 923	南長寺觀音禪院木刻幀	1점	87. 7.16	남장사	경북 상주시 남장동
보물 924	泉隱寺極樂殿阿彌陀後佛幀畫	1폭	87. 7.16	천은사	전남 구례군 광의면
보물 925	雙磎寺八相殿靈山會上圖	1폭	87. 7.16	쌍계사	경남 하동군 화개면
보물 926	水月觀音菩薩圖	1점	87. 7.16	이건희	경기 용인군 호암미술관
보물 989	醴泉龍門寺大藏殿木佛坐像 및 木刻幀	1위	89. 4.10	용문사	경북 예천군 용문면
보물 1041	通度寺靈山殿八相圖	8폭	90. 3. 2	통도사	경남 양산군 하북면
보물 1042	通度寺大光明殿三身佛圖	3폭	90. 3. 2	통도사	경남 양산군 하북면
보물 1048	地藏十王圖	1폭	90. 9.20	사유	서울 강남구 호림박물관
지유 16	龍珠寺大雄殿後佛幀畫	1폭	72. 5. 4	용주사	경기 화성군 태안읍
지유 58	南長寺木後佛幀	1점	74.12.10	남장사	경북 경주시 남장동
지유 79	如來佛蹟圖	6면	77.12.31	국유	전북 전주시 덕진구
지유 147	釋迦世尊捌相圖	1점	76.12.20	통도사	경남 양산군 하북면
지유 278	通度寺八金剛圖	8폭	90.12.20	통도사	경남 양산군 하북면
지유 279	通度寺大光明殿神衆幀畫	1폭	90.12.20	통도사	경남 양산군 하북면
지유 280	通度寺靈山殿靈山會上圖	1폭	90.12.20	통도사	경남 양산군 하북면
지유 281	通度寺五戒守護神將圖	1폭	90.12.20	통도사	경남 양산군 하북면
지문 242	鳳谷寺佛畫	1점	84. 5.17	봉곡사	충남 아산군 송악면

9-2. 괘불화

구분	명 칭	수량	지정일	소유자	소 재 지
지유 20	安國寺掛佛	1폭	73. 6.23	안국사	전북 무주군 적상면
지유 26	興國寺掛佛	1폭	72. 1.29	흥국사	전남 여천시 중흥동
지유 27	仙巖寺掛佛	1폭	72. 1.29	선암사	전남 순천시 승주읍
지유 44	鎭川靈水庵掛佛	1폭	76.12.20	영수암	충북 진천군 초평면
지유 51	淸原安心寺掛佛	1폭	78.10.27	안심사	충북 청원군 남이면
지유 61	雲興寺掛佛	1폭	72. 2.12	운흥사	경남 고성군 하이면
지유 74	金塘寺掛佛	1폭	76. 4. 2	금당사	전북 진안군 마령면
지유 78	淸州菩薩寺掛佛	1폭	80.12.29	보살사	충북 청주시 용암동
지유 108	三陟靈隱寺掛佛	1폭	86.11.19	영은사	강원 삼척시 근덕면
지유 119	法住寺掛佛	1폭	82.12.17	법주사	충북 보은군 내속리면
지유 119	道林寺掛佛	1폭	85. 2.25	도림사	전남 곡성군 곡성읍
지유 152	磧川寺掛佛	1폭	82. 2.24	적천사	경북 청도군 청도읍
지유 261	靑谷寺掛佛 및 掛佛函	2점	88.12.23	청곡사	경남 진주시 금산면
지유 282	安靜寺掛佛	1폭	90.12.20	안정사	경남 통영시 광도면

9-3. 진영

보물1043	松廣寺十六祖師眞影	16폭	90. 3. 2	송광사	전남 순천시 송광면
보물1044	大覺國師眞影	1폭	90. 3. 2	선암사	전남 순천시 승주읍
지유 64	金時習影幀	1점	76. 1. 8	무량사	충남 부여군 외산면
지유 81	孝寧大君影幀	1점	78.11.10	연주암	경기 과천시 문원동
지유 276	慈藏律師眞影	1폭	90.12.20	통도사	경남 양산군 하북면
지유 277	通度寺三和尙眞影	3폭	90.12.20	통도사	경남 양산군 하북면

10. 기타

10-1. 사찰

사적 309	實相寺	일원	84.10.19	실상사	전북 남원시 산내면
지유 33	南地藏寺靑蓮庵	1동	77. 7.15	남지장사	대구 달성군 가창면
지유 35	洛山寺	1곽	71.12.16	낙산사	강원 양양군 강현면

구 분	명 칭	수량	지정일	소유자	소 재 지
지유 119	安寂庵	1동	74.12.28	안적암	경남 양산군 웅상읍
지유 156	弘濟庵	1동	76.12.20	해인사	경남 합천군 가야면
지유 202	露田庵	1동	82. 7.20	노전암	경남 양산군 하북면
지유 247	通度寺安養庵(北極殿)	1동	85.11.14	통도사	경남 양산군 하북면
지기 17	天皇山表忠寺	일원	74.12.18	국사유	경남 밀양시 단장면
지기 19	海南表忠祠	일원	76. 9.30	대흥사	전남 해남군 삼산면
지기 54	大關嶺城隍寺 및 山神閣	2동	84. 6. 2	김옥분	강원 평창군 도암면
지기 78	來蘇寺	일원	86. 9. 8	내소사	전북 부안군 진서면
지기 81	千聖山內院寺	일원	85.11.14	내원사	경남 양산군 하북면
지문 1	證心寺	일원	84. 2.29	증심사	광주 동구 운림동
지문 2	藥師庵	일원	84. 2.29	약사암	광주 동구 운림동
지문 2	東固寺	일원	84. 4. 1	동고사	전북 전주시 완산구
지문 3	香林寺	일원	84. 2.29	향림사	전남 순천시 삼산동
지문 3	鶴巢庵	일원	84. 4. 1	학소암	전북 전주시 완산구
지문 7	新興寺	일원	84. 6. 2	신흥사	강원 속초시 설악동
지문 10	龍華寺	3동	83. 7.20	용화사	경남 통영시 봉평동
지문 10	成佛寺	1동	84. 5.17	성불사	충남 천안시 안서동
지문 15	長慶寺	일원	83. 9.19	장경사	경기 광주군 중부면
지문 18	臥龍庵	1동	84. 4. 1	사유	전북 진안군 주천면
지문 19	菩提庵	일원	84. 2.29	보리암	전남 담양군 용면
지문 22	道林寺	일원	84. 2.29	도림사	전남 곡성군 곡성읍
지문 23	泰安寺	일원	84. 2.29	태안사	전남 곡성군 죽곡면
지문 24	七長寺	일원	83. 9.19	칠장사	경기 안성군 죽산면
지문 24	觀音寺	일원	84. 2.29	관음사	강원 강릉시 금학동
지문 24	觀音寺	일원	84. 2.29	관음사	전남 곡성군 오산면
지문 24	海月庵	일원	84. 4. 1	해월암	전북 임실군 오수면
지문 25	雲水庵	일원	83. 9.19	운수암	경기 안성군 양성면
지문 25	竹林庵	일원	84. 4. 1	죽림암	전북 임실군 임실읍
지문 25	禁夢庵	1동	84. 6. 2	보덕사	강원 영월군 영월읍
지문 33	四聖庵	일원	84. 2.29	양정모	전남 구례군 문척면
지문 34	華嚴寺	일원	84. 2.29	화엄사	전남 구례군 마산면
지문 35	泉隱寺	일원	84. 2.29	천은사	전남 구례군 광의면
지문 36	洛山寺紅蓮庵	1동	84. 6. 2	낙산사	강원 양양군 강현면
지문 38	興國寺	일원	84. 2.29	흥국사	전남 여천시 중흥동
지문 39	隱寂庵	일원	84. 2.29	은적암	전남 여천군 돌산읍

구 분	명 칭	수량	지정일	소유자	소 재 지
지문 40	向日庵	일원	84. 2.29	향일암	전남 여천군 돌산읍
지문 42	仙巖寺	일원	84. 2.29	선암사	전남 순천시 승주읍
지문 43	松廣寺	일원	84. 2.29	송광사	전남 순천시 송광면
지문 62	兜率庵	1동	83. 7.20	용화사	경남 통영시 봉평동
지문 78	大興寺	일원	84. 2.29	대흥사	전남 해남군 삼산면
지문 79	道岬寺	일원	84. 2.29	도갑사	전남 영광군 군서면
지문 82	法泉寺牧牛庵	1동	84. 2.29	법천사	전남 무안군 몽탄면
지문 85	圓甲寺	일원	84. 2.29	원갑사	전남 무안군 해제면
지문 88	尋香寺	일원	84. 2.29	심향사	전남 나주시 대호동
지문 98	萬谷寺	1동	84. 2.29	봉석구	전남 장성군 삼서면
지문 98	皐蘭寺	1동	84. 5.17	고란사	충남 부여군 부여읍
지문 136	翠松寺	일원	87. 1.15	박채수	전남 보성군 벌교읍
지문 151	定慧寺	일원	84. 5.17	정혜사	충남 청양군 장평면
지문 195	浮石寺	1동	84. 5.17	부석사	충남 서산시 부석면

10-2. 석굴

국보 24	石窟庵石窟	1기	62.12.20	석굴암	경북 경주시 진현동
국보 109	軍威三尊石窟	1기	62.12.20	국유	경북 군위군 부계면
지유 27	普門寺石室	1기	95. 3. 1	보문사	인천 강화군 삼산면
지유 39	多率寺普安庵石窟	일원	72. 2.12	국유	경남 사천시 서포면

10-3. 사지

사적 6	皇龍寺址	일원	63. 1.21		경북 경주시 구황동
사적 7	望德寺址	일원	63. 1.21		경북 경주시 배반동
사적 8	四天王寺址	일원	63. 1.21		경북 경주시 배반동
사적 15	慶州興輪寺址	일원	63. 1.21		경북 경주시 사정동
사적 31	慶州感恩寺址	일원	63. 1.21		경북 경주시 양북면
사적 44	扶餘軍守里寺址	일원	63. 1.21		충남 부여군 부여읍
사적 45	慶州獐項里寺址	일원	63. 1.21		경북 경주시 양북면
사적 46	慶州遠願寺址	일원	63. 1.21		경북 경주시 외동읍
사적 82	慶州千軍里寺址	일원	63. 1.21		경북 경주시 천군동
사적 128	檜巖寺址	일원	64. 6.10		경기 양주군 회천면
사적 131	陜川靈巖寺址	일원	64. 6.10		경남 합천군 가회면

구 분	명 칭	수량	지정일	소유자	소 재 지
사적 150	益山彌勒寺址	일원	66. 6.22		전북 익산시 금마면
사적 168	居頓寺址	일원	68.12.19		강원 원주시 부론면
사적 259	江華禪源寺址	일원	77.11.29		인천 강화군 선원면
사적 301	扶餘定林寺址	일원	83. 3.26		충남 부여군 부여읍
사적 307	聖住寺址	일원	84. 8.13		충남 보령시 미산면
사적 312	和順雲住寺址	일원	85. 4.15		전남 화순군 도암면
사적 315	清州興德寺址	일원	86. 5. 7		충북 청주시 홍덕구
사적 316	瑞山普願寺址	일원	87. 7.18		충남 서산시 운산면
사적 317	中原彌勒里寺址	일원	87. 7.18		충북 충주시 상모면
사적 340	慶州天冠寺址	일원	91. 1. 9		경북 경주시 교동
사적 349	萬福寺址	일원	91. 3.30		전북 남원시 왕정동
사적 352	河南春宮洞寺址	일원	91. 8.24		경기 하남시 춘궁동
사적 374	軍威麟角寺址	일원	92. 5.28		경북 군위군 고로면
지기 3	萬德寺址	일원	72. 6.26	이종순	부산 북구 만덕동
지기 3	夫人寺址	일원	82. 6.29	부인사	대구 동구 신무동
지기 4	普門寺址	일원	89. 3.18	국유	대전 중구 무수동
지기 6	興寧禪院址	일원	71.12.16	법흥사	강원 영월군 수주면
지기 11	崛山寺址	일원	71.12.16	국유	강원 강릉시 구정면
지기 13	法華寺址	일원	71. 8.26	법화사	제주도 서귀포시 하원동
지기 20	法廣寺址	일원	75.12.30	국사유	경북 포항시 북구 신광면
지기 21	智異山雙磎寺址	일원	74.12.28	국유	경남 하동군 화개면
지기 28	理明山石佛寺址	일원	74.12.28	하동군	경남 하동군 북천면
지기 31	金剛寺址	일원	82. 8. 3	국유	충남 부여군 은산면
지기 32	虎巖寺址	일원	82. 8. 3	국유	충남 부여군 규암면
지기 33	王興寺址	일원	82. 8. 3	국유	충남 부여군 규암면
지기 34	臨江寺址	일원	82. 8. 3	국유	충남 부여군 부여읍
지기 35	公州南冗寺址	일원	82.12.31	이봉순	충남 공주시 금학동
지기 36	公州水源寺址	일원	82.12.31	최영태	충남 공주시 옥룡동
지기 37	公州西寺址	일원	82.12.31	사유	충남 공주시 웅진동
지기 38	公州舟尾寺址	일원	82.12.31	전갑식	충남 공주시 이인면
지기 39	公州九龍寺址	일원	82.12.31	이영구	충남 공주시 반포면
지기 44	開泰寺址	일원	83. 9.29	논산군	충남 논산군 연산면
지기 47	洪川物傑里寺址	일원	82.11. 3	국유	강원 홍천군 서면
지기 48	原州法泉寺址	일원	82.11. 3	국유	강원 원주시 부론면
지기 48	龍井里寺址	일원	84. 7.26	국사유	충남 부여군 부여읍

구 분	명 칭	수량	지정일	소유자	소 재 지
지기 49	平昌水項里寺址	일원	82.11. 3	김익수	강원 평창군 진부면
지기 50	麟蹄寒溪寺址	일원	82.11. 3	사유	강원 인제군 강원관광주식회사
지기 50	東南里寺址	일원	84. 7.26	사유	충남 부여군 부여읍
지기 51	高城乾鳳寺址	일원	82.11. 3	건봉사	강원 고성군 거진읍
지기 52	襄陽陳田寺址	일원	82.11. 3	정영호	강원 양양군 강현면
지기 53	襄陽禪林院址	일원	82.11. 3	국유	강원 양양군 서면
지기 53	東南里傳天王寺址	일원	85. 7.19	국사유	충남 부여군 부여읍
지기 54	澗月寺址	일원	82. 8.12	울산시	경남 울산시 울주구 상북면
지기 55	淸平寺址	일원	84.12.28	청평사	강원 춘천시 북산면
지기 62	白蓮寺址	일원	79.12.27	백련사	전북 무주군 설천면
지기 63	靈隱寺址	일원	79.12.27	내장사	전북 정읍시 내장동
지기 67	圓通寺址	일원	83. 8.24	원통사	전북 무주군 안성면
지기 72	南固寺址	일원	85. 8.16	남고사	전북 전주시 완산구
지기 73	內藏寺址(碧蓮寺址)	일원	86. 8.16	내장사	전북 정읍시 내장동
지기 76	歸政寺址	일원	85. 8.16	귀정사	전북 남원시 산동면
지기 77	扶安實相寺址	일원	86. 9. 8	국유	전북 부안군 산내면
지기 111	望月寺址	일원	88.12. 2	망월사	경기 광주군 중부면
지기 119	開元寺址	일원	89.12.29	개원사	경기 광주군 중부면
지기 125	月南寺址	일원	88.12.21	국유	전남 강진군 성전면
지문 9	原層寺址	일원	95. 3. 1	강화군	인천 강화군 하점면
지문 45	興法寺址	일월	84. 6. 2	원주시	강원 원주시 부론면
지문 211	百庵寺址	일원	84. 5.17	고위호	충남 서산시 부석면

10-4 기타

보물 848	新法天文圖屛風	8폭	85. 8. 9	법주사	충북 보은군 내속리면
지유 7	鷄龍山中嶽壇	1동	73.12.24	신원사	충남 공주시 계룡면
지유 15	龍珠寺屛風	2폭	72. 5. 4	용주사	경기 화성군 태안읍
지유 144	七佛寺亞字房址	1동	76.12.20	칠불사	경남 하동군 화개면
지기 15	靈圭大師墓	1기	77. 1. 6	갑사	충남 공주시 계룡면
지기 18	鷄龍山招魂閣址	일원	77. 7. 4	동학사	충남 공주시 반포면
지기 20	戀主臺	1기	73. 7.10	국유	경기 과천시 문원동
지기 31	松廣寺黑土器瓦·墳陶窯址	일원	77.10.20	송광사	전남 순천시 송광면
지기 34	慶州陵只塔址	일원	82. 8. 4	국유	경북 경주시 배반동
지기 46	仙巖寺三印塘	일원	80. 6. 2	선암사	전남 순천시 승주읍

전국 시도별 사찰 찾아보기

9. 경상남도

11. 전라남도

15. 충청북도

편저자/이 정(李 政)

1956년 충남 논산에서 태어났다. 동국대학교 승가학과와 같은 대학교 정보산업대학원 전자계산학과를 졸업하고, 대덕연구단지의 한국기계연구원 기술정보실에서 연구원으로 근무했다. 이어 불교방송 조사자료부 차장·부장과 불교정보연구소장, 한국일보 뉴미디어부 차장으로 일했다. 현재 경향신문 정보사업본부 차장으로 있다. 불교 관련 주요 저서로는 《진리의 문》(대원정사, 1988)과 《한국불교인명사전》(불교시대사, 1993), 《불교상식백과》(공저, 불교시대사, 1993) 등이 있다.

한국불교사찰사전

.
.
.

1996년 10월 23일 초판발행

편저자 /이 정
펴낸이 /김병무
펴낸곳 /불교시대사

●

등록 : 1991년 3월 20일, 제1-1188호
서울 종로구 관훈동 197-28 백상빌딩 13층
전화 (02)730-2500, 730-2551~3
팩스 (02)723-5961

●

값 : **45,000원**

●

ISBN 89-8002-024-4-01220

●

ⓒ불교시대사, 1996